全訂版

# 商法講義(下)

姜渭斗 · 林載鎬 共著

螢雪出版社

# 全訂版 머리말

이 책이 출간된 이후에, 전자어음의 발행 및 유통에 관한 법률(2004. 3. 22. 법제7197호)과 동법 시행령(2004. 12. 31. 대통령령 제18637호)이 제정되었다. 그리고 어음교환업무의 전자화를 위한 어음법과 수표법의 일부개정(2007. 5. 17. 개정, 2007. 11. 18. 시행)과 상법 중 해상편의 일부개정(2007. 8. 3. 개정, 2008. 1. 1. 시행)이 있었다. 또한 2008. 1.에는 상법 중 보험편에 관한 개정법률안이 마련되어 국회에 제출되기도 하였다.

이와 같이 그 동안에 이 책에서 다루고 있는 어음법·수표법·보험법·해상법과 관련한 주요 법령의 제·개정이 이루어져 이 책의 내용도 대폭 수정이 불가피하여 이번에 전정판을 내어 놓게 되었다. 전정판에서는 제4편 「제10장 전자어음」에 관한 장과 같이 법령의 제·개정에 따른 내용을 새로이 반영함은 물론, 제4편 「제9장 어음·수표 국제사법」의 장과 같이 초판에서 미처 소개하지 못하고 있던 내용을 새로이 추가하기도 함으로서 책의 내용을 전반적으로 증보하였다. 그리고 전정판에서는 이 책의 전 편에 걸쳐 내용이 미흡하거나 불분명한 부분을 찾아내어 수정·보완하였다. 또한 최근까지 나온 주요판례를 찾아 빠짐없이 소개하려고 노력하였다.

끝으로 이 책의 편집에서 출간까지 여러 가지로 애써 주신 한길현 부장님을 비롯하신 형설출판사 편집부 여러분들에게 깊은 감사의 인사를 드린다.

2010년 2월

저자 씀

# 머리말

이번에 우리 두 사람이 이전에 낸 "어음 · 수표법"을 전면 개고하고, 여기에 "보험법 · 해상법"을 추가하여 "상법강의(하)"를 내어놓게 되었다.

지금은 정보화시대라 정보가 홍수처럼 쏟아져 나와 어떤 정보가 더 중요하고 또 어떤 정보가 덜 중요한지 실로 분간하기 어렵다. 그리하여 오늘날 정보는 오히려 풍요 속의 빈곤이라 할 수도 있을 것이다. 이러한 사정은 출판에 있어서도 마찬가지여서, 오늘날 많은 교과서가 출간되어 있어 새로 이 책을 출간하는 것이 옥상옥으로 되는 것은 아닌지 무척 저어하고 망설여졌다.

그러나 학생들이 개념법학의 틀에서 벗어나 상법을 기능적 · 체계적으로 이해하고 법적 사고력을 함양하는데 다소나마 도움이 되었으면 하는 생각에서 감히 이 책을 세상에 내어놓게 되었다.

어음법이나 수표법은 법조문이 80개를 넘지 않아 나머지는 부득이 이론으로 해결할 수밖에 없으므로 다른 어느 법 분야에서보다 많은 학설이 예리하게 대립하여 있다. 또한 보험법과 해상법 분야에서는 실정법규와 실제거래 내지 기업활동 간에 간격이 상상외로 커 그 간격을 보험실무에서는 보통보험약관이나 실무관행 · 판례 등으로 또 해상실무에서는 국제협약이나 국제관행 · 각종 서식 등으로 해결하고 있는 실정이다.

따라서 이 책에서는 그 동안 학계에서 논의되었던 문제점과 주요 제도들을 빠짐없이 서술하고, 학설이 대립되어 있는 부분에 관하여서는 일일이 국내외의 학설을 소개 · 비판하면서 저자의 의견을 제시하였으며, 그 때마다 판례의 태도를 소개하여 학생들이 필요한 법리를 바르게 이해할 수 있도록 하였다.

또한 법의 불비를 메우고 있는 각종의 보통거래약관이나 실무관행·국제협약·국제관행·각종 서식 등을 소개하여, 학생들이 이른바 "살아 있는 법"을 이해하는데 도움이 되도록 하려고 노력하였다.

그리고 최근까지 나온 주요판례를 찾아, 상사사례연습문제를 다루듯 사실관계를 개략적으로 설명하고 그에 관한 판결요지를 서술한 다음 판결의 내용을 간략히 코멘트하여, 학생들이 실제 상사사건의 해결능력을 함양할 수 있도록 하였다.

원래 법학은 다른 학문분야에 비하여 이념과 논리가 강하게 요구되어 딱딱하고 무미건조하여 공부하기가 쉽지 않으므로, 이 책에서는 글을 가급적 간명하고 쉽게 풀어 쓰려고 노력하였다.

이 책이 어음·수표법, 보험법 및 해상법의 교과서로서 학생 여러분의 요망에 부응하기를 기대하면서, 또한 앞으로 그렇게 되도록 견마지로(犬馬之勞)를 다 할 생각이다.

글 맺음을 하고 난 이제 돌이켜 보니, 「味覺池塘春草夢, 階前梧葉已秋聲」(미각지당춘초몽, 계전오엽이추성)이라 하여, 작은 연못의 봄풀이 채 꿈을 깨기도 전에 벌써 섬돌 앞의 오동나무 잎새에 가을바람이 부는구나 하고 읊은 옛 성현의 시구가 생각난다.

끝으로 사법연수원 입교 전의 시간을 쪼개어 원고의 교정작업을 도와 준 서보열·장석환·기경석군과 대학원 박사과정의 장혜진양에게 고마움을 표시하고, 아울러 이 책의 편집에서 출간까지 여러 가지로 애써주신 형설출판사 장지익 사장님과 박재건 상무님을 비롯한 편집부 여러분에게도 깊은 감사를 드린다.

2004년 2월
저 자 씀

# 略 語 表

## 〔法令略語〕

[상] …… 상법
[어] …… 어음법
[전어] …… 전자어음의 발행 및 유통에 관한 법률
[전어시] …… 전자어음의 발행 및 유통에 관한 법률시행령
[수] …… 수표법
[민] …… 민법
[형] …… 형법
[민소] …… 민사소송법
[민사집행] …… 민사집행법
[비송] …… 비송사건절차법
[국제사] …… 국제사법
[거증] …… 거절증서령
[공탁] …… 공탁법
[파] …… 채무자회생 및 파산에 관한 법률
[독점] … 독점규제 및 공정거래에 관한 법률
[은행] …… 은행법
[부정수] …… 부정수표단속법
[부정수시행] …… 부정수표단속법시행령
[보험] …… 보험업법
[상법시행] …… 상법시행령
[약규] …… 약관의 규제에 관한 법률
[선등] …… 선박등기법
[선박] …… 선박법
[선박직원] …… 선박직원법
[선원] …… 선원법
[도선] …… 도선법
[절차] …… 선박소유자 등의 책임제한절차에 관한 법률
[통일규칙] …… 신용장통일규칙

## 〔判決 · 決定略語〕

[대판] …… 대법원 판결
[대결] …… 대법원 결정
[○○고판] …… ○○고등법원 판결
[○○민지] …… ○○민사지방법원 판결
[日 最高裁 判決] … 일본 최고재판소 판결
[日 大審院 判決] …… 일본 대심원 판결
[BGH] … … 독일의 Bundesgerichtshof 판결
[RG] …… 독일의 Reichsgerichtshof 판결

# 重要參考文獻

| 저 자 | 서 명 | 발행년도 | 인용약어 |
|---|---|---|---|
| 姜渭斗 | 어음・手票法 | 1996 | 강위두 |
| 姜渭斗・林載鎬 | 상법판례연습 | 2009 | 강위두・임재호 |
| 金容泰 | 商法(下) | 1969 | 김용태 |
| 金星泰 | 保險法講論 | 2001 | 김성태 |
| 金仁顯 | 海商法 | 2003 | 김인현 |
| 朴元善 | 새 商法(下) | 1962 | 박원선 |
| 朴容燮 | 海商法 | 1998 | 박용섭 |
| 裵炳泰 | 註釋 海商法 | 1983 | 배병태 |
| 徐燉珏・鄭完溶 | 商法講義(下) | 1996 | 서돈각・정완용 |
| 徐廷甲 | 新어음・手票法 | 1980 | 서정갑 |
| 徐憲濟 | 商法講義(下) | 2002 | 서헌제 |
| 宋相現・金炫 | 海商法原論 | 1999 | 송상현・김현 |
| 孫珠瓚 | 商法(下) | 2002 | 손주찬 |
| 梁承圭 | 어음法・手票法 | 1994 | 양승규(어) |
| 梁承圭 | 保險法 | 2002 | 양승규 |
| 李基秀 | 商法學(下) | 1999 | 이기수 |
| 李基秀・崔秉珪・金仁顯 | 保險・海商法 | 2003 | 이기수외 |
| 李範燦 | 商法講義 | 1985 | 이범찬 |
| 李範燦・崔埈璿 | 商法(下) | 2001 | 이범찬・최준선 |
| 李哲松 | 어음・手票法 | 2007 | 이철송 |
| 林載鎬・金宅柱・鄭大根・鄭炳潤・鄭鎭玉 | 商法判例100選 | 1999 | 임재호외 |
| 鄭東潤 | 商法(下) | 2008 | 정동윤 |
| 정영석 | 해상법원론 | 2009 | 정영석 |
| 鄭燦亨 | 商法講義(下) | 2009 | 정찬형 |
| 蔡利植 | 商法講義(下) | 2003 | 채이식 |
| 崔基元 | 商法學新論(下) | 2003 | 최기원 |
| 崔埈璿 | 保險法・海商法 | 2005 | 최준선(보) |
| 崔埈璿 | 어음・手票法 | 2005 | 최준선(어) |

## 日本文獻

| | | | |
|---|---|---|---|
| 河本一郎 | 有價證券法研究 | 2000 | 河本一郎 |
| 木内宜彦 | 手形法小切手法 | 1982 | 木内宜彦 |
| 木内宜彦・高窪利一 | 手形・小切手法 | 1988 | 木内宜彦外 |

・倉澤康一郎・田辺光政・壓子良男

| | | | |
|---|---|---|---|
| 長谷川雄一 | 手形法理の研究 | 1987 | 長谷川雄一 |
| 鈴木竹雄・前田 庸 | 手形法・小切手法 | 1994 | 鈴木竹雄・前田 庸 |
| 鈴木竹雄・大隅健一郎 | 手形法・小切手法 | 1983 | 鈴木竹雄・大隅健一郎 |
| 鈴木竹雄 | 手形法小切手法 | 1976 | 鈴木竹雄 |
| 竹田 省 | 手形法・小切手法 | 1956 | 竹田 省 |
| 田中誠二 | 手形・小切手法詳論(上) | 1979 | 田中誠二(上) |
| 田中誠二 | 手形・小切手法詳論(下) | 1977 | 田中誠二(下) |
| 納富義光 | 手形法・小切手法論 | 1982 | 納富義光 |
| 服部榮三 | 手形・小切手法綱要 | 1980 | 服部榮三 |
| 泉田榮一 | 有價證券法理と手形小切手法 | 1995 | 泉田榮一 |
| 石田 滿 | 商法Ⅳ(保險法) | 2003 | 石田 滿 |
| 大森忠夫 | 保險法 | 1987 | 大森忠夫 |
| 加藤勝郎・金澤 理 | 保險法・海商法要說 | 1996 | 加藤勝郎・金澤理 |
| 田辺康平 | 現代 保險法 | 1985 | 田辺康平 |
| 西島梅治 | 保險法 | 1998 | 西島梅治 |
| 酒卷俊雄・石山卓磨 | 保險法・海商法 | 1997 | 酒卷俊雄・石山卓磨 |
| 山下 友信 | 現代の生命・傷害保險法 | 1999 | 山下 友信 |
| 田中誠二 | 海商法詳論 | 1985 | 田中誠二 |
| 戸田修三 | 海商法 | 1990 | 戸田修三 |
| 重田晴生・中元啓司<br>・志津田一彦・伊藤敦司 | 海商法 | 1994 | 重田晴生外 |


## 歐美文獻


| | | | |
|---|---|---|---|
| Baumbach・Hefermehl | *Wechselgesetz und Scheckgesetz* | 1986 | Baumbach・Hefermehl |
| Brox, Hans | *Handelsrecht und Wertpapierrecht* | 1987 | Brox |
| Hueck・Canari | *Recht der Wertpapier* | 1986 | Hueck・Canaris |
| Jacobi, Ernst | *Wechsel-und Scheckrecht* | 1956 | Jacobi |
| Nickles, Steve H. | *Negotiable Instruments* | 1993 | Nickles |
| Rehfeldt・Zöllne | *Wertpapierrecht* | 1978 | Rehfeldt・Zöllner |
| Zöllner, Wolfgang | *Wertpapierrecht* | 1982 | Zöllner |
| Arnould | *Law of Marine Insurance and Average* | 1981 | Arnould |
| Bickelhaup, David L. | *General Insurance* | 1979 | Bickelhaupt |
| Brown, Robert H. | *Marine Insurance* | 1975 | Brown |
| Hofmann, Edgar | *Privatversicherungsrecht* | 1991 | Hofmann |
| Ivamy, E. R. Hardy | *Casebook on Insurance Law* | 1984 | Ivamy |
| Möller, Hans | *Versicherungsvertragsrecht* | 1977 | Möller |
| Patterson, Edwin W. | *Essentials of Insurance Law* | 1957 | Patterson |
| Prölss・Martin | *Versicherungsvertragsgesetz* | 1988 | Prölss・Martin |

# 목 차

## 제 4 편 어음法 · 手票法

### 제 1 장 有價證券의 基礎理論

## 제 2 장 어음(手票)行爲

## 제 3 장 어음(手票)上의 權利

## 제 4 장 어음(手票)의 實質關係

## 제 5 장 어음(手票)의 發行

## 제 6 장 어음(手票)의 流通과 決濟

## 제 7 장 換어음에 特有한 制度



## 제 8 장 手票에 特有한 制度

## 제 9 장 어음·手票國際私法



## 제 10 장 電子어음

## 제 5 편 保險法

### 제 1 장 總 論

## 제 2 장 保險契約法總論

## 제 3 장 損害保險契約

## 제 4 장 人保險契約

# 제 6 편 海商法

## 제 1 장 序 論

## 제 2 장 海上企業組織

## 제 3 장 海上企業活動

## 제 4 장 海上企業危險

## 제 5 장 海上企業金融

# 제 4 편
# 어음法 · 手票法

# 제1장 有價證券의 基礎理論

## 제1절 序 說

### 제1. 經濟生活과 有價證券

자본주의가 발달함에 따라 권리도 하나의 가치물로서 거래의 목적물로 되었고, 이러한 요청에 따라 무형의 권리를 유형의 증권에 표창한 것이 유가증권이다.

오늘날 유가증권은 우리들의 경제생활에 필요불가결한 존재로 되어 있다. 실제의 경제생활에서 다액의 금전의 지급은 수표로, 상인 간의 매매대금의 결제는 약속어음으로, 또 국제거래상의 대금결제는 환어음으로 하는 경우가 많다. 또한 주권·채권을 수단으로 기업에 투자하고 기업은 이를 통하여 자금을 조달하며, 그리고 화물상환증·선하증권·창고증권의 유통으로 자금을 회수한다.

### 제2. 有價證券의 機能

#### Ⅰ. 權利者의 側面

유가증권의 소지인은 적법한 권리자로 추정되므로 자기가 실질적 권리자라는 것을 증명할 필요 없이 권리자로서 유가증권상의 권리를 행사할 수 있고(자격수여적 효력), 반면에 권리자일지라도 유가증권을 소지하고 있지 않으면 그 권리를 행사할 수 없다.

이와 같이 유가증권의 소지인만이 권리를 행사할 수 있도록 한 것은 유가증권의 권리관계를 1차적으로 형식에 의하여 결정하려는 데에 따른 당연한 귀결이다.

그러나 유가증권이라는 형식은 어디까지나 권리를 위한 수단에 불과하므로, 형식은 실체인 권리에 의하여 부정될 수 있는 것이다. 예컨대 유가증권을 소지하고 있더라도 그 유가증권이 위조 · 절취 또는 사취한 것으로서 소지인이 실질적으로 유가증권상의 권리를 가지지 않는 경우에는 유가증권상의 채무자는 이를 증명하여 그 권리의 행사를 거부할 수 있다. 또 유가증권 외에서 권리의 행사를 거부할 수 있는 실질적 이유가 있는 경우에는 유가증권상의 채무자가 유가증권을 수수한 직접의 상대방과 그것을 알고 그 유가증권을 취득한 악의의 제3취득자에 대하여 권리의 행사를 거부할 수 있다. 그리고 유가증권을 상실한 권리자는 권리를 행사할 수 없으므로 공시최고절차(민소 475조 이하)를 거쳐 제권판결을 받아 유가증권 없이 권리를 행사할 수 있다(민소 497조).

## Ⅱ. 債務者의 側面

원래 채무자는 진실한 권리자에게 변제하여야 하고 무권리자에게 변제한 경우에는 다시 진실한 권리자에게 변제하여야 한다. 따라서 채무자는 권리를 행사하는 자가 진실한 권리자인가 아닌가를 자기의 책임하에 판단하여야 하는 것이다.

그러나 유가증권에 있어서는 그 권리관계가 1차적으로 유가증권에 의하여 결정되므로, 유가증권상의 채무자는 권리자의 권리의 유무를 조사할 필요 없이 유가증권의 소지인에게 변제하면 비록 그가 무권리자일지라도 그 책임을 면한다(면책적 효력).

물론 유가증권의 권리관계는 1차적으로 유가증권에 의하여 결정되나 그 실체는 실질적 권리이므로, 유가증권상의 채무자는 유가증권의 소지인이 진실한 권리자가 아니라는 것을 알고 또 이것을 용이하게 증명할 수 있을 때에는 그에게 변제하여서는 안된다. 즉 유가증권상의 채무자가 사기 또는 중대한 과실로 무권리자에게 변제한 때에는 다시 진실한 권리자에게 변제하여야 한다.

## Ⅲ. 讓受人의 側面

유가증권의 소지인은 적법한 권리자로 추정되므로, 유가증권의 소지인으로부터 권리를 양수한 자는 비록 양도인이 무권리자일지라도 악의 또는 중대한 과실이 없는 한 그 권리를 취득한다(선의취득). 그러므로 유가증권의 양수인은 유가증권을 양수하는 경우에 그 양도인이 권리자인가 아닌가를 조사할 필요가 없다.

또한 유가증권을 양수한 자는 유가증권상의 권리를 취득하므로, 그 유가증권상의 권리가 존재하지 않거나 그 유가증권상의 권리행사를 방해하는 실질관계상의 사유가 있더라도 유가증권의 양수인은 채무자로부터 대항을 받지 않는다(인적항변의 절단). 그러므로 유가증권의 양수인은 유가증권을 양수하는 경우에 유가증권에 기재된 권리가 있는가 없는가를 조사할 필요가 없고 유가증권상의 기재를 신뢰하여 권리를 양수하여도 보호된다.

### 제3. 有價證券에 대한 法規制

스위스(스위스 채무법 945조 이하)와 미국(Uniform commercial Code, Art. 3, 7, 8)에서는 유가증권의 전부를 포괄적으로 규제하는 유가증권법이 있으나, 우리 나라는 그렇지 않고 중요한 유가증권에 관하여 각각 다른 법에서 규정하고 있다.

즉 어음에 대해서는 어음법에서, 수표에 대해서는 수표법에서, 금전·물건 또는 유가증권의 지급을 목적으로 하는 유가증권에 대해서는 상법 제65조에서, 화물상환증에 대해서는 상법 제128조 이하에서, 창고증권에 대해서는 상법 제156조 이하에서, 선하증권에 대하여서는 상법 제852조 이하에서, 주권에 대해서는 상법 제336조 이하에서, 또 사채권에 대해서는 상법 제478조 이하에서 규정하고 있다.

그러나 유가증권상의 권리의 발생·행사·이전·소멸 등에 관하여 일정한 원칙이 확립되어 있으므로, 유가증권법은 사법체계 중에서 하나의 독립된 법체계를 이루고 있는 것이다.

## 제 2 절　有價證券의 槪念

### 제1. 序　說

유가증권이라는 말은 상법·민사소송법·형법 등에서 사용되고 있으나, 그 개념은 동일하지 않다. 예컨대 상법 제46조 제1호·제2호에서는 상거래의 대상이 되는 것을 예상하고 있고, 상법 제136조·제153에서는 화폐 등과 같은 고가물인 것을 예상하고 있으며 자본시장과 금융투자업에 관한 법률에서는 주권이나 사채권 등의 자본증권을 예상하고 있다.

〔外國의 有價證券의 槪念〕

유가증권의 개념은 국가에 따라 다르다. 스위스 채무법에서는 「유가증권은 증권 없이는 권리를 행사하거나 타인에게 양도할 수 없을 정도로 권리와 결합되어 있는 증권이다」(스위스 채무법 96조)라 규정하고 있고, 또 미국에서는 유가증권이라는 용어는 없고 통일상법전(UCC)·증권거래법(the Securities Act, 1933)·증권거래소법(the Securities and Exchange Acts, 1934) 등에서 상업증권(commercial paper)·투자증권(investment securities)·권원증권(documents of title) 등의 용어가 사용되고 있는데, 이러한 증권을 포괄하여 유통증권(negotiable instruments)이라 한다.

이와 같이 유가증권이라는 말은 각 법분야에 따라 다르게 사용되고 있고, 유가증권의 개념에 관한 학설도 다양하다.

## 제2. 有價證券의 概念에 관한 學說

### Ⅰ. 序 說

유가증권이라는 말은 독일어의 Wertpapier의 역어이고, 유가증권의 개념도 독일의 「브루너」(H. Brunner)의 화체설에서 비롯된 것이다.

화체설은 유가증권이 사법상의 권리를 표창(화체)하는 증권으로서 권리의 사용에 증권의 점유를 필요로 한다는 학설이다(H. Brunner, Die Wertpapier in Endemanns Handbuch, Bd. II. S. 140). 브루너가 처음으로 재산권의 표창성과 권리이용의 증권의존성이 유가증권의 개념을 구성한다고 하였고, 오늘날 유가증권의 개념에 관한 학설은 이 화체설을 다소 변용한 것에 불과한 것이다.

우리 나라에 있어서 유가증권의 개념에 관한 학설은 유가증권이 「재산적 가치 있는 사권을 표창한 증권」이라는 점에서는 견해를 같이 하고, 다만 권리의 발생·이전·행사에 증권의 소지를 요하는가에 관하여 견해가 나뉘어 있다.

### Ⅱ. 學 說

제1설은 전통적인 유가증권의 개념으로서 권리의 발생·이전·행사의 전부(예 : 어음·수표의 경우) 또는 일부(예 : 운송증권·창고증권의 경우)에 증권의 소지를 요한다고 한다(박원선 425면, 손주찬 8면, 김용태 242면 정무동, 282면, 정찬형 6면.).

제2설은 권리에 증권을 결합시킴으로써 권리의 유통을 촉진시킬 수 있다는 입장에서, 유가증권은 권리의 이전에 증권의 소지(교부)를 요한다고 한다(최기원 11면).

또한 제3설은 권리의 행사에 있어서 권리·증권의 결합과 권리의 이전에 있어서 권리·증권의 결합 간에는 논리적 관계가 있다고 보고, 유가증권은 권리의 이전과 행사에 증권의 소지를 요한다고 한다(양승규(어) 38면).

그리고 제4설은 권리의 행사에 증권의 소지(제시)를 요한다면 논리필연적으로 권리의 이전에도 증권의 소지(교부)를 요한다는 이유로 유가증권은 권리의 행사에 증권의 소지를 요한다고 한다(정희철 7면, 정동윤 13면, 이범찬 · 최준선 47면).

### Ⅲ. 檢 討

제1설에 의하면 권리의 발생에 관하여서만 증권의 소지를 요하고 권리의 이전이나 행사에 관하여서는 증권의 소지를 요하지 않는 유가증권이 있다는 오해가 있을 수 있고, 제2설은 권리의 이전에 증권의 소지를 요하는 것은 권리의 행사에 증권의 소지를 요하는 데서 오는 당연한 결과인 데도 이를 간과하고 있고, 제4설은 실질적으로 제3설과 같은 것이다.

제3설은 기명주권도 유가증권인 데도 그 권리의 행사에 주권의 소지(제시)를 요하지 않는 것을 설명할 수 없다는 비난이 있다.

그러나 기명주권도 그 권리의 행사를 위하여서는 주주명부의 명의개서가 필요하고 주주명부의 명의개서를 위하여서는 주권의 제시가 필요하므로 결국 기명주권의 권리행사에도 주권의 소지를 요하는 것이라 볼 수 있고, 또 기명주권의 양도는 주권의 교부에 의하여 하므로(상 336조 1항) 기명주권의 이전에도 주권의 소지를 요하는 것이다.

생각건대 유가증권의 권리행사에는 증권을 소지(제시)하여야 하므로 그 권리의 이전에도 필연적으로 증권의 소지(교부)를 요한다. 즉 유가증권의 권리의 이전에 증권의 소지를 요하는 것은 권리의 행사에 증권의 소지가 필요하기 때문인 것이다. 그러므로 유가증권은 「권리의 행사에」 증권의 소지를 요하는 것이라 보는 것이 타당하다(제3설).

## 제3. 有價證券의 意義

상술한 바와 같이 유가증권은 재산적 가치가 있는 사권을 표창한 증권으로서 권리의 행사와 이전에 증권의 소지를 요하는 것이다. 이것을 분설하면 다음과 같다.

(1) 유가증권은 재산적 가치가 있는 사권을 표창(화체)한 것이다. 재산적 가치가 있는 사권 즉 재산권은 채권이든 물권이든 또는 사원권이든 불문한다.

여기에서 표창한다는 것은 무형의 권리를 유형의 증권으로 化現하는 것 즉 권리와 증권이 결합되어 있는 상태를 말한다. 이것을 권리가 증권에 化體(embody)되어 있다고도 한다.

권리의 증권에의 화체 즉 권리와 증권의 결합에 의하여 증권의 소지인이 권리자로서의 외관을 가지므로, 채무자는 증권과 상환하여 채무를 이행하면 면책되고 권리자는 증권의 소지만으로 권리자로 추정되어 자기의 권리를 증명할 필요 없이 그 권리를 행사할 수 있으며 또 권리의 유통성이 확보된다.

(2) 유가증권은 권리의 행사와 이전에 증권의 소지를 요한다. 권리의 행사와 이전에 증권의 소지를 요하는 것은 유가증권의 최소한의 요건이고, 이 외에 어음·수표와 같이 권리의 발생에도 증권의 소지를 요하는 경우도 있다.

유가증권상의 권리의 행사와 이전에 증권의 소지를 요하나, 유가증권의 본체는 어디까지나 실질적 권리이므로 증권의 소지라는 형식적 자격보다 실질적 권리가 우선한다. 따라서 채무자는 증권의 소지인이 진정한 권리자가 아니라는 것을 증명하여 그 권리행사를 거부할 수 있고, 제권판결을 받은 권리자는 증권 없이도 권리를 행사할 수 있으며, 채무자가 증권의 소지인이 진정한 권리자가 아님을 증명할 수 있는 데도 권리행사를 거부하지 않고 변제하면 그 책임을 면할 수 없다.

## 제4. 有價證券과 區別되는 證券

### Ⅰ. 證據證券

증거증권은 권리관계의 존재와 내용을 증명하는 서면으로서, 운송장, 차용증서, 영수증, 은행예금증서, 보험증권 등이다. 증거증권은 권리가 표창된 것이 아니고 다만 권리를 증명할 뿐이므로, 그 권리의 행사나 이전에 증권의 소지를 요하지 않는다.

증거증권은 권리를 표창한 것이 아니고 단지 권리관계의 증거방법에 불과하므로, 의무자가 진정한 권리자가 아닌 소지인에게 이행한 때에는 그 책임을 면하지 못한다.

그러나 증거증권 중에는 면책증권의 성질을 가진 것이 많고, 또 유가증권은 모두 증거증권이다.

## Ⅱ. 免責證券

면책증권은 의무자가 증권의 소지인에게 이행하면 증권의 소지인이 정당한 권리자가 아니라도 악의 또는 중대한 과실이 없는 한 의무를 면하는 증권이다. 이러한 면책증권으로는 철도수하물상환증, 휴대물예치증, 적하수취증, 은행예금증서, 보험증권, 개찰 후의 승차권 등이 있다.

면책증권은 동종의 불특정 다수의 권리자가 집단적으로 권리행사를 하는 경우에 의무자가 권리자를 식별하기가 곤란하므로 의무자의 의무이행을 안전·원활하게 하기 위하여 발행하는 것이다. 의무자가 면책증권의 소지인에게 의무를 이행하면 면책된다는 의미에서 보면 면책증권의 소지인은 일응 권리행사의 자격을 가진 자라 할 수 있으므로, 면책증권을 자격증권이라고도 한다.

대부분의 유가증권은 동시에 면책증권이다. 예컨대 지시증권과 무기명증권은 유가증권이고 또 의무자가 악의 또는 중대한 과실 없이 그 의무를 이행하면 면책되므로(민 518조 524조) 면책증권이다.

**【有價證券과 免責證券】**

**1. 意 義**

유가증권은 재산적 가치 있는 권리를 표창한 증권으로서 권리의 행사와 이전에 증권의 소지를 요하는 것이고, 면책증권은 채무자가 증권의 소지인에게 이행하면 증권의 소지인이 정당한 권리자가 아니라도 악의 또는 중대한 과실이 없는 한 채무를 면하는 증권이다.

유가증권은 채권 및 기타의 권리를 증권에 표창하여 즉 권리와 증권을 불가분의 일체로 결합하여 권리의 유통의 강화를 기한 것으로서 채권자의 편의를 위한 것이나, 면책증권은 동종의 불특정 다수의 채권자에게 채무를 이행하는 경우에 채권자를 용이하게 식별하기 위한 것으로서 채무자의 편의를 위한 것이다.

**2. 債權者의 資格證明과 債務者의 免責**

(1) 債權者의 資格證明

유가증권은 채권자를 위한 것이므로 적극적 효력으로서 소지인에게 자격수여적 효력이 인정되어 소지인이 적법한 소지인으로 추정되므로(상 336조 2항, 어 16조 1항, 수 19조) 소지인은 자기가 진실한 권리자라는 것을 증명할 필요 없이 그 권리를 행사할 수 있고 채무자는 소지인이 진실한 권리자가 아니라는 확실한 증거가 없는 한 그 이행의 청구를 거절할 수 없다. 또한 유가증권은 권리와 증권이 결합되어 있으므로 권리자가 증권을 소지하고 있지 않으면 자기가 진실한 권리자라는 것을 증명하여도 채무자는 그 이행을 거절할 수 있다.

(2) 債務者의 免責

유가증권은 증권의 유통보호를 위한 소극적 효력으로서 채무자에게 면책적 효력이 인정되어 채무자가 소지인에게 악의 또는 중대한 과실 없이 채무를 이행한 때에는 그 소지인이 진실한 권리자가 아니라도 면책되며(민 518조 524조) 이것은 면책증권의 본질적 효력이고 특색이다.

### 3. 債權의 讓渡와 效力

유가증권은 원래 유통증권으로서 처음부터 채권의 양도가 예정되어 있으므로 당연히 양도성이 있으나, 면책증권은 단지 채무자의 채무이행의 편의를 위하여 인정된 증권이므로 면책증권과 채권의 양도는 아무 관계가 없다.

유가증권은 권리가 증권에 결합되어 있으므로 증권상의 권리양도에는 증권의 교부가 그 조건으로 되어 있고, 또 증권의 유통보호를 위하여 유가증권적 유통방법에 의하여 양수한 유가증권의 소지인에게는 자격수여적 효력이 그에 대한 지급에는 면책적 효력이 인정되고 또 선의취득과 인적항변의 절단이 인정되고 있다.

면책증권의 경우에도 증권에 의하여 증명되는 권리를 양도할 수 없는 것은 아니나, 그 양도는 일반원칙에 따라 지명채권양도의 방법과 효력에 의하여야 한다.

### 4. 文言證券性

유가증권은 문언증권성이 있어 증권상의 권리의 내용은 증권에 기재된 문언에 의하여서만 결정되고 증권 외의 실질관계에 의하여 결정되지 않는다.

그러나 면책증권에 있어서 권리의 내용은 모두 증권 외의 실질관계에 의하여 결정되고 증권상의 문언은 증명 외의 다른 효력이 없다.

## Ⅲ. 金 券

금권은 우표나 수입인지 등과 같이 법령에 의하여 특정한 용도에 금전에 갈음하여 사용할 수 있는 증권이다. 이는 발행자에 대한 청구권을 표창한 것이 아니므로 유가증권이 아니고 그 자체가 가치를 가지는 것이다. 지폐는 어떤 이행청구권을 표창하는 것이 아니고 법률에 의하여 지급수단으로 사용되는 것이므로 금권이다. 금권을 금액권이라고도 한다.

금권을 상실한 경우에는 유가증권을 상실한 경우와는 달리 제권판결에 의한 권리행사의 회복이 인정되지 않는다.

## Ⅳ. 기타의 證券

### 1. 保險證券

#### (1) 意 義

보험증권은 보험계약의 성립과 내용을 증명하기 위하여 보험계약의 성립 후 보험자가 발행하는 증권이다(상 640조).

보험증권은 보험계약의 성립과 내용을 증명하는 증거증권이고, 또 소지인에게 지급하면 악의 또는 중대한 과실이 없는 한 비록 그가 정당한 권리자가 아니라도 책임을 면하는 면책증권이다. 또한 보험증권은 보통 기명식으로 발행하나, 지시식이나 무기명식으로도 발행한다.

#### (2) 保險證券의 有價證券性

보험증권이 유가증권인가에 관하여 종래의 학설은 보험금지급청구권이 보험증권 외의 사정 즉 보험료의 지급 기타 의무의 이행에 걸려 있는 것을 이유로 그 유가증권성을 부정하고, 따라서 보험증권에 지시문구가 있더라도 보험증권의 배서에 의한 보험금지급청구권의 양도를 제3자에 대하여 대항할 수 없다고 하였다.

물론 인보험에 있어서는 그 성질상 보험증권에 유가증권성을 인정할 수 없다. 또 손해보험이라도 화재보험에서처럼 그 보험의 목적물이 전전유통되는 것이 아님에도 그에 대한 손해보상청구권(보험금청구권)만 따로 유통되는 것은 부당하므로 화재보험의 보험증권에도 유가증권성을 인정할 수 없다.

그러나 손해보험 중의 운송보험이나 해상적하보험에서와 같이 보험의 목적물이 운송증권에 의하여 거래되고 또 보험에 의하여 그 목적물의 경제적 가치가 보완되는 경우에는 보험의 목적물이 양도될 때에 보험에 의한 손해보상청구권(보험금청구권)도 양도되는 것을 인정하는 것이 바람직하므로, 운송보험이나 해상적하보험 등의 보험증권이 지시식 또는 무기명식으로 발행된 경우에는 이를 유가증권으로 인정하는 것이 타당하다.

### 2. 乘車券

#### (1) 意 義

승차권은 여객운송계약의 성립·내용 및 운임의 지급 등을 증명하는 증권으로서, 운송인이 여객에게 발행하는 것이다.

승차권에는 일반승차권, 정기승차권, 회수승차권 등이 있고, 또 이러한 승차권은 기명식으로 발행하기도 하고 무기명식으로 발행하기도 한다.

(2) 乘車券의 有價證券性

① 一般乘車券 일반승차권은 승차노선 · 승차구간 · 등급이 정하여져 있는 무기명식 승차권이다. 이러한 일반승차권은 개찰 전과 개찰 후에 따라 그 성질이 다르다.

개찰 전의 일반승차권의 경우에는 여객이 승차하려면 운송인의 청구에 따라 제시하여야 하고 법률 또는 계약상 다른 정함이 없는 한 자유로이 양도할 수 있으며 또 승차권에 기재된 대로 운송인에 대하여 운송을 청구할 수 있으므로, 개찰 전의 일반승차권은 여객운송계약상의 권리 즉 운송청구권을 표창하는 유가증권이다.

그러나 일단 개찰이 되고 난 후에는 운송인은 특정의 여객에 대하여서만 운송의 의무를 지고 이 후에는 여객이 이것을 타인에게 양도할 수 없으므로, 개찰 후의 일반승차권은 운송계약의 성립 · 내용 및 운임의 지급을 증명하는 증거증권이다.

② 定期乘車券 정기승차권은 여객의 성명, 승차노선, 승차구간, 통용기간 등이 정하여져 있는 기명식 승차권이다. 정기승차권의 경우에는 증권에 기재된 여객이 승차권의 통용기간 중에는 일정한 승차노선과 승차구간에 있어서 자유로이 운송을 청구할 수 있는 권리를 가진다고 보는 것이 실태에 적합하고 또 여객이 승차할 때에는 승차권을 제시하여야 하므로, 정기승차권도 운송청구권을 표창하는 유가증권이라 보는 것이 타당하다.

다만, 정기승차권은 보통 소지인인 여객의 자격과 이용목적이 한정되어 있고 또 기명식으로 발행되므로 양도성이 없다.

③ 回數乘車券 회수승차권은 증권에 금액이 기재되어 있고 승차구간이 특정되어 있는 복수의 승차권이 하나의 철로 되어 있는 무기명식 승차권이다.

회수승차권의 경우에는 운송인이 회수승차권을 발행할 때에 운송인과 매수자간에 구체적인 운송계약을 체결하는 것은 아니나, 여객이 승차 시에 희망하는 노선에서 희망하는 구간까지 운송인이 운송할 것을 인수하여 운송계약이 성립되므로, 회수승차권도 운송계약상의 권리 즉 운송청구권을 표창하는 유가증권이라 보는 것이 타당하다.

그러나 회수승차권이 여객의 운송청구권을 표창하는 유가증권이라 보더라도 그 운송청구권의 구체적인 내용은 운송약관 또는 상관습에 의하여 정하고 또 운임변동의 경우에 그 부족액의 지급이나 초과액의 반환도 운송약관 또는 상관습에 의하여 정한다.

### 3. 定期預金證書

정기예금은 일정한 기간 내에는 예금의 반환청구를 하지 않을 것을 약정하고 금전을 예탁하는 예금이다. 이러한 예금채권에 관하여 발행하는 정기예금증서는 증거증권이다.

### 4. 讓渡性預金證書

양도성예금은 양도성이 인정되는 정기예금으로서, 최대 만기에 제한이 있고 만기 이전에 중도 해지가 불가하며 양도가 자유라는 점에서 보통의 정기예금과 다르다.

이러한 양도성예금에 관하여 발행되는 증권을 양도성예금증서(negotiable certificate of time deposit, C.D.)라 하며, 이는 무기명식으로 발행된다. 양도성예금은 양도성예금증서의 교부에 의하여 양도되고 또 만기에 양도성예금증서와 상환하여 지급받으므로, 양도성예금증서는 유가증권이다.

양도성예금은 1961년경 미국에서 비롯되었던 것이나, 1970년 10만 달러 이상의 C.D.에 대한 금리규제가 폐지됨에 따라 널리 보급되었고, 우리 나라에서는 1984년부터 시행되었다.

### 5. 商品券

상품권은 일정한 금액·상품 또는 용역의 급여청구권을 표창하는 무기명·일람출급식의 유가증권이다(상품권 표준약관 3조). 상품권에는 금액상품권, 물품상품권, 용역상품권 등이 있다(상품권 표준약관 3조).

고객이 상품권면의 금액 또는 수량의 범위 내에서 물품 등의 제공을 요구하는 때에는 발행자 또는 가맹점은 즉시 해당 물품 등을 제공하여야 하고, 고객에게는 현금거래자보다 우선하여 물품 등을 제공하여야 한다(상품권 표준약관 3조 1항·3항).

고객이 상품권면의 금액의 100분의 60(1만 원 이하의 상품권은 100분의 80) 이상에 해당하는 물품 등을 제공받고 잔액의 반환을 요구하는 경우에, 발행자 또는 가맹점은 그 잔액을 현금으로 반환하여야 한다(상품권 표준 약관 7조 2항).

## 제 3 절 有價證券의 種類

### Ⅰ. 權利者의 指定方式에 의한 分類

유가증권은 양도할 때에 그 증권상의 권리자를 지정하는 방식에 따라 기명증권, 지시증권, 무기명증권, 선택무기명증권 등으로 구분된다.

#### 1. 記名證券

기명증권은 증권면에 특정인을 권리자로 지정한 유가증권으로서 지시증권이 아닌 것을 말한다. 기명증권으로는 기명주권, 항공권, 기명채권, 기명승차권 등이 있다. 본래는 지시증권이라도 발행인이 배서(지시)금지문구를 기재하면 지시성을 잃고 기명증권으로 된다(어 11조 2항, 수 14조 2항 상 130조 단서 · 157조 · 861조).

기명증권의 양도는 배서에 의하지 않고 지명채권양도의 방법(양도인의 채무자에 대한 통지 또는 채무자의 승낙)에 의한다(민 450조). 따라서 기명증권에는 배서를 전제로 하는 특전 즉 선의취득이나 인적항변의 절단 등이 인정되지 않는다.

#### 2. 指示證券

지시증권은 증권면에 기재되어 있는 특정인 또는 그 자가 지시하는 자를 권리자로 하는 유가증권이다. 지시증권은 증권면에 권리자의 명칭이 기재되어 있는 점에서 소지인을 권리자로 하는 무기명증권과 다르다.

지시증권에는 지시문구의 기재가 있어야 지시증권으로 되는 임의적 지시증권과 어음 · 수표 · 화물상환증 · 선하증권 · 창고증권 등과 같이 배서금지문구의 기재가 없는 한 지시문구의 기재의 유무를 불문하고 법률의 규정(상 130조 · 157조 · 861조 어 11조 · 77조 1항, 수 14조)에 의하여 당연히 지시증권으로 되는 법률상 당연한 지시증권이 있다.

#### 3. 無記名證券

무기명증권은 증권면에 권리자를 특정하지 않고 소지인을 권리자로 하는 유가증권이다. 이것을 소지인출급식증권이라고도 한다. 무기명증권으로는 수표 · 무기명주권 · 무기명채권 · 상품권 · 무기명승차권 등이 있다. 무기명증권에는 수표와 같이 소지인출급문구의 기재가 있는 것과 무기명승차권과 같이 소지인출급문구의 기재가 없는 것이 있다. 그러나 채권은 대부분 무기명식으로 발행되고 있다.

무기명증권은 단순한 교부에 의하여 양도되므로 편리하다. 그러나 무기명증권은 악용될 염려가 있으므로 장기간에 걸쳐 신용작용을 하는 어음은 무기명식의 발행이 금지되고 있다(어 1조 6호 75조 5호). 또한 주권은 무기명식으로 발행할 수 있으나 (상 357조 1항) 실제상 보통 기명식으로 발행하고 있다. 그러나 주권은 무기명주권은 물론이고 기명주권도 단순한 교부에 의하여 양도되고 또 점유자가 권리자로 추정되므로 무기명증권에 속한다. 화물상환증 · 선하증권 · 창고증권 등은 명문상 무기명식으로 발행하는 것을 금지하는 규정은 없으나 실제상 무기명식으로 발행되지 않고 있다.

### 4. 選擇無記名證券

선택무기명증권은 증권면에 기재되어 있는 특정인 또는 소지인을 권리자로 하는 유가증권이다. 이것을 기명소지인출급식증권 또는 선택소지인출급식증권이라고도 한다. 선택무기명증권은 수표 · 화물상환증 · 선하증권 · 창고증권 등에 인정되고 있다.

선택무기명증권은 무기명증권(소지인출급식증권)과 동일한 효력이 있다(수 5조 2항 민 525조).

## Ⅱ. 商法上의 分類

### 1. 運送證券

운송증권은 운송인이 운송물을 수령하였다는 것을 증명하고 목적지 또는 목적항에서 증권의 정당한 소지인에게 운송물을 인도할 의무(운송물인도청구권)를 표창하는 유가증권이다. 운송증권에는 육상운송인이 발행하는 화물상환증과 해상운송인이 발행하는 선하증권이 있다(상 128조 852조).

운송증권은 불완전유가증권, 요인증권, 요식증권(상 128조 813조), 상환증권(상 129조 861조), 법률상 당연한 지시증권(상 130조 861조), 문언증권(상 131조), 처분증권(상 132조 861조), 인도증권(상 133조 861조)이다.

### 2. 倉庫證券

창고증권은 창고업자가 임치물을 수령하였다는 것을 증명하고 일정한 날에 증권의 정당한 소지인에게 임치물을 인도할 의무(임치물반환청구권)를 표창하는 유가증권이다.

3. 株 券

주권은 주식 즉 주주권을 표창하는 유가증권이다. 주권은 불완전유가증권, 요인증권, 요식증권, 법률상 당연한 지시증권, 비문언증권, 비설권증권이다.

주권은 주주의 명칭이 기재되어 있는가에 따라 기명주권과 무기명주권으로 구분되나, 기명주권이나 무기명주권은 다같이 단순한 교부에 의하여 양도된다(상 336조 1항). 기명주권의 주주는 그 명칭이 주주명부에 기재되어 있으면 권리행사의 자격을 가진다.

4. 社債券(債券)

사채권은 사채권자의 사채계약상의 권리 즉 社債權을 표창하는 유가증권이다. 社債券은 불완전유가증권, 요식증권, 요인증권, 상환증권, 비설권증권이다.

사채권은 증권면에 사채권자의 명칭이 기재되어 있느냐에 따라 기명사채권과 무기명사채권으로 구분된다. 무기명사채권을 발행하는 경우에는 보통 이자지급청구권을 표창하는 利券을 사채권에 부속하여 사채권과 일체로 발행한다. 이권을 발행한 경우에 사채권자는 이자의 지급기일 전에는 이권을 분리하여 매각할 수 있고, 또 지급기일에 이권과 상환으로 이자의 지급을 받을 수 있다.

5. 換어음

환어음은 발행인이 지급인에 대하여 증권상에 기재된 금액을 일정한 날에 증권상의 권리자(수취인 또는 그 지시인)에게 무조건으로 지급할 것을 위탁하는 유가증권이다.

환어음은 금전채권증권, 완전유가증권, 문언증권, 무인증권, 법률상 당연한 지시증권, 설권증권, 상환증권이다.

환어음은 지급위탁증권인 점에서 지급약속증권인 약속어음과 다르다. 환어음은 주로 원격지 특히 국제간의 송금 또는 대금추심을 위하여 이용되고, 또 어음할인에 의하여 신용을 이용하는 수단으로도 이용된다.

6. 約束어음

약속어음은 발행인이 권리자(수취인이나 그 지시인)에 대하여 증권상에 기재된 금액을 일정한 날에 무조건으로 지급할 것을 약속하는 유가증권이다. 약속어음의 성질은 환어음과 같다.

약속어음은 지급약속증권이므로 환어음과는 달리 지급인을 필요로 하지 않으며, 약속어음은 주로 국내의 거래에서 신용기능과 결합하여 금전지급의 수단으로 이용된다.

### 7. 手 票

수표는 발행인이 지급인(은행 등 금융기관)에 대하여 증권상에 기재된 금액을 증권상의 권리자(수취인이나 기타 정당한 소지인)에게 무조건으로 지급할 것을 위탁하는 유가증권이다.

수표는 지급위탁증권인 점에서 환어음과 같고 약속어음과 다르나, 지급증권인 점에서 신용증권인 환어음·약속어음과 다르다. 수표는 경제적으로 지급기능을 가지므로, 수표에는 인수의 금지(手 4조), 일람출급성(手 28조), 지급제시기간의 단축(手 29조), 지급위탁취소의 제한(手 32조) 등의 규제가 있다.

## Ⅲ. 證券에 表彰된 權利에 의한 分類

### 1. 債權證券

채권증권은 채권을 표창하는 유가증권이다. 채권증권 중에서 화물상환증·선하증권·창고증권·상품권 등과 같이 물건인도의 청구권을 표창하는 채권증권을 물건증권이라 하고, 어음·수표 등과 같이 금전지급의 청구권을 표창하는 채권증권을 금전증권이라 한다.

화물상환증·선하증권·창고증권은 증권을 교부하면 증권에 기재된 물건을 인도한 것과 동일한 물권적 효력이 생기므로 이러한 증권을 물권적 유가증권 또는 인도증권이라고도 하나, 이것은 물권적 효력이 생긴다는 의미이고 물권을 표창하는 물권증권과는 다르다.

### 2. 物權證券

물권증권은 물권을 표창하는 유가증권이다. 우리 나라에는 순전히 물권만을 표창하는 물권증권은 없다. 독일법상의 토지채무증권, 저당증권, 정기토지채무증권 등이 이에 속한다.

3. 社員權證券

사원권증권은 사원권을 표창하는 유가증권이다. 사원권으로는 주주의 이익배당청구권·잔여재산분배청구권 등의 자익권과 의결권·소수주주권 등의 공익권이 있다.

## Ⅳ. 權利의 證券에의 表彰(結合)의 程度에 의한 分類

1. 完全有價證券

완전유가증권은 증권상의 권리의 발생·이전·행사의 모두에 증권의 소지를 요하는 유가증권이다. 이것을 절대적유가증권이라고도 한다. 완전유가증권으로는 어음·수표 등이 있다.

2. 不完全有價證券

불완전유가증권은 증권상의 권리의 행사와 이전에만 증권의 소지를 요하는 유가증권이다. 어음·수표 외의 유가증권은 거의 불완전유가증권이다.

## Ⅴ. 要因性에 의한 分類

1. 無因證券(不要因證券·抽象證券)

무인증권은 증권상의 권리가 증권의 발행의 원인인 법률관계(원인관계)의 효력에 영향을 받지 않는 유가증권이다. 즉 증권상의 권리가 증권발행의 원인인 매매나 소비대차가 부존재하거나 무효 또는 취소되어도 그 영향을 받지 않는 유가증권이다. 이것을 불요인증권 또는 추상증권이라고도 한다. 무인증권으로는 어음·수표가 있다.

이것은 어음·수표와 같이 유통성이 강한 유가증권을 양수한 자는 증권상의 기재를 신뢰하여 양수하므로, 그 신뢰자를 보호하기 위하여 증권상의 권리가 증권발행의 원인의 부존재나 무효 또는 취소의 영향을 받지 않도록 한 것이다.

그러나 증권발행의 원인의 부존재나 무효 또는 취소는 직접의 당사자 간과 악의 취득자에 대하여서는 인적항변의 사유로 된다.

2. 要因證券(有因證券)

요인증권은 증권상의 권리가 증권발행의 원인인 법률관계의 유효한 존재를 요건으로 하는 유가증권이다. 이것을 유인증권이라고도 한다. 어음·수표 외의 화물상환증·선하증권·창고증권 등은 요인증권이다.

## Ⅵ. 設權性에 의한 分類

### 1. 設權證券

설권증권은 증권상의 권리의 발생에 증권의 발행을 요건으로 하는 유가증권이다. 따라서 설권증권에 있어서 증권상의 권리는 증권의 발행에 의하여 생긴 권리이고, 증권발행의 원인인 법률관계에서 생긴 권리가 아니다. 설권증권으로 어음·수표가 있다. 설권증권은 완전유가증권이다.

### 2. 非設權證券

비설권증권은 증권상의 권리의 발생에 증권의 발행을 요건으로 하지 않는 유가증권이다. 이것을 선언적유가증권이라고도 한다. 비설권증권으로는 화물상환증·선하증권·창고증권·주권 등이 있다. 비설권증권은 원인관계에 의하여 먼저 발생한 권리를 증권의 발행에 의하여 증권에 표창한 것이다.

## Ⅶ. 要式性에 의한 分類

### 1. 要式證券

요식증권은 증권의 기재사항 기타 방식이 법정화되어 있는 유가증권이다. 유가증권은 유통을 사명으로 하여 그 권리관계가 증권상에 명확히 표시되어 있어야 하므로, 상법상의 유가증권은 모두 요식증권이다.

요식증권 중에는 어음·수표와 같이 법정기재사항 중의 어느 하나라도 결하면 증권 자체가 무효로 되는(어 2조 1항 본문·76조 1항 본문, 수 2조 1항 본문) 엄격한 요식증권과 어음·수표 외의 다른 유가증권과 같이 요소적 기재사항 외의 법정기재사항은 그 기재를 결하여도 무효로 되지 않는 엄격하지 않은 요식증권이 있다.

### 2. 不要式證券

불요식증권은 증권의 기재사항 기타 방식이 법정화되어 있지 않는 유가증권이다. 현행 상법에는 불요식증권이 없다.

## Ⅷ. 文言性에 의한 分類

### 1. 文言證券

문언증권은 증권상의 권리의 내용이 증권에 기재된 문언에 따라 정하여지는 유가증권이다. 상법은 화물상환증·창고증권의 문언증권성을 규정하고 있으면서

(상 131조 157조) 어음·수표의 문언증권성에 관하여서는 규정이 없으나 어음·수표가 문언증권이라는 점에는 이론이 없다.

문언증권의 효력은 선의의 제3자에 대한 관계에서만 생기고, 직접의 당사자나 악의의 제3자에 대한 관계에서는 생기지 않는다.

2. 非文言證券

비문언증권은 증권상의 권리의 내용이 증권 외의 실질관계에 의하여 정하여지는 유가증권이다. 비문언증권으로는 기명주권·기명사채권 등이 있다.

## Ⅸ. 提示性에 의한 分類

1. 提示證券

제시증권은 소지인이 증권상의 권리를 행사하기 위하여서는 채무자에게 증권을 제시하여야 하는 유가증권이다. 지시증권·무기명증권·선택무기명증권은 모두 제시증권이다. 제시증권은 모두 상환증권이다.

지시증권·무기명증권·선택무기명증권 등의 유통증권은 다수인에게 전전 유통하여 누가 소지인인지 알기 어려우므로, 소지인이 증권을 제시하여 이행을 청구하도록 한 것이다. 따라서 이행기가 도래한 후라도 소지인이 증권을 제시하여 이행의 청구를 하여야 채무자가 이행지체로 된다(민 517조·524조, 상 65조).

제시증권에 있어서는 증권의 제시가 청구의 요건이다.

2. 非提示證券

비제시증권은 소지인이 증권상의 권리를 행사할 때에 증권의 제시를 요하지 않는 유가증권이다. 기명주권이나 기명사채권 등의 경우에는 권리자가 주주명부나 사채원부의 기재에 의하여 권리를 행사하고 증권의 제시를 요하지 않으므로, 이러한 유가증권은 비제시증권이다.

## Ⅹ. 相換性에 의한 分類

1. 相換證券

상환증권은 증권과 상환하지 않고는 증권상의 채무를 이행할 필요가 없는 유가증권이다. 유통성이 강한 유가증권에 있어서는 증권과 권리가 불가분적으로 결합되어 있어 양자는 운명을 같이 하여야 하고 채무를 이행할 때에 증권을 환수해 두지 않으면 후일에 그 증권의 선의취득자가 다시 이행을 청구할 위험이 있으므로, 유통성이 강한 유가증권에는 상환성을 부여한 것이다.

어음(어 39조 · 50조 77조 1항 3호), 수표(수 34조), 화물상환증(상 129조), 창고증권(상 157조 129조), 선하증권(상 861조 129조) 기타 무기명채권(민 524조 519조) 등은 모두 상환증권이다. 상환증권에는 보통 상환문구가 기재되어 있다.

2. 非相換證券

비상환증권은 증권과 상환하지 않고도 증권상의 권리를 행사할 수 있는 유가증권이다. 기명주권이나 기명사채권은 비상환증권이다.

## 제 4 절 어음 · 手票法

### 제1. 어음 · 手票法의 意義

어음 · 수표법의 의의에는 다른 법에서와 같이 실질적 의의와 형식적 의의가 있다.

#### Ⅰ. 實質的 意義의 어음 · 手票法

실질적 의의의 어음 · 수표법에는 최광의의 어음 · 수표법, 광의의 어음 · 수표법, 협의의 어음 · 수표법이 있다.

최광의의 어음 · 수표법은 어음 · 수표에 관한 법의 전체를 말하는 것으로서, 어음 · 수표에 관한 사법 뿐만 아니라 어음 · 수표에 관한 공법 즉 형법의 규정(형 214조 ~217조), 민사소송법의 규정(민소 492조 이하) 등을 포함하고, 또 어음 · 수표에 관한 국제사법의 규정(국제사 51조~59조)도 포함한다.

광의의 어음 · 수표법은 어음 · 수표에 관한 사법의 전체를 말하는 것으로서, 협의의 어음 · 수표법 외에 전자어음의 발행 및 유통에 관한 법률과 민사어음 · 수표법을 포함한다. 전자어음의 발행 및 유통에 관한 법률은 전자적 방식으로 약속어음을 발행 · 유통하고 어음상의 권리를 행사할 수 있도록 하기 위하여 2005년에 제정되어 시행되고 있는 법이다. 민사어음 · 수표법은 어음 · 수표의 법률관계에 적용되는 민법 · 상법의 규정으로서, 예컨대 어음 · 수표의 준비행위(어음 · 수표예약), 원인관계, 어음 · 수표행위능력, 어음 · 수표행위의 대리 등에 관한 법이다.

협의의 어음 · 수표법은 어음 · 수표의 거래관계에 고유한 법을 말한다. 협의의 어음 · 수표법은 대체로 형식적 의의의 어음 · 수표법과 범위를 같이 하나, 양자는 반드시 같은 것이 아니고 형식적 의의의 어음 · 수표법에는 협의의 어음 · 수표법 외에 어음 · 수표의 원인관계와 자금관계에 관한 규정(예 : 지급위탁의 취소에 관한 수표법 32조) 등이 포함되어 있다.

상술한 어음 · 수표법의 의의 중에서 어음 · 수표법학의 대상으로는 최광의의 어음 · 수표법이 가장 적당하나, 최광의의 어음 · 수표법의 전부에 걸쳐 고찰하는 것은 곤란하므로 이 책에서는 광의의 어음 · 수표법을 대상으로 고찰하기로 한다.

### Ⅱ. 形式的 意義의 어음 · 手票法

형식적 의의 어음 · 수표법은 어음법 · 수표법 또는 어음편 · 수표편 등의 이름의 성문법으로 제정되어 있는 법을 말한다. 이것은 단지 규정의 형식에 착안한 것이다.

우리 나라에는 형식적 의의 어음 · 수표법으로 어음법(1962. 1. 20. 법 1001호 2007. 5. 17. 법 8441호 개정)과 수표법(1962. 1. 20. 법 1002호 2007. 5. 17. 법 8440호 개정)이 있다.

## 제2. 어음 · 手票法의 沿革과 國際的 統一

### Ⅰ. 어음 · 手票法의 沿革

중세 지중해 연안에서는 환전업자가 상인으로부터 일정한 금액을 받고 지급지의 지급인 앞으로 제시인(상인)에게 일정한 금액을 지급할 것을 위탁하는 지급위탁서(lettera di pagamento)를 교부하는 관습이 있었고, 이것이 오늘날의 환어음으로 되었다.

근세에 이르러서는 어음 · 수표에 관하여 많은 입법이 행하여졌다. 특히 주목할 것은 1673년 프랑스 상사조례(Ordonnance sur le commerce) 제5장과 제6장에서 환어음에 관하여 상세한 규정(전부 43개조)을 두었고 그 후 이것을 기초로 1807년의 프랑스 상법전(code de commerce)의 일부로 어음법이 제정되었으며, 수표에 관하여서는 1865년의 수표법이 제정되었다.

독일에서는 1847년에 보통독일어음조례(Allgemeine Deutsche Wechselordnung)를 제정하였고, 1933년에 제네바 어음법 통일조약과 수표법 통일조약에 기하여 어음법(Wechselgesetz)과 수표법(Scheckgesetz)을 제정하였다.

그리고 미국에서는 1896년에 통일유통증권법(Uniform Negotiable Instruments Law)을 제정하여 대부분의 주에서 이를 채택하였고, 또 1952년에 통일상법전(Uniform Commercial Code, U.C.C)을 제정하여 모든 주에서 이를 채택하고 있으며 통일상법전에는 제3편에 유통증권(Negotiable Instruments)과 제4편에 은행예금 및 추심(Bank Deposits and Collection)의 규정을 두고 있다.

## Ⅱ. 어음 · 手票法의 國際的 統一

### 1. 제네바 어음法系와 英美 어음法系

오늘날 세계의 어음 · 수표법은 유럽제국을 중심으로 하는 제네바 어음법계와 영미 어음법계로 나뉘어 있다.

제네바 어음법계에서는 1930년에 「제네바 어음법통일조약」(Convention providing a uniform law for bills of exchange and promissory notes)을 채택하고 또 1931년에 「제네바 수표법통일조약」(Convention providing a uniform law for cheques)을 채택하였고, 이들 조약은 각국의 비준을 거쳐 1934년 1월 1일부터 효력이 발생되어 대륙법계의 국가에서는 어음 · 수표법의 통일화를 기하였다. 우리나라의 어음 · 수표법도 이 제네바 통일조약에 따른 것이다.

양 법계가 크게 다른 것은 제네바 어음법계에서는 어음 · 수표의 형식적 엄격성을 강하게 요하고 배서위조의 경우 선의의 취득자가 보호되나, 영미 어음법계에서는 어음 · 수표의 형식적 엄격성이 비교적 약하고(어음 · 수표의 방식의 간략성, 내용의 자유성, 소지인출급식어음의 인정 등) 배서위조의 경우 그 취득자와 지급채무자가 그 위험을 부담하며 또 항변절단과 선의취득이 동일 원칙에 의한다.

### 2. UNCITRAL의 國際어음法條約

상술한 바와 같이 어음 · 수표에 관하여 제네바 어음법계와 영미 어음법계의 입법이 상이하여 UN국제무역법거래위원회(United Nations Commission on International Trade Law, UNCITRAL)에서는 국제적 지급수단으로 이용되고 있는 국제환어음 · 국제약속어음 및 국제수표의 통일법 초안을 기초하여, 1988년에 UN에서 「UN국제어음법통일조약」(UN Convention on International Bills of Exchange and International Promissory Notes)을 채택하였다.

UN국제어음법통일조약에서는 국제관계에 이용되는 새 어음 · 수표의 유형으로서 국제환어음 · 국제약속어음 · 국제수표를 인정하고, 발행지, 발행인의 명칭에 부기한 지, 지급인의 명칭에 부기한 지, 수취인의 명칭에 부기한 지, 지급지 중에서 2개가 다른 경우에는 이를 국제어음 · 국제수표로 인정하고 있다.

그리고 UN국제어음법통일조약에서는 이자문구의 기재와, 분할지급어음을 인정하고, 발행인의 지급담보책임의 배제를 인정하고 있다. 또한 「정당한 소지인」(holder in due course) 외에 「보호되는 소지인」(protected holder)의 개념을 도입하여 취득자가 그 법적 지위를 취득하였는가의 여하에 따라 선의취득의 유무와 인적항변의 절단의 유무를 통일적으로 규제하고 있는데, 이러한 것은 영미어음법의 영향을 받은 것이다.

## 제3. 어음 · 手票法의 理念과 特質

### Ⅰ. 어음 · 手票法의 理念

어음 · 수표는 신용이용의 기능과 거래결제의 기능을 가지므로, 어음 · 수표법은 어음 · 수표의 이러한 기능을 달성하는 것을 임무로 한다. 어음 · 수표의 신용이용의 기능과 거래결제의 기능을 확실하고 신속하게 달성하기 위하여서는 지급의 확실성이 보장되어야 하고 증권의 유통성이 확보되어야 한다. 이 두 가지 목표가 어음 · 수표법의 이념이다.

지급의 확실성의 보장 없이는 증권의 유통성이 보장될 수 없으므로 이 두 가지 이념은 원인과 결과의 관계로 밀접하게 결합되어 있다. 물론 이 두 가지 이념은 경우에 따라 다르게 나타나기도 하나, 어음 · 수표법상의 원칙은 대체로 이 두 가지 이념에 기하고 있다. 예컨대 어음 · 수표의 불요인성 · 문언성 · 정형성, 어음 · 수표행위독립의 원칙, 인적항변의 절단, 선의취득, 배서인의 소구의무 등의 어음 · 수표법상의 중요한 원칙은 모두 어음 · 수표의 지급의 확실성과 유통성의 강화의 이념을 달성하기 위한 것이다.

### Ⅱ. 어음 · 手票法의 特質

#### 1. 强行法的 性質

어음 · 수표법은 대체로 채권법적 규정이나, 당사자자치의 원칙이 허용되지 않는 강행법적 성질을 가져 조문상 명백하게 허용되는 경우 외에는 조문과 다른 의사표시의 효력이 인정되지 않는다. 이는 어음 · 수표법의 이념인 지급의 확실성과 증권의 유통성의 강화를 위하여서는 당사자의 의사에 의한 자의적 변경을 허용하는 것이 부적당하기 때문이다.

그러나 어음 · 수표법의 강행법적 성질은 지급의 확실성과 증권의 유통성의 강화를 위한 것이므로, 이러한 취지를 일탈하여 지나치게 엄격하게 해석하여서는 안된다.

### 2. 技術的 · 形式的 性質

어음 · 수표관계는 보통 사람의 상식으로는 판단할 수 없는 전문적 지식을 요하므로, 이것을 규율하는 어음 · 수표법은 강한 기술적 성질을 가진다. 물론 상법도 민법이나 형법 등에 비하면 강한 기술적 성질을 가지나, 어음 · 수표법은 상법보다 더 강한 기술적 성질을 가진다. 어음 · 수표법은 강한 기술적 성질 때문에 윤리적 색채는 희박하다.

또한 어음 · 수표관계는 증권에 의하여 형식적으로 판단되므로, 이것을 규율하는 어음 · 수표법은 형식적 성질을 가진다.

### 3. 統一的 性質

어음 · 수표는 세계 각국에 유통되므로, 이것을 규율하는 어음 · 수표법의 통일의 필요성이 절실하게 요청되고 있다. 그리고 어음 · 수표법은 상술한 바와 같이 기술적 성질이 강하고 윤리적 색채가 희박하여 각국의 어음 · 수표법이 크게 다르지 않고 각국의 고유한 풍속이나 관습의 영향을 받지 않으며 더욱이 어음 · 수표법은 다른 법역으로부터 독립하여 있어 통일법을 제정하여도 다른 법에 영향을 미치는 바가 적으므로, 어음 · 수표법은 세계적 통일의 가능성이 크다.

오늘날 많은 국가의 어음 · 수표법이 어음법통일조약 · 수표법통일조약에 기하여 제정되었고 또 UNCITRAL의 「UN국제어음법통일조약」이 채택된 것은 이를 실증하고 있는 것이다.

## 제4. 어음 · 手票法의 地位

### I. 어음 · 手票法과 商法의 關係

오늘날 어음 · 수표는 기업의 독점물이 아니고 일반인에게도 널리 이용되고 있고 또 현행 상법상 어음 · 수표행위가 상행위로 규정되어 있는 것도 아니므로, 어음 · 수표법은 실질적으로나 형식적으로나 상법의 체계에 속하는 것이 아니다.

어음 · 수표법은 다른 유가증권에 관한 법규와 함께 유가증권법의 체계를 이루고 있는 것이다.

## Ⅱ. 어음 · 手票法과 民法의 關係

어음 · 수표법은 어음 · 수표채권에 관한 법률인 점에서 채권법적 규정을 가지고 있고, 또 어음 · 수표의 증권에 관한 법률인 점에서 물권법적 규정을 가지고 있다. 물론 어음 · 수표관계에 있어서는 어음 · 수표채권이 주로 문제되므로, 어음 · 수표법에 있어서는 채권법적 규정이 대부분이고 물권법적 규정으로는 어음 · 수표의 선의취득(어 16조 2항, 수 21조)과 입질(어 19조)에 관한 규정 등이 있다. 이러한 어음 · 수표법은 민법의 채권법과 물권법의 원칙을 어음 · 수표거래의 특수한 수요에 적합하게 보충 · 변경한 것으로서 민법에 대하여 특별법의 관계에 있다.

그러나 어음 · 수표법은 그 자체로 자족법의 체계를 갖추고 있으므로 어음 · 수표관계에 관하여 어음 · 수표법에 규정이 없더라도 바로 민법의 규정을 적용할 것이 아니고 어음 · 수표의 성질이나 어음 · 수표거래의 특수한 수요를 고려하여 어음 · 수표법 자체 내에서 합리적인 해석을 하여 해결하여야 할 것이다. 그러므로 어음 · 수표법이 민법에 대하여 특별법의 관계에 있어도 민법에 의하여 보충될 여지는 크지 않다.

## Ⅲ. 어음 · 手票法과 有價證券法의 關係

전술한 바와 같이 어음 · 수표법은 다른 유가증권에 관한 사법 규정과 함께 유가증권법의 체계를 이루고 있다. 그러나 다른 유가증권에 관한 사법 규정이 아주 불완전한 데 반하여 어음 · 수표법은 많은 규정과 정연한 체계를 가지고 있고 그 법리가 아주 발달하여 있어 가위 유가증권법의 모범이라 할 수 있고 또 유가증권법의 일반법이라 할 수 있다.

# 제5절 어음 · 手票

## 제1. 어음 · 手票의 意義

어음 · 수표는 다 같이 일정한 금액의 지급을 목적으로 하는 유가증권이다. 어음에는 환어음과 약속어음이 있다.

### Ⅰ. 換어음

환어음(bill of exchange)은 발행인이 제3자(지급인)에 대하여 일정한 금액을 다른 제3자(수취인 또는 그 지시인)에게 지급할 것을 위탁하는 문언을 기재한 어음이다. 따라서 환어음은 지급위탁증권이다.

환어음에 있어서 지급인은 어음상에 지급이 위탁된 것만으로는 지급의무를 부담하지 않고 지급의무를 부담하는 「인수」(引受)라는 어음행위를 한 때에 확정적으로 지급의무를 부담하여 주된 어음채무자로 된다. 따라서 환어음에 있어서는 지급인이 인수를 할 때까지는 주된 어음채무자가 존재하지 않고 지급인이 인수를 한 때에 주된 어음채무자가 생기게 된다.

환어음에 있어서는 지급인이 인수할 때까지는 주된 어음채무자가 없으므로 인수 전의 환어음은 금전채권을 표창하지 않고, 다만 지급인이 인수거절이나 지급거절을 한 경우에 발행인과 배서인이 대신하여 지급할 책임 즉 소구의무(상환의무)를 부담한다.

그러므로 환어음은 지급인의 인수 후에는 인수인에 대한 금전채권을 표창하고, 인수 전에는 인수를 정지조건으로 하는 금전채권(지급인에 대한 기대권)과 인수거절 또는 지급거절의 경우의 소구권의 택일적 관계에 있는 금전채권을 표창하는 것이다.

### Ⅱ. 約束어음

약속어음(promissory note)은 발행인 자신이 주된 어음채무자로서 일정한 금액을 제3자(수취인 또는 그 지시인)에 대하여 지급할 것을 약속하는 문언을 기재한 어음이다. 따라서 약속어음은 지급약속증권이다.

약속어음은 환어음과는 달리 발행인이 처음부터 주된 어음채무자로서 지급의무를 부담한다. 따라서 약속어음의 발행인의 의무는 환어음의 인수인의 의무와 같다.

약속어음은 발행인에 대한 어음금지급청구권을 표창하고 또 발행인이 지급거절한 경우에 배서인에 대한 소구권을 표창하는 것이다.

### Ⅲ. 手 票

수표(check or cheque)는 지급인(은행 등)에 대하여 제3자(수취인 기타 소지인)에게 일정한 금액을 지급할 것을 위탁하는 문언을 기재한 유가증권이다. 따라서 수표는 환어음과 같이 지급위탁증권이다.

수표에 있어서는 발행인이 지급인에게 수표금액의 지급을 위탁할 뿐이고 자신이 지급의무를 부담하지 않으며 또 인수제도가 없으므로, 수표에는 주된 채무자가 없고 단지 지급인이 지급거절을 한 경우에 발행인 · 배서인 · 지급보증인 등이 소구의무를 부담할 뿐이다. 그러므로 수표는 지급제시 전에는 아무 권리도 표창하지 않고, 지급제시에 대하여 지급인이 지급거절을 한 경우에 발행인 · 배서인 · 지급보증인 등에 대한 소구권을 표창하는 것이다.

수표는 지급위탁증권이라는 점에서 환어음과 같으므로, 수표는 유가증권으로서의 성질과 형식이 환어음과 유사하다. 따라서 환어음에 관한 규정과 수표에 관한 규정에는 공통되는 점이 적지 않고 환어음에서 고찰한 바가 많은 부분 수표에도 타당하다. 그러므로 영미법에서는 수표를 환어음의 일종으로 보고, 수표는 은행을 지급인으로 하여 발행한 일람출급의 환어음이라 한다(영 어음법 73조, 미 유통증권법 185조).

그러나 수표와 환어음은 그 사용목적 내지 경제적 기능이 다르므로, 법률상 양자는 다른 점도 많다.

## 제2. 어음 · 手票의 性質

### Ⅰ. 完全有價證券性

어음 · 수표는 발행에 의하여 어음 · 수표상의 권리가 발생하고, 그 행사에 어음 · 수표를 제시하여야 하며, 또 그 이전에 어음 · 수표의 배서 · 교부가 있어야 하므로, 완전유가증권이다.

### Ⅱ. 金錢債權證券性

약속어음은 발행인에 대한 금전채권을 표창하는 금전채권증권이고, 환어음 중 인수 후의 환어음은 인수인에 대한 금전채권을, 또 인수 전의 환어음은 인수를 정지조건으로 하는 「금전채권」과 인수 또는 지급거절의 경우의 「소구권」의 택일적 관계에 있는 금전채권을 표창하는 금전채권증권이다.

또한 수표는 지급거절의 경우에 발행인 · 배서인 · 지급보증인 등에 대한 소구권을 표창하는 금전채권증권이다.

### Ⅲ. 無因證券性

어음 · 수표상의 권리는 어음 · 수표금 지급의 원인이 된 법률관계(원인관계)의 영향을 받지 않으므로, 어음 · 수표는 무인증권(불요인증권, 추상증권)이다. 어음 · 수표의 무인증권성은 그 문언증권성과 결합하여 어음 · 수표의 유통성을 강화한다.

어음 · 수표의 무인증권성에 관하여 명문의 규정은 없으나, 이것은 어음 · 수표의 지급 또는 약속이 무조건이어야 한다는 규정(어 1조 2호 · 75조 2호, 수 1조 2호)과 인적항변의 절단에 관한 규정(어 17조 · 77조 1항 1호, 수 22조)에서 보아 당연한 것이다.

어음 · 수표는 무인증권이므로 어음 · 수표에 원인을 기재한 경우에 그 어음 · 수표가 무효로 되는지 의심스러우나, 어음 · 수표의 유통성강화의 이념에 비추어 가급적 유효로 해석하여야 할 것이므로 그 원인을 기재한 문언만이 무효로 된다고 보아야 할 것이다. 그러나 어음 · 수표금의 지급의무를 원인관계에 관련시키는 문언(예 : 목적물의 도착을 조건으로 어음금을 지급하라는 문언)은 어음 · 수표의 무인증권성에 반하므로, 이러한 어음 · 수표는 무효이다.

### Ⅳ. 文言證券性

어음 · 수표상의 권리의 내용은 어음 · 수표에 기재된 문언에 따라 정하여지므로, 어음 · 수표는 문언증권이다. 따라서 어음 · 수표의 취득자는 어음 · 수표상에 기재된 문언대로 어음 · 수표상의 권리를 취득하고 어음 · 수표상에 기재되지 않은 사항으로 대항받지 않는다.

어음 · 수표의 문언증권성에 관하여서도 명문의 규정이 없으나, 어음 · 수표에는 특히 강한 유통성이 요구되므로 그 문언증권성은 당연한 것이다.

### Ⅴ. 要式證券性

어음·수표에는 법정기재사항을 반드시 기재하여야 하고 그 중 어느 하나라도 기재하지 않으면 어음·수표의 효력이 없으므로(어 2조 1항·76조 1항, 수 2조 1항), 어음·수표는 엄격한 요식증권이다.

### Ⅵ. 設權證券性

어음·수표는 발행에 의하여 어음·수표상의 권리가 발생하므로 설권증권이다.

### Ⅶ. 法律上 당연한 指示證券性

어음·수표는 수취인 또는 그가 지시(배서)하는 자가 어음·수표상의 권리자로 되므로 지시증권이고, 또 배서금지문구의 기재가 없는 한 기명식으로 발행되어도 배서에 의하여 양도할 수 있으므로(어 11조 1항·77조 1항 1호, 수 14조 1항) 법률상 당연한 지시증권이다.

### Ⅷ. 提示證券性

어음·수표의 소지인이 어음·수표상의 권리를 행사하기 위하여는 어음·수표채무자에게 어음·수표를 제시하여야 하므로(어 38조 1항·77조 1항 3호, 수 28조 1항), 어음·수표는 제시증권이다.

따라서 이행기가 도래한 후에도 소지인이 어음·수표를 제시하여 이행청구를 하지 않는 한 어음·수표채무자의 이행지체의 책임은 생기지 않는다.

### Ⅸ. 相換證券性

어음·수표는 이와 상환하지 않고는 어음·수표채무를 이행할 필요가 없으므로(어 39조 1항·77조 1항 3호, 수 34조 1항) 상환증권이다. 그러나 어음·수표채무자가 일부지급을 한 때에는 어음·수표와 상환하지 않고 어음·수표에 일부지급이 있었음을 기재하게 하고 영수증의 교부를 청구할 수 있다(어 39조 3항·77조 1항 3호, 수 34조 3항).

## 제3. 어음·手票의 種類

### Ⅰ. 어음의 種類

#### 1. 序 說

어음의 종류는 구분의 기준에 따라 어음법에 기한 종류, 어음의 요건에 기한 종류, 경제적 목적에 기한 종류 등으로 구분할 수 있다.

### 2. 어음법에 기한 種類

어음법에서는 어음을 제1편 환어음, 제2편 약속어음으로 구분하고 있고, 이 외에 자기앞환어음(어 3조 2항)과 자기지시환어음(어 3조 1항)을 인정하고 있다.

자기앞환어음은 발행인이 자기를 지급인으로 기재한 환어음으로서, 예컨대 송금을 의뢰받은 은행이 그 본 · 지점을 지급인으로 하여 발행하는 경우에 이용된다. 또한 자기지시환어음은 발행인이 자기를 수취인으로 기재한 환어음으로서, 발행인이 은행에 할인을 구하려고 하거나 먼저 인수를 받은 후에 유통시키려는 경우에 이용된다.

### 3. 어음要件에 기한 種類

① 完全어음　완전어음은 어음요건이 완비되어 있거나 어음요건이 결하여 있어도 다른 기재에 의하여 보충될 수 있는 어음이다. 어음의 만기 · 지급지 · 발행지 등의 어음요건은 이를 결하여도 다른 기재에 의하여 보충될 수 있다(어 2조 2항 · 3항 · 4항, 76조 2항 · 3항 · 4항).

② 無效어음　무효어음은 어음요건을 결하여 있고 다른 기재에 의하여 보충될 수 없는 어음이다. 예컨대 수취인(어 1조 6호, 75조 5호)을 기재하지 않고 발행한 어음은 그 흠결을 다른 기재에 의하여 보충할 수 없으므로(어 2조, 76조 참조) 무효어음이다.

③ 白地어음(未完成어음)　백지어음은 어음요건의 전부 또는 일부를 의도적으로 기재하지 않은 서면에 기명날인(서명)하고 그 기재하지 않은 어음요건을 후일에 어음취득자로 하여금 보충시킬 의사로 교부한 미완성어음이다.

어음요건이 흠결되어 있는 점에서 백지어음과 무효어음이 같으나, 백지어음에는 어음취득자에게 흠결된 어음요건에 대한 보충권(백지보충권)이 부여되어 있으나 무효어음에는 이러한 보충권이 부여되어 있지 않은 점에서 양자는 다르다.

### 4. 經濟的 目的에 기한 種類

① 商業어음　상업어음은 매매 · 임대차 기타 현실의 상거래를 원인으로 하여 발행하는 어음으로서, 단지 자금의 융통을 위하여 발행하는 융통어음과 대응되는 것이다. 상업어음은 그 배후에 실제의 상거래가 있으므로 진정어음 또는 실어음이라고도 한다.

② 融通어음　융통어음에는 광의의 융통어음과 협의의 융통어음이 있다.

광의의 융통어음은 매매 · 임대차 기타 상거래 없이 단지 자금의 융통을 목적으로 발행하는 어음이고, 협의의 융통어음은 융통자(환어음의 인수인 약속어음의 발행인)가 피융통자(수취인)로 하여금 할인 등의 방법으로 제3자로부터 자금의 융통을 받게 할 목적으로 발행하는 어음이다. 보통 융통어음이라 할 때에는 협의의 융통어음을 말한다.

융통자는 처음부터 어음채무를 부담할 의사로 융통어음을 발행하므로 제3자가 융통어음이라는 것을 알고 융통어음을 취득하여도 융통자는 어음금을 지급할 책임이 있다. 즉 융통자는 직접의 상대방인 수취인에게는 지급을 거절할 수 있으나, 제3자에게는 선의 · 악의를 불문하고 지급을 거절할 수 없다.

**③ 交換어음 · 擔保어음** 융통어음의 특수한 형태로서 교환어음과 담보어음이 있다. 교환어음은 융통당사자 쌍방이 각 상대방으로 하여금 자금을 융통할 수 있도록 하기 위하여 서로 상대방을 수취인으로 하고 또 같은 금액을 액면금으로 하여 교환적으로 발행하는 융통어음이고, 담보어음은 융통자가 피융통자에게 발행한 융통어음에 대하여 피융통자가 융통자에게 위 융통어음의 만기까지 자금을 제공할 의무나 어음을 회수 · 교부할 의무를 담보하기 위하여 융통어음과 액면금이 같고 만기가 보다 빠르거나 같게 하여 발행하는 어음이다.

교환어음의 경우에 융통당사자 간에는 그 일방이 그 발행어음을 지급하지 않을 때에는 타방도 그 발행어음을 지급하지 않는다고 합의가 있고, 또 담보어음의 경우에도 융통당사자 간에 피융통자가 그 발행의 담보어음을 지급하지 않을 때에는 융통자도 그 발행의 융통어음을 지급하지 않는다는 합의가 있는 것이 보통이다.

**④ 뵈는 어음** 뵈는 어음은 발행인이 어음채무를 부담할 의사 없이 또 어음이 유통될 것을 예상하지 않고, 단지 수취인이 제3자에게 보임으로써 그 대외적 신용을 높이기 위하여 발행하는 어음이다.

뵈는 어음은 양도하지 않는다는 합의하에 발행하는 것이므로 수취인이 그 목적을 달성한 때에는 지체 없이 발행인에게 이를 반환하여야 하고, 수취인이 합의에 위반하여 그 뵈는 어음을 제3자에게 양도한 경우에 제3자가 악의이면 발행인이 그 어음상의 책임을 지지 않으나, 제3자가 선의이면 발행인은 어음채무를 지는 것과 같은 외관을 창출하여 제3자의 신뢰를 생기게 하였으므로 그 외관에 기한 책임을 면하지 못한다.

⑤ 貸付어음 금전대부를 할 때에 대주는 차주로부터 차용증서를 받는 대신에 대금채권을 확보하기 위하여 어음을 교부받기도 하고 또는 차용증서와 함께 어음을 교부받기도 한다. 이러한 대부를 어음대부라 하고, 이 경우에 교부하는 어음을 대부어음이라 한다. 보통 약속어음이 대부어음으로 이용된다.

어음대부의 경우에 대주는 어음채권과 소비대차상의 대금채권을 가지며, 그 중 임의로 선택하여 행사할 수 있다.

⑥ 割引어음 할인어음은 할인받은 어음 즉 어음소지인이 만기 전에 어음의 현금화를 위하여 양도(매도)한 어음이다. 어음을 할인하는 경우에는 어음금액에서 할인일로부터 만기까지의 이자와 추심료 등의 비용(할인료)을 공제하고 어음을 매수한다. 어음할인의 법적 성질은 어음의 매매이다.

⑦ 基本어음(舊어음) 기본어음은 발행인이 특정의 거래에 관하여 최초로 발행한 어음으로서, 개서어음에 대응되는 것이다. 이를 개서어음에 대하여 구 어음이라고도 한다.

이 외에 발행에 의하여 작성되어 그 후의 어음관계를 창조하는 기초가 되는 어음을 기본어음이라고도 한다.

⑧ 改書어음(延期어음·新어음) 개서어음은 지급을 유예하기 위하여 구 어음의 어음금을 지급하지 않고 구 어음에 갈음하여 만기를 변경하여 새로 발행한 어음이다. 이것을 연기어음 또는 신 어음이라고도 한다.

개서어음채무와 기본어음채무는 실질상 동일하고 어음개서는 단지 어음금의 지급을 유예하는 의미 밖에 없으므로, 당사자 간에 다른 약정이 없는 한 기본어음에 부착되어 있던 인적항변이나 담보는 개서어음에 그대로 존속한다.

어음관계자 전원의 동의로 기본어음의 만기를 변경한 경우에도 개서어음으로 된다.

⑨ 委託어음 위탁어음은 발행인이 제3자(위탁자)의 계산으로 발행한 어음이다. 어음은 불요인증권으로서 어음관계가 자금관계로부터 분리되어 있어 위탁어음도 보통의 어음과 같으므로, 위탁어음의 제3자는 어음법상 아무 책임이 없고 발행인만 발행인으로서 책임을 진다.

⑩ 擔保附어음 담보부어음은 어음채권에 담보가 제공되어 있는 어음이

다. 예컨대 어음채권의 담보로 운송증권을 첨부한 화환어음은 담보부어음이다. 어음채권에 담보가 제공되어 있지 않은 어음을 무담보어음이라 하며, 보통의 어음은 무담보어음이다.

⑪ **推尋어음** 추심어음은 채권을 추심할 목적으로 발행한 어음이다. 추심어음은 채권자가 채무자를 지급인으로 하고 자기 또는 자기의 채권자를 수취인으로 하는 환어음으로 발행하며, 은행에 그 추심을 위탁한다. 이 경우 수취인이 발행인의 채권자이면 채권의 추심과 채무의 변제가 동시에 이루어져 편리하다.

⑫ **企業어음(C.P.어음)** 기업어음(commercial paper)은 어음할인기관(은행 등)에서 선정한 우량적격업체가 단기자금융통의 목적으로 발행한 약속어음으로서, 이는 어음할인기관이 이를 할인매입하여 일반투자자에게 중도해약불가의 조건으로 매출하는 것이다. 기업어음은 약속어음으로 발행하고 자금의 융통을 목적으로 발행하므로 일종의 융통어음이다.

어음할인기관이 신종기업어음을 일반투자자에게 매출할 때에는 이에 「무담보배서」를 하여 배서양도한다. 따라서 이 경우 어음소지인인 일반투자자는 배서인인 어음할인기관에 대하여 어음상의 책임을 물을 수 없다. 판례도 기업어음의 어음할인기관은 어음의 배서인으로서의 담보책임과 어음의 매도인으로서의 채무불이행책임 및 하자담보책임은 물론 어음발행인의 신용도의 조사에 있어서 과실이나 그 신용도의 진실에 반하는 설명 등을 원인으로 한 불법행위책임도 지지 않는다고 판시하였다(대판 1984. 11. 15. 84 다카 1227).

**【대법원 1984. 11. 15. 판결, 84 다카 1227】**

**1. 사실관계**

A종합상사는 자금융통의 목적으로 Y단자회사에게 Y단자회사를 수취인으로 하는 C.P.어음을 발행하고, 또 Y단자회사는 배서란에 무담보배서 즉, 「지급을 책임지지 않음」이라고 기재하여 이를 X에게 교부하였다. A종합상사는 거래은행으로부터 당좌거래약정을 해지당하여 지급기일에 위 어음을 지급할 수 없게 되었다. 이에 X는 Y단자회사에 대하여 하자담보책임을 추궁하였다.

**2. 판결요지**

이 건에 관하여, 대법원은 「단자회사가 할인매수한 어음을 다시 제3자에게 어음할인의 방식으로 매출하는 것은 그 성질이 어음의 매매」라 볼 것이므로, 매매의 이행으로 어음을 배서양도하면서 배서란에 「지급을 책임지지 않음」이라는 문언을 기재한 것은 특별한 사정이 없는 한 배서인으로서의 담보책임뿐만 아니라 매매계약상의 채무불이행책임과 하자담보책임까지도 배제하기로 한 취지라 보아야 한다.

단자회사가 C.P.적격업체의 심사선정의무를 개별적으로 시행하지 않고 이를 일원화하여 어음중개실 운영위원회에 전담시킨 것은 단자회사가 개별적으로 시행하는 것보다 어음중개실 운영위원회가 전담하여 시행하는 것이 더 객관적이고 공정하게 대상기업의 신용상태와 자산의 건전성을 조사할 수 있어 C.P.어음의 공신력을 높일 수 있기 때문인 것으로 해석되므로, 단자회사가 별도로 C.P.어음 발행회사의 신용상태를 조사하지 않고 위 위원회가 조사·선정한 바에 따라 C.P.적격업체로 인정하였다고 하더라도 특별한 사정이 없는 한 단기금융업법 제12조 소정의 확인의무를 소홀히 한 과실이 있다고 할 수 없다」고 판시하여, 무담보배서의 배서인은 배서인으로서 담보책임뿐만 아니라 매매계약상의 채무불이행책임이나 하자담보책임도 지지 않는다고 하였다.

5. 기타의 種類

① 不渡어음　부도어음은 환어음의 지급인·인수인 또는 약속어음의 발행인이 만기에 지급을 거절한 어음이다. 어음교환소의 교환에 제시된 어음이 부도(지급거절)가 되면 발행인에 대하여 거래정지처분이 과하여져 그 부도어음의 발행인은 일정한 기간 어음교환소의 조합은행과의 거래가 정지된다.

② 單名어음·複名어음　단명어음은 어음채무자가 1인인 어음으로서, 약속어음에 있어서는 발행인이 1인이고 배서인·보증인 등이 없는 경우이고 또한 환어음에 있어서는 발행인이 자기앞환어음을 발행하여 인수하고 배서인·보증인 등이 없는 경우이다.

복명어음은 어음채무자가 수인인 어음이다.

## Ⅱ. 手票의 種類

### 1. 手票法에 기한 種類

① 自己앞手票(保證手票)　자기앞수표는 발행인이 자기를 지급인으로 하여 발행한 수표이다(手 6조 3항). 이를 보증수표 또는 보수라고도 한다.

실제 오늘날에는 자기앞수표가 널리 이용되고 있고, 또 당좌수표의 발행인이 지급은행에 지급보증을 요구하면 지급은행은 당좌계정거래약관에 의하여 지급보증을 하지 않고 수표발행인의 계정에서 수표금액을 공제하여 자기앞수표를 발행하고 있다.

자기앞수표에 있어서는 지급인이 발행인으로서 소구의무를 부담하므로, 자기앞수표는 수표의 비인수성에서 보면 예외적인 것이다.

**② 先日字手票(延手票)** 선일자수표는 수표상의 발행일을 실제의 발행일로 기재하지 않고 장래에 도래할 날로 기재한 수표이다. 예컨대 현실로는 10월 1일에 발행하였는 데도 수표상에는 발행일을 10월 15일로 기재하여 발행한 수표이다. 이를 연수표라고도 한다.

선일자수표의 경우에도 소지인은 수표상의 발행일의 도래 전에 지급제시를 할 수 있고, 지급인은 그 지급제시가 있는 날에 지급하여야 한다(手 28조 2항).

그러나 선일자수표를 발행하는 경우에는 발행인과 수취인 간에 원인관계인 계약이나 수표계약에서 수표상의 발행일을 현실의 발행일보다 후일로 하고 또 수취인이 수표상의 발행일 전에는 지급제시를 하지 않기로 약정하는 것이 보통이며, 수취인이 이러한 약정에 위반하여 수표상의 발행일 전에 지급제시를 하여 발행인에게 손해가 생긴 때에는 수취인은 발행인에 대하여 손해배상책임을 져야 할 것이다.

**③ 橫線手票** 횡선수표는 수표의 표면에 두 줄의 평행선을 그은 수표이다. 이것은 수표를 도난이나 분실당한 경우에 부정의 소지인이 지급을 받지 못하도록 하기 위한 것이다.

횡선수표에는 수표의 표면에 두 줄의 평행선을 긋고 그 횡선 내에 아무 지정을 하지 않거나 「은행」 또는 이와 동일한 의의의 문구를 기재한 일반횡선수표와 두 줄의 평행선을 긋고 그 횡선 내에 특정 은행의 명칭을 기재한 특정횡선수표가 있다.

일반횡선수표에 있어서는 지급인인 은행은 다른 은행이나 지급인의 거래처로부터 지급제시가 있는 경우에만 지급할 수 있고(手 38조 1항), 특정횡선수표에 있어서는 지급인인 은행은 피지정은행(횡선 내에 기재된 은행)에만 지급할 수 있고 피지정은행이 지급인이면 지급인인 은행의 거래처에만 지급할 수 있다(手 38조 2항 본문).

### 2. 經濟的 目的에 기한 種類

**① 當座手票** 당좌수표는 사업자(기업)가 은행과 당좌거래계약(당좌예금계약·당좌대월계약과 수표계약 포함)

을 체결하고 은행에 있는 수표자금(당좌예금잔액 또는 당좌대월한도액)의 범위 내에서 발행하는 수표이다.

② 家計手票 가계수표는 개인이 은행과 가계당좌거래계약을 체결하고 은행에 있는 수표자금의 범위 내에서 발행하는 수표이다. 가계수표는 개인이 발행하고 수표금액에 제한이 있으며 또 가계수표에는 가계수표보증카드(수표카드)가 있는 점에서 당좌수표와 다르나, 그 법적 성질은 당좌수표와 같다.

가계수표보증카드는 지급은행이 가계수표의 발행인에게 발행하며, 발행인이 수취인에게 가계수표보증카드를 제시하고 수취인이 그 가계수표보증카드의 기재에 따라 가계수표의 이면에 번호를 기재하는 등의 요건을 갖추면 지급은행이 그 가계수표의 지급을 보증하게 된다. 가계수표보증카드는 가계수표가 개인이 발행하는 수표로서 신용이 약하므로 그 신용을 증대하여 가계수표를 널리 이용하도록 하기 위한 것이다.

가계수표보증카드에 의한 지급은행의 지급담보책임은 수표법상의 책임이 아니고 민법상의 보증계약책임이며, 이 보증계약은 발행인이 지급은행을 대리하여 수취인과 체결하는 것이다.

오늘날에는 신용카드가 널리 이용되고 있어 가계수표가 거의 이용되지 않는다.

③ 送金手票 송금수표는 송금의뢰인이 은행에 송금을 의뢰하면 은행이 수령인 소재지의 자행의 본·지점이나 환거래계약이 있는 타행의 본·지점을 지급인으로 하여 발행하는 수표이다. 송금의뢰인이 은행으로부터 송금수표를 교부받아 수령인에게 송부하면 수령인은 그 송금수표를 지급은행에 지급제시하여 지급을 받게 된다.

그러나 최근에는 은행지로와 온라인입금 등의 전자자금이체에 의한 지급제도가 있어 송금수표는 별로 이용되고 있지 않다.

④ 旅行者手票(T.C.) 여행자수표는 해외여행자가 여행지에서 여행지의 화폐로 현금화할 수 있는 유가증권이다. 여행자수표는 유가증권이나, 현금의 대용물이 아니므로 수표가 아니고 또 환어음이나 약속어음도 아니다.

⑤ 郵便代替手票 우편대체수표는 우편대체계정의 가입자가 우체국을 지급인으로 하여 발행하는 수표이다. 「수표법의 적용에 있어서 은행과 동시되는 사람 또는 시설의 지정에 관한 규정」(1970. 4. 15. 대통령령 4920호 2007. 7. 1. 영 19894호 개정)에 의하여 우체국이 수표의

지급인으로 될 수 있으므로(동 규정 1호), 우편대체계정의 가입자는 우체국을 지급인으로 하여 수표를 발행할 수 있다.

⑥ **國庫手票** 각 중앙관서의 장이나 지출원인행위의 위탁을 받은 자(재무관)가 그 소관 세출예산에 의하여 지출을 하고자 할 때에는 지출관(소속 중앙관서의 장이 임명)에게 지출원인행위의 관계서류를 송부하여야 하고 지출관이 지출원인행위에 의하여 지출을 할 때에는 현금의 교부에 갈음하여 한국은행을 지급인으로 하는 수표를 발행할 수 있다. 지출관이 지출원인행위에 의하여 한국은행을 지급인으로 하여 발행하는 수표를 국고수표라 한다.

국고수표는 지출관이 지출원인행위에 의하여서만 발행할 수 있고 지급인은 한국은행이어야 한다. 또한 수취인은 채권자이어야 하고 지급제시기간은 발행일부터 1년이다.

## 제4. 어음 · 手票의 經濟的 機能

### Ⅰ. 換어음의 經濟的 機能

#### 1. 送金機能

환어음은 연혁적으로 송금의 도구로 생긴 것이다. 격지자 간에 현금을 수송하는 것은 불편할 뿐만 아니라 비용과 도난 · 멸실 등의 위험이 따르나, 환어음에 의하면 이러한 불편이나 비용 또는 위험 없이 송금할 수 있다. 물론 오늘날에는 다른 송금수단이 발달하여 환어음의 송금기능이 크게 감퇴하였으나, 통화를 달리하는 국제 간의 송금수단으로서는 환어음이 여전히 중요한 기능을 하고 있다.

환어음이 국제 간의 송금의 도구로 이용되는 경위를 보면, 甲지(地)의 A(수입상)가 乙지(地)의 B(수출상)에게 송금을 하려고 할 때에는 乙지의 B에게 현금을 보내는 대신에 甲지의 C은행에 현금을 납입하고 그 C은행으로부터 乙지에 있는 C은행의 본 · 지점이나 C은행과 환거래계약이 있는 타행의 본 · 지점을 지급인으로 또 乙지의 B를 수취인으로 한 환어음을 교부받아 이를 乙지의 B에게 송부하면, B는 이 환어음을 지급인에게 제시하여 현금의 지급을 받아 송금의 목적을 달성하게 된다.

### 2. 推尋機能

환어음은 금전채권의 추심의 수단으로 이용되며, 특히 격지의 채무자로부터 금전채권을 추심하는 경우에 중요한 기능을 한다. 예컨대 甲지(地)의 매도인이 乙지(地)의 매수인에게 상품을 송부하고 그 대금을 추심하려는 때에는, 매도인이 매수인을 지급인으로 또 자기를 수취인으로 한 환어음을 발행하여 甲지의 은행에서 할인을 받거나 은행에 추심을 위임하여, 은행은 乙지에 있는 자행의 본·지점이나 거래은행에 그 환어음을 송부하여 매수인에게 제시하고 지급을 받아 할인대금을 회수 또는 매도인에게 지급한다.

화환어음(documentary bill)은 격지매매에서 매도인이 매수인을 지급인으로 발행한 환어음에 매매의 목적물(운송물)의 인도청구권을 표창한 운송증권(화물상환증·선하증권)을 어음채권의 담보로 첨부한 것으로서, 매도인이 화환어음으로 甲지의 은행에서 할인을 받고 할인은행의 乙지의 본·지점이나 거래은행이 매수인에게 제시하여 이와 상환으로 어음금을 지급받거나 지급하지 않으면 매도인에게 소구 또는 운송증권을 환가하여 할인대금을 회수한다.

### 3. 信用機能

환어음은 어음할인과 어음대부의 경우에는 신용을 이용하는 수단으로 이용된다.

#### (1) 어음割引

어음할인(discount)은 만기 미도래의 어음을 은행 기타의 자에게 배서양도의 방법에 의하여 매각하는 것이다. 이 경우 어음의 매수자는 만기까지의 이자와 기타의 비용 즉 할인료를 공제하고 매수하므로 이것을 어음할인이라 한다.

어음은 양도의 절차가 간편하고 어음양수인(피배서인)은 인적항변의 대항을 받지 아니하여 채권의 존재의 하자에 관하여 조사할 필요가 없고 어음양도인(배서인)이 소구책임을 부담하여 어음양수인의 지위가 안전하므로, 어음은 용이하게 할인되어 현금화할 수 있다.

#### (2) 어음貸付

어음대부는 금전을 대부하는 경우에 금전채권을 확보하기 위하여 차주로부터 차용증서와 함께 어음을 받는 것이다. 금전대부를 하는 경우에는 차용증서만 받기도 하나, 어음을 받아 두면 어음양수인의 지위가 안전하고 또 어음상의 권리의 실행이 간편하고 확실하므로 금전대부를 어음대부에 의하는 경우가 있다.

### Ⅱ. 約束어음의 經濟的 機能

국내거래에서는 주로 약속어음이 이용되고, 특히 중소기업자들이 많이 이용한다. 약속어음은 환어음과는 달리 발행인과 지급자가 동일하므로 송금기능은 없고, 추심기능과 신용이용기능만 가진다.

#### 1. 推尋機能

매도인이 매수인에게 상품을 외상으로 매각하고 매수인으로부터 약속어음을 받은 경우에 매수인은 그 약속어음을 자기의 거래은행에서 할인을 받아 매매대금을 추심할 수 있으므로, 이 경우에 약속어음은 추심기능을 가진다.

#### 2. 信用利用機能

약속어음은 어음할인과 어음대부 등에 이용되므로, 신용이용의 기능을 가진다.

### Ⅲ. 手票의 經濟的 機能

수표의 본질적인 기능은 지급기능이나, 이 외에 송금기능도 가진다.

#### 1. 支給機能

수표는 발행인이 현금의 지급에 따르는 위험과 번잡을 피하기 위하여 은행으로 하여금 대신 지급하도록 하는 것이므로, 수표는 현금의 대용물이고 지급기능을 가진다.

또한 수표는 현금의 대용물로서 바로 지급되어야 하고 장기간 유통되어서는 안 되므로 신용기능이 없고 또 현금의 대용물이므로 추심기능이 없는 점에서 어음과 본질적으로 다르다. 어음은 신용증권이고 수표는 지급증권이므로, 「어음을 교부하는 자는 금전을 필요로 하는 자이고 수표를 교부하는 자는 금전을 가지고 있는 자」라고 할 수 있다(정희철 59면).

수표의 신용증권화를 방지하기 위하여 수표법은 수표에 ① 인수를 금지하고(수 4조), ② 이자의 기재를 인정하지 않고(수 7조), ③ 지급인의 배서를 무효로 하고(수 15조 3항), ④ 지급인의 보증을 인정하지 않고(수 25조 2항), ⑤ 일람출급성만 인정하고(수 28조 1항), ⑥ 지급제시기간이 단기이고(수 29조), ⑦ 소멸시효기간도 단기이고(수 51조), ⑧ 지급보증은 지급제시기간 내에 지급제시한 경우에만 효력이 있고(수 55조 1항), ⑨ 참가제도를 인정하고 있지 않다(어 55조~63조 77조 1항 5호 참조).

2. 送金機能

수표는 환어음과 같이 송금기능을 가진다. 즉 甲지의 A가 乙지의 B에게 송금하려고 할 때에는 乙지의 B에게 현금을 보내는 대신 甲지의 C은행에 현금을 납입하고 그 C은행으로부터 乙지에 있는 C은행의 본 · 지점이나 거래은행을 지급인으로 또 B를 수취인으로 하는 송금수표를 교부받아 이를 乙지의 B에게 송부하면 B는 이를 지급인에게 제시하여 지급을 받아 송금의 목적을 달성하게 된다.

## 제5. 어음 · 手票의 濫用

상술한 바와 같이 어음 · 수표는 유용한 기능을 가져 현대 경제사회에 있어서 필수불가결한 제도로 되어 있으나, 어음 · 수표의 무인성, 요식성, 인적항변의 절단 등의 어음 · 수표의 특질을 남용하거나 어음 · 수표를 불건전한 자금융통방법으로 남용하기도 하여 어음 · 수표로 인하여 생기는 폐단도 적지 않다.

### Ⅰ. 無因性의 濫用

어음 · 수표의 무인성으로 인하여 어음 · 수표상의 권리는 그 원인관계가 무효 · 취소되어도 아무 영향을 받지 않고 그것을 단지 직접의 당사자나 악의의 취득자에 대하여서만 항변(인적항변) 사유로 될 뿐이다. 이러한 어음 · 수표의 무인성을 악용하여, 예컨대 이자제한법의 제한을 초과하는 고리의 어음할인을 하여 이것을 선의의 제3자에게 양도하기도 하고, 도박에 기한 채무를 추심하기 위하여 어음을 교부받아 선의의 제3자에게 양도하기도 한다.

### Ⅱ. 要式性의 濫用

어음 · 수표는 엄격한 요식증권이므로 어음 · 수표요건의 어느 하나를 결하여도 무효로 된다. 따라서 발행인이 요건흠결의 어음 · 수표를 발행하였다가 만기에 이르러 요건흠결을 이유로 어음 · 수표의 지급을 거절하는 경우도 있다.

### Ⅲ. 抗辯切斷의 濫用

어음 · 수표채무자는 어음 · 수표의 직접의 당사자 간에서는 그 원인관계에 기한 인적항변으로 대항하여 지급을 거절할 수 있으나, 이것을 선의의 제3자에게 배서양도한 때에는 인적항변의 절단이 생겨(어 17조 · 77조 1항 1호, 수 22조) 그 선의의 제3자에 대하여 지급을 거절할 수 없다. 이러한 인적항변의 절단을 남용하여, 상술한 어음 · 수표의 무인성의 예의 경우에 할인어음이나 도박어음을 선의의 제3자에게 배서양도하여 인적항변의 절단을 기하는 경우도 있다.

### Ⅳ. 不健全한 資金融通의 濫用

어음은 서로 상대방을 지급인으로 하는 융통어음을 발행하거나 실재하지 않는 허무인을 발행인 또는 지급인으로 하는 허무어음을 발행하여 유통시키거나 할인을 받아 불건전한 자금융통의 방법으로 남용하는 경우도 있다.

### Ⅴ. 어음 · 手票의 濫用에 대한 對策

전술한 바와 같이 어음 · 수표의 남용으로 인한 폐단이 크므로 어음 · 수표를 부도덕한 제도라 하여 그 개혁 내지 폐지를 주장하는 견해도 있으나, 오늘날 경제사회에 있어서 어음 · 수표는 필수불가결한 제도로 되어 있어 이를 폐지할 수는 없으므로 가급적 그 폐해를 감소시키고 그 폐해의 예방에 노력하여 점차로 더욱 발전시켜 나가야 할 것이다. 이것은 마치 오늘날 주식회사 제도의 폐해가 크지만 그 존속이 불가결한 것과 같은 것이다.

# 제2장 어음(手票)行爲

## 제1절 總 說

### 제1. 어음(手票)行爲의 概念

#### Ⅰ. 學 說

어음(수표)행위(Wechsel-u. Scheckerklärung)는 법전상의 용어가 아니고 학문상의 용어이다. 어음(수표)행위의 의의에 관하여서는 형식설, 실질설 및 절충설 등이 대립해 있다.

형식설은 어음(수표)행위를 형식적으로 파악하여 기명날인(서명)을 불가결의 요건으로 하는 서면행위라고도 하고(최기원 76면, 양승규 89면, 채이식 28면) 또는 의사표시를 법정의 방식에 따라 기재하여 하는 법률행위라고도 한다(정희철 62면).

실질설은 어음(수표)행위를 실질적으로 파악하여 어음(수표)채무의 발생원인이 되는 법률행위라고도 하고(이범찬 · 최준선 89면) 또는 어음(수표)채무의 부담을 목적으로 하는 법률행위라고도 한다(이기수 96면).

또한 절충설은 형식적 · 실질적 양면에서 파악하여 어음(수표)행위는 형식적으로는 기명날인(서명)을 요건으로 하는 증권적 법률행위이고 실질적으로는 어음(수표)채무의 발생원인이 되는 법률행위라 한다(손주찬 36면 정동윤 63면).

#### Ⅱ. 檢 討

형식설에 의하면 어음(수표)행위의 본질이 어떤 것인지 알 수 없고, 어음(수표)상의 지급영수의 기재도 어음(수표)행위로 보아야 하며, 또 어음(수표)행위와 어음(수표)행위 외의 다른 요식행위를 구별할 수 없다.

또한 어음(수표)의 배서나 환어음(수표)의 발행은 어음(수표) 상의 권리의 이전 또는 지급위탁을 목적으로 하는 법률행위이지 어음(수표)채무의 부담 또는 발생원인이 되는 법률행위가 아니며 특히 어음(수표)행위 중 무담보배서·추심위임배서·기한후배서 등은 배서인에게 어음(수표)채무의 부담의 의사가 없으므로, 실질설이 어음(수표)행위를 어음(수표)채무의 부담 또는 발생원인이 되는 법률행위라 하는 것은 모든 어음(수표)행위를 포괄하는 개념이 아니다.

그러므로 어음(수표)행위의 포괄적인 개념의 정립은 불가능하고 또 이를 정립하여도 별 실익이 없다. 그러나 굳이 어음(수표)행위의 개념을 정의하여 본다면, 형식적으로 파악하여 어음(수표)행위는 기명날인(서명)을 요건으로 하는 증권적 법률행위라고 밖에 말할 수 없겠다(형식설).

## 제2. 어음(手票)行爲의 種類

환어음의 어음행위에는 발행, 인수, 배서, 보증, 참가인수의 5종이 있고, 약속어음의 어음행위에는 발행, 배서, 보증의 3종이 있으며, 또 수표의 수표행위에는 발행, 배서, 보증, 지급보증의 4종이 있다.

어음(수표)행위 중에서 발행은 어음(수표)을 창조하는 행위이므로 기본적 어음(수표)행위라 하고, 기타의 어음(수표)행위는 발행에 의하여 창조된 기본어음(수표)에 하는 행위이므로 부속적 어음(수표)행위라 한다.

기본적 어음(수표)행위인 발행이 요건의 흠결로 무효이면, 부속적 어음(수표)행위도 무효이다.

## 제3. 어음(手票)行爲의 法理構成(어음·手票理論)

### Ⅰ. 序 說

어음(수표)이론은 어음(수표)상의 권리가 어떻게 성립하는가를 규명하는 이론이다. 우리 나라에 있어서 어음(수표)이론은 주로 어음(수표)이 도난·분실 기타 어음(수표)작성자의 의사에 반하여 유통되고 있는 경우에 그 어음(수표)작성자가 어음(수표)상의 책임을 지는가 즉 어음(수표)행위의 성립(완성)시기와 관련하여 발생하는 문제의 해결을 위한 이론으로 이해되고 있다.

오늘날 어음(수표)이론에는 계약설·단독행위설 및 절충설이 있고, 계약설 중에서 대표적인 학설로 교부계약설이 있으며, 단독행위설 중에서 대표적인 학설로는 창조설과 발행설이 있다. 또 절충설 중에서 대표적인 학설로는 권리외관설이 있다.

## Ⅱ. 學 說

### 1. 交付契約說

교부계약설은 어음(수표)채무도 일반채무와 같이 당사자 간의 계약에 의하여 발생하고, 다만 어음(수표)채무발생의 계약은 어음(수표)의 교부를 수반하는 요식행위이므로 어음(수표)이 상대방에게 교부·도달되어야 한다고 한다. 또한 이것은 계약이므로 상대방의 계약체결능력과 승낙의 의사표시가 있어야 한다고 한다 (순수교부계약설)(Baumbach-Hefermehl, Wechselgesetz und Scheckgesetz, 8 Aufl. S. 14).

그러나 교부계약설을 취하는 입장에서도 어음(수표)거래의 안전을 위하여 어음(수표)행위에서는 일반계약에서와는 달리 승낙의 의사표시까지는 필요 없고 상대방의 수령행위가 있으면 승낙의 의사표시가 있는 것으로 인정하여야 한다는 주장도 있다(수정교부계약설)(小橋一郎, 手形行爲論, 130頁).

그리고 교부계약설은 간접당사자 간의 어음(수표)관계의 성립에 관하여 발행인과 수취인 간에 하나의 계약이 체결되고 그 후의 배서양도는 일종의 채권양도라고도 하고 또는 발행인과 수취인 간의 계약에 제3자를 위한 계약이(민 539조) 포함되어 있기 때문이라고도 하며(단수계약설), 어음(수표)행위자와 그 후의 어음(수표)취득자 간에 각각의 어음(수표)계약이 체결된다고 보고 어음(수표)행위자는 어음(수표) 교부 시에 불특정다수인에 대하여 계약의 청약을 하고 그 후의 각 어음(수표)취득자는 어음(수표)의 취득 시에 이를 승낙하는 것이라고도 한다(복수계약설).

### 2. 創造說

창조설은 발행설과 함께 단독행위설에 속하는 학설로서, 어음(수표)행위는 어음(수표)행위자가 불특정다수인에 대하여 채무부담의 일방적 의사표시 즉 어음(수표)을 작성한 때에 성립한다고 한다(순수창조설)(Kunte, Die Lehre Von den Inhaberpapieren, S. 1857).

창조설을 취하는 입장에서도 어음(수표)행위를 어음(수표)의 작성과 어음(수표)교부의 두 단계로 구분하여, 제1단계의 어음(수표)의 작성은 어음(수표)행위자의 단독행위(무인행위)에 의하여 일방적으로 행하여지고 이에 의하여 어음(수표)행위자가 어음(수표)채무를 부담하게 되며, 제2단계의 어음(수표)의 교부는 어음(수표)의 작성에 의하여 성립된 어음(수표)상의 권리를 이전하는 행위로서 기명날인(서명)자와 상대방 간의 계약(유인행위)이라 하는 견해가 있다(수정창조설)(鈴木竹雄, 手形法 小切手法, 641頁).

창조설에 의하면 교부흠결의 경우에도 어음(수표)을 작성한 때에 이미 어음(수표)상의 권리가 성립하였으므로, 어음(수표)취득자가 악의 또는 중대한 과실 없이 어음(수표)을 취득한 때에는 어음(수표)을 선의취득한다(어 16조 2항).

### 3. 發行說

발행설은 창조설과 함께 단독행위설에 속하는 학설로서, 어음(수표)행위자가 어음(수표)을 작성하여 그 어음(수표)을 의도한 상대방에게 교부하여 도달된 때에 어음(수표)채무가 발생한다고 한다(순수발행설)(石井照久, 手形法 小切手法, 30頁).

발행설을 취하는 입장에서도 어음(수표)의 유통을 보호하기 위하여 어음(수표)이 의도한 상대방에게 교부·도달되지 않아도 어음(수표)행위자가 그 의사에 의하여 그 점유를 누군가에 인도한 때에(상대방에게 도달 불요) 어음(수표)채무가 발생한다고 한다(수정발행설)(田中誠二, 手形法·小切手法詳論(上), 72頁). 이 수정발행설은 권리외관이론에 의하지 않고 선의의 어음(수표)취득자를 보호하려는 견해이다.

**【대법원 1989. 10. 24. 판결, 88 다카 24776】**

**1. 사실관계**

Y는 X에 대하여 사업상 진 채무를 변제하기 위하여 X를 수취인으로 하는 약속어음을 작성하여, X와 함께 A합동법률사무소에 가서 그 직원에게 약속어음공정증서의 작성을 의뢰하였다.

그러나 X가 잠시 자리를 비운 사이에, Y가 약속어음의 원본이 첨부된 공정증서의 정본을 가지고 달아나 X는 할 수 없이 A로부터 약속어음공정증서의 등본만을 교부받았다.

이에 X가 만기에 Y에 대하여 어음금의 지급을 청구하자, Y는 어음을 발행한 바가 없다고 하며 지급을 거절하였다.

**2. 판결요지**

이 건에 관하여, 대법원은 「약속어음의 발행은 작성자가 어음요건을 갖추어 유통시킬 의사로 그 어음에 자기의 기명날인을 하여 상대방에게 교부하는 단독행위를 일컫는 것이다. 따라서 공증인이 동 어음의 발행인과 수취인으로부터 촉탁을 받아 공정증서를 작성하기 위하여 어음을 수수한 경우에는 비록 그 발행인이 작성된 어음을 수취인에게 교부하지 않았더라도 공증인이 수취인의 기관으로서 교부받은 것이므로, 동 어음은 발행의 효력이 발생한다」고 판시하여, 어음이론에 관하여 발행설을 취하고 甲의 어음상의 책임을 인정하였다.

**3. 이 외의 판결**

이 외에 하급심 판결에서도 「이른바 약속어음의 발행은 어음용지에 어음요건을 기재하고 발행인이 이에 기명날인한 후 수취인에게 교부하는 것인 바, 이 건의 피고는 위 약속어음을 작성만 하고 수취인에게 교부하지 않았으므로 위 약속어음을 발행한 것이라고 볼 수 없다. 따라서 피고가 위 약속어음을 발행하여 유통되고 있음을 전제로 한 원고의 청구는 이유 없어 기각한다」(서울민지 1981. 12. 12. 81 가소 4723)고 판시하여 어음이론에 관하여 발행설을 취하였다.

### 4. 權利外觀說

어음(수표)이론의 교부계약설이나 발행설에 의하면 어음(수표)이 작성된 후 교부흠결인 채 작성자의 의사에 반하여 유통되고 있는 경우에는 아직 어음(수표)채무가 발생하지 아니하여 어음(수표)의 선의의 취득자라도 어음(수표)금의 지급을 청구할 수 없어 어음(수표)거래의 안전을 해하게 된다.

그러므로 권리외관설은 이러한 경우 어음(수표)작성자는 선의의 취득자에 대한 관계에 있어서는 어음(수표)의 작성에 의하여 어음(수표)채무를 부담하는 것과 같은 외관을 작출하여 제3자의 신뢰를 생기게 하였으므로, 외관이론에 의하여 그 외관작출에 따른 책임을 져야 한다고 한다(Jacobi, Wechsel-u, Scheckrecht, S.105 f Hueck · Canaris, Recht der Wertpapiere, S. 32). 권리외관설은 교부계약설 또는 발행설을 기본으로 하고, 이에 권리외관이론을 결합한 것이다.

**【대법원 1987. 4. 14. 판결, 85 다카 1189】**

**1. 사실관계**

Y는 A회사를 수취인으로 하는 약속어음을 발행하였는데, A회사는 어음의 할인을 받기 위하여 이 어음에 피배서인을 백지로 한 채 배서를 하여 관리부 차장에게 보관시켜 두고 있던 중 그 사무실에서 분실되었다.

X는 자칭 A회사 이차장이라는 자로부터 전화로 어음할인의 요청을 받고 이를 응낙한 후 위 어음을 소지하고 나타난 성명 미상의 남자에게 그의 신분을 확인하지 않고 또 A회사에 문의함도 없이 어음을 할인하여 할인금을 지급하였다.

그 후 X는 백지로 된 피배서인란에 자기의 성명을 기재하고 만기에 지급은행에 지급제시하였으나 분실어음이라는 이유로 지급거절되어, Y에 대하여 어음금의 지급을 청구하였다.

2. 판결요지

이 건에 관하여, 대법원은「법인이 백지식 배서를 하여 보관하고 있는 약속어음을 무권리자가 이를 제3자에게 권한 없이 교부하여 할인받은 경우, 어음소지인이 그 어음을 선의취득하는 한 발행인은 어음상 책임을 부담한다」고 판시하여, 간접적으로 권리외관설의 입장을 취하였다.

【대법원 1999. 11. 26. 판결, 99 다 34307】

교부흠결된 어음작성자의 어음상의 책임과 관련하여, 대법원은「어음을 유통시킬 의사로 어음상에 발행인으로 기명날인하여 외관을 갖춘 어음을 작성한 자는 그 어음이 도난·분실 등으로 인하여 그의 의사에 의하지 아니하고 유통되었다고 하더라도, 배서가 연속되어 있는 그 어음을 외관을 신뢰하고 취득한 소지인에 대하여는 그 소지인이 악의 내지 중과실에 의하여 그 어음을 취득하였음을 주장·입증하지 아니하는 한 발행인으로서의 어음상의 채무를 부담한다」고 하여 권리외관설의 입장을 취하였다.

### Ⅲ. 檢　討

첫째, 교부계약설에 의하면 어음(수표)의 교부 전에 도난·분실 등으로 어음(수표)이 작성자의 의사에 반하여 유통되고 있는 경우에는 아직 어음(수표)채무가 발생하지 아니하여 작성자는 선의의 어음(수표)취득자에 대하여서도 어음(수표)채무를 부담하지 않게 되고 또 상대방이 계약체결능력을 가져야 하여 상대방이 무능력자로서 교부계약을 취소한 경우에는 어음(수표)채무가 무효로 되므로, 교부계약설은 어음(수표)거래의 안전을 기할 수 없다.

둘째, 창조설에 의하면 어음(수표)채무는 어음(수표)의 작성만으로 성립된다고 하나 작성자의 어음(수표)의 작성만으로 의사표시의 요건인 표시행위가 있다고 인정하기는 곤란하다. 또 창조설은 어음(수표)이 일단 작성되고 난 후에는 그 어음(수표)이 어음(수표)행위자의 의사에 반하여 유통되어도 어음(수표)채무가 발생한다고 하나, 어음(수표)이 교부 전에 도난·분실 등으로 어음(수표)행위자의 의사에 반하여 유통되고 있는 경우에 어음(수표)행위자가 어음(수표)채무를 부담하여야 하는 것은 어음(수표)행위자에게 너무 가혹하다.

셋째, 권리외관설은 교부계약설이나 발행설이 어음(수표)거래의 정적안전만을 중시하여 어음(수표)의 유통성을 기할 수 없으므로 교부계약설과 발행설에 권리외관이론을 결합하여 어음(수표)거래의 동적안전을 기하려는 것이다. 그러나 이는 일반적인 어음(수표)채무의 성립에 관한 이론이 아니고 어음(수표)의 교부가 없는데도 어음(수표)이 유통되어 제3자가 선의로 이를 취득한 경우에 그 어음(수표)작성자에게 책임을 지우기 위한 이론으로서 순수한 어음이론이라고 보기 어렵다.

우리 나라의 학설은 어음(수표)이론에 관하여 발행설을 취하기도 하고(채이식 65면 이철송 100면), 권리외관설을 취하기도 하고(최기원 105면 양승규 103면), 교부계약설을 취하면서 권리외관이론으로 보완하기도 하고(정희철 71~72면 정동윤 59면), 또는 발행설을 취하면서 권리외관이론으로 보완하기도 한다(손주찬 67면 정찬형 72면).

생각건대 발행설에 의하면 어음(수표)채무는 어음(수표)의 작성 외에 어음(수표)행위자의 의사에 의한 어음(수표)의 교부 · 도달에 의하여 성립하므로 창조설에서와 같은 비난을 면할 수 있고, 또 어음(수표)채무의 성립에 어음(수표)의 교부 · 도달 외에 상대방의 승낙을 요하지 않고 또 상대방의 계약체결능력의 유무를 불문하므로 교부계약설에서와 같은 비난을 면할 수 있다.

그러므로 어음(수표)이론으로서는 발행설이 타당하다고 생각되며(발행설) 다만 어음(수표)이 도난 · 분실 등으로 상대방에 교부 · 도달되지 아니하고도 유통되고 있는 경우에는 권리외관이론으로 보완하여야 할 것이다(권리외관설).

### Ⅳ. 權利外觀理論의 適用要件

#### (1) 序 說

교부흠결의 어음(수표)의 취득자가 권리외관이론에 의하여 보호받기 위하여서는 그 적용요건으로서, 어음(수표)작성자의 권리외관의 작출 즉 어음(수표)의 작성이 있어야 하고, 어음(수표)작성자에게 유책성 즉 귀책사유가 있어야 하며, 어음(수표)취득자가 선의 · 무중과실이어야 한다.

#### (2) 作成者의 有責性

어음(수표)작성자의 유책성에 관하여 학설은 어음(수표)작성자가 그 의사에 의하여 어음(수표)을 작성하는 것만으로도 유책성이 있다고 하나(정동윤 104면), 여기에서 권리외관이론은 어음(수표)의 교부흠결의 경우에 어음(수표)거래의 안전보호와 어음(수표)작성자의 이익보호의 조화를 기하고자 하는 것이므로 점유이탈의 사정도 고려하여 어음(수표)작성자의 유책성을 인정하여야 할 것이다(서헌제 538면).

따라서 작성한 어음(수표)을 부주의하게 방치하였거나 책상 서랍에 보관하고 있던 중에 도취당한 경우에는 어음(수표)작성자에게 유책성이 있으므로 어음(수표)작성자가 책임을 져야 할 것이나, 금고에 보관 중에 도취당하였거나 강도에게 강탈당한 경우에는 어음(수표)작성자의 유책성을 인정할 수 없으므로 어음(수표) 작성자는 책임을 지지 않는다.

(3) 取得者의 善意·無重過失

어음(수표)취득자가 어음(수표)의 교부흠결에 관하여 악의 또는 중대한 과실이 없어야 한다. 어음(수표)취득자의 선의·무중과실의 근거에 관하여, 학설은 어음법 제10조 단서(手 13조 단서)(악의·중과실의 백지어음 수표취득자에 대한 면책)의 유추적용이라고도 하고 어음법 제16조 제2항(手 21조 단서)(선의·무중과실로 선의취득)의 유추적용이라고도 한다. 어음법 제10조(手 13조서)는 어음(수표)요건 흠결의 경우에 어음(수표)채무자에게 어음(수표)채무를 부담시키는 규정인데 교부흠결의 경우도 요건흠결의 경우와 법률적 상황이 유사하므로 교부흠결의 경우에도 어음법 제10조(手 13조)를 유추적용하는 것이 타당하고, 따라서 어음(수표)취득자의 악의·중과실의 증명책임은 어음(수표)작성자가 부담한다.

**【대법원 1997. 5. 28. 판결, 97 다 7936】**

**1. 사실관계**

Y는 A소유의 건물을 보증금 3,000만 원에 임차하기로 하고, 그 임차보증금 중 잔금의 지급을 위하여 수취인, 지급인 등을 공란으로 하고 액면금과 발행인란에 자신의 명판과 도장을 찍은 약속어음을 A에게 교부하려고 하였다. 그러나 A가 위 약속어음의 수령을 거절하여 Y가 그의 지갑 속에 위 약속어음을 보관하고 있다가 분실하였고, 이를 B가 습득하였다.

한편 평소 B와 사업관계로 잘 알고 지내는 C가 그 전에 X은행으로부터 3,000만 원을 대출받았으나 변제기에 이를 상환하지 아니하여 X은행이 C에게 추가담보의 제공을 요구하였고, 이에 B가 그 습득한 위 약속어음의 수취인란을 자신의 이름으로 보충하고 지급기일을 공란으로 하여 X은행에 위 약속어음을 배서교부하였다.

X은행은 위 약속어음을 취득할 때에 이것이 배서인 B가 Y로부터 위 약속어음을 Y의 공사대금조로 받은 것이라는 설명을 듣고 B가 사업자등록이 되어 있는 사실을 확인하였다. 그리고 Y나 B는 X은행과 거래실적이 전혀 없었고, 또 X은행이 컴퓨터 단말

기로 금융결제원에 Y에 대한 신용조회를 하여 Y가 적색거래자에 해당하지 않는다는 것을 확인하였다.

이에 X은행이 Y에게 지급제시하자, Y는 위 약속어음이 정당하게 교부된 것이 아니라는 이유로 그 지급을 거절하였다.

**2. 판결요지**

이 건에 관하여, 대법원은 「어음·수표를 취득함에 있어서 통상적인 거래기준으로 볼 때에 양도인이나 그 어음·수표 자체에 의하여 양도인의 실질적 무권리성을 의심할 만한 사정이 있는 데도 이에 대하여 상당하다고 인정될 만한 조사를 하지 않고 만연히 양수한 경우에는 중대한 과실이 있는 것이다.

X은행이 위 약속어음을 담보취득함에 있어, 일반적으로 어음은 법인이 발행하는 것인 데 대하여 위 약속어음은 개인 발행의 어음이고, 개인이 발행한 어음으로서는 비교적 고액이고, 어음의 지급기일 등 어음요건이 대부분 결하여 있었고, 발행인 Y나 배서인 B는 X은행과 거래실적이 전혀 없었고, B가 위 약속어음을 Y로부터 Y의 공사대금조고 교부받은 것이라면 경험칙상 발행인이 지급기일조차 기재하지 않은 것은 극히 이례에 속하는 것이다.

이와 같이 양도인 B의 실질적 무권리성을 의심할 만한 사정이 있는 데도, X은행이 Y에게 그 발행 경위를 확인하거나 지급은행에 구체적인 정보조회를 하는 등의 조사를 하지 않은 것은 위 교부흠결의 약속어음을 취득함에 있어 중대한 과실이 있는 것이다」고 판시하여, 위 교부흠결의 약속어음의 취득자에게 중대한 과실이 있어 어음작성자가 권리외관설에 의한 책임을 지지 않는다고 판단하였다.

## 제4. 어음(手票)行爲의 要件

### Ⅰ. 總 說

어음(수표)행위는 어음(수표)상에 일정한 방식을 갖추어 행하는 서면행위인 의사표시이다. 따라서 어음(수표)행위가 성립하기 위하여서는 유효한 의사표시가 있어야 하고(어음·수표행위의 실질적 요건), 그 의사표시는 서면에 방식을 갖추어 작성·기재되고 그 작성·기재된 서면을 상대방에게 교부하여야 하다(어음·수표행위의 형식적 요건).

### Ⅱ. 어음(手票)行爲의 實質的 要件(有效한 意思表示)

#### 1. 序 說

어음(수표)행위의 실질적 요건으로서 유효한 의사표시가 있기 위하어서는 어음(수표)행위자가 어음(수표)능력을 가지고 있고 또 의사표시에 하자가 없어야 한다. 어음(수표)능력에는 어음(수표)상의 권리의무의 주체로 될 수 있는 어음(수표) 권리능력과 단독으로 유효한 어음(수표)채무의 부담행위를 할 수 있는 어음(수표) 행위능력이 있다.

이러한 어음(수표)행위의 실질적 요건에 관하여서는 어음(수표)법에 규정이 없으므로 일반사법의 원칙에 의한다.

### 2. 어음(手票)能力

#### (1) 어음(手票)權利能力

##### 가) 營利法人(會社)

정관상의 목적에 의한 회사(영리법인)의 권리능력의 제한에 관한 제한부정설의 입장에서는 회사의 권리능력은 정관상의 목적에 의한 제한을 받지 않으므로 회사는 당연히 어음(수표)권리능력을 가지며, 또 제한긍정설의 입장에서는 회사의 어음(수표)행위는 항상 회사의 사업수행에 필요한 행위이므로 회사는 정관상의 목적인 사업의 여하를 불문하고 어음(수표)권리능력을 가진다고 본다(정찬형 63면).

##### 나) 非營利法人

비영리법인의 권리능력은 정관상의 목적에 의한 제한을 받으나(민 34조) 어음(수표)행위는 그 자체가 무색적 행위로서 원인관계(목적범위 내의 행위)와 관계 없고 또 비영리법인도 사회적 활동을 하고 사회적 활동에는 필연코 금전거래가 생기며 오늘날 어음(수표)은 금전거래의 수단으로 널리 이용되고 있으므로, 비영리법인도 정관상의 목적의 여하를 불문하고 어음(수표)권리능력을 가진다(통설). 다만 원인관계가 정관상의 목적범위 외의 경우에 이는 당사자 간에 인적항변사유로 된다.

그러나 농업협동조합법상의 농업협동조합, 상호신용금고법상의 상호신용금고, 새마을금고법상의 새마을금고 등 특별법에 의하여 설립된 특수법인은 이들 법에 의하여 차입행위 기타 채무부담행위가 엄격하게 제한되어 있고, 이들 규정은 효력규정으로서 이에 위반한 행위는 무효이다.

##### 다) 權利能力없는 社團(財團)

권리능력 없는 사단의 어음(수표)권리능력에 관하여 긍정설과 부정설이 대립해 있다. 부정설은 권리능력 없는 사단은 어음(수표)권리능력도 없다고 하고(정희철 65면, 최기원 94면, 손수찬 44면, 이철송 77면), 긍정설은 권리능력 없는 사단도 민사소송법상의 당사자능력

(민사소송 52조)과 부동산등기능력(부동산등기 30조 1항)을 가지고 있고 또 사회적 실체로서 그 대표자에 의하여 법률행위를 하고 있으므로 어음(수표)권리능력을 인정하여야 한다고 한다(양승규 96면, 이기수 100면, 정찬형 63면).

생각건대 권리능력 없는 사단은 그 재산이 구성원의 재산으로부터 독립되어 있고 그 관리·운영기구도 확립되어 있으며 또 그 대외적 활동도 대표자에 의하여 사단의 명의로 행하여지고 있어 실제상 법인격을 부여하기에 충분한 실체를 가지고 있으므로, 권리능력 없는 사단도 어음(수표)권리능력을 가진다고 보는 것이 타당하다(긍정설).

라) 民法上의 組合

민법상의 조합은 권리능력이 없고 사단적 실체를 갖추고 있지 않으며 거래의 실제에 있어서 단체성이 약하고 조합원의 개성이 강하게 나타나므로 어음(수표)권리능력을 가지지 않는다(통설).

(2) 어음(手票)行爲能力

가) 序 說

자연인이 어음(수표)행위를 하기 위하여서는 어음(수표)권리능력 외에 어음(수표)행위능력을 가져야 하나, 법인은 어음(수표)권리능력의 범위 내에서 어음(수표)행위능력을 가지므로 법인의 어음(수표)행위능력은 문제되지 않는다.

어음(수표)행위능력에 관하여서는 어음법(수표법)에 규정이 없으므로 민법의 행위능력의 규정에 의하여야 한다. 그러나 민법은 행위능력에 관하여 적극적으로 규정하지 않고 소극적으로 행위무능력에 관하여 규정하고 있으므로, 어음(수표)행위능력에 관하여서도 이에 따라 고찰하기로 한다.

나) 어음(手票)行爲無能力者

① **意思無能力者** 유아·백치·광인 등과 같은 의사무능력자의 어음(수표)행위는 무효이다. 그러나 이러한 어음(수표)에 한 배서·인수·보증 등은 어음(수표)행위독립의 원칙에 의하여 무효로 되지 않는다(어 7조·77조 2항, 수 10조).

② **未成年者** 미성년자는 법정대리인의 동의 없이는 어음(수표)행위를 할 수 없고(민 5조 1항), 법정대리인의 동의 없이 한 어음(수표)행위는 취소할 수 있다(민 5조 2항).

미성년자의 권리만을 얻거나 의무만을 면하는 행위는 법정대리인의 동의 없이 할 수 있는데(민 5조 1항 단서), 어음(수표)행위도 이에 해당하는가에 관하여 긍정설과 부정설이 대립해 있다. 긍정설은 어음(수표)행위만이 제외되어야 할 이유가 없으므로 어음(수표)행위도 이에 포함된다고 하나(손주찬 47면 최기원 96면), 부정설은 어음(수표)행위는 언제나 채무부담을 하거나 권리를 양도하는 행위로서 권리만을 얻거나 의무만을 면하는 행위가 아니므로 이에 해당하지 않는다고 한다(정희철 66면, 양승규 87면 정동윤 68면, 정찬형 66면). 생각건대 원인관계에서는 미성년자가 권리만을 얻거나 의무만을 면하는 행위를 할 수 있으나, 어음(수표)행위는 무인적 채무부담행위로서 그 자체만으로는 권리만을 얻거나 의무만을 면하는 경우가 있을 수 없으므로 부정설이 타당하다(부정설).

미성년자가 법정대리인으로부터 특정 종류의 영업을 할 것을 허락받았거나(민 8조 1항) 회사의 무한책임사원이 될 것을 허락받은 경우에는(상 7조) 그 영업에 관하여 법정대리인의 동의 없이 어음(수표)행위를 할 수 있고, 또 법정대리인으로부터 재산의 처분을 허락받은 경우에도(민 6조) 그 허락의 범위 내에서 법정대리인의 동의 없이 어음(수표)행위를 할 수 있다.

**③ 限定治産者** 한정치산자의 행위능력은 미성년자의 행위능력에 관한 규정이 준용되므로(민 10조 5조~8조), 한정치산자의 어음(수표)행위능력은 미성년자의 어음(수표)행위능력과 같다.

**④ 禁治産者** 금치산자는 후견인의 동의가 있는 경우에도 스스로 어음(수표)행위를 할 수 없고 그의 어음(수표)행위는 언제든지 취소할 수 있다(민 13조).

#### 다) 無能力者의 어음(手票)行爲의 取消와 追認

무능력자의 어음(수표)행위는 취소할 수 있고(민 5조 2항 10조, 13조), 이를 추인하면 유효한 어음(수표)행위로 된다.

##### ① 어음(手票)行爲의 取消

i) 取消權者 : 무능력자의 어음(수표)행위를 취소할 수 있는 자는 그 어음(수표)행위를 한 무능력자, 무능력자의 대리인 또는 승계인 등이다(민 140조). 무능력자는 단독으로 자기의 어음(수표)행위를 취소할 수 있고 취소에 법정대리인의 동의를 요하지 않는다. 무능력자의 대리인에는 무능력자의 법정대리인뿐만 아니라 무능력자로부터 위임받은 임의대리인도 포함되고, 또 무능력자의 승계인은 포괄승계인이든 특정승계인이든 불문한다.

ii) 取消의 相對方 : 어음(수표)행위의 취소는 상대방에 도달한 때에 효력이 발생한다(민 111조). 취소의 상대방에 관하여 학설은 어음(수표)행위의 직접의 상대방에 한한다고도 하고(직접상대방한정설)(1922. 9. 29. 日 大審院 判決) 또는 직접의 상대방과 현재의 소지인뿐만 아니라 중간취득자도 포함한다고도 한다(어음소지인포함설)(정희철 67면, 손주찬 49면, 최기원 97면, 양승규 98면, 정찬형 67면, 이철송 83면).

어음행위는 직접의 상대방뿐만 아니라 나중에 어음을 취득하게 되는 자에 대한 관계도 예견하고 행하는 것이라는 점과, 어음행위의 취소에 의하여 가장 직접적으로 이해관계를 가지는 자는 현재의 어음소지인이라는 점, 그리고 무엇보다도 어음소지인으로부터 청구를 받은 경우에 하자있는 어음행위를 한 자는 우선 항변으로 대항하는 것이 필요한데, 직접상대방을 찾아내어 이 자에게 취소의 의사표시를 하지 아니하는 한 소지인의 청구를 거부할 수 없다는 것은 현실과는 너무나 거리가 있는 이론이 된다는 점에 비추어 보면 어음소지인포함설의 견해가 타당하다고 본다(어음소지인포함설).

**【대법원 1997. 5. 16. 판결, 96 다 49513】**

**1. 사실관계**

Y는 A가 약속어음을 할인해 주겠다고 하여 이 말을 믿고 액면금 5,000만 원의 약속어음 1매를 A에게 발행하여 주었고, A는 이러한 사정을 알지 못하는 X에게 위 약속어음을 백지식배서의 방법으로 양도하였다.

만기에 X가 어음금의 지급을 청구하자, Y는 A의 사기를 이유로 어음발행을 취소한다는 의사표시를 하고 지급을 거절하였으며 또 X가 위 약속어음의 취득 당시 중대한 과실로 인하여 어음이 편취된 사정을 알지 못하였으므로 X는 적법한 권리자가 아니라고 주장하였다.

**2. 판결요지**

이 건에 관하여, 대법원은 「사기와 같은 의사표시의 하자를 이유로 어음발행행위를 취소하는 경우에 그 취소의 의사표시는 어음발행행위의 직접의 상대방에 대하여 뿐만 아니라 어음발행행위의 직접의 상대방으로부터 어음을 취득하여 그 어음금의 지급을 청구하고 있는 소지인에 대하여도 할 수 있다고 봄이 상당하다. 그러나 이와 같은 의사표시의 취소는 선의의 제3자에게 대항할 수 없고(민 110조 3항), 이때의 제3자는 어음발행행위의 직접의 상대방 외의 자를 가리키는 것이므로, 어음의 발행인이 어음발행행위의 직접의 상대방이 아닌 소지인을 상대로 어음발행행위 취소의 의사표시를 할 수 있다 하여 소지인의 선의·악의를 불문하고 그 취소의 효과를 주장할 수 있는 것은 아니다.

> 또한 어음행위에 착오·사기·강박 등 의사표시의 하자가 있다는 항변은 어음행위 상대방에 대한 인적항변에 불과하므로, 어음채무자는 소지인이 그 채무자를 해할 것을 알고 어음을 취득한 경우가 아닌 한, 소지인이 중대한 과실로 그러한 사실을 몰랐다고 하더라도 종전 소지인에 대한 인적항변으로써 소지인에 대항할 수 없는 것이다」(대판 1970. 7. 8. 70 다 1293 대판 1996. 3. 22. 95 다 56033 참조)고 판시하여, 취소의 의사표시의 상대방은 직접의 상대방뿐만 아니라 현재의 소지인도 포함하고, 또 그렇더라도 그 취소의 항변은 인적항변으로서 선의의 취득자에게는 대항할 수 없는 것이라 하였다.

iii) 取消의 時期 : 어음(수표)행위의 취소는 취소의 원인이 종료한 때부터 3년 내에 또 어음(수표)행위를 한 때부터 10년 내에 해야 한다(민 146조). 만약 이 기간 내에 취소하지 않으면 확정적으로 유효한 어음(수표)행위로 된다. 이 기간은 제척기간이다.

iv) 取消의 效果 : 무능력자의 어음(수표)행위를 취소하면 그 어음(수표)행위는 처음부터 무효인 것으로 되어(민 141조), 무능력자는 누구에게 대하여서도 즉 선의의 어음(수표)취득자에 대하여서도 어음(수표)상의 책임을 지지 않는다(어 7조·77조 2항 수 10조 참조). 물론 이러한 취소의 효과는 선의의 어음(수표)취득자에게 불리하나, 이것은 무능력자보호라는 법의 요청상 부득이한 것이다.

무능력자가 어음(수표)행위를 취소한 경우에 직접의 상대방이 그 어음(수표)을 소지하고 있으면 무능력자는 그 직접의 상대방에 대하여 어음(수표)의 반환을 청구할 수 있다. 그러나 제3자가 선의취득 등으로 정당한 소지인의 지위에서 그 어음(수표)을 소지하고 있는 경우에는 제3자가 무능력자 외의 다른 어음(수표)행위자에 대하여 책임을 추급하는 데 어음(수표)이 필요하므로 무능력자는 그 제3자에 대하여 어음(수표)의 반환을 청구할 수 없다.

② 어음(手票)行爲의 追認

i) 追認의 方法 : 어음(수표)행위의 추인은 추인권자(취소권자)가 상대방에 대하여 취소할 수 있는 어음(수표)행위를 취소하지 않겠다는(취소권의 포기) 뜻의 의사표시에 의하여 하고(민 143조 2항), 그 의사표시가 상대방에 도달한 때에 그 효력이 발생한다(민 111조).

ii) 追認의 相對方 : 어음(수표)행위의 추인의 상대방에 관하여 학설은 어음(수표)행위의 직접의 상대방과 현재의 소지인을 포함한다고도 하고(서돈각 65면 김용태 206면)

또는 어음(수표)행위의 직접의 상대방과 현재의 소지인뿐만 아니라 중간취득자도 포함한다고도 한다(정희철 67면, 손주찬 49면, 최기원 97면 양승규 98면, 정찬형 67면, 이철송 83면). 추인은 취소와는 달리 상대방에게 확정적인 지위를 부여하여 이익을 주는 것이므로, 어음(수표)행위의 추인의 상대방은 어음(수표)행위의 직접의 상대방과 현재의 소지인뿐만 아니라 중간취득자도 포함한다고 보는 것이 타당하다.

iii) 追認의 效果 : 취소할 수 있는 어음(수표)행위를 추인한 때에는 그 어음(수표)행위는 소급하여 유효한 어음(수표)행위로 되고, 그 후에는 취소할 수 없다.

(3) 어음(手票)能力의 存在時期

가) 어음(手票)權利能力

어음(수표)행위자는 어음(수표)행위를 할 때에 어음(수표)권리능력을 가지고 있어야 하고, 또 이에 의하여 생긴 어음(수표)채무를 계속 부담하기 위해서는 계속 어음(수표)권리능력을 가져야 한다.

나) 어음(手票)行爲能力

어음(수표)행위자는 어음(수표)행위를 할 때에 어음(수표)행위능력을 가지고 있으면 되고, 그 후에는 어음(수표)행위능력을 가지지 아니하여도 그 어음(수표)행위의 효력에 영향이 없다.

어떤 시기를 어음(수표)행위를 할 때로 볼 것인가 즉 어떤 시기에 어음(수표)행위능력이 있어야 하는가는 어음(수표)이론의 학설에 따라 다르다. 창조설에 의하면 어음(수표)의 작성행위(기명날인 또는 서명)를 할 때에, 교부계약설과 발행설에 의하면 어음(수표)이 상대방에 교부·도달될 때에 어음(수표)행위능력이 있어야 한다.

3. 意思의 欠缺과 瑕疵있는 意思表示

(1) 總　說

어음(수표)행위도 법률행위이므로 민법의 의사표시에 관한 규정이 적용된다. 따라서 비진의표시에 의하여 어음(수표)행위를 한 경우에 이를 상대방이 알았거나 알 수 있었을 때(민 107조 1항 단서)와 통정허위표시에 의하여 어음(수표)행위를 한 경우(민 108조 1항)에는 그 어음(수표)행위가 무효로 된다. 또 착오에 의하여 어음(수표)행위를 한 경우에 어음(수표)행위자에게 중대한 과실이 없고 어음(수표)행위의 중요부분에 착오가 있는 때(민 109조 1항)와 사기 · 강박에 의하여 어음(수표)행위를 한 경우(민 110조 1항 · 2항)에는 그 어음(수표)행위를 취소할 수 있다. 그러나 이러한 어음(수표)행위의 무효나 취소는 선의의 제3자에 대하여 대항할 수 없다(민 107조 2항, 108조 2항 109조 2항, 110조 3항).

이와 같이 어음(수표)행위에는 민법의 의사표시에 관한 규정이 적용되나, 다음과 같은 점에 유의하여야 한다.

(2) 어음(手票) 行爲에 意思의 欠缺 · 意思表示의 瑕疵의 存在

의사의 흠결이나 의사표시의 하자는 어음(수표)행위에 존재하여야 어음(수표)행위가 무효 · 취소될 수 있고, 이러한 흠결이나 하자가 원인행위에 존재하는 경우에는 단지 인적항변사유로 될 뿐이다.

(3) 第3者의 善意의 意味

어음(수표)행위의 무효 · 취소는 선의의 제3자에 대하여 대항할 수 없다(민 107조 2항, 108조 2항, 109조 2항, 110조 3항). 여기서의 「선의」의 개념에 관하여는 해석상 견해의 대립이 있다. 제1설은 이때의 선의를 '악의 또는 중과실이 없는'의 의미로 해석하여, 하자있는 어음행위를 취소한 자는 악의 또는 중과실 없이 어음을 취득한 제3취득자에게는 대항할 수 없다고 해석한다(정동윤(어) 59면 정찬형 68면). 제2설은 이때의 선의를 어음법 제17조 단서의 '어음채무자를 해할 것을 알지 못하는'의 의미로 해석하여, 하자있는 어음행위를 취소한 자는 어음채무자를 해할 것을 알지 못하고 어음을 취득한 제3취득자에게는 그 취소로 대항할 수 없다고 주장한다(대판 1997. 5. 16. 96 다 49513)(대판 1970. 7. 28. 70 다 1293). 어음행위에 사기, 착오, 강박 등의 의사표시의 하자가 있다는 항변은 어음행위의 상대방에 대한 인적항변에 불과하기 때문이라고 한다.

생각건대 어음행위에 의사표시의 하자가 있다는 항변은, 뒤의 어음항변론에서 설명하고 있는 바와 같이, 전통적 의미의 인적항변과는 내용이 다른 유효성의 항변이고 또한 이 경우에 제3자의 선의는 어음법 제10조(수 13조)(백지어음 · 수표) 단서와 동 법 제16조 제2항(수 21조)(어음 · 수표의 선의취득) 단서와의 균형상 '악의 또는 중대한 과실이 없는' 의미로 해석하는 것이 옳다.

(4) 强迫의 程度에 따른 效力

강박의 정도가 극심하여 어음(수표)행위자의 의사결정의 자유가 완전히 박탈된 상태인 경우에는 어음(수표)행위 자체가 존재하지 않은 것으로 보아 이는 무효로 되고

(정찬형 69면), 그 어음(수표)행위자는 누구에게 대하여서도 그 무효로 대항할 수 있다(물적항변사유).

또한 어음(수표)행위자가 강박으로 인한 공포심으로 어음(수표)행위를 한 경우에는 이는 민법 제110조의 강박에 의한 의사표시로서 어음(수표)행위자는 그 어음(수표)행위를 취소할 수 있다(인적항변사유).

그러나 위법하지 않은 강박에 의하여 어음(수표)행위를 한 경우나 단순한 협박에 못이겨 요청하지도 않은 어음(수표)행위를 한 경우에는 이는 유효한 어음(수표)행위로서 어음(수표)행위자는 그 어음(수표)행위를 취소할 수 없다(정찬형 69면).

## Ⅲ. 어음(手票) 行爲의 形式的 要件(作成 또는 記載와 交付)

### 1. 序 說

어음(수표)행위가 유효하게 성립하기 위하여서는 실질적 요건으로서 유효한 의사표시가 있어야 하고, 또 형식적 요건으로서 그 의사표시가 서면에 일정한 방식을 갖추어 작성(발행의 경우) 또는 기재(발행 외의 경우)되고 그 작성·기재된 어음(수표)이 상대방에게 교부·도달되어야 한다.

물론 어음(수표)행위는 어음(수표)이론의 창조설에 의하면 어음(수표)이 작성 또는 기재된 때에 완성되나, 교부계약설과 발행설에 의하면 어음(수표)이 작성·기재 외에 상대방에게 교부·도달된 때에 완성된다.

### 2. 어음(手票)의 作成·記載

#### (1) 어음(手票)의 作成·記載

어음(수표)행위 중 기본적 어음(수표)행위인 발행은 어음(수표)의 작성에 의하여 하나, 배서·인수·보증 등과 같은 부속적 어음(수표)행위는 이미 작성된 어음(수표)에 기재하여야 한다.

어음(수표)의 재료는 반드시 지면이어야 하는 것은 아니고 의사표시가 문자로 표시될 수 있는 물체이면 어느 것이나 무방하다. 보통은 어음(수표)요건이 기재되어 있는 어음(수표)용지를 사용하며 특히 금융기관을 지급장소로 하여 어음(수표)을 발행하는 경우에는 내한금융단협정에 의하여 작성된 통일어음(수표)용지를 사용한다.

어음(수표)행위 중 발행은 반드시 어음(수표) 자체에 하여야 하나, 배서·보증은 어음(수표) 자체뿐만 아니라 그 보전 또는 등본에도 할 수 있다(어 13조 1항 · 31조 1항 · 77조 1항 1호 · 3항, 수 16조 1항 · 26조 1항). 보전은 어음(수표)에 결합된 지편으로(어 13조 1항 수 16조 1항), 어음(수표)행위는 어음(수표) 자체에 하는 것이 적당하나, 배서가 수개 연속하여 있어 배서란이 부족한 경우와 같이 어음(수표) 자체에 배서 · 보증을 할 수 없는 경우에는 어음(수표)에 보전을 붙여 할 수 있게 한 것이다.

### (2) 어음(手票)의 作成 · 記載의 方式

어음(수표)행위는 요식행위이므로, 그 고유의 방식을 갖추어야 하는 바, 즉 법정기재사항을 기재하여야 한다. 그리고 어음(수표)행위가 다른 어음(수표)행위를 전제로 하고 그 전제인 다른 어음(수표)행위의 내용을 포함하고 있는 경우에는, 그 전제된 다른 어음(수표)행위의 방식도 포함하는 것으로 본다.

따라서 어음(수표)행위가 다른 어음(수표)행위를 전제로 하는 경우에는 그 고유한 방식을 갖추는 외에 그 전제되는 다른 어음(수표)행위도 그 방식을 갖추어야 하며, 이 중 어느 것이라도 결하면 그 어음(수표)행위는 무효로 된다.

어음(수표)행위의 방식은 어음(수표)행위의 종류에 따라 다르나, 모든 어음(수표)행위에 있어서 공통적인 요건은 어음(수표)행위자의 기명날인(서명)이다. 다만 전자어음에서는 공인전자서명으로 기명날인에 갈음한다(전어 6조 3항).

### (3) 어음(手票)行爲의 方式으로서의 記名捺印 · 署名

#### 가) 記名捺印 · 署名의 意義

기명날인은 어음(수표)행위자가 자기를 표시하는 명칭을 기재하고 그의 인장을 날인하는 것이고, 또 서명은 어음행위자가 자필로 자기를 표시하는 명칭을 기재하는 것이다. 흔히 서명은 자기의 성명을 자필로 기재하고 자기의 성명을 도형화한 표시(signature)를 부기하여 하며 또 그렇게 하여도 무방하나, 이는 서명의 요건은 아니다.

어음(수표)행위에 기명날인(서명)을 요구하는 것은 어음(수표)행위자가 어음(수표)채무를 진다는 것을 인식하게 하고(주관적 이유) 또 어음(수표)취득자에게 어음(수표)행위자가 누구인가를 알게 하기 위한 것이다(객관적 이유).

구 어음(수표)법에서는 기명날인만 인정되었으나, 1995년의 개정 어음(수표)법에서는 국제적 조화를 위하여 서명제도를 도입하여 기명날인과 서명 중에서 어음행위자가 택일하여 할 수 있도록 하여 양자를 병용하고 있다. 따라서 수인이 어음(수표)행위를 하거나 특정인이 수개의 어음(수표)행위를 하는 경우에는 기명날인과 서명이 혼용될 수 있다.

나) 記名捺印·署名의 方法

기명날인은 어음(수표)행위자가 자기를 표시하는 명칭을 기재하고 그의 인장을 압날하여 한다. 따라서 기명만 있고 날인이 없거나 날인만 있고 기명이 없는 어음(수표)행위는 무효이다. 또한 서명은 어음(수표)행위자가 자필로 자기를 표시하는 명칭을 기재하여야 한다.

**【대법원 1962. 1. 31. 판결, 4294 민상 200】**

기명날인에 관하여, 대법원은 「약속어음의 배서는 배서인이 기명날인하는 것이 요건이라 해석되는 바, 이 건 어음에는 날인만 있고 기명 내지 서명이 없는 것이 명백하여 이것이 유효한 배서라 할 수 없고, 따라서 이 배서에 의하여 원고에게 어음상의 권리가 이전되었다고 할 수 없다」고 판시하여, 날인만 있고 기명이 없는 배서는 무효라 하였다.

어음(수표)행위자를 표시하는 명칭은 어음(수표)행위자의 본명뿐만 아니라 상호·아호·통칭이든 거래자 간에서 본인을 표시하는 명칭임을 알 수 있는 것이면 무엇이든 무방하다. 또한 기명날인에 있어서 압날하는 인장은 반드시 인감계를 낸 인장이어야 하는 것은 아니다.

어음(수표)행위의 기명날인에 있어서 기명의 명의와 날인의 명의는 일치하지 않아도 무방하다는 데는 이론이 없다. 다만 학설은 양자의 명의가 거래상 동일성이 인정되는 경우에 한하여 불일치하여도 무방하다고도 하고(동일성필요설)(정희철 64면 손주찬 55면) 또는 어음행위자의 진정한 의사에 의하여 기명날인된 이상, 거래상 동일성의 여부를 불문하고 불일치하여도 무방하다고도 한다(동일성불요설)(최기원 111면, 양승규 91면, 채이식 38면). 그러나 원래 어음(수표)행위의 기명날인은 어음(수표)행위자로 하여금 어음(수표)채무를 부담한다는 것을 인식하게 하고 어음(수표)취득자로 하여금 누가 어음행위자인가를 인식할 수 있게 하기 위한 것에 불과하고 또 어음(수표)유효해석의 원칙으로 보아서도, 불일치한 양자의 명의가 반드시 거래상 동일성이 있어야 하는 것은 아니라고 본다(동일성불요설)(대판 1978. 2. 28. 77 다 2489).

그리고 기명부분과 날인부분에 나타나는 이름이 일치하지 않을 경우에는, 어음(수표)행위는 기명의 명의인을 어음행위자로 보아야 한다(이철송 75면 정찬형 68면).

**【대법원 1978. 2. 28. 판결, 77 다 2489】**

기명의 명의와 날인의 명의가 불일치한 경우에 관하여, 대법원은 「약속어음에 피고 "황택임"의 기명이 있고 거기에 "서상길"로 된 인장이 압날되어 있어 기명과 인장이 일치하지 않을 지라도 약속어음의 문면상으로는 기명과 날인이 있는 것으로 되어 외관상 전혀 없는 경우와는 구별되어야 할 것이다」라 판시하여, 거래상 동일성이 있을 것을 요구하고 있지 않다.

또한 무인(拇印)의 유효성에 관하여 긍정설과 부정설이 대립해 있다. 무인은 무지(拇指)(엄지 손가락)의 지문을 인장에 갈음하여 찍는 지장(손 도장)이다. 긍정설은 무인은 위조가 될 수 없는 가장 정확한 날인이고 중화민국 어음법 제3조에서 무인을 유효한 날인으로 규정하고 있으므로 무인을 유효한 날인으로 인정하여야 한다고 하나(정희철 64면), 부정설은 무인은 육안으로 식별할 수 없고 전문가만이 특수한 기구에 의하여 식별할 수 있어 어음(수표)의 유통성을 해하므로 무인을 날인으로 인정할 수 없다고 한다(서돈각 336면, 손주찬 57면, 최기원 88면, 정동윤 62면, 이기수 98면, 채이식 38면).

**【대법원 1962. 11. 1. 판결, 62 다 604】**

무인의 효력에 관하여, 대법원은 「무인 기타의 지장은 그 전부를 육안으로 식별할 수 없고 특수한 기구나 특별한 기능에 의하지 않으면 식별할 수 없으므로, 거래상의 유통을 목적으로 하는 어음의 기명날인에는 지장을 포함하지 않는다고 해석함이 타당하며, 따라서 기명과 지장으로 한 어음행위는 형식을 갖추지 못하여 무효이다」라고 판시하여, 부정설을 취하였다.

이 외에 부정설을 취한 판례로는 (대판 1956. 4. 26. 4288 민상 424) (대판 1959. 11. 12. 4292 민상 581) 등이 있다.

기명날인(서명)은 어음(수표)행위의 요건이나, 기명날인(서명) 자체는 사실행위이므로 기명날인(서명)의 대행은 대리행위가 아니고 본인을 위한 단순한 보조행위이다.

다) 會社 기타 法人의 記名捺印 · 署名

법인의 기명날인(서명)은 법인의 대표기관이 법인을 위하여 하는 것임을 표시하고 기명날인(서명)하는 방식으로 하여야 한다. 따라서 법인의 기명날인(서명)에는 법인의 표시, 대표기관(대표자격)의 표시, 대표자의 기명날인(서명)이 있어야 한다.

대표관계의 표시는 법인을 위하여 하는 것임을 인식할 수 있는 정도이면 된다(대판 1984. 4. 10. 83 다카 3163). 따라서 대표관계의 표시는 대표권 있는 지위나 직명 등을 표시하는 기재를 하면 되고, 이러한 기재가 없어도 대표자의 날인이 직인이면 법인의 표시와 관련하여 대표기관의 표시가 있는 것으로 인정된다(대판 1969. 9. 23. 69 다 930).

**【대법원 1969. 9. 23. 판결, 69 다 930】**

**1. 사실관계**

Y주식회사 대표이사 A는 X로부터 물품을 구입하고 X에게 약속어음 2매를 발행하였는데, 그 약속어음에는 「Y주식회사 A㊞」으로 기명날인되어 있고, A의 인장은 「대표이사 A」로 표시되어 있었다.

X가 만기에 Y회사에 지급제시하였으나, Y회사는 회사의 대표자격의 표시가 없으므로 위 약속어음은 A의 개인어음이라 하여 그 지급을 거절하였다.

**2. 판결요지**

이 건에 관하여, 대법원은 「회사의 명칭 뒤에 대표자의 명칭만 기재하였더라도 뒤에 대표의 자격이 표시된 인감을 찍어 대표자격을 인식할 수 있으면, 이는 법인의 명의의 표시와 날인의 형식에 따른 것으로서 회사는 어음상의 의무가 있다」고 판시하여, 「Y주식회사 A㊞」으로 기명날인되어 있고 A의 인장이 「대표이사 A」로 표시되어 있으면 Y회사 대표이사의 기명날인으로서 적법하다고 하였다.

또한 법인의 기명날인(서명)은 대리의 방식으로 즉 대리권을 수여받은 대리인이 법인의 대리권자임을 표시하고 기명날인(서명)하는 수도 있고, 대행의 방식으로 즉 대행권을 수여받은 대행자가 법인의 대표기관의 명의로 기명날인(서명)하는 수도 있다.

라) 權利能力 없는 社團의 記名捺印·署名

권리능력 없는 사단의 어음(수표)행위의 경우에는 법인의 어음(수표)에서와 같이 그 대표자가 그 권리능력 없는 사단을 위하여 하는 것임을 표시하고 기명날인(서명)하는 방식으로 한다.

마) 組合의 記名捺印·署名

민법상의 조합(민 703조 이하)은 어음(수표)권리능력이 없고 전 조합원이 권리의무의 주체가 되므로, 조합이 어음(수표)행위를 하는 경우에는 전 조합원이 기명날인(서명)하여야 한다.

그러나 어음(수표)에 전 조합원이 기명날인(서명)하는 것은 불편할 뿐만 아니라 어음(수표)의 신속한 유통의 요청에도 반하므로, 실무상 조합의 어음(수표)행위는 법인의 어음(수표)행위에서와 같이 조합대표자가 조합을 위하여 하는 것임을 표시하고 기명날인(서명)하는 방식으로 한다.

이와 같이 전 조합원이 기명날인(서명)하여 어음(수표)행위를 하든 조합대표자가 조합을 위하여 하는 것임을 표시하고 기명날인(서명)하든 조합이 어음(수표)행위를 한 경우에는, 전 조합원이 공동어음(수표)행위자로 되어 어음법 제47조 제1항(어 77조 1항 4호, 수 43조 1항)에 의하여 합동책임을 진다.

**【대법원 1970. 8. 31. 판결, 70 다 1360】**

**1. 사실관계**

민법상의 조합인 A상조회 회장 Y는 「A상조회 회장 Y」의 명의로 서명하여 약속어음을 발행하였고, X가 위 약속어음의 배서를 받아 소지하고 있다가 만기에 Y에게 지급제시를 하였다.

그러나 Y는 위 약속어음은 A상조회 발행의 약속어음이므로 자신은 지급책임이 없다고 하여 그 지급을 거절하였다.

**2. 판결요지**

이 건에 관하여, 대법원은 「법인격 없는 조합이 어음행위를 하였을 경우에는 그 조합원이 위 어음행위로 인한 권리의 취득 또는 의무의 부담을 하는 것이고 조합 자체가 위 어음행위로 인한 권리취득이나 의무부담을 하는 것이 아니다.

조합의 어음행위는 전 조합원이 어음상의 서명에 의한 것은 물론 대표조합원이 그 대표자격을 표시하고 조합원 전원을 대리하여 서명하는 경우에도 유효하다.

Y는 A상조회 대표자로서 이 건 어음채무를 부담하는 것이 아니고 A상조회 회원의 한 사람으로서 이 건 어음의 공동발행인의 채무를 부담하는 것이며, 전 조합원은 합동책임을 지는 공동발행인으로서 각자가 그 어음상의 금액 전부에 대하여 지급의무를 부담하므로 Y는 이 건 어음상의 채무금 전액에 대하여 지급의무가 있는 것이다.

여러 사람이 어음을 공동발행한 경우에는 공동발행인 전원을 상대로 하여서만 그 어음상의 채무이행을 청구할 수 있는 것이 아니고 그 사람에게 그 전부의 지급을 청구할 수 있으며, 또 Y가 이 건 어음에 A상조회의 대표자로 표시되었더라도 A상조회의 한 사람으로서 이 건 어음에 대한 공동발행의 책임을 지는 것이다」라고 판시하여, 법인격 없는 조합은 어음상의 권리의무의 주체로 될 수 없고, 조합의 어음행위는 전 조합원이 서명하여 하는 외에 대표조합원이 대표자격을 표시하고 전 조합원을 대리하여 서명하여 하는 것도 유효하며 이 경우 각 조합원은 공동어음행위자로서 지급의무를 부담한다고 하였다.

3. 어음(手票)의 交付

어음(수표)행위는 어음(수표)이론의 창조설에 의하면 어음(수표)을 작성·기재한 때에 성립되고, 교부계약설에 의하면 작성·기재된 어음(수표)을 상대방에게 교부하고 상대방의 수령행위에 의한 승낙이 있는 때에 성립되고, 또 발행설에 의하면 작성·기재된 어음(수표)을 누군가에게 교부한 때에 성립된다.

교부계약설과 발행설에 의하면 어음(수표)의 작성·기재 후 교부 흠결인 채 작성·기재자의 의사에 반하여 유통되고 있는 경우에는 아직 어음(수표)행위가 성립되지 않았으나, 권리외관설은 이 경우에 권리외관이론을 도입하여 그 작성·기재자는 선의의 취득자에 대하여 그 외관작출에 대한 책임을 진다고 한다.

# 제 2 절 어음(手票)行爲의 特性과 解釋

## 제 1 관 어음(手票)行爲의 特性

어음(수표)행위는 일반의 법률행위와는 다른 여러 가지 특성을 지니고 있다. 어음(수표)행위의 특성으로서 주요한 것으로는 서면행위성·무인성·문언성·독립성·수단성·협동성 등이 있다.

### 제1. 書面行爲性

어음(수표)행위는 증권적 행위로서 모두 서면(어음·수표)에 행하여지는 의사표시이다. 이러한 어음(수표)행위의 서면행위성은 어음(수표)행위의 본질적 특성으로서, 어음(수표)행위의 다른 특성인 무인성이나 문언성은 이 서면행위성을 바탕으로 하는 것이다.

### 제2. 無因性

#### I. 意 義

어음(수표)행위는 매매·소비대차·도급 기타 원인관계를 원인으로 하여 생기므로 경제적으로는 원인관계와 밀접한 관련이 있으나, 법률상으로는 어음(수표)행위는 원인관계에서 분리되어 있어 원인관계가 무효·취소되거나 부존재하더라도 그 영향을 받지 않고 유효하다. 이것을 어음(수표)행위의 무인성 또는 추상성이라 한다.

어음(수표)행위는 매매·소비대차·도급 등의 원인관계를 원인으로 하여 행하여지나, 그 어음(수표)은 대금지급청구권·차금반환청구권·보수지급청구권을 표창하는 것이 아니고 그 표창하는 권리는 어음(수표)행위 자체에서 생기는 별개의 권리이므로 어음(수표)행위의 무인성은 어음(수표)의 설권증권성과 밀접한 관련을 가진다. 또한 어음(수표)행위의 효력은 어음(수표)상에 기재된 문언에 따라 결정되고 어음(수표)상의 문언이 어음(수표) 외의 실질관계와 다르더라도 그 실질관계의 영향을 받지 않으므로, 어음(수표)행위의 무인성은 어음(수표)의 문언증권성과도 밀접한 관련을 가진다.

## Ⅱ. 根 據

### 1. 序 說

어음(수표)법은 어음(수표)행위의 무인성을 확보하기 위하여 중요한 어음(수표)행위인 발행·배서·인수 등에 대하여 무조건성을 규정하고 있다.

1930년의 제네바 통일어음법회의에서는 어음관계와 원인관계의 상관관계를 각국의 국내법에 유보하여(제네바 어음법통일조약 제2부속명세서 16조), 독일 어음법에서는 어음관계와 원인관계의 분리를 전제로 이득상환청구권을 인정하였고(독 어음법 89조) 우리 나라의 어음(수표)법에서도 독일의 어음법에서와 같이 어음(수표)관계와 원인관계의 분리를 전제로 이득상환청구권을 인정하고 있다(어 79조, 수 63조).

### 2. 具體的 根據規定

#### (1) 支給委託·支給約束의 無條件性

환어음의 발행에 있어서 어음금액의 지급위탁, 약속어음의 발행에 있어서 어음금액의 지급약속, 수표의 발행에 있어서 수표금액의 지급위탁은 무조건이어야 한다(어 1조 2호·75조 2호, 수 1조 2호). 어음·수표금액의 지급위탁과 지급약속은 무조건이어야 하므로, 어음·수표금액의 지급위탁이나 지급약속의 효력은 어음·수표 외의 사실 예컨대 목적물의 수령이나 도급공사의 완성 등에 관련시켜서는 안되고, 이를 어음·수표 외의 사실에 관련시켰을 때에는 그 어음·수표가 무효로 된다. 즉 어음·수표금액의 지급위탁이나 지급약속에 붙인 조건은 유해적기재사항이다.

#### (2) 引受의 無條件性

환어음의 인수는 무조건이어야 한다(단순인수)(어 26조 1항 본문). 환어음의 기재사항을 변경하거나 조건을 붙인 부단순인수를 한 경우에, 인수를 거절할 것으로 보아 소지인은 전자에 대하여 소구권을 행사할 수 있다(어 26조 2항 본문). 이러한 환어음의 인수의 무조건성도 어음행위의 무인성을 확보하기 위한 것이다.

⑶ 背書의 無條件性

어음(수표)의 배서도 무조건이어야 한다(어 12조 1항 1문 · 77조 1항 1호, 수 15조 1항 1문). 배서에 조건을 붙인 경우에 그 조건은 기재하지 않은 것으로 되어(어 12조 1항 2문 · 77조 1항 1호, 수 15조 1항 2문) 무조건의 배서로 된다. 즉 배서에 붙인 조건은 무익적기재사항이다. 이러한 배서의 무조건성도 배서의 무인성을 확보하기 위한 것이다.

## Ⅲ. 機 能

### 1. 어음(手票)의 流通性의 確保

어음(수표)행위의 무인성으로 인하여 어음(수표)행위는 원인관계가 무효 · 취소 또는 부존재하더라도 그 원인관계의 효력의 영향을 받지 않고 유효하므로, 어음(수표)행위의 무인성에 의하여 어음(수표)취득자의 보호 내지 어음(수표)의 유통성의 확보를 기할 수 있다.

### 2. 原因關係의 抗辯의 主張

어음(수표)행위의 무인성은 어음(수표)행위의 당사자 간에는 인정되지 않는다. 따라서 어음(수표)행위의 당사자 간에 어음(수표)채권자가 어음(수표)상의 청구를 하면, 어음(수표)채무자는 어음(수표)채권자에 대하여 그 원인관계의 항변으로 대항할 수 있다.

### 3. 證明責任의 轉換

어음(수표)행위의 무인성에 의하여 어음(수표)관계와 원인관계가 분리되어 있으므로 어음(수표)채권자는 어음(수표)상의 청구를 할 때에 그 원인관계의 존재나 유효를 주장 · 증명할 필요가 없고, 오히려 어음(수표)채무자가 어음(수표)채권자에 대하여 대항하려면 그 원인관계의 하자나 부존재를 주장 · 증명하여야 하므로 증명책임이 어음(수표)채무자에게 전환되어 있는 것이다.

## Ⅳ. 關聯問題

어음(수표)행위의 무인성은 상법상의 다른 행위와 관련하여 문제되는 경우가 있다.

### 1. 會社의 目的範圍外의 行爲와 어음(手票)行爲

회사의 정관상의 목적에 의한 권리능력의 제한에 관하여 제한부정설에 의하는 경우에는 물론 제한긍정설에 의하더라도 어음(수표)관계와 원인관계가 분리되어 있으므로, 회사는 원인관계가 회사의 정관상의 목적범위 내에 속하는가에 관계없이 어음(수표)행위를 할 수 있다.

### 2. 理事(無限責任社員)의 自己去來와 어음(手票)行爲

이사(무한책임사원)는 이사회의 승인(다른 사원의 동의)이 있는 때에 한하여 자기 또는 제3자의 계산으로 회사와 거래할 수 있다(상 398조 199조). 이와 같이 제한되는 이사(무한책임사원)의 자기거래에 원인행위 외에 어음(수표)행위가 포함되는가 즉 이사(무한책임사원)와 회사 간의 어음(수표)행위에 관하여 이사회의 승인(다른 사원의 동의)을 얻어야 하는가에 관하여 긍정설과 부정설이 대립해 있다.

그러나 이사(무한책임사원)의 자기거래의 제한은 회사의 이익과 이사(무한책임사원)의 개인적 이익이 충돌하는 경우에 이사(무한책임사원)가 그 지위를 이용하여 회사의 이익을 희생하고 자기 또는 제3자의 이익을 도모하는 것을 방지하기 위한 것이고 또 어음(수표)행위를 한 때에는 원인관계상의 채무와는 별도로 새로운 어음(수표)상의 채무를 부담하여 그 어음(수표)상의 채무는 인적항변의 절단·증명책임의 전환 등으로 원인관계상의 채무보다 더 엄격한 지급채무로 되어 이사(무한책임사원)와 회사 간의 이해는 일층 더 예리하게 상충된다. 따라서 어음(수표)행위에도 상법 제398조(상 199조)가 적용되어 이사(무한책임사원)가 회사와 어음(수표)행위를 할 때에는 이사회의 승인(다른 사원의 동의)을 얻어야 한다고 보는 것이 타당하다(긍정설).

**【대법원 1984. 1. 24. 판결, 82 다카 1405】**

실질적 원인관계 없이 배서받은 약속어음에 의한 청구가 권리남용에 해당하는가 하는 것이 문제된 사안에서, 대법원은 「어음행위는 무인행위로서 어음수수의 원인관계로부터 분리하여 다루어져야 하고 어음은 원인관계와 상관없이 일정한 어음상의 권리를 표창하는 증권이라 할 것인바, 원인채무가 변제된 백지약속어음을 소지함을 기화로 이를 부당보충하여 실질적 원인관계 없이 배서양도하였다 하더라도 무인성의 법리에 비추어 그 양수인의 약속어음금청구가 바로 신의성실의 원칙에 어긋나는 것으로서 권리남용에 해당한다고 볼 수 없다」고 하였다(동지 : 대판 1997. 7. 25. 판결, 96 다 52649).

## 제3. 文言性

어음(수표)행위의 효력은 어음(수표)상에 행하여진 의사표시의 기재(문언)에 의하여 결정되고, 어음(수표)상의 기재와 그 실질관계가 다르더라도 어음(수표)행위의 효력은 그 실질관계의 영향을 받지 않는다. 따라서 어음(수표)상의 기재를 신뢰하여 어음(수표)을 취득한 자는 어음(수표)상의 기재와 다른 실질관계상의 항변을 받지 아니하여 어음(수표)의 유통성이 더 강화된다.

이와 같이 어음(수표)행위는 문언성을 가져 그 효력이 어음(수표)상의 기재에 의하여 정하여지므로 어음(수표)상에 기재된 발행일이나 발행지가 현실의 발행일이나 발행지와 다른 경우에 그 법률효과의 판단은 어음(수표)상에 기재된 발행일이나 발행지에 의한다.

## 제4. 獨立性

어음(수표)행위는 발행과 같이 다른 어음(수표)행위를 전제로 하지 않는 것도 있으나, 배서・보증・인수 등과 같이 다른 어음(수표)행위를 전제로 하는 것도 있다. 일반적으로 선행행위를 전제로 하는 경우에 그 전제되는 선행행위가 무효・취소되면 그 후행행위도 무효로 되나, 어음(수표)행위에 있어서는 어음(수표)행위독립의 원칙이 인정되고 있어 어음(수표)에 기명날인(서명)한 자는 자기의 어음(수표)행위의 전제가 되는 선행의 다른 어음(수표)행위가 무효・취소된 경우에 그 영향을 받지 않고 자신의 어음(수표)행위에 의하여 어음(수표)채무를 부담한다. 어음(수표)행위독립의 원칙에 관하여는 다음에 상론하기로 한다.

## 제5. 手段性・協同性

어음(수표)행위는 원인관계에서 생긴 금전채무의 지급결제의 수단으로 행하여지므로 수단성을 가지고, 또 어음(수표)에 발행・배서・보증・인수 등의 어음(수표)행위를 한 자는 그 소지인에 대하여 합동하여 책임을 지므로(어 47조 1항, 수 43조 1항) 협동성 내지 합동성을 가진다.

그러나 어음(수표)행위자는 각각 독립하여 어음(수표)채무를 부담하므로 어음(수표)행위의 수단성 내지 협동성은 희박하다.

## 제 2 관 어음(手票)行爲獨立의 原則

### 제1. 意 義

어음(수표)행위독립의 원칙(principle of the independence of signature)은 형식상 완전한 어음(수표)에 기명날인(서명)한 자는 자기의 어음(수표)행위의 전제가 되는 선행의 다른 어음(수표)행위가 무효·취소되어도 그 영향을 받지 않고 독립하여 자신의 어음(수표)행위에 의하여 어음(수표)채무를 부담한다는 것이다.

여기에서의 어음(수표)행위는 발행·배서·인수·참가인수·보증·지급보증 등이다. 어음(수표)행위독립의 원칙은 어음(수표)행위의 채무부담관계에서 보면 각 어음(수표)행위는 그 전제되는 선행의 어음(수표)행위의 무효·취소의 영향을 받지 않고 독립하여 어음(수표)채무를 부담하게 되는 것이므로 어음(수표)채무독립의 원칙이라고도 한다.

어음(수표)행위독립의 원칙에 의하여 무능력자가 법정대리인의 동의 없이 어음을 발행한 후 그 발행을 취소한 경우에 그 어음에 배서·인수·보증 등의 어음행위를 한 자는 배서인·인수인·보증인으로서의 어음상의 책임을 지고, 또 어음의 발행이 위조된 경우에 그 위조된 어음에 배서·인수·보증 등의 어음행위를 한 자도 배서인·인수인·보증인으로서 어음상의 책임을 진다. 그리고 가설인의 명의로 어음을 발행하였거나 무권대리인이 어음을 발행한 경우에도 이러한 어음에 배서·인수·보증 등의 어음행위를 한 자는 배서인·인수인·보증인으로서 어음상의 책임을 지는 것이다.

원래 어음(수표)취득자는 그 어음(수표)상의 모든 어음(수표)행위에 대하여 일일이 실질적으로 유효한가를 조사하여야 할 것이나, 어음(수표)취득자는 이 어음(수표)행위독립의 원칙에 의하여 그 권리가 보호되고 어음(수표)의 유통성은 강화된다.

### 제2. 어음(手票)行爲獨立의 原則의 根據

#### Ⅰ. 實定法的 根據

어음법 제7조(어 77조 2항, 수 10조)에서 어음(수표)에 무능력자의 기명날인(서명), 위조의 기명날인(서명), 가설인의 기명날인(서명), 기타의 사유로 어음(수표)에 기명날인자(서명자)나 그 본인에게 어음(수표)채무를 부담하게 할 수 없는 기명날인(서명)이 있는 경우에도 다른 기명날인자(서명자)의 어음(수표)채무는 그 효력에 영향을 받지 않는다고 규정하고 있다.

또한 어음법 제32조 제2항(어 77조 3항 수 27조 2항)에서 보증은 피담보채무가 방식 외의 사유로 무효인 때에도 효력이 있다고 규정하고 있고, 그리고 어음법 제69조(어 77조 1항 7호, 수 50조)에서 어음(수표)의 문언에 변조가 있는 경우에 그 변조 후에 기명날인(서명)한 자는 변조된 문언에 따라 책임을 지고 변조 전에 기명날인(서명)한 자는 원문언에 따라 책임을 진다고 규정하고 있다.

이러한 규정은 모두 어음(수표)행위독립의 원칙의 표현인 것이다. 통설은 이 외에 어음법 제65조(수 49조)에서 어음(수표)행위의 복본의 각 통에 기명날인(서명)한 인수인과 배서인은 반환되지 않은 각 통에 대하여 어음(수표)상의 책임을 진다는 규정도 그 근거로 들고 있으나, 이는 전제되는 선행의 어음(수표)행위가 실질적으로 무효・취소되어도 그 후행의 어음(수표)행위가 그 영향을 받지 않는다는 어음(수표)행위독립의 원칙과는 의미가 다른 것이다.

## Ⅱ. 理論的 根據

어음행위독립의 원칙의 이론적 근거에 관하여서는 특칙설과 당연법칙설 및 절충설이 대립하고 있다.

### 1. 學　說

(1) 特則說(政策說)　통설인 특칙설의 근거는 일치하지 않는다.

① 第1特則說　일반원칙에 의하면 어떤 법률행위가 다른 법률행위를 전제로 하는 경우에 그 전제되는 선행행위가 무효이면 그 후행행위도 무효로 되는 것이다. 그러나 이 원칙을 어음(수표)행위에 적용하면 어음(수표)취득자는 어음(수표)상의 각 어음(수표)행위가 유효인가 아닌가를 일일이 조사하여야 하기 때문에 어음(수표)유통의 안전을 기할 수 없다고 한다. 따라서 어음(수표)법은 선의취득자의 보호라는 것에서 한걸음 더 나아가 어음(수표)유통의 안전을 위한 특칙으로서 어음(수표)행위독립의 원칙을 규정한 것이라고 한다. 그러므로 어음의 악의취득자에게도 이 원칙이 적용된다고 한다(정동윤 76면 정찬형 76면).

② 第2特則說　어음행위독립의 원칙은 선의취득자를 보호함으로써 어음

거래의 안전과 유통을 도모하는데 그 목적이 있는 어음법상의 특칙이라고 한다. 따라서 어음의 악의취득자에게는 이 원칙이 적용되지 아니한다고 한다(이철송 61면 최기원 85면).

⑵ 當然法則說　어음(수표)행위는 동일한 어음면에 이루어지더라도 다른 어음(수표)행위와 관계없이 어음(수표)상의 기재를 내용으로 단독으로 채무를 부담하는 행위이므로 후행의 어음(수표)행위가 선행의 어음(수표)행위의 실질적 하자에 영향을 받지 않는 것은 당연하다. 따라서 어음(수표)법상의 어음(수표)행위독립의 원칙에 관한 규정은 당연한 사리를 주의적으로 규정한 것에 불과하며, 이 규정은 당연히 악의의 취득자에게도 적용된다고 한다(서정갑 89면).

⑶ 折衷說　어음(수표)행위 중에는 발행과 같이 선행의 어음(수표)행위의 존재를 전제로 하지 아니하는 것과 배서·인수·참가인수·지급보증 등과 같이 선행의 어음(수표)행위의 존재를 전제로 하는 것이 있는데, 어음(수표)행위독립의 원칙은 전자에 있어서는 당연한 사리를 주의적으로 규정한 것이고 후자에 있어서는 어음(수표)유통의 안전을 위하여 특칙으로 규정한 것이라고 한다. 악의의 취득자에게도 이 원칙이 적용된다고 한다(양승규(어) 109면).

2. 檢　討

이러한 학설의 대립은 결국 어음행위를 어떻게 이해하느냐 하는 견해에서 비롯된다. 그러나 당연법칙설의 논리대로 하면 전제되는 선행의 어음(수표)행위가 형식상의 흠결로 무효이더라도 그 후행의 어음(수표)행위는 유효할 수 있다고 보아야 할 것인데도 그렇지 아니하다는 점에서 불합리한 면이 있다. 그리고 절충설은, 어음(수표)의 발행처럼 어음(수표)행위가 다른 어음(수표)행위의 존재를 전제로 하지 아니하는 경우에는 전제되는 선행의 다른 어음(수표)행위가 존재하지 아니하므로 선행의 어음(수표)행위의 무효·취소의 영향을 받지 아니한다고 주장하지만, 이것은 법률적으로는 아무런 의미가 없는 주장이기 때문에 절충설은 특칙설과 내용적으로는 동일한 학설이라고 볼 수 있다. 이렇게 보면 어음행위독립의 원칙은 어음거래의 안전과 유통을 보호하기 위하여 어음법이 정책적으로 인정한 특칙이라고 보는 것이 옳을 것이다. 제1특칙설과 제2특칙설 중에서는 다음의 「惡意取得者에의 適用問題」에서 살펴보는 바와 같이 제2특칙설의 주장이 보다 타당하다고 본다(특칙설).

## 제3. 어음(手票)行爲獨立의 原則의 要件

### Ⅰ. 先行의 어음(手票)行爲의 存在

어음(수표)행위독립의 원칙은 전제되는 선행의 어음(수표)행위가 무효·취소되어도 이에 기한 후행의 어음(수표)행위에 영향을 미치지 않는다는 것이므로, 어음(수표)행위독립의 원칙이 적용되기 위하여서는 전제되는 선행의 어음(수표)행위가 존재하여야 한다. 따라서 전제되는 선행의 어음(수표)행위가 존재하지 않는 경우에는 어음(수표)행위독립의 원칙이 적용될 수 없다.

### Ⅱ. 先行의 어음(手票)行爲의 形式上 有效

어음(수표)행위독립의 원칙은 전제되는 선행의 어음(수표)행위가 형식상 유효하면 실질상 무효·취소되더라도 그 무효·취소는 후행의 어음(수표)행위에 영향을 미치지 않는다는 것이므로, 전제되는 선행의 어음(수표)행위가 형식상 유효하여야 한다. 따라서 예컨대 어음(수표)발행이 어음(수표)요건을 결한 경우에는 어음(수표)행위독립의 원칙이 적용되지 아니하여, 그 후에 행하여지는 배서·보증·인수 또는 참가인수는 무효로 된다.

## 제4. 어음(手票)行爲獨立의 原則의 適用範圍

### Ⅰ. 序 說

어음(수표)행위독립의 원칙은 어음(수표)채무부담에 관한 것이므로 보증·인수·참가인수·지급보증 등의 어음(수표)채무부담행위에 적용되는데 대하여서는 의문이 없다. 그러나 배서는 어음(수표)상의 권리의 양도를 목적으로 하는 어음(수표)행위이므로 어음(수표)행위독립의 원칙이 배서에도 적용되는가 또 어음(수표)취득자가 선행의 어음(수표)행위의 무효에 관하여 악의인 경우에도 적용되는가가 문제되고, 이들 문제에 관하여 각각 적용긍정설과 적용부정설이 대립해 있다.

### Ⅱ. 背書에의 適用問題

#### 1. 學 說

##### (1) 適用否定說

적용부정설은 어음(수표)행위독립의 원칙이 어음(수표)채무의 부담행위(발행·보증·인수·참가인수·지급보증 등)에 관한 것이므로 어음(수표)채권의 양도를 본질로 하는 배서에는 적용되지 않으며, 따라서 선행의 어음(수표)행위가 무효여서 배서인이 무권리자인 경우에는 그 배서인의 배서도 어음(수표)행위독립의 원칙의 부적용으로 무효가 되어 배서인의 담보책임이 생기지 않는다고 한다(田中耕太郎, 手形法小切手法概論, 123頁 大隅健一郎, 手形法小切手法講義, 30頁).

적용부정설에서도 선행의 어음(수표)행위가 무효인 경우에 배서인이 어음(수표)취득자에 대하여 책임을 지는 수도 있으나, 이것은 어음(수표)행위독립의 원칙의 적용 때문이 아니고 선의의 어음(수표)취득자가 어음(수표)상의 권리를 선의취득하였기 때문이라 한다.

(2) 適用肯定說

적용긍정설은 어음(수표)행위독립의 원칙이 특히 배서에 적용되는 점에 실익이 있고, 또 어음(수표)행위독립의 원칙을 전술한 바와 같이 어음(수표)거래의 안전과 유통성 보호를 위한 특칙이라 보면 배서인이 무권리자로서 배서에 의하여 유효한 권리의 양도를 할 수 없다고 하더라도 형식을 구비하고 있는 한 배서에 어음(수표)행위독립의 원칙을 적용하여 배서인이 담보책임을 지는 것으로 보아야 한다고 본다(통설).

**【대법원 1977. 12. 13. 판결, 77 다 1753】**

배서에 어음행위독립의 원칙이 적용되는가에 관하여, 대법원은 「어음의 최종소지인은 그 어음의 발행이 위조되었더라도 어음행위독립의 원칙상 그 후에 유효하게 배서한 배서인에 대하여 소구권을 행사할 수 있다」고 판시하여, 적용긍정설을 취하였다.

2. 檢 討

적용부정설은 배서의 본질이 어음(수표)상의 권리의 양도이므로 독립된 어음(수표)채무의 부담에 관한 어음(수표)행위독립의 원칙은 배서에 적용되지 않는다고 하나, 이는 배서에 권리이전의 면(권리이전적 효력)과 채무부담의 면(담보적 효력)(어 14조 1항·77조 1항 1호, 수 17조 1항)이 있고 어음(수표)행위독립의 원칙은 배서의 채무부담의 면에 적용되는 원리라는 것을 간과한 것이다.

생각건대 전술한 바와 같이 어음(수표)행위독립의 원칙을 어음(수표)유통의 안전을 위한 특칙이라 보는 한, 배서에도 어음(수표)행위독립의 원칙이 적용되어 배서인이 담보책임을 진다고 보는 것이 타당하다(적용긍정설).

## Ⅲ. 惡意取得者에의 適用問題

### 1. 學 說

(1) 適用肯定說 : 어음(수표)행위독립의 원칙은 어음(수표)취득자가 선행의 어음(수표)행위의 무효에 관하여 악의인 경우에도 적용된다고 하나, 그 이유로 내세우는 바는 앞서 소개한 어음(수표)행위독립의 원칙의 이론적 근거에 관한 학설에 따라 다르다. 어음(수표)행위독립의 원칙의 이론적 근거에 관한 제1특칙설, 당연법칙설 그리고 절충설을 따르는 자가 취하고 있는 입장이다(정찬형 81면).

(2) 適用否定說 : 어음(수표)행위독립의 원칙은 어음(수표)의 선의취득자를 보호함으로써 어음(수표)거래의 안전과 유통성을 보호하기 위하여 인정되는 특칙이므로 악의의 취득자에게는 적용되지 않는다고 보는데, 어음(수표)행위독립의 원칙의 이론적 근거에 관한 제2특칙설을 따르는 자가 취하고 있는 입장이다(이철송 65면 최기원 85면).

### 2. 檢 討

어음(수표)행위독립의 원칙을 악의의 어음(수표)취득자에게도 적용하여 그에게 소구권의 행사를 허용하면, 어음법 제16조 제2항에 의하여 악의의 어음(수표)취득자에게 어음(수표)의 반환을 청구할 수 있는 '어음(수표)의 점유를 상실한 자'의 어음(수표)반환청구권과 권리의 충돌이 발생한다. 이처럼 권리의 충돌이 있는 경우에도 어음(수표)행위 독립의 원칙을 적용하면 타인의 정당한 권리행사를 제한하거나 불합리한 결과를 야기하는 것은 아닌가?

이하에서는 몇 가지 사례를 예시한 후, 이의 검토를 통하여 어음(수표)행위독립의 원칙을 악의의 취득자에게 적용하는 것이 타당한 것인지의 여부를 살펴보기로 한다.

(1) A가 B에게 약속어음(수표)을 발행하였던 바, C가 B로부터 이것을 절취하여 마치 B가 C에게 배서한 것과 같이 위조한 후, 이것이 위조배서임을 알고 있는 D에게 배서양도한 경우에, C는 D에게 소구의무를 지는가?

이 사례에서 어음(수표)행위독립의 원칙이 악의의 취득자인 D에게도 적용된다면 D는 C에게 소구권을 행사할 수 있다. 그런데 이 사례의 경우에 D는 어음(수표)을 선의취득한 자(어음법 제16조 제2항)는 아니기 때문에 어음상의 권리자는 그대로 B인데, D가 C에게 소구권을 가지게 된다고 하면 B는 D에 대하여 어음(수표)의 반환청구를 할 수 없는 것으로 된다.

이처럼 어음(수표)행위독립의 원칙을 취득자가 악의인 경우에도 적용된다고 하면, D는 C에 대한 소구권의 행사를 위하여 필요하다는 이유로 B의 어음(수표)반환청구를 거절할 수 있게 되어, 악의의 취득자인 D가 어음(수표)상의 권리자인 B보다 더 보호받는 불합리한 결과가 발생한다. 그리고 악의의 취득자인 D에게도 어음(수표)행위독립의 원칙이 적용된다면 D는 A에 대한 권리를 선의취득하고 있지 못하므로 A에 대한 권리는 B에게, C에 대한 권리는 D에게 각각 분리하여 귀속되는 불합리한 결과가 발생하여 타당하지 못하다(최기원 84면).

(2) A가 약속어음(수표)을 발행하여 미성년자인 수취인 B에게 교부하고, B는 C에게 배서양도하였다. 그런데 그 후 B는 법정대리인의 동의 없이 배서하였다는 이유로 그 배서를 취소하였다. 이 때, C는 이러한 사정을 알고 있는 D에게 배서양도하였고 D는 다시 이 어음(수표)을 이러한 사정을 모르는 E에게 배서양도하였다. B, C는 자기의 후자에게 소구의무를 지는가?

① B는 배서의 취소에 의하여 C, D, E 누구에 대하여도 어음(수표)채무를 부담하지 않는다. 무능력의 항변은 물적항변이기 때문이다.

② C는 B가 행위무능력(실질적 하자)을 이유로 제1의 배서를 취소하고 난 후에 제2의 배서를 한 자이지만, (어음행위독립의 원칙을 이유로) 이 제2의 배서에 의하여 D에게 소구의무를 부담하지는 아니한다. 왜냐하면 배서를 취소한 B는 어음법 제16조 제2항에 의하여 악의의 취득자 D에게 어음(수표)의 반환을 청구할 수 있는 권리가 있는데, 만약 D가 C에게 소구권을 행사할 수 있다고 하면 D는 C에 대한 소구권행사를 이유로 B의 D에 대한 어음(수표)반환청구권에 응하지 아니하여도 되기 때문에, 결과적으로 B는 어음(수표)반환청구권을 행사할 수 없게 되기 때문이다.

그러나 E가 선의의 취득자인 경우에는 C는 E에게 어음(수표)행위독립의 원칙을 근거로 소구의무를 진다. 이 경우의 E에게 소구권을 인정하더라도 위 D의 경우처럼 타인의 권리(어음반환청구권)행사를 제한하게 된다거나 또는 불합리한 결과가 야기되는 일은 발생하지 아니하기 때문이다. 따라서 이 사례의 경우를 보더라도, 어음(수표)행위자는 악의의 취득자에 대하여는 원칙적으로 어음(수표)행위독립의 원칙을 근거로 한 어음(수표)상의 채무를 부담하지 아니한다고 말할 수 있다.

(3) 미성년자인 A는 B에게 약속어음(수표)을 발행하였지만, 그 후 무능력을 이유로 발행을 취소하였다. 이 사실을 알고 있는 C가 B로부터 배서양도에 의하여 어음(수표)을 취득한 경우에 C는 B에게 소구권을 행사할 수 있는가?

이 사례에서는 미성년자인 A는 어음(수표)발행행위를 취소함으로써 그 어음상의 채무를 부담하지 않으므로 A는 C에 대하여 어음(수표)의 반환청구권을 행사할 필요성은 없다. 이러한 경우에는 악의의 C에게 전자인 B에 대한 소구권의 행사를 인정하더라도 이로 인하여 타인의 권리행사를 제한한다든가 또는 불합리한 결과를 야기하지도 아니한다(최기원 111면). 따라서 C는 어음(수표)상의 권리를 승계취득한 자도 아니고 선의취득한 자도 아니지만, 어음(수표)행위독립의 원칙에 의하여 채무를 부담하는 B에게 소구권을 행사할 수 있다.

(4) 이와 같이 어음(수표)행위독립의 원칙을 악의의 취득자와의 관계에서 적용하면 타인의 정당한 권리행사를 제한하거나 또는 불합리한 결과를 초래할 수 있다. 따라서 악의의 취득자와의 관계에서는 원칙적으로 어음(수표)행위독립의 원칙이 적용되지 아니하기 때문에 악의의 취득자는 어음(수표)행위독립의 원칙을 근거로 소구권을 행사할 수 없다고 할 것이다(이러한 점에서 보면 어음행위독립의 원칙의 근거에 관한 제2특칙설이 타당하다고 볼 수 있다). 그러나 드문 경우이지만 위(3)의 사례에서와 같이 악의의 취득자가 소구권을 행사하더라도 타인의 권리행사를 제한하지 아니하거나 불합리한 결과를 야기하지도 아니하는 때에는 그 권리의 행사가 가능하다고 할 것이다.

## 제 3 관 어음(手票)行爲의 解釋

일반적으로 법률행위의 해석은 그 형식보다 당사자의 의사를 탐구하는 데 주안을 두어야 하나, 어음(수표)행위는 서면행위이고 또 어음(수표)은 유통증권인 특성을 가지므로 어음(수표)행위의 해석은 이러한 특성을 고려하여 다음과 같은 원칙에 따라 해석하여야 한다.

## 제1. 어음(手票)外觀解釋의 原則(客觀的 解釋)

어음(수표)은 문언증권이므로 어음(수표)채무의 내용은 어음(수표)상의 기재에 의하여 외관적·객관적으로 해석하여야 하고, 어음(수표) 외의 사정을 해석의 자료로 하여서는 안된다. 이것을 어음(수표)외관해석의 원칙이라 한다.

이것은 어음(수표)행위에 있어서는 표시에 고도의 우월성을 인정하는 극도의 표시주의가 지배하고 있다는 것을 의미하는 것이고, 이는 어음(수표)의 유통성 강화를 위한 것이다. 어음(수표)외관해석의 원칙에는 다음의 두 가지 면이 있다.

첫째, 어음(수표)에 기재된 사항이 사실과 합치하지 않는 경우에 어음(수표)행위의 효력은 어음(수표)상의 기재에 따라 발생하고 그 사실에 따라 발생하지 않는다. 따라서 어음(수표)에 기재된 발행일·발행지가 사실상의 발행일·발행지와 다르더라도 그 어음(수표)행위의 효력은 어음(수표)에 기재된 발행일·발행지에 따라 결정되고 사실상의 발행일·발행지는 이에 아무 영향을 미치지 않는다.

그러나 이 원칙은 어음(수표)행위자의 의사표시의 내용 즉 어음(수표)채무의 내용이 어음(수표)상의 기재에 의하여 결정된다는 것이고, 그 외의 문제는 의사표시가 행하여진 당시의 객관적 사정에 의하여 결정하여야 한다. 예컨대 발행인이 어음(수표)의 발행 당시 행위능력자인가는 어음(수표)에 기재된 발행일을 기준으로 정할 것이 아니고, 실제로 어음(수표)이 발행된 일시를 기준으로 정하여야 한다.

둘째, 어음(수표)행위의 해석에 있어서는 어음(수표)에 기재된 문언을 기초로 판단하여야 한다. 일반법률행위의 해석은 표시된 언어나 문자에 구애되지 않고 제반사정을 고려하여 당사자의 의사를 탐구하여야 하나, 어음(수표)행위의 해석은 어음(수표)에 기재된 문언을 기초로 판단하여야 하고 어음(수표) 외의 실질관계나 어음(수표) 외의 기타의 사정에 기하여 어음(수표)상의 문언을 변경하여 해석하거나 보충하여 해석하여서는 안된다.

그러나 어음(수표)에 기재된 문언 자체의 해석은 어음(수표)의 문언에만 구애될 것이 아니고 일반사회통념에 따라 그 문언의 의의와 내용을 합리적으로 판단하여야 한다(1921. 6. 8. 日 大審院 判決).

## 제2. 어음(手票)法의 理念에 기한 解釋(目的論的 解釋)

어음(수표)법은 어음(수표)의 지급의 확실성의 보장과 유통성의 강화를 이념으로 하므로, 어음(수표)행위를 해석하는 경우에는 이러한 어음(수표)법의 이념에 기하여 해석하여야 한다. 이것은 어음(수표)법의 이념인 어음(수표)의 지급의 확실성의 보장과 유통성의 강화에 적합하도록 해석하여야 한다는 것이므로 목적론적 해석의 원칙이라 할 수 있는 것이다.

어음(수표)의 지급의 확실성 보장과 유통성 강화의 두 가지 이념은 대체로 상호 조화를 이루고 있으나, 어음(수표)행위를 해석하는 경우에 두 가지 이념이 충돌하는 때에는 어음(수표)의 유통성의 강화를 중시하여야 할 것이다.

## 제3. 어음(手票)行爲 有效解釋의 原則

어음(수표)법의 이념인 어음(수표)의 지급의 확실성 보장과 유통성 강화를 위하여서는 어음(수표)에 경미한 형식적 하자가 있는 경우에는 이것을 유효로 해석하여야 한다. 이것을 어음(수표)행위유효해석의 원칙이라 한다.

이것은 어음(수표)을 발행하거나 배서하였다가 후에 어음(수표)행위의 요식성을 악용하여 어음(수표)채무의 부담을 거절하는 간악한 어음(수표)행위자가 있을 수 있으므로, 어음(수표)행위는 가급적 유효하게 해석하여 어음(수표)채무의 면탈을 부정하는 것이 신의칙에 합치하기 때문이다.

어음(수표)법에서도 어음(수표)에 기재된 문언 중에 의문이 생기기 쉬운 사항에 관하여서는 어음(수표)행위의 유효해석을 규정하고 있다. 예컨대 어음(수표)금액을 문사와 숫사로 기재한 경우에 그 금액에 차이가 있을 때에는 문자로 기재한 금액을 어음(수표)금액으로 하고(어 6조 1항 · 77조 2항, 수 9조 1항), 어음(수표)금액을 다 같이 문자 또는 숫자로 기재한 경우에 그 금액에 차이가 있을 때에는 최소금액을 어음(수표)금액으로 하고(어 6조 2항 · 77조 2항, 수 9조 2항), 보증이 누구를 위하여 한 것임을 표시하지 않은 경우에는 발행인을 위하여 보증한 것으로 보고 (어 31조 4항 2문 · 77조 3항 2문, 수 26조 4항 2문), 또 어음에 만기의 기재가 없는 때에는 이를 일람출급어음으로 본다(어 2조 2항 76조 2항).

그러나 어음(수표)행위유효해석의 원칙의 적용이 어음(수표)행위의 요식성을 파괴할 염려가 있는 경우에는 그 적용을 배척하여야 한다.

# 제 3 절 어음(手票)行爲의 代理(代表)

## 제 1 관 總 說

어음(수표)행위는 재산적 법률행위로서 대리에 친한 행위이므로 어음(수표)행위에는 대리가 허용된다. 어음(수표)행위의 대리는 타인이 본인을 위하여 어음(수표)행위를 하고, 이것이 어음(수표)에 표시되어 있는 것이다.

어음(수표)법은 어음(수표)행위의 대리에 관하여 단지 무권대리인의 책임(어 8조·77조 2항, 수 11조)과 추심위임배서(어 18조 1항 본문·77조 1항 1호, 수 23조 1항 본문)의 규정을 두고 있을 뿐이므로, 어음(수표)행위의 대리에는 원칙적으로 민법상의 대리에 관한 규정이 적용된다. 다만 어음(수표)행위의 문언성으로 인하여 일부 수정적용된다.

법인의 대표기관이 어음(수표)행위를 하는 것은 대표관계에 근거하는데, 대표관계에는 대리에 관한 규정이 유추적용되므로 법인의 어음(수표)행위에는 어음(수표)행위의 대리에 관한 이론이 그대로 타당하다. 또한 어음(수표)행위의 대행은 형식상으로는 어음(수표)행위의 대리와 구별되나, 실질상으로는 그 효과가 본인에게 귀속되어 어음(수표)행위의 대리와 같다.

## 제 2 관 어음(手票)行爲의 代理의 要件

### 제1. 序 說

어음(수표)행위의 대리가 성립하기 위하여서는, 우선 어음(수표)행위의 대리도 어음(수표)행위를 하는 것이므로, 어음(수표)행위의 형식적 요건(어음·수표의 작성 또는 기재와 교부)과 실질적 요건(유효한 의사표시)을 갖추어야 하고 또 이러한 어음(수표)행위의 효과를 본인에게 귀속시키기 위하여 어음(수표)행위의 대리의 형식적 요건(대리의 방식)과 실질적 요건(대리권)도 갖추어야 한다.

## 제2. 形式的 要件(어음 · 手票代理의 方式)

### Ⅰ. 方式의 內容(顯名主義)

#### 1. 總 說

어음(수표)행위를 대리(대표)하는 경우에는 대리인(대표기관)이 「본인을 위하여 하는 것임을 표시」하고 기명날인(서명)을 하여야 한다(현명주의). 즉 어음(수표)행위의 대리(대표)는 ① 본인의 표시, ② 대리관계(대표관계)의 표시, ③ 대리인(대표기관)의 기명날인(서명)의 방식을 갖추어야 한다. 예컨대 어음(수표)행위의 대리(대표)는 「A 대리인 B」(A주식회사 대표이사 B)의 방식으로 하여야 한다.

이와 같이 어음(수표)행위의 대리(대표)의 경우에 현명주의 즉 본인을 위하여 하는 것임을 표시하도록 한 것은 어음(수표)상 대리인(대표기관)의 어음(수표)행위로 인한 책임의 귀속주체를 명확히 하기 위한 것이다.

어음(수표)행위의 대리(대표)에 있어서 현명주의는 어음(수표)행위의 특질인 문언성에 기한 것으로서 민법상의 대리의 현명주의보다 더 엄격하다. 따라서 민법상의 대리에 있어서는 대리인이 본인을 위하여 하는 것임을 표시하지 않고 행위를 한 경우에 상대방이 대리인으로서 한 것임을 알았거나 알 수 있었을 때에는 본인에게 효력이 있으나(민 115조 단서), 어음(수표)행위의 대리(대표)에 있어서는 민법 제115조 단서가 적용되지 아니하여(통설) 상대방이 대리인(대표기관)으로서 한 것임을 알았거나 알 수 있었을 때에도 본인은 어음(수표)상의 책임을 지지 않는다.

그러나 대리인과 상대방 간의 원인관계는 민법 제115조 단서가 적용되므로 상대방이 대리인(대표기관)으로서 한 것임을 알았거나 알 수 있었을 때에는 대리인(대표기관)은 상대방에 대하여 이를 인적항변으로 대항하여 그 어음(수표)상의 책임을 면할 수 있다. 따라서 이 경우에는 본인도 대리인(대표기관)도 어음(수표)상의 책임을 지지 않게 된다.

#### 2. 本人의 表示

대리인(대표기관)이 본인을 표시하는 것은 대리인(대표기관)의 어음(수표)행위로 인한 책임의 귀속주체를 표시하기 위한 것이므로, 그 표시는 본인의 명칭을 기재하면 된다. 본인의 명칭은 본인의 성명 · 상호뿐만 아니라 통칭 · 아호 · 필명이라도 거래자 간에서 본인을 표시하는 명칭임을 알 수 있는 것이면 무방하다.

### 3. 代理關係(代表關係)의 表示

대리관계(대표관계)의 표시는 대리자격(대표자격) 즉 대리인·친권자·지배인·지점장·대표이사 등을 표시하면 된다. 복대리인은 대리인의 대리인이 아니고 본인의 대리인이므로, 복대리인의 표시는 대리권을 수여한 대리인을 표시할 필요는 없고 복대리인 자신의 대리자격을 표시하면 된다.

#### (1) 法人의 代表關係의 表示

**① 代表關係의 表示의 方式** 법인의 대표관계의 표시는 법인을 위하여 하는 것임을 인식할 수 있는 정도이면 된다(대판 1984. 4. 10. 83 다카 3163). 따라서 법인의 대표관계의 표시는 법인의 대표권한이 있는 지위나 직명을 표시하면 된다. 예컨대 주식회사에 있어서는 대표이사 외에 사장·부사장·전무이사·상무이사, 유한회사에 있어서는 이사, 합명회사에 있어서는 사원·대표사원, 합자회사에 있어서는 무한책임사원·대표사원 등으로 표시하면 된다.

주식회사의 이사는 대표권을 가지지 않으므로, 단순히 「이사」라는 표시만으로는 대표기관의 자격표시로서 부적법하다. 그러나 이사라도 개개의 경우에 대리권을 가지는 경우에는 「이사」라는 표시도 개별적 어음(수표)행위의 대리인의 표시로서는 적법하다고 보아야 할 것이다.

**【대법원 1973. 12. 26. 판결, 73 다 1436】**

피고 연합철강공업주식회사가 소외 연합실업주식회사에게 이 건 약속어음을 발행하고 또 소외회사가 이를 원고 이용주 등에게 배서하였으며 소외회사의 배서에는 "연합실업주식회사 이사 김용식"이라는 명판과 인장을 날인한 경우에 관하여, 대법원은 「회사 기타 법인이 어음행위를 하는 경우에는 대표기관이 그 법인을 위하여 하는 것임을 표시하고 자기의 성명을 기재하여야 한다. 그러나 대리인이 어음행위를 하는 경우에는 어음에 대리관계를 표시하여야 하고, 그 대리관계의 표시는 본인을 위하여 어음행위를 한다는 취지를 인식할 수 있는 정도이면 되므로, 이 건에 있어 "연합실업주식회사 이사 김용식"의 표시는 동 회사의 대리관계의 표시로서 적법한 표시이다」라고 판시하였다.

**② 代表關係의 表示가 없는 記載의 解釋** 법인의 명칭의 기재와 대표자의 기명날인(서명)만 있고 그 지위나 직명 등의 대표관계의 표시가 없는 경우(예 : A 합자회사 B)에 이를 개인의 기명날인(서명)으로 볼 것인가, 아니면 법인의 기명날

인(서명)으로 볼 것인가가 문제된다.

이 경우에 관하여 학설은 대표관계의 표시가 없으므로 대표자 개인의 기명날인(서명)으로 보아야 하고 법인의 명칭의 기재는 단지 그 근무장소를 표시한 것에 불과하다거나(양승규 118면) 또는 어음(수표)의 문언증권성으로나 어음(수표)외관해석의 원칙으로 보아 이는 대표관계의 표시로 인정할 수 없다고 하여(정찬형 94면), 대표관계의 표시를 부정하고 개인의 기명날인(서명)으로 인정한다(개인기명날인설).

위의 학설은 대표관계의 표시가 없으므로 개인의 기명날인(서명)으로 보아야 한다고 하나 법인의 명칭의 기재와의 관계에서 대표관계의 표시의 의미가 있는 것으로 해석할 수도 있고, 어음(수표)의 문언증권성에 반한다고 하나 어음(수표)의 문언증권성은 어음(수표)채무의 내용의 결정에 관한 것이지 어음(수표)채무자의 결정에 관한 것이 아니다. 또 어음(수표)외관해석의 원칙에 반한다고 하나 어음(수표)외관해석의 원칙은 문리해석을 하여야 한다는 것이 아니고 어음(수표)상의 기재를 일반사회통념에 따라 합리적으로 해석하여야 한다는 것이다.

생각건대 어음(수표)상의 기재가 애매하여 법인의 기명날인(서명)으로 볼 수도 있고 또 개인의 기명날인(서명)으로 볼 수도 있는 경우에는, 어음(수표)소지인유리해석의 원칙에 따라 어음(수표)소지인에게 유리하게 해석하여 어음(수표)소지인은 법인과 개인 중 선택하여 어음(수표)금을 청구할 수 있다고 보는 것이 타당하다(소지인선택설).

**【대법원 1969. 9. 23. 판결, 69 다 930】 등**

대표관계의 표시가 없는 기재에 관하여, 대법원은 ① 「A주식회사 대표이사 B가 어음을 발행함에 있어 "A주식회사 B"라 표시하고 회사의 대표이사의 직인을 날인하였다면 A회사는 어음상의 의무가 있는 것이다」(대판 1969. 9. 23. 69 다 930)라 판시하였고, 또 ② 「위 약속어음이 "A주식회사 B"로 발행되었고 지급장소도 A회사로 되어 있는 점 등을 종합하여 보면, 위 어음에 대표이사의 자격표시가 없고 B의 개인 인장이 날인되어 있더라도 이는 B 개인이 발행한 것이 아니고 A회사의 대표이사의 자격으로 발행한 것으로 인정된다」(대판 1979. 3. 13. 79 다 15)고 판시하였다.

물론 ①의 판례는 대표이사의 직인이 날인되어 있는 사정이 있고 또 ②의 판례는 지급장소가 A회사로 기재되어 있는 사정이 있으나, 판례는 대표관계의 표시가 있는 것으로 보아 법인의 기명날인으로 인정하였다(법인기명날인설).

③ **代表關係의 表示가 없는 記載의 抗辯** 대표관계의 표시가 없는 기명날인(서명)을 어음(수표)행위의 형식의 흠결이라 보면 이는 물적항변으로 될 것이나, 통설은 기명날인(서명)의 기재에 관한 것으로서 인적항변이라 본다.

다만 개인기명날인설의 입장에서는 어음(수표)금의 청구를 받은 자는 대표기관으로서 기명날인(서명)한 것임을 상대방이 알았거나 알 수 있었을 때에는 그 상대방에 대하여 법인의 기명날인(서명)임을 주장할 수 있다고 보고, 법인기명날인설의 입장에서는 개인으로서 기명날인(서명)한 것임을 상대방이 알았거나 알 수 있었을 때에는 그 상대방에 대하여 개인으로서 기명날인(서명)한 것임을 주장할 수 있다고 본다. 또 소지인선택설의 입장에서는 어떤 취지로 기명날인(서명)한 것인지 상대방이 알았거나 알 수 있었을 때에는 그 상대방에 대하여 그 취지로 기명날인(서명)한 것임을 주장할 수 있다고 본다.

(2) 權利能力 없는 社團의 代表關係의 表示

① **代表關係의 表示의 方式** 권리능력 없는 사단도 어음(수표)권리능력을 가진다고 보면, 권리능력 없는 사단은 법인의 어음(수표)행위에서와 같이 그 대표자가 권리능력 없는 사단을 위하여 하는 것임을 표시하고 기명날인(서명)하면 된다.

② **어음(手票)上의 責任의 歸屬** 권리능력 없는 사단이 어음(수표)권리능력을 가지는가에 관하여 부정설을 취하는 입장에서는 권리능력 없는 사단의 어음(수표)행위라도 이를 무효로 볼 것이 아니고 그 대표자가 어음법 제8조(어 77조 2항, 수 11조)에 의하여 책임을 진다고 하고(대표자책임설)(최기원 93면), 긍정설을 취하는 입장에서는 권리능력 없는 사단의 재산의 총유적 귀속을 이유로 권리능력 없는 사단의 재산으로만 책임을 진다고도 하고(사단책임설)(정찬형 64면) 또는 권리능력 없는 사단의 구성원의 공동어음(수표)행위로 보아 그 구성원이 공동으로 책임을 진다고도 한다(구성원공동책임설)(손주찬 59면, 채이식 33면).

생각건대 권리능력 없는 사단의 채무는 그 구성원에게 총유적으로 귀속되는 것이므로 권리능력 없는 사단의 어음(수표)채무도 그 구성원에게 총유적으로 귀속되어 그 사단의 재산으로만 책임을 지고, 그 구성원은 소정의 부담금만 지급하면 된다고 보는 것이 타당하다(사단책임설).

(3) 組合의 代理關係의 表示

① **代理關係의 表示의 方式** 　민법상의 조합(민 703조 이하)이 어음(수표)행위를 하는 경우에는 전 조합원이 기명날인(서명)하여야 하나, 전 조합원이 기명날인(서명)하는 것은 불편할 뿐만 아니라 어음(수표)의 신속한 유통의 요청에도 반하므로 실무상으로는 조합대표자가 조합을 위하여 하는 것임을 표시하고 기명날인(서명)한다.

② **組合의 어음(手票)行爲의 法理構成** 　어음(수표)에 전 조합원이 기명날인(서명)하는 것은 불편하므로 실제의 편의상 「조합」이라는 표시를 전 조합원의 총괄적 명칭이라 보아, 조합대표자가 조합을 위하여 하는 것임을 표시하고 기명날인(서명)한 것은 조합대표자가 전 조합원을 대리하여 어음(수표)행위를 한 것으로 본다(조합원대리설)(최기원 95면, 정동윤 66면 정찬형 64면, 채이식 38면). 그리고 조합대표자가 조합을 위하여 하는 것임을 표시하고 기명날인(서명)하여 어음(수표)행위를 한 경우에는 어음법 제47조 제1항(어 77조 1항 4호 수 43조 1항)에 의하여 전 조합원이 합동책임을 진다.

**【대법원 1990. 8. 31. 판결, 70 다 1360】**

조합대표자가 조합을 위하여 하는 것임을 표시하고 기명날인하여 한 어음행위에 관하여, 대법원은 「조합의 어음행위는 모든 조합원이 어음에 기명날인하여 하는 것은 물론 대표조합원이 그 대표자격을 밝히고 모든 조합원을 대리하여 기명날인한 경우에도 유효하다」고 판시하여, 조합원대리설을 취하였다.

### 4. 代理人(代表機關)의 記名捺印(署名)

어음(수표)행위의 대리(대표)는 대리인(대표기관)의 어음(수표)행위이고 어음(수표)행위는 어음(수표)행위자의 기명날인(서명)을 요소로 하므로, 어음(수표)행위의 대리(대표)에는 대리인(대표기관) 자신의 기명날인(서명)이 있어야 한다.

## Ⅱ. 方式의 欠缺

어음(수표)행위의 대리(대표)의 방식 중에서 본인의 표시와 대리관계(대표관계)의 표시가 없고 대리인(대표기관) 자신의 기명날인(서명)만 있는 경우에는 어음(수표) 외관해석의 원칙에 의하여 대리인(대표기관) 자신이 어음(수표)상의 책임을 진다.

그러나 위의 방식 중에서 본인의 표시가 없고 대리관계(대표관계)의 표시와 대리인(대표기관) 자신의 기명날인(서명)만 있는 경우에는, 이는 무효의 어음(수표)행위로서 본인은 물론 대리인(대표기관)도 어음(수표)상의 책임을 지지 않는다.

### Ⅲ. 代行의 方式

어음(수표)행위의 대행은 타인이 본인을 위하여 직접 본인의 명의로 어음(수표)행위를 하는 것이다. 즉 타인이 어음(수표)행위를 하였지만 어음(수표)상에는 본인 자신이 어음(수표)행위를 한 것으로 되어 있는 것이다. 예컨대 상점의 사무원이 주인의 지시에 따라 그 주인의 명의로 어음(수표)행위를 하거나 회사의 회계과장이 그에게 수여된 권한의 범위 내에서 자기의 재량에 의하여 대표이사의 명의로 어음(수표)행위를 하는 경우이다.

## 제3. 實質的 要件(代理權·代表權)

### Ⅰ. 代理權(代表權)의 授與

어음(수표)행위의 대리(대표)가 유효하게 성립하기 위하여서는 대리인(대표기관)이 본인(법인)을 위하여 어음(수표)행위를 할 수 있는 권한 즉 대리권(대표권)을 가져야 한다.

어음(수표)행위의 대리권도 일반법률행위의 대리권(대표권)과 같이 본인으로부터 개별적 또는 포괄적으로 수여되기도 하고(임의대리권), 법률의 규정 또는 법원의 지정이나 선임행위에 의하여 수여되기도 한다(법정대리권). 임의대리권의 범위는 수권행위에 의하여 정하여지고, 법정대리권의 범위는 법률의 규정(민 916조·920조·949조 상 389조·209조 1항)에 의하여 정하여진다.

### Ⅱ. 代理權(代表權)의 制限과 違反

지배인 또는 대표이사의 어음(수표)행위의 대리권(대표권)이 내부적으로 제한되어 있는 경우에 이들이 그 제한에 위반하여 본인 또는 회사를 위하여 어음(수표)행위를 한 때에, 본인 또는 회사는 그 제한으로써 선의의 제3자에 대하여 대항할 수 없다(상 11조 3항·209조 2항·389조 3항·569조).

공동지배인 또는 공동대표·공동대표이사의 정함이 있는 경우에(상 12조 1항·208조 1항, 389조 2항·562조 3항) 이들이 본인 또는 회사를 위하여 어음(수표)행위를 할 때에는 각 공동지배인 또는 각 공동대표이사가 각각 대리 또는 대표의 자격을 표시하고 기명날인(서명)하여야 하고, 이에 위반하여 단독으로 기명날인(서명)한 어음(수표)행위는 무권한에 의한 어음(수표)행위의 대리 또는 대표로서 본인 또는 회사에 대하여 효력이 없다.

1인의 공동지배인 또는 공동대표이사가 일반적 · 포괄적으로 대리권 또는 대표권을 위임받아 어음(수표)행위를 대리 또는 대표하는 것은 허용되지 않으나, 전원의 동의에 의하여 특정의 어음(수표)행위에 관하여 대리권 또는 대표권을 위임받아 어음(수표)행위를 대리 또는 대표하는 것은 무방하다.

쌍방대리(대표)의 제한(상 398조 · 199조 · 564조 3항, 민 124조)과 어음(수표)행위에 관하여서는 후에 상론하기로 한다.

## Ⅲ. 法人代表機關의 代表權의 濫用

### 1. 序 說

대표권의 남용은 대표이사의 행위가 객관적으로는 대표이사의 대표권의 범위내의 행위이고 대표행위로서 형식과 절차를 갖추고 있으나 주관적으로는 자기 또는 제3자의 이익을 위한 행위이다. 예컨대 주식회사의 대표이사가 회사의 대표이사의 명의로 약속어음을 발행하고 금전을 차용하였으나 실제로는 자기의 개인적 채무를 변제하기 위한 경우에는 대표권의 남용이 된다.

대표이사가 대표권을 남용한 경우에 내부관계에서는 대표이사가 회사에 대하여 손해배상책임을 지는 것은 당연하나 대외관계에서는 그 효력이 어떤가에 관하여 학설 · 판례가 대립하고 있다.

### 2. 對外的 效力

#### (1) 學 說

대표권의 남용의 대외적 효력에 관하여, 비진의표시설, 권리남용설, 이익형량설 및 대표권제한설 등의 학설이 대립해 있다.

① **非眞意表示說** 비진의표시설은 대표이사가 자기의 이익을 위하여 회사의 대표로서 행위를 한 경우에 상내방이 대표이사의 의도를 알았거나 알 수 있었을 때에는, 이에 민법 제107조 제1항 단서를 유추적용하여 그 행위를 무효로 본다고 한다(대판 1988. 8. 9. 86 다카 1858)(대판 1987. 7. 7. 86 다카 1004)(대판 1987. 11. 10. 86 다카 371)(대판 1975. 3. 24. 74 다 1542).

비진의표시설은 대표권의 남용의 외양이 비진의표시와 유사하므로, 민법상의 비진의표시에 관한 규정을 대표권의 남용에 도입한 것이다.

② **權利濫用說** 권리남용설은 대표권의 남용도 객관적으로는 대표이사의 대표권의 범위 내의 행위이고 대표행위로서 형식과 절차를 갖추고 있으므로 대표이사의 대표행위로서 유효하나, 상대방이 대표권남용의 사실을 알고 어음을 취득한 후에 회사에 대하여 어음상의 권리를 행사하는 것은 권리남용 내지 신의칙위반으로서 허용되지 않는다고 한다(대판 1987. 10. 13. 86 다카 1522)(대판 1990. 3. 13. 89 다카 24360).

권리남용설은 민법 제2조에 의하여 대표권의 남용을 해결하려는 것이다.

③ **利益衡量說** 이익형량설은 대표권의 행사는 회사를 위하여 행하여야 하는 것이므로 그렇지 않고 대표권을 남용한 것은 무효이나, 이는 선의의 상대방에게 불측의 손해를 주어 거래의 안전을 해할 염려가 있으므로 회사는 선의의 상대방에 대하여는 무효를 주장할 수 없고 악의 또는 중대한 과실의 상대방에 대하여는 무효로 된다고 한다(北澤正啓, 會社法, 363頁).

이익형량설은 회사의 이익과 상대방의 이익을 비교형량하여 대표권의 남용을 해결하려는 것이다.

④ **代表權制限說** 대표권제한설은 대표권의 남용을 대표이사의 대표권에 대한 제한의 위반으로 보아, 회사는 이로써 선의의 제3자에 대하여 대항할 수 없다고 한다(상 389조 3항 209조 2항)(大森忠夫, 會社法, 16頁).

대표권제한설은 대표이사의 대표권에는 선관주의의무 내지 충실의무에 의한 제한이 내재되어 있는 것을 전제로, 대표권의 남용은 그 제한에 위반하였다는 것이다.

**【대법원 1990. 3. 13. 판결, 89 다카 24360】**

**1. 사실관계**

Y주식회사(피고)의 대표이사 A는 자기의 개인채무를 변제하기 위하여 X(원고)로부터 금전을 차용하고 "Y회사 대표이사 A"의 명의로 약속어음을 교부하였다.

X는 만기에 Y회사에 지급제시를 하였으나 지급이 거절되어, Y회사를 상대로 약속어음금지급청구소송을 제기하였다.

**2. 판결요지**

이 건에 관하여, 대법원은 「대표이사가 자기의 개인적 채무를 변제하기 위하여 대표이사의 명의로 약속어음을 발행한 경우에, 상대방이 대표이사의 진의를 알았거나 알 수 있었으면 회사에 대하여 그 권리를 주장하는 것이 신의칙에 반하므로 회사는 상대방의 악의를 입증하여 그 효력을 부인할 수 있다」고 판시하여 권리남용설을 취하였다.

**3. 이 외의 판결**

이 외에 권리남용설을 취한 판례로는 「대표이사가 대표권의 범위 내에서 한 행위는 자기 또는 제3자의 이익을 도모할 목적으로 그 권한을 남용한 경우에도 유효하고, 다만 상대방이 그러한 사정을 알았을 때에는 회사에 대하여 권리를 주장하는 것이 신의칙에 반하므로 회사는 상대방의 악의를 입증하여 그 효과를 부인할 수 있다」(대판 1975. 3. 24. 74 마 1542)고 판시한 것이 있다.

그러나 대표권의 남용에 관한 판례 중에는 비진의표시설을 취한 것도 있다(대판 1987. 7. 6. 86 다카 1004)(대판 1987. 11. 10. 86 다카 371)(대판 1989. 8. 9. 86 다카 1858).

(2) 檢 討

비진의표시설에 관하여 보면, 민법 제107조 제1항 단서의 비진의표시는 표의자의 의사(내심적 효과의사)와 표시가 일치하지 않는 경우인 데 대하여 대표권의 남용은 법률효과를 회사에 귀속시키려는 대표이사의 의사와 대표이사의 표시가 일치하고 다만 대표이사에게 배임의 의사가 있을 뿐이므로 비진의표시와 대표권의 남용은 제도의 기초를 달리하며, 따라서 민법 제107조 제1항 단서를 대표권의 남용에 유추적용할 수 없는 것이다.

또한 이익형량설에 관하여 보면, 대표권의 남용은 원칙적으로 무효라고 하는데 대표행위의 내심의 목적이 자기 또는 제3자의 이익을 위한 것이라 하여 이를 무효로 보는 것은 법률행위해석의 일반원칙에 반한다.

그리고 대표권제한설에 관하여 보면, 상법 제389조 제3항(상 209조 2항 준용)의 대표권의 제한은 회사의 정관 또는 주주총회나 이사회의 결의 등에 의하여 회사가 대표이사의 대표행위의 종류·금액·시기·상대방에 관하여 제한을 가하는 경우를 의미하는 것이고 이사의 선관주의의무나 충실의무에 의한 제한을 의미하는 것이 아니므로 부당하다.

생각건대 권리남용설이 이론적으로 무리가 없고 또 상대방에게 과실이 있는 경우에도 회사가 책임을 져 거래의 안전을 기할 수 있으므로 타당하다(권리남용설).

## 제 3 관 어음(手票)行爲의 無權代理

### 제1. 序 說

광의의 어음(수표)행위의 무권대리는 대리권 없이 행한 어음(수표)행위의 대리로서, 대리권이 전혀 없는 경우와 대리권의 범위를 벗어난 월권대리가 있다. 또한 대리권이 전혀 없는 경우에는 제3자가 자칭대리인에게 대리권이 있다고 믿을 만한 사정이 있고 그러한 사정을 야기한 데 대하여 본인에게 책임이 있어 본인에게 표현책임을 인정하는 표현대리와 그렇지 않은 협의의 무권대리가 있다.

어음(수표)법은 어음(수표)행위의 협의의 무권대리와 월권대리에 관하여는 특별규정을 두어(어 8조 수 11조), 무권대리인 · 월권대리인이 어음(수표)상의 책임을 지고 무권대리인 · 월권대리인이 그 의무를 이행한 때에는 본인과 동일한 권리를 가지는 것으로 규정하고 있다. 그러나 어음(수표)행위의 표현대리에 관하여서는 어음(수표)법에 규정이 없어 민상법상의 표현대리에 관한 규정(민 125조 · 126조 · 129조 상 14조 · 39조 · 395조)에 의한다.

민법상의 무권대리에 있어서는 상대방의 보호를 위하여 무권대리인이 상대방의 선택에 좇아 계약의 이행 또는 손해배상의 책임을 지나(민 135조), 어음(수표)행위의 무권대리에 있어서는 어음(수표)유통의 보호 내지 제3자의 보호를 위하여 무권대리인 · 월권대리인이 어음(수표)상의 책임을 진다(어 8조 수 11조).

## 제2. 狹義의 無權代理

### Ⅰ. 無權代理人의 責任發生要件

#### 1. 代理人으로서 記名捺印(署名)

무권대리인이 대리의 방식을 갖추어 대리인으로서 기명날인(서명)하여야 한다. 실재하지 않은 자의 대리인으로서 기명날인(서명)한 자도 위 규정(어 8조, 수 11조)의 유추적용에 의하여 어음(수표)상의 책임을 진다.

무권대행의 경우에, 서명대리를 대리의 한 형식으로 보는 입장에서는 무권대행자가 본인을 위하여 하는 의사로 한 경우에는 무권대리로 되고 또 본인을 위하여 하는 의사로 하지 않은 경우에는 위조로 된다고 한다(정희철 88면). 그러나 무권대행의 경우에 무권대행자가 한 기명날인(서명)은 본인의 기명날인(서명)이지 무권대행자의 기명날인(서명)이 아니므로 어음법 제8조(어 77조 2항, 수 11조)를 유추적용하는 것이 부적당하고 또 어음(수표)행위의 해석은 어음(수표)외관해석의 원칙에 의하여 어음(수표)상의 기재에 따라 객관적으로 하여야 하는 것이므로 어음(수표)행위의 무권대행은 무권대행자의 위조로 보는 것이 타당하다.

### 2. 代理權의 欠缺

자칭대리인에게 대리권이 없어야 한다. 대리권 흠결의 증명책임에 관하여, 학설은 일반원칙에 의하여 청구를 한 원고 즉 어음(수표)소지인이 부담하나 대리권의 흠결까지 증명할 필요는 없고 추인거절의 사실만 증명하면 된다고도 하고(정동윤 92면) 또는 피고 즉 자칭대리인이 대리권의 존재를 증명하지 못하면 어음법 제8조(어 77조 2항 수 11조)에 의하여 어음(수표)상의 책임을 지게 되므로 피고가 대리권의 존재를 증명하여야 한다고도 한다(최기원 122면 양승규(어) 130면).

생각건대 어음법 제8조(어 77조 2항 수 11조)의 무권대리인의 책임이 제3자의 보호를 목적으로 하는 것이라는 점에 비추어 보면, 자칭대리인이 대리권의 존재를 증명하여야 한다고 보는 것이 타당하다.

### 3. 代理行爲의 有效

자칭대리인의 대리행위가 유효하여야 한다. 무권대리의 어음(수표)행위는 단지 대리권이 없을 뿐이고 그 외에 어음(수표)행위의 요건과 어음(수표)행위의 대리의 요건을 갖추어야 하므로, 자칭대리인의 대리행위에 하자가 없어야 한다. 따라서 자칭대리인의 대리행위에 무효나 취소의 사유가 있으면 무권대리로 되지 아니하여 자칭대리인이 책임을 지지 않는다.

### 4. 追認의 不存在

본인의 추인이 없어야 한다. 무권대리의 어음(수표)행위에 대하여 본인의 추인(민 130조)이 있으면 대리권의 흠결이 치유되어 무권대리의 어음(수표)행위는 유효한 대리행위로 된다.

### 5. 어음(手票)取得者의 善意

무권대리인으로부터 어음(수표)을 취득한 상대방이나 그 후 어음(수표)을 취득한 제3취득자는 어음(수표)행위의 대리가 무권대리라는 사실을 알지 못하여야 한다. 이것은 어음(수표)행위의 대리가 무권대리라는 것을 알면서 어음(수표)을 취득한 자까지 보호할 이유가 없기 때문이다.

그러나 과실 있는 선의의 취득자 즉 과실로 무권대리의 어음(수표)행위라는 것을 알지 못하고 어음(수표)을 취득한 자도 선의의 취득자로 보아 이에 대하여 무권대리인이 책임을 질 것인가에 관하여는 학설이 나뉘어 있다.

통설은 어음법 제8조(어 77조 2항 수 11조)는 민법 제135조(무권대리인의 상대방에 대한 책임)와는 달리 상대방의 보호뿐만 아니라 어음(수표)의 신용을 높여 어음(수표)의 유통을 보호하기 위한 것이므로 어음(수표)취득자가 선의인 한 과실 있는 경우에도 무권대리인이 책임을 져야 한다고 하나(정희철 90면, 손주찬 88면 최기원 123면, 정동윤 91면), 소수설은 직접의 상대방은 선의·무과실로 취득하는 것을 요건으로 하고 그 후의 어음(수표)취득자는 채무자를 해할 것을 알지 못하고 취득하는 것을 요건으로 한다고 한다(정찬형 99면).

생각건대 어음법 제8조(어 77조 2항 수 11조)는 상대방의 보호뿐만 아니라 어음(수표)유통의 보호를 목적으로 하므로 과실 있는 선의의 취득자도 보호하는 것이 그 취지에 적합하고 또 어음법 제8조(제77조 2항 수 11조)에는 민법 제135조 제2항과 같은 특별규정이 없으므로, 무권대리인은 과실 있는 선의의 취득자에 대하여서도 책임을 진다고 보는 것이 타당하다(통설). 다만 민법 제135조 제2항은 어음(수표)의 유통관계에는 적용되지 아니하여도 그 원인관계에는 적용되므로, 무권대리인은 상대방에 대하여는 대리권이 없는 것을 알지 못한 데 대하여 과실이 있는 것을 인적항변으로 대항할 수 있고(어 17조 본문·77조 1항 1호, 수 22조 본문) 악의의 취득자(채무자를 해할 것을 알고 어음·수표를 취득한 자)에 대하여는 이를 악의의 항변으로 대항할 수 있다(어 17조 단서·77조 1항 1호, 수 22조 단서).

## Ⅱ. 無權代理人의 責任의 性質

민법상의 무권대리에 있어서는 상대방의 보호를 위하여 무권대리인이 상대방의 선택에 따라 계약의 이행 또는 손해배상의 책임을 지나(민 135조 1항) 어음(수표)행위의 무권대리에 있어서는 어음(수표)유통의 보호 내지 제3자의 보호를 위하여 무권대리인이 상대방의 선택을 기다리지 않고 어음(수표)상의 책임을 지므로(어 8조·77조 2항, 수 11조), 어음법 제8조(어 77조 2항 수 11조)는 민법 제135조 제1항에 대한 특칙이다.

또한 어음법 제8조(어 77조 2항 수 11조)의 무권대리인의 책임은 당사자의 의사표시에 기한 책임이 아니고 어음(수표)법에서 특별히 인정한 책임이며, 어음(수표)소지인이 본인에 대하여 책임을 추궁할 수 없어 어음(수표)법이 정한 구제로서 어음(수표)법이 특별히 인정한 담보책임이다.

## Ⅲ. 無權代理人의 責任의 內容

어음(수표)행위의 무권대리를 한 경우에 무권대리인은 「그 어음(수표)에 의하여 의무를 부담한다」(어 8조·77조 2항, 수 11조). 이것은 무권대리인이 대리권을 가졌더라면 본인이 부담할 책임과 동일한 책임을 진다는 것이다.

따라서 무권대리인이 약속어음을 발행하였거나 환어음에 인수를 한 경우에는 약속어음의 발행인 또는 환어음의 인수인으로서 절대적 책임을 지고, 또 무권대리인이 어음에 배서를 한 경우에는 자기의 후자에 대하여 소구책임을 진다.

또한 회사의 대표기관이 어음(수표)행위의 무권대표를 한 경우에는 무권대리의 경우에서와 같이 그 무권대표기관이 책임을 진다.

### Ⅳ. 無權代理人의 責任의 發生時期

무권대리인의 책임의 발생시기에 관하여는 본인의 추인의 성질과 관련하여 행위시설(해제조건설)과 추인거절시설(정지조건설)이 대립해 있다.

행위시설은 무권대리인이 어음(수표)행위의 무권대리를 한 때에 무권대리인의 책임이 생기고 추인은 행위 시에 소급하여 그 효력이 생기는 것이므로(민 133조), 본인의 추인이 있으면 무권대리인의 책임은 그 추인을 해제조건으로 하여 소멸된다고 한다(서돈각 72면, 최기원 122면). 여기에서는 본인의 추인은 이미 발생한 무권대리인의 책임의 소멸원인으로 보는 것이다.

그러나 추인거절시설은 어음법 제8조(어 77조 2항 수 11조)는 어음(수표)소지인의 신뢰이익을 보호하기 위한 규정이므로, 무권대리인의 책임은 어음(수표)소지인의 신뢰가 배반당하였을 때 즉 추인이 거절되었을 때부터 발생한다고 한다(정희철 89면, 손주찬 82면). 여기에서는 본인의 추인은 무권대리인의 책임이 발생하지 않는 것을 확인하는 확인적 효력이 있는 것으로 보는 것이다.

생각건대 민법상의 무권대리인의 책임은 본인의 추인을 얻지 못한 것을 조건으로 하여 생기나(민 135조 1항), 어음법 제8조(어 77조 2항 수 11조)가 어음(수표)유통의 보호 내지 제3자의 보호를 위한 특칙인 점을 감안하면 어음(수표)행위의 무권대리를 한 때에 무권대리인의 책임이 생기고 본인의 추인이 있는 때에 소급하여 소멸된다고 보는 것이 타당하다(행위시설). 이와 같이 보면 어음(수표)소지인은 본인이 추인하기 전에도 무권대리의 사실을 증명하여 무권대리인에 대하여 그 책임을 추급할 수 있다.

### Ⅴ. 無權代理의 證明責任

어음(수표)의 무권대리의 증명책임에 관하여 따로 규정이 없어 본인증명책임설과 소지인증명책임설이 대립해 있다. 이것은 위조의 증명책임의 문제와 같으므로 위조의 항에서 고찰하기로 한다.

### Ⅵ. 無權代理人의 責任의 保全

#### 1. 無權代理人에 대한 遡求權의 保全節次

무권대리인은 본인이 지는 책임과 동일한 책임을 지므로, 무권대리인이 배서의 무권대리를 한 경우에는 어음(수표)소지인에 대하여 소구의무를 부담한다.

어음(수표)소지인이 무권대리인에 대한 소구권을 보전하려면 어음(수표)을 제시하고 거절증서를 작성하면 되고(어 44조 1항·77조 1항 4호, 수 39조 1호·2호), 그 외에 본인이나 무권대리인에 대한 다른 절차는 요하지 않는다.

#### 2. 無權代理人에 대한 遡求通知

무권대리인이 소구의무를 부담하는 경우에 어음(수표)소지인은 그 무권대리인에 대하여 소구의 통지를 하여야 한다(어 45조 1항·77조 1항 4호, 수 41조 1항).

#### 3. 無權代理人에 대한 時效中斷

시효중단의 절차는 채무자에 대하여 하여야 하는 것이므로, 어음(수표)행위의 무권대리의 경우에 시효중단의 절차는 무권대리인에 대하여 하여야 하고 본인에 대하여 할 것이 아니다.

그러나 어음(수표)상에는 본인이 어음(수표)채무자로 기재되어 있어 어음(수표)소지인은 본인에 대하여서만 시효중단의 절차를 취하고 무권대리인에 대하여서는 시효중단의 절차를 취할 시기를 놓칠 염려가 있으므로, 입법론적으로는 어음(수표)행위의 무권대리의 경우에 어음(수표)소지인이 본인에 대하여 청구 기타 시효중단의 절차를 취한 때에는 무권대리인에 대하여 효력이 있는 것으로 할 것이다.

### Ⅶ. 責任을 履行한 無權代理人의 權利

#### 1. 無權代理人이 取得하는 權利

어음(수표)행위의 무권대리인이 어음(수표)상의 책임을 이행하여 어음(수표)금을 지급한 때에는 본인과 동일한 권리를 가진다(어 8조 2문·77조 2항, 수 11조 2문). 본인과 동일한 권리를 가진다는 것은 유권대리의 경우에 본인이 그 책임을 이행하였다면 그 전자 등에 대하여 가지게 될 권리를 무권대리인이 가진다는 것이다.

이것은 무권대리인이 어음(수표)상의 책임을 이행하는 것을 장려하기 위하여서이고, 또 무권대리인이 어음(수표)상의 책임을 이행한 경우에 전자 등의 어음(수표)채무자가 그 책임을 면하는 것은 형평의 이념에 반하기 때문이다.

어음(수표)상의 책임을 이행한 무권대리인은 본인과 동일한 권리를 가지므로, 배서의 무권대리를 하고 소구의무를 이행한 때에는 그 전자에 대하여 재소구할 수 있고(어 49조·77조 1항 4호, 수 45조) 또 환어음의 인수인이나 약속어음의 발행인에 대하여 어음금의 지급을 청구할 수 있다(어 28조 78조 1항).

그러나 환어음의 인수인이나 약속어음의 발행인은 최종의 어음채무자이므로 환어음의 인수나 약속어음의 발행의 무권대리인은 그 어음상의 책임을 이행하여도 아무런 권리를 취득하지 못한다. 따라서 어음(수표)상의 책임을 이행하고 본인과 동일한 권리를 가지는 무권대리인은 배서나 어음(수표)보증 등을 무권대리한 자이다.

#### 2. 無權代理人의 抗辯權

##### (1) 本人이 가지는 抗辯權

무권대리인은 본인과 동일한 책임을 지므로(어 8조·77조 2항, 수 11조), 본인이 가지는 항변은 이를 원용할 수 있다. 즉 유권대리로 본인이 책임을 부담하였더라면 대항할 수 있었던 것과 동일한 항변권을 가진다. 그러나 무권대리인은 어음(수표)행위나 원인관계와 관계 없이 본인이 가지는 항변권이나 취소권은 행사할 수 없다.

##### (2) 無權代理人 자신이 가지는 抗辯權

무권대리인은 자신이 소지인에 대하여 책임을 지므로, 무권대리인 자신이 소지인에 대하여 가지는 항변으로 그 소지인에 대하여 대항할 수 있는 것은 당연하다.

## 제3. 越權代理

### Ⅰ. 越權代理人의 責任의 內容

어음(수표)행위의 대리인이 그 대리권의 범위를 초과하는 어음(수표)행위를 대리한 경우, 예컨대 100만 원까지의 어음(수표)행위의 대리권을 수여받은 대리인이

200만 원의 어음(수표)행위의 대리를 한 경우에는, 협의의 무권대리의 경우에서와 같이 월권대리인이 책임을 진다(어 8조 3문 · 77조 2항, 수 11조 3문).

월권대리에 있어서 월권대리인의 책임의 범위 외의 문제는 협의의 무권대리의 경우와 같다(어 8조 3문 · 77조 2항, 수 11조 3문).

## Ⅱ. 越權代理人과 本人의 責任의 範圍

### 1. 學 說

어음법 제8조 제3문(어 77조 2항 수 11조 3문)에서 「권한을 초과한 대리인에 관하여도 같다」고 규정하고 있으므로, 월권대리의 경우에는 월권대리인이 책임을 진다. 다만 이 경우에 본인도 책임을 지는가 또 어떤 범위의 책임을 지는가에 관하여 단독책임설, 중첩책임설, 책임분담설 등의 학설이 대립해 있다.

단독책임설(본인무책임설)은 어음법 제8조(어 77조 2항 수 11조)의 입법의 연혁과 어음(수표) 불가분의 원칙을 근거로 월권대리인이 단독으로 어음(수표)금액의 전부에 대하여 책임을 지고 본인은 책임을 지지 않는다고 한다(蓮井良憲 · 酒卷俊雄 · 志村治美, 講義手形法 · 小切手法, 114~115頁).

중첩책임설(책임병행설)은 어음(수표)의 문언성과 유통보호의 요청에 의하여 월권대리인은 어음(수표)금액의 전부에 대하여 책임을 지고, 본인은 대리권을 수여한 범위에서만 책임을 진다고 한다(국내의 통설)(대판 2001. 2. 23. 2000 다 45303 · 45310).

그리고 책임분담설은 대리권을 수여한 범위에서는 본인이 책임을 지고, 대리권을 초과한 부분에 대하여서는 월권대리인이 책임을 진다고 한다(小橋一郎, 新版手形法 小切手法講義, 65頁).

**【대법원 2001. 2. 23. 판결, 2000 다 45303 · 45310】**

월권대리가 존재하는 경우에 본인은 어떤 범위에서 책임을 지는가에 대하여, 대법원은 「어음행위의 대리 또는 대행권한을 수여받은 자가 그 수권의 범위를 넘어 어음행위를 한 경우에 본인은 그 수권의 범위 내에서는 대리 또는 대행자와 함께 어음상의 채무를 부담한다」고 하여 중첩책임설을 따랐다.

### 2. 檢 討

단독책임설에 의하면 본인이 대리권을 수여한 부분에 대하여서까지 책임을 면하게 되므로 부당하고, 책임분담설은 어음(수표)불가분의 원칙에 반할 뿐만 아니라 소지인의 권리행사가 복잡하다.

생각건대 본인이 대리권을 수여한 범위에서는 당연히 본인이 책임을 져야 하고 또 월권대리의 어음(수표)상의 책임이 어음(수표)금액의 전부에 미치게 하는 것이 소지인의 권리행사에 편리하고 어음(수표)불가분의 원칙에도 적합하므로, 중첩책임설이 타당하다(중첩책임설).

중첩책임설에 의하여 월권대리인의 책임과 본인의 책임이 중첩되는 범위에서는 월권대리인과 본인이 연대책임을 진다.

### Ⅲ. 法定包括代理人의 越權代理

지배인(상 11조 1항), 회사의 대표자(상 209조 1항·269조 389조 3항·567조) 또는 선장(상 774조) 등과 같이 법정의 포괄대리권(대표권)을 가지는 자가 내부적인 대리권(대표권)의 제한에 위반하여 어음(수표)행위의 월권대리(대표)를 한 경우에, 본인은 그 제한으로 선의의 제3자에 대하여 대항할 수 없으므로(상 11조 3항·209조 2항·269조 389조 3항·567조·775조) 어음(수표)금액의 전부에 대하여 책임을 진다.

## 제4. 表見代理

### Ⅰ. 序 說

어음(수표)행위의 무권대리의 경우에도 표현대리가 성립되는가 즉 상대방 또는 제3자가 자칭대리인에게 대리권이 있다고 믿을 만한 사정이 있고 또 그러한 사정을 야기한데 대하여 본인에게 귀책사유가 있는 경우에 본인이 책임을 지는가에 관하여 어음(수표)법상 규정이 없으나, 어음(수표)행위에 있어서는 그 형식이나 외관이 다른 법률행위에 있어서보다 더 존중되므로 당연히 표현대리가 인정된다. 표현대리에는 민법상의 표현대리와 상법상의 표현대리가 있다.

### Ⅱ. 民法上의 表見代理

#### 1. 內 容

민법상의 표현대리에는 ① 본인이 타인에게 대리권을 수여한다는 것을 제3자에 대하여 표시한 경우(대리권수여의 표시에 의한 표현대리)(민 125조), ② 대리인이 대리권의 범위를 넘어 대리행위를 한 경우(권한을 넘은 표현대리)(민 126조), ③ 대리권이 소멸한 후에 대리행위를 한 경우(대리권 소멸 후의 표현대리)(민 129조) 등이 있다.

대리권 수여의 표시에 의한 표현대리나 대리권 소멸 후의 표현대리는 상대방이 표현대리인에게 대리권이 있다고 믿고(선의) 또 그렇게 믿는 데 과실이 없어야 하며(무과실)(민 125조 129조), 권한을 넘은 표현대리는 상대방이 표현대리인에게 그러한 권한이 있다고 믿을 만한 정당한 이유가 있어야 한다(민 126조).

**【대법원 1989. 5. 23. 판결, 88 다카 22626】**

**1. 사실관계**

A공업사는 공구박스를 제작 · 판매하는 업체로서, Y가 그 대표로 경영하였다.

그러나 Y가 연로하고 문맹이어서 A공업사의 대외관계사무는 주로 그 아들 Z가 처리하였고, 이를 기화로 Z는 액면 500만 원의 약속어음에 Y 몰래 Y의 인장을 사용하여 Y명의의 배서를 하여 X에게 교부하였다. Z는 위 약속어음의 배서 전에도 무려 여섯 차례에 걸쳐 Y명의의 배서를 하여 X에게 교부하였고, 그때마다 그 약속어음들은 모두 각 지급기일에 아무 탈 없이 결제되었으며, 그 중 1986. 9. 3.에 결제된 약속어음은 그 액면금액이 594만 원이나 되었다.

X가 만기에 위 약속어음을 지급제시하였던 바, Y는 위 어음이 위조(배서)된 것이라 하여 그 지급을 거절하였고, 이에 X는 Y에 대하여 표현책임을 물어 어음금의 지급을 청구하였다.

**2. 판결요지**

이 건에 관하여, 대법원은 「Y의 아들인 Z가 Y경영의 A공업사의 대외관계의 일을 Y를 대리하여 처리해 오면서 전에도 여섯 번이나 Y의 명의로 약속어음에 배서를 하여 X에게 양도하였는데 그때마다 그 약속어음들은 각 지급기일에 아무 탈 없이 결제되었다면, X로서는 Z에게 Y를 대리하여 Y의 명의로 어음행위를 할 권한이 있다고 믿을만한 정당한 이유가 있고 Z가 Y에게 확인하지 않았다고 하여 과실이 있다고 할 수 없다」고 판시하여, Y의 권한을 넘은 표현대리의 책임을 인정하였다.

이러한 표현대리의 요건을 완전히 갖추지 않아도 제3자가 자칭대리인에게 대리권이 있다고 믿을 만한 사정이 있고 또 그러한 사정을 야기한 데 대하여 본인에게 귀책사유가 있는 경우에는 표현대리의 성립을 인정하는 것이 어음(수표)법의 외관보호 내지 선의자보호의 이념에 적합하다.

어음(수표)행위의 무권대리가 표현대리로 되는 때에는 본인이 책임을 진다.

2. 第3者의 範圍

어음(수표)행위의 표현대리에 있어서 보호되는 제3자의 범위에 관하여 직접상대방한정설과 제3취득자포함설이 대립해 있다.

(1) 學 說

① **直接相對方限定說** 이 학설은 어음(수표)행위의 표현대리에 있어서 제3자는 대리행위의 직접의 상대방에 한한다고 한다(김대휘, "어음행위의 표현대리" 재판자료 제30집, 254면)(대판 2002. 12. 10. 2001 다 58443)(대판 1994. 5. 27. 93 다 21521)(대판 1986. 9. 9. 84 다카 2310). 이 학설에 의하면 무권대리행위의 직접의 상대방에게 표현대리가 성립되지 않으면 그 후의 제3취득자가 대리권이 있다고 믿고 또 그렇게 믿을 만한 정당한 이유가 있더라도 본인은 책임을 지지 않고, 또 직접의 상대방에게 표현대리가 성립되면 그 후의 제3취득자는 배서에 의하여 그 지위를 승계하므로 제3취득자가 대리권이 없다는 것을 알고 있었더라도 본인은 그 책임을 면하지 못한다.

이 학설은 논거로서 대리는 본인·대리인 및 제3자의 존재를 전제로 하고 제3자는 본인과 대리인에 대한 제3자의 의미로서 대리행위의 직접의 상대방을 의미하는 것이지 어음(수표)의 제3취득자와 같은 자를 예정하는 것은 아니기 때문이라 한다.

② **第3取得者包含說** 이 학설은 어음(수표)행위의 표현대리에 있어서 제3자는 대리행위의 직접의 상대방뿐만 아니라 제3취득자도 포함한다고 한다(통설)(대판 2003. 9. 26. 2002 다 65073)(대판 1997. 8. 26. 96 다 36753).

이 학설은 그 논거로서 어음(수표)은 유통증권으로서 제3취득자의 보호가 강력히 요청되기 때문이라 한다.

**【대법원 1994. 5. 27. 판결, 93 다 21521】**

**1. 사실관계**

Y회사(피고)의 총무담당 상무이사인 A는 Z회사의 대표이사인 B와 공모하여 이 건 약속어음에 그가 보관하고 있던 Y회사의 문서수발용 명판과 대표이사의 직인을 이용하여 Z회사를 피배서인으로 Y회사 명의의 배서를 하였고, 또 피배서인인 Z회사는 위 약속어음을 X금고(원고)에게 어음할인을 받고 배서하였다.

위 약속어음의 최종 소지인인 X금고는 A의 배서는 민법 제126조의 권한을 넘은 표현대리라고 주장하면서, Y회사에 대하여 소구의무를 이행할 것을 청구하였다.

**2. 판결요지**

이 건에 관하여, 대법원은 「권한을 넘은 표현대리에 관한 민법 제126조의 규정에서 제3자는 당해 표현대리행위의 직접의 상대방으로 된 자만을 지칭하는 것이고, 이는 위 규정을 배서와 같은 어음행위에 적용 또는 유추적용하는 경우에 있어서도 마찬가지로 보아야 하는 것이다(당원 1986. 9. 9. 선고, 84 다카 2310 판결 참조).

또한 약속어음의 배서행위의 직접의 상대방은 그 배서에 의하여 어음을 양도받은 피배서인만을 가리키고 그 피배서인으로부터 다시 어음을 취득한 자는 민법 제126조 소정의 제3자에 해당되는 것이 아니다.

다만 배서행위가 직접의 상대방인 피배서인에 대한 관계에서 표현대리의 요건을 갖춘 경우에 그 후의 어음취득자가 이를 원용하는 것은 이와는 별개로 허용될 수 있다」고 판시하여, 직접상대방한정설을 취하였다.

(2) 檢 討

① **第3取得者包含說에 대한 檢討** 제3취득자포함설에 따라 제3취득자도 어음(수표)행위의 표현대리의 제3자에 포함되어 보호된다면, 제3취득자의 어음(수표)상의 권리는 배서에 의하여 전자로부터 승계된 것이 아니고 제3취득자에게서 발생한 것으로 되어 배서의 권리이전행위성과 모순된다.

또한 민법 제126조의 권한을 넘은 표현대리가 성립하기 위하여서는 대리인에게 월권행위에 관한 대리권이 있다고 믿고 또 그러한 대리권이 있다고 믿을 만한 정당한 이유가 있어야 하는데, 직접의 상대방이 아닌 제3취득자에게 이러한 정당한 이유가 있는 경우는 드물고 또 민법 제129조의 대리권 소멸 후의 표현대리가 성립하기 위하여서는 제3취득자가 대리권 소멸 전에 거래를 하였고 대리권 소멸 후에도 여전히 대리권이 있다고 믿고 거래를 하였어야 하는데 제3취득자가 이러한 요건을 갖추는 경우는 실제상 드물어, 어음(수표)행위의 표현대리의 제3자에 제3취득자를 포함시키는 것은 실익이 없다.

그리고 제3자에 제3취득자가 포함된다면, 민법 제126조의 반대해석으로 제3취득자가 악의인 때에는 전자가 선의이더라도 본인은 그 제3취득자에 대하여 월권행위로 대항할 수 있어야 할 것인 데도, 이 학설은 제3취득자의 배서에 의한 권리취득을 인정하여 이를 부인하고 있어 이론의 일관성을 결하고 있다.

그러므로 어음(수표)행위의 표현대리에 있어서 제3자는 직접의 상대방에 한한다고 보는 것이 타당하다(직접상대방한정설).

② **善意의 第3取得者의 保護** 직접상대방한정설에 의하면 선의의 제3취득자의 보호를 결하게 되나. 이는 표현적 제도의 기초인 외관이론에 의하여 보호될 수 있다. 즉 본인이 어음(수표)채무를 부담하는 것으로 인정되는 어음(수표)이 존재하고(외관의 존재), 제3취득자가 어음(수표)의 기명날인(서명)의 진정을 믿고 또 그

렇게 믿는 데 과실 없이 어음(수표)을 취득하였고(외관의 신뢰) 또 본인이 어음(수표)상의 기명날인(서명)의 현출에 원인을 부여한(귀책사유) 때에는, 본인이 제3취득자에 대하여 표현책임으로서 어음(수표)상의 책임을 진다.

### Ⅲ. 商法上의 表見代理

상법상의 표현대리(표현대표)에는 표현지배인(상 14조), 부실등기의 지배인(상 39조), 표현대표이사(상 395조 567조), 대리권(대표권)이 제한된 지배인(대표사원·대표이사) 등이 있다.

표현지배인 즉 본점 또는 지점의 영업주임 기타 유사한 명칭을 가진 사용인은 본점 또는 지점의 지배인과 동일한 권한을 가지므로(상 14조), 표현지배인이 어음(수표)행위의 대리(무권대리)를 한 경우에는 본인이 책임을 진다.

부실등기의 지배인(대표이사) 즉 지배인(대표이사)이 아닌데도 영업주(회사)의 고의 또는 과실로 인하여 지배인(대표이사)으로 등기된 자가 어음(수표)행위의 대리(대표)를 한 경우(무권대리·무권대표)에도 영업주(회사)가 책임지며, 다만 영업주(회사)는 그러한 권한이 없는 것을 알고(악의) 어음(수표)을 취득한 자에 대하여는 책임을 지지 않는다(상 39조).

또한 표현대표이사 즉 회사를 대표할 권한이 없는 데도 사장·부사장·전무·상무 기타 회사를 대표할 권한이 있는 것으로 인정될 만한 명칭을 사용하는 이사가 어음(수표)행위의 대리(무권대표)를 한 경우에도 회사가 책임을 지며, 다만 회사가 그러한 권한이 없는 것을 알고(악의) 어음(수표)을 취득한 자에 대하여서는 책임을 지지 않는다(상 395조 209조·567조).

그리고 어음(수표)행위의 대리권(대표권)이 제한되어 있는 지배인(대표사원·대표이사)이 그 제한에 위반하여 어음(수표)행위의 대리(대표)를 한 경우(무권대리·무권대표)에도 영업주(회사)가 책임을 진다. 다만 이러한 제한은 선의의 제3자에 대하여 대항할 수 없으므로(상 11조 3항·209조 2항 389조 3항·567조) 영업주(회사)는 이러한 제한이 있는 것을 알고(악의) 어음(수표)을 취득한 자에 대하여는 책임을 지지 않는다.

### Ⅳ. 表見代理에 의한 本人의 責任과 어음法 第8條에 의한 無權代理人의 責任의 關係

#### 1. 序 說

어음(수표)행위의 표현대리가 성립된 경우에는 표현대리에 의한 본인의 책임과 어음법 제8조(어 77조 2항 수 11조)에 의한 무권대리인의 책임이 생겨, 이 양자의 책임의 관계가 문제된다. 이 양자의 책임관계에 관하여 본인부담설·택일설 및 중첩부담설 등의 학설이 대립해 있다.

### 2. 學　說

① **本人負擔說**　이 학설은 어음법 제8조(어 77조 2항 수 11조)의 무권대리인의 책임은 표현대리에 의하여 본인의 책임을 추급할 수 없는 경우 즉 표현대리의 불성립을 요건으로 한다고 보고, 표현대리가 성립되어 본인이 책임을 지는 경우에는 무권대리인의 책임이 생기지 않는다고 한다(竹田省, 手形法 小切手法, 29頁).

② **擇一說**　이 학설은 표현대리가 성립된 경우에는 표현대리에 의한 본인의 책임과 어음법 제8조(어 7조 2항 수 11조)에 의한 무권대리인의 책임의 병존을 인정하고, 소지인은 그 중에서 선택하여 그 책임을 추급할 수 있다고 한다(손주찬 83면 정찬형 96면).

이 학설은 논거로서 표현대리가 성립되면 유권대리에서와 같은 효과가 생기나 그렇다고 무권대리를 추인한 경우와는 달리 무권대리관계가 소멸되는 것이 아니므로 무권대리인의 책임이 부정되지 않고 양자의 책임이 병존하며, 표현대리는 외관을 신뢰한 제3자를 보호하기 위한 것이므로 선의의 소지인은 그 보호를 포기할 수 있고, 또 소지인이 무권대리인의 책임을 추급하는 것이 유리하면 그 책임을 추급할 수 있도록 하는 것이 타당하기 때문이라 한다.

③ **重疊負擔說**　중첩설은 택일설과 같이 표현대리가 성립된 경우에는 본인의 책임과 무권대리인의 책임의 병존을 인정하면서, 다만 이 양자의 책임은 부진정연대채무 내지 합동책임과 같은 중첩적 관계에 있어 소지인은 어음(수표)채권의 만족을 받을 때까지 양자에 대하여 책임을 추급할 수 있다고 한다(정희철 85면 채이식 54면).

이 학설은 논거로서 소지인을 보호함으로써 어음(수표)의 유통성을 강화하기 위한 것이라 한다.

### 3. 檢　討

본인부담설은 표현대리가 성립된 경우에는 본인이 책임을 지고 무권대리인은 책임을 지지 않는다고 하나, 무권대리인이 무권대리를 해 놓고 아무 책임을 지지 않는 것은 불합리하다.

또한 중첩설은 표현대리가 성립된 경우에는 소지인이 본인의 책임과 무권대리인의 책임을 중첩적으로 추급할 수 있다고 하나, 유권대리의 경우에는 본인의 책임만 추급할 수 있는 데도 무권대리의 경우에는 본인의 책임과 무권대리인의 책임을 중첩적으로 추급할 수 있게 하여 무권대리의 경우를 더 강하게 보호하는 것은 불합리하다.

생각건대 소지인이 표현대리를 주장하려면 그 증명을 하여야 하므로 본인의 책임을 추급하는 것이 그리 용이하지 않고 또 무권대리인도 본인 못지 않게 자력이 있을 수 있으므로, 소지인은 본인의 책임과 무권대리인의 책임 중에서 선택하여 추급할 수 있도록 하는 것이 타당하다(택일설).

## 제 4 관 他人의 名義에 의한 어음(手票)行爲

### 제1. 序 說

타인의 명의로 어음(수표)행위를 하는 경우로는, ① 타인의 명의를 자기를 표시하는 명칭으로 사용하여 어음(수표)행위를 하는 경우, ② 어음(수표)행위를 대행하는 경우, ③ 명의대여에 의하여 명의대여자의 명의로 어음(수표)행위를 하는 경우, ④ 어음(수표)행위를 위조하는 경우 등이 있다. 어음(수표)행위의 위조에 관하여서는 변조와 함께 절을 바꾸어 고찰하기로 한다.

### 제2. 他人名義를 自己表示의 名稱으로 사용한 어음(手票)行爲

행위자가 타인의 명의를 자기를 표시하는 명칭으로 사용하여 어음(수표)행위를 한 경우에 그 어음(수표)행위가 행위자의 어음(수표)행위로서 효력이 있는지 문제된다.

이 경우에 관하여 통설은 어음(수표)상의 명의는 거래자 간에 행위자를 표시하는 것이면 충분하므로, 어음(수표)상의 명의가 통상의 거래상 행위자를 표시하는 명칭으로 관용되거나 거래상 행위자를 표시하는 것으로 객관적으로 인정되는 것이면 그 어음(수표)행위는 행위자의 어음(수표)행위로서 효력이 있고 그렇지 않으면 그 어음(수표)행위는 무효라 한다.

그러나 어음(수표)상의 명의가 행위자의 명칭으로 관용되지 않거나 객관적으로 거래상 행위자를 표시하는 명칭으로 인정되지 않더라도, 행위자가 스스로 자기를 위하여 어음(수표)행위를 한 이상 그 어음(수표)행위는 언제나 행위자 자신의 어음(수표)행위이며, 따라서 그 어음(수표)행위는 행위자의 어음(수표)행위로서 효력이 있다고 보아야 한다.

## 제3. 어음(手票)行爲의 代行

### Ⅰ. 意 義

어음(수표)행위의 대행은 타인이 본인을 위하여 본인의 명의를 표시하여 어음(수표)행위(타인에 의한 본인의 기명날인 · 서명)를 하는 것이다.

어음(수표)행위의 대행의 법적 성질에 관하여, 학설은 법률행위라고도 하고(법률행위설)(양승규 135면) 또는 사실행위라고도 하나(사실행위설)(서돈각 68면 정찬형 104면), 기명날인(서명) 그 자체만으로는 법률효과가 생기지 않으므로 사실행위라 보아야 하고(사실행위설), 따라서 어음(수표)행위의 대행은 대리일 수 없는 것이다.

**【대법원 1964. 6. 9. 판결, 63 다 1070】**

어음행위의 대행에 관하여, 대법원은 「종래의 판례가 서명대리를 본인 자신의 행위로 평가할 수 있는 것이라 하여 그 효력을 인정하여 왔고 당원이 그 해석을 변경한 사실이 없음에도, 원판결이 어음행위의 대리는 엄격한 현명주의에 의하여야 하는 것이라고 하여 어음행위의 서명대리의 효력을 부정하는 취지로 판시한 것은 어음행위의 대리에 관한 법리해석을 그르친 위법이라 할 것이다」고 판시하여, 서명대리에 대리로서의 효력을 인정하였다.

### Ⅱ. 要 件

#### 1. 形式的 要件(代行의 方式)

어음(수표)행위의 대행은 타인이 직접 본인의 명의로 기명날인(서명)하는 방식으로 한다.

#### 2. 實質的 要件(代行權)

타인이 어음(수표)행위를 대행하기 위하여서는 본인으로부터 대행의 권한을 수여받아야 하고, 이러한 대행권은 대행의 종류에 따라 다르다.

(1) 固有의 代行

고유의 대행은 타인이 그때그때 본인으로부터 지시를 받아 본인의 표시기관으로서 어음(수표)행위의 대행을 하는 것이다. 예컨대 상점의 점원이 주인의 지시에 따라 주인의 명의로 어음(수표)을 발행하는 경우이다. 고유의 대행에서는 본인의 지시가 대행권을 수여하는 것이다.

(2) 代理的 代行

대리적 대행은 타인이 본인으로부터 포괄적 권한을 수여받아 그 범위 내에서 자기의 의사에 의하여 어음(수표)행위의 대행을 하는 것이다. 예컨대 회사의 경리과장이 수권의 범위 내에서 대표이사의 명의로 어음(수표)을 발행하는 경우이다. 대리적 대행에서는 본인으로부터 대행권의 수여가 있어야 한다.

이 경우에 타인이 본인으로부터 권한을 수여받아 자기의 의사에 의하여 본인을 위하여 어음(수표)행위를 하므로 실질상으로는 어음(수표)행위의 대리라 할 수 있는 것이나, 어음(수표)에 대리인의 기명날인(서명)이 없고 본인의 기명날인(서명)만 있으므로 형식상으로는 어음(수표)행위의 대행이다. 그러므로 이것을 대리적 대행이라 하는 것이다.

### Ⅲ. 責 任

고유의 대행이든 대리적 대행이든 유권대행의 경우에는 당연히 본인이 어음(수표)상의 책임을 진다.

그러나 무권대행의 경우에는 권한 없이 본인의 기명날인(서명)을 위작한 것이므로 어음(수표)의 위조로 된다. 따라서 본인은 어음(수표)행위의 무권대행을 추인하지 않는 한 누구에 대하여서도 어음(수표)상의 책임을 지지 않고, 다만 그 대행자에게 어음(수표)행위의 대행의 권한이 있다고 믿을 만한 사유가 있는 때에는 표현대리의 규정(민 125조 · 126조 129조, 상 14조 · 395조)의 유추적용에 의하여 본인이 어음(수표)상의 책임을 진다.

## 제4. 名義貸與에 의한 어음(手票)行爲

### Ⅰ. 意 義

명의대여에 의한 어음(수표)행위는 타인에게 자기의 성명 또는 상호를 사용하여 어음(수표)행위를 할 것을 허락하여 타인(명의차용자)이 명의대여자의 명의로 어음(수표)행위를 하는 것이다.

형식상으로는 명의대여에 의한 어음(수표)행위는 타인이 명의대여자의 명의를 표시하여 어음(수표)행위를 하고 또 어음(수표)행위의 대행은 타인이 본인의 명의를 표시하여 어음(수표)행위를 하는 점에서 양자는 같다. 그러나 실질상으로는 명의대여에 의한 어음(수표)행위에 있어서는 명의대여자가 어음(수표)행위의 주체로 된다는 의사를 가지지 않고 어음(수표)행위의 당사자로 되지 않으나, 어음(수표)행위의 대행에 있어서는 본인이 어음(수표)행위의 주체로 된다는 의사를 가지고 있고 어음(수표)행위의 당사자로 되는 점에서 양자는 다르다.

## Ⅱ. 責 任

### 1. 營業에 관하여 名義貸與를 한 경우

명의대여자가 자기의 명의를 사용하여 영업을 할 것을 허락하여 명의차용인(영업주)이 그 영업에 관하여 명의대여자의 명의로 어음(수표)행위를 한 경우에는 상법 제24조에 의하여 명의대여자가 명의차용자와 연대하여 어음(수표)상의 책임을 진다(상 24조).

### 2. 어음(手票)去來에 관하여서만 名義貸與를 한 경우

명의대여자가 명의차용자에게 어음(수표)거래에 관하여서만 그 명의를 사용할 것을 허락한 경우에도 상법 제24조가 유추적용되는가에 관하여 긍정설과 부정설이 대립해 있다.

#### (1) 學 說

① **否定說** 부정설은 상법 제24조의 명의대여자의 책임은 명의대여자가 자기의 명의를 사용하여 영업할 것을 허락하는 것을 그 요건으로 하고 있어 명의대여자의 책임은 영업에 관하여 그 명의를 사용하는 경우에 한한다고 보아야 하므로, 명의대여자가 어음(수표)행위에 관하여서만 명의의 사용을 허락한 경우에는 명의차용자가 영업주라는 외관이 존재하지 않기 때문에 상법 제24조가 적용되지 않는다고 한다(최기원 130면).

그러나 부정설을 취하는 입장에서도 명의대여자가 어음(수표)행위자라는 외관을 신뢰하여 어음(수표)을 취득한 선의의 어음(수표)취득자에 대하여서는 민법상의 표현대리 또는 표현법리 일반에 의하여 명의대여자의 어음(수표)상의 책임을 인정하여야 한다고 한다(최기원 130면).

② 肯定說 긍정설은 제3자가 행위의 주체를 명의인이라 오인할 만한 거래상의 외관이 객관적으로 존재하면 상법 제24조를 유추적용할 기초가 있는 것이므로, 명의대여자가 어음(수표)행위에 관하여서만 명의의 사용을 허락한 경우에도 상법 제24조가 유추적용된다고 한다(양승규(어) 139면 정찬형 107면).

(2) 檢 討

부정설은 상법 제24조의 명의대여자의 책임은 영업상의 거래에 한한다고 하나, 본 조는 외관을 신뢰하고 거래한 상대방을 보호하여 거래의 안전을 기하려는 것이므로 그 취지를 살려 어음(수표)거래에도 외관이 존재하는 경우에는 이를 유추적용할 필요가 있다. 그러므로 명의차용자가 명의의 사용을 허락받아 명의대여자의 명의로 어음(수표)행위를 하는 경우에는 상법 제24조가 유추적용되어 명의대여자와 명의차용자가 어음(수표)상의 책임을 진다.

## 제 5 관 어음(手票)行爲와 利益相反

### 제1. 序 說

상법 제398조 1문은 회사의 이익과 이사의 이익이 상충하는 경우에 이사가 회사의 이익을 희생하고 자기 또는 제3자의 이익을 도모하는 것을 방지하기 위하여,「이사는 이사회의 승인이 있는 때에 한하여 자기 또는 제3자의 계산으로 회사와 거래할 수 있다」고 하여, 이사의 자기거래의 제한을 규정하고 있다.

본 조는 민법 제124조(자기계약·쌍방 대리의 금지)와 입법취지가 같고 또 요건이 같아 민법 제124조의 주의적 규정이다. 따라서 본 조 2문은「이 경우에 민법 제124조의 규정을 적용하지 않는다」고 규정하고 있다.

이러한 자기거래의 제한은 주식회사와 이사 간의 거래(상 398조)뿐만 아니라 합명회사의 사원과 회사 간의 거래(상 199조), 합자회사의 무한책임사원과 회사 간의 거래(상 269조 199조), 유한회사의 이사와 회사 간의 거래(상 564조 3항) 등에도 존재한다.

이러한 자기거래의 제한이 어음(수표)행위에도 적용되는가 즉 어음(수표)행위가 상법 제398조(민 124조, 상 199조 269조·564조 3항)의 적용대상으로 되는가 문제되고, 또 적용된다면 그 제한에 위반한 경우의 효력이 문제된다. 본조의 어음(수표)행위에의 적용문제에 관하여서는 긍정설과 부정설이 대립해 있고 또 그 제한위반의 효력에 관하여서는 무효설, 유효설, 효력부동설, 상대적무효설 등의 학설이 대립해 있다.

## 제2. 어음(手票)行爲에의 適用

### Ⅰ. 學 說

① **否定說** 부정설은 어음(수표)행위가 원인관계와 구별되는 거래의 수단적 행위로서 무색적 성질을 가져 이사와 회사 간의 이익충돌의 염려가 없고 민법 제124조 단서의 「채무의 이행」과 같은 것이므로, 어음(수표)행위에는 이사와 회사 간의 이익충돌의 염려가 있는 것을 전제로 하는 상법 제398조가 적용되지 않는다고 한다(서돈각 · 정완용, 상법강의(상), 446면). 따라서 원인행위가 상법 제398조의 거래로 되는 때에는 이사회의 승인을 얻어야 하고 이를 결하면 무효로 되나, 이 경우에도 어음(수표)행위 자체는 유효하고 그 원인행위의 무효는 단지 인적항변으로 될 뿐이라 한다.

② **肯定說** 긍정설은 어음(수표)행위는 거래의 결제수단으로서만 행하여지는 것이 아니고 간이 · 유효한 신용수수의 수단으로도 널리 이용되고 있고 더욱이 어음(수표)행위자는 어음(수표)행위에 의하여 원인관계에서와는 별도의 새로운 어음(수표)상의 채무를 부담하며 그 어음(수표)상의 채무는 인적항변의 절단, 증명책임의 전환, 부도에 의한 은행거래정지처분의 위험부담 등에 의하여 원인관계상의 채무보다 더 엄격한 지급채무로 되어 이사와 회사 간의 이해는 원인관계에서보다 오히려 어음(수표)행위에 있어서 한층 더 예리하게 충돌하므로, 어음(수표)행위에도 상법 제398조가 적용된다고 한다(통설).

**【대법원 1978. 11. 14. 판결, 78 다 513】**

대표이사가 회사의 명의로 대표이사 개인에게 약속어음을 발행한 경우에 관하여, 대법원은 「상법 제398조의 규정은 이사와 회사 간에 직접 이해가 상반하는 경우에 회사의 이익보호를 위하여 회사가 당해 이사에 대하여 이사회의 승인을 얻지 못하였다는 것을 이유로 그 거래의 무효를 주장할 수 있다는 것이다. 기록에 의하면 주식회사 송강물산의 대표이사 심상하가 회사의 명의로 심상하 개인을 수취인으로 하여 이 건 약속어음을 발행한 것이므로 위 회사의 약속어음의 발행은 이사와 회사 간의 이익상반의 거래로서 상법 제398조에 의하여 이사회의 승인을 얻어야 하며, 위 거래에 대하여 이사회의 승인을 얻지 않았으면 그 거래는 심상하와 회사 간에는 무효인 것이다」라 판시하여, 긍정설을 취하였다.

### Ⅱ. 檢 討

부정설에 의하면 상법 제398조에 의한 원인관계상의 거래의 무효의 효과를 어음법 제17조(어 77조 1항 1호, 수 22조)(인적항변의 절단)에 의하여 차단하고 있는데, 이것은 원인관계상의 채무와는 다른 어음(수표)채무가 존재하는 것을 전제로 하는 것이므로, 이론적으로는 어음(수표)행위에 대하여서도 상법 제398조가 적용된다고 보는 것이 타당하다(긍정설).

## 제3. 制限違反의 效力

### Ⅰ. 學 說

① 無效說　무효설은 이사의 자기거래에 관한 상법 제398조는 강행규정이므로 이에 위반하여 이사회의 승인 없이 한 이사의 자기거래는 무효라 한다(손주찬, 상법(상), 799면; 최기원, 상법학신론(상), 896면).

② 有效說　유효설은 이사의 자기거래에 관한 상법 제398조는 효력규정이 아니고 명령규정이므로 이에 위반하여 이사회의 승인 없이 한 자기거래는 유효하고 다만 당해 이사의 손해배상책임이 생기고 또 당해 이사의 해임청구의 사유가 될 뿐이라고도 하며(박원선·이정한 회사법, 303면), 또는 이사회의 승인은 회사의 업무집행에 관한 의사결정의 방법으로서 회사의 내부적 절차에 불과하므로 이를 결하여도 거래 자체는 유효하고 다만 회사는 당해 이사 또는 악의의 제3자에 대하여 일반악의의 항변 또는 권리남용의 항변으로 대항하여 그 의무를 면할 수 있다고도 한다(서정갑, 신회사법, 206면).

③ 相對的無效說　상대적무효설은 이사회의 승인은 회사의 내부적 절차에 불과한 것으로서 반드시 행위의 유효요건이라고는 볼 수 없는 것이라 하고, 이사회의 승인 없이 한 이사의 자기거래는 당해 이사와 회사 간에서는(대내적으로는) 무효이나 회사는 선의의 제3자에 대하여서는(대외적으로는) 그 거래의 무효를 주장할 수 없다고 한다(정동윤(상) 585면, 정찬형(상) 862면, 권기범(회) 663면)(대판 1981. 9. 8. 80 다 2511).

### Ⅱ. 檢 討

이사의 자기거래의 제한은 회사의 이익을 보호하기 위한 제도이기는 하나 그 거래의 효력이 회사의 내부적 사정에 따라 좌우되어 제3자가 불측의 손해를 받는 것은 부당하므로, 이사의 자기거래제한의 위반의 효력의 문제는 회사이익의 보호와 거래안전의 보호를 조화하는 데 주안을 두어 고찰하여야 하는 것이다.

이러한 관점에서 보면 무효설은 회사이익의 보호는 기할 수 있으나 거래의 안전을 해할 염려가 있고, 또 유효설은 상법 제398조가 명령규정이라고 하나 이는 이사의 충실의무에 기한 것으로서 이에 위반한 행위는 무효로 보아야 할 정도의 강한 요청이 있는 규정이고 단순한 명령규정이 아니다.

상술한 바와 같이 회사이익의 보호와 거래안전의 보호를 조화하는 관점에서 보면 상대적무효설이 타당하다. 다만 상대적무효설에 대하여는 특별규정(민 107 2항 · 108조 2항, 상 184조 · 190조 등의 무효를 제한하는 규정) 없이 해석상 임의로 무효의 일반적 효력을 제한한다는 비난이 있으나, 법률행위의 효력은 반드시 양자 택일적인 것은 아니고 그 법률행위에 관한 가치판단에 따라 각 단계의 효력을 다르게 결정할 수 있는 것이다.

### Ⅲ. 本條 違反의 抗辯의 性質

최근의 신어음항변이론에 의하면 교부흠결, 의사표시의 하자, 이익상반의 위반 등과 같은 어음(수표)채무의 성부에 관한 항변은 유효성의 항변이라 하고, 이러한 항변의 경우에 제3자보호의 요건은 어음법 제17조(어 77조 1항 1호, 수 22조)(인적항변의 절단)에 의하지 않고 어음법 제16조 제2항(어 77조 1항 1호, 수 21조)(선의취득) 내지 어음법 제10조(어 7조 2항 수 13조)(백지어음 · 수표)에 의한다고 한다. 따라서 이 유효성의 항변론에 의하면 제3자가 보호받기 위하여는 선의 · 무중과실이어야 하고, 결과적으로 상대적무효설과 같다.

이 유효성의 항변론에 의하면 이익상반 위반의 항변은 원래 물적항변이나 그 효력은 인적항변이다.

# 제 4 절 어음(手票)의 僞造와 變造

## 제 1 관 어음(手票)의 僞造

### 제1. 意 義

어음(수표)의 위조(forgery)는 어음(수표)상에 권한 없이 타인의 기명날인(서명)을 위작(僞作)(타인의 기명날인 · 서명을 비슷하게 만드는 것)하여 타인이 어음(수표)행위를 한 것처럼 외관을 조작하는 것이다.

어음(수표)의 위조는 어음(수표)행위 당시 권한 없이 하는 것이므로, 이전에 권한이 있었더라도 어음(수표)행위 당시 권한이 없거나 어음(수표)행위 당시 권한이 있더라도 그 권한의 범위를 초과하면 어음(수표)의 위조로 된다.

피위조자인 타인은 자연인이든 법인이든, 실재인이든 허무인(가설인)이든, 또는 사자이든 불문하다.

기명날인의 僞作은 진정한 인장을 도용하거나 僞刻한 인장을 사용하여 타인의 기명날인을 하는 경우, 특정한 목적을 위하여 보관하고 있던 인장을 남용하여 타인의 기명날인을 하는 경우, 다른 목적으로 기명날인(서명)한 지면을 전용(轉用)하여 어음(수표)행위에 이용하는 경우 등이다.

타인의 기명날인(서명)을 위작한 경우에는 위조로 되나, 타인의 기명날인(서명)을 변경한 경우에 관하여서는 위조설과 위조변조설이 대립해 있다. 위조설은 기존의 기명날인(서명)을 변경하는 것은 위조와 변조의 중간의 것이나 일종의 위조로 보아야 한다고 하고(서돈각·정완용 88면), 또 위조변조설은 진정한 기명날인(서명)에 대하여서는 변조가 되고 새로 변경된 기명날인(서명)은 권한 없이 나타난 것이므로 위조로 된다고 한다(통설). 생각건대 타인의 기명날인(서명)을 변경한 경우에는 말소된 기존의 기명날인(서명)과 새로 행하여진 기명날인(서명)이 있는데, 전자는 어음(수표)의 문언의 변경(어 69조·77조 1항 7호, 수 50조)이므로 변조이고 또 후자는 권한 없이 타인의 기명날인(서명)을 위작한 것이므로 위조라 보는 것이 타당하다(위조변조설).

어음(수표)의 위조는 어음(수표)행위가 아니고 사실행위이므로 위조자의 고의·과실을 요하지 않는다.

어음(수표)의 위조는 보통 발행에 관하여 행하여지므로 어음(수표)법에서는 어음(수표)의 위조를 제1장 환어음(수표)의 발행과 방식의 장에서 규정하고 있으나(어 7조 수 10조), 어음(수표)의 배서·인수·보증·참가인수·지급보증도 권한 없이 타인의 기명날인(서명)을 위작하면 어음(수표)의 위조로 된다.

어음(수표)의 위조는 어음(수표)의 유통성 확보를 위한 외관신뢰자 보호의 요청과 진실존중을 위한 어음(수표)채무자 보호의 요청을 어떻게 조화할 것인가에 주안을 두어 고찰하여야 할 문제이다.

어음(수표)의 위조와 변조는 어음(수표)사고의 일종이므로, 이것은 형법상 범죄로 된다(형 214조 이하).

## 제2. 어음(手票)의 僞造와 다른 槪念과의 區別

### Ⅰ. 어음(手票)의 僞造와 變造

어음(수표)의 위조와 변조는 권한 없이 하는 점에서는 같다. 그러나 어음(수표)의 위조는 기명날인(서명)에 관한 것이나, 어음(수표)의 변조는 기명날인(서명) 외의 기재사항에 관한 것이다.

또한 어음(수표)의 위조는 권한 없이 타인의 기명날인(서명)을 대행하는 방식으로 어음(수표)행위를 하는 것이나, 어음(수표)의 변조는 권한 없이 타인의 어음(수표)행위의 내용의 기재를 변경하는 것이다. 즉 어음(수표)의 위조는 어음(수표)행위의 주체를 위작하는 행위인 데 대하여 어음(수표)의 변조는 어음(수표)행위의 내용을 변경하는 행위이다.

### Ⅱ. 어음(手票)의 僞造와 無權代理

어음(수표)의 위조와 무권대리는 권한 없이 어음(수표)행위를 한다는 점에서는 같다. 그러나 어음(수표)의 위조는 타인의 기명날인(서명)을 대행하는 방식으로 어음(수표)행위 즉 무권대행을 하는 것이나, 어음(수표)의 무권대리는 자신의 기명날인(서명)을 대리의 방식으로 하는 것이다. 즉 권한 없이 대행의 방식으로 어음(수표)행위를 하면 어음(수표)의 위조로 되고, 권한 없이 대리의 방식으로 어음(수표)행위를 하면 어음(수표)의 무권대리로 된다.

### Ⅲ. 어음(手票)의 僞造와 刑法上의 僞造

어음(수표)법상의 위조의 개념과 형법상의 위조의 개념은 다르다. 어음(수표)법상의 위조는 권한 없이 타인의 기명날인(서명)을 하고 상대방과의 교부행위가 있어야 하나, 형법상의 위조는 상대방과의 교부행위를 요하지 않는다.

또한 어음(수표)법상의 위조는 무권대리와 구별되고 또 백지어음(수표)의 보충권남용과도 구별되나, 형법상의 위조에는 무권대리와 백지어음(수표)의 보충권남용도 포함된다.

그리고 어음(수표)법상의 위조는 고의·과실을 요하지 않으나, 형법상의 위조는 고의를 요한다.

## 제3. 證明責任

### Ⅰ. 序 說

피위조자는 소지인에 대하여 어음(수표)의 위조를 물적항변으로 대항할 수 있으나, 그 증명책임에 관하여는 피위조자증명책임설과 소지인증명책임설이 대립해 있다.

### Ⅱ. 學 說

① **被僞造者證明責任說** 이 학설은 ① 어음(수표)위조의 증명책임에 관하여 특별규정이 없으므로 일반원칙에 의하여 위조의 사실을 주장하는 피위조자가 증명책임을 부담하여야 하는 것이라고도 하고(서돈각 · 정완용 89면), ② 어음법 제16조 제1항(어 77조 1항 1호, 수 19조)에 의하여 배서가 연속된 어음의 소지인은 적법한 권리자로 추정되므로 소지인은 자신의 권리를 증명할 필요가 없고 피위조자가 어음(수표)이 위조되었다는 것을 증명하여야 한다고도 한다(이기수 · 최병규 170면)(대판 1987. 7. 7. 86 다카 2154)(대판 1971. 5. 24. 71 다 570).

② **所持人證明責任說** 이 학설은 ① 아무런 귀책사유가 없는 피위조자에게 증명책임을 과하는 것은 가혹하다는 이유로(손주찬 101면), ② 증명책임의 분배에 관한 일반원칙에 의하면 권리를 주장하는 자가 증명책임을 부담하는 것이라는 이유로(정희철 98면), ③ 소지인이 어음(수표)채무자에 대하여 어음(수표)상의 권리를 행사하는 경우에 어음(수표)채무자가 자기의 기명날인(서명)이 위조되었다고 주장하는 것은 소지인의 주장사실(어음채무자가 진정하게 기명날인 또는 서명을 하였다는 주장)에 대한 적극부인이라는 이유로(정동윤, 「어음위조의 입증책임」법률신문 1990. 10. 23. 판, 11면), ④ 배서의 자격수여적 효력에 관하여 규정한 어음법 제16조 제1항은 어음상의 권리가 적법하게 발생한 것을 전제로 그 권리의 귀속을 추정할 따름이고 그 권리의 발생 자체를 추정하는 것이 아니라고 해석되므로 위 법조항의 적법한 소지인으로 추정된다는 취지는 피위조자를 제외한 어음채무자에 대하여 어음상의 권리를 행사할 수 있는 권리자로 추정한다는 의미에 불과하고 자신의 기명날인이 위조되었다고 주장하는 자에 대하여서까지 어음채무의 발생을 추정하는 것은 아니다. 그렇다면 어음에 어음채무자로 기재된 자가 자신의 기명날인이 위조된 것이라고 주장하는 경우에는 그에 대하여 어음상의 권리를 행사하는 소지인이

그 기명날인이 진정하다는 것을 증명하지 않으면 안 된다는 이유로(대판 1993. 8. 24. 93 다 4151) (대판 1998. 2. 10. 97 다 31113), 소지인이 기명날인(서명)의 진정을 증명하여야 한다고 한다.

**【대법원 1993. 8. 24. 판결, 93 다 4151】**

**1. 사실관계**

A는 발행일 1992. 1. 20., 액면금 2,000만 원, 지급기일 1992. 4. 20., 발행지 및 지급지 서울, 지급장소 한국주택은행 갈월동지점으로 된 약속어음 1매를 발행하여 B에게 교부하였고, B는 위 약속어음을 C에게 배서양도하였다. 그리고 X는 1992. 2. 14.에 C로부터 Y의 사무실에서 위 약속어음을 백지식배서에 의하여 양도받았다가 다음날 다시 Y의 사무실에 찾아가 그 사무실 직원 D로부터 배서인란에 Y의 명판을 찍고 인장을 날인받았다.

A가 은행으로부터 거래정지처분을 받게 되자 X는 위 약속어음의 지급기일 전인 1992. 2. 25.에 위 지급장소에 지급제시를 하였고, 무거래의 이유로 지급이 거절되자 X는 위 약속어음의 배서란에 배서인으로 기재되어 있는 Y에 대하여 소구권을 행사하였다.

이에 Y는 자기명의의 배서는 무권한자인 경리직원이 위조한 배서로서 X의 청구는 부당하다고 주장하여, X 명의의 배서가 위조된 것인지의 여부가 문제가 되었다.

**2. 판결요지**

이 건에 관하여, 대법원은 「민사소송에 있어서 입증책임의 분배에 관한 일반원칙에 의하면 권리를 주장하는 자가 권리발생의 요건사실을 주장 · 입증하여야 하는 것이므로 소지인이 어음채무자에 대하여 어음상의 권리를 행사하는 경우에도 어음채무발생의 근거가 되는 요건사실 즉 어음채무자가 어음행위를 하였다는 사실은 소지인이 주장 · 입증하여야 하는 것이다.

또한 배서의 자격수여적 효력에 관하여 규정한 어음법 제16조 제1항은 어음상의 권리가 적법하게 발생한 것을 전제로 그 권리의 귀속을 추정할 따름이고 그 권리의 발생 자체를 추정하는 것이 아니라 해석되므로 위 법조항의 적법한 소지인으로 추정된다는 취지는 피위조자를 제외한 어음채무자에 대하여 어음상의 권리를 행사할 수 있는 권리자로 추정한다는 의미에 불과하고 자신의 기명날인이 위조되었다고 주장하는 자에 대하여서까지 어음채무의 발생을 추정하는 것은 아니다.

그렇다면 어음에 어음채무자로 기재된 자가 자신의 기명날인이 위조된 것이라 주장하는 경우에는 그에 대하여 어음상의 권리를 행사하는 소지인이 그 기명날인이 진정하다는 것을 증명하지 않으면 안되는 것이다.

그러므로 종전에 이와 견해를 달리하여 자신의 배서가 위조된 것이라 주장하는 자가 그 위조된 사실과 소지인이 선의취득을 하지 않았다는 사실을 입증하여야 배서인으로서의 책임을 면할 수 있다고 해석한 의견(대판 1971. 5. 24. 71 다 570)은 변경하기로 한다」고 판시하여 소지인증명책임설을 취하였다.

### Ⅲ. 檢 討

어음(수표)의 위조의 증명책임의 문제는 어음법 제16조 제1항의 추정의 해석문제이고 또 증명책임의 분배의 문제이다. 배서연속의 어음소지인이 적법한 어음소지인으로 추정되어(어 16조 1항) 증명책임이 어음채무자에게 전환되나, 이것은 어디까지나 어음소지인과 어음채무자 간의 관계로서, 예컨대 위조·무권대리 또는 의사무능력 등에 의하여 어음채무를 부담하지 않는 자에 대하여서는 발생하지 않는다. 따라서 어음채무를 부담하지 않는 피위조자는 아무 증명책임을 지지 않는다. 또한 민사소송법상의 증명책임의 분배에 관한 일반원칙에 의하면 권리를 주장하는 자가 그 권리의 발생원인 사실인 이른바 요건사실을 증명하여야 하므로 피위조자는 배서가 위조되었다는 사실만 주장하면 되고 그 배서가 위조된 것이 아니라는 주장·증명은 어음소지인이 하여야 하는 것이다(소지인증명책임설).

### Ⅳ. 證明의 範圍

위의 소지인증명책임설에 의하면 어음위조의 경우 어음에 어음채무자로 기재되어 있는 피위조자가 자신의 기명날인이 위조되었다고 주장하면, 어음채무의 이행을 청구하는 어음소지인이 그 기명날인이 진정하다는 것을 증명하여야 한다.

그런데 피위조자 명의의 인영(印影)이 피위조자의 인장에 의한 것임이 밝혀졌을 경우에는 피위조자가 기명날인한 것으로 추정되므로(민소 358조), 피위조자는 그 기명날인이 타인에 의해 이루어졌음을 증명하여야 한다. 그러나 그 인영이 피위조자 이외의 사람이 날인한 것으로 밝혀졌을 경우에는 그 추정은 깨어지는 것이므로, 이때에는 어음소지인이 피위조자로부터 날인할 권한을 위임받은 자가 날인한 사실까지 증명하여야 한다(대판 1993. 8. 24. 93 다 451).

## 제4. 僞造의 效果

### Ⅰ. 序 說

어음(수표)의 위조의 효과는 피위조자의 책임과 위조자의 책임으로 나누어 고찰할 수 있다. 그리고 여기에서는 이러한 어음(수표) 위조의 효과와 관련하여, 위조어음(수표)에 다른 어음(수표)행위를 한 자의 책임과 위조어음(수표)에 지급을 한 자의 책임에 관하여서도 고찰하기로 한다.

## Ⅱ. 被僞造者의 責任

### 1. 原 則

어음(수표)위조의 경우에 피위조자는 어음(수표)행위를 한 것이 아니고 또 타인에게 어음(수표)행위의 대행의 권한을 수여한 것도 아니므로, 피위조자는 누구에게 대하여서도 어음(수표)상의 책임을 지지 않는다. 즉 피위조자는 어음(수표)의 위조를 물적항변으로 대항할 수 있다(통설).

따라서 피위조자가 어음(수표)의 위조에 대하여 과실이 있더라도 그것이 표현책임으로 되지 않는 한 어음(수표)상의 책임을 지지 않고, 또 피위조자는 소지인의 선의·악의를 불문하고 소지인에 대하여 어음(수표)상의 책임을 지지 않는다.

**【대법원 1965. 10. 19. 판결, 65 다 1726】 등**

어음의 위조의 경우에 피위조자의 책임에 관하여, 대법원은 ① 「다른 사람이 기명날인을 위조하여 약속어음을 발행한 경우에 발행인으로 표시된 사람은 어음을 선의로 양수한 제3자에 대하여서도 발행인으로서의 책임을 지지 않는다」(대판 1965. 10. 19 65 다 1726)고 판시하였고, ② 이에 관하여 일본의 판례는 「부동산등기신청을 위하여 맡긴 실인을 모용하여 본인 명의의 어음을 발행한 경우에 피위조자의 중과실의 유무나 수취인의 선의의 여부와 관계없이 피위조자는 어음상의 책임을 지지 않는다」(日 最高裁 判決 1952. 10. 22.)고 판시하여, 피위조자는 어음상의 책임을 지지 않는다고 하였다.

### 2. 例 外

#### (1) 被僞造者의 追認에 의한 責任

##### 가) 學 說

무권대리의 추인에 관하여서는 민법에 규정(민 130조 133조)이 있으나, 어음(수표)의 위조의 추인에 관하여서는 규정이 없어 피위조자가 어음(수표)의 위조를 추인할 수 있는가에 관하여 긍정설과 부정설이 대립해 있다.

부정설은 위조는 「본인을 위하여 하는 의사」가 없다는 이유로(서돈각·정완용 88면), 위조는 절대적 무효라는 이유로(손주찬 102면), 위조의 추인을 인정할 수 없다고 한다.

그러나 긍정설은 어음(수표)의 무권대리와 위조는 무권한자가 대리의 방식을 취하느냐 대행의 방식을 취하느냐의 차이 밖에 없고 대행도 대리의 한 방법으로 인정되고 있다는 이유로(정동윤 100면), 무권대리와 무권대행(어음·수표의 위조)은 형식상으로는 구별되나 실질상으로는 차이가 없다는 이유로(정찬형 112면), 제3자의 보호를 위하여 피위조자의 추인을 인정하여도 진실존중의 요청에 반하는 것이 아니라는 이유로(김용태 216면), 또는 부정설에서 무권대리는 「본인」을 위하여 하는 의사가 있다고 하나 무권대리라고 하여 반드시 「본인」을 위하여 하는 것이라고 볼 수 없고 또 부정설에서 위조가 비윤리적이라고 하나 비윤리적이라는 것도 무권대리와 위조 간에 큰 차이가 없다는 이유로(정희철 99면), 어음(수표)의 위조에 추인을 인정하여도 무방하다고 한다.

나) 檢 討

무권대리의 경우에는 대리인의 의사표시가 처음부터 유효하게 존재하고 대리권만 결하여 있어 후에 그 권한만 보충하면 소급하여 「본인」에게 귀속시킬 수 있으므로, 무권대리에는 추인이 인정된다. 그러나 위조의 경우에는 피위조자의 어음(수표)행위가 존재하지 않고 또 위조자의 어음(수표)행위도 존재하지 아니하여 위조는 무권대리와는 달리 완전히 무효이므로, 위조에는 추인을 인정할 여지가 없는 것이다.

그러나 어음(수표)의 위조행위는 무효이므로 민법상의 무효행위의 추인의 규정에 의하여 피위조자가 이것을 추인하면 추인을 한 때에 새로운 어음(수표)행위를 한 것으로 되고(민 139조 단서) 추인을 한 때부터 장래에 향하여 효력이 발생한다.

그러므로 어음(수표)의 위조의 추인을 부정하더라도 무효행위의 추인이 인정되고, 다만 학설에 따라 추인의 효력발생시기가 다르나, 어느 학설에 의하더라도 어음(수표)행위능력의 존부는 추인한 때를 기준으로 결정되고 또 시효의 진행시점이나 거절증서작성기간은 만기를 기준으로 결정되므로 결과적으로 긍정설과 부정설은 크게 차이가 없다.

(2) 被僞造者의 表見責任

가) 意 義

어음(수표)위조의 경우에 위조자와 피위조자의 특수한 관계로 인하여 제3자가 위조자에게 그러한 어음(수표)행위를 할 권한이 있다고 믿고 또 이러한 제3자의 신뢰를 야기시킨 데 대하여 피위조자에게 책임이 있다고 인정되는 경우에는, 피위조자가 어음(수표)상의 책임을 져야 한다.

나) 根 據

피위조자의 표현책임의 근거에 관하여, 학설은 민상법상 표현대리의 규정(민 125조 · 126조 · 129조 상 14조 · 395조)의 유추적용에서 구하기도 하고(정희철 364면, 손주찬 103면, 최기원 139면, 정동윤 100면, 정찬형 113면)(대판 1969. 9. 30. 69 다 964),

또는 권리외관이론에서 구하기도 한다(채이식 75면).

그러나 표현대리의 규정은 무권대리인이 대리의 방식을 취하여 행위를 한 경우에 관한 것이므로, 위조자의 어음(수표)행위가 어음(수표)상에 나타나 있지 않은 위조에는 표현대리의 규정을 유추적용할 수 없다. 그러므로 피위조자가 위조어음(수표)에 대하여 표현책임을 지는 것은 권리외관에 기한 것이라 보는 것이 타당하다(권리외관설).

**【대법원 1969. 9. 30. 판결, 69 다 964】**

**1. 사실관계**

Y회사의 경리담당 상무이사 B는 동 회사 대표이사 A의 명판과 인장을 도용하여 Y회사 대표이사 A명의의 약속어음 90여매를 발행하고, Y회사의 공장신축자금으로 사용한다고 하면서 위 어음을 담보로 타인으로부터 금전을 차용하여 자기의 개인사업에 충당하였으며, 지급인인 Z은행은 위 어음의 일부는 지급하고 또 일부에 협정인을 하였다.

그 후 B는 다시 Y회사 대표이사 A의 명판과 인장을 도용하여 Y회사 대표이사 A의 명의로 약속어음을 발행하고 Y회사가 차용하는 것이라 속여 위 어음을 담보로 X로부터 금전을 차용하였다.

이에 X는 Y회사에 대하여 표현책임으로서 어음금의 지급을 청구하였다.

**2. 판결요지**

이 건에 관하여, 대법원은 「만일 권한 없이 기관방식 또는 서명대리의 방식으로 어음행위를 한 것이면, 이는 어음의 위조로서 명의를 도용당한 본인은 책임이 없다고 할 것이다. 그러나 제3자가 위와 같은 기관방식에 의하여 어음행위를 실제로 한 자에게 그와 같은 어음행위를 할 수 있는 권한이 있다고 믿을 만한 사유가 있고 또 본인이 책임을 질 만한 사유가 있는 경우에는 거래의 안전을 위하여 표현대리에 있어서와 같이 본인에게 책임이 있다고 해석하여야 할 것이다」라 판시하여, 피위조자의 표현책임을 인정하고 그 근거를 표현대리의 규정의 유추적용에서 구하였다.

다) 要 件

피위조자의 표현책임이 성립하기 위하여서는, ① 위조자에게 기본적인 대행권한이 있는 것과 같은 외관이 존재하여야 하고, ② 어음(수표)취득자가 대행권한에 의하여 어음(수표)행위의 대행이 행하여진 것이라 신뢰하고 어음(수표)을 취득하여야 하며, ③ 피위조자의 외관부여가 있어야 한다.

따라서 어음발행의 권한을 수여받지 않은 회계과장이 사장의 인장을 압날하여 회사명의의 어음을 발행한 경우에는, 일반적으로 회계과장은 어음행위의 대리권을 가지고 있다고 인정되고(상 15조 1항) 또 회사가 그 대리권을 제한하여도 이로써 선의의 제3자에 대항할 수 없으므로(상 15조 2항 11조 3항), 회사는 선의의 제3자에 대하여 표현책임을 진다.

라) 責任의 範圍

피위조자의 표현책임이 성립된 경우에는 피위조자는 대행권한이 있는 자에 의한 어음(수표)행위에 있어서와 동일한 어음(수표)상의 책임을 진다.

(3) 被僞造者의 使用者責任

가) 意 義

피용자(위조자)에 의한 어음(수표)의 위조가 그 사무집행에 관하여 행하여지고 이로 인하여 제3자가 손해를 입은 때에는 사용자인 피위조자가 그 손해를 배상할 책임이 있다(민 756조).

나) 要 件

첫째, 피위조자와 위조자 간에 사용자와 피용자의 관계가 있어야 한다. 사용자와 피용자의 관계는 사용자가 피용자를 선임·감독·지휘하는 관계에 있으면 되고, 이에 계약관계가 있어야 하는 것이 아니며 또 유상이든 무상이든 불문한다.

둘째, 피용자의 어음(수표)의 위조가 객관적으로 보아 사무의 범위 내에 속하는 행위이어야 한다. 따라서 어음(수표)발행의 권한이 없는 인사과장이 어음(수표)을 위조한 경우에는 사용자책임이 생기지 않는다. 사용자의 어음(수표)의 위조가 사무의 범위 내에 속하는가 속하지 않는가는 객관적으로 판단하여야 하고, 실제로 그것이 사용자를 위하여 행하여진 것인가 아닌가는 불문한다.

**【대법원 1967. 6. 20. 판결, 91 다 43848】**

피용자의 어음의 위조가 사무의 범위 내에 속하는가에 관하여, 대법원은 「피용자의 어음위조행위가 실질적으로는 그의 직무집행 자체에 속하는 것이 아니라 하더라도 그 행위를 외형적으로 관찰할 때에 피용자의 직무집행행위와 유사하여 그 직무의 범위 내에 속하는 행위로 보여지는 경우까지를 포함한다고 해석하여야 할 것이다」라 판시하여, 피용자의 어음의 위조가 실질적으로는 피용자의 직무집행에 속하지 않더라도 외형적으로 직무집행에 속하는 경우에는 사용자책임이 성립한다고 하였다.

셋째, 제3자에게 손해가 생겨야 한다. 물론 제3자의 손해와 어음(수표)의 위조 간에 인과관계가 있어야 한다. 여기에서 제3자는 어음(수표)의 직접의 상대방뿐만 아니라 제3취득자도 포함한다. 또한 제3자의 손해는 어음(수표)금액이 아니고 위조어음(수표)취득의 대가인 현실의 출연액 또는 할인액이다(대판 1992. 6. 23. 91 다 43848).

넷째, 제3자가 선의 또는 무중과실이어야 한다. 민법상 사용자책임의 규정(민 756조)에서는 제3자의 선의를 요건으로 규정하고 있지 않으나, 어음(수표)의 위조에 있어서 사용자책임은 거래상대방의 신뢰를 보호하고자 하는 것이므로, 제3자가 악의인 경우에는 피위조자의 사용자책임이 성립되지 않는다.

**【대법원 1988. 11. 22. 판결, 86 다카 510】**

회사의 경리담당자가 미지의 자에게 위조어음을 할인해 주고 어음을 취득한 경우에 관하여, 대법원은 「약속어음을 취득함에 있어서 그 성상(性狀)과 형태 등을 좀 더 유심히 관찰하여 어음의 지급장소란이 통상의 어음과 다른 점이 있다는 것을 발견하고 지급은행에 어음번호를 통하여 조회하여 보았다면 이 건 약속어음의 용지가 피고회사의 어음용지가 아니고 피고회사가 이 건 약속어음을 발행한 것이 아니라는 사실을 쉽게 알 수 있었을 것인 데도 지급은행에 조회를 하지 않은 것은 과실이 있다고 할 것이나, 그렇다고 하더라도 위와 같은 원고의 과실은 중대한 과실에 해당한다고 할 수 없다」고 판시하여, 피위조자의 사용자책임의 성립에는 어음취득자의 악의 · 중과실이 없어야 한다고 하였다.

다) 責任의 範圍

피위조자의 사용자책임은 어음(수표)상의 책임이 아니고 불법행위책임이므로, 피위조자의 사용자책임이 성립한 경우에 피위조자는 피용자의 어음(수표)위조로 인하여 제3자가 입은 손해와 손해발생일부터의 지연손해금을 배상하여야 하고, 또 어음(수표)취득자에게 과실이 있으면 과실상계가 인정된다(민 756조 396조).

**【대법원 1994. 11. 8. 판결, 93 다 21514】**

어음이 위조된 경우에 피위조자가 어음소지인에 대하여 지는 사용자책임의 범위와 관련하여, 대법원은 「위조된 약속어음을 취득함으로써 입은 손해는 다른 특별한 사정이 없는 한 이를 취득하기 위하여 현실적으로 출연한 할인금 상당액일 뿐, 그 어음이 진정한 것이었다면 어음소지인이 지급받았을 것이라고 인정되는 그 어음액면 상당액이라고는 할 수 없다」고 하였다.

라) 背書僞造의 경우 被背書人의 責任

배서가 위조된 어음의 소지인이 피위조자(사용자)에 대한 소구권을 상실한 경우에도 사용자책임을 물을 수 있는지 문제된다. 이에 관하여 종래의 판례는 이를 부인하였으나(대판 1974. 12. 24. 74 다 808)(대판 1990. 4. 10. 89 다카 17331), 그 후 판례는 이를 변경하여 소구권을 상실한 경우에도 사용자책임을 인정하였다(대판 1994. 11. 8. 93 다 21514).

**【대법원 1994. 11. 8. 판결, 93 다 21514(전원합의체)】**

**1. 사실관계**

丙회사 대표이사 D는 乙회사(피고)가 甲으로부터 받은 어음에 乙회사 대표이사 A의 명판과 인장을 위각하여 배서를 하고 丁회사(원고)로부터 할인을 받았다. 丁회사의 담당직원 E는 위 어음을 할인할 때마다 乙회사 경리과 직원 B에게 乙회사의 배서 여부를 확인하였으나, 乙회사 총무담당이사 C의 지시를 받은 B는 乙회사 대표이사 A 명의의 배서가 진정배서라고 거짓의 답변을 하여 丁회사의 E는 이를 믿고 위 어음을 할인하여 주었다.

이에 丁회사는 乙회사에 대하여 주위적 청구로서 소구권을 주장하고 또 예비적 청구로서 사용자배상청구권을 주장하였는데, 전자는 실질적 요건의 흠결로 기각되고 후자만 문제되었다.

**2. 판결요지**

이 건에 관하여, 대법원은 「민법 제756조 소정의 사용자책임을 논함에 있어서는 어음소지인이 어음법상 소구권을 가지고 있느냐는 등 어음법상의 권리 유무를 따질 필요가 없으므로, 어음소지인이 현실적으로 지급제시를 하여 지급거절을 당하였는지의 여부가 어음배서의 위조로 인한 손해배상책임을 묻기 위하여 필요한 요건이라 할 수 없고, 어음소지인이 적법한 지급제시기간 내에 지급제시를 하지 아니하여 소구권 보전의 절차를 밟지 않았다고 하더라도 이는 어음소지인이 이미 발생한 위조자의 사용자에 대한 불법행위책임을 묻는 것에 장애가 되는 사유라 할 수 없다」고 판시하여, 소구권의 상실은 사용자책임을 묻는 데 장애가 되지 않는다고 하였다.

(4) 被僞造者의 어음(手票)金의 支給

가) 惡意支給

피위조자가 위조어음(수표)인 줄 알면서(악의로) 어음(수표)금을 지급한 경우에는 민법 제139조(무효행위의 추인) 단서에 의하여 그 지급이 유효하다.

나) 善意支給

피위조자가 위조어음(수표)인 줄 모르고(선의로) 어음(수표)금을 지급한 경우에는 그 반환을 청구할 수 있다. 그러나 이 경우에 지급이 있었기 때문에 소지인이 권리보전절차를 취하지 아니하여 어음(수표)상의 권리를 상실한 때에는 피위조자의 지급은 민법 제744조의 도의관념에 적합한 비채변제로 되어 그 반환을 청구할 수 없으므로 결국 책임을 부담하게 된다(정희철 100면, 손주찬 104면, 정찬형 117면).

(5) 被僞造者의 信義則上 責任

피위조자의 어음(수표)의 항변이 신의칙에 반하는 경우에는 항변이 허용되지 않으므로, 피위조자가 어음(수표)상의 책임을 진다. 즉 피위조자의 항변이 선행행위와 모순되는 경우, 예컨대 피위조자가 동일한 위조자에 의하여 위조된 어음인 줄 알면서 어음금을 지급하여 어음의 위조를 계속 가능하게 한 경우에는, 피위조자는 어음위조의 항변을 주장할 수 없고 어음상의 책임을 져야 한다는 것이다.

이러한 피위조자의 신의칙상의 책임은 독일의 판례·학설에서 인정되고 있고(RG 126, 223, 225 ; BGH NJW(1963) 148, 151), 또 영미에서도 금반언의 법리에 의하여 인정되고 있다(U.C.C. §3~404(1)). 우리 나라의 법체계에서도 이러한 해석이 가능할 것이다.

## Ⅲ. 僞造者의 責任

어음(수표)의 위조의 경우에 위조자가 민사·형사상의 책임을 지는 것은 물론이나(민 750조 형 214조 이하), 어음(수표)상의 책임도 지는가에 관하여서는 규정이 없어 긍정설과 부정설이 대립해 있다.

### 1. 어음(手票)上의 責任

(1) 學　說

① **否定說**　부정설은 어음(수표)의 위조의 경우에는 어음(수표)에 위조자의 기명날인(서명)이 없어 위조자가 어음(수표)상의 책임을 질 기초가 없고 또 어음(수표)에 위조자의 기명날인(서명)이 없어 위조자를 신뢰한 제3자의 보호의 문제가 없으므로, 위조자는 어음(수표)상의 책임을 지지 않는다고 한다(손주찬 105면, 이범찬·최준선 131면, 채이식 77면).

② **肯定說**　긍정설은 어음(수표)의 위조의 경우에 위조자가 어음(수표)상의 책임을 진다고 하며, 그 근거에 관하여 무권대리규정유추적용설과 위조자행위설의 두 견해가 나뉘어 있다.

무권대리규정유추적용설은 무권대리와 위조는 다같이 권한 없는 자의 어음(수표)행위이고 다만 대리의 방식에 의하였는가 대행의 방식에 의하였는가의 차이밖에 없어 기본적으로는 구조가 동일하므로 위조에 무권대리의 규정을 유추적용할 수 있고 위조자에게 어음(수표)상의 책임을 과하여도 누구의 권익을 해하거나 거래의 안전을 해하는 것이 아니므로, 위조자에게 어음(수표)상의 책임을 인정하여야 한다고 한다(정희철 103면, 정동윤 98면, 정찬형 118면).

또한 위조자행위설은 어음(수표)의 위조는 위조자가 피위조자의 명칭을 자기를 표시하는 명칭으로 하여 기명날인(서명)한 것이므로, 위조자가 어음(수표)행위자로서 어음(수표)상의 책임을 져야 한다고 한다(최기원 142면).

(2) 檢　討

무권대리규정유추적용설에서는 무권대리와 위조가 기본적으로 구조가 동일하여 위조에 무권대리의 규정을 유추적용한다고 하나, 무권대리는 어음(수표)에 무권대리인의 기명날인(서명)이 나타나 있는 데 대하여 위조는 어음(수표)에 위조자의 기명날인(서명)이 나타나 있지 아니하여 양자는 다르므로 위조에 무권대리의 규정을 유추적용하는 것은 부당하다.

또한 위조자행위설은 위조를 위조자가 피위조자의 명칭을 자기를 표시하는 명칭으로 하여 기명날인(서명)한 것이라고 하나, 이것은 지나친 의제이다.

생각건대 현행 어음·수표법은 어음법통일조약과 수표법통일조약에 기한 입법으로서 상세하게 규정되어 있어 조문을 떠나 해석하는 것은 부당하고, 더욱이 외관상 무권대리와 위조는 다를 뿐만 아니라 위조어음(수표)의 소지인은 어음(수표)에 나타나 있지 않는 위조자를 신뢰하여 어음(수표)을 취득한 것이 아니므로, 위조자에게 어음(수표)상의 책임을 인정하는 것은 부당하다(부정설).

### 2. 民事·刑事上의 責任

전술한 바와 같이 어음(수표)의 위조의 경우에 위조자는 어음(수표)상의 책임을 지지 않으나, 어음(수표)의 위조로 인하여 제3자에게 손해를 가한 때에는 불법행위로 인한 손해배상책임을 진다(민 750조).

그리고 위조자가 어음(수표)을 위조한 경우에 그것이 발행에 관한 것이면 유가증권위조죄(형 214조 1항)로, 또 그것이 배서·인수 또는 보증에 관한 것이면 기재사항위조죄(형 214조 2항)로 처벌된다.

물론 어음(수표)법상의 위조와 형법상의 위조는 다르다. 형법에 있어서는 무권대리도 위조로 되고 또 백지어음(수표)의 보충권의 남용도 위조로 된다.

### Ⅳ. 僞造어음(手票)에 다른 어음(手票)行爲를 한 者의 責任

어음(수표)의 위조의 경우에 위조자와 피위조자는 모두 어음(수표)상의 책임을 지지 않으나, 위조어음(수표)에 다른 어음(수표)행위자가 어음(수표)행위를 한 경우에 그 다른 어음(수표)행위자는 어음(수표)행위독립의 원칙에 의하여 그 어음(수표)상의 책임을 진다.

위조어음(수표)에 다른 어음(수표)행위를 한 자가 있는 경우에 소지인이 그 어음(수표)이 위조어음(수표)이라는 것을 알고(악의로) 취득하였더라도 그 다른 어음(수표)행위자는 어음(수표)상의 책임을 진다.

### Ⅴ. 僞造어음(手票)의 支給者의 責任

#### 1. 適用法源

지급자(지급인 또는 지급담당자)가 위조어음(수표)을 지급하는 경우에도 어음법 제40조 제3항 1문(어 77조 1항 3호, 수표에도 본조문이 유추적용됨)의 "만기에 지급하는 지급인은 사기 또는 중대한 과실이 없으면 그 책임을 면한다"가 적용되는가에 관하여, 학설은 어음법 제40조 제3항 1문은 지급자가 어음을 지급하는 경우에 위조의 유무의 확인에도 적용된다고도 하고(박원선 566면), 또는 어음법 제40조 제3항 1문은 진정한 어음의 경우에 지급자가 무권리자에게 지급할 때의 면책에 관한 규정이므로 위조어음의 경우에 지급자가 지급을 할 때에는 적용되지 않고 당사자 간에 특약(면책약관)이 있으면 그 특약을 적용하여야 한다고 한다(정동윤 324면).

**【대법원 1971. 3. 9. 판결, 70 다 2895】**

은행이 위조수표의 지급을 한 경우에 관하여, 대법원은 「은행에서 제시받은 이 건 수표는 위조수표로서 무효이고 이러한 무효의 수표에 의한 변제가 유효로 되는 것은 특별법규나 면책약관 또는 상관습법에 있는 경우에 한하고, 채권의 준점유의 변제의 법리는 적용될 수 없다」고 판시하여, 은행의 면책은 특별법규 · 면책약관 또는 상관습에 의하는 것이라 하였다.

어음법 제40조 제3항 1문은 지급위탁관계를 전제로 한 진정한 어음의 지급의 경우에 지급자의 면책에 관한 규정이므로 위조어음의 지급의 경우에는 적용되지 않는다고 보는 것이 타당하다. 위조어음의 지급의 경우에 지급자의 면책은 당사자 간의 면책약관에 의하고, 면책약관이 없으면 상관습(법)에 의하여야 할 것이다(정찬형 120면).

당사자 간의 면책약관으로는 은행의 당좌계정약정서에 예금주로 하여금 그 인감·필적 및 명판을 은행에 제출하게 하고, 은행이 어음금을 지급할 때에는 그 제출된 인감과 대조하여 지급하여야 하며, 은행이 상위 없음을 인정하고 지급한 때에는 그 어음이 위조 또는 변조된 것이라도 은행은 책임을 지지 않는다는 「인감의 식별」에 관한 면책약관이 대표적이다.

### 2. 支給者의 注意義務

지급자는 어음(수표)위조의 식별에 관하여 고의·과실이 없어야 한다(정희철 270면). 따라서 지급자가 어음(수표)의 위조에 관하여 고의 또는 중대한 과실이 있는 경우에는 물론 경과실이 있는 경우도 면책되지 않고 지급자는 불법행위의 법리에 따라 책임을 져야 한다(대판 1975. 3. 11. 74 다 53).

은행의 당좌계정약정서에는 은행이 「보통의 주의로」 지급한 때에는 어음이 위조된 것이라도 면책되는 것으로 규정하고 있는 경우도 있으나, 은행은 수임인으로서 선량한 관리자의 주의의무 즉 사회통념상 일반적으로 기대되는 업무상의 상당한 주의를 하여야 할 의무가 있으므로(민 681조) 이러한 은행의 주의의무는 면책약관으로 경감되는 것이 아니다.

**【대법원 1975. 3. 11. 판결, 74 다 53】**

**1. 사실관계**

X는 Y은행과 당좌계정약정을 체결하여 당좌거래를 해 왔는데, 위 약정서에는 「예금주는 수표에 사용할 서명과 인감 또는 명판을 미리 은행에 제출하여야 하고, 그 인감과 대조하여 취급상 보통의 주의로써 상위 없음을 인정하고 지급한 수표는 인감 또는 수표용지의 도용·위조·변조 등 기타의 사유로 인하여 손해가 생기더라도 은행이 그 책임을 지지 않는다」는 취지의 면책특약이 있었다.

X는 1971. 3. 3.에 액면 금 50,000원의 소지인출급식 당좌수표 1매를 발행하였는데, 위 수표가 유통 중 성명미상자에 의하여 액면의 「50,000」이 「1,200,000」으로, 문자 금 「오만」이 「일백이십만」으로, 발행일 「1971. 3. 3.」이 「1971. 3. 8.」로 각각 변조되었다.

1971. 3. 17.에 위 수표의 소지인 A가 Y은행에 위 수표를 지급제시하였고, Y은행은 자외선감별기에 의하여 위 당좌수표를 조사하였으나 위 수표가 변조된 사실을 발견하지 못하고 X의 자금에서 금 120만 원을 소지인 A에게 지급하였다.

이에 X는 Y은행이 과실로 위 수표금을 지급하였으므로 Y은행에 대하여 X가 실제로 발행한 수표의 액면 금 5만 원을 제외한 115만 원의 지급을 청구하였다.

**2. 판결요지**

이 건에 관하여, 대법원은 「Y은행이 X가 제출한 인감 명판 등을 대조하여 취급상 보통의 주의로써 상위 없음을 인정하고 지급을 필한 수표는 위조 변조 등 기타의 사유로 인하여 손해가 생길지라도 Y은행은 그 책임을 지지 않는다는 취지의 약정이 있음을 알 수 있다. 그러나 위 약정에 금액란의 변조 여부 식별조항이 기입되지 않았다고 하여 은행이 수표금을 지급함에 있어서 인감이나 필적(명판) 등이 변조되었는지의 여부에만 주의할 것이 아니라 그 외의 기재인 금액란 등이 변조되었는지의 여부도 선량한 관리자의 주의로써 식별하여야 할 고유의 주의의무가 면제되었다 할 수 없고 또 위 약정에 표시된 보통의 주의의무는 수표 등을 취급하는 은행원으로서 지녀야 할 통상적 주의를 뜻하는 것으로서 그 내용은 다만 육안으로 식별하는 데 그칠 것이 아니고 은행이 보편적으로 간편하게 사용할 수 있는 기기 등을 이용하는 등 성실한 업무처리로 그 진위의 식별에 임하여야 할 주의의무를 뜻한다 할 것이니, 이는 금융순환의 중추적 역할을 담당하고 은행의 공신력 유지를 위하여 당연한 귀결인 것이다. 그렇다면 위 약정에 있어서 보통의 주의라는 문언은 은행이 중과실이 있는 경우에만 책임을 지고 경과실로 인하여 위조 변조사실을 식별치 못한 경우에는 은행이 책임을 지지 않는다는 취지로 판단할 수 없는 것이다」고 판시하여, 위조 · 변조어음의 지급에 대하여 지급은행이 면책되기 위하여서는 수표의 위조 · 변조에 대하여 고의 · 과실이 없어야 한다고 하였다.

### 3. 損失負擔

#### (1) 學 說

지급자의 위조어음(수표)의 지급과 관련하여 면책약관이나 상관습(법)도 없으며, 또한 지급자나 피위조자의 어느 쪽에도 고의 · 과실 등 귀책사유가 없는 때에는(이 경우에 피위조자에게 귀책사유가 있으면 피위조자가 당연히 그 손실을 부담함) 누가 그 손실을 부담할 것인가 문제된다. 이에 관하여서는 지급자부담설과 피위조자부담설이 대립해 있다.

지급자부담설은 어음(수표)의 위조의 경우에 피위조자는 그 행위에 관여한 바가 없으므로 책임을 질 수 없고 또 그 손실은 지급자의 행위로 인한 것이므로 지급자가 당연히 그 손실을 부담하여야 한다고 한다(정희철 271면, 서돈각 221면 최기원 343면, 정동윤 324면).

또한 피위조자부담설은 어떤 위험으로 인하여 손해가 발생한 경우에는 그 위험을 예방할 수 있는 지위에 있는 자가 그 손실을 부담하여야 한다고 하는 위험부담의 원칙에 의하여 또는 금반언의 법리에 의하여, 위조어음(수표)의 지급으로 인한 손실은 피위조자가 부담하여야 한다고 한다(박원선 566면).

(2) 檢 討

피위조자부담설에서는 피위조자가 위험을 예방할 수 있는 지위에 있다고 하나 피위조자가 전혀 알지 못하는 사이에 어음(수표)이 위조된 경우에 피위조자가 그 위험을 예방할 수 있는 지위에 있다고 볼 수 없으며, 또한 금반언의 법리에 의한다고 하나 위조자가 자의로 위조한 것은 피위조자가 어음(수표)채무를 부담한다는 표시를 하는 것과 아무 관련이 없으므로 이에 금반언의 법리를 적용하는 것은 부당하다.

생각건대 위조어음(수표)의 지급으로 인한 손실은 지급자의 행위(지급)로 인한 것이므로, 그 손실을 적법하게 전가할 수 없는 한, 즉 특별히 지급자를 위한 면책약관이나 상관습이 없는 한 그 손실은 지급자가 부담한다고 보는 것이 타당하다(지급자부담설). 판례는 일관된 모습을 보이지 않고 있다.

**【대법원 1971. 3. 9. 판결, 70 다 2895】**

지급자가 과실 없이 위조수표를 지급한 경우에 그 손실부담자의 결정과 관련하여, 대법원은 「다른 사람이 위조한 무효의 수표에 대한 은행의 변제가 유효로 되는 것은 특별법규, 면책약관 또는 상관습이 있는 경우에 한하고 이 경우 채권의 준점유자에 대한 변제의 법리는 적용되지 않는다」고 하여 지급자의 책임(지급자부담설)을 인정하였다.

**【대법원 1977. 4. 12. 판결, 76 다 2873】**

지급자가 과실 없이 변조수표를 지급한 경우에 그 손실부담에 관하여, 대법원은 「지급은행의 관계직원이 수표상의 기명날인이 은행에 신고된 원고회사(변조 전의 기명날인자)의 인감명판과 대조하여 상위 없음을 확인하였고 실무상 통상 요구되는 선량한 관리자의 주의를 다하여도 변조된 사실을 발견하지 못하였으며 또 감별기로도 변조의 여부를 확인하지 못하였다면 위 수표금을 지급한 것은 적법하다」고 판시하여, 피위조자부담설을 취하였다.

# 제 2 관 어음(手票)의 變造

## 제1. 意 義

어음(수표)의 변조(alteration)는 권한 없이 기명날인(서명) 외의 어음(수표)내용인 기재사항을 변경하는 것이다.

어음(수표)의 변조는 형식상 유효한 어음에 하여야 하고 변조 후에도 형식상 유효한 어음으로 존재하여야 한다. 다만 백지어음(백지수표)의 기재사항을 변경한 경우에는 형식상 불완전하여도 어음(수표)의 변조로 된다(통설).

어음(수표)의 변조는 권한 없이 변경하는 것이므로, 어음(수표)행위자가 자기가 기재한 기재사항을 변경하는 것은 어음(수표)의 변조로 되지 않고 또 어음(수표) 관계자 전원의 동의를 얻어 기재사항을 변경하는 것도 어음(수표)의 변조로 되지 않는다.

변조의 대상은 기명날인(서명) 외의 어음(수표)내용인 기재사항으로서, 필요적 기재사항(어음·수표요건)에 한하는 것은 아니고 유익적기재사항도 포함된다. 그러나 무익적기재사항은 변경하여도 어음(수표)법적 효력의 내용에 아무 변경이 없으므로, 이것은 변조의 대상으로 되지 아니하여 어음(수표)의 변조로 되지 않는다. 또한 유해적기재사항을 변경한 경우에는 변경의 전후에 걸쳐 형식상 유효한 어음(수표)으로 존재하지 않으므로 어음(수표)의 변조가 아니다.

변조에 의하여 어음(수표)요건을 결하게 된 경우에는 어음(수표)의 변조가 아니고 말소에 의한 「어음(수표)의 훼멸」이다.

어음(수표)의 내용인 기재사항을 변경하는 방법에는 제한이 없으나, 기존의 문언을 除去, 抹消, 改變 또는 新文言을 첨가하는 것 등이 있을 수 있다.

**【대법원 1980. 3. 25. 판결, 80 다 202】**

어음의 변조의 방법에 관하여, 대법원은 「인지의 첨부가 권한 없는 제3자에 의하여 지시금지의 문구를 고의로 가리기 위한 것이었다면, 이것은 어음의 기재 내용의 일부를 변조하기 위한 것이므로 어음의 발행인은 변조 전의 문구에 따라 책임을 진다」고 판시하여, 어음의 지시금지문구 위에 인지를 첨부하여 가린 것은 어음의 변조라 하였다.

어음(수표)의 변조에 있어서도 어음(수표)의 위조에서와 같이 변조자의 고의 또는 과실을 요하지 않는다.

## 제2. 어음(手票)의 變造와 다른 槪念과의 區別

### Ⅰ. 어음(手票)의 變造와 僞造

이에 관하여는 앞의 「어음의 위조」에 관한 설명을 참조

### Ⅱ. 어음(手票)의 變造와 白地어음(手票)의 補充權의 濫用

어음(수표)의 변조와 백지어음(수표)의 보충권의 남용은 권한 없이 하는 점에서 같다.

그러나 어음(수표)의 변조는 완성된 어음(수표)에 하는 것이나 백지어음(수표)의 보충권의 남용은 미완성의 백지어음(수표)에 하는 것이고, 또 어음(수표)의 변조는 기존의 기재문언을 변경하는 것이나 백지어음(수표)의 보충권의 남용은 기재문언이 없는 백지를 보충기재하는 것이며, 어음(수표)의 변조는 물적항변사유이나 백지어음(수표)의 보충권의 남용은 인적항변사유이다.

### Ⅲ. 어음(手票)의 變造와 毁滅 · 喪失

어음(수표)의 기재사항의 말소는 어음(수표)의 변조의 한 방법이다. 그러나 어음(수표)의 변조에 있어서는 변조 후에도 변조어음(수표)이 형식상 유효한 어음(수표)으로 존재하여야 하므로, 어음(수표)의 기재사항의 말소에 의하여 어음(수표)요건의 일부 또는 전부를 결하여 형식상 유효한 어음(수표)으로 존재하지 않게 된 경우에는 어음(수표)의 변조가 아니고 어음(수표)의 훼멸(毁滅)(못쓰게 망가진 것)이다. 또한 어음(수표)의 기재사항의 말소의 정도가 심하여 어음(수표)의 동일성을 인식할 수 없게 된 경우에는 어음(수표)의 상실이다.

어음(수표)의 훼멸이나 상실의 경우에 그 말소 전의 기명날인자(서명자)는 변조 전의 기명날인자(서명자)로서 어음(수표)상의 책임을 진다.

어음(수표)의 기재사항을 말소한 후에 다시 권한 없이 그 말소된 부분에 말소 전과 다른 문언을 기재한 경우, 예컨대 A가 피배서인으로 표시되어 있는 것을 권한 없이 말소하고 B로 기재한 경우에는 어음(수표)의 변조로 된다.

### Ⅳ. 어음(手票)의 變造와 어음(手票)의 變更

어음(수표)이 발행되어 전전유통되고 있는 경우에도 어음(수표)관계자 즉 어음(수표)권리자와 어음(수표)채무자 전원의 동의를 얻어 어음(수표)의 문언을 변경할 수 있다. 이것을 어음(수표)의 변경이라 한다. 예컨대 외상대금의 지급을 위하여 10만 원의 어음을 발행한 후에 다시 외상대금이 10만 원 증가되어 이것을 20만 원으로 고치려는 경우 또는 어음채무자의 요구에 의하여 만기를 연장하려는 경우에는 그 어음관계자 전원의 동의를 얻어 변경할 수 있다.

일부의 어음(수표)관계자의 동의를 얻었으나 다른 일부의 어음(수표)관계자의 동의를 얻지 않고 어음(수표)의 문언을 변경한 경우에, 동의를 얻은 어음(수표)관계자와의 관계에서는 적법한 어음(수표)의 변경으로 되나 동의를 얻지 않은 어음(수표)관계자와의 관계에서는 어음(수표)의 변조로 된다.

## 제3. 變造의 效果

### Ⅰ. 序 說

어음(수표)의 변조의 효과는 변조 전의 기명날인자(서명자)의 책임, 변조 후의 기명날인(서명자)의 책임, 변조자의 책임과 권리, 변조어음(수표)의 지급자의 책임으로 나누어 고찰할 수 있다.

### Ⅱ. 記名捺印者(署名者)의 責任

#### 1. 變造 전의 記名捺印者(署名者)의 責任

##### (1) 原則(變造 전의 原文言에 따른 責任)

어음(수표)이 변조된 경우에도 변조 전의 기명날인자(서명자) 즉 변조 전에 어음(수표)채무를 부담한 자는 여전히 변조 전의 원문언에 따라 어음(수표)상의 책임을 진다(어 69조·77조 1항 7호, 수 50조).

어음(수표)의 증권은 어음(수표)상의 권리의 유통성을 높이기 위한 수단으로서 어음(수표)상의 어음(수표)채무는 단순한 형식인 증권의 기재의 변경에 의하여 변경될 수 없고 또 어음(수표)행위자는 어음(수표)행위 당시의 어음(수표)의 문언내용을 자기의 의사표시로 어음(수표)행위를 하여 어음(수표)상의 책임을 부담하므로 후에 어음(수표)의 원문언이 변조되더라도 이로 인하여 그 책임이 변경될 수 없는 것이다. 그러므로 변조 전의 기명날인자(서명자)는 변조 전의 원문언에 따라 어음(수표)상의 책임을 져야 하는 것이다.

예컨대 어음금액 10만 원의 약속어음을 발행하였는데 후에 그 어음금액이 100만 원으로 변조된 경우에는 발행인은 변조 후의 취득자에 대하여 변조 전의 10만 원에 대하여서만 어음상의 책임을 진다. 또한 그 어음금액이 5만 원으로 변조된 경우에도 발행인은 변조 후의 취득자에 대하여 변조 전의 10만 원에 대하여 어음상의 책임을 지는 것이다.

변조 전의 기명날인자(서명자)가 소지인에 대하여 변조 후의 새 문언에 따라 어음(수표)상의 책임을 지지 않고 변조 전의 원문언에 따라 어음(수표)상의 책임을 진다는 항변은 물적항변이다.

(2) 例外(變造 후의 새 文言에 따른 責任)

가) 變造 전의 記名捺印者(署名者)가 追認한 경우

어음(수표)의 변조에 변조 전의 기명날인자(서명자)의 추인을 인정할 것인가 즉 어음(수표)의 변조에 민법 제135조(무권대리인의 상대방에 대한 책임)를 유추적용할 것인가에 관하여 긍정설(최기원 152면, 정동윤 104면, 정찬형 126면)과 부정설(박원선 500면)이 대립해 있다.

그러나 어음(수표)의 변조는 권한 없이 어음(수표)내용인 기재사항을 변경하는 것으로서 후에 그 권한을 보완하면 변조 전의 기명날인자(서명자)에게 그 효과를 소급적으로 귀속시킬 수 있으므로, 어음(수표)의 변조에는 무권대리의 추인규정을 유추적용하는 것이 타당하다(긍정설).

따라서 변조 전에 기명날인(서명)한 자가 어음(수표)의 변조를 추인한 때에는 그 변조된 문언에 따라 책임을 진다.

나) 變造 전의 記名捺印者(署名者)에게 歸責事由가 있는 경우

변조 전의 기명날인자(서명자)가 고의 또는 과실로 변조의 기회를 준 경우(예 : 연필로 어음금액을 기재한 경우)에는 그 변조 전의 기명날인자(서명자)는 금반언의 법리에 의하여 변조 후의 새 문언에 따라 어음(수표)상의 책임을 져야 할 것이다(정희철 101면, 최기원 152면 정동윤 104면, 정찬형 126면).

물론 이 경우에 변조어음(수표)의 취득자는 어음(수표)의 취득에 대하여 악의 또는 중대한 과실이 없어야 한다.

미국의 통일상법전에서는 변조 전의 서명자가 변조에 대하여 과실이 있는 때에는 그 변조된 문언에 따라 책임을 면하지 못한다(제3장 406조)고 규정하고 있다.

### 2. 變造 후의 記名捺印者(署名者)의 責任

변조 후에 기명날인(서명)한 자 즉 변조 후에 어음(수표)채무를 부담하는 자는 변조 후의 새 문언에 따라 어음(수표)상의 책임을 진다(어 69조 · 77조 1항 7호, 수 50조). 변조 후의 기명날인자(서명자)는 변조 후의 새 문언을 자기의 의사표시의 내용으로 하여 어음(수표)행위를 한 것이므로 변조 후의 새 문언에 따라 어음(수표)상의 책임을 지는 것은 당연한 것이다. 이러한 변조 후의 기명날인자(서명자)의 책임도 어음(수표)행위독립의 원칙의 한 적용이다.

변조 후의 기명날인자(서명자)는 변조 후의 새 문언을 의사표시의 내용으로 하여 어음(수표)행위를 한 것으로 보아 변조 후의 새 문언에 따라 책임을 지는 것이므로, 변조 후의 기명날인(서명)자는 변조어음(수표)의 취득자가 변조의 사실에 대하여 선의이든 악의이든 불문하고 책임을 진다(최기원 152면, 정찬형 134면).

변조로 인한 어음(수표)요건의 흠결로 어음(수표)이 훼멸된 경우에는, 변조 전의 기명날인자(서명자)는 변조 전의 원문언에 따라 어음(수표)상의 책임을 지나 변조 후의 기명날인자(서명자)는 어음(수표)상의 책임을 지지 않는다.

## Ⅲ. 變造者의 責任과 權利

### 1. 變造者의 責任

#### (1) 어음(手票)상의 責任

**① 變造者가 變造 후 記名捺印(署名)한 경우** 변조자(소지인)가 어음(수표)의 변조를 하고 이에 기명날인(서명)을 한 경우에는, 변조자는 변조 후의 기명날인자(서명자)로서 변조 후의 문언에 따라 어음(수표)상의 책임을 진다.

**② 變造者가 變造 후 記名捺印(署名)을 하지 않은 경우** 변조자(소지인)가 어음(수표)의 변조만 하고 이에 기명날인(서명)을 하지 않은 경우에, 변조자가 어음(수표)상의 책임을 지는가에 관하여 긍정설과 부정설이 대립해 있다.

긍정설은 어음(수표)에 기명날인(서명)하지 않은 변조자에 대하여는 어음법 제8조(어 77조 2항 수 11조)를 유추적용하여 변조 후의 새 문언에 따라 어음(수표)상의 책임을 지게 하여야 한다고 하나(정희철 103면, 정동윤 106면, 정찬형 127면), 부정설은 변조자가 어음(수표)에 기명날인(서명)을 하지 않은 이상 불법행위책임은 차치하고 어음(수표)상의 책임을 지지 않는다고 한다(손주찬 110면, 최기원 155면, 이범찬 · 최준선 127면, 박원선 500면, 김용태 216면).

생각건대 어음(수표)상의 위조자의 책임에서 논급한 바와 같이 현행 어음법·수표법은 어음법통일조약·수표법통일조약에 기한 입법으로서 상세하게 규정되어 있어 조문을 떠나 해석하는 것은 부당하고 더욱이 소지인은 어음(수표)에 나타나 있지 않은 어음(수표)변조자를 신뢰하여 어음(수표)을 취득한 것이 아니므로 변조자에 대하여 어음(수표)상의 책임을 인정하는 것은 부당하다.

이와 같이 변조자가 변조 후 기명날인(서명)하지 않은 경우에는 어음(수표)상의 책임을 지지 않는다고 보면, 소지인이 어음(수표)을 변조하고 이것을 배서양도한 경우에는 변조 후의 기명날인자(서명자)로서 변조 후의 새 문언에 따라 어음(수표)상의 책임을 지나, 백지식배서에 의하여 어음을 양수한 자가 그 어음(수표)에 변조를 하고 이것을 그대로 타인에게 양도를 위하여 교부한 경우에는 어음(수표)상의 책임을 지지 않는다.

(2) 變造者의 民事·刑事上의 責任

변조자가 어음(수표)을 변조한 경우에 그 변조로 인하여 제3자가 손해를 입은 때에는 불법행위로 인한 손해배상책임을 지고(민 750조), 이 경우에 피용자가 변조하였으면 사용자책임을 진다(민 756조).

그리고 행사할 목적으로 어음(수표)을 변조한 자는 유가증권위조죄(형 214조 1항)로 또 어음(수표)을 변조하여 재물의 교부를 받거나 재산상의 이익을 취득한 자는 사기죄(형 347조)로 처벌된다.

2. 變造者의 權利

소지인이 어음(수표)의 변조를 하여도 소지인으로서 변조 전의 원문언에 따른 권리를 가지고 있으므로, 변조 전의 기명날인자(서명자)에 대하여 변조 전의 원문언에 따른 권리를 행사할 수 있다.

### Ⅳ. 變造어음(手票)의 支給者의 責任

이에 관하여는 앞의 「위조어음(수표)의 지급자의 책임」에 관한 설명 참조

## 제4. 어음(手票)變造의 態樣

### Ⅰ. 他人의 記名捺印(署名)의 變更

이에 관하여는 앞의 어음(수표)의 「위조의 의의」에 관한 설명 참조

### Ⅱ. 滿期의 變造

만기가 변조된 경우에는 권리보전을 위한 지급제시라든지 거절증서의 작성시기 등과의 관계에서 문제된다. 예컨대 A가 만기를 5월 1일로 하는 환어음을 B에게 발행하고 B가 만기를 4월 1일로 변조하여 변조된 4월 1일의 만기에 따라 지급인의 인수를 받고 이를 C에게 배서양도한 경우에, C가 A에 대한 소구권을 보전하려면 변조 전의 원문언에 따라 5월 1일 및 이에 이은 2거래일 내에 지급제시를 하고 거절증서를 작성하야 하나(어 38조 44조) C가 B에 대한 소구권을 보존하려면 변조 후의 새 문언에 따라 4월 1일 및 이에 이은 2거래일 내에 지급제시를 하고 거절증서를 작성하여야 한다(어 38조 44조).

이와 같이 만기 변조의 어음을 취득한 자가 변조사실을 알지 못하는 한 소구의무자의 일부에게는 소구권보전절차를 준수하지 못하여 소구권을 잃게 되는 경우도 생길 수 있다(대판 1996. 2. 23. 95 다 49936).

### Ⅲ. 支給地 · 支給場所의 變造

지급지 · 지급장소가 변조된 경우에도 상술한 바와 같이 변조 전의 기명날인자(서명자)에게 청구하려면 변조 전의 지급지 · 지급장소에서 지급제시를 하여야 하고 또 변조 후의 기명날인자(서명자)에게 청구하려면 변조 후의 지급지 · 지급장소에서 지급제시를 하여야 한다.

따라서 지급지 · 지급장소가 변조된 경우에는, 단기의 지급제시기간 내에 변조 전의 지급지 · 지급장소와 변조 후의 지급지 · 지급장소에서 각각 따로 지급제시를 하여야 하고 또 이 경우 변조는 어음법 제54조 소정의 「불가항력」으로 되지 아니하여 지급제시기간의 연장이 인정되지 않으므로, 소지인은 일부의 기명날인자(서명자)에 대한 소구권을 상실할 염려가 없지 않다.

### Ⅳ. 受取人의 變造

수취인 기재의 변조가 있더라도 배서의 연속 여부는 형식적으로 판단하여야 하므로, 소지인에 이르기까지 배서가 연속되어 있으면 소지인은 적법한 소지인으로 추정된다.

## 제5. 證明責任

### Ⅰ. 序 說

변조된 어음(수표)에 수인의 기명날인(서명)이 있는 경우에 이들의 어음(수표)상의 책임은 그 기명날인(서명)을 변조 전에 하였는가 또는 변조 후에 하였는가에 따라 다르므로, 변조의 여부와 그 시기는 당사자에게 중대한 영향을 미친다.

그러나 변조의 증명책임에 관하여 어음(수표)법에 규정이 없어 구분증명책임설과 소지인증명책임설이 대립해 있다.

### Ⅱ. 學 說

① **區分證明責任說** 구분증명책임설은 외관상 변조의 사실이 명백하지 않은 경우에는 소지인(원고)은 모든 기명날인자(서명자)에 대하여 현재의 문언에 따라 청구할 수 있고 이에 대하여 변조 전의 기명날인자(서명자)(피고)가 현재의 문언에 따른 책임을 면하려면 그 어음(수표)이 변조되었다는 사실, 자기의 기명날인(서명)이 변조 전에 행하여졌다는 사실 및 기명날인(서명) 당시의 원문언을 증명하여야 한다. 반면 외관상 변조의 사실이 명백한 경우에는 소지인이 변조 전의 기명날인자(서명자)에 대하여 변조 전의 원문언에 따라 청구하려면 그 기명날인(서명)이 변조 전에 행하여졌다는 사실과 기명날인(서명) 당시의 원문언을 증명하여야 하고 또 변조 후의 기명날인자(서명자)에 대하여 변조 후의 새 문언에 따라 청구하려면 그 어음(수표)이 변조되었다는 사실, 그 기명날인(서명)이 변조 후에 행하여졌다는 사실 또는 기명날인자(서명자)가 변조에 동의(추인)하였다는 사실을 증명하여야 한다고 한다(정희철 102면, 최기원 153면, 정찬형 129~130면).

② **所持人證明責任說** 소지인증명책임설은 어음(수표)채무자가 소지인에 대하여 어음(수표)이 변조된 것이라고 주장하는 것은 소송법상 채무부담의 간접부인이므로, 어음(수표)채무자가 부담할 어음(수표)채무의 내용에 관한 증명책임은 변조의 사실이 명백한가 어음(수표)상 명백하지 않은가를 불문하고 언제나 소지인이 부담한다고 한다(정동윤 107면).

### Ⅲ. 檢 討

구분증명책임설은 증명책임(요증사실이 불명확한 경우에 어느 당사자가 받는 불이익)에 관하여서가 아니고 증명의 필요성을 설명하고 있는 것이다.

생각건대 원고의 어음(수표)상의 권리의 행사는 어음(수표)채무의 성립과 그 내용 및 그에 대응하는 어음(수표)상의 권리를 주장하는 것이며, 이러한 법적 효과의 발생에 관한 증명책임은 당연히 원고가 부담하는 것이다. 피고가 변조를 주장하는 것은 새 문언에 따른 어음(수표)채무를 부인하는 것으로, 원고가 피고의 어음(수표)채무의 내용을 증명하지 않으면 원고의 청구는 기각되는 것이다(소지인증명책임설). 소지인증명책임설에 따라 변조의 증명책임은 소지인이 부담한다고 하더라도 증명의 필요성은 구분증명책임설의 내용처럼 외관상 변조의 사실이 명확한가 아닌가에 따라 달라진다.

**【대법원 1985. 11. 12. 판결, 85 다카 131】**

**1. 사실관계**

A는 발행일 1983. 7. 20., 지급기일 1983. 9. 15., 어음금액 500만 원, 지급장소 조흥은행 관악지점으로 하는 약속어음 1매를 Y에게 발행하였다. Y는 위 약속어음에 최초의 배서인으로 배서를 하고 이로써 어음할인을 받고자 하였으나, 여의치 아니하여 배서가 된 그대로 이를 A에게 반환하였다.

A는 위 어음의 지급기일(1983. 9. 15.)을 동년 10. 16.로 변경·정정하여 이를 다시 유통시켰고, 이를 B의 배서를 거쳐 X가 취득하여 X가 지급기일의 다음날인 동년 10. 17.에 지급장소에 지급제시하였으나 지급거절되었다.

이에 X는 Y에 대하여 소구권을 행사하였으나, Y는 위 어음이 변조되어 자기는 책임이 없다고 주장하였다.

**2. 판결요지**

이 건에 관하여, 대법원은 「어음법 제77조·제69조에 의하여 어음의 문언에 변조가 있는 경우에 그 변조 후에 기명날인한 자는 변조된 문언에 따라 책임을 지고 변조 전에 기명날인한 자는 원문언에 따라 책임을 지므로, 어음변조의 법률효과를 주장하는 자는 그 어음이 변조된 사실, 즉 그 어음에 기명날인할 당시의 어음문언에 관하여 입증책임을 진다고 해석하는 것이 상당하다.

이 건 어음의 지급기일의 기재가 발행인에 의하여 변경되었으나, 그 변경의 기재가 발행 당시에 행하여졌는지 또 피고의 배서 후에 피고의 승낙 없이 행하여졌는지 명백하지 않으므로, 이 건 어음의 지급기일의 변조사실, 즉 피고가 최초의 배서인으로 기명날인한 후에 무권한자에 의하여 변조되었다는 사실은 그 변조의 효과를 주장하는 피고가 입증하여야 한다. 따라서 피고가 이를 입증하지 않는 때에는 그로 인한 불이익은 피고에게 돌아가는 것이다」라 판시하였다.

**【대법원 1987. 3. 24. 판결, 86 다카 37】**

**1. 사실관계**

A가 B에게 약속어음을 발행하고, 위 약속어음이 C, D, E, F를 거쳐 G에게 배서연속되어 G가 이를 소지하고 있었다. 위 약속어음의 앞면에는 지급기일 1984. 7. 20.이 같은 해 9. 20.로 변경되고, 거기에 발행인 A의 정정인이 날인되어 있었다.

소지인 G가 변경된 지급기일에 따라 1984. 9. 20.에 A에게 지급제시하였으나, 지급거절되어 배서인 C와 D를 상대로 담보책임을 묻는 소송을 제기하였다.

**2. 판결요지**

이 건에 관하여, 대법원은 「어음발행인이라도 어음상에 권리의무를 가진 자가 있는 경우에 이러한 자의 동의를 받지 않고 어음의 기재내용을 변경하였으면 이는 변조로 되고, 어음변조의 경우에 배서인은 어음행위 당시의 문언에 따라 어음상의 책임을 지고 그 변조된 문언에 따라 책임을 지는 것이 아니다.

어음의 문언이 변개(개서)되었음이 명백한 경우에 어음소지인이 기명날인자(배서인 등)에게 그 변개 후의 문언에 따라 책임을 지우려면 그 기명날인이 변개 후에 있은 것 또는 기명날인자가 그 변개에 동의하였다는 것을 입증하여야 하고 그 입증을 하지 못하면 그 불이익은 어음소지인이 입어야 한다」고 판시하였다.

# 제3장 어음(手票)上의 權利

## 제1절 概 念

### 제1. 어음(手票)上의 權利와 어음(手票)法上의 權利

어음(수표)상의 권리는 어음(수표)에 표창된 권리(주된 채무자에 대한 어음금 지급청구권)와 이에 갈음하는 권리(소구권 등)이다. 이 어음(수표)상의 권리는 어음(수표)법전에서는 「환어음·수표로부터 생기는 권리」(어 14조 1항·18조 1항 19조 1항, 수 17조·23조), 「어음·수표로부터 생기는 권리」(어 32조 3항·63조 1항, 수 27조 3항), 「환어음·약속어음 또는 수표에서 생긴 권리」(어 79조 수 63조), 「환어음상의 청구권」(어 70조 1항), 또는 「환어음상과 약속어음상·수표상의 청구권」(어 80조 1항 수 64조 1항)이라 표현하고 있다.

어음(수표)상의 권리 중에서 전형적인 것은 주된 어음채무자인 환어음의 인수인 또는 약속어음의 발행인에 대한 어음금지급청구권(어 28조 1항 78조 1항)이나, 소구의무자인 환어음·수표의 발행인 및 배서인에 대한 소구권(어 9조·15조·77조 1항 1호, 수 12조·18조), 어음·수표의 보증인에 대한 권리(어 32조 1항·77조 3항, 수 27조 1항), 참가인수인에 대한 권리(어 58조), 지급보증인에 대한 권리(어 32조 3항·77조 3항, 수 27조 3항), 의무를 이행한 참가인수인의 피참가인과 그 자의 채무자에 대한 권리(어 63조 1항) 등이 있다.

어음(수표)상의 권리에 대응하는 의무를 어음(수표)채무(어 7조·77조 2항, 수 10조) 또는 어음(수표)상의 채무(어 32조 3항·77조 3항 63조 1항, 수 27조 3항)라 한다.

이러한 어음(수표)상의 권리 외에 어음(수표)법은 어음(수표)관계의 원활한 진전을 위하여 여러 가지 권리를 인정하고 있다. 이것을 어음(수표)법상의 권리라 한다. 어음(수표)법상의 권리로는 악의 또는 중대한 과실의 취득자에 대한 어음(수표)의 반환청구권(어 16조 2항·77조 1항 1호, 수 21조), 지급인의 영수를 증명하는 어음(수표)의 교부청구권(어 39조 1항·77조 1항 3호, 수 34조 1항), 일부지급의 경우 어음(수표)상에 그 뜻의 기재와 영수증의 교부청구권(어 39조 3항·77조 1항 3호, 수 34조 3항), 소구의 통지를 해태한 자에 대한 손해배상청구권(어 45조 6항·77조 1항 4호, 수 41조 6항), 환어음소지인의 복본교부청구권(어 64조 3항), 복본 또는 원본의 반환청구권(어 66조 1항·68조 1항·77조 1항 6호), 이득상환청구권(어 79조 수 63조) 등이 있다.

이러한 어음(수표)법상의 권리는 어음(수표)에 표창되어 있는 권리 또는 이에 갈음하는 권리가 아니므로, 이는 어음(수표)과 상환하지 않고 행사할 수 있다.

## 제2. 어음(手票)上의 權利와 어음(手票)

### Ⅰ. 어음(手票)上의 權利의 發生과 어음(手票)의 發行

어음(수표)에 있어서는 어음(수표)상의 권리와 어음(수표)증권이 밀접하게 결합되어 있으므로 어음(수표)상의 권리의 발생에는 어음(수표)의 발행 즉 어음(수표)의 작성과 교부가 있어야 한다. 따라서 어음(수표)의 발행은 어음(수표)상의 권리의 발생요건이고, 이에 의하여 어음(수표)상의 권리가 창설되는 것이다. 이것이 어음(수표)을 설권증권이라 하는 이유이다.

이와 같이 어음(수표)상의 권리는 어음(수표)의 발행에 의하여 생기므로, 어음(수표)상의 권리는 어음(수표)발행의 원인으로 되었던 실질관계와는 분리되어 별개·독립의 권리로서 창조된다. 따라서 어음(수표)상의 권리는 어음(수표)발행의 원인으로 되었던 실질관계와는 관계 없는 추상적 권리이고, 이러한 의미에서 어음(수표)을 추상증권 또는 불요인증권이라 하는 것이다.

어음(수표)의 발행에 의하여 어음(수표)상의 권리가 생기나, 일단 어음(수표)상의 권리가 생긴 후에는 어음(수표)상의 권리와 어음(수표)이 반드시 운명을 같이 하여야 하는 것은 아니고, 어음(수표)의 상실 등으로 어음(수표)상의 권리와 어음(수표)이 분리되는 경우가 있을 수 있다. 따라서 어음(수표)상의 권리가 발생한 후에는, 어음(수표)을 상실하거나 어음(수표)상의 기재가 말소되어도 어음(수표)상의 권리가 당연히 소멸되는 것이 아니다.

### Ⅱ. 어음(手票)上의 權利의 內容과 어음(手票)의 記載

어음(수표)상의 권리의 유무나 내용은 오로지 어음(수표)의 기재에 의하여 결정되고, 어음(수표) 외에 어음(수표)상의 기재내용과 다른 법률관계가 존재하더라도 어음(수표)상의 권리는 그 법률관계의 영향을 받지 않는다. 이런 이유로 어음(수표)을 문언증권이라 하는 것이다. 따라서 어음(수표)취득자는 어음(수표)상의 기재를 신뢰하여 어음(수표)을 취득하면 되고, 그 외에 어음(수표)의 실질관계에 관하여 조사할 필요는 없다.

### Ⅲ. 어음(手票)上의 權利의 移轉과 어음(手票)의 交付

어음(수표)상의 권리의 행사에는 어음(수표)을 제시하여야 하고 또 어음(수표)을 소지하여야 적법한 소지인으로 추정되므로(어 16조 1항 · 77조 1항 1호, 수 19조), 필연적으로 어음(수표)상의 권리의 이전에는 어음(수표)의 교부를 요한다.

따라서 당사자 간에 어음(수표)상의 권리를 이전하는 계약을 하여도, 현실로 어음(수표)을 교부하지 않으면, 어음(수표)상의 권리가 이전되지 않는다.

### Ⅳ. 어음(手票)上의 權利行使와 어음(手票)의 提示

어음(수표)채무는 추심채무이므로 소지인이 어음(수표)상의 권리를 행사하려면 어음(수표)을 제시하여 어음(수표)금의 지급을 청구하여야 한다. 이 경우 소지인이 소지하는 어음(수표)은 배서가 연속되어 있어야 한다.

배서연속의 어음(수표)소지인은 적법한 소지인으로 추정되므로 어음(수표)상의 권리를 행사하는 경우에는 자기가 진실한 권리자라는 것에 관하여 증명할 필요 없이 어음(수표)을 제시하여 할 수 있고, 또 어음(수표)채무자는 사기 또는 중대한 과실이 없는 한 이러한 어음(수표)소지인에게 지급하면 비록 그가 진실한 권리자가 아니라도 그 책임을 면한다.

어음(수표)상의 권리관계는 제1단계에서는 어음(수표)의 소지에 의하여 결정된다. 그러나 어음(수표)의 소지가 실질상의 권리관계와 일치하지 않은 경우 즉 소지인이 진실한 권리자가 아닌 경우에는 제2단계로서 실질상의 권리관계에 의하여 결정된다. 즉 소지인이 진실한 권리자가 아닌 경우에는 어음(수표)채무자는 이것을 증명하여 그 권리행사를 거절할 수 있고, 또 어음(수표)채무자가 사기 또는 중대한 과실로 지급을 한 경우에는 그 어음(수표)상의 책임을 면할 수 없다. 그리고 진실한 권리자라도 어음(수표)을 소지하고 있지 않은 경우에는 권리를 행사할 수 없으나, 그가 공시최고절차에 의하여 제권판결을 받은 때에는 어음(수표)을 소지하고 있지 않아도 어음(수표)상의 권리를 행사할 수 있다.

### V. 어음(手票)上의 義務의 履行과 어음(手票)의 還受

어음(수표)은 상환증권이므로, 어음(수표)채무자는 어음(수표)과 상환하여 어음(수표)금을 지급하여야 한다.

원래 어음(수표)상의 권리의 행사는 주주권의 행사와는 달리 1회의 행사로 그치고 그 후에는 어음(수표)이 필요하지 않으므로 어음(수표)채무자가 지급을 하는 때에는 어음(수표)과 상환으로 어음(수표)을 반환하여야 한다.

그리고 어음(수표)채무자는 어음(수표)금을 지급하여도 어음(수표)을 환수하지 않는 한 어음(수표)상의 채무가 소멸되지 않는다. 따라서 어음(수표)채무자가 어음(수표)상의 권리자에게 어음(수표)금을 지급하여도 어음(수표)을 환수하지 않은 경우에 어음(수표)금을 지급하였다는 사실은 단지 어음(수표) 외에서 어음(수표)상의 권리자에 대하여 주장할 수 있는 인적항변에 불과하고 지급의 사실을 알지 못하고 어음(수표)을 취득한 제3취득자에게는 다시 어음(수표)금을 지급하여야 한다. 그러므로 어음(수표)채무자가 지급을 하는 때에는 지급과 상환으로 어음(수표)을 환수하여야 한다.

## 제 2 절 어음(手票)上의 權利의 取得

### 제1. 承繼取得과 原始取得

어음(수표)상의 권리의 취득에는 승계취득과 원시취득이 있다. 또 승계취득에는 특정승계에 의한 취득과 포괄승계에 의한 취득이 있다. 특정승계에 의한 취득은 일반적으로 배서에 의하나(어 11조 1항 · 77조 1항 1호, 수 14조 1항), 수취인백지의 어음(수표), 백지식배서의 어음(수표), 무기명식수표 또는 소지인출급식수표의 경우에는 단순한 교부에 의하여 취득하고(어 14조 2항 3호 · 77조 1항 1호, 수 17조 2항 3호) 또 민법상의 지명채권양도의 방법(민 450조)에 의하여 취득할 수도 있다. 이 외에 어음(수표)보증의 경우에는 보증채무를 이행한 때에 취득하고(어 32조 3항 · 77조 3항, 수 27조 3항), 또 참가지급을 한 때에도 취득한다(어 63조 1항 77조 1항 5호). 그리고 포괄승계에 의한 취득으로는 상속 · 합병 · 포괄유증 등에 의한다.

원시취득에는 어음(수표)의 발행에 의한 취득과 선의취득(어 16조 2항 · 77조 1항 1호, 수 21조)이 있다.

여기에서는 어음(수표)의 선의취득에 관하여 설명하고, 어음(수표)의 발행에 관하여서는 뒤에서 설명하기로 한다.

## 제2. 어음(手票)의 善意取得

### Ⅰ. 意 義

어음(수표)상의 권리자가 어음(수표)의 점유를 상실한 경우에 그 소지인이 악의 또는 중대한 과실 없이 어음(수표)을 취득하고 배서의 연속(무기명식 또는 소지인출급식수표에 있어서는 소지)에 의하여 그 권리를 증명한 때에는 사유의 여하를 불문하고 그 어음(수표)상의 권리를 원시취득하여 그 어음(수표)을 반환할 의무가 없다(어 16조 2항 · 77조 1항 1호, 수 21조). 이것을 어음(수표)의 선의취득이라 한다.

### Ⅱ. 어음(手票)의 善意取得制度의 趣旨

어음(수표)의 선의취득(어 16조 2항 · 77조 1항 1호, 수 21조)은 어음(수표)법상 인적항변의 절단(어 17조 · 77조 1항 1호, 수 22조) 및 백지보충권남용의 항변의 제한(어 10조 · 77조 2항, 수 13조)과 함께 어음(수표)유통의 강화를 위한 대표적인 제도이다.

배서연속(무기명식 또는 소지인출급식수표에 있어서는 소지)의 어음(수표)을 소지하고 있으면 권리자의 외관이 생기고 이는 통상 진실에 상응하는 개연성이 있으므로, 어음(수표)법은 배서연속(교부)의 어음(수표)소지인을 적법한 소지인으로 추정하여(어 16조 1항 · 77조 1항 1호, 수 19조) 이에 형식적 자격을 부여하고 그 형식적 자격자를 신뢰하여 어음(수표)을 취득한 자는 비록 그가 실질상 무권리자일지라도 어음(수표)상의 권리를 취득하는 것으로 규정하고 있다.

그리고 유통을 본질로 하는 어음(수표)거래에 있어서는 동산거래에 있어서 보다 동적안전이 더 강력히 요청되므로, 어음(수표)법은 어음(수표)의 선의취득에 있어서는 민법상의 동산의 선의취득(민 249조)에 있어서 보다 그 요건을 훨씬 완화하여 어음(수표)의 점유가 도난 등에 의하여 상실된 경우에도 선의취득을 인정하고, 또 악의 · 중대한 과실이 없는 것을 요건으로 규정하고 있다.

### Ⅲ. 어음(手票)의 善意取得의 要件

어음(수표)의 선의취득의 요건에는 적극적 요건과 소극적 요건이 있다. 이와 같이 어음(수표)의 선의취득의 요건을 적극적 요건과 소극적 요건으로 구분하는 것은 전자에 있어서는 그 존재의 증명책임이 청구자인 어음(수표)취득자에게 있고,

후자에 있어서는 그 존재의 증명책임이 피청구자인 어음(수표)채무자에게 있기 때문이다.

### 1. 積極的 要件

어음(수표)의 선의취득의 적극적 요건으로는, 어음(수표)을 ① 어음(수표)법적 유통방법에 의하여 취득하여야 하고, ② 형식적 자격이 있는 자로부터 취득하여야 하며, ③ 무권리자로부터 취득하여야 한다.

#### (1) 어음(手票)法的 流通方法에 의한 取得

어음(수표)의 선의취득제도는 어음(수표)유통의 강화를 위한 것이므로, 배서 또는 교부 등의 어음(수표)법적 유통방법에 의하여 어음(수표)을 취득한 경우에만 어음(수표)의 선의취득이 인정된다.

따라서 상속 · 합병 · 포괄유증 등의 포괄승계 또는 지명채권양도방법 · 전부명령 등의 특정승계에 의하여 어음(수표)을 취득한 경우에는 어음(수표)의 선의취득이 인정되지 않는다.

또한 기한후배서는 배서의 일종이나 지명채권양도의 효력 밖에 없어(어 20조 1항 단서 · 77조 1항 1호, 수 24조 1항) 보통의 배서와 같은 어음(수표)유통의 보호가 요청되지 않으므로, 기한후배서에 의하여 어음(수표)을 취득한 경우에도 선의취득이 인정되지 않는다. 그리고 배서금지(지시금지) 어음은 지명채권양도의 방법에 의하여서만 또 그 효력으로써만 양도할 수 있으므로(어 11조 2항), 배서금지어음(수표)을 취득한 경우에도 선의취득이 인정되지 않는다.

발행인이 작성하여 교부하기 전에 도난당한 어음(수표)을 취득한 자도 어음(수표)을 선의취득할 수 있는가 문제되나, 이 경우에 어음(수표)이론 중 교부계약설이나 발행설에 의하면 선의취득할 수 없고 창조설이나 권리외관설에 의하면 선의취득할 수 있다.

백지어음(수표)은 백지보충 전이라도 완성된 어음(수표)과 같이 배서에 의하여 양도할 수 있으므로, 백지어음을 취득한 경우에도 선의취득할 수 있다.

#### (2) 形式的 資格 있는 者로부터의 取得

##### 가) 讓渡人의 形式的 資格

어음(수표)의 선의취득은 양도인이 어음(수표)을 소지하고 있는 형식적 자격을 신뢰하여 어음(수표)을 취득한 자를 보호하기 위한 제도이므로, 형식적 자격이 있는 자로부터 어음(수표)을 취득하여야 한다.

형식적 자격을 가지기 위하여서는 배서의 연속이 있거나 이와 동일하다고 인정되는 형식 즉 최후의 배서가 백지식배서인 어음(수표)이나 무기명식 또는 소지인출급식 수표를 소지하여야 한다. 그리하여 어음법 제16조 제2항(어 77조 1항 1호, 수 21조)은 「어음(수표)소지인이 배서의 연속에 의하여 그 권리를 증명」할 것을 어음(수표)의 선의취득의 요건으로 정하고 있다.

어음(수표)의 양도인이 형식적 자격을 가지면, 이를 배서·교부에 의하여 취득한 어음(수표)취득자도 형식적 자격을 가지게 된다.

나) 背書不連續어음(手票)과 形式的 資格

배서불연속의 어음(수표)을 양도한 경우에 배서연속의 흠결 부분에 대하여 권리이전이 있었다는 사실의 증명이 있으면 배서의 연속이 가교(架橋)(다리를 놓음)되어 선의취득을 할 수 있는가에 관하여 긍정설과 부정설이 대립해 있다.

부정설은 배서불연속의 어음(수표)에는 형식적 자격이 없어 그 어음(수표)취득자는 양도인의 형식적 자격을 신뢰할 여지가 없으므로, 어음(수표)의 선의취득이 인정되지 않는다고 한다(서돈각·정완용 104면).

그러나 긍정설은 배서연속의 흠결 부분에 대하여 권리이전이 있었다는 사실의 증거가 있고, 그 증거가 용이하게 조사할 수 있는 경우(예 : 상속사실을 증명하는 호적등본)에는 배서불연속의 어음(수표)에도 선의취득을 인정하여야 한다고 한다(통설).

생각건대 어음(수표)의 선의취득은 배서연속의 자격수여적 효력에 의하여 최종의 피배서인이 권리자로 추정되어(어 16조 1항 1문·77조 1항 1호, 수 19조 1문) 이를 신뢰하여 취득한 자를 보호하기 위한 것이다. 이러한 배서연속의 자격수여적 효력은 개개의 배서의 자격수여적 효력이 집적된 결과로서 배서불연속의 경우에는 배서연속의 흠결 부분에만 자격수여적 효력이 생기지 않을 뿐이므로, 그 흠결부분에 대하여 실질적 권리이전이 있었다는 사실만 증명하면 배서의 연속이 가교되어 형식적 자격이 회복되는 것이다. 따라서 배서불연속의 어음(수표)의 경우에도 배서연속의 흠결부분에 대한 실질적 권리이전의 사실만 증명하면 선의취득을 인정하는 것이 타당하다(긍정설).

### ⑶ 無權利者로부터의 取得(善意取得의 適用範圍)

가) 序 說

어음(수표)의 선의취득의 적용범위 즉 어음(수표)의 선의취득이 양도인이 무권리자인 경우에만 인정되는가 또는 이 외의 경우에도 인정되는가에 관하여 제한설, 확장설 및 일부확장설 등의 학설이 대립해 있다.

나) 學 說

① **制限說** 이 학설은 어음(수표)의 선의취득은 민법상 동산의 선의취득(민 249조)과 같이 공신의 원칙에 기한 제도로써 배서가 연속된 어음(수표)의 최종의 피배서인(양도인)의 형식적 자격을 신뢰하여 그로부터 어음(수표)을 취득한 자를 보호하기 위한 것이고, 그 형식적 자격은 최종의 피배서인을 권리자로 추정할 뿐이고 그 외에 최종의 피배서인의 행위능력이나 대리권의 존재 또는 최종의 피배서인과 어음(수표)소지인의 동일성까지 추정하는 것이 아니므로, 어음(수표)의 선의취득은 피배서인이 무권리자인 경우에 한하여 인정된다고 한다(이철송 325면, 서돈각 · 정완용 105면, 손주찬 117면, 채이식 158면).

② **擴張說** 이 학설은 어음(수표)의 선의취득은 증권의 유통성 강화를 위한 증권 특유의 선의취득제도로서 배서가 양도인의 사유에 의하여 무효나 취소되는 모든 경우에 인정된다고 하고, 제한설에서 말하는 양도인이 무권리자인 경우는 양도인의 사유에 의하여 배서가 무효로 되는 한 경우에 불과하고 이 외에 양도인이 무능력, 대리권의 흠결, 처분권의 흠결, 의사의 흠결, 하자 있는 의사표시, 최종의 피배서인과 어음(수표)소지인의 동일성의 흠결(위조의 경우) 등의 경우에도 어음(수표)의 선의취득이 인정된다고 한다(정희철 323면, 최기원 323면, 서헌제 619면, 이기수 195면, 정찬형 308면).

③ **一部擴張說** 이 학설은 어음(수표)의 선의취득은 양도인이 무권리자인 경우 외에 무권대리와 무처분권인 경우에만 인정하여야 한다고 한다(정동윤 109면, 최준선(어) 159면).

**【대법원 1995. 2. 10. 판결, 94 다 55217】**

**1. 사실관계**

Y회사가 A회사에 발행한 약속어음을 A회사의 총무부장 B가 절취하여 그가 회사업무용으로 보관하고 있던 A회사 대표이사의 인장을 부정사용하여 A회사 명의의 배서를 위조하여 X에게 교부하고 X로부터 할인금을 받았다.

X는 위 어음을 취득함에 있어 배서인인 A회사에 조회하여 A회사 명의의 배서가 진정한지 여부를 알아보는 등의 조치를 취하지 않았다.

X가 만기에 지급제시를 하였으나, Y회사는 위조배서는 무효로서 적법한 배서에 의하여 취득한 것이 아니라는 이유로 지급을 거절하였고, 이에 대하여 X는 위 어음을 선의취득하였다고 주장하였다.

**2. 판결요지**

이 건에 관하여, 대법원은 「어음의 선의취득으로 인하여 치유되는 하자의 범위, 즉 양도인의 범위는 양도인이 무권리자인 경우뿐만 아니라 대리권의 흠결이나 하자 등의 경우도 포함된다.

원고가 어음할인의 방법으로 이를 취득함에 있어 양도인의 실질적인 무권리성을 의심하게 할 만한 뚜렷한 사정도 엿볼 수 없는 이 건에 있어서, 위 어음 문면상의 배서인인 소외회사에 연락을 하여 소외회사 명의의 배서가 진정한지 여부를 알아보는 등 그 유통과정을 조사·확인하여야 할 주의의무까지 있다고는 할 수 없으므로, 어음문면상 회사명의의 배서를 위조한 총무부장으로부터 어음할인의 방법으로 그 어음을 취득한 경우 악의 또는 중대한 과실이 있다고는 볼 수 없어 원고들의 선의취득을 인정한다」고 판시하였다. 위 판결이 대리권의 흠결의 경우에도 선의취득이 인정된다고 하였으나 확장설에 따른 것인지 일부확장설에 따른 것인지는 명확하지 않다.

다) 檢 討

어음법 제16조 제2항(어 77조 1항 1호, 수 21조)은 연혁상 동산의 선의취득(민 249조)에서 유래한 제도이므로 어음(수표)의 선의취득도 민법 제249조와 같이 양도인이 무권리자인 경우에 인정된다고 보아야 하고, 또 규정의 체제상으로 보아 어음법 제16조 제2항(수 19조)(어음·수표의 선의취득)은 동조 제1항(수 21조)(형식적 자격자의 권리자의 추정)을 전제로 어음(수표)의 소지에 의하여 권리자로 추정되는 자를 신뢰하여 어음(수표)을 취득한 자를 보호하려는 것이지 어음(수표)의 소지에 의하여 추정되지 않는 어음능력, 대리권, 의사표시 등을 신뢰하여 어음(수표)을 취득한 자까지 보호하려는 것이 아니다. 더욱이 금전·은행권 또는 사채권 등의 선의취득은 민법 제249조에 의하여 양도인이 무권리자인 경우에 한하여 인정되는 데 대하여 어음(수표)의 선의취득은 양도인의 무능력, 대리권의 흠결, 처분권의 흠결, 의사의 흠결, 하자 있는 의사표시, 어음(수표)소지인과의 동일성의 흠결 등의 경우에도 인정하는 것은 균형을 잃은 결과가 되어 부당하다. 그리고 확장설이나 일부확장설은 민법의 무능력자제도, 하자 있는 의사표시의 취소제도, 대리제도 등과도 충돌을 일으키는 제도이다.

그러므로 어음(수표)의 선의취득은 양도인이 무권리자인 경우에 한하여 인정된다고 보는 것이 타당하다(제한설).

## 2. 消極的 要件

어음(수표)의 선의취득의 소극적 요건으로는, 어음(수표)취득자에게 ① 악의 또는 중대한 과실이 없어야 하고, ② 독립의 경제적 이익이 있어야 한다. 이러한 소극적 요건의 증명책임은 피청구자인 어음(수표)채무자가 부담하며, 어음(수표)채무자가 취득자에게 악의 또는 중대한 과실이 있었다는 것을 증명하거나 취득자에게 독립의 경제적 이익이 없다는 것을 증명하면 어음(수표)의 선의취득이 성립하지 않는다.

### (1) 善意·無重過失

#### 가) 惡意 또는 重大한 過失

어음(수표)의 선의취득의 적용범위에 관한 제한설에 의하면 어음(수표)취득자가 그 직전 양도인이 무권리자라는 것에 관하여 또 확장설에 의하면 그 직전 양도인의 배서가 그 양도인의 사유에 의하여 무효 또는 취소되는 것에 관하여 그리고 일부확장설에 의하면 그 직전 양도인의 무권리·무권대리·무처분권에 관하여, 알지 못하였거나(선의) 알지 못한 데 대하여 중대한 과실이 없어야 한다(무중과실). 배서연속의 어음(수표)의 취득자는 선의·무중과실로 어음(수표)을 양수한 것으로 추정된다.

**【대법원 1981. 6. 23. 판결, 81 다 167 판결】 등**

어음취득자의 「중대한 과실」에 관한 대법원의 판례로는 다음과 같은 것이 있다.

① 소외 A가 피고 (주)제일은행 이리지점에 의뢰하여 금액 220만 원의 자기앞수표를 소지하고 있던 중 이를 도난당하였다. 한편 서울에서 사진기재상을 하는 원고 B가 전북 남원의 C라는 자로부터 장거리 전화로 물품대금으로 은행의 자기앞수표로 지급하여도 되는가 또 가족을 보내도 되는가 하고 묻기에 그렇다고 답하였더니, 그 후 자칭 위 C의 처라는 여인이 원고의 점포에 와서 이건 금액 220만 원의 자기앞수표를 교부하고 사진기재 212만 원을 구입하였으며, 당시 원고가 그 여인에게 주민등록증의 제시를 요구하였으나 주민등록증을 가지고 오지 않았다고 하여 그 인적사항을 확인하지 못하였으며, 그 후 원고가 지급인에게 지급제시하였으나 지급거절되어 위 수표의 선의취득을 주장하였다. 이 건에 관하여, 대법원은 「자칭 남원 거주의 면식 없는 사람과 서울에서 거래하면서 그 소지인의 인적사항을 확인하지 아니하였음은 이 건 수표의 취득에 있어서 일반거래상의 중대한 과실이 있은 것이다」(대판 1981. 6. 23. 81 다 167)라 판시하였다.

② 금방을 경영하는 원고 A는 1983. 12. 31. 18:30경에 자칭 "김종호"라는 자에게 금세공제품을 판매하고 그로부터 피고 일산 단위농업협동조합 발행의 액면 금 100만 원의 자기앞수표를 교부 받았으며, 원고는 위 자기앞수표를 교부받고 바로 그 자리에서 피고조합에 확인전화를 하였으나 통화가 되지 아니하여 자칭 김종호라는 자에게 주민등록증을 제시하게 하고 위 수표의 이면에 주소·성명·주민등록번호 및 전화번호를 기재하였다. 원고는 1984. 1. 4.에 피고조합에 지급제시하였으나 지급거절되어 위 수표의 선의취득을 주장하였다. 이 건에 관하여, 대법원은 「상인이 물품판매대금으로 수표를 취득함에 있어 수표이면에 적힌 전화번호에 전화를 걸어 확인하였더라면 그 수표가 절취품이라는 사실을 쉽게 알 수 있었을 경우에 그 확인전화를 하지 않은 것은 수표취득에 있어 중대한 과실이 있다고 볼 것이다」(대판 1984. 11. 27 84 다 466)라 판시하였다.

③ 원고 A는 1989. 4. 25.에 소외 B에게 815만 8,500 원 상당의 시계를 판매하고 소외인으로부터 대금조로 액면 100만 원의 자기앞수표 및 현금 15만 8,500 원을 교부받고 위 수표의 뒷면에 소외인의 명판을 압날해 받았다. 위 수표는 피고 (주)대구은행의 보조참가인 C가 동 년 4. 15.에 피고은행에서 발행받아 나오다가 도난당하여 대구 서부경찰서에 도난신고를 한 것이고, 또 원고는 평소 소외인과 안면은 있었으나 수표거래는 없었다. 원고가 피고은행에 지급제시하였으나 지급거절되어 위 수표의 선의 취득을 주장하였다. 이 건에 관하여, 대법원은 「어음·수표를 취득함에 있어서 통상적인 거래기준으로 볼 때에 양도인이나 그 어음·수표 자체에 의하여 양도인의 실질적인 무권리성을 의심할 만한 사정이 있는 데도 그에 대하여 상당하다고 인정될 만한 조사를 하지 않고 양수한 경우에는 중대한 과실이 있다고 하여야 할 것인 바, 원고가 수표거래가 처음인 소외인에게 시계를 판매하고 자기앞수표 2매 액면 합계 800만 원을 교부 받음에 있어 이미 발행은행에 도난신고가 되어 있고 수표의 진정 여부에 대하여 전화 등의 간단한 방법으로 이를 확인할 수 있음에도 이를 확인하지 않고 수표의 뒷면에 명판의 압날만 받은 것은 위 수표를 취득함에 있어 중대한 과실이 있은 것이다」(대판 1990. 12. 21 90 다카 28023)라 판시하였다.

④ 피고 (주)서광이 피고 보조참가인인 재단법인 A문화재단에 이 건 액면 1,500만 원의 약속어음 1매를 발행하였고, 피고 보조참가인의 직원인 소외 B가 그 대표자의 직인이 아니고 대표자인 소외 C의 개인의 목도장으로 배서를 위조하여 이를 원고 X에게 교부하였으며 원고는 할인의 방법으로 이를 취득하였다. 그리고 위 어음은 소외 D, E, F상호신용금고에게 순차 배서되어 최후의 소지인인 소외금고가 지급기일에 지급제시하였으나 지금거절되어 원고가 배서인으로서 어음금을 지급하고 어음의 선의취득을 주장하였다. 이 건에 관하여, 대법원은 「회사의 직원이 약속어음의 회사 명의의 배서를 위조함에 있어 날인한 회사의 인장이 그 대표자의 직인이 아니라 그 대표자 개인의 목도장이고 그 금액이 상당히 고액인 점에 비추어, 원고는 위 약속어음을 할인의 방법으로 취득한 자에게 배서의 진정 여부를 확인할 주의의무가 있는 데도 이러한 조치를 취하지 않은 것은 위 어음을 취득하는 데에 중대한 과실이 있은 것이다」(대판 1993. 9. 24. 93 다 32118)라 판시하였다.

⑤ 그러나 피고 보조참가인인 (주)A상호신용금고가 1983. 9. 30에 소외 B로부터 이 건 어음을 어음할인의 방법으로 매수하고 제2배서란에 위 B의 백지식 배서를 받아 이를 사무실 금고 속에 보관하고 있던 중 그 직원인 소외 C가 이를 몰래 빼내어 평소 알고 지내던 어음할인 중개인인 소외 D에게 어음할인을 의뢰하고 위 어음은 어음할인 중개인인 소외 E와 소외 F를 거쳐 1983. 10. 5.에 사채업자인 원고 이유임이 어음할인의 방법으로 취득하였다. 원고가 위 어음의 발행인인 피고에게 어음의 지급을 청구하자 피고는 원고가 무권리자라 항변하였고, 원고는 위 어음을 선의취득하였다고 주장하였다. 이 건에 관하여, 대법원은 「최후의 배서가 백지식으로 된 어음은 단순한 교부만으로 양도가 가능하므로 원고가 어음할인의 방법으로 이를 취득함에 있어서는 양도인의 실질적인 무권리성을 의심하게 할 만한 특별한 사정이 없는 한 어음 문면상의 최후의 배서인에게 연락을 취하여 누구에게 양도하였는지를 알아 보는 등의 유통과정을 알아 보지 않았다고 하여 이로써 어음취득에 있어서 중대한 과실이 있다고 할 수 없고, 이는 원고가 사채업자라 하여도 같은 것이다」(대판 1985. 5. 28. 85 다카 192)라 판시하였다.

어음(수표)의 선의취득에 있어서는 동산의 선의취득에서와는 달리 평온·공연을 요건으로 하고 있지 않으나 평온·공연의 취득이 아닌 때에는 그것이 악의 또는 중대한 과실로 되는 경우가 많을 것이다.

나) 惡意·重過失의 決定時期

어음(수표)취득자에게 악의 또는 중대한 과실이 있는가 없는가는 현실로 어음(수표)을 취득한 당시를 기준으로 결정하여야 한다(통설).

백지어음(수표)의 선의취득에 있어서는 어음(수표)취득자의 선의·무중과실을 어음(수표)의 취득 시를 기준으로 결정할 것인지 또는 백지보충 시를 기준으로 결정할 것인지 문제되나, 선의취득자 보호의 입법취지로 보아 이 경우에도 역시 어음(수표)의 취득 시를 기준으로 결정하여야 한다고 보아야 할 것이다.

⑵ 獨立의 經濟的 利益

어음(수표)의 선의취득은 어음(수표)취득자가 독립의 경제적 이익을 가지는 것을 전제로 하므로, 어음(수표)의 선의취득이 성립하기 위하여서는 어음(수표)취득자가 독립의 경제적 이익을 가져야 한다.

추심위임배서는 단순히 배서인이 피배서인에게 추심대리권을 수여한 것에 불과하고 어음(수표)취득자에게 독립의 경제적 이익이 없으므로, 추심위임배서에 의하여 어음(수표)을 취득한 경우에는 어음(수표)의 선의취득이 인정되지 않는다.

숨은 추심위임배서의 경우에도 그것이 추심위임배서의 실질을 가지고 있다는 것을 증명하면 어음(수표)의 선의취득이 인정되지 않는다.

그러나 입질배서의 경우에는 어음취득자가 어음상의 권리에 대한 질권을 취득하여 독립의 경제적 이익을 가지므로(어 19조 1항 77조 1항 1호) 어음의 선의취득이 인정된다. 물론 이 경우에 선의취득을 하는 것은 어음상의 권리에 대한 질권이고, 어음상의 권리가 아니다.

그리고 환배서의 경우에도 어음(수표)취득자가 독립의 경제적 이익을 가지므로 어음(수표)의 선의취득이 인정된다.

## Ⅳ. 어음(手票)의 善意取得의 效果

어음(수표)의 선의취득의 요건을 갖춘 때에는 어음(수표)취득자는 어음(수표)상의 권리를 원시적으로 취득한다. 어음법 제16조 제2항(어 77조 1항 1호, 수 21조)은 「……어음(수표)을 반환할 의무가 없다」고 규정하고 있는데, 이것은 어음(수표)취득자가 어음(수표)상의 권리를 원시적으로 취득하므로 결과적으로 어음(수표)을 반환할 의무가 없다는 것이다.

어음(수표)을 선의취득한 경우에는 어음(수표)의 선의취득의 적용범위에 관한 제한설에 의하는 한 양도인의 무권리만 치유되고 양도인의 무능력, 의사의 흠결, 의사표시의 하자, 대리권의 흠결 등은 치유되지 않는다.

어음(수표)의 선의취득은 어음(수표)상의 권리의 귀속의 문제이고 어음(수표)의 항변은 어음(수표)채무의 범위의 문제이므로, 양도인에 대한 인적항변이 절단되는가는 선의취득과는 별도로 결정되어야 하는 것이다. 따라서 어음(수표)취득자가 어음(수표)에 인적항변이 부착되어 있는 것을 알았으나 양도인이 무권리자인 것을 알지 못하고 그 어음(수표)을 선의취득한 경우에 그 어음(수표)취득자는 인적항변이 부착된 어음(수표)상의 권리를 선의취득하게 된다.

## Ⅴ. 善意取得者와 除權判決取得者의 關係

### 1. 序 說

어음(수표)의 제권판결이 있으면 제권판결취득자(공시최고신청인)는 어음(수표)을 소지한 것과 동일한 형식적 자격을 회복하여 어음(수표) 없이 어음(수표)상의 권리를 행사할 수 있으므로(제권판결의 적극적 효력)(민소 497조), 제권판결 전에 어음(수표)의 선의취득으로 어음(수표)상의 권리를 상실하였던 자가 제권판결의 취득에 의하여 그 상실하였던 권리를 회복하게 되는가, 즉 제권판결 전에 어음(수표)의 선의취득으로 어음(수표)상의 권리를 취득하였던 자가 제권판결에 의하여 그 취득한 어음(수표)상의 권리를 상실하게 되는가가 문제된다.

이에 관하여 선의취득자우선설 · 제권판결취득자우선설 및 절충설 등의 학설이 대립해 있다.

### 2. 學 說

**① 善意取得者優先說** 이 학설은 제권판결은 제권판결취득자(공시최고신청인)의 형식적 자격을 회복시켜 줄 뿐이고, 그 실질적 권리를 변동시키는 것이 아니므로 제권판결이 있더라도 무권리자(제권판결취득자)가 권리자로 되거나 선의취득자가 그 실질적 권리를 상실하는 것이 아니므로, 제권판결이 있는 때에는 어음(수표)의 선의취득자는 어음(수표)상의 권리자로서 제권판결의 정본을 반환받아 그 어음(수표)상의 권리를 행사할 수 있다고 한다(정희철 21면, 손주찬 121면 최기원 34면, 정동윤 153면).

**② 除權判決取得者優先說** 이 학설은 어음(수표)상실자(공시최고신청인)가 많은 시간과 비용을 들여 제권판결을 받았는 데도 선의취득자가 그 권리를 상실하지 않는다고 하면 공시최고의 절차가 실제상 무의미하게 되어 부당하고, 공시최고절차는 어음(수표)상실자를 보호하기 위한 제도이므로 선의취득자라도 공시최고기간 중에 권리의 신고나 청구를 하지 않은 채 제권판결이 있는 때에는 선의취득자는 어음(수표)상의 권리를 상실하고 제권판결취득자가 그 어음(수표)상의 권리를 회복하여 이를 행사할 수 있다고 한다(서정갑 233면, 이범찬 · 최준선 174면).

**③ 折衷說** 이 학설은 선의취득자가 공시최고의 사실을 알면서(악의로) 권리의 신고나 청구를 하지 않은 경우에는 선의취득자의 권리를 인정하지 않고 선의취득자가 과실로 공시최고의 사실을 알지 못하고 권리의 신고나 청구를 하지 않은 경우에는 어음(수표)의 유통보호를 위하여 선의취득자의 권리를 인정하여야 한다고 하고(정찬형 415면), 또는 제권판결 전에 선의취득자가 그 권리를 행사한 경우에는 선의취득자가 우선하고 제권판결 후에는 제권판결취득자가 우선한다고도 한다(박우동, "제권판결취득자와 선의취득자와의 관계", 법조 26권 8호, 76면).

**【대법원 1965. 7. 27. 판결, 65 다 100】 등**

수표의 선의취득자와 제권판결취득자 간의 관계에 관하여, 대법원은 ①「수표상실에 관한 제권판결의 효력은 이 판결 이후에 있어서 당해 수표를 무효로 하고 공시최고신청인에게 수표를 소지하는 것과 동일한 지위를 회복시키는 것에 그치는 것이고 공시최고의 신청 시에 소급하여 그 수표를 무효로 하는 것이 아니며, 또 공시최고신청인이 실질상의 권리자임을 확정하는 것도 아니라 할 것인 바, 이 건에 있어서 원고가 공시최고신청 이전에 이 건 수표를 선의취득하였다면 원고가 공시최고기일까지 권리의 신고를 하지 않았다고 하더라도 당연히 실질적 권리를 상실하는 것이 아니며 다만 소지하고 있는 수표가 제권판결의 소극적 효력으로서 무효로 되었으므로 원고로서는 위 제권판결의 효력을 소급적으로 소멸시키기 위한 불복의 소를 제기할 수 있다고 할 것이로되, 이를 유효한 수표라고 주장하여 이 건 수표금청구는 할 수 없는 것이며……」(대판 1965. 7. 27. 65 다 100), 또 ②「약속어음에 관하여 제권판결이 선고되면 제권판결의 소극적 효력으로서 그 약속어음은 약속어음으로서의 효력을 상실하여 약속어음의 정당한 소지인이라도 그 약속어음상의 권리를 행사할 수 없으므로, 일단 제권판결이 선고된 때에는 약속어음상의 실질적 권리자라 하더라도 제권판결의 효력을 소멸시키기 위하여 제권판결에 대한 불복의 소를 제기하여 취소판결을 받지 않는 한 그 약속어음상의 권리를 주장할 수 없다」(대판 1990. 4. 27. 89 다카 16215)고 판시하였다.

위 판결에 관하여, 학설은 제권판결의 효력은 공시최고신청인에게 수표를 소지하는 것과 동일한 지위를 회복시키는 것에 그치고 공시최고신청인이 실질상의 권리자임을 확인하는 것도 아니며, 또 원고가 권리의 신고를 하지 아니하였더라도 실질적 권리를 상실하는 것이 아니라고 하였으므로, 선의취득자우선설을 취한 것이라고 한다(정동윤 153면).

그러나 위 판결들은 한결같이 수표가 제권판결의 소극적 효력으로서 무효가 되었으므로 선의취득자는 이 수표를 통하여 수표금청구를 할 수 없고 제권판결의 효력을 소급적으로 소멸시키기 위한 불복의 소를 제기하여야 한다고 하였는데, 이는 선의취득자는 제권판결의 소극적 효력으로 수표가 무효로 되어 수표상의 권리를 행사할 수 없으므로 그 수표상의 권리를 행사하려면 불복의 소를 제기하여 제권판결취소의 판결을 받은 후에야만 수표상의 권리를 행사할 수 있다는 취지의 판결들이다.

그러나 선의취득자가 제권판결에 대한 불복의 소를 제기하려면「권리 또는 청구의 신고가 있음에도 법률에 위반한 판결」을 한 것이 전제되어야 하는데(민소 490조 2항 6호), 이 사건들에서는 물론이고 대부분의 사건들에서도 선의취득자가 공시최고기간 중에 권리의 신고나 청구를 하지 못하게 되는 것이 현실이고 또 이렇게 되면 불복의 소를 제기할 수 없으므로 결국 그 수표상의 권리를 행사할 수 없게 되고 마는 것이다.

그러므로 위 판결은 제권판결은 공시최고신청인에게 형식적 자격을 회복시켜 줄 뿐이고 선의취득자가 그 실질적 권리를 상실하는 것이 아니라고 하여 기본적으로는 선의취득자우선설을 취하면서도, 한편으로는 선의취득자가 수표상의 권리를 행사하려면 불복의 소를 제기하여 제권판결취소의 판결을 받지 않으면 안된다고 하여 결과적으로는 제권판결취득자우선설을 취하였다(최기원 35면 정찬형 415면).

이 외에도 판례는 ③「공시최고신청인이 따로 수표의 정당한 소지인이 있는 줄 알면서 그 신청을 하였더라도 일단 제권판결이 선고되어 그것이 취소되지 않는 한, 정당한 소지인은 그 수표상의 권리를 행사할 수 없다」(대판 1976. 6. 22. 75 다 1010)고 판시하여, 위 ①, ②의 판결과 같은 태도를 취하였다.

### 3. 檢 討

제권판결취득자우선설은 제권판결을 받았는 데도 선의취득자가 그 권리를 상실하지 않는다고 하면 공시최고절차가 무의미해진다고 하나, 원래 공시최고절차에 의한 제권판결은 단지 어음(수표)이라는 증권의 효력과 그 판결취득자의 형식적 자격에 관한 재판이고 그 실질적 권리에 관한 재판이 아니다.

또한 절충설 중의 前說은 선의취득자가 공시최고를 알고 있었던 경우에는 제권판결취득자가 우선하고 선의취득자가 공시최고를 과실로 알지 못한 경우에는 선의취득자가 우선한다고 하나, 이 견해에 의하면 공시최고를 보지 못한 것이 오히려 유리하여 불합리하고 더욱이 공시최고의 사실을 알고 권리의 신고·청구를 하지 아니하여도 선의취득을 인정하면서 동시에 공시최고의 사실을 알고 권리의 신고·청구를 하지 않았다고 하여 선의취득으로 취득한 권리를 박탈하는 것은 부당하다. 그리고 절충설 중의 後說은, 근본적인 입장이 제권판결이 있으면 선의취득자는 권리를 잃게 된다는 데 바탕을 두고 있는데, 제권판결은 권리귀속의 확정절차인 소송절차를 거쳐서 나온 판결이 아니기 때문에 제권판결로 선의취득자의 실질적권리에 영향을 미칠 수 없다는 것을 간과하고 있다.

생각건대 공시최고절차가 소송절차가 아닌 비송사건절차라면 공시최고절차에 따른 제권판결에는 증권상의 권리의 귀속을 결정하는 기판력을 인정할 수 없는 것이기 때문에, 제권판결은 실질적권리관계에 영향을 미치지 않는다고 보는 선의취득자우선설이 타당하다. 그리고 제권판결이 선고되더라도 그 권리를 잃지 않는 선의취득자는 제권판결취득자를 상대로 제권판결인도청구권을 행사하여 제권판결취득자의 지위를 인도 받음으로써, 소지하고 있는 증권이 제권판결로 실효되고 난 후에도 자기의 권리를 행사할 수 있을 것이다(선의취득자우선설).

# 제 3 절 어음(手票)上의 權利의 行使

## 제 1 관 總 說

### 제1. 어음(手票)上의 權利行使의 意義

어음(수표)상의 권리행사는 어음(수표)상의 권리의 내용을 현실화하는 것이다. 즉 소지인이 환어음의 인수인·지급인, 약속어음의 발행인, 수표의 지급인에게 어음(수표)금의 지급을 청구하고, 또 지급이 거절되거나 지급이 현저하게 불확실하게 되었을 때에는 배서인, 환어음의 발행인, 수표의 발행인 등의 소구의무자(상환의무자)에게 소구(상환청구)를 하는 것이다.

어음(수표)상의 권리를 행사하려면 어음(수표)을 제시하여야 하고, 또 지급이 거절되어 소구권을 행사하려면 권리보전절차를 취하여야 한다. 소지인이 어음(수표)채무자에 대하여 어음(수표)상의 권리를 행사한 경우에, 어음(수표)채무자는 일정한 사유(항변사유)가 있으면 이를 거절할 수 있다.

### 제2. 어음(手票)抗辯의 意義

어음(수표)항변(defence)은 어음(수표)에 의하여 청구를 받은 자가 청구자에 대하여 청구를 거절하기 위하여 주장할 수 있는 모든 항변을 말한다.

어음(수표)항변은 상대방의 청구권의 존재를 인정하면서 그 이행을 거절하는 협의의 항번(민 437조 536조)뿐만 아니라 상대방의 청구권의 불성립·소멸 등을 이유로 그 청구권 자체를 부정하는 광의의 항변도 포함한다.

### 제3. 어음(手票)抗辯의 分類

#### I. 傳統的 어음抗辯論과 反省

전통적인 어음(수표)항변론에서는 어음(수표)항변을 인적항변과 물적항변으로 분류하는 2분법을 취하였고, 또 인적항변을 어음법 제17조(어 77조 1항 1호, 수 22조)의 「인적관계로 인한 항변」에 한정하지 않고 「절단(제한)될 수 있는 항변」으로 이해하였다.

그리하여 전통적 어음(수표)항변론에서는 교부흠결의 항변, 의사의 흠결 또는 의사표시의 하자의 어음(수표)행위의 항변, 백지보충권 남용의 항변, 이사회의 승인 없는 자기거래의 어음(수표)행위의 항변 등의 어음(수표)채무의 「유효성에 관한 항변」과 융통어음의 항변도 인적항변으로 이해하였다.

물론 이러한 어음(수표)항변이 어음(수표)소지인에 대하여 절단되는 점에서는 인적항변과 같으나, 어음법 제17조(어 77조 1항 1호, 수 22조)에 의하여 절단되지 않고 어음법 제16조 제2항(어 77조 1항 1호, 수 21조) 또는 동 법 제10조(어 77조 2항, 수 13조) 기타 다른 규정에 의하여 절단되거나 성질상 항변의 절단이 불필요한 점에서 어음법 제17조(어 77조 1항 1호, 수 22조)에 의하여 절단되는 「인적관계로 인한 항변」과 다르므로 구별하여야 한다.

### Ⅱ. 新어음(手票)抗辯論의 擡頭

상술한 바와 같이 어음(수표)항변 중에는 전통적 어음(수표)항변론의 2분법으로는 해결할 수 없는 항변이 있으므로, 독일에서는 신어음(수표)항변론이 대두되어, 어음(수표)항변을 그 성립요건에 따라 3분하는 방법(Zöllner, Wertpapirrecht (14 Aufl.), S. 134~5), 또 권리외관이론에 따라 6분하는 방법(Canaris, Die Vertrauenshaftung im deutschen Privatrecht, S. 233ff.) 등이 주장되고 있다.

우리 나라에서도 독일의 신어음(수표)항변론의 영향을 받아 어음(수표)항변을 증권상의 항변, 귀책가능성에 관한 항변, 어음(수표)채무의 유효성에 관한 항변, 인적항변, 절단불요의 항변으로 분류하는 5분법을 주장하기도 하고(정동윤 122면)(Canaris의 6분법에서 직접적 항변을 제외), 또는 전통적 어음(수표)항변론의 물적항변과 인적항변의 2분법에서 한 걸음 나아가 인적항변을 다시 어음법 제17조에 해당하는 인적항변과 어음법 제17조(어 77조 1항 1호, 수 22조)에 해당하지 않는 인적항변으로 구분하여 분류하는 3분법을 주장하기도 한다(정찬형 370면).

### Ⅲ. 檢 討

어음(수표)항변을 분류하는 중요한 기준은 어음(수표)항변이 절단되지 않는 항변(물적항변)인가 절단되는 항변인가, 절단되는 항변인 경우에 그것이 항변절단의 일반규정인 어음법 제17조(어 77조 1항 1호, 수 22조)에 의하여 절단되는 「인적관계로 인한 항변」(인적항변)인가 또는 그 외의 전술한 교부흠결의 항변, 의사의 흠결 또는 의사표시의 하자의 어음(수표)행위의 항변, 백지보충권 남용의 항변, 이사회의 승인 없는 이사의 자기거래의 어음(수표)행위의 항변 등과 같이 어음법 제16조 제2항(어 77조 1항 1호, 수 21조), 동 법 제10조(어 77조 2항 수 13조) 기타 다른 규정에 의하여 절단되는 항변인가에 있다.

그러므로 여기에서는 어음항변을 ① 물적항변, ② 어음법 제17조(어 77조 1항 1호, 수 22조)에 의하여 절단되는 인적항변, ③ 기타의 규정에 의하여 절단되는 어음(수표)채무의 유효성에 관한 항변, ④ 성질상 절단이 불필요한 항변 즉 절단불요의 항변으로 분류하고, ②의 항변은 「인적항변」에서 ③과 ④의 항변은 「기타의 항변」에서 각각 항을 나누어 고찰하기로 한다.

## 제 2 관 物的抗辯

### 제1. 意 義

물적항변은 특정 또는 모든 어음(수표)채무자가 모든 어음(수표)소지인에 대하여 대항할 수 있는 항변이다. 이것을 객관적항변 또는 절대적항변이라고도 한다.

물적항변은 특정 또는 모든 어음(수표)채무자가 모든 어음(수표)소지인에게 대항할 수 있어서 어음(수표)의 유통을 해하므로, 물적항변사유는 어음(수표)상의 기재 즉 어음(수표)의 외관상 명백하여 어음(수표)의 유통을 해하지 않는 경우나 어음(수표)의 외관상 명백하지 않더라도 어음(수표)채무자에게 외관의 성립에 귀책사유가 없어 어음(수표)채무를 과하는 것이 형평의 이념에 반하는 경우에 인정하여야 한다. 따라서 물적항변은 아주 제한적으로 인정하여야 하는 항변이다.

### 제2. 物的抗辯事由

#### Ⅰ. 어음(手票)上의 記載에 기한 抗辯

어음(수표)상의 기재 또는 불기재로부터 발생하는 항변으로서, 증권상의 항변이라고도 한다(정동윤 118면, 정찬형 370면). 어음(수표)상에 인적항변(예 : 지급유예의 항변)을 기재한 경우에는 그것이 물적항변으로 되는 것은 아니나, 어음(수표)취득자의 악의를 인정하는 근거로 될 수는 있다.

어음(수표)상의 기재에 기한 물적항변사유로는 다음과 같은 것이 있다.

① **어음(手票)要件 欠缺의 抗辯** 요건흠결의 어음(수표)과 그 어음(수표)상 이루어진 다른 어음(수표)행위는 무효이므로(어 2조 1항 본문 · 76조 1항 본문, 수 2조 1항 본문), 어음(수표)의 요건흠결은 물적항변이다.

② **權利保全節次 欠缺의 抗辯** 권리보전절차를 흠결한 때에는 어음(수표)

채무자는 소구의무를 부담하지 않으므로, 권리보전절차흠결의 항변은 물적항변이다.

③ **背書連續 欠缺의 抗辯** 배서의 연속을 흠결한 때에는 어음(수표)소지인은 형식적 자격이 없으므로, 배서연속의 흠결은 물적항변이다.

④ **消滅時效 完成의 抗辯** 소멸시효가 완성되면 어음(수표)채무가 소멸되므로(어 70조·77조 1항 8호, 수 51조), 소멸시효 완성의 항변은 물적항변이다.

⑤ **滿期未到來의 抗辯** 어음소지인은 만기에 지급제시를 하여야 하고(어 38조·77조 1항 3호) 만기 전의 지급은 지급인의 위험부담으로 하므로(어 40조 2항 77조 1항 3호), 만기 전에 만기미도래의 항변은 물적항변이다.

⑥ **어음(手票)上의 명백한 支給畢·一部支給畢·免除의 抗辯** 어음(수표)금을 지급할 때에는 어음(수표)에 영수를 증명하는 기재를 하여 교부할 것을 청구할 수 있고(어 39조 1항·77조 1항 3호, 수 34조1항) 어음(수표)에 영수증명의 기재를 하여 어음(수표)을 교부한 경우에, 그 지급필의 항변은 물적항변이다.

또한 어음(수표)금의 일부지급을 할 때에는 어음(수표)에 그 영수를 증명하는 기재를 하고 영수증을 교부할 것을 청구할 수 있고(어 39조 3항·77조 1항 1호, 수 34조 3항) 어음(수표)에 일부지급필의 영수증명의 기재를 한 경우에, 그 일부지급필의 항변은 물적항변이다.

그리고 어음(수표)에 특정인의 어음(수표)채무를 면제한다는 문언이 기재되어 있는 경우에, 어음(수표)채무면제의 항변은 물적항변이다.

⑦ **無擔保背書의 抗辯** 무담보배서의 배서인은 그 배서에 대하여 담보책임을 지지 아니하여(어 15조 1항·77조 1항 1호, 수 18조 1항) 그 후자에 대하여 소구의무를 지지 않으므로, 무담보배서의 항변은 물적항변이다.

⑧ **背書禁止背書의 抗辯** 배서금지배서의 배서인은 그 피배서인에 대하여는 담보책임을 지나 그 후의 배서의 피배서인에 대하여는 담보책임을 지지 않으므로(어 15조 2항·77조 1항 1호, 수 18조 2항), 그 후의 배서의 피배서인에 대하여 소구의무를 지지 않는다는 배서금지배서의 항변은 물적항변이다.

⑨ **背書禁止어음(手票)의 抗辯** 배서금지어음(수표)의 양도인은 담보책임을 지지 않으므로(어 11조 2항·77조 1항 1호, 수 14조 2항), 소구의무를 지지 않는다는 배서금지어음(수표)의 항변은 물적항변이다.

⑩ **提示場所 相違의 抗辯** 　제3자방지급문구는 어음(수표)의 유익적기재사항으로서 효력이 있으므로(어 4조·77조 2항, 수 8조), 제3자방지급문구의 기재와 다른 장소에서 지급제시를 한 때에 지급장소가 상위하다는 항변은 물적항변이다.

⑪ **有害的記載事項의 記載의 抗辯** 　어음(수표)에 유해적기재사항을 기재한 경우, 예컨대 어음(수표)채권을 원인관계에 결부시킨 기재나 어음(수표)금의 지급에 조건을 붙인 기재는 어음(수표)의 단순성에 반하여 어음(수표)이 무효로 되므로, 유해적기재사항의 기재는 물적항변이다.

## Ⅱ. 歸責事由의 欠缺로 인한 抗辯

외관의 성립에 대하여 어음(수표)채무자에게 귀책사유가 없는 경우에 어음(수표)채무자가 대항할 수 있는 항변으로서, 귀책가능성에 관한 항변이라고도 한다(정동윤 124면). 귀책사유의 흠결로 인한 물적항변사유로는 다음과 같은 것이 있다.

① **意思能力 欠缺의 抗辯** 　의사능력 없는 자의 어음(수표)행위는 무효이므로, 의사능력 흠결의 항변은 물적항변이다.

② **無能力에 의한 取消의 抗辯** 　무능력자의 어음(수표)행위를 취소한 경우에, 그 취소의 항변은 물적항변이다.

③ **無權代理의 抗辯** 　어음(수표)행위의 무권대리의 경우에 본인은 책임을 지지 않으므로(어 8조·77조 2항, 수 11조), 무권대리의 항변은 물적항변이다.

④ **僞造의 抗辯** 　어음(수표)의 위조의 경우에 피위조자는 책임을 지지 않으므로, 어음(수표)위조의 항변은 물적항변이다.

⑤ **變造의 抗辯** 　어음(수표)의 변조의 경우에 변조 전의 기명날인자(서명자)는 변조 후의 새 문언에 따른 책임을 지지 않으므로(어 69조·77조 1항 7호, 수 50조), 변조되었다는 항변은 물적항변이다.

⑥ **除權判決의 抗辯** 　상실어음(수표)에 대하여 제권판결이 있는 경우에는 그 어음(수표)이 제권판결의 소극적 효력에 의하여 무효로 되므로(민소 496조), 제권판결의 항변은 물적항변이다.

⑦ **供託의 抗辯** 　지급제시가 없는 경우에는 어음채무자는 어음소지인의 비용과 위험부담으로 어음금액을 공탁하여(어 42조 77조 1항 3호) 어음채무를 면할 수 있으므로, 어음금 공탁의 항변은 물적항변이다.

⑧ **法令違反의 抗辯** 법령에 위반하여 어음(수표)행위를 한 경우에 이를 물적항변으로 할 것인가 인적항변으로 할 것인가가 문제된다.

생각건대 이 경우에 법령의 위반은 어음(수표)행위 자체가 아니라 그 원인행위를 말하는 것인데, 그 법령이 단속규정이면 법령위반의 원인행위의 사법상 효력이 유효하므로 어음행위자는 어음행위의 무효를 누구에 대하여도 항변으로 주장할 수 없어 이는 어음항변의 문제가 안된다. 그런데 그 법령이 효력규정이면 법령을 위반한 원인행위의 사법상의 효력은 무효가 되므로, 그 무효를 원인관계의 상대방에 대하여만 주장할 수 있는 경우이면 인적항변이고 누구에 대하여도 주장할 수 있는 경우이면 물적항변이다(정찬형 372면).

**【대법원 1982. 6. 8. 판결, 82 다 150】**

법령위반의 어음행위에 대하여, 대법원은 「농업협동조합법에 위반하여 특수농업협동조합이 중앙회 또는 군조합으로부터 자금을 차입하지 않고 개인으로부터 자금을 차입하고 이의 지급을 확보하기 위하여 약속어음을 발행한 경우 이는 무효라고 할 것」이고 이때에는(대판 1982. 6. 8. 82 다 150) 물적항변으로 된다고 판시하였다.

**【대법원 1955. 5. 5. 판결, 4287 민상 359】**

원인행위가 구 이자제한법을 초과한 상태에서 이루어진 어음행위에 대하여, 대법원은 「약속어음 액면금액 중 이자제한법 소정의 제한을 초과한 고율의 이자가 포함되어 있다는 항변은 인적항변」이라고 하였다.

## 제3. 物的抗辯의 效果

물적항변은 당연히 소지인에게 승계되므로 물적항변이 부착되어 있는 어음(수표)을 취득한 소지인은 어음(수표)채무자로부터 그 항변을 받는다. 따라서 어음(수표)채무자는 소지인의 선의·악의를 불문하고 그 소지인에 대하여 물적항변으로 대항할 수 있다.

# 제3관 人的抗辯

## 제1. 意 義

인적항변은 특정 또는 모든 어음(수표)채무자가 특정의 어음(수표)소지인에 대하여 대항할 수 있는 항변이다. 이것을 주관적항변 또는 상대적항변이라고도 한다.

인적항변은 어음채무의 객관적인 성립·존속 또는 효력과 관계 없이 특정의 어음(수표)채무자와 특정의 어음(수표)채권자 간의 실질관계(원인관계)에서 생긴 항변이므로, 어음법 제17조(어 77조 1항 1호, 수 22조)는 「인적관계로 인한 항변」이라 규정하고 있다.

## 제2. 人的抗辯의 切斷(制限)과 그 根據

### Ⅰ. 人的抗辯의 切斷

인적항변은 특정의 소지인에 대하여서만 대항할 수 있는 것이므로, 어음(수표)법은 「어음(수표)에 의하여 청구를 받은 자는 발행인 또는 종전의 소지인에 대한 인적관계로 인한 항변으로 소지인에게 대항하지 못한다」(어 17조 본문·77조 1항 1호, 수 22조 본문)고 규정하고 있다. 따라서 인적항변의 대항을 받는 소지인이 어음(수표)을 양도한 경우에 그 어음(수표)을 양수한 선의의 어음(수표)소지인에 대하여는 인적항변이 절단(제한)되어 어음(수표)채무자는 인적항변으로 대항할 수 없게 된다. 이것을 인적항변의 절단(제한)이라 한다.

### Ⅱ. 人的抗辯의 切斷의 根據

인적항변의 제한의 근거에 관하여, 권리외관설과 무인성설이 대립해 있다.

#### 1. 學 說

① **權利外觀說** 이 학설은 로마법상의 「nemo plus iuris transferre potest quam ipse habet」(누구도 자기가 가지는 이상의 권리를 이전할 수 없다)라는 원칙에 의하여 통상의 채권양도의 경우에는 채권은 그 동일성을 상실하지 않은 채 이전되므로 항변이 부착되어 있는 대로 이전되나, 어음(수표)상의 권리를 어음(수표)법적 유통방법에 의하여 양도하는 경우에는 어음(수표)이 항변 없는 완전한 권리를 표창하는 어음(수표)과 같은 외관을 가져 통상 어음(수표)취득자는 이러한 외관을 신뢰하여 어음(수표)을 취득하

므로, 어음(수표)법적 유통방법에 의하여 어음(수표)을 취득하는 경우에는 「nemo plus……」의 원칙에 대한 예외로서 항변의 절단을 인정하고, 어음(수표)취득자가 악의인 때에는 이 원칙에 따라 항변이 절단되지 않고 승계된다고 한다(통설). 즉 이 학설은 어음(수표)을 어음(수표)법적 유통방법에 의하여 양도하는 경우에는 일반원칙에 대한 예외로 인적항변이 절단되고 어음(수표)취득자가 악의인 때에는 일반원칙에 따라 항변이 승계된다고 하는 것이다.

이 학설은 권리외관이론에 의하므로 어음(수표)채무자에게 귀책사유(외관의 부여)가 있어야 하고 또 어음(수표)취득자가 선의·무중과실(외관의 신뢰)이어야 하는데, 어음(수표)채무자가 어음(수표)행위를 하였으므로, 어음(수표)채무자에게 귀책사유가 있다고 볼 수 있다고 한다.

② **無因性說** 이 학설은 어음(수표)법적 유통방법에 의하여 어음(수표)상의 권리를 양도하는 경우에는 어음(수표)의 무인성에 의하여 어음(수표)상의 권리와 분리되어 있는 원인관계상의 인적항변은 당연히 절단되고, 다만 어음(수표)취득자가 악인의 때에는 예외로 악의의 항변이 성립되어 인적항변이 절단되지 않고 승계된다고 한다(田邊光政, "人的抗辯制限後の手形取得者の地位", ロー・スクル 18號, 22頁 이하).

### 2. 檢 討

무인성설은 어음(수표)법적 유통방법에 의하여 어음(수표)상의 권리를 양도하는 경우에는 어음(수표)의 무인성에 의하여 원인관계상의 인적항변이 당연히 절단된다고 하나, 이 학설은 원인관계상의 채권의 이전도 채권양도의 일반원칙에 의하여 양도된다는 것을 간과하고 있다.

생각건대 어음(수표)의 인적항변의 절단은 항변 없는 어음(수표)상의 권리를 표창하고 있는 어음(수표)과 같은 외관을 신뢰하여 어음(수표)을 취득한 자를 보호함으로써 어음(수표)의 유통성을 확보하기 위하여 어음(수표)법이 일반원칙에 대한 예외로서 특별히 인정한 것이라 보는 것이 타당하다(권리외관설).

## 제3. 人的抗辯事由

### Ⅰ. 특정의 어음(手票)債務者가 특정의 어음(手票)所持人에게 대항할 수 있는 人的抗辯

① **原因關係의 不法·不存在·無效·取消 또는 解除의 抗辯** 도박상의 채무를 변제하기 위하여서나 범죄의 대가로써 어음(수표)을 발행한 경우에 원인관계

가 불법이라는 항변, 어음(수표)발행의 원인관계가 무효라는 항변, 어음(수표)발행의 원인관계인 퇴직금지급계약이 강박에 의한 것이어서 취소하였다는 항변, 매매계약의 대금지급으로 어음(수표)을 발행하였으나 매매대금을 지급하지 아니하여 원인관계인 매매계약을 해제하였다는 항변 등은 인적항변이다.

② **法令違反의 抗辯** 법령에 위반하여 어음(수표)행위를 한 경우에, 이를 인적항변으로 할 것인가 물적항변으로 할 것인가는 물적항변에서 살펴 본 바와 같다.

③ **支給猶豫의 抗辯** 어음(수표) 외에 있어서 어음(수표)채무자와 특정의 소지인 간의 지급유예의 특약은 인적항변이다. 이러한 인적항변을 어음(수표)에 기재한 경우에는 모든 취득자에 대하여 대항할 수 있으나, 그 인적항변이 물적항변으로 되는 것은 아니고 단지 취득자의 악의를 인정하는 근거로 될 수 있다.

④ **어음(手票)改書의 抗辯** 어음(수표)개서를 하고 구 어음(수표)을 회수하지 않은 경우에 구 어음(수표)의 항변은 인적항변이다.

⑤ **어음(手票)上 明白하지 않은 支給畢·一部支給畢·免除·相計의 抗辯** 어음(수표)상의 명백한 지급필·일부지급필의 항변은 물적항변이다. 어음(수표)금의 전부 또는 일부를 지급하고도 이것을 어음(수표)에 기재하지 않고 어음(수표)을 회수하지 않은 경우에 어음(수표)금의 전부지급필 또는 일부지급필의 항변은 인적항변이다.

또한 어음(수표)상 명백한 면제 또는 상계는 물적항변이나, 이것을 어음(수표)에 기재하지 않은 경우에 어음(수표)채무의 면제·상계의 항변은 인적항변이다.

⑥ **對價欠缺의 抗辯** 대가를 받을 조건으로 어음(수표)을 발행하였으나 대가의 교부를 받지 못한 경우에, 그 대가흠결의 항변은 인적항변이다.

⑦ **割引金未受領의 抗辯** 위탁자가 어음의 할인을 위하여 어음을 교부하였으나 수탁자(수취인 또는 피배서인)로부터 할인금을 교부받지 못한 경우에, 그 할인금미수령의 항변은 인적항변이다.

⑧ **숨은 推尋委任背書의 抗辯** 숨은 추심위임배서 즉 추심위임을 목적으로 양도배서를 한 경우에, 숨은 추심위임배서의 법적 성질을 신탁양도라 보는 한(통설 판례) 숨은 추심위임배서라는 항변은 인적항변이다.

⑨ 어음(手票)外의 特約의 抗辯 어음(수표) 외의 특약에 의하여 어음(수표)행위를 한 경우에, 어음(수표) 외의 특약의 항변은 인적항변이다.

### Ⅱ. 모든 어음(手票)債務者가 특정의 어음(手票)所持人에 대하여 대항할 수 있는 抗辯

소지인이 파산선고를 받았거나 어음(수표)채권이 압류된 경우에, 그 변제수령능력 흠결의 항변은 모든 어음(수표)채무자가 그 소지인에 대하여 대항할 수 있는 인적항변이다.

## 제4. 人的抗辯의 效果

### Ⅰ. 人的抗辯의 切斷(制限)

인적항변은 특정의 소지인에 대하여서만 대항할 수 있는 것이므로, 인적항변의 대항을 받는 소지인이 어음(수표)을 양도한 경우에 그 어음(수표)을 양수한 선의의 소지인에 대하여는 인적항변이 절단(제한)되어 어음(수표)채무자는 그 인적항변으로 대항할 수 없게 된다.

인적항변이 절단되는 경우에는 어음의 양수인은 양도인의 권리 이상을 취득할 수도 있는데, 이것을 배서의 권리강화적(권리 정화적) 이전력이라고 한다(정찬형 368면). 이러한 인적항변의 절단은 어음의 선의취득, 선의지급 등과 함께 어음의 유통성을 보호하기 위한 제도가 되고 있다.

**【대법원 1994. 11. 8. 판결, 94 다 23098】**

**1. 사실관계**

Y회사는 A로부터 물건을 구입하고 그 대금의 지급조로 수취인 백지의 약속어음을 A에게 교부하였고, A는 X회사로부터 물건을 구입하고 위 어음을 그대로 X회사에 교부하였으며, 그러는 사이에 Y회사와 A 간의 물건매매의 원인관계가 소멸되었다. 그리고 X회사는 만기에 위 어음에 자기를 수취인으로 기재하고 Y회사에 어음금의 지급을 청구하였다.

이에 Y회사는 A와의 사이에 원인관계가 소멸되었으므로 X회사에 대하여 어음채무가 없다고 주장하였다.

**2. 판결요지**

이 건에 관하여, 대법원은 「Y회사가 A에게 수취인 백지의 이 건 약속어음을 발행하고 X회사가 위 어음을 인도에 의하여 전전취득하였다면 X회사가 Y회사를 해할 것을 알고 위 어음을 취득하였다는 사실이 인정되지 않는 이 건에 있어서 Y회사는 A에게 주장할 수 있는 사유로 X회사에게 대항할 수 없다」고 판시하여 인적항변의 절단을 인정하였다.

## Ⅱ. 人的抗辯의 不切斷

### 1. 어음(手票)法的 流通方法에 의하지 않고 어음(手票)을 取得한 경우

인적항변의 절단은 어음(수표)의 유통강화를 위한 것이므로, 이것은 어음(수표)이 어음(수표)법적 유통방법인 배서 또는 교부에 의하여 양도되는 경우에 한하여 인정되는 것이다. 따라서 지명채권양도의 방법, 상속, 합병, 경매, 전부명령 등에 의하여 어음(수표)이 이전되는 경우에는 인적항변이 절단되지 아니하여, 어음(수표)채무자는 양도인에 대하여 가지는 인적항변으로 그 양수인에 대하여 대항할 수 있다.

### 2. 特殊한 背書에 의하여 어음(手票)을 取得한 경우

다음의 특수한 배서는 어음(수표)법적 유통방법이나, 이러한 특수한 배서에 의하여 어음(수표)을 취득하는 경우에는 인적항변의 절단이 인정되지 않는다.

#### ⑴ 期限後背書

기한후배서는 이미 유통성을 상실한 어음(수표)에 하는 배서로서 지명채권양도의 효력 밖에 없으므로(어 20조 1항 단서·77조 1항 1호, 수 24조 1항), 기한후배서를 한 경우에는 인적항변이 절단되지 아니하여 어음(수표)채무자는 전자에 대하여 가지는 인적항변으로 피배서인에 대하여 대항할 수 있다.

#### ⑵ 推尋委任背書

추심위임배서는 피배서인에게 어음(수표)상의 권리를 행사할 대리권을 수여할 것을 목적으로 하는 배서로서 권리이전적 효력이 없으므로, 추심위임배서를 한 경우에는 인적항변이 절단되지 아니하여 어음(수표)채무자는 추심위임배서의 배서인에 대한 인적항변으로 그 피배서인에 대하여 대항할 수 있다(어 18조 2항·17조 1항 1호, 수 23조 2항).

#### ⑶ 숨은 推尋委任背書

숨은 추심위임배서의 경우에는 그 법적 성질을 어떻게 보는가에 따라 다르다.

숨은 추심위임배서의 법적 성질에 관한 자격수여설에 의하면 인적항변이 절단되지 않으나, 신탁양도설에 의하면 인적항변이 절단된다. 그러나 신탁양도설에 의하는 경우에도 채무자가 숨은 추심위임배서라는 것을 증명한 때에는 배서인에 대한 인적항변으로 피배서인에 대하여 대항할 수 있다.

⑷ 還背書

어음(수표)채무자로부터 인적항변의 대항을 받는 소지인이 어음(수표)을 선의의 제3자에게 배서양도한 경우에 그 선의의 제3취득자에 대하여는 인적항변이 절단되나, 후에 그 소지인이 환배서에 의하여 다시 그 어음(수표)을 취득한 경우에는 그 인적항변이 절단되지 않고 그 어음(수표)채무자로부터 인적항변의 대항을 받는다.

3. 所持人이 固有의 經濟的 利益을 가지지 않는 경우

소지인이 고유의 경제적 이익을 가지지 않는 경우, 예컨대 배서인이 추심위임배서를 한 경우, 양도인과 양수인이 실질적으로 동일한 경우(1인회사가 1인주주에게 배서하거나 1인주주가 1인회사에 배서한 경우)에는 인적항변의 절단에 의하여 소지인을 보호할 필요가 없으므로, 이러한 경우에는 인적항변이 절단되지 아니하여 어음(수표)채무자로부터 인적항변의 대항을 받는다.

4. 惡意의 抗辯

악의의 항변도 인적항변이 절단되지 않는 사유이다. 이에 관하여는 항을 바꾸어 고찰하기로 한다.

## 제5. 惡意의 抗辯

### Ⅰ. 意 義

악의의 항변에는 일반악의의 항변과 어음(수표)법상의 악의의 항변이 있다. 일반악의의 항변(exceptio doli generalis)은 로마법에서 법률관계의 내용이 종국적으로 도덕규범과 모순되어서는 안된다는 원리로서, 원고가 신의형평에 반하는 청구를 한 때에는 피고가 그 불형평을 주장하여 청구를 배척할 수 있다는 것이다.

로마법상의 이러한 일반악의의 항변과 誠意訴訟(actiones bonae fidei)상의 誠意文言(exfidei bona)은 오늘날의 신의성실원칙의 연원으로 되었다.

오늘날 일반악의의 항변은 우리 민법에서는 일반적으로 인정되고 있지 않고 다만 동시이행의 항변과 유치권 등에 반영되어 있으며, 또한 어음(수표)수수의 당사자 간에서 원인관계상의 사유를 주장하여 상대방의 어음(수표)상의 권리행사를 거절할 수 있는 것으로 설명되고 있다.

어음(수표)법상의 악의의 항변은 어음(수표)채무자가 인적항변의 절단으로 소지인에 대하여 그 전자에 대한 인적항변으로 대항할 수 없는 경우라도 그 소지인이 악의로 어음(수표)을 취득하였으면 어음(수표)채무자는 소지인에 대하여 그 전자에 대한 인적항변으로 대항할 수 있다는 것이다.

어음법 제17조 단서(어 77조 1항 1호 수 22조 단서)는 어음(수표)채무자가 악의의 소지인에 대하여서는 그 전자에 대한 인적항변으로 대항할 수 있는 것으로 규정하고 있다. 즉 인적항변이라도 소지인이 악의인 경우에는 절단되지 않는 것이다.

## Ⅱ. 認定의 根據

인적항변의 절단의 근거에 관하여 권리외관설을 취하는 한, 인적항변의 절단은 항변 없는 어음(수표)의 외관을 신뢰하여 어음(수표)을 취득한 자를 보호하기 위한 것이므로, 악의의 어음(수표)소지인에게는 인적항변의 절단의 이익을 부여할 필요가 없는 것이다. 그러므로 어음법 제17조 단서(어 77조 1항 1호 수 22조 단서)는 악의의 어음(수표)소지인에 대한 악의의 항변을 인정하여 인적항변의 절단을 부정하고 이를 승계하도록 규정하고 있다.

## Ⅲ. 惡意의 內容

### 1. 學 說

악의의 항변에 있어서 「악의」의 내용에 관하여 어음법통일회의에서 많은 논의가 있었다. 이에 관하여서는 나음의 세 가지 학설이 대립해 있다.

제1설(공모설)은 악의의 내용을 가장 좁게 해석하여, 「채무자를 해할 의사로써 하는 공모」, 즉 사기적 통모(fraudulent undertaking)를 요한다고 한다. 헤이그 어음법통일규칙은 이 입장을 취하였고, 또 영미법에서도 이 입장을 취하고 있다(U.C.C. §3~304 B.E.A. §29③).

제2설(단순인식설)은 악의의 내용을 가장 넓게 해석하여 소지인이 「인적항변의 존재를 아는 것」(bad faith)으로 충분하다고 한다. 이는 제네바 통일어음법회의의 전문위원회에서 주장된 바 있고, 또 일본의 구 수형법(手形法)상의 학설·판례에서 채택되었다.

제3설(해의설)은 인적항변의 존재를 인식하는 것만으로는 부족하고 그렇다고 사기적 공모까지는 요하지 않는 절충적 입장으로서, 소지인이 어음(수표)을 취득함으로써 인적항변이 절단되고 따라서 「어음(수표)채무자가 해를 입는 것을 아는 것」(knowingly to the detriment of the debtor)이라 한다. 이는 제네바 통일어음법회의에서 채택되었고, 우리 어음(수표)법상의 악의의 항변도 이에 의하여 입법한 것이다. 이 학설에 의하면 악의의 항변이라기 보다는 「해의(害意)의 항변」이라 하는 것이 더 적절하다.

### 2. 「債務者를 害할 것을 알고」의 意義

어음법 제17조 단서(어 77조 1항 1호)와 수표법 제22조 단서는 「소지인이 채무자를 해할 것을 알고 어음(수표)을 취득한 때에는 그러하지 아니하다」고 하여 제3설(해의설)에 따라 악의의 항변을 규정하고 있다.

여기에서 「채무자를 해할 것을 알고」란 소지인이 인적항변의 존재를 인식하는 것만으로는 부족하고 이 외에 자기가 어음(수표)을 취득함으로써 인적항변이 절단되고 어음(수표)채무자가 손해를 입게 될 사정이 객관적으로 존재한다는 사실까지도 충분히 알면서 어음(수표)을 취득하는 것을 말한다(대판 1996. 5. 28. 96 다 7120). 통상의 경우에는 소지인이 인적항변의 존재를 인식하고(단순인식, 악의) 어음(수표)을 취득하면 특별한 사정이 없는 한 인적항변이 절단되어 어음(수표)채무자가 손해를 볼 것이라는 것도 알게 되므로, 어음(수표)채무자를 해할 것을 알고(해의) 어음(수표)을 취득한 것으로 된다.

그러므로 예컨대 매도인이 매수인으로부터 약속어음을 발행받아 그 어음을 소지인에게 배서양도한 경우에 소지인이 그 매매의 목적물에 하자가 있어 매수인이 매도인에게 항변을 주장할 수 있는 것을 알면서 그 어음을 취득하였으면(악의) 채무자를 해할 것을 알고 어음을 취득한 것으로 되어(해의), 채무자인 매수인은 소지인에 대하여 악의의 항변으로 대항할 수 있다. 그러나 이 경우 소지인이 항변이 존재하는 것을 알면서 어음을 취득하였더라도(악의) 매도인이 하자 없는 물건을 대신 공급하여 잘 해결될 줄 믿고 취득하였으면 채무자를 해할 것을 알고 어음을 취득한 것으로 되지 아니하여, 매수인은 소지인에 대하여 악의의 항변으로 대항할 수 없다.

## 【대법원 1998. 2. 13. 판결, 97 다 48319】

### 1. 사실관계

Y가 정리회사인 A상사에 가계수표를 발행하면서 A상사는 위 가계수표를 유통시키지 않기로 하였는데, A상사는 이를 X에게 배서양도하였다.

Y는 위 가계수표의 표면에 부동문자로 "100만 원 이하"라고 인쇄되어 있는 데도 위 발행한도액을 훨씬 초과하여 액면을 금 1,500만 원으로 기재하였고, 또 배서금지의 의미로 위 가계수표의 표면의 좌측상단에 붉은 볼펜으로 2개의 횡선을 긋고 그 안에 Y의 상호인 "제누디세"라 기재하였다.

X가 지급제시를 하였으나 B은행이 예금부족을 이유로 지급을 거절하여 Y에게 소구하였는데, Y는 X가 배서금지수표라는 사실을 알고 있는 악의의 취득자라는 이유로 그 이행을 거절하였다.

### 2. 판결요지

이 건에 관하여, 대법원은 「수표법 제22조 단서에서 규정하는 "채무자를 해할 것을 알고 수표를 취득한 때"라 함은 단지 항변사유의 존재를 아는 것만으로는 부족하고 자기가 수표를 취득함으로써 항변이 절단되고 채무자가 손해를 입게 될 사정이 객관적으로 존재한다는 사실까지도 충분히 알아야 하는 것이다. 발행인이 수표 표면의 좌측 상단에 횡선을 긋고 그 안에 "제누디세"라는 자신의 상호를 기재하였다는 사정만으로 소지인이 발행인의 인적항변을 충분히 알았다고 볼 수 없다.

가계수표의 용지에 부동문자로 인쇄되어 있는 "100만 원 이하" 등의 문언은 지급은행이 사전에 발행인과의 사이에 체결한 수표계약에 근거하여 기재한 것으로서 이는 단지 수표계약의 일부 내용을 제3자가 알 수 있도록 수표 표면에 기재한 것에 지나지 않은 것이고, 한편 수표법 제3조 단서에 의하면 수표자금에 관한 수표계약에 위반하여 수표를 발행한 경우에도 수표로서의 효력에는 영향을 미치지 않으므로 발행한도액을 초과하여 발행한 가계수표도 수표로서의 효력에는 아무 영향이 없다」고 판시하여, 수표의 표면의 횡선 안에 "제누디세"라는 Y의 상호를 기재한 것으로 X가 수표법 제22조 단서의 "채무자를 해할 것을 알았다"고 볼 수 없어 Y는 X의 소구를 거절할 수 없다고 하였다.

## 【대법원 1994. 5. 10. 판결, 93 다 58721】

### 1. 사실관계

Y는 A가 자금융통을 할 수 있도록 A에게 약속어음을 발행하였고, A는 그 담보로 Y에게 같은 액면금의 약속어음을 발행하였다. A는 Y로부터 교부받은 어음을 B금고에 배서양도하고, 또 A는 자신이 발행한 담보어음을 부도처리하고 도피하였다.

그 후 B금고는 X로부터 어음할인을 받고 자신의 위 어음에 배서한 부분을 말소하여 위 어음을 X에게 양도하였으며, X가 위 어음을 취득한 것은 지급거절증서 작성 후였다.

B금고는 위 어음의 할인을 받을 당시에는 위 어음이 융통어음이라는 사실과 위 담보어음이 부도처리 되었다는 사실을 몰랐으나, X는 위 어음의 취득 당시 이러한 사정을 잘 알고 있었다.

Y는 X의 어음청구에 대하여 악의의 항변으로 대항하였다.

**2. 판결요지**

이 건에 관하여, 대법원은 「피융통자가 융통어음과 교환하여 그 액면금과 같은 금액의 약속어음을 융통자에게 담보로 교부한 경우에 있어서는 융통어음을 양수한 제3자가 그 어음이 융통어음으로 발행되었고 이와 교환으로 교부된 담보어음이 지급거절되었다는 사정을 알고 있었다면, 융통어음의 발행인은 그 제3자에 대하여 융통어음의 항변으로 대항할 수 있다.

어음상 배서인으로 나타나 있지 않으나 현재의 소지인에게 어음을 양도한 자가 어음 취득 당시 선의였기 때문에 그에게 대항할 수 없었던 사유에 대하여서는 현재의 어음소지인이 비록 어음 취득 당시 그 사유를 알고 있었다고 하여 그것으로써 현재의 어음소지인에게 대항할 수는 없고, 이는 현재의 어음소지인이 지급거절증서 작성 후 또는 지급거절증서 작성기간 경과 후에 어음을 양도받았더라도 마찬가지이다」라 판시하여, 융통어음을 양수한 제3자가 그 어음이 융통어음으로 발행되고 담보어음이 지급거절 되었다는 사정을 알았다면 융통어음의 발행인은 그 제3자에게 융통어음의 항변으로 대항할 수 있다고 하였다.

### 3. 惡意의 抗辯과 重大한 過失

어음법 제17조 단서(어 77조 1항 1호 수 22조 단서)는 악의의 항변에 관하여 「소지인이 그 채무자를 해할 것을 알고 어음(수표)을 취득한 때에」라고만 규정하고 있다. 그런데 어음(수표)의 선의취득에 관한 어음법 제16조 제2항 단서(어 77조 1항 1호 수 21조 단서)와 백지어음(수표)의 부당보충에 관한 어음법 제10조 단서(어 77조 1항 1호 수 13조 단서)에서는 「악의」 외에 「중대한 과실로 인하여 어음(수표)을 취득한 때」에도 어음(수표)의 선의취득을 부정하고 소지인에 대한 대항을 인정하고 있어, 이와의 균형상 어음법 제17조 단서(어 77조 1항 1호 수 22조 단서)의 악의의 항변에 있어서도 중대한 과실로 인하여 채무자를 해할 것을 알지 못한 경우에는 이를 부정할 것인지 의문스럽다.

생각건대 어음법 제16조 제2항(어 77조 1항 1호, 수 21조)은 어음(수표)상의 권리의 취득을 규정한 것이고 어음법 제17조(어 77조 1항 1호, 수 22조)는 어음(수표)채무자의 어음(수표)채무의 내용을 규정한 것으로서 양자는 그 규정하는 사항이 다르므로 이것을 반드시 동일하게 취급할 것은 아니다. 또 어음법 제10조(어 77조 2항, 수 13조)의 백지어음(수표)의 부당보충의 경우에는 백지어음(수표)의 보충의 중요성으로 보아 소지인에게 부당보충에 관하여 특별한 주의가 요구되나 악의의 항변의 경우에는 소지인에게 그러한 정도의 주의가 요구된다고는 생각되지 않는다. 그리고 어음법 제17조 단서(어 77조 1항 1호, 수 22조 단서)는 명문상 악의(해의)의 경우에 관하여서만 규정하고 있다. 그러므로 어음법 제17조 단서(어 77조 1항 1호, 수 22조 단서)의 악의의 항변은 소지인에게 악의(해의)가 있는 경우에만 인정되고, 중대한 과실로 인하여 알지 못한 경우에는 인정되지 않는다고 본다.

### Ⅳ. 惡意의 存在時期

악의의 항변에 있어서 소지인의 악의의 유무는 어음(수표)의 취득 당시를 기준으로 결정하여야 한다(통설). 어음(수표)의 취득 후에 소지인에게 악의가 있다고 하여 악의의 항변을 인정하여 인적항변의 제한이 인정되지 않는다고 하면 소지인에게 가혹하고 어음(수표)의 유통을 해하기 때문이다.

악의의 유무는 어음(수표)의 취득 시를 기준으로 결정되므로, 소지인이 어음(수표)의 취득 후에 계약해제를 안 경우에는 악의의 항변으로 대항받지 않고 또 개서 전에 구 어음을 취득한 때에 선의이면 개서어음을 취득할 때에 악의이더라도 악의의 항변으로 대항받지 않는다.

그러나 어음의 취득시를 기준으로 어음소지인의 악의의 유무를 결정한다고 하여 어음의 취득 시에 항변사유가 이미 존재하고 있어야 한다는 의미는 아니다. 악의의 내용인 항변사유의 존부는 만기 또는 어음(수표)상의 권리의 행사 시를 기준으로 결정하여야 한다(통설). 따라서 어음(수표)을 취득한 때에는 항변사유가 존재하지 않더라도 만기나 어음(수표)상의 권리의 행사 시에 항변사유가 존재할 것으로 예상하고 취득한 경우에는 악의의 항변이 성립된다. 물론 어음(수표)을 취득한 때에 항변사유가 존재하더라도 만기 또는 어음(수표)상의 권리의 행사 시에 소멸될 것으로 예상하고 취득한 경우에는 악의의 항변이 성립되지 않는다.

### Ⅴ. 惡意의 證明責任

소지인의 악의에 관한 증명책임은 물론 어음(수표)채무자가 부담한다(대판 1958. 6. 19. 4291 민상 15)(대판 1962. 9. 20. 62 다 383).

# 제 4 관 기타의 抗辯

## 제1. 有效性의 抗辯

### Ⅰ. 意 義

유효성의 항변은 어음(수표)채무를 발생시키는 법률행위의 유효성에 관한 항변 즉 어음채무가 유효하게 성립하고 또 존속하느냐에 관한 항변으로서, 교부흠결의 항변, 의사의 흠결(비진의의사표시 허위표시·착오) 또는 하자 있는 의사표시(사기 강박)에 의한 어음(수표)행위의 항변, 백지보충권 남용의 항변, 이사회(또는 본인)의 승인 없는 자기거래(또는 자기계약이나 쌍방대리)의 어음(수표)행위의 항변 등이다.

유효성에 관한 항변은 항변이 선의의 어음(수표)소지인에 대하여 절단되는 점에서 인적항변과 같으나, 인적관계로 인한 항변이 아니고 또 어음법 제17조(어 77조 1항 1호, 수 22조)에 의하여 절단되지 않고 어음법 제16조 제2항(어 77조 1항 1호, 수 21조), 동 법 제10조(어 77조 2항, 수 13조) 또는 그 유추적용에 의하여 절단되는 점에서 인적항변과 다르다.

### Ⅱ. 交付欠缺의 抗辯

#### 1. 意 義

교부흠결의 항변은 어음(수표)작성자가 어음(수표)을 작성한 후에 어음(수표)이 도난·분실 등으로 작성자의 의사에 반하여 유통되고 있는 경우에, 그 항변이 선의의 어음(수표)취득자에 대하여는 절단되어 작성자가 그 선의의 어음(수표)취득자에 대하여 어음(수표)상의 책임을 진다는 것이다.

교부흠결의 항변의 절단 즉 교부흠결어음(수표)을 선의로 취득한 자를 보호하기 위한 이론 구성은 어음(수표)이론과 관련하여 견해가 대립되어 있다.

#### 2. 交付欠缺과 어음(手票)理論

##### (1) 交付契約說과 發行說의 立場

어음(수표)이론에 관한 교부계약설과 발행설의 입장에 의하면, 어음(수표)의 작성 후 그 어음(수표)이 교부흠결인 채 작성자의 의사에 반하여 유통되고 있는 경우에, 아직 어음(수표)채무가 발생하지 않았으므로 소지인은 어음(수표)금의 지급을 청구할 수 없다.

그러나 이들 학설은 권리외관이론에 의하여 수정되어, 어음(수표)작성자는 선의의 어음(수표)취득자에 대한 관계에서는 어음(수표)의 작성에 의하여 어음(수표)채무를 부담하는 것과 같은 외관을 작출하여 제3자의 신뢰를 생기게 하였으므로 그 외관작출에 따른 책임을 진다고 한다.

외관이론이 적용되기 위하여서는 어음(수표)작성자에게 귀책사유(외관의 부여)가 있어야 하고, 어음(수표)취득자가 선의(외관의 신뢰)이어야 한다. 어음(수표)작성자에게 귀책사유가 있기 위하여서는 작성자의 의사에 의하여 어음(수표)을 작성하여야 하고, 또 취득자의 선의는 교부흠결의 이익상황이 어음(수표)의 선의취득의 경우(무권리자로부터의 취득 무권리자에 대한 신뢰)와 동일하므로 어음법 제16조 제2항(어 77조 1항 1호 수 21조)의 유추적용에 의하여 어음취득자에게는 「악의 또는 중대한 과실」이 없어야 한다.

따라서 교부흠결의 어음(수표)이라고 하더라도 어음(수표)작성자가 외관이론에 의하여 책임을 지게 되는 경우에는, 어음(수표)취득자에게 어음법 제17조 단서의 어음(수표)채무자를 「해할 것을 알고」(害意)까지는 없어도 「악의 또는 중대한 과실」만 있으면 어음(수표)작성자는 교부흠결의 항변을 할 수 있다. 이와 같이 교부흠결의 항변은 어음법 제17조의 인적항변과는 주관적 요건을 달리하는 항변이다.

(2) 創造說의 立場

어음이론에 관한 창조설의 입장에 의하면, 어음(수표)을 작성한 때에 어음(수표)상의 권리가 성립되므로, 교부흠결의 어음(수표)도 어음(수표)취득자가 어음(수표)법적 유통방법에 의하여 선의·무중과실로 취득하면 그 어음(수표)을 선의취득하게 된다.

따라서 창조설의 입장에 의하면, 선의·무중과실의 어음(수표)취득자가 어음(수표)을 선의취득하면 누구에 대하여서도 이를 주장할 수 있으므로 어음(수표)항변이 문제되지 않는다.

### Ⅲ. 意思의 欠缺 또는 瑕疵 있는 意思表示의 抗辯

어음(수표)행위에 의사의 흠결(비진의의사표시 허위표시·착오)이 있거나 어음(수표)행위가 하자 있는 의사표시(사기 강박)에 의한 경우에, 민법의 일반원칙에 의하면 어음(수표)채무자는 그 무효·취소로 「선의」의 제3자에 대항하지 못하지만 「악의 또는 과실」있는 제3자에게는 대항할 수 있다(민 107조 2항·108조 2항, 109조 2항·110조 3항).

그러나 통설은 어음(수표)의 유통보호를 위하여 이러한 민법의 규정을 수정적용하여, 어음(수표)행위에 의사의 흠결이 있거나 어음(수표)행위가 하자 있는 의사표시에 의한 경우에 그 무효·취소로 제3자에 대항하기 위하여서는 제3자에게 「악의 또는 중대한 과실」이 존재하여야 한다고 본다.

어음(수표)의 선의취득에 있어서 어음(수표)취득자에게 「악의 또는 중대한 과실」이 없어야 한다는 규정(어 16조 2항 단서·77조 1항 1호, 수 21조 단서)과 백지보충권 남용의 항변의 절단에 있어서 어음(수표)취득자에게 「악의 또는 중대한 과실」이 없어야 한다는 규정(어 10조 단서·77조 2항, 수 13조 단서) 등과의 균형상, 어음(수표)행위에 의사의 흠결이 있거나 어음(수표)행위가 하자 있는 의사표시에 의한 경우에 어음(수표)취득자에 대항하기 위하여서는 어음(수표)취득자가 「악의 또는 중대한 과실」로 어음(수표)을 취득하여야 한다. 따라서 이 경우도 어음법 제17조의 인적항변과는 주관적 요건을 달리하는 항변으로, 어음(수표)취득자가 선의·무중과실로 어음(수표)을 취득한 때에는 항변이 절단된다.

### Ⅳ. 白地補充權 濫用의 抗辯

소지인이 백지어음(수표)의 백지보충권을 남용한 경우에 백지어음(수표)행위자는 선의의 어음(수표)취득자에 대하여는 백지보충권 남용의 항변으로 대항할 수 없으나, 「악의 또는 중대한 과실」로 어음(수표)을 취득한 자에 대하여는 백지보충권 남용의 항변으로 대항할 수 있다(어 10조·77조 2항, 수 13조). 즉 백지보충권 남용의 항변으로 어음(수표)취득자에 대항하기 위하여서는 어음(수표)취득자가 「악의 또는 중대한 과실」로 어음(수표)을 취득하여야 한다. 따라서 이 경우도 어음법 제17조의 인적항변과는 주관적 요건을 달리하는 항변으로, 어음(수표)취득자가 선의·무중과실로 어음(수표)을 취득한 때에는 백지보충권 남용의 항변이 절단된다.

### Ⅴ. 理事會의 承認 없는 理事의 自己去來의 어음(手票)行爲의 抗辯

이사와 회사 간의 어음(수표)행위가 이사회의 승인을 얻어야 하는 이사의 자기거래(상 398조)에 해당하는가에 관하여 긍정설과 부정설이 대립해 있으나, 통설은 어음(수표)행위가 이사의 자기거래인 경우에는 이사회의 승인을 얻어야 한다고 본다.

이와 같이 긍정설에 의하면 이사회의 승인 없는 이사의 자기거래의 어음(수표)행위는 상법 제398조의 제한위반으로 되며, 그 제한위반의 효력에 관하여는 무효설 · 유효설 · 상대적무효설 등의 학설이 대립해 있다.

상법 제398조의 제한위반의 항변은 그 위반행위의 효력에 관한 무효설에 의하면 상법 제398조를 효력규정으로 보므로 물적항변으로 되고, 유효설에 의하면 누구에게 대하여서도 대항할 수 없으므로 어음(수표)항변과 무관하다. 그리고 상대적무효설에 의하면 회사는 상법 제398조의 제한위반의 항변으로 악의 · 중과실의 어음(수표)취득자에 대하여서는 대항할 수 있으나 선의 · 무중과실의 어음(수표) 취득자에 대하여서는 대항할 수 없다(어음법 17조 단서의 「어음취득자가 채무자를 해할 것을 알고 어음을 취득」할 것까지 요하지 않음). 따라서 상대적 무효설에 의하면 어음(수표)취득자가 선의 · 무중과실로 어음(수표)을 취득한 때에는 상법 제398조 위반의 항변이 절단된다. 그러므로 이 경우도 어음법 제17조의 인적항변과는 주관적 요건을 달리한다.

## 제2. 切斷(制限)不要의 抗辯

### Ⅰ. 意 義

절단불요의 항변은 항변사유가 존재하고 또 어음취득자가 그것을 알고 취득하여도 성질상 그 항변을 절단할 필요가 없어 어음채무자가 그 항변으로 악의의 어음취득자에 대하여서도 대항할 수 없는 항변이다. 즉 어음취득자가 융통어음임을 알고 취득하였더라도 발행인은 융통어음의 항변으로 대항하여 어음금의 지급을 거절할 수 없다.

융통어음의 항변을 전통적 어음(수표)항변론에서는 인적항변이라 하나 신어음(수표)항변론에서는 절단불요의 항변이라 하여 인적항변과는 구분하여 취급한다.

### Ⅱ. 融通어음의 抗辯의 性質

#### 1. 序 說

융통어음은 당사자 간에 매매 기타의 대가 관계 없이 융통자(발행인)가 피융통자(수취인)로 하여금 어음할인 등의 방법으로 제3자로부터 자금의 융통을 받아 자금사정의 어려움에서 벗어날 수 있게 할 목적으로 발행(배서)하는 어음이다.

융통어음인지의 여부는 구체적인 사실관계에 따라 판단하여야 하고(대판 1996. 5. 14. 96 다 3449), 그 증명책임은 융통어음을 발행(배서)한 자가 부담한다(대판 2001. 8. 24. 2001 다 28176). 그런데 융통어음의 융통자(발행인)는 피융통자(수취인)가 어음금의 지급을 청구하면 대가흠결의 융통어음이라는 항변으로 대항할 수 있으나, 그 융통어음을 취득한 제3자가 어음금의 지급을 청구하면 융통어음이라는 항변으로 대항할 수 없다(대판 1994. 5. 10. 93 다 58721 외).

이와 같이 융통어음의 융통자는 제3자에 대하여 융통어음의 항변으로 대항할 수 없다는 데는 학설·판례상 이론이 없으나, 그 이론구성은 융통어음의 항변의 성질에 관한 학설에 따라 다르다. 융통어음의 항변의 성질에 관하여는 전통적 어음(수표)항변론에 기한 인적항변설과 신어음(수표)항변론에 기한 절단불요항변설이 대립해 있다.

2. 學　說

① **人的抗辯說** 인적항변설은 어음항변을 물적항변과 인적항변으로 구분하는 전통적 어음(수표)항변론에 기하여 융통어음의 항변은 인적항변이나, 융통자가 처음부터 어음채무를 부담할 의사로 융통어음을 발행한 것이므로, 제3자가 융통어음이라는 것을 알고 융통어음을 취득하였더라도 융통어음이라는 것을 아는 것은 어음법 제17조 단서의 「어음채무자를 해할 것을 알」았다고 볼 수 없어 융통자는 제3자에 대하여 악의의 항변으로 대항할 수 없으므로 융통자는 어음금의 지급을 거절할 수 없다고 한다(손주찬 130면 최기원 400면).

② **切斷(制限)不要抗辯說** 절단(제한) 불요항변설은 신어음(수표)항변론에 기하여 융통어음은 융통자가 피융통자로 하여금 제3자(어음할인자)로부터 금융의 편의를 받게 하고 자기가 제3자에 대하여 어음채무를 부담할 의사로 발행한 것이므로, 융통자는 제3자에 대한 관계에서는 그 제3자가 선의이든 악의이든 또 기한후배서에 의한 취득인지를 불문하고 당연히 어음금을 지급하여야 한다고 한다. 따라서 융통어음의 항변은 성질상 피융통자에게만 주장할 수 있고 제3자에 대한 관계에서는 어떤 경우에도 융통어음이라는 사유로 항변할 수 없는(언제나 절단되지 않는) 항변으로서 어음법 제17조가 적용되지 않는 항변이라 한다(정동윤 132면).

**【대법원 1979. 10. 30. 판결, 79 다 479】**

융통어음의 항변에 관하여, 대법원은 「타인의 금융 또는 채무담보를 위하여 약속어음(이른바 융통어음)을 발행한 자는 피융통자에 대하여는 어음상의 책임을 지지 않으나, 이러한 사유는 피융통자에 대하여서만 대항할 수 있는 것이고 그 어음을 양수한 제3자에 대하여는 그 제3자가 선의이든 악의이든 또 그 취득이 기한후배서에 의한 것이든 불문하고 대가관계 없이 발행된 융통어음이라는 항변(인적항변)으로 대항할 수 없다」고 판시하여 인적항변설을 취하였다.

### 3. 檢 討

생각건대 융통어음은 발행인(배서인)이 처음부터 제3자에 대하여는 그의 선의·악의 유무를 불문하고 언제나 어음채무를 부담할 의사로 발행한 어음으로서, 융통어음을 발행(배서)한 자와 제3자와의 관계에서는 승계될 항변이 없기 때문에 인적항변의 절단 자체가 문제될 수 없는 어음이다. 그러므로 융통어음의 발행인(배서인)은 피융통자의 청구에 대하여서만 융통어음이라는 항변으로 지급을 거절할 수 있고, 제3자의 청구에 대하여서는 그의 선의·악의를 불문하고 언제나 그 지급을 거절할 수 없다. 따라서 융통어음의 발행(배서인)이 제3자의 청구에 대하여 어음법 제17조 단서를 근거로 지급을 거절할 수 있는 여지는 처음부터 절단되어 있으므로, 융통어음의 항변은 성질상 언제나 절단되지 않는 절단불요의 항변이라고 말할 수 있겠다(절단불요항변설).

## Ⅲ. 擔保어음의 抗辯

융통어음의 특수한 형태로서 교환어음과 담보어음이 있다. 교환어음은 융통당사자 쌍방이 각 상대방으로 하여금 자금을 융통받게 하기 위하여 서로 상대방을 수취인으로 하고 또 같은 금액을 액면금으로 하여 교환적으로 발행하는 어음이다.

담보어음은 융통자가 피융통자에 대하여 발행하는 융통어음에 대하여 피융통자가 융통자에게 융통어음의 만기까지 자금을 제공할 의무나 어음을 회수, 교부할 의무를 담보하기 위하여 융통어음과 액면금이 같고 만기가 보다 빠르거나 같게 하여 발행하는 어음이다.

교환어음이나 담보어음은 융통어음의 한 형태이므로, 교환어음이나 담보어음의 인적항변은 기본적으로 융통어음의 인적항변에 관한 논의가 그대로 타당하다.

따라서 교환어음이나 담보어음의 경우에 제3자가 융통어음이라는 사실만 알고 융통어음을 취득한 때에는 어음법 제17조 단서의 악의로 취득한 것으로 되지 않는다. 그러나 이 경우 융통어음 교부시의 당사자 간의 합의에 위반한 사실이 존재한다는 것을 제3자가 알고 융통어음을 취득한 때에는 어음법 제17조 단서의 악의로 취득한 것으로 볼 수 있다.

융통어음 교부시의 당사자 간의 합의는 어음의 결제자금이나 결제방법에 관한 합의로서, 예컨대 담보어음의 경우에 피융통자가 제3자로부터 어음할인을 받을 때에는 자기 발행의 담보어음을 지급한다고 약정하는 것이다. 제3자가 당사자 간에 이러한 특약이 존재한다는 것과 담보어음이 부도되었거나 부도될 것이라는 것을 알면서 융통어음을 취득한 때에는 어음법 제17조 단서의 악의로 취득한 것으로 볼 수 있다.

융통어음 교부시의 당사자 간의 합의는 어음의 결제자금이나 결제방법에 관한 합의로서, 예컨대 담보어음의 경우에 피융통자가 제3자로부터 어음할인을 받을 때에는 자기 발행의 담보어음을 지급한다고 약정하는 것이다. 제3자가 당사자 간에 이러한 특약이 존재한다는 것과 담보어음이 부도되었거나 부도될 것이라는 것을 알면서 융통어음을 취득한 때에는 어음법 제17조 단서의 악의로 융통어음을 취득한 것으로 볼 수 있기 때문이다.

**【대법원 1995. 1. 20. 판결, 94 다 50489】**

융통어음을 양수한 제3자가 양수 당시 그 어음이 융통어음으로 발행되었고 이와 교환으로 교부된 담보어음이 지급거절되었다는 사정을 알고 있었다면, 융통어음의 발행자는 융통어음의 항변으로 대항할 수 있는지 여부에 대하여, 대법원은「피융통자가 융통어음과 교환하여 그 액면금과 같은 금액의 약속어음을 융통자에게 담보로 교부한 경우에 있어서는 융통어음을 양수한 제3자가 양수 당시 그 어음이 융통어음으로 발행되었고 이와 교환으로 교부된 담보어음이 지급거절되었다는 사정을 알고 있었다면, 융통어음의 발행자는 그 제3자에 대하여도 융통어음의 항변으로 대항할 수 있다(당원 1994. 5. 10. 선고 93 다 58721 판결 및 당원 1990. 4. 25. 선고 89 다카 20740 판결 참조)」고 하였다. 그런데 이 판결에서 융통어음의 발행인이 행한「융통어음의 항변」은 제시된 어음이 융통어음이라는 것에 관한 항변이 아니고 어음발행의 당사자 사이에 융통어음의 결제방식에 관한 특약(인적관계의 특약)이 존재한다는 것에 대한「악의의 항변」을 의미하는 것이라고 판단된다.

### Ⅳ. 融通者의 被融通者에 대한 求償

융통자가 어음소지인에게 어음금을 지급하는 것은 어음상으로는 물론 주채무자로서 자기의 채무를 이행하는 것이나, 실질적으로는 피융통자의 채무를 대신하여 변제하는 것이다. 따라서 융통자가 어음금을 지급한 때에는 피융통자에 대하여 보상을 청구할 수 있다.

# 제 5 관 어음(手票)抗辯에 관한 약간의 問題

## 제1. 抗辯切斷 후의 惡意의 後者와 人的抗辯

인적항변이 선의의 어음(수표)취득자에 대하여 절단되고 난 후에 그로부터 악의(해의)로 어음(수표)을 취득한 자에 대하여 어음(수표)채무자는 그 인적항변으로 대항할 수 있는가 문제된다.

이에 관하여 통설·판례는 인적항변이 선의의 어음(수표)취득자에게서 제거되어 완전한 어음(수표)상의 권리가 이전되었으므로, 그 선의의 어음(수표)취득자로부터 어음(수표)상의 권리를 취득한 후자는 선의·악의를 불문하고 그 인적항변의 대항을 받지 않는다고 한다.

그리고 실질적으로도 이 경우에 악의의 후자에 대하여 어음(수표)채무자의 인적항변의 대항을 인정하면, 그 전자인 선의의 어음(수표)취득자의 어음(수표)상의 권리의 자유로운 처분이 제한되어 어음(수표)의 유통성을 해하므로 그 악의의 후자는 인적항변의 대항을 받지 않는다고 보는 것이 타당하다.

그러나 악의의 후자가 인적항변의 절단을 위하여 선의의 중간자를 자기의 전자로 개재시킨 경우에는, 그 선의의 중간자와 악의의 후자를 일체로 보아 어음(수표)채무자는 그 악의의 후자에 대하여 대항할 수 있다고 보아야 할 것이다.

**【대법원 1995. 1. 20. 판결, 94 다 50489】**

어음의 양도 전에 배서를 하였다가 이를 말소한 채로 다시 어음을 양도한 자에게 대항할 수 없었던 사유로써 현재의 어음소지인에게 대항할 수 있는지 여부에 대하여, 대법원은 「어음의 양도 전에 배서를 하였다가 이를 말소한 채로 다시 어음을 양도한 자도 배서인으로서의 소구의무를 부담하는 것은 아니나 현재의 어음소지자의 전자로서의 권리를 양도한 어음상의 권리자였다는 점에는 변함이 없다 할 것이고, 현재의 어음소지인에게 어음을 양도한 자가 어음취득 당시 선의였기 때문에 그에게 대항할 수 없었던 사유에 대하여는 현재의 어음소지인이 비록 어음취득 당시 그 사유를 알고 있었다고 하여 그것으로써 현재의 어음소지인에게 대항할 수는 없다」고 하였다.

## 제2. 代理權濫用의 어음(手票)行爲의 抗辯

### Ⅰ. 意 義

대리인이 대리권을 남용하여 어음(수표)행위를 한 경우, 즉 대리인의 어음(수표)행위가 객관적으로는 대리권의 범위 내의 행위이고 대리행위로서 형식과 절차를 갖추고 있으나 주관적으로는 자기 또는 제3자의 이익을 위하여 행하여진 경우에, 그 효력은 학설에 따라 다르다. 대리권남용의 효력에 관하여는 비진의표시설과 권리남용설이 대립해 있다.

### Ⅱ. 學 說

① **非眞意表示說** 비진의표시설은 대리권남용의 어음(수표)행위에 민법 제107조 제1항 단서를 유추적용하여 상대방이 대리인의 의도를 알았거나 알 수 있었을 때에는 무효로 되어 본인이 책임을 지지 않고, 이를 취득한 소지인에 대하여는 그 소지인의 악의를 증명하여 대리권남용의 항변으로 대항할 수 있다고 한다(대판 1988. 8. 9. 86 다카 1858).

② **權利濫用說** 권리남용설은 대리권남용의 어음(수표)행위는 객관적으로는 대리권의 범위에 속하는 행위이므로 비록 소지인이 대리권남용의 사실을 알고 어음(수표)을 취득하였더라도 유효하고, 다만 소지인이 대리권남용의 사실을 알고 어음(수표)을 취득한 경우에 본인에 대하여 그 권리를 행사하는 것은 권리남용의 금지 내지 신의칙에 반하므로 허용되지 않고 본인은 소지인의 악의를 증명하여 대리권남용의 항변으로 대항할 수 있다고 한다(정동윤 132면)(대판 1987. 10. 13. 86 다카 1522)(대판 1990. 3. 13. 89 다카 24360).

### Ⅲ. 檢 討

비진의표시설에 의하면, 민법 제107조 제1항 단서의 비진의표시는 표의자의 의사(내심적 효과의사)와 표시가 일치하지 않는 경우인 데 반하여 대리권의 남용은 법률효과를 본인에게 귀속시키려는 대리인의 의사와 대리인의 표시가 일치하고 다만 대리인에게 배임의 의사가 있을 뿐이므로 비진의표시와 대리권의 남용은 제도의 기초를 달리한다. 따라서 민법 제107조 제1항 단서를 대리권의 남용에 유추적용할 수는 없는 것이다. 권리남용설이 타당하다. 권리남용설에 의하면 본인의 대리권남용의 항변은 악의(해의)의 항변이 아니고 일반악의의 항변이다.

## 제3. 無權利의 抗辯

### Ⅰ. 意 義

소지인이 배서연속의 어음(수표)을 소지하여 형식적 자격을 가지고 있더라도, 도취·횡령·습득에 의하여 어음(수표)을 취득하였거나 지급수령자격을 가지지 않거나 지급수령대리권을 가지지 않거나 어음(수표)상의 최종의 피배서인과 어음(수표)소지인의 동일성이 결여된 경우에, 어음(수표)채무자는 그 실질적 무권리를 증명하여 어음소지인에 대하여 무권리의 항변으로 대항할 수 있다.

### Ⅱ. 無權利의 抗辯의 特質

학설은 소지인이 무권리자로부터 악의로 어음(수표)을 취득한 경우에 어음(수표)채무자는 그 악의의 어음(수표)취득자에 대하여 무권리의 항변으로 대항할 수 있으나, 무권리자로부터 선의·무중과실로 어음(수표)을 취득한 경우에는 그 어음(수표)을 선의취득하여 무권리의 항변이 절단되므로 무권리의 항변을 인적항변으로 분류하기도 한다(양승규 180면 정동윤 132면).

물론 무권리의 항변은 유효한 어음(수표)상의 권리의 존재를 전제로 하고 항변이 절단되는 점에서 인적항변과 같으나, 그 항변의 절단이 어음법 제17조(어 77조 1항 1호, 수 22조)에 의하지 않고 동 법 제16조 제2항(어 77조 1항 1호, 수 21조)에 의하는 점에서 유효성의 항변과 같다.

또한 인적항변은 개별성의 원칙에 의하여 특정의 어음(수표)채무자만 주장할 수 있고 다른 어음(수표)채무자는 이를 원용할 수 없는 것이 원칙이나, 무권리의 항변은 모든 어음(수표)채무자가 그 무권리자에 대하여 가지는 항변이므로 개별성의 원칙이 문제되지 않는다.

## 제4. 還背書에 의한 어음(手票)의 再取得과 人的抗辯

### Ⅰ. 序 說

환배서에 의하여 어음(수표)을 재취득한 경우에, 통설·판례는 어음(수표)채무자는 이전에 그 어음(수표)취득자에 대하여 대항할 수 있었던 인적항변으로 재대항할 수 있다고 한다.

이러한 재대항을 인정하는 법적 근거에 관하여, 배서전지위회복설과 인적항변속인설이 대립해 있다.

## Ⅱ. 再對抗의 認定根據

### 1. 學 說

① **背書前地位回復說** 이 학설은 환배서에 의하여 어음(수표)을 재취득한 경우에 그 어음(수표)의 재취득자는 이전에 가지고 있던 권리를 재취득하여 이전의 지위를 회복하게 되므로, 그 어음(수표)의 재취득자에 대하여 이전에 대항할 수 있었던 인적항변으로 재대항할 수 있다고 한다(이기수 202면 채이식 189면).

② **人的抗辯屬人性說** 이 학설은 원인관계상의 인적항변은 원인관계의 당사자 간에서만 존재하는 속인적인 것이므로, 환배서에 의하여 어음(수표)을 재취득한 경우에는 그 원인관계상의 인적항변이 당연히 부활되고, 따라서 어음(수표)채무자는 환배서에 의하여 어음(수표)을 재취득한 자에 대하여서는 이전에 대항할 수 있었던 인적항변으로 재대항할 수 있다고 한다(정동윤 294면 정찬형 283면)(대판 2002. 4. 26. 2000 다 42915).

### 2. 檢 討

배서전지위회복설은 환배서에 의하여 어음(수표)을 재취득한 자는 이전의 지위를 회복한다고 하나, 이는 환배서의 효력을 통상의 양도배서의 효력과 다르게 보는 것이므로 부당하다.

생각건대 어음법 제17조 본문(어 77조 1항 1호 수 22조 본문)의 「인적관계로 인한 항변」은 직접의 당사자 간에서만 대항할 수 있는 것이므로 속인적인 것으로 보아 환배서를 한 때에는 부활된다고 보는 것이 타당하다(인적항변속인성설).

## Ⅲ. 遡求에 의한 어음(手票)의 還受와 人的抗辯

소지인의 소구에 대하여 지급을 하고 어음(수표)을 환수한 자가 재소구한 경우에 재소구를 받은 어음(수표)채무자가 그 재소구자에 대하여 이전에 대항할 수 있었던 인적항변으로 재대항할 수 있는가가 문제되나, 환배서의 경우에서와 같이 어음(수표)채무자는 재소구자에 대하여 이전의 인적항변으로 재대항할 수 있다는 데 이론이 없다.

이는 소구에 대하여 지급을 하고 어음(수표)을 환수한 자는 이전의 권리를 회복하여 그 이전의 권리에 기하여 재소구하는 것이므로 어음(수표)채무자가 그 재소구자에 대하여 인적항변으로 재대항할 수 있는 것은 당연하기 때문이다.

## 제5. 第3者의 抗辯

### Ⅰ. 人的抗辯의 個別性의 原則

전통적인 어음(수표)행위무인론에서는 어음(수표)채무자의 인적항변은 그 어음(수표)채무자만 주장할 수 있고 다른 어음(수표)채무자는 이를 원용할 수 없으며, 동시에 항변사유의 당사자가 아닌 소지인은 전자에 대한 항변으로 대항받지 않는다. 이것을 인적항변의 개별성의 원칙이라 한다.

그러나 인적항변의 개별성의 원칙을 철저히 관철하면 불공정한 결과가 생길 수 있으므로, 입법상·해석상 예외로 항변사유의 당사자가 아니라도 인적항변의 대항을 인정하여야 하는 경우가 있다.

항변사유의 당사자가 아닌 데도 인적항변의 대항을 인정하는 경우로는, 어음(수표)채무자가 항변사유의 당사자이나 소지인이 항변사유의 당사자가 아닌 경우와 어음(수표)채무자가 항변사유의 당사자가 아니나 소지인이 항변사유의 당사자인 경우가 있다. 전자의 경우의 항변이 악의의 항변이고(어 17조 단서·77조 1항 1호, 수 22조 단서), 후자의 경우의 항변이 제3자의 항변이다. 제3자의 항변에는 후자의 항변, 전자의 항변 및 2중무권의 항변이 있다.

### Ⅱ. 後者의 抗辯

#### 1. 意　義

어음(수표)채무자의 후자와 소지인 간의 배서의 원인관계가 무효·소멸·부존재·불법 또는 위법인 경우 또는 어음(수표)채무자의 후자가 소지인에게 어음(수표)금을 지급·상계하고 어음(수표)을 환수하지 않은 경우 등에 어음(수표)채무자는 그 후자와 소지인 간의 항변사유를 원용하여 그 소지인의 청구를 거절할 수 있는가 문제된다. 즉 어음채무자(A)는 후자(B·C) 간의 인적항변으로 어음소지인(C)에게 대항할 수 있는가 하는 것이 후자의 항변의 문제이다.

후자의 항변을 인정할 것인가에 관하여 긍정설과 부정설이 대립해 있고, 또 긍정설은 그 이론구성에 관하여 어음(수표)채권이전행위유인론에 기한 무권리항변설과 어음(수표)행위무인론에 기한 권리남용항변설이 대립해 있다.

### 2. 學 說

#### (1) 否定說

부정설은 어음(수표)행위의 독립성 내지 무인성에 기하여, 소지인의 어음(수표)금의 수령 기타에 의하여 배서인과 소지인(피배서인) 간의 원인관계가 결하여도 소지인이 여전히 어음(수표)상의 권리자이고 배서인의 전자인 어음(수표)채무자는 인적항변의 개별성의 원칙에 의하여 후자의 인적항변을 원용할 수 없으므로, 당연히 소지인의 권리행사를 인정하여야 한다고 한다(최기원 408면 이철송 153면).

부정설은 이 경우에 배서인은 소지인에 대하여 부당이득반환청구를 할 수 있다고 한다.

#### (2) 肯定說

**① 無權利抗辯說** 이 학설은 어음(수표)이론의 수정창조설을 기초로, 어음(수표)행위는 어음(수표)의 작성과 교부로 행하여지고 이 중 어음(수표)의 작성행위는 어음(수표)채무부담행위로서 일방적인 단독행위로 이루어지는 무인행위이나 어음(수표)의 교부행위는 어음(수표)채권이전행위로서 어음(수표)행위자와 상대방 간의 계약에 의하여 이루어지는 유인행위라 하고, 어음(수표)채권이전행위는 유인행위이므로 그 당사자인 배서인과 소지인 간에 항변사유가 존재하는 경우에는 그 소지인이 무권리자로 되어 어음(수표)상의 권리를 행사할 수 없다고 한다(鈴木竹雄, 手形法 小切手法講座(I), 13頁).

**② 權利濫用抗辯說** 이 학설은 어음(수표)행위는 원인관계의 영향을 받지 않는 무인행위이나, 배서인과 소지인 간의 원인관계가 무효·소멸·부존재·불법·위법인 데도, 소지인이 어음(수표)을 반환하지 않고 자기가 보유하고 있는 것을 기화로 자기의 형식적 권리를 이용하여 어음(수표)금의 지급을 청구하는 것은 권리의 남용으로 되므로, 소지인의 어음(수표)상의 권리의 행사를 인정할 수 없다고 한다(손주찬 138면, 양승규 189면 정찬형 384면, 채이식 320면).

**【대법원 1984. 1. 24. 판결, 82 다카 1405】**

**1. 사실관계**

Y는 A, B, C의 3인으로부터 금 1,500만 원을 차용하고 차용금 채무의 이행을 보증하기 위하여 백지어음을 발행하였는데, Y가 위 차용원리금을 변제하여 위 백지어음 발행의 원인관계가 소멸되었다.

그 후 채권자의 한 사람이던 A가 그 어음을 반환하지 않고 백지를 보충하여 실질적 원인관계 없이 X에게 이를 배서양도하였으며, X가 만기에 Y에게 어음금의 지급을 청구하였다.

**2. 판결요지**

이 건에 관하여, 원심은 「어음을 반환받지 못한 이상 어음상의 권리가 소멸되었다고 볼 수 없으나 어음상의 권리도 신의에 좇아 성실하게 행사하여야 하는 것인데, 이 건 어음은 본래의 사명인 거래수단으로 기능한 것이 아니고 빈 껍데기에 불과하여 어음소지인인 원고도 이 건 어음을 보유할 정당한 권원이나 실질적 이유가 있는 것이 아니므로, 위 어음소지인인 원고가 어음을 소지하고 있다고 하여 어음금의 지급을 청구하는 것은 권리남용에 해당하는 것으로서 허용될 수 없는 것이다」라고 판시하여, 권리남용항변설에 기하여 후자의 항변의 원용을 인정하였다(긍정설).

그러나 이 건에 관하여 대법원은 「어음행위는 무인행위로서 어음수수의 원인관계로부터 분리하여 다루어야 하고 어음은 원인관계와 상관없이 일정한 어음상의 권리를 표창하는 증권이라고 할 것인 바, 원심이 이 건 어음을 그 발행의 원인관계가 소멸된 후에 실질적 원인관계 없이 어음소지인인 원고에게 배서한 것이고 원고가 이 건 어음을 보유할 정당한 권원이나 실질적 이유가 있다고 인정할 만한 증거가 없다는 이유로 이 건 어음이 빈 껍데기에 불과하다고 하여 원고의 이 건 어음의 청구가 신의성실의 원칙에 어긋나므로 권리남용에 해당한다고 한 것은 어음의 배서에 있어서 무인성의 법리를 오해하고 또 어음법에 있어서 신의성실의 원칙 내지 권리남용의 법리를 오해한 위법이 있다」고 판시하여, 어음행위의 무인성을 기초로 후자의 항변의 원용을 부정하였다(부정설)(동지 : 대판 2001. 9. 28. 2001 다 33352).

**【대법원 1984. 2. 14. 결정, 83 다카 2221】**

**1. 사실관계**

원고가 A에게 약속어음을 발행하고, A는 원고에 대한 물품대금채무의 지급담보를 위하여 약속어음을 배서양도하여 원고가 그 소지인이 되었는데, 이 약속어음이 만기에 지급거절되자, 원고는 A소유의 물품을 처분하여 그 대금으로 위 물품대금채무의 변제에 충당하여 위 물품대금채권이 모두 소멸하였음에도 불구하고 위 약속어음의 지급을 청구하였다(이 사건에서 발행의 원인관계도 부존재·무효이거나 소멸되었는지의 여부는 불분명).

**2. 결정요지**

이 사건에 관하여, 원심(춘천지방법원 1983. 10. 27. 판결, 83 나 115)은 「원고의 A에 대한 물품대금채권이 모두 소멸되었으므로 물품대금의 지급담보를 위하여 교부되었던 약속어음금의 청구는 권리남용에 해당하거나 신의칙에 반하는 것으로서 허용될 수 없다」고 판시하였으며, 대법원은 원고의 상고허가신청을 기각함으로써 원심의 결론을 유지하였다. 이 사건에 관한 대법원 결정의 태도는, 후자의 항변을 인정하고 그 논거로 권리남용항변설을 지지하였다고 말할 수 있겠다.

### 3. 檢 討

부정설은 어음(수표)행위의 독립성 내지 무인성에 기하여, 소지인이 어음(수표사)상의 권리자이므로 어음(수표)채무자가 일단 소지인에게 지급하고 다음에 소지인이 이를 배서인에게 부당이득으로 반환하여야 한다고 하는데, 이는 법률관계의 해결이 너무 우회적이어서 불합리하다.

또한 긍정설 중의 무권리항변설은 그 기초인 창조설 자체에 의문이 있고, 또 배서를 유인적으로 구성하는 것은 배서의 단순성(어 12조 1항·77조 1항 1호, 수 15조 1항)에 반한다. 그리고 원인관계의 일부만 소멸된 경우에는 어음(수표)상의 권리의 일부만 전자에게 복귀되어 결국 어음(수표)상의 권리가 소지인과 전자에게 분속되므로 일부배서의 금지(어 12조 2항·77조 1항 1호, 수 15조 2항)에도 반한다.

생각건대 어음(수표)행위의 무인성 내지 인적항변의 개별성의 원칙을 부정할 수는 없으나, 어음(수표)은 어디까지나 원인관계의 결제를 위한 수단에 불과하므로 원인관계상의 채무가 소멸되면 소지인이 어음(수표)을 보유할 정당한 권한이 없어지고 어음(수표)상의 권리를 행사할 실질적 이유가 없는 것이다. 그런데도 소지인이 어음(수표)을 보유하고 있는 형식적 자격을 기화로 어음(수표)금의 지급을 청구하는 것은 권리남용(민 2조 2항)으로서 허용될 수 없다고 보는 것이 타당하다(권리남용항변설).

## Ⅲ. 前者의 抗辯

### 1. 意 義

어음(수표)채무자는 자기의 전자가 소지인에 대하여 가지는 인적항변을 원용하여 그 소지인에 대하여 대항할 수 있는가, 즉 어음채무자(B)는 전자(A)의 어음소지인(C)에 대한 인적항변으로 그 소지인(C)에게 대항할 수 있는가 하는 것이 전자의 항변의 문제이다.

전자의 항변에는 어음(수표)보증인이 피보증인의 소지인에 대한 인적항변을 그 소지인에 대하여 원용할 수 있는가 하는 문제와 소구의무자가 주된 어음(수표)채무자의 소지인에 대한 인적항변을 그 소지인에 대하여 원용할 수 있는가 하는 문제가 있다.

### 2. 어음(手票)保證人의 援用

어음법 제32조 제2항(77조 3항)은 피보증어음행위가 실질적으로 무효인 경우에도 어음보증은 유효하다고만 규정하고 있고, 피보증어음행위가 유효한 경우에 어음보증인이 피보증인의 어음소지인에 대한 인적항변을 원용하여 그 어음소지인에 대하여 대항할 수 있는가에 대하여는 아무 규정을 두고 있지 않다.

어음보증인의 인적항변의 원용에 관하여 학설은 어음보증의 성질에 따라 그 원용 여부를 정하기도 하고 또는 항변이론으로 정하기도 한다.

(1) 學 說

1) 어음保證의 性質에 기한 學說

① **援用否定說** 부정설은 어음보증의 독립성을 중시하는 입장에서, 어음보증채무는 피보증채무와는 별개·독립의 채무이므로 어음보증인은 피보증인이 어음소지인에 대하여 가지는 인적항변이므로 그 어음소지인에게 대항할 수 없다고 한다(日 最高裁 判決 1955. 9. 22.).

② **援用肯定說** 긍정설은 어음법 제32조 제2항(어음보증의 독립성)을 동 조 제1항(어음보증의 부종성)의 예외규정이라고 보아 어음보증의 부종성을 중시하는 입장에서, 어음보증인은 피보증인이 어음소지인에 대하여 가지는 원인관계상의 인적항변을 원용하여 그 어음소지인에 대하여 대항할 수 있다고 한다(河本一朗, 商法演習(Ⅲ), 168頁).

2) 어음抗辯理論에 기한 學說

① **直接關係抗辯說** 직접관계항변설은 어음소지인이 피보증인의 직접의 상대방인 경우에는 어음보증인도 피보증인과 함께 그 어음소지인에 대하여 직접의 인적관계가 있는 것으로 보아, 어음보증인은 피보증인의 어음소지인에 대한 인적항변을 원용하여 그 어음소지인에 대항할 수 있다고 한다(정희철 298면).

② **無權利者抗辯說** 무권리자항변설은 원인관계가 부존재·무효·취소되었다는 항변은 실질적으로는 어음소지인이 무권리자라는 항변에 지나지 아니하므로, 어음보증인을 포함하여 모든 어음채무자가 어음소지인에게 대항할 수 있다고 한다(양승규(어) 328면).

③ **權利濫用抗辯說** 권리남용항변설은 원인관계가 부존재·무효·취소된 경우에 어음소지인이 어음을 반환하지 않고 어음보증인에 대하여 보증채무의 이

행을 청구하는 것은 신의칙에 반하고 권리남용으로 되어 이를 허용할 수 없다고 한다(정동윤 251면).

(2) 判 例

**【대법원 1988. 8. 9. 판결, 86 다카 1858】**

A가 원고에게 약속어음을 발행하고, 피고는 A를 위하여 어음보증을 하였는데, 이 어음이 지급거절되자 원고가 피고에게 어음보증책임의 이행을 청구한 사안에서, 대법원은 「발행인을 위하여 어음보증이 되어 있는 약속어음을 수취한 사람은 어음을 발행한 원인관계상의 채무가 존속되지 않기로 확정된 때에는 특별한 사정이 없는 한 그 때로부터 어음발행인에 대하여서 뿐만 아니라 어음보증인에 대하여서도 어음상의 권리를 행사할 실질적인 이유가 없어졌으므로 어음이 자기의 수중에 있는 것을 기화로 어음보증인으로부터 어음금을 받으려는 것은 신의성실의 원칙에 비추어 부당한 것으로서 권리남용으로 되어 어음보증인은 수취인에 대하여 어음금의 지급을 거절할 수 있다고 보는 것이 옳다」고 판시하여, 원인관계상 채무가 부존재한 경우에 어음보증인에 대하여 그 보증채무의 이행을 청구하는 것은 권리남용으로서 허용되지 않는다고 하였다. 위 판결은 권리남용항변설을 취한 것이다.

(3) 檢 討

원용부정설에 의하면 어음보증인은 피보증인의 인적항변으로 어음소지인에 대항할 수 없어 어음금을 지급하여야 하고 어음금을 지급한 어음보증인은 피보증인에게 구상하게 되고(어 32조 3항, 77조 3항) 또 이를 상환한 피보증인은 어음소지인에 대하여 부당이득을 이유로 그 수령금액의 반환을 청구하게 되므로(민 741조), 결국 어음보증인의 인적항변의 원용을 부정하여 어음소지인의 어음보증인에 대한 권리행사를 인정하는 것이 무의미하고 권리행사의 악순환을 초래하게 되어 부당하다.

적용긍정설은 어음법 제32조 제1항(어 77조 3항)은 어음보증의 부종성을 정한 원칙 규정이고 동 조 제2항은 피보증채무가 실질적으로 무효인 경우에도 어음보증이 유효하다는 어음보증의 독립성을 정한 예외규정이라고 보아 동 조 제1항의 어음보증의 부종성에 의하여 어음보증인은 피보증인의 인적항변을 원용할 수 있다고 하나, 동 조 제1항과 제2항의 관계를 원칙과 예외를 정한 것이라고 속단할 수 있는 근거가 명확하지 않다.

직접관계항변설은 어음소지인이 피보증인의 직접의 상대방인 경우에는 어음보증인도 어음소지인과 직접의 인적관계에 있다고 하나, 이렇게 볼 수 있는 근거가 명확하지 않다.

또한 무권리자항변설은 원인관계의 부존재·무효·취소가 어음의 실질적 무권리자라는 항변으로 된다고 하나 이는 어음행위의 무인성에 반한다.

이렇게 보면, 피보증인과 어음소지인 간의 원인관계가 부존재하거나 무효·취소된 경우에는 어음소지인이 어음을 보유하고 있을 실질적 이유가 없어졌으므로 어음을 보유하고 있는 형식적 자격을 기화로 어음금의 지급을 청구하는 것은 권리남용으로서 허용될 수 없다고 보는 것이 타당하다(권리남용항변설).

### 3. 遡求義務者의 援用

#### (1) 序 說

주된 어음(수표)채무가 지급·상계·면제·소멸시효 등에 의하면 소멸되었거나 지급유예의 특약이 있는 경우에 소구의무자가 소지인에 대하여 이를 원용할 수 있는가 문제된다.

#### (2) 支給·相計·免除·時效에 의하여 消滅된 경우

주된 어음(수표)채무가 지급·상계·면제 등에 의하여 소멸된 경우에는 어음(수표)의 목적 달성으로 소구의무도 소멸되므로, 소구의무자는 그 소구의무의 소멸로 소지인에 대하여 대항할 수 있다.

또한 주된 어음(수표)채무가 소멸시효에 의하여 소멸된 경우에는, 소구권행사의 전제조건으로 되어 있는 어음법 제50조 소정의 상환에 적합한 유효한 어음을 소구의무자에게 반환할 수 없으므로 소구권 자체의 시효소멸을 기다리지 않고, 그 소구의무도 동시에 소멸되므로(통설), 소구의무자는 그 소구의무의 소멸을 소지인에 대하여 원용할 수 있다.

#### (3) 支給猶豫의 特約이 있는 경우

주된 어음(수표)채무자와 소지인 간에 지급유예의 특약이 있는 경우에, 어음(수표)채무의 독립성과 어음(수표)항변의 개별성의 면에서 보면 소구의무자의 그 지급유예특약의 항변의 원용을 부정하여야 할 것이다. 그러나 그렇게 되면 소구의무자가 소지인에게 어음(수표)금을 지급하고 이어 주된 어음(수표)채무자에게 어음(수표)금의 지급을 청구하게 되어 지급유예의 특약이 무의미하게 되므로, 소구의무자는 소지인에 대하여 그 지급유예의 특약을 원용할 수 있다고 보아야 할 것이다.

## Ⅳ. 2重無權의 抗辯

### 1. 意 義

소지인과 그 전자(前者) 간의 원인관계 및 그 전자와 그 전전자(前前者) 간의 원인관계가 흠결되어 있는 경우에 어음(수표)채무자인 전전자가 소지인에 대하여 이러한 원인관계의 흠결로 대항할 수 있는가, 즉 A · B 간의 원인관계 및 B · C 간의 원인관계가 모두 소멸한 경우에 어음채무자 A는 소지인 C의 어음금청구를 거절할 수 있는가 하는 것이 2중무권의 항변문제이다. 2중무권의 항변은 당사자를 기준으로 보면 후자의 항변과 같으나, 타인(B)의 항변을 원용하는 것이 아니고 자신의 항변을 주장한다는 점에서 후자의 항변과 다르다.

2중무권의 항변을 인정할 것인가에 관하여 긍정설과 부정설이 대립해 있다.

### 2. 學 說

① **否定說** 부정설은 어음(수표)채무자인 전전자는 어음(수표)행위의 무인성에 의하여 전자에 대한 인적항변으로 소지인에 대하여 대항할 수 없고 또 인적항변의 개별성의 원칙에 의하여 전자의 소지인에 대한 인적항변으로 그 소지인에 대하여 대항할 수 없다. 또한 2중무권의 항변을 인정하지 않아도 어음(수표)채무자가 소지인에게 어음(수표)금을 지급하면 전자가 소지인에 대하여 부당이득반환청구를 하고 또 어음(수표)채무자가 전자에 대하여 부당이득반환청구를 하여 해결할 수 있으므로 굳이 2중무권의 항변을 인정할 필요가 없다고 한다(최기원 409면).

② **肯定說** 긍정설은 2중무권의 경우에 소지인이 어음(수표)에 관하여 독립된 경제적 이익을 가지지 않고(정동윤 131면), 어음(수표)채무자가 소지인에게 어음(수표)금을 지급하고 전자가 소지인에 대하여 부당이득반환청구를 하는 것보다 오히려 처음부터 소지인의 청구를 거절할 수 있게 하는 것이 합리적이므로, 어음(수표)채무자의 2중무권의 항변을 인정하여야 한다고 한다(양승규 190면).

**【대법원 1987. 12. 12. 판결, 86 다 2767】**

2중무권의 항변에 관하여, 대법원은 「특정 채권의 담보용으로만 사용한다는 조건으로 Y가 A에게 약속어음을 발행하고 어음소지인인 X 역시 그러한 사정을 알면서 특정채무의 담보용으로만 사용한다는 조건으로 수취인인 A로부터 위 약속어음을 배서양도 받았다가 위 약속어음으로 담보된 채무가 모두 이행되어 피담보채권이 모두 소멸되었다면 X는 특단의 사정이 없는 한 A에게 그 어음을 반환할 의무가 있을 뿐 Y에 대하여 어음상의 권리를 행사할 수 없으므로 이러한 사유는 Y도 X에 대하여 대항할 수 있는 항변사유가 된다고 할 것이다」라고 판시하여, 2중무권의 항변을 인정하였다.

**【대법원 2003. 1. 10. 판결, 2002 다 46508】**

**1. 사실관계**

약속어음의 발행인인 피고가 수취인 겸 배서인인 A에게 어음금을 모두 변제하였고, A도 소지인인 원고에게 어음금의 일부를 변제하였음(발행의 원인관계는 전부 소멸, 배서의 원인관계는 일부 소멸)에도 불구하고 원고가 어음을 소지함을 이유로 피고에게 어음금 전부의 지급을 청구하였다.

**2. 판결요지**

이 사건에 대하여, 대법원은 「어음에 의하여 청구를 받은 자는 종전의 소지인에 대한 인적 관계로 인한 항변으로써 소지인에게 대항하지 못하는 것이 원칙이지만, 이와 같이 인적항변을 제한하는 법의 취지는 어음거래의 안전을 위하여 어음취득자의 이익을 보호하기 위한 것이므로 자기에 대한 배서의 원인관계가 흠결됨으로써 어음소지인이 그 어음을 소지할 정당한 권원이 없어지고 어음금의 지급을 구할 경제적 이익이 없게 된 경우에는 인적항변 절단의 이익을 향유할 지위에 있지 아니하다고 보아야 할 것이다.

따라서 피고가 A에게 이 사건 어음금을 모두 지급하고 A가 원고에게 이 사건 어음금 중 292,368,410 원을 지급한 이상, 원고는 배서인인 A와의 사이에서 소멸된 292,368,410 원 부분에 대하여는 그 어음금의 지급을 구할 경제적 이익이 없게 되어 인적항변 절단의 이익을 향유할 지위에 있지 아니하므로, 이 사건 각 어음의 발행인인 피고는 위 범위 내에서 A에 대한 위 인적항변으로써 소지인인 원고에게 대항하여 그 부분 어음금의 지급을 거절할 수 있다」라고 판시하여, 2중무권의 항변을 인정하였다.

3. 檢　討

부정설은 어음(수표)금을 지급하고 부당이득반환청구에 의하여 해결한다고 하나 그 해결방법이 너무 우회적이어서 불합리하다. 2중무권의 경우의 소지인은 숨은 추심위임배서의 피배서인과 같이 고유의 경제적 이익을 가지지 아니하여 인적항변 절단의 이익을 누릴 지위에 있지 않으므로, 어음(수표)채무자는 전자와 소지인 간의 원인관계 소멸의 항변으로 그 소지인에 대하여 대항할 수 있다고 보는 것이 타당하다(긍정설).

# 제 4 절 어음(手票)上의 權利의 消滅

어음(수표)상의 권리의 소멸원인에는 채권 일반에 공통하는 소멸원인과 어음(수표)상의 권리에 특유한 소멸원인이 있다.

## 제 1 관 債權一般의 消滅原因

### 제1. 總 說

어음(수표)상의 권리도 채권이므로 어음(수표)상의 권리는 지급 · 대물변제 · 상계 · 경개 · 면제 · 공탁 등의 채권 일반의 소멸원인에 의하여 소멸한다. 다만 어음(수표)상의 권리는 어음(수표)에 표창되어 어음(수표)에 결합되어 있으므로, 어음(수표)의 교부 또는 어음(수표)에의 기재(어 39조 1항 · 3항 · 77조 1항 3호, 수 34조 1항 · 3항)에 의하여 어음(수표)상의 권리가 소멸된다. 채권 일반의 소멸원인이 있는 경우에 어음(수표)을 회수하여 폐기하거나 어음(수표)에 기재하지 않으면, 이러한 사유는 어음(수표)채무자의 인적항변으로 될 뿐이다.

어음(수표)법에서는 환배서가 인정되므로(어 11조 3항 · 77조 1항 1호, 수 14조 3항), 혼동은 어음(수표)상의 권리의 소멸원인으로 되지 않는다.

채권 일반의 소멸원인 중에서 상계 · 면제 및 공탁에 관하여는 약간의 고찰이 필요하다.

### 제2. 相 計

어음(수표)채권을 자동채권으로 하여 상계하는 경우에 어음(수표)의 제시증권성 · 상환증권성과 관련하여 어음(수표)의 교부를 요하는가가 문제된다.

#### Ⅰ. 裁判外의 相計

재판 외의 상계의 경우에 어음(수표)채무자가 어음(수표)을 교부받지 않으면 2

중지급의 위험이 있고 또 자기의 전자에게 재소구하기 위하여서는 어음(수표)을 회수하여야 하므로, 상계에 의하여 어음(수표)채권의 전부가 소멸되는 때에는 상계의 의사표시 외에 어음(수표)에의 기재와 어음(수표)의 교부가 있어야 한다.

상계에 의하여 어음(수표)채권의 일부가 소멸되는 때에는 상계의 의사표시 외에 일부지급(어 39조 3항·77조 1항 3호, 수 34조 3항)에 준하여 어음(수표)에 이를 기재하여야 한다.

### Ⅱ. 裁判上의 相計

재판상의 상계의 경우에는 판결서에 의하여 어음(수표)채무의 소멸이 증명되어 이중지급의 위험이 없으므로 어음(수표)의 교부를 요하지 않는다.

## 제3. 免 除

소지인이 주된 어음(수표)채무자에 대하여 어음(수표)채무를 면제한 경우에는 다른 어음(수표)채무자에 대하여 특별히 그 어음(수표)채무면제의 특약을 하지 아니하여도 그 어음(수표)채무는 당연히 소멸된다.

## 제4. 供 託

소지인이 지급제시기간 내에 지급제시를 하지 않은 때에는 어음채무자는 소지인의 비용과 위험부담으로 어음금액을 관할관서에 공탁하여(어 42조·77조 1항 3호) 그 어음채무를 면할 수 있다. 그러나 소지인이 지급제시기간 내에 지급제시를 하지 않은 경우에는 소구의무자가 소구의무를 면하므로, 이 경우 소구의무자에게는 공탁의 문제가 생기지 않는다.

어음법 제42조(어 77조 1항 3호)는 주된 어음채무자를 위한 특별규정이므로, 주된 채무자가 없는 수표에는 공탁에 관한 규정이 없다.

# 제 2 관 어음(手票)上의 權利에 특유한 消滅原因

어음(수표)상의 권리에 특유한 소멸원인으로는 보전절차의 흠결(어 53조·77조 1항 4호, 수 39조), 일부지급의 거절(어 39조 2항·77조 1항 3호, 수 34조 2항), 참가지급의 거절(어 61조·77조 1항 5호), 단기소멸시효(어 70조·77조 1항 8호, 수 51조), 거절할 수 있는 참가인수의 승낙(어 56조 3항 2문), 참가지급이 경합하는 경우 자기보다 우선하는 참가지급인이 있는 것을 알고 한 참가지급(어 63조 3항 77조 1항 5호) 등이 있다. 이러한 소멸원인에 관하여는 각 해당 항에서 고찰하기로 하고, 여기에서는 단기소멸시효에 관하여서만 고찰하기로 한다.

# 제 3 관 어음(手票)의 時效

## 제1. 短期消滅時效

### I. 時效期間

어음(수표)채무는 엄격하여 어음(수표)채무자에게 가혹하므로 이를 완화하고 어음(수표)관계의 신속한 결제를 위하여, 어음(수표)법은 어음(수표)상의 권리의 소멸시효에 관하여 특별히 단기소멸시효를 정하고 있다(어 70조·77조 1항 8호, 수 51조·58조).

어음의 단기시효기간은 ① 주된 어음채무자, 즉 환어음의 인수인이나 약속어음의 발행인에 대한 청구권은 3년(어 70조 1항 77조 1항 8호), ② 어음소지인의 전자에 대한 소구권은 1년(어 70조 2항 77조 1항 8호), ③ 어음의 소구의무를 이행한 배서인의 전자에 대한 재소구권은 6개월(어 70조 3항 77조 1항 8호)이다.

또한 수표의 소멸시효기간은 ① 수표소지인의 전자(발행인 배서인 등)에 대한 소구권은 6월(수 51조 1항), ② 수표의 소구의무를 이행한 배서인의 전자에 대한 재소구권도 6개월(수 51조 2항), ③ 수표소지인의 지급보증인에 대한 청구권은 1년(수 58조)이다.

그리고 어음(수표)보증인(어 32조 1항·77조 3항, 수 27조 1항)·환어음의 참가인수인(어 58조 1항) 및 어음(수표)의 무권대리인(어 8조·77조 2항, 수 11조)은 피보증인·피참가인 및 본인과 동일한 채무를 부담하므로, 이들에 대한 청구권의 시효기간은 피보증인·피참가인 및 본인에 대한 청구권의 시효기간과 같다.

이와 같이 어음(수표)상의 권리의 시효기간은 단기이나, 어음(수표)상의 권리가 확정판결이나 이와 동일한 효력이 있는 재판상의 화해·조정 등에 의하여 확정된 때에는 그 시효기간은 10년이다(민 165조).

### II. 時效期間의 始期와 計算

#### 1. 時效期間의 始期

**① 主된 어음債務者에 대한 請求權 및 拒絶證書作成免除 어음의 所持人의 前者에 대한 遡求權의 경우** 주된 어음채무자인 환어음의 인수인이나 약속어음의 발행인

에 대한 청구권의 시효기간과 거절증서의 작성이 면제된 어음의 소지인의 전자에 대한 소구권의 시효기간은 「만기의 날」부터 기산하며(어 70조 1항·2항, 77조 1항 8호), 만기가 법정휴일인지, 만기 전의 소구가 가능한지, 만기에 지급제시를 하였는지, 만기까지 백지가 보충되었는지를 불문한다. 또한 만기가 휴일인 경우에도 어음법 제72조 제1항(어 77조 1항 9호 수 60조 2항)에 의한 연장이 인정되지 않는데, 이 점에서 지급제시를 할 때에는 만기가 법정휴일일 경우 이에 이은 제1의 거래일을 「지급을 할 날」로 연장하여 기산하는 것과 구별된다.

시효기간의 산정에 있어 「만기의 날」(初日)은 산입되지 아니한다(어 77조 1항 9호, 73조, 수 61조).

어음의 개서를 한 경우에나 어음관계자 전원의 동의로 만기의 기재를 변경한 경우에는 만기가 유효하게 변경된 것이므로, 시효기간은 그 변경된 만기부터 기산한다. 다만 만기의 변경에 동의하지 않은 자가 있는 경우에는, 그 자에 대하여는 어음의 변조로 되므로 그 자에 대한 어음상의 권리의 시효기간은 원래의 만기부터 기산한다.

어음 외에서 지급유예의 특약을 한 경우에 그 특약에 의하여 만기를 변경할 수는 없으나, 이는 인적항변사유로서 특약의 당사자 간에서는 유예기간 중에는 시효의 진행이 정지되고 그 유예기간이 만료한 때부터 시효가 진행된다.

**② 拒絶證書作成이 免除되지 않은 어음의 所持人의 前者에 대한 遡求權의 경우**

거절증서의 작성이 면제되지 않은 어음의 소지인의 전자에 대한 소구권의 시효기간은 적법한 시기에 작성한 거절증서의 일자부터 기산한다(어 70조 2항 77조 1항 8호). 여기에서 거절증서는 지급거절증서(어 44조 3항 71조 1항 4호), 인수거절증서(어 44조 2항 77조 1항 1호) 및 지급인(약속어음의 발행인)의 지급정지의 경우나 그 재산에 대한 강제집행부주효의 경우에 작성한 거절증서(어 44조 5항 77조 1항 4호)도 포함된다.

**③ 遡求義務를 履行한 背書人·保證人·參加引受人의 前者에 대한 再遡求權의 경우**

어음의 소구의무를 이행한 배서인·보증인·참가인수인 등의 전자에 대한 재소구권의 시효기간은 어음을 환수한 날 또는 제소된 날부터 기산한다(어 70조 3항 77조 1항 8호).

여기에서 어음의 환수는 현실로 어음금을 지급하거나 상계 기타의 방법에 의하여 채권의 만족을 받아 어음을 환수한 경우뿐만 아니라 무상으로 어음을 반환받은 경우도 포함된다. 어음의 환수일은 현실로 어음을 반환받은 날이고 채권의 만족을 받은 날이 아니다.

또한 제소된 날은 소가 제기된 날이 아니고 후자로부터 소의 제기를 받고 소장의 송달을 받은 날이다. 受訴의 사실을 재소구권의 시효개시의 원인으로 한 것은 지급의 지연을 위하여 소송을 제기하는 것을 방지하기 위한 것이다. 소는 이행의 소이든 확인의 소이든 불문하며, 소 외의 재판상의 주장(예 : 지급명령의 송달, 압류, 가처분, 가압류 파산 또는 화의에 있어서 채권의 신고)은 재소구권의 시효의 시기로 되지 않는다.

**④ 手票所持人의 遡求權·支給保證人에 대한 請求權 및 再遡求權의 경우** 수표소지인의 전자에 대한 소구권과 지급보증인에 대한 청구권의 시효기간은 지급제시기간의 말일부터 기산하고(수 51조 1항·58조), 수표의 소구의무를 이행한 배서인이나 그 보증인 등의 전자에 대한 재소구권의 시효기간은 수표를 환수한 날 또는 소장의 송달을 받은 날부터 기산한다.

**⑤ 保證人·參加引受人·無權代理人에 대한 請求權의 경우** 보증인·참가인수인 또는 무권대리인은 주채무자·피참가인 또는 본인과 동일한 어음(수표)채무를 부담하므로, 보증인 등에 대한 청구권의 시효기간의 계산은 주채무자 등의 경우와 같다.

#### 2. 時效期間의 計算

시효기간을 산정하는 경우에 초일은 산입하지 않고(초일불산입의 원칙)(어 73조·77조 1항 9호, 수 61조), 그 다음날부터 기산한다. 시효기간의 만료일이 법정휴일인 때에는 이에 이은 제1의 거래일까지 시효기간이 연장된다(어 72조 2항 민 161조).

## 제2. 時效의 中斷

### I. 時效의 中斷事由

#### 1. 序 說

어음(수표)상의 권리의 소멸시효는 민법상의 시효중단사유인 청구·압류·가압류·가처분 및 채무의 승인에 의하여 중단되고(민 168조), 이 외에 어음(수표)법은 어음(수표)상의 권리의 시효중단사유로서 특히 소송고지를 규정하고 있다(어 80조 수 64조).

#### 2. 訴訟告知

후자가 소구의무자에 대하여 소구의 소를 제기한 경우에 소구의무자의 전자에 대한 재소구권의 시효는 소구의무자가 그 전자에 대하여 소송고지를 한 때에 중단되고 재판이 확정된 때부터 다시 진행된다(어 80조 수 64조). 이는 소송이 장기간 계속되면 그 동안 소구의무자의 전자에 대한 재소구권이 시효의 완성으로 소멸될 위험이 있으므로 이를 방지하기 위한 것이다.

### 3. 請 求

#### (1) 裁判上의 請求와 裁判外의 請求

시효중단사유로서의 청구에는 재판상의 청구와 재판 외의 청구 즉 최고의 두 가지가 있다. 시효중단을 위한 최고는 보통 내용증명우편으로 한다. 물론 최고 그 자체에는 시효중단의 효력이 없고, 최고를 한 때에는 6개월 내에 재판상의 청구, 파산절차의 참가, 압류, 가압류, 가처분 등의 절차를 취하여야 시효중단의 효력이 생긴다(민 174조).

#### (2) 請求時 어음(手票)提示의 要否

재판상의 청구를 할 때에는 통설·판례(대판 1959. 2. 19. 4290 민상 588)(대판 1962. 1. 31. 4294 민상 110·111)는 다같이 어음(수표)의 제시가 없어도 시효중단의 효력이 생긴다고 본다.

그러나 재판 외의 청구를 할 때에도 어음(수표)의 제시를 요하는가에 관하여, 판례는 어음(수표)의 제시증권성을 이유로 어음(수표)의 제시를 요한다고 하나(제시필요설)(대판 1962. 12. 20. 62 다 680), 통설은 원래 시효제도는 권리 위에 잠자는 자는 보호할 필요가 없다는 취지에서 비롯한 제도이므로 어음(수표)상 권리자의 권리행사의 의사가 객관적으로 표명되면 그로써 시효중단의 방법으로는 충분하다고 하여, 시효중단을 위한 최고에는 어음(수표)의 제시를 요하지 않는다고 한다(제시불요설).

생각건대 ① 최고를 한 어음(수표)상의 권리자는 권리 위에 잠자는 자가 아니고, ② 최고에 의한 시효중단의 효력은 6개월 내에 재판상의 청구 기타의 강력한 시효중단의 절차를 취하지 않으면 시효중단의 효력이 생기지 않는 예비적·잠정적인 것에 불과하고, ③ 어음(수표)의 시효중단을 위하여 하는 청구에까지 어음(수표)의 제시를 요하는 것은 필요 이상으로 어음(수표)상의 권리자에게 불편을 요구하는 것으로서 거래의 실정에 적합하지 않으므로, 시효중단을 위한 최고에는 어음(수표)의 제시를 요하지 않는다고 보는 것이 타당하다(제시불요설).

#### ⑶ 請求者의 어음(手票)所持의 要否

재판상의 청구나 재판 외의 청구에 어음(수표)의 제시를 요하지 않으나, 어음(수표)의 소지도 요하지 않는가 문제된다. 그러나 시효중단을 위한 청구에는 어음(수표)상의 권리자가 권리 위에 잠자고 있지 않다는 점만 표시되면 되고 또 어음(수표)상의 권리자가 어음(수표)의 소지를 상실하여도 어음(수표)상의 권리를 상실하는 것이 아니어서 제권판결 취득 전에도 시효중단을 할 수 있어야 할 것이므로, 어음(수표)의 소지를 요하지 않는다고 보아야 할 것이다(소지불요설)(정동윤 133면).

#### ⑷ 白地어음(手票)에 의한 訴의 提起와 時效中斷

백지어음(수표)에 의하여 소를 제기한 경우에 시효중단의 효력이 생기는가에 관하여 판례는 긍정설을 취하기도 하고(대판 1962. 1. 31. 4294 민상 110·111) 부정설을 취하기도 하였으나(대판 1962. 12. 20. 62 다 680), 백지어음도 만기부터(백지수표는 지급제시기간의 말일부터) 시효가 진행되는 점으로 보아 이와의 균형상 백지어음(수표)에 의하여 소가 제기된 경우에도 시효중단의 효력이 생긴다고 보는 것이 타당하다.

### 4. 押留·假押留·假處分

압류·가압류·가처분은 재판상의 청구와 같은 강력한 시효중단사유이다. 따라서 이러한 경우에도 어음(수표)의 제시·소지를 요하지 않는다.

### 5. 債務의 承認

채무자가 권리자에 대하여 채무를 승인하면 되고, 반드시 서면으로 하여야 하는 것은 아니다. 그러나 은행실무에서는 후일의 분쟁을 방지하기 위하여 어음(수표)채무자로부터 확정일자 있는 채무승인증서를 받아 둔다.

어음(수표)채무의 승인을 구하는 경우에도 어음(수표)의 제시·소지를 요하지 않는다.

## Ⅱ. 時效中斷의 效力

### 1. 序 說

시효가 중단되면 그 때까지 경과한 시효기간은 산입하지 않고, 시효중단사유가 종료된 때부터 새로 시효기간이 진행된다(민 178조 1항). 따라서 환어음의 인수인이나 약속어음의 발행인 등의 주된 어음채무자에 대한 청구권의 시효가 10월 1일에 완성되는 경우에 그 주된 어음채무자가 9월 30일에 어음채무를 승인하였으면 그로부터 3년 후의 9월 30일까지 시효기간이 연장된다.

그러나 확정판결이나 이와 동일한 효력이 있는 재판상의 화해·조정 등에 의하여 시효가 중단된 경우에, 중단 후의 새 시효기간은 단기소멸시효가 적용되지 않고 10년이 적용된다(민 165조).

2. 時效中斷의 效力의 相對性

시효중단은 그 중단사유가 발생한 당사자와 그 승계인에 대하여서만 효력이 있다(어 71조·77조 1항 8호, 수 52조). 이는 각 어음(수표)채무자가 독립하여 어음(수표)채무를 부담하기 (어음·수표행위독립의 원칙) 때문인 것이다. 이것을 시효중단의 효력의 상대성이라 한다.

따라서 약속어음의 공동발행인 중의 1인이 한 승인은 다른 공동발행인에 대하여는 시효중단의 사유로 되지 않는다. 또한 어음(수표)의 주채무자에 대한 시효중단이 있어도 그 효력이 그 어음(수표)보증인에게 미치지 않으며, 한편 어음(수표)보증인에 대한 청구권만이 독립하여 먼저 시효에 의하여 소멸되는 경우도 있을 수 있다.

## 제3. 時效의 效力

### Ⅰ. 어음(手票)上의 權利의 消滅

시효의 중단 없이 시효기간이 경과한 때에는 시효가 완성되어 어음(수표)상의 권리가 소멸된다. 어음(수표)채무자가 수인인 경우에는 어음(수표)행위독립의 원칙에 의하여 각 어음(수표)상의 권리가 독립하여 시효에 걸린다. 따라서 어음(수표)채무자의 1인에 대하여 시효가 완성된 경우에는 그 어음(수표)채무자의 채무만이 소멸되고 다른 어음(수표)채무자의 어음(수표)채무는 소멸되지 않는다.

### Ⅱ. 主된 어음債務者에 대한 어음上의 權利의 時效消滅과 遡求權

1. 序 說

환어음의 인수인이나 약속어음의 발행인 등의 주된 어음채무자에 대한 어음상의 권리가 시효소멸한 경우에 그것이 소구권에 영향을 미쳐 소구권도 소멸하는가 문제되며, 이에 관하여 긍정설과 부정설이 대립해 있다.

2. 學 說

① 肯定說 긍정설은 주된 어음채무와 소구의무는 주종의 관계에 있다

고 보아 주된 어음채무가 지급 · 면제 등에 의하여 소멸되는 경우에는 소구의무도 소멸되는 것으로 보아야 하고 또 배서인이 소구의무를 이행하고 반환받은 어음에 의하여 최종의 어음채무자인 주된 어음채무자에게 청구권을 행사하기 위하여서는 그 어음이 유효한 어음이어야 하므로, 주된 어음채무자에 대한 청구권이 소멸되면 소구권도 그 자체의 시효의 완성을 기다리지 않고 소멸된다고 한다(통설).

② **否定說** 부정설은 주된 어음채무와 소구의무 간에는 주채무와 보증채무의 관계와 같은 주종의 관계가 없고 또 주된 어음채무의 시효소멸은 어음관계의 목표인 금전지급과 동일시할 수 없어 소구의무의 존속을 인정할 필요가 있으므로, 주된 어음채무가 시효소멸되어도 이는 소구의무에 영향을 미치지 않는다고 한다(일본의 소수설).

3. 檢 討

주된 어음채무가 시효소멸된 때에는 이득상환청구권이 생겨(어79조) 소지인이 보호받을 수 있으므로, 주된 어음채무가 시효소멸되면 소구권의 존속을 인정할 필요가 없다고 본다(긍정설).

### Ⅲ. 어음(手票)의 主債務의 時效消滅과 保證債務

어음(수표)의 주채무가 시효소멸된 때에는 보증채무의 종속성(어 32조 1항 · 77조 3항, 수 27조 1항)에 의하여 어음(수표)보증채무도 소멸된다.

# 제 5 절 어음(手票)의 抹消 · 毁損 · 喪失

## 제1. 어음(手票)의 抹消 · 毁損

### Ⅰ. 어음(手票)의 抹消

1. 意 義

어음(수표)의 말소는 어음(수표)의 기명날인(서명)과 기타의 기재를 도말(塗抹) · 삭제 · 첨부 등의 방법에 의하여 제거하는 것이다.

어음(수표)의 말소에 의하여 어음(수표)이 동일성을 상실한 정도에 이른 경우에는 어음(수표)의 상실로 된다.

### 2. 效 果

#### ⑴ 抹消權限 있는 者가 어음(手票)抹消를 한 경우

말소권한 있는 자가 어음(수표)을 말소한 경우에는 어음(수표)상의 권리를 변경 또는 포기한 것으로 추정되며(통설), 따라서 이 경우에는 반대의 증거가 없는 한 어음(수표)상의 권리가 변경 또는 소멸된다. 그러나 말소권한 있는 자가 어음(수표)상의 권리를 변경 또는 포기할 의사 없이 말소한 경우에는 어음(수표)상의 권리가 변경·소멸되지 않는다. 따라서 이 경우에는 어음(수표)상의 권리를 변경·포기할 의사 없이 말소하였다는 것과 그 말소된 원문언을 증명하여 그 원문언에 의한 어음(수표)상의 권리를 행사할 수 있다.

여기에서 말소권한 있는 자는 어음(수표)행위의 효력 발생 전에는 그 어음(수표)행위자이고, 어음(수표)행위의 효력 발생 후에는 그 어음(수표)관계자 전원의 동의를 얻은 어음(수표)행위자이다.

#### ⑵ 抹消權限 없는 者가 어음(手票)抹消를 한 경우

말소권한 없는 자가 어음(수표)을 말소한 경우에는 어음(수표)의 변조(어 69조·77조 1항 1호, 수 50조)로 된다. 따라서 이 경우에 말소 전에 기명날인(서명)한 자는 말소 전의 원문언에 따라 어음(수표)상의 책임을 지고, 말소 후에 기명날인(서명)한 자는 말소 후의 새 문언에 따라 어음(수표)상의 책임을 지며, 또 말소에 의하여 어음(수표)요건을 결한 어음(수표)에 기명날인(서명)한 자는 어음(수표)상의 책임을 지지 않는다.

말소권한 없는 자의 어음(수표)의 말소에 의하여 어음(수표)요건을 결하여도, 어음(수표)요건은 어음(수표)상의 권리의 성립에 필요한 요건이고 그 존속에 필요한 요건이 아니므로, 일단 유효하게 성립한 어음(수표)상의 권리는 소멸되지 않는다(통설). 이것은 어음(수표)상의 권리가 성립된 후에는 어음(수표)을 상실하여도 어음(수표)상의 권리가 소멸되지 아니하여 제권판결을 받아 어음(수표)상의 권리를 행사할 수 있고(민사소송 497조) 또 어음(수표)상의 권리가 성립된 후에 어음(수표)이 변조되어도 변조 전의 기명날인자(서명자)는 변조 전의 원문언에 따라 어음(수표)상의 책임을 지는 것(어 69조·77조 1항 7호, 수 50조)과 같다.

### 3. 背書의 抹消

어음(수표)법은 어음(수표)의 말소 중 배서의 말소에 관하여서는 특별규정을 두고 있다.

(1) 背書의 抹消와 背書의 連續

어음(수표)의 배서에 있어서 「말소된 배서는 배서의 연속에 관하여는 배서의 기재가 없는 것으로 본다」(어 16조 1항 3문·77조 1항 1호, 수 19조 3문). 즉 배서가 말소된 경우에 배서의 자격수여적 효력에 있어서는 배서의 기재가 없는 것으로 되어, 배서의 연속이 중단되기도 하고 배서의 연속이 생기기도 한다.

(2) 어음(手票)還受 背書人의 背書抹消權

「어음(수표)을 환수한 배서인은 자기와 후자의 배서를 말소할 수 있다」(어 50조 2항 77조 1항 4호, 수 46조 2항). 어음(수표)환수 배서인의 배서말소권은 환수배서인의 권리이고 의무가 아니다.

(3) 被背書人의 名稱의 抹消

기명식배서에 있어서 피배서인의 명칭을 말소한 경우에 그 효력에 관하여, 권한고려설·백지식배서설·전부말소설 등의 학설이 대립해 있다. 이에 관하여는 배서(353면 참조)에서 상론하기로 한다.

(4) 還背書에 갈음하는 背書의 抹消(消極的 背書)

소지인이 어음(수표)을 양도하는 경우에 환배서를 하는 대신에 피배서인이 될 자에게 이르기까지의 자기의 전자의 배서를 말소하고 교부할 수 있다(통설). 이것은 당사자에게 편리하고 제3자에게 손해를 줄 염려가 없으므로 이를 인정하여도 무방하기 때문이다.

## Ⅱ. 어음(手票)의 毁損

어음(수표)의 훼손은 절단이나 마멸 등에 의하여 어음(수표)증권의 일부에 물리적 손상을 생기게 하는 것이다. 어음(수표)의 손상이 어음(수표)의 동일성을 상실한 정도에 이른 경우에는 어음(수표)의 상실로 된다.

어음(수표)훼손의 효력은 앞에서 살펴 본 어음(수표)말소의 경우와 같다. 다만 어음(수표)배서의 훼손에 관하여는 어음(수표)의 배서의 말소에서와는 달리 특별규정이 없으므로, 어음(수표)배서의 훼손은 어음(수표)훼손의 일반원칙에 의한다.

## 제2. 어음(手票)의 喪失

### Ⅰ. 意 義

어음(수표)의 상실은 소실 등에 의하여 어음(수표)을 물리적으로 멸실(절대적 상실)하였거나 도난·분실 등에 의하여 어음(수표)의 소지를 상실(상대적 상실)한 것이다. 그리고 어음(수표)의 말소·훼손 등이 어음(수표)의 동일성을 상실한 정도에 이른 경우에도 어음(수표)의 상실로 된다.

### Ⅱ. 效 力

어음(수표)상실의 효력도 원칙적으로 어음(수표)말소의 경우와 같다. 즉 상실권한 있는 자가 어음(수표)상의 권리를 포기할 의사로 어음(수표)을 상실한 경우(예 : 어음·수표를 불태운 경우)에는 어음(수표)상의 권리가 소멸되고, 그러한 의사 없이 어음(수표)을 상실한 경우에는 어음(수표)상의 권리가 소멸되지 않는다. 그러나 전자의 경우에 어음(수표)상의 권리소멸은 어음(수표)의 상실에 의한 것이 아니고 어음(수표)상의 권리를 포기할 의사에 의한 것이다.

어음(수표)상의 권리의 발생에는 어음(수표)의 작성이 필요하나, 어음(수표)상의 권리의 존속을 위하여서는 어음(수표)의 존재가 반드시 필요한 것이 아니므로, 일단 어음(수표)의 작성에 의하여 어음(수표)상의 권리가 유효하게 발생하면 그 후에는 어음(수표)을 상실하여도 그 어음(수표)상의 권리가 소멸되지 않는다.

## 제3. 除權判決

### Ⅰ. 序 說

어음(수표)상의 권리자가 어음(수표)상의 권리의 소멸 없이 어음(수표)을 상실한 경우에는 어음(수표)상의 권리를 가지나 어음(수표)이 없어 그 어음(수표)상의 권리를 행사할 수 없고 또 제3자의 선의취득으로 그 어음(수표)상의 권리를 상실할 염려가 있으므로, 민사소송법은 공시최고에 의하여 상실어음(수표)의 소지인을 찾아보고 소지인이 없는 것이 명백한 때에는 그 상실어음(수표)을 무효로 하여 어음(수표)상실자가 어음(수표) 없이 어음(수표)상의 권리를 행사할 수 있도록 규정하고 있다(민소 475조 이하).

## Ⅱ. 公示催告의 節次

### 1. 意 義

공시최고절차는 어음(수표)을 상실한 경우에 법원이 당사자의 신청에 의하여 공고의 방법으로 불특정·불분명한 이해관계인에 대하여 실권의 경고를 하여 청구 또는 권리의 신고를 할 것을 최고하고 신고가 없을 때에는 제권판결을 내리는 절차이다.

어음(수표)의 공시최고절차에 관하여 어음(수표)법상 특별규정이 없으므로, 이는 민사소송법 제475조 이하의 규정에 의한다.

### 2. 公示催告節次의 前提

#### (1) 公示催告의 對象인 어음(手票)

「법률상 공시최고절차를 허가하지 않는 경우」에는 신청인에 대한 소로써 불복할 수 있으므로(민소 490조 2항 1호), 공시최고절차는 법률에서 허가된 증권에 대하여서만 인정된다.

법률상 공시최고절차가 허가된 증권은 도난·분실되었거나 없어진 증권, 그 밖에 상법에서 무효로 할 수 있다고 규정한 증서이다(민소 492조 1항). 상법에서 무효로 할 수 있다고 규정한 증서로는 금전·물건 또는 유가증권의 지급을 목적으로 하는 유가증권(상 65조)과 주권(상 360조)이 있다.

따라서 어음(수표)이 도난·분실 또는 없어진 경우에는 공시최고를 신청할 수 있다(민소 492조). 공시최고의 신청은 어음(수표)이 도난·분실 또는 없어진 경우에 한한다. 따라서 횡령·사기 또는 강박에 의하여 어음(수표)의 점유가 이탈한 경우에는 공시최고를 신청할 수 없다.

배서금지어음(수표)은 성질상 기명증권이나, 그 권리의 행사·지급에 어음(수표)의 제시·상환을 요하여 통상의 어음(수표)과 같으므로, 배서금지어음(수표)을 상실한 경우에도 공시최고의 신청을 할 수 있다.

또한 백지어음(수표)은 어음(수표)이 아니나 그 유통과정에 어음(수표)에 관한 법칙이 적용되므로, 백지어음(수표)을 상실한 경우에도 공시최고의 신청을 할 수 있다.

그리고 어음(수표)채무를 이행하고 어음(수표)을 환수한 자가 이를 상실한 경우에, 어음(수표)에 지급필의 기재가 없으면 다시 청구할 염려가 있으므로, 이 경우에도 공시최고를 신청할 수 있다.

그러나 시효의 완성이나 권리보전절차의 흠결에 의하여 어음(수표)상의 권리가 소멸된 어음(수표)을 상실한 경우에는, 이득상환청구권을 지명채권의 일종으로 보는 한 그 행사에 어음(수표)의 소지를 요하지 않으므로, 이 경우에는 공시최고를 인정할 필요가 없다.

(2) 公示催告의 申請權者

무기명증권, 배서로 이전할 수 있는 증권 또는 약식배서가 있는 증권을 상실한 경우에 공시최고의 신청권자는 그 증권의 최종의 소지인이므로(민소 493조), 상실어음(수표)의 공시최고의 신청은 최종의 소지인이 할 수 있다.

공시최고의 신청권자는 반드시 상실어음(수표)의 실질적 권리자이어야 하는 것은 아니고 형식적 자격만 있으면 된다. 입질배서나 추심위임배서의 피배서인(질권자 추심권자)도 공시최고를 신청할 수 있다.

### 3. 公示催告의 節次

(1) 公示催告의 申請

① **管轄法院** 공시최고의 신청은 어음(수표)에 기재된 지급지(어 1조 5호·75조 4호, 수 1조 4호)를 관할하는 지방법원에 하여야 한다(민소 476조 2항).

② **申請節次** 공시최고의 신청은 서면에 그 신청의 이유와 제권판결을 구하는 취지를 밝히고(민소 477조), 어음(수표)의 등본을 제출하거나 어음(수표)의 존재와 그 중요한 취지를 충분히 알 수 있게 하는 데 필요한 사항을 제시하여야 하며(민소 494조 1항) 또 어음(수표)의 도난·분실되거나 없어진 사실과 기타 공시최고를 신청할 수 있는 이유가 되는 사실을 소명하여 하여야 한다(민소 494조 2항). 공시최고를 신청할 수 있는 이유가 되는 사실을 신청인이 어음(수표)을 상실하기까지 자기가 실질적 권리자였다는 사실로서, 그 소명은 경찰에서 발행한 「도난계증명서」, 「유실계증명서」, 「소실계증명서」(燒失屆證明書), 「이재증명서」(罹災證明書) 등에 의하여 한다.

③ **公示催告의 申請과 權利行使** 공시최고의 신청이 있는 때에는 법원은 제권판결 전에 어음(수표)채무자로 하여금 어음(수표)금액을 공탁하게 할 수 있고 또는 신청인이 상당한 담보를 제공하면 어음(수표)금액을 지급하게 할 수 있다

(민 522조). 이것은 공시최고기간이 3월 이상의 장기로서 신청인에게 가혹하므로 신청인을 보호하기 위한 것이나, 특히 공시최고기간 중에 어음(수표)채무자가 무자력으로 되거나 재산을 은닉할 염려가 있는 경우에 실익이 크다.

④ **公示催告의 申請과 時效中斷** 공시최고의 신청으로는 시효중단의 효력이 생기지 않는다. 그러나 신청인이 상당한 담보를 제공하고 어음(수표)금의 지급을 청구한 후 6개월 내에 청구의 소를 제기한 경우에는 시효중단의 효력이 생긴다.

⑵ 公示催告節次의 許可

공시최고의 신청이 당사자능력, 소송능력, 대리인의 대리권, 관할권 등의 형식적 요건과 어음(수표)이 도난·분실되거나 없어진 사실, 신청인의 신청권 등의 실질적 요건을 갖춘 때에는, 법원은 공시최고절차의 허가를 결정하고(민소 478조) 공시최고를 하여야 한다(민소 479조 1항).

⑶ 公示催告의 公告

공시최고는 공고에 의하여 하고(민소 480조), 공시최고에는 신청인, 공시최고기일, 공시최고기일까지 권리 또는 청구의 신고를 하고 증서를 제출할 것과 신고를 하지 않으면 권리를 잃게 되어 증서가 무효로 된다는 것을 적어야 한다(민소 479조·495조).

공시최고기간은 공고가 끝난 날부터 3개월 뒤로 정하여야 한다(민소 481조).

⑷ 公示催告期間 중의 權利의 申告

공시최고기간 중에 소지인이 신고하여 어음(수표)을 제시한 경우에 공시최고의 신청인이 그 제시어음(수표)과 상실어음(수표)의 동일성을 인정하면, 그 신청인은 공시최고의 신청을 취하하여야 하고 신청인이 이를 취하하지 않으면 법원이 결정으로 그 신청을 각하하여야 한다.

공시최고의 신청을 취하 또는 각하한 경우에는 공시최고의 신청인과 권리의 신고인 중 누가 권리자인가를 다투게 되고, 이는 보통의 소송절차에 의한다.

**4. 公示催告期日에 있어서 節次**

공시최고기일까지 권리의 신고가 없는 때에는 법원은 공시최고기일에 절차를 거쳐 제권판결을 선고하여야 한다.

공시최고의 신청인은 공시최고기일에 법원에 출석하여 그 신청의 이유와 제권판결을 구하는 취지를 진술하여야 한다(민소 486조). 법원은 신청인의 진술이 있은 후

제권판결의 신청이 이유 없다고 인정하는 때에는 결정으로 신청을 각하하여야 하고 또 그 신청이 이유 있다고 인정하는 때에는 제권판결을 선고하여야 한다(민소 487조 1항).

법원이 제권판결의 선고를 한 때에는 대법원규칙이 정하는 바에 따라 공고할 수 있다(민소 489조).

### Ⅲ. 除權判決의 效力

#### 1. 消極的 效力과 積極的 效力

##### (1) 消極的 效力

어음(수표)의 제권판결에서는 어음(수표)이 무효라고 선고하여야 한다(제권판결의 소극적 효력)(민소 496조). 어음(수표)의 제권판결이 있는 때에는 어음(수표)증권만 무효로 되고 어음(수표)상의 권리는 소멸되지 않는다(권리와 증권의 분리).

어음(수표)의 제권판결이 있는 때에는 어음(수표)이 무효로 되므로, 어음(수표)을 소지하여도 적법한 소지인으로 추정되지(어 16조 1항 1문·77조 1항 1호, 수 19조 1문) 않고 어음(수표)을 악의 또는 중대한 과실 없이 취득하여도 선의취득(어 16조 2항·77조 1항 1호, 수 21조)이 인정되지 않으며 또 어음(수표)채무자가 사기 또는 중대한 과실 없이 지급하여도(선의지급)(어 40조 3항 1문 77조 1항 3호) 그 책임을 면하지 못한다.

##### (2) 積極的 效力

어음(수표)의 제권판결이 있는 때에는 그 제권판결취득자(공시최고 신청인)는 어음(수표)을 소지하는 것과 동일한 지위 즉 어음(수표)상의 권리자로서의 형식적 자격을 회복하여 어음(수표) 없이 어음(수표)상의 권리를 행사할 수 있다(제권판결의 적극적 효력)(민소 497조).

제권판결취득자는 어음(수표)상의 권리자로서의 형식적 자격을 가지므로, 자기가 실질적 권리자임을 입증하지 않고 어음(수표)상의 권리를 행사할 수 있고 또 어음(수표)채무자는 제권판결취득자가 실질적 무권리자라는 것을 증명하지 않는 한 그 의무이행을 거절할 수 없다.

제권판결은 그 취득자에게 어음(수표)상의 권리자로서의 형식적 자격을 회복시켜 줄 뿐이고 실질적 권리를 부여하는 것이 아니다.

### 2. 善意取得者와 除權判決取得者의 關係

#### (1) 序 說

어음(수표)의 제권판결이 있으면 제권판결취득자(공시최고신청인)는 어음을 소지한 것과 동일한 형식적 자격을 회복하여 어음 없이 어음상의 권리를 행사할 수 있으므로(제권판결의 적극적 효력), 제권판결 전에 어음의 선의취득으로 어음상의 권리를 상실하였던 자가 제권판결의 취득에 의하여 그 상실하였던 권리를 회복하게 되는가, 환언하면 제권판결 전에 어음의 선의취득으로 어음상의 권리를 취득하였던 자가 제권판결에 의하여 그 취득한 어음상의 권리를 상실하게 되는가 하는 것이 문제된다.

이에 관하여 선의취득자우선설·제권판결취득자우선설 및 절충설이 대립해 있다.

#### (2) 學 說

① **善意取得者優先說** 선의취득자우선설은 제권판결은 제권판결취득자(공시최고신청인)의 형식적 자격을 회복시켜 줄 뿐이고 그 실질적 권리를 변동시키는 것이 아니므로 제권판결이 있더라도 무권리자가 권리자로 되거나 선의취득자가 그 실질적 권리를 상실하는 것이 아니다. 따라서 제권판결이 있는 때에는 어음의 선의취득자는 어음상의 권리자로서 제권판결의 정본을 반환받아 그 어음상의 권리를 행사할 수 있다고 한다(정동윤 149면, 정희철 21면, 최기원 34면).

② **除權判決取得者優先說** 제권판결취득자우선설은 어음상실자(공시최고신청인)가 많은 시간과 비용을 들여 제권판결을 받아도 선의취득자가 그 권리를 상실하지 않는다고 하면 공시최고의 절차가 실제상 무의미하게 되어 부당하다. 또 공시최고절차는 어음상실자를 보호하기 위한 제도이므로 선의취득자라도 공시최고기간 중에 권리의 신고나 청구를 하지 아니하여 제권판결이 있는 때에는 어음상의 권리를 상실하고 제권판결취득자가 그 어음상의 권리를 회복하여 이를 행사할 수 있다고 한다(서정갑 233면, 이범찬·최준선 155면).

③ **折衷說** 절충설은 선의취득자가 공시최고의 사실을 알면서(악의로) 권리의 신고나 청구를 하지 않은 경우에는 선의취득자의 권리를 인정하지 않고 선의취득자가 과실로 공시최고의 사실을 알지 못하여 권리의 신고나 청구를 하지 않은 경우에는 어음의 유통보호를 위하여 선의취득자의 권리를 인정하여야 한다

고도 하고(정찬형 416면), 또는 제권판결 전에 선의취득자가 그 권리를 행사한 경우에는 선의취득자가 우선하고 제권판결 후에는 제권판결취득자가 우선한다고도 한다(박우동, 「除權判決取得者와 善意取得者와의 關係」, 법조 26권 8호, 76면).

(3) 判　例

**【대법원 1965. 7. 27. 판결, 65 마 1002】 등**

수표의 선의취득자와 제권판결취득자간의 관계에 관하여, 대법원은 ① 「수표상실에 관한 제권판결의 효력은 이 판결 이후에 있어서 당해 수표를 무효로 하고 공시최고신청인에게 수표를 소지하는 것과 동일한 지위를 회복시키는 것에 그치는 것이고 공시최고의 신청 시에 소급하여 그 수표를 무효로 하는 것이 아니며, 또 공시최고신청인이 실질상의 권리자임을 확정하는 것도 아니라 할 것인 바, 이 건에 있어서 원고가 공시최고신청 이전에 이 건 수표를 선의취득하였다면 원고가 공시최고기일까지 권리의 신고를 하지 않았다고 하더라도 당연히 실질적 권리를 상실하는 것이 아니며 다만 소지하고 있는 수표가 제권판결의 소극적 효력으로서 무효로 되었으므로 원고로서는 위 제권판결의 효력을 소급적으로 소멸시키기 위한 불복의 소를 제기할 수 있다고 할 것이로되, 이를 유효한 수표라고 주장하여 이 건 수표금청구는 할 수 없는 것」이라고 판시하였다.

(4) 檢　討

제권판결취득자우선설은 제권판결이 있어도 선의취득자가 그 권리를 상실하지 않는다고 한다면 공시최고절차가 무의미해 진다고 하나, 원래 공시최고절차에 의한 제권판결은 단지 어음(수표)이라는 증권의 효력과 그 판결취득자의 형식적 자격에 관한 재판이고 그 실질적인 권리에 관한 재판이 아니므로 이는 당연한 것이다.

또한 절충설 중의 **前說**은 선의취득자가 공시최고를 알고 있었던 경우에는 제권판결취득자가 우선하고 과실로 알지 못한 경우에는 선의취득자가 우선한다고 하나, 이에 의하면 공시최고를 보지 않은 것이 유리하여 불합리하고 더욱이 공시최고의 사실을 알고 권리의 신고·청구를 하지 않았다고 하여 선의취득으로 취득한 권리를 박탈하는 것은 부당하다.

그리고 절충설 중의 **後說**은 제권판결 전에는 선의취득자가 우선하고 제권판결 후에는 제권판결취득자가 우선한다고 하나, 제권판결이 있기 전에는 선의취득자만 있고 제권판결취득자가 없어 선의취득자와 제권판결취득자 간의 우선관계가 문제될 여지가 없으므로 이는 결국 제권판결취득자우선설과 같은 것이다.

생각건대 오늘날의 유가증권 거래의 대량성 · 광범위성에 비추어 보아 제권판결제도의 실효성을 고집하는 것은 증권거래의 안전을 해한다. 그리고 법리의 면에서 보더라도, 공시최고절차가 소송절차가 아닌 비송사건절차라면 공시최고절차에 따른 제권판결에는 증권상의 권리의 귀속을 결정하는 기판력을 인정할 수 없는 것이기 때문에, 제권판결은 실질적 권리관계에 영향을 미치지 않는다고 보는 선의취득자우선설이 타당하다(선의취득자우선설).

### 3. 除權判決과 어음(手票)의 再發行

어음(수표)법에는 상법상의 주권의 재발행(상 360조 2항)과 같은 규정이 없어 어음(수표)의 제권판결취득자가 어음(수표)의 재발행을 청구할 수 있는가 문제되며, 이에 관하여 소수설은 상법 제360조 제2항(상실주권의 제권판결취득자의 주권재발행청구권)을 예시규정이라 보아 본 조항에 의하여 제권판결취득자는 어음(수표)을 재발행받을 수 있다고 한다(긍정설)(정동윤 149면). 그러나 주권은 계속적인 권리를 표창하는 유가증권이므로 상법은 상실주권의 제권판결취득자에게 주권의 재발행청구권을 인정하지만(상 360조 2항) 어음(수표)은 비교적 단기간에 종료되는 권리이므로 어음(수표)법은 상실어음(수표)의 제권판결취득자에게 어음(수표)의 재발행청구권을 인정하지 않은 것이다(부정설)(손주찬 151면, 최기원 35면 채이식 336면, 정찬형 415면).

### 4. 白地어음(手票) 除權判決取得者의 白地補充

#### (1) 序 說

백지어음(수표)을 상실하여 제권판결을 받은 경우에 상실백지어음(수표)의 제권판결취득자는 제권판결의 적극적 효력으로서 백지어음(수표)을 소지하는 것과 동일한 지위를 회복하여 어음(수표)상의 권리를 행사할 수 있으나, 제권판결의 정본은 백지어음(수표)이 아니므로 제권판결취득자는 백지를 보충할 수 있는 방법이 없어 문제된다.

상실백지어음(수표)의 제권판결취득자가 백지를 보충하는 방법에 관하여 어음(수표) 외의 의사표시설, 백지어음(수표) 재발행청구설 및 절충설이 대립해 있다.

#### (2) 學 說

**① 어음(手票) 外의 意思表示說** 어음(수표) 외의 의사표시설은 민사소송법 제497조에서 「제권판결이 내려진 때에는 신청인은 증권 또는 증서에 따른 권리를

주장할 수 있다」고 규정하고 있고 백지어음(수표)의 보충권은 본조의 「증권에 따른 권리」로서 증권(백지어음·수표) 없이 행사할 수 있는 것이므로, 제권판결취득자는 어음(수표) 외의 의사표시(단순한 의사표시 또는 서면에 보충의 의사 기대)에 의하여 백지를 보충하여 어음(수표)상의 권리를 행사할 수 있다(대판 1998. 9. 4. 97 다 57573).

② **白地어음(手票) 再發行請求說**　백지어음(수표) 재발행청구설은 상법 제360조 제2항(상실주권의 제권판결취득자의 주권재발행청구권)을 예시규정이라 보아, 본 조항에 의하여 상실백지어음(수표)의 제권판결취득자는 백지어음(수표)을 재발행받아 이에 백지를 보충하여 어음(수표)상의 권리를 행사할 수 있다고 한다(서울민지판 1985. 4. 9. 84 나 2112)(日 最高裁 判決 1970. 2. 17.).

③ **折衷說**　절충설은 상실백지어음(수표)의 제권판결취득자는 어음(수표) 외의 의사표시에 의하여 백지를 보충하거나 백지어음(수표)을 재발행받아 이에 백지를 보충하여 어음(수표)상의 권리를 행사할 수 있다고 한다(정동윤 152면, 이기수 423면, 정찬형 416면).

(3) 檢　討

주권은 계속적인 권리를 표창하는 유가증권이므로 상법은 상실주권의 제권판결취득자에게 주권의 재발행청구권을 인정하나(상 360조 2항) 어음(수표)은 비교적 단기간에 종료되는 권리를 표창하는 유가증권이므로 어음(수표)법은 상실어음(수표)의 제권판결취득자에게는 어음(수표)의 재발행청구권을 인정하지 않으며, 이런 점에서 백지어음(수표) 재발행청구설과 절충설은 부당하다. 어음(수표) 외의 의사표시설이 타당하다(어음 외의 의사표시설).

# 제 6 절　利得償還請求權

## 제1. 總　說

### Ⅰ. 意　義

이득상환청구권은 권리보전절차의 흠결 또는 소멸시효의 완성으로 어음(수표)상의 권리가 소멸된 경우에 어음(수표)소지인은 발행인·인수인 또는 배서인(수표소지인은 발행인·배서인 또는 지급보증인)에 대하여 받은 이익의 한도에서 상환할 것을 청구할 수 있는 권리이다(어 79조 수 63조).

## Ⅱ. 利得償還請求權制度의 趣旨

어음(수표)법상 인적항변의 절단 등에 의하여 어음(수표)채무자의 책임이 아주 엄격하므로, 어음(수표)법은 이를 완화하기 위하여 단기소멸시효(어 70조 · 77조 1항 8호, 수 51조)와 소구권보전절차의 해태로 인한 어음상의 권리의 소멸(어 53조 · 56조 2항 · 60조 2항 · 77조 1항 4호 · 5호)을 인정하고 있다.

그러나 그 소멸시효기간이 너무 단기이고 소구권보전절차가 너무 엄격하여 소지인은 그 권리를 상실하기 쉬운 데 대하여 어음(수표)채무자는 소지인의 권리상실로 면책되고 원인관계 또는 자금관계에서 받은 대가 또는 자금을 가져 이득을 보게 되므로 불공평하다.

그러므로 어음(수표)법은 어음(수표)채무자와 소지인 간의 공평을 기하기 위하여, 어음(수표)상의 권리를 상실한 소지인이 어음(수표)상의 권리의 소멸로 이득을 한 어음(수표)채무자에 대하여 그 이득의 상환을 청구할 수 있도록 한 것이다.

## Ⅲ. 利得償還請求權制度의 立法主義

이득상환청구권제도는 독일법계 국가의 어음법 · 수표법에서만 인정되고 있다. 프랑스에서는 독일과 같이 어음법 · 수표법통일조약을 채택하고 있으나, 이득상환청구권제도를 인정하고 있지 않다.

프랑스에서는 어음 · 수표 발행인의 자금관계상의 권리가 어음 · 수표에 표창되어 있어 수취인과 그 후의 어음 · 수표취득자에게 당연히 이전된다(프상 116조). 따라서 프랑스에서는 어음 · 수표소지인이 어음 · 수표상의 권리 외에 자금관계상의 권리도 가져 어음 · 수표소지인이 어음 · 수표상의 권리를 상실하여도 자금관계상의 권리를 행사할 수 있으므로 굳이 이득상환청구권제도를 인정할 필요가 없다.

이와 같이 이득상환청구권제도에 관하여 각국의 입법례가 다르므로 어음법 · 수표법통일조약에서는 제2부속서에 유보사항으로 규정하여 각 체약국의 입법에 위임하고 있다. 우리 나라의 어음법 · 수표법에는 독일에서와 같이 이득상환청구권제도를 규정하고 있다.

영미법계의 국가에서는 어음 · 수표채권에 대하여 일반채권에 비해 특별히 엄격한 제한을 두고 있지 않으므로, 어음 · 수표소지인이 어음 · 수표상의 권리를 상실한 경우에는 일반법의 원칙에 의하여 해결하게 하고 특별히 이득상환청구권제도와 같은 것을 두고 있지 않다.

## 제2. 利得償還請求權의 法的 性質

### Ⅰ. 序 說

이득상환청구권의 법적 성질을 어떻게 이해하느냐에 따라 이득상환청구권의 발생, 양도방법, 선의취득, 담보권의 이전, 행사방법, 이득상환의무자의 항변, 소멸시효기간 등이 다르다.

이득상환청구권의 법적 성질에 관하여 종래 손해배상청구권설, 부당이득반환청구권설, 잔존물설, 변형물설, 지명채권설 등이 대립해 있었으나, 오늘날 우리 나라에서는 잔존물설, 변형물설 및 지명채권설이 주장되고 있다.

### Ⅱ. 學 說

① **殘存物說** 잔존물설은 이득상환청구권이 실질관계에서 이득을 한 어음(수표)채무자에 대하여 청구하는 권리로서, 실질관계상 어음(수표)상의 권리와 연결되어 있고 또 어음(수표)채무자의 책임이 실질관계상 이득을 한 한도에서 아직 남아 있다는 것을 전제로 하여 어음(수표)상의 권리의 소멸로 인한 실질관계상의 불균형을 시정하기 위하여 인정된 제도인 점을 감안하면, 이득상환청구권은 어음(수표)상 권리의 잔존물이라 할 수 있는 것이라 한다(정희철 286면). 독일에서는 잔존물설이 통설로 되어 있다(Baumbach · Heqermehl, Wechselgesetz und Scheckgesetz, Anm. 1. zu Art. 89).

② **變形物說** 변형물설은 이득상환청구권은 어음(수표)상의 권리가 소멸되고 생기는 것이므로 어음(수표)상의 권리는 아니나, 실질적으로 보면 어음(수표)상의 권리의 소멸 전에는 소지인이 모든 어음(수표)채무자에 대하여 어음(수표)금액 기타의 금액을 청구할 수 있었으나 어음(수표)상의 권리의 소멸 후에는 이것이 실질관계에서 이득을 한 어음(수표)채무자에 대하여 또 그 이득의 한도에서만 청구할 수 있는 수량적·조건적으로 제한된 동질 내지 유사한 권리로 변형된 것이라 한다(양승규(어) 202면, 오병선, "이득상환청구권", 사법론집 제7집, 305면).

③ **指名債權說** 지명채권설은 이득상환청구권은 어음(수표)법이 형평의 견지에서 특별히 인정한 권리로서 지명채권의 일종이라 한다(통설). 판례는 일관하여 지명채권설을 취하고 있다(대판 1970. 3. 10. 69 다 1370)(대판 1972. 5. 9. 70 다 2994).

**【대법원 1972. 5. 9. 판결, 70 다 2994】**

이득상환청구권의 법적 성질에 관하여, 대법원은 「이득상환청구권은 법률의 직접규정에 의하여 수표의 효력 소멸 당시의 소지인에게 부여된 지명채권이므로 지명채권양도의 방법에 의하여 양도할 수 있고……」라 판시하여, 지명채권설을 취하였다.

### Ⅲ. 檢 討

잔존물설은 이득상환청구권을 어음(수표)상의 권리의 잔존물이라 하나, 이득상환청구권은 어음(수표)상의 권리가 소멸된 후에 새로 생기는 권리이므로 법률상으로는 이득상환청구권을 어음(수표)상의 권리의 잔존물이라 할 수 없는 것이다.

또한 변형물설은 이득상환청구권을 어음(수표)상의 권리가 소멸되면서 수량적·조건적으로 제한된 동질 내지 유사한 권리로 변형된 것이라 하나, 그렇다면 이것은 어음(수표)상의 권리 그 자체도 아니고 그 본체가 무엇인지 애매하다.

생각건대 어음법 제79조(수 63조)에서 「어음(수표)에서 생긴 권리가 절차의 흠결로 소멸한 때나 그 시효가 완성한 때」라 규정하고 있고 또 「그가 받은 이익의 한도 내」라 규정하고 있는 것으로 보아, 이득상환청구권은 어음(수표)상의 권리가 아니고 증권 외의 실질적인 권리로서 지명채권의 일종이라 보는 것이 타당하다.

이득상환청구권의 법적 성질에 관한 잔존물설이나 변형물설에 의하면 이득상환청구권의 성질을 어음(수표)상의 권리(어음·수표상의 권리와 동질 내지 유사한 권리)라고 보아 이득상환청구권 발생(어음·수표상의 권리 소멸) 후의 어음(수표)은 이러한 권리를 표창한 유가증권이라 보고, 또 지명채권설에 의하면 이득상환청구권의 성질을 지명채권이라 보아 이득상환청구권 발생(어음·수표상의 권리 소멸) 후의 어음(수표)은 유가증권이 아니고 단순한 증거증권에 불과하다고 본다.

## 제3. 利得償還請求權의 當事者

### Ⅰ. 權利者

이득상환청구권자는 소구권보전절차의 흠결 또는 소멸시효의 완성으로 어음(수표)상의 권리가 소멸할 당시의 어음(수표)소지인(이득상환청구권취득자)과 그 후에 이득상환청구권자로부터 이득상환청구권을 승계한 자이다.

### 1. 利得償還請求權의 取得과 어음(手票)의 所持

어음법 제79조(수 63조)에 「……소지인은……상환을 청구할 수 있다」고 규정하고 있어 이득상환청구권의 취득에 어음(수표)의 소지(또는 어음·수표의 제권판결)를 요하는가 또는 선의취득자가 없고 청구자가 실질적 권리자이면 어음(수표)의 소지(또는 어음·수표의 제권판결)를 요하지 않는가가 문제되나, 이는 이득상환청구권의 법적 성질과 관련하여 소지필요설과 소지불요설이 대립해 있다.

이득상환청구권의 법적 성질에 관한 잔존물설·변형물설의 입장에서는 이득상환청구권 발생 후의 어음(수표)을 유가증권이라 보므로 이득상환청구권의 취득에는 반드시 어음(수표)의 소지를 요한다고 하나(소지필요설)(정희철 290면 양승규(어) 206면), 지명채권설의 입장에서는 이득상환청구권 발생 후의 어음(수표)은 유가증권이 아니고 단순한 증거증권에 불과하다고 보므로 이득상환청구권의 취득에 반드시 어음(수표)의 소지를 요하지 않고 다만 어음(수표)을 상실하여 어음(수표)을 소지하고 있지 않은 때에는 그 어음(수표)의 선의취득자가 없고 청구자가 실질적 권리자라는 것을 증명하여야 한다고 한다(소지불요설)(손주찬 157면 정찬형 405면).

이득상환청구권의 취득에 어음(수표)의 소지를 요하는가는 이득상환청구권의 법적 성질에 관하여 지명채권설을 취하는 한, 논리적 귀결로서 소지불요설이 타당하다(소지불요설). 다만 어음(수표)의 선의취득자가 있는 경우에는 어음(수표)상실자가 반사적으로 그 어음(수표)상의 권리를 상실하여 이득상환청구권을 취득할 수 없으므로, 어음(수표)상실자가 이득상환청구권을 취득하려면 그 어음(수표)의 선의취득자가 없고 자기가 실질적 권리자임을 증명하여야 할 것이다. 그 증명방법은 일반적 증명방법도 가능하나, 제권판결의 취득은 확실한 증명방법이다.

소지불요설의 입장에서 보면, 어음법 제79조(수 63조)의 「소지인」은 보통 어음(수표)상의 권리자가 현실로 어음(수표)을 소지하고 있는 통상의 경우를 고려하여 규정한 것으로서, 이는 어음(수표)상의 권리 소멸 당시의 실질적 권리자를 의미하는 것이라 보아야 할 것이다.

### 2. 背書不連續 어음(手票)과 實質的 權利 承繼의 證明

배서불연속의 어음(수표)이라도 그 배서연속의 흠결부분에 관하여 실질적 권리승계의 사실을 증명하면 형식적 자격이 회복된다고 보므로(통설), 배서불연속의 어음

(수표)소지인이 권리보전절차의 흠결 또는 소멸시효의 완성으로 어음(수표)상의 권리를 상실한 경우에 그 배서연속의 흠결부분에 관하여 실질적 권리 승계의 사실을 증명하면 이득상환청구권의 취득을 인정하여야 할 것이다.

### Ⅱ. 義務者

이득상환의무자는 어음에 있어서는 발행인 · 배서인 또는 인수인으로서 또 수표에 있어서는 발행인 · 배서인 또는 지급보증인으로서, 실질관계에서 이득을 한 자이다(어 79조 수 63조).

## 제4. 利得償還請求權의 發生要件

### Ⅰ. 完全한 어음(手票)上의 權利의 存在

#### 1. 完全한 어음(手票)上의 權利의 存在

이득상환청구권은 권리보전절차의 흠결이나 소멸시효의 완성으로 어음(수표)상의 권리가 소멸된 경우에 이를 구제하기 위한 제도이므로, 이득상환청구권이 발생하기 위하여서는 권리보전절차의 흠결이나 소멸시효의 완성이 없었더라면 어음(수표)상의 권리를 행사할 수 있는 완전한 어음(수표)상의 권리가 존재했어야 한다.

따라서 어음(수표)요건이 흠결되어 있고 구제규정(어 2조 76조, 수 2조)으로도 보완할 수 없는 어음(수표) 등과 같이, 권리보전절차의 흠결이나 소멸시효의 완성이 없었더라도 어음(수표)상의 권리를 행사할 수 없는 어음(수표)에 있어서는 이득상환청구권이 생기지 않는다.

백지어음(수표)에 이득상환청구권이 생기는가에 관하여 긍정설(양승규(어) 203면 채이식 347면)과 부정설(정희철 287면, 손주찬 154면, 정동윤 140면, 이기수 305면, 정찬형 400면)(대판 1962. 12. 20. 62 다 680)이 대립해 있으나 백지어음(수표) 소지인은 백지보충을 정지조건으로 하는 어음(수표)상의 권리를 가지고 있고 또 이득상환청구권제도의 기초인 형평의 이념에 비추어 보아 어음(수표)채무자가 어음(수표)채무를 면하고 실질관계에서 이득한 경우에는 그 이득을 상환하여야 할 것이므로, 백지어음(수표)에도 이득상환청구권의 발생을 인정하는 것이 타당하다(긍정설).

**【대법원 1962. 12. 20. 판결, 62 다 680】**

백지어음의 경우에 이득상환청구권의 발생을 인정할 것인가에 관하여, 대법원은 「어음이 시효기간을 넘기기까지 수취인란 백지의 보충권을 행사하지 아니한 경우에는 이득상환청구권을 행사할 수 없다」고 판시하여, 부정설을 취하였다.

### 2. 手票上의 權利

수표에는 약속어음의 발행인이나 환어음의 인수인과 같은 주된 채무자가 없으므로, 수표소지인은 제시기간 내에는 수표상의 권리로는 소구권(지급보증이 있는 경우에는 지급청구권 포함) 만 가진다.

그러나 수표소지인은 제시기간의 경과 후에도 발행인의 지급위탁취소가 없는 한 지급인으로부터 지급을 받을 수 있으므로(수 32조 2항), 이 수표금수령권한이 수표상의 권리에 포함되는가 문제된다. 이에 관하여 소구권(지급보증이 있는 경우에는 지급청구권 포함) 한정설과 수표금수령권한포함설이 대립해 있다.

수표금수령권한포함설은 제시기간의 경과 후에도 지급위탁의 취소가 없는 한 지급인이 지급할 수 있으므로(수 32조 2항) 제시기간이 경과 후에 수표소지인이 지급인으로부터 수표금을 수령하는 것은 그의 정당한 權原에 기한 것이라고 보아야 하며, 또 수표는 지급증권으로서 거래의 관념에서 보아도 수표금수령권한을 수표상의 권리에 포함시키는 것이 타당하다고 한다(양승규(어) 209면).

소구권한정설은 수표금수령권한은 지급인이 지급하면 받을 수 있는 권한일 뿐이고 訴求할 수 있는 권리가 아니므로 이를 수표상의 권리라 볼 수 없고, 수표상의 권리는 소구권(지급보증이 있는 경우에는 지급청구권 포함) 뿐이라 한다(정희철 209면, 정동윤 143면, 정찬형 408면)(대판 1960. 6. 9. 4292 민상 578).

**【대법원 1960. 6. 9. 판결, 4292 민상 578】**

수표상의 권리에 관하여, 대법원은 「수표의 지급제시는 10일 내에 하여야 함에도 그 제시기간 내에 제시하지 않은 때에는 수표법 제63조 규정의 "절차의 흠결"에 해당되어 수표상의 권리가 소멸되고 이득상환청구권만 있게 된다」고 판시하여, 소구권한정설을 취하였다.

생각건대 수표법 제32조 제2항에서 「지급위탁의 취소가 없는 때에는 지급인은 제시기간 경과 후에도 지급할 수 있다」고 규정하고 있으나 이는 지급인의 임의의 권한이고 이로 인하여 지급인이 지급의무를 부담하는 것이 아니므로, 제시기간 경과 후의 수표금수령권한은 수표소지인의 수표상의 권리라 볼 수 없는 것이다.

또한 수표법 제63조에서 이득상환청구권의 발생의 요건인 수표상의 권리의 소멸에 관하여 「절차의 흠결」과 「소멸시효의 완성」만을 규정하고 있는데, 수표상의 권리에 수표금수령권한이 포함되어 있다고 보는 것은 법문의 해석상 무리이다(소구권한정설).

## Ⅱ. 어음(手票)上의 權利의 消滅

### 1. 消滅事由

어음(수표)상의 권리가 권리보전절차의 흠결 또는 소멸시효의 완성으로 소멸된 경우에 이득상환청구권이 발생한다. 따라서 이 외의 어음(수표)채무의 지급, 면제, 상계, 경개 등에 의하여 어음(수표)상의 권리가 소멸된 경우에는 이득상환청구권이 발생하지 않는다.

#### (1) 어음上의 權利의 消滅事由

약속어음의 발행인과 환어음의 인수인 등의 주된 어음채무자에 대한 어음상의 권리는 소멸시효의 완성에 의하여 소멸된 경우에(어 70조 1항·77조 1항 8호·78조 1항) 또 배서인과 환어음의 발행인 등의 소구의무자에 대한 어음상의 권리는 권리보전절차의 흠결(어 53조, 77조 1항 4호)이나 소멸시효의 완성(어 70조 2항·3항 77조 1항 8호)에 의하여 소멸된 경우에 이득상환청구권이 발생한다.

#### (2) 手票上의 權利의 消滅事由

수표의 발행인과 그 배서인에 대한 수표상의 권리가, 수표상의 권리의 내용에 관한 소구권한정설에 의하면 제시기간의 경과에 의하여 또는 소구권의 소멸시효의 완성에 의하여 소구권을 상실한 경우에, 또 수표금수령권한포함설에 의하면 지급제시기간의 경과 또는 소구권의 소멸시효의 완성으로 소구권을 상실하거나 제시기간 경과 후의 수표소지인의 지급제시에 대한 지급인의 지급거절이나 수표발행인의 지급위탁의 취소에 의하여 수표금수령권한이 소멸된 경우에, 수표의 이득상환청구권이 발생한다.

#### (3) 手票의 利得償還請求權의 發生時期(手票上의 權利의 消滅時期)

수표상의 권리의 소멸시기 즉 수표의 이득상환청구권의 발생시기는 수표상의 권리의 내용에 관한 소구권한정설의 입장과 수표금수령권한포함설과 관련하여 해제조건설과 정지조건설이 대립해 있다.

해제조건설은 수표상의 권리의 내용에 관한 소구권한정설의 입장에서, 수표상의 권리는 제시기간 내에 제시가 없으면 확정적으로 소멸되어 수표의 이득상환청구권이 생기나, 그 후 지급위탁의 취소가 없어 지급인이 유효한 수표금 지급을 하면 그 때에 수표발행인의 이득이 소멸되어 이미 발생한 수표의 이득상환청구권이 소멸된다고 한다(통설).

또한 정지조건설은 수표상의 권리의 내용에 관한 수표금수령권한포함설의 입장에서, 수표상의 권리는 제시기간의 경과로 당연히 소멸되는 것이 아니고 제시기간의 경과 후에 수표소지인의 지급제시에 대하여 지급인이 지급거절을 하거나 수표발행인이 지급위탁을 취소한 때에 소멸되어 수표의 이득상환청구권이 발생한다고 한다(양승규(어) 210면).

수표의 이득상환청구권의 발생시기는 그 전제로서 수표상의 권리의 내용에 관하여 소구권한정설을 취하는 한 해제조건설에 의하여야 한다(해제조건설).

2. 權利의 消滅의 程度

이득상환청구권이 발생하기 위하여서는 어음(수표)상의 권리가 소멸되어야 하나, 권리의 소멸의 정도가 명백하지 아니하여 학설이 대립해 있다.

(1) 學 說

제1설은 어음(수표)소지인이 어음(수표)채무의 엄격성 등에 의하여 충분히 보호받고 있고 또 이득상환청구권제도는 어음(수표)소지인을 위한 최종적인 구제방법이므로, 어음(수표)소지인이 모든 어음(수표)채무자에 대하여 어음(수표)상의 권리가 소멸되고 또 원인관계상의 구제수단도 없어야 한다고 한다(이철송 201면)(대판 1993. 3. 23. 92 다 50942)(대판 1959. 9. 10. 4291 민상 717).

제2설은 이득상환청구권은 어음(수표)의 엄격성을 완화하기 위한 것이므로 어음(수표)소지인의 모든 어음(수표)채무자에 대한 어음(수표)상의 권리가 소멸되어 어음(수표)법상의 구제방법이 전부 없으면 된다고 한다(통설).

제3설은 원래 어음(수표)채무는 독립성이 있으므로, 다른 어음(수표)채무자에 대한 어음(수표)상의 권리가 소멸되었는가를 불문하고 이득상환청구를 하려는 상대방에 대한 어음(수표)상의 권리가 소멸되면 된다고 한다(양승규(어) 205면).

**【대법원 1993. 3. 23. 판결, 92 다 50942】등**

권리의 소멸의 범위에 관하여, 대법원은 ①「약속어음의 소지인의 발행인에 대한 이득상환청구권을 인정하는 것은 그 소지인이 어음법상 또는 민법상의 다른 구제방법이 없는 경우에 발행인으로 하여금 이득을 취득하게 하는 것이 불공평하여 인정한 것이므로, 이득상환청구권이 발생하려면 모든 어음채무자에 대한 관계에 있어서 약속어음상의 권리가 소멸되고 또 민법상의 채권도 행사할 수 없어야 한다」(대판 1959. 9. 10. 4291 민상 717)고 판시하였고,

②「특약에 의한 주식반환청구권(그 이행불능의 경우에는 손해배상청구권) 등의 민법상의 청구권이 있는 경우에는 약속어음상의 청구권이 소멸시효에 의하여 소멸되었다고 하더라도 이와 병존하는 민법상의 청구권을 행사할 수 있는 이상 그 이득상환을 할 수 없는 것이다」(대판 1970. 3. 10. 69 다 1370)라 판시하였으며,

③「어음법에 의한 이득상환청구권이 발생하기 위하여서는 모든 어음상 또는 민법상의 채무자에 대하여 각 권리가 소멸되어야 하는 것인 바, 원인관계에 있는 채권의 지급을 확보하기 위하여 발행된 약속어음이 전전양도되어 최후의 소지인이 어음상의 권리를 상실한 경우에도 원인채무는 그대로 존속하므로 발행인이 바로 어음금액 상당의 이익을 얻었다고 할 수 없다」(대판 1993. 3. 23. 92 다 50942)고 판시하였다.

이와 같이 이득상환청구권의 발생요건으로서의 권리의 소멸의 정도에 관하여 판례는 일관하여 제1설을 취하였다.

(2) 檢　討

어음(수표)법상의 이득상환청구권은 어음(수표)상의 권리가 모두 소멸된 후의 최후의 구제수단으로 인정된 제도라는 점에 비추어 판단하면 제3설은 타당하지 못하다.

그리고 제1설(판례)의 논리대로 하면 권리보전절차의 흠결이나 시효기간의 경과로 권리를 상실한 어음(수표)의 소지인이 이득상환청구권을 행사할 수 있는 경우는 거의 존재할 수 없게 된다는 데에 문제가 있다고 생각한다.

그 이유를 A가 발행한 약속어음을 B, C의 순차배서를 거쳐 D가 소지하고 있다가 가정하고 살펴보자. 여기서 D가 A에게 이득상환청구권을 행사하기 위하여서는, 제1설인 판례의 태도에 의하면, D의 C에 대한 원인관계상의 채권이 없어야 함은 물론이고 B의 A에 대한 원인관계상의 채권도 존재하지 아니하여야 한다. 그런데 대부분의 경우 A가 B에게 약속어음을 발행하는 이유가 A가 B에게 원인관계상의 채무의 '지급을 위하여' 또는 '지급을 확보(담보)하기 위한' 데에 있기 때문에 A가 B에게 약속어음을 발행하여도 A, B 사이의 원인관계는 그대로 존속하

게 된다. 또한 대부분의 경우 C가 D에게 어음을 배서하는 이유가 C가 D에게 원인관계상의 채무의 '지급을 위한' 데에 있으므로 C가 D에게 어음을 배서양도하였다고 하더라도 C와 D 사이의 원인관계도 그대로 존속하게 된다. 그런데 어음의 수수에도 불구하고 A, B와 C, D 사이에 모두 원인관계가 존재하지 아니하려면 양자의 관계 모두에 어음수수의 목적이 원인관계상의 채무의 '지급에 갈음하기 위한' 데에 있어야 하는 데, 실제 어음거래를 하는 당사자들의 의사에 비추어 볼 때 이러한 경우를 예상할 수 있겠는가?

따라서 위 제1설(판례)의 논리에 따를 경우에는, 그 수수의 목적이 원인관계상의 채무의 지급에 갈음하기 위한 데에 있다고 통설·판례 모두가 인정하고 있는 자기앞수표의 경우를 제외하고는, 어음(수표)소지인이 이득상환청구권을 행사할 수 있는 경우는 거의 없게 될 것이다. 이렇게 되면 이득상환청구권은 실질적으로는 거의 존재하지 아니하는 경우를 위하여 존재하는 법률상의 장식물에 불과하다는 비난을 면할 수 없게 될 것이다.

그러므로 이득상환청구권은 어음(수표)상의 권리가 소멸된 경우의 최후적인 구제수단이고 또 법문상 「어음(수표)에서 생긴 권리가 절차의 흠결로 인하여 소멸한 때나 그 소멸시효가 완성한 때……」라 규정하고 있으므로, 모든 어음(수표)채무자에 대한 어음(수표)상의 권리가 소멸되어 어음(수표)법상 다른 구제방법이 없는 경우에 발생하는 것이라 보는 것이 타당하다(제2설).

### Ⅲ. 어음(手票)債務者의 利得

이득상환청구권이 발생하기 위하여서는 어음에 있어서는 발행인·배서인 또는 인수인 등의 어음채무자가 또 수표에 있어서는 발행인·배서인 또는 지급보증인 등의 수표채무자가 이득을 하여야 한다.

여기에서 이득은 어음(수표)상의 권리가 소멸됨으로써 어음(수표)채무를 면하였다는 것이 아니고 어음(수표)수수의 실질관계에서 현실로 재산상의 이익을 얻은 것을 말한다. 이러한 이득은 적극적으로 금전을 취득하였는지 소극적으로 기존채무를 면하였는지를 불문하며, 또 민법상의 부당이득과는 달리 청구자의 손실로 인하여야 하는 것도 아니다.

구체적으로 어음(수표)채무자가 이득을 한 경우로는, ① 환어음의 발행인에 있어서는 자금관계상 인수인에게 자금을 공급하지 않고 또 원인관계상 수취인으로부터 대가를 받고 환어음을 발행하였으나 그 발행인의 어음채무가 시효소멸된 경우, ② 약속어음·수표의 발행인에 있어서는 원인관계상 수취인으로부터 대가를 받고 약속어음·수표를 발행하였으나 그 발행인의 어음·수표채무가 시효소멸된 경우, ③ 환어음의 인수인·수표의 지급보증인에 있어서는 자금관계상 발행인으로부터 자금을 공급받고 환어음의 인수·수표의 지급보증을 하였으나 그 인수인의 어음채무·지급보증인의 수표채무가 시효소멸된 경우, ④ 환어음·약속어음·수표의 배서인에 있어서는 원인관계상 전자에게 대가를 교부하지 않고 후자인 피배서인으로부터 대가를 받았는데 그 배서인의 어음·수표채무가 시효소멸되었거나 절차의 흠결로 소구의무가 소멸된 경우 등이다.

은행발행의 자기앞수표의 경우에는 발행은행이 수표금액 만큼 이득한 것으로 추정된다(대판 1961. 7. 31. 4293 민상 841). 따라서 은행 발행의 자기앞수표의 소지인은 발행은행의 이득을 증명하지 않고 발행은행에 대하여 이득상환청구권을 행사할 수 있다.

그러나 판례에 따르면, 「원인관계에 있는 채권의 지급을 위하여 약속어음을 발행한 경우에는 그 약속어음이 전전유통되어 최후의 어음소지인이 시효기간의 경과 등으로 어음상의 권리를 상실한 경우라도 발행인의 원인채무는 그대로 존속하는 것이므로, 발행인은 어음금액 상당의 이득을 얻고 있다고 할 수 없다」고 한다(대판 1993. 3. 23. 92 다 50942)(대판 1993. 10. 22. 93 다 26991). 이러한 판례의 태도에 따르면 은행발행의 자기앞수표 소지인의 경우를 제외하고는 실제로 이득상환청구권 행사의 요건을 충족하는 경우를 예상하기 어렵게 된다.

## 제5. 利得償還請求權의 讓渡

이득상환청구권은 양도에 부적합한 성질을 가진 것이 아니고 또 법령으로 양도가 금지되어 있는 것도 아니므로, 이득상환청구권은 양도가능한 것이다.

### I. 讓渡方法

#### 1. 學 說

이득상환청구권의 양도방법은 이득상환청구권의 법적 성질에 관한 학설과 관련하여 지명채권양도방법설과 어음(수표)양도방법설이 대립해 있다.

지명채권양도방법설은 이득상환청구권의 법적 성질에 관한 지명채권설의 입장에서 이득상환청구권은 지명채권양도의 방법에 의하여 양도하여야 한다고 한다(통설).

또한 어음(수표)양도방법설은 잔존물설·변형물설의 입장에서 이득상환청구권은 어음(수표)의 양도방법인 배서·교부에 의하여 양도할 수 있다고 한다(정희철 291~292면 양승규(어) 208면).

**【대법원 1970. 3. 10. 판결, 69 다 1370】 등**

이득상환청구권의 양도에 어음의 소지(교부)를 요하는가에 관하여, 대법원은 ① 「이득상환청구권은 지명채권이므로 지명채권양도의 방법에 의하여 양도할 수 있고, 어음상의 권리가 소멸된 후에 배서양도하는 것만으로는 양도의 효력이 없다」(대판 1970. 3. 10. 69 다 1370)고 판시하였고,

② 수표의 이득상환청구권의 양도에 관하여, 「수표법 제63조의 이득상환청구권은 지명채권이므로 이득상환청구권의 양도는 수표의 교부에 의하여 양도할 수 없고 일반지명채권의 양도방식에 의하여야 하며, 따라서 민법 제450조에 의한 양도통지가 없으면 채무자 기타 제3자에 대항할 수 없다」(대판 1959. 8. 27. 4291 민상 449)고 판시하여, 지명채권양도방법설을 취하였다.

### 2. 檢 討

이득상환청구권의 법적 성질에 관하여 지명채권설을 취하는 한 논리적 귀결로서 이득상환청구권의 양도는 지명채권양도의 방법에 의하여야 한다고 보아야 하고(지명채권양도방법설), 따라서 이득상환청구권의 양도는 당사자 간의 합의 외에 양도인의 이득상환의무자에 대한 통지 또는 이득상환의무자의 승낙이 있어야 이득상환의무자 기타 제3자에 대하여 대항할 수 있다(민 450조 1항).

지명채권양도방법설의 입장에서도 이득상환청구권 발생 후에 어음(수표)을 배서·교부한 때에는 이득상환청구권의 양도의 합의가 있는 것으로 추정할 수 있을 것이다.

### 3. 提示期間 經過 후의 手票의 讓渡

제시기간 경과 후의 수표의 양도의 방법과 그 효력은 수표의 이득상환청구권의 발생시기에 관한 학설과 이득상환청구권의 법적 성질에 관한 학설에 따라 다르다.

수표의 이득상환청구권의 발생시기에 관한 정지조건설에 의하면 제시기간 경과 후에도 지급제시에 대한 지급인의 지급거절이나 수표발행인의 지급위탁의 취

소로 수표상의 권리가 소멸되어 수표의 이득상환청구권이 발생할 때까지는 배서·교부에 의하여 수표상의 권리를 양도할 수 있으나, 이때의 배서는 기한후배서에 의한 양도로서(수 24조 1항) 선의취득이 인정되지 않으므로 제시기간 경과 후의 수표취득자는 전자가 정당한 권리자임을 증명하여야 한다고 본다(양승규(어) 210~211면).

또한 해제조건설에 의하면 제시기간이 경과한 때에 수표상의 권리가 소멸되어 수표의 이득상환청구권이 발생하므로, 제시기간 경과 후의 수표의 양도의 방법과 그 효력은 이득상환청구권의 법적 성질에 관한 학설에 따라 다르다. 이득상환청구권의 법적 성질에 관한 지명채권설에 의하면 수표의 이득상환청구권의 양도는 수표의 양도방법에 의할 수 없고 지명채권양도의 방법에 의하여야 하며 선의취득이 인정되지 않으나, 잔존물설·변형물설에 의하면 수표의 이득상환청구권 발생 후의 수표는 유가증권이므로 수표의 이득상환청구권은 수표의 양도방법(배서·교부)에 의하여 양도할 수 있고 그 선의취득도 인정된다.

**【대법원 1976. 1. 13. 판결, 70 다 2462】**

**1. 사실관계**

Y은행의 충무로지점은 발행일 1969. 5. 27., 액면금 10만 원인 자기앞수표 1매를 발행하였고, 위 수표는 전전유통되어 X가 취득하였다. X가 1969. 6. 18.에 Y은행에 지급제시를 하였으나, Y은행은 위 자기앞수표에 대하여 분실사고계가 제출되어 있다는 이유로 지급을 거절하였다.

이에 X는 Y은행을 상대로 수표금지급청구의 소를 제기하였다.

**2. 판결요지**

이 건에 관하여, 대법원은 「은행 기타 금융기관이 발행한 자기앞수표는 제시기간 내에서는 물론 제시기간 후에도 발행은행 기타 금융기관에서 쉽게 지급받을 수 있다는 거래상의 확신에 의하여 현금과 같이 널리 유통되고 있으므로, 이와 같은 거래의 실정에 비추어 볼 때에 수표소지인이 수표법상의 보전절차를 취함이 없이 제시기간을 도과하여 수표상의 권리가 소멸된 수표를 양도하는 행위는 수표금의 지급수령권한과 아울러 특별한 사정이 없는 한 수표상의 권리의 소멸로 인하여 수표소지인에게 발생한 이득상환청구권까지도 양도하는 동시에 그에 수반하여 이득을 한 발행인인 은행에 대하여 수표소지인을 대신해서 그 양도에 관한 통지를 할 수 있는 권능을 부여하는 것이다. 그리고 이렇게 양도받은 수표를 양수인이 다시 제3자에게 양도하는 행위는 그 양도받은 수표금지급수령권한·이득상환청구권 및 양도통지권능이 수반된 상태로 이전하는 행위이며, 이렇게 보는 것이 당사자의 의사에 합치될 뿐만 아니라 거래의 실정에 적합하고 나아가 이와 같은 수표의 양도로 야기되는 거래관계를 간결하고 타당하게 해결할 수 있는 것이다」라고 판시하였다.

이 판결은 당사자의 의사해석과 거래의 실정을 근거로, 제시기간경과 후의 자기앞수표의 양도는 수표금수령권한·이득상환청구권 및 양도통지권능을 이전하는 것이라 하여 당좌수표나 가계수표의 경우와는 구분하고 있다.

이 대법원 판결에 의하면, 자기앞수표의 경우 지급제시기간을 도과하여 수표상의 권리가 소멸된 수표를 양도하는 행위는 수표금액의 지급수령권한과 이득상환청구권을 양수인에게 양도하는 동시에, 양도인이 채무자인 자기앞수표의 발행은행에 대하여 갖는 채권(이득상환청구권)양도의 통지권도 양수인에게 양도하는 것이 된다는 것이다. 그러므로 수표상의 권리가 소멸할 당시의 소지인으로부터 자기앞수표를 양수한 자는, 수표금액의 지급수령권한과 이득상환청구권을 양수한 것뿐만이 아니라 채권양도인의 채무자에 대한 채권양도의 통지권도 양수한 것이 된다는 것이다. 그리고 이득상환청구권의 양수인이 자기앞수표를 발행은행에 제시하는 것은 이득상환청구권을 행사하는 것이 될 뿐만 아니라 채무자에게 채권양도의 통지를 하는 것이 되어 지명채권이 이득상환청구권의 양도에 필요한 대항요건도 갖춘 것으로 된다는 것이다. 따라서 지급제시기간이 지난 자기앞수표를 자기앞수표상의 권리가 소멸할 당시의 소지인으로부터 양수한 자도 발행은행에 대하여 이득상환청구권을 행사할 수 있고, 채무자인 발행은행도 이 양수인에게 변제함으로써 동 채무를 면하게 된다. 이러한 논리는 자기앞수표상의 권리가 소멸할 당시의 소지인에게서 수표를 양수한 자로부터 다시 양수한 자에게도 적용된다고 하였다.

## Ⅱ. 利得償還請求權의 善意取得

이익상환청구권의 선의취득이 인정되는가는 이득상환청구권의 법적 성질에 관한 학설에 따라 다르다. 이득상환청구권의 법적 성질에 관한 지명채권설의 입장에 의하면, 지명채권은 선의취득의 대상으로 될 수 없으므로 이득상환청구권의 선의취득이 인정되지 않는다(대판 1980. 5. 13. 80 다 537). 그러나 잔존물설·변형물설의 입장에 의하면 이득상환청구권은 어음(수표)상의 권리와 같이 선의취득의 대상으로 될 수 있으므로 이득상환청구권의 선의취득이 인정된다.

**【대법원 1980. 5. 13. 판결, 80 다 537】**

**1. 사실관계**

A는 Y은행에 현금 100만 원을 주고 2001. 5. 1.에 100만 원권 자기앞수표 1매를 교부받아 소지하고 있다가, 2000. 5. 15.경 위 수표·주민등록증 및 명함이 들어 있는 지갑을 소매치기 당하였다. 그 며칠 후 성명미상의 자가 X백화점에 나타나 A의 주민등록증과 명함을 제시하여 자기가 A라고 사칭하고, 위 수표로 10만 원어치 물건을 사고 나머지 90만 원은 현금으로 받아 갔다.

이에 X백화점이 위 수표를 Y은행에 지급제시하였으나 지급거절되었다.

**2. 판결요지**

이 건에 관하여, 대법원은 「동 수표는 소매치기 당할 당시에 이미 지급제시기간이 경과되었음이 분명하므로 수표상의 권리가 소멸되고 이득상환청구권이 발생하여 있었으나 원고는 청구권을 적법한 절차에 의하여 양수한 것이 아님이 분명하고 또 이득상환청구권은 선의취득의 대상이 될 수 없다」고 판시하여 이득상환청구권의 선의취득을 부인하였다.

### Ⅲ. 어음(手票)上의 權利를 위한 保證 · 擔保의 移轉

어음(수표)상의 권리를 위하여 존재하였던 보증이나 담보가 그 어음(수표)상의 권리의 소멸로 생긴 이득상환청구권을 보증 또는 담보하는가도 이득상환청구권의 법적 성질에 관한 학설에 따라 다르다.

이득상환청구권의 법적 성질에 관한 지명채권설의 입장에 의하면 이득상환청구권을 어음(수표)상의 권리가 아닌 지명채권이라 보므로, 당사자 간의 특약이 없는 한 어음(수표)상의 권리를 위한 보증이나 담보는 이득상환청구권을 보증 또는 담보하지 않는다. 그러나 잔존물설 · 변형물설의 입장에 의하면 이득상환청구권을 어음(수표)상의 권리라 보므로, 어음(수표)상의 권리를 위한 보증이나 담보는 이득상환청구권을 보증 또는 담보한다.

## 제6. 利得償還請求權의 行使

### Ⅰ. 序　說

이득상환청구권의 행사에 있어서는 그 행사에 어음(수표)의 소지를 요하는가, 이득상환의무의 이행장소는 어디인가, 어음(수표)채무자의 항변이 인정되는가 등이 문제되고, 이는 이득상환청구권의 법적 성질과 관련되는 것이다. 또한 이득상환청구권의 행사에서는 그 증명책임도 문제된다.

### Ⅱ. 利得償還請求權의 行使와 어음(手票)의 所持

이득상환청구권의 행사에 어음(수표)의 소지를 요하는가는 이득상환청구권의 법적 성질에 관한 학설과 관련하여 소지필요설과 소지불요설이 대립해 있다.

소지불요설은 이득상환청구권의 법적 성질에 관한 지명채권설의 입장에서, 이득상환청구권 발생 후의 어음(수표)은 유가증권이 아니고 단순한 증거증권이라 보아 이득상환청구권의 행사에 반드시 어음(수표)을 소지하거나 제권판결을 받아야 하는 것이 아니라고 한다(통설). 그러나 소지필요설은 잔존물설・변형물설의 입장에서, 이득상환청구권 발생 후의 어음(수표)을 유가증권이라 보아 이득상환청구권의 행사에는 반드시 어음(수표)을 소지하거나 제권판결을 받아야 한다고 한다(정희철 293면 양승규(어) 207면).

### Ⅲ. 利得償還義務의 履行場所

이득상환의무의 이행장소는 이득상환청구권의 법적 성질에 관한 잔존물설・변형물설의 입장에서는 이득상환청구권 발생 후의 어음(수표)은 유가증권으로서 이에 표창된 이득상환의무를 추심채무라 보아 그 이행장소는 이득상환의무자의 주소 또는 영업소라 한다(정희철 292면 양승규(어) 207면).

또한 지명채권설의 입장에서는 이득상환청구권 발생 후의 어음(수표)은 유가증권이 아니고 이득상환청구권을 지명채권이라 보기 때문에 이득상환의무는 지참채무로서 그 이행장소는 이득상환청구권자의 주소 또는 영업소로 보아야 할 것이나, 지명채권설의 입장에서도 어음(수표)은 전전유통하여 이득상환의무자는 이득상환의무가 발생하였는지 누가 이득상환청구권자인지 알 수 없고 더욱이 이득상환의무자가 자기와 관계없는 사유로 어음(수표)상의 권리가 소멸되었는 데도 종전보다 불리한 지위에 있게 되는 것은 부당하므로 이득상환의무도 추심채무로 보아 그 이행장소는 이득상환의무자의 주소 또는 영업소라 한다(통설).

### Ⅳ. 利得償還義務者의 抗辯

이득상환청구권의 법적 성질에 관한 잔존물설・변형물설의 입장에서는 이득상환청구권을 어음(수표)상의 권리로 보기 때문에 이득상환의무자는 어음(수표)상의 권리 소멸 전의 어음(수표)소지인(어음・수표상의 권리자)에 대하여 대항할 수 있었던 모든 항변으로 이득상환청구권자에 대하여 대항할 수 있다고 한다(정희철 293면).

또한 지명채권설의 입장에서는 이득상환청구권을 어음(수표)상의 권리가 아닌 지명채권으로 보기 때문에 이득상환의무자는 어음(수표)상의 권리 소멸 전의 어음(수표)소지인(어음・수표상의 권리자)에 대하여 대항할 수 있었던 항변으로 이득상환청구자에 대하여 대항할 수 없다고 보아야 할 것이나, 지명채권설의 입장에서도 이득상환의무자가 자기와 관계없는 사유로 어음(수표)상의 권리가 소멸되었는 데도 종전보다 불리한 지위에 있게 되는 것은 부당하므로 어음(수표)상의 권리 소멸 당시의 어음(수표)소지인에 대하여 대항할 수 있었던 모든 항변으로 이득상환청구권자에 대하여 대항할 수 있다고 한다(통설).

### Ⅴ. 利得償還請求權의 證明責任

이득상환청구권자가 이득상환청구권을 행사하는 경우에는 그 이득상환청구권의 발생요건 · 이득상환의무자의 이득의 한도를 증명하여야 하고, 단순히 어음(수표)상의 권리자였다는 것을 증명하는 것만으로는 부족하다(통설)(대판 1994. 2. 25. 93 다 50147).

그러나 은행발행의 자기앞수표의 경우에는 발행은행이 수표금액 만큼 이득한 것으로 추정되므로(대판 1961. 7. 31. 4293 민상 814), 수표소지인(이득상환청구권자)은 발행은행의 이득을 증명할 책임이 없다.

## 제7. 利得償還請求權의 消滅

### Ⅰ. 一般的 消滅事由

이득상환청구권의 법적 성질에 관한 지명채권설에 의하면, 이득상환청구권은 민법상의 채권 소멸사유인 변제(민 460조), 대물변제(민 466조), 공탁(민 487조), 상계(민 492조), 경개(민 500조), 면제(민 506조), 혼동(민 507조) 등에 의하여 소멸된다. 그러나 잔존물설 · 변형물설에 의하면 혼동에 의하여는 소멸되지 않는다.

### Ⅱ. 利得償還請求權의 消滅時效

#### 1. 時效期間

이득상환청구권의 소멸시효기간에 관하여 어음(수표)법에 규정이 없어 학설이 대립해 있다. 이득상환청구권의 법적 성질에 관한 지명채권설의 입장에서는 이득상환청구권의 시효기간은 민법상의 일반채권과 같이 10년이라 하고(통설), 또 잔존물설 · 변형물설의 입장에서는 어음의 이득상환청구권의 시효기간은 3년, 수표의 이득상환청구권의 시효기간은 6개월이라 한다(정희철 290면). 또한 이득상환청구권의 법적 성질과 관련 없이, 이득상환청구권은 소지인이 실질관계에서 이득한 어음(수표)채무자에 대하여 그 이득의 반환을 청구하는 권리이므로 그 원인채권이 민사채권인가 상사채권인가에 따라 그 시효기간은 10년 또는 5년이라고도 한다(양승규(어) 208면).

### 2. 起算點

이득상환청구권의 시효기간의 기산점은 어음(수표)상의 권리가 소멸된 때 즉 이득상환청구권이 발생한 때이다.

따라서 어음의 이득상환청구권의 시효기간의 기산점은 이득상환청구권이 절차의 흠결로 발생한 경우에는 「지급제시기간」의 익일이고, 시효의 완성으로 발생한 경우에는 어음상의 권리의 「시효기간」의 익일이다.

또한 수표의 이득상환청구권의 시효기간의 기산점은 수표의 이득상환청구권의 발생시기에 관한 해제조건설의 입장에 의하면 「제시기간」의 익일이고 또 정지조건설에 의하면 「지급인이 지급거절을 한 날 또는 수표발행인이 지급위탁을 취소한 날」의 익일이다.

# 제 7 절 어음(手票)上의 權利의 實行 또는 保全에 관한 期日과 期間

## 제1. 序 說

어음(수표)법에서는 어음(수표)상의 권리의 실행 또는 보전에 관한 기일과 기간에 관하여, 휴일과 기일·기간(어 72조·77조 1항 9호, 수 60조), 기간의 초일불산입(어 73조 77조 1항 9호, 수 61조), 은혜일의 불허(어 74조 77조 1항 9호, 수 62조), 휴일의 의의(어 81조 수 66조), 만기의 결정·기간의 계산(어 36조, 77조 1항 2호), 만기 결정의 표준이 되는 세력(歲曆)(어 37조, 77조 1항 2호) 등의 규정을 두고 있다.

어음(수표)법에 기일과 기간에 관한 규정이 없는 경우에는 민법의 일반원칙에 의한다.

## 제2. 法定休日

### Ⅰ. 意 義

어음법에서 법정휴일은 국경일, 공휴일, 일요일, 기타 일반공휴일을 이른다(어 81조 수 66조). 국경일은 3·1절(3월 1일), 제헌절(7월 17일), 광복절(8월 15일), 개천절(10월 3일)이고

(국경일에 관한 법률 2조), 공휴일은 1월 1일, 설날 전날 · 설날 · 설날 다음날(음력 12월 말일 · 1월 1일 · 2일), 4월 5일(식목일), 석가탄신일(음력 4월 8일), 5월 5일(어린이날), 6월 6일(현충일), 추석 전날 · 추석 · 추석 다음날(음력 8월 14일 · 15일 · 16일), 12월 25일(기독탄신일), 기타 정부에서 수시로 정하는 날 등이다(관공서의 공휴일에 관한 규정 2조). 또한 기타 일반공휴일은 사회관념상 일반적으로 거래를 하지 않는 날이다.

### Ⅱ. 期日과 法定休日

어음상의 권리의 실행 또는 보전에 관한 행위는 거래일에만 할 수 있다. 따라서 만기(어음상에 기재된 지급기일)가 법정휴일인 경우에는 이에 이은 제1의 거래일에 지급청구를 할 수 있다(어 72조 1항 1문 77조 1항 9호).

이러한 지급청구뿐만 아니라 인수제시와 인수거절증서작성(어 72조 1항 2문), 참가인수를 위한 제시(어 57조), 복본반환청구와 복본반환거절증서작성(어 66조), 등본소지인의 원본반환청구와 원본반환거절증서작성(어 68조 1항 · 2항 77조 1항 6호) 등의 어음상의 권리의 실행 또는 보전에 관한 행위도 법정휴일에 할 수 없고 거래일에만 할 수 있다.

따라서 법정휴일에 작성한 거절증서는 무효이고, 법정휴일에 거절되어 작성한 인수거절증서 · 복본반환거절증서 · 원본반환거절증서 등으로는 소구할 수 없다.

다만 인수, 지급, 소구의 통지, 불가항력의 통지, 참가의 통지 등은 법정휴일에 하여도 무효로 되지 않는다.

### Ⅲ. 期間과 法定休日

일정한 기간 내에 어음(수표)상의 권리의 실행 또는 보전에 관한 행위를 하여야 할 경우에, 그 기간의 말일이 법정휴일인 경우에는 이에 이은 제1의 거래일까지 기간이 연장된다(어 72조 2항 1문 · 77조 1항 9호, 수 60조 2항 1문). 그러나 그 기간 중의 휴일은 그 기간에 산입되고(어 72조 2항 2문 · 77조 1항 9호, 수 60조 2항 2문), 이 때문에 기간이 연장되지 않는다. 예컨대 기간의 말일이 일요일인 경우에는 이에 이은 제1의 거래일 즉 월요일까지 연장되나, 그 기간 중에 법정휴일이 5일 있더라도 기간이 5일 더 연장되지 않는다.

그러나 법상 기간이 거래일이어야 한다는 뜻이 명확하게 정하여져 있는 경우, 예컨대 지급제시기간인 「지급을 할 날 또는 이에 이은 2거래일 내」(어 38조 1항 77조 1항 3호)에 있어서는 기간 중에 법정휴일을 산입하지 않는다. 따라서 만기가 일요일이고 화요일이 법정휴일인 경우에는, 월요일이 지급을 할 날이고 수요일과 목요일이 이에 이은 2거래일이므로 지급제시기간은 월요일·수요일·목요일의 3일이다.

## 제3. 初日의 不算入

법정기간 또는 약정기간에는 그 초일을 산입하지 않는다(어 73조·77조 1항 9호, 수 61조). 어음법에서는 일람출급어음 또는 일람후정기출급어음은 소지인이 발행일부터 1년 내에 지급제시 또는 인수제시를 하여야 한다고 규정하고(어 34조 1항 2문·77조 1항 2호, 23조 1항) 또 어음(수표)상의 권리를 일정한 기간 행사하지 않으면 소멸시효가 완성된다고 규정하여(어 70조·77조 1항 8호, 수 51조), 법정기간을 규정하고 있다.

또한 어음의 발행인이나 배서인은 어음에 일정한 기간 내에 인수제시를 할 것을 기재하거나(어 22조 1항·4항) 일람출급어음 또는 일람후정기출급어음의 지급제시기간·인수제시기간을 단축 또는 연장하여(어 34조 1항 3문·77조 1항 2호·23조 2항·3항) 약정기간을 정할 수 있다.

이러한 법정기간 또는 약정기간을 계산하는 경우에는 그 초일을 산입하지 않는다. 이것은 민법상의 일반원칙과 같으나(민 157조), 다만 오전 영시부터 시작되는 경우에도 그 초일을 산입한다.

## 제4. 恩惠日의 不許

은혜일(days of grace)은 어음(수표)채무자를 위하여 어음(수표)금의 지급이 유예되는 기간이다. 영국 어음법에서는 일람출급어음에는 어음상에 은혜일이 없다는 뜻이 기재되어 있지 않는 한 3일의 은혜일이 인정된다(영 어음 14조 1항).

그러나 우리 나라의 어음(수표)법에서는 어음(수표)관계의 신속한 결제를 위하여, 법률상이거나 재판상이거나 불문하고 은혜일은 인정되지 않는다(어 74조·77조 1항 9호, 수 62조).

물론 지급유예령에 의하여 지급이 유예될 수 있으나 이는 은혜일이 아니고, 또 불가항력에 의하여 기간이 연장되는 것도 은혜일이 아니다. 그러나 당사자가 지급유예의 특약을 하는 것은 본조에 반하는 것이 아니다.

# 제4장 어음(手票)의 實質關係

## 제1절 序 說

어음(수표)행위는 대부분 그에 선행하는 어떤 실질적인 법률관계를 기초로 하여 행하여진다. 이와 같이 어음(수표)행위에 선행하고 그 기초가 되는 법률관계를 어음(수표)의 실질관계(기본관계)라 한다.

어음(수표)의 실질관계는 광의의 어음(수표)법에 속하고 협의의 어음(수표)법에 속하지 않으며, 이른바 민사어음(수표)법의 범위에 속하는 것이다.

어음(수표)의 실질관계는 어음(수표)수수의 당사자 간의 원인관계, 환어음과 수표에 있어서 발행인과 지급인 간의 자금관계, 어음(수표)수수를 하기 전의 그 준비행위인 어음(수표)예약 등이 있다.

여기에서는 이러한 어음(수표)의 실질관계 외에 이와 관련이 있는 화환어음, 상업신용장, 어음(수표)개서, 어음(수표)할인, 어음대부, 어음교환 등에 관하여서도 고찰하기로 한다.

## 제2절 어음(手票)의 原因關係

### 제1. 意 義

어음(수표)의 원인관계는 어음(수표)수수의 직접의 당사자 간에 어음(수표)행위를 하는 원인이 된 법률관계이다.

어음(수표)행위를 하면 어음(수표)행위자는 어음(수표)채무를 부담하고 상대방은 어음(수표)상의 권리를 취득하는데, 이것은 그 이전에 어음(수표)행위자와 그 상대방 간에 어떤 실질적인 이유가 있기 때문이다. 예컨대 매매대금의 지급이나 손해배상채무의 이행 등을 위하여 어음(수표)을 수수하게 된다.

이와 같이 어음(수표)의 수수는 그 자체가 목적이 아니고 다른 경제적 목적을 달성하기 위하여 하는데, 이러한 어음(수표)수수의 원인이 되는 매매, 채무의 변제, 보증, 증여 등의 법률관계가 어음(수표)의 원인관계이다.

어음법통일조약의 제2부속서 제16조에서는 어음의 원인관계에 관한 문제를 각국의 국내법에 위임하고 있다.

## 제2. 原因關係와 어음(手票)關係의 分離

### Ⅰ. 抽象性(無因性)

어음(수표)행위는 원인관계에 기하여 행하여지나, 어음(수표)상의 권리는 원인관계상의 권리가 아니고 어음(수표)행위에 의하여 창조된 별개의 독립된 권리이다. 따라서 법률상으로는 원인관계와 어음(수표)관계는 엄격히 분리되어 있다. 이와 같이 원인관계와 어음(수표)관계의 분리를 인정하는 것은 어음(수표)의 유통성을 조장·확보하고 어음(수표)거래의 안전을 보호하기 위한 것이다.

이와 같이 원인관계와 어음(수표)관계는 분리되어 있으므로, 어음(수표)의 유효·무효, 어음(수표)행위의 유효·무효 또는 어음(수표)상의 권리의 발생 여부는 원인관계의 존부나 그 유효·무효의 영향을 받지 않는다. 그러므로 어음(수표)을 무인증권(추상증권)이라 하고, 또 어음(수표)상의 권리를 무인적 권리(추상적 권리)라 한다.

원인관계와 어음(수표)관계는 분리되어 있으므로, 어음(수표)상의 권리자가 어음(수표)상의 권리를 행사하는 경우에는 단지 어음(수표)을 소지하는 것만으로 충분하고 원인관계에 관하여 증명할 필요가 없다. 오히려 어음(수표)채무자가 원인관계의 하자를 증명하여 이를 항변으로 주장할 수 있으므로, 원인관계와 어음(수표)관계의 분리로 인하여 원인관계에 관한 증명책임이 어음(수표)채무자에게 전환되어 있는 것이다.

또한 원인관계와 어음(수표)관계는 분리되어 있으므로, 원인관계상의 권리와 어음(수표)상의 권리는 각각 따로 양도할 수 있고 또 어음(수표)상의 권리를 양도하여도 원인관계상의 권리가 따라 양도되는 것이 아니다.

### Ⅱ. 根 據

원인관계와 어음(수표)관계의 분리의 근거는 ① 어음(수표)을 발행하는 경우에 원인관계가 어음(수표)의 요건으로 규정되어 있지 않고(어 1조·75조 수 1조 참조), ② 어음(수표)의 효력을 원인관계에 관련시킬 때에는 어음(수표)이 무효로 되며(어 1조 2호·75조 2호, 수 1조 2호), ③ 어음(수표)에 원인관계를 기재하면 그 기재 어음(수표)상의 효력이 없는 무익적기재사항으로 되고, ④ 원인관계에 관한 사항은 당사자 간에서 단지 인적항변으로 되는 데 불과하기 때문이다(어 17조·77조 1항 1호, 수 22조).

## 제3. 原因關係와 어음(手票)關係의 關聯

### Ⅰ. 序 說

원인관계와 어음(수표)관계를 분리하는 것은 어음(수표)의 유통성을 조장·확보하고 어음(수표)거래의 안전을 보호하기 위한 것이므로, 이러한 목적을 해하지 않는 범위에서는 원인관계와 어음(수표)관계의 관련을 인정하여도 무방하다.

원인관계와 어음(수표)관계의 관련은 원인관계가 어음(수표)관계에 미치는 영향과 어음(수표)관계가 원인관계에 미치는 영향으로 나누어 고찰할 수 있다.

### Ⅱ. 原因關係가 어음(手票)關係에 미치는 影響

원인관계가 어음(수표)관계에 영향을 미치는 제도로는 다음과 같은 것이 있다.

#### 1. 人的抗辯의 許容

원인관계의 당사자가 어음(수표)상의 채권자·채무자인 경우에 어음(수표)채무자는 원인관계상의 사유를 인적항변으로 주장할 수 있다(어 17조·77조 1항 1호, 수 22조).

원인관계와 어음(수표)관계는 분리되어 있으나 어음(수표)상의 권리를 행사하는 경우에 직접의 당사자 간에서는 원인관계상의 항변을 주장하여도 이것은 어음(수표)의 유통성이나 어음(수표)거래의 안전을 해하는 것이 아니고 오히려 당사자 간의 구체적인 형평에 적합하므로, 어음(수표)법은 원인관계에 기한 항변을 인적항변으로 하고 그 항변으로 어음(수표)채무자가 특정의 소지인에 대하여 대항할 수 있도록 한 것이다.

인적항변이 인정되는 결과 당사자 간에 있어서 원인관계와 어음(수표)관계의 분리(어음 · 수표상의 권리의 불요인)는 증명책임의 전환을 의미하게 된다. 즉 소지인은 형식적으로 유효한 어음(수표)을 소지하고 있으면 되고 그 원인관계를 증명할 필요가 없으며, 반대로 어음(수표)채무자는 원인관계에 기한 항변의 존재를 증명하여야 어음(수표)채무를 면할 수 있다.

### 2. 遡求權

소지인은 어음(수표)금의 지급이 없거나 지급이 현저하게 불확실하게 되었을 때에는 전자 즉 그 어음(수표)을 유통케 한 발행인이나 배서인에 대하여 소구(상환청구) 즉 어음(수표)금액 기타의 비용 등의 지급을 청구할 수 있다(어 43조, 수 39조). 이 소구권제도는 배서인의 원인관계에 기한 담보책임을 어음(수표)법화한 것으로서 어음(수표)수수의 원인관계를 고려한 것이다.

### 3. 利得償還請求權

어음(수표)상의 권리가 보전절차의 흠결 또는 소멸시효의 완성으로 소멸된 경우에 어음(수표)채무자가 그 어음(수표)채무를 면하는 동시에 원인관계나 자금관계에서 얻은 대가를 가지게 되어 어음(수표)당사자 간의 구체적 형평에 반하므로, 어음(수표)법은 이러한 경우에 소지인이 발행인 · 인수인 또는 배서인에 대하여 그 받은 이익의 한도에서 이익의 상환을 청구할 수 있는 것으로 정하고 있다(어 79조, 수 63조). 이 이득상환청구권은 어음(수표)수수의 원인관계와 자금관계를 고려하여 법정한 것이다.

## Ⅲ. 어음(手票)關係가 原因關係에 미치는 影響

### 1. 序 說

보통 어음(수표)은 원인관계에서 발생한 기존채무를 결제하는 수단으로 수수(授受)된다.

그러나 어음(수표)을 수수하여도 어음(수표)금의 지급이 반드시 확실한 것이 아니므로, 기존채무의 이행에 관하여 어음(수표)을 수수한 경우에 이것을 결코 기존채무의 지급이 있는 것과 동일시할 수는 없는 것이다. 그러므로 기존채무의 이행에 관하여 어음(수표)을 수수한 경우에 기존채무가 소멸되고 어음(수표)채무만 존속하는지 또는 기존채무와 어음(수표)채무가 병존하는지 문제된다. 이것은 당사자의 의사에 의하여 결정하여야 하는 것이다.

### 2. 旣存債務가 消滅되는 경우(旣存債務의 支給에 갈음하여 어음·手票를 授受한 경우)

(1) 意 義

당사자가 기존채무를 소멸시키고 어음(수표)채무만을 존속시킬 의사로 어음(수표)을 수수한 경우를 기존채무의 「지급에 갈음하여」(in complete satisfaction) 또는 「지급(또는 변제) 자체로서」 어음(수표)을 수수한 것이라 한다.

이와 같이 기존채무의 지급에 갈음하여 어음(수표)을 수수한 경우에는 기존채무의 소멸을 주장하는 자가 당사자 간에 이러한 의사가 존재하였다는 것을 증명하여야 한다. 그러나 채무자가 기존채무의 이행으로 은행의 자기앞수표나 은행의 지급보증이 있는 당좌수표와 같이 지급이 확실한 수표를 수수한 때에는 지급에 갈음하여 수표를 수수한 것으로 볼 수 있을 것이다(대판 1960. 5. 19. 4292 민상 784).

**【대법원 1960. 5. 19. 판결, 4292 민상 784】**

기존채무의 이행에 관해 은행발행의 수표(자기앞수표)를 수수한 경우에 관하여, 대법원은 「수표로 변제제공을 하는 경우에 있어서는 특별히 채권자의 주소지에 소재하는 은행의 수표로 지급한다는 특약이 있는 등의 특별한 사유가 없는 한, 신용 있는 은행발행의 수표에 의한 제공은 일반거래상 현금의 제공과 동일하게 볼 것이므로 채무의 본지에 따른 현실제공으로 볼 것이다」(대판 1960. 5. 19. 4292 민상 784)라 판시하여, 기존채무의 지급에 갈음하여 수표를 수수한 것이라 하였다.

기존채무의 지급에 갈음하여 어음(수표)을 수수한 경우에는 기존채무는 소멸되며, 따라서 이 경우에는 후에 어음(수표)이 부도되어도 기존채권이 부활되지 않고 또 다른 약성이 없는 한 기존채권을 위하여 존재하였던 질권·저당권·보증 기타의 담보도 그 효력을 상실하여 채권자는 단지 어음(수표)에 의하여서만 그 권리를 행사할 수 있을 뿐이다.

(2) 旣存債務의 消滅에 관한 法理構成

기존채무의 지급에 갈음하여 어음(수표)이 수수된 경우에 그 기존채무의 소멸원인에 관한 법리구성에 관하여, 기존채무가 어음(수표)채무로 更改되었기 때문이라 하는 경개설, 어음(수표)으로 기존채무를 대물변제하였기 때문이라 하는 대물변제설 및 당사자의 의사에 따라 경개인가 대물변제인가를 결정하여야 한다는 절충설 등이 대립해 있다.

생각건대 경개는 신채무를 성립시키는 동시에 구채무를 소멸케 하는 유상계약이므로 유인행위이고 또한 대물변제는 무인행위라는 점에서 보면, 어음(수표)행위는 무인행위이므로 어음(수표)의 수수에 의하여 기존채무가 소멸되는 것은 대물변제라 보는 것이 타당하다(대물변제설).

이와 같이 어음(수표)의 수수에 의하여 기존채무가 소멸되는 것을 대물변제라 보면, 어음(수표)의 수수에 의하여 기존채권이 소멸된 후에 그 어음(수표)이 부도되어도 기존채권이 부활되지 않는다. 다만 수수된 어음(수표)이 요건의 흠결이나 위조로 무효인 경우나 법률행위의 중요 부분에 착오가 있어 이를 취소하거나(민 109조 1항 본문) 매도인의 담보책임을 이유로 이를 해제한 때에는(민 571조 1항), 대물변제가 소급하여 효력을 상실하므로 기존채무는 소멸되지 않고 그대로 존속하게 된다.

### 3. 旣存債務와 어음(手票)債務가 倂存하는 경우

#### (1) 序 說

전술한 바와 같이 당사자가 특별히 기존채무를 소멸시킬 의사 없이 어음(수표)을 수수한 경우에는 기존채무와 어음(수표)채무가 병존한다. 기존채무와 어음(수표)채무가 병존하는 경우에 채권자가 어음(수표)채권부터 먼저 행사해야 할 것인가 또는 기존채권과 어음(수표)채권 중에 임의로 선택하여 행사해야 할 것인가도 역시 당사자의 의사에 의하여 결정하여야 한다. 전자의 경우는 어음(수표)을 순전히 기존채무의 지급의 수단으로 수수한 것이므로 이것을 기존채무의 「지급(추심)을 위하여」 어음(수표)을 수수한 것이라 한다. 후자의 경우는 어음(수표)을 순전히 기존채무의 지급을 담보하기 위하여 수수한 것이므로 이것을 기존채무의 「지급을 확보하기 위하여」 또는 「담보를 위하여」 어음(수표)을 수수한 것이라 한다.

#### (2) 旣存債務의 「支給을 위하여」 어음(手票)을 授受한 경우

**① 權利行使의 順序** 기존채무의 「지급을 위하여」 즉 기존채무의 지급수단으로 어음(수표)을 수수한 경우에는 채권자는 어음(수표)상의 권리를 먼저 행사하여 채권의 변제를 받고, 그로써 만족을 받지 못하였을 때에 기존채권을 행사하여야 한다.

기존채무의 「지급을 위하여」 어음(수표)을 수수한 경우에는 채권자는 어음(수표)채권을 먼저 행사하여야 하므로, 어음(수표)의 지급제시가 없는 한 채무의 이행기를 도과하더라도 기존채무의 이행지체가 생기지 않는다.

② **權利行使의 方法** 채권자는 만기에 어음상의 권리를 행사하여 채권의 만족을 받을 수 있고, 또 만기 전이라도 어음의 할인을 받아 채권의 만족을 받을 수 있다.

채권자가 먼저 어음(수표)상의 권리를 행사하여 거절되면 기존채권을 행사할 수 있으며, 이 경우 채무자는 채권자에 대하여 어음(수표)의 반환과 상환하여 지급하겠다는 항변으로 대항할 수 있다(후술 동시이행항변권설).

③ **權利行使의 程度** 채권자가 어음(수표)상의 권리를 행사하였으나 거절된 경우에는 권리보전절차를 취하여야 한다.

그러나 채권자가 권리보전절차를 해태하여 소구권을 상실한 경우나 어음(수표)상의 권리가 소멸시효의 경과로 소멸된 경우에 채권자는 기존채권을 행사할 수 있는가에 관하여, 손해배상책임발생설과 기존채권행사불가설이 대립해 있다. 손해배상책임발생설은 기존채무가 소멸되지 않았으므로 채권자는 기존채권을 행사할 수 있으나 어음(수표)채권을 성실히 추심하여야 할 의무가 있는 데도 이를 위반하였으므로 채무자에 대한 손해배상책임이 생긴다고 한다(최기원 167면)(대판 1996. 11. 8. 95 다 25060). 또 기존채권행사불가설은 채권자의 권리보전절차의 이행은 기존채권 행사의 조건이므로 채권자가 권리보전절차를 해태하여 전자에 대한 소구권을 상실하게 된 때에는 기존채권을 행사할 수 없다고 한다(정동윤 163면).

생각건대 채권자가 권리보전절차의 해태만으로 기존채권까지 상실한다고 하는 것은 채권자에게 너무 가혹하므로, 채권자는 권리보전절차를 해태하여도 기존채권을 행사할 수 있고 다만 이로 인하여 채무자가 손해를 입은 때에는 채권자가 그 손해의 배상책임을 진다고 보는 것이 타당하다(손해배상책임발생설).

④ **權利의 消滅과 消滅時效의 進行** 기존채무의 지급을 위하여(또는 지급확보를 위하여) 어음이 교부되어 어음소지인의 입장에서는 기존채권과 어음채권을 모두 가지게 되더라도 어음채권이 변제나 상계 등에 의하여 소멸하면 기존채권 또한 그 목적을 달성하게 되어 소멸하는 것이다(대판 2000. 2. 11. 99 다 56437). 그러나 채권자가 받은 그 어음을 타인에게 배서양도한 경우에는 그 양도인인 채권자는 자신의 후자들에게 소구의무의 부담을 안고 있으므로 배서양도에 따른 대가의 취득만으로는

종국적인 채권의 만족을 얻었다고 할 수 없고, 어음금이 지급되어 어음소지인의 채권 만족이 있어야 어음을 배서양도한 자도 소구의무의 부담으로부터 벗어나게 되므로, 그 때에 이르러서 비로소 어음을 배서양도한 채권자는 종국적인 채권의 만족을 얻었다고 볼 수 있어 자신의 전자에 대한 기존채권도 소멸한다고 보아야 한다(대판 2002. 12. 24. 2001 다 3917).

기존채무의 「지급을 위하여」 어음을 수수하여 채권자가 어음채권을 먼저 행사하여야 할 경우에 어음의 지급시기가 기존채권의 변제기보다 후일인 때에는, 어음의 지급시기까지는 기존채권을 행사할 수 없어 기존채권의 변제기가 도래하여도 시효를 중단시킬 수 없으므로 기존채권의 시효는 어음의 지급시기가 도래할 때까지는 진행하지 않는다고 보아야 할 것이다.

(3) 旣存債務의 「支給을 確保하기 위하여」 어음(手票)을 授受한 경우

① **權利行使의 順序** 기존채무의 「지급을 확보하기 위하여」 또는 「담보를 위하여」 어음(수표)을 수수한 경우에는 채권자는 기존채권과 어음(수표)채권 중에서 어느 하나를 임의로 선택하여 채권의 변제를 받을 수 있고, 그로써 만족을 받지 못한 때에는 다른 채권을 행사할 수 있다(통설)(채권자의 어음상의 권리행사를 기다리지 말고 원인채무를 이행하여야 한다는 반대의 견해가 있음. 이철송 179면).

기존채무의 「지급을 확보하기 위하여」 어음(수표)을 수수한 경우에는 기존채권과 어음(수표)채권은 별개의 채권이므로, 기존채무는 어음(수표)의 제시의 유무에 관계없이 그 변제기가 도래하면 이행지체로 된다(대판 1993. 11. 7. 93 다 11203). 따라서 어음(수표)의 지급시기가 기존채무의 변제기보다 후일이더라도 기존채무의 변제기가 도래하면 채권자는 이행지체의 책임을 물을 수 있다.

② **權利行使의 方法** 채권자가 기존채권을 먼저 행사하는 경우에 어음(수표)을 반환하여야 하는가에 관하여 반환필요설·반환불요설 및 동시이행항변권설 등의 학설이 대립해 있다.

반환필요설은 채권자는 먼저 어음을 채무자에게 반환하여야만 기존채권을 행사할 수 있다고 한다. 또한 반환불요설은 기존채권은 별개의 채권이므로, 채권자가 기존채권을 행사할 경우에는 어음(수표)을 반환할 필요가 없고 채무자는 기존채무를 변제한 후에 어음(수표)의 반환을 청구할 수 있을 뿐이라 한다. 그리고 동시이행항변권설은 채무자는 채권자에 대하여 어음(수표)의 반환과 상환하여 기존

채무를 변제하겠다는 항변으로 대항할 수 있고, 채무자가 이러한 항변을 한 경우에는 법원은 채무자에게 어음(수표)과 상환하여 기존채무를 변제하라는 취지의 상환이행의 판결을 하여야 한다고 한다(정희철 108면 정동윤 164면)(대판 1993. 11. 9. 93 다 11203, 11210).

반환필요설에 의하여 채권자가 기존채권을 먼저 행사하는 경우에는 어음(수표)을 채무자에게 반환하여야 하여 채무자가 어음(수표)을 반환받고 기존채무를 이행하지 않을 염려가 있으므로 채권자에게 불리하고 또 반환불요설에 의하면 채권자가 먼저 기존채권을 행사하는 경우에는 어음(수표)의 반환을 요하지 아니하여 채무자가 2중지급을 하여야 할 위험이 있으므로 채무자에게 불리하다.

생각건대 기존채권과 어음(수표)채권은 별개의 채권이지만 채무자가 어음(수표)을 반환받지 않고 기존채무를 변제한 경우에는 어음(수표)의 선의취득자가 있을 수 있어 2중지급을 하여야 할 위험이 있고 또 채권자의 권리행사에 어음(수표)의 반환을 요구하는 것은 너무 엄격한 제약을 가하는 것이 되어 형평의 원칙에 반하므로, 동시이행항변권설이 타당하다(동시이행항변권설)(대판 1970. 10. 23. 70 다 2042).

**【대법원 1970. 10. 23. 판결, 70 다 2042】**

채권자가 기존채권을 먼저 행사한 경우에 어음(수표)을 채무자에게 반환하여야 할 것인가에 관하여, 대법원은 「채무자가 채무이행의 확보를 위하여 채권자에게 약속어음을 교부한 경우에는 그 어음의 반환을 받지 않는 한 채무의 이행을 거절할 수 있다」고 판시하여, 동시이행항변권설을 취하였다.

**③ 權利行使의 程度** 채권자가 어음(수표)상의 권리를 먼저 행사하여 지급거절이 된 때에는 기존채무의 「지급을 위하여」 어음(수표)을 수수한 경우와 같이 권리보전절차를 취하여야 하고, 채권자가 이를 해태하여 소구권을 상실한 때에도 기존채권을 행사할 수 있으나 채무자에 대하여 이로 인한 손해의 배상책임이 있다(손해배상책임설).

**④ 權利의 消滅과 消滅時效의 進行** 어음(수표)채권의 행사와 기존채권 소멸의 법리는 앞서 기존채무의 「지급을 위하여」 어음(수표)을 수수한 경우에서 설명한 그대로이다.

기존채무의 「지급을 확보하기 위하여」 어음(수표)을 수수하여 채권자가 기존채권과 어음(수표)채권 중에서 임의로 선택하여 행사하는 경우에 기존채권과 어음

(수표)채권의 소멸시효는 그 변제기·지급시기가 도래한 때로부터 진행된다.

⑤ **權利의 讓渡** 기존채무의 「지급을 위하여서」나 「지급을 확보하기 위하여」 어음(수표)을 수수한 경우 즉 기존채무와 어음(수표)채무가 병존하는 경우에, 채권자는 기존채권이나 어음(수표)채권을 제3자에게 양도할 수 있다.

채권자가 어음(수표)을 제3자에게 양도한 경우에는 어음(수표)채권을 상실하고 기존채권만을 가지게 되나, 채권자가 기존채권의 변제를 받으려면 어음(수표)의 반환과 상환하여야 하므로 사실상 기존채권을 행사할 수 없다(대판 1962. 4. 12. 4294 민상 1190).

**【대법원 1962. 4. 12. 판결, 4294 민상 1190】 등**

기존채무의 「지급의 확보를 위하여」 발행된 약속어음을 채권자가 제3자에게 양도한 경우에 채권자는 채무자에 대하여 기존채무의 이행을 청구할 수 있는가에 관하여, 대법원은 ① 「다른 특별한 사정이 없는 한 채권자는 채무자에 대하여 기존채무의 지급을 청구할 수 없다」(대판 1962. 4. 12. 4294 민상 1190) 고 판시하였고, ② 또 「채권자가 타인에게 약속어음을 양도한 후에 채무자에 대하여 기존채무의 지급을 청구할 수 없다고 하는 것은 그 기존채무가 소멸하였다는 것이 아니고 채무자에게 2중지급의 위험이 있어 채무자가 그 이행을 거절할 수 있다는 것이다」(대판 1976. 4. 13. 75 다 649) 라 판시하여, 기존채무의 이행을 청구할 수 없다고 하였다.

채권자가 기존채권을 제3자에게 양도하는 경우에는 채무자의 승낙을 얻거나 채무자에게 통지하여야 그 양도로 채무자에 대하여 대항할 수 있고(민 450조), 또한 채권자가 기존채권을 제3자에게 양도하여도 어음(수표)채권은 소멸되지 않는다.

채권자가 기존채권을 제3자에게 양도하고 채무자가 그 양수인에게 이를 변제한 때에는, 채무자는 채권자에 대하여 이를 인적항변으로 대항할 수 있다.

(4) 當事者의 意思가 明白하지 않은 경우

당사자가 특별히 기존채무를 소멸시킬 의사 없이 어음(수표)을 수수한 경우에는 기존채무와 어음(수표)채무가 병존하며, 이 경우에 기존채무의 「지급을 위하여」 어음(수표)을 수수한 것으로 볼 것인가 또는 기존채무의 「지급을 확보하기 위하여」 어음(수표)을 수수한 것으로 볼 것인가 즉 채권자는 어음(수표)채권을 먼저 행사하여야 할 것인가 또는 기존채권과 어음(수표)채권 중에서 어느 하나를 임의로 선택하여 행사하여도 좋을 것인가는 당사자의 의사에 의하여 결정하여야 하는 것이나, 당사자의 의사가 명백하지 않은 경우에는 일반적으로 다음과 같이 당사자의 의사를 추정할 수 있을 것이다.

① 「支給을 위하여」 어음(手票)을 授受한 것으로 推定되는 경우 원인관계상의 채무자가 어음(수표)상의 유일한 채무자가 아닌 경우, 예컨대 원인관계상의 채무자가 제3자발행의 약속어음을 채권자에게 배서양도한 경우나 원인관계상의 채무자가 제3자인수의 환어음을 채권자에게 배서양도한 경우에는 제3자(주된 채무자)의 지급이 예정되어 있으므로, 이러한 경우에는 채무자가 기존채무의 「지급을 위하여」 어음(수표)을 수수한 것으로 추정하여야 할 것이다(대판 1996. 11. 8. 95 다 25060).

원인관계상의 채무자가 어음상의 유일한 채무자라고 하더라도 제3자방지급어음의 경우에는 보통 채무자가 지급담당자에게 이미 자금을 제공하고 있어 채권자에게 기존채권을 먼저 행사할 수 있도록 하면 채무자가 2중으로 자금을 준비하여야 하기 때문에 부당하고 또 채권자가 제3자방지급어음을 수취한 때에는 먼저 어음상의 권리를 행사할 것을 양해하고 취득한 것이라 보는 것이 상당하므로, 이 경우에도 채무자가 기존채무의 「지급을 위하여」 어음을 수수한 것으로 추정하여야 할 것이다.

또한 원인관계상의 채무자가 채권자에게 수표를 교부한 경우에 수표는 지급증권성이 있으므로, 이 경우에도 채무자가 기존채무의 「지급을 위하여」 수표를 수수한 것으로 추정하여야 할 것이다. 그러나 채무자가 기존채무의 이행으로 은행의 자기앞수표나 은행의 지급보증이 있는 당좌수표와 같이 지급이 확실한 수표를 수수한 때에는 지급에 갈음하여 수표를 수수한 것으로 볼 수 있을 것이다.

**【대법원 1996. 11. 8. 판결, 95 나 25060】**

**1. 사실관계**

$Y_1$은 $Y_2$회사의 X회사에 대한 공사대금채무를 연대보증하였고, 그 채무를 변제하기 위하여 그 소유의 A회사의 주식을 B에게 매각하였다. B의 $Y_1$에 대한 주식대금을 변제하기 위하여 $Y_1$, $Y_2$회사, X회사, A회사, B가 의논하여, B가 대표이사로 있는 C회사가 39억 원 상당의 약속어음 8매를 발행하고 여기에 A회사가 제1배서인, $Y_1$이 제2배서인으로 각각 배서하여 이를 X회사에 교부하였으며, X회사는 이 중 4매의 약속어음을 지급제시하여 16억 원 상당의 공사대금을 지급받았다.

그러나 당시 C회사의 자금사정이 어려워 나머지 약속어음 4매에 관하여서는 C회사가 지급기일의 연장을 승낙받아 지급기일을 1992. 9. 30.로 연장한 23억 원 상당의 약속어음 3매를 재발행하여 여기에 A회사가 제1배서인, C회사 대표이사 B가 제2배서인으로 각각 배서한 후 이를 X회사에 교부하고 원래의 어음을 반환받아 폐기하였다. 그리고 C회사가 재발행한 약속어음 3매가 모두 무거래의 사유로 지급거절되었다.

이에 X회사가 $Y_2$회사와 $Y_1$에 대하여 나머지 공사대금의 지급을 청구하였으나, $Y_2$회사와 $Y_1$은 위 어음은 지급에 갈음하여 교부한 것이므로 공사대금지급채무가 소멸되었다고 주장하였고 또 예비적으로는 X의 소구권보전절차의 해태로 인한 손해배상채무와 X의 공사대금채권(채무)의 상계를 주장하였다.

**2. 판결요지**

이 건에 관하여, 대법원은「채무자가 채권자에게 기존채무의 이행에 관하여 어음·수표를 교부하는 경우 당사자 사이에 특별한 의사표시가 없고, 어음상의 주채무자와 원인관계상의 채무자가 동일하지 않은 때에는 제3자인 어음상의 주채무자에 의한 지급이 예정되어 있으므로 이는 지급을 위하여 교부된 것으로 추정할 것이고, 따라서 특별한 사정이 없는 한 기존의 원인채무는 소멸하지 않고 어음·수표상의 채무와 병존한다고 보아야 할 것이다.

어음을 배서양도받은 채권자가 채무자에 대하여 원인채권을 행사하기 위하여는 그 어음을 채무자에게 반환하여야 하므로, 원인채권을 행사하기 위한 전제로서 지급기일에 어음을 적법히 제시하여 소구권 보전절차를 취할 의무가 있다고 보는 것이 양자 사이의 형평에 맞는다. 이 경우 채권자가 지급기일에 적법한 지급제시를 하지 않음으로써 소구권이 보전되지 않았더라도 지급기일 후에 어음발행인의 자력이 약화되어 무자력이 됨으로써, 채무자가 발행인에 대한 어음채권과 원인채권의 어느 것도 받을 수 없게 된 때에야 비로소 손해를 입게 되는 것이고, 이러한 손해는 특별 사정으로 인한 손해로서 소구권보전의무를 불이행한 어음소지인이 어음의 지급기일에 장차 어음발행인의 자력이 악화될 것임을 알았거나 알 수 있었을 때에만 그 배상채권으로 상계할 수 있다.

이 건에서 $Y_1$은 B에 대하여 주식매매대금채권을 행사할 수 있을 뿐만 아니라 X회사가 위 각 약속어음을 C회사에 반환하고 새로운 어음을 교부받을 당시에 장차 C회사가 무자력이 될 것임을 알았거나 알 수 있었다고 인정할 아무 자료가 없으므로, X회사는 $Y_1$에 대하여 손해배상책임을 지지 않는다」고 판시하였다.

②「支給을 確保하기 위하여」어음(手票)을 授受한 것으로 推定되는 경우　상술한 기존채무의「지급을 위하여」어음(수표)을 수수한 경우와는 반대로 원인관계상의 채무자가 어음(수표)상의 유일한 채무자인 경우, 예컨대 원인관계상의 채무자가 채권자에게 약속어음을 발행한 경우나 원인관계상의 채무자가 채권자에게 자기앞환어음을 발행한 경우 또는 어음대부를 위하여 채권자에게 약속어음을 발행한 경우에는, 채권자가 기존채권과 어음상의 권리 중에서 어느 것을 먼저 행사하여도 채무자의 이해에 별다른 영향이 없으므로, 이러한 경우에는 기존채무의

「지급을 확보하기 위하여」 또는 「담보를 위하여」 어음을 수수한 것으로 추정하여야 할 것이다.

그러나 오늘날 국내 어음거래의 실정상 환어음은 거의 이용되고 있지 않고 약속어음 특히 제3자방지급의 약속어음이 널리 이용되고 있다. 그리고 제3자방지급의 약속어음의 수수는 기존채무의 「지급을 위하여」 수수한 것으로 추정되므로, 기존채무의 「지급을 확보하기 위하여」 어음을 수수하는 경우는 결국 원인관계상의 채무자가 채권자에게 제3자방(지급담당자)의 기재가 없는 약속어음을 발행하는 경우와 어음대부를 위하여 약속어음을 발행하는 경우 정도이다. 그러나 어음대부의 경우에 있어서 대부어음은 실제상 차용증서에 갈음하는 의미 밖에 없고 또 대부어음에 의하여 어음채권을 행사하는 경우는 거의 없으므로, 기존채무의 「지급을 확보하기 위하여」 어음을 수수한 것으로 추정되는 경우는 결국 원인관계상의 채무자가 채권자에게 제3자방(지급담당자)의 기재가 없는 약속어음을 발행하는 경우 정도 밖에 없다고 할 것이다. 그런데 이러한 어음 또한 거래 현실에서는 거의 이용이 안되고 있는 실정이므로 기존채무의 「지급을 확보하기 위하여」 발행되는 어음은 사실상 거의 존재하지 않는다고 할 것이다.

**【대법원 1970. 6. 30. 판결, 70 다 517】**

원인관계상의 채무자가 채권자에게 약속어음을 발행한 경우에 관하여, 대법원은 「기존채무의 변제를 위하여 약속어음을 발행한 경우에 당사자 간에 특별한 의사표시가 없으면 기존채무의 변제를 확보하기 위하여 또는 그 지급방법으로 이를 발행한 것으로 추정하여야 한다고 하는 것이 본원의 판례(대판 1967. 2. 21 66 다 2355)인 바, 상품대금에 대하여 약속어음을 발행한 것이 현금의 수수와 같은 효과가 있는 것으로 보아야 한다는 논지는 이유 없다」고 판시하였다.

# 제 3 절 어음(手票)의 資金關係

## 제1. 意 義

자금관계(provision)는 환어음과 수표에 있어서 발행인과 지급인 간에 존재하는 실질적인 법률관계이다. 즉 환어음에 있어서 지급인이 인수·지급을 하고 또 수표에 있어서 지급인인 은행이 지급을 하는 것은 발행인과 지급인 간에 환어음·수표 외에 존재하는 실질적인 법률관계가 있기 때문인데, 이러한 실질관계를 자금관계라 한다.

약속어음에는 지급인이 없고 발행인이 지급의무자이므로 자금관계가 없고, 자금관계는 지급인이 있는 환어음과 수표에만 존재한다. 물론 환어음과 수표라도 자기앞환어음(어 3조 2항)과 자기앞수표(수 6조 3항)는 발행인과 지급인이 동일하므로 자금관계가 없다.

지급인이 먼저 환어음·수표의 지급을 하고 후에 발행인으로부터 보상을 받는 것을 보상관계라 한다.

## 제2. 資金關係의 內容

### Ⅰ. 序 說

환어음(수표)에 자금관계가 존재하기 위하여서는 지급인에게 발행인이 처분할 수 있는 자금이 있어야 하고(자금의 존재)(수 3조 본문 전단 참조) 또 발행인과 지급인 간에 발행인이 발행한 환어음(수표)에 대하여 지급인이 환어음(수표)금액을 지급할 것을 약속하는 계약(환어음계약·수표계약)이 있어야 한다. 즉 환어음(수표)의 자금관계에는 자금의 존재와 환어음(수표)계약이 있어야 한다.

### Ⅱ. 資金의 存在

자금은 발행인이 발행한 환어음(수표)에 대하여 지급인이 그 지급에 충당할 수 있는 금액이다. 자금은 발행인이 미리 지급인에게 현금을 교부하거나 발행인이 지급인에 대하여 외상채권과 같은 대금채권을 가지고 있거나 지급인이 은행인 경우에 발행인이 지급인(은행)에 당좌예금이 있거나 발행인과 지급인(은행) 간에 당좌대월거래약정이 체결되어 있는 형식으로 존재한다. 또한 환어음(수표)금액의 지급 당시에는 지급인에게 자금이 존재하지 않더라도, 지급인이 지급 후에 발행인이 지급인에게 보상할 것을 약속하는 형식으로도 존재한다(보상관계).

### Ⅲ. 換어음(手票)契約(支給委託契約)

자금관계가 존재하기 위하여서는 상술한 자금이 존재하는 외에 발행인과 지급인 간에 발행인이 발행한 환어음(수표)에 대하여 지급인이 발행인의 자금의 한도에서 환어음(수표)금액을 지급할 것을 약속하는 계약이 있어야 한다. 이것을 환어음(수표)계약 또는 지급위탁계약이라 한다.

은행과 거래처 간에는 환어음(수표)계약으로서 당좌계정거래약정이나 당좌대월거래약정이 있다. 당좌계정거래약정은 거래처인 발행인이 발행한 환어음(수표)에 대하여 지급인인 은행이 발행인의 당좌예금의 잔고의 한도에서 지급할 것을 약정하는 것이고, 당좌대월거래약정은 발행인이 당좌예금잔고를 초과하여 환어음(수표)을 발행하여도 은행이 일정한 초과액까지는 지급할 것을 약정하는 것이다.

환어음(수표)계약은 당사자 간에 반드시 합의가 있어야 하는 것은 아니고, 당사자 간에 발행인이 발행한 환어음(수표)에 대하여 지급인이 지급하는 상관습이 있고 또 당사자가 그러한 상관습에 의할 의사가 있는 경우에는 환어음(수표)계약이 있는 것으로 볼 수 있다.

환어음(수표)계약은 지급사무의 위임(지급위탁)을 목적으로 하는 위임계약이다. 따라서 은행이 당좌예금을 자금으로 하여 환어음(수표)금액을 지급하는 것은 환어음(수표)계약에 의한 위임사무처리의 비용지출이고, 당좌예금의 반환이 아니다.

## 제3. 換어음(手票)關係와 資金關係

### Ⅰ. 換어음(手票)關係와 資金關係의 分離

환어음(수표)관계는 자금관계로부터 분리되어 있다. 따라서 자금관계의 유무나 내용은 환어음(수표)관계에 아무 영향을 미치지 아니하여, 자금관계 없이 환어음을 발행·인수하여도 그 발행·인수는 유효하고 또 자금관계 없이 수표를 발행하여도 그 발행은 유효하다(수 3조 단서). 다만 수표를 자금관계 없이 발행한 경우에는 과태료의 처벌을 받는다(수 67조, 벌금 등 임시조치 4조 3항).

### Ⅱ. 換어음(手票)關係와 資金關係의 分離의 結果

#### 1. 資金의 提供(受領)과 換어음(手票)債務

환어음(수표)관계는 자금관계로부터 분리되어 있으므로, 발행인은 지급인에게 자금을 제공한 후에도 발행인으로서 어음(수표)채무를 면하지 못하고 또 환어음(수표)의 지급인은 발행인으로부터 자금을 수령하여도 그 자금의 수령만으로 어음(수표)채무를 부담하지 않고 인수(지급보증)를 하여야 어음(수표)채무를 부담한다.

### 2. 引受 · 支給을 拒絶한 경우

발행인이 자금의 한도에서 환어음(수표)을 발행한 경우에 자금관계상으로는 환어음의 지급인은 인수 · 지급의 의무를 부담하고 수표의 지급인은 지급의 의무를 부담한다. 따라서 이 경우에 환어음소지인의 인수제시 · 지급제시 또는 수표소지인의 지급제시가 있었는 데도 지급인이 이를 거절한 때에는 발행인에 대하여 자금관계상의 채무불이행으로 인한 손해배상책임을 진다.

지급인이 인수 · 지급을 거절한 경우에 환어음(수표)상으로는 소지인이 발행인에 대하여 소구권을 행사할 수 있다(어 43조 수 39조).

### 3. 引受를 한 경우

환어음의 지급인이 인수를 한 때에는 주된 어음채무자로 된다(어 28조 1항). 이 경우에 발행인이 환배서를 받거나 소구의무를 이행하여 그 환어음을 환수한 때에는 인수인과 발행인은 자금관계상의 직접의 당사자이므로, 인수인은 발행인에 대하여 자금관계상의 사유를 인적항변으로 대항할 수 있다.

### 4. 支給을 한 경우

지급인이 자금관계에 기하여 어음(수표)금을 지급한 경우에는 그 지급한 어음(수표)금액의 한도에서 발행인의 자금이 소멸된다. 그러나 자금관계가 없는 데도 지급인이 어음(수표)금을 지급한 때에는 사무관리로 되어 지급인은 발행인에 대하여 구상할 수 있다(민 739조).

## Ⅲ. 換어음(手票)關係와 資金關係의 關聯

환어음(수표)관계와 자금관계는 원칙적으로 분리되어 있으나, 자금관계는 환어음(수표)관계의 경제적 기초로 되어 있으므로, 어음(수표)법은 자금관계를 고려하여 인수인 · 지급인에 대한 이득상환청구권(어 79조 수 63조), 환어음을 환수한 발행인의 인수인에 대한 권리(어 28조 2항 2문), 지급을 한 환어음(수표)의 보증인의 피보증인과 그 자의 채무자에 대한 권리(어 32조 3항 수 27조 3항), 환어음의 참가지급인의 피참가인과 그 자의 채무자에 대한 권리(어 63조 1항) 등을 인정하고 있다.

# 제4. 準資金關係

원래 자금관계는 환어음 · 수표의 발행인과 지급인 간에 존재하는 것이다. 그러나 환어음의 인수인과 지급담당자 간, 약속어음의 발행인과 지급담당자 간, 피보증인과 보증인 간, 피참가인과 참가인수인 간, 피참가인과 참가지급인 간에도 환어음·수표의 발행인과 지급인 간의 자금관계와 같은 관계가 필요한데, 이것을 준자금관계라 한다. 특히 환어음의 인수인 또는 약속어음의 발행인은 지급담당자로 하여금 어음금을 지급하게 할 수 있는데(어 4조 77조 2항), 이는 환어음의 인수인과 지급담당자 간 또는 약속어음의 발행인과 지급담당자 간에 준자금관계가 있기 때문이다.

## 제 4 절 어음(手票)의 豫約

### Ⅰ. 意 義

어음(수표)예약은 당사자 간에 어음(수표)행위를 하기 전에 장래 일정한 어음(수표)행위를 할 것을 약정하는 계약 즉 일정한 어음(수표)행위를 할 의무를 발생시키는 계약이다.

보통 어음예약에 있어서는 어음의 종류·어음금액·지급지·지급장소·지급인·만기 등을 정하고 또 수표에 있어서는 수표금액·지급인·지급지·지금장소 등을 정하고, 이러한 기재사항의 어음·수표행위를 할 것을 약정한다.

어음(수표)예약은 서면으로나 구두로 할 수 있으나, 특히 서면으로 어음(수표)예약을 한 경우에 이를 假어음(假수표)이라 한다.

어음(수표)예약은 원인관계와 밀접한 관계가 있으나 원인관계와는 별개의 계약이고 또 그렇다고 어음(수표)관계도 아니므로, 이는 원인관계와 어음(수표)관계의 중간적인 것이다.

오늘날 유통되고 있는 어음(수표)의 절대 다수는 지급장소를 은행으로 하고 또 은행에서 교부받은 통일어음(수표)용지를 사용하여 발행하고 있으므로, 어음(수표)예약에서 특약이 없는 한 지급장소는 은행으로 하고 또 어음(수표)은 통일어음(수표)용지로 발행한다는 어음(수표)예약이 있는 것으로 보는 것이 당사자의 의사에 합치한다.

### Ⅱ. 어음(手票)豫約의 效力

어음(수표)예약이 체결된 경우에는 예약완결권자(예: 수취인)의 의사표시에 의하여 예약완결의무자(예 : 발행인 등의 어음·수표채무자)가 어음(수표)행위를 할 의무를 부담하고, 예약완결의 무자가 어음(수표)행위를 한 때에 어음(수표)상의 권리가 발생한다.

어음(수표)예약은 어음(수표)의 원인관계와는 별개 독립의 계약이므로, 어음(수표)예약의 내용이 어음(수표)의 원인관계와 달라도 어음(수표)예약은 어음(수표)의 원인관계의 영향을 받지 않고 독립하여 효력이 발생한다.

또한 어음(수표)예약은 어음(수표)행위와는 별개 독립의 행위이므로, 어음(수표)행위의 내용이 어음(수표)예약과 달라도 어음(수표)행위는 어음(수표)예약의 영향을 받지 않고 독립하여 효력이 발생한다. 이것은 어음(수표)행위의 무인성에 기한 것이다. 물론 어음(수표)행위의 내용이 어음(수표)예약과 다른 경우에는 당사자 간의 인적항변으로 된다.

# 제5절 기 타

## 제1. 貨換어음

### Ⅰ. 意 義

화환어음(documentary bill)은 격지자 간의 매매에 있어서 상품의 매도인이 매수인을 지급인으로 하여 발행한 환어음에 매매의 목적물을 대표하는 운송증권(화물상환증 또는 선하증권)을 어음상의 권리의 담보로 첨부한 것이다. 환언하면 화환어음은 어음상의 권리가 운송물에 의하여 담보되어 있는 환어음이다. 이를 荷換어음이라고도 하고, 단순히 貨換 또는 荷換이라고도 한다.

### Ⅱ. 法的 性質

어음법상 화환어음이라는 특별한 종류의 어음이 따로 있는 것이 아니고, 이는 보통의 환어음에 운송물이 담보되어 있는 것으로서 그 이용의 경제적 목적에 착안하여 거래상 통용되는 명칭이다.

이와 같이 화환어음의 법적 성질은 보통의 환어음에 불과하므로 어음에 「화환」어음이라는 문자가 기재되어 있더라도 이는 어음상 아무 의의가 없는 것이다. 따라서 물건을 매매하고 어음금의 지급을 담보하기 위하여 운송증권을 환어음에 첨부하는 것은 환어음발행의 원인관계와 자금관계에 의의가 있을 뿐이고, 화환어음의 어음관계는 모두 어음법의 일반원칙에 의한다.

### Ⅲ. 貨換어음의 機能

화환어음은 격지매매에 있어서 매도인의 대금추심을 확실하게 하고 또 대금회수의 시간적·공간적 장애를 극복하기 위한 수단으로 이용되고 있다.

즉 甲지의 A가 乙지의 B에게 상품을 매매한 경우에 매도인 A는 먼저 운송인에게 그 매매상품의 운송을 의뢰하고 운송인으로부터 운송증권(화물상환증 또는 선하증권)을 교부받는다.

다음에 매도인 A는 매수인 B를 지급인으로 하고 또 매매대금을 어음금액으로 하는 환어음을 작성하고 이에 운송증권을 첨부하여 甲지에 있는 자기의 거래은행인 C은행에 환어음의 추심을 위임하거나 C은행으로부터 어음의 할인을 받을 수 있다. 전자의 경우의 화환어음을 추심화환어음이라 하고, 후자의 경우의 화환어음을 할인화환어음이라 한다.

C은행은 화환어음을 乙지에 있는 자기의 본·지점 또는 거래은행인 D은행에 송부하여 매수인인 지급인 B에게 제시하게 하고, 지급인 B가 지급(지급인도, documents against payment, D/P) 또는 인수(인수인도, document against acceptance, D/A)를 하면 이와 상환으로 매수인 B에게 운송증권을 교부하며, 매수인 B는 운송인에게 운송증권을 제시하여 이와 상환으로 그 상품을 수령하게 된다.

C은행은 매수인 B가 화환어음과 상환하여 지급한 금액(인수인도의 경우에는 만기에 지급할 금액)으로 추심화환어음의 경우에는 매도인 A에게 추심금으로 지급하고 또 할인화환어음의 경우에는 C은행의 할인금액의 회수에 충당한다. 그러나 매수인 B가 지급 또는 인수를 거절한 때에는 C은행은 추심화환어음의 경우에는 그 환어음과 운송증권을 매도인 A에게 반환하면 되고 또 할인화환어음의 경우에는 매도인 A에게 그 환어음으로 소구를 하거나 운송증권으로 매도의 목적물을 처분하여 할인금액의 회수에 충당할 수 있다.

이와 같이 화환어음에 의하면 격지매매에 있어서 매도인과 매수인은 어음금의 지급과 상품의 인도의 동시이행을 확보할 수 있고, 특히 할인화환어음의 경우에는 매도인은 매매대금을 신속히 회수할 수 있으므로 양 당사자의 요구를 충족할 수 있다. 그러므로 격지매매 특히 국제 간의 상품매매에 있어서는 화환어음이 널리 이용되고 있다.

## Ⅳ. 貨換어음의 法律關係

### 1. 賣渡人과 銀行의 關係

#### (1) 賣渡人과 割引銀行의 關係

할인화환어음의 경우에 매도인은 할인은행을 수취인으로 하는 환어음을 발행하거나 자기를 수취인으로 하는 자기지시환어음을 발행하여 할인은행에 배서양도한다. 이 경우에는 매수인 또는 신용장발행은행을 지급인으로 한다.

할인은행은 그 환어음과 상환으로 매도인에게 할인 즉 대가를 지급하고 어음을 취득하며 또 그 어음을 매수인에게 제시하여 어음금의 지급을 받아 할인의 대가에 충당한다. 이 경우에 매수인인 지급인이 지급을 거절하는 때에는 할인은행은 매도인인 발행인에 대하여 소구권을 행사할 수 있다.

또한 매도인이 할인은행으로부터 어음의 할인을 받는 경우에는 운송증권에 배서(보통 백지식배서)를 하고 그 운송증권을 환어음에 첨부하여 할인은행에 교부하는데, 이는 운송물에 담보권을 설정하는 것이다. 운송증권의 교부에 의하여 할인은행이 취득하는 담보권의 법적 성질은 운송물에 질권을 설정하는 것인 경우도 있고 운송물을 신탁양도하는 경우도 있는데, 이는 당사자의 의사에 의하여 결정하여야 하는 것이다. 그러나 당사자의 의사가 명백하지 않은 경우에는, 어음의 지급이 거절된 때에 할인은행이 매도인에 대하여 소구할 필요 없이 즉시 운송물을 환가처분할 수 있다고 보는 것이 당사자의 의사에 합치하므로 운송물을 신탁양도한 것이라 보는 것이 타당하다(정희철 117면 정동윤 173면).

그러나 할인은행에 대한 운송증권의 교부가 운송물의 신탁양도의 효력을 가지는 것은 할인은행이 운송증권상 운송물을 받을 자로 되어 있는 경우에 한하고(상 133조), 그렇지 않은 경우 예컨대 운송증권에 매수인이 수하인으로 되어 있는 경우에는 할인은행이 운송증권상의 권리자가 아니므로 운송물상의 담보권을 취득할 수 없고 단지 운송증권의 유치의 결과 간접적인 지급강제의 효과가 있을 뿐이다.

#### (2) 賣渡人과 推尋銀行의 關係

추심화환어음의 경우에는 매도인이 은행에 환어음의 추심을 의뢰하고 또 환어음에 첨부된 운송증권을 어음의 지급(지급인도의 경우) 또는 인수(인수인도의 경우)와 상환으로 지급인에게 교부할 것을 위임한다. 이 경우에 보통 매도인은 환어음에 추심위임배서를 하고 또 운송증권에 백지식배서를 하여 은행에 교부한다.

추심은행이 매수인인 지급인으로부터 어음금의 지급을 받은 때에는 이를 매도인에게 교부하고 그 추심에 따른 비용과 수수료를 받으며, 또 매수인인 지급인이 지급 또는 인수를 거절한 때에는 그 환어음과 운송증권을 매도인에게 반환하고 그 동안의 비용과 수수료를 받을 수 있다. 추심화환어음의 경우에는 매수인인 지급인이 지급 또는 인수를 거절하여도 추심위임배서에는 담보적 효력이 없으므로 추심은행은 소구권을 가지지 않는다.

### 2. 賣渡人과 買受人의 關係

#### (1) 買受人의 代金債務의 消滅

매수인의 대금채무는 매수인(지급인)이 어음금을 지급한 때에 소멸된다. 할인화환어음의 경우에 매도인이 할인은행으로부터 어음할인에 의하여 매매대금 상당액의 지급을 받아도 이로써 매수인의 대금채무가 소멸되는 것이 아니고, 지급인 또는 신용장발행은행이 어음금을 지급한 때에 매수인의 대금채무가 소멸된다. 매수인이 인수만 한 경우에도 같다.

#### (2) 運送物의 所有權의 移轉

매도인은 운송증권을 질권설정 또는 신탁양도의 목적으로 할인은행에 교부하는 것이므로, 운송증권의 교부 후에도 그 운송물의 소유권은 운송증권의 교부가 질권설정의 목적으로 한 경우에는 매도인에게 또 신탁적 양도의 목적으로 한 경우에는 할인은행에 유보되어 있는 것이다. 그리하여 매수인이 어음금의 지급 또는 어음의 인수를 하고 운송증권을 취득하였을 때에 그 운송물의 소유권이 매도인(질권설정의 경우) 또는 할인은행(신탁적양도의 경우)으로부터 매수인에게 이전된다.

#### (3) 同時履行의 抗辯權

매수인이 지급인으로서의 어음금의 지급(지급인도의 경우) 또는 인수(인수인도의 경우)를 하는 것과 할인은행이 매도인의 대리인 또는 기관의 지위에서 환어음부운송증권을 교부하는 것은 화환어음의 이행에 있어서 동시이행의 관계에 있다. 따라서 어음소지인인 할인은행은 어음금의 지급 또는 어음의 인수와 상환으로 하지 않으면 운송증권의 교부를 거절할 수 있고 또 매수인인 지급인은 운송증권의 교부와 상환으로 하지 않으면 어음금의 지급 또는 어음의 인수를 거절할 수 있다.

(4) 賣渡人의 擔保責任

매매의 목적물인 상품이 운송 중에 불가항력으로 멸실·훼손된 경우에 그 손해는 일반매매의 위험부담의 문제로 처리되고(민 537조), 화환어음부매매가 F.O.B. 또는 C.I.F.의 조건부매매인 경우에는 매수인의 위험부담으로 된다(정희철 118면, 손주찬 188면, 정동윤 174면).

매매의 목적물이 운송인의 과실로 멸실 또는 훼손된 경우에는 매도인의 채무불이행으로 되고 또 운송인이 운송증권의 소지인인 매수인에 대하여 채무불이행책임을 지므로(상 135조), 이 경우에는 매도인과 운송인이 매수인에 대하여 부진정연대책임을 진다.

또한 매매의 목적물인 상품이 약정된 목적물과 다르거나 운송증권이 空券인 경우에도, 매도인이 채무불이행책임을 진다.

### 3. 割引銀行과 推尋銀行의 關係

할인은행이 매도인에게 어음의 할인을 한 경우에는 추심의뢰서(covering letter)에 환어음과 운송증권을 첨부하여 매수인이 있는 수입지의 추심은행에 송부한다. 할인은행의 추심은행에 대한 추심의뢰는 추심은행이 할인은행의 본·지점인 경우에는 동일 은행 내의 사무처리로 되나 양자가 별개의 은행인 경우에는 할인은행의 추심은행에 대한 위임으로 된다.

할인은행이 추심은행에 환어음과 운송증권을 교부하는 경우에 보통 환어음에는 추심위임배서를 하고 또 운송증권에는 추심은행 앞으로 양도배서를 한다. 할인은행이 추심은행에 운송증권을 배서양도하는 것은 추심은행에 대하여 그 운송물의 소유권을 양도하는 것이 아니고 그 소유권은 매도인(질권설정의 경우) 또는 할인은행(신탁적 양도의 경우)에 유보해 두고 단지 그 처분권 즉 어음금의 지급 또는 어음의 인수가 있는 때에 운송물의 소유권을 매수인에게 양도할 수 있는 권한을 부여하는 것이다(정동윤 174면).

### 4. 推尋銀行과 買受人의 關係

원래 추심은행과 매수인 간에는 아무 계약관계가 없으나, 추심은행이 就結銀行의 본·지점인 경우에는 매도인과 취결은행의 위임관계에서 취결사무의 수임인인 취결은행의 이행보조자로써 또 추심은행이 취결은행과 별개의 은행인 경우에는 취결은행과 추심은행의 複委任關係에서 취결은행의 수임인으로서, 매수인에게 운송증권을 교부하고 어음금의 지급 또는 어음의 인수를 받는다.

매수인은 추심은행으로부터 운송증권의 배서를 받은 때에 그 운송물의 소유권을 취득하고, 또 매수인이 추심은행에 어음금을 지급한 때에 매수인의 매도인에 대한 매매대금채무와 매도인의 할인은행에 대한 상환채무 등이 소멸된다.

## 제2. 商業信用狀(貨換信用狀)

### Ⅰ. 意 義

상업신용장(commercial letter of credit)은 매수인(신용장발행의뢰인, applicant)의 위탁에 의하여 그 거래은행(신용장발행은행, issuing bank)이 일정한 조건(신용장조건)하에 매도인(수익자, beneficiary)이 발행한 환어음을 인수·지급할 것을 확약하는(undertaking) 서면이다.

이러한 상업신용장 중에서 환어음에 선하증권·보험서류·상업송장 등의 선적서류가 첨부되어 있는 것을 **화환신용장**(documentary credit)이라 한다. 화환신용장이 상업신용장 중에서 가장 전형적이고 보통 신용장이라 하면 화환신용장을 말한다.

국제매매의 결제수단으로서 화환어음이 이용되기도 하나, 매도인의 거래은행으로서는 환어음의 지급인인 외국 매수인의 신용상태를 알 수 없어 어음금의 지급이 불안하므로 매도인의 어음할인의 의뢰에 쉽게 응할 수 없는 폐단이 있다. 그러나 매수인의 거래은행이 매도인발행의 환어음에 인수·지급을 확약하면, 매도인의 거래은행이 매도인에게 안심하고 어음할인을 하여 줄 수 있어 무역대금을 안전·신속·확실하게 결제할 수 있는 것이다.

**【保證信用狀】**

국제거래에서 이용되는 상업신용장 중에는 화환신용장 외에 보증신용장(stand-by letter of credit)이 있다. 보증신용장은 채무자의 채무불이행의 경우에 대비하여 채권자의 채권을 담보하기 위하여 발행하는 신용장이다. 예컨대 플랜트(plant)수출계약의 경우에 수주자의 이행을 담보하기 위하여 즉 수주자의 채무불이행으로 인한 손해배상금의 지급을 확보하기 위하여 수주자의 거래은행이 기업자(起業者)를 수익자로 하여 발행한다.

화환신용장의 경우에는 채권자(매도인, 수익자)가 화환어음을 발행하여 매입은행에 할인의뢰를 하나, 보증신용장의 경우에는 채무자(매수인, 신용장발행의뢰인)의 채무불이행이 있으면 채권자가 신용장발행은행에 대하여 지급청구를 한다.

또한 보증신용장은 한국기업의 재외지점이 현지의 외국은행에서 융자를 받으려는 경우에 그 융자를 보증하기 위하여 한국의 은행이 그 외국은행을 수익자로 하여 발행하기도 한다.

## Ⅱ. 貨換信用狀去來의 構造

화환신용장거래의 과정은 보통 다음과 같은 순서에 따라 행하여진다.

① 매도인과 매수인이 매매계약을 체결하고 화환신용장에 의하여 매매대금을 결제할 것을 합의한다. ② 매수인(발행의뢰인)은 자기의 거래은행(발행은행)에 대하여 매도인을 수익자로 하는 화환신용장을 발행할 것을 의뢰한다. ③ 발행은행은 화환신용장을 작성하여 이를 보통 매도인(수익자) 소재지의 은행(통지은행)에 신용장의 통지를 위탁하고 그 신용장을 송부한다. ④ 통지은행은 그 신용장을 매도인에게 통지(교부)한다. ⑤ 매도인은 발행은행 또는 매수인을 지급인으로 하는 환어음을 작성하고 이에 교부받은 신용장과 신용장조건상의 선적서류를 첨부하여 자기의 거래은행인 매입은행에 제시하고 화환어음의 할인을 의뢰한다. ⑥ 매입은행은 선적서류를 심사하여 그 선적서류가 신용장조건에 합치하는 경우에는 매도인에게 화환어음의 할인을 해 준다. ⑦ 매입은행은 발행은행 또는 매수인에게 화환어음의 인수 · 지급을 청구하여 어음금을 지급받는다. ⑧ 발행은행이 어음금을 지급한 경우에는 매수인에게 대금의 상환을 청구하고 대금의 지급과 상환으로 선적서류를 교부한다.

이러한 신용장거래의 과정을 도시하면 다음과 같다.

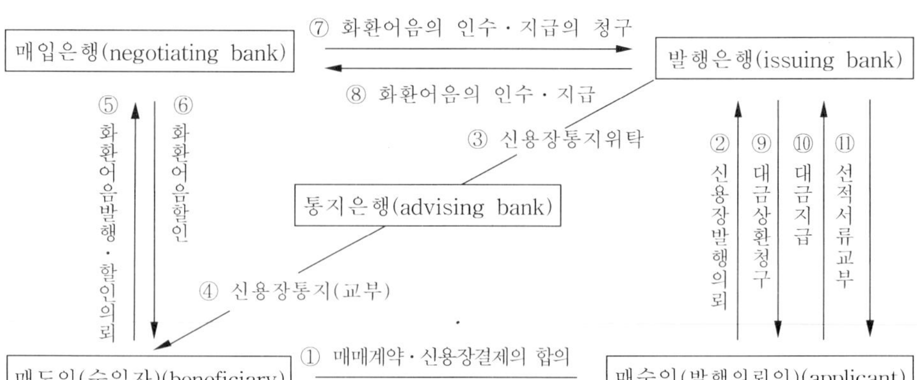

신용장의 신용을 높이기 위하여 발행은행이 다른 은행에 의뢰하여 그 다른 은행이 추가로 환어음의 인수·지급을 확약하는 경우가 있다. 이러한 확약을 하는 은행을 확인은행(confirming bank)이라 하고, 확인은행의 확약이 첨부되어 있는 신용장을 확인신용장(confirmed letter of credit)이라 한다.

매도인은 외국의 은행의 신용상태를 알기 어려우므로 보통 매도인 소재지국의 통지은행을 확인은행으로 요구한다. 확인은행의 확약은 확인은행이 자기의 책임으로 환어음의 인수·지급을 할 것을 확약한 것이므로, 확인은행의 채무는 발행은행의 채무와는 별개의 독립채무이다.

### Ⅲ. 信用狀去來에 관한 法源

신용장거래에 관한 법원으로는 국제상업회의소(International Chamber of Commerce, ICC)가 제정한 「화환신용장에 관한 통일규칙 및 관례」(Uniform Customs and Practice for Documentary Credits, UCP)(이를 보통 「신용장통일규칙」이라 함)와 국제사법상의 준거법이 있다.

신용장통일규칙은 1933년에 제정되어 처음에는 대륙법제국의 은행에서만 채택되었으나 그 후 수차의 개정을 거쳐 미국·영국의 은행에서도 채택되었고, 오늘날에는 세계 대다수 국가의 은행에서 채택되어 신용장거래에 관한 보편적인 규칙으로 되었다.

신용장거래에 관하여 신용장통일규칙으로 해결할 수 없는 경우에는 국제사법에 의하여야 한다. 매도인·매수인 간의 신용장결제의 약정과 매수인·발행인 간의 신용장개설계약은 국제사법 제25조 의하여, 당사자가 명시적으로 지정한 준거법이 있는 경우에는 그 준거법에 의하고 그러한 명시적 지정의 준거법이 없는 경우에는 당사자의 묵시적 의사를 탐구하여 그 준거법을 결정하여야 한다. 보통 전자의 경우에는 매매계약의 준거법을 그 준거법으로 지정하고, 후자의 경우에는 발행은행의 영업소 소재지법이 그 묵시적 지정의 준거법으로 된다고 보아야 할 것이다.

매도인과 발행은행 간의 관계에 관하여 보통 신용장에 준거법의 기재가 없으므로 당사자의 묵시적 의사를 탐구하여 결정하여야 하는데, 신용장거래는 발행은행을 중심으로 하여 이루어지고 있으므로 매도인과 발행은행 간의 관계에 관하여서도 발행은행의 영업소 소재지법이 그 준거법으로 된다고 보아야 할 것이다.

### Ⅳ. 信用狀의 法的 性質

신용장의 법적 성질에 관하여 보증설, 계약설, 지시설, 특수법률관계설 등의 여러 가지 학설이 대립해 있다. 그러나 매수인은 발행은행에 대하여 신용장의 발행을 지시하므로 광의의 지시(Anweisung)에 있어서 지시인이고 또 발행은행은 매수인을 위하여 신용장사무를 처리하여야 할 의무를 부담하므로 위탁계약의 수임인이다. 따라서 신용장은 광의의 지시와 위임계약이 병존하는 법률관계라 보는 것이 타당하다(伊澤孝平, 商業信用狀論, 230頁).

### Ⅴ. 信用狀의 法律關係

#### 1. 序 說

신용장거래에는 다수의 당사자가 관계하고 있어 당사자 간의 법률관계가 복잡하다. 그러나 발행은행과 통지은행 또는 확인은행과의 관계는 기본적으로 위임관계이고 또 통지은행 등과 발행의뢰인(매수인)과는 직접적인 법률관계가 없으며 그리고 확인은행은 수익자(매도인)에 대하여서는 발행은행과 동일한 지위에 있으므로, 이러한 관계는 특별히 문제될 것이 없다.

그러므로 여기에서는 신용장거래의 주요 당사자인 발행의뢰인 · 수익자 및 발행은행 간의 관계에 관하여서만 고찰하기로 한다.

#### 2. 賣買當事者間의 關係(信用狀開設의 約定)

매도인과 매수인 간의 매매계약에서 화환신용장에 의하여 매매대금을 지급하기로 약정한 경우에는 매수인은 우선 화환신용장을 개설할 의무가 있다. 매수인의 신용장개설의무는 매도인의 목적물인도의무에 선행하는 先履行義務이다.

신용장의 개설시기는 보통 매매계약에서 정하나, 매매계약에서 정하지 않은 경우에는 선적기간이 경과하기 전까지 개설하여야 한다. 매수인이 신용장개설의무에 위반하여 신용장을 개설하지 않으면 대금지급의무의 위반으로 되어 매매계약 해제의 사유로 된다.

신용장이 개설된 경우에는 매도인(수익자)은 원칙적으로 신용장에 의하여 매매대금의 결제를 하여야 하고, 직접 매수인에 대하여 매매대금의 지급을 청구할 수 없다. 그러나 신용장이 발행되어도 매수인의 매매대금채무가 소멸되는 것이 아니므로, 발행은행이 신용장에 기한 채무의 이행을 거절한 때에는 매도인은 직접 매수인에 대하여 매매대금채무의 이행을 청구할 수 있다.

### 3. 發行依賴人과 發行銀行間의 關係(信用狀의 發行依賴)

매수인이 거래은행에 신용장의 개설을 의뢰하면, 의뢰받은 은행은 심사를 하여 신용장에 기한 여신(與信)을 하기로 결정한 때에는 발행의뢰인(매수인)과 신용장개설계약을 체결한다.

실무에서는 발행의뢰인과 발행은행 간에 기본계약으로서 「신용장거래약정서」를 작성하여 교환하고, 이에 기하여 발행의뢰인이 발행은행에 개개의 신용장발행의뢰서를 제출하여 신용장의 발행을 의뢰한다. 신용장발행의뢰서에는 신용장거래는 신용장통일규칙에 준거한다는 조항이 규정되어 있으므로, 발행의뢰인과 발행은행 간의 신용장의 사무처리는 신용장통일규칙에 의한다.

### 4. 發行銀行과 受益者間의 關係

#### (1) 取消可能信用狀과 取消不能信用狀

발행은행과 수익자 간의 관계는 신용장이 취소가능신용장인가 또는 취소불능신용장인가에 따라 다르다.

취소가능신용장(revocable letter of credit)은 발행은행이 수익자에게 사전에 통지하지 않고 언제든지 일방적으로 신용장을 취소하거나 신용장조건을 변경할 수 있는 신용장이다(통일규칙 9조 (a)항). 반면에 취소불능신용장(irrevocable letter of credit)은 신용장이 일단 수익자에게 통지된 이상 그 유효기간 중에는 발행은행이 수익자·발행은행 및 할인은행의 동의 없이는 일방적으로 신용장을 취소하거나 신용장조건을 변경할 수 없는 신용장이다(통일규칙 10조 (d)항).

취소가능신용장은 발행은행이 환어음의 인수·지급을 확약하지 않은 것이므로, 매도인은 매수인의 계산으로 지급을 받는다. 그러나 취소가능신용장이라도 발행은행 외의 은행이 취소의 통지나 조건변경의 통지를 받기 전에 문면상 신용장조건에 합치하는 서류와 상환으로 환어음의 인수·지급을 한 경우에는 발행은행이 이러한 중개은행에 대하여 보상을 하여야 한다(통일규칙 9조 (b)항).

실무에서는 취소가능신용장은 불안하므로 거의 이용되지 않고 주로 취소불능

신용장이 이용되고 있다. 신용장에 취소불능신용장이라는 뜻이 명시되어 있지 않은 경우에는 취소가능신용장이라 본다(통일규칙 7조 (c)항).

취소불능신용장거래에 있어서는 주된 채무자(primary obligor)는 발행은행이고, 발행은행은 발행의뢰인의 보증인이 아니다.

(2) 信用狀債務의 獨立·抽象性의 原則

신용장에 기하여 발행은행이 수익자에 대하여 부담하는 채무는 그 신용장발행의 원인인 매매계약 기타의 원인계약(underlying contract)과는 별개·독립의 (seperate and independent) 채무이다(통일규칙 3조). 이것을 신용장채무의 독립·추상성의 원칙이라 한다. 이는 신용장을 원인관계로부터 분리함으로써 신용장거래의 신속·안전·원활을 기하기 위한 것이다.

따라서 발행은행은 문면상 신용장조건에 합치하는 서류의 제시가 있는 때에는, 발행의뢰인에 대한 항변(발행의뢰인의 도산 등)이나 매매당사자 간에 존재하는 항변(수익자인 매도인의 채무불이행 등)으로 수익자에 대하여 대항할 수 없다.

(3) 信用狀條件의 嚴格一致의 原則

신용장거래는 서류의 기재에 의하여서만 하는 서류거래이고(통일규칙 4조), 은행은 제시된 서류가 문면상 신용장조건에 합치하는가를 형식적으로 심사할 의무만 있고 그 내용에 관하여 실질적으로 심사할 의무가 없다(통일규칙 15조·17조). 따라서 신용장거래의 필요서류는 신용장조건에 엄격하게 합치하여야 한다. 이것을 신용장조건의 엄격일치의 원칙이라 한다.

**【대법원 1980. 1. 15. 판결, 78 다 1015】 등**

은행의 필요서류의 조사에 관하여, 대법원은 ①「은행이 신용장에 의하여 환어음을 매수함에 있어서 관계당사자·관계서류에 관하여 단지 외관상으로 신용장조건의 문면과 서류의 문면이 완전히 합치하는지의 여부에 관하여 신중한 조사를 할 책임이 있고, 그 밖의 서류의 형식·충분성·진정성·위조 또는 법적 효력 등에 관하여는 아무 의무나 책임을 지지 않으며, 또 서류상에 표시된 물품의 수량·중량·품질·상태·포장이나 상품의 인도, 상표의 가치 또는 실제의 여부, 관련자의 성실성·지급능력·이행능력의 유무 등에 관하여서도 아무 의무나 책임을 지지 아니한다」(대판 1979. 5. 8. 78 다 2006)고 판시하였고, ②「화환어음의 매입은행은 그 매입서류를 조사함에 있어서는 제시된 서류가 신용장의 문면과 형식상 일치하는 한 그 허위작성의 여부나 상품의 실재 여부 등 그 실질적 조사의무까지 지지 않는다」(대판 1980. 1. 15. 78 다 1015)고 판시하였다.

③ 서류의 문구에 신용장조건과 약간의 차이가 있는 경우에 관하여, 대법원은 「신용장부대서류가 신용장조건과 문언대로 엄격하게 합치하여야 한다고 하여 자구 하나도 틀리지 않고 완전히 일치하여야 한다는 뜻이 아니며, 비록 자구에 약간의 차이가 있더라도 은행이 상당한 주의를 기울이면 그 차이가 경미하여 문언의 의미에 차이가 있는 것이 아니고 또 신용장조건을 해하는 것이 아님을 문면상 알 수 있는 경우에는 신용장조건과 합치하는 것으로 보아야 할 것이다」(대판 1985. 5. 28 85 다카 696)라 판시하여, 신용장조건에 합치한다고 하였다.

서류가 신용장조건에 합치하지 않는 경우에는 은행은 상당한 기간 내에 그 서류를 접수할 것인가 거절할 것인가를 결정하고, 수수를 거절하는 때에는 거절의 근거인 조건불일치의 점을 적시하여 서류송부은행 또는 수익자에게 통지하여야 한다. 은행이 이러한 거절통지의무를 해태한 때에는 서류가 신용장조건에 합치하지 않는다는 주장을 할 수 없다(통일규칙 16조).

은행이 서류의 신용장조건의 합치 여부를 심사함에 있어서는 상당한 주의를 하여야 할 의무가 있다.

**【대법원 1993. 12. 24. 판결, 93 다 15632】**

은행이 서류의 신용장조건의 합치 여부를 심사함에 있어서 그 주의의무에 관하여, 대법원은 「신용장거래에 있어서 신용장개설은행은 상당한 주의로 그 선적서류가 문면상 신용장조건과 일치하는지 여부만 확인하면 되고 그 선적서류에 대한 실질적 심사의무를 부담하는 것이 아니나, 그 선적서류의 문면 자체에 하자가 있거나 또는 그 선적서류가 위조된 문서라는 사실을 사전에 알았거나 위조된 문서라고 의심할 만한 충분한 이유가 있는 경우에는 그 신용장대금을 지급하여서는 안된다」고 판시하여, 상당한 주의의무가 있다고 하였다.

## 제3. 어음의 改書

### I. 意 義

어음의 개서의 의의에는 광의의 어음개서와 협의의 어음개서가 있다. 광의의 어음개서는, 예컨대 파손 또는 誤記된 구 어음에 갈음하여 신 어음을 발행하거나 구 어음의 병합 또는 분할을 위하여 신 어음을 발행하는 경우 등과 같이, 이전에 발행된 구 어음에 갈음하여 신 이음을 발행하는 모든 경우를 말한다. 이에 대하여 협의의 어음개서는 어음금의 지급을 유예하기 위하여 구 어음에 갈음하여 만기를 변경한 신 어음을 발행하는 것이다. 협의의 어음개서에 의하여 발행된 신 어음을 연기어음 또는 개서어음(renewed bill)이라 한다.

어음의 개서에는 주로 협의의 어음개서가 문제되며, 또 이것은 「기존의 어음채무에 갈음하여」 신 어음을 발행하는 것이므로 어음의 원인관계와 관련된다.

### Ⅱ. 어음改書의 方法

어음개서의 방법에는 소지인이 발행인에게 구 어음을 반환하고 발행인이 그와 상환으로 소지인에게 신 어음을 발행하여 소지인이 신 어음만 소지하는 경우와 소지인이 발행인에게 구 어음을 반환하지 않고 발행인이 소지인에게 신 어음을 발행하여 소지인이 구 어음과 신 어음을 함께 소지하게 되는 경우가 있다. 우리나라와 독일에서는 전자의 방법이 주로 이용되나, 영미에서는 후자의 방법이 주로 이용되고 있다.

이 외에 신 어음을 발행하지 않고 소지인이 어음채무자 전원의 동의를 얻어 만기의 기재를 변경하기도 한다.

### Ⅲ. 改書契約

어음개서를 하기 전에 당사자는 어음개서를 위한 민사계약 즉 개서계약을 체결한다. 개서계약은 계약의 당사자 간에만 효력이 있다.

보통 개서계약은 어음에 기재하지 않으나, 기재하더라도 무익적기재사항이므로 어음상의 효력은 없다.

### Ⅳ. 어음關係와 改書契約의 分離

어음관계는 개서계약과는 별개 독립의 계약이다. 따라서 신 어음의 내용이 개서계약과 다르거나 개서계약에 위반하여 구 어음을 반환하지 아니하여도, 신 어음은 그 영향을 받지 않고 유효하다.

### Ⅴ. 어음改書의 法的 性質

#### 1. 舊어음回收의 어음改書의 경우

##### (1) 學 說

구 어음을 회수하고 신 어음을 발행하는 어음개서의 법적 성질에 관하여, 대물변제설·경개설·신의칙설 등의 학설이 대립해 있다.

대물변제설은 구 어음 회수의 어음개서의 경우에는 구 어음채무가 소멸되고 신 어음채무가 발생하므로, 이는 대물변제라 한다(통설).

또한 경개설은 구 어음회수의 어음개서는 구 어음채무의 요소인 만기를 변경하여 신 어음채무를 성립시키고 구 채무를 소멸시키는 것이므로 경개라 한다(대판 1967. 12. 19. 67 다 938).

그리고 신의칙설은 구 어음 회수의 어음개서의 경우에 구 어음의 회수는 원칙적으로 필요한 것이 아니나, 구 어음을 회수하지 않으면 어음채무자가 불측의 손해를 입을 염려가 있으므로, 이를 방지하기 위하여 신의칙상 소지인으로 하여금 구 어음을 반환하도록 한 것이라 한다(吉永榮助, "手形の書替" 手形法小切手法講座(4), 187頁).

#### (2) 檢　討

경개설은 구 어음 회수의 어음개서의 법적 성질을 경개라 하나, 경개는 구 채무의 소멸을 신 채무의 발생요건으로 하는 것이므로 이는 어음상의 권리의 무인성에 반한다.

또한 신의칙설은 소지인의 구 어음 반환의 근거에 관하여서만 설명하고 구 어음회수의 어음개서의 법적 성질에 관하여서는 규명하고 있지 않다.

생각건대 구 어음회수의 어음개서는 구 어음채무의 「지급에 갈음하여」 신 어음을 발행하는 것이므로, 그 법적 성질은 대물변제라 보는 것이 타당하다(대물변제설).

### 2. 舊어음 不回收의 어음改書의 경우

구 어음을 회수하지 않고 신 어음을 발행하는 어음개서는 구 어음채무를 원인관계로 하여 구 어음채무의 「지급을 위하여」 신 어음을 발행하는 것이다.

## Ⅵ. 어음改書의 效力

### 1. 舊어음債務의 消滅 · 併存

#### (1) 舊어음回收의 어음改書의 경우

구 어음 회수의 어음개서의 경우에는 그 법적 성질에 관한 경개설이나 대물변제설에 의하면 구 어음을 회수하고 신 어음을 발행한 때에는 구 어음채무가 소멸되고 신 어음채무가 발생한다.

#### (2) 舊어음 不回收의 어음改書의 경우

구 어음 불회수의 어음개서의 경우에는 구 어음채무를 원인관계로 하여 구 어음채무의 「지급을 위하여」 신 어음을 발행하는 것이므로, 구 어음채무와 신 어음채무가 병존하며 다만 소지인은 먼저 신 어음으로 어음상의 권리를 행사하고 그로써 만족을 받지 못하는 때에 구 어음으로 어음상의 권리를 행사하여야 한다.

### 2. 舊어음債務의 擔保의 承繼

#### (1) 舊어음回收의 어음改書의 경우

구 어음 회수의 어음개서의 경우에 그 법적 성질에 관한 경개설이나 대물변제설의 입장을 관철하면 구 어음채무가 소멸된 때에는 담보권의 부종성에 의하여 그 담보도 소멸되어 구 어음채무의 담보는 신 어음채무를 담보할 수 없게 되나, 이러한 학설의 입장에서도 구 어음과 신 어음은 실질적으로 동일하므로(구·신 어음의 실질적 동일성) 구 어음채무의 담보나 민사상 보증은 신 어음채무를 위하여 존속한다고 한다(담보승계설)(통설)(대판 1967. 12. 19. 67 다 935)(대판 2003. 10. 24. 2001 다 61456).

어음개서는 단지 어음금의 지급을 연기하는 의미 밖에 없고 구 어음과 신 어음은 실질적으로 동일하며 또 구 어음채무의 담보가 신 어음채무에 존속한다고 보는 것이 당사자의 의사에도 합치하므로, 구 어음채무의 승계를 인정하는 것이 타당하다(담보승계설).

#### (2) 舊어음 不回收의 어음改書의 경우

구 어음 불회수의 어음개서의 경우에는 구 어음채무와 신 어음채무가 병존하므로, 구 어음채무의 담보는 소멸되거나 이전되지 않고 그대로 존속한다.

### 3. 舊어음債務의 人的抗辯의 承繼

구 어음과 신 어음은 실질적으로 동일하므로, 구 어음채무에 부착되어 있던 인적항변은 신 어음채무에 그대로 존속하고 또 그 인적항변에 관한 선의·악의는 구 어음의 취득 시를 기준으로 결정하여야 한다. 이것은 구 어음 회수의 어음개서의 경우이든 구 어음 불회수의 어음개서의 경우이든 같다.

**【대법원 1986. 8. 19. 판결, 85 다카 357】**

**1. 사실관계**

A회사의 대표이사 X는 재직 당시 A회사가 Y투자금융과 어음거래약정을 체결할 때에 A회사의 연대보증인으로서 그 소유의 A회사 주식에 질권을 설정하였다. A회사와 Y투자금융 간의 어음거래약정은 1년 단위로 연장되었는데, 연장기한이 만료되기 전에 X가 A회사의 대표이사직에서 퇴임하여 A회사와 Y투자금융 간에 새로운 어음거래약정이 체결되고 X가 연대보증에서 제외되었다. 그리고 법률상 투자금융은 180일 내의

단기여신만 취급하도록 되어 있어 3개월마다 어음대환 내지 어음개서의 형식을 취하므로, A회사의 Y투자금융에 대한 어음채무는 3개월 단위로 소멸되었다. 그 후 A회사는 부도가 났고, 그 때까지 Y투자금융은 X가 담보로 제공한 A회사주식을 반환하지 않고 있었다.

이에 X는 대표이사 재직 당시 A회사가 Y투자금융으로부터 할인한 어음은 모두 결제되어 질권이 소멸되었다고 주장하며 그 반환을 청구하였다.

**2. 판결요지**

이 사건에 관하여, 대법원은 「일정의 어음거래약정기간동안 채권자로부터 할인받은 어음이 모두 결제된 것으로 장부처리가 되었다고 하더라도 그것이 현금 등의 입금으로 기존의 어음거래상의 채무를 모두 소멸시켜 그 거래관계를 종료시키는 것이 아니고 소위 어음대환 내지 어음개서의 형식을 취한 것뿐이라면, 그 직후에 채무자 회사의 대표이사가 교체됨에 따라 종전의 대표이사를 연대보증인에서 제외시키고 새로운 대표이사를 새로이 연대보증인으로 삼을 의도로 채권자와의 사이에 새로운 어음거래약정서가 작성되었다고 하더라도, 연대보증인이 다를 뿐 약정내용이 동일하고 종전부터의 어음거래로 인하여 변동되어 온 채권채무가 그대로 유지된 채 어음거래가 계속되어 온 이상, 종전의 대표이사의 연대보증기간이 만료되었다 하여 동인이 제공한 물적담보책임이 그 시점에서 종료되었다고 보기 어려울 뿐만 아니라 가사 동인의 물적담보기간이 그 시점에서 종료된다고 보더라고 본래의 채무가 소멸되는 것은 아니다」라 판시하여, 구 어음을 회수하지 않을 경우는 물론 회수한 경우에도 구 어음상의 채무의 담보는 신 어음상의 채무의 담보로서 존속한다고 하였다.

## 제4. 어음의 割引

### Ⅰ. 意 義

어음의 할인(discount)은 만기가 도래하지 않은 어음의 소지인이 그 어음을 은행 능의 금융업자에게 양도하고, 은행 등의 금융업자가 어음금액에서 만기까지의 이자 기타의 비용(할인료)을 공제한 금액을 그 소지인(할인의뢰인)에게 제공하는 것이다.

### Ⅱ. 어음割引의 實務

어음할인은 주로 상업어음·화환어음 등에 대하여 이루어진다. 특히 상업어음의 할인이 가장 많고 화환어음의 할인이 약간 있는 실정이다.

은행이 어음할인을 하는 경우에는 할인의뢰인과 주된 어음채무자의 신용에 관하여 조사하고 또 어음이 상업어음인가, 어음요건을 구비하고 있는가, 만기까지의 기간 등을 조사하여 어음할인을 한다.

따라서 할인하는 어음은 지급이 확실하고 또 은행이 그 할인어음을 양도하여 재할인할 수 있으므로, 어음할인은 은행의 자금운용의 방법으로 적합하여 오늘날 은행의 주요한 여신업무로 되어 있다.

## Ⅲ. 어음割引의 法的 性質

어음할인의 법적 성질에 관하여 종래 매매설, 소비대차설, 병존설, 무명계약설 등의 여러 학설이 있었으나, 오늘날에는 주로 매매설과 소비대차설이 주장되고 있다.

### 1. 學 說

① **賣買說** 매매설은 할인의뢰인의 의사는 어음을 양도하여 할인대금을 받는 것이고 어음할인자의 의사는 소비대차에서처럼 대금을 사용하게 하려는 것이 아니고 이전받은 어음상의 권리를 행사하여 만기에 주된 어음채무자로부터 어음금을 지급받고 또 그 할인금은 할인어음의 현재가치로서 매매대금에 상당하는 것이므로, 어음할인은 어음의 매매로 보아야 한다고 주장한다(통설).

② **消費貸借說** 소비대차설은 어음할인의 은행실무에서 할인의뢰인의 신용을 중시하고 있고 또 은행여신거래기본약관 등에서 광범위하게 還買事由가 규정되어 있는(동종·동질·동량의 물건의 반환 약정) 점 등으로 보아, 어음의 할인은 어음의 소비대차로 보아야 한다고 주장한다(Alfred Hueck und Claus Wilhelm Canaris, Recht der Wertpapiere, 12 Aufl., S. 46f).

**【대법원 1984. 11. 15. 판결, 84 다카 1227】**

어음할인의 법적 성질에 관하여, 대법원은「단자회사가 할인매수한 어음을 다시 제3자에게 어음할인의 방식으로 매출하는 것은 그 성질이 어음의 매매라 보아야 할 것이므로, 그 매매의 이행으로 어음을 배서양도함에 있어 배서란에 "지급을 책임지지 않음"이라는 문언을 기재한 것은 특단의 사정이 없는 한 어음상 배서인으로서의 담보책임 뿐만 아니라 매매계약상의 채무불이행책임이나 하자담보책임까지 배제하는 취지라 보아야 한다」고 판시하여, 매매설을 취하였다.

### 2. 檢 討

어음할인의 법적 성질은 어음할인에 관한 당사자의 의사의 면에서 보면 매매설이 타당하나, 어음할인에 관한 은행실무의 면에서 보면 소비대차설에 가깝다. 그러나 어음할인은 어음의 실질관계에 관한 것으로서 당사자의 의사가 중시되어야 할 것이므로 원칙적으로 어음의 매매라 보아야 하고, 다만 어음할인의 경우에 당사자 간의 특약으로 소비대차로 약정한 경우나 의사의 해석상 소비대차로 볼 수 있는 경우 또는 소비대차로 취급하는 상관습이 있는 경우에는 예외적으로 소비대차로 보아야 할 것이다.

## Ⅳ. 銀行의 還買請求權

### 1. 意 義

은행의 환매청구권은 할인의뢰인 또는 주된 어음채무자에게 부도 기타 신용악화의 사실이 발생하였거나 당해 어음에 관하여 채권보전을 할 필요가 있다고 인정되는 경우에, 할인은행이 할인의뢰인에 대하여 할인어음의 환매를 청구할 수 있는 권리이다.

어음할인의 법적 성질을 어음의 매매라 보면, 어음의 매도인인 할인의뢰인이 매수인인 할인은행에 대하여 채권매도인으로서 담보책임을 지고(민 579조) 또 어음상의 소구의무를 지나(어 43조, 77조 1항 4호), 그 발생의 시기가 늦고 또 할인의뢰인의 은행예금에 대하여 다른 채권자가 압류를 한 때에는 할인은행은 그 다른 채권자에 대하여 대항할 수 없으므로, 은행여신거래기본약관에서 할인은행의 할인의뢰인에 대한 어음환매청구권을 규정하고 있다.

### 2. 還買請求權의 發生

할인어음이 만기에 부도되면 할인은행은 할인의뢰인에 대하여 그 할인어음의 환매를 청구할 수 있다.

만기 전이라도 할인의뢰인에게 ① 가압류·압류·경매의 신청, 파산, 회사정리절차개시의 신청 또는 청산에 들어 간 때, ② 조세공과를 체납하여 독촉을 받거나 압류를 당한 때, ③ 지급정지된 때, ④ 어음교환소의 거래정지처분이 있는 때, ⑤ 은행에 대한 채무의 전부 또는 일부를 기한에 변제하지 않은 때에는, 할인의뢰인이 어음채무자로 되어 있는 모든 어음에 대하여 은행의 환매청구권이 발생하고, 또 주된 어음채무자에게 이러한 사유가 발생한 때에는 그 자가 주된 어음채무자로 되어 있는 모든 어음에 대하여 은행의 환매청구권이 발생한다(은행여신약관 8조 1항).

그리고 할인어음에 대하여 채권보전이 필요하다고 인정되는 때에는 은행의 청구에 의하여 은행의 환매청구권이 발생한다(은행여신약관 8조 2항).

### 3. 還買請求權의 法的 性質

환매청구권의 법적 성질에 관하여, 어음할인의 법적 성질에 관한 소비대차설의 입장에서는 대금반환청구권이라 한다(대금반환청구권설). 그러나 매매설의 입장에서는 매매의 해제로 인한 원상회복청구권이라고도 하고(매매해제설)(한국외환은행, 어음거래약정서 해설, 129~130면), 또는 환매청구권이 당연히 발생하는 경우에는 정지조건부재매매이고 할인은행의 청구에 의하여 발생하는 경우에는 재매매의 예약이라고도 한다(재매매설).

생각건대 할인어음의 환매청구의 금액이 할인대금의 반환(원상회복)이 아니고 어음금액과 환매일까지의 지연손해금인 점으로 보아, 환매청구권의 법적 성질은 할인어음의 재매매라 보는 것이 타당하다(재매매설).

### 4. 還買請求權의 效果

할인은행의 환매청구권이 발생한 경우에는 할인의뢰인은 할인은행에 어음금액과 만기의 익일부터 환매일까지의 지연손해금을 가산한 금액을 반환하여야 한다.

또한 할인은행의 환매청구권이 발생한 때에는 할인의뢰인의 예금채권과 할인은행의 환매청구권이 상계적상에 있고 할인은행이 상계의 의사표시를 하면 환매청구권의 성립 시에 소급하여 상계의 효력이 생기므로(민 493조 2항), 환매청구권이 발생한 후에는 할인의뢰인의 다른 채권자가 그 예금채권을 압류하여도 소용이 없다.

### 5. 還買請求權의 消滅時效

할인은행의 환매청구권은 상행위(상 46조 8호)로 인하여 생긴 채권이므로, 그 소멸시효기간은 5년이다(상 64조). 이 소멸시효기간의 기산점은 환매청구권이 일정한 사유의 발생에 의하여 발생한 경우에는 그 사유가 발생한 때이고 또 은행의 청구에 의하여 발생한 경우에는 은행이 청구한 때이다.

물론 할인어음의 어음상의 권리의 소멸시효는 환매청구권의 소멸시효와는 별도로 진행된다(어 70조, 77조 1항 8호).

## 제5. 어음貸付

### Ⅰ. 意 義

어음대부는 貸主가 借主로부터 차용증서를 받는 대신에 어음을 받거나 차용증서와 함께 어음을 받고 금전대부를 하는 것이다.

어음대부는 은행의 여신업무의 주요한 부분으로 되어 있으나, 일반인 사이의 금전대부에 있어서도 이용되고 있다. 어음대부의 경우에는 보통 차주가 은행을 수취인으로 하는 약속어음을 발행하며, 이것은 발행인만이 어음채무자로 되어 있는 單名어음이다. 이러한 어음을 貸付어음이라 한다.

어음대부는 자금을 필요로 하는 자가 은행에 어음을 교부하여 자금을 얻고 또 그 자금이 어음금액에서 만기까지의 이자를 공제한 금액이라는 점에서 어음할인과 유사하다. 그러나 어음할인은 어음 자체의 매매를 위하여 어음을 수수하고 그 대가로서 자금을 교부하는 것이나, 어음대부는 소비대차계약에 의하여 자금을 교부하고 그 담보로 어음을 수수하는 것이다.

### Ⅱ. 어음貸付의 法的 性質

어음대부의 경우에 차주가 대주에게 어음을 교부하는 것은 소비대차상의 채무를 소멸시킬 의사 없이 어음을 수수하는 것이므로, 이는 소비대차상의 채무의 「지급에 갈음하여」(지급 자체로서) 어음을 수수하는 것이 아니고 소비대차상의 채무의 「지급을 위하여」(지급의 방법으로) 어음을 수수하는 것이거나 소비대차상의 채무의 「지급을 확보하기 위하여」(확보를 위하여) 어음을 수수하는 것이다. 따라서 어음대부의 경우에는 소비대차상의 채무와 어음채무가 병존한다.

어음대부의 경우에 어음의 수수가 소비대차상의 채무의 「지급을 위하여」 한 것인지 또는 소비대차상의 채무의 「지급을 확보하기 위하여」 한 것인지는 당사자의 의사에 의하여 결정하여야 하고, 당사자의 의사가 명백하지 않은 경우에는 당사자의 의사를 합리적으로 해석하여 추정하여야 한다.

대체로 대부어음은 차주가 은행을 수취인으로 하여 발행한 약속어음으로서 소비대차상의 채무자와 어음상의 유일한 주된 채무자(약속어음의 발행인)가 동일하므로, 이러한 어음의 교부는 소비대차상의 채무의 「지급을 확보하기 위하여」 어음을 수수한 것으로 추정된다.

따라서 어음대부의 경우에 차주가 은행을 수취인으로 하여 약속어음을 발행한 때에는, 은행은 소비대차상의 채권과 어음상의 권리 중에서 임의로 선택하여 행사할 수 있고 그로써 만족을 얻지 못한 때에는 다른 권리를 행사하여 만족을 얻을 수 있다.

**【대법원 1988. 4. 12. 판결, 87 다카 541】**

어음대부의 법적 성질에 관하여, 대법원은「회사가 금전을 차용하면서 약속어음을 발행한 것이라면 그 약속어음의 발행은 어음매매의 성질을 가진 어음할인이라기 보다 그 차용금채무의 지급의 담보 내지 확보를 위하여 이루어진 것이다」라 판시하여, 소비대차상의 채무의「지급을 확보하기 위하여」어음을 수수한 것이라 하였다.

### Ⅲ. 兩權利의 行使方法

어음대부의 경우에 은행이 먼저 어음상의 권리를 행사하는 때에는 차주는 어음과 상환하여 어음금을 지급하여야 한다. 또한 은행이 먼저 소비대차상의 채권을 행사하는 때에도 차주는 은행에 대하여 어음과 상환하여 소비대차상의 채무를 변제하여야 한다(동시이행항변권설).

### Ⅳ. 兩權利의 消滅時效

#### 1. 時效期間

어음대부의 경우에 대부어음은 약속어음이고, 약속어음의 발행인에 대한 어음상의 권리의 소멸시효기간은 3년이다(어 77조 1항 8호, 70조 1항). 그러나 소비대차상의 채권의 소멸시효기간은 상행위로 인한 채권이면 5년이고(상 64조) 상행위로 인하지 않은 채권이면 10년이다(민 162조).

#### 2. 時效完成의 效力의 範圍

어음상의 권리와 소비대차상의 채권은 동일한 경제적 목적을 가진 권리이므로, 그 목적의 달성으로 일방의 권리가 소멸되면 다른 권리도 소멸된다.

그러나 소멸시효의 완성으로 권리가 소멸되는 것은 권리가 목적의 달성으로 소멸되는 것이 아니므로, 일방의 권리가 소멸시효의 완성으로 소멸되어도 이로써 다른 권리가 소멸되지 않는다. 따라서 어음상의 권리가 소멸시효의 완성으로 소멸되어도 소비대차상의 채권이 소멸되지 않고, 또 소비대차상의 채권이 소멸시효의 완성으로 소멸되어도 어음상의 권리가 소멸되지 않는다.

그러나 소비대차상의 채권이 소멸시효의 완성으로 소멸된 경우에 차주는 대주에 대하여 소비대차(원인관계)상의 채권의 시효소멸을 인적항변으로 대항할 수 있다.

### 3. 時效中斷의 效力의 範圍

어음상의 권리와 소비대차상의 채권의 소멸시효의 완성의 효력이 각각 독립하여 상호 영향을 미치지 않는 것과 같이, 양 권리의 소멸시효 중단의 효력도 각각 독립하여 상호 영향을 미치지 않는다. 따라서 어느 일방의 권리에 대한 소멸시효의 중단이 있어도 이는 다른 권리의 소멸시효의 중단을 생기게 하지 않는다.

다만 소멸시효의 중단이 최고나 승인 등의 재판 외의 절차에 의하는 경우에는 당사자의 의사의 합리적 해석으로서, 다른 의사표시가 없는 한 일방의 권리에 대한 소멸시효의 중단은 다른 권리의 소멸시효의 중단을 생기게 한다고 보아야 할 것이다.

그러나 소멸시효의 중단이 압류나 가압류 등의 재판상의 절차에 의하는 경우에는 일방의 권리에 대한 소멸시효의 중단은 다른 권리의 소멸시효의 중단을 생기게 하지 않는다.

# 제5장 어음(手票)의 發行

## 제1절 總 說

### 제1. 어음(手票)發行의 意義

어음(수표)의 발행(issue)은 어음(수표)이라는 유가증권을 작성하여 이를 교부하는 것이다. 어음(수표)의 발행은 그 후의 모든 어음(수표)관계의 기초가 되므로 어음(수표)의 발행을 기본적 어음(수표)행위라 하고, 또 발행에 의하여 성립된 어음(수표)을 기본어음(수표)이라 한다.

### 제2. 어음(手票)發行의 要件

어음(수표)의 발행은 어음(수표)을 작성하여 이를 교부함으로써 성립된다.

#### Ⅰ. 어음(手票)의 作成

어음(수표)의 작성은 서면에 어음(수표)요건(필요적기재사항)을 기재하고 발행인이 기명날인(서명)하는 것이다(어음·수표의 요식증권성)(어 1조·75조, 수 1조).

##### 1. 어음의 材料

어음(수표)의 재료에 관하여 어음(수표)법상 규정이 없으므로 반드시 부동의 문자로 인쇄된 어음(수표)용지를 사용하여야 하는 것은 아니나, 금융기관을 지급장소로 하는 어음(수표)은 반드시 통일어음(수표)용지를 사용하도록 되어 있다. 통일어음(수표)용지는 금융기관이 당좌거래처에만 교부하고(당좌계정거래약관 2조), 금융기관은 거래처가 통일어음(수표)용지를 사용하여 발행한 어음(수표)에 한하여 그 당좌예금에서 지급한다(당좌계정거래약관 3조 1항).

### 2. 어음(手票)要件의 記載

어음(수표)요건(어 1조 · 75조, 수 1조)은 어음용지에 기재한다. 그러나 어음(수표)요건을 어음(수표)용지에 결합된 紙片 즉 補箋에 기재한 경우에 어음(수표)의 효력이 있는가에 관하여 유효설과 무효설이 대립하고 있다.

무효설은 어음(수표)요건을 어음(수표)용지 자체에 기재하여야 하고 보전에 이를 기재한 어음(수표)은 무효라 하며(서돈각 · 정완용 163면, 김용태 241면), 유효설은 발행인이 다수여서 어음(수표)용지에 모두 기명날인(서명)할 수 없는 경우에는 보전에 기명날인(서명)할 수 밖에 없으므로 보전에 발행인이 기명날인(서명)한 어음(수표)은 유효한 것으로 보아야 한다고 한다(손주찬 192면).

생각건대 어음(수표)의 발행에 관한 어음법 제1조(어 75조 수 1조)와 배서에 관한 어음법 제13조(어 77조 1항 1호, 수 16조)를 비교해 보면, 배서는 보전에 할 수 있는 것으로 규정하고 있으나 발행에 관하여서는 그러한 규정이 없고, 특히 기본어음(수표)은 확실하고 명백하여야 할 것이므로, 어음(수표)요건은 어음(수표)용지에 기재하여야 하고 이를 보전에 기재한 어음(수표)은 무효라 보는 것이 타당하다(무효설).

### Ⅱ. 어음(手票)의 交付

어음(수표)의 발행은 어음(수표)이론에 관한 창조설에 의하면 어음(수표)의 작성만으로 성립되나, 교부계약설에 의하면 작성된 어음(수표)을 수취인에게 교부하고 수취인의 수령에 의한 승낙이 있어야 성립되고, 또 발행설에 의하면 작성된 어음(수표)을 의도한 상대방(순수발행설) 또는 누군가(수정발행설)에게 교부하여야 성립된다.

## 제3. 어음(手票)發行의 法的 性質 및 效力

어음 · 수표의 발행의 법적 성질과 효력은 환어음 · 약속어음 및 수표에 따라 각각 다르다.

### Ⅰ. 換어음의 發行

### 1. 法的 性質

환어음발행의 법적 성질에 관하여 우리 나라에서는 지급지시설과 수령권한수여설이 대립해 있다.

(1) 學 說

① **支給指示說(2重授權說)** 지급지시설은 환어음의 발행을 독일 민법상의 서면에 의한 지급지시(Anweisung)(독민 783조 이하)라 보고, 지급지시는 발행인이 한편으로는 지급인에 대하여 지급인의 명의로 발행인의 계산에서 어음금을 지급할 권한을 수여하고, 다른 한편으로는 수취인에 대하여 수취인의 명의로 발행인의 계산에서 어음금을 수령할 권한을 수여하는 의사표시로서 2중수권적 성질을 가지는 것이라 한다(최기원 194면, 정동윤 192면, 정찬형 192면).

② **受領權限授與說** 수령권한수여설은 환어음의 발행을 발행인이 수취인에게 어음금지급의 수령권한을 수여하는 의사표시라 한다(정희철 383~384면 이철송 205면).

(2) 檢 討

지급지시설은 환어음 발행이 지급지시이론에 기하여 지급인이 발행인의 계산에서 지급할 권한을 가진다고 보나, 이는 환어음 발행이 환어음관계 외의 자금관계에 속하는 것인 데도 환어음관계에 혼입시키고 있으므로 부당하다.

생각건대 인수 전의 환어음은 인수를 정지조건으로 하는 지급인에 대한 지급청구권과 인수거절이나 지급거절의 경우의 소구권의 택일적 관계에 있는 금전채권을 표창하는 유가증권이므로, 환어음의 발행은 발행인이 수취인에 대하여 이러한 택일적 관계에 있는 어음상의 권리를 수여하는 의사표시라 보는 것이 타당하다(수령권한수여설).

2. 發行의 效力

(1) 本質的 效力(意思表示上의 效力)

가) 어음關係上의 效力

환어음이 발행되면, 환어음발행의 법적 성질에 관한 지급지시설에 의하면 수취인은 자기의 명의로 어음금을 지급받을 수 있는 권한을 취득하고 지급인은 발행인의 계산으로 어음금을 지급할 수 있는 권한을 취득하며, 또 수령권한수여설에 의하면 수취인은 환어음에 표창된 택일적 관계에 있는 어음상의 권리를 취득한다. 이러한 환어음발행의 효력은 발행인의 의사표시상의 효력이다.

나) 資金關係上의 效力

지급인은 발행인의 계산으로 지급할 권한을 가진다. 지급인은 환어음의 발행만으로는 지급의무를 부담하지 않고 인수를 한 때에 지급의무를 부담한다.

발행인과 지급인의 관계는 어음 외의 자금관계이므로 인수인이 발행인의 계산으로 지급할 권한을 가지는 것은 자금관계상의 효력이다.

(2) 附隨的 效力(擔保責任, 法律上의 效力)

환어음의 발행인은 소지인에 대하여 인수를 담보할 책임과 지급을 담보할 책임을 진다(어 9조 1항). 따라서 지급인이 인수거절이나 지급거절을 한 경우에는 발행인은 소지인의 소구(상환청구)에 응할 의무가 있으며, 이 정지조건부의 소구권도 환어음에 표창되어 있다.

이러한 발행인의 담보책임은 보통 발행인이 대가를 수령하고 환어음을 발행하므로, 지급을 담보하게 함으로써 어음의 유통성을 확보하기 위하여 어음법에서 특별히 규정한 법정의 효력이다.

어음법에서 발행인은 「인수와 지급을 담보한다」(어 9조 1항)라고만 규정하고 있으나, 발행인은 이 외에 만기 전에 소구원인이 생긴 경우에도 소구의무를 부담한다(어 43조 참조).

환어음의 발행인이 인수무담보문구를 기재한 경우에는 그 기재가 유효하나(어 9조 2항 2문), 지급무담보문구를 기재한 경우에 그 기재는 하지 않은 것으로 본다(어 9조 2항 2문). 이것은 지급무담보문구의 기재를 유효로 인정하면 지급이 불확실하게 되어 어음의 유통성을 해하나, 인수만의 무담보문구의 기재는 이것을 인정하여도 어음의 신용을 실추시키지 않고 또 일시 자금의 사정상 인수무담보를 인정할 필요가 있을 수 있기 때문이다.

그러나 발행인이 인수무담보문구를 기재하여도 그 어음 자체가 인수무담보의 어음으로 되는 것이 아니고 단지 발행인만이 인수담보책임을 면하고, 그 어음의 배서인은 특별히 자기가 인수무담보문구를 기재하지 않은 한 인수담보책임을 면하지 못한다(어 15조 1항 참조).

그리고 발행인이 인수무담보문구를 기재한 경우에 지급인에게 파산이나 지급정지 또는 强制執行不奏效 등의 자력불확실의 사실이 발생한 때의 만기 전 소구의 담보책임(어 43조 2호·3호)도 면하는가 의문스러우나, 이 경우의 담보책임(어 43조 2호·3호)은 실질적으로는 인수담보책임이 아니고 지급담보책임이므로 발행인은 그 담보책임을 면할 수 없다고 보아야 할 것이다.

발행인이 단순히 무담보문구(모든 책임을 부담하지 않는다는 문안)를 기재한 경우에는 그 기재를 무효로 볼 것이 아니고 인수무담보의 범위에서 그 효력을 인정하여야 할 것이다.

### 3. 支給委託의 撤回

어음법에서는 수표법 제32조(지급위탁의 취소)와 같은 규정이 없어 환어음의 발행인이 지급인에 대한 지급위탁을 철회할 수 있는가 문제되며, 이에 관하여 철회긍정설과 철회부정설이 대립해 있다.

철회긍정설은 환어음발행의 법적 성질을 지급지시(독일 민법상의 지급지시)라 보고 지급지시는 피지시인이 인수·이행을 하기 전에는 지시인이 철회할 수 있다는 이유로(정동윤 193면) 또는 지급위탁은 어음관계가 아닌 실질관계로서 어음 외의 민사법적 관계라는 이유로(정희철 128면 정찬형 193면), 지급 전에는 지급위탁을 철회할 수 있다고 한다.

그러나 철회부정설은 지급위탁의 철회를 인정하는 것은 발행인의 지급담보책임에 대하여 면책문구의 기재를 인정하지 않는 어음법 제9조 제2항 제2문의 취지에 반하므로, 이를 인정할 수 없다고 한다(최기원 231면).

생각건대 환어음의 지급위탁증권의 성질상 환어음에 지급위탁문구를 기재하도록 하고 있으나(어 1조 2호), 원래 발행인의 지급인에 대한 지급위탁은 발행인이 지급인에 대하여 발행인의 계산으로 지급할 권한을 수여하는 것으로서 그 법률관계는 어음관계가 아니고 실질관계 즉 어음 외의 민사법적 법률관계이다. 그러므로 지급인이 지급할 때까지는 언제든지 어음 외의 의사표시를 철회할 수 있다고 보는 것이 타당하다(철회긍정설).

따라서 발행인이 지급위탁을 철회한 경우에는 지급인이 지급을 하여도 이를 발행인의 계산으로 돌릴 수 없다. 그리고 발행인의 지급위탁의 철회에 따라 지급인이 인수거절 또는 지급거절을 한 경우에는 발행인이 소구의무를 부담한다.

## Ⅱ. 約束어음의 發行

### 1. 法的 性質

약속어음의 발행인이 부담하는 어음채무는 환어음의 인수인이 부담하는 어음채무와 같으므로, 약속어음의 발행은 환어음의 인수와 같이 어음금지급채무의 부담을 목적으로 하는 단독행위이다.

따라서 약속어음의 발행인은 환어음의 발행인이 소구의무자인 것과는 달리 주된 어음채무자이다.

2. 發行의 效力(意思表示上의 效力)

(1) 序 說

약속어음은 발행인이 어음상 만기에 일정한 금액의 지급을 약속하는 문언을 의사표시의 내용으로 기재하고 기명날인(서명)하여(어 75조 2호 3호·7호) 발행하므로, 발행인은 당연히 만기에 어음금지급의무를 부담한다. 이러한 약속어음 발행인의 지급의무는 발행인의 의사표시상의 효력이고, 약속어음 발행의 본질적 효력이다.

(2) 約束어음 發行人의 義務內容

약속어음 발행인의 의무는 환어음 인수인의 의무(어 28조 1항)와 동일하여(어 78조 1항) 배서인·보증인 또는 환어음의 발행인이 부담하는 소구의무와는 달리 제1차적·무조건적 의무이고 절대적 의무이며 최종적 의무이다.

① **第1次的·無條件的 義務** 배서인의 소구의무는 소지인이 지급제시기간 내에(어 77조 1항 2호 3호·34조·38조) 발행인에 대하여 지급제시를 하였는 데도 발행인이 지급을 거절한 경우에 지는 의무로서 제2차적 의무이고 조건부 의무이나(어 77조 1항 4호, 43조), 약속어음 발행인의 의무는 만기가 되면 발행인이 당연히 지는 의무로서 제1차적 의무이고 무조건적 의무이다.

소지인이 지급제시기간 내에 지급제시를 하였으나 발행인이 지급거절을 한 경우에는, 발행인에 대하여 어음금액 외에 연 6푼의 이율에 의한 만기 이후의 법정이자의 지급을 청구할 수 있다(어 78조 1항·28조 2항 48조 1항 1호·2호).

② **絶對的 義務** 배서인의 소구의무는 소지인이 지급제시기간 내에 지급제시를 하여 지급거절되면 발생하고 지급제시를 하지 않으면 발생하지 않는 상대적 의무이나, 약속어음 발행인의 의무는 지급제시기간 내에 지급제시를 하든 지급제시를 하지 않든 소멸시효에 의하여 소멸되지 않는 한 면할 수 없는 절대적 의무이다(어 78조 1항).

소지인이 지급제시기간 경과 후에 지급제시를 한 경우에는 그 지급제시를 한 때로부터 이행지체로 되어 그 제시일의 익일부터 지급 시까지 연 5푼의 이율에 의한 지연손해금의 지급을 청구할 수 있다(상 65조 민 517조). 발행인이 어음소지인의 지급제시기간 내의 지급제시에도 불구하고 지급하지 않은 경우에는 만기 이후의 연 6푼의 이율에 의한 이자를 지급하여야 한다(어 77조 1항 4호, 48조 1항 2호).

③ **最終的 義務** 배서인이 소지인에 대하여 소구의무를 이행하고 약속어음을 환수한 경우에는 자기의 전자인 배서인이나 발행인에 대하여 재소구할 수 있으므로 배서인의 의무는 최종적 의무가 아니나, 약속어음의 발행인이 소지인에게 지급을 하고 약속어음을 환수한 경우에는 어음상의 권리가 소멸되므로 약속어음 발행인의 의무는 최종적 의무이다.

### 3. 發行人의 免責文句의 記載

약속어음의 발행인이 어음에 관하여 제1차적 · 무조건적 · 절대적 · 최종적 의무를 지는 것은 약속어음의 본질적 효력이다. 따라서 약속어음의 발행인이 지급책임을 지지 않는다는 「면책문구」를 기재한 경우에는 그 면책문구만이 무효로 되는 것이 아니고 그 약속어음 자체가 무효로 된다. 즉 약속어음의 발행인의 면책문구는 약속어음의 유해적기재사항이다.

## Ⅲ. 手票의 發行

### 1. 法的 性質

환어음과 수표는 다 같이 지급위탁증권으로서 법적 구조가 동일하므로, 수표발행의 법적 성질은 환어음발행의 법적 성질과 유사하다. 즉 수표발행의 법적 성질에 대해 환어음발행의 법적 성질에 관한 지급지시설의 입장에서는 발행인이 지급인에 대하여 지급인의 명의로 발행인의 계산에서 수표금을 지급할 권한을 수여하고 또 수취인에 대하여 수취인의 명의로 발행인의 계산에서 수표금을 수령할 권한을 수여하는(2중수권의) 의사표시라 한다. 이에 반해 수령권한수여설의 입장에서는 발행인이 수취인에 대하여 수표금을 수령할 권한을 수여하는 의사표시라 한다.

생각건대 수표에는 주된 수표채무자가 없어 수취인은 단지 발행인과 지급인 간의 수표계약에 의하여 지급인으로부터 수표금의 지급을 받을 것이라는 기대이익을 가지고(환어음의 소지인이 인수를 법정의 정지조건으로 하는 어음금지급청구권(기대이익)을 취득하는 것과 다르다) 또 지급인이 지급거절을 한 경우에는 발행인에 대하여 소구권을 가지게 되므로 수취인은 지급인에 대한 기대이익과 발행인에 대한 소구권을 가지며, 이것은 택일적 관계에 있다. 그러므로 수표의 발행은 발행인이 이러한 택일적 관계에 있는 권리를 수취인에 대하여 수여하는 의사표시라 보는 것이 타당하다(수령권한수여설).

### 2. 支給人의 資格

수표의 지급인이 될 수 있는 자는 은행에 한한다(수 3조 본문). 여기에서 은행은 법령에 의하여 은행과 동시되는 사람 또는 시설을 포함하는데(수 59조), 이에는 우체국, 지역농업협동조합, 농업협동조합중앙회, 지구별수산업협동조합, 업종별수산업협동조합, 수산물가공수산업협동조합, 수산업협동조합중앙회, 지역축산업협동조합 등이 있다(수표법의 적용에 있어서 은행과 동시되는 사람 또는 시설의 지정에 관한 규정).

지급인의 자격을 은행으로 한정한 것은 금전을 전문적으로 취급하고 사회적으로 공신력이 있는 기관으로 하여금 지급사무를 담당하게 하여 금전지급의 신속·간이화와 확실·안전화를 기하려는 것이다.

이에 위반하여도 발행된 수표가 무효로 되는 것은 아니고, 다만 발행인이 과태료의 처벌을 받는다(수 67조).

### 3. 發行의 效力

#### (1) 주된 手票債務者의 不存在

수표에는 약속어음과 같은 지급약속증권이 아니어서 그 발행인은 약속어음의 발행인과 같은 주된 수표채무를 부담하지 않고 또 환어음과 같은 지급위탁증권이지만 환어음에서와 같은 인수제도가 없어 인수인이 없으므로, 수표에는 주된 수표채무자가 없다.

물론 수표에는 환어음의 인수와 유사한 지급보증(수 53조)이 있으나, 수표의 지급보증인은 수표가 제시기간 경과 전에 제시된 경우에만 지급의무를 부담하는데(수 55조 1항) 대하여 환어음의 인수인은 환어음이 지급제시기간 전에 제시되었는지의 여하를 불문하고 시효소멸되지 않는 한 지급의무를 부담하므로 양자는 별개 성질의 제도이다.

#### (2) 發行人의 擔保責任

수표의 발행인은 수표의 지급을 담보하고 지급거절의 경우에 소구의무를 부담하며(수 12조 1문) 발행인의 지급무담보문구의 기재는 효력이 없다(수 12조 2문). 이것은 환어음의 경우와 같다(어 9조).

그러나 수표에는 인수제도가 없으므로, 수표의 발행인은 환어음의 발행인과는 달리 인수담보책임을 지지 않는다(어 9조 참조).

## 제4. 어음(手票)의 共同發行

### Ⅰ. 意 義

어음(수표)의 공동발행은 수인이 공동으로 어음(수표)을 발행하는 것이다. 어음(수표)채무를 부담하는 발행인이 여러 사람 있으면 지급의 확실성이 크고 어음(수표)의 신용이 증대되므로, 학설·판례는 어음(수표)의 공동발행을 인정하고 있다.

어음(수표)요건을 보전에 기재한 경우의 어음(수표)의 효력에 관하여 유효설과 무효설이 대립해 있으나, 전술한 바와 같이 이를 무효라 보는 한 공동발행인의 기명날인(서명)은 어음(수표) 자체에 하여야 하고 보전이나 등본에 할 수 없다.

### Ⅱ. 共同發行의 種類와 有效性

어음(수표)의 공동발행에는 수인의 발행인이 중첩적으로 기재되어 있는(예: A 와 B) 중첩적발행과 선택적으로 기재되어 있는(예: A 또는 B) 선택적발행이 있다. 중첩적발행을 인정하는 데는 이론이 없으나, 선택적발행도 인정할 것인가에 관하여는 긍정설과 부정설이 대립해 있다.

긍정설은 선택적발행은 선택권이 소지인에게 있어 소지인에게 유리하므로 이를 인정하여야 하고, 특히 명백한 표시 없이 수인의 발행인의 기명날인(서명)이 열기(列記)되어 있는 경우에는 소지인에게 유리한(소지인은 지급받기에 가장 용이하다고 생각되는 사람에게 지급제시를 할 것이므로) 선택적발행으로 보아야 한다고 한다(최기원 214면 서정갑 139면). 그러나 부정설은 선택적발행에 있어서 선택적 기재는 어음(수표)관계의 單純性과 소구요건의 一定性을 해하므로 이를 인정할 수 없고, 수인의 발행인의 기명날인(서명)이 열기되어 있어 중첩적인가 선택적인가 명백하지 않은 경우에는 중첩적발행으로 보아야 한다고 한다(정동윤 205면 정찬형 217면 서헌제 789면).

생각건대 발행인의 선택적 기재는 어음(수표)의 정형성과 어음(수표)관계의 단순성에 반하므로 인정할 수 없다고 보는 것이 타당하다(부정설).

### Ⅲ. 共同發行의 效力(共同發行人의 責任)

공동발행의 경우에 각 공동발행인의 책임에 관하여 연대책임설과 합동책임설이 대립해 있다.

### 1. 學 說

① **連帶責任說** 연대책임설은 공동발행에 있어서는 어음(수표)관계가 1개이고 어음(수표)상의 권리도 1개로서 어음(수표)행위도 1개로 보아야 하며 또 공동발행인의 책임은 성질상 불가분적이므로, 공동발행인은 연대책임을 진다고 한다(이철송 225면).

② **合同責任說** 합동책임설은 각 공동발행인이 기본어음(수표)의 기재를 내용으로 하는 어음(수표)행위를 하고 각 어음(수표)행위는 독립성 · 문언성 · 불가분성이 있으므로 각 공동발행인은 어음법 제47조 제1항(어 77조 1항 4호, 수 43조 1항)에 의하여 합동책임을 진다고 한다(정희철 125면, 최기원 214면, 서헌제 789면)(대판 1970. 8. 31. 70 다 1360).

### 2. 檢 討

약속어음의 공동발행인 중의 1인에 대하여 지급제시를 한 경우에, 연대책임설에 의하면 다른 공동발행인에게도 효력이 있어(민 416조) 다른 공동발행인에게 지급제시를 한 것으로 되므로 다른 공동발행인도 지체의 책임을 지나, 합동책임설에 의하면 다른 공동발행인에게는 효력이 없어 다른 공동발행인에게는 지급제시를 한 것으로 되지 않으므로 다른 공동발행인은 지체의 책임을 지지 않는다.

소구권의 보전을 위하여 약속어음의 공동발행인 중의 1인에게 지급제시기간 내에 지급제시를 한 경우에, 연대책임설에 의하면 상술한 이유로 다른 공동발행인에게도 효력이 있으나 합동책임설에 의하면 다른 공동발행인에게는 효력이 없어 다른 공동발행인의 전원에게 지급제시기간 내에 지급제시를 하여야 한다.

또한 공동발행인 중의 1인에게 소멸시효가 완성된 경우에, 연대책임설에 의하면 다른 공동발행인에게도 효력이 있어 다른 공동발행인이 그 부담부분에 한하여 어음(수표)채무를 면하나 합동책임설에 의하면 다른 공동발행인에게는 효력이 없어 다른 공동발행인은 어음(수표)채무를 면하지 못한다.

그리고 소멸시효의 중단을 위하여 공동발행인 중의 1인에게 청구를 한 경우에, 연대책임설에 의하면 다른 공동발행인에게도 효력이 있으나 합동책임설에 의하면 다른 공동발행인에게는 효력이 없어 다른 공동발행인에게는 시효중단의 효력이 생기지 않는다.

연대책임설과 합동책임설의 기본적 차이는 공동발행에 관하여 전자는 1개의 발행행위로 보는 데 대하여 후자는 수개의 발행행위로 보는 데 있다. 생각건대 공동발행은 각 공동발행인이 독립하여 기본어음(수표)의 기재를 내용으로 하는 발행행위를 하는 것으로서 수개의 발행행위라 보아야 할 것이므로 합동책임설이 타당하다(합동책임설).

### Ⅳ. 共同發行과 어음(手票)保證

보통 발행인의 기명날인(서명)이 행하여질 장소(통일어음용지의 발행인이라 인쇄되어 있는 제목의 옆)에 자격을 표시하지 않고 여러 개의 기명날인(서명)이 있는 경우에, 이를 공동발행인의 기명날인(서명)으로 볼 것인가 아니면 그 일부를 보증인의 기명날인(서명)(약식보증)(어 31조 3항·77조 3항, 수 26조 3항)으로 볼 것인가 문제된다.

생각건대 통일어음용지의 발행인이라 인쇄되어 있는 제목의 아래 또는 옆에 보증인이라는 부기 없이 수인의 기명날인(서명)이 있는 경우에, 각 기명날인(서명)의 크기·배치·형태에 있어서 특별한 차이가 없으면 이는 공동발행인으로 보는 것이 타당하다(공동발행인설)(통설).

이와 같이 수개의 기명날인(서명)을 공동발행인의 기명날인(서명)으로 보면, 그 중의 1개의 기명날인(서명)에 형식적 하자가 있더라도 다른 기명날인자(서명자)의 책임에는 영향이 없고, 어음(수표)이 부도된 경우에는 기명날인자(서명자)의 전원이 거래정지처분을 받게 되며, 기명날인자(서명자) 중의 1인이 지급을 한 경우에는 보증인이 지급을 한 경우(어 32조 3항·77조 3항, 수 27조 3항)와는 달리 다른 기명날인자(서명자)에 대하여 민법상의 구상권을 가진다.

## 제5. 換어음·約束어음 및 手票의 比較

### Ⅰ. 序 說

환어음은 발행인이 지급인에 대하여 어음금을 소지인에게 지급할 것을 위탁하는 지급위탁증권인 데 대하여 약속어음은 발행인이 소지인에게 자신이 어음금을 지급할 것을 약속하는 지급약속증권이다.

또한 수표는 발행인이 지급인(은행 등)에 대하여 수표금을 소지인에게 지급할 것을 위탁하는 지급위탁증권이므로 인수 전의 환어음과 같다. 그리하여 영미법에서는 수표를 은행을 지급인으로 하여 발행된 일람출급의 환어음이라 한다(영 어음법 73조, 미 유통증권법 185조).

그러나 환어음과 약속어음은 후일에 어음금이 지급될 것을 전제로 하여 발행하는 신용증권인 데 대하여 수표는 현금의 지급에 따른 위험과 번잡을 피하기 위하여 현금을 지급하는 대신에 발행하는 지급증권이다.

이와 같이 환어음과 약속어음은 다 같이 신용이용의 기능을 가지는 신용증권이다. 그러나 약속어음은 특히 매매를 하고 그 대금을 후불하는 지급수단으로 많이 이용되고 또 어음할인에 의하여 금융을 받기 위하여서나 어음대부에 따른 채권담보를 위하여서도 이용되는 데 반하여 환어음은 이러한 지급수단이나 어음할인 또는 어음대부를 위하여 이용되는 경우는 적고 원격지, 특히 국제거래에 있어서 송금이나 대금추심의 수단으로 많이 이용되고 있다. 그러므로 국내거래에서는 주로 약속어음이 이용되고 국제거래에서는 주로 환어음이 이용되고 있다.

### Ⅱ. 換어음 · 約束어음 및 手票의 差異

#### 1. 當事者

환어음과 수표는 지급위탁증권이므로 발행인과 수취인 외에 지급인이 있으나(어 1조 3호 수 1조 3호), 약속어음은 지급약속증권이므로 발행인과 수취인만 있고 지급인이 없다(어 75조 참조).

수표에는 주된 수표채무자가 없어 수표소지인의 지위가 불안하므로, 수표의 지급인은 환어음의 지급인과는 달리 은행으로 한정하고(수 3조) 제3자방지급수표에 있어서 제3자도 은행일 것을 요하고 있다(수 8조 단서).

#### 2. 資金關係

환어음과 수표에는 지급인이 있으므로 발행인과 지급인 간의 자금관계, 즉 발행인이 처분할 수 있는 자금이 지급인에게 있고 발행인과 지급인 간에 발행인이 발행한 환어음 · 수표에 대하여 지급인이 지급할 것을 약속하는 환어음계약 · 수표계약이 있어야 한다. 특히 수표는 지급증권으로서 지급의 확실성이 강하게 요구되므로, 수표법은 수표의 자금관계의 존재를 법정하고 있다(수 3조 본문). 물론 이러한 자금관계 없이 환어음 · 수표를 발행하여도, 그 환어음 · 수표는 유효하다.

약속어음에는 지급인이 없으므로 발행인과 지급인 간의 자금관계는 없으나, 약속어음이 제3자방지급어음으로서 지급담당자가 있는 경우에는 발행인과 지급담당자 간에 준자금관계가 있다.

### 3. 表彰하는 權利

약속어음은 그 발행 시부터 어음금지급청구권을 표창한다. 그리고 환어음이 인수 전에는 인수를 정지조건으로 하는 어음금지급청구권과 인수거절 또는 지급거절을 정지조건으로 하는 소구권의 택일적 관계에 있는 금전채권을 표창하고 또 인수 후에는 인수인에 대한 확정적 어음금지급청구권과 지급거절을 정지조건으로 하는 소구권의 택일적 관계에 있는 금전채권을 표창한다. 그리고 수표는 지급거절을 정지조건으로 하는 소구권을 표창한다.

### 4. 主된 債務者

약속어음은 지급약속증권이므로 발행인이 어음을 발행한 때로부터 주된 어음채무자로 된다. 또한 환어음은 지급위탁증권이나 인수제도가 있어 인수인이 인수를 한 때로부터 주된 어음채무자로 되고, 발행인은 인수거절 또는 지급거절의 경우에 소구의무를 부담할 뿐이다. 그리고 수표는 지급위탁증권이고 인수제도가 없으므로, 주된 수표채무자가 없다.

### 5. 所持人出給式(또는 選擇無記名式)의 發行

환어음·약속어음 및 수표는 다 같이 법률상 당연한 지시증권이므로, 단순히 기명식으로 발행된 경우에도 배서에 의하여 양도할 수 있다(어 11조 1항·77조 1항 1호, 수 14조 1항).

환어음과 약속어음에는 수취인을 어음요건으로 기재하여야 하므로(어 1조 6호 75조 5호) 소지인출급식 또는 선택무기명식의 발행이 허용되지 않는다. 그러나 수표는 단기간에 결제되어야 하는 지급증권이므로 수표에는 수취인이 수표요건이 아니고(수 1조 참조) 소지인출급식과 선택무기명식의 발행이 인정되며(수 5조 1항 3호·2항), 실제에 있어서 수표는 거의 소지인출급식으로 발행되고 있다.

### 6. 滿　期

환어음과 약속어음은 신용증권이므로, 만기(지급기일)가 어음요건으로 되어 있고(어 1조 4호 75조 3호) 일람출급은 만기의 한 종류로 되어 있다(어 33조 1항 1호 77조 1항 2호).

그러나 수표는 지급증권으로서 발행 후 곧 지급을 받을 수 있어야 하므로, 수표에는 어음에서와는 달리 만기가 없고 수표는 법률상 당연한 일람출급으로 되어 있으며, 이는 수표제도의 본질이다. 따라서 수표에 일람출급에 위반되는 기재, 예컨대 확정일출급의 기재가 있는 경우에는 기재하지 않은 것으로 본다(무익적기재사항)(수 28조 1항 2문).

7. 引 受

약속어음은 지급약속증권으로서 발행 시부터 발행인이 주된 어음채무자로 확정되므로 인수제도가 필요 없다. 그러나 환어음은 단지 지급위탁증권으로서 발행 시에는 주된 어음채무자가 없으므로, 주된 어음채무자의 확정을 위하여 인수제도가 필요하다. 반면에 수표는 지급증권으로서 발행 후 곧 지급받을 수 있어야 하여 제시기간이 단기로 되어 있으므로(수 29조) 인수제도가 필요 없고 또 수표의 지급인이 인수에 의하여 절대적 지급의무를 지면 수표가 신용증권화 되어 수표의 지급증권성에 반하므로 수표에는 인수제도가 인정되지 않는다. 따라서 수표에 인수의 기재가 있는 경우에는 기재하지 않은 것으로 본다(무익적기재사항)(수 4조 2문).

8. 引受의 擔保

환어음에는 인수제도가 있으므로 발행인과 배서인은 인수를 담보하고(어 9조 1항, 15조 1항) 인수거절의 경우에는 발행인과 배서인이 소구의무를 부담하나(어 43조), 약속어음과 수표에는 인수제도가 없으므로 발행인과 배서인은 인수를 담보하지 않고 인수거절로 인한 소구의무를 부담하지 않는다.

9. 滿期 전의 遡求原因

환어음의 지급인이 인수를 거절한 경우(어 43조 1호) 또는 지급인이나 인수인이 파산선고를 받았거나 지급정지 또는 그 재산에 대한 강제집행이 주효하지 못한 경우(어 43조 2호)에는 만기 전이라도 소구할 수 있다. 그리고 학설은 약속어음의 발행인이 파산선고를 받았거나 지급정지 또는 그 재산에 대한 강제집행부주효의 경우에도 만기 전에 소구할 수 있다고 본다.

그러나 수표에는 인수제도가 없고 또 법률상 당연한 일람출급이므로 만기 전의 소구가 없다.

10. 複本 · 謄本

환어음에는 인수제시를 위한 원격지의 송부를 위하여 복본제도가 있고(어 64조), 또 수표에는 인수제시는 없어도 지급보증을 위한 원격지의 송부를 위하여 복본제도가 있다(수 48조). 그러나 약속어음에는 인수나 지급보증제도가 없으므로 복본제도가 없다.

그리고 환어음과 약속어음에는 원본상실의 위험을 피하고 등본으로 유통시키기 위하여 등본제도가 있으나(어67조·77조 1항 6호), 수표는 지급증권으로서 제시기간이 단기이므로 수표에는 등본제도가 없다.

### 11. 支給提示期間

환어음과 약속어음의 소구권보전을 위한 지급제시기간은 비일람출급어음(확정일출급어음, 발행일자후정기출급어음 일람후정기출급어음)에 있어서는 「지급을 할 날 또는 이에 이은 2거래일 내」이고(어38조 1항 77조 1항 3호), 일람출급어음에 있어서는 「발행일자부터 1년 내」이며 1년의 일람기간은 발행인은 단축 또는 연장을 또 배서인은 단축을 할 수 있다(어34조 1항 2문·3문, 77조 1항 2호).

그러나 수표의 소구권보전을 위한 제시기간은 발행지와 지급지 간의 거리의 원근에 따라 국내수표에 있어서는 「발행일자부터 10일 내」이고(수29조 1항), 외국수표에 있어서는 「발행일자부터 20일 또는 70일 내」이며(수29조 2항·3항) 이 기간은 단축 또는 연장할 수 없다.

### 12. 支給委託의 取消

수표의 발행인은 제시기간 경과 후에는 지급위탁을 취소할 수 있고(수32조 1항), 지급인은 제시기간 경과 후에는 지급위탁의 취소가 없는 한 지급할 수 있다(수32조 2항). 환어음의 발행인이 지급위탁을 철회할 수 있는가에 관하여 규정이 없어 철회긍정설과 철회부정설이 대립해 있으나, 발행인의 지급인에 대한 지급위탁은 어음관계외의 자금관계로서 민사법적 법률관계이므로, 지급인이 지급하기 전까지는 발행인이 어음 외의 의사표시로서 철회할 수 있다고 본다(철회긍정설).

약속어음은 지급약속증권이고 지급위탁증권이 아니므로, 지급위탁의 철회가 있을 수 없다.

### 13. 短期消滅時效

환어음의 인수인과 약속어음의 발행인에 대한 어음상의 권리의 소멸시효기간은 3년이고(어70조 1항 77조 1항 8호), 이러한 어음의 소구권의 소멸시효기간은 1년이며(어70조 2항 77조 1항 8호), 재소구권의 소멸시효기간은 6개월이다(어70조 3항 77조 1항 8호).

그러나 수표의 소구권과 재소구권의 소멸시효기간은 6개월이고(수51조), 지급보증인에 대한 권리의 소멸시효기간은 1년이다(수58조).

### 14. 支給拒絶의 方法

환어음과 약속어음에 있어서 소구권의 보전을 위하여는 거절증서의 작성이 면제되어 있지 않는 한 반드시 인수거절증서 또는 지급거절증서를 작성하여야 하나(어 44조, 77조 1항 4호), 수표에 있어서 소구권의 보전을 위하여는 지급거절증서의 작성 외에 지급인의 지급거절선언과 어음교환소의 지급거절선언 등의 간편한 지급거절의 증명방법이 인정되고 있다(어 39조 2호·3호).

### 15. 逆어음의 發行

환어음과 약속어음의 소구권자는 어음에 반대의 기재가 없는 한 그 전자인 소구의무자 중의 1인을 지급인으로 하고 그 자의 주소에서 지급할 일람출급의 새 환어음, 즉 역어음을 발행하여(어 52조 1항 77조 1항 4호) 어음할인에 의하여 소구금액을 받을 수 있다.

### 16. 橫 線

수표는 소지인출급식 또는 선택무기명식으로 발행되어 단순한 교부에 의하여 양도될 수 있으므로 도취 또는 습득 등에 의한 부정소지인에게 지급될 위험이 있다. 그러므로 수표에는 두 줄의 횡선을 그어 지급인(은행)과 거래관계가 있는 자 또는 은행에 대하여서만 지급하도록 하는 횡선수표제도가 인정되고 있다(수 37조 38조).

그러나 환어음과 약속어음에는 이러한 것이 없다.

## Ⅲ. 換어음·約束어음 및 手票의 共通點

### 1. 法的 性質

환어음·약속어음 및 수표는 완전유가증권, 금전채권증권, 요식증권, 무인증권, 지시증권, 상환증권, 설권증권, 문언증권이라는 점에서 그 법적 성질이 같다.

### 2. 각종의 制度

환어음·약속어음 및 수표에 있어서 어음·수표행위독립의 원칙(어 7조·77조 2항, 수 10조), 어음·수표행위의 무권대리(어 8조·77조 2항, 수 11조), 어음·수표의 위조·변조(어 69조·77조 1항 7호, 수 50조), 백지어음·수표(어 10조·77조 2항, 수 13조), 어음·수표의 선의취득(어 16조 2항·77조 1항 1호, 수 21조), 어음·수표의 인적항변(어 17조·77조 1항 1호, 수 22조), 어음·수표의 이득상환청구권(어 79조 수 63조), 소멸시효(어 70조·77조 1항 8호, 수 51조), 기간계산(어 72~74조·77조 1항 9호, 수 60~62조) 등의 제도는 같다.

# 제 2 절 어음(手票)의 記載事項

## 제 1 관 序 說

발행에 의하여 작성된 어음(수표)을 기본어음(수표)이라 하고, 기본어음(수표)의 기재사항을 기본적기재사항이라 한다. 기본적기재사항에는 어음(수표)요건과 어음(수표)요건 외의 기재사항이 있다.

어음(수표)요건은 어음(수표)을 발행하는 경우에 반드시 기재하여야 하고(어 1조·75조, 수 1조), 그 중의 어느 하나라도 기재를 결한 때에는 어음(수표)이 무효로 되며(어 2조 1항 본문·76조 1항 본문, 수 2조 1항 본문) 또 그 후에 행하여진 배서·보증·인수 등도 무효로 되는 기재사항이다. 이것을 어음(수표)의 필요적기재사항이라고도 한다.

어음(수표)요건 외의 기재사항으로는, 어음(수표)에 기재하지 않아도 어음(수표)이 무효로 되는 것은 아니나 기재하면 기재된대로 어음(수표)상의 효력이 인정되는 「유익적기재사항」, 어음(수표)에 기재하면 어음(수표) 자체는 무효로 되지 않고 그 기재사항만 어음(수표)상의 효력이 없는 「무익적기재사항」, 어음(수표)에 기재하면 어음(수표) 자체가 무효로 되는 「유해적기재사항」 등이 있다.

## 제 2 관 어음(手票)要件

어음·수표법은 환어음의 어음요건으로 9종을, 약속어음의 어음요건으로 8종을, 또 수표의 수표요건으로 7종을 규정하고 있다. 약속어음은 지급약속증권이므로 「지급인」이 없고, 수표는 일람출급증권이므로 「만기」가 없으며 또 수표는 지급증권이므로 「수취인」이 없다.

<환어음의 예시> (표면)

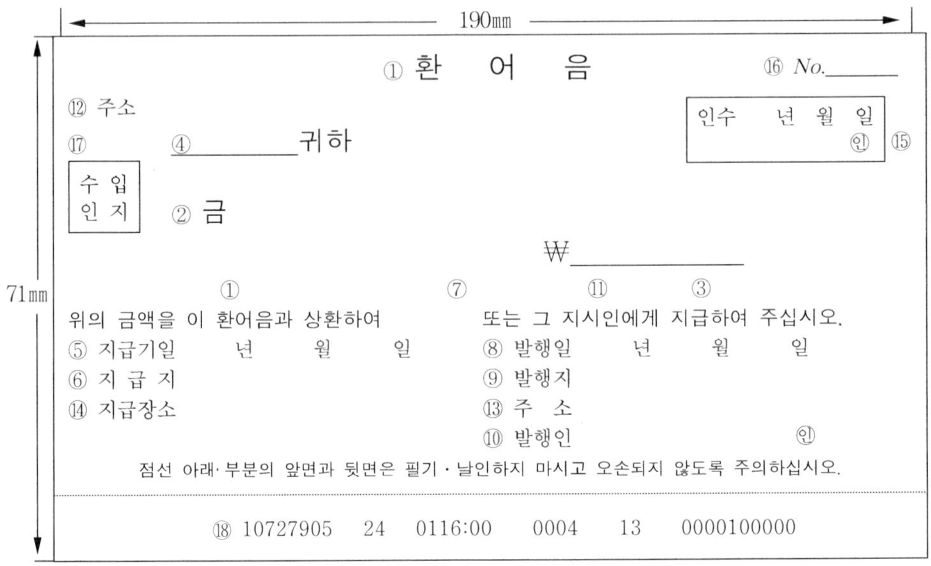


| | | |
|---|---|---|
| ① 환어음문구 | ⑦ 수취인 | ⑬ 발행인의 명칭에 부기한 지 |
| ② 어음금액 | ⑧ 발행일 | ⑭ 지급장소 |
| ③ 지급위탁문구 | ⑨ 발행지 | ⑮ 인수인 |
| ④ 지급인 | ⑩ 발행인의 기명날인(서명) | ⑯ 어음번호 |
| ⑤ 만 기 | ⑪ 지시문구 | ⑰ 수입인지 |
| ⑥ 지급지 | ⑫ 지급인의 명칭에 부기한 지 | ⑱ 환어음의 위조·변조를 방지하고 전산처리를 하기 위한 기호 |

※ ①에서 ⑩까지는 환어음의 어음요건(필요적기재사항)이다.

<약속어음의 예시> (표면)

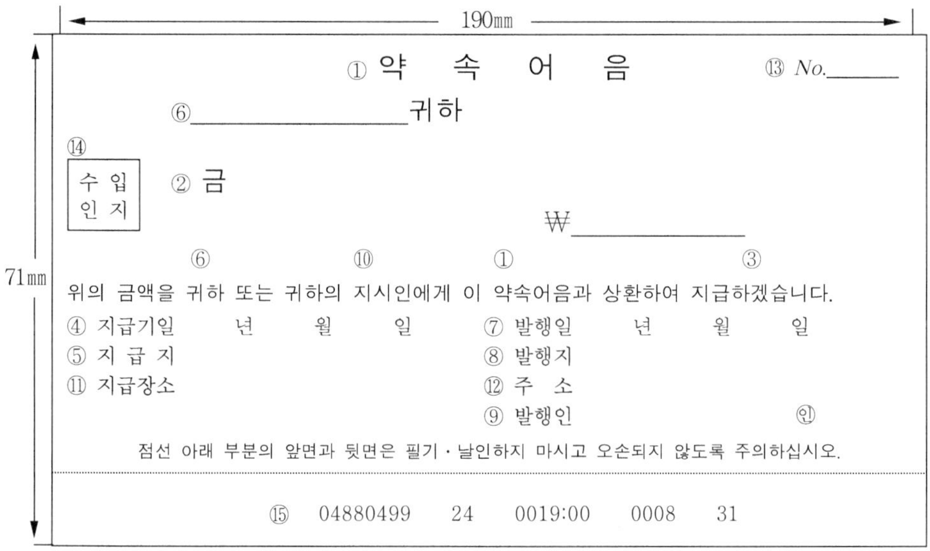


① 약속어음문구
② 어음금액
③ 지급약속문구
④ 만 기
⑤ 지급지
⑥ 수취인
⑦ 발행일
⑧ 발행지
⑨ 발행인의 기명날인(서명)
⑩ 지시문구
⑪ 지급장소
⑫ 발행인의 명칭에 부기한 지
⑬ 어음번호
⑭ 수입인지
⑮ 약속어음의 위조·변조를 방지하고 전산처리를 하기 위한 기호

※ ①에서 ⑨까지는 약속어음의 어음요건(필요적기재사항)이다.

<환어음 · 약속어음의 이면>

| 앞면에 적은 금액을 ① 또는<br>그 지시인에게 지급하여 주십시오.<br>(목적 또는 부기)<br>③<br>거절증서 작성을 면제함. ㊞<br>년 월 일<br><br>주 소<br>성 명 ② ㊞ |
|---|
| 앞면에 적은 금액을 ① 또는<br>그 지시인에게 지급하여 주십시오.<br>(목적 또는 부기)<br>③<br>거절증서 작성을 면제함. ㊞<br>년 월 일<br>주 소<br>성 명 ② ㊞ |
| 앞면에 적은 금액을 ① 또는<br>그 지시인에게 지급하여 주십시오.<br>(목적 또는 부기)<br>③<br>거절증서 작성을 면제함. ㊞<br>년 월 일<br><br>주 소<br>성 명 ② ㊞ |
| 앞면에 적은 금액을 정히 영수함.<br>년 월 일<br><br>주 소<br>성 명 ㊞ |

① 피배서인 ② 배서인 ③ 거절증서작성면제문구

<수표의 예시> (표면)

166㎜ / 78㎜

① 당 좌 수 표 ⑩ No.______

⑤ 지 급 지

④ 주식회사 은행 앞

② 금

₩__________

① ⑨ ③ ⑥

위의 금액을 이 수표와 상환하여 소지인에게 지급하여 주십시오. 년 월 일

⑦ 발행지

⑧ 발행인 ㊞

점선 아래 부분의 앞면과 뒷면은 필기·날인하지 마시고 오손되지 않도록 주의하십시오.

⑪ 01817910 24 0019:00 0008 41

① 수표문구
② 수표금액
③ 지급위탁문구
④ 지급인
⑤ 지급지
⑥ 발행일
⑦ 발행지
⑧ 발행인의 기명날인
⑨ 소지인출금식수표임을 표시
⑩ 수표번호
⑪ 수표의 위조·변조를 방지하고 전산처리를 하기 위한 기호

※ ①에서 ⑧까지는 수표요건(필요적기재사항)이다.

## Ⅰ. 어음·手票文句

### 1. 文句의 內容

환어음에는 「환어음임을 표시하는 문자」(어 1조 1호), 약속어음에는 「약속어음임을 표시하는 문자」(어 75조 1호), 수표에는 「수표임을 표시하는 문자」(수 1조 1호)를 기재하여야 한다.

환어음임을 표시하는 문자, 약속어음임을 표시하는 문자, 수표임을 표시하는 문자이면 되므로, 환어음에 있어서는 「환어음」뿐만 아니라 「환증서」·「환증권」·「환」 등의 기재도 무방하고, 약속어음에 있어서는 「약속어음」뿐만 아니라 「약속어음증권」·「약속어음증서」·「지급약속어음」 등의 기재도 무방하며, 수표에 있어서는 「수표」뿐만 아니라 「수표증권」·「수표증서」 등의 기재도 무방하다.

### 2. 記載用語

어음·수표문구는 「그 증권의 작성에 사용하는 국어」로 기재하여야 한다(어 1조 1호·75조 1호, 수

1조 1호). 따라서 환어음·약속어음·수표를 우리 국어로 작성하는 경우에는 「환어음」·「약속어음」·「수표」라 기재하여야 하고, 영어로 작성하는 경우에는 「bill of exchange」, 「promissory note」, 「check」라 기재하여야 한다.

3. 記載場所

어음·수표문구는 「증권의 본문 중」에 기재하여야 한다(어 1조 1호·75조 1호, 수 1조 1호). 증권의 본문은 환어음과 수표에서는 지급위탁문구이고 약속어음에서는 지급약속문구이다. 실제로 통일어음·수표용지에서는 어음·수표문구를 표제와 본문 중에 중복하여 기재하고 있으나, 법률상으로는 어음·수표의 본문 중에 기재하는 것만으로 충분하다.

## Ⅱ. 어음(手票)金額

### 1. 어음(手票)金額의 記載

어음(수표)은 금전채권을 표창하는 금전증권이므로, 어음(수표)에는 반드시 어음(수표)금액을 기재하여야 한다(어 1조 2호·75조 2호, 수 1조 2호). 따라서 물품의 급부를 목적으로 하는 물품어음(수표)은 인정되지 않는다(대판 1964. 8. 31. 63 다 969).

### 2. 어음(手票)金額의 一定

어음(수표)금액은 일정하여야 한다(어 1조 2호·75조 2호, 수 1조 2호). 이것은 어음(수표)의 유통성을 높여 어음(수표)거래의 원활을 기하기 위한 것이다. 따라서 예컨대 어음(수표)금액을 「금 10만 원 또는 20만 원」의 선택적 기재나 「금 10만 원 내지 20만 원」의 불확정적 기재 또는 「100만 원 이상」·「100만 원 이하」의 최고액·최저액의 기재 등은 어음(수표)금액의 일정성에 반하므로 무효이다.

또한 어음(수표)금액은 발행 시부터 일정하여야 한다. 따라서 예컨대 만기에 있어서 「쌀 10말의 가액」이라든지 만기에 있어서 「미화 10만 달러에 상당하는 금액」의 부동적 기재는 어음(수표)금액이 발행 시에 일정되어 있지 않으므로 무효이다.

### 3. 어음(手票)金額의 重複的 記載

실제에 있어서는 어음(수표)금액의 변조를 방지하기 위하여 보통 어음금액란에 문자로 예컨대 「금 일십만 원」이라 기재하고, 난 외에 아라비아 숫자로 「₩100,000」이라 기재한다.

이와 같이 어음(수표)금액을 문자와 숫자로 중복하여 기재한 경우에 그 금액에 차이가 있는 때에는, 예컨대 어음금액란에 「일십만 원」이라 기재하고 난 외에

「₩200,000」이라 기재한 때에는 문자로 기재한 금액을 어음(수표)금액으로 한다(어 6조 1항·77조 2항, 수 9조 1항). 그러나 어음(수표)금액을 어음금액란과 난 외에 다 같이 문자 또는 숫자로 기재한 경우에 그 금액에 차이가 있는 때에는, 그 중 최소금액을 어음(수표)금액으로 한다(어 6조 2항·77조 2항, 수 9조 1항).

#### 4. 어음(手票)金額의 內容

어음(수표)금액은 보통 한국통화로 기재하나, 외국통화로 기재할 수도 있다. 어음(수표)금액을 외국통화로 기재한 경우에 특별히 외국통화현실지급문구의 기재가 있으면 그 외국통화로 현실로 지급하고(어 41조 3항·77조 1항 3호, 수 36조 3항), 그러한 기재가 없으면 어음(수표)에 기재되어 있는 환산율로 환산한 한국통화로 지급하며(어 41조 2항 단서·77조 1항 3호, 수 36조 2항 단서), 어음(수표)금액에 그러한 환산율의 기재가 없으면 만기(지급의 날)에 있어서 지급지의 현재의 시세로 환산한 한국통화로 지급하면 된다(어 41조 1항 1문·77조 1항 3호, 수 36조 1항 1문).

### Ⅲ. 無條件의 支給委託·支給約束文句

#### 1. 支給委託·支給約束文句의 記載

환어음·수표는 지급위탁증권이므로 「지급위탁문구」를 기재하여야 하고(어 1조 2호, 수 1조 2호), 약속어음은 지급약속증권이므로 「지급약속문구」를 기재하여야 한다(어 75조 2호). 이러한 지급위탁문구와 지급약속문구는 환어음·수표 및 약속어음에 있어서 가장 중심이 되는 의사표시이다.

#### 2. 支給委託·支給約束文句의 無條件性

지급위탁·지급약속문구는 무조건(unconditional) 즉 단순하여야 한다. 여기에서 무조건이란 지급위탁·지급약속의 효력을 어음·수표 외의 사실에 관련시켜서는 안된다는 것으로서, 예컨대 「매매의 목적물을 수령하고 지급하여 주십시오」라든지 「도급공사를 완성할 때에 지급하겠습니다」와 같이 지급에 조건을 붙이는 경우이다.

어음(수표)법은 배서에 조건을 붙인 경우에는 「조건을 기재하지 아니한 것으로 본다」(어 12조 1항 2문·77조 1항 1호, 수 15조 1항 2문)고 규정하고 있으면서 어음(수표)의 발행에 조건을 붙인 경우에 관하여는 규정이 없으나, 어음(수표)법은 지급의 확보와 유통성의 강화를 기본이념으로 하므로 「무조건의 지급위탁·지급약속」에 위반하여 지급위탁·지급약속문구에 조건을 붙인 경우에는 어음(수표)이 무효로 된다고 본다(통설).

## Ⅳ. 支給人

### 1. 意 義

지급인은 어음(수표)상 어음(수표)금액을 지급할 자로 기재되어 있는 자이다. 환어음(수표)은 지급위탁증권이므로 지급인을 기재하여야 한다(어 1조 3호, 수 1조 3호).

### 2. 表示方法

자연인은 성명 외에 동일성을 인식할 수 있는 한 통칭, 아호, 예명, 별명 등을 기재하여도 무방하며, 법인은 법인의 명칭만 기재하면 되고 그 대표자의 성명까지 기재할 필요는 없다.

### 3. 當事者의 資格兼併

어음(수표)관계에 있어서 당사자는 일반사법상의 법률관계에 있어서의 당사자와는 달리 이해상반하는 당사자가 아니고 어음(수표)의 목적을 달성하기 위하여 협력하는 자이므로 1인이 다른 자격을 겸병하여도 무방하다. 그러므로 환어음(수표)에 있어서는 발행인의 자격과 지급인의 자격의 겸병(자기앞환어음·자기앞수표)(어 3조 2항, 수 6조 3항)이 인정되고 있다.

## Ⅴ. 滿 期

### 1. 意 義

만기(maturity)는 어음상 어음금액이 지급될 기일로 기재되어 있는 날이다. 이것을 지급기일 또는 만기일이라고도 한다. 만기는 지급의 기한이고 기간이 아니다.

만기는 신용증권인 환어음과 약속어음에만 있고 지급증권인 수표에는 없다. 만기는 어음상에 지급될 기일로 기재되어 있는 날이므로, 객관적으로 지급을 하여야 할 시기 즉 「지급을 할 날」(어 38조 1항, 77조 1항 3호)과 다르다. 물론 만기와 지급을 할 날은 대체로 일치하나, 반드시 그러한 것은 아니다. 예컨대 1월 1일을 만기로 하는 어음에 있어서 1월 1일은 휴일이므로, 만기는 1월 1일이지만 지급을 할 날은 1월 2일이다(어 72조 1항, 77조 1항 9호).

또한 만기는 「지급의 날」(어 41조 1항, 77조 1항 3호)과도 다르다. 「지급의 날」은 현실로 지급이 행하여진 날로서, 예컨대 10월 10일을 만기로 한 어음을 10월 11일에 지급을 위한 제시를 하고(어 38조 1항, 77조 1항 3호) 그 날에 지급을 받은 경우에는 10월 11일이 「지급의 날」로 된다.

### 2. 滿期의 種類와 記載方法

#### (1) 序 說

어음법은 일람출급, 일람후정기출급, 발행일자후정기출급, 확정일출급의 네 가지의 만기를 정하고 있다(어 33조 1항 77조 1항 2호). 이 중 확정일출급과 발행일자후정기출급은 발행인이 정하는 만기이고, 일람출급과 일람후정기출급은 소지인이 정하는 만기이다.

#### (2) 確定日出給

##### 가) 意 義

확정일출급은 2010년 9월 1일과 같이 확정일이 만기인 것이다. 보통 어음의 만기는 확정일출급이다. 만기로 기재된 확정일이 휴일이라도 무방하다(어 77조 1항 9호, 72조 참조). 확정일을 만기로 하는 어음을 확정일출급어음이라 한다.

##### 나) 存在하지 않는 날을 滿期로 한 경우

세력에 없는 날 예컨대 2월 30일이나 9월 31일을 만기로 한 경우에 관하여, 일부의 학설은 이러한 날을 만기로 기재한 어음은 무효라 하고 또는 만기의 기재가 없는 것으로 하여 일람출급어음으로 보아야 한다고도 하나, 통설은 당사자의 합리적 의사로 보면 월말 즉 2월 말·9월 말을 만기로 한 것으로 보아야 한다고 한다(정희철 137면, 손주찬 202면 최기원 205면, 정동윤 210면). 더욱이 이러한 경우에 어음요건의 흠결이라 하여 어음을 무효로 하면 오히려 교활한 어음채무자에게 지급거절의 구실을 주고 어음의 유통성의 강화를 해하여 어음법의 기본이념에 반하므로, 월말로 보는 것이 타당하다. 이와 같이 해석하는 것이 어음유효해석의 원칙에도 적합하다.

##### 다) 年號의 記載가 없는 경우

월일만을 만기로 기재하고 연호를 기재하지 않은 경우에 관하여, 일부의 학설은 이러한 날을 만기로 기재한 어음은 요식성에 반하므로 무효라 하는 견해도 있으나 어음 전체의 문언을 합리적으로 해석하여 그 연호를 추정할 수 있는 경우에는 유효하다고 해석하는 것이 어음의 유동성의 강화의 이념에 적합하다(최기원 205면, 정동윤 210면 이기수 76면, 정찬형 207면).

##### 라) 發行日 전의 날을 滿期로 한 경우

만기의 기재는 가급적이면 유효로 해석하여야 할 것이나, 만기가 발행일보다 앞선 날인 경우에는 만기가 불능의 날이므로 이러한 날을 만기로 기재한 어음은 무효라 보아야 할 것이다(정희철 137면, 손주찬 202면, 정동윤 210면). 그러나 발행일과 만기가 동일 일자인 것은 무방하다.

마) 滿期의 意味가 不正確한 경우

예컨대 「12월 31일 한」이라든지 「6월 15일까지」라 기재되어 있는 경우에는, 그 의미가 정확하지 않으나 「12월 31일」, 「6월 15일」을 만기로 보아야 할 것이다.

바) 滿期가 不確定的이거나 條件附인 경우

확정일출급의 만기는 어음을 발행할 때에 확정되어 있어야 하므로, 불확정적이거나 조건부 만기는 인정되지 않는다. 예컨대 「매매계약의 성립일」이라든지 「○○○의 사망일」 등과 같이 도래할지 도래하지 않을지 또는 언제 도래할지 불분명한 날을 만기로 기재한 어음은 무효이다.

사) 滿期가 複數的이거나 期間인 경우

예컨대 「1월 30일 또는 2월 5일」과 같이 선택적인 날을 만기로 하는 어음은 무효이다. 그리고 일정한 기간을 만기로 하는 것은 확정일출급으로서는 무효라 하는 견해도 있으나(정동윤 210면), 이것은 만기 내이면 언제든지 지급을 청구할 수 있는 일람출급(어 34조, 77조 1항 2호)으로서 유효하다고 보는 것이 타당하다.

아) 分割出給의 경우

어음금액의 일부마다 만기를 달리하는 이른바 분할출급을 한다는 특약을 기재한 경우에는 어음법 제33조 제2항(어 77조 1항 2호)에 의하여 그 어음은 무효이다. 그러나 영미법에서는 분할출급(payable by stated installments)을 유효로 인정하고 있고(영 어음법 9조 1항, 미 유통증권법 2조 2호, 3호) 더욱이 오늘날 할부매매가 널리 보급되고 있으므로, 입법론으로서는 우리 어음법에서도 영미법에서와 같이 분할출급을 유효로 하는 개정이 필요하다고 생각된다.

자) 「月初·月中 또는 月終」을 滿期로 한 경우

만기를 「월초·월중 또는 월종」으로 기재한 경우에 관하여, 어음법은 그 의문을 없애기 위하여 「각각 그 달의 1일·15일 또는 말일」을 의미하는 것으로 본다고 하는 해석규정을 두고 있다(어 36조 3항 77조 1항 2호).

차) 發行地와 支給地의 歲曆이 다른 경우

발행지와 지급지의 세력이 다른 경우에 확정일에 지급할 만기의 날은 지급지의 세력에 의하여 정한다(어 37조 1항 77조 1항 2호). 다만 어음의 문언 기타의 기재에 의하여 다른 의사를 알 수 있는 때에는 그에 의하여 만기를 정하다(어 37조 4항 77조 1항 2호).

(3) 發行日字後定期出給

가) 意 義

발행일자후정기출급은 발행일자부터 어음에 기재된 일정한 기간을 경과한 날을 만기로 하는 것이다. 이러한 어음을 발행일자후정기출급어음이라 한다. 발행일자후정기출급은 실질상으로는 확정일출급과 같고, 다만 만기가 직접 확정일로 표시되어 있지 않다는 점이 다를 뿐이다. 발행일자후정기출급은 「발행일자 후 6개월」이라든지 「발행 후 1년」 등으로 표시한다.

나) 期間의 計算

발행일자후정기출급의 기간의 계산은 기간을 월로 정한 경우에는 지급할 달의 대응일을 만기로 하고, 대응일이 없으면 그 달의 말일을 만기로 한다(어 36조 1항 77조 1항 2호). 따라서 예컨대 발행일이 1월 10일이고 발행일자 후 3월 출급의 어음의 만기는 4월 10일이며, 또한 발행일이 3월 31일이고 발행일자후 3월 출급의 어음의 만기는 6월 30일이다.

그러나 발행일자 후 5일과 같이 기간을 일로 정한 경우에는 초일 즉 발행일은 산입하지 않고(어 73조 77조 1항 9호), 익일을 기산일로 하고 그 말일을 만기로 한다. 따라서 예컨대 발행일이 3월 10일이고 발행일자 후 10일 출급의 만기는 3월 20일이다. 기간을 주(週)로 정한 경우에도 기간을 일로 정한 경우와 같다. 이러한 기간 중에 휴일이 있더라도 기간 중의 휴일은 그 기간에 산입된다(어 72조 2항 2문 77조 1항 9호).

또한 발행일자 후 3월 반과 같이 기간을 월과 일로써 정한 경우에는 먼저 월을 계산하고 이에 일을 가산하여 그 말일을 만기로 한다(어 36조 2항 77조 1항 2호). 따라서 예컨대 발행일이 4월 5일이고 발행일자후 1월 반 출급의 어음의 만기는 5월 20일이다.

기간을 년으로 정한 경우에도 기간을 월로 정한 경우와 같다. 그리고 기간의 계산에 있어서 반월은 만 15일을 의미하고(어 36조 5항 77조 1항 2호), 8일 또는 15일은 만 8일 또는 만 15일을 의미한다(어 36조 4항 77조 1항 2호).

발행지와 지급지의 세력이 다른 경우(예 : 발행지에서는 양력을 사용하고 지급지에서는 음력을 사용하는 경우)에는 발행일은 지급지의 세력의 대응일로 환산하여 만기를 정한다(어 37조 2항 77조 1항 2호). 그러나 어음상의 문언 기타의 기재에 의하여 다른 의사를 알 수 있는 경우에는 그에 의하여 만기를 정한다(어 37조 4항 77조 1항 2호).

(4) 一覽出給

가) 意 義

일람출급은 일람의 날 즉 소지인이 지급을 위하여 어음을 제시한 날을 만기로 하는 것이다(어 34조 1항 1문 77조 1항 2호). 이러한 어음을 일람출급어음이라 한다.

일람출급어음은 어음상 소지인이 지급을 위하여 제시한 날을 만기로 한다는 뜻이 명확히 기재되어 있어야 하고, 발행 후에 언제라도 지급을 청구할 수 있는 것을 그 본질로 한다. 일람출급은 보통 「일람한 때에」「제시한 때에」 또는 「청구한 때에」 등으로 기재한다.

나) 一覽提示期間

일람출급어음에 있어서는 만기의 도래가 소지인의 지급제시에 달려 있어 지급제시가 없는 한 어음채무자는 오랫동안 채무를 벗어나지 못하고 구속을 받게 되므로, 어음법은 일람출급어음의 지급제시는 발행일자부터 1년 내에 하여야 하고 다만 발행인은 이 기간을 단축 또는 연장할 수 있으며 배서인은 이를 단축할 수 있다고 규정하고 있다(어 34조 1항 2문 3문, 77조 1항 2호). 발행인이 정한 제시기간은 모든 어음관계자에 대하여 효력이 있으나, 배서인이 정한 제시기간은 그 배서인에 한하여 이를 원용할 수 있다(어 53조 3항 77조 1항 4호).

다) 一覽出給으로 보는 경우

만기는 어음요건이므로 만기의 기재를 결한 어음은 불완전어음으로서 무효로 될 것이나, 가급적 어음이 무효로 되는 것을 방지·구제하기 위하여 만기의 기재가 없는 어음은 일람출급어음으로 본다(어 2조 2항 76조 2항).

(5) 一覽後定期出給

가) 意 義

일람후정기출급은 소지인이 일람을 위하여 어음을 제시한 때부터 어음에 기재된 일정한 기간이 경과한 날을 만기로 하는 것이다. 이러한 어음을 일람후정기출급어음이라 한다.

일람후정기출급은 보통 「일람 후 1개월 출급」이라든지 「제시 후 10일 출급」 등으로 기재한다. 일람후정기출급에 있어서 소지인이 만기를 확정하기 위하여 어음을 제시하는 것은 환어음에 있어서는 인수를 위한 제시이나(어 35조 1항) 약속어음에 있어서는 인수의 제도가 없으므로 단순히 만기를 확정하기 위한 일람의 제시이다(어 78조 2항 1문).

나) 引受 · 一覽을 위한 提示

① 換어음의 引受提示　일람후정기출급의 환어음에 있어서는 인수제시일을 기준으로 그 날부터 어음에 기재된 기간이 경과한 날이 만기로 된다. 다만 그 만기의 기준으로 되는 인수제시일은 ① 인수가 있고 인수의 일자가 기재되어 있는 경우(어 25조 2항 참조)에는 그 인수일자가 기준으로 되고(어 35조 1항), ② 인수가 있었으나 인수일자가 기재되어 있지 않은 경우에는 인수일자거절증서(어 25조 2항 2문)를 작성한 때에는 그 인수일자거절증서의 일자(어 35조 1항)가 또 인수일자거절증서를 작성하지 않은 때에는 인수제시기간의 말일(어 35조 1항)이 기준으로 되며, ③ 인수가 거절된 경우에는 인수거절증서의 일자가 기준으로 된다(어 35조 1항).

② 約束어음의 一覽提示　일람출급의 약속어음에 있어서는 일람제시한 날을 기준으로 그 날부터 어음에 기재된 기간이 경과한 날이 만기로 된다. 다만 만기의 기준으로 되는 일람제시일은 ① 어음에 일람의 뜻과 일자의 기재가 있는 경우에는 그 일람일자가 기준으로 되고(어 78조 2항 2문), ② 발행인이 일람의 뜻과 일자의 기재를 거절한 경우에는 그 거절증서의 일자가 기준으로 되나(어 78조 2항 3문) 이 경우에 거절증서의 작성이 면제되어 있는 때에는 일람제시기간의 말일이 기준으로 된다(어 77조 1항 2호, 35조 2항).

③ 引受 · 一覽의 記載　환어음의 지급인이 인수를 한 때에는 어음에 인수 기타 이와 동일한 의의의 문자와 인수일자를 기재하고 기명날인(서명)하며(어 25조 1항 2문, 2항 1문), 또 약속어음의 발행인이 일람을 한 때에는 어음에 일람의 뜻을 기재하고 일자를 부기하여 기명날인(서명)하는 것이 원칙이다(어 78조 2항 2문). 그러나 환어음의 표면에 지급인의 단순한 기명날인(서명)이 있는 경우에는 이를 지급인의 인수로 보고(어 25조 1항 3문), 또 약속어음의 표면에 발행인으로서의 기명날인(서명) 외에 발행인의 단순한 기명날인(서명)이 있는 경우에는 이를 일람의 기명날인(서명)으로 본다(어 25조 1항 3문 참조).

④ 引受 · 一覽提示期間　일람후정기출급의 환어음의 인수제시와 일람후정기출급의 약속어음의 일람제시는 발행일자로부터 1년 내에 하여야 한다(어 23조 1항 78조 2항 1문).

이러한 일람후정기출급의 인수제시 · 일람제시를 발행인이 절대로 금지할 수는 없으나 일정한 기간 금지하는 것은 무방하다고 본다(어 22조 2항 3항 참조).

### 3. 滿期의 補充

만기는 어음요건이므로 만기의 기재가 없는 어음은 불완전어음으로서 무효로 될 것이나, 가급적 어음이 무효로 되는 것을 방지 · 구제하기 위하여 만기의 기재가 없는 어음은 일람출급어음으로 본다(어 2조 2항 76조 2항). 그러나 이것은 만기의 기재가 전혀 없는 경우와 이와 동시하여야 할 경우에 한하고, 만기로서 부적법한 기재를 한 경우에는 그 어음은 일람출급어음으로 되지 않는다.

그러나 발행인이 후일에 소지인으로 하여금 만기를 보충시킬 의사로 일부러 만기를 기재하지 않고 어음을 발행한 경우에는 그 어음은 만기백지의 백지어음이고 일람출급어음이 아니다. 백지어음(수표)에 관하여서는 후에 상론하기로 한다.

## Ⅵ. 支給地

### 1. 意　義

지급지(place of payment)는 지급을 할 地로서 어음(수표)에 기재된 지이며, 지급장소와 구별된다. 지급장소는 지급지 내에 있어서 지급을 할 장소이다. 지급지는 地라는 말에서 알 수 있는 바와 같이 특정한 지점인 장소가 아니고 어느 정도의 넓이를 가진 구역이다.

현실의 지급은 지급지 내의 지급장소(환어음의 지급인 · 약속어음의 발행인의 영업소나 주소, 수표의 지급인의 영업소)에서 하나, 어음(수표)에 지급장소가 기재되어 있지 않더라도 지급지가 기재되어 있으면 지급장소를 찾을 수 있으므로 어음(수표)법은 어음(수표)요건으로서 지급지의 기재만 요구하고(어 1조 5호 · 75조 4호, 수 1조 4호) 지급장소의 기재를 요구하고 있지 않다.

어음에 있어서 지급지는 만기에 있어서 지급을 할 지를 말하는 것이므로, 어음의 지급제시기간이 경과한 후에 지급을 청구하는 경우에는 지급지의 내외를 불문하고 환어음의 지급인의 영업소 · 주소 또 약속어음의 영업소 · 주소에서 하여야 한다.

### 2. 支給地의 表示方法

어음(수표)법이 어음(수표)요건으로서 지급지의 기재를 요구하는 것은 소지인이 지급장소를 용이하게 탐지할 수 있도록 하기 위한 것이므로, 지급지는 일반적으로 통용되는 것이어야 하고 또 그 지역의 범위가 명확하여야 한다. 따라서 통설은 지급지는 최소 독립의 행정구역(시·군 및 특별시와 광역시의 구)을 의미한다고 한다. 최소 독립의 행정구역보다 넓은 지역 예컨대 道의 기재는 지급장소의 탐지를 곤란하게 하므로 인정될 수 없다. 그러나 최소 독립의 행정구역보다 좁은 지역, 예컨대 특별시나 광역시의 동의 기재는 지급장소의 탐지에 편리하므로 무방하다고 본다.

이와 같이 지급지는 최소 독립의 행정구역으로 기재하는 것이 적당하나 최소 독립의 행정구역이 아니라도 이에 해당하는 구역 예컨대 명동이나 종로 또는 여의도 등으로 기재하여도 무방하다.

지급지로서 번지까지 기재한 경우에는 시·군과 특별시·광역시의 구까지를 지급지로 보아야 할 것이다.

또한 실재하지 않은 지역을 지급지로 기재한 경우에는 어음(수표)상의 권리행사가 불가능하므로 이러한 기재를 한 어음(수표)은 무효라 보아야 할 것이다(통설).

### 3. 支給地의 單一性

지급지는 단일적으로 확정되어야 한다(통설). 지급지의 중첩적 기재를 인정하면 소지인이 단기간 내(어 38조 1항·77조 1항 3호, 수 29조 1항)에 수개의 지급지에서 보전절차를 취해야 하므로 부당하고 또 지급지의 선택적 기재를 인정하면 지급지가 불확정적이어서 부당하므로, 지급지의 중첩적 기재나 선택적 기재는 인정되지 않는다.

### 4. 支給地의 補充

지급지는 어음(수표)요건이므로 지급지의 기재가 없는 어음(수표)은 무효로 될 것이나, 어음(수표)법은 가급적 어음(수표)의 무효를 방지하기 위하여 어음(수표)에 지급지의 기재가 없는 경우에 관하여 구제규정을 두고 있다.

환어음과 수표에 있어서 지급지의 기재가 없거나 위법인 경우에는 지급인의 명칭에 부기한 지를 지급지로 본다(어 2조 3항, 수 2조 2항 1문). 그러나 약속어음에 있어서 지급지의 기재가 없거나 위법인 경우에는 발행지를 지급지로 보고(어 76조 3항) 발행지의 기재도 없는 경우에는 발행인의 명칭에 부기한 지를 지급지로 본다(어 76조 4항).

그러나 지급지의 기재가 없고 위법인 경우에는 지급장소의 기재가 지의 기재를 포함하고 있거나 그 기재에서 지급지를 추지할 수 있으면 그 지를 지급지로 보아야 하며, 따라서 이러한 경우에는 위의 규정이 적용될 여지가 없다.

### 5. 支給地를 표준으로 하는 어음의 分類

(1) 同地어음·異地어음

지급지와 발행지가 동일한 어음을 동지어음이라 하고, 지급지와 발행지가 다른 어음을 이지어음 또는 원거리어음이라 한다. 이것은 연혁상 교회법의 이자금지와 관련한 구별로서 오늘날에는 의미가 없다(정희철 138면).

(2) 同地支給어음·他地支給어음

지급지와 환어음의 지급인(약속어음의 발행인)의 주소지가 동일한 어음을 동지지급어음이라 하고, 지급지와 환어음의 지급인(약속어음의 발행인)의 주소지가 다른 어음을 타지지급어음이라 한다.

타지지급의 환어음에 있어서는 보통 발행인이 제3자방지급문구를 기재하나, 발행인이 기재하지 않은 경우에는 지급인이 인수를 함에 있어 이를 기재할 수 있다(어 27조 1항 1문).

그리고 타지지급어음과 구별하여야 할 것으로서 제3자방지급어음이 있다. 제3자방지급어음에 관하여서는 뒤에서 설명하기로 한다.

## Ⅶ. 受取人

### 1. 意 義

수취인(payee)은 어음의 제1취득자로 또 어음에 지급을 받을 자로 기재된 자이다. 환어음과 약속어음은 수취인이 어음요건으로 되어 있으나(어 1조 6호 75조 5호), 수표는 단기간에 결제되어야 하는 지급증권이므로 수취인이 수표요건으로 되어 있지 않다(수 1조 참조). 법문에는「지급을 받을 자 또는 지급을 받을 자를 지시할 자의 명칭」(어 1조 6호 75조 5호)이라 규정하고 있다.

수취인이 어음요건으로 규정되어 있으므로, 수취인을 기재하지 않은 무기명식 어음은 인정되지 않는다. 또한 수취인 외에 소지인도 권리를 행사할 수 있는 선택무기명식어음(A 또는 소지인에게 지급하여 주십시오)을 인정할 것인가에 관하여 긍정설과 부정설이 대립해 있고, 긍정설은 선택무기명식어음을 지시식어음과 동시하여 그 효력을 인정하여야 한다고 하고(정희철 140면 손주찬 207면) 부정설은 어음법에서는 수표법에서와는 달리 선택무기명식어음이 인정되지 않는다고 한다(최기원 212면, 이기수 72면 채이식 129면, 정찬형 211면).

어음에는 수취인이 어음요건으로 되어 있어(어 1조 6호 75조 5호) 소지인출급식어음이 인정되지 않고 선택무기명식어음은 소지인출급식어음과 같이 취급되므로(수 5조 2항 참조) 선택무기명식어음은 인정되지 않는다고 보는 것이 타당하다(부정설).

### 2. 受取人의 表示方法

수취인의 표시방법은 대체로 후술하는 발행인의 표시방법과 같으나, 다만 수취인은 어음을 수취하고 이에 배서하는 자로서 그 동일성의 인식이 용이하므로 그 표시방법은 발행인의 표시방법보다 비교적 관대하다.

수취인이 자연인인 경우에는 그 성명 외에 상호·통칭·아호·예명·별명 등 수취인의 동일성을 인식할 수 있는 것이면 무방하고, 또 수취인이 법인인 경우에는 법인의 명칭(예 : ○○ 주식회사)만 기재하면 되고 그 대표자의 성명까지 기재할 필요는 없다(대판 1978. 12. 13. 78 다 1573).

어음요건을 갖추고 있는가는 오로지 어음의 기재로부터 형식적으로 판단하면 되므로 수취인은 실재하지 않는 자라도 무방하다. 따라서 수취인으로 기재되어 있는 회사가 실재하지 않더라도 그 어음은 유효하다.

그리고 수인을 수취인으로 기재할 수 있고, 수인의 수취인은 중첩적으로 기재할 수도 있고 선택적으로 기재할 수도 있다. 중첩적으로 기재한 경우에는 그 수인의 수취인이 공동으로 어음소지인으로 되고 공동으로 어음상의 권리를 취득하며 공동으로 어음상의 권리를 행사하여야 하나, 선택적으로 기재한 경우에는 그 중 발행인으로부터 어음의 교부를 받은 자가 어음상의 권리자로 된다.

### 3. 當事者의 資格兼併

#### (1) 發行人과 支給人의 資格兼併

환어음의 발행인은 자신을 지급인으로 하여 어음(자기앞 환어음)을 발행할 수 있으므로(어 3조 2항), 환어음에 있어서는 당연히 발행인과 지급인의 자격겸병이 인정된다. 이는 수표에 있어서도 같다(자기앞 수표)(수 6조 3항).

#### (2) 受取人과 發行人의 資格兼併

환어음에 있어서는 발행인이 자신을 수취인으로 하여 발행할 수 있다(어 3조 1항). 이것을 자기지시어음이라 한다. 원래 동일인 간에는 법률관계가 성립할 수 없는 것이나, 환어음에 있어서는 발행인 자신(특히 타지에 있는 본점이나 지점)이 지급인으로부터 지급을 받고

자 하는 경우 또는 어음의 할인을 받고자 하는 경우 등이 있을 수 있으므로, 당사자의 편의를 고려하여 자기지시어음을 인정한 것이다.

그러나 약속어음에는 환어음의 자기지시어음에 관한 규정(어 3조 1항)이 준용되지 않으므로 자기지시어음이 인정되는가 문제되나, 이를 허용한다고 하여 어음관계의 불안정을 초래하는 것은 아니므로 발행인과 수취인의 자격겸병 즉 자기지시어음을 인정하는 것이 타당하다(최기원 257면, 정동윤 201면, 이철송 221면).

#### (3) 受取人 · 支給人의 資格兼併 및 受取人 · 支給人 · 發行人의 資格兼併

어음관계에 있어서는 동일인이 다른 당사자를 겸하는 것이 일반적으로 인정되고 있고 또 발행인이 지급인을 겸할 수 있는 규정(자기앞 환어음)(어 3조 2항)이나 발행인이 수취인을 겸할 수 있는 규정(자기지시 환어음)(어 3조 1항)은 주의적 규정이므로, 환어음에 있어서 동일인이 수취인과 지급인을 겸하는 것은 물론 동일인이 발행인 · 수취인 및 지급인을 겸하는 것도 당연히 인정된다고 본다(통설).

특히 실제에 있어서 동일인이 한편으로는 지급인의 지위에 있고 다른 한편으로는 타인의 대리인으로서 어음금을 수령할 지위에 있는 경우에는 수취인과 지급인의 자격겸병을 인정할 필요가 있다.

## Ⅷ. 發行地

### 1. 意 義

발행지는 어음(수표)에 어음(수표)이 발행된 지(地)로 기재되어 있는 지이다. 따라서 어음(수표)상의 발행지는 실제로 어음(수표)이 발행된 지와 달라도 무방하다. 그러나 발행지는 실제로 존재하는 지이어야 한다.

어음(수표)에 발행지의 기재가 없는 경우에는 발행인의 명칭에 부기(附記)한 지에서 발행한 것으로 본다(어 2조 4항 · 76조 4항, 수 2조 4항).

### 2. 發行地의 記載

국내어음(수표)에 있어서 발행지는 그 실질적 의의가 그리 크지 아니하여 엄격하게 해석할 필요가 없으므로, 발행지는 최소 독립의 행정구역보다 넓은 지역(예 : 서울 또는 한국)을 기재하거나 그보다 좁은 지역을 기재하여도 준거법의 단일성을 해하지 않는 한 무방하고 또 발행지가 중첩적으로 기재되어도 역시 준거법의 단일성을 해하지 않는 한 무방하다고 본다.

### 3. 發行地의 어음(手票)要件性

#### (1) 序 說

어음(수표)법상 발행지는 어음(수표)요건이고(어 1조 7호·75조 6호, 수 1조 5호), 어음(수표)요건은 반드시 어음(수표)에 기재하여야 하며(어 1조 본문·75조 본문, 수 1조 본문), 이를 결한 때에는 어음(수표)이 무효이다(어 2조 1항 본문·76조 1항 본문, 수 2조 본문).

그러나 국제어음(수표)의 발행지의 기능과 국내어음(수표)의 발행지의 기능이 다르고, 그에 따라 어음(수표)요건성의 요구도 다르다.

#### (2) 國際어음(手票)에 있어서 發行地

국제어음에 있어서 ① 발행지의 세력(歲曆)과 지급지의 세력이 다른 경우에 만기 및 지급제시기간의 결정(지급지의 세력에 의함)(어 37조, 77조 1항 2호), ② 어음(수표)금액이 발행국과 지급국의 동명이가(同名異價)의 통화로 기재되어 있는 경우에 그 지급통화의 추정(지급지의 통화로 추정)(어 41조 4항·77조 1항 3호, 수 36조 4항), ③ 어음(수표)행위의 방식의 준거법의 결정(서명지법)(국제사 53조 1항), ④ 환어음소지인의 그 환어음발행의 원인채권 취득의 준거법의 결정(발행지법)(국제사 55조) 등에 있어서 필요하면, 따라서 국제어음(수표)에 있어서 발행지는 중요한 기능을 가져 어음(수표)요건성이 요구된다.

그러므로 국제어음(수표)에 발행지의 기재가 없으면, 그 어음(수표)은 무효이다.

#### (3) 國內어음(手票)에 있어서 發行地

국내어음(수표)에 있어서 발행지는 단지 ① 약속어음에 지급지 또는 발행인의 주소지가 없는 경우의 보충(발행지를 지급지·발행인의 주소지로 봄)(어 76조 3항), ② 수표에 지급지·지급인의 명칭에 부기한 지가 없는 경우의 보충(발행지를 지급지로 봄)(수 2조 3항) 등에 있어서 필요할 뿐이다. 따라서 국내어음(수표)에 있어서 발행지의 기재는 그 실질적 의의가 그리 크지 않다.

게다가 일반 어음(수표)거래에 있어서 국내어음(수표)은 발행지의 기재가 없어도 완전한 어음(수표)과 같이 발행·유통되고 있고 또 어음교환소·은행 등의 결제과정에서도 발행지의 기재가 없다는 이유로 지급거절하지 않고 완전한 어음(수표)과 같이 취급하고 있다. 따라서 발행지의 기재가 없는 어음(수표)의 발행·유통·결제에 관여한 당사자들의 의사는 완전한 어음(수표)에 의한 것과 같은 유효한 어음(수표)행위를 하려고 하였던 것으로 볼 수 있다(대판 1998. 4. 23. 95 다 36466).

그리고 발행지의 기재가 없다는 이유로 이러한 어음(수표)을 무효로 하면, 발행인이나 배서인 등의 어음(수표)채무자가 발행지의 기재를 누락하여 어음(수표)을 발행 · 배서해 놓고 어음(수표)요건의 흠결을 구실로 그 어음(수표)채무의 이행을 지연시키거나 면탈할 염려가 있다.

그러므로 어음(수표)상의 기재로 보아 국내어음(수표)으로 인정되는 경우에는 그 어음(수표)에 발행지의 기재가 없어도 이를 무효어음(수표)으로 볼 것이 아니다(대판 1998. 4. 23. 95 다 36466). 종전의 대법원 판례는 발행지 기재 흠결의 어음은 어음요건 흠결로 무효라 보았으나(대판 1967. 9. 5. 67 다 1471)(대판 1976. 11 23. 76 다 214)(대판 1985. 8. 13. 85 다카 123)(대판 1988. 8. 9. 86 다카 1858)(대판 1991. 4. 23. 90 다카 7958)(대판 1992. 10. 27. 91 다 24724)(대판 1995. 9. 15. 95 다 23071), 대법원 1998. 4. 23. 판결, 95 다 36466에서 견해를 변경하여 국내어음에 발행지의 기재가 없어도 이는 무효어음이 아니라고 하였다.

**【대법원 1998. 4. 23. 판결, 95 다 36466】**

**1. 사실관계**

A회사가 액면합계 금 2억 2,000만 원의 약속어음 5매를 B에게 발행하였고, B는 이를 $Y_1$에게 배서양도하였고, $Y_1$은 그 중 4매는 $Y_2$에게 나머지 1매는 X에게 각각 배서양도하였으며, 그리고 $Y_2$가 다시 위 4매의 약속어음을 X에게 배서양도하여, X가 위 약속어음 5매의 최종소지인이 되었다.

위 각 약속어음은 부산은행이 교부한 용지로 작성되었고, 지급지는 양산군, 지급장소는 부산은행 양산지점으로 되어 있고, 발행인과 수취인은 국내의 법인 · 자연인이고, 어음금액은 원화로 또 어음문구 등 어음상의 문자는 국한문 혼용으로 표시되어 있었으며 어음표면의 우측상단에 어음교환소의 명칭으로 부산이라 기재되어 있었으나, 발행지의 기재나 발행인의 명칭에 부기한 지가 없었다.

X가 발행지의 기재를 보충하지 않고 지급제시하였던 바 무거래를 이유로 지급거절되어 $Y_1$과 $Y_2$에 대하여 소구권을 행사하였다.

이에 대하여 $Y_1$과 $Y_2$는 X의 지급제시는 위 각 약속어음의 발행지를 보충하지 않은 부적법한 것으로서 X는 $Y_1$과 $Y_2$에 대한 소구권을 상실하였다고 주장하였다.

**2. 판결요지**

(1) 다수의견

이 건에 관하여, 대법원은 「일반의 어음거래에 있어서 발행지가 기재되지 않은 국내어음도 어음요건을 갖춘 완전한 어음과 마찬가지로 당사자 간에 발행 · 양도 등의 유통이 널리 이루어지고 있고, 어음교환소와 은행 등을 통한 결제과정에서도 발행지의 기재가 없다는 이유로 지급 거절됨이 없이 발행지가 기재된 어음과 마찬가지로 취급되고 있음은 관행에 이른 정도이고, 나아가 이러한 점에 비추어 보아 발행지의 기재가 없는 어음의 유통에 관여한 당사자들은 완전한 어음에 의한 것과 같은 유효한 어음행위를 하려고 하였던 것으로 봄이 상당하다.

그렇다면 어음면의 기재 자체로 보아 국내어음으로 인정되는 경우에 있어서는 발행지의 기재는 별다른 의미가 없는 것이고, 발행지의 기재가 없는 어음도 완전한 어음과 마찬가지로 유통 결제되고 있는 거래의 실정 등에 비추어, 그 어음면상 발행지의 기재가 없는 경우라 할지라도 이를 무효의 어음으로 볼 수 없다. 따라서 위 각 어음에 의한 지급제시가 비록 발행지의 기재 없이 이루어졌다고 하더라도 이는 적법하게 지급 제시된 것이라 할 것이다」고 판시하여, 발행지기재 흠결의 어음은 무효가 아니라고 하였다.(수표에 관하여서도 [대법원 1999. 8. 19. 판결, 99 다 23383]은 위와 동일하게 판시하였다).

(2) 소수의견

이 판결의 소수의견은 「어음법은 발행지의 기재가 없는 어음에 관하여 그 효력이 없다고 명문으로 규정하고 있는 한편, 이 명문의 규정에 관하여는 정의의 요청 또는 합헌적인 해석의 요청에 의하여 그 적용 범위를 예외적으로나마 제한하여 해석할 만한 아무런 특별한 사정이 있다고 할 수 없으므로, 다수의견과 같이 위 어음법의 명문규정이 이른바 '국내어음'에는 적용되지 않는다고 하는 것은 법원이 어음법에도 없는 단서 조항 즉 '발행지에 관하여 국내어음의 경우에는 그러하지 아니하다'라는 규정을 신설하는 셈이고, 이는 명문의 규정에 반하는 법형성 내지 법률 수정을 도모하는 것으로서 법원의 법률해석권의 범위를 명백하게 일탈한 것이라는 비난을 면하기 어렵다」고 하여, 반대의견을 제시하였다.

## Ⅸ. 發行日

### 1. 意 義

발행일은 어음(수표)에 어음(수표)이 발행된 날로 기재되어 있는 날이다. 발행일의 기재는 사실의 기록이 아니고 어음(수표)상의 의사표시의 내용으로서, 발행일은 어음(수표)이 사실상 발행된 날과 다를 수도 있다. 따라서 사실상 발행된 날보다 장래의 날을 발행일로 하는 선일자어음(수표)도 있을 수 있고, 또 사실상 발행된 날보다 과거의 날을 발행일로 하는 후일자어음(수표)도 있을 수 있다.

발행일의 기재는 어음(수표)상의 의사표시의 내용이므로, 발행일을 기초로 하는 어음(수표)관계는 취득자의 선의·악의를 불문하고 모두 어음(수표)에 기재된 발행일을 기준으로 결정된다. 그리고 어음(수표)에 발행일의 기재가 있는 경우에는 그 발행일에 어음(수표)이 사실상 발행된 것으로 추정할 수 있을 것이다. 다만 발행인이 무능력자인가 또 발행인의 대리인에게 대리권이 있는가는 사실상 어음(수표)이 발행된 날을 기준으로 결정하여야 하고 어음(수표)에 기재된 발행일을 기준으로 결정할 것이 아니다.

발행일은 발행일자후정기출급어음에 있어서는 만기를 정하는 기준으로 되고, 일람출급어음과 일람후정기출급어음에 있어서는 제시기간(어 34조 1항 2문, 77조 1항 2호, 23조 1항, 78조 2항 2문)을 정하는 기준으로 되며, 또 수표에 있어서도 제시기간을 정하는 기준으로 된다(수 29조 4항).

2. 發行日의 記載

발행일의 기재는 단일적이어야 한다(통설). 수인의 발행인이 있는 경우에는 실제의 각 발행일이 다를 수 있으나, 발행일의 기재는 어음(수표)발행이라는 의사표시의 내용이므로 이 경우에도 발행일은 단일적이어야 한다.

또한 발행일은 실재하는 날로 기재하여야 한다. 발행일을 실재하지 않은 날로 기재한 경우에는 발행일자후정기출급어음에서는 만기를 확정할 수 없고 또 일람출급어음이나 일람후정기출급어음에서는 제시기간을 확정할 수 없으므로, 발행일은 반드시 실재하는 날로 기재하여야 한다.

그리고 만기 후의 날을 발행일로 한 어음은 무효이다. 그러나 발행일과 만기가 동일의 날인 것은 무방하다.

**Ⅹ. 發行人의 記名捺印(署名)**

어음(수표)에는 발행인(drawer)의 기명날인(서명)이 있어야 한다(어 1조 8호·75조 7호, 수 1조 6호). 기명날인(서명)의 의의와 방법에 관하여서는 기술하였으므로, 여기에서는 발행인의 기명날인(서명)의 장소에 관하여 고찰하기로 한다.

발행인의 기명날인(서명)의 장소에 관하여 규정이 없으나, 어음(수표)의 발행에 관한 어음법 제1조(어 75조 수 1조)와 배서에 관한 어음법 제13조(어 77조 1항 수 16조)를 비교해 보건대, 후자는 어음(수표)이나 보전에 배서할 수 있다고 규정하고 있는 데 대하여 전자는 보전이라는 말을 제외하고 있고 또 기본어음(수표)은 확실하고 명백하여야 할 것이므로, 발행인의 기명날인(서명)은 어음(수표) 자체에 하여야 하고 보전이나 등본에 할 수 없다고 본다(통설).

## 제 3 관 어음(手票)要件 외의 記載事項

### 제1. 序 說

어음(수표)요건 외의 기재사항으로는 「유익적기재사항」, 「무익적기재사항」, 「유해적기재사항」이 있다는 것은 전술한 바 있다.

그런데 특히 유익적기재사항은 어음(수표)법에 규정되어 있는 사항 외에 어음(수표)법에 규정되어 있지 않은 사항도 인정할 것인가에 관하여 긍정설과 부정설이 대립해 있다.

긍정설은 어음(수표)의 유통과 어음(수표)관계자의 이익을 해하지 않고 또 합리적이면 어음(수표)법에 유익적기재사항으로 규정되어 있지 않더라도 그 기재사항의 효력을 인정하여야 한다고 하고(정희철 144면, 양승규 262면 정동윤 217면, 정찬형 222면), 부정설은 유통성을 본질로 하는 어음(수표)은 정형성이 있어야 하고 그 내용이 명확하여야 하므로 어음(수표)법에 유익적기재사항으로 규정되어 있지 않은 사항은 어음(수표)에 기재하여도 그 효력을 인정할 수 없다고 한다(최기원 219면, 손주찬 214면, 이철송 230~231면).

생각건대 어음(수표)의 유통과 어음(수표)관계자의 이익을 해하지 않으면 어음(수표)행위자의 의사를 존중하여야 할 것이므로, 어음(수표)법에 규정되어 있지 않더라도 그 기재사항의 효력을 인정하는 것이 타당하다(긍정설). 대법원도 어음법에 규정이 없는 유익적기재사항을 인정하고 있다(대판 1986. 3. 11. 84 다카 2438). 이 외에 무익적기재사항과 유해적기재사항도 법정의 기재사항 외에 법정 외의 기재사항이 있다.

## 제2. 有益的記載事項

### Ⅰ. 法定의 有益的記載事項

#### 1. 換어음·約束어음·手票에 共通的인 有益的記載事項

##### (1) 發行人의 名稱에 부기한 地

환어음·약속어음 및 수표에 있어서 발행지의 기재가 없는 경우에는 발행인의 명칭에 부기한 지를 발행지로 본다(어 2조 4항, 76조 4항, 수 2조 4항).

##### (2) 第3者方支給文句

가) 意 義

원래 환어음·수표의 지급은 지급인이 그 주소·영업소에서 또 약속어음의 지급은 발행인이 그 주소·영업소에서 하는 것이 원칙이나, 지급인·발행인이 그 주소·영업소 외의 장소에서 지급할 수도 있고 또는 제3자에게 위탁하여 제3자로 하여금 그 제3자의 주소·영업소에서 지급하게 할 수도 있다(어 4조·77조 2항, 수 8조). 이와 같이 환어음·수표의 지급인 또는 약속어음의 발행인이 그 주소·영업소 외의 장소에서 지급하기로 하였거나 제3자에게 위탁하여 제3자가 그 제3자의 주소·영업소에서 지급하기로 한 문언을 제3자방지급문구라 한다.

어음(수표)법은 「제3자방에서 지급할 것으로 할 수 있다」(어 4조·77조 2항, 수 8조)고 규정하고 있어 제3자가 그 주소·영업소에서 지급하는 경우만을 의미하는 것 같으나, 이는 이 외에 지급인·발행인이 제3자의 주소·영업소에서 지급하는 경우를 배척하는 것이 아니다.

제3자방은 지급담당자 즉 지급인·발행인에 갈음하여 지급을 할 자와 지급장소 즉 지급할 것으로 특별히 지정된 장소를 일괄하여 말하는 것이다. 이와 같이 지급담당자와 지급장소는 개념상 구별되나, 어음(수표)법은 양자를 제3자방이라 하여 하나의 용어로 포괄하고 있고 또 일반관행에서도 지급장소란에 지급담당자의 명칭을 기재하여 구별하지 않고 사용하고 있다.

이와 같은 제3자방지급문구가 있는 어음(수표)을 제3자방지급어음(수표)이라 한다.

#### 나) 第3者方支給의 必要

지급인(또는 약속어음의 발행인)은 지급지에서 지급하여야 하므로 지급지 내에 주소를 가지지 않는 경우(타지지급 어음·수표)에는 지급지 내에 지급을 할 장소를 기재하여 그 장소에서 지급을 하여야 하고 또 지급지 내에 주소를 가지고 있는 경우(동지지급 어음·수표)에도 지급지 내의 거래은행(제3자)을 지급담당자로 지정하여 자기의 당좌예금에서 지급하게 하는 것이 편리하므로, 어음(수표)에 제3자방지급문구를 기재할 수 있도록 한 것이다.

발행인이 어음을 발행하는 경우에는 거래은행에서 교부하는 통일어음용지를 사용하도록 되어 있고 통일어음용지에는 지급지와 함께 지급장소가 부동문자로 인쇄되어 있으며 거기에 거래은행이 지급담당자로 기재되어 있으므로, 제3자방지급문구는 어음요건은 아니나 오늘날 어음은 대부분 은행을 지급장소로 하는 제3자방지급어음으로 발행되고 있다.

#### 다) 第3者方支給文句의 記載

환어음에 있어서는 발행인이 제3자방지급문구를 기재할 수 있고, 발행인이 기재하지 않은 경우에는 지급인이 인수를 함에 있어 이를 기재할 수 있다(어 27조). 그러나 약속어음과 수표에 있어서는 인수제시가 없으므로 발행인만 기재할 수 있다.

제3자방지급문구는 지급지와 지급인(약속어음의 발행인)의 주소지가 다른 타지지급어음(수표)뿐만 아니라 지급지와 지급인(약속어음의 발행인)의 주소지가 동일한 동지지급어음(수표)에도 기재할 수 있다(어 4조·77조 2항, 수 8조).

지급장소는 지급지 내에서 구체적으로 지급하여야 할 장소이므로 반드시 지급지 내에 있어야 한다. 따라서 지급지 외의 장소를 지급장소로 기재한 경우에는 그 지급장소의 기재는 효력이 없다.

수표에 있어서 제3자방지급문구의 제3자는 은행이어야 한다(수 8조 단서). 은행 외의 자를 제3자로 기재한 경우에는 그 기재만 무효로 된다.

라) 第3者方支給文句의 解釋

제3자방지급문구의 기재가 단순한 지급장소만을 의미하고 제3자를 전혀 고려하고 있지 않는 경우(예 : 한일빌딩 제3구)에는 이것은 지급인(약속어음의 발행인)이 직접 지급을 할 장소를 의미하는 것으로 보아야 하고, 또 제3자방지급문구의 기재가 제3자를 고려한 것으로서 인적 요소를 포함하고 있는 경우(예 : 한일빌딩 제3구 ○○은행 ○○지점)에는 이것은 제3자 즉 지급담당자로 하여금 그 제3자의 주소에서 지급하게 할 것을 의미하는 것으로 보아야 한다.

마) 第3者方支給文句의 記載의 效力

제3자방지급문구가 단순한 지급장소만을 의미하는 경우에는 지급인(또는 약속어음의 발행인) 자신이 그 장소에서 지급을 하여야 하는 것이므로, 소지인은 그 장소에서 지급인(약속어음의 발행인)에 대하여 제시를 하여야 한다. 그러나 제3자방지급문구가 제3자를 고려한 것으로서 인적 요소를 포함하고 있는 경우에는 제3자가 그 주소 또는 영업소(제3자가 상인인 경우)에서 지급한다는 뜻이므로, 제3자의 주소 또는 영업소에서 그 제3자에 대하여 지급제시를 하여야 한다.

또한 거절증서에는 거절자의 명칭을 기재하여야 하는데(거증령 3조 1항 1호), 어음(수표)에 제3자방지급문구로서 단순한 지급장소만 기재되어 있는 경우에는 지급인(약속어음의 발행인)을 거절자로 하여 거절증서를 작성하여야 하고 또 제3자가 기재되어 있는 경우에는 그 제3자를 거절자로 하여 거절증서를 작성하여야 한다.

어음(수표)에 제3자를 지급담당자로 기재하여도 그 제3자는 어음(수표)상의 기명날인자(서명자)가 아니므로 어음(수표)채무를 부담하지 않고, 또 제3자가 지급을 하여도 어음(수표)상의 권리를 취득하지 않는다.

⑶ 背書禁止文句(背書禁止어음·手票)

가) 意 義

어음(수표)은 법률상 당연한 지시증권이므로 어음(수표)이 기명식으로 발행되어도 배서에 의하여 양도할 수 있다(어 11조 1항·77조 1항 1호, 수 14조 1항). 그러나 어음(수표)에 「지시금지」의 문자 또는 이와 동일한 의의의 문언(예 : 「배서금지」라든지 「○○○에 한하여 지급함」)을 기재한 경우에는, 그 어음(수표)은 지명채권양도의 방법에 의하여서만 또는 그 효력으로써만 양도할 수 있다(어 11조 2항·77조 1항 1호, 수 14조 2항).

이러한 「지시금지」의 문자 또는 이와 동일한 의의의 문언을 배서금지문구 또는 지시금지문구라 하고, 이러한 문언이 기재되어 있는 어음(수표)을 배서금지어음(수표) 또는 지시금지어음(수표)이라 한다. 발행인은 언제든지 어음(수표)에 배서금지문구를 기재할 수 있다.

나) 背書禁止文句의 記載方式

배서금지문구는 발행인이 어음(수표)에 「배서금지」 또는 이와 동일한 의의의 문언을 기재하는 방식으로 한다. 배서금지와 동일한 의의의 문언은 예컨대 「○○○에게 한하여 지급함」 등과 같은 문언이다.

다) 背書禁止文句의 記載의 效力

배서금지문구의 기재의 효력에 관하여서는 후에 배서의 효력(360면 참조)에서 상술하기로 하고 여기에서는 간략히 고찰하기로 한다.

① **讓渡方式의 變更** 배서금지어음(수표)도 양도할 수 있으나, 이것은 배서에 의하여 양도할 수 없고 지명채권양도의 방법에 의하여서만 양도할 수 있다(어 11조 2항·77조 1항 1호, 수 14조 2항). 따라서 배서금지어음(수표)은 당사자의 의사표시에 의하여 양도할 수 있고, 어음(수표)채무자에게 대항하기 위하여서는 통지나 승낙 등 대항요건(민 450조)을 갖추어야 한다.

그리고 어음(수표)은 제시증권 내지 상환증권으로서(어 39조·77조 1항 3호, 수 34조) 양수인이 어음(수표)을 교부받지 않으면 어음(수표)상의 권리를 행사할 수 없고 또 양도인이 그 어음(수표)을 2중처분할 염려가 있으므로, 배서금지어음(수표)의 양도에는 당사자간의 의사표시 외에 양수인에게 어음(수표)의 교부가 있어야 한다.

배서금지어음(수표)에 양도배서를 한 경우에 이것은 양도배서의 효력은 없으나 당사자 간에 어음(수표)상의 권리를 양도하는 합의가 있었다는 것을 증명하는 계약증서의 효력은 있다.

**【대법원 1989. 10. 24. 판결, 88 다카 20774】**

**1. 사실관계**

A회사는 1984. 6. 1.에 B회사와의 사이에 메탄올공급계약을 체결하여 메탄올을 공급받아 왔다. A회사가 메탄올 거래로 B회사에 대하여 부담하게 될 대금채무를 담보하기 위하여 B회사에 배서금지문언을 기재한 약속어음을 발행하여 교부하고 신용보증기금이 위 약속어음에 어음보증을 하였다.

그러나 B회사가 1986. 6. 30.에 X회사에 영업을 양도하고 B회사가 위 약속어음에 수취인을 X회사로 변경기재하여 이를 X회사에 교부하였는데, A회사는 이에 동의하였으나 신용보증기금은 이를 승낙하지 않았다.

X회사가 만기에 A회사에 어음금의 지급을 청구하였으나 A회사가 지급하지 못하여, X회사가 신용보증기금에 지급청구를 하였다. 이에 대하여 신용보증기금은 위 약속어음의 양도에 신용보증기금의 승낙이 없었다는 이유로 그 이행을 거절하였다.

**2. 판결요지**

이 건에 관하여, 대법원은 「배서금지의 문언을 기재한 약속어음은 양도성 자체까지 없어지는 것은 아니고, 지명채권의 양도에 관한 방식에 따라서 그리고 그 효력으로써 이를 양도할 수 있는 것인데, 이 경우에는 민법 제450조의 대항요건(통지 또는 승낙)을 구비하는 외에 약속어음을 인도(교부)하여야 하고 지급을 위하여서는 어음을 제시하여야 하며 또 어음금을 지급할 때에는 이를 환수하여야 한다.

배서금지어음상의 권리를 양도함에 있어 어음보증인의 동의를 얻지 않고 수취인의 명의를 변경·기재하였다면 어음보증인에 대한 관계에서는 어음변조에 해당하고 그 어음보증인은 변경·기재된 수취인에 대하여 어음보증의 책임이 없는 것이다.

약속어음의 배서금지는 양도성 자체를 박탈하는 것은 아니므로 다른 의사표시 없이 배서금지의 문언을 기재한 사실만 가지고 당연히 그 어음상의 권리를 지명채권양도의 방법으로 양도하는 것을 금지하는 특약이 포함되어 있다고 보아야 하는 것은 아니다.

약속어음상의 권리를 지명채권의 양도에 관한 방식에 따라 양도함에 있어서는 민법 제450조 제1항 소정의 대항요건을 갖추지 않으면 어음채무자에게 대항할 수 없다고 할 것이다. 그러나 주채무자인 발행인에 대하여 그 대항요건을 갖추었으면 보증인에 대하여 별도의 대항요건(통지, 승낙)을 갖추지 아니하여도 보증채무의 수반성에 의하여 주된 채무자에 대한 채권양도의 효력으로써 보증인에 대하여도 이를 주장할 수 있다」고 판시하여, 어음보증인인 신용보증기금은 변조 후의 수취인 X에게는 어음보증인으로서의 책임을 지지 않으나, 지명채권양도의 대항요건을 갖춘 X에게는 보증채무의 수반성에 의하여 어음보증인으로서의 책임을 진다고 하였다.

② **讓渡의 效力의 變更** 배서금지어음(수표)을 양도한 경우에는 지명채권양도의 효력만 있으므로(어 11조 2항·77조 1항 1호, 수 14조 2항), 배서금지어음(수표)의 양도의 효력은 어음(수표)의 배서에 의한 양도의 효력과는 다르다.

첫째, 배서금지어음(수표)을 양도한 경우에는 지명채권양도의 효력이 있으므로 인적항변의 절단(어 17조·77조 1항 1호, 수 22조)이 인정되지 아니하여 어음(수표)채무자는 양도인에 대하여 가지는 모든 인적항변으로 양수인(선의·악의를 불문하고)에 대하여 대항할 수 있다.

둘째, 배서금지어음(수표)을 양도한 경우에는 지명채권양도의 효력만 있으므로, 양수인은 어음(수표)상의 권리자로서의 형식적 자격이 인정되지 않는다(어 16조 1항·77조 1항 1호, 수 19조 참조). 따라서 배서금지어음(수표)의 양수인이 어음(수표)상의 권리를 행사하는 경우에는 자기가 정당한 권리자임을 입증하여야 한다.

셋째, 배서금지어음(수표)의 양도에는 지명채권양도의 효력 밖에 없으므로, 선의취득(어 16조 2항·77조 1항 1호, 수 21조)이 인정되지 않는다.

넷째, 배서금지어음(수표)의 양도에는 지명채권양도의 효력 밖에 없으므로, 배서인의 담보책임(어 15조 1항·77조 1항 1호, 수 18조 1항)이 생기지 않는다.

⑷ 換算率文句

어음(수표)금액이 외국통화로 기재되어 있는 경우에는 지급지의 통화로 지급할 수 있고(어 41조 1항 1문·77조 1항 3호, 수 36조 1항 1문) 그 환산율은 만기(지급의 날)의 현실의 환산율에 의하나(어 41조 1항 2문·77조 1항 3호, 수 36조 1항 1문), 발행인이 환산율(환산율문구)을 기재한 경우에는 그 환산율에 의한다(어 41조 2항 단서·77조 1항 3호, 수 36조 1항 단서).

⑸ 外國通貨現實支給文句

발행인이 특종의 통화로 지급할 뜻(외국통화현실지급문구)을 기재한 경우에는 그 통화로 지급하여야 한다(어 41조 3항·77조 1항 3호, 수 36조 3항).

⑹ 拒絶證書作成免除文句

소지인이 소구하기 위하여서는 거절증서 즉 환어음의 경우에는 인수거절증서 또는 지급거절증서, 약속어음의 경우에는 지급거절증서, 수표의 경우에는 지급거절증서나 지급인(은행)의 지급거절선언 또는 어음교환소의 지급거절선언을 작성하여야 하나(어 44조·77조 1항 4호, 수 39조), 발행인은 「무비용상환」, 「거절증서불요」 또는 이와 동일한 의의의 문언(거절증서작성면제문구)을 기재하여 거절증서의 작성을 면제할 수 있다

(어 46조 · 77조 1항 4호, 수 42조).

거절증서작성면제문구를 발행인이 기재한 경우에는 그 효력이 모든 소구의무자에게 미치나, 보증인이나 배서인이 기재한 경우에는 그 효력이 기재자에게만 미치고 다른 소구의무자에게는 미치지 않는다(어 46조 3항 1문 · 77조 1항 4호, 수 42조 3항 1문).

## 2. 換어음 · 約束어음에 共通的인 有益的記載事項

### (1) 利子文句

#### 가) 意 義

이자문구는 어음금액에 대하여 일정한 이율에 의한 이자를 붙인다는 뜻의 기재를 말한다. 환어음과 약속어음에는 이자무구의 기재가 인정되나, 수표는 지급증권으로서 그 제시기간이 10일간(수 29조 1항)의 단기간이어서 이자문구의 기재가 필요 없으므로 수표에는 이자문구를 기재하여도 효력이 없다. 물론 수표에 이자문구를 기재하여도 수표 자체의 효력에는 영향이 없다.

#### 나) 利子文句를 기재할 수 있는 어음

이자문구는 모든 어음에 인정되는 것이 아니고 일람출급어음과 일람후정기출급어음에만 인정된다. 따라서 확정일출급어음과 발행일자후정기출급어음에는 이자문구의 기재가 허용되지 않고, 이러한 어음에 이자문구를 기재하여도 효력이 없다(어 5조 1항 77조 2항).

확정일출급어음과 발행일자후정기출급어음에 있어서는 만기가 어음의 발행 당시부터 확정되어 있어 어음의 발행 시에 만기까지의 이자를 산정하여 그 가산한 금액을 어음금액으로 할 수 있으므로 이자문구의 기재를 인정하지 않으나, 일람출급어음과 일람후정기출급어음에 있어서는 언제 어음의 제시를 할 것인지 즉 언제 만기가 도래할 것인지 알 수 없어 어음의 발행 시에 미리 만기까지의 이자를 산정할 수 없으므로 특별히 이자문구의 기재를 인정하고 있는 것이다.

#### 다) 利子文句의 記載方法과 利率

이자문구에는 이자를 붙인다는 뜻과 이율을 기재하여야 한다. 이자문구에 이율을 기재하지 않은 경우에는 이자문구가 무효로 된다(어 5조 2항 77조 2항). 어음에 복수의 상이한 이율이 기재되어 있는 경우에는, 어음법 제6조(어 77조 2항)를 유추 적용하여 문자에 의한 이율과 숫자에 의한 이율의 기재가 있는 때에는 문자에 의한 이율에 의하고 또 문자에 의한 이율 또는 숫자에 의한 이율이 중복하여 기재되어 있는 때에는 최소의 이율에 의한다.

이자의 기산일은 특약이 없으면 어음의 발행 당일이고(어 5조 3항 77조 2항) 그 종기는 만기이다. 만기 이후에는 연 6푼의 이율에 의한 이자가 발생한다(어 48조 1항 2호 77조 1항 4호).

⑵ 支給提示期間變更(短縮·延長)文句

일람출급의 환어음과 약속어음은 발행일자부터 1년 내에 지급제시를 하여야 하나(어 34조 1항 2문 77조 1항 2호), 발행인은 어음에 그 지급제시기간을 단축 또는 연장하는 뜻(지급제시기간단축·연장문구)을 기재할 수 있다(어 34조 1항 3문 77조 1항 2호).

⑶ 引受(一覽)提示期間變更(短縮·延長)文句

일람후정기출급의 환어음은 발행일자부터 1년 내에 인수제시를 하여야 하고(어 23조 1항) 또 일람후정기출급의 약속어음은 발행일자부터 1년 내에 일람제시를 하여야 하나(어 78조 2항 1문), 발행인은 어음에 그 인수제시기간·일람제시기간을 단축 또는 연장하는 뜻(인수·일람제시기간단축·연장문구)을 기재할 수 있다(어 23조 2항, 77조 1항 2호·34조 1항 3문).

⑷ 支給提示一時禁止文句

일람출급의 환어음과 일람출급의 약속어음에 발행인은 일정한 기일 전에는 지급제시를 금하는 뜻(지급제시일시금지문구)을 기재할 수 있다(어 34조 2항 77조 1항 2호). 예컨대 발행인은 일람출급어음에 「발행일자 후 1년 간 지급제시 금지」 또는 「발행일자 후 6개월 내 지급제시 금지」 등의 기재를 할 수 있다.

⑸ 準據歲曆指定文句

어음의 발행지와 지급지에서 세력을 달리하는 경우 예컨대 발행지에서는 양력을 사용하나 지급지에서는 음력을 사용하는 경우에, 만기는 지급지의 세력에 의하여 정하는 것이 원칙이나(어 37조 1항 77조 1항 2호) 발행인이 이와 다른 의사를 기재한 때에는 그 세력에 의하여 만기를 정한다(어 37조 4항 77조 1항 2호). 따라서 발행인이 확정일출급어음을 발행하는 경우에 어음에 만기를 발행지의 세력에 의할 것으로 기재한 때에는, 그 만기는 발행지의 세력에 의하여 결정된다.

⑹ 逆어음發行禁止文句

소지인이 만기에 지급을 받지 못하는 경우에는 배서인에 대하여 소구할 수 있다. 그러나 소구의무자가 원격지에 있는 경우에는 소지인이 어음·거절증서·계산서 등을 송부하고 소구의무자로부터 소구금액을 받기까지에는 상당한 시일이 걸리므로, 소지인은 소구금액에 중개료 · 인지세 등을 가산한 금액을 어음금액으로 하고 소구의무자를 지급인으로 하는 일람출급의 환어음을 발행하여(어 52조 1항 · 2항 77조 1항 4호), 이것을 은행에서 할인을 받으면 본어음에 의하여 소구를 받는 것과 동일한 경제적 효과를 거둘 수 있다. 이 경우에 소지인이 발행하는 환어음을 역어음이라 한다.

그러나 역어음을 발행하면 소구금액이 증대되므로 발행인은 어음에 역어음의 발행을 금지하는 뜻(역어음발행금지문구)을 기재하여, 역어음의 발행을 금지할 수 있다(어 51조 1항 77조 1항 4호).

### 3. 換어음 · 手票에 共通的인 有益的記載事項

#### (1) 支給人의 名稱에 부기한 地

환어음에 지급지의 기재가 없는 경우에는 지급인의 명칭에 부기한 지를 지급지로 보고 또 지급인의 주소지로 본다(어 2조 3항). 수표에 지급지의 기재가 없는 경우에도 지급인의 명칭에 부기한 지를 지급지로 본다(수 2조 2항 1문).

그러나 약속어음에는 지급인이 없어 그 명칭에 부기한 지가 있을 수 없으므로, 지급지의 기재가 없는 경우에는 발행지를 지급지로 본다(어 76조 3항).

#### (2) 複本文句

##### 가) 複本의 意義

복본은 1개의 어음(수표)상의 권리를 표창하는 수통의 어음(수표)이다. 복본제도는 지급인이 있는 환어음과 수표에만 있고, 약속어음에는 없다.

복본은 지급인의 주소지가 소지인의 주소지에서 멀리 떨어져 있는 경우에, 1통은 인수 · 지급을 위하여 지급인에게 송부하고 다른 1통은 유통시키기 위하여서나 어음(수표)의 분실에 대비하기 위하여 발행한다.

##### 나) 複本의 發行

복본의 발행은 소지인이 자기의 직접의 배서인에게 청구하고 그 배서인은 다시 자기의 배서인에게 청구하여 순차로 발행인에게 청구하고, 발행인은 복본을 작성하여 수취인에게 교부하고 수취인과 각 배서인은 순차로 복본에 배서를 再記하여 소지인에게 교부하여야 한다(어 64조 3항).

다) 複本文句의 記載

복본을 발행하는 경우에는 각 복본의 본문 중에 「복본번호」를 붙여야 한다(어 64조 2항 1문, 수 48조 2문). 복본번호를 복본문구라 하며, 이를 기재하지 않은 경우에는 수통의 복본은 각별의 어음(수표)으로 본다(어 64조 2항 2문, 수 48조 3문).

(3) 單一어음(手票) 文句

환어음 · 수표의 발행인은 1통만으로 발행한다는 뜻을 기재할 수 있다(어 64조 3항 1문). 이것을 단일어음(수표)문구 또는 복본불발행문구라 한다. 단일어음(수표)문구를 기재한 경우에는 소지인이 복본발행을 청구할 수 없는 것은 아니고, 자기의 비용으로 청구할 수 있다(어 64조 3항 1문).

4. 換어음에 특유한 有益的記載事項

(1) 引受無擔保文句

환어음의 발행인은 인수와 지급을 담보하나(어 9조 1항), 인수를 담보하지 않는다는 뜻(인수무담보문구)을 기재한 경우에는 그 기재가 유효하다(어 9조 2항 1문).

발행인이 인수무담보문구를 기재한 경우에 그 인수무담보문구는 발행인에게 효력이 있어 그 발행인만 인수담보책임을 면하고 배서인은 그가 인수무담보문구를 기재하지 않은 한 인수담보책임을 면하지 못한다.

(2) 引受提示命令文句

환어음의 발행인 또는 배서인은 인수제시기간을 정하거나 정하지 아니하고 인수제시를 하여야 할 뜻(인수제시명령문구)을 기재할 수 있다(어 22조 1항 4항 본문).

배서인의 인수제시명령(어 22조 4항 본문)은 발행인의 인수제시금지(어 22조 3항)와 모순될 수 없으므로, 발행인이 일정한 기일 전의 인수제시금지의 문언을 기재한 경우에는 배서인은 그 인수제시금지기간이 경과한 후에 인수제시명령문구를 기재할 수 있다.

환어음에 인수제시명령문구가 기재되어 있는 경우에, 소지인은 인수제시기간이 지정되어 있으면 그 기간 내에, 인수제시기간이 지정되어 있지 않으면 만기의 전일까지 인수제시를 하여야 한다.

(3) 引受提示禁止文句

환어음의 발행인은 인수제시를 금지하는 뜻(절대적인수제시금지문구)을 기재하거나(어 22조 2항 본문) 일정한 기일 전의 인수제시를 금지하는 뜻(기한부인수제시금지문구)을 기재할 수 있다(어 22조 3항). 인수제시금지문구는 인수제시명령문구와는 달리 발행인만 기재할 수 있고 배서인은 기재할 수 없다.

인수제시금지문구가 기재되어 있는 경우에 소지인이 그 기재에 위반하여 인수제시를 한 때에는 인수가 거절되어도 인수거절로 인한 소구권을 행사할 수 없다. 인수제시금지문구의 기재는 발행인이 기재하는 것으로서 기본어음의 내용으로 되어 있어 모든 어음행위자에 대하여 효력이 있으므로, 소지인은 모든 소구의무자에 대하여 인수거절로 인한 소구를 할 수 없다.

#### (4) 豫備支給人指定文句

예비지급인은 어음에 미리 참가지급을 할 자로 기재된 자이다. 환어음의 발행인은 예비지급인(예비지급인지정문구)을 기재할 수 있다(어 55조 1항). 약속어음의 발행인은 어음법상으로는 예비지급인을 기재할 수 있으나(어 77조 1항 5호, 55조 1항), 약속어음의 발행인은 환어음의 발행인과는 달리 주된 어음채무자이고 소구의무자가 아니므로 미리 지급거절에 대비하여 예비지급인을 기재할 수 없다.

그러나 환어음·약속어음의 배서인 또는 보증인 등은 어음에 예비지급인을 기재할 수 있다(어 55조 1항 77조 1항 5호).

### 5. 手票에 특유한 有益的記載事項

#### (1) 受取人의 名稱

수표도 어음과 같이 기명식(「위의 금액을 A에게 지급하여 주십시오」)이나 지시식(「위의 금액을 A 또는 그 지시인에게 지급하여 주십시오」)으로 발행할 수 있고(수 14조 1항) 또는 기명식수표에 지시금지문구(「위의 금액을 A에게 지급하여 주십시오」, 「배서를 금함」)를 기재하여 발행할 수 있으므로(수 14조 2항) 수표에 수취인을 기재하면 효력이 있고, 따라서 수표에 있어서 수취인은 어음에서와는 달리 수표요건이 아니고 유익적기재사항이다.

수표는 소지인출급식(「위의 금액을 이 수표의 소지인에게 지급하여 주십시오」)(수 5조 1항 3호)이나 선택무기명식(「위의 금액을 A 또는 이 수표의 소지인에게 지급하여 주십시오」)(수 5조 2항)으로 발행할 수 있고, 수취인의 기재가 없는 무기명식(「위의 금액을 이 수표와 상환하여 지급하여 주십시오」)으로도 발행할 수 있으며 선택무기명식수표와 무기명식수표는 소지인출급식수표로 본다(수 5조 2항·3항).

은행에서 교부받는 통일수표용지에는 「위의 금액을 이 수표와 상환하여 소지인에게 지급하여 주십시오」라 인쇄되어 있으므로, 실제에 있어서 수표는 모두 소지인출급식수표로 발행된다.

(2) 橫　線

횡선은 수표의 표면에 두 줄로 그은 선을 말한다. 이러한 횡선을 그은 수표를 횡선수표라 한다.

횡선에는 횡선 내에 아무 지정을 하지 않았거나 은행 또는 이와 동일한 의의의 문자를 기재한 일반횡선과 횡선 내에 특정 은행의 명칭을 기재한 특정횡선이 있다.

일반횡선수표에 있어서는 지급인(은행)은 지급인의 거래처 또는 다른 은행으로부터 지급제시가 있는 경우에만 지급할 수 있고(수 38조 1항), 특정횡선수표에 있어서는 지급인은 피지정은행(횡선 내에 기재된 은행)으로부터 지급제시가 있는 경우에만 또는 피지정은행이 지급인인 경우에는 지급인의 거래처로부터 지급제시가 있는 경우에만 지급할 수 있다(수 38조 2항 본문).

### Ⅱ. 法定 외의 有益的記載事項

법정 외의 유익적기재사항으로는 ① 어음(수표)채권에 담보를 설정하였다는 기재, ② 보증인의 책임을 일정한 어음(수표)금액에 한정한다는 기재 등이다.

## 제3. 無益的記載事項

### Ⅰ. 法定의 無益的記載事項

#### 1. 指示文句

어음(수표)은 법률상 당연한 지시증권으로서 지시문구(배서에 의하여 양도할 수 있다는 뜻의 문언)를 기재하지 않아도 배서에 의하여 양도할 수 있으므로(어 11조 1항 · 77조 1항 1호, 수 14조 1항), 발행인이 어음(수표)에 지시문구를 기재하여도 이는 특별한 효력이 있는 것이 아니다.

#### 2. 相換文句

어음(수표)은 상환증권으로서 어음(수표)채무자는 어음(수표)과 상환하지 않으면 어음(수표)금액을 지급할 필요가 없으므로(어 39조 1항 · 77조 1항 3호, 수 34조 1항), 발행인이 어음(수표)에 상환문구(어음금액은 어음과 상환하여 지급한다는 뜻의 문언)를 기재하여도 이는 특별한 효력이 있는 것이 아니다.

#### 3. 委託어음(手票)文句

어음(수표)의 발행인이 타인(위탁자)의 위탁에 의하여 타인의 계산으로 어음(수표)(위탁어음 · 위탁수표)을 발행하는 경우에 이는 실질관계상의 문제이므로, 어음

(수표)에 위탁어음(수표)문구(「위의 금액을 갑의 자금에서 지급하여 주십시오」)를 기재하여도 그 기재는 어음(수표)상의 효력이 없다.

### 4. 換어음과 手票의 支給無擔保文句

환어음에 있어서 발행인이 기재한 「인수무담보문구」(인수를 담보하지 않는다는 뜻의 문언)는 유익적기재사항이다(어 9조 2항 1문). 그러나 환어음과 수표에 있어서 발행인이 기재한 「지급무담보문구」(지급을 담보하지 않는다는 뜻의 문언)는 기재하여도 그 기재는 어음(수표)상의 효력이 없다(어 9조 2항 2문, 수 12조 2문).

### 5. 確定日出給어음·發行日字後定期出給어음에 있어서 利子文句

일람출급어음과 일람후정기출급어음에는 이자문구를 기재할 수 있으나, 확정일출급어음과 발행일자후정기출급어음에는 이자문구를 기재할 수 없다. 따라서 확정일출급어음과 발행일자후정기출급어음에는 이자문구를 기재한 경우에 그 이자문구의 기재는 어음상의 효력이 없다.

### 6. 一覽出給어음·一覽後定期出給어음에 있어서 利率 없는 利子文句

일람출급어음과 일람후정기출급어음에 이자문구를 기재하는 경우에, 이자문구에는 「이자를 붙인다는 뜻의 약정」과 「이율」을 기재하여야 한다(어 5조 1항 1문 2항, 77조 2항). 이자문구에 이자약정의 기재만 있고 이율의 기재가 없는 경우에는 그 이자문구의 기재는 어음상의 효력이 없다.

## Ⅱ. 法定 외의 無益的記載事項

### 1. 對價文句

발행인이 어음(수표)을 발행하는 경우에 어음(수표)에 대가를 취득하였다는 뜻(대가문구)을 기재하여도 그 기재는 어음(수표)상 아무 의미가 없다.

### 2. 違約金文句

어음(수표)에 어음(수표)금액의 지급을 지체한 경우에는 일정한 손해금을 지급한다는 뜻(위약금문구)을 기재하여도, 그 기재는 어음(수표)상의 효력이 없다.

### 3. 管轄法院合意文句

어음(수표)에 예컨대 「이 건에 관한 재판관할은 이 건 채권자의 주소지를 관할하는 법원으로 한다」는 뜻(관할법원합의문구)을 기재하여도, 그 기재는 어음(수표)상의 효력이 없다.

4. 어음改書文句

어음에 만기에 어음을 개서한다는 뜻(어음개서문구)을 기재하여도, 그 기재는 어음상의 효력이 없다.

## 제4. 有害的記載事項

### Ⅰ. 法定의 有害的記載事項

1. 法定의 滿期와 다른 滿期의 記載

환어음·약속어음에 있어서 법정의 만기(어 33조 1항, 77조 1항 2호)와 다른 만기를 기재한 경우에 그 어음은 무효이다(어 33조 2항, 77조 1항 2호).

2. 分割出給

환어음·약속어음에 어음금액을 분할하여 각별로 만기를 정하는 뜻(분할출급문구)을 기재한 경우에, 그 어음은 무효이다(어 33조 2항, 77조 1항 2호).

### Ⅱ. 法定 외의 有害的記載事項

환어음과 수표의 발행인은 소구의무자이므로 그 발행인이 기재한 지급무담보문구는 무익적기재사항이다. 그러나 약속어음의 발행인은 주된 어음채무자이므로 그 발행인이 약속어음에 지급무담보문구를 기재한 경우에는 약속어음의 본질에 반하며, 따라서 이 경우의 약속어음은 무효이다.

또한 어음(수표)상의 권리를 원인관계에 관련시키는 기재, 지급에 조건을 붙이는 기재, 지급을 반대급부에 관련시키는 기재 등은 어음(수표)의 단순성을 해하여 어음(수표)의 본질에 반하므로, 이러한 사항을 기재한 어음(수표)은 무효이다.

# 제 3 절 白地어음(手票)

## 제1. 意 義

백지어음(수표)(inchoate instruments)은 어음(수표)요건의 전부 또는 일부를 기재하지 않은 서면에 기명날인(서명)하여 그 기재하지 않은 어음(수표)요건을 후일에 그 취득자로 하여금 보충시킬 의사로 교부한 미완성어음(수표)이다.

예컨대 A가 B로부터 장래 매입할 상품대금의 1년간의 합계액을 연말에 지급하기 위하여 어음을 발행하는 경우에, A(발행인)는 어음에 다른 어음요건은 모두 기재하고 다만 어음금액만을 기재하지 않고 이에 기명날인(서명)하여 그 어음을 B(수취인)에게 교부할 수 있다. 이 경우에 A는 연말에 B로 하여금 어음금액을 보충시킬 의사로 어음에 어음금액을 기재하지 않고 어음을 발행한 것이므로, 그 어음은 백지어음이다.

백지어음(수표)은 어음(수표)요건을 결하여 불완전어음(수표)이라는 점에서는 무효어음(수표)과 같다. 그러나 백지어음(수표)은 어음(수표)요건을 후일에 어음(수표)취득자로 하여금 보충시킬 의사로 기재하지 않은 미완성어음(수표)인 데 대하여 무효어음(수표)은 어음(수표)요건을 결한 채 완성된 어음(수표)이라는 점에서 다르다. 즉 백지어음(수표)은 불완전미완성어음(수표)이나, 무효어음(수표)은 불완전완성어음(수표)이고 유효어음(수표)은 완전완성어음(수표)이다.

### 제2. 白地어음(手票)의 認定理由

형식을 중요시하는 어음(수표)법에서 특별히 백지어음(수표)이라는 제도를 인정하는 것은 어음(수표)의 원인관계상의 사정으로 어음(수표)의 교부 시에 어음(수표)금액·만기·수취인 등이 확정되지 아니하여 후일에 이것을 보충하게 하는 것이 편리한 경우가 있기 때문이다.

예컨대 매매대금이 아직 결정되지 않은 경우라든지 신원보증계약에서 장래 발생할지 모르는 손해배상을 담보하는 경우 등과 같이 원인관계상 채무의 금액이나 변제기가 아직 결정되지 않은 경우에는, 어음금액이나 만기 등을 기재하지 않은 백지어음을 교부하였다가 장래 그것이 결정될 때에 어음소지인으로 하여금 그 백지를 보충하게 하기 위하여 백지어음을 발행한다. 또한 금융업자로부터 할인을 받기 위하여 주선업자에게 어음을 교부하는 경우에도, 발행인이 미리 금융업자를 알 수 없으므로 수취인을 기재하지 않은 백지어음을 주선업자에게 교부하였다가 후일 할인금융업자가 확정된 때에 그 할인금융업자로 하여금 그 백지를 보충하게 하기 위하여 백지어음을 발행하기도 한다.

이와 같이 백지어음(수표)을 인정하는 것은 주로 실제상의 필요에 의한 것이나, 또한 어음(수표)요건 중 기명날인(서명) 외의 요건은 어음(수표)행위자가 어음(수표)행위를 할 때에 반드시 기재하여야 하는 것은 아니고 후일에 타인으로 하여금 기재하게 하여도 무방하므로, 백지어음(수표)을 인정하는 것이 결코 어음(수표)의 본질에 반하는 것이 아니기 때문이다.

그리하여 종래 백지어음(수표)이 상관습법으로 존재하던 것을 어음(수표)법은 이를 입법화하여 1개의 규정(어 10조·77조 2항, 수 13조)을 두고 있다. 그러나 이 규정은 백지보충권의 남용에 관한 규정으로서, 그 외의 문제는 학설·판례에 의할 수 밖에 없다.

## 제3. 白地어음(手票)의 種類

### Ⅰ. 어음(手票)行爲에 기한 區分

어음(수표)행위의 종류에 따라 백지발행, 백지인수, 백지배서(백지배서는 백지식배서 즉 피배서인을 기재하지 않은 배서와 구별하여야 한다), 백지보증 등이 있다. 백지발행은 발행인이 어음(수표)요건이 구비되어 있지 않은 어음(수표)에 기명날인(서명)하여 어음(수표)을 발행하는 경우이고, 백지인수·백지배서·백지보증은 인수인·배서인·보증인 등이 기존의 백지어음(수표)에 기명날인(서명)하거나 발행인의 기명날인(서명)이 없는(발행 전의) 어음(수표)에 기명날인(서명)하여 인수·배서·보증을 하는 경우이다.

원래 부속적 어음(수표)행위는 기본어음(수표)을 전제로 하여 그 위에 이루어지는 것이나, 이것은 이론상 부속적 어음(수표)행위가 기본어음(수표)을 전제로 한다는 것으로서 시간적 관계에 있어서 반드시 먼저 기본어음(수표)이 완성되고 그 후에 어음(수표)행위를 하여야 한다는 것은 아니다. 그리고 어음법 제10조(수 13조)에서 백지어음(수표)을 「미완성으로 발행한 어음(수표)」이라 규정하고 있어 백지어음(수표)은 백지발행의 경우만을 의미하는 것 같으나, 이것은 백지어음(수표)이 보통 백지발행으로 행하여지는 것에 착안하여 규정한 것이고 백지발행 외의 백지어음(수표)행위를 부정한 것이 아니다.

### Ⅱ. 欠缺要件에 기한 區分

흠결요건의 종류에 따라 어음(수표)금액백지, 수취인백지, 만기백지, 발행일백지, 발행지백지, 어음(수표)문구백지, 지급위탁백지, 지급약속백지 등이 있을 수 있고, 또 어음(수표)요건 전부의 백지도 있을 수 있다.

그러나 오늘날 어음(수표)거래는 통일어음(수표)용지를 사용하고 있고 통일어음(수표)용지에 환어음 · 약속어음 · 수표문구, 지급위탁 · 지급약속문구 등이 부동문자로 인쇄되어 있으며 또한 지급지, 발행지 등은 고무인으로 날인되어 있으므로, 실제에 있어서 백지어음(수표)은 어음(수표)금액, 만기, 수취인, 발행일 등이 백지인 것이 보통이다. 게다가 수취인이나 확정일출급어음의 발행일이 백지인 백지어음에 대하여서는 지급은행에서 결제하는 상관습이 있다(어음교환소규약에서 형식불비로 취급하고 있지 않다)(수취인과 확정일출급어음의 발행일도 어음요건으로서 이를 결한 경우에는 백지어음이므로, 이를 보충하지 않고 제시한 때에는 소구권이 발생하지 않음).

### Ⅲ. 要件欠缺의 程度에 기한 區分

백지어음(수표)에 있어서 어음(수표)요건의 흠결은 해당 요건의 전부를 결하는 경우가 보통이나, 그 요건의 일부만을 결하는 경우도 있다. 예컨대 발행인이 어음(수표)금액의 만 단위까지만 기재하고 천 단위 이하는 수취인으로 하여금 이자를 계산하여 보충하게 할 의사로 기재하지 않거나 만기를 2004년까지만 기재하고 월일은 수취인으로 하여금 보충하게 할 의사로 기재하지 않는 경우도 있다.

## 제4. 白地어음(手票)의 成立要件

### Ⅰ. 序 說

백지어음(수표)이 성립하기 위하여서는, ① 어음(수표)요건의 전부 또는 일부의 흠결이 있어야 하고, ② 어음(수표)행위자의 누군가가 기명날인(서명)을 하여야 하고, ③ 장래 취득자로 하여금 그 흠결된 어음(수표)요건을 보충시킬 의사 즉 백지보충권수여의 의사가 있어야 하고, ④ 어음(수표)요건이 흠결인 채 유통되어야 한다.

### Ⅱ. 어음(手票)要件의 全部 또는 一部의 欠缺

백지어음(수표)이 성립하기 위하여는 어음(수표)요건의 흠결이 있어야 한다. 어음(수표)요건 흠결의 정도에 관하여는 제한이 없으므로 어음(수표)요건의 일부를 결한 경우에는 물론 어음(수표)요건의 전부를 결한 경우에도 백지어음(수표)으로 된다. 따라서 환어음문구(어 1조 1호), 약속어음문구(어 75조 1호), 수표문구(수 1조 1호), 지급위탁문구(어 1조 2호, 수 1조 2호) 또는 지급약속문구(어 75조 2호)의 기재를 결한 경우에도 백지어음(수표)으로 된다.

## Ⅲ. 어음(手票)行爲者의 記名捺印(署名)

백지어음(수표)에 있어서는 후일 어음(수표)요건이 보충될 때에 기명날인자(서명자)가 어음(수표)상의 책임을 지므로 백지어음(수표)이 성립하기 위하여서는 누군가의 기명날인(서명)이 있어야 한다. 여기에 있어서 기명날인(서명)은 실제상으로는 발행인의 기명날인(서명)인 경우가 많겠으나, 이론상으로는 이 외에 다른 어음(수표)행위자의 기명날인(서명)도 무방하다. 따라서 발행인의 기명날인(서명)이 없고 인수인 · 배서인 또는 보증인의 기명날인(서명)만 있는 백지어음(수표)도 있을 수 있다.

날인만 있고 기명을 하지 않은 채 어음(수표)을 교부한 경우에는 소지인에게 기명의 보충권을 부여한 것으로 보아, 소지인이 그 기명을 보충한 때에 백지어음(수표)이 성립되는 것으로 보아야 할 것이다.

## Ⅳ. 白地補充權의 授與

### 1. 序　說

백지어음(수표)이 성립하기 위하여서는 백지어음(수표)행위자가 장래 어음(수표)취득자로 하여금 흠결의 어음(수표)요건을 보충시킬 의사 즉 백지보충권수여의 의사가 있어야 한다.

어음(수표)요건이 흠결되어 있는 경우에 이것이 무효어음(수표)인지 백지어음(수표)인지 판단하기 곤란하여 문제되고, 또 흠결된 어음(수표)요건을 다른 기재에 의하여 구제할 수 있는 경우(어 2조 2항 내지 4항 · 76조 2항 내지 4항, 수 2조 2항 내지 4항)에 요건흠결의 어음(수표)으로서 다른 기재에 의한 구재를 인정할 것인지 또는 백지어음(수표)으로서 어음(수표)요건의 보충을 인정할 것인지 문제된다.

이러한 경우에 무엇을 기준으로 백지어음(수표)인가 무효어음(수표)인가를 결정할 것인가 즉 무엇을 기준으로 백지보충권(보충권)의 존부를 결정할 것인가에 관하여 주관설 · 객관설 및 절충설 등의 학설이 대립해 있다.

### 2. 學　說

#### (1) 主觀說

주관설은 무효어음(수표)과 백지어음(수표)은 객관적인 외형이 동일하므로 양자는 객관적인 외형에 의하여서보다 당사자의 주관적인 의사에 의하여 구별할 수 밖에 없고, 또 어음법 제10조(수 13조)의 「미리 한 합의」는 보충권의 내용이 구체적으로 미리 합의된 것을 말하는 것이므로 구체적인 보충권수여계약이 있으면 백지어음(수표)이고 그렇지 않으면 무효어음(수표)으로 보아야 한다고 한다(박원선 493면; 김태주, 무애 서돈각박사 정년기념 논문집, 416면 이하). 그리고 보충권수여계약은 명시적으로 뿐만 아니라 묵시적 합의로도 가능하고, 이는 위임계약의 일종이라 한다.

(2) 客觀說

객관설은 기명날인자(서명자)의 주관적 의사의 여하를 불문하고 어음(수표)의 외관상 백지보충이 예정되어 있는 어음(수표)은 백지어음(수표)이고, 그렇지 않은 어음(수표)은 무효어음(수표)이라 한다(升本喜兵衛, 有價證券法, 134頁).

객관설에 의하면 부동문자로 인쇄된 어음(수표)용지의 어음(수표)요건 난에 어느 것을 백지로 하여 기명날인(서명)한 경우에는 기명날인자(서명자)의 의사의 여하를 불문하고 백지보충이 예정되어 있는 어음(수표)으로 보아 백지어음(수표)이라 한다.

(3) 折衷說

절충설은 백지어음(수표)이 성립하기 위하여서는 기본적으로 백지보충권수여의 의사가 있어야 한다고 보나, 이는 다시 취득자보호와 관련하여 인적항변설·권리외관설 및 추정설 등으로 학설이 나뉘어 있다.

인적항변설은 백지보충권은 백지어음(수표) 외에 존재하는 인적항변사유에 불과하므로, 기명날인자(서명자)는 선의·무중과실의 취득자에 대하여 무효어음(수표)이라는 항변으로 대항할 수 없다고 한다(서돈각 166면 손주찬 226면).

또한 권리외관설은 백지어음(수표)으로 볼 수 있는 외관이 존재하고 기명날인자(서명자)에게 외관에 대한 귀책사유가 있으며 취득자가 이를 신뢰하였으면, 권리외관이론에 의하여 기명날인자(서명자)가 어음(수표)상의 책임을 진다고 한다(최기원 228면 양승규 276면).

그리고 추정설은 서면의 외관상 흠결된 기재의 보충이 예정되어 있는 경우에는 백지어음(수표)으로 추정되고, 기명날인자(서명자)는 무효어음(수표)이라 주장하기 위하여는 백지보충권을 수여하지 않았다는 것을 증명하여야 한다고 한다(정희철 154면 정찬형 134면).

**【대법원 1967. 2. 28. 판결, 66 마 2351】**

통일용지에 만기를 기재하지 않은 경우에 관하여, 대법원은 「지급기일을 공백으로 하여 약속어음을 발행한 경우에는 다른 특별한 사정이 없는 한 백지어음으로 보아야 하며(일람출급의 약속어음으로 보지 않는다는 것), 또 발행인이 수취인 또는 그 소지인으로 하여금 백지부분을 보충케 하려는 의사로 발행하였는가의 점에 관하여서는 발행인이 백지보충권을 수여할 의사로 발행한 것이 아니라는 것(백지어음이 아니고 불완전어음으로서 무효어음이라는 것)에 관하여 입증할 책임이 있다」고 판시하여, 절충설 중에서 추정설을 취하였다.

이 외에도 추정설을 취한 판례로는(대판 1966. 10. 11. 66 다 1646)(대판 1976. 3. 9. 75 다 984)(대판 1984. 5. 22. 83 다카 1585) 등이 있다.

### 3. 檢 討

주관설에 의하면 취득자가 백지어음(수표)이라 주장하기 위하여서는 백지어음(수표) 외에 존재하는 보충권수여의 사실을 증명하여야 하는데, 이것은 사실상 증명하기가 곤란하여 어음(수표)거래의 안전을 해하므로 부당하다.

또한 객관설에 의하면 어음(수표)거래의 안전은 보호되나, 단순한 백지에 기명날인(서명)한 경우에는 기명날인자(서명자)의 주관적 의사가 보충권을 수여하였더라도 서면의 외관상 보충권이 예정되어 있지 아니하여 무효어음(수표)으로 되는데, 이것은 백지어음(수표)제도의 본래의 취지에 반할 뿐만 아니라 보충권의 수여를 신뢰한 취득자를 해하게 되므로 부당하다.

절충설 중의 인적항변설은 기명날인자(서명자)는 선의·무중과실의 취득자에 대하여 무효어음(수표)이라는 항변으로 대항할 수 없다고 하나, 인적항변에 있어서 선의자보호(인적항변의 절단)(어 17조·77조 1항 1호, 수 22조)의 주관적 요건은 「선의·무중과실」이 아니고 「채권자를 해할 것을 알지 못하여야」 하는데, 이 학설에서는 아무 근거 없이 선의·무중과실을 요구하고 있으므로 부당하다.

그리고 권리외관설은 취득자가 경과실인 경우에는 책임을 지는지 분명하지 않다.

생각건대, 백지어음(수표)은 기명날인자(서명자)가 보충권수여의 의사가 있는 어음(수표)이므로, 요건흠결의 어음(수표)이 무효어음(수표)인가 백지어음(수표)인가는 기명날인자(서명자)의 보충권수여의사의 유무에 관한 증명책임의 문제로 귀결된다. 그러므로 서면의 외관상 흠결된 어음(수표)요건의 보충이 예기되는 것으로 인정되는 경우에는 백지어음(수표)으로 추정된다고 보는 것이 타당하다(절충설,

추정설). 즉 부동문자로 인쇄된 어음(수표)용지에 어음(수표)요건의 기재를 백지로 하고 기명날인(서명)한 경우에는 백지어음(수표)으로 추정되고, 따라서 기명날인자(서명자)가 그 책임을 면하려면 보충권을 수여하지 않았다는 사실을 증명하여야 한다. 또한 단순한 백지에 어음(수표)요건의 기재 없이 기명날인(서명)한 경우에는 무효어음(수표)으로 추정되고, 따라서 그 어음(수표)이 백지어음(수표)이라 주장하는 자가 기명날인자(서명자)의 보충권수여의 사실을 증명하여야 한다. 백지어음(수표)이라 주장하는 자가 백지어음(수표)임을 증명하지 못하여도 즉 기명날인자(서명자)의 보충권수여의 사실을 증명하지 못하여도 취득자가 선의·무중과실인 경우에는 기명날인자(서명자)는 그 취득자에 대하여 무효어음(수표)이라는 항변으로 대항하지 못한다.

### V. 要件欠缺인 채 流通

백지어음(수표)의 성립에는 원칙적으로 어음(수표)의 성립에 관한 법칙이 적용되므로, 백지어음(수표)이 성립하기 위하여서는 어음(수표)이론에 관한 교부계약설이나 발행설에 의하는 한 백지어음(수표)행위자가 백지어음(수표)을 교부하여야 한다.

다만 백지어음(수표)행위 후 교부흠결인 채 백지어음(수표)이 행위자의 의사에 반하여 유통되고 있는 경우에는, 권리외관이론에 의하여 행위자는 선의의 취득자에 대한 관계에서는 백지어음(수표)행위에 의하여 외관을 작출함으로써 제3자의 신뢰를 생기게 하였으므로 그 책임을 진다.

## 제5. 白地어음(手票)의 法的 性質

### I. 특수한 有價證券

#### (1) 學 說

백지어음(수표)의 법적 성질에 관하여는 어음(수표)설과 특수유가증권설이 대립해 있다. 어음(수표)설은 어음(수표)법(어 10조·77조 2항, 수 13조)에서 명문으로 백지어음(수표)에 관한 규정을 두고 있으므로 백지어음(수표)도 어음(수표)의 일종으로 보아야 하고, 따라서 백지어음(수표)에는 어음(수표)법의 규정이 당연히 적용된다고 한다(박상조, "백지어음", 고시계 1977년 8월호, 74면). 그러나 특수유가증권설은 백지어음(수표)은 백지보충권과 그 보충권을 행사하면 완전한 어음(수표)으로 될 수 있는 기대권이 표창되어 있는 특수한 유가증권이라 한다(통설).

(2) 檢 討

어음(수표)설은 어음(수표)법에서 백지어음(수표)에 관한 규정을 두고 있으므로 백지어음(수표)도 어음으로 보아야 한다고 하나 이것만으로는 그 근거가 될 수 없고, 또 백지어음(수표)은 불완전미완성어음(수표)으로서 완전완성어음(수표)인 유효어음(수표)과 다르므로 어음(수표)이라 볼 수 없는 것이다. 그러므로 백지어음(수표)은 어음(수표)의 일종이라 볼 수 없고, 이는 특수한 유가증권이라 보는 것이 타당하다(특수유가증권설).

## Ⅱ. 白地어음(手票)에 表彰되는 權利

### 1. 表彰되는 權利의 內容

백지어음(수표)은 백지보충을 정지조건으로 하는 어음(수표)금지급청구권 즉 일종의 기대권과 백지보충권을 표창하는 유가증권이다. 여기에서 정지조건부 어음(수표)금지급청구권은 어음(수표)금지급청구권에 정지조건이 붙어 있을 따름이나, 백지보충권은 백지어음(수표)에 특유한 권리이다.

### 2. 白地補充權

(1) 意 義

백지보충권은 취득자가 흠결된 어음(수표)요건을 보충하여 어음(수표)을 완성시킬 수 있는 권리이다.

(2) 補充權의 法的 性質

가) 學 說

보충권의 법적 성질에 관하여 형성권설·대리권설 및 특수권한설 등의 학설이 대립해 있다. 형성권설은 보충권이 권리자의 일방적 행사에 의하여 효력이 생기므로 일종의 형성권이라 하고(통설), 대리권설은 보충권행사의 효과가 타인 간에 발생하므로 보충권은 일종의 대리권(Vollmacht)이라 하고(Tuhr, Festschrift für Laband, S. 92 ff.), 또 특수권한설은 授權의 개념에는 의무의 요소가 없는 데도 보충권자는 보충권수여계약의 범위 내에서만 보충할 의무를 지므로 보충권은 통상의 권한과 다른 특수한 권한이라 한다(정동윤 231면).

나) 檢 討

대리권설은 보충권을 대리권이라 하나, 보충권이 일단 유효하게 부여되면 백지어음(수표)행위자가 사망하여도 소멸되지 않고(민 127조 1호 참조) 또 백지어음(수표)을 회수하지 않는 한 백지어음(수표)행위자의 일방적인 의사에 의하여 이를 철회할 수 없으므로(민 128조 2문 참조) 보충권을 대리권이라 보는 것은 부당하다. 또한 특수권한설은 보충권을 특수한 권한이라 하나, 특수한 권한의 실체가 무엇인지 애매하여 여전히 의문이 남는다.

생각건대 보충권은 백지어음(수표)의 소지인이 일방적 행위에 의하여 백지어음(수표)을 완전한 어음(수표)으로 완성하여 백지어음(수표)행위자의 의무를 발생하게 하는 권리이므로 형성권이라 보는 것이 타당하다(형성권설).

(3) 補充權의 發生

가) 學 說

보충권발생의 법률구성에 관하여 어음(수표)외계약설과 백지어음(수표)행위설이 대립해 있다. 어음(수표)외계약설은 보충권은 백지어음(수표)행위자와 그 상대방 간의 어음(수표)관계 외의 일반사법상의 계약에 의하여 발생하여 어음(수표)에 부착되어 있는 것이라 하고(통설), 또 백지어음(수표)행위설은 보충권이 백지어음(수표)행위자의 백지어음(수표)의 작성과 교부에 의하여 발생하여 수취인에게 수여되는 것이라 한다(서정갑 149면).

나) 檢 討

어음(수표)외계약설은 어음(수표)관계 외의 보충권이 백지어음(수표)에 부착되어 있다고 하는데, 어음(수표)관계 외의 보충권이 언제 또 어떻게 백지어음(수표)에 부착되는지를 설명하고 있지 않다.

생각건대 보충권이 어음(수표)관계 외에서 당사자 간의 계약에 의하여 수여되는 것은 분명하나, 이것은 백지어음(수표)의 계약 또는 원인관계이고 이것과 백지어음(수표)에 표창되어 있는 보충권은 별개의 것이다. 백지어음(수표)에 표창되어 있는 정지조건부 어음(수표)금지급청구권과 보충권은 백지어음(수표)행위 즉 백지어음(수표)의 작성과 교부에 의하여 불가분적으로 발생한다고 보는 것이 타당하다(백지어음행위설).

## 제6. 白地어음(手票)의 流通

### Ⅰ. 序 說

백지어음(수표)은 어음(수표)요건이 흠결되어 있어 어음(수표)이라 할 수 없으므로 어음(수표)법상의 어음(수표)의 양도방법에 의하여 양도할 수 없는 것이나, 이것은 관습법에 의하여 어음(수표)의 양도방법과 동일한 양도방법에 의하여 양도할 수 있다.

### Ⅱ. 白地어음(手票)의 讓渡方法

백지어음(수표)은 어음(수표)의 양도방법(어음·수표법적 양도방법)에 의하여 양도할 수 있으므로, 백지어음(수표)은 수취인의 기재가 있는 경우에는 배서(기명식 배서이든 백지식배서이든 무방)에 의하여 양도할 수 있고, 수취인란이 백지로 되어 있는 경우에는 단순히 백지어음(수표)의 교부에 의하여 양도하거나 그 수취인란을 백지로 둔 채 배서(기명식배서이든 백지식배서이든 무방)에 의하여 양도할 수 있다. 그리고 백지어음(수표)은 지명채권양도의 방법, 상속, 합병 또는 경매에 의하여 이전될 수도 있다.

백지어음(수표)의 양수인은 정지조건부 어음(수표)금지급청구권과 보충권을 취득한다.

### Ⅲ. 白地어음(手票)의 善意取得

백지어음(수표)은 어음(수표)의 양도방법 즉 배서·교부에 의하여 양도할 수 있으므로, 그 선의취득도 인정된다. 따라서 백지어음(수표)의 양도인이 무권리자일지라도 양수인이 그 자를 정당한 권리자라 믿고 또 그렇게 믿는 데 중대한 과실이 없는 경우에는 그가 어음(수표)의 양도방법에 의하여 백지어음(수표)을 양수한 이상 양수인은 그 백지어음(수표)을 선의취득한다.

백지어음(수표)의 선의취득자는 정지조건부 어음(수표)금지급청구권과 보충권을 선의취득한다. 보충권의 발생에 관한 어음(수표)외계약설의 입장에서는 어음(수표)외의 보충권이 어음(수표)에 부착되어 있으므로, 백지어음(수표)의 선의취득자는 보충권도 선의취득한다고 하고, 또 백지어음(수표)행위설의 입장에서는 보충권이 백지어음(수표)에 표창되어 있으므로 백지어음(수표)의 선의취득자는 당연히 보충권을 선의취득한다고 한다.

## Ⅳ. 白地어음(手票)의 背書와 人的抗辯의 切斷

백지어음(수표)에 어음(수표)의 양도방법에 의한 양도가 인정되므로, 백지어음(수표)을 선의로(채무자를 해할 것을 알지 못하고) 취득한 경우에는 인적항변의 절단(어 17조·77조 1항 1호, 수 22조)이 인정된다. 따라서 백지어음(수표)에 있어서 어음(수표)상의 권리자와 어음(수표)채무자 사이에 원인관계상의 인적항변사유가 있어도 양수인이 어음(수표)채무자를 해할 것을 알지 못하고 양수한 경우에는 인적항변이 절단되어 양수인은 어음(수표)채무자로부터 원인관계상의 인적항변으로 대항받지 않는다.

## Ⅴ. 白地어음(手票) 除權判決取得者의 白地補充

### 1. 序 說

상실백지어음(수표)의 제권판결이 있는 경우에도 제권판결의 소극적 효력으로서 그 상실백지어음(수표)이 무효로 되고 또 제권판결의 적극적 효력으로서 제권판결취득자는 상실백지어음(수표)을 소지하는 것과 동일한 지위를 회복하여 백지를 보충해 어음(수표)상의 권리를 행사할 수 있다.

그러나 제권판결의 정본은 백지어음(수표)이 아니므로, 제권판결취득자는 어떻게 백지를 보충하여 어음(수표)상의 권리를 행사할 수 있는지 문제된다. 이에 관하여 어음 외의 의사표시설, 백지어음 재발행청구설 및 절충설이 대립해 있다.

### 2. 學 說

① 어음(手票) 外의 意思表示說　어음(수표) 외의 의사표시설은 상실한 증권 또는 증서에 대한 제권판결의 선고가 있는 경우에 제권판결취득자는 증권 또는 증서 없이 증권 또는 증서에 따른 권리를 행사할 수 있고(민소 497조) 백지어음(수표)의 보충권은 본조의 증권에 따른 권리로서 증권(백지어음·수표) 없이 행사할 수 있으므로, 제권판결취득자는 어음(수표) 외의 의사표시(단순한 의사표시 또는 서면에 보충의사기재)에 의하여 백지를 보충하여 어음(수표)상의 권리를 행사할 수 있다고 한다(대판 1998. 9. 4. 97 다 57573).

② 白地어음(手票)再發行請求說　백지어음(수표)재발행청구설은 상실주권의 제권판결취득자의 주권재발행청구권에 관한 상법 제360조 제2항을 예외규정이 아닌 예시규정이라 보아, 제권판결취득자는 백지어음(수표)을 재발행받아 이에 백지를 보충하여 어음(수표)상의 권리를 행사할 수 있다고 한다(정동윤 154면).

③ **折衷說** 절충설은 제권판결취득자는 어음(수표) 외의 의사표시에 의하여 백지를 보충하거나 백지어음(수표)을 재발행받아 이에 백지를 보충하여 어음(수표)상의 권리를 행사할 수 있다고 한다(정찬형 414면).

3. **檢 討**

주권은 계속적인 권리를 표창하는 유가증권이므로 상법은 상실주권의 제권판결취득자에게 주권의 재발행청구권을 인정하나(상 360조 2항), 어음(수표)은 1회적 내지 비교적 단기간에 종료되는 권리를 표창하는 유가증권이므로 어음(수표)법의 상실어음(수표)의 제권판결취득자에게 어음(수표)의 재발행청구권을 인정하지 않는다. 어음(수표) 외의 의사표시설이 타당하다(어음 외의 의사표시설)(대판 1998. 9. 4. 97 다 57573).

**【대법원 1998. 9. 4. 판결, 97 다 57573】**

**1. 사실관계**

X는 Y에게 물품을 판매하고 Y로부터 발행일, 발행지, 지급지, 수취인란을 백지로 하는 약속어음을 발행받아 소지하고 있던 중 분실하였고, 또 X는 관할법원에 공시최고신청을 하여 제권판결을 받았다.

이에 X는 판결문사본과 발행일을 1995. 5. 1.로, 발행지 · 지급지를 서울시로, 수취인을 자기로, 각각 기재한 서면을 Y에게 송부하여 어음금의 지급을 청구하였으나, Y는 어음을 재발행받지 않는 한 지급할 수 없다고 항변하였다.

**2. 판결요지**

이 건에 관하여, 대법원은 「제권판결제도는 증권 또는 증서를 상실한 자에게 이를 소지하고 있는 것과 같은 형식적 자격을 부여하여 그 권리를 실현할 수 있도록 하려는 것인 점과, 백지어음이 어음거래상 완성어음과 같은 경제적 가치를 가지면서 유통되고 있는 점을 함께 고려하여 보면, 백지어음에 대한 제권판결을 받은 자는 발행인에 대하여 백지보충권과 백지보충을 조건으로 한 어음상의 권리까지를 모두 민사소송법 제468조에 규정된 '증서에 의한 권리'로서 주장할 수 있다고 봄이 상당하고, 따라서 백지어음의 제권판결을 받은 자는 발행인에 대하여 백지 부분에 대해 어음 외의 의사표시에 의하여 보충권을 행사하고 그 어음금의 지급을 구할 수 있다」고 판시하여, 어음 외의 의사표시에 의하여 보충권을 행사하여 어음금의 지급을 청구할 수 있다고 하였다.

## 제7. 白地어음(手票)의 效力

### Ⅰ. 白地어음(手票)에 의한 權利行使

백지어음(수표)은 어음(수표)요건이 흠결되어 있어 소지인은 백지어음(수표) 그

대로는 어음(수표)상의 권리를 행사할 수 없고 백지를 보충한 후에야 어음(수표)상의 권리를 행사할 수 있다. 백지어음(수표)으로 인수제시 · 지급제시를 하여도 무효이고, 따라서 백지어음(수표)으로 지급제시를 하여도 소구권을 보전할 수 없다.

백지어음 소지인이 어음금 청구소송을 제기하였을 경우에는 사실심 변론종결일까지 백지부분을 보충하여야 한다. 만약 이 때까지 백지부분을 보충하지 아니하여 청구 기각의 판결을 받고 그 판결이 확정된 경우, 백지보충권을 행사하여 완성한 어음에 기하여 전소(前訴)의 피고를 상대로 다시 동일한 어음금 청구소송을 제기할 수는 없다. 후소(後訴)를 통한 어음소지인의 백지보충권 행사의 주장은 전소 판결의 기판력에 의하여 차단되어 허용되지 않기 때문이다(대판 2008. 11. 27. 2008 다 59230).

**【대법원 2008. 11. 27. 판결, 2008 다 59230】**

약속어음의 소지인이 어음요건의 일부를 흠결한 이른바 백지어음에 기하여 어음금 청구소송(전소)을 제기하였다가 위 어음요건의 흠결을 이유로 청구기각의 판결을 받고 위 판결이 확정된 후 위 백지 부분을 보충하여 완성한 어음에 기하여 다시 전소의 피고에 대하여 어음금 청구소송(후소)을 제기한 경우에, 대법원은 「원고가 전소에서 어음요건의 일부를 오해하거나 그 흠결을 알지 못했다고 하더라도, 전소와 후소는 동일한 권리 또는 법률관계의 존부를 목적으로 하는 것이어서 그 소송물은 동일한 것이라고 보아야 한다. 그리고 확정판결의 기판력은 동일한 당사자 사이의 소송에 있어서 변론종결 전에 당사자가 주장하였거나 주장할 수 있었던 모든 공격 및 방어방법에 미치는 것이므로, 약속어음의 소지인이 전소의 사실심 변론종결일까지 백지보충권을 행사하여 어음금의 지급을 청구할 수 있었음에도 위 변론종결일까지 백지 부분을 보충하지 않아 이를 이유로 패소판결을 받고 그 판결이 확정된 후에 백지보충권을 행사하여 어음이 완성된 것을 이유로 전소 피고를 상대로 다시 동일한 어음금을 청구하는 경우에는, 위 백지보충권 행사의 주장은 특별한 사정이 없는 한 전소판결의 기판력에 의하여 차단되어 허용되지 않는다」고 하였다.

## Ⅱ. 白地어음(手票)에 의한 時效中斷

백지어음(수표)은 조건부권리를 표창하므로, 민법 제149조(조건부 권리의 보존)의 유추적용에 의하여 백지어음(수표)의 소지인도 일반 소멸시효 중단의 방법(청구 · 압류 · 가압류 가처분, 승인, 소송고지)에 의하여 백지를 보충하지 않은 채 소멸시효를 중단할 수 있음이 원칙이다.

다만 백지어음(수표)은 미완성어음(수표)으로서 제시하여도 제시로서 효력이 없으므로 백지어음(수표)에 의한 「청구」에 시효중단의 효력이 생기는지 문제된다. 이에 관하여 학설은 재판상의 청구이든 재판 외의 청구이든 백지어음(수표)에 의한 청구도 시효중단의 효력이 생긴다고도 하고(긍정설)(이범찬·최준선 244면, 정찬형 148면, 정동윤 309면) 백지어음(수표)에 백지를 보충하지 아니하고는 권리행사가 불가능하므로 백지를 보충하지 아니하고는 지급제시를 하더라도 시효중단의 효력이 발생하지 않고, 소를 제기하더라도 역시 시효중단의 효력이 생기지 않는다고도 한다(부정설)(이철송 255면 최기원 298면)(대판 1962. 1. 31. 4294 민상 110, 111).

생각건대 백지어음(수표)의 상태에서도 소멸시효가 진행되므로 이와의 균형을 위하여 백지어음(수표)에 의한 청구에도 재판상의 청구이든 재판 외의 청구이든 시효중단의 효력이 생긴다고 보는 것이 타당하다(긍정설).

## 제8. 白地補充權의 行使

### Ⅰ. 補充權行使의 時期

#### 1. 序 說

백지어음(수표)의 보충권행사의 시기는 보충권수여계약에서 정한 바에 의할 것이나, 보충권수여계약에서 정한 바가 없는 경우에는 보충권이 소멸되기 전까지 행사할 수 있다. 또한 보충권의 소멸되는 시기는 어음의 경우와 수표의 경우에 따라 다르고, 어음의 경우에는 만기의 기재가 있는 경우와 만기가 백지인 경우에 따라 또 수표의 경우에는 발행일의 기재가 있는 경우와 발행일이 백지인 경우에 따라 다르다.

#### 2. 어음의 경우

(1) 滿期의 記載가 있는 경우(滿期 외의 사항이 白地인 경우)

가) 主된 어음債務者에 대한 關係

환어음의 인수인 또는 약속어음의 발행인에 대한 관계에서는 그 어음상의 권리는 만기부터 3년의 소멸시효에 의하여 소멸되므로(어 70조 1항 77조 1항 8호) 어음상의 권리가 시효소멸하기 전에 즉 확정일출급어음과 발행일자후정기출급어음에 있어서는 「만기부터 3년 내」에 또 일람출급어음에 있어서는 1년의 「지급제시기간 내의 지급제시일부터 3년 내」에 그리고 일람후정기출급어음에 있어서는 「인수(일람)일자 또는 거절증서의 일자(모두 없는 경우에는 발행 일자부터 1년되는 일자) 후 일정한 기간이 경과한 때부터 3년 내」에 각각 백지를 보충하여야 한다.

나) 背書人에 대한 關係

배서인에 대한 관계에서는 소구권은 인수(일람)·지급제시기간 내에 제시하고 거절증서를 작성하지 않으면 소멸되므로 (인수 또는 지급의)제시기간 내에 즉 확정일출급어음과 발행일자후정기출급어음에 있어서는 「지급을 할 날 또는 이에 이은 2거래일 내」에(어 38조, 44조 3항 77조 1항 3호, 4호), 또한 일람출급어음에 있어서는 「지급제시기간 내」에(원칙적으로 발행 일자부터 1년 내에)(어 34조 1항 2문 77조 1항 2호) 그리고 일람후정기출급어음에 있어서는 「인수(일람)제시기간 내」에(원칙적으로 발행 일자부터 1년 내에)(어 23조 78조 2항) 백지를 보충하여야 한다.

⑵ 滿期가 白地인 경우

만기가 기재되어 있지 않은 경우에는 보충권 자체가 소멸시효에 의하여 소멸되기 전까지 백지를 보충하여야 한다. 보충권의 소멸시효기간에 관하여서는 20년설, 10년 또는 5년설, 3년설, 1년설 등의 학설이 대립해 있다. 이에 관하여서는 보충권의 소멸의 항에서 상론하기로 한다.

3. 手票의 경우

⑴ 發行日의 記載가 있는 경우(發行日 외의 사항이 白地인 경우)

수표상의 권리에는 소구권만 있고 수표상의 권리인 소구권은 「발행일자부터 10일 내」의 제시기간 내에 지급제시를 하지 않으면 소멸되므로(수 29조 1항) 발행일의 기재가 있는 백지수표는 소구권이 소멸되기 전에 즉 제시기간 내에 백지를 보충하여야 한다.

⑵ 發行日이 白地인 경우

수표에 발행일이 기재되어 있지 않은 경우에는 보충권 자체가 소멸시효에 의하여 소멸되기 전까지 백지를 보충하여야 한다. 백지수표의 보충권의 소멸시효에 관하여서는 20년설과 6월설이 있으며, 이에 관하여서는 뒤에서 설명하기로 한다.

## Ⅱ. 補充權 行使의 效力

### 1. 效力의 內容

백지어음(수표)의 백지가 보충되면 완전완성어음(수표)으로 되므로, 그 때부터 그 어음(수표)은 어음(수표)금지급청구권을 표창하고 이에 기명날인(서명)한 자는 그 보충된 문언에 따라 어음(수표)상의 책임을 진다.

### 2. 效力의 發生時期

보충권의 효력의 발생시기 즉 완전한 어음(수표)으로 되는 시기에 관하여 소급설과 불소급설이 대립해 있다. 소급설은 백지가 보충되면 백지어음(수표)이 행위시에 소급하여 완전한 어음(수표)으로 된다고 하고(최기원 292~293면), 불소급설은 백지를 보충한 때부터 백지어음(수표)이 완전한 어음(수표)으로 된다고 한다(통설).

생각건대 백지어음(수표)행위는 정지조건부 어음(수표)행위이므로 이에 민법 제147조 제1항(정지조건부 법률행위의 효력발생시기)을 유추적용하여 정지조건이 성취된 때 즉 백지를 보충한 때부터 장래에 향하여 효력이 발생한다고 보는 것이 타당하다(불소급설).

**【대법원 1965. 8. 31. 판결, 65 다 1217】**

백지보충의 효력발생시기에 관하여, 대법원은 「백지어음의 어음행위는 백지의 요건이 후일에 보충될 것을 정지조건으로 성립하고 요건의 보충에 의하여 조건이 성취되었을 때에 비로소 어음행위로서 완전한 효력이 생기는 것이므로, 배서 등 백지어음에 한 모든 어음행위는 이때부터 효력이 발생하고 백지보충의 효과가 조건성취 전에 소급한다고 볼 수 없다」고 판시하여 불소급설을 취하였다.

### 3. 白地어음(手票)上에 한 어음(手票)行爲의 成立時期

백지어음(수표)이 백지를 보충한 때부터 완전한 어음(수표)으로서 효력이 발생한다고 하더라도, 백지어음(수표)상에 한 다른 어음(수표)행위의 성립시기는 보충한 때가 아니고 그 어음(수표)행위를 한 때이다(대판 1971. 8. 31. 68 다 1176)(대판 1980. 3. 11. 79 다 1999). 따라서 백지어음(수표)에 다른 어음(수표)행위를 한 경우 그 어음(수표)행위의 행위자의 권리능력 · 행위능력 및 대리권의 유무 등은 당해 어음(수표)행위 시를 기준으로 결정되고, 또 어음(수표)의 발행일자 · 배서일자 · 만기 등도 그 기재 시를 기준으로 그 효력이 결정된다.

**【대법원 1980. 3. 11. 판결, 79 다 1999】**

**1. 사실관계**

Y는 1974. 12. 24. A회사에 액면금 400만 원, 지급기일 1976. 8. 20., 지급지 · 지급장소 · 발행지가 모두 서울시로 된 약속어음을 발행하였다.

A회사는 위 어음의 배서란에 1976. 7. 30.자로 피배서인을 X로 기재하고, 배서인란에 기명을 하지 않고 백지로 둔 채 그 대표이사의 「날인」만 하여 X에게 배서양도하였고,

X는 1978. 10. 20.경에 위 배서란의 배서인을 「A회사 대표이사 B」라 기재하여 배서인의 기명을 보충한 후 Y에게 어음금의 지급을 청구하였다.

**2. 판결요지**

이 건에 관하여, 대법원은 「백지어음에 있어서 백지보충의 시기와 어음행위 성립의 시기는 엄격히 구별하여야 할 문제로서, 백지의 보충 없이는 어음상의 권리를 행사할 수 없으나 어음행위 성립의 시기를 백지의 보충의 시기로 의제할 수는 없는 것이고, 그 성립의 시기는 그 어음행위 자체의 성립의 시기에 의하여 결정되어야 할 것이므로 백지어음에 만기 전에 한 배서는 만기 후에 백지가 보충된 때에도 기한후배서로 볼 것이 아니다」고 판시하여, 백지어음의 백지보충의 효력이 소급하여 발생하는 것이 아니라는 전제하에 백지어음행위의 성립의 시기와 백지보충의 효력발생의 시기를 구별하고 있다.

## Ⅲ. 補充權의 濫用(不當補充)

### 1. 意　義

백지어음(수표)행위자가 백지어음(수표)행위를 할 때에 보통 보충권의 범위와 보충의 시기를 정한다. 예컨대 어음금 백지의 어음에 관하여 연말의 외상대금을 기재하라든지 금년 6월 말까지 기재하라고 정한다. 이와 같이 미리 정하여진 보충권의 제한이 있는 경우에는 그 제한에 따라 보충하고, 그러한 제한이 없는 경우에는 상관습이나 당사자의 거래관계에서 보아 예견되는 보충권의 제한에 따라 보충하여야 한다. 이와 같이 미리 정하여진 또는 예견되는 보충권의 제한에 위반하여 소지인이 보충하는 것을 부당보충(unauthorized completion) 또는 보충권의 남용이라 한다.

보충권의 남용은 어음(수표)채무의 내용을 권한 없이 변경하는 점에서는 어음(수표)의 변조와 같다. 그러나 보충권의 남용은 미완성의 백지어음(수표)에 하는 것이나 어음(수표)의 변조는 완성된 어음(수표)에 하는 것이고, 보충권의 남용은 기재문언이 없는 백지를 기재보충하는 것이나 어음(수표)의 변조는 기존의 기재문언을 제거·말소·변개(變改) 또는 첨가 등의 방법에 의하여 변경하는 것이며, 또한 보충권의 남용은 인적항변사유이나 어음(수표)의 변조는 물적항변사유라는 점에서 양자는 다르다.

### 2. 補充權濫用의 效力

#### ⑴ 白地어음(手票)行爲者와 補充權濫用者의 關係

보충권을 남용한 경우 예컨대 어음(수표)금 100만 원으로 보충하여야 할 백지어음(수표)에 200만 원으로 보충한 경우에, 그 백지어음(수표)행위자는 보충권남용자에 대하여 그 보충된 문언에 따라 어음(수표)상의 책임을 지지 않고 미리 정하여진 또는 예견되는 제한의 범위 내에서만 어음(수표)상의 책임을 진다. 이것은 백지어음(수표)행위자의 의사에 비추어 보거나 보충권남용자를 보호할 필요가 없다는 점에 비추어 보아 당연한 것이다.

#### ⑵ 白地어음(手票)行爲者와 善意·無重過失 取得者의 關係

취득자가 보충권남용의 어음(수표)이라는 것을 알지 못하고 어음(수표)을 취득한 경우에 이것을 보충권남용의 어음(수표)이라 하여 백지가 보충된대로 어음(수표)상의 권리를 취득할 수 없다고 하면 취득자는 불의의 손해를 입게 되어 부당하고, 또 이러한 보충권남용으로 인한 손해를 아무 귀책사유가 없는 제3자에게 전가하는 것보다 백지어음(수표)행위자에게 부담하게 하는 것이 타당하다.

그러므로 어음법 제10조(어 77조 2항, 수 13조)는 「미완성으로 발행한 어음(수표)에 미리 한 합의와 다른 보충을 한 경우에는 그 위반으로 소지인에게 대항하지 못한다. 그러나 소지인이 악의 또는 중대한 과실로 인하여 어음(수표)을 취득한 때에는 그러하지 아니하다」고 규정하여, 선의·무중과실의 취득자는 보충된 문언에 따라 어음(수표)상의 권리를 취득하는 것으로 정하고 있다.

**【대법원 1995. 12. 8. 판결, 94 다 18959】**

**1. 사실관계**

Y는 A에게 액면을 백지로 한 가계수표를 1매를 발행하였는데, 위 가계수표의 표면의 금액란 위에 「200만 원 이하」라 기재되어 있고 그 이면에 「발행한도 금액을 초과한 수표는 발행인이 직접 은행에 제시하는 경우에 한하여 수납합니다」라고 기재되어 있었다. 그리고 발행인이 가계수표를 그 한도액을 초과하여 발행하는 경우에는 거래은행으로부터 거래정지처분을 받도록 되어 있었다.

수취인 A는 X가 경영하는 풍산농장에서 위 가계수표의 백지에 824만 원으로 기재하여 X에게 양도하였다.

그리하여 X가 위 가계수표를 지급장소에 지급제시하였으나 지급거절되었고, Y는 200만 원을 초과한 금액에 대하여서는 지급할 수 없다고 항변하였다.

**2.판결요지**

이 건에 관하여, 대법원은 「수표의 권면액은 수표에서 가장 중요한 부분으로서 그것이 백지로 되어 있는 경우란 그리 흔한 것이 아니고, 더욱이 가계수표의 경우에는 통상 수표 표면에 발행 한도액이 기재되어 있는 데다가 그 이면에는 그 한도액을 넘는 수표는 발행인이 직접 은행에 제시하지 않는 한 지급은행으로부터 지급을 받을 수 없다는 취지가 기재되어 있으며, 나아가 그 한도액을 넘어 발행한 경우에는 발행인으로서도 거래은행으로부터 거래정지처분을 당하는 등의 불이익을 받게 되어 있으므로, 그 수표의 취득자가 발행인이 아닌 제3자에 의하여 그 액면이 표면에 기재된 한도액을 넘는 금액으로 보충된 점을 알면서 이를 취득하는 경우에는 그 취득자로서는 발행인에게 조회하는 등의 방법으로 그 제3자에게 그러한 보충권한이 있는지 여부를 확인함이 마땅하고, 만약 이를 확인하지 않은 채 수표를 취득하였다면 이는 특별한 사정이 없는 한 중대한 과실에 의한 취득이라 보지 않을 수 없다」고 판시하여, X가 중대한 과실에 의하여 취득하였으므로 Y는 초과금액에 대하여서는 지급책임이 없다고 하였다.

### 3. 補充權의 範圍에 관한 善意者의 保護

#### (1) 序 說

백지어음(수표)이 부당보충(보충권남용)된 후에 부당보충된 사실을 알지 못하고 그 부당보충어음(수표)을 취득한 선의의 어음(수표)취득자는 어음법 제10조(어 77조 2항, 수 13조)에 의하여 보호되나, 백지어음(수표)이 보충되기 전에 본래의 보충권의 범위보다 넓은 범위의 보충권이 있는 줄 알고 백지어음(수표)을 취득한 자도 어음법 제10조(어 77조 2항, 수 13조)에 의하여 보호되는가 문제된다.

이러한 보충권의 범위에 관한 선의의 백지어음(수표)취득자에게 어음법 제10조(어 77조 2항, 수 13조)를 유추적용할 것인가에 관하여 적용긍정설과 적용부정설이 대립해 있다.

#### (2) 學 說

① **適用肯定說** 적용긍정설은 어음법 제10조(어 77조 2항, 수 13조)의 어음유통의 원활과 선의자보호의 취지에 비추어 보아, 악의 또는 중대한 과실 없이 일정한 범위의 보충권이 있다고 믿고 백지어음(수표)을 취득한 자에 대하여는 백지어음(수표)행위자는 부당보충의 항변으로 대항할 수 없다고 한다(통설).

적용긍정설에서도 어음(수표)금액 등과 같이 중요한 사항이 백지인 어음(수표)을 취득한 경우에 그 취득자가 보충권의 내용에 관하여 백지어유(수표)행위자에게 조회하는 등의 주의를 하지 않았으면 이를 중대한 과실로 인정하여 이러한 백지어음(수표)취득자에 대하여는 부당보충의 항변으로 대항할 수 있다고 한다(대판 1978. 3. 14. 77 다 2020).

② 適用否定說 적용부정설은 어음법 제10조(어 77조 2항, 수 13조)는 백지가 보충된 후의 부당보충어음(수표)을 신뢰하고 취득한 자를 보호하기 위한 규정이고 또 어음(수표)상에 나타나 있지 않은 보충권의 범위에 관하여 양도인의 말을 믿었다고 하여 백지어음(수표)행위자의 희생하에 그 취득자를 보호하는 것은 부당하므로, 그 위험은 백지어음(수표)의 취득자가 부담하여야 한다고 한다(정찬형 139면).

**【대법원 1978. 3. 14. 판결, 77 다 2020】**

**1. 사실관계**

Y는 평소 A 및 X 등과 어음거래를 해 왔다. A가 공사자료대금을 결제하려는데 13만 6,000원이 모자란다고 하면서 Y에게 어음금액란을 백지로 한 약속어음을 빌려줄 것을 간청하여, Y는 1976. 3. 9.에 지급기일 1976. 11. 10., 발행지·지급지 각 여수시, 어음금액과 수취인 각 백지로 한 약속어음을 발행하여 A에게 교부하였다.

A는 X로부터 300만 원을 차용하고 Y가 발행한 위 백지약속어음을 X에게 교부하면서 어음금액란에 이자를 포함하여 350만 원을 보충하도록 하였다.

그리하여 X는 어음금약란에 350만 원으로 또 수취인란에 자신으로 보충하여 지급기일에 Y에게 지급제시하였으나, Y는 위 백지약속어음이 부당보충되었다는 이유로 초과금액의 지급을 거절하였다.

**2. 판결요지**

이 건에 관하여, 대법원은 「백지어음의 백지부분을 두 가지 유형으로 나누어 보면, 하나는 어음금액이 백지로 된 경우와 같이 가장 중요한 사항인 어음금액에 관하여 또 그 범위가 한정되는 것이 통상적인 사항이 백지로 된 경우이고, 다른 하나는 그다지 중요하지 않은 사항으로서 한정되지 않는 것이 통상적인 그 밖의 사항 특히 수취인이 백지로 된 경우 등이다. 어음금액이 백지로 된 백지어음을 취득하면서 보충권한을 부여받은 자의 지시에 의해 어음금액란을 보충한 경우에, 보충권의 내용에 관하여 백지어음의 기명날인자 또는 서명자에게 직접 조회하지 않았다면 특별한 사정이 없는 한 취득자에게 중대한 과실이 있다」고 판시하여, 적용긍정설에 따라 X가 중대한 과실에 의하여 취득하였으므로 Y는 보충권수여의 범위 내에서 지급책임이 있다고 하였다.

(3) 檢 討

어음법 제10조(어 77조 2항, 수 13조) 본문에서 「미리 한 합의와 다른 보충을 한 경우」라 규정하고 있고 또 동 조 단서에서 「어음(수표)을 취득한 때」라 규정하고 있으므로, 법문상 이를 백지어음(수표)의 취득자에게 적용할 수 없고 또 동 조는 외관상 완성된 어음(수표)으로 발행된 것과 같은 어음(수표)을 신뢰한 자를 보호하기 위한 특칙인 것이다.

그러므로 동 조는 부당보충된 어음(수표)의 취득자에게만 적용되고, 보충 전의 백지어음(수표)을 취득하여 백지보충을 한 자에게는 적용되지 않는다고 보는 것이 타당하다(적용부정설).

## 제9. 白地補充權의 消滅

### Ⅰ. 補充權의 行使에 의한 消滅

보충권을 행사하면 백지어음(수표)이 완전한 어음(수표)으로 되고, 백지어음(수표)과 보충권은 소멸된다.

### Ⅱ. 補充權消滅의 合意와 白地어음(手票)의 回收에 의한 消滅

백지어음(수표)행위자가 보충권을 소멸시키려면 취득자와 보충권소멸의 합의를 하고 백지어음(수표)행위자가 백지어음(수표)을 회수하여야 한다. 보충권소멸의 합의만 하고 백지어음(수표)을 회수하지 않은 경우에는, 그 합의는 단지 당사자간의 인적항변으로 된다.

### Ⅲ. 어음(手票)上의 權利의 消滅에 의한 消滅

백지어음에 만기의 기재가 있는 경우(만기 외의 사항이 백지인 경우)에, 주된 어음 채무자에 대한 어음상의 권리가 3년의 소멸시효기간의 경과로 소멸되면 그에 대한 보충권도 소멸되고 또 배서인에 대한 소구권이 (인수 또는 지급)제시기간의 경과로 소멸되면 그에 대한 보충권도 소멸된다.

또한 백지수표에 발행일의 기재가 있는 경우에 그 제시기간의 경과로 수표상의 권리가 소멸되면 그에 대한 보충권도 소멸된다.

### Ⅳ. 補充權의 消滅時效에 의한 消滅

#### 1. 序　說

보충권은 그 자체의 소멸시효에 의하여 소멸된다. 보충권의 소멸시효에 있어서는 시효기간과 그 기산점이 문제되며, 이에 관하여 어음(수표)법상의 규정이 없어 학설이 대립해 있다.

### 2. 白地어음의 補充權의 消滅時效

#### (1) 時效期間

##### 가) 學 說

백지어음의 보충권의 소멸시효기간에 관하여서는 20년설, 10년설, 10년 또는 5년설, 3년설, 1년설 등의 학설이 대립해 있다.

20년설은 보충권의 법적 성질을 형성권이라 보는 입장에서 보충권은 민법 제162조 제2항에 의하여 그 소멸시효기간이 20년이라 하고(서돈각·정완용 174면), 10년설은 보충권은 특정인에 대한 권리로서 채권과 동일시할 수 있으므로 그 소멸시효기간이 10년이라 하고(서정갑 154면), 10년 또는 5년설은 보충권수여계약의 기초가 되는 원인관계상의 채권이 민사채권인가 상사채권인가에 따라 그 소멸시효기간이 10년 또는 5년이라 하고(정희철 159면), 3년설은 보충권 자체의 독자적인 소멸시효를 배척하고 이것을 어음상의 권리와 같이 보아 그 소멸시효 기간이 3년이라 하고(손주찬 235면, 최기원 256면, 정동윤 228면), 1년설은 만기 백지의 백지어음을 일람출급어음으로 보아 보충권을 일람제시기간 내에(발행일자부터 1년 내)(어 34조 1항 2문) 행사하여야 한다고 한다(김용태 301면).

##### 나) 檢 討

20년설과 10년설은 보충권의 소멸시효기간을 너무 장기간으로 보아 어음상의 권리관계를 빨리 해결하기 위하여 특별히 단기소멸시효제도(어 70조, 77조 1항 8호)를 규정하고 있는 어음법의 취지에 반하고, 1년설은 보충권의 행사기간이 너무 단기간이어서 선의의 백지어음취득자의 보호에 미흡하며, 또 10년 또는 5년설은 보충권의 소멸시효기간을 원인관계에 결부시키고 있어 어음의 추상성(무인성)에 반한다.

생각건대 보충권의 행사에 의하여 어음상의 권리가 발생하므로, 보충권과 어음상의 권리는 불가분의 관계에 있다. 따라서 보충권은 어음상의 권리와 같이 그 소멸시효기간이 3년이라 보는 것이 타당하다(3년설).

#### (2) 時效期間의 起算點

보충권의 소멸시효기간의 기산점에 관하여 학설은 일람출급어음의 지급제시기간(발행일자부터 1년)(어 34조 1항 2문, 77조 1항 2호)이 경과한 때라고도 하나(정찬형 142면), 만기의 백지(어 10조 77조 2항)는 만기의 기재흠결(어 2조 2항 76조 2항)과 다르므로 보충권의 소멸시효기간의 기산점을 일람출급어음의 지급제시기간이 경과한 때라 보는 것은 부당하다.

만기백지의 백지어음소지인은 언제든지 그 백지를 보충하여 어음상의 권리를 행사할 수 있으므로, 이를 만기도래의 어음과 같이 취급하여 그 발행일을 기산점으로 보는 것이 타당하다. 보충권의 소멸시효기간의 기산점을 일람출급어음의 지급제시기간이 경과한 때라 보면 발행일부터 4년 내에 그 백지를 보충하여야 할 것이나, 그 기산점을 발행일이라 보면 발행일부터 3년 내에 그 백지를 보충하여야 한다.

판례는, 「만기를 백지로 한 약속어음을 발행한 경우, 그 보충권의 소멸시효는 다른 특별한 사정이 없는 한, 그 어음발행의 원인관계에 비추어 어음상의 권리를 행사하는 것이 법률적으로 가능하게 된 때부터 진행한다」고 판시하였다(대판 1997. 5. 28. 96 다 25050)(대판 2001. 10. 23. 99 다 64018)(대판 2003. 5. 30. 2003 다 16214).

**【대법원 2003. 5. 30. 판결, 2003 다 16214】**

**1. 사실관계**

Y가 X에게 1993. 1. 26. 액면 금 1억 원, 지급기일 1993. 7. 30., 지급지·발행지 각 인천시, 지급장소 경기은행 주안지점으로 된 약속어음 1매와 1993. 4. 9. 액면 금 1억 원, 지급기일 1993. 12. 30., 지급지·발행지 각 인천시, 지급장소 경기은행 주안지점으로 된 약속어음 1매를 발행하였다.

그러나 Y가 1993. 8. 18.에 뇌물공여죄로 입건·구속되어 X가 위 각 어음을 은행에 지급제시하면 부도가 날 우려가 있었으므로, Y는 같은 달 하순경 그의 처인 A를 통하여 X에게 위 각 어음의 지급제시를 유예해 줄 것을 부탁하였다. X는 이에 응하여 A에게 위 각 어음의 지급기일을 변경할 것을 양해하여, A가 위 각 어음의 지급기일란에 2개의 선을 긋고 Y의 인장을 날인하였다. 그리고 Y는 1994. 1. 26.에 석방되었다.

X는 2000. 4.경 위 각 어음의 지급기일을 2000. 4. 4.로 기재하여 지급제시하였으나 무거래로 지급거절되었고, 이에 Y는 위 각 어음의 지급기일의 보충은 보충권의 소멸시효가 완성된 후에 이루어진 것으로서 효력이 없다고 주장하였다.

**2. 판결요지**

이 건에 관하여, 대법원은 「만기를 백지로 한 약속어음을 발행한 경우, 그 보충권의 소멸시효는 다른 특별한 사정이 없는 한 그 어음발행의 원인관계에 비추어 어음상의 권리를 행사하는 것이 법률적으로 가능하게 된 때부터 진행한다.

그리고 백지약속어음의 보충권 행사에 의하여 생기는 채권은 어음금채권이고 어음법 제77조 제1항 제8호, 제70조 제1항, 제78조 제1항에 의하면 약속어음의 발행인에 대한 어음금채권은 만기부터 3년간 행사하지 않으면 소멸시효가 완성되는 점을 고려하면, 만기를 백지로 하여 발행된 약속어음의 보충권의 소멸시효기간은 보충권을 행사할 수 있는 때부터 3년으로 보아야 한다. 그리고 만기 이외의 어음요건이 백지인 경우 그 백지 보충권을 행사할 수 있는 시기는 다른 특별한 사정이 없는 한 만기를 기준으로 할 것이다」고 판시하여, 보충권의 소멸시효는 다른 특별한 사정이 없는 한 어음상의 권리를 행사하는 것이 법률적으로 가능하게 된 때부터 3년간 행사하지 않으면 시효소멸된다고 하였다.

### 3. 白地手票의 補充權의 消滅時效

#### (1) 時效時期

백지수표의 보충권의 소멸시효기간에 관하여 20년설(정희철 158면)과 6월설(정찬형 142면) 등의 학설이 있으나, 백지수표의 보충권과 수표상의 권리는 불가분의 관계에 있으므로 백지수표의 보충권은 수표상의 권리와 같이 그 소멸시효기간이 6월이라 보는 것이 타당하다(6월설).

#### (2) 時效期間의 起算點

백지수표의 보충권의 소멸시효기간의 기산점은 발행일로 보아야 할 것이다. 백지수표의 발행일자의 기재가 없는 경우에는 실제로 백지수표를 발행한 날을 그 기산점으로 보아야 할 것이다.

## 제10. 準白地어음(手票)

준백지어음(수표)은 어음(수표)의 유익적기재사항, 예컨대 이자문구나 제3자방지급문구 등을 기재하지 않고 후일 소지인으로 하여금 보충시킬 의사로 어음(수표)행위를 한 경우의 어음(수표)을 말한다. 이것은 어음(수표)요건을 기재하지 않고 후일 소지인으로 하여금 보충시킬 의사로 어음(수표)행위를 한 백지어음(수표)에 대한 것이다.

준백지어음(수표)은 어음(수표)요건이 완비되어 있어 완성된 어음(수표)이라는 점에서 어음(수표)요건이 흠결되어 있어 미완성인 백지어음(수표)과 다르다. 그러나 백지보충권이 수여되어 있다는 점에서는 백지어음(수표)과 같으므로, 준백지어음(수표)에는 어음(수표)법 제10조(어 77조 2항 수 13조)가 유추적용된다(통설).

# 제6장 어음(手票)의 流通과 決濟

## 제1절 어음(手票)의 讓渡 특히 背書

### 제1관 總 說

#### 제1. 어음(手票)의 讓渡性

어음(수표)은 금전지급채권을 표창하는 유가증권으로서 유통을 본래의 사명으로 하므로, 어음(수표)에는 양도금지(민 449조)가 있을 수 없다. 다만 어음(수표)을 배서금지어음(수표)으로 발행할 수 있으나(어 11조 2항·77조 1항 1호, 수 14조 2항), 이것은 배서에 의한 양도를 금지하는 것이지 어음(수표)의 양도 자체를 금지하는 것이 아니다.

#### 제2. 어음(手票)의 移轉方法

어음(수표)상 권리의 이전방법에는 일반적인 권리이전방법과 어음(수표)의 특유한 이전방법이 있다.

##### Ⅰ. 一般的인 權利移轉方法

어음(수표)은 상속·합병·포괄유증 등의 포괄승계나 경매·전부명령·변제로 인한 대위 등의 특정승계에 의하여 양도될 수 있고, 또 지명채권양도의 방법에 의하여 양도될 수도 있다(통설). 지명채권양도의 방법에 의하여 어음(수표)상의 권리를 취득한 경우에는 지명채권양도의 대항요건을 갖추어야 한다(민 450조 480조 2항).

지명채권양도의 방법에 의한 어음(수표)의 양도에 관하여서는 뒤에서 설명하기로 한다.

## Ⅱ. 어음(手票)의 特有한 移轉方法

### 1. 背 書

어음(수표)은 법률상 당연한 지시증권이므로(어 11조 1항·77조 1항 1호, 수 14조 1항), 지시식어음(수표)은 물론 기명식어음(수표)도 어음(수표)에 배서(지시)금지문구의 기재가 없는 한 배서에 의하여 양도할 수 있다. 어음(수표)의 양도방법 중에서 배서가 가장 대표적인 양도방법이다.

### 2. 단순한 交付

#### (1) 단순한 交付에 의하여 讓渡할 수 있는 경우

최후의 배서가 백지식배서인 어음(수표)의 소지인은 단순한 교부에 의하여 양도할 수 있다(어 14조 2항 3호·77조 1항 1호, 수 17조 2항 3호).

그리고 수표는 어음과는 달리 지시식·기명식수표 외에 소지인출급식(무기명식)수표와 지명소지인출급식(선택무기명식)수표의 발행이 인정되고 있다(수 5조 1항 3호). 지명소지인출급식수표는 소지인출급식수표로 보므로(수 5조 2항) 소지인출급식수표와 지명소지인출급식수표는 단순한 교부에 의하여 양도될 수 있다.

실제로 오늘날 통일수표용지는 소지인출급식으로 인쇄되어 있어 수표는 소지인출급수표로 발행되므로, 수표의 양도는 단순한 교부에 의한다. 수표법 제2장에서도 환어음에서와는 달리 「배서」라 하지 않고 「양도」라는 제목 아래 규정하고 있다.

#### (2) 단순한 交付에 의하여 讓渡한 경우의 效力

① **權利移轉的 效力** 전술한 경우에는 단순한 교부에 의하여 어음(수표)상의 권리가 이전되어, 소지인이 어음(수표)상의 권리를 취득한다(어 14조 1항, 77조 1항 1호, 수 17조 1항 유추).

② **資格授與的 效力** 단순한 교부에 의하여 어음(수표)을 양도한 경우에도 소지인은 적법한 소지인으로 추정되어(어 16조 1항 1문, 77조 1항 1호, 수 19조 1항 1문 유추) 어음(수표)상의 권리자라는 형식적 자격을 인정받으므로, 소지인은 자기가 진실한 권리자라는 것을 증명하지 않고도 어음(수표)상의 권리를 행사할 수 있고(소지의 권리추정력), 어음(수표)채무자가 사기 또는 중대한 과실 없이 어음(수표)금을 지급한 때에는 소지인이 진실한 권리자가 아니라도 그 책임을 면하며(소지의 면책력)(어 40조 3항 유추), 또한 소지인으로부터 악의 또는 중대한 과실 없이 어음(수표)을 양수한 자는 그 소지인이 무권리자라도 어음(수표)상의 권리를 취득한다(선의취득)(어 16조 2항, 77조 1항, 수 21조 유추).

③ **人的抗辯의 切斷** 단순한 교부에 의하여 어음(수표)을 양수한 경우에도 소지인은 어음(수표)채무자로부터 종전의 소지인에 대한 인적항변으로 대항받지 않는다(어 17조 본문, 77조 1항 1호, 수 22조 본문 유추).

④ **擔保的 效力의 不認定** 단순한 교부에 의하여 어음(수표)을 양도한 경우에는 양도인의 배서가 없으므로, 양도인의 담보책임이 생기지 않는다.

⑤ **所持人出給式手票(指名所持人出給式手票)의 背書의 效力** 소지인출급식수표(지명소지인출급식수표)의 양도는 단순한 교부에 의하여 하는 것이므로, 이러한 수표에 배서를 하여도 그 수표는 지시식수표로 변하지 아니하여(수 20조 단서) 그 수표상의 권리가 이전되지 않는다.

그러나 소지인출급식수표(지명소지인출급식수표)에 배서한 자는 지시식수표나 기명식수표에 배서를 하는 것과 같은 의사로 배서한 것이므로 배서인에게 담보책임을 과하여도 그 의사에 반하지 않고 또 배서인에게 담보책임을 과하는 것이 그 배서를 신뢰하여 수표를 취득한 자를 보호하게 되어 수표의 신용 내지 유통성을 확보하게 된다. 따라서 이러한 수표에 배서를 한 경우에는 권리이전적 효력이나 자격수여적 효력은 생기지 않으나 담보적 효력은 인정되어 배서인은 소구의무를 부담한다(수 20조 본문).

3. **背書禁止어음(手票)의 指名債權讓渡의 方法에 의한 讓渡**

배서(지시)금지의 문언(배서금지문구)을 기재한 배서금지어음(수표)은 배서 또는 단순한 교부에 의하여 양도할 수 없고 지명채권양도의 방법에 의하여서만 양도될 수 있다(어 11조 2항·77조 1항 1호, 수 14조 2항).

4. **기 타**

상술한 방법 외에 어음(수표)의 이전방법으로서 어음(수표)보증인의 보증채무의 이행으로 인한 이전(어 32조 3항·77조 3항, 수 27조 3항), 어음의 참가지급으로 인한 이전(어 63조 1항 77조 1항 5호), 어음(수표)의 선의취득(어 16조 2항·77조 1항 1호, 수 21조) 등이 있다.

## 제2관 讓渡背書

### 제1항 概 念

#### 제1. 意 義

배서(indorsement)는 어음(수표)의 수취인 기타의 후자가 보통 어음(수표)의 이면에 일정한 사항을 기재하고 기명날인(서명)한 후 이를 타인에게 교부하는 어음(수표)행위이다. 배서는 보통 어음의 이면에 하므로 배서라 한다.

어음(수표)에 어음(수표)상의 권리를 양도하는 뜻을 기재하는 통상의 배서를 양도배서라 하고, 양도배서에 다른 특수성이 부가되어 있는 배서와 양도 아닌 다른 목적을 위하여 하는 배서를 특수한 배서라 한다.

소지인이 어음(수표)을 배서에 의하여 양도할 수 있는 이른바 배서권은 어음(수표)상의 권리 자체가 가지는 기능으로서 배서인으로부터 이전되는 것이 아니다. 따라서 소지인은 배서에 의하여 어음(수표)을 취득한 경우는 물론 배서 외의 다른 방법에 의하여 어음(수표)을 취득한 경우에도 배서에 의하여 어음(수표)을 양도할 수 있다.

## 제2. 讓渡背書의 法的 性質

양도배서의 법적 성질에 관하여 우리 나라 · 독일 및 일본에서 배서는 어음(수표)상의 권리의 양도를 목적으로 하는 어음(수표)행위라 하는 채권양도설이 통설로 되어 있다.

생각건대 양도배서에 있어서 당사자의 합리적 의사는 어음(수표)상의 권리를 이전하는 데 있고 또 어음(수표)법에서 「배서는 어음(수표)으로부터 생기는 모든 권리를 이전한다」(어 14조 1항 · 77조 1항 1호, 수 17조 1항)고 규정하고 있으므로, 채권양도설이 타당하다(채권양도설).

다만 채권양도설로써는 어음(수표)의 선의취득(어 16조 2항 · 7조 1항 1호, 수 21조), 인적항변의 제한(어 17조 · 77조 1항 1호, 수 22조), 배서인의 담보책임(어 15조 1항 · 77조 1항 1호, 수 18조 1항) 등을 배서의 효력으로 설명할 수 없는 폐단이 있으나, 이러한 효력은 어음(수표)의 유통성 확보를 위하여 법이 특별히 법률정책적으로 인정한 효력이라 보면 될 것이다(손주찬 239면 정동윤 265면).

그리고 배서는 계약이 아니고 상대방 있는 단독행위이다(어음이론 중 발행설).

## 제3. 어음의 背書와 手票의 背書의 比較

### Ⅰ. 共通點

어음과 수표가 다 같이 지시식으로 발행된 경우에는 당연히 배서에 의하여 양도할 수 있고 또 기명식인 경우에도 법률상 당연한 지시증권이므로 배서에 의하여 양도할 수 있으며(어 11조 1항·77조 1항 1호, 수 14조 1항), 배서금지어음·수표는 지명채권양도의 방법으로만 양도할 수 있다(어 11조 2항·77조 1항 1호, 수 14조 2항).

그리고 어음과 수표에 있어서 환배서(어 11조 3항·77조 1항 1호, 수 14조 3항), 배서의 방식(어 13조 1항·77조 1항 1호, 수 16조 1항), 백지식배서(어 13조 2항·77조 1항 1호, 수 16조 2항), 백지식배서의 어음·수표소지인의 권리(어 14조 2항·77조 1항 1호, 수 17조 2항), 부단순배서·일부배서(어 12조 1항·2항, 77조 1항 1호, 수 15조 1항·2항), 소지인출급식배서(어 12조 3항·77조 1항 1호, 수 15조 4항), 무담보배서(어 15조 1항·77조 1항 1호, 수 18조 1항), 배서금지배서(어 15조 2항 1문·77조 1항 1호, 수 18조 2항 1문), 추심위임배서(어 18조·7조 1항 1호, 수 23조), 배서의 권리이전적 효력(어 14조 1항·77조 1항 1호, 수 17조 1항), 배서의 연속과 자격수여적 효력(어 16조 1항·77조 1항 1호, 수 19조), 배서의 담보적 효력(인수담보 의무 제외)(어 15조 1항·77조 1항 1호, 수 18조 1항), 선의취득(어 16조 2항·77조 1항 1호, 수 21조)도 같다.

## Ⅱ. 差異點

### 1. 受取人의 讓渡方法

어음에 있어서 수취인의 기재는 필요적기재사항이므로(어 1조 6호 75조 5호) 배서금지어음이 아닌 한 수취인은 반드시 배서(기명식·백지식·소지인출급식 또는 지명소지인출급식배서)에 의하여 양도하여야 하나, 수표에 있어서 수취인의 기재는 유익적기재사항으로서(수 5조)(기명식 또는 지시식 수표만이 아니라) 소지인출급식수표의 발행이 가능하므로 이 경우에 수취인은 단순한 교부에 의하여 양도할 수 있다.

그러나 어음의 수취인으로부터 백지식배서(소지인출급식배서 지명소지인출급식배서)를 받은 자는 단순한 교부에 의하여 어음상의 권리를 양도할 수 있다(어 14조 2항 3호 77조 1항 1호).

### 2. 支給人에 대한 背書

환어음에 있어서는 인수한 지급인이나 인수하지 아니한 지급인에 대하여 배서(환배서)할 수 있으나(어 11조 3항), 수표에 있어서 지급인에 대하여 한 배서는 배서의 효력이 없고 영수증의 효력만 인정된다(수 15조 5항 본문).

그러나 이 원칙을 철저히 관철하면 지급인인 은행의 어떤 지점 앞의 수표를 같은 은행의 다른 지점이 거래처의 요구에 따라 추심하는 것도 불가능하게 되므로, 수표법은 예외적으로 지급인의 영업소가 수개인 경우에 그 수표가 지급될 것으로 된 영업소 외의 영업소에 대한 배서는 배서의 효력이 있다(수 15조 5항 단서)고 규정하고 있다.

### 3. 支給人의 背書

환어음에 있어서 환배서를 받은 지급인은 다시 배서할 수 있으나(어 11조 3항 2문), 수표에 있어서 지급인은 배서할 수 없고 수표지급인이 한 배서는 무효이다(수 15조 3항). 이것은 수표지급인의 배서를 인정하게 되면 수표의 일람출급성에 반하고 또 수표지급인이 배서를 하여 담보책임을 부담함으로써 수표인수금지의 규정(수 4조)을 탈법할 염려가 있기 때문이다.

### 4. 期限後背書

어음의 기한후배서와 수표의 기한후배서는 지명채권양도의 효력만 있다는 점에서는 같으나(어 20조 1항 단서·77조 1항 1호, 수 24조 1항), 어음의 기한후배서에 있어서 기한 후는 지급거절증서작성 후와 지급거절증서작성기간경과 후를 말하고(어 20조 1항 단서 77조 1항 1호) 수표의 기한후배서에 있어서 기한 후는 지급거절증서작성 후나 지급거절선언작성 후 또는 지급제시기간경과 후를 말한다(수 24조 1항).

### 5. 入質背書

어음에는 입질배서를 할 수 있으나(어 19조, 77조 1항 1호), 수표는 지급증권으로서 입질이 허용되지 않으므로 수표에는 입질배서를 할 수 없다.

### 6. 擔保責任

환어음의 배서인은 인수담보책임과 지급담보책임을 지나(어 15조 1항), 약속어음과 수표의 배서인은 지급담보책임만 진다(어 77조 1항 1호·15조 1항 1호, 수 18조 1항).

### 7. 謄本에의 背書

어음에 있어서는 그 등본에 배서할 수 있으나(어 67조 3항 77조 1항 6호), 수표에 있어서는 등본제도가 없으므로 등본의 배서가 있을 수 없다.

## 제 2 항 讓渡背書의 成立

### 제1. 序 說

양도배서는 어음(수표)상의 권리를 양도할 목적으로 하는 어음(수표)행위이다. 따라서 양도배서는 어음(수표)행위의 일반적 요건과 배서의 고유한 요건을 갖추어야 한다. 배서의 고유한 요건은 배서의 방식에 따라 다르다.

## 제2. 背書의 場所

배서는 어음(수표)의 이면에 하는 것이 보통이나 표면에 하여도 무방하고, 또 여백이 없는 경우에는 어음(수표)에 보전을 붙여 하여도 무방하다(어 13조 1항·77조 1항 1호, 수 16조 1항).

그러나 피배서인의 명칭과 배서문구를 기재하지 않고 하는 간략백지식배서는 반드시 어음(수표)의 이면 또는 보전에 하여야 하고(어 13조 2항 2문·77조 1항 1호, 수 16조 2항 2문), 간략백지식배서를 어음의 표면에 하면 배서의 효력이 없다. 이것은 어음(수표)의 표면에 단순히 기명날인(서명)만 한 경우에는 보증으로 보므로(어 31조 3항 본문·77조 3항, 수 26조 3항 본문) 이와의 혼동을 피하기 위한 것이다.

그리고 수표에는 등본이 없으므로 등본의 배서가 없으나, 어음에 있어서는 그 등본에 배서할 수 있다(어 67조 3항 77조 1항 6호).

배서의 장소가 표면이든 이면이든 또는 등본이든 간에 배서를 하는 기본어음(수표)은 형식적으로 유효하여야 한다. 기본어음(수표)이 형식적으로 유효한 한 실질적으로는 무효이더라도 이에 한 배서는 유효하다. 이것은 어음(수표)행위독립의 원칙상 당연한 것이다(어 7조·77조 2항, 수 10조).

물론 백지어음(수표)은 어음(수표)요건을 결하여 있어도 배서에 의하여 양도할 수 있다.

## 제3. 背書의 方式

배서의 방식에는 기명식배서, 백지식배서, 소지인출급식배서 및 지명소지인출급식배서의 네 가지가 있다. 이 중 소지인출급식배서와 지명소지인출급식배서는 그 효력이 백지식배서의 효력과 같다.

### Ⅰ. 記名式背書

#### 1. 意 義

배서는 어음의 이면이나 보전 또는 등본에 배서문구와 피배서인의 명칭을 기재하고 배서인이 기명날인(서명)하는 것을 원칙으로 한다. 이것을 기명식배서 또는 완전배서라 한다.

#### 2. 背書文句

배서문구는 배서의 의사표시이다. 배서문구에 관하여 특별한 규정이 없으나, 보통 「앞면에 적은 금액을 피배서인 또는 그 지시인에게 지급하여 주십시오」라는 문구를 기재한다. 이것은 지급인(약속어음의 발행인)에 대한 지급위탁의 문언이나, 어음(수표)상의 권리의 양도의 뜻도 포함되어 있다.

#### 3. 被背書人의 名稱

피배서인의 명칭 즉 피배서인의 성명이나 상호는 公簿上의 성명이나 상호에 한하지 않고 통칭이나 아호라도 무방하며, 또 피배서인의 명칭의 기재에 다소의 오류가 있더라도 피배서인의 동일성을 인식할 수 있으면 무방하다. 회사를 피배서인으로 하는 경우에는 회사의 상호만 기재하면 되고 그 대표자까지 기재할 필요는 없다. 이 경우에 회사의 명칭 외에 그 대표자를 기재한 때에는 회사가 피배서인으로 된다.

수인을 피배서인으로 기재하여도 무방하고, 이 경우에는 중첩적으로 기재하거나 선택적으로 기재하여도 무방하다. 수인의 피배서인을 중첩적으로 기재한 경우에는 그 전원이 어음(수표)상의 권리자로 되므로 그 중의 1인이 하는 배서는 무효이며, 수인의 피배서인을 선택적으로 기재한 경우에는 어음(수표)의 교부를 받은 자가 어음(수표)상의 권리자로 되므로 그 교부를 받은 자가 하는 배서는 유효하다.

#### 4. 背書人의 記名捺印(署名)

배서인의 기명날인(서명)은 어음(수표)행위에 있어서 기명날인(서명)과 같다.

### Ⅱ. 白地式背書

#### 1. 意 義

배서는 피배서인의 명칭을 기재하지 않고 할 수 있다. 이러한 배서를 백지식배서(blank indorsement) 또는 약식배서라 하고 무기명식배서라고도 한다.

백지식배서에는 배서문구의 기재는 있으나 피배서인의 명칭의 기재가 없는 경우와 배서문구의 기재도 없고 피배서인의 명칭의 기재도 없고 단지 배서인의 기명날인(서명)만 있는 경우가 있다(어 13조 2항 1문·77조 1항 1호, 수 16조 2항 1문). 후자를 특히 간략백지식배서라 한다. 그러나 통일어음(수표)용지에 배서하는 경우에는 배서문구가 부동문자로 인쇄되어 있으므로, 간략백지식배서가 있을 수 없다.

백지식배서는 어음(수표)법에 의하여 인정되는 배서의 한 방식이며, 백지식배서가 있는 어음(수표)은 어음(수표)요건을 결한 미완성의 백지어음(수표)이 아니다. 따라서 백지식배서가 있는 어음(수표)의 소지인은 피배서인의 명칭의 기재를 보충하지 않고 어음(수표)상의 권리를 행사할 수 있다. 이 백지식배서는 백지어음(수표)으로서 백지배서와 구별하여야 한다.

### 2. 記載場所

간략백지식배서는 어음(수표)의 공동발행이나 백지식보증의 기재와 혼동할 염려가 있으므로, 이것은 기명식배서와는 달리 어음(수표)의 표면에 하여서는 안되고 반드시 어음(수표)의 이면이나 보전(어 13조 2항 2문 · 77조 1항 1호, 수 16조 2항 2문) 또는 어음의 등본(어 67조 3항 77조 1항 6호)에 하여야 한다.

### 3. 白地式背書의 經濟的 效用

백지식배서에 의하여 어음(수표)을 양수한 자는 그 이후에는 단순한 어음(수표)의 교부만으로 어음(수표)을 간이하게 양도할 수 있으므로, 어음(수표)에 백지식배서를 한 경우에는 어음(수표)의 유통성이 증대된다.

또한 백지식배서에 의하여 어음(수표)을 양수한 자가 단순한 교부만으로 어음(수표)을 양도한 경우에는 그가 배서인으로 되지 않으므로 어음(수표)이 부도되어도 담보책임을 지지 않고, 또 이 경우에는 소구의무자가 적어 소구금액의 증대를 방지할 수 있다.

그리고 기명식배서에 의하여 어음(수표)을 양수한 자가 담보책임을 면하기 위하여 무담보배서(어 15조 1항 · 77조 1항 1호, 수 18조 1항)를 하면 어음(수표)이 신용이 없다는 것을 세상에 공표하는 것이 되어 어음(수표)의 유통성을 해하게 되나, 백지식배서에 의하여 어음(수표)을 양수한 자가 단순한 교부만으로 어음(수표)을 양도한 때에는 그가 어음(수표)관계에서 벗어나 배서인으로 되지 않으므로 어음(수표)의 신용을 해하지 않고 담보책임을 면할 수 있다.

### 4. 白地式背書의 效力

#### (1) 權利移轉的 效力

백지식배서도 배서이므로, 백지식배서를 한 때에는 어음(수표)상의 권리가 이전되어(어 14조 1항·77조 1항 1호, 수 17조 1항) 양수인이 어음(수표)상의 권리자로 된다.

따라서 백지식배서에 의하여 어음(수표)을 양수한 자는 타인에게 어음(수표)을 양도할 수 있으며, 이 경우에 어음(수표)양수인은 ① 백지를 자기의 명칭으로 보충하거나(어 14조 2항 1호·77조 1항 1호, 수 17조 2항 1호), ② 백지를 자기의 명칭으로나 타인의 명칭으로 보충하지 않고, 또 배서도 하지 않은 채 어음(수표)을 타인에게 교부할 수 있으며(어 14조 2항 3호·77조 1항 1호, 수 17조 2항 3호), ③ 백지를 타인의 명칭으로 보충하여 그 타인에게 어음(수표)을 교부할 수도 있다(어 14조 2항 1호·77조 1항 1호, 수 17조 2항 1호).

(2) 資格授與的 效力

백지식배서에 의하여 어음(수표)을 양수한 자도 그 어음(수표)의 배서가 연속되어 있으면 적법한 소지인으로 추정되어(어 16조 1항 2문·77조 1항 1호, 수 19조 2문) 어음(수표)상의 권리자라는 형식적 자격을 인정받는다. 연속된 배서 중에 백지식배서가 있는 경우에는 그 백지식배서의 다음 배서인은 그 백지식배서에 의하여 어음(수표)을 취득한 것으로 보아(어 16조 1항 4문·77조 1항 1호, 수 19조 4문) 배서가 연속된 것으로 인정된다.

백지식배서에 의하여 어음(수표)을 양수한 자는 적법한 소지인으로 추정되어 어음(수표)상의 권리자라는 형식적 자격을 인정받으므로, 자기가 진실한 권리자라는 것을 증명하지 않고 어음(수표)상의 권리를 행사할 수 있다.

백지식배서에 의하여 어음(수표)을 양수한 자는 백지를 자기의 명칭으로 보충하여(어 14조 2항 1호·77조 1항 1호, 수 17조 2항 1호) 어음(수표)상의 권리를 행사할 수 있고 또는 백지를 보충하지 않고 어음(수표)상의 권리를 행사할 수 있다.

(3) 擔保的 效力

백지식배서를 한 배서인도 피배서인과 그 후자의 전원에 대하여 어음(수표)의 인수와 지급을 담보하여(어 15조 1항·77조 1항 1호, 수 18조 1항), 어음(수표)의 지급이 거절된 경우 또는 어음의 만기 전에 인수가 거절되거나 지급이 불확실하다고 인정되는 일정한 사유가 발생한 경우에는 일정한 금액을 상환하여야 할 책임이 있다(담보책임).

그러나 백지식배서에 의하여 어음(수표)을 양수한 자가 백지를 자기의 명칭으로나 타인의 명칭으로 보충하지 않고 또 배서도 하지 않은 채 그 어음(수표)을 타인에게 교부한 경우나 백지를 타인의 명칭으로 보충하여 어음(수표)을 그 타인에게 교부한 경우에는, 배서를 한 것이 아니므로 담보책임을 지지 않는다.

#### ⑷ 기타의 效力

백지식배서에 의하여 어음(수표)을 취득한 경우나 백지식배서에 이은 기명식배서에 의하여 어음(수표)을 취득한 경우에도, 인적항변의 제한이 인정되고(어 17조·77조 1항 1호, 수 22조) 또 선의취득도 인정된다(어 16조 2항·77조 1항 1호, 수 21조).

**【대법원 2001. 4. 24. 판결, 2001 다 5272】**

백지식 배서에 의하여 어음을 양수한 자가 백지의 보충 없이 인도에 의하여 어음을 양도한 경우, 그에게 대항할 수 없었던 사유로 그로부터 어음을 양수한 현재의 어음소지인에게 대항할 수 있는지 여부에 대하여, 대법원은 「백지식 배서에 의하여 어음을 양수한 사람은 백지를 보충하지 아니하고 인도에 의하여 어음을 양도하면 배서인으로서의 소구의무를 부담하지 아니하지만 현재의 어음소지인의 앞사람으로서 권리를 양도한 어음상의 권리자였다는 지위에는 변함이 없으므로, 어음상 배서인으로 나타나 있지는 않지만 현재의 어음소지인에게 어음을 양도한 사람이 어음취득 당시 선의였기 때문에 그에게 대항할 수 없었던 사유에 대하여는 현재의 어음소지인이 비록 어음취득 당시 그 사유를 알고 있었다고 하여 그것으로써 현재의 어음소지인에게 대항할 수 없고, 현재의 어음소지인이 지급거절증서 작성 후 또는 지급거절증서작성기간 경과 후에 어음을 양도받았다고 하더라도 마찬가지」라고 하였다.

## Ⅲ. 所持人出給式背書

### 1. 意　義

소지인출급식배서(indorsement to bearer)는 피배서인의 명칭을 기재하지 않고 단순히 그 소지인에게 지급할 뜻을 기재한 배서이다.

어음의 배서에 있어서는 소지인출급식배서가 인정되나(어 12조 3항 77조 1항 1호), 어음의 발행에 있어서는 수취인 또는 지시인이 어음요건으로 되어 있으므로(어 1조 6호 75조 5호) 어음은 기명식어음이나 지시식어음으로 발행하여야 하고 소지인출급식어음으로 발행할 수 없다.

### 2. 效　力

소지인출급식배서는 백지식배서와 동일한 효력이 있다(어 12조 3항·77조 1항 1호, 수 15조 4항).

## Ⅳ. 指名所持人出給式背書(選擇無記名式背書)

### 1. 意　義

지명소지인출급식배서는 「A 또는 소지인」과 같이 특정인 또는 소지인에게 지급할 뜻을 기재한 배서이다.

지명소지인출급식배서에 관하여서는 어음(수표)법에 규정이 없어 학설은 수표법 제5조 제2항(지명소지인출급식수표를 소지인출급식수표로 본다)의 취지에 따라 이를 소지인출급식배서로 보아야 한다고도 하고(통설) 또는 지명소지인출급식배서는 어음(수표)관계를 불명확하게 하므로 인정할 수 없다고도 한다(김용태 261면).

생각건대 어음(수표)법에서 소지인출급식배서를 인정하고 있고(어 12조 3항·77조 1항 1호, 수 15조 4항) 또 지명소지인출급식수표는 소지인출급식수표로 보므로(수 5조 2항), 지명소지인출급식배서는 소지인출급식배서로 보는 것이 타당하다.

2. 效 力

지명소지인출급식배서를 소지인출급식배서와 같이 보면 그 효력은 백지식배서의 효력과 같다(어 12조 3항·77조 1항 1호, 수 15조 4항).

## 제4. 背書의 記載事項

### Ⅰ. 有益的記載事項

배서의 유익적기재사항은 기재하면 효력이 인정되는 사항이다. 배서의 유익적기재사항으로는 다음과 같은 것이 있다.

① 無擔保文句 환어음의 배서인은 인수담보책임·지급담보책임을 부담하지 않는다는 인수무담보문구·지급무담보문구를 기재하여 배서할 수 있고(어 15조 1항), 약속어음과 수표의 배서인은 지급담보책임을 부담하지 않는다는 지급무담보문구를 기재하여 배서할 수 있다(어 77조 1항 1호, 15조 1항, 수 18조 1항).

② 背書禁止文句 배서인은 피배서인이 배서하는 것을 금지하는 배서금지문구를 기재하여 배서할 수 있다(어 15조 2항·77조 1항 1호, 수 18조 2항).

③ 推尋委任文句 배서인은 피배서인에게 어음(수표)상의 권리를 행사할 대리권을 수여하는 추심위임문구를 기재하여 배서할 수 있다(어 18조 1항·77조 1항 1호, 수 23조 1항).

④ 入質文句 배서인은 어음상의 권리에 질권을 설정한다는 입질문구를 기재하여 배서할 수 있다(어 19조 1항 77조 1항 1호).

⑤ 背書日字 배서인은 배서의 일자를 기재하여 배서할 수 있다. 배서의 일자는 기한전배서인가 기한후배서인가를 판단하는 데 필요하고, 배서의 일자가

없는 배서는 기한전배서로 추정된다(어 20조 2항·77조 1항 1호, 수 24조 2항).

⑥ **引受提示要求文句**　환어음의 배서인은 발행인이 인수제시금지를 하지 않은 경우에는 기간을 정하거나 기간을 정하지 않고 인수를 위하여 어음을 제시할 것을 요구하는 인수제시요구문구를 기재하여 배서할 수 있다(어 22조 4항).

⑦ **引受提示期間·一覽提示期間 短縮文句**　일람후정기출급의 환어음의 인수제시기간과 일람후정기출급의 약속어음의 일람제시기간은 원칙적으로 발행일부터 1년이나, 배서인은 이 기간을 단축하는 인수제시기간단축문구·일람제시기간단축문구를 기재하여 배서할 수 있다(어 23조 3항). 이러한 배서를 한 경우에 그 배서인은 단축된 기간을 원용할 수 있다(어 53조 3항 77조 1항 4호).

⑧ **支給提示期間短縮文句**　일람출급어음의 지급제시기간은 원칙적으로 발행일부터 1년 내이나, 배서인은 이 기간을 단축하는 지급제시기간단축문구를 기재하여 배서할 수 있다(어 34조 1항 3문 후단, 77조 1항 2호). 이러한 배서를 한 경우에 그 배서인은 단축된 기간을 원용할 수 있다(어 53조 3항 77조 1항 4호).

⑨ **背書人의 處所**　배서인은 자기의 처소를 기재하여 배서할 수 있다. 배서인의 처소는 배서인에 대하여 소구의 통지를 하는 데 필요하다(어 45조 3항·77조 1항 4호, 수 41조 3항).

⑩ **拒絶證書作成免除文句**　환어음의 배서인은 인수거절증서작성면제문구 또는 지급거절증서작성면제문구를 기재하여, 약속어음의 배서인은 지급거절증서작성면제문구를 기재하여, 또 수표의 배서인은 지급거절증서 또는 이와 동일한 효력이 있는 선언의 작성면제문구를 기재하여 배서할 수 있다(어 46조 1항·77조 1항 4호, 수 42조 1항).

⑪ **豫備支給人의 記載**　어음의 배서인은 소구를 방지하기 위하여 미리 참가인수 또는 참가지급을 할 예비지급인을 기재하여 배서할 수 있다(어 55조, 77조 1항 5호).

⑫ **謄本背書文句**　등본작성 전에 원본에 최후의 배서를 한 자는 그 최후의 배서 뒤에 「이 후의 배서는 등본에 한 것만 효력이 있다」는 등본배서문구를 기재하여 배서를 할 수 있다(어 68조 3항 77조 1항 6호).

### Ⅱ. 無益的記載事項

배서의 무익적기재사항은 기재하여도 효력이 없고 또 그 기재가 배서의 효력에 영향이 없는 사항이다. 배서의 무익적기재사항으로는 다음과 같은 것이 있다.

① **背書에 붙인 條件** 배서는 무조건이어야 하므로(어 12조 1항 1문·77조 1항 1호, 수 15조 1항 1문), 배서에 조건을 붙이는 것은 허용되지 않는다(배서의 단순성). 이것은 배서에 조건을 붙인 경우에 조건의 성부가 미정인 동안에는 어음(수표)상의 권리가 불확정적이어서 어음(수표)거래의 안전을 해하기 때문이다. 그러나 배서에 조건을 붙인 경우에도 그 배서가 무효로 되는 것은 아니고 그 조건의 기재의 효력만이 부정되어 무조건의 배서로 된다(어 12조 1항 2문·77조 1항 1호, 수 15조 1항 2문).

② **對價文句** 배서인이 대가를 받고 배서한다는 대가문구를 기재하여 배서를 한 경우에 그 배서는 무효로 되지 않으나 그 대가문구는 효력이 없다.

③ **指示文句** 어음(수표)은 법률상 당연한 지시증권이므로(어 11조 1항·77조 1항 1호, 수 14조 1항), 어음(수표)상의 권리를 배서에 의하여 양도할 수 있다는 지시문구가 기재되어 있지 않아도 배서에 의하여 양도할 수 있다. 따라서 배서인이 지시문구를 기재하여도 효력이 없다.

### Ⅲ. 有害的記載事項

배서의 유해적기재사항은 기재하면 배서가 무효로 되는 사항이다. 배서의 유해적기재사항으로는 일부배서가 있다.

일부배서 즉 어음(수표)금액의 일부에 대한 배서를 인정하면 어음(수표)상의 권리와 증권의 결합이 해체되어 유가증권의 본질에 반하므로, 어음(수표)법은 일부배서를 무효로 규정하고 있다(어 12조 2항·77조 1항 1호, 수 15조 2항).

그러나 지급에 있어서는 일부지급이 인정되므로(어 39조 2항·77조 1항 3호, 수 34조 2항), 일부지급을 하고 잔여금액이 있는 경우에 그 잔여금액에 대하여 한 배서는 유효하다.

## 제3항 讓渡背書의 效力

### 제1. 序 說

양도배서를 한 경우에는 권리이전적 효력·자격수여적 효력 및 담보적 효력의 세 가지 효력이 발생한다.

이 중에서 권리이전적 효력은 배서인의 의사표시상의 효력으로서 양도배서의 본질적 효력이고, 그 외의 자격수여적 효력과 담보적 효력은 배서인의 의사와는 관계없이 어음(수표)법에서 특별히 인정되는 법정의 효력이다. 또한 권리이전적 효력과 자격수여적 효력은 모든 지시증권의 배서에 인정되는 효력이나, 담보적 효력은 어음과 수표의 배서에만 인정되는 효력이다.

## 제2. 讓渡背書의 權利移轉的 效力

### Ⅰ. 意 義

배서의 권리이전적 효력은 배서를 한 경우에 어음(수표)상의 권리가 배서인으로부터 피배서인에게 이전되어(어 14조 1항·77조 1항 1호, 수 17조 1항) 피배서인이 어음(수표)상의 권리자로 되는 것이다. 배서의 권리이전적 효력은 배서인의 의사표시상의 효력이고 양도배서의 본질적 효력이다(통설).

또 어음법은 배서의 권리이전적 효력에 관하여 명문의 규정을 두고 있으나, 민법은 지시채권증서의 배서에 관하여 자격수여적 효력만 규정하고(민 531조) 권리이전적 효력은 규정하고 있지 않다. 그러나 배서의 권리이전적 효력은 의사표시상의 효력이므로 민법상의 채권증서의 배서에 권리이전적 효력이 생기는 것은 당연한 것이다.

배서의 권리이전적 효력에 의하여 피배서인은 어음(수표)상의 권리자로 되어 그 어음(수표)상의 권리를 행사하거나 그 어음(수표)을 배서에 의하여 타인에게 양도할 수 있다.

### Ⅱ. 移轉의 目的物

#### 1. 어음(手票)上의 權利

배서의 권리이전적 효력에 의하여 피배서인에게 이전되는 것은 어음(수표)법에 「어음(수표)으로부터 생기는 모든 권리」(어 14조 1항·77조 1항 1호, 수 17조 1항)라 규정하고 있는데, 이는 주채무자에 대한 어음금지급청구권·배서인에 대한 소구권 등의 어음상의 권리와 공시최고신청권·백지보충권·이득상환청구권·복본교부청구권·원본반환청구권 등의 어음법상의 권리를 말한다.

#### 2. 從된 權利

배서의 권리이전적 효력에 의하여 어음(수표)상의 권리에 부수하는 종된 권리 즉 질권·저당권·보증채권·위약금채권 등도 이전되는가에 관하여 긍정설과 부정설이 대립해 있다.

(1) 學 說

긍정설은 어음(수표)유통의 조장을 위하여, 민법상의 종된 권리는 주된 권리의 처분에 따른다(민 256조 257조)는 원칙에 의하여, 배서에 의하여 어음(수표)상의 권리가 이전되는 경우에는 그에 부수하는 종된 권리도 이전된다고 한다(박원선 543면 정동윤 277면).

그러나 부정설은 배서는 어음(수표)상의 권리 자체만의 이전을 목적으로 하는 것이라는 이유로, 또는 어음(수표)상의 권리에 부수된 종된 권리는 실질관계에서 발생한 것으로서 어음(수표)상의 권리가 아니라는 이유로, 배서에 의하여 어음(수표)상의 권리가 이전되는 경우에는 그에 부수하는 종된 권리는 이전되지 않는다고 한다(통설)(대판 1964. 10. 2. 64 다 865).

**【대법원 1964. 10. 2. 판결, 64 다 865】**

배서에 의하여 어음 외의 보증채권이 어음상의 권리와 함께 이전하는가에 관하여, 대법원은 「보증채무계약은 보증인과 채권자 간에 체결되는 계약이므로, 약속어음의 배서인은 원인채무의 채무자에 대하여 자기가 보증채무를 부담한다는 뜻의 보증계약을 체결하는 등의 특별한 사정이 없는 한 원칙적으로 그 약속어음상의 의무만 부담한다」고 판시하여 부정설을 취하였다.

(2) 檢 討

어음(수표)상의 권리에 부수하는 종된 권리는 어음(수표) 외의 실질관계에서 생긴 것이므로 그 이전은 어음(수표) 외의 별개의 의사표시에 의하여야 하고, 어음(수표)상의 권리가 이전된다고 하여 그에 따라 당연히 이전되는 것이 아니다.

그러나 어음(수표)상의 권리에 부수하는 종된 권리는 어음(수표)상의 권리를 강화하기 위하여 설정된 것이므로, 대체로 어음(수표)상의 권리가 이전하는 경우에는 그에 부수하여 이전된다고 보는 것이 통상의 당사자의 의사에 합치한다(긍정설).

### Ⅲ. 人的抗辯의 切斷

배서를 한 경우에는 보통 채권양도의 경우와는 달리 피배서인이 어음(수표)채무자를 해할 것을 알고 어음(수표)을 취득한 경우(악의의 항변) 외에는 어음(수표)채무자는 배서인에 대하여 가지는 인적항변으로 피배서인에 대하여 대항하지 못한다(인적항변의 제한)(어 17조·77조 1항 1호, 수 22조).

그러므로 소지인이 배서에 의하여 어음(수표)을 취득한 경우에는 배서인이 가

지고 있던 어음(수표)상의 권리보다 더 강한 어음(수표)상의 권리를 가지게 된다.

배서의 법적 성질을 채권양도라 보면, 배서에 있어서 인적항변의 절단은 당연한 규정이 아니고 어음(수표)의 유통성의 강화를 위한 정책적 규정이다.

## 제3. 讓渡背書의 擔保的 效力

### Ⅰ. 意 義

담보적 효력은 배서인이 배서를 한 경우에는 피배서인과 그 후자(피배서인으로부터 순차로 배서를 받은 자)의 전원에 대하여 인수(환어음에만 해당)와 지급을 담보하여(어 15조 1항 · 77조 1항 1호, 수 18조 1항), 어음의 경우에는 만기에 지급거절이 있거나(어 43조 본문 77조 1항 4호) 만기 전이라도 인수거절 또는 지급이 불확실하다고 인정되는 일정한 사유가 발생한 때에(어 43조 단서 77조 1항 4호) 또 수표의 경우에는 지급거절이 있는 때에(수 39조) 피배서인과 그 후자 전원에 대하여 어음(수표)금액 기타 일정한 금액(어 48조 · 49조 · 77 1항 4호, 수 44조 · 45조)을 상환할 책임을 지는 것이다.

이러한 배서의 담보적 효력(배서인의 담보책임)은 어음(수표)유통의 보호를 위하여 일반사법상의 매도인의 권리이전에 대한 하자담보책임을 어음(수표)법화한 것이다.

### Ⅱ. 法的 性質

배서의 법적 성질을 채권양도라 이해하는 한 배서의 주된 효력은 권리이전적 효력이고, 담보적 효력은 배서의 부차적 효력이다.

배서의 담보적 효력의 법적 성질에 관하여 학설은 배서인의 담보책임은 배서인의 의사표시상의 효력이라고도 하고(정희철 187면~188면) 어음(수표)유통의 확보를 위하여 정책적으로 규정한 법정의 효력이라고도 한다(통설).

생각건대 배서인이 배서를 할 때의 주된 의사는 어음(수표)상의 권리를 피배서인에게 이전하려는 것이지 피배서인과 그 후자에 대하여 담보책임을 부담하겠다는 것이라 볼 수 없으므로, 배서의 담보적 효력은 어음(수표)의 유통의 확보를 위하여 법이 정책적으로 규정한 법정의 효력이라 보는 것이 타당하다.

이와 같이 배서의 담보적 효력이 법정의 효력이라 보면, 민법상의 지시채권의 배서에 관하여서는 담보적 효력을 규정하고 있지 않으므로 민법상의 지시증권의 배서인은 담보책임을 지지 않는다(서돈각 · 정완용 192면).

## Ⅲ. 擔保的 效力의 發生要件

### 1. 背書의 成立要件의 具備

배서의 담보적 효력이 발생하기 위하여서는 배서의 성립요건을 구비하여야 한다. 즉 배서의 방식에 따라 기재하고 어음(수표)을 교부하여야 한다.

배서에 있어서 어음(수표)의 교부를 결한 경우에는 기술한 바와 같이 어음(수표)이론의 교부계약설 · 발행설에 의하는 한 배서의 담보적 효력이 발생하지 않는다.

### 2. 背書의 權利移轉的 效力의 發生

배서의 담보적 효력은 일반사법상의 매도인의 권리의 이전에 대한 하자담보책임을 어음(수표)법화 한 것이므로 배서의 권리이전적 효력을 전제로 하는 것이다. 따라서 배서의 담보적 효력은 배서의 권리이전적 효력이 있어야 발생하고, 다만 순수한 담보배서에는 권리이전적 효력이 없어도 담보적 효력이 발생한다.

### 3. 背書의 連續 또는 中斷部分의 實質關係의 證明

배서의 담보적 효력이 발생하기 위하여서는 배서의 연속이 있어야 하고, 배서가 중단되어 있는 경우에는 중단부분에 관한 실질관계를 증명하여 그 중단부분이 가교되어야 한다.

## Ⅳ. 擔保的 效力의 內容

어음의 경우에는 만기에 지급거절이 있거나(어 43조 본문 77조 1항 4호) 만기 전이라도 인수거절 또는 지급이 불확실하다고 인정되는 일정한 사유가 발생한(어 43조 단서 77조 1항 4호) 때에 또 수표의 경우에는 지급거절이 있는 때에(수 39조), 배서인은 피배서인과 그 후자 전원에 대하여 어음(수표)금액 기타 일정한 금액(어 48조 · 49조 · 77조 1항 4호, 수 44조 · 45조)을 상환하여야 할 책임을 진다.

각 배서인의 담보책임은 합동책임으로서(어 47조 · 77조 1항 4호, 수 43조), 각 배서인은 어음(수표)금액 기타 일정한 금액을 지급할 책임을 지나 각 배서인 간에 부담부분은 없다.

## Ⅴ. 擔保的 效力의 排除

### 1. 無擔保背書

환어음의 배서인은 인수담보책임과 지급담보책임을 지고(어 15조 1항) 또 약속어음과 수표의 배서인은 지급담보책임을 지는데(어 77조 1항 1호 · 15조 1항, 수 18조 1항), 무담보배서는 배서인이 두 책임의 전부 또는 일부에 대하여 또 어음(수표)금액의 전부 또는 일부에 대하여 어음(수표)상의 담보책임(소구 의무)을 지지 않는다는 뜻(무담보문구)을 기재한 배서이다.

배서인이 이러한 무담보배서를 한 때에는 그 담보책임을 면한다. 환어음의 배서인이 단순히 「무담보」라고만 기재하여 무담보배서를 한 경우에는 인수와 지급의 무담보배서를 한 것으로 본다.

### 2. 背書禁止背書

배서금지배서(금전 배서)는 피배서인이 배서하는 것을 금지하는 뜻(배서금지문구)을 기재한 배서이다(어 15조 2항 1문·77조 1항 1호, 수 18조 2항 1문).

배서인이 배서금지배서를 한 경우에는 담보적 효력이 제한되어, 그 피배서인에 대하여서는 담보책임을 지나 그 후자에 대하여서는 담보책임을 지지 않는다(어 15조 2항 2문·77조 1항 1호, 수 18조 2항 2문).

### 3. 期限後背書

기한후배서는 어음의 경우에는 지급거절증서작성 후 또는 지급거절증서작성기간 경과 후의 배서이고(어 20조 1항 단서 77조 1항 1호), 수표의 경우에는 지급거절증서나 이와 동일한 효력이 있는 선언의 작성 후의 배서 또는 지급제시기간 경과 후의 배서이다(수 24조 1항).

기한후배서는 소구단계에서 하는 배서로서 어음(수표)지급의 확실성이나 어음(수표)유통의 확보를 고려할 필요가 없으므로, 배서인이 기한후배서를 한 경우에는 지명채권양도의 효력만 있고(어 20조 1항 단서·77조 1항 1호, 수 24조 1항) 담보적 효력이 없다.

### 4. 推尋委任背書

추심위임배서는 배서인이 피배서인에게 어음(수표)상의 권리를 행사할 대리권을 수여할 목적으로 하는 배서이다. 추심위임배서에는 대리권의 수여를 표시하는 뜻(추심위임문구)을 기재한 공연한 추심위임배서와 이러한 뜻을 기재하지 아니하여 형식상으로는 양도배서이나 실질상으로는 추심위임을 목적으로 하는 숨은 추심위임배서가 있다. 단순히 추심위임배서라 하면, 공연한 추심위임배서를 말한다.

공연한 추심위임배서는 피배서인에게 어음(수표)상의 권리를 행사할 대리권을 수여할 뿐이고 권리이전적 효력이 없으므로 담보적 효력이 없다.

숨은 추심위임배서의 법적 성질에 관한 통설인 신탁양도설에 의하면, 숨은 추심위임배서의 피배서인에 대하여서는 담보적 효력이 없으나 그 이후 양도배서를 받은 피배서인에 대하여서는 담보적 효력이 있다.

## 제4. 讓渡背書의 資格授與的 效力

### Ⅰ. 槪 念

#### 1. 意 義

배서의 연속이 있는 어음(수표)의 소지인은 적법한 소지인으로 추정되어(어 16조 1항 1문 · 77조 1항 1호, 수 19조 1문) 어음(수표)상의 권리자로서의 형식적 자격을 인정받는다.

이와 같이 배서의 연속이 있는 어음(수표)소지인은 적법한 소지인으로 추정되어(권리추정력) 어음(수표)상의 권리자로서의 형식적 자격을 인정받으므로(권리추정력), 소지인은 자기가 진실한 권리자라는 것을 증명하지 않고 어음(수표)상의 권리를 행사할 수 있고, 또 어음(수표)채무자가 사기 또는 중대한 과실 없이 소지인에게 어음(수표)금을 지급한 때에는 어음소지인이 진실한 권리자가 아니더라도 그 책임을 면하며(선의지급의 면책)(어 40조 3항 1문 · 77조 1항 3호, 수 35조 1항), 그리고 소지인으로부터 악의 또는 중대한 과실 없이 어음(수표)을 양수한 자는 그 소지인이 무권리자라도 어음(수표)상의 권리를 취득한다(선의취득)(어 16조 2항 · 77조 1항 1호, 수 21조).

이러한 권리추정력 · 선의지급의 면책(면책력) 및 선의취득을 배서의 자격수여적 효력이라 하고, 특히 이 중에서 권리추정력만을 배서의 자격수여적 효력이라고도 한다.

이러한 배서의 자격수여적 효력이 발생하기 위하여서는 각 배서가 형식상 유효하여야 하고 또 각 배서가 연속되어 있어야 한다.

#### 2. 資格授與的 效力의 認定理由

어음(수표)상 피배서인으로 기재된 자(최종 배서가 백지식배서인 경우에는 누구라도)가 어음(수표)을 소지하고 있는 경우에는 그 소지인을 어음(수표)상의 권리자로 인정하여도 대체로 진실에 합치하므로, 어음(수표)법은 어음(수표)상의 권리행사를 간편하게 하고 어음(수표)유통의 신속을 위하여 어음(수표)의 양수인(최종배서가 기명식배서인 경우에는 피배서인, 백지식배서인 경우에는 어음 · 수표 소지인)이 어음(수표)을 소지하고(외관적 사실) 있는 경우에는 이에 법률상의 추정력을 부여하여 자격수여적 효력을 인정한 것이다.

그러나 어음(수표)법이 배서의 자격수여적 효력을 인정하는 것은 어디까지나 어음(수표)상의 권리행사를 간편하게 하고 어음(수표)유통의 신속을 위한 수단에 불과하고 진실한 권리관계를 부정하는 것은 아니므로, 어음(수표)의 소지(외관적 사실)가 진실한 권리관계와 상이한 경우에는 배서의 자격수여적 효력이 부정된다.

그러므로 소지인이 진실한 권리자가 아닌 경우에는 어음(수표)채무자는 이것을 증명하여 그 어음(수표)상의 권리행사를 거절할 수 있고, 어음(수표)채무자가 소지인이 진실한 권리자가 아니라는 것을 알고 그 소지인에게 어음(수표)금을 지급한 경우에는 그 책임을 면할 수 없으며, 또 어음(수표)의 양수인이 소지인이 무권리자라는 것을 알고 그로부터 어음(수표)을 취득한 경우에는 그 어음(수표)상의 권리를 선의취득할 수 없다.

## Ⅱ. 背書의 連續

### 1. 意 義

배서의 연속(uninterrupted series of indorsements)은 수취인이 제1배서의 배서인으로 되고 제1배서의 피배서인이 제2배서의 배서인으로 되어 순차로 최후의 배서에 이른 것을 말한다.

### 2. 背書의 連續의 要件

배서의 연속이 있기 위하여서는 각 배서가 형식(방식)상 유효하여야 하고, 또 어음(수표)상의 기재에 있어서 형식상 배서가 연속되어 있어야 한다.

#### (1) 背書의 形式上 有效

배서의 연속이 있기 위하여서는 각 배서가 형식(방식)상 유효하여야 한다. 배서가 형식상 무효인 경우에는 배서의 연속에 있어서 그 배서가 존재하지 않은 것으로 본다. 따라서 공동수취인 중 1인만이 한 배서는 형식상 부적법하여 무효이므로, 그 배서는 배서의 연속에 있어서 존재하지 않은 것으로 취급된다. 그러나 복수의 수취인의 선택적 기재는 허용되므로 그 복수의 수취인 중 1인이 한 배서는 유효하다.

배서의 연속에 있어서 각 배서는 형식상 유효하면 되고, 실질상 유효한가의 여부는 불문한다. 따라서 배서 중에 위조된 배서(대판 1974. 9. 24. 74 다 902), 무권대리인의 배서,

실존하지 않는 회사의 배서(대판 1973. 6. 22. 72 다 2026) 등이 개재되어 있거나 무능력자의 배서 또는 사기나 강박에 의한 배서로서 취소된 배서가 개재되어 있더라도, 그것이 형식상 유효하면 배서가 연속된 것으로 본다.

**【대법원 1974. 9. 24. 판결, 74 다 902】 등**

배서의 연속에 관하여, 대법원은 ① 「……배서의 연속은 배서가 형식상 연속되어 있으면 충분하고 실질상 유효할 것을 요하지 않으므로 배서가 위조된 경우에도 배서의 연속이 흠결된 것으로 볼 수 없다」(대판 1974. 9. 24. 74 다 902)고 판시하였고,

② 「약속어음의 점유자가 배서의 연속에 의하여 그 권리를 증명한 때에는 적법한 소지인으로 추정하게 되어 있고 배서의 연속은 오로지 어음의 외관상 배서가 연속되어 있으면 되고 비록 중간에 허무인이 배서인으로 개재되어 있더라도 무방한 것이다」(대판 1973. 6. 22. 72 다 2026)라고 판시하여, 형식상 유효하면 된다고 하였다.

말소된 배서는 배서의 연속에 있어서 배서의 기재가 없는 것으로 본다(어 16조 1항 3문·77조 1항 1호, 수 19조 3문). 여기에 있어서 배서의 말소는 말소권한 있는 자에 의한 말소인가 아닌가를 불문한다.

⑵ 어음(手票)上의 記載에 있어서 背書의 連續

배서의 연속이 있기 위하여서는 어음(수표)상의 기재에 있어서 배서의 순위를 결정할 수 있어야 한다. 배서의 순위는 배서의 장소, 배서의 일자, 배서인과 피배서인의 명칭의 연속 등에 의하여 결정할 수 있을 것이다. 오늘날에는 통일어음(수표)용지가 전면적으로 사용되고 있고 또 통일어음(수표)용지에는 배서의 난이 위에서 아래로 순서로 배열되어 있으므로, 배서장소의 순서에 따라 배서가 된 것으로 보아도 무방할 것이다.

그리고 배서의 연속이 있기 위하여서는 배서의 형식적 기재 즉 어음(수표)상 배서의 기재에 있어서 전 배서의 피배서인(또는 수취인)과 후 배서의 배서인의 동일성이 인정되어야 한다. 따라서 수취인과 제1배서의 배서인 또는 전 배서의 피배서인과 후 배서의 배서인이 실질상 동일인이라도 어음(수표)상 기재의 형식에 있어서 동일인으로 인정되지 않는 경우에는 배서의 불연속(배서의 연속의 흠결)으로 된다.

배서의 연속에 있어서 전 배서의 피배서인의 기재와 후 배서의 배서인의 기재는 전적으로 동일하여야 하는 것은 아니나, 다소 상위하더라도 주요한 점에서 일치하여 사회통념상 동일성이 있어야 한다(통설). 예컨대 전 배서의 피배서인과 후

배서의 배서인이 「A상회」와 「A상회 B」라든지 「A회사」와 「A회사대표이사 B」로 기재되어 있는 경우에는 배서의 연속이 있는 것으로 보며, 또 반대로 「A회사 B」와 「B」도 개인으로는 연속되어 있다고 볼 것이다.

**【대법원 1999. 3. 9. 판결, 97 다 7745】**

**1. 사실관계**

Y쇼핑은 A은행 명동지점으로부터 300억 원을 대출받으면서 그 채무를 담보하기 위하여 액면금 100억 원권 약속어음 2매와 액면금 50억 원권 약속어음 2매를 발행하여 각각 C투자금융의 어음보증을 받아 A은행 명동지점에 교부하였고, A은행 명동지점장인 B가 개인적으로 금전을 융통하기 위하여 X로부터 어음할인을 받으면서 위 약속어음의 제1배서란에 「서울특별시 중구 명동 2가 32의 2 주식회사 A은행 명동지점」이라고 된 명판을 찍고 거기에 기명은 하지 않은 채 자기의 개인 도장을 찍어 이를 X에게 교부하였다.

만기에 X가 지급제시하였으나, Y쇼핑은 B의 배서가 기명이 누락되어 무효의 배서로서 배서의 연속이 절단되어 있다는 이유로 지급을 거절하였다.

**2. 판결요지**

이 건에 관하여, 대법원은 「은행 지점장이 수취인이 은행인 약속어음의 배서인란에 지점의 주소와 지점 명칭이 새겨진 명판을 찍고 기명을 생략한 채 자신의 사인(私印) 을 날인하는 방법으로 배서한 경우, 그 배서는 행위자인 대리인의 기명이 누락되어 그 요건을 갖추지 못한 무효의 배서이므로 배서의 연속에 흠결이 있다」고 판시하여, 위의 A의 배서는 요건불비의 배서로서 무효이므로 배서연속이 단절된 것이라고 하였다.

(3) 背書連續의 決定時期

배서연속의 여부를 결정하는 시기에 관한 규정이 없으므로, 어느 시기를 기준으로 배서의 연속 여부를 결정할 것인지 문제된다.

물론 어음(수표)법의 해석상 일정한 시기에 배서의 연속이 필요한 경우에는 그 시기를 기준으로 배서의 연속 여부를 결정하여야 한다. 예컨대 어음소지인의 권리행사의 경우에는 권리행사시(소제기에 의한 권리행사의 경우에는 변론종결시), 어음(수표)의 선의취득의 경우에는 어음(수표)을 취득할 때, 선의지급면책의 경우에는 만기에 어음(수표)금을 지급할 때에 배서의 연속이 있어야 한다.

### 3. 특수한 경우에 있어서 背書의 連續

(1) 白地式背書가 있는 경우

최후의 배서가 백지식배서인 경우에 그 어음(수표)소지인은 적법한 소지인으로 추정되며(어 16조 1항 2문·77조 1항 1호, 수 19조 2문) 또 백지식배서 다음에 다른 배서가 있는 경우에 다른 배서를 한 자는 백지식배서에 의하여 어음(수표)을 취득한 것으로 보므로(어 16조 1항 4문·77조 1항 1호, 수 19조 4문), 최후의 배서가 백지식배서이고 백지식배서 다음에 다른 배서가 있는 경우에는 배서가 연속된 것으로 된다.

최후의 배서가 백지식배서인 경우에 그 어음(수표)소지인은 적법한 소지인으로 추정되어 피배서인과 동일한 자격을 가지므로, 그 소지인이 어음(수표)상의 권리를 행사할 때에는 자기를 피배서인으로 기재하지 않아도 무방하다.

#### (2) 記名式背書에 있어서 被背書人의 名稱이 抹消된 경우

기명식배서에 피배서인의 명칭이 말소된 경우에 관하여는 백지식배서설(정찬형 273면, 최기원 287면)과 전부말소설(이철송 312면, 정동윤 376면) 등의 학설이 대립해 있다.

그러나 어음거래의 통념상으로는 이것을 백지식배서로 보는 것이 적합하고 또 이 경우에는 백지식배서와 동일한 효력을 인정하여 배서의 연속이 있는 것으로 하는 것이 어음(수표)법의 이념인 어음(수표)의 유통성의 확보를 기할 수 있다. 그리고 어음(수표)법에서 백지식배서를 인정하고 있는 것으로 보아 배서에 있어서는 배서인의 기명날인(서명)이 요소이고 피배서인의 명칭은 그 요소라 생각되지 않으므로, 기명식배서에 있어서 피배서인의 명칭이 말소된 경우에는 백지식배서와 동일한 효력이 있는 것으로 보는 것이 타당하다(백지식배서설).

그러므로 기명식배서에 있어서 피배서인의 명칭이 말소된 경우에는 이것을 백지식배서와 동일한 효력이 있는 것으로 보아, 배서의 연속 여부를 결정하여야 한다.

#### (3) 相續人 또는 合倂會社의 背書가 있는 경우

전 배서의 피배서인이 「A」이고 후 배서의 배서인이 「A의 상속인 B」라 하여 배서한 경우에, 배서의 연속은 어음(수표)상의 기재에 있어서 형식적으로 판단하여야 하고 또 「A의 상속인」이라는 부기가 A의 배서를 표시하는 것이 아니므로 배서의 연속이 있다고 볼 수 없다.

이것은 회사가 합병에 의하여 포괄승계한 경우에도 같다. 예컨대 A회사가 B회사를 흡수합병하고 전 배서의 피배서인이 B회사(말소회사)로 되어 있는 어음에 A회사(존속회사)가 후 배서를 한 경우에는, 어음상에 A회사가 B회사를 흡수합병하였다는 것이 부기되어 있더라도 여기에 배서의 연속이 있다고 볼 수 없다.

그러나 이러한 상속인이나 존속회사의 배서가 연속된 배서의 중간에 개재되어 있어 배서의 연속이 절단되어 있더라도, 후술하는 바와 같이 소지인이 중단부분에 관한 실질관계를 증명하여 그 중단부분이 가교된 경우에는 어음(수표)상의 권리를 행사할 수 있다.

### 4. 背書의 連續의 效力

배서의 연속이 있는 경우에는 배서의 자격수여적 효력으로서 다음과 같은 효력이 생긴다.

#### (1) 適法한 어음(手票)所持人으로의 推定(權利推定力)

일반원칙에 의하면 권리를 행사하는 자는 자기가 진실한 권리자라는 것을 증명하여야 하나, 배서가 연속된 어음(수표)의 소지인은 적법한 소지인으로 추정되어(권리추정력)(어 16조 1항 1문 · 77조 1항 1호, 수 19조 1문) 어음(수표)상 권리자의 형식적 자격을 인정받으므로 자기가 진실한 권리자라는 것을 증명하지 않아도 당연히 어음(수표)상의 권리를 행사할 수 있다.

그러나 이러한 배서연속의 권리추정력은 최후배서의 피배서인을 절대적인 어음(수표)상의 권리자로 인정하는 것이 아니고 단지 적법한 어음(수표)소지인으로 추정할 뿐이므로, 어음(수표)채무자는 반증에 의하여 이 추정을 깨뜨릴 수 있다. 따라서 소지인이 무권리자인 경우, 예컨대 어음소지인이 어음을 절취한 뒤 배서를 위조하여 자기를 최후의 피배서인으로 한 경우에는 어음채무자는 그것을 증명하여 그 어음상의 권리행사를 거절할 수 있다.

#### (2) 善意支給의 免責(免責力)

일반원칙에 의하면 채무자는 진실한 권리자에게 변제하여야 하고 무권리자에게 변제한 경우에는 다시 그 진실한 권리자에게 변제하여야 하나, 어음(수표)채무자가 배서가 연속된 어음(수표)소지인에게 사기 또는 중대한 과실 없이 어음(수표)금을 지급한 경우에는 비록 그가 진실한 어음(수표)상의 권리자가 아니라도 그 책임을 면한다(선의지급의 면책)(어 40조 3항 1문 · 77조 1항 3호, 수표에 유추). 이것은 어음(수표)채무자의 책임을 경감하여 어음(수표)의 지급을 용이하게 함으로써 어음(수표)의 유통성을 확보하기 위한 것이다.

그러나 이러한 배서연속의 면책력은 어디까지나 어음(수표)의 유통성을 확보하기 위한 수단에 불과한 것이다. 그러므로 어음(수표)채무자가 사기로 즉 어음(수표)채무자가 무권리자라는 것을 알고 또 이 사실을 증명할 수 있는 확실한 증거방법이 있는 데도 어음(수표)금을 지급하였거나(사기지급) 중대한 과실로 즉 어음(수표)채무자가 보통의 조사를 하였으면 소지인이 무권리자라는 것을 알고 또 이 사실을 증명할 수 있는 확실한 증거방법을 획득하였을 것인 데도 이러한 조사를 하지 아니하여 소지인이 무권리자라는 것을 알지 못하고 어음(수표)금을 지급한(중과실지급) 경우에는, 어음(수표)채무자는 그 책임을 면하지 못하고 다시 진실한 권리자에게 지급하여야 한다.

#### (3) 善意取得

일반원칙에 의하면 진실한 권리자에게서만 권리를 취득할 수 있는 것이나, 배서가 연속된 어음(수표)의 소지인으로부터 어음(수표)법적 유통방법(배서·교부)에 의하여 어음(수표)을 취득한 자는 악의 또는 중대한 과실이 없는 한 무권리자로부터 취득하였더라도 어음(수표)상의 권리를 취득한다(선의취득)(어 16조 2항·77조 1항 1호, 수 21조). 이것은 어음(수표)의 유통성을 확보하기 위하여 배서연속의 권리추정력을 어음(수표)상 권리양도의 경우까지 확대한 것이다.

### 5. 背書의 不連續(背書連續의 欠缺)

#### (1) 意 義

배서의 연속은 배서의 형식적 기재에 있어서 최초의 어음(수표)상의 권리자(수취인)로부터 최후의 소지인에 이르기까지 어음(수표)상 권리양도의 경로가 순차로 연속되어 있어야 하므로, 중간에 전 배서의 피배서인과 후 배서의 배서인이 동일인이 아닌 경우에는 배서가 연속되지 않은 것으로 된다. 이것을 배서의 불연속, 배서연속의 중단 또는 배서연속의 흠결이라 한다.

#### (2) 背書의 抹消로 인한 背書의 不連續

말소한 배서는 배서의 연속에 있어서 배서의 기재가 없는 것으로 본다(어 16조 1항 3문·77조 1항 1호, 수 19조 3문). 여기에서 배서의 말소는 기명식배서에 있어서 피배서인의 명칭을 말소하는 것과는 달리 배서의 전체를 말소하는 것이다.

배서의 말소 여부는 외관에 의하여서만 판단하여야 하므로, 배서를 말소한 자가 말소의 권한을 가졌는가 가지지 않았는가 또는 말소의 의사로 말소하였는가 말소의 의사 없이 말소하였는가를 불문한다. 따라서 배서가 연속된 어음(수표)에 말소의 권한 없는 자가 잘못하여 중간의 배서를 말소한 경우에도 배서의 말소로 된다.

연속된 수개의 배서 중에 배서의 말소가 있는 경우에는 그 배서가 배서의 연속에 있어서 기재되지 않은 것으로 보므로, 나머지 다른 배서만으로 배서의 연속 여부를 결정하여야 한다.

(3) 背書의 不連續의 效力

① **權利移轉的 效力** 배서의 연속이 중단되어 있더라도 어음(수표) 소지인이 중단부분에 관한 실질관계를 증명하여 그 중단부분이 가교된 경우, 즉 중단부분에 관하여 상속·합병 또는 지명채권양도의 방법 등에 의하여 실질적으로 유효한 권리의 이전이 있었다는 것, 유효한 배서가 있었으나 그 배서가 과실에 의하여 말소되었다는 것, 배서가 무권한자에 의하여 말소되었다는 것, 또는 전 배서의 피배서인과 후 배서의 배서인이 실질상 동일인이라는 것 등의 실질관계를 증명하여 그 중단부분이 가교된 경우에는 권리이전적 효력이 생긴다.

예컨대 A가 B에게 어음을 배서양도하고 C가 B로부터 그 어음을 상속한 경우에도 권리이전적 효력이 있어 C는 그 어음상의 권리를 취득한다. 다만 이 경우에 C는 어음법적 유통방법에 의하여 어음상의 권리를 취득한 것이 아니므로, 어음채무자의 B에 대한 인적항변이 제한되지 아니하여 C는 B에 대한 인적항변의 대항을 받고 또 C가 선의·무중과실이고 B가 무권리자였더라도 그 어음상의 권리를 선의취득할 수 없다.

그러나 위의 예에서 C가 D에게 그 어음을 배서양도한 경우에는, D는 물론 권리이전적 효력에 의하여 어음상의 권리를 취득하고 어음채무자의 B에 대한 인적항변이 절단되어 B에 대한 인적항변의 대항을 받지 않으며 또 D가 선의·무중과실이면 C가 무권리자이더라도 그 어음상의 권리를 선의취득한다.

② **資格授與的 效力** 배서의 연속이 있는 어음(수표)의 소지인은 적법한 어음(수표)소지인으로 추정된다(어 16조 1항 1문·77조 1항 1호, 수 19조 1문). 따라서 배서가 중단된 어음(수표)의 소지인은 적법한 어음(수표)소지인으로 추정되지 않고, 중단 전의 최후의 피배서인이 적법한 어음(수표)소지인으로 추정된다.

그러나 배서연속의 자격수여적 효력은 어음(수표)상의 권리행사를 간편하게 하고 어음(수표)의 유통을 신속하게 하기 위한 것이며 또 배서가 중단되었다고 하여 소지인의 어음(수표)상의 권리가 절대적으로 부정되는 것이 아니므로, 소지인이 배서의 중단부분에 관한 실질관계를 증명하여 그 중단부분이 가교된 경우에는 적법한 어음(수표)소지인으로 추정된다(통설).

**【대법원 1969. 12. 9. 판결, 69 다 995】**

배서의 연속이 중단되어 있으나 그 중단부분에 관하여 실질상 권리의 이전이 있었다는 것을 증명한 경우에 관하여, 대법원은 「이 건의 원고가 소지하는 약속어음에는 배서의 연속이 끊겨있지만 그 중단된 부분에 관하여 위의 판시와 같은 실질관계가 있다고 하여 원고의 청구가 적법하다고 판단한 원심의 조치는 정당하다」고 판시하여 소지인의 어음상의 권리행사를 인정하였다.

③ **擔保的 效力** 배서가 중단되어 있는 어음(수표)의 소지인이 한 배서가 담보적 효력이 있는가는 다음과 같이 두 가지 경우로 나누어 고찰할 수 있다.

첫째 배서가 중단되어 있더라도 그 중단부분이 실질관계의 증명에 의하여 가교된 경우, 즉 형식적 자격은 없으나 실질적 권리를 가지는 자(상속 · 합병 또는 지명채권양도의 방법에 의하여 어음수표를 취득한 자)가 배서한 경우에 그 배서는 배서로서의 효력이 있으므로 담보적 효력이 있다(정희철 191면, 정찬형 275면)(대판 1995. 9. 29. 94 다 58377).

둘째로 배서가 중단되어 있고 또 그 중단부분에 대한 실질관계의 증명이 없어 중단부분이 가교되지 않은 경우 즉 형식적 자격도 없고 실질적 권리도 없는 자(어음 · 수표를 절취 또는 습득하여 가지고 있는 자)가 배서한 경우에 그 배서는 담보적 효력이 없다. 이것은 어음법 제15조 제1항(수 18조 1항)의 담보적 효력은 원칙적으로 배서의 권리이전적 효력을 전제로 하는 것이기 때문이다. 그러나 형식적 자격과 실질적 권리가 모두 없더라도 담보배서를 한 경우에는 담보적 효력이 있다(정희철 192면).

**【대법원 1995. 9. 29. 판결, 94 다 58377】**

**1. 사실관계**

A회사는 공유수면허가를 받아 공유수면매립공사를 하던 중 당시 매립지에 포함된 지상에서 황산도라는 상호로 횟집을 경영하고 있던 X와 위 횟집의 철거를 협의하여 횟집철거의 대가로 철거보상비 3,000만 원과 횟집 신축비용 및 영업피해보상비로 1억

3,000만 원을 지급하기로 합의하고 또 횟집을 신축할 대지로 매립지 200평을 주기로 합의하였다.

그리하여 A회사의 공동대표이사 B가 X에게 금 1억 3,000만 원의 지급을 위하여 X를 수취인으로 하고 A회사의 명의로 액면 금 6,000만 원의 약속어음 1매와 액면 금 7,000만 원의 약속어음 1매를 발행하고 제1배서란에 B가 담보의 목적으로 개인 명의의 배서를 하여 이를 X에게 교부하였다.

그 후 B가 사망하여 그의 처와 아들 Y가 공동상속인이 되었다. X가 만기에 지급장소에 지급제시하였으나 지급거절되었고, 이에 X가 Y에게 소구하였으나 Y는 위 약속어음에 배서의 연속이 없다는 이유로 이행을 거절하였다.

**2. 판결요지**

이 건에 관하여, 대법원은「이 건 약속어음의 발행인은 A회사, 수취인은 X, 제1배서인은 B로 기재되어 있어 이 건 각 약속어음의 배서가 연속되어 있지 않으나, 위 약속어음은 A회사가 X에게 발행한 것인데 X의 배서 없이 B가 담보를 위하여 배서한 것을 X가 취득한 사실을 알 수 있으므로 그 실질적 권리가 어음에 표시된 바와 같은 경로를 거쳐 이전되지 않았더라고 하더라도 X가 위 약속어음의 실질적 권리자임이 증명되었다 할 것이다.

이와 같이 X가 위 약속어음의 실질적 권리자임이 증명되고 B의 배서가 배서의 유효요건을 구비하고 있는 이상 배서의 담보적 효력이 인정되는 것이다. 따라서 백서가 단절된 채로 지급제시하여 지급거절되었더라도 그 지급제시는 적법한 것으로 보아 어음소지인은 배서인에 대하여 소구권을 행사할 수 있다고 봄이 상당하다」고 판시하여, 배서의 연속이 단절되어 있더라도 그 어음소지인이 실질적 권리자임이 증명된 때에는 소구권을 행사할 수 있다고 하였다.

## 제 3 관 特殊한 背書

### 제1. 序 說

고유의 양도배서 외의 배서를 특수한 배서라 한다. 특수한 배서에는 고유의 양도배서에 특수성이 첨가되어 있는 것과 어음(수표)상의 권리의 양도가 아닌 특별한 목적을 위하여 하는 것이 있다. 전자에는 무담보배서 · 배서금지배서 · 기한후배서 · 환배서 등이 있고, 후자에는 추심위임배서 · 입질배서 · 순수한 담보배서 · 신탁배서 등이 있다.

## 제2. 無擔保背書

### Ⅰ. 意 義

환어음의 배서인은 인수담보책임과 지급담보책임을 지고(어 15조 1항), 또 약속어음과 수표의 배서인은 지급담보책임을 진다(어 77조 1항 1호·15조 1항, 수 18조 1항). 무담보배서(indorsement without recourse)는 배서인이 이러한 두 책임의 전부 또는 일부에 대하여 또 어음(수표)금액의 전부 또는 일부에 대하여, 어음(수표)상의 담보책임(소구의무)을 지지 않는다는 뜻의 문언(무담보문구)을 기재한 배서이다.

환어음의 배서인이 「무담보」라고만 기재하여 무담보배서를 한 경우에는 인수와 지급의 무담보배서를 한 것으로 본다. 그러나 「인수무담보」라 기재하여 인수무담보배서를 한 경우에는 지급담보책임을 진다.

그러나 어음(수표)에 무담보배서를 하면 어음(수표)금의 지급이 불확실하다는 것을 세상에 공표하는 결과가 되므로, 실제에 있어서 무담보배서를 하여야 할 경우에는 백지식배서를 받아 단순한 교부에 의하여 양도한다.

### Ⅱ. 效 力

배서인이 무담보배서를 한 경우에는 담보적 효력이 생기지 아니하여 피배서인과 그 후자의 전원에 대하여 담보책임을 지지 않는다(어 15조 1항·77조 1항 1호, 수 18조 1항). 이 효력은 무담보배서를 한 배서인에 대하여서만 생긴다.

그러나 무담보배서도 배서이므로, 그 효력은 담보적 효력이 없는 외에는 모두 양도배서의 효력과 같다. 따라서 무담보배서를 하여도 권리이전적 효력과 자격수여적 효력이 생기고, 또 권리이전적 효력과 관련하여 인적항변 절단의 효력이 생기며 자격수여적 효력으로서 권리추정력·선의지급의 면책력·선의취득 등의 효력이 생긴다.

단자회사나 종합금융회사 등이 기업어음(C.P.어음)을 일반투자자에게 매출할 때에는 이에 무담보배서를 하여 양도한다. 따라서 이 경우에 어음소지인인 일반투자자는 배서인인 단자회사나 종합금융회사에 대하여 어음상의 책임을 물을 수 없다.

**【대법원 1984. 11. 15. 판결, 84 다카 1227】**

**1. 사실관계**

종합금융회사는 우량적격업체가 선정한 기업이 액면 1,000만 원 이상 지급기일 91일 이상 180일 이내로 발행한 C.P.어음(기업어음)을 할인매수하여 일반투자자에게 매출하는 것을 주요업무로 하는 회사이다.

X가 C.P.적격업체로 선정된 A회사가 발행하고 Y종합금융회사가 「지급을 책임지지 않음」이라는 문언을 기재하여 무담보배서를 한 액면 1,000만 원의 C.P.어음을 매수하여 소지하고 있었다. 그러나 A회사가 부도되어 거래은행으로부터 당좌거래가 해지되고 회사정리절차가 개시되어 정리계획안이 확정되었다.

그리하여 X는 Y종합금융회사를 상대로 매매계약상의 책임불이행책임과 하자담보책임을 추궁하는 소를 제기하였다.

**2. 판결요지**

이 건에 관하여, 대법원은 「어음상의 '지급을 책임지지 아니함'이란 문언은 단자회사가 배서인으로서의 담보책임뿐만 아니라 매매계약상의 채무불이행책임과 어음의 매도인으로서의 하자담보책임까지도 배제하기로 한 취지라 보아야 하며, 또 단자회사는 어음중개실운영위원회의 조사에 의하여 C.P.적격업체를 선정한 것이므로 C.P.발행회사의 신용상태나 자산의 건전성 등을 조사하지 않았더라도 이로써 과실이 있는 것으로 인정할 수 없다」고 판시하여 그 책임을 부정하였다.

## 제3. 背書禁止背書

### Ⅰ. 意 義

배서금지배서(restrictive indorsement)는 피배서인이 배서하는 것을 금지하는 뜻(배서금지문구)을 기재한 배서이다(어 15조 2항 1문 · 77조 1항 1호, 수 18조 2항 1문). 이것을 금전배서라고도 한다.

배서인이 기명식배서를 하는 경우뿐만 아니라 백지식배서를 하는 경우에도 배서금지문구를 기재하여 배서금지배서를 할 수 있다.

배서금지배서는 배서인이 어음(수표)에 배서를 할 때에 배서금지문구를 기재하여 하는 배서로서, 발행인이 어음(수표)을 발행할 때에 배서금지문구를 기재하여 발행하는 배서금지어음과는 다르다.

### Ⅱ. 效 力

배서금지배서를 한 경우에도 권리이전적 효력 · 자격수여적 효력 및 담보적효력이 생기며, 다만 배서금지배서의 배서인의 의도가 소구금액의 증대를 방지하기 위한 것이므로 이러한 목적으로 인하여 담보적 효력이 제한된다.

### 1. 權利移轉的 效力과 그 후의 讓渡可能性

배서금지배서에 기재된 대로 효력을 인정하여 배서금지배서 후에는 어음(수표)을 배서에 의하여 양도할 수 없다고 하면 발행 당시 당연한 지시증권이었던 어음(수표)(어 11조 1항·77조 1항 1호, 수 14조 1항)이 배서인의 의사에 의하여 그 지시증권성을 상실하게 되어 부당하므로, 배서인이 배서금지배서를 하여도 어음(수표)이 지시증권성을 상실하여 지명채권으로 변하지 않고 그 후에도 그 피배서인은 다시 배서에 의하여 그 어음(수표)을 양도할 수 있다.

이것은 발행인이 배서금지문구를 기재하여 발행한 배서금지어음(수표)이 작성 당시부터 기명증권으로서 배서에 의하여 양도할 수 없고 지명채권양도의 방법에 의하여 또 그 효력으로써만 양도할 수 있는 것(어 11조 2항·77조 1항 1호, 수 14조 2항)과 다르다.

### 2. 擔保的 效力

배서금지배서의 배서인은 그 피배서인에 대하여서는 담보책임을 지나, 그 후의 배서의 피배서인에 대하여서는 담보책임을 지지 않는다(어 15조 2항 2문·77조 1항 1호, 수 18조 2항 2문).

배서금지배서의 배서인이 그 피배서인 후의 피배서인에 대하여 책임을 지지 않는다는 것에 관하여, 학설은 배서금지배서의 배서인은 그 피배서인 후의 피배서인에 대하여 일체의 소구의무를 부담하지 않는 것이라고도 하고(정동윤 291, 정찬형 279, 이철송 337), 배서금지배서의 피배서인이 그 배서인에 대하여 가지고 있는 소구권도 양도배서에 의하여 그 후의 배서의 피배서인에게 이전되고 다만 이 경우 인적항변(배서금지)이 절단되지 아니하여 그 후의 배서의 피배서인은 배서금지배서의 피배서인이 그 배서인에 대하여 가지고 있는 소구권 이상의 권리를 행사하지 못하는 것이라고도 한다(서헌제 860면).

생각건대 배서금지배서의 피배서인이 그 배서인에 대하여 가지고 있는 소구권은 어음(수표)에 표창되어 있어 배서에 의하여 그 후의 배서의 피배서인에게 이전되므로 그 후의 배서의 피배서인도 배서금지배서의 배서인에 대하여 소구할 수 있으나, 이 경우 배서금지배서의 배서인이 그 피배서인에 대하여 가지고 있는 인적항변이 그대로 그 후의 배서의 피배서인에게 이전되므로 그 후의 배서의 피배서인은 배서금지배서의 배서인으로부터 그 인적항변의 대항을 받게 된다. 따라서 그 후의 배서의 피배서인은 배서금지배서의 피배서인이 그 배서인에 대하여 가지고 있는 소구권 이상의 권리를 행사할 수 없는 것이다.

3. 資格授與的 效力

배서금지배서에도 자격수여적 효력이 있어, 그 피배서인은 권리추정력·선의지급의 면책·선의취득 등의 보호를 받는다.

## 제4. 期限後背書

### Ⅰ. 意 義

기한후배서(negotiation of overdue bill)는 어음에 있어서는 지급거절증서 작성 후 또는 지급거절증서작성기간 경과 후의 배서를 말하고(어 20조 1항 단서, 77조 1항 1호), 수표에 있어서는 지급거절증서나 이와 동일한 효력이 있는 선언(지급거절 선언)의 작성 후 또는 지급제시기간 경과 후의 배서를 말한다(수 24조 1항).

어음의 지급거절증서작성기간은 확정일출급·발행일자후정기출급·일람후정기출급 어음에 있어서는 「지급을 할 날에 이은 2거래일」이고(어 44조 3항 1문, 77조 1항 4호) 일람출급 어음에 있어서는 「발행일자부터 1년 내」이나 기간의 말일에 제시한 때에는 그 익일까지 연장되며(어 44조 3항 2문, 77조 1항 4호), 또한 수표(국내 수표)의 지급제시기간은 10일이다(수 29조 1항).

기한후배서는 지급거절증서 작성 후 또는 지급거절증서작성기간경과 후의 배서를 말하므로, 만기 후에 배서를 하여도 지급거절증서 작성 전 또는 지급거절증서작성기간 경과 전에 한 배서는 만기 전의 배서와 동일한 효력이 있어(어 20조 1항 본문, 77조 1항 1호) 권리이전적 효력·담보적 효력 및 자격수여적 효력이 있고 또 인적항변의 절단과 선의취득이 인정된다.

그러나 어음에 있어서 지급이 거절되어 지급거절증서를 작성한 후나 지급거절증서를 작성하지 않고 지급거절증서작성기간을 경과한 후에 배서를 한 경우와 수표에 있어서 지급이 거절되어 지급거절증서나 지급거절선언을 작성한 후 또는 지급제시기간을 경과한 후에 배서를 한 경우에, 이러한 어음·수표는 이미 소구단계에 있거나 소구권을 상실한 후이어서 어음·수표로서의 유통성을 상실한 것이므로 이러한 배서에는 어음·수표의 유통성의 확보를 위하여 특별히 부여된 강력한 효력을 인정할 필요가 없다. 따라서 어음·수표법은 특별규정을 두어 기한후배서에 지명채권양도의 효력만 인정하고 있는 것이다(어 20조 1항 단서·77조 1항 1호, 수 24조 1항).

## Ⅱ. 期限後背書 여부의 決定

### 1. 背書의 日字와 期限後背書

기한후배서인가 아닌가는 어음(수표)에 기재된 배서의 일자를 기준으로 결정할 것이 아니고 실제로 배서한 날을 기준으로 결정하여야 한다(통설). 여기에서 배서한 날이란 배서가 완성된 날을 말하므로, 배서를 기재한 후 수일을 경과하여 어음(수표)을 교부한 경우에는 그 교부한 날을 기준으로 기한후배서인가 아닌가를 결정하여야 한다.

**【대법원 1994. 2. 8. 판결, 93 다 54927】**

**1. 사실관계**

Y는 1992. 1. 17.에 A에게 지급기일 1992. 4. 25., 수취인 백지의 약속어음을 발행하고, A는 피배서인 및 배서일자를 백지로 한 채 이를 기한 전에 X에게 배서양도하였으며, X는 위의 백지를 보충하지 않고 A의 배서란에 추가로 자신의 기명날인을 하여, 지급기일에 Y에게 지급제시를 하였다.

그러나 Y는 백지 미보충을 이유로 지급을 거절하였고, 이에 X는 위 약속어음의 수취인을 A로, A의 피배서인을 X로, 배서일자를 1992. 1. 18.로 기재하는 등 백지를 모두 보충하여 다시 Y에게 지급제시하였다.

이에 대하여 Y는 위의 배서가 기한후배서로서 A에게 대항할 수 있는 인적항변사유로써 X에게 대항할 수 있다는 이유로 그 지급을 거절하였다.

**2. 판결요지**

이 건에 관하여, 대법원은 「백지식으로 배서가 된 약속어음의 소지인이 지급거절증서작성기간이 경과되기 전에 배서일이 백지로 된 채 배서에 의하여 그 약속어음을 양도받은 것이면, 지급거절증서작성기간이 경과된 후에 배서일을 지급거절증서작성기간 경과 전으로, 피배서인을 자신으로 각 보충을 하였다고 하더라도, 기한후배서로 볼 수는 없다」고 판시하여 실제로 배서는 지급제시기간 경과 전에 하였으나, 백지보충은 지급제시기간 경과 후에 한 경우에 기한후배서인가의 여부는 백지보충 시를 기준으로 하지 않고 배서의 시점을 기준으로 결정하여야 한다고 하였다.

지급거절증서는 어음(수표)의 이면에 기재한 사항에 계속하여 기재하므로(거증령 4조 2항), 그 후에 기재된 기재는 기한후배서로 추정된다.

지급거절증서의 작성이 면제되어 지급거절증서를 작성하지 않은 경우에는, 배서에 일자의 기재가 있으면 그 날에 배서한 것으로 추정되고 또 배서에 일자의 기재가 없으면 기한 전의 배서로 추정된다(어 20조 2항·77조 1항 1호, 수 24조 2항).

### 2. 支給拒絶·引受拒絶 후의 背書와 期限後背書

#### (1) 支給拒絶 후의 背書

지급이 거절된 후에라도 지급거절증서를 작성하지 않고 지급거절증서 작성기간 내에 배서한 경우에 그 배서는 기한후배서가 아니다.

그러나 어음에 있어서 만기 후 지급거절증서작성기간 경과 전이라도 지급제시기간 내에 제시되어 지급거절되었다는 것이 명백한 경우, 예컨대 어음에 피사취 또는 예금부족으로 지급을 거절한다는 뜻의 은행의 부도문언이 기재되어 있거나 이러한 기재의 부전이 첨부되어 있는 경우에, 이러한 어음에 한 배서를 기한후배서로 볼 것인가에 관하여 만기후배서설과 기한후배서설이 대립해 있다.

만기후배서설은 은행의 부도문언을 지급거절증서와 동일시할 수 없으므로 이를 기한후배서로 볼 수 없다고 하나(통설)(대판 1987. 8. 25. 87 다카 152), 기한후배서설은 은행의 부도선언은 지급거절증서와 같은 신뢰성이 있으므로 어음법 제20조 제1항 단서(지급거절증서 작성 후의 배서는 지명채권 양도의 효력이 있다)를 확대해석하여 기한후배서로 보아야 한다고 한다(최기원 294면 정찬형 286면).

생각건대 수표법 제24조 제1항에서는 은행이나 어음교환소의 지급거절선언에 지급거절증서와 같은 효력을 인정하여 지급거절선언 후의 배서를 기한후배서로 규정하고 있으나 어음법 제20조 제1항에서는 이러한 규정이 없고 또 어음법 제20조 제1항에서 기한후배서를 「지급거절 후의 배서」라 규정하지 않고 「지급거절증서 작성 후 또는 지급거절증서작성기간 경과 후의 배서」라 규정한 것은 기한후배서의 기준시점을 형식적으로 명확히 하려는 취지인 것으로 생각되므로, 은행이나 어음교환소의 지급거절선언이 있어 지급거절되었다는 것이 명백하더라도 지급거절증서 작성 전 또는 지급거절증서작성기간 경과 전의 배서는 기한후배서가 아니라고 보는 것이 타당하다(만기후배서설)(대판 1987. 8. 25. 87 다카 152).

**【대법원 1987. 8. 25. 판결, 87 다카 152】**

은행의 지급거절선언이 있는 어음에 한 배서를 기한후배서로 볼 것인가에 관하여, 대법원은 「거절증서는 위탁자의 위탁에 의하여 공증인·집달관·합동법률사무소 또는 법무법인이 작성하게 되어 있어 비록 만기에 지급제시된 어음에 교환필이라는 스탬프가 압날되어 있고 또 피사취나 예금부족 등의 사유로 지급거절한다는 취지의 지급은행의 부전이 첨부되어 있는 등 지급거절의 사실이 어음면에 명백하더라도 이로써 적법한

> 지급거절증서가 작성되었다고 할 수 없으므로 이러한 어음에 한 배서는 그것이 지급거절증서작성기간 내의 것이면 기한후배서가 아닌 만기 후의 배서로서 만기 전의 배서와 동일한 효력이 있는 것이다」라 판시하여, 만기후배서설을 취하였다.

또한 어음(수표)금의 지급이 거절되었으나 지급거절증서 작성이 면제되어 있어 지급거절증서를 작성하지 않은 경우에 이러한 어음(수표)에 한 배서를 기한후배서로 볼 것인가에 관하여, 긍정설과 부정설이 대립하고 있다. 부정설은 기준의 불확실성에 비추어 보아 기한후배서로 볼 수 없다고 하나(정동윤 295면), 긍정설은 지급거절의 사실과 지급거절 후에 배서한 사실을 증명하면 기한후배서로 보아야 한다고 한다(정찬형 285면).

생각건대 거절증서작성이 면제되어 있는 경우에는 지급거절 후에 바로 소구권을 행사할 수 있으므로, 지급거절의 사실과 지급거절 후에 배서한 사실을 증명하면 지급거절 후에 한 배서는 기한후배서로 보아야 할 것이다(긍정설).

#### (2) 引受拒絶 후의 背書

환어음에 있어서 인수거절증서 작성 후의 배서가 기한후배서로 되는가에 관하여 어음법에 규정이 없어 의문스러우나, 어음의 인수가 거절된 경우에 인수거절증서를 작성하면 소구권을 행사할 수 있으므로(어 43조 1호) 이것은 기한후배서로 보아야할 것이다(통설).

어음금의 일부에 인수의 거절이 있어 인수거절증서를 작성한 경우에 인수거절부분에 대하여서는 기한후배서로 인정하고 인수부분에 대하여서는 기한후배서로 인정하지 않는 것은 어음의 단순성을 해하므로, 이러한 어음에 한 배서도 기한후배서로 보는 것이 타당하다.

### 3. 滿期 전 遡求 가능한 어음에 한 背書와 期限後背書

환어음의 지급인이나 인수인 또는 약속어음의 발행인이 지급정지되었거나 강제집행이 부주효한 경우에는 만기 전에도 소구할 수 있으므로(어 43조 2호, 77조 1항 4호), 이러한 어음에 한 배서도 기한후배서로 보아야 할 것이다. 강제집행의 부주효는 강제집행을 해도 효과를 얻지 못하는 경우이다.

그런데 환어음의 인수인·지급인이나 인수제시금지어음의 발행인 또는 약속어음의 발행인이 파산한 경우에는 만기 전이라도 파산결정서를 제시하여 소구권을 행사할 수 있으나(어 43조 2호·3호 44조 6항·77조 1항 4호), 이 경우에는 어음상 파산개시(破産開始)의 사실이 나타나 있지 않으므로 이러한 어음에 한 배서는 기한후배서로 볼 수 없다(정찬형 286면).

## Ⅲ. 期限後背書의 方式

### 1. 背　書

기한후배서도 배서이므로 기명식배서에 의하여 할 수도 있고 또 백지식배서에 의하여 할 수도 있다. 기한후배서도 배서라는 서면행위와 어음(수표)의 임의의 교부가 있는 때에 성립된다. 지명채권양도와 같이 채무자에 대한 대항요건(민 450조)을 갖출 필요는 없다(대판 1997. 11. 14. 97 다 38145).

### 2. 단순한 交付

어음·수표의 최후의 배서가 백지식배서인 경우에 그 어음을 지급거절증서작성 후 또는 지급거절증서작성기간 경과 후에 또 그 수표를 지급거절증서나 지급거절선언의 작성 후 또는 지급제시기간 경과 후에도 단순한 교부에 의하여 양도할 수 있으며, 이러한 양도도 기한후배서이다.

### 3. 指名債權讓渡의 方法

어음을 지급거절증서 작성 후 또는 지급거절증서작성기간 경과 후에 또 수표를 지급거절증서나 지급거절선언의 작성 후 또는 지급제시기간 후에도 지명채권양도의 방법에 의하여 양도할 수 있음은 물론이다.

## Ⅳ. 期限後背書의 效力

기한후배서는 지명채권양도의 효력만 있다(어 20조 1항 단서·77조 1항 1호, 수 24조 1항). 따라서 기한후배서를 한 경우에는 담보적 효력이 없고, 권리이전적 효력과 자격수여적 효력은 있다. 또한 인적항변의 절단과 선의취득이 인정되지 않는다.

### 1. 權利移轉的 效力

#### (1) 移轉되는 權利의 範圍

기한후배서를 한 경우에는 배서인이 가지고 있던 모든 어음(수표)상의 권리가 피배서인에게 이전된다. 피배서인에게 이전되는 권리는 배서인이 가지고 있던 어음(수표)상의 권리이므로, 기한후배서의 피배서인은 어음이 인수가 되어 있는 경우에는 인수인에 대한 어음금지급청구권을 또 거절증서가 작성되어 있는 경우에는 배서인의 전자에 대한 소구권을 취득한다.

(2) 人的抗辯의 承繼

기한후배서에는 지명채권양도의 효력 밖에 없으므로(어 20조 1항 단서·77조 1항 1호, 수 24조 1항), 기한후배서를 한 경우에는 배서인의 권리에 부착되어 있던 항변이 그대로 피배서인에게 승계되어 인적항변의 절단이 생기지 않는다.

그러므로 수개의 기한후배서가 있는 경우에 어음(수표)채무자는 그 수인의 배서인에 대하여 대항할 수 있는 모든 인적항변으로 소지인(선의·악의 불문하고)에 대하여 대항할 수 있다.

그러나 어음(수표)채무자는 소지인에 대하여 「기한후배서의 배서인에 대한 인적항변」으로만 대항할 수 있으므로 「기한후배서의 배서인의 전자(기한후배서가 아닌 보통의 배서를 한 배서인)에 대한 인적항변」으로는 대항할 수 없고(대판 1990. 4. 25. 89 다카 20740), 또 어음(수표)채무자는 기한후배서의 당시까지 그 배서인에게 발생한 인적항변으로만 대항할 수 있으므로 기한후배서 후에 그 배서인에게 비로소 발생한 인적항변으로는 대항할 수 없다(서헌제 866면, 정희철 207면, 정찬형 289면)(대판 1994. 1. 25. 93 다 50543).

**【대법원 1990. 4. 25. 판결, 89 다카 20740】**

**1. 사실관계**

Y회사는 1988. 2. 17.에 A회사 발행의 약속어음을 담보로 받고 A회사를 수취인으로 하는 약속어음을 융통어음으로 발행하여 주었고, A회사는 위 어음을 B은행에 배서하였다. 그리고 A회사 발행의 담보어음은 부도처리되었다.

B은행은 지급기일인 동 년 5. 16.에 지급장소에 지급제시하였으나 지급이 거절되었고, B은행은 동 년 6. 8.에 위 약속어음을 X에게 배서하였다.

이에 X가 Y회사에 지급제시하였으나, Y회사는 B은행의 배서가 기한후배서이고 위 약속어음이 융통어음이며 X가 담보어음이 부도가 난 것을 알고 취득하였다는 이유로 지급을 거절하였다.

**2. 판결요지**

이 건에 대하여, 대법원은 「지급거절증서의 작성 후 또는 지급거절증서의 작성기간이 경과한 후의 배서에는 지명채권양도의 효력만 있다는 것은 어음법 제20조 단서가 규정하고 있는 바이며, 그 취지는 위 법조 소정의 배서, 즉 기한후배서는 배서인이 가지는 어음상의 권리를 그대로 피배서인에게 이전하여 배서인의 지위를 이전시키는 효력만 있다는 것을 뜻하는 것이다. 그러므로 어음채무자는 기한후배서의 피배서인에 대하여서는 그 배서인에 대한 인적항변으로써 대항할 수 있으나, 특별한 사정이 없는 한 그 배서인의 전자에 대한 항변사유로써 피배서인에게 대항할 수 없다.

이 건에서 B은행은 기한후배서인이고, Y회사는 A회사의 자금융통을 위하여 A회사 발행의 약속어음을 담보로 이 건 약속어음을 이른바 융통어음으로 발행한 것이다. 그러나 그 후 B은행이 위 담보어음의 부도사실을 알고 있었다는 것에 관하여서는 아무 주장입증이 없다.

그러므로 Y회사는 이 건 약속어음이 대가관계가 없이 발행된 융통어음이고 또 그 담보어음이 부도났다는 사유로 배서인인 B은행에게 대항할 수 없는 것은 명백하고, 따라서 Y회사는 B은행의 지위를 승계한 기한후배서의 피배서인인 X에게도 그의 선의·악의를 불문하고 위 사유로 대항할 수 없는 것이다」라 판시하여, Y회사는 A회사에 대한 항변사유로 X에게 대항할 수 없다고 하였다.

### 2. 擔保的 效力의 不存在

기한후배서에는 지명채권양도의 효력 밖에 없으므로(어 20조 1항 단서·77조 1항 1호, 수 24조 1항) 기한후배서를 한 경우에는 담보적 효력이 없다.

### 3. 資格授與的 效力

#### (1) 權利推定力·善意支給의 免責

기한후배서에는 권리이전적 효력이 있으므로 그 당연한 귀결로서 자격수여적 효력이 있다. 따라서 기한후배서의 피배서인에 이르기까지 배서가 연속되어 있는 경우에는 그 소지인은 적법한 어음(수표)소지인으로 추정되어(권리추정력)(어 16조 1항 1문 77조 1항 1호 수 19조 1문) 자기가 진실한 권리자라는 것을 증명하지 않고도 어음(수표)상의 권리를 행사할 수 있고, 또 어음(수표)채무자가 사기 또는 중대한 과실 없이 소지인에게 어음(수표)금을 지급한 때에는 그 소지인이 진실한 권리자가 아니라도 책임을 면한다(선의지급의 면책)(어 40조 3항 1문·77조 1항 3호, 수 35조).

#### (2) 善意取得의 否定

어음법 제16조 제2항(어 77조 1항 1호, 수 21조)의 선의취득의 규정이 기한후배서에 의하여 어음(수표)을 취득한 경우에도 적용되는가에 관하여 긍정설과 부정설이 대립해 있다. 긍정설은 기한후배서에는 자격수여적 효력이 있으므로 그 적용을 인정하여야 한다고도 하나(田中耕太郎, 手形法·小切手法概論, 396頁), 부정설은 기한후배서는 어음(수표)의 유통기간 경과 후의 유통이므로 그 적용을 인정할 필요가 없다고 한다(통설).

생각건대 어음법 제16조 제2항(어 77조 1항 1호, 수 21조)의 선의취득의 규정은 어음(수표)의 유통보호를 위한 것이고 기한후배서는 유통기간 경과 후의 배서로서 어음(수표)의 유통을 보호할 필요가 없으므로, 기한후배서에 의하여 어음(수표)을 취득한 경우에는 어음법 제16조 제2항(어 77조 1항 1호, 수 21조)이 적용되지 않는다고 보는 것이 타당하다(부정설).

## 제5. 還背書(逆背書)

### Ⅰ. 意 義

환배서(reindorsement)는 어음(수표)채무자 즉 인수인·발행인·배서인·보증인·참가인수인 등에게 하는 양도배서이다(어 11조 3항·77조 1항 1호, 수 14조 3항). 따라서 인수하지 않은 지급인에 대한 배서는 환배서가 아니나, 어음법은 편의상 지급인에 대한 배서도 환배서에 관한 규정(어 11조 3항)에 함께 규정하고 있다. 환배서를 역배서라고도 한다.

### Ⅱ. 還背書(어음법 제11조 제3항)의 法理構成

#### 1. 序 說

환배서를 한 경우에는 어음(수표)채무자가 동시에 어음(수표)채권자로 되므로 일반원칙에 의하면 어음(수표)채권이 혼동에 의하여 소멸되는 것이나, 어음법 제11조 제3항(어 77조 1항 1호, 수 14조 3항)은 환배서를 할 수 있고 또 환배서를 받은 자는 다시 배서할 수 있다고 규정하여, 환배서에는 혼동의 법리의 적용을 배척하고 있다.

이러한 어음법 제11조 제3항(어 77조 1항 1호, 수 14조 3항)의 법리구성에 관하여 특별규정설과 주의적규정설이 대립해 있다.

#### 2. 學 說

**① 特別規定說** 특별규정설은 어음법 제11조 제3항(어 77조 1항 1호, 수 14조 3항)은 어음(수표)의 유통을 보호하고자 하는 정책적 이유에서 어음(수표)이 유통되는 일정한 기간(지급거절증서(선언) 작성 전 또는 지급거절증서작성기간 경과 전)에 한하여 혼동의 법리적용을 배제한 것으로서, 특별규정이라 한다(竹田 省, 手形法 小切手法, 118頁).

**② 注意的規定說** 주의적규정설은 소지인의 지위는 개성이 없는 순형식적인 것이어서 자격의 겸병이 가능하고 또 어음(수표)의 지급이 없는 한 어음(수표)의 목적이 달성된 것이라 할 수 없어 어음(수표)채권의 존속을 인정할 법률적 의의가 있으므로, 어음법 제11조 제3항(어 77조 1항 1호, 수 14조 3항)은 당연한 것을 규정한 주의적 규정이라 한다(통설).

### 3. 檢 討

어음(수표) 기타 유통성 있는 유가증권은 비록 자기에 대한 채권을 표창하는 것이라도 하나의 객관적 재산권으로서 유효하게 취득할 수 있는 것이므로, 환배서에 혼동의 법리가 적용되지 않는 것은 유가증권의 성질상 당연한 것이다(주의적 규정설).

## Ⅲ. 還背書의 法的 性質

환배서의 법적 성질에 관하여는 재소구의 법적 성질과 같이 권리회복설(권리부활설)과 권리재취득설이 대립해 있다.

권리회복설은 환배서는 피배서인이 어음의 환수에 의하여 자기가 배서하기 이전에 가지고 있던 지위를 회복하는 것이라 하고(대판 2002. 4. 26. 2000 다 42915), 권리재취득설은 피배서인이 법률의 규정에 의하여 어음(수표)상의 권리를 재취득하는 것이라 한다(정찬형 281면).

환배서를 받은 피배서인은 권리자의 지위를 회복하는 것인가 권리를 재취득한 것인가에 대한 논의는 환배서의 피배서인에 대하여 이전에 인적항변으로 대항할 수 있었던 자는 현재 어음을 소지하고 있는 환배서의 피배서인에게도 그 인적항변으로 대항할 수 있는가의 여부를 판단하는 데에 실익이 있다.

예컨대 A가 B에게 발행한 약속어음을 B가 C에게 배서하였을 때에, A・B 간의 인적항변사유를 C가 알지 못하고 취득한 경우에는 A는 B에게 대항할 수 있는 인적항변을 C에게는 주장할 수 없다. 그런데 C가 그 어음을 다시 B에게 환배서한 경우에는, A가 원래 B에 대하여 주장할 수 있었던 인적항변을 이 경우에도 B에 대하여 주장할 수 있을까. 즉, 이는 선의의 C의 개입에 의하여 일단 절단된 인적항변으로 A는 다시 B에게 대항할 수 있을 것인가 하는 문제인데, 환어음의 법적 성질을 어떻게 파악하느냐에 따라 결론이 달라진다.

B가 환배서에 의하여 C의 권리를 취득함으로써 결과적으로 권리를 재취득한다고 보는 권리재취득설의 입장에서는 A의 항변은 인정되지 않는다. 그러나 환배서에 의하여 B가 본래의 권리자 지위를 회복한다고 보는 권리회복설의 입장에서는 A의 항변은 가능하게 된다.

배서의 성질을 채권양도라고 보는 한 권리재취득설이 타당하다(권리재취득설).

그런데 권리재취득설을 취하는 경우에도 인적항변의 속인성(개별성)에서 보면 A·B 간의 항변사유는 선의의 C의 개입에 의하여 소멸되는 것이 아니고 그 사유가 발생한 특정인에 부착하여 따라다니는 것이므로, A는 B에 대한 인적항변을 할 수 있다고 본다(손주찬 260면).

판례는 권리회복설에 따라 환배서의 피배서인인 B는 A로부터 인적항변을 받는다고 하였다(대판 2002. 4. 26. 2000 다 42915).

**【대법원 2002. 4. 26. 판결 2000 다 42915】**

환배서인 기한후배서에 있어서의 인적항변의 절단 여부에 대하여, 대법원은 「약속어음 발행인으로부터 인적항변의 대항을 받는 어음소지인은 당해 어음을 제3자에게 배서·양도한 후 환배서에 의하여 이를 다시 취득하여 소지하게 되었다고 할지라도 발행인으로부터 여전히 위 항변의 대항을 받는다고 할 것이다.

한편 기한후배서는 보통의 배서와는 달리 지명채권양도의 효력밖에 없어 그것에 의하여 이전되는 권리는 배서인이 배서 당시 가지고 있던 범위의 권리라 할 것이므로 어음채무자는 그 배서 당시 이미 발생한 배서인에 대한 모든 항변사실을 피배서인에 대하여도 대항할 수 있다 할 것인데, 이러한 이치는 환배서인 기한후배서라도 마찬가지라고 할 것」이라고 하였다.

## Ⅳ. 還背書의 效力

### 1. 序 說

환배서도 유효하고(어 11조 3항 1문·77조 1항 1호, 수 14조 3항 1문) 또 환배서도 배서이므로, 환배서에는 권리이전적 효력·담보적 효력 및 자격수여적 효력이 있다. 다만 환배서를 받은 피배서인은 동시에 어음(수표)채무자이므로, 그 피배서인(어음·수표 채무자)의 지위에 따라 그 어음(수표)상의 권리행사에 일정한 제한이 있다.

### 2. 주된 어음債務者가 還背書를 받은 경우(수표에는 주채무자가 없으므로 이 설명은 수표에는 해당되지 않음)

#### (1) 序 說

주된 어음채무자가 환배서를 받은 경우는 만기 전에 환배서를 받은 경우와 만기 후에 환배서를 받은 경우로 나누어 고찰할 수 있다. 수표에는 주된 채무자가 없으므로, 이에 관한 설명이 수표에는 해당되지 않는다.

⑵ 滿期 前

주된 어음채무자 즉 환어음의 인수인이나 약속어음의 발행인이 환배서를 받은 경우에는 그가 자기에게 어음금의 지급을 청구하는 것은 무의미하고 또 주된 어음채무자가 중간배서인(전 배서와 환배서 간의 배서인)에 대하여 소구하여도 그 중간배서인은 주된 어음채무자에게 어음금의 지급을 청구할 수 있어 상환을 거절할 것이므로, 주된 어음채무자는 누구에 대하여서도 어음상의 권리를 행사할 수 없다. 다만 일부인수를 한 인수인이 환배서를 받은 경우에는 인수하지 않은 잔액에 대하여 자기의 전자에 대하여 소구할 수 있다.

환배서를 받은 주된 어음채무자는 누구에 대하여서도 어음상의 권리를 행사할 수 없으나, 그 어음을 다시 제3자에게 배서양도할 수 있으며(어 11조 3항 2문 · 77조 1항 1호, 수 14조 3항 2문), 이 경우 그 피배서인(제3자)은 모든 전자에 대하여 아무 제한 없이 어음상의 권리를 행사할 수 있다.

⑶ 滿期 後

유통기간 경과 후 즉 지급거절증서 작성 후나 지급거절증서작성기간 경과 후에 주된 어음채무자가 환배서를 받은 경우에 그 어음상의 권리가 혼동에 의하여 소멸되는가는 환배서의 법리구성에 관한 학설에 따라 다르다.

① **學 說** 환배서에 관한 어음법 제11조 제3항의 법리구성에 관한 특별규정설의 입장에서는 어음의 유통기간 경과 후에는 환배서에 혼동의 법리가 적용되어 어음상의 권리가 소멸된다고 보므로, 환배서를 받은 피배서인으로부터 유통기간 경과 후에 그 어음을 배서양수한 제3자는 아무 어음상의 권리를 취득하지 못한다고 한다(손주찬 261면).

그러나 주의적규정설의 입장에서는 어음의 유통기간의 경과 여부를 불문하고 환배서에 혼동의 법리가 적용되지 아니하여 어음상의 권리가 소멸되지 않는다고 보므로 환배서를 받은 피배서인으로부터 유통기간 경과 후에 그 어음을 배서양수한 제3자도 어음상의 권리를 취득하고 다만 이 경우의 배서양도는 기한후배서의 효력이 있을 뿐이라 한다(정찬형 282면).

② **檢 討** 주된 어음채무자는 만기에 지급할 의무가 있으므로 환배서를 받아 어음을 소지하고 있는 경우에는 만기에 지급된 것으로 보는 것이 타당하

고 또 주된 어음채무자가 만기 후에도 지급하지 않고 어음을 양도하는 것은 만기에 지급하겠다는 원래의 자기의 의사표시에 반한다. 그러므로 어음법 제11조 제3항을 주의적 규정이라고 보더라도 환배서를 받은 주된 어음채무자는 만기 후에는 양도할 수 없다고 보는 것이 타당하다.

### 3. 換어음 · 手票의 發行人이 還背書를 받은 경우

환어음의 발행인이 환배서를 받은 경우에는 인수인에 대하여서는 어음금의 지급을 청구할 수 있으나, 중간배서인에게는 소구하여도 그 중간배서인이 최후의 소구의무자인 발행인에게 소구할 수 있어 상환을 거절할 것이므로 중간배서인에 대하여서는 소구할 수 없다.

환배서를 받은 발행인은 그 어음을 제3자에게 배서양도 할 수 있고(어 11조 3항 2문 · 77조 1항 1호, 수 14조 3항 2문), 이 경우에 그 피배서인은 아무 제한 없이 모든 어음상의 권리를 행사할 수 있다.

수표의 발행인이 환배서를 받은 경우에 수표에는 주된 수표채무자가 없어 그 수표발행인은 누구에 대하여서도 수표상의 권리를 행사할 수 없다.

### 4. 背書人이 還背書를 받은 경우

배서인이 환배서를 받은 경우에는 인수인 · 발행인 및 전 배서의 모든 전자에 대하여 어음(수표)상의 권리를 행사할 수 있다. 그러나 환배서를 받은 배서인이 중간배서인에 대하여 소구한 경우에는, 그 중간배서인이 상환을 거절할 것이므로 환배서를 받은 배서인은 중간배서인에 대하여서는 소구할 수 없다.

어음(수표)채무자가 특정의 배서인에 대하여 대항할 수 있었던 인적항변은 그 배서인의 배서에 의하여 절단되나, 그 배서인이 환배서에 의하여 다시 어음(수표)을 취득한 경우에는 환배서에 의하여 그 절단의 효력이 없어져 다시 그 어음(수표)채무자로부터 그 인적항변의 대항을 받는다(통설).

환배서를 받은 배서인은 그 어음(수표)을 제3자에게 배서양도할 수 있고(어 11조 3항 2문 · 77조 1항 1호, 수 14조 3항 2문), 이 경우 그 피배서인은 모든 전자에 대하여 아무 제한 없이 어음(수표)상의 권리를 행사할 수 있다.

### 5. 保證人 · 參加引受人이 還背書를 받은 경우

보증인이나 참가인수인이 환배서를 받은 경우에는 그 피보증인 · 피참가인이 환배서를 받은 경우와 같다.

### 6. 引受하지 않은 支給人이 還背書를 받은 경우

인수하지 않은 지급인은 어음채무자가 아니므로 이러한 지급인에게 배서양도하여도 이는 엄밀한 의미에서의 환배서가 아니다. 따라서 인수하지 않은 지급인이 양도배서를 받은 경우에는 보통의 소지인과 같이 어음상의 권리를 행사할 수 있고 어음을 제3자에게 배서양도할 수 있으며(어 11조 3항 2문 · 77조 1항 1호, 수 14조 3항 2문), 또 자기에게 거절증서를 작성시켜 소구권을 행사할 수 있다.

## V. 背書의 抹消

### 1. 意　義

배서의 말소는 일단 기재된 배서를 도말 · 삭제 등의 방법에 의하여 제거하는 것이다.

어음(수표)소지인은 환배서에 의하여 어음(수표)상의 권리를 재취득하기도 하나, 전 배서 이후의 모든 배서를 말소한 어음(수표)을 반환받음으로써 어음(수표)상의 권리를 재취득하기도 한다.

배서의 말소에 의한 어음(수표)상의 권리의 재취득은 어음(수표)법상 규정이 없으나, 말소된 배서는 배서의 연속에 있어서 배서의 기재가 없는 것으로 보므로(어 16조 1항 3문 · 77조 1항 1호, 수 19조 3문) 배서의 말소에 의한 어음(수표)상의 권리의 재취득도 가능하다(정희철 283면 정찬형 411면). 이것을 소극적 배서라고도 한다.

### 2. 背書의 抹消의 方法

배서의 말소는 종전의 소지인이 한 배서 이후의 배서를 말소하고 어음(수표)을 그 종전의 소지인에게 반환하는 방법에 의하여 한다. 예컨대 어음(수표)이 수취인 A → B, B → C, C → D로 배서된 경우에 D가 B에게 어음(수표)상의 권리를 양도하려고 하는 때에는 D가 B에게 환배서를 하여도 되나 그렇지 않고 D가 B → C, C → D의 배서를 말소하고 그 어음(수표)을 B에게 교부하여도 된다. 이 경우에 배서의 말소는 D가 하는 것이 원칙이나, 어음(수표)의 반환을 받은 B가 하여도 무방하다.

물론 B가 D로부터 배서가 말소되지 않은 어음(수표)을 반환받은 경우에는, B가 배서의 말소를 하지 않고 자기가 실질상의 권리자라는 것을 증명하여 어음(수표)상의 권리를 행사할 수도 있다.

### 3. 背書의 抹消의 效果

배서가 말소된 어음(수표)을 반환받은 소지인은 환배서의 피배서인과 같이 어음(수표)상의 권리를 재취득한다. 따라서 배서가 말소된 어음(수표)을 반환받은 소지인은 인수인·발행인 또는 전 배서의 전자에 대하여 어음(수표)상의 권리를 행사할 수 있고 또 그 어음(수표)을 다시 제3자에게 배서양도할 수 있다.

## 제6. 推尋委任背書

### Ⅰ. 意 義

추심위임배서(restrictive indorsement)는 피배서인에게 어음(수표)상의 권리를 행사할 대리권을 수여하는 뜻(추심위임문구)을 부기하여 하는 배서이다. 추심위임배서는 대리권의 수여를 표시하는 뜻을 부기하여 배서하는 것이므로, 특히 이것을 공연한 추심위임배서 또는 고유한 의미의 추심위임배서라 한다.

이에 대하여 추심위임을 목적으로 하면서도 이러한 추심위임문구의 부기가 없는 배서를 숨은 추심위임배서라 한다.

어음(수표)법은 공연한 추심위임배서에 관하여서만 규정하고 있다. 보통 추심위임배서라 할 때에는 이 공연한 추심위임배서를 말한다.

### Ⅱ. 推尋委任背書의 方式

추심위임배서는 어음(수표)의 배서란에 「추심위임」, 「추심을 위하여」, 「대리를 위하여」, 또는 「회수를 위하여」 등의 대리권의 수여를 표시하는 뜻의 문구(추심위임문구)를 기재하여 배서한다(어 18조 1항 본문 전단·77조 1항 1호, 수 23조 1항 본문 전단). 추심위임배서는 기명식배서이든 무기명식배서이든 무방하나, 실제에 있어서는 거의 기명식배서로 한다. 그러나 추심위임배서는 추심위임문구를 기재하여야 하므로, 간략백지식배서로 할 수는 없다.

추심위임배서도 단순하여야 하고(어 12조 1항 1문·77조 1항 1호, 수 15조 1항 1문), 추심위임배서에 조건을 붙인 경우에 그 조건은 기재하지 않은 것으로 본다(어 12조 1항 2문·77조 1항 1호, 수 15조 1항 2문).

### Ⅲ. 推尋委任背書를 할 수 있는 範圍

추심위임배서를 할 수 있는 범위에 관하여서는 특별한 제한이 없다. 다만 배서금지어음(수표)에 추심위임배서를 할 수 있는지 의문스러우나, 발행인이 어음(수표)에 배서하는 것을 금지하는 것은 인적항변의 절단과 소구금액의 증대를 방지하기 위한 것인데 배서금지어음(수표)에 추심위임배서를 하여도 인적항변의 절단이나 소구금액의 증대가 있지 않고 또 배서금지어음(수표)의 수취인으로서는 추심위임배서를 인정하는 것이 편리하므로, 배서금지어음(수표)에도 추심위임배서를 할 수 있다고 보는 것이 타당하다(통설).

추심위임배서를 받은 피배서인은 다시 추심위임배서를 할 수 있다(어 18조 1항 단서·77조 1항 1호, 수 23조 1항 단서).

## Ⅳ. 推尋委任背書의 效力

### 1. 序 說

추심위임배서를 한 경우에는 통상의 양도배서와는 달리 권리이전적 효력과 담보적 효력은 없고 자격수여적 효력만 있으며, 자격수여적 효력도 추심대리권의 범위 내에서만 인정된다. 즉 추심위임배서를 하면 피배서인에게 어음(수표)상의 권리를 행사할 수 있는 대리인의 자격만 수여되고, 따라서 어음(수표)법에서 추심위임배서의 피배서인이 「어음(수표)으로부터 생기는 모든 권리를 행사할 수 있다」(어 18조 1항 본문 후단·77조 1항 1호, 수 23조 1항 본문 후단)고 하는 것은 배서인이 가지고 있던 권리를 그 피배서인이 대리인으로서 행사할 수 있다는 것을 말하는 것이다.

### 2. 被背書人의 地位

#### (1) 「어음(手票)으로부터 생기는 모든 權利」를 행사할 수 있는 代理權의 取得

추심위임배서를 한 경우에는 피배서인은 어음(수표)으로부터 생기는 모든 권리를 행사할 수 있는 포괄적 대리권을 취득한다(어 18조 1항 본문 후단·77조 1항 1호, 수 23조 1항 본문 후단).

「어음(수표)으로부터 생기는 모든 권리」에는 주된 어음채무자에 대한 어음금지급청구권·소구의무자에 대한 소구권 등의 어음(수표)상의 권리뿐만 아니라 백지보충권·복본교부청구권·이득상환청구권 등의 어음(수표)법상의 권리도 포함된다.

추심위임배서의 피배서인은 이러한 포괄적 대리권을 가져(어 18조 1항 본문 후단·77조 1항 1호, 수 23조 1항 본문 후단) 재판상 또는 재판 외의 모든 행위를 할 수 있다. 따라서 추심위임배서의 피배서인은 필요한 경우에는 배서인의 소송대리인으로서 추심소송을 제기할 수 있고(민소 87조) 또 분실·도난 등으로 어음(수표)을 상실한 경우에는 배서인을 위하여 공시최고의 신청을 할 수 있다(민소 493조).

⑵ 人的抗辯의 承繼(不切斷)

추심위임배서에는 권리이전적 효력이 없으므로 인적항변 절단의 효력이 없다. 따라서 어음(수표)채무자는 추심위임배서의 배서인에 대한 인적항변으로 그 피배서인에 대하여 대항할 수 있다(어 18조 2항·17조 1항 1호, 수 23조 2항).

그러나 어음(수표)채무자는 피배서인에 대하여 가지는 인적항변으로 그 피배서인에 대하여 대항할 수 없다.

⑶ 資格授與的 效力의 發生

추심위임배서에는 권리이전적 효력과 담보적 효력은 없어도 자격수여적 효력이 있다. 즉 추심위임배서의 피배서인은 어음(수표)상의 추심대리권이 있는 것으로 추정되어 추심대리권자인 형식적 자격을 인정받으므로 그가 추심 대리권자인 실질적 자격을 증명하지 않고도 어음(수표)상의 권리를 행사할 수 있다(권리추정력)(어 16조 1항 1문·77조 1항 1호, 수 19조 1문). 또 어음(수표)채무자가 사기 또는 중대한 과실 없이 추심위임배서의 피배서인에게 어음(수표)금을 지급한 때에는 비록 그가 실질상 추심대리권을 가지고 있지 않더라도 그 책임을 면한다(선의지급의 면책)(어 40조 3항 1문·77조 1항 3호, 수 35조 1항).

그러나 추심위임배서는 어음(수표)상의 권리를 양도하는 것이 아니고 또 피배서인이 독립된 경제적 이익을 가지지 않으므로, 추심위임배서를 한 경우에는 선의취득이 인정되지 않는다.

그리고 추심위임배서의 배서인은 그 추심위임을 철회할 수 있다. 그러나 배서인이 추심위임을 철회하더라도 추심위임배서를 말소하지 않는 한 피배서인은 추심대리권자인 형식적 자격을 상실하지 않으므로, 이 경우에 어음(수표)채무자가 사기 또는 중대한 과실 없이 어음(수표)금을 지급하면 그 책임을 면한다.

⑷ 再推尋委任背書할 수 있는 權利의 取得

① **意 義** 추심위임배서의 피배서인은 재추심위임배서를 하여 그 추심대리권을 타인에게 수여할 수 있다(어 18조 1항 단서·77조 1항 1호, 수 23조 1항 단서). 물론 당사자 간에 다른 약정으로 재추심위임배서를 금지할 수 있으나, 이것은 당사자 간에서만 효력이 있고 어음(수표)상으로는 효력이 없다.

② **再推尋委任背書의 法的 性質** 재추심위임배서의 법적 성질에 관하여, 학설은 대리권양도설과 복대리인선임설이 대립해 있다.

대리권양도설에 의하면 추심위임배서의 피배서인이 재추심위임배서를 한 경우에는 추심대리권을 양도하여 그 추심대리권을 상실하게 되며 또 수개의 재추심위임배서가 있는 경우에는 최후의 피배서인만 추심대리권을 가지나, 복대리인선임설에 의하면 원래 재추심위임배서는 복대리인을 선임하는 것이고 또 대리인은 복대리인을 선임하여도 그 대리권을 상실하는 것이 아니므로 추심위임배서의 피배서인이 재추심위임배서를 하여도 추심대리권을 상실하지 않으며 수개의 재추심위임배서가 있는 경우에는 모든 피배서인이 추심대리권을 가진다.

추심위임배서의 피배서인이 재추심위임배서를 한 경우에 추심대리권을 상실한다고 하면 수임자인데도 대리권을 가지지 아니하여 당사자의 의사에 부합하지 않으므로 복대리인선임설이 타당하다(복대리인선임설).

복대리인선임설에 의하면 추심위임배서의 피배서인은 추심대리권을 상실하지 않으나, 어음(수표)을 소지하고 있지 않으므로 추심대리권을 행사할 수 없고 어음(수표)을 회수하여야 추심대리권을 행사할 수 있다.

복대리인선임설에 의하여 재추심위임배서를 복대리인의 선임이라 보면, 추심위임배서의 피배서인(대리인)은 배서인(본인)의 승낙 없이 어음(수표)법의 규정에 의하여 당연히 복대리인을 선임할 수 있으므로(어 18조 1항 단서 · 77조 1항 1호, 수 23조 1항 단서) 이는 민법 제120조(복대리인의 선임)에 대한 특칙이다.

③ **推尋委任背書의 被背書人의 讓渡背書의 效力** 추심위임배서의 피배서인은 어음(수표)상의 권리자가 아니므로, 양도배서를 할 수 없다. 그러나 추심위임배서의 피배서인이 양도배서를 한 경우에는 이를 무효로 볼 것이 아니고 재추심위임배서를 한 것으로 보아 그 효력을 인정하여야 할 것이다(통설).

#### (5) 어음(手票)上의 權利 拋棄 등의 不認定

추심위임배서의 피배서인은 어음(수표)상의 권리자가 아니므로, 어음(수표)상의 권리를 포기하거나 화해 등을 할 수 없다. 추심위임배서의 피배서인이 어음(수표)상의 권리를 포기하거나 화해를 하려면 배서인과의 어음(수표) 외의 계약에 의한 특별한 수권이 있어야 한다.

#### (6) 被背書人의 地位의 消滅

추심위임배서를 한 경우에는 위임인인 배서인이 사망하거나 무능력자로 되어도 피배서인의 추심대리권이 소멸되지 않는다(어 18조 3항 · 77조 1항 1호, 수 23조 3항). 이것은 추심위임배서의 배서인의 사망이나 무능력 등의 사유는 어음(수표)면상 나타나 있지 않으므로 어음(수표)채무자를 보호하기 위한 것이다. 따라서 어음(수표)채무자가 추심위임배서의 배서인이 사망하거나 무능력자가 된 것을 알고 피배서인에게 어음(수표)금을 지급하여도 그 지급은 유효하다.

추심위임배서의 배서인은 언제든지 추심대리권의 수여(추심위임)를 철회할 수 있고, 그 피배서인에 대하여 추심위임을 철회한다는 의사표시를 한 때에는 피배서인의 추심대리권이 소멸된다. 물론 추심위임배서인이 추심위임을 철회하더라도 어음(수표)상의 추심위임배서를 말소하지 않는 한 피배서인의 추심위임대리권의 형식적 자격이 소멸되지 않으므로, 이 경우에는 어음(수표)채무자가 선의이고 중대한 과실 없이 그 피배서인을 진실한 추심대리권자로 믿고 어음(수표)금을 지급한 때에는 그 책임을 면한다.

### 3. 背書人의 地位

#### (1) 擔保的 效力의 不發生

추심위임배서에는 권리이전적 효력이 없으므로 담보적 효력도 없고, 따라서 추심위임배서의 배서인은 피배서인과 그 후자에 대하여 담보책임을 지지 않는다.

#### (2) 어음(手票)上의 權利者인 地位의 保有

추심위임배서에는 권리이전적 효력이 없으므로 추심위임배서의 배서인은 어음(수표)상의 권리를 상실하지 않고 여전히 어음(수표)상의 권리자이나, 추심위임배서의 배서인은 피배서인에게 어음(수표)을 교부하여 어음(수표)을 소지하고 있지 않으므로, 어음(수표)을 회수하지 않는 한 어음(수표)상의 권리를 행사할 수 없다.

추심위임배서의 배서인은 어음(수표)상의 권리자이고 어음(수표)상의 권리자인 형식적 자격을 가지고 있으므로, 추심위임을 철회하고 어음(수표)을 회수한 때에는 추심위임배서를 말소하지 않고 어음(수표)상의 권리를 행사할 수 있으며, 또 추심위임배서를 말소하지 않고 양도배서를 할 수 있다.

추심위임배서의 배서인이 추심위임배서를 말소하지 않고 양도배서를 한 경우에는 추심위임배서의 기재를 무시하고 배서의 연속이 인정된다.

## V. 숨은 推尋委任背書

### 1. 意 義

숨은 추심위임배서는 형식상으로는 통상의 양도배서이나 실질상으로는 추심위임을 목적으로 하는 배서이다.

어음(수표)법은 숨은 추심위임배서에 관하여 규정하고 있지 않으나, 숨은 추심위임배서에 의하면 그 형식이 간단하고 배서인은 만기에 공연한 추심위임배서와 다름없이 어음(수표)금을 추심할 수 있으며 또 만기 전에 어음의 할인에 의하여 대가를 받을 수 있는 등의 편리한 점이 있다. 특히 은행을 통하여 어음교환소에서 어음교환에 의하여 어음을 추심하려고 하는 경우에는 보통 이 숨은 추심위임배서에 의한다. 실제로 숨은 추심위임배서가 공연한 추심위임배서보다 더 많이 이용되고 있다.

숨은 추심위임배서는 기명식배서에 의하든 백지식배서에 의하든 무방하다.

### 2. 숨은 推尋委任背書의 法的 性質

#### (1) 序 說

숨은 추심위임배서는 실질적으로는 추심위임을 목적으로 하나 형식적으로는 양도배서이므로, 여기에서는 실질과 형식이 일치하지 않는다. 그러므로 숨은 추심위임배서에 있어서는 이러한 실질과 형식의 차이를 어떻게 해석할 것인가가 문제된다.

숨은 추심위임배서의 법적 성질에 관하여 종래에는 통정허위표시(민 108조)로서 무효라 하는 견해도 있었으나, 오늘날에는 이러한 견해를 주장하는 학자는 없고 신탁양도설, 자격수여설, 상대적권리이전설 등의 학설이 주장되고 있다.

#### (2) 學 說

① **信託讓渡說** 이 학설은 숨은 추심위임배서의 형식이 통상의 양도배서라는 점을 중시하여, 숨은 추심위임배서에는 완전한 권리이전적 효력이 있어 숨은 추심위임배서를 한 경우에는 어음(수표)상의 권리가 당연히 피배서인에게 이전되고 어음(수표)면에 나타나 있지 않은 배서인과 피배서인 간의 추심위임관계는 다만 양자간에 인적항변으로 될 뿐이라 한다(국내의 통설). 즉 이 학설은 숨은 추심위임배서를 신탁적인 양도배서라 보는 것이다.

② **資格授與說** 이 학설은 숨은 추심위임배서의 실질이 피배서인에게 추심권한을 수여하는 것이라는 점을 중시하여, 숨은 추심위임배서를 한 경우에는 어음(수표)상의 권리가 피배서인에게 이전되지 않고 배서인이 여전히 어음(수표)상의 권리자이며 피배서인은 단지 자기의 명의로 어음(수표)상의 권리를 행사할 수 있는 권한을 가질 뿐이라 한다(Hueck, Recht der Wertpapiere, 10 Aufl., S. 56 大隅健一郎, 改訂手形法小切手法講義, 109頁).

③ **相對的權利移轉說** 이 학설은 숨은 추심위임배서를 한 경우에 어음(수표)상의 권리가 당사자 간에서는 이전되지 않으나 제3자인 어음(수표)채무자에 대한 관계에서는 이전된다고 하고, 따라서 추심위임배서의 당사자는 어음(수표)채무자에 대하여 어음(수표)상의 권리가 이전되지 않았다고 주장할 수 없으나 제3자인 어음(수표)채무자는 당사자 간에 어음(수표)상의 권리가 이전되었다고 주장할 수도 있고 이전되지 않았다고 주장할 수도 있다고 한다(鈴木竹雄, 商法演習 III, 237頁).

**【대법원 1969. 7. 8. 판결, 69 다 362】**

숨은 추심위임배서의 법적 성질에 관하여, 대법원은 「숨은 추심위임배서는 일반적으로 신탁양도설이 통설이고 기타 자격수여설 또는 당사자의 의사에 의하여 결정하여야 한다고 하는 학설 등이 있으나, 그 어느 것에 의하든 숨은 추심위임배서는 어음법상의 효력이 있다고 보며, 다만 인적항변의 유무가 문제로 되기는 하나 수탁자로 하여금 소송행위를 하게 하는 것을 목적으로 하는 숨은 추심위임배서는 신탁법 제7조의 규정에 의하여 무효가 되는 것이다」(대판 1969. 7. 8. 69 다 362)라고 하여 명확한 태도를 표명하지 않았고, 또 그 후에도 소송신탁과 관련하여 숨은 추심위임배서에 관한 판례(대판 1973. 2. 28. 72 다 2489)(대판 1982. 3. 23. 81 다 540)가 있었으나 여기서도 명확한 태도를 밝히지 않았다.

(3) 檢 討

자격수여설은 제3자가 알 수 없는 당사자 간의 실질관계를 어음(수표)관계에 끌어들인 것으로서, 이것은 표시를 중시하고 형식을 존중하는 어음(수표)관계의 본질에 반한다.

또한 상대적권리이전설은 어음(수표)상의 권리가 당사자 간에서는 이전되지 않고 제3자인 어음(수표)채무자에 대한 관계에서는 이전된다고 하나, 이를 인정할 만한 실정법상·이론상의 근거가 없다.

생각건대 어음(수표)관계는 외관주의의 원칙상 형식과 표시가 중시되므로 신탁양도설이 타당하다(신탁양도설). 그러나 신탁양도설을 철저히 관철하면 구체적인 경우에 특히 어음(수표)항변에 있어서 타당성을 상실하는 경우가 있으므로, 기본적으로는 신탁양도설을 취하면서 경우에 따라 이를 수정하여 타당한 결론을 도출하도록 하여야 할 것이다.

### 3. 숨은 推尋委任背書의 效力

숨은 추심위임배서의 효력은 그 법적 성질에 관하여 어떤 입장을 취하는가에 따라 다르다. 여기에서는 숨은 추심위임배서의 효력으로서 실질관계와 어음(수표)관계에 관하여 고찰하고, 어음(수표)관계에 관하여서는 신탁양도설의 입장과 자격수여설의 입장을 대비하여 고찰하기로 한다.

#### (1) 實質關係

숨은 추심위임배서의 실질관계는 배서인과 피배서인 간의 추심위임계약에 의한 추심위임이다. 따라서 숨은 추심위임배서의 피배서인은 어음(수표)금을 추심하거나 양도(어음할인 포함)에 의하여 대가를 취득한 때에는 이를 배서인에게 인도하여야 한다.

추심위임계약은 위임이므로 피배서인이 취득한 어음(수표)금은 일단 수임인인 피배서인에게 귀속되었다가 피배서인이 배서인에게 이를 인도한 때에 배서인에게 그 소유권이 귀속된다.

#### (2) 어음(手票)關係

숨은 추심위임배서의 어음(수표)관계에 있어서도 권리이전적 효력·담보적 효력·자격수여적 효력이 생기는가, 어음(수표)채무자는 어음(수표)항변을 주장할 수 있는가, 또 배서인이 추심위임을 해지한 경우와 당사자가 파산한 경우의 법률관계가 어떻게 되는가 등이 문제된다.

① **權利移轉的 效力** 숨은 추심위임배서를 한 경우에 자격수여설의 입장에서는 숨은 추심위임배서에 권리이전적 효력이 없어 어음(수표)상의 권리가 피배서인에 이전되지 않으므로 배서인이 여전히 어음(수표)상의 권리자로 되나, 신탁양도설의 입장에서는 숨은 추심위임배서에 권리이전적 효력이 있어 어음(수표)상의 권리가 피배서인에게 이전되므로 피배서인이 어음(수표)상의 권리자로 된다.

또한 숨은 추심위임배서의 피배서인이 그 어음(수표)을 제3자에게 배서양도한 경우의 효력에 관하여, 자격수여설의 입장에서는 숨은 추심위임배서를 한 경우에 배서인의 어음(수표)상의 권리가 피배서인에게 이전되지 않으므로 피배서인의 배서는 무권리자에 의한 배서로 되고 그 피배서인으로부터 배서를 받은 양수인은 악의 · 중대한 과실이 없으면 그 어음(수표)을 선의취득하게 되나(어 16조 2항 · 77조 1항 1호, 수 21조), 신탁양도설의 입장에서는 숨은 추심위임배서를 한 경우에 배서인의 어음(수표)상 권리가 피배서인에게 이전되어 피배서인이 어음(수표)상의 권리자로 되므로 피배서인의 배서는 권리자에 의한 배서로 되고 그 피배서인으로부터 배서를 받은 양수인은 선의 · 악의를 불문하고 어음(수표)상의 권리를 취득하며, 다만 악의의 양수인은 악의의 항변(어 17조 단서 · 77조 1항 1호, 수 22조 단서)의 대항을 받게 된다.

② **人的抗辯** 숨은 추심위임배서를 한 경우에 어음(수표)채무자가 배서인에 대하여 가지는 인적항변으로 피배서인에 대하여 대항할 수 있는가, 또 피배서인에 대하여 가지는 인적항변으로 그 피배서인에 대하여 대항할 수 있는가가 문제된다.

어음(수표)채무자가 배서인에 대하여 가지는 인적항변으로 피배서인에 대하여 대항할 수 있는가의 문제도 학설의 입장에 따라 다르다.

자격수여설의 입장에서는 숨은 추심위임배서를 한 경우에는 배서인이 어음(수표)상의 권리를 가지므로, 어음(수표)채무자는 배서인에 대하여 대항할 수 있는 인적항변으로써 피배서인에 대하여 대항할 수 있다고 한다(Hueck, Recht der Wertpapiere. 10 Aufl., S. 56 ; 大隅健一郎, 改訂手形法 · 小切手法講義, 118頁).

그리고 신탁양도설의 입장 중에서도 숨은 추심위임배서를 한 경우에는 그 실질관계로서 배서인과 피배서인 간에 추심위임계약이 있으므로 피배서인이 어음(수표)채무자를 해할 의사로 어음(수표)을 취득한 것으로 볼 수 있고(악의의 항변)(어 17조 단서 · 77조 1항 1호, 수 22조 단서) 또 피배서인에게 독립의 경제적 이익이 없어 숨은 추심위임배서에 인적항변 제한의 효과를 인정할 수 없다는 등의 이유로, 어음(수표)채무자는 배서인에 대하여 대항할 수 있는 인적항변으로 피배서인에 대하여 대항할 수 있다는 견해가 있다(서돈각 · 정완용 206면).

그러나 신탁양도설을 철저히 관철하는 입장에서는 숨은 추심위임배서를 어음(수표)상의 권리의 신탁적 양도로 보는 이상, 숨은 추심위임배서를 한 경우에는 통상의 양도배서에서와 같이 인적항변이 절단된다고 보아야 할 것이므로 어음(수표)채무자는 배서인에 대하여 대항할 수 있는 인적항변으로 피배서인에 대하여 대항할 수 없고, 다만 어음(수표)채무자가 숨은 추심위임배서임을 증명한 때에는 인적항변이 절단되지 않는다고 한다(정희철 198~199면, 손주찬 271면, 최기원 310면, 정동윤 303면, 정찬형 294면).

생각건대 숨은 추심위임배서를 한 경우에 이것을 신탁적 양도라 보는 한 어음(수표)상의 권리가 배서인으로부터 피배서인에게 이전되므로 이 경우에도 어음법 제17조(어 77조 1항 1호, 수 22조)가 적용되어 인적항변의 절단이 생겨 어음(수표)채무자는 배서인에 대하여 대항할 수 있는 인적항변으로 피배서인에 대하여 대항할 수 없는 것이다. 그러나 숨은 추심위임배서의 피배서인은 독립된 경제적 이익을 가지지 아니하므로 어음(수표)의 유통을 확보하고 피배서인의 이익을 보호하기 위하여 인정된 인적항변의 절단의 효과를 인정할 이유가 없다. 따라서 어음(수표)채무자가 숨은 추심위임배서라는 것을 증명한 때에는 그 숨은 추심위임배서에 인적항변의 절단의 효력을 부정하여 어음(수표)채무자는 배서인에 대하여 대항할 수 있는 인적항변으로 피배서인에 대하여 대항할 수 있다고 보아야 할 것이다. 그러므로 후설이 타당하다.

그리고 어음(수표)채무자는 숨은 추심위임배서의 피배서인 자신에 대한 인적항변으로 그 피배서인에 대하여 대항할 수 있는가에 관하여, 자격수여설의 입장에서는 피배서인은 배서인의 권리를 행사할 뿐이므로 이를 부정하나 신탁양도설의 입장에서는 이를 인정한다.

③ **擔保的 效力** 숨은 추심위임배서에 담보적 효력이 있는가에 관하여 학설은 모두 이를 부정한다. 즉 자격수여설의 입장에서는 숨은 추심위임배서에 권리이전적 효력이 없으므로 배서인은 피배서인에 대하여 담보책임을 지지 않고, 또 신탁양도설의 입장에서는 배서인과 피배서인 간에 추심위임계약이 있으므로 배서인은 피배서인에 대하여 담보책임을 지지 않는다(정희철 199면, 정동윤 304면, 정찬형 294면, 서헌제 878면).

그러나 숨은 추심위임배서의 피배서인이 배서양도를 한 경우에 그 양수인에 대하여 숨은 추심위임배서의 배서인이 담보책임을 지는가에 관하여, 자격수여설의 입장에서는 숨은 추심위임배서에 권리이전적 효력이 없으므로 배서인은 그 양수인에 대하여 담보책임을 지지 않고 또 그 양수인이 선의취득한 경우에도 선의취득은 권리취득의 면으로서 채무부담과 구별되므로 선의취득자와 그 후의 양수인에 대하여 담보책임을 지지 않게 되나, 신탁양도설의 입장에서는 숨은 추심위임배서에 권리이전적 효력이 있으므로 배서인은 그 양수인에 대하여 담보책임을 지게 된다.

④ **資格授與的 效力** 숨은 추심위임배서에 자격수여적 효력이 있는가에 관하여는 학설이 모두 이를 인정한다. 즉 자격수여설의 입장에서는 숨은 추심위임배서에 권리이전적 효력은 없으나, 자격수여적 효력이 있어 피배서인은 자기가 진실한 어음(수표)상의 권리자라는 것을 증명하지 않고도 어음(수표)상의 권리를 행사할 수 있고(권리추정력), 어음(수표)채무자가 사기 또는 중대한 과실 없이 피배서인에게 어음(수표)금을 지급한 때에는 그가 진실한 어음(수표)상의 권리자가 아니라도 그 책임을 면하며(선의지급의 면책), 또 신탁양도설의 입장에서는 숨은 추심위임배서에 권리이전적 효력뿐만 아니라 자격수여적 효력도 있어 권리추정력과 선의지급의 면책이 인정된다.

⑤ **推尋委任의 解止** 숨은 추심위임배서의 배서인은 언제든지 추심위임계약을 해지할 수 있다(민 689조 1항).

숨은 추심위임배서의 배서인이 추심위임계약을 해지한 경우에 관하여, 자격수여설의 입장에서는 피배서인은 추심대리권을 상실하여 무권한으로 되므로 어음(수표)채무자는 피배서인의 무권한을 주장하여 피배서인의 청구를 거절할 수 있으나, 신탁양도설의 입장에서는 피배서인이 배서인에게 어음(수표)을 반환할 의무가 생길 뿐이고 배서인에게 어음(수표)을 반환할 때까지는 피배서인이 어음(수표)상의 권리자이므로 어음(수표)채무자는 피배서인의 청구를 거절할 수 없다.

신탁양도설의 입장에서도 숨은 추심위임배서의 배서인이 추심위임계약을 해지하고 어음(수표)상의 권리를 행사하기 위하여서는 피배서인으로부터 배서가 말소된 어음(수표)을 반환받거나 피배서인으로부터 반환서를 받아 형식적 자격을 갖추어야 한다.

⑥ **當事者가 破産한 경우의 法律關係** 숨은 추심위임배서의 배서인이나 피배서인이 파산한 경우의 법률관계에 관하여, 자격수여설의 입장에서는 어음(수표)상의 권리가 배서인에 속하므로 피배서인이 파산한 경우에는 배서인이 환취권을 행사할 수 있고(파 407조) 또 배서인이 파산한 경우에는 그 어음(수표)상의 권리가 파산재단에 속하나, 신탁양도설의 입장에서는 어음(수표)상의 권리가 피배서인에

게 속하므로 피배서인이 파산한 경우에는 그 어음(수표)상의 권리가 파산재단에 속하고 배서인이 환취권을 행사할 수 없으며 또 배서인이 파산한 경우에는 그 어음(수표)상의 권리가 파산재단에 속하지 않는다.

## 제7. 入質背書

### Ⅰ. 意 義

입질배서(Pfandindossament)는 어음상의 권리에 질권을 설정한다는 뜻(입질문구)을 부기하여 하는 배서이다(어 19조·77조 1항 1호).

입질배서는 질권을 설정한다는 뜻을 부기하여 배서하는 것이므로, 이것을 특히 공연한 입질배서라 한다. 이에 대하여 입질을 목적으로 하면서도 이러한 입질문구의 부기가 없는 배서를 숨은 입질배서라 한다. 어음법에서는 공연한 입질배서에 관하여서만 규정하고 있다. 보통 입질배서라 하면 이 공연한 입질배서를 말한다.

그러나 실제에 있어서는 공연한 입질배서는 이용되지 않고 숨은 입질배서가 많이 이용되고 있다.

입질배서는 어음에만 인정되고, 수표에는 인정되지 않는다.

### Ⅱ. 背書禁止어음에의 入質背書

배서금지어음에 입질배서를 할 수 있는가에 관하여 긍정설과 부정설이 대립해 있다.

부정설은 배서금지어음을 양도(지명채권양도의 방법으로 양도)한 경우에는 인적항변의 절단의 효력이 생기지 않는 데도(어 11조 2항 77조 1항 1호) 배서금지어음을 입질한 경우에는 인적항변의 절단의 효력이 생겨(어 19조 2항 77조 1항 1호) 배서금지어음을 양도한 경우와 배서금지어음을 입질한 경우가 균형이 맞지 않는다는 이유로 배서금지어음에는 입질배서를 할 수 없다고 하나(최기원 313면), 긍정설은 입질과 양도는 엄연히 구별되므로 배서금지어음에도 입질배서를 할 수 있다고 한다(정찬형 296면).

생각건대 배서금지어음의 양도배서는 금지되나 입질배서를 금지할 바는 아니므로, 배서금지어음에도 입질배서를 할 수 있다고 보는 것이 타당하다(긍정설).

### Ⅲ. 入質背書의 方式

입질배서는 어음상의 권리에 질권을 설정한다는 뜻 즉 「담보하기 위하여」, 「입질하기 위하여」, 「담보」, 「입질」, 「질권설정」 등의 질권의 설정을 표시하는 문언(입질문구)을 기재하여 배서를 하는 것이다(어 19조 1항 본문 77조 1항 1호).

입질배서는 기명식배서로 하든 백지식배서로 하든 무방하다. 그러나 입질배서에는 입질문구를 기재하여야 하므로, 간략백지식배서는 있을 수 없다.

일부배서가 무효인 것(어 12조 2항 77조 1항 1호)과 같이 일부의 입질배서도 무효이다(정찬형 296면).

## Ⅳ. 入質背書의 效力

입질배서를 한 경우에는 질권설정의 효력이 생기고, 또 담보적 효력과 자격수여적 효력이 생긴다. 물론 입질배서를 한 경우에는 권리이전적 효력은 생기지 않는다.

### 1. 質權設定의 效力

#### (1) 質權의 取得

입질배서의 피배서인은 어음상의 권리에 관하여 질권을 취득한다. 이것은 배서인의 의사표시에 기한 효력이고 또 입질배서의 본질적 효력이다.

입질배서의 피배서인은 어음상의 권리에 관하여 질권을 취득하여 「어음으로부터 생기는 모든 권리」를 행사할 수 있다(어 19조 1항 본문 77조 1항 1호). 따라서 피배서인은 어음상의 권리를 행사하기 위하여 필요한 재판상 또는 재판 외의 모든 행위 즉 지급제시, 지급의 수령, 소구, 추심소송의 제기 등을 할 수 있다.

입질배서의 피배서인은 질권자로서 어음상의 권리를 행사하는 것이므로, 어음상의 권리를 행사하여 얻은 금액을 다른 채권자에 우선하여 자기 채권(피담보 채권)의 변제에 충당할 수 있다.

#### (2) 質權의 行使

**① 質權行使의 方法** 입질배서의 피배서인은 추심위임배서의 피배서인과는 달리 배서인을 위하여 어음상의 권리를 행사하는 것이 아니고 자기를 위하여 어음상의 권리를 행사하는 것이므로, 배서인의 대리인으로서가 아니고 자기의 명의로 어음상의 권리를 행사하는 것이며 또 소송에 있어서도 자기가 당사자로 된다.

**② 質權行使의 制限(民法 제353조의 適用問題)** 민법 제353조에 의하면 입질채권의 목적물이 금전인 경우에는 질권자는 자기 채권(피담보채권)의 한도에서 직접 청구할 수 있고(민 353조 2항) 또 입질채권의 변제기가 피담보채권의 변제기보다 먼

저 도래한 때에는 질권자는 제3채무자에 대하여 그 변제금액의 공탁을 청구할 수 있다(민 353조 3항).

어음채권을 행사하는 경우에도 민법 제353조의 제한에 따라 피배서인(질권자)은 자기 채권(피담보채권)의 한도에서만 지급을 청구할 수 있는가 또 입질채권의 변제기(어음의 만기)가 피담보채권의 변제기보다 먼저 도래한 때에는 공탁을 청구할 수 있는가에 관하여 긍정설(竹田 省, 手形·小切手法, 117頁 ; 田中耕太郎, 手形法·小切手法概論, 384頁)과 부정설(정희철 200~201면, 정동윤 305면, 채이식 183면, 정찬형 297면)이 대립해 있다.

생각건대 이러한 제한은 어음상에 나타나지 아니하여 어음거래의 신속한 결제의 요청에 반하므로, 입질배서의 피배서인이 어음질권을 행사하는 경우에는 민법 제353조가 적용되지 않는다고 보는 것이 타당하다(부정설). 따라서 입질배서의 피배서인은 어음의 만기에 어음금액의 전부에 대하여 어음상의 권리를 행사할 수 있고, 다만 어음금액이 피담보채권액보다 많은 경우에는 피배서인은 그 추심한 금액을 자기 채권의 변제에 충당하고 잔액을 배서인(질권설정자)에게 반환하여야 한다. 또한 어음의 만기가 피담보채권의 변제기보다 먼저 도래한 경우에는 피배서인은 어음상의 권리를 행사하여 그 추심한 금액을 공탁하여야 한다.

③ **人的抗辯의 切斷** 입질배서를 한 경우에 피배서인은 독립의 경제적 이익을 가지므로, 입질배서에 인적항변절단의 효력이 인정된다. 따라서 어음채무자는 입질배서의 배서인에 대하여 대항할 수 있는 인적항변으로써 피배서인에 대하여 대항할 수 없다(어 19조 2항 본문 77조 1항 1호).

그러나 어음금액이 피담보채권액을 초과한 경우에 그 초과부분에 관하여서는 입질배서의 피배서인이 독립의 경제적 이익을 가지지 않으므로, 어음채무자는 이것을 증명하여 배서인에 대하여 대항할 수 있는 인적항변으로 피배서인에 대하여 대항할 수 있다.

(3) 推尋委任背書를 할 수 있는 權限의 取得

입질배서에는 권리이전적 효력이 없어 피배서인은 어음상의 권리를 취득하지 않으므로, 양도배서나 입질배서는 할 수 없고 추심위임배서만 할 수 있다(어 19조 1항 단서, 77조 1항 1호). 입질배서의 피배서인이 보통의 양도배서를 한 경우에는 추심위임배서의 효력만 인정된다(어 19조 1항 단서 77조 1항 1호).

그러나 입질배서의 피배서인(질권자)은 배서인(질권설정자)에게 어음을 반환하기 위한 양도배서는 할 수 있다(정희철 201면).

⑷ 背書人의 權利行使의 制限

입질배서의 배서인은 어음을 피배서인에게 교부하여 어음을 소지하고 있지 않으므로, 어음상의 권리자이면서도 어음상의 권리를 행사할 수 없다. 배서인이 어음상의 권리를 행사하려면 피배서인으로부터 어음의 반환을 받아야 한다.

2. 擔保的 效力

입질배서에 담보적 효력이 있는가에 관하여 긍정설과 부정설이 대립해 있다.

⑴ 學 說

① **肯定說** 긍정설은 입질배서가 무담보문구라 볼 수 없고 또 입질배서는 배서인이 만기에 어음금이 확실히 지급되어 피담보채권에 우선적으로 충당될 것을 보장하고 질권을 설정하는 것이므로, 입질배서에 담보적 효력을 인정하여야 한다고 한다(손주찬 275면, 정동윤 298면 최준선(어) 336면, 채이식 183면).

② **否定說** 부정설은 배서인의 소구의무는 어음상의 권리가 피배서인에게 이전되는 것을 전제로 인정되는 것이므로 어음상의 권리가 피배서인에게 이전되지 않는 입질배서에는 담보적 효력이 인정될 수 없는 것이라 하고, 입질배서의 배서인이 어음금의 지급에 대하여 책임을 지는 것은 어음상의 권리에 질권을 설정한 결과이지 어음법 제15조 제1항(어 77조 1항 1호)에 의한 것이 아니라 한다(정희철 201~202면 최기원 315면).

⑵ 檢 討

어음법은 배서인은 반대의 문언이 없으면 인수와 지급을 담보한다(어 15조 1항 77조 1항 1호)고 하여 배서의 담보적 효력을 규정하고 있는데, 입질배서에 있어서 입질문구가 반대의 문언이라고 볼 수 없으므로, 입질배서에도 담보적 효력이 있다고 보는 것이 타당하다(긍정설).

3. 資格授與的 效力

입질배서에는 전술한 질권취득의 효력에 대응하여 자격수여적 효력이 있다. 즉 입질배서가 있는 어음을 소지하고 있는 피배서인은 적법한 어음소지인으로 추정되어 어음의 질권자로서의 형식적 자격을 인정받아 자기가 진실한 질권자라는 것을 증명하지 않고도 어음상의 권리를 행사할 수 있고(권리추정력), 또 어음채무자가 이러한 형식적 자격을 가지고 있는 피배서인에게 사기 또는 중대한 과실 없이 어음금을 지급한 때에는 그가 진실한 질권자가 아니라도 그 책임을 면한다(선의지급의 면책)(통설).

그리고 피배서인이 배서인을 정당한 권리자로 믿고 또 그렇게 믿는 데 중대한 과실 없이 어음을 질취한 경우에는, 그 배서인이 무권리자일지라도 어음상의 권리에 대한 질권을 선의취득한다(선의취득)(통설).

## V. 숨은 入質背書

### 1. 意 義

숨은 입질배서는 형식상으로는 보통의 양도배서이나 실질상으로는 입질을 목적으로 하는 배서이다. 즉 어음에는 보통의 양도배서를 하고, 어음 외에서 당사자간에 질권설정계약을 체결하는 것이다. 수표에 있어서는 공연한 입질배서는 인정되지 않으나, 숨은 입질배서는 가능하다.

### 2. 숨은 入質背書의 效力

#### (1) 權利移轉的 效力

숨은 입질배서의 법적 성질을 신탁양도로 보는 한, 숨은 입질배서에 권리이전적 효력이 있다. 따라서 숨은 입질배서의 배서인은 어음상의 권리를 상실하고 그 피배서인이 어음상의 권리자로 되며, 따라서 피배서인은 자기의 명의로 어음상의 권리를 행사할 수 있다.

숨은 입질배서의 피배서인은 만기에 어음금액의 전부에 대하여 어음상의 권리를 행사할 수 있으나, 어음금액이 피담보채권액보다 많은 경우에는 추심한 금액을 자기 채권의 변제에 충당하고 그 잔액을 배서인에게 반환하여야 하고 또 어음의 만기가 피담보채권의 변제기보다 먼저 도래한 경우에는 추심한 금액을 그 변제기까지 공탁하여야 한다.

#### (2) 人的抗辯의 切斷

숨은 입질배서의 피배서인은 질권자로서 독립의 경제적 이익을 가지며 또 자기의 명의로 어음상의 권리를 행사할 수 있으므로, 숨은 입질배서에 인적항변의 절단의 효력이 인정된다.

따라서 어음채무자는 숨은 입질배서의 배서인에 대하여 대항할 수 있는 인적항변으로 피배서인에 대하여 대항하지 못한다. 그러나 어음금액이 피담보채권액을 초과하는 경우에 그 초과부분에 관하여는 숨은 입질배서의 피배서인이 독립의 경제적 이익을 가지지 않으므로, 어음채무자는 이것을 입증하여 배서인에 대하여 대항할 수 있는 인적항변으로 피배서인에 대하여 대항할 수 있다.

(3) 擔保的 效力

숨은 입질배서에는 담보적 효력이 있어 숨은 입질배서의 배서인은 피배서인과 그 후자에 대하여 담보책임을 진다.

(4) 資格授與的 效力

숨은 입질배서에 자격수여적 효력이 있어 숨은 입질배서의 피배서인은 어음상의 권리자(질권자가 아님)로서의 권리추정력이 인정되고(어 16조 1항 77조 1항 1호) 또 어음채무자의 그에 대한 선의지급의 면책이 생긴다(어 40조 3항 1문 77조 1항 3호). 또한 숨은 입질배서에는 선의취득도 인정되며(어 16조 2항 77조 1항 1호), 이 경우 피배서인이 선의취득하는 권리는 질권이 아니고 어음상의 권리이다.

(5) 當事者가 破産한 경우의 法律關係

숨은 입질배서에는 권리이전적 효력이 있어 어음상의 권리가 피배서인에 속하므로 배서인이 파산한 경우에는 그 어음상의 권리가 파산재단에 속하지 않고 또 피배서인이 파산한 경우에는 그 어음상의 권리가 파산재단에 속하며 배서인이 환취권(파 407조)을 행사할 수 없다.

(6) 被擔保債權의 消滅과 어음上의 權利의 歸屬

피담보채권이 변제 등에 의하여 소멸되면 어음상의 권리가 배서인에게 복귀되는지 문제되나, 배서인과 피배서인 간의 원인관계인 질권설정계약상의 피담보채권이 소멸되어도 어음행위의 무인성에 의하여 어음상의 권리는 배서인에게 복귀되지 않는다고 보아야 할 것이다.

## 제8. 기타의 背書

### I. 序 說

어음(수표)법에는 규정이 없으나, 원인관계상의 배서의 목적에 따라 담보배서와 신탁배서가 있다. 그러나 이러한 배서는 어음(수표)법에 규정이 없고 단지 원인관계에 의한 구분으로서 특수한 배서라고는 할 수 없는 것이다.

## Ⅱ. 擔保背書

### 1. 意 義

담보배서는 어음(수표)을 취득하지도 않고 또 양도할 의사도 없이 단지 어음(수표)의 지급능력을 높이기 위하여 담보의 목적으로 하는 배서이다.

담보배서는 원래 독일의 통설·판례에서 인정되어 왔던 것이나, 우리 나라에서도 인정될 수 있다. 예컨대 채무자(A)가 채권자(B)에 대한 원인채무의 이행을 위하여 차용증서에 갈음하여 제3자(C)를 수취인으로 한 약속어음을 작성하고 수취인인 제3자가 그 사정을 알면서 채무자(A)의 원인채무를 담보하는 뜻으로 그 약속어음에 배서하여 이를 채권자(B)에게 교부한 경우에 그 배서는 담보배서이다.

### 2. 效 力

담보배서는 배서인이 어음(수표)을 취득하지도 않았고 따라서 양도할 의사도 없이 단지 담보의 목적으로 하는 배서이므로, 담보배서에는 권리이전적 효력은 없고 담보적 효력만 있다(정희철 189면 정동윤 284면).

## Ⅲ. 信託背書

### 1. 意 義

신탁배서는 보통의 양도배서의 방식으로 하는 배서로서, 배서인이 피배서인에게 어음(수표)상의 권리를 양도하되 배서인과 피배서인 간의 내부관계에서 피배서인이 그 어음(수표)상의 권리를 특정한 목적 예컨대 추심·할인·담보 또는 소송 등의 목적을 위하여 행사하여야 할 구속을 받는 배서이다. 숨은 추심위임배서나 숨은 입질배서는 신탁배서의 일종이라고 할 수 있다.

신탁배서의 실질관계는 신탁의 일반원리에 의한다.

### 2. 效 力

신탁배서는 외부적으로는 보통의 양도배서와 동일한 효력을 가진다. 그러나 내부적으로는 신탁의 목적에 따라 다르며, 대별하면 단순히 피배서인에게 어음(수표)상의 권리를 행사할 수 있는 자격을 부여하는 것과 피배서인에게 어음(수표)상의 권리를 이전하는 것이 있다. 전자를 수권적신탁배서 또는 자격수여적신탁배서라 하고, 후자를 양도적신탁배서라 한다(정동윤 308면).

신탁배서가 수권적신탁배서인가 양도적신탁배서인가는 배서인과 피배서인 간의 합의내용에 따라 결정될 것이나, 명확하지 않은 경우에는 수권적신탁배서로 추정하여야 할 것이다(정동윤 308면).

그러나 이러한 신탁의 목적은 어음(수표) 외의 실질관계로서 당사자 간의 인적항변으로 대항할 수 있을 뿐이다.

## 제 4 관 指名債權讓渡의 方法에 의한 讓渡

### 제1. 序 說(指名債權讓渡의 方法에 의한 讓渡의 可否)

발행인이 지시금지의 문언 또는 이와 동일한 의의의 문언을 기재하여 발행한 배서금지어음(수표)은 그 배서성이 박탈되어 단순한 기명증권으로 되므로 그 양도는 지명채권양도의 방법에 의하여야 하나, 그렇지 않은 어음(수표)도 배서 외에 지명채권양도의 방법에 의하여 양도할 수 있는가 문제된다. 이에 관하여 긍정설과 부정설이 대립해 있다.

#### Ⅰ. 學 說

① **肯定說** 긍정설은 어음(수표)법에서 배서를 어음(수표)의 특유한 양도방법으로 규정하고 이에 민법의 일반원칙과는 다른 요건과 효과를 인정하고 있으나 이것은 배서 외의 다른 방법에 의하여 어음(수표)을 양도하는 것을 금지하는 취지는 아니며, 따라서 어음(수표)은 당연히 지명채권양도의 방법에 의하여 양도할 수 있다고 한다(손주찬 240면, 정동윤 266면 채이식 196면, 최준선(어) 290면)(대판 1989. 10. 24. 88 다카 20774).

② **否定說** 부정설은 민법의 채권양도의 대항요건에 관한 규정(민 450조 508조)은 강행규정이므로 지시채권을 양도한 경우에 지명채권양도의 대항요건을 갖추었더라도 지시채권의 양도로서의 효력이 발생하지 않는다. 따라서 어음(수표)은 반드시 배서 또는 교부에 의하여 양도하여야 하고 지명채권양도의 방법에 의하여 양도할 수 없다고 한다(정희철 177~178면, 정찬형 253면).

#### Ⅱ. 檢 討

부정설에서는 민법 제450조와 제508조가 강행규정이라 하나, 어음(수표)법상 발행인 또는 배서인에 의한 배서금지가 인정되고 있는 것(배서금지어음 수표, 배서금지배서)으로 보아 민법 제450조와 제508조가 절대적인 강행규정이라 할 수 없으므로, 부정설에 찬동하기는 곤란하다.

생각건대 어음(수표)의 양수인이 지명채권양도의 방법에 의한 불이익을 감수하는 이상, 지명채권양도의 방법에 의한 양도를 인정하여도 이것이 어음(수표)법의 취지에 반하는 것이라고는 생각되지 않으므로 긍정설이 타당하다(긍정설).

## 제2. 讓渡의 方法

지명채권양도의 방법에 의하여 어음(수표)을 양도하는 경우에는 당사자 간에 어음(수표)상의 권리를 양도한다는 의사표시와 어음(수표)의 교부가 있어야 한다. 물론 실정법상으로는 어음(수표)의 교부를 요구하고 있지 않으나, 어음(수표)은 상환증권으로서 어음(수표)상의 권리자라도 어음(수표)을 소지하고 있지 않으면 어음(수표)상의 권리를 행사할 수 없으므로, 지명채권양도의 방법에 의하여 어음(수표)을 양도하는 경우에도 어음(수표)의 교부를 그 효력발생의 요건으로 보아야 하는 것이다.

지명채권양도의 방법에 의하여 어음(수표)을 양도하는 경우에 그 어음(수표)양도의 효력을 제3자에게 대항하기 위하여서는 양도인이 어음(수표)채무자에게 어음(수표)양도의 통지를 하거나 어음(수표)채무자로부터 어음(수표)양도의 승낙을 얻어야 한다(민 450조). 이러한 통지 또는 승낙은 각 어음(수표)채무자에 대하여 하여야 한다.

## 제3. 指名債權讓渡의 方法에 의한 어음(手票)의 讓渡의 效力

### Ⅰ. 權利移轉的 效力

지명채권양도의 방법에 의하여 어음(수표)을 양도한 경우에도 권리이전적 효력이 있어 양수인은 양도인이 가지고 있던 모든 어음(수표)상의 권리를 취득한다. 따라서 지명채권양도의 방법에 의하여 어음(수표)을 양수한 경우에도 양수인은 어음(수표)금지급청구권, 소구권, 어음(수표)보증인·참가인수인 등에 대한 어음(수표)상의 권리를 취득한다.

물론 이 경우에 양수인이 어음(수표)채무자에 대하여 어음(수표)상의 권리를 행사하려면 그 어음(수표)채무자에 대한 대항요건(민 450조)을 갖추어야 한다.

### Ⅱ. 人的抗辯의 承繼(不切斷)

지명채권양도의 방법에 의한 어음(수표)양수인이 취득하는 권리는 양도인이 가지고 있던 모든 권리이다. 따라서 양도인이 가지고 있던 어음(수표)상의 권리에 인적항변이 부착되어 있는 경우에는, 인적항변이 부착되어 있는 어음(수표)상의 권리를 그대로 양수하게 되어 양수인은 그 인적항변의 존재를 알았는가 알지 못하였는가를 불문하고 어음(수표)채무자로부터 인적항변의 대항을 받는다.

그러나 어음(수표)채무자가 이의를 유보하지 않고(인적항변을 주장 하지 않고) 어음(수표)의 양도를 승낙한 때에는 양도인에 대하여 대항할 수 있는 인적항변으로 양수인에 대하여 대항할 수 없다(민 451조 1항 본문).

### Ⅲ. 讓受人의 背書權

지명채권양도의 방법에 의하여 어음(수표)을 양수한 양수인이 그 어음(수표)을 배서에 의하여 양도할 수 있는가 문제되나, 배서권은 어음(수표)상의 권리 자체가 가지는 기능으로서 정당한 소지인이면 당연히 가지는 것이므로 지명채권양도의 방법에 의하여 어음(수표)을 양수한 양수인도 어음(수표)을 배서에 의하여 양도할 수 있다(통설).

### Ⅳ. 擔保的 效力의 否定

지명채권양도의 방법에 의하여 어음(수표)을 양도한 경우에는 담보적 효력이 없다. 따라서 어음(수표)금의 지급이 거절되어도 지명채권양도의 방법에 의하여 어음(수표)을 양도한 양도인은 소지인에 대하여 담보책임을 지지 않는다.

### Ⅴ. 資格授與的 效力의 否定

지명채권양도의 방법에 의하여 어음(수표)을 양도한 경우에는 자격수여적 효력이 생기지 않는다. 따라서 소지인이 어음(수표)상의 권리를 행사하는 때에는 실질적인 권리승계가 있었다는 것을 증명하여야 하고 지명채권양도의 대항요건을 갖추어야 하며, 또 어음(수표)채무자도 그 실질관계를 조사하여 어음(수표)금을 지급하여야 한다.

그리고 지명채권양도의 방법에 의하여 어음(수표)을 양도하여도 어음(수표)이 그 유가증권성을 상실하는 것이 아니므로, 소지인이 어음(수표)상의 권리를 행사하는 경우에는 어음(수표)을 제시하여야 하고(제시증권성) 또 어음(수표)채무자가 의무를 이행하는 경우에 어음(수표)과 상환하지 않으면 어음(수표)금을 지급할 필요가 없다(상환증권성).

### Ⅵ. 善意取得의 否定

지명채권양도의 방법에 의한 어음(수표)의 양도는 어음(수표)법적 유통방법에 의한 것이 아니므로, 지명채권양도의 방법에 의하여 어음(수표)을 양수한 경우에는 선의취득이 인정되지 않는다.

## 제 2 절 어음(手票)의 保證

### 제1. 意 義

어음(수표)보증은 주된 어음(수표)행위에 의하여 생긴 어음(수표)채무를 담보하기 위하여 하는 종된 어음(수표)행위이다.

첫째, 어음(수표)보증은 어음(수표)의 발행이나 배서 또는 인수 등의 주된 어음(수표)행위에 의하여 생긴 어음(수표)채무의 담보를 목적으로 하므로 주채무(피담보채무)가 유효하게 존재하는 것을 전제로 한다. 어음(수표)보증은 주채무가 유효하게 존재하는 것을 전제로 하는 점에서는 민법상의 보증과 같으나 이는 어음(수표)행위로서 반드시 어음(수표)상에 방식을 갖추어 기재하여야 하는 점에서 민법상의 보증과 다르다. 따라서 어음(수표)채무의 보증만 약정하고 어음(수표)상에 기재하지 않으면 이는 어음(수표)보증이 아니고 민법상의 보증에 불과하다.

둘째로, 어음(수표)보증은 주된 어음(수표)행위에 독립하는 어음(수표)행위이다. 어음(수표)보증은 주채무의 존재를 전제로 하므로 주채무에 부종하나 그 종속성은 민법상의 보증에 비하면 극히 희박하고, 오히려 어음(수표)보증은 어음(수표)행위의 일종으로서 어음(수표)행위독립의 원칙(어 7조·77조 2항, 32조 2항·77조 3항, 수 27조 2항)에 의하여 주채무가 실질적으로 무효이거나 취소되어도 어음(수표)상의 기재의 형식에 있어서 유효하면 그 어음(수표)보증은 유효하다. 물론 주채무가 방식을 결하여 무효인 경우에는 그 어음(수표)보증은 무효이다.

셋째로, 어음(수표)보증은 어음(수표)이 형식상 유효하게 발행된 것을 전제로 한다. 따라서 어음(수표)의 발행이 방식을 결하여 무효인 경우에는 그 어음(수표)상의 어음(수표)보증은 당연히 무효이고, 어음(수표)의 발행이 방식을 갖추어 형식상 완전한 경우에는 실질상 무효이더라도 그 어음(수표)상의 어음(수표)보증은 어음(수표)행위독립의 원칙에 의하여 유효하다.

## 제2. 法的 性質

### Ⅰ. 單獨行爲

어음(수표)보증의 성질에 관하여 단독행위설과 계약설이 대립해 있다. 단독행위설은 어음(수표)보증인으로 되고자 하는 자가 어음(수표)에 보증의 기명날인(서명)을 하는 것만으로 성립하므로 단독행위라 하고(통설), 계약설은 어음(수표)보증도 어음(수표)행위로서 상대방에게 어음(수표)을 교부하고 상대방이 승낙의 의사로 수령함으로써 성립하므로 계약이라 한다(정동윤 250면).

어음(수표)이론 중 교부계약설이 입장에서는 어음(수표)보증을 계약이라 보나, 발행설과 창조설의 입장에서는 단독행위라 볼 것이다.

### Ⅱ. 無因行爲

어음(수표)보증도 어음(수표)행위로서 무인행위이다. 따라서 어음(수표)보증의 효력은 보증을 하게 된 실질관계의 영향을 받지 않는다.

## 제3. 어음(手票)保證과 民法上의 保證의 差異

어음(수표)보증과 민법상의 보증을 비교하면 다음과 같은 차이가 있다.

① 민법상의 보증은 채권자와 보증인 간의 계약이나, 어음(수표)보증은 어음(수표)행위의 일종으로서 어음(수표)보증인의 단독행위이다(통설).

② 민법상의 보증은 대인적 관계이므로 주채무자가 특정되어 있어야 하고 주채무자가 명확하지 않은 경우에는 보증이 성립되지 않으나, 어음(수표)보증은 대어음(수표)관계이므로 주채무자가 분명하지 아니하여도 어음(수표)보증이 무효로 되지 않고 이것은 발행인을 위한 어음(수표)보증으로 된다(어 31조 4항 · 77조 3항 2문, 수 26조 4항).

③ 민법상의 보증은 불요식행위이나, 어음(수표)보증은 요식행위이다(어 31조 2항 4항 · 77조 3항 1문, 수 26조 2항 4항).

④ 민법상의 보증은 주채무의 존재를 성립요건으로 하므로 부종성이 강하나, 어음(수표)보증은 어음(수표)행위독립의 원칙에 의하여 주채무가 방식에 하자가 있는 경우 외에는 어떤 사유에 의하여 무효이더라도 유효하게 성립된다.

⑤ 민법상의 보증인은 특정의 채권자에 대하여서만 보증채무를 지나, 어음(수표)보증인은 불특정의 소지인에 대하여 어음(수표)상의 책임을 진다.

⑥ 민법상의 보증채무는 보충성을 가져 민법상의 보증인은 최고의 항변권과 검색의 항변권을 가지나(민 437조), 어음(수표)보증에는 보충성이 없고 또 어음(수표)보증인은 피보증인과 동일한 책임을 지므로(어 32조 1항·77조 3항 1문, 수 27조 1항) 어음(수표)보증인은 최고의 항변권과 검색의 항변권을 가지지 않는다.

⑦ 민법상의 공동보증인은 분별의 이익을 가지나(민 439조), 공동어음(수표)보증인은 합동책임을 부담하여(어 47조·77조 1항 4호, 수 43조) 분별의 이익을 가지지 않는다.

⑧ 민법상의 보증인은 주채무자의 모든 항변사유로 채권자에 대항할 수 있으나(민 433조), 어음(수표)보증인은 주채무자의 모든 항변사유로 대항할 수 있는 것이 아니다.

⑨ 민법상의 보증채무의 소멸시효기간은 10년이나(민 162조 1항), 어음(수표)보증채무의 소멸시효기간은 주채무에 따라 3년(어 70조 1항 77조 1항 8호), 1년(어 70조 2항 77조 1항 8호), 또는 6개월(어 70조 3항·77조 1항 8호, 수 51조 1항·2항)이다.

## 제4. 어음(手票)保證의 要件

### Ⅰ. 어음(手票)保證의 當事者

#### 1. 被保證人(主債務者)

어음(수표)보증의 피보증인 즉 주채무자가 될 수 있는 자는 어음(수표)채무자이다. 따라서 어음(수표)의 피보증인으로 될 수 있는 자는 발행인·배서인·인수인 또는 참가인수인 등이다. 어음(수표)채무자가 아닌 무담보배서인 또는 환어음의 지급인이나 지급담당자 등을 위한 어음(수표)보증은 효력이 없다.

#### 2. 保證人

어음(수표)보증의 피보증인 외의 자는 누구든지 어음(수표)보증의 보증인으로 될 수 있다. 다만 수표보증의 경우에는 지급인이 보증인으로 될 수 없다(수 25조 2항 1문).

가계수표에서는 수표보증카드제에 의하여 지급인(은행)이 수표금의 지급을 보증하나, 이것은 수표법상의 수표보증이 아니고 민법상의 보증이다.

보통 어음(수표)과 관계없는 제3자가 어음(수표)보증인으로 되나, 어음(수표)에 기명날인(서명)을 하여 어음(수표)채무자로 되어 있는 자도 어음(수표)보증의 보증인으로 될 수 있다(어 30조 2항 2문·77조 3항, 수 25조 2항 2문). 물론 어음(수표)채무자가 어음(수표)보증을 하는 것은 실제상 큰 의미가 없겠으나 배서인이 발행인을 위하여 어음(수표)보증을 한 경우에는 소지인이 소구권보전절차를 해태하여 배서인에 대한 소구권을 상실하여도 그 배서인은 어음(수표)보증인으로서 발행인과 동일한 어음(수표)상의 책임을 지므로, 어음(수표)채무자가 어음(수표)보증을 하는 것이 전혀 의미가 없는 것은 아니다.

## Ⅱ. 어음(手票)保證의 方式

### 1. 記載場所

어음(수표)보증은 어음(수표) 자체 또는 보전에 할 수 있고(어 31조 1항·77조 3항, 수 26조 1항), 또 등본(수표에는 없음)에도 할 수 있다(어 67조 3항 77조 1항 6호). 어음(수표)보증을 어음(수표)이나 보전 또는 등본에 하지 않고 별지에 한 경우에는, 이것은 어음(수표)보증으로서의 효력이 없고 당사자 간에 민법상의 보증으로서 효력이 있을 뿐이다.

어음(수표)보증은 백지어음(수표)에도 할 수 있다. 따라서 기존의 백지어음(수표)에 어음(수표)보증을 할 수 있을 뿐만 아니라 어음(수표)요건은 기재하지 않고 어음(수표)보증만 하여 교부할 수도 있다(백지보증).

### 2. 記載事項

어음(수표)보증에는 그 기재사항에 따라 정식보증과 약식보증의 두 가지 방식이 있다.

#### (1) 正式保證

정식보증은 보증 또는 이와 동일한 의의가 있는 문언(보증문구)과 주채무자를 기재하고 보증인이 기명날인(서명)하는 것이다(어 31조 2항·4항 1문, 77조 3항, 수 26조 2항·4항 1문). 정식보증은 어음(수표)의 표면이나 이면에는 물론 보전이나 등본(수표에는 등본 제도가 없음)에도 할 수 있다(어 31조 1항·67조 3항·77조 1항 6호·3항, 수 26조 1항).

(2) 略式保證

약식보증은 주채무자를 기재하지 않고 보증문구만 기재하고 보증인이 기명날인(서명)하거나 주채무자와 보증문구를 기재하지 않고 보증인이 단순한 기명날인(서명)만 하는 것이다(어 31조 3항 1문·77조 3항, 수 26조 4항 1문). 이러한 약식보증은 발행인을 위하여 보증한 것으로 본다(어 31조 4항 2문·77조 3항, 수 26조 4항 2문). 특히 후자의 약식보증을 간략약식보증이라 한다.

보증문구가 있는 약식보증은 어음(수표)의 표면·이면·보전 또는 등본에 할 수 있으나, 단순한 기명날인(서명)만으로 하는 간략약식보증은 어음(수표)의 표면에 하여야 한다(어 31조 3항 1문·77조 3항, 수 26조 3항 1문). 어음(수표)의 표면이 아닌 이면에 단순한 기명날인(서명)만 한 때에는 약식보증이 아닌 간략백지식배서로 된다(어 13조 2항 2문·77조 1항 1호, 수 16조 2항 2문).

어음법 제31조 제3항(수 26조 3항)의 반대해석으로는 보전에 한 보증인의 단순한 기명날인(서명)은 발행인을 위한 보증으로 볼 수 없는 취지로 보이나, 어음(수표)의 이면에 한 단순한 기명날인(서명)을 어음(수표)보증으로 인정하지 않는 것은 간략백지식배서(어 13조 2항 수 16조 2항)와의 혼동을 피하기 위한 것이고 또 어음법 제31조 제1항(수 26조 1항)에서는 어음(수표)과 보전을 동일하게 취급하고 있으므로, 보전에 한 보증인의 단순한 기명날인(서명)도 발행인을 위한 어음(수표)보증으로 보는 것이 타당하다.

## Ⅲ. 어음(手票)保證의 單純性

### 1. 意 義

어음(수표)보증은 어음(수표)의 발행이나 배서 또는 인수 등과 같이 무조건(단순보증)이어야 한다.

### 2. 條件附어음(手票)保證의 效力

(1) 序 說

어음(수표)에 조건부지급약속의 문구나 조건부지급위탁의 문구를 기재한 경우에는 어음(수표)의 전부가 무효로 된다고 보고(통설) 또 어음(수표)법에서 조건부배서는 조건을 기재하지 않은 것으로 보며(어 12조 1항 2문·77조 1항 1호, 수 15조 1항 2문) 조건부인수는 인수거절로 되며 인수인이 그 인수의 문언에 따라 책임을 진다(어 26조)고 규정하고 있으나, 조건부 어음(수표)보증에 관하여서는 규정이 없어 그 효력이 어떠한지 문제된다.

종래 조건부 어음(수표)보증의 효력에 관하여는 어음(수표)보증의 전부무효설, 조건만의 무효설 및 조건부 어음(수표)보증의 유효설 등의 학설이 대립해 있다.

(2) 學 說

① **어음(手票)保證의 全部無效說(有害的記載事項說)** 이 학설은 어음(수표)행위에 조건을 붙이면 어음(수표)지급의 확실과 유통의 원활을 해하게 되어 어음(수표)행위는 조건과 친할 수 없는 행위이므로 어음(수표)보증에 조건을 붙인 경우에는 어음(수표)보증의 전부가 무효로 된다고 하고(Staub Stranz, Kommentar zum Wechselgesetz, 13 Aufl. Anm. 52 zu Art. 30), 또는 어음(수표)법에서 조건부 배서(어 12조 1항·77조 1항 1호, 수 15조 1항)나 조건부 인수(어 26조)와는 달리 조건부 어음(수표)보증에 관하여 아무 규정을 두지 않은 것은 이것을 무효로 하는 취지라 보아야 한다고 한다(田中誠二, 手形小切手法詳論, 669~670頁).

② **條件만의 無效說(無益的記載事項說)** 이 학설은 어음(수표)지급의 확실과 유통의 원활을 위하여, 어음(수표)보증에 조건을 붙인 경우에는 마치 배서에 조건을 붙인 경우(어 12조 1항·77조 1항 1호, 수 15조 1항)와 같이 그 조건만 무효로 되어 조건부 어음(수표)보증은 조건 없는 어음(수표)보증으로서 효력이 있다고 한다(손주찬 296면, 박원선 559면, 최기원 419면)(서울고판 1985. 6. 26. 84 나 1999).

③ **條件附 어음(手票)保證의 有效說(有益的記載事項說)** 이 학설은 환어음의 인수에 조건을 붙인 경우에는 인수거절의 효력이 생기되 인수인은 그 인수의 문언에 따라 책임을 지는 조건부 인수에 관한 규정(어 26조 2항)을 조건부 어음(수표)보증에 유추적용하여, 어음(수표)보증에 조건을 붙인 경우에도 어음(수표)보증이 무효로 되지 않고 어음(수표)보증인은 그 어음(수표)보증의 문언에 따라 어음(수표)보증의 책임을 진다고 한다(정찬형 423면). 그리고 이 학설은 소지인으로서는 조건이 성취되면 어음(수표)보증인에 대하여 책임을 물을 수 있어 유리하고 또 어음(수표)보증인으로서는 자기가 약속한대로 책임을 지는 것이어서 불합리하지 않으므로, 조건부 어음(수표)보증은 어음(수표)상에 기재된 조건 대로 효력이 있는 것으로 인정하여야 한다고 한다(정동윤 254면)(대판 1986. 3. 11. 85 다카 1600).

**【대법원 1986. 3. 11. 판결, 85 다카 1600】**

**1. 사실관계**

Y은행 중앙지점의 대부계 담당대리 B는 Z회사의 회장 및 대표이사인 C와 공모하여 B 근무사무실의 금고 안에 있는 어음지급보증용 고무명판과 서명명판을 몰래 꺼내어 Z회사 발행의 약속어음에 "위 금액의 지급을 지급기일까지 보증함. 중앙지점장 A"로

된 고무명판과 서명명판을 찍어 어음의 지급보증을 위조하였다.

X는 지급보증이 Y은행의 권한 있는 자에 의하여 정당하게 이루어진 것으로 믿고 위 어음을 할인하여 주었으며, 그리고 지급제시기간 경과 후에 Z회사에 지급제시하였으나 지급거절되어, Y은행에 대하여 어음보증책임의 이행을 청구하였다.

이에 대하여 Y은행은 위 어음보증은 위조된 것이므로 책임이 없고 또 위 어음보증은 기한부(1983. 10. 15.) 보증인 데도 기일경과 후(1983. 10. 19.)에 지급제시하였으므로, 지급의무를 지지 않는다고 항변하였다.

**2. 판결요지**

이 건에 관하여, 대법원은 「어음법상 보증의 경우에는 어음의 발행이나 배서의 경우와 같이 단순성을 요구하는 명문의 규정이 없고, 또한 주된 채무를 전제로 하는 부수적 채무부담행위인 점에서 어음보증과 유사한 환어음의 인수에 있어서는 이에 조건을 붙이면 인수거절로 보되 그 인수인으로 하여금 인수의 문언에 따라 책임을 지도록 함으로써 부단순인수를 인정하고 있는 것을 볼 때에, 어음보증에 대하여 환어음의 인수의 경우보다 더 엄격하게 단순성을 요구하는 것은 균형을 잃은 해석이라 하겠다. 더욱이 조건부 어음보증을 유효로 보더라도 어음거래의 안전이 저해되는 것이 아니므로, 조건을 붙인 부단순보증은 그 조건부 보증의 문언대로 보증인의 책임이 발생한다고 보는 것이 타당하다. 이와 달리 구태여 어음보증의 단순성을 강조한 나머지 조건을 무효로 하여 조건이 없는 단순보증이라 보는 견해는 보증인의 명시적 의사에 반하는 해석이어서 채용할 수 없다.

이 건 어음보증의 문언은 어음금액의 지급을 지급기일까지 보증한다는 내용으로 되어 있는 바 이것은 지급제시기간 내에 소지인의 지급제시가 있는 경우에 그 지급을 보증한다는 취지로 해석되므로, 가령 어음보증이 진정하게 성립하였더라도 어음보증인은 그 어음보증의 문언에 따라 조건부의 책임을 질 따름이고 지급제시기간을 도과하여 조건이 성취되지 않은 경우까지 어음보증의 책임을 지는 것이 아니다」고 판시하여, 조건부어음보증의 유효설을 취하고 이 건은 지급제시기간 도과로 조건이 성취되지 아니하여 어음보증의 책임을 지지 않는다고 하였다.

(3) 檢 討

조건부 어음(수표)보증의 전부무효설에서는 어음(수표)지급의 확실과 유통의 원활을 그 근거로 하는데, 이것은 결국 소지인의 이익을 보호하기 위한 것이다. 그러나 조건부 어음(수표)보증의 전부를 무효로 보면 소지인은 어음(수표)보증인으로부터 어음(수표)금의 지급을 받지 못하게 되어 오히려 불리해지므로, 소지인의 이익보호라는 입장에서 보면 조건부 어음(수표)보증을 유효로 보는 것이 타당하다. 그리고 이 학설에서는 어음(수표)행위는 조건과 친할 수 없는 행위라 하나, 물론 어음(수표)상의 권리이전행위에는 조건을 붙일 수 없으나 어음(수표)채무의 부담행위에는 조건을 붙일 수 없는 것이 아니다.

또한 조건만의 무효설에서도 어음(수표)지급의 확실과 유통의 원활을 그 근거로 하고 있어 조건부 어음(수표)보증의 전부무효설에서와 같은 비난을 면할 수 없다. 그리고 어음(수표)상에 채무부담의 조건이 명기되어 있는 데도 그 명기되어 있는 조건을 무효로 하는 것은 행위자의 명시적 의사에 반하여 부당할 뿐만 아니라 행위자에게는 너무 과중한 부담을 강제하게 되고 어음(수표)취득자에게는 예기한 이상의 보호를 하게 되어 형평의 원칙에 반하므로 부당하다.

생각건대 환어음의 인수와 어음(수표)보증은 채무부담을 목적으로 하는 부속적 어음(수표)행위라는 점에서는 양자의 성질이 유사하다고 볼 수 있으므로, 조건부 어음(수표)보증에는 조건부 어음인수에 관한 규정(어 26조 2항)을 유추적용하여야 할 것이다. 어음(수표)법에 조건부 어음(수표)보증에 관하여 명문의 규정이 없다고 하여 이것이 곧 조건부 어음(수표)보증을 무효로 보아야 하는 것은 아니라고 생각되며, 오히려 명문의 규정이 없으므로 이와 성질이 유사한 다른 규정을 유추적용하는 것이 당연한 법리인 것이다.

그러므로 조건부 어음(수표)보증은 어음(수표)상에 기재된 조건 대로 어음(수표)보증의 효력이 있다고 보는 조건부 어음(수표)보증의 유효설이 타당하다(조건부 어음수표보증의 유효설).

### Ⅳ. 一部保證의 記載

어음(수표)보증은 주채무자(피보증인)의 어음(수표)채무의 전부를 보증하는 것이 원칙이나, 주채무자의 어음(수표)채무의 일부만을 보증할 수도 있다(어 30조 1항 · 77조 3항, 수 25조 1항). 이것은 인수의 경우와 같으나(어 26조 1항 단서), 배서의 경우와는 다르다(어 12조 2항 · 77조 1항 1호, 수 15조 2항).

어음(수표)보증인이 일부보증을 하는 경우에는 그 일부보증의 금액을 기재하여야 하고, 이를 기재하지 않은 때에는 주채무자의 어음(수표)채무의 전부를 보증한 것으로 보아야 할 것이다.

### Ⅴ. 어음(手票)保證의 時期

어음(수표)보증의 시기에 관하여서는 아무 제한이 없다. 따라서 어음(수표)보증은 주된 어음(수표)행위(피보증행위)가 있기 전에도 할 수 있고, 또 만기 후에도 어음(수표)채무가 소멸시효에 의하여 소멸되지 않는 한 할 수 있다.

## 제5. 어음(手票)保證의 效力

어음(수표)보증인은 다음과 같은 권리의무를 가진다.

### Ⅰ. 어음(手票)保證人의 債務

#### 1. 主債務者와 동일한 債務負擔(保證債務內容의 同一性, 保證債務의 附從性)

보증채무의 내용은 주채무의 내용과 동일하므로, 어음(수표)보증인은 주채무자(피보증인)와 동일한 책임을 진다(어 32조 1항·77조 3항, 수 27조 1항). 물론 어음(수표)보증인이 주채무자의 의무의 일부에 한하여 어음(수표)보증(일부보증)을 한 경우에는 그 일부에 대하여서만 책임을 진다. 어음(수표)보증인은 주채무자와 동일한 책임을 지므로, 어음(수표)보증인의 책임은 주채무자가 발행인인가 배서인인가에 따라 다르고 또 배서인의 어음(수표)보증인이라도 어느 배서인의 어음(수표)보증인인가에 따라 다르다.

보증채무에는 부종성이 있으므로 주채무자의 어음(수표)채무가 형식을 결하여 무효로 되면 어음(수표)보증인의 보증채무도 무효로 되고, 주채무자가 배서인으로서 소구의무를 이행하여 어음(수표)을 환수한 때에는 어음(수표)보증인의 보증채무도 소멸한다. 또한 소지인이 소구권의 보전절차(만기의 지급제시와 지급거절증서의 작성)를 해태하여 주채무자에 대한 소구권을 상실한 경우 또는 소구권이나 주채무자에 대한 어음(수표)상의 권리가 소멸시효에 의하여 소멸된 경우에도 어음(수표)보증인은 보증채무를 면한다. 그리고 주채무자의 어음(수표)채무가 대물변제나 상계 또는 면제 등에 의하여 소멸된 경우에도 어음(수표)보증인의 보증채무가 소멸된다 수지인이 주채무자에 대하여 소구권보전절차나 시효중단절차를 취한 경우에는 당연히 그 효력이 어음(수표)보증인에게 미친다.

또한 보증채무에는 수반성이 있으므로, 주채무자에 대한 어음상의 권리가 이전되면 어음보증인에 대한 보증채권도 그 양수인에게 이전된다(대판 1989. 10. 24. 88 다카 20774).

**【대법원 1989. 10. 24. 판결, 88 다카 20774】**

피보증인에 대하여 배서금지어음 양도의 대항요건을 갖춘 경우에 그 효력이 그 어음보증인에게 미치는가에 관하여, 대법원은 「배서금시의 약속어음을 양도한 경우에 소지인이 주채무자인 발행인에 대하여 대항요건을 갖추었으면 어음보증인에 대하여 별도의 대항요건(통지 또는 승낙)을 갖추지 아니하여도 주된 채권 양도의 효력으로써 어음보증인에 대하여 이를 주장할 수 있다」고 판시하여, 그 효력이 어음보증인에게 미친다고 하였다.

### 2. 主債務者의 어음(手票)債務에 獨立한 債務負擔(保證債務의 獨立性)

어음(수표)보증은 주채무자의 어음(수표)행위와는 독립된 행위이므로 여기에 어음(수표)행위독립의 원칙이 적용되어, 어음(수표)보증인은 주채무가 형식상 유효한 이상 실질상 무효이더라도 그 어음(수표)보증은 유효하여 어음(수표)보증의 책임을 진다(어 32조 2항·77조 3항, 수 27조 2항). 예컨대 실재하지 않은 회사의 명의로 발행된 어음에 어음보증을 한 자는 어음보증의 독립성에 의하여 어음보증인으로서 어음상의 책임을 진다.

### 3. 主債務者와의 合同責任

어음(수표)보증인은 주채무자와 합동책임을 진다(어 47조 1항·77조 1항 4호, 수 43조 1항). 따라서 소지인은 주채무자와 어음(수표)보증인에 대하여 각별로 또는 공동하여 청구할 수 있고, 그 1인에 대하여 청구한 후 다시 다른 자에 대하여 청구할 수 있다(어 47조 2항·4항, 77조 1항 4호, 수 43조 2항·4상).

그리고 어음(수표)보증인의 채무에는 보충성이 없으므로 어음(수표)보증인은 민법상의 보증인과는 달리 최고의 항변권과 검색의 항변권이 없고, 수인의 어음(수표)보증인이 있는 경우에 각 어음(수표)보증인 간에 분별의 이익이 없다. 이러한 점에서 보면 어음(수표)보증은 보증이라기보다는 연대채무에 가까운 것이다.

그러나 어음(수표)보증인의 채무에는 부종성이 있어 피보증인이 지급을 한 때에는 어음(수표)보증인의 채무가 소멸되고, 이와 반대로 어음(수표)보증인이 지급을 한 때에는 피보증인과 그 전자에 대한 어음(수표)상의 권리(구상권)를 취득한다. 또한 피보증인에 대한 이행청구는 어음(수표)보증인에게 그 효력이 미치지 않는다. 이러한 점에서 보면 어음(수표)보증인의 채무는 연대채무 중에서도 부진정연대채무에 가까운 성질을 가지는 것이다.

### 4. 어음(手票)保證人의 人的抗辯의 援用

어음(수표)보증인은 피보증인이 소지인에 대하여 가지는 인적항변으로써 소지인에 대하여 대항할 수 있는가에 관하여는 견해의 대립이 있다.

여기에 관하여는 어음항변 중 「전자의 항변」에서 살펴본 바 있다.

5. 共同어음(手票)保證人의 責任

동일한 어음(수표)채무를 위하여 수인의 어음(수표)보증인이 어음(수표)보증을 하는 것을 공동어음(수표)보증이라 한다.

공동어음(수표)보증을 한 경우에 각 어음(수표)보증인은 합동책임을 지며 각 어음(수표)보증인 상호간에 분별의 이익이 없다.

## Ⅱ. 어음(手票)保證人의 權利(求償權)

### 1. 어음(手票)上의 權利의 取得

어음(수표)보증인은 어음(수표)보증인으로서는 권리를 가지지 않는다. 그러나 어음(수표)보증인이 그 보증채무를 이행한 경우에는 피보증인과 어음(수표) 외의 실질관계에 의하여 피보증인에 대하여 구상할 수 있고(민 441조~444조) 또 피보증인과 그 전자(주된 채무자 포함)에 대한 어음(수표)상의 권리를 취득한다(어 32조 3항·77조 3항, 수 27조 3항).

보증채무를 이행한 어음(수표)보증인은 피보증인과 그 전자에 대한 어음(수표)상의 권리(구상권)를 취득하므로, 예컨대 배서인의 어음(수표)보증인이 소구의무를 이행하고 어음(수표)을 환수한 때에는 피보증인인 배서인과 그 전자에 대한 재소구권 및 주된 어음(수표)채무자(환어음의 인수인 약속어음의 발행인)에 대한 어음(수표)금지급청구권을 취득하고, 또 피보증인이나 그 전자가 소구의무를 이행하고 그 어음(수표)을 환수한 때에는 이들이 그 전자에 대한 재소구권 및 주된 어음(수표)채무자에 대한 어음(수표)금지급청구권을 취득하며, 이렇게 거듭하여 종국에는 주된 채무자에게 이르게 된다.

### 2. 어음(手票)上의 權利取得의 法的 性質

어음(수표)보증인이 보증채무를 이행하고 피보증인과 그 전자에 대한 어음(수표)상의 권리를 취득한 경우에 그 어음(수표)상의 권리 취득의 법적 성질에 관하여 법정취득설과 승계취득설이 대립해 있다.

(1) 學 說

① **法定取得說(原始取得說)** 이 학설은 어음(수표)보증인이 어음(수표)상의 권리를 취득하는 것은 어음(수표)법의 규정에 의하여 보증채무의 이행만으로 독립적·원시적으로 어음(수표)상의 권리를 취득하는 것이라 한다(통설).

따라서 어음(수표)보증인의 어음(수표)상 권리의 취득에는 어음(수표)의 교부가 그 요건이 아니며, 어음(수표)상의 권리를 취득한 어음(수표)보증인은 어음(수표)상의 권리자로서 당연히 소지인에 대하여 어음(수표)의 교부를 청구할 수 있고 또 어음(수표)의 교부를 받아 피보증인 기타 어음(수표)채무자에 대하여 어음(수표)상의 권리를 행사할 수 있다고 한다.

그리고 어음(수표)보증인이 어음(수표)상의 권리를 취득하는 것은 독립적·원시적으로 취득하는 것이고 승계적으로 취득하는 것이 아니므로 어음(수표)보증인은 피보증인(채무자)이 소지인에 대하여 가지는 인적항변으로 대항을 받지 않는다고 한다.

② **承繼取得說** 이 학설은 어음(수표)보증인이 어음(수표)소지인의 어음(수표)상의 권리를 승계적으로 취득하는 것이라 하고, 따라서 어음(수표)보증인이 취득하는 어음(수표)상의 권리는 유가증권상의 권리이므로 어음(수표)보증인의 보증채무는 어음(수표)과 상환하여 이행하여야 한다고 한다(서정갑 236면 김용태 348면).

그리고 어음(수표)보증인이 어음(수표)상의 권리를 취득하는 것은 임의취득이 아니고 보증채무라는 의무의 이행에 의한 것이므로 법정취득설에서와 같이 어음(수표)보증인은 피보증인(채무자)이 소지인에 대하여 가지는 인적항변으로 대항을 받지 않는다고 한다.

⑵ 檢 討

법리적인 면에서만 판단하면 법정취득설(원시취득설)이 설득력이 있다. 그러나 어음(수표)보증인의 어음(수표)상의 권리 취득의 법적 성질이 문제되는 것은 이를 법정취득으로 보면 피보증채무에 설정된 담보권이 어음(수표)보증인에게 이전되지 않고 또 이를 승계취득으로 보면 그 담보권이 어음(수표)보증인에게 이전되기 때문인데, 이 점에서 보면 승계취득설이 타당하다(승계취득설).

## 제6. 숨은 어음(手票)保證

### Ⅰ. 意 義

어음(수표)보증은 어음(수표)채무를 담보하여 어음(수표)의 신용을 증대하기 위하여 하는 것이나, 실제에 있어서는 어음(수표)보증을 하면 그 어음(수표)이 신용이 없다는 것을 세상에 공표하는 결과가 되어 그 어음(수표)의 신용을 해하게 되므로 어음(수표)보증이 거의 이용되지 않고 있다.

그러므로 실제에 있어서는 어음(수표)보증 대신에 발행이나 배서 또는 인수 등에 의하여 어음(수표)보증의 목적을 기하고 있다. 이것을 숨은 어음(수표)보증이라 한다.

## Ⅱ. 어음(手票)上의 責任

숨은 어음(수표)보증은 법률상으로는 어디까지나 어음(수표)의 발행·배서 또는 인수이므로 그 행위자(숨은 어음 수표보증인)는 어음(수표)의 발행인·배서인 또는 인수인으로서 어음(수표)상의 책임을 지고 어음(수표)보증인으로서 어음(수표)상의 책임을 지는 것이 아니며, 다만 당사자 간에 보증의 목적으로 발행·배서 또는 인수하였다는 인적항변이 생길 뿐이다.

그리고 보증인으로 되려는 자가 어음(수표)보증을 하지 않고 피보증인과 공동으로 동일한 어음(수표)행위, 즉 어음(수표)의 공동발행·공동배서 또는 공동인수를 하는 것도 광의의 어음(수표)보증에 속한다. 공동어음(수표)행위를 한 경우에도 그 행위자는 어음(수표)의 공동발행인·공동배서인 또는 공동인수인으로서 어음(수표)상의 책임을 지고, 다만 당사자 간에 보증의 목적으로 공동발행·공동배서 또는 공동인수하였다는 인적항변이 생길 뿐이다.

## Ⅲ. 原因關係上의 債務에 대한 保證

### 1. 序 說

숨은 어음(수표)보증을 한 경우에 그 어음(수표)행위자는 어음(수표)상의 채무를 부담하는 외에 그 원인관계상의 채무도 보증하는가. 예컨대 금전소비대차에서 차주(借主)가 지급의 확보를 위하여 발행한 약속어음에 제3자의 배서를 받아 대주(貸主)에게 교부한 경우에 그 배서인은 소구의무만 부담하는가 또는 그 어음발행의 원인인 소비대차상의 채무(원인관계상의 채무)에 대한 보증채무도 부담하는가 문제된다.

이것은 숨은 어음(수표)보증을 한 어음(수표)행위자의 의사해석의 문제로서, 그 어음(수표)행위자의 명시적 의사가 있는 경우에는 물론 그에 의할 것이나 명시적 의사가 없는 경우에는 어음(수표)행위자가 어음(수표)상의 채무 외에 원인관계상의 채무에 대한 민법상의 보증채무도 부담할 의사로 한 것으로 볼 것인가에 관하여 긍정설과 부정설이 대립해 있다.

2. 學 說

① **肯定說** 긍정설은 숨은 어음(수표)보증을 하는 경우에 그 어음(수표)행위자는 일반적으로 그 어음(수표)채무만을 부담한다는 의식을 가지고 어음(수표)행위를 하는 것이 아니므로, 특별한 사정이 없는 한 어음(수표)상의 채무 외에 민법상의 보증채무도 부담하는 것으로 보아야 한다고 한다(대판 1957. 11. 4. 4290 민상 516)(대판 1965. 9. 28. 65 다 1268)(대판 1972. 3. 28. 71 다 2452)(대판 1986. 7. 22. 86 다카 783)(대판 1986. 9. 9. 86 다카 1088)(대판 1987. 8. 25. 87 다카 891).

환언하면 일반적으로 사람들은 전문적인 법률지식을 가지고 있지 아니하여 어음(수표)상의 채무와 민법상의 보증채무가 법률상 별개의 것이라 생각하지 않으므로 어음(수표)행위자가 어음(수표)에 숨은 어음(수표)보증을 하는 때에는 특별히 어음(수표)상의 채무만을 부담한다는 생각으로 하는 것이 아니다. 따라서 특별한 사정이 없는 한 거래의 실정과 거래자의 통상의 의사로 미루어 보아 어음(수표)행위자가 숨은 어음(수표)보증을 하는 때에는 어음(수표)상의 채무 외에 민법상의 보증채무도 부담할 의사로 한 것으로 보아야 한다는 것이다.

② **否定說** 부정설은 숨은 어음(수표)보증을 한 경우에 그 어음(수표)행위자가 민법상의 보증채무까지도 부담한다는 명백한 의사표시가 있으면 물론 어음(수표)상의 채무 외에 민법상의 보증채무도 부담할 것이나, 어음(수표)행위자의 그러한 명백한 의사표시가 없는 데도 그러한 의사표시가 있는 것으로 의제하여 어음(수표)행위자에게 가혹한 책임을 부담시키는 것은 어음(수표)행위자의 원래의 의사에 합치하는 해석이 아니다. 따라서 그러한 명백한 의사표시가 없는 경우에는 어음(수표)행위자는 어음(수표)상의 채무만 부담하고 민법상의 보증채무는 부담하는 것이 아니라 한다(대판 1967. 9. 5. 67 다 1381)(대판 1973. 9. 25. 73 다 405)(대판 1984. 2. 14. 81 다카 979)(대판 1992. 12. 22. 92 다 17457)(대판 1994. 8. 26. 94 다 5397)(대판 1998. 6. 26. 98 다 2051)(대판 2002. 4. 12. 2001 다 55598)(대판 2005. 10. 13. 2005 다 33176).

그리고 일반적으로 타인의 채무를 보증하는 경우에는 특별한 사정이 없는 한 그 보증으로 생기는 자기의 책임을 가급적 좁은 범위로 한정하려는 것이 통상의 의사이므로, 숨은 어음(수표)보증을 한 경우에 그 어음(수표)행위자에게 어음(수표)상의 채무를 부담한다는 의사 외에 민법상의 보증채무까지 부담하는 의사까지 있다고 보는 것은 그 어음(수표)행위자의 통상의 의사에 합치하는 것이 아니라 한다.

**【대법원 1957. 11. 4. 판결, 4290 민상 516】 등**

숨은 어음(수표)보증을 한 경우에 그 어음(수표)행위자는 어음(수표)상의 채무 외에 민법상의 보증채무도 부담하는가에 관하여 대법원은 긍정설을 취하기도 하고 부정설을 취하기도 하여 일관되어 있지 않다. 그러나 최근의 판례 중에는 부정설을 취한 것이 많다.

### 1. 肯定說을 취한 判例

① 「차용증서 대신으로 발행한 약속어음에 그 사정을 알고 배서한 자는 채무자의 어음상의 채무와 민법상의 채무를 아울러 담보한 것으로 보아야 할 것이며, 따라서 이러한 경우에는 특별한 사정이 없는 한 민법상의 채무에 대하여서도 연대보증의 책임을 지는 것이다」(대판 1957. 11. 4. 4290 민상 516).

② 「담보의 목적으로 수표를 발행한 자는 수표상의 채무는 물론 그 기본인 금전소비대차상의 채무자를 위한 보증채무도 부담한다는 의사를 암묵적으로 표시하였다고 보는 것이 상당하다. 따라서 이 건 수표의 발행인은 채권자가 누구인지 몰랐거나 채권자와 직접 교섭이 없었다고 하더라도 채무자의 소비대차상의 채무에 대한 보증채무도 부담한다고 보아야 하는 것이다」(대판 1965. 9. 28. 65 다 1268).

③ 「원인채무의 차용증서에 갈음하여 어음이 발행되고 그 사정을 알면서 원인채무를 담보하는 의미로 어음에 배서하였다면 특별한 사유가 없는 한 그 배서인은 원인채무에 대하여 연대보증의 책임을 진다고 보는 것이 마땅하다」(대판 1972. 3. 28. 71 다 2452).

④ 「타인으로부터 금전을 차용하면서 차용증서에 갈음하여 약속어음을 발행하고 배서인이 그러한 사정을 알면서 담보의 의미로 그 약속어음에 배서하였다면, 배서인은 그 약속어음의 발행의 원인이 된 민사상의 차용금채무에 대하여서도 연대보증의 책임을 질 의사로 배서한 것이라 보는 것이 거래당사자의 의사에 합치한다고 보아야 할 것이다」(대판 1986. 7. 22. 86 다카 783).

⑤ 대법원은 상술한 판례 외에도 이와 유사한 사건에 관하여, 어음 배서인은 채무자의 소비대차상의 채무에 대한 보증채무도 부담할 의사로 배서한 것이라 보아야 한다고 판시하여 긍정설을 취하였다(대판 1986. 9. 9. 86 다카 1088)(대판 1987. 8. 25. 87 다카 891).

### 2. 否定說을 취한 判例

① 「채무자가 채권자에게 약속어음을 작성하여 교부하고 금전을 차입한 경우에 제3자가 이러한 사정을 알면서 그 약속어음에 배서를 한 때에는 그 약속어음상의 채무뿐만 아니라 그 원인인 대여금채무에 대하여서도 보증한 것으로 보는 것이 타당하다는 견해 아래에서 피고에 대하여 이 건 대여금채무의 연대보증채무를 인정한 것은 약속어음상의 배서인의 책임에 관한 법리를 오해한 위법이 있다」(대판 1967. 9. 5. 67 다 1381).

② 「다른 사람이 발행한 약속어음에 배서인이 된 사람은 그 어음이 원인채무의 차용증서에 갈음하여 발행되고 동 어음의 배서인이 그 사정을 알고 원인채무를 담보하는 의미로 배서한 경우가 아니면 약속어음의 배서인은 약속어음상의 채무만 부담할 뿐이고 그 원인채무의 민법상의 채무에 관하여 보증인이 되는 것이 아니라고 보아야 할

것이다」(대판 1973. 9. 25. 73 다 405)

③ 「타인이 발행한 약속어음에 배서한 자는 그 배서로 인한 어음상의 채무만을 부담하는 것이 원칙이나, 다만 채권자에 대하여 그 약속어음의 발행의 원인이 된 민사상의 채무까지 보증한다는 뜻으로 배서한 경우에 한하여 그 채권자에 대한 민사상의 채무의 보증책임도 부담한다고 보아야 할 것이다」(대판 1984. 2. 14. 81 다카 979).

④ 대법원은 상술한 판례 외에도 이와 유사한 사건에 관하여, 어음 배서인이 채무자의 소비대차상의 채무에 대한 보증채무를 부담할 의사로 배서한 것이라 볼 수 없다고 판시하여 부정설을 취하였다(대판 1987. 12. 8. 87 다카 1105)(대판 1992. 12. 22. 92 다 17457)(대판 1994. 8. 26. 94 다 5397)(대판 1998. 6. 26. 98 다 2051)(대판 2002. 4. 12. 2001 다 55598)(대판 2005. 10. 13. 2005 다 33176). 최근의 판례 중에는 부정설을 취한 것이 많다.

**【대법원 1994. 8. 26. 판결, 94 다 5397】**

**1. 사실관계**

B가 X로부터 골판지(骨板紙, 판지 사이에 얇은 종이를 붙인 것으로서 물건의 포장에 쓰임)용의 원단(原緞, 천)을 구입하고 그 대금의 지급을 위하여 A회사 발행의 약속어음에 그 자신이 먼저 제1배서를 하고, 그의 남편 C로 하여금 제2배서를 또 그가 경영하는 기업의 영업부장 Y로 하여금 제3의 배서를 하게 하여 이를 X에게 교부하였다.

X는 지급기일에 위 약속어음을 지급제시하였으나 지급이 거절되었다. 이에 X는 Y의 배서는 B의 X에 대한 자재대금채무를 연대보증한 것이라 하여, Y를 상대로 연대보증채무의 이행을 청구하였다.

**2. 판결요지**

이 건에 관하여, 대법원은 「다른 사람이 발행 또는 배서양도한 약속어음에 배서인이 된 사람은 그 배서로 인하여 어음상의 채무만을 부담하는 것이 원칙이고, 특별히 채권자에 대하여 자기가 그 발행 또는 배서양도의 원인이 된 채무까지 보증하겠다는 뜻으로 배서한 경우에 한하여 그 원인채무에 대한 보증채무를 부담한다.

피고가 위 B의 신용상태를 보충하기 위하여 B가 골판지용 원단 대금의 지급을 위하여 원고에게 교부한 이 건 약속어음에 배서한 것이라 하더라도 이는 배서인으로서의 어음상의 채무를 부담함에 의하여 신용을 부여하려는 것에 불과한 것이지 그 원인이 된 민사상의 채무까지 보증하는 의미로 배서한 것이라고는 볼 수 없으며, 달리 피고가 민사상의 원인채무를 보증하는 의미로 배서하였다고 인정할 만한 자료를 찾아 볼 수 없다」고 판시하여 부정설을 취하였다.

3. 檢 討

숨은 어음(수표)보증을 한 경우에 그 어음(수표)행위와 민법상의 보증은 별개의 행위인 데도, 어음(수표)행위만으로 그 어음(수표)행위자에게 어음(수표)상의 채무 외에 민법상의 보증채무까지 부담하게 하는 것은 부당하다(부정설).

숨은 어음(수표)보증을 한 어음(수표)행위자에게 어음(수표)상의 채무 외에 민법상의 보증채무도 있는 것으로 인정하기 위하여서는 그 어음(수표)행위자와 채권자 간에 민법상의 보증계약이 있었다는 것을 인정할 수 있어야 하며, 이러한 민법상의 보증계약의 인정은 개별적 의사해석에 의하여야 하고 일반적 추정에 의하여 할 것이 아니다.

## 제 3 절 複本·謄本

환어음과 수표에는 복본제도가 있고, 또 환어음과 약속어음에는 등본제도가 있다.

### 제 1 관 複 本

#### 제1. 意 義

복본은 하나의 환어음(수표)상의 권리를 표창하는 수통의 환어음(수표)이다. 복본은 수통의 환어음(수표)이나, 각 환어음(수표) 간에는 원본과 등본에서와 같은 正副·主從의 관계가 없다. 그러나 복본이 표창하는 환어음(수표)상의 권리는 하나이므로, 그 중의 1통의 배서에 의하여 다른 각 통의 환어음(수표)상의 권리가 이전되고, 1통의 인수에 의하여 다른 각 통의 소구권이 소멸되고, 1통에 대한 지급에 의하여 다른 각 통의 효력이 소멸된다.

#### 제2. 複本의 認定事由

##### Ⅰ. 換어음의 경우

환어음의 경우에는 첫째 인수를 위하여 환어음을 원격지에 송부한 동안에 환어음을 유통시키기 위하여 복본을 발행한다. 즉 지급인의 주소지가 소지인의 주소지에서 멀리 떨어져 있는 경우에 환어음을 1통만 발행한 때에는 소지인이 그 환어음을 인수를 위하여 지급인에게 송부하고 나면 그 환어음이 돌아 올 때까지는 유통시킬 수 없으므로, 이 경우에 1통은 인수를 위하여 지급인에게 송부하고 다른 1통으로 환어음을 유통시키기 위하여 복본을 발행한다.

둘째로 환어음을 원격지에 송부하는 경우에 그 환어음의 도난이나 분실에 대비하여 복본을 발행한다. 즉 환어음을 원격지에 송부하는 경우에 수통의 복본을 발행하여 각 환어음을 경유지 또는 시기를 달리하여 송부하면 환어음이 확실하게 도착할 수 있으므로 복본을 발행한다.

그러므로 복본은 해외거래에서 환어음을 이용하는 경우에만 의미가 있고, 주로 국내거래에 이용되고 인수제도가 없는 약속어음에는 복본이 인정되지 않는다.

### Ⅱ. 手票의 경우

수표의 경우에는 지급보증을 위하여 수표를 원격지에 송부한 동안에 수표를 유통시키기 위하여 복본이 필요하고 또 수표가 국제 간에 유통되는 경우에 그 도난이나 분실에 대비하기 위하여 복본이 필요하므로, 수표에도 복본제도가 인정되고 있다(手 48조). 즉 수표법은 수표의 국제성을 고려하여 수표의 복본을 인정하고 있는 것이다.

## 제3. 複本의 發行

### Ⅰ. 複本發行請求權

환어음에 1통만으로 발행한다는 뜻(단일어음문구)의 기재를 하지 않은 한 소지인은 발행인에 대하여 복본의 발행을 청구할 수 있다(어 64조 3항 1문). 환어음에 발행인이 단일어음문구를 기재하지 않은 경우에는 소지인은 자기의 비용으로 복본발행을 청구할 수 있다(어 64조 3항 1문). 소지인의 복본발행청구권은 어음법상의 권리이다.

그러나 수표에 있어서는 소지인의 복본발행청구권이 인정되고 있지 않다(手 48조 참조).

### Ⅱ. 手票의 複本을 發行할 수 있는 경우

수표의 복본은 수표의 국제성을 고려하여 인정된 것이므로, 수표의 복본은 다음의 경우에만 발행할 수 있다. 즉 ① 1국에서 발행하여 타국이나 해외영토에서 지급할 수표, ② 1국의 해외영토에서 발행하여 그 본국에서 지급할 수표, ③ 1국의 동일 해외영토에서 발행하고 지급할 수표, ④ 1국의 해외영토에서 발행하여 그 국의 다른 해외영토에서 지급할 수표만 복본으로 발행할 수 있다(手 48조 1문).

그러나 수표 중에서 소지인출급식수표는 복본으로 발행할 수 없고(手 48조 1문), 기명식수표와 지시식수표만 복본으로 발행할 수 있다. 소지인출급식수표에 복본의 발행을 인정하게 되면 각 복본이 각각 다른 자에게 양도된 경우에 그 양도인을 알 수 없어 결국 발행인이 각 통에 대하여 책임을 져야 하기 때문이다.

### Ⅲ. 複本發行請求의 時期

복본발행청구의 시기에 관하여 제한이 없으므로, 소지인은 지급제시기간 경과 후에도 복본의 발행을 청구할 수 있고 또 환어음(수표)상의 권리가 권리보전절차의 흠결 또는 소멸시효의 완성에 의하여 소멸된 후에도 이득상환청구권을 행사하기 위하여 필요하면 복본의 발행을 청구할 수 있다. 그러나 환어음(수표)을 상실한 경우에는 복본발행의 청구에 첨부할 환어음(수표)이 없으므로, 복본의 발행을 청구할 수 없다.

### Ⅳ. 複本發行의 節次

복본을 발행하는 경우에는 原어음(수표)에 복본의 번호를 붙여야 하므로, 소지인이 발행인에 대하여 복본발행을 청구하는 경우에는 원어음(수표)을 제시하여야 한다. 원어음(수표)에 복본의 번호가 기재되어 있는 경우에는 원어음(수표)을 제시할 필요가 없다.

복본의 발행은 소지인이 자기의 직접의 배서인에게 청구하고 그 배서인은 다시 자기의 직접의 배서인에게 청구하여 순차로 발행인에게 미치게 하여(어 64조 3항 2문), 복본발행의 청구를 받은 발행인은 복본을 작성하여 수취인에게 교부하고 수취인은 복본에 배서를 재기하여 이를 자기의 피배서인에게 교부하고 그 피배서인도 이에 배서를 재기하여 순차로 이를 복본발행의 청구자인 소지인에게 이르게 한다(어 64조 3항 3문).

### Ⅴ. 複本의 方式

각 복본의 내용은 동일하여야 한다(어 64조 1항). 그러나 복본의 동일성은 거래의 관념상 동일하다고 인정되는 정도이면 되고, 반드시 1자1구가 동일하여야 하는 것은 아니다.

각 복본에는 환어음(수표)의 본문 중에 번호(복본문구)를 붙여야 한다(어 64조 2항 1문, 수 48조 2문). 실제에 있어서 복본번호는 제1호, 제2호로 기재하고, 이렇게 기재된 각 복본을 제1호 환어음(수표), 제2호 환어음(수표)이라 한다. 복본을 발행한 경우에 복본번호를 붙이지 않은 때에는, 각 통은 각별의 환어음(수표)으로 되어 독립하여 유통된다(어 64조 2항 2문, 수 48조 3문).

복본문구(복본번호)의 기재장소에 관하여 어음법 제64조 제2항은 「증권의 본문 중」이라 규정하고 있으나, 이것을 환어음(수표)상의 기재라는 의미로 해석하여 복본문구는 환어음(수표)의 적당한 장소에 기재하면 된다고 본다.

## 제4. 複本의 效力

### Ⅰ. 複本一體의 原則

복본은 하나의 환어음(수표)상의 권리를 표창하므로, 복본을 발행하여도 인수제시나 지급제시 또는 소구는 그 중의 1통으로 하면 되고 그 1통에 대하여 한 인수나 지급 또는 상환의 효력은 다른 수통에 미친다. 이것을 복본일체의 원칙이라 한다.

어음(수표)법은 복본의 1통에 대한 지급이 있는 때에는 다른 복본이 무효로 되어 그 의무를 면한다고 하여 지급의 경우에 관하여서만 복본일체의 원칙을 규정하고 있으나(어 65조 1항 본문, 수 49조 1항), 이것은 주의적 규정이다. 따라서 배서의 경우에도 복본 중의 1통으로 양도배서를 한 경우에는 환어음(수표)상의 권리가 피배서인에게 이전되고, 복본의 각 통에 모두 배서하여야 하는 것이 아니다.

### Ⅱ. 複本一體의 原則에 대한 例外

복본일체의 원칙을 관철하면 선의의 제3자가 손해를 보게 될 염려가 있으므로, 어음(수표)법은 다음과 같은 예외를 인정하고 있다. 따라서 복본일체의 원칙의 예외로서 보호되는 제3자는 선의의 복본소지인이다.

#### 1. 引受의 경우

인수는 복본일체의 원칙에 의하여 복본의 1통에만 하면 되나, 수통의 전부에 인수한 경우에는 인수인은 인수한 각 통의 복본으로서 지급 시 반환받지 않은 복본에 대하여 인수인으로서 책임을 진다(어 65조 1항 단서).

#### 2. 背書의 경우

복본은 하나의 환어음(수표)상의 권리를 표창하는 것이므로 동일인에게 합일적으로 양도하여야 하고 수인에게 각별로 양도할 수 없는 것이나, 복본소지인이 복본을 수인에게 각별로 배서양도한 경우에는 그 배서인과 그 후의 배서인은 그 기명날인(서명)한 각 통의 복본으로서 인수인이 지급 시에 반환받지 않은 복본에 대하여 배서인으로서 책임을 진다(어 65조 2항 수 49조 2항).

그러므로 수통의 복본을 수인에게 각각 따로 양도한 배서인 이전의 환어음(수표)채무자는 어음법 제65조 제2항(수 49조 2항)의 책임을 지지 않는다. 따라서 수인에게 각각 따로 양도한 배서인 이전의 환어음(수표)채무자는 1통과 相換하여 償還하여도 환어음(수표)상의 책임을 면한다. 물론 이 경우에 다른 수통을 취득한 선의의 제3자는 손해를 보게 되나, 이것은 이들이 전부의 복본을 취득하여야 할 주의의무가 있는 데도 그 중의 1통 밖에 취득하지 않은 과실이 있기 때문이다.

## 제5. 引受를 위한 複本의 送付

환어음의 복본의 소지인이 인수를 위하여 그 1통(송부복본)을 송부한 경우에는 다른 각 통(유통복본)에 그 1통(송부복본)을 보유하는 자 즉 그 송부처의 명칭(주소지 포함)을 기재하여야 하고(어 66조 1항 1문), 그 기재가 있는 유통복본의 정당한 소지인은 송부복본을 수취한 자에 대하여 그 반환을 청구할 수 있다(어 66조 1항 2문).

유통복본의 소지인이 송부복본의 반환을 청구하였으나 반환받지 못한 경우에는 송부복본을 청구하여도 반환받지 못하였다는 것을 증명하는 복본반환거절증서를 작성하고 또 자기가 소지하고 있는 유통복본으로 인수제시 또는 지급제시를 하고 이것이 거절된 때에는 인수 또는 지급이 거절되었다는 것을 증명하는 인수거절증서 또는 지급거절증서를 작성하여, 전자에 대하여 소구할 수 있다(어 66조 2항). 이 경우에 있어서 복본반환거절증서와 인수거절증서 또는 지급거절증서는 1통의 거절증서에 작성할 수 있다(거절증서령 7조).

유통복본에 송부복본의 송부처를 기재하지 않은 경우에는 송부복본의 소재를 알 수 없어 송부복본의 반환을 청구할 수 없으므로, 그 소지하고 있는 유통복본으로 인수제시 또는 지급제시를 하고 이것이 거절된 때에 인수거절증서 또는 지급거절증서를 작성하여 소구권의 보전절차를 취하면, 따로 복본반환거절증서를 작성하지 않고도 바로 전자에 대하여 소구할 수 있다.

# 제2관 謄 本

## 제1. 意 義

등본은 어음의 원본을 등사한 것으로서, 복본과는 달리 어음이 아니다. 따라서 어음상의 권리를 행사하는 경우에는 원본으로 하여야 하고 등본으로 할 수 없으며, 등본에는 단지 배서 또는 어음보증만 할 수 있다.

복본과 등본을 비교하면, ① 복본은 어음(수표)이나 등본은 어음이 아니고 ② 복본은 환어음과 수표에 인정되나 등본은 환어음과 약속어음에 인정되고, ③ 복본은 발행인만 작성할 수 있으나 등본은 모든 소지인이 작성할 수 있고, ④ 복본에는 인수 · 배서 · 보증 등을 할 수 있으나 등본에는 배서 · 보증만 할 수 있다.

## 제2. 謄本의 認定理由

어음에 등본을 인정하는 것은 첫째, 환어음의 소지인이 인수를 위하여 환어음을 원격지에 송부한 후에 환어음을 유통시키려고 할 경우에 복본을 이용할 수도 있으나, 복본의 발행이 번잡하므로 작성이 간편하고 용이한 등본을 이용한다. 또한 일람후정기출급의 약속어음의 소지인이 원격지의 발행인에게 일람을 위하여 약속어음을 송부한 후에 그 약속어음을 유통시키려고 하는 경우에도 등본을 이용한다.

둘째, 어음의 원본의 도난 · 분실에 대비하여 어음의 원본을 보관하고 등본으로 유통시키기 위하여서도 등본을 이용한다.

## 제3. 謄本의 發行

어음의 등본은 소지인이 임의로 작성할 수 있다(어 67조 1항, 77조 1항 6호). 등본은 초본과 다르므로, 등본에는 배서 기타 원본에 기재한 모든 사항을 정확하게 재기하고 그 말미를 표시하는 기재를 하여야 한다(어 67조 2항, 77조 1항 6호). 보통 등본의 말미에 「이상 등사함」 등의 기재를 하며, 이것을 경계문구라 한다. 이러한 경계문구나 등본임을 표시하는 기재가 없으면, 등본이 아니고 원본이다.

등본소지인은 원본의 송부처를 알아야 하므로, 등본에는 원본의 보유자(원본 보유자의 명칭과 주소)

즉 원본송부처를 기재하여야 한다(어 68조 1항 1문, 77조 1항 6호). 그러나 등본에 원본송부처의 기재가 없어도 등본의 유효성에는 영향이 없고, 다만 원본보유자에 대하여 원본반환청구를 할 수 없거나 원본반환거절증서를 작성할 수 없는 염려가 있다.

## 제4. 謄本의 效力

### Ⅰ. 謄本上의 背書 · 保證

등본에는 배서와 어음보증을 할 수 있고, 그 배서 · 어음보증의 방법과 효력은 원본에 하는 경우와 동일하다(어 67조 3항 77조 1항 6호). 등본은 그에 배서나 어음보증이 있어야 어음법상 효력이 생기고, 이를 작성하는 것만으로는 효력이 생기지 않는다.

### Ⅱ. 原本에 의한 背書禁止

등본의 작성 후에 원본과 등본이 각각 따로 유통되고 있는 경우에 선의의 제3자가 그 원본을 취득하면 등본소지인이 원본소지인에 대하여 원본의 반환을 청구할 수 없게 되고 또 등본작성자도 등본소지인에 대하여 손해배상책임을 지게 될 위험이 있어, 원본에 배서를 금지할 필요가 있다. 그러므로 등본의 작성 전에 한 원본의 최후의 배서 뒤에 「이 후의 배서는 등본에 한 것만이 효력이 있다」는 문언 또는 이와 동일한 의의가 있는 문언(차단문구)의 기재가 있는 때에는 원본에 배서할 수 없고 원본에 배서하면 그 배서는 무효이다(어 68조 3항 77조 1항 6호). 또한 원본을 배서 외의 방법에 의하여 양도하는 것, 즉 원본을 단순한 교부에 의하여 양도하거나 지명채권양도의 방법에 의하여 양도하는 것도 무효이다(통설).

### Ⅲ. 謄本所持人의 原本返還請求權과 遡求權

#### 1. 謄本에 原本送付處의 記載가 있는 경우

소지인이 환어음의 인수를 위하여 지급인에게 원본을 송부한 경우나 일람후정기출급의 약속어음의 일람을 위하여 발행인에게 원본을 송부한 경우에 원본송부처(원본 보유자)의 기재가 있는 등본의 정당한 소지인은 원본보유자에 대하여 그 원본의 반환을 청구하여(어 68조 1항 2문 77조 1항 6호), 그 원본으로 배서나 어음보증을 한 자에 대하여 소구권을 행사할 수 있다.

그러나 등본소지인이 원본보유자에 대하여 원본의 반환을 청구하였으나 원본보유자가 원본을 반환하지 않는 경우에는, 등본소지인은 원본을 교부받지 못하였다는 사실을 증명하는 원본반환거절증서를 작성하고 이것을 등본에 첨부하여 배서나 어음보증을 한 자에 대하여 소구권을 행사할 수 있다(어 68조 2항 77조 1항 6호). 이러한 등본에 의한 소구는 등본에 기명날인(서명)한 배서인 또는 어음보증인에 대하여서만 할 수 있다. 이 경우에 등본소지인은 원본이 없고 또 등본으로 인수제시나 지급제시를 할 수 없으므로, 인수제시나 지급제시를 할 필요가 없다.

원본반환거절증서의 작성의 시기에 관하여 규정이 없으나, 원본반환거절증서는 소구권행사의 요건이므로 이것은 지급거절증서의 작성기간 내에 작성하여야 한다고 보아야 할 것이다.

### 2. 謄本에 原本送付處의 記載가 없는 경우

등본에 원본송부처(원본 보유자)의 기재가 없더라도 등본소지인은 어음상의 권리자이므로, 상술한 원본반환청구권과 소구권을 가진다.

그러나 등본에 원본송부처의 기재가 없는 경우에는 원본송부처가 불명하므로 등본소지인의 소구권의 행사에 원본반환거절증서를 작성하여야 하는가가 문제되며, 이에 관하여 작성필요설과 작성불요설이 대립해 있다.

작성필요설은 등본소지인이 소구권을 행사하기 위하여는 원본반환거절증서를 작성하여야 하고, 따라서 이 원본송부처의 기재가 없더라도 원본보유자를 탐지하여 원본반환거절증서를 작성할 수 있으면 원본반환거절증서를 작성하고 이를 등본에 첨부하여 소구권을 행사할 수 있다고 한다(통설).

그러나 작성불요설은 등본소지인이 원본보유자를 탐지하여 원본반환거절증서를 작성할 수 있는 경우에는 원본반환거절증서를 작성하고 이를 등본에 첨부하여 소구권을 행사할 수 있으나, 등본소지인이 원본보유자의 탐지에 필요한 조치를 취하였으나 원본보유자를 탐지하지 못한 경우에는 원본반환거절증서를 작성하지 않고 등본만으로 소구권을 행사할 수 있다고 한다(김용태 313면).

생각건대 소구권은 거절증서의 작성을 형식적 요건으로 하여 보전되는 것이므로, 등본에 원본송부처의 기재가 없는 경우에도 등본소지인이 소구권을 행사하기 위하여는 원본보유자를 탐지하여 원본반환거절증서를 작성하고 이를 등본에 첨부하여야 한다고 보는 것이 타당하다(작성필요설).

# 제4절 支 給

## 제1관 總 說

환어음의 지급인 또는 인수인, 약속어음의 발행인, 수표의 지급인 등이 지급을 한 경우에는 모든 어음·수표관계가 소멸되고, 또 소구의무자, 보증인, 참가인수인, 예비지급인 또는 제3자 등이 지급을 한 경우에는 소지인의 어음·수표상의 권리는 소멸되나 지급한 자를 위하여 어음·수표관계가 잔존한다. 전자의 경우의 지급을 협의의 지급이라 하고, 후자의 경우의 지급을 광의의 지급이라 한다. 여기에서는 협의의 지급에 관하여서만 고찰하기로 한다.

어음·수표의 지급은 변제의 일종이나, 어음·수표의 특수성으로 인하여 어음·수표상의 권리의 행사방법, 지급의 시기, 지급의 효력 등에 관하여 특칙이 있다.

## 제2관 支給提示

### 제1. 意 義

어음(수표)채무는 추심채무이므로 소지인이 어음(수표)금의 지급을 받기 위하여서는 어음(수표)을 제시하여 지급을 청구하여야 한다(어 38조 1항 77조 1항 3호). 이것을 지급제시라 한다.

지급제시는 소구권의 보전에 필요한 요건이고(어 53조 1항, 77조 1항 4호, 수 39조), 또 어음상의 주된 채무자(환어음의 인수인 약속어음의 발행인)의 이행지체의 책임발생에 필요한 요건이다(상 65조 민 517조).

### 제2. 支給提示의 免除

#### Ⅰ. 免除의 特約이 있는 경우

어음(수표)의 지급제시는 소구권보전의 요건이나, 배서인 등의 소구의무자는 소지인에 대하여 지급제시면제의 특약을 할 수 있다. 이러한 지급제시면제의 특약은 당사자 간에서는 유효하고, 따라서 지급제시면제의 특약이 있는 경우에는 만기에 지급제시를 하지 않아도 이러한 면제자에 대하여서는 지급제시를 한 것과 동일한 효력이 있다.

### Ⅱ. 不可抗力이 30일을 超過하여 繼續되는 경우

지급제시기간 내에 어음(수표)의 지급제시가 불가항력으로 방해된 경우에는 그 기간이 연장되나(어 54조 1항 · 77조 1항 4호, 수 47조 1항), 불가항력이 만기부터 30일(수표의 경우에는 불가항력의 통지를 받은 날부터 15일)을 넘어 계속되는 경우에는 어음(수표)의 지급제시가 면제된다(어 54조 4항 · 77조 1항 4호, 수 47조 4항).

### Ⅲ. 支給地內에 支給者의 住所 · 營業所가 없는 경우

지급지 내에 지급자의 주소 · 영업소가 없고 또 지급지 내에서 지급자를 발견할 수 없는 경우에는 소지인은 지급제시를 할 필요가 없다. 그러나 이 경우에도 지급거절증서의 작성이 면제되는 것은 아니다.

## 제3. 支給提示의 當事者

### Ⅰ. 提示者

지급제시자는 배서의 연속이 있는 어음(수표)의 소지인, 최후의 배서가 백지식 배서인 어음(수표)이나 소지인출급식어음(수표)의 소지인, 이들의 대리인 또는 사자 등이다.

배서의 연속을 결한 어음(수표)이라도 소지인이 그 실질적 권리승계의 사실을 증명한 경우에는 지급제시를 할 수 있다. 또한 지급거절증서작성의 위임을 받은 공증인이나 집행관도 지급제시를 할 수 있다.

### Ⅱ. 被提示者

지급제시를 받을 자는 환어음의 지급인 · 인수인, 약속어음의 발행인, 수표의 지급인, 이들의 대리인 등이고, 또 제3자방지급어음에 지급담당자의 기재가 있는 경우에는 그 지급담당자이다. 따라서 어음보증인에 대한 지급제시는 어음법상 적법한 지급제시가 아니다(대판 2007. 11. 15. 2007 다 40352).

환어음의 인수인 또는 약속어음의 발행인이 수인인 경우에 이들 공동인수인 · 공동발행인은 합동책임을 부담하여 각각 독립의 전액지급의무를 부담하므로, 수인의 인수인 또는 발행인 전원에 대하여 지급제시를 하여야 한다.

**【대법원 2007. 11. 15. 판결, 2007 다 40352】**

어음보증인에 대한 지급제시가 어음법상 적법한 지급제시인지 여부, 주채무자에 대한 적법한 지급제시가 없어 일람출급어음의 만기가 도래하지 않은 상태에서 어음보증인의 변제기가 위 주채무자의 변제기보다 먼저 도래할 수 있는지 여부, 일람출급어음의 발행일부터 1년의 제시기간 내에 적법한 지급제시가 없는 경우에 만기도래일 및 어음채무와 그 어음보증인의 채무의 소멸시효 기산점에 대하여, 대법원은 「어음법상 지급제시는 어음상의 주채무자, 즉 약속어음의 경우에는 발행인에게 하여야 하는 것이므로 어음보증인에 불과한 원고 X에게 어음을 제시하였다 하여 이를 적법한 지급제시라고 할 수 없다. 또한 약속어음 발행인에 대한 적법한 지급제시가 없어서 이 사건과 같은 일람출급어음의 만기가 도래하지 않는 이상, 어음보증인의 변제기가 주채무자의 변제기보다 먼저 별도로 도래할 수는 없다.

한편 일람출급어음의 지급제시는 발행일로부터 1년 내에 하여야 하는 것인데(어음법 제34조 제1항), 그 기간 내에 적법한 지급제시가 없다면 그 기간의 말일에 만기가 도래한 것으로 보고, 그 때부터 어음채무의 소멸시효가 진행한다고 보아야 할 것이고, 그 어음채무에 대한 어음보증인의 채무도 같은 때부터 소멸시효가 진행한다고 보아야 할 것이다.

따라서 만기가 일람출급으로 정해진 이 사건 어음에 있어서 어음상 주채무자인 피고 Y의 어음금 채무 및 원고 X의 어음보증채무의 만기는 이 사건 약속어음의 발행일로부터 1년이 지난 날에 도래하여 그 다음날부터 각 소멸시효가 진행하며, 이때로부터 3년이 경과하기 전에 원고의 이 사건 어음보증채무와 피고 Y의 어음채무가 모두 유효하게 존속하고 있는 채로 원고 X가 피고 Y에 대하여 사전구상금의 지급을 구하는 이 사건 소를 제기하였으므로, 이 사건 구상권 행사는 결국 적법하다」고 하였다.

## 제4. 支給提示期間

### Ⅰ. 序 說

지급제시는 지급제시를 하여야 할 법정의 기간 내에 하여야 하며, 이를 지급제시기간이라 한다.

지급제시기간은 소구권보전의 요건으로 되는 경우와 주된 어음채무자의 이행지체의 책임발생의 요건으로 되는 경우에 따라 다르다. 전자의 경우에 있어서 지급제시기간은 어음의 경우와 수표의 경우에 따라 다르고 또 어음의 경우에 있어서도 일람출급어음과 비일람출급어음에 따라 다르다. 후자의 경우에 있어서 지급제시기간은 주된 어음채무자가 만기부터 소멸시효에 의하여 소멸될 때까지이다. 여기에서는 전자의 경우에 있어서 지급제시기간에 관하여 고찰하기로 한다.

## Ⅱ. 어음의 支給提示期間

### 1. 非一覽出給어음의 支給提示期間

확정일출급어음·발행일자후정기출급어음 또는 일람후정기출급어음의 소지인은 「지급을 할 날 또는 이에 이은 2거래일 내」에 지급제시를 하여야 한다(어 38조 1항, 77조 1항 3호). 여기에서 지급을 할 날이란 법률상 지급을 하여야 할 날로서, 보통 만기와 일치하나 만기와 동일한 것은 아니고 만기가 법정휴일인 경우에는 만기의 다음에 오는 제1의 거래일이다. 지급제시를 지급을 할 날에만 하도록 하면 소지인에게 가혹하므로, 어음법은 소지인에게 2일간의 여유를 주어 지급을 할 날과 이에 이은 2거래일 내에 지급제시를 하면 되도록 정하고 있다. 이 2거래일의 여유는 소지인의 이익을 위한 것이다.

이러한 비일람출급어음의 지급제시기간은 지급거절증서작성기간과 같다(어 44조 3항 1문, 77조 1항 4호).

### 2. 一覽出給어음의 支給提示期間

일람출급어음의 소지인은 발행일자부터 1년 내에 지급제시를 하여야 한다(어 34조 1항 2문, 77조 1항 2호). 일람출급어음의 지급제시기간도 지급거절증서작성기간과 같다(어 44조 3항 2문, 77조 1항 4호).

발행인은 이 1년의 기간을 연장하거나 단축(지급제시기간 변경문구) 할 수 있다(어 34조 1항 3문, 77조 1항 2호). 또 발행인은 여유를 가지기 위하여 일정한 기일까지 지급제시를 금지(지급제시 일시금지문구)할 수 있고(어 34조 2항 1문, 77조 1항 2호), 이 경우의 지급제시기간은 그 기일부터 개시된다(어 34조 2항 2문, 77조 1항 2호).

이러한 지급제시기간 변경문구나 지급제시 일시금지문구가 어음면에 기재되어 있는 경우에 그것이 발행인이 기재한 것이면 기본어음의 내용으로 되므로 그 효력이 배서인 등에도 미치나, 그것이 배서인이 기재한 것이면 그 효력이 그 기재를 한 배서인에 대하여서만 생긴다(어 53조 3항, 77조 1항 4호).

일람출급어음의 지급제시기간의 계산에 있어서도 초일은 산입하지 않는다(어 73조, 77조 1항 9호). 따라서 그 지급제시기간은 발행일자의 익일부터 기산하여 1년이 종료되는 날이 그 만료일로 된다. 기간 중의 휴일은 기간에 산입되나(어 72조 2항 2문, 77조 1항 9호), 기간의 말일이 휴일이면 그 익일이 그 만료일로 된다(어 72조 2항 1문, 77조 1항 9호).

### Ⅲ. 手票의 支給提示期間

수표는 지급증권이므로 그 지급제시기간은 일람출급어음의 지급제시기간보다 훨씬 단기이다. 국내에서 발행하고 국내에서 지급할 수표는 발행일자 후 10일 내에 지급제시를 하여야 하고(수 29조 1항·4항), 발행지와 지급지가 다른 국가, 또는 다른 법역인 수표는 그 거리에 따라 20일 내에 또는 70일 내에 지급제시를 하여야 한다(수 29조 2항·3항).

지급제시기간의 계산은 수표에 기재된 발행일자를 표준으로 하고(수 29조 4항) 초일은 산입하지 않는다(수 61조). 지급제시기간의 계산에는 초일을 산입하지 않으므로, 지급제시기간은 발행일자의 익일부터 기산하여 10일이 종료되는 날이 그 만료일로 된다.

### Ⅳ. 支給의 猶豫

지급의 유예는 지급을 연기하는 것이다. 지급유예는 당사자의 의사에 의한 지급유예와 법률의 규정에 의한 지급유예가 있다.

당사자의 의사에 의한 지급유예(임의적 지급유예)는 어음의 개서가 가장 전형적이나, 어음 외의 당사자 간의 특약에 의하여서도 할 수 있다. 당사자 간의 지급유예의 특약은 어음관계에는 영향이 없고 단지 당사자 간의 인적항변으로 된다. 수표에 있어서 당사자는 지급제시기간연장의 특약을 할 수 있고, 이것도 역시 당사자 간의 인적항변으로 된다.

법률의 규정에 의한 지급유예(필요적 지급유예)는 전쟁·지진·홍수·공황 기타 사변이 발생한 때에 법령에 의하여 지급이 유예되는 것으로서, 만기 자체가 연기되는 경우와 단지 제시기간과 거절증서작성기간이 연장되는 경우가 있다. 우리 어음·수표법은 후자만을 인정하고 있다(어 54조·77조 1항 4호, 수 47조).

## 제5. 支給提示의 場所

### Ⅰ. 原　則

지급제시의 장소는 원칙적으로 지급지 내에 있는 지급자(환어음의 지급인·인수인, 약속어음의 발행인, 수표의 지급인, 이들의 지급담당자)의 영업소(상인인 경우) 또는 주소이다. 이 경우의 영업소나 주소는 어음(수표)에 기재된 영업소나 주소에 한하지 않는다. 따라서 어음(수표)상에 기재된 영업소·주소와 현실의 영업소·주소가 다른 경우에는 현실의 영업소·주소에서 지급제시하여야 한다.

지급지 내에 지급자의 영업소·주소가 없는 경우에도 지급지 내에서 지급제시를 하여야 한다. 따라서 이 경우에도 지급지 내에서 지급자를 찾아 지급제시를 하여야 하고, 지급지 내에서 지급자를 찾을 수 없을 때에는 지급지 내에서 지급거절증서를 작성하여야 한다.

### Ⅱ. 第3者方支給文句의 記載가 있는 경우

제3자방지급문구의 기재가 지급담당자를 의미하는 경우(예 : ○○은행 ○○지점)에는 그 지급담당자의 영업소·주소에서 그 지급담당자에게 지급제시를 하여야 하고, 제3자방지급문구의 기재가 단순한 지급장소를 의미하는 경우에는 이는 지급자가 그 장소에서 지급한다는 것이므로 그 장소에서 지급자에게 지급제시를 하여야 한다.

그러나 이 경우 제3자의 영업소·주소가 지급지 외에 있을 때에는 그 제3자방지급문구의 기재가 무효이므로, 지급지 내에 있는 지급자의 현실의 영업소·주소에서 지급제시를 하여야 한다.

제3자방지급문구의 기재는 지급제시기간 내에 있어서 지급제시를 할 지급담당자와 지급장소로 예정된 것이므로 지급제시기간 경과 후에는 그 효력이 없고, 따라서 지급제시기간 경과 후에는 제3자방지급문구의 기재에 관계없이 지급자의 현실의 영업소·주소에서 지급자에게 지급제시를 하여야 한다.

### Ⅲ. 어음 交換所에서의 支給提示

#### 1. 어음交換

어음(수표)소지인은 어음(수표)의 지급장소인 은행에 직접 가서 지급제시를 할 수도 있고(창구제시), 자기 거래은행에 추심위임을 하여 그 거래은행이 지급은행에 지급제시를 할 수도 있다(교환제시).

그러나 어음(수표)소지인은 보통 어음(수표)에 추심위임배서를 하여 자기의 거래은행에 교부하고, 각 은행은 추심위임배서를 받은 어음(수표)을 어음교환소에 가지고 가서 자기가 타은행으로부터 지급받을 어음(수표)과 그 타은행에 지급할 어음(수표)을 제시·교환하여 지급받을 어음(수표)금액의 총액과 지급할 어음(수표)금액의 총액의 차이를 결제하여 어음의 추심과 지급을 한다.

이와 같이 하여 각 은행이 어음(수표)을 집단적으로 결제하는 것을 어음의 교환이라 하고, 이를 위하여 일정한 지역의 은행을 구성원으로 하여 설치되어 있는 시설을 어음교환소라 한다. 어음교환소는 법무부장관이 지정한다(어 83조, 수 69조).

#### 2. 어음交換所에서의 提示

지급제시의 장소에 관하여서는 일정한 제한이 있으나, 어음교환소는 아무 제한 없이 유효한 지급장소가 된다. 즉 어음교환소가 지급지 내에 있든 없든 또 어음(수표)에 제3자방지급문구가 있든 없든 불문하고, 어음교환소에서 하는 제시는 항상 지급제시의 효력이 있다(어 38조 3항·77조 1항 3호, 수 31조 1항).

### Ⅳ. 電子的 送·受信에 의한 支給提示

어음(수표)소지인으로부터 어음(수표)의 추심을 위임받은 금융기관(제시금융기관)이 그 어음(수표)의 기재사항을 정보처리시스템에 의하여 전자적 정보의 형태로 작성한 후 그 정보를 어음교환소에 송신하여 그 정보가 어음교환소의 정보처리시스템에 입력된 때에는 그 어음교환소에서 지급제시가 이루어진 것으로 본다(어 38조 3항·77조 1항 3호, 수 31조 2항).

이러한 전자적 송·수신에 의한 지급제시는 지급제시의 편의와 업무처리의 효율화를 위하여 개정 어음법(2007. 5. 17. 개정법 8441호)·수표법(2007. 5. 17. 개정법 8440호)에서 도입한 것이다.

이러한 전자적 송·수신에 의하여 지급제시를 한 경우에는 지급인 또는 지급인으로부터 지급을 위임받은 금융기관은 어음법 제40조 제3항 2문(어 77조 1항 3호, 수 35조 1항) 소정의 배서의 연속의 정부에 대한 조사를 제시금융기관에 위임할 수 있다(어 40조 4항·77조 1항 3호, 수 35조 2항).

## 제6. 支給提示의 方法

### Ⅰ. 現實의 提示

지급제시는 완성된 어음(수표)을 현실로 제시하여야 한다. 백지어음(수표)은 백지보충을 한 때부터 완성된 어음(수표)으로 되므로, 백지보충을 한 후에 지급제시를 하여야 하고 미완성의 백지어음(수표)으로 한 지급제시는 효력이 없다. 또한 어음의 등본으로는 지급제시를 할 수 없다.

지급제시는 어음(수표)을 현실로 제시하여야 하므로, 어음(수표)을 상실한 경우에는 제권판결을 받지 않는 한 지급제시를 할 수 없다.

### Ⅱ. 例 外

#### 1. 所持人이 支給者를 만날 수 없었던 경우

소지인이 지급제시의 장소에 지급제시를 위하여 어음(수표)을 가지고 갔으나 지급자가 없어 그 면전에서 현실로 지급제시를 할 수 없었던 경우에는, 지급제시가 있었던 것으로 보아야 할 것이다.

2. 支給擔當者가 所持人인 경우

지급담장자가 소지인인 경우에는 지급제시자와 피제시자가 동일인이므로 만기가 된 때에는 지급제시가 있은 것으로 보아야 하고, 또 이 경우에 자금이 없어 결제가 되지 않은 때에는 지급이 거절된 것으로 보아야 할 것이다.

3. 一部支給을 한 경우

소지인이 지급제시를 하지 않았으나 지급자가 지급제시의 장소에서 어음(수표)금의 일부를 지급한 경우에는 지급제시를 승인한 것으로 보아야 할 것이므로, 이 경우에도 지급제시가 있었던 것으로 보아야 할 것이다.

## 제7. 支給提示의 懈怠(支給提示期間經過)의 效果

### Ⅰ. 序 說

어음에는 절대적 채무자(환어음의 인수인 약속어음의 발행인)가 존재하나 수표에는 절대적 채무자가 존재하지 않으므로 어음소지인의 권리와 수표소지인의 권리가 다르고 또 어음·수표는 소정의 기간 내에 소지인이 지급제시하여 지급이 될 것을 예정하고 있으므로 어음·수표소지인의 권리는 지급제시기간경과 전과 후에 따라 다르다.

### Ⅱ. 어음의 支給提示期間經過 후의 所持人의 地位

1. 遡求權의 喪失

어음의 지급제시기간이 경과된 때에는 소지인은 배서인 등의 소구의무자에 대한 소구권을 상실한다(어 53조 1항 77조 1항 4호).

다만 배서인이 소지인에 대하여 지급제시면제의 특약을 한 경우에 이는 당사자간에서만 유효하다(통설).

2. 履行遲滯

지급제시기간 경과 후에 소지인이 지급제시를 한 때에는, 주된 어음채무자는 그 때부터 이행지체로 되어 연 5푼의 지연이자를 지급하여야 할 의무가 있다(민 397조 1항, 379조)(대판 1965. 9. 7. 65 다 1139)(대판 1981. 4. 14. 80 다 2695).

재판 외의 청구의 경우에는 당연히 현실의 어음제시가 있어야 하나, 재판상의 청구의 경우에는 소장 또는 지급명령이 송달된 때부터 이행지체가 된다(대판 1958. 12. 26. 4291 민상 38)(대판 1959. 2. 19. 4290 민상 588).

### 3. 時效中斷

지급제시기간 경과 후에 소지인이 지급제시를 한 때에는 그 때부터 어음채무자에 대한 어음상의 권리의 시효중단의 효력이 생긴다.

그러나 소멸시효제도는 권리 위에 잠자는 자는 보호하지 않는다는 취지이고 증권의 제시 없이 청구하여도 이를 권리 위에 잠자는 자라고 볼 수 없으므로, 이 경우의 시효중단에는 반드시 증권의 제시를 요하는 것은 아니라 본다.

### 4. 一部支給의 拒絶

원래 채무의 일부지급은 채무의 내용에 좇은 이행(민 460조)이 아니므로 이를 거절할 수 있으나, 어음의 지급의 경우에는 소구의무자의 이익을 위하여 지급제시기간 경과 전에는 소지인은 어음채무자의 일부지급을 거절할 수 없다(어 39조 2항 77조 1항 3호).

그러나 지급제시기간 경과 후에는 소구의무가 소멸하여 그 보호의 필요가 없으므로, 소지인은 어음채무자의 일부지급을 거절할 수 있다.

### 5. 어음金額의 供託

지급제시기간 내에 지급제시가 없어 지급제시기간이 경과한 후에는 주된 어음채무자(및 그 보증인)는 소지인의 비용과 위험부담으로 어음금액을 공탁하여 그 어음채무를 면할 수 있다(어 42조 · 77조 1항 3호).

어음법 제42조(어 77조 1항 3호)에는 「각 어음채무자」라 규정하고 있으나 지급제시기간 경과 후에는 소구의무가 소멸되어 소구의무자의 공탁이 있을 수 없으므로, 어음금액의 공탁권은 주된 어음채무자(및 그 소지인)에 한하여 인정되는 것이다. 그리고 수표에는 주된 수표채무자가 없으므로 동 조와 같은 수표금액의 공탁권에 관한 규정이 없다.

### 6. 支給場所 · 支給地의 記載의 效力

지급제시기간 경과 후의 지급장소 · 지급지의 기재의 효력에 관하여, 지급장소무효설과 지급장소지급지무효설이 대립해 있다.

지급장소무효설은 지급지는 어음요건으로서 어음상의 권리의 내용에 관한 것이므로 지급제시기간 경과 후에도 지급지의 기재는 여전히 유효하나, 지급장소는 단지 금전수수의 편의적·기술적 요청에 기한 것으로서 어음상의 권리의 내용에 관한 것이 아니므로 지급제시기간 경과 후에는 지급장소의 기재만 그 효력을 상실한다고 한다(채이식 51면).

지급장소지급지무효설은 지급장소는 어음이 지급제시기간 내에 지급될 것을 전제로 한 것이므로 지급제시기간 후에는 지급장소의 기재는 그 효력을 상실하고, 또 지급지는 지급장소의 탐지를 위한 것이므로 지급장소의 기재가 지급제시기간 경과로 효력을 상실하면 동시에 지급지의 기재도 그 효력을 상실한다고 한다(정동윤 313면).

지급장소지급지무효설이 타당하다. 따라서 지급제시기간 경과 후에는 어음에 기재된 지급장소·지급지의 여하를 불문하고 소지인은 어음채무자의 현재의 주소·영업소에서 지급제시를 하여야 한다.

#### 7. 期限後背書

지급제시기간과 지급거절증서작성기간은 일치하므로(어 44조 3항 77조 1항 4호), 지급제시기간 경과 후의 배서는 기한후배서로 된다. 기한후배서는 지명채권양도의 효력만 발생하여(어 20조 1항 단서 77조 1항 1호), 권리이전적 효력과 자격수여적 효력이 있고 담보적 효력은 없으며 또 인적항변의 제한과 선의취득이 인정되지 않는다.

기한후배서에는 지명채권양도의 효력만 있고 이에 지명채권양도의 방식까지 요구하는 것이 아니므로, 지명채권양도의 대항요건을 갖추어야 하는 것은 아니다.

#### 8. 未引受 換어음의 利得償還請求權

환어음은 발행인에게 만기에 지급할 것을 위탁하는 증권이므로 지급제시기간 경과 후에는 환어음을 인수하지 않은 지급인은 지급을 하여도 이를 발행인의 계산으로 돌릴 수 없다. 따라서 지급제시간 경과 후에는 인수하지 않은 환어음의 소지인은 누구에게서도 지급을 받을 수 없게 된다.

그러므로 인수 없는 환어음의 소지인은 지급제시기간 경과 후에는 확정적으로 어음상의 권리를 상실하여 이득상환청구권을 취득할 수 있게 된다(어 79조).

### Ⅲ. 手票의 支給提示期間 經過 후의 所持人의 地位

#### 1. 遡求權의 喪失

수표의 지급제시기간을 경과한 때에는 소지인은 배서인 등의 소구의무자에 대한 소구권을 상실한다(수 39조).

2. 支給提示期間 經過 후의 支給

수표의 지급인은 발행인의 지급위탁의 취소가 없는 한 지급제시기간 경과 후에도 지급할 수 있다(수 32조 2항). 지급인은 지급제시기간 경과 후에도 수표금을 지급할 수 있으나 그 지급을 거절할 수도 있으므로, 지급제시기간 경과 후의 소지인은 단지 지급인이 수표금을 지급하면 이를 수령할 수 있는 수표금수령권한만 가진다.

지급위탁을 취소한 경우에는 지급제시기간이 경과한 후에만 그 효력이 생긴다(수 32조 1항).

3. 支給提示期間 經過 후의 手票上의 權利

수표에는 약속어음의 발행인이나 환어음의 인수인과 같은 주된 수표채무자가 없으므로, 지급제시기간 내에 있어서 소지인의 수표상의 권리로는 소구권(지급보증이 있는 경우에는 지급보증인에 대한 지급청구권 포함) 밖에 없다.

그러나 소지인은 지급제시기간 경과 후에도 발행인의 지급위탁의 취소가 없는 한 지급인으로부터 수표금을 지급받을 수 있는 수표금수령권한이 있으므로(수 32조 2항), 이 소지인의 수표금수령권한이 수표상의 권리에 포함되는가 문제된다. 이에 관하여 소구권한정설(정희철 289면 정찬형 408면)과 수표금수령권한포함설(양승규(어) 209면)이 대립해 있다.

생각건대 수표법 제32조 제2항에서 「지급위탁의 취소가 없는 때에는 지급인은 제시기간 경과 후에도 지급할 수 있다」고 규정하고 있으나, 이는 지급인이 지급할 수도 있고 거절할 수도 있는 지급인의 임의의 권한으로서 이로 인하여 지급인이 지급의무를 부담하게 되는 것이 아니므로 지급제시기간 경과 후의 수표금수령권한은 수표소지인의 수표상의 권리라 볼 수 없는 것이다.

또한 수표법 제63조에서 수표의 이득상환청구권 발생의 요건인 수표상의 권리의 소멸에 관하여 「절차의 흠결」과 「소멸시효의 완성」만을 규정하고 있으므로, 법문의 해석상으로도 수표상의 권리에 수표금수령권한이 포함된다고 보는 것은 무리이다.

그러므로 지급제시기간 경과 후의 수표상의 권리는 소구권보전절차의 준수를 전제로 한 소구권(지급보증이 있는 경우에는 지급보증인에 대한 지급청구권 포함)뿐이라 보는 것이 타당하다(소구권한정설).

4. 利得償還請求權

수표상의 권리가 소구권보전절차의 흠결 또는 소멸시효의 완성으로 소멸되고 수표채무자가 실질관계에서 이득을 한 때에는 수표소지인은 이득상환청구권을 취득한다(수 63조).

수표의 이득상환청구권의 발생시기에 관하여는 수표상의 권리의 내용에 관한 학설과 관련하여 정지조건설과 해제조건설이 대립해 있다.

정지조건설은 수표상의 권리의 내용에 관한 수표금수령권한포함설의 입장에서 지급제시기간 경과 후에 수표소지인의 지급제시에 대하여 지급거절이 있거나 수표발행인이 지급위탁을 취소한 때에 수표상의 권리가 소멸되어 이득상환청구권이 생긴다고 하고(양승규 210면), 또 해제조건설은 소구권한정설의 입장에서 지급제시기간이 경과한 때에 수표상의 권리가 확정적으로 소멸되어 이득상환청구권이 생기나 그 후 지급인이 유효한 지급을 하면 그 때에 수표발행인의 이득이 소멸되어 그 이득상환청구권이 소멸된다고 한다(통설).

수표상의 권리의 내용에 관하여 소구권한정설을 취하는 한 그 논리적 귀결로서 해제조건설이 타당하다(해제조건설). 따라서 수표소지인은 지급제시기간이 경과한 때에 이득상환청구권을 취득하고, 그 후 지급이 있으면 그 때에 이득상환청구권이 소멸된다고 본다.

### 5. 期限後背書

수표의 경우에도 지급제시간 경과 후의 배서는 기한후배서로 되고, 그 효력(수 24조)은 어음의 기한후배서의 효력과 같다.

## 제 3 관 支給者의 調査·注意義務

### 제1. 總 說

어음지급자의 지급할 때의 조사·주의의무는 지급의무가 있는 만기 또는 만기후(시효소멸하지 않는 한 만기 후에도 어음채무는 존속함)에 지급하는 경우와 지급의무가 없는 만기 전에 지급하는 경우에 따라 다르다. 그러나 수표는 지급증권이므로, 수표 지급자의 지급할 때의 조사·주의의무는 어음 지급자가 만기 또는 만기 후에 지급하는 경우와 같다.

여기에 있어서 지급자(어 40조 3항·77조 1항 3호, 수 35조 1항의 적용범위)에는 환어음의 지급인·인수인, 약속어음의 발행인, 수표의 지급인, 지급담당자 등이 포함된다.

## 제2. 어음 支給者의 調査·注意義務

### Ⅰ. 滿期 또는 滿期 후에 支給하는 경우

#### 1. 序 說

일반원칙에 의하면 채무의 변제는 실질상의 정당한 권리자에게 하지 않으면 유효한 변제로 되지 않는다(민 472조). 그러나 어음은 전전유통하는 증권으로서 실질상의 어음채권자가 누구인지 용이하게 알 수 없으므로, 어음채무자가 실질상의 어음채권자에게 지급하지 않은 경우에는 면책되지 않는다고 하면 어음금의 지급이 지연되어 어음의 유통성을 해하게 된다.

그러므로 어음법은 일반원칙을 수정하여, 「만기에 지급하는 지급인은 사기 또는 중대한 과실이 없으면 그 책임을 면한다」(어 40조 3항 1문 77조 1항 3호)고 하여 지급자의 선의지급의 면책 내지 무사기·무중과실의 주의의무를 규정하고 또 「이 경우에 지급인은 배서의 연속의 整否를 조사할 의무가 있으나 배서인의 기명날인(서명)을 조사할 의무는 없다」(어 40조 3항 2문 77조 1항 3호)고 하여 지급자의 '소지인의 형식적 자격에 대한 조사의무의 부담과 그 실질적 자격에 대한 조사의무의 불부담' 즉 소지인의 자격에 대한 조사의무의 경감을 규정하고 있다.

어음금지급의 시기인 만기는 만기일만을 말하는 것이 아니고 지급제시기간을 말하며, 따라서 만기 후는 지급제시기간 경과 후를 말한다.

#### 2. 支給者의 調査義務

##### (1) 形式的 資格에 대한 調査義務의 負擔(調査義務의 範圍)

어음법 제40조 제3항 제2문 전단(어 77조 1항 3호)은 「지급인은 배서연속의 정부를 조사할 의무가 있다」고 하여, 지급자의 배서연속의 정부에 대한 조사의무를 규정하고 있다.

배서연속의 정부는 소지인의 형식적 자격에 관한 사항 중의 하나의 예시이다. 따라서 지급자는 이 외에 「어음방식의 적부」(어음요건의 구비)도 소지인의 형식적 자격에 관한 사항으로서 조사할 의무가 있다.

다만 지급자가 「자기의 기명날인(서명)의 진부」에 대하여서도 조사할 의무가 있는가에 관하여는 긍정설과 부정설이 대립해 있다. 긍정설은 자기의 기명날인(서명)의 진부의 조사는 곤란한 것이 아니므로 편의상 소지인의 형식적 자격에 관한 사항에 포함시켜 지급자로 하여금 조사하게 하는 것이 타당하다고 한다(정희철 268면 양승규 436면). 또한 부정설은 자기의 기명날인(서명)의 진부는 소지인의 실질적 자격에 관한 사항이므로 지급자가 조사하여야 할 것이 아니라 한다(정찬형 333면 채이식 299면). 물론 자기의 기명날인(서명)의 진부는 소지인의 실질적 자격에 관한 사항이나, 자기의 기명날인(서명)은 자기가 조사하는 것이 용이하고 마땅하므로 지급자가 조사하여야 한다고 보는 것이 타당하다(긍정설).

그러나 지급자의 자기의 기명날인의 진부의 조사는 소지인의 실질적 자격에 관한 사항이라 볼 수 있으므로, 지급자가 그 조사의무를 위반한 때에는 조사의무 불이행으로 인한 책임보다는 소지인의 자격에 대한 주의의무(어 40조 3항 1문, 77조 1항 3호)의 위반으로서 중대한 과실이 있는 것으로 보는 것이 옳다.

그리고 어음교환소에서 어음의 실물제시 외에 전자적 제시가 이루어 질 때 즉 어음소지인이 자기의 거래은행에게 추심을 위임한 경우에는 추심을 위임받은 금융기관(제시금융기관)이 발송한 어음정보가 어음교환소의 정보처리시스템에 입력되면 어음의 직접 제시가 없어도 그 지급제시가 이루어진 것으로 보게 되는데(어 38조 3항, 77조 1항 3호, 수 31조 2항), 이때에는 지급인 또는 지급인으로부터 지급을 위임받은 금융기관은 배서의 연속의 정부에 대한 조사를 추심을 위임받은 금융기관에 위임할 수 있다(상 40조 4항, 77조 1항 3호, 수 32조 2항).

#### ⑵ 實質的 資格에 대한 調査義務의 不負擔

##### 가) 調査義務 不負擔의 範圍

어음법 제40조 제3항 제2문 후단(어 77조 1항 3호)은 「지급인은 배서인의 기명날인(서명)을 조사할 의무는 없다」고 규정하고 있다.

배서인의 기명날인(서명)의 진부는 소지인의 실질적 자격에 관한 사항 중 하나의 예시이다. 따라서 지급자는 이 외에 소지인의 실질적 권리의 유무, 소지인과 최종의 피배서인의 동일성의 여부, 소지인의 지급수령능력(무능력자 파산자)의 유무, 대리권의 유무 등도 조사할 의무가 없다.

##### 나) 調査權의 認定問題

지급자는 소지인의 실질적 자격에 대하여서는 조사할 의무가 없으나(어 40조 3항 2문 77조 1항 3호),

조사할 수 있는 권리가 있는가에 관하여 긍정설과 부정설이 대립해 있다.

긍정설은 지급자가 사기 또는 중대한 과실이 되지 않기 위하여서는 소지인의 실질적 자격에 관한 사항을 조사하여야 하고 조사하지 않으면 중대한 과실로 인한 지급으로 되어 면책되지 않으므로 지급자에게 소지인의 실질적 자격에 대한 조사권을 인정하여야 한다고 한다(정찬형 334면).

그러나 부정설은 지급자에게 소지인의 실질적 자격에 대한 조사권을 인정하면 지급자가 그 조사권을 남용하여 지급을 지체할 위험이 있으므로 이를 인정하여서는 안된다고 한다(통설).

긍정설은 지급자가 소지인의 실질적 자격에 관한 사항을 조사하지 않으면 사기 또는 중대한 과실로 된다고 보나, 사기 또는 중대한 과실의 유무는 지급자의 내심적 상태에 관한 것으로 소지인의 실질적 자격에 대한 조사와는 관계가 없는 것이다.

생각건대 어음의 지급에는 신속성·확실성이 강하게 요청되고 또 배서연속의 어음소지인이 지급제시를 한 경우에 지급자는 명백한 반증이 없는 한 지급을 거절할 수 없는 점(어 16조 1항 77조 1항 1호) 등으로 미루어 보아, 지급자는 소지인의 실질적 자격에 대한 조사권이 없다고 보는 것이 타당하다(부정설).

다만 객관적으로 보아 그 실질적 자격에 관하여 의심할 만한 합리적 근거가 있는 때에는 지급자는 이를 조사할 수 있다고 보며, 이를 조사하지 않은 때에는 지급자의 중대한 과실로 된다.

### 3. 支給者의 無詐欺·無重過失의 注意義務(善意支給의 免責)

#### (1) 意 義

지급자가 소지인의 형식적 자격에 대하여 조사를 하고 형식적 자격을 가진 소지인이라 인정하여 그 소지인에게 지급을 한 때에는, 사기 또는 중대한 과실이 없으면 그 책임을 면한다(선의지급의 면책)(어 40조 3항 1문 77조 1항 3호). 따라서 지급자가 지급할 때에는 「사기 또는 중대한 과실」이 없어야 할 주의의무가 있는 것이다.

#### (2) 注意義務의 範圍

지급자에게 사기 또는 중대한 과실이 없어야 하는 것은 소지인의 무권리에 관한 것이나, 여기에서 소지인의 무권리는 소지인의 실질적 무권리뿐만 아니라 소지인의 동일성의 흠결, 지급수령능력의 흠결, 대리권의 흠결 등 소지인의 실질적 자격에 관한 것이다.

⑶ 注意義務의 程度

지급자는 지급을 할 때에 사기 또는 중대한 과실이 없어야 한다.

여기에서 사기(fraud)는 지급자가 소지인(제시자)에게 지급을 받을 권한이 없다는 것을 아는 것(악의)만으로는 부족하고, 소송상 이러한 사실을 용이·확실하게 증명할 수 있는 증거방법이 있는 데도(증명의 용이성) 지급한 경우이다(통설).

또한 중대한 과실(gross negligence)은 지급자가 보통의 주의를 하였으면 소지인이 지급을 받을 권한이 없다는 것을 알고 또 이러한 사실을 용이·확실하게 증명할 수 있는 증거방법을 획득할 수 있었을 터인 데도 이러한 주의를 하지 않고 지급한 경우이다.

따라서 지급의 경우에 지급자의 「사기 또는 중대한 과실」(어 40조 3항 77조 1항 3호)은 백지보충권 남용의 경우에 소지인의 「악의 또는 중대한 과실」(어 10조, 77조 2항), 선의취득의 경우에 취득자의 「악의 또는 중대한 과실」(어 16조 2항 77조 1항 1호), 악의의 항변의 경우에 소지인의 「채무자를 해할 것을 알고」(어 17조, 77조 1항 1호)와 다른 것이다.

이와 같이 지급의 경우에 지급자에게 특별히 사기 또는 중대한 과실이 없을 것을 요구하고 있는 것은 지급자가 소지인(제시자)이 무권리자라는 것을 알고 있더라도 소지인의 배서의 연속에 의하여 적법한 소지인으로 추정(어 16조 1항)되는 까닭에 확실한 증거방법을 가지고 있지 않으면 패소하게 될 것이고 그로 인하여 지급제시 이후의 이행지체 책임을 면할 수 없다는 수동적 지위를 고려한 것이다.

## Ⅱ. 滿期 전에 支給하는 경우

어음은 원칙적으로 만기에 지급하는 것이므로, 만기 전에 소지인은 지급을 청구할 수 없고(어 38조 1항 77조 1항 3호) 또 지급자도 만기 전에는 소지인에 대하여 어음금의 수령을 강제할 수 없다(어 40조 1항 77조 1항 3호).

물론 만기 전이라도 지급자는 소지인과의 합의에 의하여 지급을 할 수 있으나 이 경우 지급자는 지급의무 없이 지급(임의지급)하는 것이므로 자기의 위험부담으로 지급하여야 한다(어 40조 2항 77조 1항 3호). 따라서 어음법 제40조 제3항(어 77조 1항 3호)의 조사의무의 경감과 선의지급의 면책이 적용되지 않는다.

따라서 만기 전에 지급자는 소지인의 형식적 자격의 유무 뿐만 아니라 실질적 자격의 유무에 대하여서도 조사하여야 하고, 소지인이 형식적 자격을 가지고 있더라도 실질적 자격이 없으면 그에 대한 지급은 무효로 되어 지급한 자는 면책되지 않는다.

다만 만기 전의 소구가 인정되는 경우(어 43조, 77조 1항 4호)에는 만기 전의 지급이 인정되므로, 이 경우에 지급을 한 자는 어음법 제40조 제3항(어 77조 1항 3호)의 조사의무의 경감과 선의지급의 면책이 적용된다.

## 제3. 手票 支給者의 調査·注意義務

### Ⅰ. 支給者의 調査義務(形式的 資格에 대한 調査義務의 負擔)

수표법 제35조는 어음법 제40조 제3항 제2문(어 77조 1항 3호)과 같이 「수표의 지급인은 배서의 연속의 정부를 조사할 의무가 있으나, 배서인의 기명날인(서명)을 조사할 의무는 없다」고 규정하고 있으므로, 수표의 지급인은 그 소지인의 형식적 자격에 대한 조사의무는 부담하나 소지인의 실질적 자격에 대한 조사의무는 부담하지 않는다.

따라서 기명식수표(지시금지문구가 기재되어 있지 않는 한 배서에 의하여 양도할 수 있다. 수 14조)와 지시식수표에 있어서는 배서연속의 정부와 수표방식의 적부에 관하여 조사하면 되고, 또 소지인출급식수표·무기명식수표 및 선택소지인출급식수표에 있어서는 소지인이 형식적 자격을 가지므로 수표방식의 적부에 관하여서만 조사하면 된다.

그러나 배서금지문구의 기재가 있는 기명식수표는 기명증권으로서 소지인이 권리자로 추정되지 않으므로, 이러한 수표의 지급에는 소지인의 실질적 권리의 유무, 소지인과 최종의 피배서인의 동일성의 여부, 소지인의 지급수령능력의 유무, 대리권의 유무 등의 소지인의 실질적 자격에 관하여도 조사하여야 한다.

### Ⅱ. 支給者의 無詐欺·無重過失의 注意義務(善意支給의 免責)

어음법 제40조 제3항 제1문(어 77조 1항 3호)에는 「지급인은 사기 또는 중대한 과실이 없으면 그 책임을 면한다」고 하여 어음의 지급자의 무사기·무중과실의 주의의무 내지 선의지급의 면책을 규정하고 있으나, 수표법 제35조에는 이러한 규정이 없다.

그러나 수표법에 이러한 규정을 두지 않은 것은 수표의 지급인이 수표상의 의무자가 아니어서 「그 책임을 면한다」고 하는 표현이 적합하지 않기 때문이다. 따라서 해석상으로는 어음법 제40조 제3항 제1문이 수표의 지급인의 조사의무에 유추적용된다고 보는 것이 타당하다(통설). 그러므로 수표의 지급인도 수표금을 지급함에는 소지인의 실질적 자격에 관한 무사기·무중과실의 주의의무가 있고 또 소지인의 실질적 자격에 관하여 사기 또는 중대한 과실 없이 지급(선의지급)한 때에는 그 책임을 면한다.

**【대법원 2002. 2. 26. 판결, 2000 다 71494, 71500】**

**1. 사실관계**

X버스운송사업연합회(이하 "X연합회") 총무과장 B와 그의 친구이며 Z회사의 대표이사인 C는 Y은행 대전 소재의 역전지점에 예치되어 있는 X연합회의 예금을 인출하여 횡령하기로 공모하였다.

그 무렵 X연합회의 총무부장 A가 위 총무과장 B에게 Y은행 역전지점에 예치되어 있는 예금 중 20억 원을 인출하여 다른 은행에 10억 원씩 나누어 예금하라고 지시하여, B는 위 Y은행 역전지점에서 20억 원에 해당하는 액면 1억 원짜리 자기앞수표 20매를 발행받았다.

C는 그 며칠 전에 Y은행 대전소재의 D동지점과 E동지점에 Y은행의 퇴직직원을 통하여 서울에서 내려오는 자금으로 Z회사 직원들의 밀린 임금의 지급을 위하여 필요하니 20억 원의 자기앞수표를 현금으로 바꾸어 주라고 부탁하였다.

C는 B로부터 위의 자기앞수표 20매를 교부받아 Y은행 D동지점에 17매를 또 Y은행 E동지점에 3매를 교부하였고, 위 D동지점은 C로부터 교부받은 위의 자기앞수표 17매가 사고수표인지 전산으로 확인하고 C에게 현금 12억 원을 지급하였고 또 위 E동지점은 C로부터 교부받은 자기앞수표 3매가 사고수표인지와 B와 C의 실명인지를 전산으로 확인하고 C에게 현금 3억 원을 지급하였다.

이에 X연합회는 위 지점들이 수표금을 지급함에 있어 지급인으로서 주의의무를 다하지 않은 중대한 과실이 있다고 하여 Y은행에 대하여 예금채권 20억 원의 반환을 청구하였다.

**2. 판결요지**

이 건에 관하여, 대법원은 「수표법 제35조의 취지에 의하면 C가 B로부터 액면 1억 원의 자기앞수표 20장을 건네받아 Y은행 D동지점과 E동지점에서 이를 현금으로 바꾸어 지급받음에 있어 위 지점들이 사전에 자기 은행의 퇴직직원을 통하여 고액의 수표를 현금으로 인출하려고 하니 이를 준비해 줄 것을 요청받은 바 있다고 하더라도, Z회사나 C와는 종전에 전혀 거래관계가 없어 이들의 신용상태·재산상태·영업활동 등에 관하여 알지 못하였고 당초 서울에서 자금이 내려온다는 말과는 달리 현금인출을 위하여 제시된 것은 Y은행의 대전소재의 지점에서 당일 불과 1시간 전에 발행된 자기앞수표였고 그 발행지점이 같은 시내인 데도 발행 당일 이에 인접한 위 지점들에서 일시에 액면 1억 원의 자기앞수표 17장과 3장을 모두 인출하겠다고 요청하였고 위 지점들에 지급요청한 금액의 부피와 용도, 취급상의 번잡과 위험부담 등을 고려할 때에, 이와 같은 고액수표의 전액현금지급요청은 정상적인 자기앞수표의 소지인이라면 매우 이례적인 것이어서 그 수표가 분실·도난·횡령된 것이거나 수표제시자가 그 수표를 부정한 방법으로 취득한 것이라고 의심할 만한 사유가 있는 것이다.

따라서 이처럼 초면의 내방객으로부터 고액의 현금지급요청을 받은 위 두 지점의 직원으로서는 마땅히 발행지점에 위 자기앞수표의 발행경위와 발행의뢰인 등을 확인하고 그 발행의뢰인에게 위 자기앞수표의 사용경위나 양도경위 등에 관하여 노력하여야 하는 것이다.

그럼에도 그러한 확인이나 알려는 노력을 전혀 하지 않고 단지 사고수표인지와 실명인지만을 확인하여 고액의 현금을 지급한 것은 위 두 지점들이 수표금의 지급에 있어서 지급인으로서의 주의의무를 다하였다고 할 수 없다」고 판시하여, 수표지급인인 은행은 수표소지의 실질관계를 조사할 의무는 없으나 당해 수표가 도난·분실·횡령되었을 가능성이 예상되거나 기타 부정한 방법으로 취득된 것이라고 의심할 만한 특별한 사정이 존재하는 때에는 그 실질적 자격에 대한 조사의무가 있고 이러한 조사를 하지 않은 채 고액의 현금을 지급한 것은 수표금의 지급에 있어서 지급인으로서의 주의의무를 다하지 않은 중대한 과실로 인한 지급으로 되어 그 책임을 면할 수 없다고 하였다.

### 제4. 僞造어음(手票)의 支給의 責任

지급인이 위조·변조된 어음을 지급한 경우에도 어음법 제40조 제3항 제1문(어 77조 1항 3호, 수표에도 본 조문이 유추적용됨)에 의하여 지급인이 면책되는지 여부가 문제된다. 여기에 대하여는 「위조어음(수표)의 지급자의 책임」에서 살펴본 바 있다.

## 제 4 관 支給의 實行

### 제1. 支給의 目的物

#### Ⅰ. 어음(手票)金額이 內國通貨로 표시되어 있는 경우

어음(수표)금액이 내국통화로 표시되어 있는 경우에 지급자는 그 선택에 따라 내국의 각종의 통화(예 ; 1,000원권 10,000원권)로 지급할 수 있다.

#### Ⅱ. 어음(手票)金額이 外國通貨로 표시되어 있는 경우

어음(수표)금액이 외국통화로 표시되어 있는 경우에는 외국통화현실지급문구의 기재가 없는 한 내국통화로 환산하여 지급할 수 있다(어 41조 1항 1문·77조 1항 3호, 수 36조 1항 1문).

내국통화로 환산하여 지급하는 경우에 어음(수표)에 환산율문구의 기재가 있으면 그 환산율에 의하고, 환산율문구의 기재가 없으면 만기의 날(수표의 경우에는 지급의 날)에 있어서 현실의 환시세에 의한다(어 41조 1항 1문·77조 1항 3호, 수 36조 1항 1문).

그러나 지급자가 지급을 지체한 때에는 소지인은 그 선택에 따라 만기의 날 또는 지급의 날(수표의 경우에는 제시한 날이나 지급의 날)의 환시세로 환산하여 지급해 줄 것을 청구할 수 있다(어 41조 1항 2문·77조 1항 3호, 수 36조 1항 2문). 이것은 지급자가 환시세의 변동을 이용하여 고의로 투기할 염려가 있으므로 이를 방지하기 위한 것이다.

어음(수표)에 특종의 외국통화로 지급한다는 뜻 즉 외국통화현실지급문구의 기재가 있는 경우에는 그 특종의 외국통화로 지급하여야 한다(어 41조 3항·77조 1항 3호, 수 36조 3항).

### Ⅲ. 어음(手票)金額이 同名異價의 貨幣인 경우

발행국의 화폐와 지급국의 화폐가 동명이가인 경우(예: 프랑스의 프랑과 스위스의 프랑)에 어음(수표) 금액은 지급지의 통화에 의하여 정한 것으로 추정한다(어 41조 4항·77조 1항 3호, 수 36조 4항).

### Ⅳ. 支給할 金額

#### 1. 支給提示期間 내에 支給提示가 있는 경우

지급제시기간 내에 지급제시가 있는 경우에는 지급자는 어음(수표)금액만 지급할 책임이 있다. 그러나 지급제시기간 내에 지급제시가 있었는 데도 지급거절된 경우에는 지급자는 배서인 등의 소구의무자의 소구금액과 동액의 지급책임이 있다(어 28조 2항·78조 1항, 수 44조·45조).

#### 2. 支給提示期間 내에 支給提示가 없는 경우

지급제시기간 내에 지급제시가 없는 경우에는 지급자는 지급의무를 지지 않고, 소지인이 지급제시를 한 때부터 이행지체의 책임을 진다. 따라서 지급제시기간 경과 후에 소지인이 지급제시를 한 경우에는 지급자는 어음(수표)금액과 지급제시의 익일부터 지급할 때까지 연 5푼의 이율에 의한 지연손해금을 지급할 책임이 있다(민 397조 1항·379조)(대판 1965. 9. 7. 65 다 1139)(대판 1981. 4. 14. 80 다 2695).

## 제2. 支給의 方法

### Ⅰ. 領收의 記載와 어음(手票)의 還受

지급자는 어음(수표)금을 지급할 때에 소지인에 대하여 어음(수표)에 어음(수표)금의 영수를 증명하는 기재를 하여 교부할 것을 청구할 수 있다(어 39조 1항 · 77조 1항 3호, 수 34조 1항). 따라서 지급자는 영수를 기재한 어음(수표)과 상환하지 않으면 어음(수표)금을 지급할 필요가 없다. 실제에 있어서는 어음 이면의 최후배서의 난 아래에 영수의 난이 인쇄되어 있어 여기에 소지인이 연월일을 기재하고 기명날인(서명)하여 어음(수표)금과 상환하여 교부한다.

지급자가 어음(수표)금을 지급하고 어음(수표)을 환수하여 폐기하면 그 어음(수표)은 효력을 상실하나, 어음(수표)과 상환하지 않고 어음(수표)금을 지급한 경우에는 어음(수표)상의 권리는 소멸되지 않고 다만 지급자와 소지인 간의 인적항변으로 된다.

그러나 어음(수표)금을 지급하고 어음(수표)을 환수하지 않아도 어음(수표)에 영수를 증명하는 기재를 한 경우에는 어음(수표)금이 지급되었다는 것이 확실하므로, 이것은 물적항변으로 된다.

### Ⅱ. 一部支給

지급자가 일부지급을 하는 경우에 소지인은 이를 거절할 수 없다(어 39조 2항 · 77조 1항 3호, 수 34조 2항). 원래 일부지급은 채무의 내용에 따른 변제의 제공(민 460조)이 아니므로 소지인은 어음(수표)금의 일부지급을 거절할 수 있는 것이나, 일부지급의 거절은 배서인 등의 소구의무자에게 그만큼 불이익이 되므로 어음(수표)법은 일반원칙을 변경하여 소지인이 일부지급을 거절할 수 없도록 한 것이다.

일부지급을 한 경우에 소지인은 지급되지 않은 잔여의 어음(수표)금에 관한 소구권을 행사하기 위하여 어음(수표)이 필요하므로, 지급자는 소지인에 대하여 어음(수표)의 반환을 청구할 수는 없고 어음(수표)에 일부지급의 뜻을 기재할 것과 그 영수증을 교부할 것을 청구할 수 있다(어 39조 3항 · 77조 1항 3호, 수 34조 3항). 실제에 있어서 일부지급의 영수를 증명하는 기재는 전부지급의 영수를 증명하는 기재와 같이 어윾 이면의 최후배서의 난 아래에 있는 영수의 난에 하고, 또 어음의 표면의 어음금액의 기재의 가까운 장소에 지급금액을 기재한다.

일부지급을 하고 어음(수표)에 그 영수를 증명하는 기재를 한 경우에 그 일부지급은 물적항변으로 되나, 일부지급을 하고 어음(수표)에 그 영수를 증명하는 기재를 하지 않은 경우에는 그 일부지급은 지급자와 소지인 간의 인적항변으로 된다.

그러나 지급제시기간 경과 후에는 소구권이 소멸되어 소구의무자의 이익을 고려할 필요가 없으므로, 소지인은 일부지급을 거절할 수 있다.

### Ⅲ. 相計·免除·代物辨濟·更改

어음(수표)상의 권리에 관하여 현실의 지급을 하지 않고 상계·면제·대물변제·경개 등을 한 경우에도 어음(수표)상의 권리가 소멸된다. 물론 이러한 경우에도 어음(수표)상의 권리의 전부가 소멸된 때에는 어음(수표)에 어음(수표)상의 권리의 소멸의 뜻을 기재하여 교부할 것을 청구할 수 있고, 어음(수표)상의 권리의 일부가 소멸된 때에는 어음(수표)에 어음(수표)상의 권리의 일부 소멸의 뜻을 기재할 것과 그 확인서를 교부할 것을 청구할 수 있다.

### Ⅳ. 어음交換所에 의한 決濟

어음교환소에 가입하고 있는 조합은행은 서로 다른 조합은행으로부터 추심할 어음(수표)을 소정의 교환시간에 어음교환소에 가지고 가서 제시·교환하여 수령총액과 지급총액을 결제함으로써 어음(수표)의 추심과 지급을 한다.

어음(수표)이 어음교환소에서 교환된 때에는 어음(수표)금이 지급된 것으로 본다. 다만 어음(수표)교환의 종료 후에 어음(수표)에 위조·변조 기타 지급에 응할 수 없는 사유가 있는 것이 발견된 때에는 어음교환소를 통하지 않고 관계은행 간에 그 어음(수표)을 반환하고 금전의 지급을 받는다.

어음(수표)교환의 법적 성질에 관하여 학설은 상계라고도 하고 상호계산이라고도 하나, 상계나 상호계산은 채권·채무의 대립이 필요한데 어음(수표)교환에서는 실질상 제시은행이 추심위임을 받은 것이 보통이어서 어음(수표)채권을 가져야 하는 것이 아니고, 또 지급은행은 보통 지급인이나 지급담당자여서 어음(수표)채무를 가지지 않으므로, 어음(수표)교환을 상계나 상호계산이라 볼 수 없다. 생각건대 어음(수표)교환은 다수 당사자의 합의(어음교환소 규칙)에 의한 특별한 결제방법이라 보는 것이 타당하다(대판 1985. 2. 13. 84 다카 1832).

## 제3. 어음(手票)公正證書

### 1. 意 義

어음(수표)공정증서는 공증담당기관인 공증인 등이 어음(수표)에 부착하여 어음(수표)채무자가 어음(수표)금의 지급을 지체할 때에는 강제집행하는 것을 인낙한다는 취지를 기재한 공정증서이다(공증인 56조의2 1항).

공정증서는 공문서로서 강력한 증거력을 가지며 또 강제집행에 있어서 집행권원(채무명의)으로서 집행력을 가진다.

### 2. 作 成

어음(수표)의 발행인과 수취인, 양도인과 양수인 또는 그 대리인이 공증인(공증인 2조), 법무법인(변호사 49조), 법무법인(유한)(변호사 58조의16, 49조), 법무조합(변호사 58조의30, 49조)에게 어음(수표)공정증서를 작성해 줄 것을 촉탁할 수 있다. 즉 어음(수표)채무자와 어음(수표)채권자 또는 그 대리인이 공증인 등에게 그 합의사항을 어음(수표)에 기재하여 공증(公證)해 줄 것을 의뢰하고, 공증인 등이 이를 어음(수표)에 기재하여 공증해 주는 것이다.

공증인 등은 어음(수표)공정증서의 정본·원본 및 등본을 작성하여야 한다. 공정증서의 정본은 어음(수표)의 원본에 부착하여 또 그 원본과 등본은 어음(수표)의 사본에 부착하여 작성하고, 그 정본은 어음(수표)채권자에게 그 등본은 어음(수표)채무자에게 그리고 그 원본은 공증인 등이 보존한다(공증인 56조의2 3항).

### 3. 公證人 등의 私法的 地位

어음(수표)공정증서는 공증인 등이 어음(수표)의 여백 또는 보전에 즉시 강제집행할 수 있다는 취지를 기재한 것으로서, 어음(수표)에 공정증서가 작성되어 있더라도 그 어음(수표)이 공문서로 되는 것이 아니고 여전히 어음(수표)으로서 배서양도나 지급제시를 할 수 있다.

따라서 공증인 등이 어음(수표)채무자와 어음(수표)채권자로부터 어음(수표)공정증서 작성의 촉탁을 받아 어음(수표)을 접수한 경우에는 사법적으로는 그 공증인 등이 어음(수표)채권자의 기관으로서 그 어음(수표)을 교부받은 것이라 볼 수 있다(대판 1989. 10. 24. 88 다카 24776).

# 제 5 관 參加支給

## 제1. 意 義

참가지급(payment by intervention)은 어음금의 지급이 거절된 경우에 주된 어음채무자 외의 제3자(참가지급인)가 소구의무자 중의 특정한 자(피참가인)에 대한 소구를 저지하기 위하여 하는 지급이다.

참가지급은 지급자가 지급을 하지 않은 경우에 제2차적으로 하는 지급이고 또 그 효과는 피참가인의 후자의 의무만 소멸시키므로, 원래의 지급과 다르다.

참가지급은 어음채무의 부담을 목적으로 하지 않고 또 어음에 기명날인(서명)할 것을 요하지 않으므로, 참가인수와는 달리 어음행위가 아니고 소구권의 행사를 저지하기 위하여 하는 변제 또는 변제에 유사한 행위이다(통설).

어음법은 참가지급을 예상하고 참가지급에 관한 상세한 규정(어 59~63조 77조 1항 5호)을 두고 있으나, 실제에 있어서는 참가지급이 거의 행하여지지 않고 있다.

## 제2. 參加支給의 要件

참가지급은 소지인이 만기 또는 만기 전에 소구권을 가지는 모든 경우에 할 수 있다(어 59조 1항 77조 1항 5호). 따라서 참가지급을 하기 위하여서는 만기 또는 만기 전에 있어서 소구의 실질적 요건과 형식적 요건을 갖추어야 한다.

## 제3. 參加支給人

참가지급인으로 될 수 있는 자는 참가인수인·예비지급인 기타의 제3자(협의의 참가지급인) 등이다.

### Ⅰ. 參加引受人 또는 豫備支給人의 參加支給

참가인수인은 만기 전의 소구를 저지하기 위하여 지급인에 갈음하여 인수를 한 자이고, 예비지급인은 어음에 미리 참가지급을 할 자로 기재된 자이다.

지급지에 주소를 가진 자가 참가인수를 하였거나 지급지에 주소를 가진 자가 예비지급인으로 기재되어 있는 경우에는, 소지인은 이러한 자의 전원에게 어음을 제시하여 참가지급을 받고 또 참가지급이 거절된 때에는 지급거절증서를 작성할 수 있는 최종일의 익일까지 참가지급거절증서를 작성하여야 한다(어 60조 1항 77조 1항 5호).

소지인이 이러한 절차를 거치지 않은 경우에는 예비지급인을 기재한 자 또는 피참가인과 그 후자에 대한 소구권을 상실한다(어 60조 2항 77조 1항 5호).

### Ⅱ. 第3者의 參加支給

참가인수인 또는 예비지급인이 없는 경우에 만기 전 또는 만기의 소구원인이 발생한 때에는 소지인은 즉시 소구할 수 있다. 그러나 순수한 제3자가 참가지급을 하려는 경우에는 참가인수의 경우와는 달리 소지인은 그 제3자의 참가지급을 거절할 수 없고 참가지급을 받아야 하며, 소지인이 그 참가지급을 거절한 때에는 그 참가지급으로 인하여 의무를 면할 수 있었던 자 즉 피참가인의 후자에 대한 소구권을 상실한다(어 61조·77조 1항 5호).

### Ⅲ. 參加支給人의 競合

상이한 피참가인을 위하여 수인의 참가지급희망자가 있는 경우에는 그 참가지급희망자가 참가인수인이든 예비지급인이든 또는 순수한 제3자이든 불문하고 가장 다수의 어음채무자의 의무를 면하게 하는 자가 우선한다(어 63조 3항 1문, 77조 1항 5호). 예컨대 약속어음의 수취인(제1배서의 배서인)을 위하여 참가지급을 하려는 자와 그 후의 배서인을 위하여 참가지급을 하려는 자가 경합하는 경우에는 수취인을 위하여 참가지급을 하려는 자가 우선하고, 따라서 소지인은 수취인을 위한 참가지급을 받아야 한다.

이 원칙에 위반하여 참가지급을 한 경우에는 참가지급 그 자체는 유효하나, 그 참가지급인이 자기보다 선순위의 참가지급인이 있는 것을 알면서 참가지급을 한 때에는 그 선순위의 참가지급인이 참가지급을 하였더라면 의무를 면할 수 있었던 자에 대한 소구권을 상실한다(어 63조 3항 2문 77조 1항 5호).

## 제4. 參加支給의 實行

### Ⅰ. 時　期

#### 1. 參加引受人의 參加支給

참가인수인은 원칙으로 지급거절증서작성기간의 익일까지 참가지급을 하여야 한다(어 60조 1항). 그러나 참가인수인의 참가지급이 거절되어 소지인이 보전절차(참가지급을 위한 제시와 참가거절 증서의 작성)(어 60조 1항)를 취한 경우에는 참가인수인은 지급거절증서작성기간의 익일이 경과하여도 지급의무를 면하는 것이 아니므로(어 58조 2항 50조 2항 참조), 참가인수인은 피참가인이 지급할 때까지는 참가지급을 할 수 있다.

### 2. 豫備支給人과 第3者의 參加支給

예비지급인 기타 제3자는 만기의 전후를 불문하고 참가지급을 할 수 있으나, 지급거절증서작성기간의 익일까지는 참가지급을 하여야 한다(어 59조 3항 60조 1항).

### Ⅱ. 金 額

참가지급은 피참가인이 지급할 금액의 전부에 대하여 하여야 한다(어 59조 2항 77조 1항 5호). 지급에 있어서는 일부지급이 인정되나(어 39조 2항 77조 1항 3호), 참가지급에 있어서는 일부참가지급이 인정되지 않는다. 따라서 참가지급인이 일부참가지급을 하는 경우에는 소지인은 이를 거절할 수 있다.

### Ⅲ. 方 法

참가지급인이 소지인에게 참가지급을 한 경우에는 소지인은 어음에 피참가인을 표시하고 영수의 기재를 하여 지급과 상환으로 이를 참가지급인에게 교부하고 또 지급거절증서가 작성되어 있는 경우에는 이것도 교부하여야 한다(어 62조 1항 1문 · 2항, 77조 1항 5호). 참가지급인이 참가지급을 하였으나 피참가인의 표시가 없는 경우에는, 환어음에 있어서는 발행인 또 약속어음에 있어서는 수령인을 위하여 참가지급한 것으로 본다(어 62조 1항 2문 77조 1항 5호).

### Ⅳ. 通 知

참가지급인이 참가지급을 한 경우에는 피참가인에 대하여 참가지급일부터 2거래일 내에 참가지급의 통지를 하여야 한다(어 55조 4항 1문 77조 1항 5호). 참가지급의 통지는 피참가인에게 통지하면 되고, 그 통지를 받은 자가 다시 그 전자에게 통지할 필요는 없다.

피참가지급인이 참가지급통지기간을 준수하지 않은 경우에 과실로 인하여 피참가인에게 손해가 생긴 때에는, 참가지급인은 어음금액의 범위 내에서 피참가인에 대하여 손해배상책임을 진다(어 55조 4항 2문 77조 1항 5호).

## 제5. 參加支給의 效力

### Ⅰ. 所持人의 權利의 消滅

소지인은 참가지급을 받음으로써 모든 어음채무자에 대한 관계에 있어서 어음상의 권리가 소멸된다. 이것은 참가지급의 본질적 효력이다.

### Ⅱ. 被參加人의 後者의 免責

참가지급을 한 때에는 피참가인의 후자는 소구의무를 면한다(어 63조 2항 77조 1항 5호). 그러나 피참가인은 의무를 면하지 못하고 참가지급인에 대하여 의무를 진다(어 63조 1항 본문 77조 1항 5호).

### Ⅲ. 參加支給人의 權利取得

#### 1. 權利取得 및 그 性質

참가지급인은 피참가인과 그의 어음채무자에 대하여 어음상의 권리를 취득한다(어 63조 1항 본문 77조 1항 5호). 이들을 위한 보증인이 있는 경우에는 그 보증인에 대한 권리도 취득한다(어 32조 1항 77조 3항).

참가지급인의 참가지급으로 인한 권리취득은 참가지급인이 소지인의 권리를 승계 또는 대위하는 것이 아니고 소지인 또는 피참가인에 대한 항변이 부착되지 않은 독립된 어음상의 권리를 법정효력으로서 어음의 교부 없이 취득하는 것이다(통설).

#### 2. 背書不能

참가지급을 한 때에는 어음의 지급이 끝난 것이고 그 이후로는 어음은 단지 참가지급의 求償의 목적을 위하여서만 존재하므로, 참가지급 후에는 어음에 배서하지 못한다(어 63조 1항 단서 77조 1항 5호).

#### 3. 一般私法上의 補償請求權

참가지급인은 어음상의 권리를 취득하는 외에 일반사법상의 관계(예 : 위임이나 사무관리)에 의하여 보상청구권을 가지는 경우가 있을 수 있으며, 이러한 경우에는 참가지급인은 선택하여 행사할 수 있다.

# 제 5 절 어음(手票)의 不渡와 遡求

## 제 1 관 어음(手票)의 不渡와 所持人의 救濟方法

### 제1. 어음(手票)의 不渡의 意義

어음(수표)의 부도는 광의로는 소지인이 어음(수표)을 적법하게 지급제시하였으나 지급거절된 것을 말하고, 협의로는 어음교환소를 통하여 어음(수표)을 지급제시하였으나 지급거절된 것을 말한다.

지급거절은 지급자에 의하여 어음(수표)금이 지급되지 않은 것이다. 지급거절은 소지인이 어음(수표)을 지급제시한 때에 지급자가 적극적으로 지급거절의 의사표시를 한 경우뿐만 아니라 소지인이 지급자의 영업소·주소에 찾아 갔으나 지급자를 만나지 못하여 어음(수표)금을 지급받지 못한 경우, 지급자가 원래 그 곳에 부재하였거나 주소불명으로 이들을 찾지 못하여 어음(수표)금을 받지 못한 경우 등이다. 이와 같이 부도된 어음(수표)을 부도어음(수표)이라 한다.

## 제2. 不渡어음(手票)所持人의 救濟方法

### Ⅰ. 遡 求

어음(수표)이 부도된 경우에 소지인은 배서인 기타 소구의무자에 대하여 소구(상환청구)하여 어음(수표)금의 지급을 청구할 수 있다. 소구는 부도어음(수표)의 소지인을 위한 일반적인 구제방법이다.

### Ⅱ. 去來停止處分

#### 1. 意 義

거래정지처분은 어음(수표)의 지급의무자가 지급제시된 어음(수표)을 지급하지 못한 경우에 어음교환소가 모든 참가은행에 대하여 그 지급의무자와 일정 기간(2년간) 당좌예금거래를 금지시키는 것이다. 이것은 부도어음(수표)의 지급의무자를 일정 기간 금융기관과의 거래에서 배제함으로써 어음(수표)거래의 안정과 유통을 확보하고 금융거래질서의 유지를 강화하기 위한 것이다.

#### 2. 去來停止處分의 對象

거래정지처분을 받는 자는 부도어음(수표)의 지급의무자로서, 약속어음·수표의 발행인과 환어음의 인수인이다. 어음의 배서인은 원칙적으로 거래정지처분의 대상이 아니다.

거래정지처분을 받는 어음·수표는 당좌예금거래를 전제로 하는 어음·수표로서 당좌수표, 가계수표, 환어음 및 약속어음에 한한다. 국고수표, 자기앞수표, 원화표시 여행자수표, 표지어음은 거래정지처분의 대상이 아니다(어음교환업무규약 시행세칙 123조).

### 3. 去來停止處分의 事由

#### (1) 序 說

거래정지처분에는 당연거래정지처분과 불량거래처에 대한 거래정지처분이 있다. 당연거래정지처분은 어음교환업무규약 및 시행세칙에 따라 하는 처분이고, 불량거래처에 대한 거래정지처분은 어음교환소가 참가은행의 신청에 의하여 어음교환심사위원회의 승인을 받아 하는 처분이다(어음교환업무규약 18조).

#### (2) 當然去來停止處分의 事由

당연거래정지처분은 ① 예금부족으로 부도처리된 부도어음대금의 입금통보가 없을 때, ② 무거래로 인한 부도가 있을 때, ③ 부도어음의 신고 시 사고신고담보금 또는 지급정지가처분담보금의 입금통보가 없을 때, ④ 1년간 4회 이상 예금부족이나 사고신고서의 접수 또는 지급정지가처분명령의 송달로 인하여 부도처리되고 부도대금이나 담보금이 입금된 때, ⑤ 위조·변조 증빙자료제출확인서를 부도일부터 15일 이내에 제출하지 않은 때, ⑥ 1년간 2회 이상 장당 발행한도의 초과로 인한 부도가 있을 때에 한다(어음교환업무규약 시행세칙 121조 1항).

#### (3) 不良去來處에 대한 去來停止處分의 事由

불량거래처에 대한 거래정지처분은 ① 배서인이 상환의무를 이행하지 않은 때, ② 은행거래상의 신용을 훼손하는 행위를 한 때, ③ 비은행금융기관이 한국은행 금융망을 통하여 콜 자금을 조달하고 상환일에 자금상환을 하지 않은 때, ④ 위조·변조의 허위신고를 한 때에 한다(어음교환업무규약 시행세칙 122조 1항).

### 4. 去來停止處分의 通知

어음교환소는 당연거래정지처분이나 불량거래처에 대한 거래정지처분이 있는 때에는 이를 전 참가은행에 통지하여야 한다(어음교환업무규약 18조 3항).

거래정지처분의 통지는 부도어음의 통지와 같이 어음교환소가 이를 거래정지일의 14:30~16:00 참가은행본부에 전송하여야 하고, 참가은행본부는 이를 각 점포에 전송하거나 조회하여야 한다.

### 5. 去來停止處分의 效果

참가은행은 거래정지일부터 2년간 거래정지처분을 받은 자와 당좌예금거래 및 가계당좌예금거래를 할 수 없고(어음교환업무규약 시행세칙 125조 1항), 거래정지처분을 받은 자와의 당좌예금거래 및 가계당좌예금거래를 즉시 해지하고 아직 사용하지 않은 어음(수표) 용지를 전부 회수하여야 한다(어음교환업무규약 시행세칙 125조 1항).

## Ⅲ. 事故申告擔保金

### 1. 意 義

어음(수표)의 분실, 도난, 피사취 또는 계약불이행 등의 사고신고가 있는 경우나 어음(수표)의 지급정지가처분명령이 송달된 경우에는 사고신고 또는 가처분신청의 진위 여부를 불문하고 지급은행에 어음(수표)금액 상당액을 별단예금으로 예치하여야 한다(어음교환업무규약 시행세칙 116조 1항). 전자를 사고신고담보금, 후자를 지급정지가처분담보금이라 한다.

사고신고담보금(지급정지가처분담보금 포함)은 소극적으로는 지급의무자가 지급자금의 부족을 은폐하여 거래정지처분을 받는 것을 면탈하기 위하여 허위의 사고신고를 하는 것을 방지하기 위한 것이고, 적극적으로는 어음(수표)상의 정당한 권리자를 보호하고 어음(수표)의 신용을 높이기 위한 것이다(서헌제 999면).

### 2. 事故申告

#### (1) 意 義

사고신고는 약속어음 · 수표의 발행인, 환어음의 인수인 또는 어음(수표)의 소지인이 지급제시기간의 경과 전에 지급은행에 대하여 특정 어음(수표)의 지급거절을 의뢰하는 것이다.

#### (2) 申告할 事故

지급은행에 신고할 사고는 분실, 도난, 피사취 또는 계약불이행 등이다. 피사취는 누군가의 사기 · 공갈 또는 횡령에 의하여 점유를 상실한 것이다.

또한 계약불이행은 어음(수표)행위의 원인관계에 있어서 상대방이 그 의무를 이행하지 않은 것이다. 원인관계상의 권리의무는 어음(수표)행위의 당사자 간에서는 인적항변으로 되고 또 당사자 외의 자이더라도 악의의 취득자이면 악의의 항변으로 될 수 있기 때문이다.

#### (3) 事故申告의 效力

신고인이 유효한 사고신고를 한 때에는 지급은행(수표의 경우)이나 지급담당은행(어음의 경우)은 어음(수표)금을 지급할 수 없고 지급은행 등이 어음(수표)금을 지급한 때에는 그 결과를 발행인 등의 계산으로 돌릴 수 없다.

### 3. 事故申告擔保金預置契約

#### (1) 意 義

사고신고담보금예치계약은 발행인 등이 사고신고를 할 때(지급정지가처분명령 송달된 때 포함)에 어음(수표)상의 정당한 권리자에게 지급하기 위하여 발행인 등이 지급은행에 어음(수표)금액 상당액을 사고신고담보금으로 예치(預置)할 것을 약정하는 계약이다.

사고신고담보금예치계약은 어음(수표)상의 정당한 권리자에게 사고신고담보금(지급정지가처분담보금 포함)의 우선적·직접적인 청구권을 부여하는 계약으로서 제3자를 위한 계약이다(민 539조 1항). 따라서 어음(수표)상의 정당한 권리자로 밝혀진 자(수익자)는 지급은행(낙약자)에 대하여 수익의 의사표시를 한 때에 지급청구권을 가진다(어음교환업무규약 시행세칙 117조 2항).

#### (2) 事故申告擔保金의 支給

지급은행은 어음(수표)상의 정당한 권리자가 수익의 의사표시 즉 지급청구를 한 때에 그에게 사고신고담보금을 지급하여야 한다(어음교환업무규약 시행세칙 118조 1항 본문).

구체적으로 어음(수표)상의 정당한 권리자는 ① 어음(수표)소지인이 어음(수표)금청구소송 또는 어음(수표)채무부존재확인소송에서 승소하고 그 판결확정증명 또는 확정판결과 동일한 효력이 있는 것으로 인정되는 증서를 제출한 경우, ② 어음(수표)발행인이 어음(수표)금청구소송(소지인 제기) 또는 어음(수표)채무부존재확인소송(발행인 제기)에서 승소하고 그 판결확정증명 또는 확정판결과 동일한 효력이 있는 것으로 인정되는 증서를 제출한 경우, ③ 어음(수표)발행인이 당해 어음(수표)을 회수하여 제출한 경우, ④ 당해 어음(수표)이 지급제시기간 내에 지급제시되지 않은 경우, ⑤ 어음(수표)의 분실 또는 도난으로 인하여 법원으로부터 어음(수표)의 제권판결을 받아 판결문을 제출한 경우 등에 해당하는 자이다(어음교환업무규약 시행세칙 118조).

**【대법원 1994. 10. 21. 판결, 94 다 16816】**

**1. 사실관계**

A는 1992. 6. 16.에 그가 발행한 액면금 1,400만 원, 지급기일 1992. 6. 16., 발행지·지급지 각 서울특별시, 지급장소 기업은행 삼양동지점, 발행일 1992. 3. 6.로 된 약속어음 1매의 지급정지를 Y은행에 의뢰하면서, 같은 날 Y은행에 사고신고담보금으로 액면 상당액의 금원을 예치하였다.

위 약속어음의 발행인 A의 채권자 X는 1992. 9. 15.에 A의 Y은행에 대한 사고신고담보금 반환청구권의 압류 및 전부명령을 받았고, 그 무렵 위 명령이 Y은행에 도달하였다.

또 한편 위 약속어음의 소지인 B가 그 발행인 A를 상대로 약속어음금청구소송을 제기하여 1992. 10. 23.에 승소판결을 받고 그 무렵 위 판결이 확정되자 Y은행에 위 판결을 제출하고 수익의 의사표시를 하여 위 사고신고담보금을 지급받았다.

이에 X는 Y은행에 대하여 위 전부금 1,400만 원의 지급을 청구하였으나, Y은행은 X가 A의 Y은행에 대한 사고신고담보금 반환청구권을 압류 및 전부명령을 받았더라도 그것은 정지조건부 채권을 목적으로 한 것으로서 그 조건이 성취되지 아니하여 피전부채권이 존재하지 않으므로 실체적으로 무효라고 주장하였다.

**2. 판결요지**

이 건에 관하여, 대법원은 「약속어음의 채무자가 어음의 도난·분실 등을 이유로 지급은행에 사고신고와 함께 어음금의 지급정지를 의뢰하면서 예탁하는 사고신고담보금은 일반의 예금채권과는 달리 부도제재의 회피를 위한 사고신고의 남용을 방지하고 아울러 어음소지인의 어음상의 권리가 확인된 경우에는 그 어음채권의 지급을 담보하는 데 그 제도의 취지가 있는 것이다. 따라서 어음발행인은 서울어음교환소 규약이나 은행과 체결한 약정서에서 정한 조건 즉 어음소지인이 정당한 권리자가 아님이 판명된 경우에만 반환청구권을 행사할 수 있고, 이를 수탁한 은행으로서는 어음소지인이 정당한 권리자임이 판명된 경우에는 그에게 이를 지급하여야 하고 어음소지인이 정당한 권리자가 아니라고 판명되기 전에 이를 어음발행인이나 반환청구권을 양수받은 전부채권자에게 반환하거나 그에 대한 반대채권과 상계할 수 없다(당원 1993. 9. 14. 판결, 93 다 16376; 1992. 10. 27. 판결 92 다 25540).

원심이 이 건 약속어음의 소지인 B가 발행인 A를 상대로 약속어음금청구소송을 제기하여 승소한 뒤 Y은행에 위 승소판결을 제출하고 수익의 의사표시를 함으로써 어음소지인의 정당한 권리가 확정되었으니 X의 전부채권은 정지조건의 불성취로 인하여 존재하지 않게 되어 무효라고 판단한 것은 정당하다」고 판시하여, 담보금은 우선적으로 어음상의 정당한 권리자에게 귀속되고 발행인의 반환청구권은 어음상의 정당한 권리자가 부존재하는 것을 정지조건으로 인정된다는 것을 확인하고 Y은행은 어음금청구소송에서 승소한 어음소지인 B에게 담보금을 지급하여야 하다고 하였다.

### Ⅳ. 原因關係上의 債權의 行使

예컨대 매수인이 매매대금의 지급을 위하여 매도인에게 약속어음을 발행한 경우에 부도어음의 소지인인 매도인은 발행인인 매수인에 대하여 매매대금지급청구권 즉 원인관계상의 채권을 행사하여 구제받을 수 있다.

### Ⅴ. 割引어음還買請求權

할인어음이 만기에 부도가 된 경우에는 할인은행은 할인의뢰인에 대하여 그 할인어음의 환매를 청구할 수 있다. 할인은행이 할인어음의 환매청구를 한 때에는 할인의뢰인은 어음금액과 만기의 익일로부터 환매일까지의 지연손해금을 가산한 금액을 반환하여야 한다.

# 제 2 관 遡 求(償還請求)

## 제1. 槪 念

### Ⅰ. 意 義

소구(recourse)는 어음(수표)이 만기에 지급거절(수표의 경우에는 지급제시기간내에 지급거절)되었거나 만기 전이라도 지급이 현저하게 불확실한 사유가 발생한 때에, 소지인이 전자에 대하여 어음(수표)금액 기타의 비용의 변상을 청구하는 것이다. 이것을 상환청구라고도 한다.

환어음의 발행인과 배서인은 인수와 지급을 담보하고(어 9조 1항 15조 1항) 약속어음의 배서인은 지급을 담보하고(어 77조 1항 4호) 또 수표의 발행인과 배서인은 지급을 담보하므로(수 12조 1문 18조 1항), 소지인이 이들에 대하여 담보책임의 이행청구로서 소구를 할 수 있는 것이다.

### Ⅱ. 立法例

소구의 입법례로서 2권주의·1권주의 및 선택주의 등이 있다.

2권주의는 인수거절 기타 지급불확실의 경우에는 담보제공의 청구를 하게 하고 지급거절의 경우에는 소구를 하게 하는 것으로서 독일과 일본의 구 어음법에서 채택하였다.

1권주의는 지급거절의 경우뿐만 아니라 인수거절의 경우에도 소구를 할 수 있게 하는 것으로서, 영미법과 제네바 어음수표법통일조약에서 채택하고 있다.

또한 선택주의는 지급거절의 경우에는 소구를 인정하고 인수거절의 경우에는 담보제공의 청구와 소구 중 하나를 선택하여 행사할 수 있도록 하는 것으로서, 스칸디나비아 제국에서 채택하고 있다.

이론상으로는 인수거절의 경우에 바로 소구할 수 있게 하는 것은 부당하다고 할 수 있으나, 실제에 있어서 인수거절의 경우에 담보제공의 청구를 할 수 있게 하는 것이 오히려 번잡하고 불편하므로 우리 어음법은 1권주의를 채택하고 있다(어 43조).

## 제2. 遡求의 當事者

### Ⅰ. 遡求權者

소구할 수 있는 자는 부도어음(수표)의 소지인과 소구의무를 이행하고 어음(수표)을 환수하여 새로 어음(수표)의 소지인으로 된 자이다.

#### 1. 不渡어음(手票)의 所持人

부도어음(수표)의 소지인뿐만 아니라 그 부도어음(수표)의 양수인(기한후배서에 의하여 양수한 자)도 소구할 수 있다. 부도어음(수표)의 소지인이 배서연속의 흠결로 형식적 자격을 결하여도 그 흠결부분에 관하여 실질적 권리승계의 사실을 증명하여 배서의 불연속이 가교된 때에는 소구할 수 있다.

#### 2. 遡求義務을 履行하고 어음(手票)을 還受한 者

소구의무를 이행하고 어음(수표)을 환수한 자는 소구할 수 있다(어 47조 3항·77조 1항 4호, 수 43조 3항). 소구의무를 이행하고 어음(수표)을 환수할 수 있는 자는 배서인, 배서인을 위한 보증인, 참가인수인, 어음(수표)채무를 변제한 무권대리인 등이다. 따라서 소구의무를 부담하지 않는 자, 예컨대 무담보배서인은 어음(수표)을 환수하여도 소구권을 취득하지 못한다.

### Ⅱ. 遡求義務者

소구의무자는 환어음과 수표에 있어서는 발행인·배서인 및 이들을 위한 보증인이고, 약속어음에 있어서는 배서인과 배서인을 위한 보증인이다. 환어음의 참가인수인도 소구의무를 부담한다. 또한 이러한 어음(수표)의 소구의무자의 무권대리인도 소구의무를 부담한다(어 8조 1문·77조 2항, 수 11조 1문). 그리고 수표의 지급인이 지급보증을 한 경우에는 환어음의 인수인과는 달리 주된 수표채무자가 되는 것이 아니고 최종의 소구의무자와 같은 지위에 있다(수 55조 1항 참조).

환어음의 발행인이 인수무담보문구를 기재한 경우에(어 9조 2항 1문), 인수거절이 있는 때에는 소구의무가 생기지 않으나 지급거절이 있는 때에는 소구의무가 생긴다. 또한 환어음의 발행인이 인수제시금지문구를 기재한 경우에(어 22조 2항·3항), 소지인이 이에 위반하여 인수제시를 한 때에는 인수거절이 있어도 소구의무가 생기지 않는다.

## 제3. 遡求의 要件

### Ⅰ. 序 說

어음법은 환어음의 소구에 관하여는 만기 전의 소구(어 43조 단서·44조)와 만기 후의 소구(어 43조 본문·44조)를 규정하고 있으면서, 약속어음의 소구에 관하여는 만기 후의 소구(어 77조 1항 4호)만 규정하고 있다.

그러나 만기 전에 약속어음의 발행인이 파산하거나 지급정지 또는 발행인의 재산에 대한 강제집행이 주효하지 않은 데도 만기 전의 소구를 인정하지 않으면 환어음의 경우(어 43조 2호)와 균형이 맞지 않고 또 어음법 제77조 제1항 제4호의 「지급거절로 인한 소구」가 반드시 만기 후의 지급거절로 인한 소구만을 의미하는 것으로 보아야 할 것은 아니라고 생각되므로, 약속어음에 있어서도 만기 후의 소구뿐만 아니라 만기 전의 소구도 인정하여야 할 것이다(통설)(대판 1992. 5. 26. 92 다 6471).

**【대법원 1984. 7. 10. 판결, 84 다카 424, 425】 등**

약속어음의 만기 전의 소구에 관하여, 대법원은 ① 「어음법은 약속어음의 경우에 환어음의 경우와 같은 만기 전의 소구에 관한 규정을 두고 있지 않으나, 약속어음에 있어서도 발행인의 파산이나 지급정지 기타 그 자력을 불확실하게 하는 사유로 말미암아 만기에 지급거절될 것이 예상되는 경우에는 만기 전의 소구가 가능하다고 보아야 할 것인 바, 발행인 명의의 다른 약속어음이 모두 부도가 된 상황이라면 특별한 사정이 없는 한 이 건 약속어음도 만기에 지급거절될 것이 예상된다고 하겠으므로 그 소지인은 만기 전이라도 일단 지급제시를 한 후 배서인에게 소구권을 행사할 수 있다」(대판 1984. 7. 19. 84 다카 425)고 판시하였고

또 ② 「어음법은 약속어음에 관하여는 지급거절로 인한 소구만을 인정하고 만기 전의 소구에 관하여는 규정하고 있지 않으나, 약속어음에 있어서도 만기 전에 발행인의

파산이나 지급정지 기타 자력을 불확실하게 하는 사유로 말미암아 만기에 지급거절될 것이 예상되는 경우에는 만기 전에도 소구할 수 있다고 보아야 한다」(대판 1992. 5. 26. 92 다 6471)고 판시하여, 약속어음의 만기 전의 소구를 인정하고 있다.

수표는 일람출급증권으로서 수표에는 만기가 없으므로 만기 후의 소구와 만기 전의 소구가 있을 수 없다. 따라서 수표법은 수표의 소구에 관하여 「지급거절로 인한 소구」만을 규정하고 있다. 수표의 지급거절로 인한 소구는 어음의 만기 후의 소구에 해당된다.

이러한 어음과 수표의 소구를 위하여서는 실질적 요건(소구의 원인)과 형식적 요건을 갖추어야 한다.

## Ⅱ. 어음의 遡求의 要件

### 1. 滿期 전의 遡求의 要件

#### (1) 實質的 要件(遡求의 原因)

##### 가) 破産宣言

환어음의 인수인이나 지급인이 파산선고를 받은 경우(어 43조 2호 전단), 인수제시금지의 환어음의 발행인이 파산선고를 받은 경우(어 43조 3호) 또는 약속어음의 발행인이 파산선고를 받은 경우에는, 만기 전이라도 소구할 수 있다. 약속어음과 인수제시금지의 환어음은 발행인의 신용만으로 유통되므로, 그 발행인의 파산을 소구원인으로 한 것이다.

또한 파산에 대신하는 절차로 인하여 파산신청을 할 수 없게 된 경우, 예컨대 회사정리절차개시결정 등이 있는 경우에는 이것을 파산선고를 받은 경우와 같이 보아 소구할 수 있다고 본다(통설).

##### 나) 支給停止 또는 强制執行不奏效

환어음의 인수인이나 지급인이 지급정지되었거나 그 재산에 대한 강제집행이 주효하지 않은 경우(어 43조 2호 후단) 또는 약속어음의 발행인이 지급정지되었거나 그 재산에 대한 강제집행이 주효하지 않은 경우에는, 만기 전이라도 소구할 수 있다.

여기에서 지급정지의 여부는 채무자 회생 및 파산에 관한 법률상의 지급정지(파 305조)를 표준으로 정하여야 하는데, 지급정지란 채무자의 지급불능을 추정케 하는 징표로서 채무자의 지급불능을 외부에서 인식할 수 있는 행위를 말한다(정동윤 302면)

또 재산에 대한 강제집행의 부주효는 소지인이 강제집행을 하였거나 다른 채권자가 강제집행을 하였거나 간에 강제집행이 실효를 얻지 못한 것을 말한다.

다) 引受拒絕

환어음의 지급인이 인수의 전부 또는 일부를 거절한 경우에는 소지인은 만기 전이라도 소구할 수 있다(어 43조 1호). 인수가 거절되어도 만기에 지급의 가능성이 없는 것은 아니나, 인수가 거절되면 지급의 가능성이 현저히 감소되어 어음의 신용이 떨어져 그 유통성이 상실되므로, 어음법은 인수가 거절된 경우에는 만기 전이라도 소구할 수 있는 것으로 규정한 것이다.

인수거절로 인한 소구를 하려면, 환어음의 소지인 또는 단순한 점유자가 인수제시기간 내(어 21조 22조·23조)에 인수제시를 하였으나 어음금액의 전부 또는 일부에 관하여 인수가 거절되었거나(어 43조 1호) 어음요건에 변경을 가한 인수가 있어야 한다(거절증서령 3조 1항 2호). 여기에서 인수거절은 지급인이 적극적으로 인수를 거절한 경우뿐만 아니라 지급인의 부재나 소재불명 등으로 인수를 받을 수 없는 경우도 포함되고(거증 3조 1항 2호) 인수제시의 의무가 있는 어음에 인수일자의 기재가 거절된 경우도 포함된다(어 25조 2항).

그러나 어음법은 인수에 관하여 지급인이 발행인에게 조회하는 등의 조회를 취할 필요를 고려하여, 제1의 제시가 있은 때에 지급인은 그 익일에 제2의 제시를 할 것을 청구할 수 있도록 규정하고 있으므로(어 24조 1항 본문), 지급인이 제2의 제시를 청구한 경우에 제시자가 제1의 제시가 있은 익일에 제2의 제시를 하지 않으면 소구할 수 없다. 또한 인수제시가 금지되어 있거나 제한되어 있는 경우에(어 22조 2항 본문·3항), 이에 위반하여 인수제시를 하여 인수가 거절된 때에도 소구할 수 없다.

(2) 形式的 要件

가) 破產宣告 등을 받은 경우

환어음의 지급인이나 인수인(인수제시금지어음의 경우에는 발행인) 또는 약속어음의 발행인이 파산선고를 받은 것이 소구의 원인으로 된 경우에는 소지인은 파산결정서를 제시하여야 한다(어 44조 6항). 그리고 회생절차개시결정이 소구의 원인으로 된 경우에는 회생절차개시결정서(파 49조)를 제시하여야 한다(통설).

나) 支給停止 또는 强制執行不奏效의 경우

환어음의 지급인이나 인수인 또는 약속어음의 발행인의 지급정지 또는 그 재산에 대한 강제집행이 주효하지 않은 것이 소구의 원인으로 된 경우에는 파산 등의 경우에서와 같은 공적인 문서에 의한 증명방법이 없으므로, 소지인은 지급인에게 지급제시를 하고 지급거절증서를 작성하여야 한다(어44조 5항). 그러나 지급거절증서는 어음의 미지급의 사실을 공증하는 것이고 만기 전의 소구의 원인인 자력의 불확실을 공증하는 것이 아니므로, 이 경우에 소지인이 소구하기 위하여서는 따로 자력의 불확실을 증명하여야 한다.

다) 引受拒絕의 경우

**① 引受拒絕證書** 인수의 전부 또는 일부의 거절이 소구의 원인으로 된 경우에는 인수거절증서를 작성하여야 한다(어44조 1항). 어음의 소지인이나 단순한 점유자는 만기의 전일까지(일람후정기출급어음에 있어서는 발행일자부터 1년 내) 인수제시를 하고(어21조) 인수거절증서를 작성하여야 한다. 다만 지급인이 熟慮期間을 요구하는 때에는 그 익일에 인수거절증서를 작성할 수 있다(어44조 2항 2문).

인수제시를 하고 인수거절증서를 작성한 경우에는, 만기가 도래하여도 지급제시와 지급거절증서를 작성하지 않고(어44조 4항) 인수거절증서만으로 소구할 수 있다.

**② 一部引受의 경우 어음의 證明謄本과 拒絕證書** 일부인수(어26조 1항 단서)의 경우에 인수되지 않은 잔액은 인수가 거절된 것으로 되므로, 소지인은 인수된 금액에 대하여는 만기에 인수인에 대하여 지급을 청구할 수 있고 또 인수되지 않은 잔액에 대하여는 만기 전에 소구할 수 있다.

소지인이 만기에 인수금액에 대하여 지급제시를 하는 경우에 어음이 필요하므로, 만기 전에 미인수금액에 대하여 소구의무를 이행한 자는 소구인에 대하여 어음의 반환을 청구할 수는 없고 어음에 어음금을 지급한 뜻을 기재할 것과 영수증의 교부를 청구할 수 있다(어51조 1문).

그리고 미인수금액에 대하여 소구의무를 이행한 자는 그 전자에 대한 소구를 위하여 어음의 증명등본과 거절증서의 교부를 청구할 수 있다(어51조 2문). 그러나 일부인수(인수의 일부거절)로 인한 거절증서는 공증인 또는 집행관이 어음의 등본을 작성하고 그 등본 또는 부전에 하므로(거절증서령 6조 2항), 거절증서 외에 따로 어음의 증명등본을 작성할 필요가 없다. 물론 거절증서의 작성이 면제되어 있는 경우에는 어음의 증명등본을 작성하여 교부하면 된다.

### 2. 滿期 후의 遡求의 要件

#### (1) 實質的 要件

만기 후의 소구를 위하여서는 지급제시기간 내에 지급제시를 하였으나, 지급이 거절되어야 한다(어 43조 본문 77조 1항 4호).

##### 가) 支給提示

소지인은 지급제시기간 내에 지급자 즉 환어음의 지급인·인수인, 약속어음의 발행인 또는 이들의 지급담당자에게 지급제시를 하여야 하고(어 38조 1항 77조 1항 3호), 또 예비지급인이나 참가인수인 등이 있는 경우에는 지급제시기간의 익일까지 이들의 전원에게 지급제시를 하여야 한다(어 60조 1항 77조 1항 5호).

지급거절증서작성면제의 경우에도 지급제시는 면제되지 않는다(어 46조 2항 1문, 77조 1항 4호). 다만 인수거절증서를 작성한 경우(어 44조 1항) 또는 불가항력이 만기(일람출급 또는 일람 후 정기출급어음의 경우 소지인이 배서인에게 통지한 날)부터 30일을 넘어 계속되는 경우(어 54조 4항·5항 77조 1항 4호)에는 지급제시가 면제된다.

지급제시면제의 특약을 한 경우에 그 특약은 어음상의 효력은 없고 단지 인적항변으로 될 뿐이다.

**【대법원 1986. 9. 9. 판결, 85 다카 2011】**

**1. 사실관계**

A는 어음요건 중 수취인을 기재하지 않고 Y에게 약속어음을 발행하였고, Y는 위 어음을 그대로 X에게 배서양도하였으며, 또 X는 수취인을 기재하지 않은 채 위 어음을 만기에 지급제시하였다가 지급거절되었다.

그리고 X는 지급제시기간 경과 후에 배서인인 Y에게 지급제시하였으나, Y는 지급제시기간 내에 지급제시를 하지 아니하여 소구권이 소멸되었다고 주장하였다.

**2. 판결요지**

이 건에 관하여, 대법원은「약속어음의 소지인이 피소구권자에 대한 소구권을 행사하기 위하여는 어음법 제76조 소정의 법정기재사항이 기재된 약속어음에 의하여 적법한 지급제시를 할 것을 요하고, 위 법정기재사항의 일부라도 기재되지 않은 약속어음에 의하여 한 지급제시는 어음법 제76조의 규정에 의하여 구제되지 않는 한 적법한 지급제시로서의 효력이 없으므로 그와 같은 경우에는 피소구권자에 대한 소구권을 상실하는 것이라 보아야 할 것이다(당원 1976. 11. 3 선고, 76 다 214 판결; 1985. 8. 13 선고, 85 다카 123 판결 참조).
이 건 약속어음은 수취인을 기재하지 않은 채 발행된 후 그 최후소지인인 X가 이를 보충함이 없이 지급제시하여 지급거절되었고, 법정제시기간이 경과된 뒤에야 위 수취인이 보충기재되었으므로 위 지급제시는 적법한 제시라 할 수 없고 동 어음의 배서인인 Y는 그에 대한 소구책임이 없다」고 판시하여, 수취인란을 보충하지 않고 한 지급제시는 적법한 지급제시가 아니므로 지급청구의 효력이 없고 소구의무자에 대한 소구권 보전의 효력이 없다고 하였다.

나) 支給拒絕

소지인의 지급제시에 대하여 지급자가 지급거절을 하여야 한다. 지급거절은 지급자가 적극적으로 어음금의 전부 또는 일부의 지급을 거절하는 경우뿐만 아니라 지급자가 부재하거나 주소불명 또는 사망하고 그 상속인이 불명하여 소극적으로 어음금의 지급을 받지 못한 경우도 포함된다.

일부지급의 경우에는 그 잔액에 대하여서만 지급거절로 된다.

(2) 形式的 要件

만기 후의 소구를 위하여는 지급거절증서의 작성이 면제되어 있지 않는 한 지급제시기간(지급거절증서작성기간) 내에 지급거절증서를 작성하여야 한다(어 44조 3항 77조 1항 4호).

또한 지급지에 주소가 있는 자가 예비지급인으로 기재되어 있는 경우에는, 소지인은 그 전원에게 어음을 제시하여 참가지급을 청구하고 참가지급이 거절되면 참가지급거절증서를 작성하여야 예비지급인을 기재한 자와 그 후의 배서인에 대하여 소구할 수 있다(어 60조 1항 77조 1항 5호).

## Ⅲ. 手票의 遡求要件

### 1. 實質的 要件

수표의 소구를 위하여서는 지급제시기간 내에 지급제시를 하였으나 지급이 거절되어야 한다(수 39조).

### 2. 形式的 要件

(1) 支給拒絕의 證明方法

수표의 소구의 형식적 요건으로서 지급거절의 증명방법으로는 「지급거절증서」(공정증서) 외에 「지급인의 지급거절의 선언」과 「어음교환소의 지급거절선언」이 있다(수 39조 1호~3호). 수표소지인은 이 중의 어느 하나에 의하여 지급거절의 사실을 증명하여 소구할 수 있고(수 39조), 다만 지급인이 거래처가 아닌 자 등으로부터 횡선수표의 지급제시를 받아 지급거절을 한 경우에는 소구권보전의 효력이 발생하지 않는다.

이러한 지급거절의 증명서(지급거절증서, 지급인의 지급거절선언, 어음교환소의 지급거절선언)는 지급제시기간 경과 전에 작성하여야 하나(수 40조 1항), 지급제시기간의 말일에 지급제시를 한 경우에는 이에 이은 제1의 거래일에 작성할 수 있다(수 40조 2항).

이와 같이 수표의 지급거절의 증명방법으로서 지급거절증서 외에 지급인의 지급거절선언과 어음교환소의 지급거절선언을 인정하는 것은 수표의 지급증권의 특질에 따라 그 지급거절의 증명방법을 간편하게 하기 위한 것이다.

(2) 支給拒絶證明文句의 記載

지급인의 지급거절선언의 기재는 수표(표면 또는 이면)에 하여야 하고 보전에 하는 것은 지급거절의 증명방법으로서 효력이 없다. 지급인의 지급거절선언에는 지급제시의 일자뿐만 아니라 지급거절선언의 일자도 기재하여야 한다(수 39조 2호). 지급거절선언의 일자의 기재가 없는 경우에는 지급제시의 일자의 기재가 있더라도 소구권보전의 효력이 없다.

어음교환소의 지급거절선언은 지급인의 지급거절선언과는 달리 반드시 어음 자체에 하여야 하는 것이 아니고 또 지급제시의 일자를 기재하여야 하는 것도 아니다. 그러나 지급거절선언의 일자는 기재하여야 한다.

## Ⅳ. 拒絶證書

### 1. 意 義

거절증서(protest)는 소구권의 행사 또는 보전에 필요한 행위(인수제시 지급제시 등)를 하였다는 것과 그 결과(인수거절 지급거절 등)를 증명하는 공정증서이다.

거절증서에는 인수거절의 경우에 작성하는 인수거절증서(어 44조 1항·2항)와 지급거절의 경우에 작성하는 지급거절증서(어 44조 1항·3항, 77조 1항 4호)가 중요하나, 이 외에 인수에 인수일자의 기재가 없는 경우에 작성하는 일자거절증서(어 25조 2항 2문, 78조 2항), 참가인수거절의 경우에 작성하는 참가인수거절증서(어 56조 2항), 참가지급거절의 경우에 작성하는 참가지급거절증서(어 60조 1항 77조 1항 5호), 복본반환거절의 경우에 작성하는 복본반환거절증서(어 66조 2항), 원본반환거절의 경우에 작성하는 원본반환거절증서(어 68조 2항 77조 1항 5호) 등도 있다.

### 2. 拒絶證書의 作成

#### (1) 作成者

거절증서는 위임인의 위임에 의하여 공증인, 집행관(거절증서령 2조), 법무법인(변호사 49조), 법무법인(유한)(변호사 58조의16, 49조) 또는 법무조합(변호사 58조의30, 49조)이 작성한다(거증 2조, 민특 4조). 위임인은 소구권을 행사할 수 있는 어음(수표)소지인 또는 그 대리인이다.

작성자는 거절의 사실을 傳聞하여 작성하여서는 안되고, 직접 거절의 사실을 실험하여 작성하여야 한다.

#### (2) 作成場所

거절증서는 제시한 장소에서 작성하여야 하나, 거절자의 승낙이 있는 경우에는 다른 장소에서 작성할 수 있다(거절증서령 8조 1항). 작성자가 제시장소를 알 수 없는 경우에는 관공서에 그 장소를 조회하여야 하고, 관공서에 조회하여도 알 수 없는 경우에는 그 관공서나 자기의 사무소에서 거절증서를 작성할 수 있다(거절증서령 8조 2항).

#### (3) 作成期間

**① 어음의 拒絶證書의 作成期間** 어음의 인수거절증서는 인수제시기간의 정함(인수제시명령문구)이 있는 경우에는 그 기간 내에(어 22조 1항 4항 본문), 그렇지 않은 경우에는 만기에 이르기까지(어 21조) 작성할 수 있다.

또한 어음의 지급거절증서는 비일람출급어음(확정일출급어음·발행일자후정기출급어음·일람후정기출급어음)에 있어서 「지급을 할 날에 이은 2거래일 내」에 작성하여야 하고(어 44조 3항 1문 77조 1항 4호), 일람출급어음에 있어서는 「발행일자부터 1년 내」에 작성하여야 한다(어 44조 3항 2문 2항 77조 1항 4호).

**② 手票의 拒絶證書의 作成期間** 수표의 지급거절증서는 원칙적으로 「지급제시기간 내」에 작성하여야 하나(수 40조 1항), 제시기간의 말일에 제시한 경우에는 「이에 이은 제1의 거래일」에 작성할 수 있다(수 40조 2항).

**③ 不可抗力의 경우의 特則** 불가항력으로 거절증서를 작성하지 못한 경우에, 법정의 작성기간 내에 거절증서를 작성하지 않았다고 하여 소구권을 상실하게 하면 소지인에게 너무 가혹하므로, 법정의 기간 내에 제시 또는 거절증서의 작성이 불가항력으로 방해된 때에는 그 방해된 기간 만큼 작성기간이 연장된다(어 54조 1항·77조 1항 4호, 수 47조 1항). 불가항력은 보전절차를 취할 기간의 종기에 존재하여야 한다.

여기에서 불가항력(force majeure)은 제시 또는 거절증서의 작성을 방해하는 사유로서, 예컨대 전쟁·폭동·지진·홍수·교통두절 등은 물론 국가의 법령에 의한 禁制(moratorium)도 포함된다(어 54조 1항·77조 1항 4호, 수 47조 1항). 그러나 소지인 또는 제시·작성의 위임을 받은 자의 질환과 같은 단순한 개인적인 인적사유는 불가항력으로 되지 않는다(어 54조 6항·77조 1항 4호, 수 47조 5항).

불가항력이 존재하는 경우에는 소지인은 지체 없이 자기의 배서인에게 그 불가항력을 통지하고 그 통지한 뜻을 어음(수표) 또는 보전에 기재하고 일자를 부기하여 기명날인(서명)하여야 한다(어 54조 2항 1문·77조 1항 4호, 수 47조 2항 1문).

불가항력이 그친 때에는 소지인은 지체 없이 제시를 하고 또 거절증서의 작성이 면제되어 있지 않는 한 거절증서를 작성하여야 소구할 수 있다(어 54조 3항·77조 1항 4호, 수 47조 3항). 그러나 어음의 소지인은 불가항력이 만기부터 30일을 계속하는 때에는 제시 또는 거절증서의 작성 없이 소구할 수 있고(어 54조 4항 77조 1항 4호), 또 수표의 소지인은 불가항력이 그 통지를 한 날부터 15일을 넘어 계속하는 때에는 제시 또는 거절증서·거절선언 없이 소구할 수 있다(수 47조 4항). 불가항력이 30일(수표의 경우에는 15일)을 넘어 계속하는 경우에는 거절증서의 작성뿐만 아니라 제시도 면제된다.

⑷ 拒絶證書의 數

수인에게 제시하여야 할 경우(예 : 지급인·예비지급인 및 참가인수인에게 청구하는 경우)에도, 거절증서는 1통만 작성하면 된다(거절증서령 7조).

⑸ 作成方法

거절증서는 어음(수표) 또는 이에 결합된 부전(보전)에 기재하여 작성하여야 하고(거절증서령 4조 1항), 어음(수표)과 별개의 서면에 작성한 거절증서는 무효이다. 수통의 복본이나 원본 및 등본을 제시한 경우에도 거절증서는 1통의 복본이나 원본 또는 그 부전에 작성하면 되고(거절증서령 5조 1항), 다만 다른 복본 또는 등본에는 작성자가 그 뜻을 기재하고 기명날인하여야 한다(거절증서령 5조 2항).

⑹ 記載事項

거절증서는 기재사항이 법정되어 있는 요식의 공정증서이다. 그러나 공정증서의 요식성은 엄격하지 않고, 그 중의 전부를 결하여도 그것이 거절증서의 본질적 기재사항이 아닌 한 거절증서가 무효로 되지 않는다.

거절증서의 기재사항은 ① 거절자와 피거절자의 성명이나 명칭, ② 거절자에 대하여 청구를 하였다는 뜻, 거절자가 청구에 응하지 않았거나 거절자를 면회할 수 없었다는 것, 또는 청구의 장소를 알 수 없었다는 것, ③ 청구를 하였거나 이를 할 수 없었던 장소와 연월일, ④ 법정의 장소 외에서 거절증서를 작성한 경우에는 거절자가 승낙하였다는 것(거절증서령 3조 1항) 등이다.

### 3. 拒絶證書의 作成免除

#### (1) 意 義

소구하기 위하여서는 형식적 요건으로서 거절증서를 작성하여야 하나, 이것은 절대적 요건이 아니고 어음(수표)에 「무비용상환」·「거절증서불요」의 문자 기타 이와 동일한 의의가 있는 문언(거절증서작성면제문구)을 기재하고 기명날인(서명)하여 거절증서(수표의 경우에는 이와 동일한 효력이 있는 거절선언 포함)의 작성을 면제할 수 있다(어 46조 1항·77조 1항 4호, 수 42조 1항). 이것을 거절증서의 작성면제라 한다.

거절증서의 작성을 면제하면 소지인으로서는 편리하고 또 소구의무자로서는 거절증서의 작성비용을 면할 수 있으므로, 거절증서의 작성을 면제할 수 있게 한 것이다.

통일어음용지에는 각 배서의 난에 「거절증서의 작성을 면제함」이라는 문구가 부동문자로 인쇄되어 있다.

#### (2) 免除權者

거절증서의 작성을 면제할 수 있는 자는 소구의무자이다(어 46조 1항·77조 1항 4호, 수 42조 1항). 따라서 어음(수표)의 배서인은 물론 환어음·수표의 발행인과 이들의 보증인도 거절증서의 작성을 면제할 수 있다. 또한 참가인수인과 참가지급인은 소구의무자를 위하여 채무를 이행하는 자이므로, 이들과 이들의 보증인도 거절증서의 작성을 면제할 수 있다(통설).

그러나 환어음의 인수인과 약속어음의 발행인은 어음의 주채무자이므로 거절증서의 작성을 면제할 수 없다.

#### (3) 免除의 方式

거절증서의 작성면제는 면제자가 「무비용상환」, 「거절증서불요」, 「거절증서작성면제」 기타 이와 동일한 의의가 있는 문언(거절증서작성면제문구)을 어음(수표)에 기재하고 면제자가 기명날인(서명)하여야 한다(어 46조 1항·77조 1항 4호, 수 42조 1항).

어음(수표)법은 어음(수표)에 거절증서작성면제문구를 기재할 것을 요구하고 있으나, 등본 또는 보전에 배서나 보증을 하는 경우에는 그 배서인이나 보증인은 그 등본 또는 보전에 거절증서작성면제문구를 기재할 수 있다고 보아야 할 것이다. 어음(수표) 외에서 서면 또는 구두로 거절증서의 작성을 면제하는 것은 무효이나, 당사자 간에서는 효력이 있다.

거절증서의 작성면제는 거절증서작성면제문구를 기재하고 면제자가 기명날인(서명)하여야 한다. 그러나 실제의 통일어음용지에는 배서란의 배서문구 아래에 거절증서작성면제문구가 있고 그 아래에 배서인의 기명날인(서명)의 난이 있으므로, 배서문구 · 거절증서작성면제문구 및 배서인의 기명날인(서명)의 장소적 관련으로 보아 거절증서작성면제문구의 말미에 따로 기명날인(서명)을 하지 않아도 배서인의 배서의 기명날인(서명)이 거절증서작성면제의 기명날인(서명)을 겸한다고 보아야 할 것이다.

(4) 免除의 效力

① **效力의 內容** 거절증서의 작성을 면제한 경우에는, 소지인은 거절증서를 작성하지 않아도 소구권을 상실하지 않고, 또 소지인이 법정기간을 준수한 것으로 즉 법정기간 내에 제시한 것으로 추정된다(어 46조 2항 2문 · 77조 1항 4호, 수 42조 2항 2문).

그러나 거절증서의 작성면제는 거절증서의 작성의무만 면제하고 그 외에 제시와 소구통지의무까지 면제하는 것은 아니다(어 46조 2항 1문 · 77조 1항 4호, 수 42조 2항 1문).

거절증서의 작성을 면제한 경우에는 제시가 있은 것으로 추정되므로, 소지인은 제시(거절)의 사실을 증명하지 않아도 소구할 수 있고 또 소구의무자는 제시(거절)의 사실이 없었다는 것을 반증하지 않는 한 그 책임을 면할 수 없다(어 46조 2항 2문 · 77조 1항 4호, 수 42조 2항 2문).

② **效力의 範圍** 발행인이 거절증서작성면제문구를 기재한 경우에는 어음(수표) 자체가 거절증서작성면제의 어음(수표)으로 되어, 거절증서작성면제의 효력은 모든 소구의무자에게 미친다(어 46조 3항 1문 · 77조 1항 4호, 수 42조 3항 1문). 따라서 이 경우에 소지인이 거절증서를 작성하면, 소지인이 그 비용을 부담하여야 한다(어 46조 3항 2문 · 77조 1항 4호, 수 42조 3항 2문).

그러나 배서인이나 보증인이 거절증서작성면제문구를 기재한 경우에는 단지 그 기재자가 거절증서의 작성을 면제한 것에 불과하므로, 거절증서작성면제의 효력은 그 기재자(면제자)에 대하여서만 생기고 다른 소구의무자에게는 미치지 않는다. 따라서 이 경우에 소지인은 그 기재자(면제자)에 대하여서는 거절증서의 작성을 요하지 않으나 다른 소구의무자에 대하여서는 거절증서의 작성을 요하므로, 소지인이 거절증서를 작성하면 모든 소구의무자가 거절증서작성비용을 부담한다(어 46조 3항 2문·77조 1항 4호, 수 42조 3항 본문).

## 제4. 遡求의 通知

### Ⅰ. 意 義

소구권자는 소구권의 행사에 앞서 자기의 배서인과 그 보증인에게 거절의 사실을 통지하여야 한다(어 45조·77조 1항 4호, 수 41조). 이것을 소구의 통지 또는 거절의 통지(notice of dishonour)라 한다. 소구의 통지의 법적 성질은 관념의 통지이다.

소구의 통지는 소구의무자에게 인수거절 또는 지급거절의 사실을 알려 소구에 응할 준비를 할 수 있게 하고 또 소구의무자가 어음(수표)을 신속히 환수하여 소구금액의 증대를 방지할 수 있도록 하기 위한 것이다.

### Ⅱ. 遡求通知를 요하는 경우

인수거절 또는 지급거절의 경우에는 소구의 통지를 하여야 한다(어 45조 1항 1문·77조 1항 4호, 수 41조 1항 1문). 또한 주된 어음채무자의 지급정지나 그 재산에 대한 강제집행부주효의 경우에도 소구에 지급제시와 지급거절증서의 작성을 요하므로(어 44조 5항 77조 1항 4호) 소구의 통지를 요한다.

그러나 주된 어음채무자가 파산선고·회생절차개시결정 또는 개인회생절차개시결정 등을 받은 경우에는, 파산선고의 공고(파 313조), 회생절차개시의 공고(파 51조), 개인회생절차개시의 공고(파 597조)가 있으므로 특별히 소구의 통지를 요하지 않는다.

그리고 당사자 간에 소구통지면제의 특약을 한 경우에는 그 당사자 간에서는 효력이 있어 당사자 간에서는 소구통지를 하지 않을 수 있다.

### Ⅲ. 遡求通知의 當事者

#### 1. 通知義務者

소구통지의 의무를 부담하는 자는 소지인과 소구통지를 받은 배서인이다. 입질배서의 피배서인도 소구통지의 의무자이다. 추심위임배서의 피배서인은 본인을 위하여 통지할 권한을 가지나, 고유의 통지의무는 없다.

소지인은 자기의 직접의 전자인 배서인과 그 보증인에 대하여 거절이 있었음을 통지하고(어 45조 1항 1문 · 2항, 77조 1항 4호, 수 41조 1항 1문) 또 그 통지를 받은 배서인은 자기의 직접의 전자인 배서인과 그 보증인에 대하여 거절이 있었음을 통지하여(어 45조 1항 2문 · 2항, 77조 1항 4호, 수 41조 1항 2문 · 2항), 통지가 환어음과 수표에 있어서는 발행인에게 또 약속어음에 있어서는 수취인에게 이르게 된다(순차통지주의)(어 45조 1항 2문 · 77조 1항 4호, 수 41조 1항 2문). 다만 자기의 배서인이 그 처소를 기재하지 않았거나 그 기재가 분명하지 않은 경우에는 예외적으로 그 배서인의 직접의 전자에 대하여 통지하면 된다(어 45조 3항 · 77조 1항 4호, 수 41조 3항).

또한 환어음과 수표의 소지인은 직접의 전자 외에 발행인에 대하여서도 따로 통지하여야 한다(어 45조 1항 1문, 수 41조 1항 1문). 이것은 순차로 통지하여 발행인에 이르기까지는 장기간이 요하여 발행인이 조치를 취할 수 있는 기회를 상실할 염려가 있으므로 그 기회를 확보할 수 있도록 하기 위한 것이다.

### 2. 通知받을 權利者

소구의 통지를 받을 권리자(소구통지의 상대방)는 소구의무자 즉 배서인과 그 보증인 및 환어음 · 수표의 발행인이다.

## Ⅳ. 通知期間

소지인은 「거절증서작성일에 이은 4거래일 내」에 또 거절증서작성면제의 경우에는 「제시일에 이은 4거래일 내」에 소구통지를 하여야 하고(어 45조 1항 1문 · 77조 1항 4호, 수 41조 1항 1문), 배서인은 「통지를 받은 날에 이은 2거래일 내」에 그 통지를 하여야 한다(어 45조 1항 2문 · 77조 1항 4호, 수 44조 1항 2문).

소구통지의 시기에 관하여 학설은 그 기간 내에 도달하여야 한다고도 하고(도달주의)(서돈각 238면) 또는 기간 내에 발송하기만 하면 된다고도 하나(발송주의)(정희철 240면 손주찬 351면 정동윤 335면, 채이식 277면, 정찬형 356면), 실제에 있어서 통지를 받은 2거래일 내에 통지가 도달하지 못하는 경우가 있을 수 있으므로 통지기간 내에 발송만 하면 된다고 보는 것이 타당하다(발송주의).

통지의무자는 적법한 기간 내에 소구의 통지를 하였다는 것을 증명하여야 하며(어 45조 5항 1문 · 77조 1항 4호, 수 41조 5항 1문), 이 기간 내에 소구통지의 서면을 우편으로 부친 때에는 기간 내에 통지한 것으로 본다(어 45조 5항 2문 · 77조 1항 4호, 수 41조 5항 2문). 통지의 서면은 그 내용이 우편관서에 의하여 증명되어야 하므로, 단순한 등기우편으로는 부족하고 내용증명우편에 의하여야 할 것이다.

### V. 通知의 內容과 方法

#### 1. 通知의 內容

소구통지의 내용은 「인수거절 또는 지급거절」이 있었다는 것이고, 통지를 받은 각 배서인은 이 외에 「전 통지자 전원의 명칭과 처소」를 표시하여야 한다(어 45조 1항 · 77조 1항 4호, 수 41조 1항). 법문에는 소구의 통지에 전 통지자 전원의 명칭과 처소를 표시하도록 규정하고 있으나, 이 외에 자기의 명칭과 처소도 표시하여야 할 것이다.

#### 2. 通知의 方法

소구통지의 방법에는 제한이 없으므로(어 45조 4항 1문 · 77조 1항 4호, 수 41조 4항 1문), 소구통지는 서면에 의하든 구두에 의하든 무방하다. 소구통지를 하지 않고 어음(수표)을 제시하여 소구하여도 소구통지를 한 것으로 본다(어 45조 4항 2문 · 77조 1항 4호, 수 41조 4항 2문).

### VI. 通知懈怠의 效果

소구통지의무자가 적법한 기간 내에 소구통지를 하지 않아도 이로 인하여 소구권을 상실하는 것은 아니다(어 45조 6항 본문 · 77조 1항 4호, 수 41조 6항 본문). 그러나 소구통지의무자가 과실로 인하여 적법한 기간 내에 소구통지를 하지 아니하여 손해가 생긴 경우에는 통지를 받을 권리자(전자) 전원에 대하여 어음(수표)금액의 한도에서 손해배상책임을 진다(어 45조 6항 단서 · 77조 1항 4호, 수 41조 6항 단서). 소구통지의무의 위반으로 전자가 입는 손해의 예로는 소구의 통지가 없어 상환을 하지 못하여 소구금액이 증대되어 입은 손해, 소구의 통지가 없어 자금준비를 못하였다가 급하게 자금준비를 하느라고 입은 손해 등이다.

## 제5. 遡求의 方法

### I. 遡求(償還請求)의 順序

소구권자는 자기의 직접의 전자에 대하여서 뿐만 아니라 간접의 전자에 대하여서도 소구할 수 있고(도약적 소구), 또 그 전자의 전원에 대하여 동시에(동시소구) 또는 순차로(순차소구) 소구할 수 있다.

또한 소구권자가 특정의 소구의무자에 대하여 소구하여도 이는 다른 소구의무자에게 영향을 미치지 않으므로(어 47조 4항 1문 · 77조 1항 4호, 수 43조 4항 1문), 소구권자는 특정의 소구의무자에 대하여 소구한 후에 그 소구의 상대방을 변경하여 다른 소구의무자에 대하여 소구할 수 있다(소구의 변경권).

소에 의하여 소구하는 경우에는 1개의 소로 할 수도 있고, 또 별개의 소로 할 수도 있다.

## Ⅱ. 逆어음의 發行

### 1. 逆어음의 意義

소구권자나 재소구권자는 반대의 기재가 없는 한 그 전자의 1인을 지급인으로 하고 그 자의 주소에서 지급할 일람출급의 환어음을 새로 발행하고 할인에 의하여 소구금액을 받을 수 있다(어 52조 1항, 77조 1항 4호). 이 새 환어음을 역어음(redraft)이라고 한다.

### 2. 逆어음의 要件

역어음은 다음의 요건을 갖추어야 한다. ① 역어음의 발행이 금지되어 있지 않아야한다(어 52조 1항, 77조 1항 4호). 본어음에 발행인이 역어음발행금지문구를 기재한 경우에 그 기재는 모든 소구의무자에 대하여 효력이 있으나, 배서인이 이를 기재한 경우에는 그 기재는 그 배서인에 대하여서만 효력이 있다. ② 역어음의 만기는 일람출급이어야 한다(어 52조 1항, 77조 1항 4호). ③ 역어음의 발행인은 본어음의 소구권자이고, 그 지급인은 소구권자의 전자이다(어 52조 1항, 77조 1항 4호). 전자가 수인인 경우에는 소구권자가 임의로 선택하여 정할 수 있다. ④ 역어음의 지급지는 지급인인 소구의무자의 주소지로 하여야 한다(어 52조 1항, 77조 1항 4호). ⑤ 역어음의 발행지는 소지인이 발행(제1차 소구)하는 경우에는 본어음의 지급지이고, 배서인이 발행(제2차 소구)하는 경우에는 그 주소지로 하여야 한다(어 52조 1항, 77조 1항 4호). ⑥ 역어음의 어음금액은 소구금액 외에 역어음의 발행에 관한 중개료와 인지세가 포함된다(어 52조 2항, 77조 1항 4호).

역어음의 어음금액은 소지인이 역어음을 발행하는(제1차 소구) 경우에는 본어음의 지급지에서 그 전자의 주소지에 대하여 발행하는 일람출급의 환시세에 의하여 정하고(어 52조 3항 1문, 77조 1항 4호), 또 배서인이 역어음을 발행하는(제2차 소구) 경우에는 역어음의 발행인이 그 주소지에서 전자의 주소지에 대하여 발행하는 일람출급의 환어음의 환시세에 의하여 정한다(어 52조 3항 2문, 77조 1항 4호).

#### 3. 逆어음의 支給과 讓渡

역어음의 소지인이 그 어음상의 권리를 행사하는 경우에는 역어음의 채무자는 지급과 상환으로 역어음과 함께 본어음·거절증서 및 영수를 기재한 계산서의 교부를 청구할 수 있다. 역어음의 채무자는 역어음의 지급 후에 본어음에 의하여 소구받을 염려가 있으므로, 본어음과 상환하지 않으면 지급할 필요가 없다.

그리고 역어음을 배서양도하는 경우에도 역어음을 지급하는 경우와 같이 피배서인은 역어음과 함께 본어음·거절증서 및 영수를 기재한 계산서의 교부를 청구할 수 있다.

## 제6. 遡求의 效果

### Ⅰ. 序 說

소구권자가 소구의무자에 대하여 소구를 한 경우에, 소구의무자는 소구권자에게 소구금액을 지급하여야 한다. 여기에서는 소구금액, 소구의무자의 책임 및 소구의무의 이행(상환)방법에 관하여 고찰하기로 한다.

### Ⅱ. 遡求金額

#### 1. 序 說

어음(수표)소지인의 소구금액과 어음(수표)상환자의 재소구금액이 다르다. 또한 어음소지인의 소구금액은 만기 전에 소구하는 경우와 만기 후에 소구하는 경우에 따라 다르고, 수표에는 만기가 없으므로 수표소지인의 소구금액은 언제나 어음의 만기 후의 소구금액과 같다.

#### 2. 所持人의 遡求金額

(1) 滿期 후의 遡求金額

**① 引受·支給되지 않은 金額과 利子의 記載가 있으면 그 利子** 소지인이 청구할 수 있는 금액은 인수거절 또는 지급거절된 금액이고(어 48조 1항 1호·77조 1항 4호, 수 44조 1항), 일부지급이 있는 경우에는 지급되지 않은 잔액이다.

그리고 일람출급어음이나 일람후정기출급어음에 이자문구의 기재가 있는 경우에는 만기까지의 이자를 포함한다(어 5조 1항 2항, 77조 2항). 그러나 수표에는 약정이자가 없으므로, 언제나 지급거절된 금액이다.

② **年 6푼의 利率에 의한 滿期 이후의 利子** 어음소지인은 어음금액에 대한 연 6푼의 이율에 의한 만기 이후의 이자를 청구할 수 있다(어 48조 1항 2호, 77조 1항 4호). 이 만기 이후의 이자는 만기 당일의 이자를 포함한다. 따라서 어음소지인이 만기에 지급제시를 하지 않아도 지급제시기간 내에 지급제시를 하였으면, 만기 당일부터 계산한 이자를 청구할 수 있다. 이 이자는 법정이자이고 지연이자가 아니다.

수표에는 만기가 없으므로, 수표소지인은 수표금액에 대한 제시일 이후에 연 6푼의 이율에 의한 법정이자를 청구할 수 있다(수 44조 2호).

③ **拒絶證書作成費用 · 通知費用 기타의 費用** 거절증서작성의 수수료는 집행관수수료규칙과 공증인수수료규칙에 의한다. 발행인이 거절증서의 작성을 면제한 경우에는 소지인은 거절증서작성비용의 지급을 청구할 수 없다(어 46조 3항 2문 · 77조 1항 4호, 수 42조 3항 2문).

통지비용은 소구의 통지비용(어 45조 · 77조 1항 4호, 수 41조), 불가항력의 통지비용(어 54조 · 77조 1항 4호, 수 47조), 참가의 통지비용(어 55조 4항 77조 1항 5호) 등이다.

기타의 비용은 거절증서작성비용과 통지비용 외의 비용으로서 소구권의 행사 · 보전에 필요한 비용이다. 그러나 소송비용은 이에 포함되지 않는다.

(2) 滿期 前의 遡求金額

① **어음金額에서 中間利子를 공제한 金額** 어음소지인이 만기 전에 소구하는 경우에 어음금액의 전부를 청구하는 것은 부당하므로, 소지인은 어음금액에서 소구한 날부터 만기까지의 중간이자를 공제한 금액을 청구하여야 한다(어 48조 2항 1문, 77조 1항 4호). 이 경우에 할인율 즉 중간이자의 이율은 소지인의 주소지에서 소구하는 날의 公定割引率(은행율)에 의한다(어 48조 2항 2문 77조 1항 4호).

② **約定利子** 일람출급어음 또는 일람후정기출급어음에 이자문구의 기재가 있는 경우에는 그 발행일부터 지급하는 날까지의 이자를 청구할 수 있다(어 5조 1항 1문, 77조 2항).

③ **拒絶證書作成費用 · 通知費用 기타의 費用** 만기 전에 소구하는 경우에도 거절증서작성비용 · 통지비용 기타의 비용을 지급한 때에는 이러한 비용의 지급을 청구할 수 있다(어 48조 1항 3호 77조 1항 4호).

### 3. 償還者의 再遡求金額

소구 또는 재소구를 받은 자가 상환을 하고 자기의 전자에 대하여 재소구하는 경우에 청구할 수 있는 금액은 ① 지출한 총금액(어 49조 1호 · 77조 1항 4호, 수 45조 1항), ② 위의 금액에 대한 연 6푼의 이율에 의한 지급의 날 이후의 이자(어 49조 2호 · 77조 1항 4호, 수 45조 2호), ③ 기타 지출한 비용(어 49조 3호 · 77조 1항 4호, 수 45조 3호) 등이다.

## Ⅲ. 遡求義務者의 責任

### 1. 合同責任

소구의무자는 다른 어음(수표)채무자와 함께 합동하여 책임을 진다(어 47조 1항 · 77조 1항 4호, 수 43조 1항). 합동이라는 말은 어음법 통일조약의 「jointly and severally」의 역어로서, 합동책임은 소구의무자와 다른 어음(수표)채무자가 각각 소구금액의 전부에 대하여 지급할 책임을 지고 소구권자는 이들 의무자의 전부 또는 일부에 대하여 동시 또는 순차로 전부 또는 일부의 금액의 지급을 청구할 수 있으며 또 소구권자가 수인의 의무자 중의 1인으로부터 지급을 받으면 그 의무자와 그 후자의 의무가 소멸되고, 의무자 간에 부담부분이 없는 책임이다.

### 2. 合同責任과 連帶責任의 比較

#### (1) 共通點

합동책임과 연대책임은 ① 수인의 의무자의 전부 또는 일부에 대하여 동시 또는 순차로 전부 또는 일부의 금액의 변제를 청구할 수 있고, ② 수인의 의무자 중의 특정인에 대하여 청구한 후에 그 상대방을 변경하여 다른 자에 대하여 청구할 수 있고, ③ 수인의 의무자 중의 1인으로부터 변제를 받으면 그 금액에 관하여는 다른 의무자에 대하여 청구할 수 없고, 즉 권리자가 수인의 의무자 중의 1인으로부터 변제를 받으면 다른 의무자에 대한 권리도 소멸하는 점에서 같다.

#### (2) 差異點

① 연대책임에 있어서는 권리자가 수인의 의무자 중의 1인에 대하여 청구하면 당연히 다른 의무자에 대하여서도 효력이 생기나(민 416조), 합동책임에 있어서는 수인의 의무자 중의 1인에 대하여 청구하여도 다른 의무자에 대하여 효력이 미치지 않는다.

② 연대책임에 있어서는 수인의 의무자 중의 1인이 권리자에게 변제하면 당연히 다른 의무자의 의무가 소멸되나, 합동책임에 있어서는 수인의 의무자 중의 1인이 권리자에게 변제하면 그 의무자와 그 후자의 의무가 소멸될 뿐이고 그 전자

의 의무는 소멸되지 않는다.

③ 연대책임에 있어서는 수인의 의무자 중의 1인에 대하여 채무면제가 있거나 그 1인의 의무의 소멸시효가 완성된 때에는 그 의무자의 부담부분에 관하여 다른 의무자도 의무를 면하나(민 419조 421조), 합동책임에 있어서 수인의 의무자 간에는 연대채무자 간에서와 같은 부담부분이 없으므로 수인의 의무자 중의 1인에 대하여 면제가 있거나 그 1인의 의무의 소멸시효가 완성하여도 그 의무자의 부담부분에 관하여 다른 의무자가 의무를 면하지 못한다.

## Ⅳ. 遡求義務의 履行(償還)

### 1. 履行(償還)方法

소구의무자가 소구의무의 이행 즉 상환을 하는 것은 현실로 현금을 지급하여 할 수도 있고, 이 외에 면제·상계·대물변제 등에 의하여 할 수도 있다. 이러한 상환이 있는 때에는 소구권이 소멸된다.

소구의무자는 지급과 상환하여 어음(수표)·거절증서 및 영수를 증명하는 계산서의 교부를 청구할 수 있다(어 50조 1항·77조 1항 4호, 수 46조 1항). 물론 거절증서작성면제의 경우에는 거절증서의 교부를 청구할 수 없다.

소구의무를 이행하고 어음(수표)을 환수한 자는 자기의 의무가 소멸되었다는 것을 어음(수표)에 표시하기 위하여 어음(수표)에 자기와 후자의 배서를 말소할 수 있다(어 50조 2항·77조 1항 4호, 수 46조 2항). 소구의무를 이행한 자가 자기와 후자의 배서를 말소하면 어음(수표)상 권리자로서의 형식적 자격을 취득하게 되므로 당연히 소구권을 행사할 수 있다.

### 2. 遡求義務者의 償還權

소구의무자는 소구를 기다리지 않고 자진하여 상환하여 그의 소구의무를 면할 수 있다. 이것을 소구의무자의 상환권이라 한다. 이것은 소구의무자가 소구금액이 증대되는 것을 방지하기 위하여 또는 전자의 자력이 감소되는 경우를 대비하여 재소구를 빨리할 수 있도록 하기 위한 것이다.

이와 같이 소구의무자는 상환권이 있으므로, 어음(수표)소지인이나 상환을 하여 어음(수표)을 환수한 자는 전자가 상환권을 행사하는 경우에는 이에 응하여야 하고 이에 응하지 않으면 수령지체로 된다. 그러나 소구의무자가 일부상환을 하는 경우에는 이에 응하여야 할 의무가 없다.

수인의 소구의무자가 동시에 상환권을 행사하는 경우에는 가장 다수의 소구의무자의 의무를 면하게 하는 자의 이행에 응하여야 할 것이다(통설).

상환권은 소구의무자만 가지므로, 주된 어음채무자·무담보배서인 또는 담보절차의 흠결로 소구의무를 면한 자 등은 상환권이 없다.

## 제7. 再遡求

### Ⅰ. 意 義

소구의무자는 소구권자인 소지인 또는 자기의 후자의 소구에 응하여 소구의무를 이행하고 어음(수표)을 환수한 후에 다시 자기의 전자에 대하여 소구할 수 있다. 이것을 재소구라 한다.

소구의무자가 소구의무를 이행하면 그와 후자의 소구의무는 소멸되나 그 전자의 소구의무는 여전히 존속하므로, 소구의무를 이행하고 어음(수표)을 환수한 자는 어음(수표)소지인으로서 다시 그 전자에 대하여 소구권을 행사할 수 있는 것이다(어 47조 3항·77조 1항 4호, 수 43조 3항).

### Ⅱ. 再遡求權의 法的 性質

#### 1. 學 說

재소구권의 법적 성질에 관하여는 권리회복설과 권리재취득설이 대립해 있다.

권리회복설은 배서는 어음(수표)의 환수를 해제조건으로 어음(수표)상의 권리를 이전하는 것이라 보고, 소구의무이행자의 재소구권은 배서인의 어음(수표)환수에 의하여 해제조건이 성취되어 종전의 어음(수표)상의 권리가 회복되는 것이라 한다(정희철 234면, 서돈각·정완용 244면). 이 학설에 의하면 상환자는 종전의 배서인의 지위를 회복하는 것이므로 종전의 어음(수표)채무자로부터 인적항변의 대항을 받는다.

반면에 권리재취득설은 배서는 어음(수표)상의 권리를 확정적으로 피배서인에게 이전하는 것이라 보고, 소구의무이행자의 재소구권은 배서인이 어음(수표)을 환수하면 법률의 규정에 의하여 어음(수표)상의 권리를 새로 다시 취득하는 것이라 한다(손주찬 338면, 정동윤 340면, 정찬형 364면, 이철송 420면, 서헌제 1027면). 이 학설에 의하면 상환자는 어음(수표)상의 권리를 새로 다시 취득한 것이므로 종전의 어음(수표)채무자로부터 인적항변의 대항을 받지 않는다.

2. 檢 討

재소구권의 법적 성질은 배서의 법적 성질과 관련되는 문제이다. 배서의 법적 성질에 관하여 여러 학설이 대립해 있으나, 기술한 바에 따라 채권양도라 보면 권리재취득설이 타당하다(권리재취득설).

## Ⅲ. 再遡求의 要件

### 1. 實質的 要件

소구의무자가 재소구를 하려면 그 소구의무를 이행하여야 한다. 소구의무가 없는 자 즉 소구의무가 시효의 완성 또는 절차의 흠결로 소멸된 자나 무담보배서를 한 자는 소구에 응하여도 재소구권이 생기지 않는다. 또한 소구의무자의 소구의무의 이행(상환)은 유효하여야 한다.

**【대법원 1990. 10. 26. 판결, 90 다카 9435】**

**1. 사실관계**

A는 B에게 약속어음을 발행하고, B는 C에게, C는 D(피고)에게, 또 D는 E(원고)에게 각각 지급거절증서작성면제의 배서양도를 하고, E는 F에게 지급거절증서작성면제를 하지 않고 배서양도하였다.

위 어음의 소지인 F는 만기에 위 어음을 A에게 지급제시하였으나 지급거절되었고, F는 지급거절증서를 작성하지 않고 E에게 소구하여 어음금을 지급받았다.

이에 E는 자기의 배서인인 D에게 재소구권을 행사하였으나, D는 E가 F로부터 지급거절증서를 받지 않고 소구의무를 이행하였으므로 재소구권을 행사할 수 없다고 주장하였다.

**2. 판결요지**

이 건에 관하여, 대법원은 「D가 E에게 지급거절증서 작성의무를 면제하고 배서양도한 것이라면 D로서는 어음소지인의 소구에 대하여 거절증서작성이 없다는 이유로 청구를 거절할 수 없을 것이며, E가 어음의 최후소지인인 F에 대하여 거절증서 작성유무를 확인하지 않고 그 소구청구에 응하였더라도 거절증서의 작성의무를 면제하고 배서한 D로서는 그 점을 탓할 수 없는 것이다.

만일 그 어음의 최종소지인인 F가 거절증서를 작성함이 없이 직접 D에게 소구하여 올 경우 D는 거절증서 작성의무를 면제한 배서인이므로 거절증서작성이 없다는 이유로 그 소구를 거절할 수 없다고 보아야 할 것이고, 어음의 배서인은 어음소지인의 소구에 응하였거나 기타의 사유로 어음을 회수한 경우에 자기의 배서를 말소할 수 있고 그렇게 되면 그 배서는 배서의 연속에 관한 한 없는 것으로 보게 되어 있으므로 F가

적기에 거절증서를 작성하지 않았다 하여 D의 E에 대한 소구의무에 어떠한 영향을 미친다고 할 수 없다」고 판시하여, 지급거절증서작성을 면제하지 않고 배서한 자가 지급거절증서를 작성하지 않은 어음소지인에게 소구의무를 이행하고 어음을 환수하였을 때에도 지급거절증서작성을 면제하고 배서한 자기의 전자에 대하여 재소구권을 가진다고 하였다.

**【대법원 1998. 8. 21. 판결, 98 다 19448】**

**1. 사실관계**

A회사가 액면 금 1,500만 원의 약속어음 1매와 액면 금 940만 원의 약속어음 1매를 Y에게 발행하였고, Y는 피배서인을 백지로 한 백지식배서에 의하여 위 각 약속어음을 X에게 양도하였다. 그리고 X는 그 배서의 백지를 보충하지 않은 채 위 각 약속어음을 B에게 단순한 교부에 의하여 양도하고, 또 B는 C에게 피배서인을 백지로 한 백지식배서에 의하여 위 각 약속어음을 양도하였다.

C가 위 각 약속어음을 각 지급기일에 지급제시하였으나 지급거절되어, C가 B에게 소구하고, B가 C에게 상환하였고 또 B가 X에게 재소구하고 B가 X에게 상환하였으며 그리고 X가 Y에게 재소구하였다.

**2. 판결요지**

이 건에 관하여, 대법원은 「백지식배서에 의하여 어음을 양수한 다음 단순히 교부에 의하여 이를 타인에게 양도한 자가 소지인의 소구에 응하여 상환을 하고 어음을 환수한 경우 그 전의 배서인에 대하여 당연히 재소구권을 취득하는 것이 아니다. 이 경우 그 상환을 받은 소지인이 그 전의 배서인에 대하여 가지는 소구권은 민법상의 지명채권양도의 방법에 따라 취득할 수 있는 것이다.

X는 B가 어음의 최후의 소지인 C에게 소구의무를 이행하여 Y에 대한 재소구권을 취득하였고, X가 B에게 어음금을 상환하고 어음을 환수함으로써 B로부터 Y에 대한 재소구권을 양도받은 것으로 볼 수 있다」고 판시하여, X는 B로부터 지명채권양도의 방법에 의하여 재소구권을 양수받아 Y에 대하여 재소구권을 행사할 수 있다고 하였다.

### 2. 形式的 要件

재소구를 하려면 소구의무자가 어음(수표), 거절증서(수표에는 거절증서 외에 이와 동일한 효력이 있는 거절선언) 및 계산서를 교부받아 소지하여야 한다(어 50조 1항·77조 1항 4호, 수 46조 1항). 환수한 어음(수표)은 건전한 어음(수표)이어야 한다. 거절증서는 발행인이 그 작성을 면제한 경우에는 재소구시 이를 소지할 필요가 없고 특정의 배서인이 그 작성을 면제한 경우에는 그 특정의 배서인에 대한 재소구에서는 이를 소지할 필요가 없다. 또한 계산서는 재소구금액을 계산한 서류로서 각 소구권자가 각각 작성하여 교부하여야 하며, 거절증서와 같이 동일한 서류가 인계되어 교부되는 것이 아니다.

상환을 하고 어음(수표)을 환수한 자가 자기와 후자의 배서를 말소한 경우에는(어 50조 2항·77조 1항 4호, 수 46조 2황) 어음(수표)상 형식적 자격을 취득하게 되므로 당연히 재소구할 수 있고, 또 이를 말소하지 않은 경우에는 거절증서부어음(수표)을 소지하고 있어 상환을 하고 어음(수표)상의 권리를 재취득하였다는 실질상의 추정을 받으므로 재소구할 수 있다.

## Ⅳ. 再遡求의 方法

재소구를 하는 경우에도 재소구권자는 자기의 직접의 전자에 대하여서 뿐만 아니라 간접의 전자에 대하여서도 소구할 수 있고(도약적 재소구), 그 전자의 전원에 대하여 동시에(동시재소구) 또는 순차로(순차재소구) 소구할 수 있으며, 또 특정의 재소구의무자에 대하여 재소구한 후에 그 재소구의 상대방을 변경하여 다른 재소구의무자에 대하여 재소구할 수도 있다(재소구의 변경권).

## Ⅴ. 再遡求金額

재소구권자는 ① 지급한 총금액, ② 지급한 총금액에 대한 연 6푼의 이율에 의한 법정이자, ③ 기타 지출한 비용 등을 가산한 금액을 청구할 수 있다(어 49조·77조 1항 4호, 수 45조).

### 【어음의 遡求와 手票의 遡求의 比較】

#### 1. 共通點

환어음·약속어음 및 수표의 소구에 있어서, ① 소구권의 보전을 위하여서는 제시기간 내에 제시를 하고 거절증명을 하여야 하고(어 43조·44조·77소 1항 4호, 수 44조), ② 소구권자는 동시소구·순차소구 또는 도약적 소구와 소구상대방의 변경을 할 수 있고(어 47조·77조 1항 4호, 수 43조), ③ 소구금액이 법정되어 있고(어 48조·49조·77조 1항 4호, 수 44조·49조), ④ 소구의무자는 지급과 상환하여 어음(수표)·거절증서 및 계산서의 교부를 청구할 수 있고(어 50조·77조 1항 4호, 수 46조), ⑤ 불가항력의 사유가 발생한 경우에는 소구권보전절차기간이 연장되거나 소구권보전절차가 면제되고(어 54조·77조 1항 4호, 수 47조), ⑥ 소구권자가 전자에게 소구의 통지를 하여야 하는 것(어 45조·77조 1항 4호, 수 41조)은 공통적이다.

## 2. 差異點

(1) 遡求의 原因

환어음에는 만기 전의 소구(어 43조 단서, 44조)와 만기 후의 소구(어 43조 본문, 44조)가 있고, 또 약속어음에도 만기 후의 소구(어 43조 본문·44조, 77조 1항 4호) 외에 학설·판례상 만기 전의 소구가 인정되고 있다. 그러나 수표에는 만기가 없고 일람출급이므로, 만기 전의 소구는 없고 지급거절로 인한 소구(어음의 만기 후의 소구에 해당)만 있다. 따라서 환어음·약속어음에는 만기 전의 소구원인과 만기 후의 소구원인이 있고, 전자의 소구원인으로서 파산선고·지급정지·강제집행부주효 또는 인수거절 등이 있고 후자의 소구원인으로서 지급제시·지급거절이 있다. 그러나 수표에는 만기 후의 소구원인에 해당하는 지급제시·지급거절만 있다.

(2) 拒絶證明의 方法

소구의 형식적 요건인 거절증명의 방법에 있어서, 어음에는 거절증서의 작성이 면제된 경우, 약속어음의 발행인이나 환어음의 지급인·인수인 또는 인수제시금지환어음의 발행인이 파산선고를 받은 경우, 불가항력의 사유가 발생한 경우 외에는 공정증서인 거절증서(인수거절증서 지급거절증서)를 작성하여야 한다.

그러나 수표에는 공정증서인 지급거절증서 외에 지급인의 지급거절선언(수 39조 2호)과 어음교환소의 지급거절선언(수 39조 3호) 등의 간편한 거절증명의 방법이 인정되고 있다.

(3) 不可抗力의 存續

어음에 있어서는 불가항력이 만기부터 30일 이상 계속되는 경우에는 어음의 제시 또는 거절증서의 작성 없이 소구권을 행사할 수 있다(어 54조 4항 77조 1항 4호).

그러나 수표에 있어서는 불가항력이 그 통지를 한 날부터 15일 이상 계속되는 경우에는 지급제시기간 경과 전에 그 통지를 한 경우에도 수표의 제시 또는 지급거절증서나 이와 동일한 효력이 있는 선언 없이 소구권을 행사할 수 있다(수 47조 4항).

(4) 遡求金額

어음의 소구금액에는 어음에 이자문구의 기재가 있는 경우에는 그 약정이자가 포함되고 또 만기 이후의 연 6푼의 이율에 의한 법정이자가 가산된다(어 48조 1항 1호 2호, 77조 1항 4호).

그러나 수표의 소구금액에는 약정이자가 포함되지 않고, 제시일 이후의 연 6푼의 이율에 의한 법정이자만 가산된다(수 44조 2호).

(5) 逆어음의 發行

어음에는 소구의 방법으로서 역어음의 발행이 인정되고 있다. 즉 소구권자나 재소구권자는 어음에 반대의 기재가 없는 한 그 전자의 1인을 지급인으로 하고 그 자의 주소에서 지급할 일람출급의 새 환어음 즉 역어음을 발행하고 이에 본어음·거절증서 및 상환계산서를 첨부하여 할인을 받음으로써 상환을 받는 것과 동일한 효과를 얻을 수 있다(어 52조 1항 77조 1항 4호).

그러나 수표에는 이러한 역어음의 발행이 인정되고 있지 않다.

(6) 遡求權의 消滅時效期間

어음의 소구권의 소멸시효기간은 거절증서의 일자 또는 만기의 날부터 1년이고

(어 70조 2항 77조 1항 8호), 재소구권의 소멸시효기간은 어음을 환수한 날 또는 제소된 날부터 6개월이다(어 70조 3항 77조 1항 8호).

(7) 기 타

환어음에는 인수제도가 있으므로, 이와 관련하여 ① 인수거절의 통지(어 45조 1항), ② 인수거절증서의 작성 및 그 면제(어 44조 1항 46조 1항), ③ 만기 전의 소구금액의 감액(어 48조 2항), ④ 일부인수어음의 잔액의 소구(어 51조) 등의 제도가 있다. 그러나 약속어음과 수표에는 인수제도가 없으므로, 이러한 제도가 없다.

# 제7장 換어음에 特有한 制度

## 제1절 引 受

### 제1. 意 義

환어음의 발행인이 어음상에 지급인을 지정하여 지급을 위탁하는 것만으로는 지급인이 어음금지급채무를 부담하지 않고, 지급인이 어음금지급채무를 부담하는 어음행위를 하여야 비로소 어음금지급채무를 부담한다. 지급인의 이러한 어음행위를 인수(acceptance)라 한다.

환어음의 지급인은 인수에 의하여 주된 어음채무자로 되고, 인수하기 전에는 단지 인수제시 또는 지급제시를 받을 지위를 가지는 데 불과하다.

환어음에 있어서는 인수에 의하여 주된 어음채무자가 생기므로, 인수 전의 환어음은 인수를 정지조건으로 하는 어음금지급청구권과 인수거절 또는 지급거절을 정지조건으로 하는 소구권의 택일적 관계에 있는 권리를 표창하는 유가증권이다.

### 제2. 法的 性質

#### Ⅰ. 學 說

인수의 법적 성질에 관하여 단독행위설과 계약설이 대립해 있다. 단독행위설은 인수는 소지인과 인수인 간의 계약이 아님은 물론 발행인의 지급위탁의 청약에 대하여 지급인의 승낙도 아니며, 이는 인수인의 어음채무부담을 목적으로 하는 단독행위라 한다. 여기에서 인수인의 어음채무부담의 의사표시는 특정의 상대방에 대한 것이 아니고 어음단체에 있어서 채권자로 될 불특정인에 대한 것으로서 인수의 효력은 인수인에게 어음을 반환하였을 때에 발생한다고 한다(서헌제 907면, 손주찬 278면, 양승규 331면, 채이식 199면, 이철송 267면).

그러나 계약설은 인수는 인수인의 인수의 기재와 소지인에게의 어음의 반환에 의하여 성립되므로(어 21조), 인수는 인수인의 의사표시와 소지인이 승낙의 의사로 어음을 수령함으로써 효력이 생기는 계약이라 한다(정희철 162면, 최기원 248면, 정동윤 239면, 이기수 210면, 정찬형 232면).

### Ⅱ. 檢 討

소지인이 무능력자인 경우에 단독행위설의 입장에 의하면 인수는 유효하나, 계약설의 입장에 의하면 취소할 수 있어 어음유통의 안전을 해한다. 또한 계약설에 의하면 인수인과 인수제시인 간의 관계는 설명할 수 있으나 그 후의 소지인과의 관계는 설명할 수 없다.

생각건대 인수도 어음행위의 일종이므로 어음이론에 의하여 설명하여야 하고, 어음이론에 관하여 발행설에 의하는 한 단독행위설이 타당하다(단독행위설). 어느 학설에 의하든 인수에 의하여 발생하는 인수인의 어음채무부담의 효력은 인수인의 의사표시상의 효력이다.

## 제3. 引受의 抹消(撤回)

### Ⅰ. 意 義

인수는 인수인이 인수제시를 받은 환어음에 인수를 기재하고 그 어음을 인수제시인에게 반환할 때에 효력이 생기므로, 인수인은 인수를 기재한 후에라도 그 어음을 반환할 때까지는 그 인수의 기재를 말소하여 인수를 철회할 수 있다(어 29조 1항 1문). 이것을 인수의 말소 또는 인수의 철회라 한다.

인수의 말소는 인수의 법적 성질에 관한 계약설의 입장에서는 당연히 인정되는 것이라 보고, 또 단독행위설의 입장에서도 인수는 그 어음을 인수제시인에게 반환할 때에 그 효력이 생기므로 그 어음을 반환할 때까지는 인수를 말소할 수 있다고 본다.

### Ⅱ. 引受抹消의 效果

인수를 기재한 지급인이 그 어음을 반환하기 전에 인수의 기재를 말소한 때에는 인수를 거절한 것으로 본다(어 29조 1항 1문). 따라서 인수를 하였다가 어음의 반환 전에 말소한 경우에는 인수거절로 되어 인수인은 책임을 지지 않고 또 소지인은 소구권을 가진다.

인수의 말소는 보통 지급인이 어음을 반환하기 전에 하고 반환 후에 할 경우는 거의 없을 것이므로, 인수의 말소는 어음의 반환 전에 한 것으로 추정한다(어 29조 1항 2문). 따라서 소지인이 소구의무자에 대하여 소구하기 위하여서는 반환 전에 말소한 것임을 증명할 필요가 없으나, 소지인이 인수말소자에 대하여 어음상의 권리를 행사하기 위하여서는 반환 후에 말소한 것임을 증명하여야 한다.

### Ⅲ. 引受通知의 相對方에 대한 責任

인수의 말소를 한 때에는 인수거절의 효과가 생기나, 지급인이 인수의 말소를 하였더라도 서면으로 소지인 또는 어음에 기명날인(서명)을 한 자에게 인수의 통지를 하였을 때에는 이들에 대하여서는 인수한 문언에 따라 책임을 진다(어 29조 2항). 이것은 인수의 통지를 받은 자는 그 통지를 신뢰하고 행동할 것이므로, 인수의 통지를 받은 자를 보호하기 위하여 지급인에게 금반언의 법리에 의한 책임을 인정한 것이다.

여기에서 「인수의 문언」이 인수말소 전의 인수의 문언을 의미하는지 또는 인수의 통지를 한 문언을 의미하는지 명백하지 않으나, 어음법 제29조 제2항은 인수의 통지를 받고 이를 신뢰하여 행동하는 자를 보호하고자 하는 것이므로, 이것은 인수통지의 문언이라 보는 것이 타당하다.

## 제4. 引受提示

### Ⅰ. 意 義

인수제시(presentment for acceptance)는 환어음의 소지인이 지급인에게 어음을 현실로 제시하여 어음의 인수를 청구하는 행위이다. 이러한 인수제시에 대하여 지급인이 인수를 하면 환어음상의 주된 어음채무자로 된다.

이와 같이 인수제시를 인정하는 것은 ① 환어음의 발행만으로는 어음에 어음금지급청구권이 표창되지 아니하여 그 신용도 내지 유통성이 약하므로 어음의 절대적 지급의무자를 확정하여 그 신용도 내지 유통성을 높이기 위하여 인수가 필요하고, ② 지급인에게 지급준비를 하게 하기 위하여 인수제시가 필요하고, ③ 일람후정기출급환어음에 있어서는 만기를 확정하는 데에 인수제시가 필요하기 때문이다.

## Ⅱ. 引受提示의 當事者

### 1. 引受提示人

인수제시는 소지인이 하는 것이 보통이나, 어음의 단순한 점유자도 할 수 있다(어21조). 어음의 단순한 점유자도 인수제시를 할 수 있게 한 것은 실제에 있어서 은행 등의 수임인을 통하여 인수제시를 하게 하는 경우가 많으므로 이러한 경우에 일일이 대리권을 수여하는 번잡과 곤란을 덜기 위한 것이다.

어음의 단순한 점유자는 인수제시를 할 권한은 있으나, 지급제시를 할 권한은 없다. 어음의 단순한 점유자는 지급제시를 할 권한이 없으므로, 인수인이 어음의 단순한 점유자에게 지급한 때에는 그 어음채무를 면하지 못한다.

### 2. 被提示人

인수제시는 지급인(그 대리인과 포괄승계인 포함)에게 하여야 한다(어21조). 지급담당자는 단지 지급인에 갈음하여 지급사무를 담당하는 자에 불과하므로, 지급담당자의 기재가 있는 경우에도 인수제시는 지급담당자에게 할 수 없고 지급인에게 하여야 한다.

## Ⅲ. 引受提示의 時期

인수제시는 원칙적으로 발행한 때부터 만기의 전일까지 하여야 하나(어21조), 다만 인수제시기간의 정함이 있는 경우에는 그 기간 내에(어22조), 또 일람후정기출급환어음의 경우에는 발행일자부터 1년 내에(어23조 1항) 인수제시를 하여야 한다.

인수제시는 원칙적으로 만기의 전일까지 하여야 하나(어21조), 만기의 당일이나 만기 후(소멸시효기간내이어야 한다)에 인수제시를 하여도 지급인이 인수를 하면 인수의 효력이 있다고 본다(통설). 물론 이 경우 인수가 거절된 때에는 인수거절을 이유로 소구할 수 없다(어53조 1항 2호·21조).

인수제시는 거래일의 합리적인 시간 내에 하여야 한다. 즉 지급인이 은행인 경우에는 그 영업시간 내에 또 그 밖의 지급인인 경우에는 종업원의 근무시간 내에 인수제시를 하여야 한다.

## Ⅳ. 猶豫期間(熟慮期間, 考慮期間)

### 1. 意 義

지급인이 인수제시(제1의 제시)를 받은 때에는 익일에 다시 제시(제2의 제시)할 것을 청구할 수 있다(어 24조 1항 1문). 이 하루의 기간을 유예기간 · 숙려기간 또는 고려기간이라 한다.

지급인이 인수제시를 받은 때에는 발행인에게 어음의 발행을 조회하거나 발행인으로부터 지급자금의 공급을 받는 등의 조치를 취할 시간적 여유가 필요하므로, 어음법은 이러한 유예기간을 인정하고 있는 것이다.

### 2. 第2의 提示의 請求와 拒絶證書의 作成

지급인이 제2의 제시청구를 한 때에는 인수를 거절한 것으로 보아, 소지인은 인수거절증서를 작성하고 여기에 제1의 제시를 하였다는 뜻과 제2의 제시를 청구하였다는 뜻을 기재하여야 한다(거절증서령 3조 2항). 그리고 소지인은 익일에 다시 제2의 제시를 하여야 하고, 제2의 인수제시를 하였는 데도 인수를 받지 못한 경우에는 제2의 인수거절증서를 작성하여야 소구할 수 있다.

제1의 제시에 대하여 인수거절증서를 작성하였으나 제2의 제시를 하지 않은 경우에는 인수거절로 인한 소구를 할 수 없다. 소구의무자가 제2의 제시가 없었다는 것을 주장하여 그 소구의무를 면하기 위하여서는 그에 앞서 인수거절증서에 제2의 제시를 청구하였다는 뜻이 기재되어 있어야 하고(어 24조 1항 2문), 이러한 기재가 없으면 제1의 제시에 대한 인수거절증서에 의하여 소구할 수 있다.

### 3. 어음의 不交付

지급인이 제2의 제시를 청구하는 때에 소지인은 그 어음을 지급인에게 맡겨 둘 필요가 없다. 이는 지급인에게 어음을 맡겨 두면 지급인이 그 어음을 훼손 · 변조 또는 분실하는 경우가 있을 수 있으므로 이것을 방지하기 위한 것이다.

## Ⅴ. 引受提示의 場所

인수제시는 지급인의 주소에서 하여야 하고(어 21조), 지급인에게 영업소가 있으면 그 영업소에서 하여야 한다(민 516조 유추적용, 상 65조). 물론 어음에는 반드시 지급지를 기재하여야 하고(어 1조 5호) 또 제3자방지급문구를 기재할 수 있으나(어 4조), 지급지나 제3자방지급문구의 기재는 지급제시를 위한 것이고 인수제시를 위한 것이 아니므로 이것을 기준으로 하여 인수제시를 할 것이 아니다.

어음에 지급인의 주소지의 기재가 있는 경우에는 그 地에서 또 지급인의 주소지의 기재가 없더라도 지급인의 명칭에 부기한 지의 기재가 있는 경우에는 그 지에서(어 2조 3항) 지급인의 영업소 또는 주소를 탐지하여 그 영업소 또는 주소에서 인수제시를 하여야 하고, 그 지에서 지급인의 영업소 또는 주소를 탐지할 수 없으면 인수거절로 된다.

## Ⅵ. 引受提示의 方法

인수제시의 목적물인 환어음은 어음의 원본에 한하고(복본 중의 하나를 제시하여도 무방하다), 등본 또는 사본으로 하여서는 안된다. 또한 백지어음이라도 무방하다. 그러나 지급인의 기재를 백지로 한 백지어음을 제시할 수는 없으므로, 이 경우에는 인수제시를 할 때까지 지급인의 기재를 보충하여야 한다.

인수제시는 지급인에게 환어음을 현실로 제시하여 하여야 하고, 다만 지급인이 인수거절의 의사를 명백히 표시한 경우에는 지급인에게 어음을 보이는 것만으로 충분하다.

## Ⅶ. 引受提示의 自由와 制限

### 1. 引受提示의 自由

소지인(또는 어음의 단순한 점유자)은 만기까지는 거래일의 거래시간 내에 한하여(어 72조 1항 1문, 상 63조) 언제든지 몇 번이고 지급인에 대하여 그 영업소 또는 주소에서 어음을 제시하여 인수를 청구할 수 있다(어 21조). 이것을 인수제시의 자유라 한다.

소지인은 인수제시를 하지 않아도 만기에 지급제시를 하면 어음금의 지급을 받거나 소구할 수 있으나, 만기 전에 인수제시를 하여 인수가 있으면 주된 어음채무자가 확정되어(어 28조 1항) 어음의 유통성이 증대되고 또 인수제시에 대하여 인수가 거절되면 미리 배서인과 발행인 등의 전자에 대하여 소구할 수 있으므로(어 43조), 소지인으로서는 만기 전에 인수제시를 하는 것이 유리하다.

이러한 인수제시의 자유에 대하여 인수제시의 명령·금지 및 일람후정기출급환어음의 인수제시기간 등의 제한이 있다.

### 2. 引受提示의 制限

#### (1) 引受提示의 命令

##### 가) 意 義

발행인 또는 배서인은 인수제시의 기간을 정하거나 인수제시의 기간을 정하지 않고 인수제시를 하여야할 뜻(인수제시명령문구)을 기재할 수 있다(어 22조 1항 4항 본문). 이것을 인수제시의 명령이라 한다. 물론 배서인이 한 인수제시명령은 발행인이 한 인수제시금지와 모순될 수 없으므로(어 22조 4항 단서), 발행인이 인수제시금지문구를 기재한 경우에는(어 22조 3항) 배서인은 그 인수제시금지기간이 경과한 후에 인수제시명령문구를 기재할 수 있다.

인수제시의 명령은 지급인에게 어음을 제시하여 그가 지급인으로 된 어음이 발행되었다는 것을 알려 지급준비를 하게 하기 위하여 또 타지출급어음(지급지와 지급인의 주소지가 다른 어음)에 제3자방지급문구의 기재가 없는 경우에 지급인이 인수를 하면서 제3자방지급문구의 기재를 할 수 있도록 하기 위하여 인정한 것이다.

##### 나) 效 力

환어음에 인수제시명령문구가 기재되어 있는 경우에, 제시기간이 지정되어 있으면 소지인은 그 기간의 경과 전에 인수제시를 하여야 하고 또 제시기간이 지정되어 있지 않으면 만기의 전일까지 인수제시를 하여야 한다.

발행인이 인수제시명령문구를 기재한 경우에는 그것은 기본어음의 내용으로 되어 모든 어음행위자에 대하여 효력이 있으며, 따라서 이 경우에 소지인이 소정의 기간(제시기간이 지정되어 있는 경우에는 그 제시기간의 경과 전에 또 제시기간이 지정되어 있지 않은 경우에는 만기의 전일까지) 내에 인수제시를 하지 않으면 발행인·배서인·보증인 등의 모든 소구의무자에 대한 인수거절로 인한 소구권뿐만 아니라 지급거절로 인한 소구권도 상실한다(어 53조 2항 본문). 다만 이 경우에 발행인이 기재한 인수제시명령문구의 내용이 인수담보책임만 면하려는 뜻이면 인수거절로 인한 소구권만 상실한다(어 53조 2항 단서).

그러나 배서인이 인수제시명령문구를 기재한 경우에는 그것은 그 배서인에 대하여서만 효력이 있으며, 따라서 이 경우에 소지인이 소정의 기간 내에 인수제시를 하지 않으면 그 배서인에 대한 인수거절로 인한 소구권과 지급거절로 이한 소구권을 상실한다. 다만 배서인이 기재한 인수제시명령문구의 내용이 인수담보책임만 면하려는 뜻이면 인수거절로 인한 소구권만 상실한다(어 53조 2항).

⑵ 引受提示의 禁止

가) 意 義

발행인은 인수제시를 금지하는 뜻을 기재할 수 있고(절대적 인수제시금지)(어 22조 2항 본문), 또한 일정한 기일 전의 인수제시를 금지하는 뜻을 기재할 수 있다(기한부 인수제시금지)(어 22조 3항). 이것을 인수제시의 금지라 하고, 이러한 인수제시의 금지의 뜻(인수제시금지문구)을 기재한 어음을 인수제시금지어음이라 한다. 인수제시의 금지는 인수제시의 명령의 경우와는 달리 발행인만 기재할 수 있고 배서인은 기재할 수 없다.

이와 같이 인수제시의 금지를 인정하는 것은 발행인이 지급인에게 만기까지 자금을 공급할 수 없어 만기까지 인수제시를 금지할 필요가 있는 경우(절대적 인수제시금지), 매매대금의 추심을 위하여 환어음을 발행하였으나 물품이 매수인(지급인)에게 도착할 때까지 인수제시를 금지할 필요가 있는 경우 또는 지급인이 여행 중이어서 귀가할 때까지 인수제시를 금지할 필요가 있는 경우(기한부 인수제시금지) 등에 대비하기 위한 것이다.

나) 效 力

인수제시금지문구의 기재가 있는 경우에 소지인이 그 기재에 위반하여 인수제시를 한 때에는 인수가 거절되어도 인수거절로 인한 소구권을 행사할 수 없다. 인수제시금지문구의 기재는 발행인이 기재하는 것으로서 기본어음의 내용으로 되므로 모든 어음행위자에 대하여 효력이 있고, 따라서 이 경우에는 소지인은 모든 소구의무자에 대하여 인수거절로 인한 소구권을 행사할 수 없다.

인수제시금지문구의 기재에 위반하여 소지인이 인수제시를 하여도 지급인이 인수를 한 때에는 그 인수는 유효하다.

다) 引受提示의 禁止가 許容되지 않는 경우

제3자방지급어음·타지출급어음 및 일람후정기출급어음에는 절대적 인수제시금지문구를 기재할 수 없다(어 22조 2항 단서). 제3자방지급어음 즉 제3자의 주소에서 지급할 것을 기재한 어음에 있어서는 지급인에게 미리 지급장소를 알려 그 준비를 하게 할 필요가 있기 때문이고, 타지출급어음 즉 지급지와 지급인의 주소지가 다른 어음에 있어서는 지급인에게 지급담당자를 기재할 수 있는 기회를 줄 필요가 있기 때문이고, 또 일람후정기출급어음에 있어서는 만기를 확정하는 데 인수가 필요하기 때문이다.

이와 같이 제3자방지급어음・타지출급어음 및 일람후정기출급어음에는 절대적 인수제시금지는 할 수 없으나, 일정한 기간 인수제시를 금지하는 기한부 인수제시금지는 할 수 있다(어 22조 3항). 물론 그 인수제시의 금지의 기간이 만기의 전일까지로 하는 것과 같이 장기인 경우에는, 이것은 실질상 절대적 인수제시금지와 같으므로 이러한 장기의 인수제시의 금지는 허용되지 않는다.

(3) 一覽後定期出給어음의 引受提示期間

가) 引受提示期間과 그 效果

일람후정기출급어음은 발행일자부터 1년 내에 인수제시를 하여야 하고(어 23조 1항), 소지인이 이 기간 내에 인수제시를 하지 않는 경우에는 인수인 외의 전자(배서인과 발행인)에 대한 모든 권리 즉 인수거절로 인한 소구권은 물론 지급거절로 인한 소구권도 상실한다(어 53조 1항 1호).

인수제시기간이 경과한 후에 인수제시를 하여 지급인이 인수한 경우에는 그 인수가 유효하나, 그 후에 지급이 거절된 경우에는 소지인은 전자에 대하여 소구권을 행사할 수 없다.

나) 引受提示期間의 短縮・延長

일람후정기출급어음은 인수제시기간이 발행일자부터 1년이나(어 23조 1항), 발행인은 이 인수제시기간을 단축하거나 연장할 수 있고(어 23조 2항), 또 배서인은 1년의 인수제시기간 또는 발행인이 단축・연장한 인수제시기간을 단축할 수 있다(어 23조 3항). 인수제시기간의 단축을 발행인과 배서인에게 허용한 것은 이들이 빨리 소구에 대한 책임을 면하려고 하는 경우를 위한 것이고, 또 그 연장을 발행인에게 허용한 것은 발행인이 자금관계의 사정으로 인수제시를 늦출 필요가 있는 경우를 위한 것이다.

발행인이 일람후정기출급어음에 인수제시기간의 단축 또는 연장을 기재한 경우에 그것은 기본어음의 내용으로 되어 모든 어음행위자에 대하여 효력이 있으므로, 이 경우에 이 기간 내에 소지인이 인수제시를 하지 않은 때에는 모든 소구의무자에 대한 인수거절로 인한 소구권과 지급거절로 인한 소구권을 상실하고(어 53조 2항 본문), 다만 그 기재의 내용이 인수담보책임만을 면하려는 뜻인 때에는 모든 소구의무자에 대한 인수거절로 인한 소구권만 상실한다(어 53조 2항 단서).

그러나 배서인이 일람후정기출급어음에 인수제시기간의 단축을 기재한 경우에는 그 효력이 그 기재를 한 배서인에 대하여서만 있으므로, 이 경우에 그 기간 내에 소지인이 인수제시를 하지 않은 때에는 그 배서인에 대한 인수거절로 인한 소구권과 지급거절로 인한 소구권을 상실하고(어 53조 3항) 그 기재의 내용이 인수담보책임만을 면하려는 뜻인 때에는 그 배서인에 대한 인수거절로 인한 소구권만 상실한다(어 53조 3항).

## 제5. 引受의 成立

### Ⅰ. 序 說

인수의 기재사항에는 필요적기재사항, 유익적기재사항, 무익적기재사항 및 유해적기재사항이 있고 또 인수는 어음행위로서 어음이론에 관한 발행설(또는 교부계약설)에 의하는 한 어음의 교부(반환)가 있어야 하므로, 인수는 어음에 인수의 기재사항을 기재하고 이를 교부함으로써 성립된다.

### Ⅱ. 必要的記載事項

#### 1. 引受文句

인수는 지급인이 환어음에 인수 기타 이와 동일한 의의가 있는 문언(인수문구)을 기재하고 기명날인(서명)을 하여야 한다(어 25조 1항 2문). 이러한 인수를 정식인수라 한다.

인수는 원본에 하여야 하고 어음의 등본이나 보전에 할 수 없다. 어음의 원본인 한 어음의 표면에 하든 이면에 하든 무방하다.

지급인이 어음의 표면에 단순한 기명날인(서명)만 한 경우에도 이를 인수로 본다(어 25조 1항 3문). 이것을 약식인수라 한다. 원래 인수는 어음 자체에 하는 한 어음의 표면에 하든 이면에 하든 무방하나, 약식인수를 어음의 이면에 하는 것을 인정하면 약식백지식배서와 혼동할 염려가 있으므로 약식인수는 어음의 표면에 하도록 한 것이다.

#### 2. 引受人의 記名捺印(署名)

인수에는 인수인이 기명날인(서명)을 하여야 한다(어 25조 1항 2문 후단). 인수는 지급인만 할 수 있으므로, 지급인 외의 자가 인수의 기명날인(서명)을 한 경우에는 인수의 효력이 없다.

지급인과 인수인은 동일하여야 하는데, 그 동일성의 기준에 관하여 형식적동일설과 실질적동일설이 대립해 있다. 형식적동일설은 어음의 기재 자체에 의하여 동일한지의 여부를 판단하여야 한다고 하는 반면(정희철 169면, 정동윤 245면 이기수 213면, 정찬형 242면), 실질적동일설은 어음의 기재상으로는 지급인과 인수인이 동일하지 않더라도 실질상 양자가 동일하면 무방하다고 한다(서돈각 205면, 손주찬 285면, 최기원 255면). 그러나 형식적 동일설에서는 지급인과 인수인의 어음의 기재상 완전히 일치하지 않더라도 거래상 동일인으로 볼 수 있는 경우에는 그 인수가 유효하다고 보므로, 결과적으로는 형식적동일설과 실질적동일설 간에 큰 차이가 없다.

### Ⅲ. 有益的記載事項

#### 1. 引受日字

인수는 지급인이 인수문구를 기재하고 기명날인(서명)을 하거나 지급인이 단순히 기명날인(서명)을 하면 되고, 원칙적으로 인수일자를 기재할 필요가 없다.

그러나 일람후정기출급어음과 특별한 기재(인수제시 명령)에 의하여 일정한 기간 내에 인수제시를 하여야 하는 어음에 있어서는 인수일자를 기재하여야 하고, 다만 제2의 제시에 의하여 지급인이 인수를 한 경우에는 소지인은 지급인에 대하여 제시일자를 기재할 것을 청구할 수 있다(어 25조 2항 1문). 제2의 제시의 경우에 제시일자의 기재를 청구할 수 있게 한 것은 인수제시기간 내에 인수제시를 하였다는 것을 증명할 수 있게 하기 위한 것이다.

일람후정기출급어음과 특별한 기재에 의하여 일정한 기간 내에 인수제시를 하여야 하는 어음에 있어서 지급인이 인수를 하였으나 인수일자를 기재하지 않은 경우에 소지인은 소구권을 상실하나, 이 경우에 소지인이 적법한 시기에 작성한 인수일자거절증서에 의하여 인수일자의 기재가 없었음을 증명하면 소구권이 보전된다(어 25조 2항 2문). 그러나 인수일자의 기재가 없는 경우에 인수인에 대한 관계에 있어서는 인수제시기간의 말일에 인수한 것으로 본다(어 35조 2항).

#### 2. 第3者方支給文句

발행인이 제3자방지급문구의 기재(어 4조)를 하지 않은 경우에는 지급인이 인수를 함에 있어서 그것을 기재할 수 있다(어 27조). 즉 타지출급어음(지급지와 지급인의 주소지가 다른 어음)이 제3자방지급어음으로 발행되지 않은 경우에는 지급인은 인수를 함에 있어서 제3자방지급문구를 기재할 수 있고(어 27조 1항 1문), 또 동지출급어음(지급지와 지급인의 주소지가 동일한 어음)에 제3자방지급문구가 기재되지 않은 경우에도 지급인은 인수를 함에 있어서 제3자방지급문구를 기재할 수 있다(어 27조 2항). 어느 경우에나 제3자의 주소는 지급지 내에 있어야 한다.

그러나 타지출급어음이 제3자방지급어음으로 발행되지 않은 경우에 지급인이 제3자방지급문구를 기재하지 않은 때에는 인수인은 지급지에서 직접 지급하여야 하고(어 27조 1항 2문), 또 동지출급어음에 제3자방지급문구가 기재되어 있지 않은 경우에 지급인이 제3자방지급문구를 기재하지 않은 때에는 인수인이 그의 주소에서 직접 지급하여야 한다.

### 3. 一部引受

#### (1) 意 義

일부인수는 어음금액의 일부에 대하여 인수를 하는 것이다. 일부인수는 부단순인수이나, 어음 전부의 인수로 보지 않고 인수 없는 어음금액에 대하여서만 인수거절이 있는 것으로 본다(어 26조 1항 단서).

이와 같이 일부인수를 인정하는 것은 일부인수의 한도에서는 소지인에게 이익이 되고 또 전자도 일부인수의 한도에서 소구의무를 면하여 그 부담이 경감되기 때문이다.

#### (2) 效 果

일부인수가 있는 경우에 인수된 어음금액에 대하여서는 유효한 인수가 있는 것으로 되어 일부인수인이 그 어음금액의 지급채무를 부담하고, 인수되지 않은 어음금액에 대하여서는 인수거절로 되어 소지인이 인수거절로 인한 소구권을 행사할 수 있다(어 43조 1호).

인수되지 않은 어음금액을 상환한 소구의무자는 소지인에 대하여 그 지급한 뜻을 어음에 기재하고 영수증을 교부할 것을 청구할 수 있고(어 51조 1문), 또 소지인은 그 후의 소구를 할 수 있게 하기 위하여 상환한 소구의무자에게 증명등본과 거절증서를 교부하여야 한다(어 51조 2문).

## Ⅳ. 無益的記載事項

어음금액을 초과하는 금액에 대하여 인수하는 것을 초과인수라 한다. 초과인수를 한 경우에는 어음금액의 범위 내에서는 인수가 있는 것으로 보고, 그 초과부분에 대하여서는 인수의 기재가 없는 것으로 본다(통설).

## Ⅴ. 有害的記載事項

### 1. 變更引受

#### (1) 意 義

변경인수는 인수인이 어음상의 기재사항을 변경하여 인수하는 것이다. 예컨대 만기를 변경하여 인수하거나 지급지를 변경하여 인수하는 것이다. 변경인수는 부단순인수이다.

(2) 效 力

① **引受拒絶로 인한 遡求權의 行使** 인수인이 변경인수를 한 경우에 이는 부단순인수이므로 인수거절로 본다(어 26조 2항 본문). 따라서 이 경우에 소지인은 소구의무자에 대하여 소구권을 행사할 수 있다.

② **引受人의 引受文言에 따른 責任** 인수인이 변경인수를 한 경우에는 그 인수의 문언에 따라 어음상의 책임을 진다(어 26조 2항 단서). 변경인수의 경우에 인수인의 책임을 인정하는 것은 그렇게 하는 것이 인수인의 의사에 합치하고 또 소지인에게도 유리하기 때문이다.

그러므로 변경인수의 경우에 소지인은 전자에 대하여는 소구권을 행사할 수 있고 인수인에 대하여는 인수문언에 따른 어음상의 책임을 물을 수 있다(어 26조 2항 단서). 예컨대 만기를 변경하여 인수한 경우에는 소지인은 본래의 만기를 기준으로 전자에 대하여 소구권을 행사할 수 있고 인수인에 대하여는 그 변경한 만기에 어음금의 지급을 청구할 수 있다. 또한 지급지를 변경하여 인수한 경우에는 소지인은 본래의 지급지를 기준으로 전자에 대하여 소구권을 행사할 수 있고 인수인에 대하여는 그 변경한 지급지에서 어음금의 지급을 청구할 수 있다. 또한 배서금지의 인수를 하여도 어음의 배서성이 박탈되는 것은 아니나 그 어음을 배서양도한 경우에는 인적항변의 절단의 효력이 생기지 않으므로, 인수인은 인수 시에 소지인에 대하여 가지고 있던 인적항변으로 그 양수인에 대하여 대항할 수 있다.

## 제6. 引受의 效力

### Ⅰ. 序 說

지급인은 인수를 할 때까지는 어음채무를 부담하지 않고, 인수를 한 때부터 인수인으로서 주된 어음채무자로 되어 약속어음의 발행인과 동일한 어음채무를 부담한다. 따라서 인수인이 부담하는 의무는 발행인과 배서인이 부담하는 소구의무와는 달리 제1차적 · 무조건적 · 절대적 · 최종적 의무이다.

### Ⅱ. 第1次的 義務

인수인의 의무는 소지인이 다른 자에게 청구하여 지급받지 못한 경우에 부담하는 제2차적 의무가 아니고, 만기가 도래하면 소지인이 인수인에 대하여 직접 어음금의 지급을 청구할 수 있는 제1차적 의무이다. 그리하여 어음법은 「소지인은……인수인에 대하여 환어음으로부터 생기는 직접의 청구권이 있다」(어 28조 2항 1문)고 규정하고 있다.

### Ⅲ. 無條件的 義務

지급제시기간 내에 지급제시를 하였는 데도 인수인이 어음금의 지급을 하지 않은 경우에는 인수인은 지급거절증서가 작성되었든 작성되지 않았든 불문하고 무조건으로 소지인에 대하여 어음금액과 만기 이후의 연 6푼의 이율에 의한 이자를 지급하여야 하므로(어 28조 2항), 인수인의 의무는 무조건적 의무이다.

### Ⅳ. 絶對的 義務

인수인의 의무는 지급제시기간 내에 지급제시를 하지 않아도 만기 후 3년의 소멸시효기간이 경과하지 않는 한 소멸되지 않으므로 절대적 의무이다.

### Ⅴ. 最終的 義務

인수인의 의무는 현재의 소지인뿐만 아니라 소구의무를 이행하고 소지인으로 된 모든 소구의무자에 대하여 어음채무를 지므로 최종적 의무이다.

## 제 2 절 參加引受

### 제1. 意 義

참가인수(acceptance by intervention for honour)는 만기 전의 소구를 저지하기 위하여 지급인 외의 자가 어음금을 지급할 것을 약속하는 어음행위이다.

약속어음에 참가인수를 인정할 것인가에 관하여 긍정설과 부정설이 대립해 있다. 긍정설은 환어음의 참가인수는 인수인의 인수거절의 경우뿐만 아니라 파산이나 강제집행 또는 그 재산상의 강제집행의 부주효 등 만기 전에 소구할 수 있는 모든 경우에 할 수 있으므로 약속어음에도 만기 전에 소구할 수 있는 경우에는 환어음의 참가인수에 관한 규정을 유추적용하여야 한다고 하나(통설), 부정설은 약속어음에는 인수제도가 없고 또 어음법이 참가인수에 관한 규정을 준용하고 있지 않으므로 약속어음에는 참가인수를 인정할 수 없다고 한다(박원선 595면 양승규 342면).

생각건대 참가인수는 인수거절의 경우에만 할 수 있는 것이 아니고 만기 전에 소구할 수 있는 모든 경우에 할 수 있으므로, 약속어음에도 참가인수의 유추적용을 인정하는 것이 타당하다(긍정설). 다만 이 경우에 피참가인의 표시가 없는 때에는 약속어음의 발행인은 소구의무자가 아니므로 발행인을 위하여 참가인수를 한 것으로 보지 않고 제1배서인을 위하여 참가인수를 한 것으로 보아야 할 것이다.

## 제2. 法的 性質

참가인수인은 피참가인과 동일한 의무를 부담하고(어58조 1항) 피참가인은 소구의무자에 한하므로(어56조 1항), 참가인수인은 소구의무를 부담하는 데 불과하다. 따라서 참가인수의 법적 성질은 소구의무의 인수를 목적으로 하는 어음행위이다(통설). 따라서 참가인수인의 채무의 소멸시효기간은 피참가인의 경우와 같다.

## 제3. 參加引受의 要件

참가인수는 만기 전에 소구할 수 있는 모든 경우에 할 수 있다(어56조 1항). 따라서 참가인수를 하기 위하여서는 실질적 요건으로서 만기 전에 소구의 원인이 발생하여야 하고 또 형식적 요건으로서 거절증서를 작성(거절증서작성면제의 경우에는 제외)하여야 한다.

인수제시금지어음(어22조 2항)에 있어서는 인수제시를 할 수 없어 인수거절이 있을 수 없으므로 참가인수를 할 수 없다(어56조 1항). 그러나 입법론으로는 지급인의 자력이 불확실하여 만기 전에 소구할 수 있는 경우에는(어43조 2호·3호) 만기 전의 소구권의 행사를 저지하기 위한 참가인수를 허용하여야 할 것이다.

## 제4. 參加引受의 方式

참가인수는 어음에 참가인수를 한다는 뜻(참가인수문구)를 기재하고 기명날인(서명)을 하여 하며(어57조 1문), 참가인수는 어음행위이므로 소지인에게의 교부(반환)가 있어야 한다.

참가인수에는 피참가인을 표시하여야 하고, 이것을 표시하지 않은 때에는 환어음에 있어서는 발행인을 위하여 참가인수한 것으로 본다(어 57조 2문·3문). 이것은 환어음의 발행인과 약속어음의 제1배서인을 참가인수로 하는 것이 가장 많은 사람의 소구의무를 면하게 하기 때문이다. 그러나 예비지급인이 피참가인을 기재하지 않고 참가인수를 한 경우에는, 그 예비지급인을 지정한 자를 위하여 참가인수한 것으로 보아야 할 것이다.

또한 참가인수는 법문(어 58조 1문)상으로는 어음에 하여야 하고 보전이나 등본에는 할 수 없는 것으로 보이나, 참가인수는 배서인 또는 보증인을 위하여서도 하므로 보전 또는 등본에도 할 수 있다고 보아야 할 것이다(정찬형, 어음수표법, 701면).

## 제5. 參加引受의 選擇

### Ⅰ. 參加引受의 拒絶과 承諾

소지인은 원칙적으로 참가인수를 거절할 수 있고(어 56조 3항 1문), 이것은 신용할 수 없는 제3자가 참가인수를 하여 소지인이 소구권을 상실하게 되는 것(어 56조 3항 2문)은 부당하기 때문이다.

그러나 지급지에 주소를 가지고 있는 예비지급인 즉, 동지예비지급인의 기재가 있는 경우에는 소지인은 이 자의 참가인수의 신청을 거절하지 못한다. 어음에 동지예비지급인의 기재가 있는 경우에는 소지인은 먼저 그 예비지급인에게 어음을 제시하여 참가인수를 구하고(예비지급인은 바로 지급하여도 무방), 그 예비지급인이 참가인수를 거절한 때에는 인수거절증서를 작성하여 참가인수가 거절된 것을 증명하여야 예비지급인을 기재한 자와 그 후자의 전원에 대하여 만기 전의 소구권을 행사할 수 있다. 그렇지 않으면 소지인은 예비지급인을 기재한 자와 그 후자의 전원에 대한 만기 전의 소구권을 상실한다(어 56조 2항).

물론 소지인이 동지예비지급인 외의 자 즉 이지예비지급인(어음에 미리 참가할 자로 기재된 자로서 그 주소지가 어음의 지급지와 다른 자)이나 예비지급인이 아닌 제3자(협의의 참가인수인)로부터 참기인수의 신청을 받은 경우에는 그 참가인수의 신청을 거절할 수 있다(어 56조 3항 1문).

### Ⅱ. 參加引受의 競合

피참가인을 달리하는 협의의 참가인수인이 경합하는 경우에는 소지인이 예컨대 발행인을 위한 참가인수를 승낙하면 피참가인과 그 후자에 대한 만기 전의 소구권을 상실하게 되므로(어 56조 3항 2문) 그 후자를 위한 참가인수를 승낙할 수 없다. 그러나 소지인이 예컨대 최후의 배서인을 위한 참가인수를 승낙하면 그 전자를 위한 참가인수를 승낙할 수 있다.

그리고 예비지급인과 협의의 참가인수인의 참가인수의 신청이 경합하는 경우에는, 소지인은 예비지급인의 참가인수를 승낙하여야 한다(정희철 304면 정찬형 435면).

## 제6. 參加引受의 效力

### Ⅰ. 參加引受人의 義務負擔

참가인수인은 소지인과 피참가인의 후자에 대하여 피참가인과 동일한 의무를 부담한다(어 58조 1항). 따라서 참가인수인의 의무는 피참가인의 의무 즉 소구의무이다.

참가인수인의 의무는 소구의무이므로 소지인은 참가인수인에게 청구하기 전에 먼저 지급인에게 지급을 청구하고 그 지급이 거절된 때에 지급거절증서를 작성하는 등 어음법 제44조 소정의 소구권보전절차를 취하여 참가인수인에게 청구하여야 한다. 소지인이 이러한 절차를 해태한 경우에는 참가인수인에 대한 권리를 상실한다. 이 경우에 이미 인수거절증서를 작성하였더라도 이것은 참가인수에 의하여 실효되므로, 어음법 제44조 제4항(인수거절증서를 작성한 때에는 지급제시와 지급거절증서 작성 불요)의 규정이 적용되지 않는다.

그리고 지급지에 주소를 가지고 있는 참가인수인(동지참가 인수인)에 대한 권리를 보전하기 위해서 소지인은 늦어도 지급거절증서를 작성할 수 있는 최종일의 익일까지 그 전원에게 어음을 제시하고 또 거절증서의 작성이 면제되어 있지 않는 한 참가지급거절증서를 작성하여야 한다(어 60조 1항). 소지인이 이러한 절차를 해태한 경우에는 피참가인과 그 후자 전원은 소구의무를 면하고(어 60조 2항), 따라서 이와 동일한 의무를 부담하는 참가인수인도 그 의무를 면한다.

### Ⅱ. 遡求權의 消滅

참가인수가 있는 경우에는 소지인은 피참가인과 그 후자 전원에 대한 만기 전의 소구권을 상실한다(어 56조 3항 2문). 즉 참가인수가 있는 경우에는 피참가인과 그 후자 전원은 소구의무를 면한다.

참가인수가 있더라도 피참가인의 전자는 소구의무를 면하지 못하므로 피참가인의 전자는 상환권을 가지며 또 참가인수인이 참가지급을 한 후에는 피참가인에게 구상할 것이므로 피참가인도 상환권을 가진다(어 58조 2항).

# 제8장 手票에 特有한 制度

## 제1관 특수한 手票

### 제1. 自己앞手票

#### Ⅰ. 意 義

자기앞수표(cashiers' check)는 발행인이 자기를 지급인으로 하여 발행한 수표이다(수 6조 3항). 수표의 지급인은 은행에 한하므로(수 3조 본문), 자기앞수표는 은행발행의 수표인 것이다. 자기앞수표를 보증수표라고도 한다.

수표에는 발행인 · 지급인 · 수취인의 3당사자가 있으나, 이들 간에는 이해의 대립이 없어 다른 당사자를 겸할 수 있으므로 발행인이 지급인을 겸하는 자기앞수표도 가능한 것이다.

자기앞수표는 발행인과 지급인이 동일 은행인 수표로서, 점포가 동일한 경우와 점포가 다른 경우가 있다. 우리 나라에서는 은행의 영업소가 의뢰인으로부터 자금의 제공을 받고 발행인으로 되어 당해 영업소를 지급인으로 자기앞수표를 발행하므로 점포가 동일한 경우가 보통이다.

#### Ⅱ. 自己앞手票의 效用

##### 1. 支給保證 대신 自己앞手票의 發行

은행이 거래처의 요구에 따라 수표에 지급보증을 하였다가 후에 그 지급보증수표의 지급제시가 있는 때에 거래처의 당좌예금잔고나 당좌대월한도액이 없으면 은행이 사기자금으로 수표금을 지급하여야 하여 손해를 볼 염려가 있다. 따라서 거래처가 수표의 지급보증을 요구하는 경우에는 은행은 지급보증에 갈음하여 그 수표금액을 거래처의 당좌예금잔고에서 공제하거나 당좌대월잔고에 가산하고 그 수표와 상환하여 자기앞수표를 발행한다(당좌계정거래약관 7조). 그리하여 자기앞수표는 은행이 지급보증한 보증수표와 다름이 없다는 의미에서 「보증수표」 또는 「보수」라고도 한다.

### 2. 現金의 代用物로서 自己앞手票의 利用

자기앞수표는 은행이 발행한 것이어서 안전하고 또 보관·휴대·계산에 편리하므로, 은행에 현금을 지급하거나 예금잔고에서 자기앞수표를 발행해 줄 것을 의뢰하여 자기앞수표를 발행받아 이를 상대방에게 현금의 지급에 갈음하여 교부한다.

지급제시기간 내에 자기앞수표를 제공하는 것은 현금의 제공과 같이 채무의 내용에 좇은 현실의 제공으로 된다(대판 1960. 5. 19. 4292 민상 784).

## Ⅲ. 自己앞手票의 法律關係

### 1. 發行依賴人과 銀行의 關係

#### (1) 法的 性質

자기앞수표의 발행의뢰인과 은행 간의 관계의 법적 성질에 관하여, 학설은 발행의뢰인이 은행에 대하여 지급을 위탁하는 계약이라고도 하고(지급위탁설) 또는 은행이 발행의뢰인에게 자기앞수표를 매매하는 것이라고도 한다(매매설).

생각건대 발행의뢰인의 은행에 대한 지급위탁은 당사자 간의 계약상의 관계이고 수표관계가 아니므로 지급위탁설은 부당하고 자기앞수표의 매매라 보는 것이 타당하다(매매설)(양승규(어) 441면 정동윤 414면).

#### (2) 發行依賴人의 銀行에 대한 事故申告

수표상으로는 은행이 지급위탁자이고 발행의뢰인은 지급위탁자가 아니므로 발행의뢰인이 자기앞수표를 도난 또는 분실당하여 은행에 지급의 중지를 요구한 경우에 이는 지급위탁의 취소가 아니고 단지 무권리자에 대한 지급의 방지를 위한 사고계 제출의 의미 밖에 없다.

### 2. 手票所持人과 銀行의 關係

자기앞수표에 있어서 은행은 발행인과 지급인의 지위를 가진다. 은행은 발행인의 지위를 가지므로 지급제시기간 내에 지급제시하여 지급이 거절된 때에는 소구의무를 부담하고(수39조), 또 지급인의 지위를 가지므로 지급제시기간 경과 후에도 지급위탁의 취소가 없는 한 소지인에게 수표금을 지급할 수 있다(수32조 2항).

**【대법원 1987. 5. 26. 판결, 86 다카 1559】**

자기앞수표의 발행은행과 소지인 간의 관계에 관하여, 대법원은 「예금의 출급으로서 은행이 자기를 지급인으로 하여 소지인출급식수표를 발행한 경우에는 동일인이 발행인과 지급인의 두 가지 자격을 겸하게 되며, 지급인의 자격으로서는 단순히 지급위탁을 받은 것이고 수표상의 채무를 부담하는 것이 아니므로 언제든지 지급청구에 응할 의무가 있는 것이라 할 수 없으나, 발행인의 자격으로서는 소지인이 소구권을 행사할 수 있는 요건을 구비하여 상환청구를 한 때에는 언제든지 이에 응할 의무가 있다」고 판시하여, 은행은 지급인의 자격에서 지급위탁을 받고 또 발행인의 자격에서 소구의무를 부담한다고 하였다.

## 제2. 先日字手票

### Ⅰ. 意 義

선일자수표(postdated check)는 발행의 일자를 실제의 발행일로 기재하지 않고 장래에 도래할 날로 기재한 수표이다. 예컨대 현실로는 10월 1일에 발행하였는데도 수표상의 발행일자는 11월 1일로 기재되어 있는 수표이다. 이것을 「延手票」라고도 한다.

### Ⅱ. 先日字手票의 有效性

수표행위의 문언성과 추상성에서 보아 수표에는 수표요건인 발행일자가 기재되어 있으면 그것으로 충분하고 또 수표에 기재된 발행일자는 수표상의 의사표시의 내용이지 사실의 기록이 아니므로, 비록 수표에 발행일로 기재된 일자와 현실로 발행된 일자가 다르더라도 수표발행의 효력에는 관계가 없는 것이다. 그리고 수표행위가 법정의 방식을 형식적으로 구비하고 있으면 그것이 진실과 합치하지 않더라도 그 효력은 영향이 없다고 하는 외관해석의 원칙에서 보아도, 선일자수표는 당연히 유효한 것이다.

### Ⅲ. 先日字手票의 利用

수표는 일람출급으로서(수28조 1항 1문) 발행 후 곧 지급제시를 할 수 있고 또 발행일부터 10일 내에 지급제시를 하여야 하므로(수29조 1항), 발행인이 수표 발행 당시에는 지급인인 은행에 지급을 위한 자금이 없고 일정한 기간 후에야 은행에 지급자금을 예금할 수 있는 경우에는 수표에 실제로 발행한 일자를 발행일로 기재하지 않고 은행에 지급자금을 예금할 수 있는 일자를 발행일로 기재하여 수표(선일자수표)를 발행한다. 선일자수표를 발행한 경우에는 수표의 교부를 받은 자가 사실상 수표에 기재된 발행일자까지 지급제시를 할 수 없으므로, 이것은 결국 확정일출급의 수표를 발행한 것과 동일한 결과가 된다.

### Ⅳ. 先日字手票의 發行日字 전의 支給提示와 支給

선일자수표는 기재의 면에서 보면 기재된 발행일자가 도래한 때부터 지급제시를 할 수 있고 그 전에는 지급제시를 할 수 없어 결국 발행일자를 만기로 하는 확정일출급의 수표를 인정하게 되어 수표의 일람출급성에 반하고 또 현재 은행에 지급자금이 없이 선일자수표를 이용하는 것은 발행인이 처분할 수 있는 자금이 있는 은행을 지급인으로 하여서만 수표를 발행할 수 있다고 하는 수표법 제3조에 반하므로, 수표법에서는 선일자수표의 경우에도 기재된 발행일자 전에 지급제시를 한 경우에는 그 제시일에 지급하여야 한다(수 28조 2항)고 규정하고 있다.

따라서 소지인이 기재된 발행일자 전에 지급제시를 한 경우에 지급인이 지급자금이 없어 지급거절을 한 때에는 발행인에게 소구할 수 있고(수 39조), 이 경우에 발행인은 지급자금 없이 수표를 발행하였으므로 50만 원 이하의 과태료의 제재를 받으며(수 67조, 벌금 등 임시조치 4조 3항) 은행으로부터 거래정지처분을 받는다.

### Ⅴ. 先日字手票의 發行日字의 意味

선일자수표는 기재된 발행일자 전에 지급제시할 수 있어도(수 28조 2항), 그 지급제시기간은 수표에 기재된 발행일자를 기준으로 정하고(수 29조 4항) 또 그 시효기간도 지급제시기간을 기준으로 정하므로(수 51조 1항) 기재된 발행일자가 의미가 없는 것은 아니다.

### Ⅵ. 發行日字 전 支給提示하지 않기로 한 特約의 效力

#### 1. 序 說

선일자수표를 발행하는 경우에는 발행인과 수취인 간의 수표예약에서 수취인이 수표에 기재된 발행일자 전에는 자기와 자기로부터 수표를 양수한 자가 지급제시를 하지 않기로 약정하는 것이 보통이고, 또 이러한 특약이 없더라도 선일자수표를 발행한 경우에는 발행인과 수취인 간에 이러한 특약이 있다고 보는 것이 당사자의 의사에 합치한다(대판 1985. 5. 28. 84 다카 2451).

발행일자 전에 지급제시하지 않기로 한 특약은 강행규정인 수표법 제28조 제2항(발행일자 전에 제시된 수표의 지급)을 변경한 것이 아니고 발행인의 자금형편상 지급제시를 유예하려는 수표 외의 합의에 불과하며 또 선량한 풍속 기타 사회질서에 반하는 것이 아니므로 발행인과 수취인 간에서 유효하고(대판 1989. 11. 28. 88 다카 33367), 다만 수취인이 이에 위반하여 지급제시를 한 경우에는 지급유예의 채무불이행으로서 손해배상책임을 진다(통설).

**【대법원 1985. 5. 28. 판결, 84 다카 2451】**

선일자수표의 발행인과 수취인 간에 발행일자 전 지급제시 않는다는 특약이 없었던 경우에 관하여, 대법원은 「선일자수표는 발행인과 수취인 간에 특별한 합의가 없었더라도 일반적으로 수취인이 수표상의 발행일 이전에는 자기나 양수인이 지급을 위한 제시를 하지 않을 것이라는 약속이 이루어져 발행된 것이라 의사해석함이 합리적이며, 따라서 대부분의 경우 당해 발행일자 이후의 제시기간 내의 제시에 따라 결제되는 것으로 보아야 할 것이다」(대판 1985. 5. 28. 84 다카 2451) 라고 판시하여, 특약이 있는 것으로 보아야 하고 또 이는 유효한 것이라 하였다.

**【대법원 1989. 11. 28. 판결, 88 다카 33367】**

**1. 사실관계**

A수산회사는 1986. 7. 26.에 Y보험회사의 보험설계사 B에게 조업 중인 선원 34명을 피보험자로 하고 단체대형 생명보험계약을 체결하고 제1회 보험료로 발행일자 1986. 8. 10.로 하는 선일자수표를 발행하여 교부하고 보험료가수증을 받았다.

A수산회사 소유의 어선에 승선하고 있던 X가 남해에서 조업하다가 1986. 7. 28. 04:00 경 바다에 빠져 사망하였다. 그런데 Y보험회사의 생명보험 약관에 「보험회사가 청약 시 제1회 보험료를 승낙하기 전에 보험금지급사유가 발생한 경우에는 제1회 보험료를 지급한 날부터 소급하여 보험금지급책임을 진다」고 규정되어 있었다.

이에 X의 유족이 Y보험회사에 대하여 X의 보험금의 지급을 청구하였으나, Y보험회사는 위 선일자수표의 지급기일(1986. 8. 10.)이 도래하여 지급제시가 있기 전에는 보험료지급의 효력이 생기지 않는다고 하여 위 보험금의 지급을 거절하였다.

**2. 판결요지**

이 건에 관하여, 대법원은 「선일자수표는 그 발행인과 수취인 간에 특별한 합의가 없는 한 일반적으로 수취인이 그 수표상의 발행일 전에는 자기나 양수인이 지급을 위한 제시를 하지 않을 것이라는 약속이 이루어져 발행된 것이라고 의사해석함이 합리적이며, 따라서 선일자수표는 대부분의 경우 당해 발행일자 이후의 제시기간 내의 제시에 따라 결제되는 것이라고 보아야 한다.

물론 선일자수표도 본질적으로 일람출급성을 상실한 것이 아니므로 발행일자 이전에 지급을 위한 제시가 있을 때에 그 날에 지급을 하여야 하는 것은 수표법 제28조 제1항에 의하여 분명하고 이것을 발행인에게 위험부담을 강요하는 측면이 없지 않으나, 그렇다고 선일자수표가 발행교부된 날에 어음금지급의 효과가 발생한다고 볼 수 없다.

이 건 보험약관에 보험자가 제1회 보험료를 받은 후 보험청약에 대한 승낙이 있기 전에 보험사고가 발생한 때에는 제1회 보험료를 받은 때에 소급하여 그때부터 보험자의 보험금지급책임이 생긴다고 규정되어 있으나, 그렇더라도 보험설계사가 보험계약자로부터 제1회 보험료로 선일자수표를 받고 보험료가수증을 교부한 경우에 선일자수표를 받은 날을 보험자의 보험금지급책임의 발생시점이 되는 제1회 보험료의 수령일로 보아서는 안된다」고 판시하여 수표금지급 시까지는 보험료의 지급이 없는 것으로 보아 보험자의 보험금지급책임을 부정하였다.

## 제3. 橫線手票

### Ⅰ. 意 義

횡선수표(crossed check)는 수표의 표면에 두 줄의 평행선을 그은 수표로서, 지급수령자격이 은행 또는 지급인의 거래처로 제한되어 있다.

수표는 일람출급이고 대부분 소지인출급식으로 발행되므로, 수표가 도난 또는 분실된 경우에는 부정취득자가 용이하게 수표금을 지급받을 수 있는 위험이 있다. 그리하여 수표법은 횡선수표에 있어서는 지급인은 은행 또는 자기의 거래처에 대하여서만 지급할 수 있고 또 은행은 자기의 거래처 또는 다른 은행으로부터만 이를 취득할 수 있게 하여, 수표금의 지급을 받은 자와 그 수표의 유통경로를 쉽게 추적할 수 있도록 하고 있다.

원래 횡선수표는 영국에서 고안·이용되어 왔고, 독일에서는 계산수표(Verrechnungsscheck)를 채택하고 있다.

수표법통일조약에서는 횡선수표와 계산수표의 두 가지 제도를 병용하면서 유보조항(제2부속서 18조 1항)을 두어 그 중 하나의 채용을 인정하고 있다. 우리 나라의 수표법에서는 횡선수표제도를 채택하고 있다(수 37조 38조).

## Ⅱ. 橫線의 法的 性質

횡선의 법적 성질은 수표의 발행인 또는 소지인이 수표의 지급인에 대하여 지급수령자격을 제한하는 지시이다. 즉 횡선은 지급인에 대하여 법정의 자에게만 지급할 것을 명령하는 의사표시이다.

이와 같이 횡선은 지급인에 대한 지급수령자격제한의 지시에 불과하므로 횡선수표라도 이 외의 법률관계, 예컨대 횡선수표의 양도방법 등은 보통의 수표의 양도방법과 같다.

## Ⅲ. 橫線手票의 種類

횡선수표에는 일반횡선수표와 특정횡선수표가 있다.

### 1. 一般橫線手票

일반횡선수표(general crossed check)는 두 줄의 횡선 내에 아무 지정을 하지 않았거나 「은행」 또는 이와 동일한 의의가 있는 문자를 기재한 수표이다(수 37조 2항 2문·3항 전단).

### 2. 特定橫線手票

특정횡선수표(special crossed check)는 횡선 내에 특정 은행의 명칭을 기재한 수표이다(수 37조 2항 2문·3항 후단). 그러나 특정횡선수표가 실제로 사용되는 경우는 극히 드물고, 단지 추심은행 기타 어음교환소의 유통 중에 이용되고 있는 정도이다.

## Ⅳ. 橫線의 記載

### 1. 橫線을 그을 수 있는 者

수표에 횡선을 그을 수 있는 자는 수표의 발행인과 소지인이다(수 37조 1항). 따라서 추심위임을 위하여 소지인출급식수표를 교부받은 은행은 수표소지인으로서 횡선을 그을 수 있다.

또한 특정횡선의 피지정은행은 제2의 특정횡선을 그어 다른 은행에게 추심위임을 할 수 있다. 이것은 피지정은행이 어음교환소에 가입되어 있지 아니하여 어음교환소에서 결제되지 않는 경우에, 그 피지정은행이 제2의 특정횡선을 그어 거기에 어음교환소 가입은행을 피지정은행으로 기재하여 그 피지정은행이 어음교환소에서 추심할 수 있도록 하기 위한 것이다.

### 2. 橫線의 變更·抹消·取消

#### (1) 橫線의 變更

횡선은 지급수령자격을 제한하여 부정취득자가 지급받는 것을 방지하기 위한 것이므로, 지급수령자격을 더 엄격하게 변경하는 것 즉 일반횡선을 특정횡선으로 변경하는 것은 무방하나 지급수령자격을 완화하여 변경하는 것 즉 특정횡선을 일반횡선으로 변경하는 것은 허용되지 않는다(수 37조 4항).

#### (2) 橫線의 抹消·取消

횡선 또는 피지정은행의 명칭은 말소할 수 없고, 이것을 말소하여도 말소하지 않은 것으로 본다(수 37조 5항). 횡선 또는 피지정은행의 명칭의 말소를 인정하지 않는 것은 횡선수표의 확실성을 높이기 위한 것뿐만 아니라 정당한 말소권자에 의하여 말소되었는가를 가리기가 곤란하기 때문이다.

## Ⅴ. 橫線의 效力

### 1. 支給의 制限

#### (1) 一般橫線手票의 경우

일반횡선수표의 지급인은 자기의 거래처 또는 다른 은행에만 지급할 수 있다(수 38조 1항). 따라서 지급인의 거래처 또는 은행이 아닌 자가 지급제시를 한 경우에는 지급인은 지급하지 못한다. 지급인의 거래처 또는 은행이 아닌 자의 지급제시는 적법한 지급제시가 아니므로, 지급이 거절되어도 수표소지인은 소구권을 행사할 수 없다.

#### (2) 去來處

횡선수표의 지급을 받을 자로서의 지급인의 거래처(customer)에 관하여, 학설은 은행과 다소 계속적인 거래관계가 있는 자라고도 하고(정희철 276면, 손주찬 435면, 정동윤 417면 이기수 342면, 채이식 325면, 정찬형 448면) 또는 은행과 거래관계를 개설하고 동시에 은행이 그 동일성과 그의 주소를 확인한 자라고도 한다(최기원 521면). 그러나 은행과 계속적인 거래관계가 있으면 은행이 거래자의 동일성과 그의 주소를 확인할 수 있을 것이므로, 실제에 있어서는 양 학설에 별 차이가 없다.

생각건대 거래처인가 아닌가는 미지의 자가 수표금을 수령하는 것을 막기 위한 횡선수표제도의 취지에 비추어 거래의 종류·계속성·실질성 등을 종합적으로 고려하여 해당여부를 결정하여야 할 것이다. 거래의 종류에 있어서는 당좌거래가 있는 경우에는 물론 은행이 대부한 경우에도 원칙적으로 그 거래자는 거래처라 할 수 있고, 거래의 계속성에 있어서는 횡선수표를 취득하기 직전이나 취득과 동시에 당좌거래를 개설한 경우 또는 과거에 당좌를 개설하였으나 그 후 장기간 방치한 경우에는 거래의 계속성이 없으므로 그 거래자는 거래처라 할 수 없으며, 또 아주 작은 금액을 보통예금으로 예금한 경우에는 거래의 실질성이 없으므로 그 거래자는 거래처라 할 수 없다.

또한 여기에서 지급인의 거래처가 동일 은행의 다른 영업소의 거래처도 포함하는가에 관하여, 긍정설도 있으나(최기원 521면) 수표의 지급인이 영업소 단위로 지정되므로 지급인의 거래처는 당해 영업소의 거래처라 보아야 할 것이다(부정설).

⑶ 特定橫線手票의 경우

특정횡선수표의 지급인은 피지정은행(횡선 내에 기재된 은행)에만 지급할 수 있고, 피지정은행이 지급인인 경우에는 자기의 거래처에만 지급할 수 있다(수 38조 2항 본문).

그러나 피지정은행이 어음교환소에 가입되어 있지 아니하여 어음교환소에서 결제가 되지 않는 경우에는, 피지정은행은 어음교환소에 가입해 있는 다른 은행에 추심을 위임할 수 있고 지급인은 그 추심수탁은행에 지급할 수 있다(수 38조 2항 단서).

수개의 특정횡선이 있는 수표에 있어서는 지급인이 어느 피지정은행에 지급할 것인가를 결정할 수 없으므로, 수개의 특정횡선이 있는 수표의 지급인은 수표금을 지급하지 못한다(수 38조 4항 본문).

다만 피지정은행이 어음교환소에 가입되어 있지 아니하여 어음교환소에서 결제가 되지 않는 경우에는, 피지정은행은 전술한 바와 같이 어음교환소에 가입해 있는 다른 은행에 추심을 위임할 수 있고(수 38조 2항 단서) 또는 어음교환소에 가입되어 있는 다른 은행을 피지정은행으로 하는 제2의 특정횡선을 그을 수 있다(수 38조 4항 단서). 제2의 특정횡선을 긋는 경우에는 「어음교환소에서 추심하기 위하여」 또는 「추심을 위하여」 등의 문언을 부기할 필요가 있다.

**2. 取得 · 推尋委任의 制限**

일반횡선수표의 지급인은 자기의 거래처 또는 은행에만 지급할 수 있고(수 38조 1항), 특정횡선수표의 지급인은 피지정은행에만 또 피지정은행이 지급인인 경우에는 자기의 거래처에만 지급할 수 있다(手 38조 2항).

이와 같이 횡선수표의 지급을 제한하여도 횡선수표의 부정취득자가 횡선수표를 어느 은행에나 양도 또는 추심위임할 수 있다면 그 횡선수표를 용이하게 환금할 수 있어 횡선제도가 무의미하게 될 것이다. 따라서 은행은 자기의 거래처 또는 다른 은행에서만 횡선수표를 취득할 수 있고 그 외의 자에게서는 횡선수표를 취득하여서는 안되며(手 38조 3항 1문), 또 자기의 거래처 또는 다른 은행을 위하여서만 횡선수표의 추심을 할 수 있고 그 외의 자를 위하여 횡선수표의 추심을 하여서는 안된다(手 38조 3항 2문).

## Ⅵ. 制限違反의 效力

횡선수표의 지급·취득·추심위임의 제한에 위반한 경우 그 위반한 지급인 또는 은행은 이로 인하여 생긴 손해에 대하여 수표금액의 한도 내에서 배상할 책임을 진다(手 38조 5항).

지급인·은행의 손해배상책임은 횡선수표의 안전과 확실을 위하여 특별히 인정된 책임으로서 무과실책임이다(통설).

이러한 지급인·은행의 손해배상책임은 수표법상 특별히 인정된 책임으로서 민법상의 손해배상책임과는 관계가 없다. 따라서 횡선의 제한에 위반하여 생긴 손해가 수표금액을 초과하는 경우에는 피해자는 민법상의 손해배상(불법행위 또는 채무불이행으로 인한 손해배상)을 청구할 수 있다(통설).

횡선부분이 잘리어 나간 수표의 지급인이 거래처가 아닌 자에게 지급한 경우에 지급의 제한위반으로 인한 손해배상책임을 지는가 문제되나, 횡선은 말소할 수 없고 말소하여도 말소하지 않은 것으로 보므로(手 37조 5항) 이 경우에도 횡선의 효력이 상실되지 않은 것으로 보아 지급인이 손해배상책임을 진다고 보아야 할 것이다(대판 1977. 8. 23. 77 다 344).

**【대법원 1977. 8. 23. 판결, 77 다 344】**

횡선부분이 잘리어 나간 수표의 지급인이 거래처가 아닌 자에게 지급한 경우에 관하여, 대법원은 「제시된 수표가 그 면적의 약 8분의 1 정도에 해당되는 좌측상단 모서리와 좌단부분이 잘리어 나간 형태인 경우에, 그 수표의 제시를 받은 은행은 일단 이것이 사고수표일지도 모른다고 의심하여 그 지급을 유보하거나 제시인으로 하여금 횡선수표의 지급절차를 밝게 하거나 적어도 제시인의 신분을 확실히 파악하여 수표금을 지급할 의무가 있으며, 이러한 조치를 취하지 않고 수표금을 지급한 것은 그 수표금을 지급함에 있어서 과실이 있는 것이다」라고 판시하여, 지급인의 손해배상책임을 인정하였다.

## Ⅶ. 橫線效力排除의 特約

수표의 발행인이 수표용지의 도난·분실에 대비하여 수표용지의 전부에 횡선을 그어 놓는 수가 있는데, 이 경우에 상대방이 지급인과 거래관계가 없는 때에는 횡선의 효력을 배제시킬 필요가 있다.

그러나 횡선은 말소에 의하여 취소할 수 없으므로(수 37조 5항), 실무에서는 발행인이 횡선수표의 이면에 은행에 신고된 인감을 찍은 경우에는 지급인이 이를 횡선수표로 취급하지 않고 거래처 외의 자에게 지급하는 관행이 있다(당좌계정약정서 14조 참조). 횡선수표의 이면에 인감을 찍는 것은 발행인과 지급인 간에 횡선의 효력을 배제하는 특약이다.

이 횡선효력배제의 특약은 횡선의 효력을 일반적으로 배제하는 특약이 아니고, 다만 발행인이 지급인에 대한 손해배상청구권을 포기하고 또 제시인이 거래처가 아니라도 지급인이 지급할 의무를 부담하는 특약으로서 당사자 간에서는 유효하다(손주찬 439면, 최기원 522면, 정동윤 418면).

## Ⅷ. 計算手票

계산수표(Verrechnungsscheck)는 발행인 또는 수표소지인이 수표의 표면에 「계산을 위하여서만」(nur zur Verrechnung) 또는 이와 동일한 의의가 있는 문언을 기재한 수표로서, 이체·상계·어음교환 등의 기장계산의 방법으로만 결제하고(독일 수표 39조) 현금의 지급이 금지되어 있는 수표이다. 수표의 부정취득자에게 현금을 지급하는 위험을 방지할 수 있다.

우리 나라의 수표법에서는 횡선수표만 인정하고 계산수표를 인정하고 있지 않으나, 외국에서 발행하고 우리 나라에서 지급될 계산수표는 일반횡선수표의 효력이 있다(수 65조, 국제사 59조 5호).

## 제4. 旅行者手票

### Ⅰ. 意 義

여행자수표(traveler's check, T/C)는 해외여행자가 여행지에서 그 곳의 화폐로 현금화할 수 있는 유가증권이나, 구체적으로는 국가에 따라 다르다.

우리 나라에서 일반은행은 미국은행과의 계약에 의하여 미국은행의 여행자수표를 발매하고 있다.

미국의 여행자수표는 발행은행이 그 해외지점 또는 거래은행에 대하여 여행자의 副署(counter sign)를 조건으로 지급할 것을 지시하는 증권이며, 10 달러 · 50 달러 · 100 달러 · 1,000 달러 등의 정액으로 발행된다.

여행자수표가 발행되면 여행자는 수표의 상단에 서명을 하고, 또 수표를 현금화할 때에 지급인의 면전에서 수표의 하단에 부서를 하여야 한다.

### Ⅱ. 旅行者手票의 特徵

여행자수표는 ① 수표(check)라는 명칭으로 되어 있으면서, ② 지급약속문구가 기재되어 있고, ③ 발행일과 지급지의 기재가 없고, ④ 발행인과 지급인이 은행이고, ⑤ 발행인의 기명날인이나 서명이 없고 은행장의 복사서명이 있고, ⑥ 여행자가 수표를 발행받았을 때에 그 상단에 서명하고 또 현금화할 때에 그 하단에 부서한다. 수표의 상단에 서명하는 것은 자기를 수취인으로 지정하는 행위이고, 또 하단에 부서하는 것은 수표를 배서하거나 수표금수령을 증명하는 것이다.

### Ⅲ. 旅行者手票의 法的 性質

여행자수표의 법적 성질에 관하여 학설은 자기앞수표 또는 약속어음에 유사한 유가증권이라고도 하고(정희철 320면, 손주찬 391면 정찬형 50면, 서헌제 937면), 여행자가 발매은행 또는 그 거래은행을 지급인으로 하여 발행하는 수표라고도 한다(정동윤 420면 이기수 351면).

생각건대 여행자수표는 지급약속문구가 있으므로 환어음이나 수표가 아니고 수표문구가 있으므로 약속어음도 아니다. 그러나 여행자수표는 은행이 발행인과 지급인을 겸하고 있으므로 자기앞수표와 유사하고 지급약속문구가 있으므로 약속어음과 유사하므로, 자기앞수표 또는 약속어음과 유사한 특별한 유가증권이라 보는 것이 타당하다.

### Ⅳ. 旅行者手票의 讓渡

여행자가 발매은행으로부터 여행자수표를 매입한 때에는 수표의 상단에 서명을 한다. 이 서명은 여행자가 자기를 수취인으로 지정하는 행위로서, 이 때부터 여행자수표가 기명식수표로 된다.

소지인은 여행자수표를 배서에 의하여 양도할 수 있고, 또 여행자수표는 대부분 선택무기명식으로 발행되므로 단순한 교부에 의하여 양도할 수 있다.

### Ⅴ. 旅行者手票의 支給

여행자가 발매은행의 해외지점 또는 거래은행 등의 지급인에게 여행자수표를 제시한 때에는 지급인은 그 하단에 부서할 것을 요구하고 그 부서가 발행 시의 서명과 일치하면 여행자수표와 상환하여 수표금을 지급한다.

## 제 2 관　支給保證

### 제1. 意　義

지급보증(certification)은 지급제시기간 내에 지급제시가 있을 때에 지급인이 수표금액을 지급할 것을 약속하는 수표행위이다.

수표의 신용증권화를 방지하기 위하여 수표의 인수를 금하고 있으나(수4조), 지급인이 소지인에게 미리 지급할 것을 약속하는 것은 지급을 확실하게 하여 소지인에게 유리하므로 수표법은 통일조약 제2부속서 제6조의 유보조항에 따라 수표의 지급보증을 채택하고 있다.

지급보증을 하면 지급인은 수표의 최종의 소구의무자로 된다. 따라서 지급보증의 법적 성질은 지급인이 최종의 소구의무자와 같은 수표상의 지급의무를 부담할 것을 목적으로 하는 단독행위로서, 일종의 부속적 수표행위이다.

**【참　고】**

통일조약 제2부속서 제6조에는 「각 체약국은 지급인 수표에 지급보증(certification)·확인(Bestädigung)·사증(visa) 기타 이와 동일한 효력이 있는 선언의 기재를 하는 것을 인정하고 그 법률상의 효과를 정하는 권능을 가진다. 그러나 이러한 기재에 인수의 효력을 인정하지 못한다」고 하여, 각 체약국에 지급보증의 제도를 채택할 수 있는 유보조항을 두고 있다.

이러한 통일조약 제2부속서 제6조에 의하여 미국에서는 certification, 영국에서는 marking, 독일에서는 Bestätigung, 프랑스에서는 visa 등의 제도를 두어 인수에 갈음하여 지급인이 지급을 확약하는 방법을 인정하고 있다.

**【참 고】**

은행실무에서는 거래처인 발행인이 수표의 지급보증을 요구하면, 은행은 그 수표와 상환하여 자기앞수표를 발행하고 그 수표금을 발행인의 당좌예금잔고에서 공제하거나 당좌대월잔고에 가산한다(당좌계정거래약관 7조). 따라서 실제로 지급보증제도가 이용되는 예는 거의 없고 이에 대신하여 지급은행의 자기앞수표가 널리 이용되고 있다. 따라서 수표법상의 지급보증에 관한 규정은 거의 사문화되고 있다.

## 제2. 支給保證의 節次

지급보증은 발행인이 지급인에게 요구하여, 수표가 처음부터 지급보증이 되어 유통되게 할 수도 있고, 중간의 소지인이 지급인에게 수표를 제시하여 지급보증을 받은 후 유통시킬 수도 있다.

그리고 발행인은 지급보증을 담보할 책임이 없으므로, 소지인이 지급인에게 지급보증을 요구하여 거절되어도 환어음의 인수와는 달리 전자에 대한 소구가 인정되지 않는다. 그러므로 수표에는 지급보증을 위한 제시라는 것이 없다.

## 제3. 支給保證의 要件

### Ⅰ. 支給保證의 方式

지급보증은 수표의 표면에 「지급보증」 기타 지급할 뜻(지급보증문구)을 기재하고 일자를 부기하여 지급인이 기명날인(서명)하여야 한다(수 53조 2항). 지급보증은 수표의 표면에 하여야 하므로 수표의 이면이나 보전에 하는 것은 지급보증으로 되지 않고, 또 지급보증문구를 기재하고 일자를 부기하여 기명날인(서명)을 하여야 하므로 단순히 보증이라고만 기재하거나 단순히 기명날인(서명)만 하는 것은 지급보증으로 되지 않는다.

지급보증에 지급보증의 일자를 기재하도록 한 것은 제시기간 경과 전에 지급보증을 하였다는 것을 증명하기 위한 것이다. 일자의 기재가 없는 지급보증은 무효이고, 또 제시기간 경과 후의 일자가 기재되어 있는 지급보증도 무효이다. 다만 이 일자는 실제로 지급보증을 한 날과 반드시 일치하여야 하는 것은 아니다.

### Ⅱ. 支給保證의 單純性

지급보증은 무조건이어야 한다(수 54조 1항). 지급인이 수표의 기재사항을 변경하여 지급보증을 한 경우에 그 지급보증은 무효로 되지 않고 변경한 기재만 기재하지 않은 것으로 되어(수 54조 2항) 무조건의 지급보증으로 된다. 이것은 환어음의 부단순인수를 인수거절로 보는 것(어 26조 2항)과 다르다. 또한 수표금액의 일부에 대하여 지급보증을 한 경우에도 수표금액의 전부에 대하여 지급보증을 한 것으로 되며(수 54조 2항), 이것은 환어음의 일부인수를 인정하는 것(어 26조 1항 단서)과 다르다.

## 제4. 支給保證의 效力

### Ⅰ. 支給保證人의 義務

#### 1. 支給義務

##### (1) 支給保證人의 支給義務의 負擔

지급보증인은 제시기간 경과 전에 제시를 한 경우에 한하여 지급할 의무를 부담한다(수 55조 1항). 따라서 지급보증인은 제시기간 경과 전에 제시가 없으면 지급의무를 면하며, 다만 불가항력이 15일 이상 계속되는 경우에는 제시가 없어도 지급의무를 면하지 못한다(수 57조 47조 4항).

지급보증인의 지급의무는 不支給을 조건으로 하는 제2차적 담보의무가 아니고 제1차적 지급의무이므로 환어음 인수인의 지급의무와 같으나, 제시기간 경과 전에 제시가 있는 경우에 한하여 지급하여야 하는 의무로서 절대적 지급의무가 아니므로 환어음 인수인의 지급의무와 다르다.

##### (2) 支給保證人의 支給義務의 法的 性質

지급보증인의 지급의무의 법적 성질에 관하여, 학설은 지급보증인의 지급의무는 제시기간 내의 제시를 정지조건으로 하는 정지조건부 의무라고도 하고(정지조건부의무설)(손주찬 419면 정동윤 390면) 또는 제시기간 내의 不提示를 해제조건으로 하는 해제조건부 의무라고도 한다(해제조건부의무설)(정희철 174면, 양승규 422~423면, 채이식 214면, 이철송 462면).

지급인은 제시기간 내에 제시가 있는 경우에 지급의무를 부담하므로(수 55조 1항), 지급보증인의 지급의무는 정지조건부 의무라고 보는 것이 타당하다(정지조건부의무설).

(3) 提示期間 經過 후 支給保證人에 대한 請求

지급보증인은 제시기간 내에 제시가 있는 경우에 한하여 지급의무를 부담하고(手55조 1항), 소지인이 제시기간 경과 후에 지급보증인에 대하여 지급의무의 이행을 청구하려면 제시기간 내에 제시를 하였다는 것을 지급거절증서 또는 지급거절선언(手39조)에 의하여 증명하여야 한다(手55조 2항).

따라서 소지인이 제시기간 내에 제시를 하지 않았거나 제시기간 내에 제시를 하였더라도 지급거절증서나 지급거절선언을 작성하지 않고 제시기간을 경과한 경우에는, 발행인·배서인·보증인에 대한 소구권은 물론 지급보증인에 대한 권리도 상실한다.

2. 支給할 金額

지급보증인이 소지인에게 지급할 금액은 수표금액이나, 지급거절로 인하여 권리보전절차를 취한 경우에는 소구의무자가 지급할 소구금액과 같다(手55조 3항 44조·45조).

3. 支給義務의 消滅時效

지급보증인의 지급의무는 제시기간 경과 후 1년간 행사하지 않으면 소멸시효가 완성되어 소멸된다(手58조).

보전절차(지급제시와 거절증서 등의 작성)의 흠결 또는 소멸시효의 완성에 대하여 지급보증인이 지급보증에 의한 수표상의 의무를 면하고 자금관계로 이득(예컨대 지급인이 발행인으로부터 자금을 받았으나 반환할 필요가 없게 된 경우)을 한 경우에는 이득상환의무를 부담한다(手63조).

소지인이 제시기간 내에 제시를 하지 않거나 지급거절증서 또는 지급거절선언을 작성하지 아니하여 권리보전절차를 취하지 않은 경우에는 지급보증인의 의무가 없으므로, 지급보증인의 지급의무의 소멸시효가 문제되지 않는다.

## Ⅱ. 다른 手票債務者의 債務

지급인이 지급보증을 하여도 이것은 지급과 동일한 효과가 있는 것이 아니므로, 이에 의하여 발행인·배서인 기타 수표채무자가 그 책임을 면하지 못한다(手56조). 따라서 지급이 거절된 경우에는 지급보증을 한 지급인을 포함하여 전 수표채무자가 합동책임을 진다(手43조 1항).

지급인 외의 소구의무자가 소구의무를 이행한 경우에는 최종적으로 지급보증을 한 지급인에 대하여 소구할 수 있다.

## 제5. 支給保證·手票保證 및 換어음의 引受의 比較

### Ⅰ. 支給保證과 手票保證

#### 1. 性質上의 利益

수표보증은 발행인이나 배서인 등의 수표채무의 담보를 목적으로 하는 종속된 수표행위이나, 지급보증은 행위자 자신이 수표채무를 부담할 것을 목적으로 하는 독립된 수표행위이다.

#### 2. 方式上의 差異

① 수표보증은 수표 또는 그 보전에 하여야 하고 일자의 기재를 요하지 않으나(手 26조 1항), 지급보증은 반드시 수표의 표면에 하여야 하고 일자를 부기하여야 한다(手 53조 2항). ② 수표보증의 경우에는 피보증인의 성명을 기재하여야 하고 그 기재가 없으면 발행인을 위하여 한 것으로 보나(手 26조 4항), 지급보증은 주된 수표채무자가 되려는 독립된 수표행위이므로 이에는 성질상 피보증인이 있을 수 없다. ③ 수표보증에 있어서는 발행인이 기명날인(서명)한 경우를 제외하고는 수표의 표면에 한 단순한 기명날인(서명)은 수표보증으로 보나(手 26조 3항), 지급보증에 있어서는 반드시 지급보증문구를 기재하여야 한다(手 53조 2항).

#### 3. 主體의 差異

수표보증은 누구든지 할 수 있다. 다만 수표에 인수를 금지한 취지를 관철하기 위하여 지급인은 수표보증을 할 수 없게 하였다(手 25조 2항). 그러나 지급보증은 지급인만 할 수 있다(手 53조 1항).

#### 4. 效力上의 差異

수표보증을 한 보증인은 피보증인과 동일한 의무 즉 지급담보책임을 지고(手 27조 1항), 보증인이 지급을 한 때에는 피보증인과 그 자의 수표채무자(전자)에 대하여 수표에서 발생하는 모든 권리를 취득한다(手 27조 3항). 그러나 지급보증을 한 경우에 있어서는 발행인이나 배서인 또는 수표보증인이 소구에 응하여 지급을 하고 수표를 환수한 때에는 지급보증을 한 지급인에 대하여 다시 청구할 수 있고(지급보증인은 최종의 소구의무자의 지위를 가짐), 지급보증인이 먼저 지급을 한 때에는 다른 수표채무자의 책임이 소멸된다.

### 5. 消滅時效期間의 差異

수표보증인의 책임은 피보증인의 책임이 소멸되면 함께 소멸되므로, 수표보증인에 대한 소구권은 지급제시기간이 경과한 후 6개월간 행사하지 않으면 또 그 소구의무를 이행한 자(여기에서 수표보증인)의 전자에 대한 재소구권은 수표를 환수한 날 또는 제소된 날부터 6개월간 행사하지 않으면 소멸시효가 완성된다(수 51조). 그러나 지급보증인에 대한 수표상의 권리는 제시기간 경과 후 1년간 행사하지 않으면 소멸시효가 완성된다(수 58조).

## Ⅱ. 支給保證과 換어음의 引受

지급보증을 한 수표의 지급인의 지위와 인수를 한 환어음의 인수인의 지위는 증권상의 채무자라는 점에서 같다. 그러나 지급보증인의 지위는 수표의 최종의 소구의무자이나 인수인의 지위는 환어음의 절대적 지급의무자이므로, 양자는 근본적으로 다르다.

(1) 인수인의 의무는 절대적 의무이므로 지급제시기간 내의 지급제시와 거절증서작성 등 소구의 형식적 요건을 갖추지 않아도 소멸시효에 의하지 않는 한 소멸되지 않는다. 그러나 지급보증인의 의무는 절대적 의무가 아니고 정지조건부의 상대적 의무이므로, 제시기간 내의 제시 · 거절증서 작성 등의 권리보전절차를 해태한 경우에는 당연히 소멸된다.

(2) 환어음의 소지인은 인수를 위하여 어음을 제시할 권리를 가지고 또 인수가 거절된 때에는 전자에 대한 소구권을 취득하나, 수표의 소지인은 지급인에 대하여 지급보증을 요구할 수 있는 권리를 가지지 않고 또 지급인이 지급보증을 거절하여도 전자에 대한 소구권을 취득하지 못한다.

(3) 환어음의 인수에는 일부인수가 인정되나(어 26조 1항 단서), 지급보증에는 일부지급보증이 인정되지 않는다.

(4) 환어음의 인수에는 유예기간이 인정되나(어 24조), 지급보증에는 유예기간이 인정되지 않는다.

(5) 환어음의 인수인에 대한 어음상의 권리는 3년간 행사하지 않으면 소멸시효가 완성되어 소멸되나(어 70조 1항), 지급보증인에 대한 수표상의 권리는 1년간 행사하지 않으면 소멸시효가 완성되어 소멸된다(수 58조).

# 제 3 관 支給委託의 取消

## 제1. 意 義

지급위탁의 취소(countermand of payment)는 수표의 발행인이 지급인에 대한 일정금액의 지급위탁을 철회하는 것이다.

## 제2. 法的 性質

### 1. 序 說

지급위탁의 취소의 법적 성질에 관하여는 지급사무위탁철회설·지급지시철회설 및 지급권한수여철회설 등의 학설이 대립해 있고, 지급지시철회설에는 지급지시상대적철회설과 지급지시절대적철회설이 있다.

### 2. 學 說

① **支給事務委託撤回說** 지급사무위탁철회설은 지급위탁의 취소는 수표 외의 수표계약에 의한 지급사무의 위탁을 특정 수표에 대하여 철회하는 것이라 한다(최기원 516면 채이식 261면).

② **支給指示撤回說** 지급지시철회설은 수표의 발행을 지급인에 대한 지급지시(Anweisung)라 보고, 지급위탁의 취소는 수표의 발행에 따른 발행인의 지급인에 대한 지급지시를 철회하는 것이라 한다.

지급지시철회설에는 다시 지급위탁의 취소는 발행인과 지급인에 대한 관계에서만 지급지시를 철회하는 것이고 소지인에 대하여서는 철회의 효과가 미치지 않는다고 하는 상대적철회설(손주찬 428면, 정동윤 402면 이기수 335면)과 지급지시는 하나의 행위로서 발행인과 지급인에 대한 관계에서 철회하면 소지인에 대한 관계에서도 소멸되므로 지급위탁의 취소는 지급인뿐만 아니라 소지인에 대하여서도 철회의 효과가 미치게 되어 수표를 무효로 한다는 절대적철회설(伊澤老平, 手形法小切手法, 563頁)이 있다.

③ **支給權限授與撤回說** 지급권한수여철회설은 지급위탁의 취소는 수표계약의 취소가 아니고 수표의 발행에 의하여 지급인에게 부여된 「발행인의 계산으로 지급할 수 있는 권한」을 발행인이 철회(회수)하는 것이라 한다(양승규(어) 437~438면).

### 3. 檢 討

위의 학설 중 지급권한수여철회설은 지급인의 지급권한을 수표에 표창되어 있지 않은 수표 외의 문제로 보므로, 기본적으로 지급사무위탁철회설에 가까운 것이다. 그리고 지급지시철회설은 지급위탁의 취소를 발행의 철회라 보고 지급인의 지급권한(지급지시상대적 철회설의 입장) 내지 소지인의 지급수령권한(지급지시절대적 철회설의 입장)이 소멸된다고 하는데, 이는 이해관계인의 기득권을 해하고 또 수표발행인은 지급을 담보한다는 수표법 제12조에 반하므로 부당하다.

생각건대 수표의 발행인은 수표의 발행을 통하여 수표상 지급인에게 지급위탁의 의사를 표시하지만, 수표의 발행 전 지급인과의 수표계약체결을 통하여 즉 수표 외에서 지급위탁의 의사를 표시한다.

그런데 지급위탁의 취소는 수표 외에서 발행인이 지급인에게 이전에 행한 지급위탁의 의사(수표계약)를 철회하는 의사표시이지 수표상의 의사표시는 아니다. 그리고 수표계약상의 내용인 발행인과 지급인간의 수표금 지급위탁관계(자금관계)는 수표 외의 민사법적 관계이므로 지급인이 지급할 때까지는 언제든지 수표 외의 의사표시로 철회할 수 있다. 따라서 지급위탁의 취소는 수표 외의 수표계약에 의한 지급사무의 위탁을 특정 수표에 대하여 철회하는 것이라 보는 것이 타당하다(지급사무위탁철회설). 그러므로 지급위탁의 취소는 수표의 발행의 철회가 아니고 또 수표상의 문제도 아니며 그리고 그 철회의 효과가 소지인에게 미치지도 않는다.

자기앞수표에 있어서는 발행인과 지급인이 동일인이어서 발행인과 지급인 간에 지급사무위탁의 관계가 없으므로, 지급위탁의 취소가 있을 수 없다. 물론 자기앞수표의 발행위탁자가 그 발행은행에 사고계를 제출하여 지급의 정지를 요구하는 경우가 있으나, 이것은 발행은행에 대하여 무권리자에게 지급하지 않도록 주의하도록 하기 위한 것이고 지급위탁의 취소가 아니다.

## 제3. 支給委託의 取消에 관한 立法例

지급위탁의 취소에 관하여, ① 영미법계에서는 지급위탁의 취소의 자유를 인정하고(지급위탁취소자유주의), ② 프랑스법계에서는 지급위탁의 취소를 원칙적으로 금지하면서 다만 도난·분실의 경우에만 예외적으로 인정하고(지급위탁취소금지주의), ③ 독일법계에서는 지급위탁의 취소는 지급제시기간의 경과 후에만 효력이 생기는 것으로 정하고 있다(절충주의).

우리 나라의 수표법은 독일법계에 따라 절충주의를 채택하였고, 수표법통일조약은 유보조항을 두어 그 선택을 체약국에 위임하고 있다(동 조약 제2부속서 16조 2항).

## 제4. 支給委託의 取消의 方法

지급위탁의 취소의 법적 성질에 관한 지급사무위탁철회설의 입장에서는 지급위탁의 취소는 수표 외의 의사표시라 보므로 발행인이 지급인에 대하여 불요식의 의사표시에 의하여 할 수 있고, 지급지시철회설의 입장에서는 지급위탁의 취소는 발행의 철회라 보므로 발행인이 지급위탁의 취소를 하는 경우에는 수표 자체를 회수하여야 한다.

그러나 실제에 있어서 지급위탁의 취소는 발행인이 은행에 사고계를 제출하여 하고, 발행인이 사고계를 제출하는 경우에는 지급위탁취소의 의사표시가 있는 것으로 본다. 그러나 소지인이 사고계를 제출하는 경우에는 단지 은행에 주의를 주는 의미 밖에 없다.

## 제5. 支給委託의 取消의 制限

지급위탁의 취소는 지급제시기간의 경과 후에만 그 효력이 생긴다(수 32조 1항). 원래 발행인은 언제든지 지급위탁의 취소를 할 수 있는 것이나(민 681조 1항), 발행인이 언제든지 자유로 지급위탁의 취소를 할 수 있다면 소지인이 기대에 반하여 지급을 받지 못하는 경우가 생겨 소지인의 지위가 불안하고 수표의 신용과 유통이 저해될 염려가 있으므로 지급위탁의 취소에 이러한 제한을 가한 것이다.

지급위탁의 취소는 지급제시기간의 경과 후에 효력이 생기므로, 지급제시기간 내에 발행인이 지급위탁의 취소를 하여도 그것은 무효로 되지 않고 지급제시기간의 경과를 기다려 지급제시기간의 경과 후에 그 효력이 생기는 것이다. 따라서 지급제시기간 내에 발행인이 지급위탁의 취소를 하여도 지급인은 지급을 하고 그 결과를 발행인의 계산으로 돌릴 수 있다.

이 규정은 수표의 원활한 유통을 목적으로 하는 공익의 필요에 기한 강행규정이므로, 이와 다른 약성을 하면 무효이다.

## 제6. 支給委託의 取消의 效力

지급위탁의 취소의 법적 성질에 관한 지급사무위탁철회설의 입장에서는 지급위탁의 취소를 수표 외에 있어서 발행인이 지급인에 대한 지급사무의 위탁을 철회하는 것이라 보므로, 지급위탁의 취소 후에는 지급인이 그 수표에 대하여 지급을 하여도 그 계산을 발행인에게 돌릴 수 없다.

그러나 지급지시철회설의 입장에서는 지급위탁의 취소를 발행의 철회라 보므로 발행인이 지급위탁의 취소를 한 경우에는 수표상의 효력이 생기는데, 이 경우에 소구권이 소멸되는지 소멸되지 않는지 등 해석상 곤란한 문제가 생긴다.

## 제7. 支給提示期間經過 후의 支給

발행인의 지급위탁의 취소가 없는 경우에는, 지급인은 지급제시기간의 경과 후에도 지급을 하여 그 결과를 발행인의 계산으로 돌릴 수 있다(수 32조 2항). 지급위탁은 원래 지급하여야 할 시기인 지급제시기간 내에 있어서의 지급의 위탁이므로 지급제시기간이 경과하면 당연히 지급위탁이 소멸되는 것이나, 소지인이 지급제시기간 내에 지급제시를 하지 아니하여 발행인에 대한 소구권을 상실하고 발행인이 소구의무를 면하여도 원인관계에서 발행인의 이득이 있으면 발행인의 소지인에 대한 이득상환의무가 남게 되므로 지급인이 지급제시기간의 경과 후에 지급하여도 이것의 유효성을 인정하는 것이 발행인의 의사에 합치하기 때문이다.

그러나 지급제시기간이 경과한 후에는 발행인은 언제라도 지급위탁을 취소할 수 있고, 지급제시기간이 경과한 후에 지급위탁을 취소한 경우에는 지급인은 지급의 결과를 발행인의 계산으로 돌릴 수 없다. 그리고 지급제시기간이 경과한 후에 발행인이 지급위탁을 취소하지 않은 경우에는 지급인은 지급을 하여 그 결과를 발행인의 계산으로 돌릴 수 있을 뿐이고 지급할 의무를 부담하는 것이 아니므로, 지급인이 지급을 거절하여도 발행인과의 수표계약에 위반되는 것이 아니다.

지급제시기간 경과 후에는 발행인은 언제든지 지급위탁의 취소를 할 수 있으므로(수 32조 1항), 지급제시기간 경과 후에 수표를 상실한 경우에는 복잡한 공시최고절차를 취할 필요 없이 지급위탁의 취소를 하는 것이 편리하다. 그리고 발행인과 수취인 간에 지급제시기간의 경과 후에도 지급위탁의 취소를 하지 않는다는 특약은 수표법 제32조의 취지에 반하는 것이 아니므로 수표관계 외의 민사계약으로서 유효하다고 본다.

## 제4관 罰 則

### 제1. 手票法上의 罰則

수표법은 수표의 피지급성을 확보하기 위하여 수표의 발행에 수표계약과 수표자금을 요구하고(手 3조 본문) 발행인이 이에 위반하여 수표를 발행한 경우에는 과태료의 제재(수 67조, 벌금 등 임시조치 4조 3항)와 은행의 거래정지처분을 받는다.

그러나 이러한 간접적인 제재로는 부정수표 단속의 실효를 기할 수 없으므로, 강력하고 실효성 있는 부정수표의 단속을 위하여 부정수표단속법(1961. 7. 3. 법 645호, 개정 1993. 12. 10. 법 4587호)을 규정하고 있다.

### 제2. 不正手票團束法

#### Ⅰ. 不正手票의 範圍

① **假設人의 名義로 발행한 手票**(부정수 2조 1항 1호) 가설인의 명의란 발행인의 명의가 개인인 경우에는 주민등록표상의 명의와 일치하지 않는 것이고, 또 법인인 경우에는 법인등기부상의 명의와 일치하지 않는 것이다(부정수시행 2조 2항). 그러나 발행인의 명의가 개인인 경우에 지급인인 금융기관에 등록한 것과 일치하고 동일인임을 인식할 수 있으면 주민등록표상의 명의와 일치하지 않아도 무방하다고 보아야 할 것이다.

② **金融機關과 手票契約 없이 發行하거나 金融機關으로부터 去來停止處分을 받은 후에 發行한 手票**(부정수 2조 1항 2호) 이것은 수표법 제3조(수표자금·수표계약의 필요)에 위반하여 발행한 수표이다. 여기에서 금융기관(우체국 포함)은 수표법과 기타의 법령에 의하여 수표의 지급사무를 영위하는 은행 및 은행과 같이 취급되는 사람 또는 시설이다(부정수시행 2조 1항).

③ **金融機關에 登錄된 것과 相違한 署名 또는 記名捺印으로 發行한 手票**(부정수 2조 1항 3호)

④ **手票의 發行 후에 預金不足·去來停止處分·手票契約의 解除 또는 解止로 인하여 提示期日에 支給되지 않은 手票**(부정수 2조 2항) 여기에서 제시기일은 수표법 제28조 제2항(선일자수표의 일람출급성)에 의하여 선일자수표를 지급제시한 날과 수표법 제29조(지급제시 기간)

의 지급제시기간 내에 수표를 지급제시한 날이고(부정수시행 2조 3항), 지급되지 않았다는 것은 지급이 거절되어 지급거절의 증명이 있는 것이다(부정수시행 2조 4항). 따라서 발행인이 선일자수표를 발행하고 발행인과 수취인 간에 수표에 기재된 발행일자 전에는 지급제시를 하지 않는다는 특약을 한 경우에, 수취인이 그 특약에 위반하여 그 발행일자 전에 지급제시를 하고 수표가 예금부족으로 지급되지 않으면 그 수표는 부정수표로 된다.

## Ⅱ. 金融機關의 告發義務

금융기관에 종사하는 자가 직무상 부정수표단속법 제2조 제1항의 부정수표나 또는 동법 제5조의 위조수표나 변조수표를 발견한 때에는 48시간 이내에 또 동법 제2조 제2항의 부정수표를 발견한 때에는 30일 이내에 수사기관에 고발하여야 한다(부정수 7조 1항).

고발의무자가 이러한 부정수표 또는 위조·변조수표를 발견하고도 고발하지 않은 때에는 100만 원 이하의 벌금에 처한다(부정수 7조 2항).

## Ⅲ. 刑事責任

### 1. 不正手票發行人의 刑事責任

① 부정수표를 발행 또는 작성한 자는 5년 이하의 징역 또는 수표금액의 10배 이하의 벌금에 처한다(부정수 2조 1항).

② 과실로 부정수표를 발행 또는 작성한 자나 제시기일에 지급되지 않게 한 자는 3년 이하의 금고 또는 수표금액의 5배 이하의 벌금에 처한다(부정수 2조 3항).

③ 부정수표의 발행인이 법인 기타 단체일 경우에는 그 수표에 기재된 대표자 또는 작성자를 처벌하고 또 그 법인 또는 단체는 벌금에 처한다(부정수 3조 1항).

④ 대리인이 부정수표를 발행한 경우에는 본인뿐만 아니라 그 대리인도 처벌한다(부정수 3조 2항).

### 2. 虛僞申告者의 刑事責任

수표금액의 지급 또는 거래정지처분을 면하기 위하여 금융기관에 허위의 신고를 한 자는 10년 이하의 징역 또는 20만 원 이하의 벌금에 처한다(부정수 4조).

### 3. 僞造·變造者의 刑事責任

수표를 위조 또는 변조한 자는 1년 이상의 유기징역과 수표금액의 10배 이하의 벌금을 처한다(부정수 5조).

## Ⅳ. 刑事訴訟法의 特例

부정수표단속법에 의하여 벌금을 선고한 경우에는 형사소송법 제334조 제1항에 의한 假納判決을 하여야 하고, 또 구속된 피고인에 대하여는 형사소송법 제331조의 규정에 불구하고 벌금을 가납할 때까지 피고인을 구속한다(부정수 6조).

# 제9장 어음·手票國際私法

## 제1. 意 義

어음·수표국제사법은 어음·수표에 관한 국제사법관계에 어느 국가의 어음법·수표법을 적용할 것인가를 정하는 법, 즉 어음·수표에 관한 국제사법이다.

물론 오늘날 많은 국가에서 1930년 제네바 어음법통일조약과 1931년 제네바 수표법통일조약에 기하여 어음법·수표법을 제정하였으나, 이 어음법·수표법통일조약에는 미국과 영국이 참가하지 않았고 또 체약국 간에서도 각국의 사정에 따라 조약 중의 유보조항을 달리 채택하여 어음법·수표법의 통일은 불완전한 상태에 있다.

그리하여 국제연합 무역거래법위원회에서 「국제환어음 및 국제약속어음에 관한 UN협약」을 채택하였다.

## 제2. 어음(手票)國際私法과 國際換어음 및 國際約束어음에 관한 UN協約

국제연합의 무역거래법위원회(UNCITRAL)에서 1981년에 국제환어음 및 국제약속어음에 관한 협약 초안을 마련하고, 1988년에 UN총회에서 「국제환어음 및 국제약속어음에 관한 UN협약」(United Nations Convention on International Bills of Exchange and International promissory Notes)을 채택하였다.

위의 UN협약은 국제적으로 유통되는 국제환어음·국제약속어음에 통일적으로 적용되는 국제법인 데 대하여 어음(수표)국제사법은 어음(수표)의 국제사법관계에 적용되는 내국법이고, 또한 위의 UN협약은 국제적으로 유통되는 국제환어음·국제약속어음에 적용되는 실체법인 데 대하여 어음(수표)국제사법은 어음(수표)의 국제사법관계에 적용되는 저촉규정(conflict rule)이다.

위의 UN협약이 적용되더라도 동 협약에서 규정하고 있지 않은 사항에 관하여서는 어음(수표)국제사법이 적용되며, 우리 나라는 아직 위의 UN협약에 가입하지 않았다.

## 제3. 어음(手票)行爲能力

### Ⅰ. 어음(手票)行爲能力의 準據法

어음(수표)행위능력은 어음(수표)행위에 의하여 유효하게 어음(수표)상의 권리를 취득하거나 어음(수표)상의 의무를 부담할 수 있는 능력이다. 국제사법 제51조 제1항에서 「환어음·약속어음 및 수표에 의하여 채무를 부담하는 자의 능력……」이라고 규정하고 있는데, 이는 자기의 어음(수표)행위에 의하여 어음(수표)상의 의무를 부담할 수 있는 능력이라는 의미로서 어음(수표)행위능력을 말하는 것이다.

어음(수표)행위능력은 어음(수표)행위자의 본국법에 의한다(국제사 51조 1항 본문). 이것은 일반법률행위의 행위능력의 준거법(국제사 13조 1항)과 같다. 이와 같이 국제사법은 어음(수표)행위능력의 준거법의 결정에 관하여 원칙적으로 본국법주의를 취하면서 행위지법에 의한 예외를 널리 인정하고 있으므로, 결국 본국법주의와 행위지법주의를 병용하고 있는 것이다.

### Ⅱ. 反 定

어음(수표)행위능력은 어음(수표)행위자의 본국법에 의하나, 이에 대하여 반정이 인정되고 있다. 즉 어음(수표)행위능력은 어음(수표)행위자의 본국법에 의하나(국제사 51조 1항 본문) 그 본국의 국제사법이 다른 국가의 법(소송지의 법률 또는 제3국의 법률)에 의할 것을 정하고 있는 경우에는 그 다른 국가의 법에 의한다(국제사 51조 1항 단서). 이것은 어음(수표)행위능력의 준거법의 결정에 관하여 전정(轉定)까지 인정한 것이다.

어음(수표)행위능력은 어음(수표)행위자의 본국법에 의하나, 이 원칙을 철저히 관철하는 경우에는 행위지법에 의하면 능력자인 데도 본국법에 의하면 무능력자로 되는 자의 어음(수표)행위는 본국법에 의하여 취소할 수 있거나 무효로 되어 행위지의 어음(수표)거래의 안전을 해하게 되므로, 국제사법은 본국법에 의하면 무능력자일지라도 그가 다른 국가에서 서명을 하고 그 국가의 법에 의하면 능력자로 되는 경우에는 그 채무를 부담할 수 있는 능력이 있는 것으로 본다(국제사 51조 2항)고 규정하여 본국법주의에 대한 예외를 인정하고 있다.

## 제4. 어음(手票)行爲의 方式

### Ⅰ. 原 則

어음(수표)행위의 방식은 서명지법 즉 행위지법에 의한다(국제사 53조 1항 본문). 이것은 국제사법상의 「장소는 행위를 지배한다」(Locus Regit Actum)는 원칙을 취한 것이다. 여기에서 서명지가 사실상의 서명지인지 어음(수표)기재상의 서명지인지에 관하여 통일회의에서 논의하여 사실상의 서명지로 결정되었다(Staub-Stranz, Kommentar zum Wechselgesetz, 13 Aufl., zu § 91, Arm. 15).

### Ⅱ. 例 外

어음(수표)행위의 방식에 관한 서명지법주의의 원칙에 대하여서는 다음과 같은 예외가 있다.

첫째, 어음(수표)행위의 방식이 서명지법에 의하지 아니하여 그 어음(수표)행위가 무효인 경우에도 그 후의 어음(수표)행위가 그 서명지법에 의하여 적법하면 전의 어음(수표)행위의 무효의 영향을 받지 않고 유효하다(국제사 53조 2항). 이것은 전의 어음(수표)행위의 무효의 위험을 후의 어음(수표)행위자에게 부담시키는 것이 가혹하므로 후의 어음(수표)행위자를 보호하고 나아가 어음(수표)의 국제적 유통력을 강화하기 위한 것이다.

이 예외규정은 어음(수표)행위독립의 원칙과 유사하니, 어음(수표)행위가 형식상의 하자에 의하여 무효인 경우에는 적용되지 않는 데 대하여 국제사법 제53조 제2항의 예외규정은 이러한 경우에도 적용되므로 양자는 다르다.

둘째로, 대한민국의 국민이 외국에서 한 어음(수표)행위는 서명지법의 방식에 적합하지 않더라도 대한민국의 법률에 의하여 적법하면 다른 대한민국의 국민에 대하여 효력이 있다(국제사 53조 3항).

셋째로, 수표는 지급증권으로서 수표에 관한 국제사법관계에서는 지급지가 중요시되므로, 수표행위의 방식은 서명지법 외에 지급지법에 의하여도 무방하다(국제사 53조 1항 단서). 즉 수표행위의 방식은 서명지법 또는 지급지법의 어느 방식에 의하여도 무방한 것이다.

## 제5. 어음(手票)行爲의 效力

### Ⅰ. 主된 어음債務者의 債務

주된 어음채무자 즉 환어음의 인수인과 약속어음의 발행인의 채무는 지급지법에 의한다(국제사 54조 1항 전단). 이것은 주된 어음채무자의 채무의 주요 내용이 어음금의 지급이므로 주된 어음채무자의 채무는 지급지법에 의하도록 한 것이다.

어음에 지급지의 기재가 결하여 있는 경우에는 기본 어음의 준거법에 의하여 지급지를 정하여야 할 것이다.

### Ⅱ. 기타 어음(手票)債務者의 債務

환어음의 발행인, 배서인, 보증인, 참가인수인의 채무와 약속어음의 배서인, 보증인의 채무는 서명지법에 의하고(국제사 54조 2항), 수표의 발행인, 배서인, 보증인, 지급보증인의 채무도 서명지법에 의한다(국제사 54조 1항 후단).

여기에서 서명지는 사실상의 서명지이고 또 어음(수표)기재상의 서명지가 사실상의 서명지로 추정되는 것은 어음(수표)행위능력의 준거법의 결정의 경우에서와 같다.

### Ⅲ. 遡求權 行使의 期間

어음(수표)의 소구권 행사의 기간은 모든 서명자에 대하여 그 발행지법에 의한다(국제사 54조 3항). 소구권 행사의 기간을 소구채무의 준거법(국제사 54조 2항)에 따라 서명지법에 의하면 동일한 어음(수표)에 있어서도 각 어음(수표)행위자의 서명지에 따라 소구권 행사의 기간이 다르게 되어 불합리하므로 모든 소구권 행사의 기간은 획일적으로 발행지법에 의하도록 한 것이다.

### Ⅳ. 一部引受, 一部支給

환어음의 일부인수를 할 수 있는가 또한 환어음과 약속어음의 소지인이 일부지급을 수락할 의무가 있는가는 지급지법에 의한다(국제사 56조 1항·2항). 이것은 지급지가 인수인 또는 지급인의 의무이행과 밀접한 관계가 있으므로, 지급지법을 일부인수 또는 일부지급의 준거법으로 정한 것이다.

### Ⅴ. 實質關係에서의 權利取得

어음의 소지인이 그 발행의 원인이 되는 실질관계에서 채권을 취득하는가의 여부는 어음의 발행지법에 의한다(국제사 55조).

## 제6. 權利의 行使 · 保全을 위한 方式

어음(수표)에 관한 거절증서의 방식 · 그 작성기간 및 어음(수표)상의 권리의 행사 또는 보전 기타의 행위의 방식은 거절증서를 작성하여야 하는 곳 또는 기타의 행위를 하여야 하는 곳의 법에 의한다(국제사 57조).

## 제7. 어음(手票)의 喪失 · 盜難

어음(수표)의 상실 또는 도난의 경우에 하여야 하는 절차는 지급지법에 의한다(국제사 58조). 어음(수표)의 상실 또는 도난의 경우에 하여야 하는 절차는 공시최고절차뿐만 아니라 그에 따른 효과도 포함된다.

## 제8. 手票에 持有한 制度

### 1. 支給人의 資格

수표지급인의 자격은 지급지법에 의한다(국제사 52조 1항). 그러나 지급지법에 의하여 지급인으로 될 수 없는 자를 지급인으로 함으로써 수표가 무효로 되어도, 동일한 규정이 없는 다른 국가에서 그 수표에 한 서명으로 인하여 생긴 채무는 그 영향을 받지 않고 유효하다(국제사 52조 2항).

### 2. 支給地法에 의하는 事項

#### (1) 序 說

국제사법 제59조는 지급지법에 의할 사항을 규정하고 있다. 이 중에서 수표소지인이 일부지급을 청구할 수 있는가와 일부지급을 수락할 의무가 있는가(국제사 59조 4호)는 국제사법 제56조(일부인수 및 일부지급)와 같으므로, 여기에서는 이 외의 사항에 관하여 고찰하기로 한다.

#### (2) 滿 期

수표는 일람출급으로 하여야 하는가, 일람후정기출급으로 발행할 수 있는가, 선일자수표의 효력은 어떤가 등은 수표의 지급지법에 의한다(국제사 59조 1호). 이러한 사항은 만기에 관한 것으로서 지급과 밀접한 관계가 있기 때문이다.

⑶ 支給提示期間

수표의 지급제시기간은 지급지법에 의한다(국제사 59조 2호). 수표의 지급제시기간은 지급을 위한 지급제시기간으로서 지급과 밀접한 관계가 있기 때문이다.

⑷ 引受·支給保證 등

수표에 인수, 지급보증, 확인 또는 사증(査證)을 할 수 있는가와 그 기재의 효력은 지급지법에 의한다(국제사 59조 3호). 이것은 지급인이 지급할 의무를 부담하는가 부담하지 않는가에 귀착되므로 지급지법에 의하도록 한 것이다.

⑸ 橫 線

수표에 횡선을 할 수 있는가와 수표에 「계산을 위하여」라는 문구 또는 이와 동일한 뜻이 있는 문구의 기재의 효력은 지급지법에 의한다(국제사 59조 5호). 이러한 사항은 수표소지인이 지급을 받을 수 있는가 없는가에 관한 것으로서 지급과 직접적인 관계가 있으므로 지급지법에 의하도록 한 것이다.

그러나 수표의 발행인 또는 소지인이 수표의 표면에 「계산을 위하여」라는 문구 또는 이와 동일한 뜻이 있는 문구를 기재하여 현금의 지급을 금지한 수표로서 외국에서 발행하여 대한민국에서 지급할 것은 일반횡선수표의 효력이 있다(수 65조).

⑹ 手票所持人의 資金에 대한 權利

수표소지인이 수표자금에 대하여 특별한 권리를 가지는가, 가진다면 그 권리의 성질은 어떤 것인가는 지급지법에 의한다(국제사 59조 6호). 이것은 국제사법 제55조의 소지인의 원인채권의 취득과는 다른 것이다.

⑺ 支給委託의 取消

발행인이 수표의 지급위탁을 취소할 수 있는가와 지급정지의 절차를 취할 수 있는가는 지급지법에 의한다. 이러한 것은 지급과 직접적인 관계가 있기 때문이다.

⑻ 遡求權保全節次

배서인, 발행인 기타 수표채무자에 대한 소구권을 보전하기 위하여서는 지급거절증서 또는 이와 동일한 효력이 있는 지급거절선언을 필요로 하는가는 지급지법에 의한다(국제사 59조 8호).

# 제 10 장 電子어음

## 제 1 절 序 說

상시 거래관계에 있는 기업 간에는 신용의 창조를 겸하여 약속어음을 발행하는 경우가 많다. 그런데 약속어음의 수수와 추심을 위해서는 적지 않은 시간과 비용이 든다. 이러한 단점을 극복하기 위해 약속어음을 전자화하는 방안이 논의되었다.

이러한 논의의 결실로, 약속어음의 발행·유통의 전과정을 실명화하고 전자화하여 기업의 조세투명성을 높이고 실물어음의 발행 및 관리에 따르는 시간과 비용을 절감하는 등 디지털 환경에 적합한 기업간 결제수단으로 전자어음을 활용하는 것을 그 입법목적으로 한「전자어음의 발행 및 유통에 관한 법률」즉 전자어음법이 제정되어 2005년 1월부터 전자어음제도가 이용되고 있다.

그런데 이렇게 도입된 전자어음제도는 입법자의 예상과는 달리 실물어음에 대한 대체방안으로 크게 활용되지 못하였다. 전자어음제도 운영의 주무관서인 법무부는 그 이유 중의 하나가 전자어음을 이용할 것인지 실물어음을 이용할 것이지가 사용자들의 선택에 맡겨져 있었기 때문이라고 판단하고, 2009년 5월 전자어음법을 개정하여, 2009년 11월부터는 자산 총액 100억 원 이상의 주식회사는 전자어음을 의무적으로 이용하도록 강제하였다. 물론 이를 위반하고 실물어음을 발행하더라도 그 어음의 사법상 법률효과가 발생하지 않는 것은 아니지만 실물어음 발행자는 전자어음 사용의무 위반으로 과태료 처분을 받게 된다. 따라서 앞으로는 전자어음제도가 보다 활성화 될 것으로 보인다.

## 제 2 절 電子어음과 電子어음法

전자어음법에서는 전자어음을 전자문서로 작성되고 전자어음관리기관에 등록된 약속어음 즉 전자약속어음이라 규정하고 있다(전어 2조 2호). 전자어음법이 전자어음을 전자약속어음으로 규정한 것은 전자어음법의 적용대상을 약속어음에 한정하면서 환어음이나 수표는 전자어음법의 대상에서 제외함을 밝힌 것이라고 말할 수 있다.

약속어음에 한하여 전자어음으로 할 수 있도록 한 이유는 전자어음법안의 제안이유서에 잘 나타나고 있다. 즉, 그동안 인터넷을 통한 금융거래가 보편화되고 전자상거래가 활성화됨에 따라 기업과 소비자간 전자상거래에서는 전자자금이체, 신용카드결제, 휴대폰을 이용한 결제, 전자화폐를 통한 결제 등 소액의 현금결제를 위한 전자결제방법은 매우 활성화되고 있다. 그러나 기업간 전자상거래 및 일반 재화와 용역의 공급에 대한 대금지급은 실물 약속어음을 발행하여 매우 복잡하고 비경제적인 유통과정을 통하여 교환 결제되는 결제방법이 그대로 사용되고 있어 디지털 경제에 합당한 전자어음제도의 도입이 현실적으로 절실하게 요청되었다. 그런데 우리나라에서는 환어음은 국제무역거래에서만 이용되고 국내거래에서는 거의 이용되는 일이 없으므로, 국내 기업간 거래에서 실물어음의 사용에 따른 불편함 역시 약속어음에만 생기는 것이기 때문에 약속어음에만 전자화의 필요성을 느낀 나머지 전자약속어음만을 그 적용대상으로 하는 전자어음법을 제정하게 된 것이라고 한다.

그리고 전자어음법을 제정함에 있어 입법정책상 가장 중요한 문제 중의 하나는 전자어음에 관하여 어떤 내용의 법적 효과를 부여할 것인가 하는 점이었다. 여기에 대하여 전자어음법은, 「전자어음에 관하여 이 법에 정한 것 외에는 어음법에서 정하는 바에 따른다」고 하였다(전어 4조). 이는 전자어음이라고 하여 그 형태가 전자문서로 존재하여 그 발행과 유통이 소위 온라인에서 이루어진다는 점 외에는 실물어음과 본질적으로 다른 것은 없으므로 전자어음에 대해서도 현행 어음법은 당연히 적용된다는 것을 확인한 규정이다. 다만 실물어음을 전제로 입법된 현행 어음법으로 대처할 수 없는 전자어음의 사이버적 특성 즉 어음의 소재가 실물에서 전자적 내용으로 대체된다는 특성에서 비롯되는 기술적인 문제에 한해서만 동법에 규정하고 이를 적용함을 명백히 하고 있는 것이다.

따라서 어음법과 전자어음법은 일반법과 특별법의 관계에 있다.

# 제3절 電子어음의 發行

## 제1. 어음要件

전자어음에는 실물어음의 경우와 마찬가지로 약속어음문구, 일정금액의 무조건 지급약속문구, 만기, 수령인(수취인), 발행일과 발행지, 그리고 전자어음의 지급을 청구할 금융기관, 전자어음의 동일성을 표시하는 정보, 사업자고유정보를 어음요건으로 기재하여야 한다(전어 6조 1항).

어음법에서는 지급지와 발행인의 기명날인 또는 서명을 어음요건으로 하고 있으나 전자어음에서는 이를 어음요건으로 하지 않는 대신에, 지급을 청구할 금융기관이 소재하는 지역을 지급지로 간주하는 규정을 두고 있다(전어 6조 2항).

전자어음은 금융기관 사이의 계좌이체의 방법으로 지급되므로 지급제시를 하여야 할 지역이라는 의미에서의 지급지는 무의미하다고 볼 수 있어 이를 어음요건에서 제외하였다. 다만 어음에 관한 소송을 제기하는 경우에 재판적 결정의 기준이 되는 지급지(민소 9조) 개념은 정해 둘 필요성이 있다. 그래서 전자어음법에서는 전자어음의 지급을 청구할 금융기관이 소재하는 지역을 어음법상의 지급지로 갈음하는 규정을 두어 이를 해결하고 있다(전어 6조 2항). 어음법에서 실물어음의 어음요건으로 하고 있는 발행인의 기명날인(서명)은 전자어음법에서는 공인전자서명으로 갈음한다(전어 6조 3항).

### 1. 電子어음의 支給을 請求할 金融機關(支給金融機關)

전자어음은 실물어음과는 달리 물리적인 제시가 불가능하기 때문에 지급제시와 지급의 확실성을 보장할 필요성이 실물어음의 경우보다 높다. 따라서 전자어음법은 전자어음은 모두 은행도 어음으로 하여, 전자어음의 발행인에 대한 직접의 제시를 허용하지 아니하고 발행인이 지정한 금융기관(제3자방)에 대한 지급제시(전어 9조)와 그 금융기관에 의한 지급만을 지급방법으로 허용하고 있다(전어시 9조).

따라서 어음법에서는 지급금융기관(제3자방)이 유익적 기재사항이지만, 전자어음법에서는 필요적 기재사항 즉 어음요건이 되는 것이다.

2. 電子어음의 同一性을 表示하는 情報

전자어음법은 전자어음의 동일성 증명을 용이하게 하기 위하여, 어음의 동일성을 표시하는 정보 즉 전자어음을 다른 전자어음과 구별하여 특정할 수 있는 정보를 전자어음의 어음요건으로 하고 있다(전어 6조 1항 3호).

3. 事業者固有情報

전자어음법은 전자어음의 발행인이나 수취인 등 당사자의 동일성을 인식할 수 있는 정보, 즉 사업자고유정보를 어음요건으로 하고 있다. 사업자고유정보는 전자어음의 발행인이나 수취인 등 전자어음과 관련된 당사자의 동일성을 인식할 수 있는 정보로서, 전자어음법에서는 당사자의 상호나 사업자등록번호, 회원번호, 법인등록번호 또는 주민등록번호 등 사업자를 식별할 수 있는 정보를 말한다(전어 2조 5호).

## 제2. 白地電子어음의 否認

전자어음은 백지어음으로 발행할 수 없다(전어 6조 6항). 따라서 전자어음법에서 규정하고 있는 어음요건을 흠결한 어음은 미완성어음으로 백지보충권자에 의하여 보충되거나 보충규정에 의하여 보충되는 경우는 없기 때문에 항상 불완전어음으로 되어 무효이다.

백지전자어음의 발행을 금지하고 있는 이유를 무형물로서 유통되는 전자어음의 남발과 분쟁의 가능성을 미연에 방지함으로서 전자어음거래의 안정을 도모하고자 함에서 찾는 견해도 있다(최준선(어) 469면). 그러나 보다 실제적인 이유는, 백지어음을 보충하기 위하여는 원본 어음을 수정하여야 하는 데 전자어음은 발행인의 공인전자서명이 끝난 후에는 타인은 수정할 수 없다는 데에 있다고 할 것이다.

## 제3. 滿期의 制限

전자어음의 만기는 발행일로부터 1년을 초과할 수 없도록 제한하고 있다(전어 6조 5항).

따라서 전자어음도 실물어음과 마찬가지로 일람출급 · 일람후정기출급 · 발행일자후 정기출급 · 확정일 출급의 4종류의 만기가 모두 가능하지만, 만기의 종류를 불문하고 만기일(지급기일)은 발행일로부터 1년 이내로 제한된다.

전자어음의 만기가 지나치게 장기이면 실물어음의 경우보다 정보의 변질이나 보관에 애로가 예상되어 어음관계를 신속하게 종결지을 필요가 있기 때문에 이를 제한하고 있는 것이다(이철송 500면).

그런데 발행일로부터 1년을 초과하여 만기를 정한 전자어음은 무효인가, 만기가 1년인 어음으로 되는가, 또는 표시된 만기대로 효력을 발생하는 어음으로 되는가 하는 것이 문제될 수 있다. 전자어음법에서는 이를 정하기 위한 규정이 없다.

전자어음법 제6조 제5항의 입법취지에 비추어 생각하여 보면, 만기가 1년을 초과하는 전자어음을 어음에 기재되어 있는 대로 만기의 효력이 발생한다고 해석하는 것은 동조의 입법취지에 명백히 어긋난다고 할 수 있다. 그러나 만기가 발행일로부터 1년을 초과한 전자어음을 무효인 어음으로 해석하는 것보다는 만기가 1년인 어음으로 해석하는 것이 동조의 입법취지에 부합하고 또 어음거래 당사자 쌍방의 이익에도 부합한다고 생각한다.

## 제4. 電子어음의 登錄

전자증권에서는 전자적인 기록 즉 전자문서를 바탕으로 하여 권리의 발생 · 이전 · 소멸이 결정되는데, 그 기초를 개개의 전자적인 기록(문서) 자체에서 찾는가 아니면 일정한 자에 대한 전자적인 등록에서 찾는가에 따라 전자증권방식과 전자등록방식으로 구분된다. 전자증권방식은 권리의 발생이나 이전 등이 유가증권과 같은 법적 효력을 갖는 전자적인 기록의 작성 · 송신 등에 의하여 이루어지는 것으로 정하는 방식이고, 전자등록방식은 중앙등록기관에 증권의 내용을 등록하고 이를 기초로 권리의 발생이나 이전 등이 이루어지는 것으로 정하는 방식이다.

전자어음법이 따르고 있는 방식은 전자증권방식인가, 전자등록방식인가 하는 것이 문제된다. 전자어음의 발행과 관련하여 제6조 제4항 이외에 제5조를 동시에 규정하고 있는 우리 전자어음법이 전자증권방식과 전자등록방식 중 어느 방식을 따르고 있는가를 구분하는 실익은 등록되지 않은 전자어음의 유효성을 인정할 것인가에 있다고 생각한다. 관리기관에 등록하지 않고 발행한 전자어음의 효력을 부정하지 아니하고 위반자에 대한 벌칙규정(전어 22조 2항 1호)만을 두고 있는 전자어음법의 입법태도에 비추어 보면 동법은 전자증권방식을 취하고 있는 것으로 판단된다.

따라서 전자어음법이 전자어음을 관리기관에 등록하게 한 것은 전자어음거래를 관리기관의 관리 아래 둠으로써 전자어음거래의 안전을 꾀하려는 데에 있는 것이지, 관리기관의 등록부의 기재에 의하여 권리관계를 설정하거나 그 기재변경에 의해 권리 양도의 효력을 발생하게 하려는 것은 아니라고 할 것이다.

# 제 4 절 電子어음의 背書

## 제1. 背書의 方式

실물어음의 배서는 어음이나 이에 결합한 보전지에 배서문구를 기재하고 기명날인(서명)을 한 후 이를 피배서인에게 교부하여야 한다(어 13조 1항). 그러나 전자어음에 배서를 하는 경우에는 배서문구를 기재한 별개의 전자문서 즉 배서전자문서를 작성하여 공인전자서명을 한 후 이를 전자어음에 첨부하여야 한다(전어 7조 1항, 3항). 기존의 전자어음에 배서문구를 추가 기입하여 행하는 배서는 원문언의 변조가 될 위험성이 있어 별도의 배서전자문서를 첨부하는 형식을 취한 것이다. 배서전자문서에는 전자어음의 동일성을 표시하는 정보를 기재하여야 하고(전어 7조 2항), 관리기관은 배서전자문서를 전자어음과 일체가 된 문서로 하고 전자어음과 분리할 수 없도록 하여야 한다(전어시 8조 4항).

실물어음의 배서는 어음을 피배서인에게 교부하여야 완성되지만 전자어음의 경우는 교부가 불가능하므로, 전자거래기본법에 따라 배서인이 송신한 전자어음과 배서전자문서를 피배서인이 수신한 때에 어음법 제13조 제1항에 따른 배서 및 교부가 이루어진 것으로 본다(전어 7조 3항). 즉 발행의 경우와 마찬가지로 배서를 할 때에도 전자어음의 송·수신을 전자어음의 교부로 본다.

피배서인이 다시 배서를 하는 경우에는, 전자어음에 이전에 작성된 배서전자문서를 전부 첨부하고 또 배서의 뜻을 기재한 배서전자문서도 첨부하여야 한다(전어 7조 4항).

## 제2. 分割背書

어음법은 어음금을 둘 이상으로 분할하여 그 일부를 배서하는 분할배서(일부배서)를 무효로 한다(어 77조 1항 1호, 12조 2항). 실물어음의 분할배서를 허용한다는 것은 어음상의 권리와 유체물인 증권의 결합 해체라는 결과를 낳게 되어 실물증권의 본질에 반하게 되기 때문이다. 이처럼 실물증권인 어음은 그 물리적 특성으로 인해 분할이 불가능하므로, 어음의 수취인이 그 어음을 다시 지급수단으로 활용하고자 하는 경우에는 어음의 액면금액과 지급할 금액이 불일치하여 활용이 불가능하거나 정산을 위해 별도로 현금을 준비해야 하는 등 불편이 매우 크다.

그런데 전자어음의 분할배서를 허용할 것인가에 대하여는 전자어음법에서 규정하는 바가 없다. 전자어음은 추상적 권리가 유체물인 증권과 결합하여 존재하는 실물어음과는 달리, 무형의 정보 자체가 어음의 구실을 하고 있으므로, 분할에 장애가 될 것은 없다. 그리고 전자어음의 분할배서가 허용되면, 기업의 입장에서는 필요한 자금만 일부 할인할 수 있게 되어 불필요한 어음할인에 따른 이자비용을 절감할 수 있는 등 기업의 경쟁력 향상에 도움을 받을 수 있게 된다. 따라서 전자어음의 분할배서는 허용하는 것이 바람직할 것이다.

## 제3. 背書의 回數

어음법에서는 어음의 총 배서회수를 제한하지 않는다. 그런데 전자어음법은 전자어음의 총 배서회수는 20회를 초과할 수 없다고 정하고 있다(전어 7조 5항). 전자어음의 유통 남발을 막기 위하여 만기를 1년으로 제한한 것과 같은 이유에서 둔 제한이라고 판단된다. 그런데 전자어음법은 회수제한을 초과한 배서의 효력에 대하여는 침묵하고 있다.

회수 제한을 초과한 배서가 어음제도의 본질상 허용될 수 없는 것도 아니고 또한 이의 유효성을 인정하더라도 전자어음거래의 안정성과 유통성을 크게 침해한다고도 볼 수 없다. 따라서 회수제한을 초과한 배서가 이루어진 경우 그 배서를 무효라고 해석할 것은 아니다. 다만 배서를 포함한 모든 전자어음행위를 관리하는 기관은 자신이 관리하는 정보통신망을 통하여 전자어음행위가 이루어지도록 관리하고 있으므로, 관리기관에게 배서회수를 초과하는 배서는 등록을 불허하게 하는 등의 방법으로 배서회수를 규제하게 하여, 전자어음법 제5조의 입법목적이 달성될 수 있도록 하는 것이 바람직하다.

## 제 5 절 電子어음의 保證

어음법상 어음에 보증하는 자는 어음 자체 또는 보전에 할 수 있고(어 77조 3항 31조 1항), 또 등본에도 할 수 있다(어 77조 1항 6호, 67조 3항). 그런데 전자어음에 보증을 하는 경우에는 보증의 뜻을 기재한 별개의 전자문서 즉 보증전자문서를 작성하여 공인전자서명을 한 후 이를 전자어음에 첨부하여야 한다(전어 8조 1항). 보증전자문서에는 전자어음의 동일성을 표시하는 정보를 기재하여야 하고(전어 8조 2항), 관리기관은 보증전자문서를 전자어음과 일체가 된 문서로 하고 전자어음과 분리할 수 없도록 하여야 한다(전어 8조 4항).

보증전자문서가 첨부된 전자어음의 교부는 발행의 경우와 같이 어음의 송·수신으로 하고, 전자거래기본법에 따라 보증인이 송신한 전자어음과 보증전자문서를 피보증인이 수신한 때에 교부가 이루어진 것으로 본다(전어 8조 2항, 6조 4항).

## 제 6 절 電子어음의 支給

### 제1. 支給提示

어음채무는 추심채무이므로 소지인이 어음금의 지급을 받기 위하여서는 어음을 제시하여 지급을 청구하여야 한다(어 77조 1항, 38조 1항).

전자어음의 경우에는 실물어음을 제시할 수 없으므로, 전자어음의 소지인이 전자어음 및 모든 배서전자문서를 첨부하여 지급청구의 뜻이 기재된 전자문서, 즉 지급제시전자문서를 전자어음의 지급을 청구할 금융기관(지급금융기관)에 송신하고 그 금융기관이 이를 수신한 때에는 어음법 제38조 제1항에서 규정한 지급을 위한 제시를 한 것으로 본다(전어 9조 1항 본문). 지급제시를 위한 송신과 수신의 시기는 전자거래기본법 제6조 제1항 및 제2항에 따른다(전어 9조 2항).

전자어음의 소지인이 지급제시를 위하여 전자어음을 지급금융기관에 송신하는 경우에는, 전자어음의 소지인의 정보처리조직에서는 전자어음이 소멸하지 아니하고, 지급금융기관에 송부된 전자어음에는 지급제시를 위한 것임을 표시하는 문언이 기재되도록 하여야 한다(전어시 8조 3항).

## 제2. 電子어음의 支給

전자어음의 지급제시를 받은 금융기관이 어음금을 지급한 때에는 관리기관에 지급사실을 통지하여야 한다(전어 9조 4항 본문). 전자어음법 제9조 제4항 단서에서는, 「다만 전자어음관리기관에서 운영하는 정보처리조직에 의하여 지급이 완료된 경우에는 이를 통지할 필요가 없다」고 규정하고 있으나, 관리기관은 전자어음의 기반시설을 관리하는 자이고 금융기관이 아니므로 지급금융 업무를 수행하기에 적격자가 아니다. 따라서 전자어음법은 제9조 제4항 단서는 입법상의 하자로서 삭제하는 것이 바람직하다.

전자어음법 제10조는 지급금융기관이 관리기관에 어음금의 지급사실을 통지하거나 관리기관의 정보처리조직에 의하여 지급이 완료된 경우 어음채무자가 당해 어음을 환수한 것으로 본다고 하였다. 실물어음의 경우에는 어음과 상환하여 어음금을 지급하는데(어 39조 1항), 전자어음에서도 상환증권성을 유지하기 위하여 설치한 규정이다(이철송 504면 최준선(어) 473면). 그런데 동조에서, 「전자어음관리기관의 정보처리조직에 의하여 지급이 완료된 경우」에도 어음채무자가 당해 어음을 환수한 것으로 본다고 규정하고 있지만, 앞서 설명한 바와 같이, 전자어음관리기관이 지급업무를 수행하기에는 여러 가지 면에서 부적합하므로 이 내용도 입법상의 하자로서 삭제하는 것이 옳다.

그리고 전자어음의 환수를 의제하는 규정만으로는 어음이 재차 유통되는 것을 막을 수는 없으므로, 관리기관의 정보처리조직에서 실제로 어음이 재차 유통되지 못하도록 하는 장치를 관리기관은 마련하여야 할 것이다(이철송 504면 최준선(어) 473면). 여기에 맞추어 관리기관에게는 지급제시전자문서에 기재된 어음금을 수령하는 금융기관이 어음금을 수령하는 동시에 소지인이 보관하는 전자어음에 지급이 이루어졌음을 표시하는 문언이 기재되도록 장치하여야 할 의무와(전어시 9조 1항) 지급필 문언을 발행인에게 송신하여야 할 의무가 부여된다(전어시 9조 2항).

## 제3. 一部支給

실물어음의 경우에는 지급인이 일부지급을 하는 경우에는 소지인은 이를 거절할 수 없다(어 77조 1항 3호, 39조 2항). 그런데 전자어음법에는 어음금의 일부지급에 관한 어음법 제39조 제2항의 규정을 적용하지 아니한다는 특칙을 두고 있다(전어 11조). 이 규정이 존재하므로 전자어음에는 일부지급이 허용되지 않는다고 하는 견해와(이철송 494면) 일부지급은 허용되지만 어음소지인은 일부지급의 수령을 거절할 수 있다는 견해가(최준선(어) 473면) 대립하고 있다.

원래 일부지급은 채무의 내용에 따른 변제의 제공(민 460조)이 아니므로 소지인은 어음금의 일부지급을 거절할 수 있는 것이나, 일부지급의 거절은 배서인 등의 소구의무자에게 그만큼 불이익이 되므로 어음법은 일반 법원칙을 변경하여 어음소지인은 일부지급을 거절할 수 없도록 한 것이다. 어음의 일부지급의 경우에는 지급인은 소지인에게 어음의 반환을 청구할 수는 없고, 어음에 일부지급의 뜻을 기재하고 그 영수증을 교부할 것을 청구할 수는 있다(어 77조 1항 3호, 39조 3항).

생각하건대 실물어음의 경우와 마찬가지로 전자어음의 경우에도 소구의무자 보호라는 측면에서 판단하면 어음금의 일부지급을 금지할 이유는 없다. 그런데 전자어음의 일부지급을 허용하면 어음금을 (일부)지급하고도 어음의 상환을 받지 못한 지급인을 보호하기 위하여, 지급인에게는 소지인으로 하여금 일부지급의 뜻을 전자어음에 기재하게 하고 그 영수증의 교부를 청구할 수 있는 권리가 당연히 보장되어야 한다(어 39조 3항 참조). 그렇지만 전자어음법은 전자어음 관리의 어려움을 이유로 전자어음의 일부지급인에게는 이러한 권리를 인정하지 않고 있다(전어 11조 참조). 이러한 입법태도가 타당한가에 대하여는 의문이 있지만, 전자어음법이 어음법 제39조 제2항뿐 아니라 제3항의 적용도 배제하고 있는 것에 비추어 해석하면, 전자어음법은 전자어음의 일부지급을 허용하지 않는다고 보는 것이 옳다.

# 제 7 절 支給拒絶과 遡求

## 제1. 支給拒絶

(1) 전자어음의 소지인으로부터 지급제시를 받은 금융기관이 지급을 거절할 때에는 전자문서, 즉 지급거절전자문서로 하여야 한다(전어 12조 1항). 지급거절전자문서는 지급제시를 위하여 송신되는 전자어음의 여백에 지급이 거절되었음을 표시하는 문언을 기재하는 방식으로 작성하거나, 전자어음의 일부가 되는 별도의 문서로 작성하여야 한다(전어시 10조 1항). 관리기관은 이러한 별도의 지급거절전자문서를 전자어음과 일체가 된 문서로 하고 전자어음과 분리될 수 없도록 하여야 한다(전어시 8조 4항).

(2) 지급금융기관은 지급거절전자문서를 관리기관에 통보하고, 관리기관이 이를 확인한 경우에는 그 지급거절전자문서를 어음법 제44조 제1항의 규정에 의한 공증증서로 본다(전어 12조 2항). 관리기관이 이 지급거절전자문서를 통보받은 경우에는 전자어음 소지인이 적법하게 금융기관에 지급을 위한 제시를 하였는지 여부를 확인하여야 한다. 관리기관이 지급거절을 확인한 경우에는 지급제시를 위한 전자어음의 여백에 지급거절 확인을 표시하는 문언을 기재한 후 당해 전자어음을 즉시 소지인에게 송신하여야 한다(전어시 10조 2항).

전자어음의 소지인이 이러한 지급거절전자문서를 수신한 날을 공정증서의 작성일로 본다(전어 12조 3항). 어음법상 지급거절증서는 지급할 날에 이은 2거래일 내에 작성하여야 하므로, 전자어음의 경우에도 이 기간을 준수하여야 한다.

(3) 관리기관은 지급거절된 지급제시용 전자어음을 소지인에게 송신한 때에는 소지인이 보관하는 전자어음의 원본이 소멸되도록 하여야 한다. 이 경우 지급거절된 지급제시용 전자어음을 어음의 원본으로 본다(전어시 10조 3항).

## 제2. 遡 求

전자어음의 소지인이 소구권을 행사하고자 할 때에는 지급거절된 지급제시용 전자어음 · 모든 배서전자문서 · 지급거절전자문서를 소구의 뜻을 기재한 전자문서 즉 소구전자문서에 첨부하여 소구의무자에게 송신하여야 한다(전어 13조 1항). 이때 소구권을 행사하는 전자어음의 소지인은 소구전자문서에 어음금을 수령할 금융기관의 계좌를 기재하여야 한다(전어 13조 4항).

소구의무자가 소구금액을 지급한 때에는 관리기관에 지급사실을 통지하여야 한다(전어 13조 2항). 이것은 지급금융기관이 어음금을 지급할 때에 관리기관에게 지급사실을 통지하게 한 것(전어 9조 4항)과 같은 취지이다.

소구의무자가 관리기관에게 이 통지를 하면, 소구의무자가 자기의 전자에게 재소구를 할 수 있도록 하기 위하여, 소구의무자가 전자어음을 환수한 것으로 의제한다(전어 13조 3항).

## 제8절 電子어음의 返還과 受領拒否

### 제1. 電子어음의 返還

착오에 의한 어음행위나 사기, 강박에 의한 어음행위를 한 자는 그 어음행위를 취소할 수 있다(민 109조 110조). 이는 전자어음행위의 경우도 마찬가지이다. 전자어음행위의 취소에 관하여 어음법에는 규정이 없으므로 민법의 규정에 따라 자신의 어음행위를 취소할 수 있다. 그리고 어음행위를 취소할 수 있는 자가 취소의 상대방에게 취소의 의사표시를 하면 어음행위의 종류를 불문하고 원칙적으로 무효가 되므로 그 어음행위는 효력을 발생하지 아니하여, 어음행위의 취소 후에도 어음을 소지하고 있는 자는 어음상의 권리자로서의 지위를 잃게 된다. 그러므로 필요한 경우에는 어음행위를 취소한 자가 그 어음의 소지인에게 어음의 반환을 청구할 수 있다. 이러한 법리는 전자어음행위를 취소한 경우에도 그대로 적용된다,

그런데 상대방이 어음행위의 취소를 수용하고 어음을 반환하고자 할 경우, 실물어음이라면 단지 어음의 점유를 어음행위자인 발행인이나 배서인 등에게 이전하면 충분하다. 그러나 전자어음의 경우에는 실물어음의 경우처럼 어음의 점유를 이전하는 물리적 행위가 존재할 수 없으므로 반환으로 의제하는 전자적 처리방법이 필요하다. 또 이러한 필요는 전자어음이 발행이나 배서의 진정한 상대방이 아

닌 자에게 착오로 교부되어진 경우에도 발생한다. 그래서 전자어음법은 전자어음을 발행 또는 배서한 자가 착오 등을 이유로 전자어음을 반환받으려면 그 소지인으로 하여금 관리기관에 반환의 뜻을 통지하게 하고(전어 14조 1항), 이 통지가 있으면 전자어음은 발행되거나 배서되지 아니한 것으로 보고, 관리기관은 그 전자어음의 발행 또는 배서에 관한 기록을 말소하도록 규정하고 있다(전어 14조 2항).

물론 이 규정은 착오로 발행 또는 배서한 전자어음을 소지하고 있는 자가 그 어음의 반환에 동의하지 아니할 경우에는 적용될 수 없다. 전자어음의 경우에도 실물어음의 경우와 마찬가지로 어음의 반환에 다툼이 있을 경우에는 어음반환에 관한 소송을 통하여 해결할 수밖에 없을 것이다.

## 제2. 電子어음의 受領拒否

실물어음을 발행하거나 배서하는 경우에는 상대방이 어음을 수령하여야 교부가 이루어진 것이 되어 발행행위나 배서행위가 종료된다. 따라서 원인관계상의 채권자는 채무자가 발행하거나 배서하고자 하는 어음의 수수를 원하지 않는 경우에는 그 어음의 수령을 거부하면 된다.

그런데 전자어음은 전자거래기본법 제6조 제1항에 따라 송신하고 그 타인이 동조 제2항에 따라 수신한 때에 전자어음을 발행한 것으로 보고(전어 6조 4항), 또한 배서인이 타인에게 위 전자어음의 발행 시와 같은 방법으로 송신하고 수신하는 때에는 어음법 제13조 제1항의 규정에 따라 배서 및 교부가 있는 것으로 본다(전어 7조 3항). 여기에 의하면 전자어음을 발행하거나 배서하는 경우에는 실물어음의 경우와는 달리 타인(수취인이나 피배서인으로 지정된 자)의 의사에 반하여 전자어음의 수령이 이루어진 것으로 의제될 수가 있다.

이 때문에 자신의 의사와 상관없이 전자어음을 수신한 자의 의사에 따라 수령거부의 효과를 부여하는 규정이 필요하다(이철송 508면 최준선(어) 476면).

그래서 전자어음법은 전자어음을 수신한 자가 그 전자어음의 수령을 거부하고자 하는 경우에는 관리기관에 수령 거부의사를 통지할 수 있게 하고, 그 통지가 있는 경우에는 수신자가 전자어음을 수령하지 않은 것으로 본다. 그리고 관리기관은 수신자가 청구할 경우 그 수신자가 전자어음의 수령을 거부한 사실을 증명하는 문서를 발급하여 수신자에게 교부하여야 한다(전어 14조 3항).

# 제 9 절 電子어음 管理機關

## 제1. 管理機關의 必要性

전자어음은 실물어음과는 달리 물리적 형태로 존재하지 않으므로 전자어음의 존재 및 유통을 확실하게 증명·관리할 수 있는 방법이 필요하다. 이를 위하여 전자어음법은 전자어음의 발행 및 유통을 위한 전자문서의 이동에 관한 전자적 정보를 집중 관리하는 중앙관리기구로 전자어음관리기관을 두고 있다(전어 3조).

## 제2. 管理機關의 役割과 限界

### 1. 管理機關의 役割

관리기관은 전자어음의 이용자등록(전어 2조 8호), 발행등록(전어 5조 1항), 발행등록의 거부 및 연간 총 발행금액 등의 제한(전어 5조 2항), 지급사실 통지의 상대방(전어 9조 4항), 지급거절전자문서의 통보의 상대방(전어 12조 2항), 소구의무 이행사실 통보의 상대방(전어 13조 2항), 전자어음 반환청구의 상대방(전어 14조 1항), 전자어음 수령거부사실의 통지의 상대방(전어 14조 3항 1문), 수령거부사실의 증명문서 발급권자(전어 14조 3항 2문)로서의 역할을 수행한다.

전자어음법상으로는 관리기관이 지급제시의 상대방(전어 9조 1항)과 자동 지급제시의 운영자(전어 9조 2항)의 역할도 수행할 것으로 규정되어 있으나, 앞서 설명한 바와 같이, 이 규정은 입법상의 하자로서 삭제하는 것이 바람직하다.

### 2. 役割의 限界

관리기관은 전자어음의 소재 등을 관리하는 역할을 수행함에 그치고 어음의 실체적인 법률관계에는 관여하지 않는다. 다만 전자어음을 발행하려는 자가 그 전자어음의 등록을 관리기관에 신청하는 경우에, 관리기관은 해당 전자어음의 지급을 담당할 금융기관이나 신용조사기관 등의 의견을 참고하여 전자어음의 등록을 거부하거나 전자어음의 연간 총 발행금액을 제한할 수는 있다(전어 5조 2항). 전자어음의 남발에 따른 전자어음거래의 불안정을 사전에 방지하기 위하여 설치한 규정이다.

그런데 관리기관이 전자어음 발행인의 연간 총 발행금액을 어떤 방법으로 제한할 것인가, 또 그 제한을 위반하여 발행된 전자어음의 효력은 어떻게 할 것인가에 대하여는 규정하고 있지 않다. 입법적 보완이 필요한 부분이다.

## 제3. 管理機關의 義務

### 1. 安全性確保義務

관리기관은 전자어음 거래의 안전을 확보하고 지급의 확실성을 보장할 수 있도록 전자어음거래의 전자적 전송·처리를 위한 인력, 시설, 전자적 장치 등을 갖추어야 한다(전어 15조).

### 2. 電子어음去來 記錄의 生成保存義務

관리기관은 ① 전자어음의 발행, 배서, 보증 및 권리행사 등을 할 때에 그 기관의 전자정보처리조직을 통하여 이루어지도록 하여야 하고, ② 전자어음별로 발행인과 배서인에 관한 기록, 전자어음 소지인의 변동사항 및 그 전자어음의 권리행사에 관한 기록을 보존하여야 하며, ③ 전자어음거래를 추적·검색하고 오류가 발생할 경우 그 오류를 확인·정정할 수 있는 기록을 생성하여 보존하여야 한다(전어 16조 1항).

### 3. 電子어음去來 情報提供義務 등

관리기관은 전자어음을 소지한 자 또는 어음발행인으로부터 허락을 얻은 자의 요청이 있는 경우에는 해당 전자어음의 관련 정보를 제공하여야 한다(전어 17조 1항, 전어시 14조 1항). 전자어음을 소지하는 자가 요청할 수 있는 정보는, ① 소지하는 전자어음의 진위, ② 소지하는 전자어음의 발행인이 최근 3년 이내에 지급거절을 한 사실이 있는지 여부, ③ 발행인에 관한 정보로서 상법이나 자본시장과 금융투자업에 관한 법률 및 그 밖의 법령에 의하여 공시할 의무가 있는 정보에 관한 것이다(전어시 14조 2항). 어음발행인의 허락을 얻은 자가 요청할 수 있는 정보는, 전자어음 발행인이 관리기관에 통보한 범위 내의 정보에 관한 것이다(전어시 14조 3항).

관리기관은 발행인이 동의한 경우 발행인의 전자어음 발행한도, 유통 중인 전자어음 발행총액 등의 정보를 어음소지인에게 제공할 수 있다(전어시 14조 4항).

관리기관은 건전한 전자어음의 발행·유통과 선의의 거래자 보호를 위하여, ①

전자어음의 발행인이 전자어음이나 어음·수표를 지급거절한 사실이 발생한 경우, ② 전자어음의 발행인이 회사정리절차개시신청·파산신청·화의개시신청 또는 개인회생절차개시신청을 한 경우에는 법무부장관의 사전 승인을 얻어 위의 사항을 공개할 수 있다(전어 17조 3항 전어시 14조 5항).

관리기관은 발행인이 거래정지처분을 받은 경우에는 그 사실을 발행인이 발행한 모든 전자어음의 이용자들에게 통보하여야 하고, 거래정지처분을 받은 발행자에 관한 사항을 관리기관의 홈페이지 등에 공시하여야 한다(전어시 14조 6항).

### 4. 約款의 明示通知義務

관리기관은 전자어음을 등록할 때에 이용자에게 전자어음거래에 관한 약관을 구체적으로 밝히고, 이용자가 요청하는 경우에는 그 약관을 발급하고 내용을 설명하여야 한다(전어 18조 1항).

전자어음거래약관에는 ① 관리기관이 이용자로부터 징수할 이용료, ② 전자어음의 발행등록에 관한 세부적인 사항, ③ 이용자가 전자어음거래에서 입은 손해배상의 절차가 명시되어야 한다(전어시 15조 3항).

# 제 5 편

# 保險法

# 제1장 總 論

## 제 1 절 保險制度

### 제1. 保險制度의 意義

사유재산제도와 자기책임원칙을 기본으로 하는 현대의 경제사회에 있어서 각 경제주체는 원칙적으로 자기책임하에 자기의 경제생활을 유지·운영·발전시켜 나간다. 그러나 각 경제주체가 우연히 예측할 수 없는 사고, 예컨대 재화의 감손이나 배상책임의 부담 또는 사망 등과 같은 사고를 당한 경우에는 경제생활이 불안정해진다.

이와 같은 사고에 대하여서는 예방책, 진압책(감경책) 및 선후책(先後策) 등의 대비책이 있을 수 있다. 첫째의 예방책은 사고의 발생을 사전에 방지하는 것으로서, 그러기 위하여서는 사고의 원인을 규명하여 그 원인을 제거하여야 한다. 예방책은 사고의 발생에 대한 대비책으로서는 이상적이나, 현대의 과학이나 기술로써 그 사고원인을 규명·제거할 수 없는 경우에는 사고의 발생을 사전에 방지할 수 없으므로 사고의 대비책으로서는 한계가 있다. 둘째의 진압책은 사고가 발생한 경우에 그 결과를 가급적 감소시키는 것으로서(예: 화재발생시의 소화활동) 진압책에도 예방책에서와 같은 한계가 있다. 셋째의 선후책은 사고로 인하여 생긴 결과에 대하여 경제적 측면에서 조치하는 것으로서, 저축과 공적 구제제도가 있다. 그러나 저축은 반드시 우연한 사고에 대비하기 위하여 하는 것이 아니고, 또 공적 구제제도는 구제를 받기 위한 요건과 범위가 극히 한정되어 있어 원상회복을 위하여서는 불충분하다.

그리하여 동질의 위험에 놓여 있는 사람들이 우연한 사고에 대비하여 사전에 소액의 금액을 각출하여 공동비축자금을 마련하고, 사고가 발생한 경우에는 원상회복에 필요한 금액을 지급받을 수 있는 일종의 위험 전가의 방책으로서 보험제도가 필요하다.

## 제2. 保險制度의 構造

화재나 사망 등의 사고의 발생은 개개의 가계나 기업의 입장에서 보면 예측이 거의 불가능하나, 집단의 입장에서 보면 일정한 기간 내에 그 발생하는 빈도는 거의 일정하다(大數의 法則).

보험은 이 대수의 법칙에 의하여 사고의 발생률을 측정하여 보험가입자에게 자금을 분담시키고 그 자금으로 공동비축재산을 형성하여 두고 사고를 당한 자에게 그 공동비축재산에서 일정한 금액을 지급함으로써, 경제생활의 불안정을 제거·경감하는 경제제도이다. 예컨대 1만 호의 가옥이 있고 각 가옥의 가액이 1억 원인 경우에 대수의 법칙에 의한 화재의 발생률이 연간 0.1 %라면, 1년간의 화재손해의 총액은 10억 원이고 그 10억 원을 1만 호의 각 가옥의 소유자가 분담하게 하면 각자의 분담액이 10만 원으로서 합계 10억 원의 공동재산이 비축되어 피해자 10 인이 각각 1억 원씩 지급받을 수 있어 피해자는 경제생활의 불안정을 면할 수 있게 된다.

요컨대 보험제도는 우연한 사고의 발생으로 인하여 생기는 경제생활의 불안정에 대비하기 위한 제도로서, 그 방법·기술로서 대수의 법칙의 확률계산에 의한 공동비축제도를 이용하고 있다.

## 제3. 保險의 種類

보험은 분류의 기준에 따라 여러 가지로 구분할 수 있다. 그 중 중요한 것으로서는 다음과 같은 것이 있다.

### Ⅰ. 公保險·私保險

공보험(Öffentliche Versicherung)은 국가나 공공단체가 사회정책 또는 경제정책의 실현수단으로 운영하는 보험이고, 사보험(Private Versicherung)은 보험회사가 사경제적 입장에서 보험계약원리에 따라 운영하는 보험이다. 공보험·사보험의 구별은 경영의 주체가 국가 기타 공법인인가 사인인가에 따른 구별, 즉 공영보험·사영보험의 구별과 대체로 일치한다.

공보험에는 사회보험과 산업보험이 있다. 전자는 사회정책적 목적으로 근로자나 소액소득자의 재해·질병·실업·노폐 등의 구제를 위한 보험으로서 군인보험(군인보험법), 선원보험(선원보험법) 등이 있다. 후자는 산업정책적 목적으로 수출촉진·기술혁신 등을 위한 보험으로서 수출보험(수출보험법)이 대표적이다.

공보험은 국가 기타 공법인이 경영하는 공영보험인 경우가 많고, 특별법에 의하여 행정법상의 관계로서 행하여지고, 직접·간접으로 국가재정에 의한 지원이 있고, 가입이 강제되는 경우가 많다. 그러나 사보험은 대체로 사인이 경영하는 사영보험이고, 사법상의 관계로서 행하여지고, 국가 기타 공법인의 재정적 지원이 예정되어 있지 않고, 원칙적으로는(자동차손해배상책임보험은 예외) 가입이 강제되지 않는다.

### Ⅱ. 營利保險·相互保險

사영보험에는 영리보험과 상호보험이 있다. 영리보험(Versicherung gegen Prämie)은 보험자가 영리의 목적으로 보험계약자로부터 보험을 인수하는 것을 영업으로 하는 보험이다(상 46조 17호). 상호보험(Versicherung auf Gegenseitigkeit)은 보험을 하고자 하는 다수인이 단체(相互會社)를 형성하여 보험가입자가 보험계약자인 동시에 보험자인 상호회사의 사원으로 되어 행하는 보험이다.

상호보험의 보험관계의 내용은 영리보험의 보험관계와 동일하므로, 상호보험에는 그 성질이 허용되는 한 상법의 영리보험에 관한 규정이 준용된다(상 664조).

### Ⅲ. 財産保險·人保險

재산보험(Vermögensversicherung)은 보험사고 발생의 대상이 재산인 보험이고, 인보험(Personenversicherung)은 보험사고 발생의 대상이 사람인 보험이다. 전자에 속하는 것으로는 화재보험, 운송보험, 해상보험 등이 있고, 후자에 속하는 것으로는 생명보험, 상해보험, 의료보험 등이 있다. 재산보험 중에서 보험사고 발생의 대상이 특정의 물건인 보험을 물건보험(Sachversicherung)이라 한다.

### Ⅳ. 損害保險 · 人保險

손해보험(Schadensversicherung)은 보험급여의 내용이 손해의 전보(塡補)인 보험으로서, 화재보험, 운송보험, 해상보험, 책임보험, 자동차보험 등이 여기에 속한다. 인보험은 보험사고가 사람에게 생기는 보험이다.

상법은 보험을 제2장 손해보험(화재보험, 운송보험, 해상보험, 책임보험, 자동차보험)과 제3장 인보험(생명보험 상해보험)으로 구분하고 있고, 또 스위스 보험계약법과 프랑스 보험계약법에서도 손해보험 · 인보험으로 구분하고 있다. 그러나 인보험인 상해보험 중에서 치료비의 실비를 급여하는 보험은 손해보험에도 속하므로, 보험을 손해보험과 인보험으로 구분하는 것은 적절하지 않다.

### Ⅴ. 損害保險 · 定額保險

손해보험은 급여의 내용이 손해의 전보인 보험으로서, 이를 부정액보험이라고도 한다. 정액보험(Summenversicherung)은 급여의 내용이 약정금액인 보험으로서, 생명보험이 여기에 속한다.

그러나 손해보험 중에는 보증보험처럼 정액보상특약에 의하여 정액보험처럼 운영되는 경우도 있고, 또 정액보험 중에서도 종신연금보험과 같이 급여총액이 처음부터 정하여지지 않은 경우도 있다.

### Ⅵ. 海上保險 · 陸上保險 · 航空保險

해상보험(Seeversicherung)은 해상사고로 선박 · 적하 등에 관하여 생기는 손해를 전보하는 보험이고, 육상보험(Binnenversicherung)은 육상에서의 사고로 생기는 손해를 전보하는 보험이고, 항공보험(Luftversicherung)은 항공기 · 항공에 관한 사고로 생기는 손해를 전보하는 보험이다.

### Ⅶ. 原保險 · 再保險

보험사고 발생으로 보험가입자에게 보상책임을 지는 보험자는, 보험가입자에 대한 자신의 보험계약상의 책임의 전부 또는 일부를 다른 보험자에게 보험계약으로 전가할 수 있다. 이 경우 원보험(Erstversicherung)은 제1의 보험자가 인수하는 보험으로서 元受保險이라고도 하고, 재보험(Rückversicherung)은 제1의 보험자가 입은 손해를 제2의 보험자가 인수하는 보험이다.

### Ⅷ. 個別保險·集合保險·團體保險

개별보험(Einzelversicherung)은 개개의 물건 또는 사람을 목적으로 하는 보험이고, 생명보험에서는 이를 단독보험 또는 單生保險이라 한다. 집합보험(Kollektivversicherung)은 물건의 집합체를 목적으로 하는 보험이고, 단체보험(Gruppenversicherung)은 사람의 집합체를 목적으로 하는 보험이다. 집합보험에는 집합된 물건이 특정되어 있는 특정보험과 집합된 물건의 수시 교체가 예정되어 있는 총괄보험이 있다.

### Ⅸ. 企業保險·家計保險

기업보험(business insurance)은 기업이 기업경영상의 위험에 대비하여 가입하는 보험으로서 해상보험, 운송보험, 화재보험, 재보험 등이 있다. 가계보험(domestic insurance)은 가계상의 위험에 대비하여 가입하는 보험으로서 생명보험, 상해보험, 화재보험, 자동차보험 등이 있다.

가계보험에서는 보험가입자인 보험계약자 등의 이익보호를 위한 법적배려가 요구되지만, 기업보험에서는 당사자 자치를 인정하여도 된다(상 663조).

## 제4. 保險類似制度와의 區別

### Ⅰ. 總 說

보험제도에 필요한 요소 중 일부의 요소를 결하고 있는 제도를 보험유사제도라 한다. 보험유사제도로는 도박·복권, 저축, 자가보험, 보증, 공제 등이 있으며, 이는 그 목적·수단이 보험제도와 공통하는 것도 있고 상이한 것도 있다. 여기에서는 보험제도의 본질 내지 특색을 명확히 하기 위하여 보험유사제도와 보험제도를 비교 검토하기로 한다.

### Ⅱ. 保險類似制度

#### 1. 賭博·福券

도박·복권과 보험은 계약구조의 면에서는 공통하나 그 목적·기능의 면에서는 상이하다. 즉 도박·복권과 보험은 우연한 사건의 발생으로 인하여 당사자 간에 급여·반대급여관계가 생기는 射倖契約이라는 점에서는 같다. 그러나 보험은 경제생활의 안정확보를 목적으로 하는 데 대하여 도박·복권은 우연한 사건으로 인한 적극적 이득을 목적으로 한다. 따라서 보험은 사건으로 인하여 생긴 자금의 필요성과 자금의 급여가 관련성을 가지나 도박・복권은 그러하지 않다.

### 2. 貯 蓄

저축과 보험은 경제생활의 안정을 확보한다는 목적에 있어서는 공통하나, 그 목적을 달성하는 기술적인 면에 있어서는 다르다. 저축은 각 경제주체가 단독으로 비축하는 것이나, 보험은 다수의 경제주체가 단체적 결합을 통하여 공동비축하는 것이다. 따라서 비축재산의 처분이 전자에서는 자유이나 후자에서는 그러하지 않다.

### 3. 自家保險

자가보험은 한 경제주체가 물건이나 시설에 관하여 발생할 수 있는 손해에 대비하여 그 물건・시설에서 생긴 수익의 일부를 적립하는 것이다. 자가보험이 우연한 사고로 인한 경제생활의 불안정에 대비하고 대수의 법칙을 이용하여 일정금액을 적립하는 점에서는 보험과 공통한다. 그러나 보험은 다수의 경제주체의 단체적 결합을 전제로 한 공동비축제도인 데 대하여 자가보험은 한 경제주체의 단독비축제도로서 일종의 저축이라 할 수 있는 점에서 양자는 다르다. 따라서 자가보험은 보험이 아니므로 자가보험이라는 용어는 정확한 표현이 아니다.

### 4. 保 證

보증은 채무자가 그 채무를 이행하지 않는 경우에 제3자가 채권자에 대하여 그 채무와 같은 내용의 별개의 채무를 부담하는 담보제도이다. 보증은 채무자의 채무불이행으로 인하여 채권자가 입는 손해에 대비하는 제도라는 점에서 보험과 유사하나, 반드시 유상이어야 하는 것이 아니고 또 다수인의 결합을 본질적 요소로 하지 않는 점에서 보험과 다르다.

그러나 다수의 가입자를 모아 유상으로 보증을 인수하는 경우에는 보험으로 될 수 있는데, 이것이 保證保險이다. 예컨대 채무자인 수급인이 보험계약자로 되고 도급인을 피보험자로 하는 "타인을 위한 보험계약"을 체결하여, 채무자의 채무불이행으로 인하여 채권자가 입은 손해를 보험자가 보상하는 것이다.

보증보험에 있어서 보험사고는 채무자인 보험계약자의 채무불이행이고 이는 보험계약자의 의사에 의하여 생기므로, 보증보험은 보험사고의 우연성을 규정한 상법 제644조와 인위적 사고의 보험자면책을 규정한 상법 제659조 제1항에 반하여 이를 보험이라 할 수 있는지 의문이나, 이것도 일반적으로 손해보험에 속한다고 본다.

5. 共 濟

공제는 다수의 경제주체가 단체를 구성하여 보험료에 상당하는 금액을 납입하고 가입자가 화재나 사망 기타 규약에서 정한 사고를 당한 경우에 그 가입자에게 미리 정한 일정 금액을 지급하는 것이다. 우리 나라에서는 같은 직장이나 직업 또는 지역에 있는 사람들이 相互扶助를 위하여 공제조합이나 협동조합 기타의 조합을 조직하고 조합원이 화재·부상·질병·사망·자동차사고 등을 당한 경우에는 그 조합원에게 일정한 금액을 급여하는 공제사업이 널리 행하여지고 있다.

오늘날 농업협동조합, 수산업협동조합 등에서 공제의 이름으로 영위되는 생명공제, 화재공제 등은 가입자의 범위가 극히 제한적이라는 점을 제외하고는 실체는 일종의 보험이라 할 수 있으므로, 이를 유사보험 또는 조합보험(cooperative insurance)이라 부르기도 한다(Bickelhaupt p. 73).

## 제 2 절 保險의 沿革

### 제1. 保險의 前史

보험제도의 기원에 관하여 학설은 고대 로마에 있어서 葬儀費의 부조를 목적으로 하는 장례비조합(collegia tenuiorum), 혈연협동체·지연협동체인 가족협동체·촌락협동체, 또 중세에 있어서 직업상 상호부조를 목적으로 하는 길드(guild) 등에서 비롯되었다고도 하고(大森忠夫, 保險法, 19頁), 또는 중세 지중해 연안에서 성행하던 冒險貸借(pecumia trajecticia)의 기능 중에서 위험전가의 기능이 분화·독립된 것이라고도 한다(김성태 33면).

모험대차는 해상무역업자가 금융업자로부터 선박과 적하를 담보로 자금을 차입하고, 선박의 난파나 해적의 습격으로 인하여 항해를 무사하게 마치지 못한 때에는 원금과 이자의 지급을 면하고 항해를 무사하게 마친 때에는 원금과 이자를 지급할 것을 약정하는 계약이다. 따라서 모험대차는 자금융통과 위험전가의 기능을 가지며, 이 중 후자의 기능이 분화·독립하여 원시적 해상보험으로 발전된 것이라고 볼 수 있다.

### 제2. 現代的 保險의 起源

13세기 교회법의 이자금지령의 영향을 받아 보험료징수방식의 보험이 생겼고, 14세기 후반에 등장한 보험증권은 오늘날의 보험증권과 유사한 것이었다. 이러한 보험은 북이탈리아의 피렌체와 제노바의 상인들에 의하여 발달하였고, 이것이 점차 지중해 연안의 마르세이유 등 남프랑스의 도시와 바르셀로나 등 스페인의 도시로 보급되었고, 또 이어 북프랑스, 네덜란드, 한자 등의 도시로 널리 확산되었다.

영국에서는 1600년경에 이탈리아계의 금융상인들이 보험거래를 하였고, 1601년에 보험분쟁을 취급하는 법원의 설치에 관한 법률이 제정되었다. 그 무렵 런던에는 커피 하우스가 성행하였고, 17세기 말 에드워드 로이드(Edward Lloyd)가 타워스트리트(Tower St.)에 커피 하우스를 개업하여 여기에 보험인수인(underwriter)들이 모였는데, 이것이 오늘날 세계적인 보험인수단체인 로이즈(Lloyd's)의 모체로 되었다. 로이즈는 1779년에 통일해상보험약관을 채택하였고, 이 약관은 전술한 이탈리아의 보험증권의 방식을 계수한 것으로서 현재의 로이즈 보험증권과 크게 다르지 않다.

로이즈의 보험인수시스템은 회사방식으로 하지 않고 로이즈 언더라이터(Lloyd's underwriter)라 하는 개인의 보험인수인이 보험을 인수한다. 따라서 보험인수인이 파산하여도 로이즈는 책임을 지지 않는다. 로이즈에는 로이즈 브로커(Lloyd's broker)가 있어 이들이 로이즈와 각국의 고객 간에 보험계약을 중개한다.

화재보험은 런던 대화재가 있던 1667년에 치과의사이면서 건축업자이던 니코라스 바아본(Nicholas Barbon)이 화재보험을 인수한 것이 그 효시였다.

또한 생명보험은 아미커블(Amicable Society, 친선단체)을 설립한 존 하트리(John Hartley)가 인수한 것이 그 효시였다. 그러나 이는 보험료가 피보험자의 연령을 불문하고 균일하여 현대 보험의 관점에서 보면 미흡한 것이었다. 연령별 보험료는 1762년에 설립된 에퀴터블회사(The Society for Equitable on Lives and Survivorship)에서 처음 채택하였다.

# 제 3 절 保險法의 概念

## 제1. 保險法의 意義

### Ⅰ. 廣義의 保險法

보험법에는 광의의 보험법과 협의의 보험법이 있다. 광의의 보험법은 보험에 관한 법규의 전체이다. 그 중 보험에 관한 공법적 법규의 전체가 보험공법이고, 보험에 관한 사법적 법규의 전체가 보험사법이다.

보험공법에는 보험사업감독법, 공영보험법, 사회보험법이 있다. 보험사법에는 보험조직법과 보험행위법이 있다. 보험조직법은 보험기업의 조직을 규율하는 법으로서 상법 중의 회사법과 보험업법에서 정하고 있고, 보험행위법은 영리보험에 있어서 보험거래를 규율하는 법 즉 保險契約法으로서 상법 중의 보험법(편)에서 정하고 있다. 이 중 보험계약법이 협의의 보험법이다.

### Ⅱ. 狹義의 保險法

협의의 보험법 즉 보험계약법에는 실질적 의의의 보험계약법과 형식적 의의의 보험계약법이 있다. 실질적 의의의 보험계약법은 사법적인 보험관계를 규율하는 법이고, 형식적 의의의 보험계약법은 상법 제4편「보험」에서 정하고 있는 규정이다.

## 제2. 保險法의 特性

보험법은 보험영업의 거래(상 46조 17호)에 관한 법으로서 상행위법에 속하나, 보험기업의 특성으로 인하여 일반의 상행위법과는 다른 여러 가지 특성을 가진다.

### Ⅰ. 倫理性 · 善意性

보험제도의 발달의 초기에는 보험제도가 불법의 도박적 행위로 악용되기도 하여 보험계약에 윤리성 · 선의성이 요구되었다. 보험계약의 선의성은 1392년경 피렌체의 보험증권에 이미 정하여져 있었고, 또 1794년의 프로이센의 보통국법에도 정하여져 있었다. 그리고 1906년의 영국의 해상보험법 제17조는「해상보험계약은 최대선의의 계약이다. 따라서 당사자의 일방이 최대선의를 준수하지 않을 때에는 다른 당사자는 그 계약을 취소할 수 있다」고 하여 해상보험계약의 선의성을 규정하고 있었다. 그 후 각국의 학설과 판례에서도 대체로 보험계약법의 윤리성·선의성을 인정하였다.

상법상 피보험이익의 적법성의 원칙, 사기로 인한 초과보험의 무효(상 669조 4항), 고지의무위반의 주관적 요건(상 651조), 손해방지의무(상 680조), 고의로 인한 보험사고에 대한 보험자의 면책(상 659조) 등은 보험계약법의 윤리성·선의성에 기초하는 것이다.

### Ⅱ. 技術性

보험제도는 대수의 법칙에 따라 그 위험을 효율적으로 분산시키는 기술적 제도이다. 따라서 보험자가 보험을 인수하는 경우에는 보험의 기술적 기초에 기하여야 하고, 보험계약법은 이러한 보험관계를 규율하는 법이므로 기술적 성질을 가진다.

### Ⅲ. 團體性

영리보험에 있어서 보험계약은 보험자와 보험계약자 간의 단순한 채권계약에 불과하나, 이것을 경제적으로 보면 보험자를 매개로 다수인이 危險團體를 구성하고 있는 것이다. 따라서 보험계약법은 이러한 단체를 규율하는 법으로서 단체적 성질을 가진다.

상법상 고지의무위반으로 인한 보험계약해지(상 651조), 위험변경증가의 통지와 보험계약해지(상 652조), 보험계약자 등의 고의·중과실로 인한 위험증가와 보험계약해지(상 653조) 등은 보험계약법의 단체성에 기초하는 것이다.

### Ⅳ. 公共性·社會性

영리보험은 보험자로서는 하나의 영리사업에 불과하나, 오늘날의 경제사회에 있어서 보험사업은 중요한 기능을 가져 공공성·사회성을 가진다. 즉 오늘날 교통·산업의 발달로 여러 가지 위험이 크게 증대하였기 때문에 가계나 기업을 불문하고 보험제도를 이용하지 않고는 생활의 유지·발전을 바랄 수 없고 또 보험자가 보험계약자로부터 보험료를 받아 축적한 막대한 자금은 국민의 중요한 재산이다.

이와 같이 보험이 공공성·사회성을 가지므로, 보험업법은 보험약관 등의 기초서류를 보험업허가신청서에 첨부하여 금융위원회에 제출하고 그 변경은 미리 금융위원회에 신고하도록 하였다(보험 5조 3호, 127조 1항). 또한 보험자는 300억 원 이상의 자본금과 기금을 납입하고 전문인력과 전산설비 등의 물적설비를 갖추고 대주주가 충분한 출자능력과 건전한 재무상태를 갖추고 경제질서를 저해한 사실이 없을 것을 요구하여 그 자격을 제한하고 있다(보험 6조 1항). 그리고 상법은 당사자 간의 특약으로 보험계약자 등의 이익을 침해하지 못하도록 규정하고 있다(상 663조).

## Ⅴ. 强行法性(相對的 强行法性)

보험계약에 관한 규정은 다른 계약법에서와 같이 대체로 임의법규로서, 당사자는 특약으로 이와 다르게 정할 수 있다.

그러나 보험제도는 전술한 바와 같은 강한 공공성·사회성을 가지므로, 각국은 보험사업에 대하여 철저한 감독을 하고 보통보험약관에 대하여 허가제를 채택하고 있다.

우리 나라의 보험업법은 보험자의 자격을 제한하고(300억 원 이상의 자본금 또는 기금, 금융위원회의 허가)(보험 6조 1항), 누구든지 보험사업자가 아닌 자와 보험계약을 체결하거나 중개·대리하지 못하도록 제한하고 있다(보험 3조).

또한 상법 제663조는 「이 편의 규정은 당사자 간의 특약으로 보험계약자 또는 피보험자나 보험수익자의 불이익으로 변경하지 못한다. 그러나 재보험 및 해상보험 기타 이와 유사한 보험의 경우에는 그러하지 아니하다」고 규정하여, 원칙적으로 '보험계약자 등의 불이익변경'을 금지하고 다만 재보험·해상보험 등에서는 당사자가 임의로 계약내용을 정할 수 있게 하였다. 이것은 화재보험·생명보험 등의 가계보험에 있어서는 보험계약자와 보험자가 서로 대등한 경제적 지위에 있지 아니하여 보험계약자의 이익보호를 위한 법의 후견적 배려가 필요하므로 보험계약에 관한 규정을 상대적 강행법으로 규정하여 보험계약자 등의 불이익으로 변경하지 못하게 한 것이다.

그러나 재보험·해상보험 등의 기업보험에 있어서는 보험계약자와 보험자가 서로 대등한 경제적 지위에 있어 보험계약자의 이익보호를 위한 법의 후견적 배려가 필요하지 않고 또한 해상보험에서는 그 보험의 성격상 국제적인 유대가 강하고 보험실무상으로도 불이익변경금지원칙을 일률적으로 적용하여 규제하는 것이 반드시 옳다고 할 수 없다(대판 1996. 12. 10. 96 다 23818)는 고려에서 보험계약에 관한 규정을 임의법으로 규정하여 당사자가 임의로 보험계약의 내용을 정할 수 있게 하였다.

**【대법원 1996. 12. 10. 판결, 96 다 23818】**

**1. 사실관계**

X와 수산업협동조합중앙회(이하 "수협중앙회")는 X의 어선인 제108해성호에 대하여 공제금 2억 7,000만 원, 공제료는 507만 8,700 원으로 하되 제1회공제료는 1993. 12. 1.에 203만 1,480 원을 제2회공제료는 1994. 3. 1.에 또 제3회공제료는 1994. 6. 1.에 각각 152만 3,160 원을 분할납입하는 내용의 어선보통공제계약(이하"공제계약")을 체결하였다.

위 공제계약의 체결 당시 X와 수협중앙회는 어선보통공제약관(이하 "실효약관")에 따라 제2회 이후의 분납공제료를 약정분납기일의 다음 날부터 14일간의 유예기간 내에 납입하지 않으면 유예기간이 끝나는 다음날부터 공제계약은 효력을 상실하고, 공제계약의 실효 후에 미납입공제료를 납입한 때에는 공제계약이 유효하게 계속되나 공제계약의 효력이 상실된 때부터 미납일공제료의 수납일까지의 사이에 발생한 사고에 대하여서는 수협중앙회가 보상책임을 지지 않는다고 약정하였다.

X는 제2회분납공제료를 납입유예기간이 경과한 후에도 납입하지 않았는데, 위 해성호가 1994. 5. 15. 09:55경 조업을 마치고 귀항하던 중 폭풍으로 전복·침몰되었다.

X는 위 실효약관은 상법 제650조 제2항 소정의 계약해지요건을 완화하여 피공제자에게 불이익하게 변경한 것으로서 상법 제663조에 위반하여 무효이므로, 위 수협중앙회는 위 공제계약에 따라 소정의 공제금을 지급할 책임이 있다고 주장하였다.

**2. 판결요지**

이 건에 관하여, 대법원은 「상법 제663조 단서가 해상보험에 본조 본문 소정의 불이익변경금지의 원칙이 적용되지 않도록 규정하고 있는 취지는 해상보험이 보험계약자와 보험자가 서로 대등한 경제적 지위에서 계약조건을 정하는 이른바 기업보험의 일종으로 보험계약의 체결에 있어서 보험계약자의 이익보호를 위한 법의 후견적 배려가 필요하지 않고 오히려 당사자 간의 사적 자치에 맡겨 특약에 의하여 개별적인 이익조정을 꾀할 필요가 있기 때문이다.

수협중앙회에서 실시하는 어선공제사업은 항해에 수반되는 해상위험으로 인하여 피공제자의 어선에 생긴 손해를 담보하는 점에서 해상보험과 유사한 것이라 할 수 있으나, 그 어선공제는 수협중앙회가 실시하는 비영리공제사업의 하나로 소형 어선을 소유하며 연안어업 또는 근해어업에 종사하는 다수의 영세어민들을 주된 대상으로 하고 있어 공제계약 당사자들의 계약교섭력이 대등한 기업보험적인 성격을 지니고 있다고 보기 어렵고 오히려 공제가입자들의 경제력이 미약하여 공제계약체결에 있어서 공제가입자들의 이익보호를 위한 법적 배려가 요구되므로, 상법 제663조 단서의 입법취지에 비추어 그 어선공제에는 불이익변경금지의 원칙의 적용을 배제하지 않는 것이 상당하다.

분납공제료가 소정의 시기에 납입되지 않았음을 이유로 상법 제650조 제2항 소정의 절차를 거치지 않고 곧바로 공제계약이 실효됨을 규정한 수협중앙회와 어선 소유자 간의 어선보통공제약관 조항은 상법 제663조에 위배되어 무효이다」고 판시하여, 어선공제에도 불이익변경금지의 원칙을 적용하여야 한다고 하였다.

## 제3. 保險法의 地位

### Ⅰ. 形式的 地位

보험법은 형식적으로는 기본적 상행위인 보험(상 46조 17호)에 관한 법으로서 상행위법에 속하는 것이다. 그러나 보험법은 그 양이 방대하고 상세하여, 상법은 이를 제4편 "보험"으로 따로 규정하고 있다.

일부 학설은 보험법은 실질적으로 특별한 지위를 가지고 있고 또 상호보험은 비영리보험이나 그 보험관계는 내용이 영리보험과 같으므로, 이를 포괄하여 단행법으로 독립시켜야 한다고 주장한다(양승규 59면).

### Ⅱ. 實質的 地位

보험법은 기업관계 중에서도 보험기업에 관한 법이고 또 전술한 바와 같이 윤리성·선의성, 기술성, 단체성, 공공성·사회성 등의 여러 가지 특성을 가지고 있으므로, 보험법은 상법의 체계 중에서 특별한 지위를 가진다.

# 제 4 절 保險法의 法源

## 제1. 序　說

보험계약법의 법원으로서 중요한 것으로는 다른 법의 영역에서와 같이 제정법, 관습법 등이 있다. 보험계약은 기본적 상행위로서(상 46조 17호) 商事에 해당하므로 보험계약에는 상법, 상관습법, 민법의 순서에 따라 적용되고(상 1조), 또 상사특별법령이 있는 경우에는 이것이 상법에 우선하여 적용된다.

그리고 보험계약법은 원칙적으로 임의법규이므로, 당사자 간에 합의가 있는 때에는 그 합의가 강행법규나 사회질서 또는 보험계약의 본질에 반하지 않는 한 보험계약법에 우선하여 적용된다. 이와 관련하여 보통보험약관이 문제된다.

## 제2. 制定法

### Ⅰ. 商 法

보험법의 법원으로서 가장 중요한 것은 상법 제4편 “보험”의 규정이다. 또한 보험의 인수는 기본적 상행위이므로(상 46조 17호), 보험계약에는 상법의 상행위에 관한 규정이 적용된다.

상법 제4편의 보험에는 제1장 통칙, 제2장 손해보험, 제3장 인보험으로 구분하여 규정되어 있다. 그리고 제2장 손해보험에는 제1절 통칙, 제2절 화재보험, 제3절 운송보험, 제4절 해상보험, 제5절 책임보험, 제6절 자동차보험 등이, 또 제3장 인보험에는 제1절 통칙, 제2절 생명보험, 제3절 상해보험 등이 규정되어 있다. 상법 제4편의 “보험”에 관한 규정은 성질에 반하지 않는 한 상호보험에도 적용된다(상 664조).

### Ⅱ. 特別法令

보험계약에 관한 특별법령으로서 보험업법, 자동차손해배상보장법, 화재로 인한 재해보상과 보험가입에 관한 법률, 원자력손해배상법, 수출보험법, 산업재해보상보험법, 국민건강보험법, 선원보험법, 의료보험법, 군인보험법, 고용보험법 등이 있다.

## 제3. 慣習法

관습법은 상법일반에서와 같이 보험법에서도 중요한 법원으로 되고 있다. 오늘날 積荷保險證券의 유가증권화 경향은 보험계약의 관습법이라는 데서 이해할 수 있다.

## 제4. 普通保險約款

### Ⅰ. 意 義

계속적, 대량적으로 보험계약을 체결하기 위하여 미리 정형적으로 작성된 계약조항이다. 상법의 보험계약에 관한 규정은 임의규정이므로, 보험계약을 체결할 때에는 보험약관을 많이 이용한다.

보험약관에는 보통보험약관, 특별보통보험약관 및 특별보험약관이 있다. 보통보험약관은 일반적·정형적·표준적인 보험약관이다. 특별보통보험약관은 보통보험약관에서 불충분하게 정하고 있는 것을 다시 정형화된 상세한 내용으로 보충적으로 정한 보험약관이며 자동차종합보험에서 「가족운전자한정운전특약」과 같은 약관의 내용이 여기에 해당된다. 특별보험약관은 당사자가 보험계약을 체결할 때에 보통보험약관이나 특별보통보험약관의 내용을 변경하여 정한 보험약관으로 해상보험 등에서 선박이나 적하의 특수성을 고려하여 보험단체의 이익을 해하지 않는 범위에서 이용되고 있는데, 보험약관의 내용 중 수기(手記)한 부분이 여기에 해당된다. 특별보험약관은 개별약정우선의 원칙에 의하여 보통보험약관이나 특별보통보험약관에 우선하여 적용된다.

## Ⅱ. 普通保險約款의 拘束力

### 1. 序 說

보통보험약관에 의하여 보험계약을 체결하는 경우에 당사자 간에 약관을 보험계약의 내용으로 한다는 합의가 있으면 그 약관은 보험계약의 내용으로서 당연히 당사자를 구속하고, 당사자 간에 약관을 보험계약의 내용으로 한다는 합의가 없어도 약관의 내용이 합리적이고 또 당사자 간에 반대의 특약이 없는 한 보험계약의 체결과 동시에 당사자를 구속하게 된다.

보통보험약관의 이러한 구속력의 근거에 관하여 크게 보아 법률행위설과 법규범설이 대립해 있고, 전자에는 전통적법률행위설과 의사추정설이 또 후자에는 자치법설과 백지상관습법설이 있다.

### 2. 學 說

#### (1) 法律行爲說

**① 傳統的法律行爲說** 전통적법률행위설은 보통보험약관에 의한 보험계약을 보통의 계약과 같이 보아, 약관은 계약의 文例에 불과하고 그 자체로서 효력을 가지는 것이 아니라 당사자가 보통보험약관을 보험계약의 내용에 포함시키기로 합의(편입합의)하여 보험계약을 체결한 경우에만 그 보통보험약관은 보험계약의 내용으로 되어 당사자를 구속한다고 한다(대판 1985. 11. 26. 84 다카 2543)(대판 1989. 3. 28. 88 다 4645)(대판 1989. 11. 14. 88 다카 29177).

따라서 당사자가 보통보험약관을 보험계약의 내용에 포함시키기로 합의하여 보험계약을 체결한 경우에는 보험계약자가 그 보통보험약관의 내용을 알지 못하였더라도 그 보통보험약관은 구속력이 있으나, 당사자가 그 보통보험약관과 다른 약정을 한 경우에는 그 보통보험약관은 구속력이 없다.

㉠ 보험계약자가 보통보험약관의 내용을 알지 못하고 보험대리점의 말만 듣고 보험계약을 체결한 경우에 그 보통보험약관의 구속력에 관하여, 대법원은 「보통보험약관이 보험계약의 당사자에 대하여 구속력을 가지는 것은 그 자체가 법규범 또는 법규범적 성질을 가진 약관이기 때문이 아니고 보험계약의 당사자 간에서 보통보험약관을 보험계약의 내용에 포함시키기로 합의하였기 때문이며, 따라서 일반적으로 당사자가 보통보험약관을 보험계약의 내용에 포함시켜 보험계약서를 작성한 경우에는 보험계약자가 그 보통보험약관의 내용을 알지 못하였더라도 그 보통보험약관의 구속력을 배제할 수 없는 것이 원칙이고, 다만 당사자가 명시적으로 보통보험약관에 관하여 다른 약정을 한 경우에는 그 보통보험약관의 구속력이 배제되는 것이다」(대판 1989. 3. 28. 88 다 4645)고 판시하고, ㉡ 보통보험약관이 변경된 것을 알지 못하고 보험계약을 갱신한 경우에 그 보통보험약관의 구속력에 관하여, 대법원은 「보통보험약관이 당사자에게 구속력을 가지는 것은 그 자체가 法規範 또는 法規範的 성질을 가진 약관이기 때문이 아니고 당사자 간에 그 약관을 보험계약의 내용에 포함시키기로 합의하였기 때문이라고 볼 것인 바, 일반적으로 보험계약이 체결된 경우에는 보험계약자가 그 약관의 내용을 알지 못하였더라도 그 약관의 구속력을 배제할 수 없는 것이고 다만 당사자 간에 명시적으로 약관에 관하여 달리 약정한 때에는 약관의 구속력이 배제된다고 보아야 할 것이다」(대판 1985. 11. 26. 84 다카 2543)라고 판시하고, ㉢ 또한 보통보험약관의 내용을 알지 못하고 보험계약을 체결한 경우에 그 보통보험약관의 구속력에 관하여, 대법원은 「보통보험약관이 당사자에 대하여 구속력을 가지는 것은 그 자체가 法規範 또는 法規範的 성질을 가진 약관이기 때문이 아니고 당사자 간에 계약내용에 포함시키기로 합의하였기 때문이라고 볼 것인 바, 보험계약자가 보통보험약관을 계약내용에 포함시킨 보험계약서를 스스로 작성한 이상 그 약관의 내용이 일반적으로 예상되는 방법으로 명시되지 않았거나 중요한 내용으로서 특히 보험자의 설명을 요하는 것이 아닌 한 보험계약자가 그 약관의 내용을 자세히 살펴보지 아니하여 알지 못하였다는 이유로 약관의 구속력에서 벗어날 수 없다」(대판 1989. 11. 14. 88 다카 29177)고 판시하여, 보통보험약관은 당사자가 그 약관을 보험계약의 내용에 포함시키기로 합의하였기 때문에 당사자를 구속하는 것이라 보아 그 구속력의 근거에 관하여 전통적법률행위설을 취하였다.

② **意思推定說** 의사추정설은 당사자 쌍방이 특별히 보통보험약관에 의하지 않는다는 뜻의 의사표시를 하지 않고 보험계약을 체결한 경우에는 그 보통보험약관에 의할 의사로 보험계약을 체결한 것으로 추정 또는 의제되므로, 보통보험약관이 보험계약의 당사자를 구속한다고 한다(정동윤 457면, 이기수 382면, 채이식 466면).

따라서 의사추정설에 의하더라도 당사자가 보통보험약관에 의하지 않는다는 내용의 보험계약을 체결한 경우 즉 보통보험약관과 다른 내용의 약정을 한 경우에는 그 보통보험약관은 구속력이 없다.

(2) 法規範說

① **自治法說** 자치법설은 「사회 있는 곳에 법이 있다」(ubi societas ibi ius)는 法諺에 따라 보통보험약관을 보험거래권의 자치법이라고 보아, 보통보험약관이 자치법이므로 당사자를 구속한다고 한다(안동섭 17면).

② **白地商慣習(法)說** 백지상관습법설은 보통보험약관이 존재하는 보험거래권에서는 「보험계약은 보통보험약관에 의한다」는 것이 상관습 내지 상관습법으로 되어 있으므로, 보통보험약관이 당사자를 구속한다고 한다(서돈각·정완용 366면 서헌제 49면, 양승규 72면). 이 학설은 약관의 내용은 불문하고 약관에 의한다는 것 자체가 상관습 내지 상관습법이라는 것이다.

3. 檢 討

전통적법률행위설에 의하면 당사자의 주관적 사정에 따라 보험계약의 효력이 좌우되므로 법적 안정을 해치고, 한편으로 보험계약에서는 동일한 위험에 대하여서는 계약내용도 동일할 것이 요청된다고 할 것인데 당사자의 주관적 사정에 따라 계약의 내용이 달라진다고 하면 보험의 원리하고도 맞지 않는다. 또한 의사추정설에서 당사자가 보통보험약관에 의하지 않는다는 뜻의 의사표시를 하지 않고 보험계약을 체결한 때에는 보통보험약관에 의한 의사로 보험계약을 체결한 것으로 추정 내지 의제하는 것은 지나친 의제이다. 그리고 자치법설은 보통보험약관을 보험거래권의 자치법이라고 하나, 보통보험약관을 단체가 그 구성원에게 적용하기 위하여 정한 법규라고 인정하기 곤란하고 또 보통보험약관은 기업의 경제력을 배경으로 사실상 행하여지고 있는 것에 불과하고 그 자체가 일반적으로 적용되는 법적 기초를 가진다고 볼 수 없다.

생각건대 백지상관습법설이 거래의 실태에 적합하므로 타당하다.

## Ⅲ. 普通保險約款에 대한 規制

### 1. 序 說

보통보험약관은 대체로 사업자 또는 사업자단체가 일방적으로 작성하고 상대방은 그 계약조항에 대하여 절충할 여지 없이 그 내용에 복종하지 않으면 안되므로, 이것은 附合契約이다. 따라서 보통보험약관은 보험회사가 보험계약자에게 가혹한 계약내용을 강요하여 보험계약자를 해할 염려가 있으므로, 보통보험약관에 대하여서는 입법적 · 행정적 · 사법적으로 규제하여 보험계약자인 고객의 보호를 기하고 있다.

### 2. 立法的 規制

입법적 규제는 법률에 의하여 약관의 효력이나 약관의 기재사항을 정하는 것이다. 입법에 의한 보험약관의 규제는 1908년의 독일 보험계약법을 비롯하여 프랑스 보험계약법, 이탈리아 민법전에도 규정되어 있다.

상법상의 규제로는 당사자의 특약에 의하여 보험계약자 · 피보험자 또는 보험수익자에게 불이익한 변경의 금지(상 663조)가 있고, 약관규제법상의 규제로는 신의성실의 원칙에 반하여 공정을 잃은 계약조항의 무효(약규 6조), 계약의 해제 · 해지권의 배제(약규 9조), 사업자의 일방적인 급부내용 결정의 무효(약규 10조), 고객의 상계권 · 항변권 제한 조항의 무효(약규 11조) 등이 있다.

### 3. 行政的 規制

행정적 규제는 행정관청이 약관에 대하여 감독하는 것이다. 보험약관에 대한 행정적 규제로는 보험업 허가의 신청 시 금융위원회에 보험약관 등의 기초서류의 제출(보험 5조), 보험약관 등의 기초서류의 변경 시 금융위원회에 신고(보험 127조) 등이 있다.

### 4. 司法的 規制

사법적 규제는 법원이 판결에 의하여 약관의 효력을 규제하는 것이다. 행정적 규제가 사전적 규제인 데 대하여 사법적 규제는 사후적 규제이다.

## Ⅳ. 普通保險約款의 解釋

약관규제법은 다음과 같은 약관해석의 원칙을 정하고 있다.

### 1. 信義誠實의 原則

약관의 내용은 신의성실의 원칙에 따라 공정하게 해석하여야 하고, 고객인 보험계약자에 따라 다르게 해석하여서는 안된다(약규 5조 1항). 약관이 법규범의 성질을 가지고 있다는 점을 부인할 수 없으므로, 약관을 보험계약자에 따라 다르게 해석하여서는 안된다는 것은 당연한 것이다.

### 2. 作成者不利益의 原則

약관의 뜻이 명백하지 않은 경우에는 고객인 보험계약자에게 유리하게 해석하여야 한다(약규 5조 2항). 이것을 「작성자불이익의 원칙」 또는 「불명확성의 원칙」이라 한다. 보험약관은 대체로 보험자가 일방적으로 작성하여 보험계약자에게 희생을 강요할 염려가 있으므로, 보험자의 우월적 지위의 남용을 방지하고 보험계약자를 보호하기 위하여 약관의 해석상 하나의 규정이 객관적으로 여러 가지 뜻으로 풀이되는 경우에는 보험자에게 불리하고 보험계약자에게 유리하게 해석하도록 한 것이다.

**【대법원 1996. 6. 25. 판결, 96 다 12009】**

**1. 사실관계**

A는 B의 명의를 빌려 승용차를 구입하고 이를 B의 명의로 자동차등록원부에 등록하여 자기의 업무용으로 운행하였다.

A는 Y보험회사의 보험설계사 C의 권유에 따라 자신을 피보험자로 하고 보험금액을 1억 원으로 하는 Y보험회사의 안전설계보험에 가입하였다. 위 안전설계보험의 보험약관 제4조는 「자가운전이란 피보험자 소유의 자가승용차를 피보험자가 직접 운전하는 행위를 말한다」고 규정하고, 또 위 약관 제8조 제2호는 「피보험자가 자가운전 중 자동차사고로 인하여 사망하거나 제1급장해상태가 된 때에는 수익자에게 계약보험금액의 10배를 지급한다」고 규정하고 있었다.

그 후 A는 위 승용차를 운전하다가 빙판길에 미끄러져 도로 아래로 추락하여 그 자리에서 사망하였다. 이에 A의 상속인 X는 Y보험회사에 대하여 보험금의 지급을 청구하였다.

**2. 판결요지**

이 건에 관하여, 대법원은 「보통거래약관의 내용이 명백하지 못하거나 의심스러운 때에는 고객보호의 측면에서 약관작성자에게 불리하게 제한해석하여야 한다.

안전설계보험약관 소정의 "자동차의 소유자"에는 자동차를 매수하여 인도받아 자기를 위하여 자동차를 운행하는 자는 물론이고, 부득이한 사유로 자동차의 소유명의를 제3사에게 신탁한 채 운행하는 명의신탁자도 포함된다고 해석함이 상당하다.

만약 자동차의 소유자가 자동차등록원부상의 소유자만을 뜻한다고 해석된다면, 자동차등록원부상의 등록명의자가 아닌 자동차의 실질적인 소유자인 보험가입자가 그 보험계약을 체결하였을 리가 없을 것이므로, 그 약관 소정의 자동차의 소유자에 자동차의 등록명의자만 포함된다는 사실은 약관의 규제에 관한 법률 제3조 제2항 소정의 약관의 중요한 내용에 해당되어 보험자가 이를 보험가입자에게 설명하지 않았다면 보험자는 그 내용을 보험계약의 내용으로 주장할 수 없다」고 판시하여, 안전설계보험약관상의 "피보험자 소유의 자가승용차"에는 타인에게 명의신탁한 승용차도 포함된다고 하여 Y보험회사는 A에게 약관 소정의 보험금을 지급할 책임이 있다고 하였다.

### 3. 個別約定優先의 原則

보험자와 보험계약자가 약관의 내용과 다르게 합의한 사항이 있는 경우에는 당해 합의사항은 약관에 우선한다(약규 4조). 따라서 특별보험약관은 보통보험약관에 우선하여 적용된다.

## Ⅴ. 普通保險約款의 變更과 變更約款의 效力

### 1. 普通保險約款의 變更

보험약관에 의하여 보험계약을 체결한 후 금리의 변동이나 위험률의 증대 등으로 보험약관을 변경할 필요가 생길 수 있다. 보험자가 보험약관을 변경하려고 하는 경우에는 미리 금융위원회에 신고하여야 하고(보험 127조 1항), 보험자의 업무·자산상황 기타 사정의 변경으로 인하여 공익 또는 보험계약자의 보호와 보험자의 경영을 크게 해할 염려가 있거나 보험약관에 법령위반 또는 보험계약자에게 불리한 내용이 있는 경우에는 금융위원회는 당해 보험자에 대하여 보험약관의 변경 또는 사용정지를 명할 수 있다(보험 131조 2항).

### 2. 變更約款의 效力

#### ⑴ 變更約款의 不遡及效

보험약관이 변경된 경우에 당사자 간에 다른 합의가 없는 한 그 변경약관은 기존의 보험계약에 효력이 미치지 않는다.

#### ⑵ 旣締結 保險契約과 變更保險約款

금융위원회가 보험약관의 변경을 명하는 경우에 보험계약자·피보험자 또는 보험금의 취득자를 보호하기 위하여 특별히 필요하다고 인정되는 때에는 이미 체결된 보험계약에 대하여서도 장래에 향하여 그 변경의 효력이 미치게 할 수 있다(보험 131조 3항).

## Ⅵ. 普通保險約款의 交付·明示

### 1. 普通保險約款의 交付·明示義務

#### ⑴ 意　義

보험자는 보험계약을 체결할 때에 보험계약자에게 보험약관을 교부하고 그 약관의 중요한 내용을 알려주어야 한다(상 638조의3 1항). 보험약관은 보험자가 일방적으로 작성하여 보험계약자로서는 약관의 내용을 알지 못하므로 보험계약자가 계약조항의 내용을 알고 계약을 체결할 수 있도록 하기 위하여 보험자에게 보험약관을 교부하고 그 중요한 내용을 알려주도록 한 것이다.

(2) 說明의 方法

보험자의 보험약관의 설명방법에 관하여서는 규정이 없으나, 입법취지로 보아 보험자는 보험계약자가 그 내용을 잘 알 수 있는 방법으로 구체적이고 상세하게 설명하여야 한다고 본다.

보험실무에서는 흔히 특별히 중요한 조항을 일목요연하게 정리한 문서에 서명날인을 받음으로써 설명에 갈음하고 있다.

(3) 說明의 範圍

보험자는 보험계약자에게 보험약관의 중요한 내용을 설명하여야 한다. 중요한 내용은 보험계약자의 이해관계에 중대한 영향을 미치는 사항으로서 사회통념상 그 사항의 지(知)·부지(不知)가 보험계약 체결의 여부에 영향을 줄 수 있는 사항이다(서헌제 61면). 예컨대 보험약관의 중요한 요소 중 보험금액, 보험기간, 보험료와 그 지급방법, 보험사고, 고지의무, 보험계약의 해지사유, 보험자의 면책사유 등이다.

그러나 보험약관에 정한 사항이라도 보험계약자나 그 대리인이 약관의 내용을 충분히 잘 알고 있는 경우(대판 1998. 4. 14. 97 다 39308), 거래상 일반적이고 공통된 것이어서 별도의 설명 없이도 보험계약자가 알고 있다고 예상할 수 있는 사항(대판 2003. 5. 30. 2003 다 15556)이나 이미 법령에 의하여 정하여져 있는 것을 되풀이 또는 부연(敷衍)(덧붙여 자세히 설명함)하는 정도에 불과한 사항(대판 1998. 11. 27. 98 다 32564)에 대하여서는 보험자에게 설명할 의무가 없다.

**【대법원 1998. 11. 27. 판결, 98 다 32564】**

**1. 사실관계**

Y회사는 트럭을 1대 구입하고 X보험회사의 보험설계사 A를 통하여 X보험회사와의 사이에 Y회사를 피보험자로 하는 자동차종합보험계약(이하 "보험계약")을 체결하였다.

위 보험계약을 체결하기 전에 Y회사의 직원으로서 위 보험계약의 체결을 담당한 B가 A에게 위 트럭에 크레인을 장착할 예정이라는 사실을 알려주었으나, 보험청약서에는 위 트럭이 기중기장치자동차라는 표시를 하지 아니하여 보험료는 기본보험료율에 의한 보험료만 납입하였다.

X보험회사의 자동차보험약관(이하 "약관")에는 「보험계약 체결 후 피보험자동차의 용도·차종·구조의 변경 등 중요한 사항에 변동이 있는 때, 위험이 뚜렷이 증가한 때 또 적용할 보험료에 차액이 생기는 사실이 발생한 때에는 보험계약자 또는 피보험자는 지체 없이 서면으로 X보험회사에 알려야 한다」(58조 1항 2호·4호)고 규정되어 있었다.

X보험회사나 A는 위 보험계약을 체결할 때에 Y회사에게 위 약관의 내용을 설명하지 않았고, 또한 위 보험계약 체결 후에 Y회사가 X보험회사에게 위 트럭에 크레인을 장착한 사실을 알리지도 않았다.

C가 작업현장에서 위 트럭에 장착된 크레인으로 작업하던 중 크레인의 붐대가 고압선에 닿아 현장에서 작업하고 있던 D가 감전사하였다.

**2. 판결요지**

이 건에 관하여, 대법원은 「보험약관에 정하여진 사항이라도 거래상 일반적이고 공통된 것이어서 보험계약자가 별도의 설명 없이도 충분히 예상할 수 있는 사항이나 이미 법령에 정하여져 있는 것을 되풀이하거나 부연하는 정도에 불과한 사항에 대하여서는 보험자에게 명시·설명의무가 없다. 따라서 위 약관은 상법 제652조에서 정하여져 있는 통지의무를 자동차보험에서 구체적으로 부연한 것이므로, 이에 대하여서는 X보험회사에게 별도의 설명의무가 없다.

상법 제652조 제1항 소정의 "사고발생의 위험이 현저하게 변경 또는 증가된 사실"은 그 변경 또는 증가된 위험이 보험계약의 체결 당시에 존재하였다면 보험자가 보험계약을 체결하지 않았거나 적어도 그 보험료로는 보험을 인수하지 않았을 것으로 인정되는 것이다. 자동차보험에 있어서 보험계약의 체결 후에 피보험자동차의 구조가 현저히 변경된 경우에는 그러한 사항이 보험계약 체결 당시에 존재하였다면 보험자가 보험계약을 체결하지 않았거나 적어도 그 보험료로는 보험을 인수하지 않았을 것이므로 상법 제652조 소정의 통지의무의 대상으로 된다. 따라서 보험계약자 Y회사가 위 보험계약 체결 후에 보험자 X보험회사에게 위 트럭에 크레인을 장착한 사실을 통지하지 않은 것은 상법 제652조 소정의 통지의무를 해태한 것이므로, X보험회사는 상법 제652조에 의하여 위 보험계약을 해지할 수 있다」고 판시하여 약관이 법령에 정하여져 있는 것을 부연한 정도이면 보험자가 약관을 설명할 필요가 없고 피보험자동차의 구조가 현저히 변경된 경우 이를 통지하지 않으면 보험계약자의 통지의무 해태로 되어 보험자가 보험계약을 해지할 수 있다고 하였다.

### 2. 交付·明示義務 違反의 效果

#### (1) 商法과 約款規制法上의 內容

보험자가 보험약관의 교부·명시의무에 위반하여 보험계약을 체결한 경우의 법률효과에 관하여는 상법과 약관규제법에서 규정하고 있다. 상법에서는 의무위반의 효과로서 보험계약자는 보험계약이 성립한 날부터 1개월 내에 그 계약을 취소할 수 있다고 규정하고 있고(상 638조 의3 2항), 약관규제법에서는 이러한 의무를 위반하여 계약을 체결한 때에는 당해 약관을 계약의 내용으로 주장할 수 없다(약규 3조 4항)고 하여 약관이 계약의 내용으로 편입되지 않는다고 규정하고 있다.

(2) 兩 規定의 關係

보험자의 약관교부·명시의무의 위반효과에 관하여 상법과 약관규제법이 각각 다르게 규정하고 있으므로, 이에 어느 법률을 적용할 것인가에 관하여 상법적용설과 중복적용설이 대립하고 있다.

상법적용설은 보험계약의 단체적 구조의 특성을 존중하여, 이 경우에는 약관규제법 제3조 제3항은 적용이 없고 상법 제638조의3 제2항만 적용된다고 한다. 즉 보험계약자의 취소권은 1월의 경과로 소멸하고 보험계약자가 계약이 성립한 날부터 1월 내에 그 계약을 취소하지 않는 한 보험자가 비록 약관의 교부·명시의무를 위반한 경우라 하더라도 약관의 내용을 계약의 내용으로 하는 보험계약관계가 유지된다는 견해이다(양승규 115면 김성태 190면).

중복적용설은 상법 제638조의3 제2항이 약관규제법 제3조 제3항의 적용을 배제하는 특별규정이 아니라고 한다. 즉 보험계약자는 1월 내에 계약을 취소하지 않더라도 다시 약관규제법을 근거로 당해 약관의 효력을 다툴 수 있으며, 보험자는 당해 약관의 내용을 보험계약의 내용으로 주장할 수 없다고 한다(이범찬·최준선 439면, 정동윤 459면, 정찬형 489면)(대판 1996. 4. 12. 96 다 4893)(대판 1998. 11. 27. 98 다 32564).

생각건대 약관규제법 제3조 제3항에서 특정거래분야의 약관에 관하여 다른 법률에 특별규정이 있는 경우에는 그 규정이 우선적용된다고 하여 특별법우선의 원칙을 규정하고 있다. 특별법우선의 원칙은 동일한 법률관계에 관하여 적용될 법률이 상호 모순·저촉되는 경우에 적용되는 것이다. 그러나 상법 제638조의3 제2항은 보험자가 약관의 교부·설명의무를 위반한 경우에는 보험계약자가 보험계약을 취소할 수 있다고 규정하고 또 약관규제법 제3조 제3항은 보험자가 약관의 교부·설명의무를 위반한 경우에는 그 약관을 계약의 내용으로 주장할 수 없다고 규정하고 있어 양 규정 간에 상호 모순·저촉이 있는 것이 아니므로, 상법 제638조의3 제2항은 약관규제법 제3조 제3항과의 관계에서 특별규정이 아니다(중복적용설).

(3) 保險者의 約款 契約內容禁止와 保險契約者의 保險契約 取消

약관규제법 제3조 제3항과 상법 제638조의3 제2항은 일반법과 특별법의 관계에 있지 않으므로, 보험자가 약관의 교부·설명의무에 위반하여 보험계약을 체결한 경우에는 위 양 규정이 적용되어 보험자는 그 약관을 보험계약의 내용으로 주장할 수 없고(대판 1998. 11. 27. 98 다 32564), 또한 보험계약자는 보험계약이 성립한 날부터 1개월 내에 그 보험계약을 취소할 수 있다.

**【대법원 1998. 11. 27. 판결, 98 다 32564】**

상법 제638조의3 제2항이 약관의 규제에 관한 법률 제3조 제3항의 적용을 배제하는 특별규정인지 여부 및 보험자가 보험약관의 명시·설명의무에 위반하여 보험계약을 체결한 경우에 보험자가 그 약관의 내용을 보험계약의 내용으로 주장할 수 있는지 여부에 대하여, 대법원은 「상법 제638조의3 제2항은 보험자의 설명의무 위반의 효과를 보험계약의 효력과 관련하여 보험계약자에게 계약의 취소권을 부여하는 것으로 규정하고 있으나, 나아가 보험계약자가 그 취소권을 행사하지 아니한 경우에 설명의무를 다하지 아니한 약관이 계약의 내용으로 되는지 여부에 관하여는 아무런 규정도 하지 않고 있을 뿐만 아니라 일반적으로 계약의 취소권을 행사하지 아니하였다고 바로 계약의 내용으로 되지 아니한 약관 내지 약관 조항의 적용을 추인 또는 승인하였다고 볼 근거는 없다고 할 것이므로, 결국 상법 제638조의3 제2항은 약관의 규제에 관한 법률 제16조에서 약관의 설명의무를 다하지 아니한 경우에도 원칙적으로 계약의 효력이 유지되는 것으로 하되 소정의 사유가 있는 경우에는 예외적으로 계약 전체가 무효가 되는 것으로 규정하고 있는 것과 모순·저촉이 있다고 할 수 있음은 별론으로 하고, 약관에 대한 설명의무를 위반한 경우에 그 약관을 계약의 내용으로 주장할 수 없는 것으로 규정하고 있는 약관의 규제에 관한 법률 제3조 제3항과의 사이에는 아무런 모순·저촉이 없으므로, 따라서 상법 제638조의3 제2항은 약관의 규제에 관한 법률 제3조 제3항과의 관계에서는 그 적용을 배제하는 특별규정이라고 할 수가 없으므로 보험약관이 상법 제638조의3 제2항의 적용 대상이라 하더라도 약관의 규제에 관한 법률 제3조 제3항 역시 적용이 된다.

그리고 일반적으로 보험자 및 보험계약의 체결 또는 모집에 종사하는 자는 보험계약의 체결에 있어서 보험계약자 또는 피보험자에게 보험약관에 기재되어 있는 보험상품의 내용, 보험료율의 체계 및 보험청약서상 기재사항의 변동사항 등 보험계약의 중요한 내용에 대하여 구체적이고 상세한 명시·설명의무를 지고 있으므로 보험자가 이러한 보험약관의 명시·설명의무에 위반하여 보험계약을 체결한 때에는 그 약관의 내용을 보험계약의 내용으로 주장할 수 없다」고 하였다.

# 제2장 保險契約法總論

## 제1절 保險契約의 槪念

### 제1. 保險契約의 意義

#### Ⅰ. 序 說

보험계약의 의의에 관하여서는 보험계약의 의의를 손해보험계약과 인보험계약을 포괄하여 일원적으로 이해하는 견해와 일원적인 의의를 정립하는 것은 불가능하거나 무의미하다고 보아 이원적으로 이해하는 견해가 있다.

#### Ⅱ. 學 說

1. 一元的 見解

① 損害補償契約說 이 학설은 보험계약은 당사자의 일방(보험자)이 상대방(보험계약자)으로부터 대가를 받고 우연한 사고(보험사고)로 인하여 상대방 또는 제3자(피보험자)에게 손해가 생긴 경우에 그 손해를 보상할 것을 인수하는 계약이라 한다.

이 학설은 보험이 해상보험이나 화재보험과 같은 손해보험만 인정되던 시대에서는 타당하였으나, 생명보험이 대두되면서 생명보험을 포함한 보험계약 일반에 공통하는 의의로서는 부적합하게 되었다.

그리하여 이 학설은 생명보험에 있어서도 보험사고의 발생으로 인하여 일반적・추상적으로는 손해가 생기므로 그 손해의 보상이 필요하다고도 하고 또는 생명보험은 보험사고로 인하여 생기는 정신적 손해에 대한 구제를 목적으로 한다고 하여, 이 학설을 유지하려고 한다.

② **經濟的需要充足說** 이 학설은 모든 보험계약에 공통되는 내용을 경제적 수요의 충족이라 하고, 보험계약은 우연한 사고로 인하여 상대방 또는 제3자에게 경제적 수요가 생긴 경우에 그 경제적 수요를 충족시킬 것을 인수하는 계약이라 한다(Bruck · Möller S. 57). 이 학설은 「손해」의 개념 대신에 「경제적 수요」라는 개념을 도입하여, 이를 생명보험계약을 포함한 모든 보험계약에 공통하는 내용이라 보는 것이다.

③ **金額給與說** 이 학설은 보험계약의 효과에 착안하여, 보험계약은 보험자가 대가를 받고 계약상의 사고발생을 조건으로 일정한 금액을 지급할 것을 인수하는 계약이라 한다(Prölss · Martin S. 37).

④ **技術說** 이 학설은 보험제도의 기술적 구조에 착안하여, 이른바 대수의 법칙에 기한 사고의 발생 위험률(확률)에 의하여 산출한 保險料出捐과 保險金給付가 서로 균형이 되도록 하는 것이 모든 보험계약에 공통하는 특색이라 하고, 보험계약은 보험자가 보험사고가 생긴 경우에 일정 금액의 급여를 약속하고 그 대가로서 보험계약자로부터 합리적·기술적으로 계산된 보험료의 지급을 받는 것을 내용으로 하는 계약이라 한다(양승규 80면).

### 2. 二元的 見解

이 학설은 손해보험계약과 인보험계약에 공통하는 보험계약의 의의를 정립하는 것을 포기하고, 보험계약은 당사자의 일방(보험자)이 특정의 불확정한 사고(보험사고)가 발생한 경우에 상대방 또는 제3자에게 그 사고로 인하여 생긴 손해를 보상 또는 약정한 일정 금액을 지급할 것을 인수하는 계약(Ehrenberg S. 55, 59)이라 하고, 전자를 손해보험계약 후자를 인보험계약이라 한다.

## Ⅲ. 檢 討

손해보상계약설은 생명보험에서도 보험사고의 발생으로 일반적·추상적으로는 손해가 생긴다고 하나 생명보험의 보험사고로 반드시 물질적 손해가 생기는 것이 아니며, 또 생명보험은 보험사고로 인하여 생기는 정신적 손해에 대한 구제를 목적으로 한다고 하나 원래 보험제도는 금전적 급부를 내용으로 하는 경제상의 제도이고 정신적 고통의 구제를 목적으로 하는 것이 아니다.

경제적수요충족설은 경제적 수요의 충족이 모든 보험계약의 공통의 내용이라고 하나, 생명보험계약은 구체적인 경제적 수요의 발생 여부나 그 금액의 정도에 관계없이 일정한 금액을 지급하는 것이다.

또한 금액급여설은 보험계약은 대가를 받고 사고발생을 조건으로 일정 금액을 지급할 것을 약속하는 것이라고 하나, 이는 보험계약과 유사한 다른 제도와의 구별이 분명하지 않다.

그리고 기술설은 보험계약은 보험사고가 생긴 경우에 일정 금액을 지급하고 그 대가로서 대수의 법칙에 기한 위험률에 의하여 산출한 보험료의 지급을 받는 것을 내용으로 하는 계약이라 하나, 여기에서 보험료계산의 기술은 보험사업의 경영방법에 불과하다. 따라서 이 학설은 보험계약의 의의를 보험사업의 경영방법의 면에서 고찰한 것으로서 보험계약과 보험사업을 혼동하고 있는 것이다.

우리 상법 제638조는 「보험계약은 당사자의 일방이 약정한 보험료를 지급하고 상대방이 재산 또는 생명이나 신체에 관하여 불확정한 사고가 생길 경우에 일정한 보험금액 기타의 급여를 지급할 것을 약정하는」 계약이라 규정하고 있다.

이와 같이 상법은 손해보험계약과 인보험계약을 포괄하는 보험계약의 의의를 통일적으로 정립하는 것을 포기하고 이원적으로 정립하고 있다. 원래 실질이 다른 것을 무리하게 통일적으로 이해하려다 보면 그 실질을 의제하거나 왜곡하게 되는 것이다. 그래도 굳이 보험계약의 의의를 정립하자면, 이원적으로 정립할 수 밖에 없겠다(이원설).

## 제2. 保險契約의 性質

### Ⅰ. 諾成·不要式契約性

보험계약은 보험자와 보험계약자의 의사표시의 합치에 의하여 성립하므로 낙성계약이다. 즉 보험계약은 당사자 간의 청약과 승낙만으로 성립하고, 보험료의 지급이나 서류의 작성 등은 보험계약의 성립요건이 아니다. 또한 보험약관에 보험료의 지급을 손해전보의 전제로 정하고 있더라도 이는 단지 책임개시의 요건에 불과하고 보험계약의 성립요건이 아니다.

보험자가 보험계약자로부터 보험계약의 청약과 함께 보험료 상당액의 전부 또는 일부를 지급받은 때에는 30일 내에 그 상대방에 대하여 낙부의 통지를 발송하여야 하고, 이를 해태한 때에는 승낙한 것으로 본다(상 638조의 2 1항·2항).

또한 보험계약은 그 체결에 특별한 방식을 요하고 있지 않으므로 불요식계약이다. 보험자는 보험증권을 작성하여 보험계약자에게 교부하여야 하나(상 640조 1항), 이는 보험계약의 성립을 전제로 발행하는 것이고 보험계약체결의 방식은 아니다.

### Ⅱ. 射倖契約性

사행계약은 복권이나 마권 등과 같이 당사자 일방의 급여가 우연한 사실에 의하여 좌우되는 계약이다. 보험계약이 사행계약인가에 관하여 긍정설과 부정설이 대립해 있다.

긍정설은 계약상의 보험금지급의무가 보험사고의 발생이라는 우연한 사실에 의하여 생기므로 보험계약은 사행계약이라 하나(손주찬 500면, 양승규 88면 石田 滿, 商法IV, 37頁), 부정설은 계약유형에 사행계약이라는 것이 없어 이를 인정할 실익이 없고 또 보험은 이익을 얻는 것이 아니므로 보험계약은 사행계약이 아니라 한다(서돈각·정완용 356면).

보험계약이 사행계약이라는 것은 단지 보험계약의 다른 계약에 대한 특수성을 표현하기 위하여 사용하는 것으로, 보험계약은 사행계약적 특성을 지니고 있는 계약이라고 할 수 있다.

### Ⅲ. 善意契約性

보험사고가 발생하면 보험계약자는 자신이 지급한 보험료보다 훨씬 많은 금액을 보험금으로 지급받게 되므로 보험계약에는 항상 도덕적 위험의 우려가 있다. 특히 생명보험에서는 보험금을 지급받기 위하여 일부러 보험사고를 일으키는 경우가 있을 수 있고, 또 손해보험에서도 보험사고가 발생한 후에 손해의 확대를 방치하거나 조장하는 경우가 있을 수 있다.

그리하여 보험계약은 그 계약체결에 있어서 당사자에게 높은 윤리성이 요구되므로, 보험계약을 「선의의 계약」 또는 「최대 선의의 계약」이라 한다(1906년 영국 해상보험법 17조 참조). 물론 선의나 신의칙은 오늘날 사법일반에 널리 적용되는 원칙이나 사행계약인 보험계약에서는 일반채권관계에 있어서 보다 더 강하게 요청된다.

상법은 보험계약의 사행계약성을 악용하는 것을 방지하고 보험계약의 선의계약성을 실현하기 위하여 고지의무(상 651조), 위험변경증가의 통지의무(상 652조), 보험계약자 등의 고의나 중과실로 인한 위험증가 시의 계약해제(상 653조), 보험사고의 유발

(상 659조), 사기에 의한 초과보험·중복보험에 대한 규제(상 669조 672조), 손해방지의무(상 680조), 15세 미만자에 대한 사망보험의 금지(상 732조), 타인의 생명보험의 동의(상 731조) 등의 규정을 두고 있다.

**【保險契約과 賭博의 差異】**

**1. 保險과 賭博의 意義**

(1) 保險

사유재산제도와 자기책임의 원칙을 기초로 하는 자본주의 경제체제 하에서는 원칙적으로 개개의 경제주체가 각자의 책임하에 각자의 경제생활을 유지·운영·발전시켜야 한다. 따라서 각 경제주체는 우연히 예측할 수 없는 사고 예컨대 재화의 감손·배상책임의 부담 또는 사망 등의 사고로 인하여 생기는 경제생활의 불안정에 대비하여야 한다. 이와 같이 예측할 수 없는 우연한 사고로 인한 경제생활의 불안정에 대비하기 위한 제도로서 보험이 있는 것이다.

보험은 동일한 위험(보험사고)하에 있는 다수인(위험단체)이 그 위험의 발생으로 생기는 손해에 대비하여 통계적 위험률에 따라 산출된 금액(보험료)을 갹출하여 우연한 사고를 당한 자에게 일정한 금액(보험금)을 지급하는 제도이다.

(2) 賭博

도박은 우연한 승패에 재물을 걸어 그 득실을 결정하는 것이다. 재물의 득실이 우연한 승패에 의하여 결정되는 한, 그 승패가 기술의 우열에 의하더라도 도박으로 된다.

**2. 保險과 賭博의 共通點과 差異點**

(1) 共通點

보험과 도박은 재산적 급여의 목적물이 다수인이 갹출한 금전이고 또 그 재산적 급여가 우연한 사건에 의하여 결정되는 사행계약의 성질을 가지는 점에서 같다.

(2) 差異點

보험은 위험에 대비하여 경제생활의 불안정을 제거·경감하는 소극적·경제적 기능을 가지나(보험의 보정적 성질), 도박은 사행적인 이익의 획득을 적극적인 목적으로 한다.

또한 보험은 위험에 대비하여 준비하는 것으로서 「불확실을 확실하게」하는 것이나 도박은 부당한 이득을 기대하여 위험에 드는 것으로서 「확실한 賭金을 불확실한 이득과 교환」하는 것이다. 따라서 보험과 도박은 본질적으로 상반되는 성질을 가진다.

**3. 法的 效力**

상법전 기타 각종의 법에 따라 체결된 보험계약은 사회적 타당성을 가지므로 국가가 그 실현에 조력한다.

그러나 도박은 반사회적 성질을 가지므로 형법에서 이를 금지하고 그 위반자를 처벌하며(형 246조), 민법상으로는 도박은 선량한 풍속 기타 사회질서에 반하는 사항을 내용으로 하는 계약이므로 무효이다.

## Ⅳ. 有償契約性

### 1. 序 說

보험계약에 있어서 보험계약자의 급부인 보험료에 관하여서는 문제가 없으나, 보험자의 급부는 보험기간 중에 보험사고가 발생한 때에 구체화 되므로 보험사고가 발생하지 않은 채 보험기간이 지난 경우에는 쌍방의 급부에 대가관계가 없어 보험계약을 유상계약이라 할 수 있는지 문제된다. 이에 관하여 보험금급부설, 조건부보험금급부설, 위험부담급부설 등의 학설이 대립해 있다.

### 2. 學 說

① **保險金給付說** 보험금급부설은 보험계약은 보험자가 보험사고가 발생한 경우에 보험금액을 지급할 것을 약정하고 이에 대하여 보험계약자가 보험료를 지급할 것을 약정하는 계약이므로, 보험계약은 보험계약자의 보험료급부와 보험자의 보험금급부가 대가관계에 있어 유상계약이라 한다(통설).

② **條件附保險金給付說** 조건부보험금급부설은 보험계약은 보험자의 보험금급부와 보험계약자의 보험료급부가 대가관계에 있어 유상계약이나, 보험자는 보험사고가 발생한 때에 보험금을 지급하므로 보험자의 급부는 조건부의 보험금급부라 한다(서돈각·정완용 355면).

③ **危險負擔給付說** 위험부담급부설은 보험자의 급부는 보험자가 위험을 부담하는 것이라 한다(손주찬 497면). 이 학설은 보험자가 보험사고의 발생으로 인하여 생기는 손해를 전보할 것을 인수한 때에 위험을 부담하게 되고, 보험사고가 발생한 때에 그 위험부담이 구체화되어 보험금지급의무를 부담한다고 보는 것이다. 이 학설에 의하면 보험자의 급부를 보험자의 위험부담으로 보므로, 보험사고가 발생하지 않아도 보험자는 이미 부담한 피보험자의 위험의 대가로서 보험료를 취득하여 이를 반환할 필요가 없다고 한다.

### 3. 檢 討

보험금급부설에 의하면 보험사고가 발생하지 않은 때에는 대가관계가 없으므로 보험자가 보험료를 반환하여야 하는 결과가 생기고, 또 조건부보험금급부설은 급부의 개념을 조건부로 이해하여 조건 성취 전의 급부의 대가관계를 설명하기 어렵다.

생각건대 보험자의 급부는 불확정적이긴 하지만 보험계약자의 보험료급부의무와의 관계에 있어서 대가관계에 있으므로 보험계약이 유상계약이라는 데 대하여 이론이 없으므로, 여기에서 보험자의 급부는 보험자가 위험을 부담하는 것이라 보는 것이 타당하다(위험부담급부설).

### Ⅴ. 雙務契約性

일반적으로 보험계약은 쌍무계약이라 한다. 그러나 구체적으로 보험계약자의 보험료지급채무에 대한 보험자의 반대채무가 무엇인가가 문제되며, 이에 관하여 보험금채무부담설과 위험부담의무설이 대립해 있다.

보험금채무부담설은 보험자의 채무는 보험사고가 발생한 경우에 생기는 보험금지급채무라 하고(大森忠夫, "保險契約における對價關係について", 法學論叢 88卷 1·2·3合併號, 7頁), 위험부담의무설은 보험자의 채무는 보험사고 발생의 여부와 관계 없이 보험계약의 성립과 동시에 생기는 위험부담이라 한다(서돈각·정완용 355면, 손주찬 498면).

생각건대 보험계약이 성립하면 보험계약자는 보험료지급채무를 부담하고 보험자는 위험부담의무를 지게 되는데, 이 보험자의 위험부담의무는 보험사고의 발생으로 보험금지급채무로 구체화되지만 서로 동일성을 가지는 채무이다. 이렇게 보면 결국 보험계약자의 채무와 보험자의 채무는 상호 상관관계에 있어 쌍무성을 가지므로 보험계약은 쌍무계약이다.

### Ⅵ. 商行爲性

보험의 인수를 영업으로 하는 행위는 상행위이다(상 46조, 17호). 따라서 영업으로 보험의 인수를 하는 자는 당연상인이고(상 4조), 보험계약에는 상법 제2편 상행위의 통칙이 적용된다.

상호회사는 영업으로 하는 것이 아니므로 보험의 인수를 하여도 상행위가 아니고, 따라서 여기에 상법이 적용될 수 없다. 그러나 상호회사가 영위하는 보험도 그 경제적 실체는 영리보험회사의 보험과 같으므로, 상호회사에도 상법 보험편의 규정이 준용되고(상 664조) 또 상법의 상행위 일반에 관한 규정도 유추적용된다.

# 제 2 절 保險關係者

## 제1. 總 說

보험계약의 당사자는 보험계약자와 보험자이나, 보험계약의 성질과 실무상의 필요에서 이 외에 보험자의 보조자, 피보험자, 보험수익자 등의 보험관계자가 있다.

## 제2. 保險契約의 當事者

### Ⅰ. 保險者

#### 1. 意義·資格

보험사업의 주체 즉 보험자는 보험을 인수하여 보험사고가 발생한 경우에 손해보험에 있어서는 손해보상의무를, 정액보험에 있어서는 약정한 일정 금액을 지급할 의무를 부담한다.

영업의 자유라는 입장에서 보면 누구든지 보험자로 될 수 있어야 하나, 보험사업은 광범위한 불특정다수의 보험가입자를 대상으로 대규모로 영속적으로 경영하는 특수성을 가지므로 보험자는 일정한 요건을 갖춘 주식회사 또는 상호회사로서 금융위원회의 허가를 얻어야 한다(보험 4조 1항).

상호회사는 영리를 목적으로 하지 않으므로 상법상의 보험자는 아니나, 사원의 보험을 목적으로 하므로 성질상 허용되지 않는 경우 외에는 상호보험에도 영리보험에 관한 규정이 준용된다(상 664조).

보통 1인이 하나의 보험을 인수하나, 수인의 보험자가 공동으로 하나의 보험을 인수할 수도 있다. 후자를 공동보험이라 한다. 공동보험의 경우에는 수인의 보험자가 각각 그 인수비율을 정하는 것이 보통이나, 그러한 정함이 없으면 공동보험자가 연대하여 책임을 진다(상 57조).

#### 2. 兼業禁止

보험자는 대통령령이 정하는 금융업과 보험업관련 부수업무를 제외하고는 보험업 외의 업무를 영위하지 못한다(타업의 겸업금지)(보험 11조 1항). 또 상해보험과 인보험의 재보험 등 법령으로 정한 예외적인 경우를 제외하고는 인보험사업과 손해보험사업을 겸영하지 못한다(인보・손보의 겸업금지)(보험 10조).

## Ⅱ. 保險契約者

보험계약자는 자기의 명의로 보험자와 보험계약을 체결하고 보험료지급의무를 부담하는 자이다. 그 자격에는 제한이 없으므로 자기는 물론 타인을 위하여도 보험계약을 체결할 수 있고, 또한 자연인이든 법인이든 불문한다.

공유건물을 화재보험의 목적으로 하여 보험계약을 체결하는 경우와 같이 복수인이 공동보험계약자로서 1개의 보험계약을 체결한 경우에, 이것이 그 중 1인 또는 수인에게 상행위로 되는 때에는 각 보험계약자는 연대하여 보험료를 지급할 책임이 있다(상 57조 1항).

## Ⅲ. 保險者의 補助者

보험은 광범위하게 많은 보험가입자를 모집하여 危險을 분산시키는 것을 그 본질로 하므로, 보험자는 이를 위하여 많은 보조자를 이용하고 있다. 보험자의 보조자로는 보험대리점, 보험중개사, 보험설계사, 보험의 등이 있다.

### 1. 保險代理店

보험대리점은 특정한 보험자(영리보험회사)를 위하여 상시 보험계약의 체결을 대리하거나 중개하는 것을 영업으로 하는 상인이며(상 87조), 금융위원회에 등록된 자이다(보험 2조 9호, 87조 1항). 보험대리점 중 보험계약의 체결을 대리하는 보험대리점을 체약보험대리점이라 하고, 보험계약의 체결을 중개하는 보험대리점을 중개보험대리점이라 한다.

보험업법에서는, 「보험대리점이라 함은 보험사업자를 위하여 보험계약의 체결을 대리하는 자」라고 하여 체약보험대리점만을 규정하고 있으나, 중개보험대리점을 배제할 이유는 없다(양승규 94면).

체약보험대리점은 보험자의 대리인으로 보험계약의 체결・변경・해제, 보험료의 수령・감액・지급유예 등의 대리권을 가지며, 고지의무・통지의무의 위반 여부를 판단함에 있어 그 지(知)・부지(不知)는 보험자의 지・부지로 된다(민 116조 1항). 그러나 중개보험대리점은 보험계약의 체결에 관한 대리권을 가지지 않고 단지 보험계약의 체결을 중개하는 권한만 가지므로 고지수령권・보험료수령권 등의 권한을 가지지 않으며, 또 이에 민법 제116조가 적용되지 않는다.

손해보험은 계약기간이 단기이고 신속하게 계약을 체결하므로 체약대리권을 가진 체약보험대리점이 주로 이용되나, 생명보험은 계약기간이 장기이고 계약체결을 위한 신체검사에 대한 판정권을 보험회사가 가지므로 중개보험대리점이 주로 이용된다.

체약보험대리점인가 중개보험대리점인가 즉 보험대리점의 대리권의 유무나 그 범위는 보험자와 보험대리점간의 대리점계약에 의하여 정하여진다. 대리점계약의 내용은 보험대리점과 거래하는 상대방(보험가입자)은 알 수 없으므로, 입법론으로는 보험대리점의 권한(보험료 수령, 보험계약에 관한 의사표시·통지의 수령, 보험계약의 변경·연장·해제 등의 권한)을 획일적으로 정하고 보험자는 그 권한의 제한으로써 선의의 제3자에게 대항할 수 없다고 정하는 것이 바람직하다.

### 2. 保險仲介士

보험중개사는 독립하여 보험계약의 체결을 중개하는 자로서(보험 2조 10호) 금융위원회에 등록된 자이다(보험 89조 1항). 보험중개사는 보험계약의 체결 즉 보험자의 보험 인수를 중개하는 것을 영업으로 하므로(상 93조) 상법상의 중개인이다.

중개는 당사자 간에 법률행위(계약)가 성립되도록 힘쓰는 사실행위로서, 예컨대 거래상대방의 발견·소개, 신용상태의 조사·보고, 거래조건 등에 관한 조언 등을 하는 것을 말한다.

보험대리점에 있어서 보험자는 특정되어 있고 보험자와 보험대리점은 계속적 관계에 있는 데 대하여 보험중개사에 있어서 보험자는 불특정 다수이고 보험자와 보험중개사는 계속적 관계에 있지 않다.

보험중개사는 주로 국제적인 해상보험거래의 중개를 한다.

### 3. 保險設計士

#### (1) 意 義

보험설계사는 보험자에 종속되어 보험자를 위하여 보험계약의 체결을 중개하는 자로서(보험 2조 8호) 금융위원회에 등록된 자이다(보험 84조 1항). 실무상으로 이를 보험모집인이라고도 한다.

보험설계사에는 생명보험설계사, 손해보험설계사, 제3보험설계사가 있다.

보험설계사는 보험중개사와 같이 보험계약의 체결을 중개하는 자이나, 보험중개사는 독립하여 불특정 다수의 보험자를 위하여 보험계약의 체결을 중개하는 데 대하여 보험설계사는 특정의 보험자에 종속되어 그의 피용자로서 그 보험자를 위하여 보험계약의 체결을 중개하는 자이다.

(2) 資 格

보험설계사는 보험협회가 실시하는 연수과정을 이수하고 시험에 합격하거나 보험관계업무에 1년 이상 종사하여야 하며, 금융감독원에 등록하여야 한다(보험 84조 1·2항 동 시행령 27조).

(3) 契約締結權

통설은 보험설계사는 보험계약체결의 대리권이 없다고 한다. 생명보험에 있어서는 피보험자의 건강상태나 도덕적 위험 등을 조사·판단하여야 하는데, 생명보험의 보험설계사에게 이러한 고도의 전문적 판단능력을 기대하는 것은 곤란하므로 보험계약체결의 대리권이 없다고 보며, 또 손해보험에 있어서도 보험기술상 고도의 전문적 지식을 요하는 분야에서는 그 보험설계사에게 보험계약체결의 대리권이 없다고 본다. 그러나 손해보험 가운데 계약의 체결여부를 결정함에 있어 전문적 지식을 요하지 않고 정형화된 틀에 의하여 계약의 체결여부를 결정하는 건물화재보험이나 자동차보험 등과 같은 대중보험에서는 이를 인정하여도 무방할 것이다.

(4) 告知受領權

보험설계사는 보험계약체결의 대리권을 가지지 않는 것과 마찬가지로 고지수령권도 가지지 않는다고 본다(통설)(대판 1979. 10. 30. 79 다 1234)(대판 2006. 6. 30. 2006 다 19672, 19689). 그러나 생명보험에 있어서 보험계약자는 보험설계사를 보험회사로 오인할 염려가 있으므로 이를 오인한 보험계약자를 보호할 필요가 있다. 그리하여 학설 중에는 보험료지급채무는 사실상 추심채무로서 보험설계사가 보험자의 수권에 의하여 보험료를 수령하고 保險料假受證을 교부하면 보험계약이 체결된 것으로 실무에서 처리하고 있어 보험설계사가 보험료수령권과 함께 고지수령권을 가지는 것으로 보아야 한다고도 하고(서돈각·정완용 374면, 최기원 613면), 생명보험을 有診斷保險과 無診斷保險으로 구분하여 무진단보험의 보험계약자는 보험의(保險醫)를 만나지 못하고 보험설계사만 만나므로 보험설계사의 지위를 보험의(保險醫)와 같은 것으로 보아 무진단보험의 보험설계사는 고지수령권을 가진다고도 한다(양승규 99면).

**【대법원 1979. 10. 30. 판결, 79 다 1234】**

**1. 사실관계**

보험계약자 X는 Y보험회사의 보험설계사인 B의 권유로 남편 A를 피보험자로 하는 생명보험계약을 Y보험회사와 체결하였는데, 보험계약 체결 당시 X는 B에게 A가 기계적 장폐색증으로 약 1개월간 입원하여 소장절제수술을 받은 기왕병력을 고지하였으나, B는 청약서의 고지란에 이를 기재하지 않고 X 몰래 서명·날인하여 Y보험회사에 제출하였다. 그 후 A가 보험기간 중에 위의 병이 악화되어 사망하자, X는 Y보험회사에 대하여 보험금의 지급을 청구하였다.

**2. 판결요지**

이 건에 관하여, 대법원은 「보험가입청약서에 기왕병력을 기재하지 않고 보험모집인에게 이를 말한 것만으로는 보험회사에 대하여 고지를 하였다고 볼 수 없다」고 판시하여 보험설계사는 고지수령권이 없다고 보았다.

(5) 保險料受領權

앞서 살펴본 바와 같이 보험설계사는 고지수령권이 없다. 하지만 보험료수령권의 경우에는 사정을 달리한다. 보험시장의 거래관행에 따르면 보험설계사는 일반적으로 보험료수금업무를 위임받고 있기 때문이다. 특히 실제의 생명보험시장에서는 보험에 대하여 잘 알지 못하는 보험계약청약자는 보험설계사의 권유에 따라 보험가입을 결심하고 그 보험설계사가 제시하는 보험계약청약서에 일정한 사항을 기재하여 제1회 보험료상당액의 금액과 함께 그 청약서를 보험설계사에게 교부하고 제1회 보험료가수증을 교부받는 것이 일반적이어서, 보험설계사의 보험료수령권을 긍정하는 것이 옳다(양승규 99면).

대법원 판례도, 「생명보험의 모집인이 그의 권유에 응한 청약의 의사표시를 한 보험계약자로부터 제1회 보험료로서 선일자수표를 발행받고 보험료가수증을 해준 경우에는 비록 보험모집인이 소속 보험회사와의 고용계약이나 도급적 요소가 가미된 위임계약에 바탕을 둔 소속보험회사의 사용인으로서 보험계약의 체결대리권이나 고지수령권이 없는 중개인에 불과하다 하여도 오늘날의 보험업계의 실정에 비추어 제1회 보험료의 수령권이 있음을 부정할 수는 없다」고 하였다(대판 1989. 11. 28. 88 다카 33367).

(6) 모집을 위탁한 保險者의 賠償責任

보험자는 보험설계사가 보험계약의 체결을 중개(보험모집)함에 있어서 보험계약자에게 가한 손해를 배상할 책임이 있다(보험 102조 1항). 민법 제756조의 경우와 마찬가지로 보험업법에서도 보험자에게 보험설계사의 사용자로서의 손해배상책임을 인정한 것이다.

4. 保險醫

(1) 意 義

보험의는 생명보험에 있어서 피보험자의 신체·건강상태의 진찰 및 조사를 하는 의사이다. 보험의에는 보험자와의 사이에 고용관계가 있는 보험의와 위임관계가 있는 보험의가 있다.

보험의는 위험측정을 위하여 피보험자의 신체·건강상태의 진단이라는 사실행위를 하는 자이므로 보험자의 대리인이 아니고 또 보험자와의 사이에 고용관계가 있더라도 대외적인 영업상의 업무를 보조하는 자가 아니므로 상업사용인이 아니다. 따라서 보험의는 보험계약체결의 대리권이 없다.

(2) 告知受領權

보험의는 고지수령권을 가진다(통설). 그 이론구성에 관하여 학설은 보험의는 보험자의 손발과 같은 기관으로서 피보험자의 신체·건강상태를 검사하여 보험자의 전문지식의 부족을 보조하는 자이므로 보험의에 대한 고지는 보험자에 대한 고지와 같은 것이라고 한다(최기원 614면).

그러나 여기에서 기관이라는 표현은 적당하지 않고, 오히려 보험의가 그 직무의 성질상 피보험자의 신체·건강상황에 관하여 고지를 수령할 대리권을 보험자로부터 수여받았다고 추정하는 것이 타당할 것이다.

## 제3. 被保險者

피보험자(insured, Versicherte, assuré)는 손해보험과 인보험에 따라 다르다.

### I. 損害保險에 있어서 被保險者

손해보험에 있어서 피보험자는 피보험이익의 귀속주체로서, 보험사고가 발생한 경우에 보험자에게 보험금의 지급을 청구할 수 있는 자이다. 피보험자의 자격에 관하여서는 보험계약자의 경우와 같이 특별한 제한이 없으므로 피보험자는 보험계약자와는 전혀 별개의 지위에 있는 자이나, 동일인이 양자를 겸할 수도 있다.

손해보험에서 보험계약자가 동시에 피보험자인 경우가 자기를 위한 보험계약이고, 보험계약자와 피보험자가 다른 경우가 타인을 위한 보험계약이다.

### Ⅱ. 人保險에 있어서 被保險者

인보험의 피보험자는 보험사고의 대상이 되는 사람(자연인)이다. 인보험에서의 피보험자도 보험계약자와는 전혀 별개의 지위에 있는 자이나, 동일인이 양자를 겸할 수도 있다.

생명보험에서 보험계약자와 피보험자가 다른 경우 즉, 타인의 생명을 보험에 붙인 계약을 「타인의 생명보험」이라 한다. 타인의 생명보험을 무제한 인정하면 보험이 도박화할 우려가 있고 또 피보험자의 생명을 해할 위험이 있으므로, 사망보험 또는 혼합보험의 경우에 피보험자가 보험수익자가 아닌 때에는 그 피보험자의 서면동의를 얻어야 한다(동의주의)(상 731조).

## 제4. 保險受益者

보험수익자는 인보험에 있어서 보험사고가 발생하였거나 보험계약의 만기가 도래한 경우에 보험자에 대하여 보험금의 지급을 청구할 수 있는 자이다. 보험수익자의 자격에는 특별한 제한이 없다.

보험계약자는 자기를 보험수익자로 지정할 수 있고, 타인을 보험수익자로 지정할 수도 있다. 전자의 보험계약을 「자기를 위한 보험계약」이라 하고, 후자의 보험계약을 「타인을 위한 보험계약」이라 한다.

보험수익자는 보험자에 대하여 보험금지급청구권을 가진다. 보험수익자는 보험계약의 당사자는 아니나, 보험의 선의계약성에 비추어 통지의무(상 657조)와 설명의무(보통보험약관)가 있다.

## 제5. 他人을 위한 保險契約

### 1. 意 義

보험계약에 있어서 보험계약자와 보험금수령권자가 같은 경우를 「자기를 위한 보험계약」이라 하고, 다른 경우를 「타인을 위한 보험계약」이라 한다. 즉 손해보험계약에 있어서는 피보험자가 또 인보험계약에 있어서는 보험수익자가 보험계약자인 경우가 자기를 위한 보험계약이고, 타인인 경우가 타인을 위한 보험계약이다.

타인을 위한 보험계약의 법적 성질은 제3자를 위한 계약(민 539조)이다. 다만 민법상의 제3자를 위한 계약에서 제3자의 권리는 그 제3자가 채무자에 대하여 수익을 받을 의사를 표시한 때에 비로소 발생하지만(민 539조 2항), 타인을 위한 보험계약에서는 제3자인 수익자의 수익의 의사표시 없이도 자동적으로 보험계약상의 이익을 받게 되는 점에서 차이가 있다. 다수자와의 동일한 계약내용을 전제로 하는 보험계약의 특성 및 수익 내용(보험금)의 沒個性이라는 특성에서 비롯한 차이이다.

**【대법원 1999. 6. 11. 판결, 99 다 489】**

**1. 사실관계**

A회사는 일본 소재의 B물산에 생수설비라인을 수출하기로 하고 1995. 1. 17.에 Y수출보험공사(이하 "Y공사")와의 사이에 보험금수취인을 X은행으로 하는 단기수출보험계약(이하 "보험계약")을 체결하고, 같은 날에 Y공사로부터 보험금수취인을 X은행으로 한 단기수출보험증권(이하 "보험증권")을 교부받았다.

단기수출보험약관(이하 "보험약관")에는 「Y공사는 보험계약자가 상대방의 계약불이행으로 수출물품대금을 회수할 수 없어 입는 손실을 보상한다」고 규정되어 있었다.

A회사는 1995. 5. 19.에 생수설비라인을 선적하고 그 선적사실을 Y공사에 알리고 지급인 B물산, 지급일 1995. 11. 20.의 환어음을 발행하여 선적서류와 함께 수출거래약정을 맺고 있던 X은행에 매도하고 그 담보로 위 보험증권을 교부하였다.

A회사는 1995. 5. 19.에 Y공사에 보험료 1,800만 원을 납입하였고, 그 후 Y공사와 X은행의 승인을 얻어 계속보험료의 납입기일을 환어음의 만기와 함께 1996. 2. 18.로 연장하였다. 그러나 A회사가 그 연장된 기일까지 위 계속보험료를 납입하지 않자 Y공사는 A회사에 위 납입기일부터 2개월이 경과한 후에도 납입하지 않으면 위 보험계약을 해지한다고 통보하였으며, 그래도 A회사가 위 기일까지 위 계속보험료를 납입하지 않자 Y공사는 A회사에 위 보험계약이 해지되었다고 통보하였다.

X은행은 연장된 만기인 1996. 2. 18.에 위 환어음을 지급제시하였으나 지급거절되었고, 또한 X은행은 위 보험계약이 타인을 위한 보험계약인 데도 Y공사가 A회사에게만 계약해지 예고부 최고와 해지의 통지를 하고 X은행에게는 이를 하지 아니하여 보험계약은 해지되지 않고 유효하다고 주장하고 Y공사에 보험금의 지급을 청구하였다.

**2. 판결요지**

이 건에 관하여, 대법원은 「타인을 위한 손해보험계약에서 말하는 타인은 보험계약자가 제3자를 주체로 하는 피보험이익에 관하여 보험계약을 체결한 경우 제3자를 말하는 것이고, 단지 보험계약자에게 귀속되는 피보험이익에 관하여 체결된 손해보험계약에서 보험금을 수취할 권리가 있는 자로 지정되었을 뿐인 자는 여기에서 말하는 타인이 아니다.

위 보험약관에서는 보험계약자의 수출대금회수불능에 따른 손실만을 보상하는 손실로 규정하고 보험금수취인의 손실에 대하여서는 아무 언급이 없다. 그렇다면 보험계약으로 보험에 붙여진 피보험이익은 보험계약자의 이익 즉 보험계약자가 상대방의 채무불이행의 보험사고로 수출물품의 대금채권이 멸손되어 장차 손해를 받을 지위에 있으나 아직 손해를 받지 않은 데 대하여 가지는 이익이므로, 그 보험계약은 보험금수취인을 위한 타인을 위한 보험계약이라 볼 수 없다」고 판시하여, 이 건의 보험계약은 보험계약자인 A회사의 피보험이익에 관하여 체결한 보험계약이므로 자기를 위한 보험계약이고 타인을 위한 보험계약이 아니다. 따라서 Y공사가 X은행에 대하여도 최고하여야 보험계약을 해지할 수 있는 것이 아니라고 하였다.

### 2. 他人을 위한 保險契約 締結의 要件

#### (1) 他人을 위한다는 意思表示

타인을 위한 보험계약을 체결함에는 타인을 위한 것이라는 의사표시가 있어야 한다. 그 의사표시는 명시적이든 묵시적이든 무방하다.

타인을 위한 보험계약을 체결함에 있어 그것이 타인을 위한 보험계약인지 자기를 위한 보험계약인지 분명하지 않은 경우에는 자기를 위한 보험계약으로 보아야 할 것이다(양승규 184면).

#### (2) 他人의 委任·告知

보험계약자는 타인의 위임을 받거나 받지 않고 타인을 위한 보험계약을 체결할 수 있다(상 639조 1항 본문).

타인을 위한 손해보험계약을 체결하는 경우에 그 타인의 위임이 없는 때에는, 보험계약자는 이를 보험자에게 고지하여야 한다(상 639조 1항 단서 전단). 이것은 보험계약자가 타인의 위임을 받지 않고 타인을 위한 손해보험계약을 체결하였다가 사기적 방법으로 보험금을 청구하는 등의 부정행위로 이용될 염려가 있으므로 이를 방지하기 위한 것이다.

상법은 타인을 위한 손해보험계약의 보험계약자가 보험자에게 위의 고지를 하지 않은 경우에는 그 타인이 그 손해보험계약이 체결되었다는 사실을 알지 못하였다는 사유로 보험자에게 대항하지 못한다(상 639조 1항 단서 후단)고 규정하여, 보험계약자가 타인을 위한 손해보험계약임을 보험자에게 고지하면 보험자는 피보험자인 그 타인에게 그를 피보험자로 하는 보험계약이 체결되었음을 알리고 그로 하여금 피보험자로서의 고지의무나 통지의무를 이행할 수 있도록 하고 있다.

(3) 他人의 特定 또는 不特定

타인을 위한 보험계약을 체결하는 경우에 그 타인을 특정할 수도 특정하지 않을 수도 있다(상 639조 1항 본문).

CIF매매에 의하여 해상운송을 하는 경우에 매도인이 매수인을 위하여 그 운송물에 관하여 타인을 위한 보험계약을 체결하는데, 이 경우에는 積荷가 운송 중에 전매될 것을 전제로 하므로 피보험자를 특정하지 않고 보험사고가 발생한 때의 운송물의 소유자(선하증권의 소지인)가 피보험자로 된다. 이것을 「불특정인을 위한 보험계약」이라 한다.

### 3. 他人을 위한 保險契約의 效果

(1) 保險契約者의 權利義務

타인을 위한 보험계약의 보험계약자는 보험금 기타 급여청구권은 가지지 않으나 보험계약자가 가지는 부수적인 권리 예컨대 보험증권교부청구권(상 640조), 보험료감액청구권(상 647조), 보험료반환청구권(상 648조), 보험사고발생 전의 보험계약해지권(상 649조) 등은 가진다.

타인을 위한 손해보험계약에 있어서 보험계약자가 피보험자에게 보험사고의 발생으로 생긴 손해의 배상을 한 때에는, 보험계약자는 피보험자의 권리를 해하지 않는 범위 내에서 보험자에 대하여 보험금액의 지급을 청구할 수 있다(상 639조 2항 단서). 이것은 피보험자가 이중이득하는 것을 방지하기 위한 것이다.

(2) 被保險者·保險受益者의 權利義務

타인을 위한 보험계약의 피보험자 또는 보험수익자는 당연히 그 계약의 이익을 받으므로(상 639조 2항 본문), 보험사고가 발생한 때에 보험자에 대하여 보험금 기타 급여청구권을 가진다.

타인을 위한 보험계약의 피보험자 또는 보험수익자는 보험계약의 당사자가 아니므로 보험료지급의무가 없으나, 보험계약자가 파산선고를 받거나 보험료의 지급을 지체한 때에는 그 권리를 포기하지 않는 한 보험료를 지급할 의무가 있다(상 639조 3항 단서).

# 제3절 保險契約의 成立

## 제1. 保險契約의 諾成 · 不要式契約性

보험계약은 낙성·불요식 계약이다. 따라서 보험계약은 보험계약자의 청약의 의사표시와 보험자의 승낙의 의사표시에 의하여 성립한다.

종래에는 보험계약이 보험료의 지급을 요건으로 하는 요물계약이라고 하는 견해도 있었으나, 오늘날에는 일반적으로 계약당사자의 합의만으로 성립하는 낙성계약이라 한다. 또한 상법 제656조 및 보통보험약관에서 보험료의 지급이 있기까지는 보험자가 책임을 지지 않는다고 정하고 있으나(예 : 화재보험표준약관 3조 2항), 이 경우에도 보험료의 지급은 보험자의 책임개시의 요건에 불과하고 이로 인하여 보험계약이 요물계약으로 되는 것은 아니다. 그리고 보험계약이 성립한 때에는 보험자가 보험증권을 작성·교부하나(상 640조 1항 본문), 이는 보험계약의 성립의 효과이고 보험계약의 승낙의 방식은 아니다.

보험계약의 성립에 관하여 특별규정이 없으므로, 보험계약의 성립에는 계약의 성립에 관한 민법의 규정(민 527조~535조)과 상법 제2편 상행위의 제1장 통칙의 규정(상 46조~66조)이 적용된다.

## 제2. 保險契約의 締結

### Ⅰ. 序 說

보험계약은 청약과 이에 대한 승낙의 의사표시의 합치가 있어야 성립된다.

### Ⅱ. 保險契約者의 請約

실제의 보험거래에서는 대량의 보험계약을 정형적·획일적·신속하게 처리하기 위하여 보험계약자가 보험계약청약서에 소정의 사항을 기재하여 이를 보험료 상당액의 전부 또는 일부와 함께 보험자에게 제출하여 청약의 의사표시를 한다.

보험계약자의 대리인이 보험계약을 체결하는 경우에는 대리인이 안 사유는 그 본인(보험계약자)이 안 것과 동일한 것으로 한다(상 646조).

## Ⅲ. 保險者의 承諾

### 1. 諾否通知義務

보험자가 보험계약의 청약과 함께 보험료 상당액의 전부 또는 일부를 지급받은 때에는, 다른 약정이 없으면 30일 내에 보험계약자에게 諾否의 통지를 발송하여야 한다(상 638조의 2 1항 본문). 계약법의 원리에 따르면, 상시 거래관계에 있는 상인 사이의 청약의 경우(상 53조)가 아니면 청약을 받은 자는 반드시 그 청약에 대한 승낙 여부의 의사표시를 하여야 할 의무를 지는 것은 아니다. 따라서 보험자의 낙부통지의무는 보험계약의 성립을 신속하게 확정함으로써 보험계약자를 보호하기 위하여 특별히 인정된 것이다.

그러나 인보험계약의 피보험자가 신체검사를 받아야 하는 경우에는 그 기간은 신체검사를 받은 날부터 기산한다(상 638조의 2 1항 단서).

### 2. 承諾擬制

보험자가 보험계약의 청약과 보험료 상당액의 전부 또는 일부의 지급을 받고도 위 기간 내에 낙부의 통지를 해태한 때에는 보험자가 승낙한 것으로 본다(승낙의제)(상 638조의2 2항). 이것도 보험계약의 성립을 신속히 확정함으로써 보험계약자를 보호하기 위한 것이다.

### 3. 承諾 전의 保險保護

#### (1) 意 義

보험계약자가 보험계약의 청약을 하고 보험료의 지급 등 보험계약자로서의 의무를 이행한 경우에는 보험자의 승낙 전 즉 보험계약의 성립 전이라도 보험계약자의 기대이익을 보호할 필요가 있으므로, 상법은 이 경우 보험자의 보험계약상의 책임을 인정하고 있다(상 638조의2 3항).

이것은 일종의 소급보험이나, 다른 약정소급보험과는 달리 법정소급보험이다.

#### (2) 要 件

**① 保險契約의 請約과 保險料의 支給** 보험계약자가 승낙 전의 보험보호를 받기 위하여서는 보험계약자가 보험계약의 청약을 하고 보험료 상당액의 전부 또는 일부를 지급하여야 한다(상 638조의 2 3항 본문). 승낙 전의 보험보호는 보험계약의 성립 전에 보험계약자로서의 의무이행을 전제로 하므로, 보험계약자는 보험료의 지급뿐

만 아니라 고지의무도 이행하여야 한다.

② **承諾 전 保險事故의 發生** 승낙 전의 보험보호는 보험자의 승낙 전에 보험사고가 발생한 경우에 인정된다(상 638조의 2 3항 본문).

③ **適格被保險者** 승낙 전의 보험보호는 보험계약자의 기대이익을 보호하기 위한 것이나 보험자가 당연히 거절할 경우까지 보호할 필요는 없으므로, 보험자가 「청약을 거절할 사유」가 없는 경우 즉 보험계약자 측이 적격피보험자인 경우에 인정된다. 여기에서 청약을 거절할 사유는 보험자가 인수할 수 없는 위험을 보험사고로 하는 보험계약을 청약하는 경우이다.

**【대법원 2008. 11. 27. 판결, 2008 다 40847】**

승낙 전 보험사고에 대한 보험자 책임의 소극적 요건으로 상법 제638조의 2 제3항이 규정하는 '청약을 거절할 사유'의 의미 및 그 증명책임의 소재와 관련하여 대법원은, 「상법 제638조의 2 제3항에 의하면 보험자가 보험계약자로부터 보험계약의 청약과 함께 보험료 상당액의 전부 또는 일부를 받은 경우(인보험계약의 피보험자가 신체검사를 받아야 하는 경우에는 그 검사도 받은 때)에 그 청약을 승낙하기 전에 보험계약에서 정한 보험사고가 생긴 때에는 그 청약을 거절할 사유가 없는 한 보험자는 보험계약상의 책임을 지는 바, 여기에서 청약을 거절할 사유란 보험계약의 청약이 이루어진 바로 그 종류의 보험에 관하여 해당 보험회사가 마련하고 있는 객관적인 보험인수기준에 의하면 인수할 수 없는 위험상태 또는 사정이 있는 것으로서 통상 피보험자가 보험약관에서 정한 적격 피보험체가 아닌 경우를 말하고, 이러한 청약을 거절할 사유의 존재에 대한 증명책임은 보험자에게 있다.

그리고 이른바 승낙 전 보험사고에 대하여 보험계약의 청약을 거절할 사유가 없어서 보험자의 보험계약상의 책임이 인정되면, 그 사고발생사실을 보험자에게 고지하지 아니하였다는 사정은 청약을 거절할 사유가 될 수 없고, 보험계약 당시 보험사고가 이미 발생하였다는 이유로 상법 제644조에 의하여 보험계약이 무효로 된다고 볼 수도 없다」고 하였다.

④ **諾否通知期間 前** 보험자의 낙부통지기간 경과 후에는 보험자가 승낙한 것으로 의제되므로(상 638조 의2 2항) 승낙 전의 보험보호가 인정될 여지가 없고, 이는 위 기간이 경과하기 전에 한하여 인정되는 것이다.

(3) 適用除外

인보험계약의 피보험자가 신체검사를 받아야 하는 경우에 아직 신체검사를 받지 않은 때에는 청약을 거절할 사유가 있는지 알 수 없으므로, 이러한 경우에는 승낙 전에 보험사고가 발생하여도 승낙 전 보험보호를 받지 못한다(상 638조의 2 3항 단서).

## 제3. 保險契約의 要素

### Ⅰ. 序 說

보험계약의 내용은 손해보험계약과 인보험계약에 따라 다른 부분이 많으므로 따로 고찰하여야 할 부분이 많다. 여기에서는 손해보험계약과 인보험계약에 공통하는 보험계약의 내용에 관해서만 고찰하기로 한다.

### Ⅱ. 保險事故의 客體

보험자는 어떤 객체에 보험사고가 발생한 경우에 보험금을 지급한다. 보험사고 발생의 객체는 物件保險 또는 재산보험에 있어서는 「보험의 목적」이라 하고(상 666조 1호, 675조, 678조 681조, 710조, 721조 참조). 인보험에 있어서는 「피보험자」라 한다(상 651조, 652조, 657조, 731조 2항, 733조 2항 참조).

물건보험에 있어서 보험의 목적은 보험계약에서 특정되나, 1개의 물건(예 : 1개의 가옥)이든(개별보험) 다수의 물건의 집합(예 : 가옥 내의 모든 가재도구)이든(집합보험) 무방하다. 또 보험계약 당시부터 특정되어 있어야 하는 것은 아니고 일정한 기준에 의하여 범위가 한정되어 있으면 수시로 그 내용의 교체가 예정되어 있어도 무방하다(총괄보험).

생명보험 중 사망보험에 있어서는 15세 미만자, 심신상실자, 또는 심신박약자는 보험의 목적으로 될 수 없다(상 732조).

### Ⅲ. 保險事故

#### 1. 意 義

보험사고는 보험자의 보험금지급책임을 구체화시키는 우연한 사고의 발생이다. 보험은 우연한 사고에 대비한 제도이므로 보험사고는 보험계약의 필수요소이다. 보험사고를 위험이라고도 하여, 「위험(보험사고)이 없으면 보험도 없다」(ohne Gefahr, keine Versicherung)고 한다. 그러나 원래 위험은 이 외에 사고발생의 가능성 또는 가능성을 생기게 하는 사실의 의미로도 사용되므로 보험사고와는 구별하여 사용하는 것이 옳다.

#### 2. 要 件

##### (1) 偶然性

보험사고는 우연한 것이어야 한다. 사고가 우연한 것이기 위하여서는 사고의 발생 · 불발생, 사고발생의 시기 등이 불확정하여야 한다. 따라서 보험계약 체결 당시 보험사고가 이미 발생하였거나 발생할 수 없는 것인 때에는 그 보험계약은 무효이다(상 644조 본문).

이러한 우연성은 반드시 객관적이이어야 하는 것은 아니고, 보험계약 당시 보험자 · 보험계약자 및 피보험자가 그 사실을 주관적으로 알지 못한 때에는 보험계약이 무효로 되지 않는다(보험사고의 주관적 우연성)(상 644조 단서). 즉 보험사고의 우연성은 주관적으로 계약당사자와 피보험자의 인식에 있어서 인정되면 되는 것이다. 이것은 계약당사자와 피보험자가 주관적으로 알지 못하는 한, 객관적으로 확정되어 있는 사실을 보험사고로 하는 보험계약을 유효로 하더라도 그것이 악용될 염려가 없기 때문이다.

따라서 遡及保險의 경우, 예컨대 해상보험에 있어서 선박이 발항한 후에 보험계약을 체결하여 보험기간을 발항 시에 소급하여 개시할 것을 정하였더라도 계약당사자와 피보험자가 선박의 안전 유무에 관하여 보험계약의 체결 시에 알지 못하였으면 그 보험계약은 유효하다.

(2) 特定性

보험사고는 보험계약 당시 특정되어야 한다. 보험사고의 특정은 화재보험에 있어서 화재사고와 같이 1개일 수도 있고, 자동차보험에 있어서 대인사고 · 대물사고 · 자기신체사고의 발생과 같이 수 개일 수도 있다. 또 해상보험 · 운송보험에 있어서 항해나 운송에 관하여 발생하는 모든 사고와 같이 포괄적일 수도 있다.

### Ⅳ. 保險期間

#### 1. 意 義

보험자는 특정의 기간 내에 발생한 보험사고에 대하여서만 책임을 지는데, 이 기간을 보험기간이라 하며, 책임기간 또는 위험기간이라고도 한다.

보험기간 중에 보험사고가 발생하지 않은 경우에는 보험금의 지급 없이 보험계약이 종료된다.

#### 2. 保險期間의 特定

보험기간은 보험계약에서 약정하는 것이 보통이고, 보험계약에서는 대체로 日時로 정하나(定時期間) 1항해 등과 같이 일정한 사실의 존속기간으로 정하기도 하고(事實期間) 이 양자를 병용하여 정하기도 하며(混合期間) 또는 종신보험과 같이 보험기간의 終期를 정하지 않는 경우도 있다.

보험계약에서 약정기간이 없고 법정기간(상 656조, 688조 699조, 700조)이 있는 경우에는 그에 의하고, 약정기간도 법정기간도 없는 경우에는 위험의 성질상 또는 관습상 정하여지는 추정기간(예 : 농업보험에 있어서 파종시부터 수확 시까지의 기간)에 의하고, 추정기간도 없는 경우 보험기간은 보험계약의 존속기간과 일치한다.

### 3. 保險期間과 保險契約期間 · 保險料期間

#### (1) 保險期間과 保險契約期間

보험계약기간은 보험계약이 성립한 때부터 종료할 때까지의 기간이다. 보험계약기간은 보통 보험기간과 일치하나, 보험계약 성립 후 일정한 때부터 보험기간이 개시되는 경우나 보험계약 성립 전의 어느 때부터 보험기간이 개시되는 소급보험(상 643조)의 경우에는 일치하지 않는다.

#### (2) 保險期間과 保險料期間

보험료기간은 보험료 산출의 기초가 되는 기간이다. 보험료는 보험료기간에 있어서 평균적인 사고발생률 즉 위험률을 측정하여 정한다.

보험료기간은 보통 1년이다. 따라서 1년을 보험기간으로 하는 화재보험에 있어서는 보험료기간과 보험기간이 일치하고, 운송보험에 있어서는 보험기간이 보험료기간보다 장기일 수도 있고 단기일 수도 있으며, 생명보험에 있어서는 보험기간이 수개의 보험료기간으로 나뉜다.

## Ⅴ. 保險金額 · 保險料

### 1. 保險金額

#### (1) 意　義

보험금액은 보험사고가 발생한 경우에 보험자가 지급하기로 약정한 금액의 최고 한도액이다.

#### (2) 保險金額과 保險金

보험금은 보험사고가 발생한 때에 보험자가 손해보험의 피보험자 · 인보험의 보험수익자에 현실로 지급하는 금전이다. 생명보험과 같은 정액보험에 있어서는 보험계약에서 약정한 보험금액대로 지급되므로 보험금이 보험금액과 일치한다.

그러나 손해보험과 같은 부정액보험에 있어서는 보험금액의 범위 내에서 실제로 생긴 손해액을 보험금으로 지급하므로 양자가 일치하지 않는다. 즉 分損인 때에는 전부보험이라도 실손해액으로 보험금을 지급하고, 全損인 때에도 일부보험에서는 보험금액의 보험가액에 대한 비율에 따라 지급된다(상 674조).

## 2. 保險料

### (1) 意 義

보험료는 보험계약자가 보험자의 위험부담에 대하여 보험자에게 지급하는 금액이다. 보험료에는 순보험료와 부가보험료가 있다.

순보험료는 보험료기간 내에 있어서 위험률과 보험금액을 기초로 산정하며, 보험자가 지급할 보험금의 총액과 보험자가 징수할 순보험료의 총액이 균형을 이루도록 정한다. 부가보험료는 보험자의 대리점비용, 인건비, 물건비 기타의 비용을 계산하여 산정한다. 순보험료와 부가보험료의 비율은 보험의 종류에 따라 다르나, 보통 7:3 내지 6:4이다. 부가보험료의 비율이 적으면, 그만큼 보험사업의 효율이 높은 것이다. 보험계약자는 순보험료에 부가보험료를 포함한 보험료 즉 영업보험료를 보험자에게 지급한다.

보험자가 보험업의 허가를 받고자 할 때에는, 허가신청서에 보험료산출방법서를 첨부하여 금융위원회에 제출하고(보험 5조 3호), 보험료율산출기관이 순보험료율을 산정 · 검증한다(보험 176조 3항).

### (2) 保險料不可分의 原則

순보험료는 보험료기간(손해보험에서는 1년이 원칙)을 단위로 그 단위기간 내의 위험률을 기초로 산정하므로, 보험료기간과 그 기간의 순보험료는 불가분적이다. 따라서 보험료기간의 도중에 피보험이익이 소멸되어 보험계약이 소멸되어도 그 보험기간 내의 보험료는 전액 지급하여야 한다. 이것을 보험료불가분의 원칙이라 한다.

보험료불가분의 원칙이 적용되기 위하여서는, ① 보험자의 위험부담이 개시되고, ② 보험자나 보험계약자 · 피보험자의 책임으로 돌릴 수 없는 사유로 보험계약이 무효 · 취소 또는 변경되어야 한다.

보험료불가분의 원칙을 인정하는 명문의 규정은 없으나, 초과보험에 있어서

「보험료의 감액은 장래에 대하여서만 효력이 있다」(상 669조 1항 단서)든가 「보험자가 손해를 보상할 경우에 보험료의 지급을 받지 않은 잔액이 있으면 그 지급기일이 도래하지 않은 때라도 보상할 금액에서 이를 공제할 수 있다」(상 677조)고 규정하고 있어, 그 반대해석으로 이를 인정할 수 있다.

⑶ 保險料의 減額·返還 請求

보험계약의 당사자가 특별한 위험을 예기하여 보험료액을 정한 경우에 보험기간 중 그 예기한 위험이 소멸한 때에는 보험계약자는 보험자에 대하여 그 후의 보험료의 감액을 청구할 수 있다(상 647조). 또한 보험계약의 전부 또는 일부가 무효인 경우에 보험계약자와 피보험자(또는 보험계약자와 보험수익자)가 선의이며 중대한 과실이 없는 때에는 보험자에 대하여 보험료의 전부 또는 일부의 반환을 청구할 수 있다(상 648조).

## 제4. 告知義務

### Ⅰ. 意 義

고지의무는 보험계약자 또는 피보험자가 보험자에게 중요한 사항을 고지하여야 하고 또 중요한 사항에 대하여 부실의 고지를 하여서는 안 될 의무를 말한다(상 651조 본문). 보험실무에서는 「계약 전 알릴 의무」에 고지의무를 포함시키고 있다.

고지의무는 보험계약 체결 당시 보험계약자 또는 피보험자가 부담하는 의무이나, 보험계약자 또는 피보험자의 위험변경증가 및 보험사고발생의 통지의무(상 652조 657조)는 보험계약의 성립 후 보험계약의 효과로서 부담하는 의무라는 점에서 차이가 있다.

### Ⅱ. 根 據

고지의무의 근거에 관하여는 위험측정설, 사행계약설 및 절충설 등의 학설이 대립해 있다.

#### 1. 學 說

① 危險測定說(技術說) 위험측정설은 보험자가 보험계약을 체결할 때에는 보험사고 발생의 가능성 즉 위험률을 알아야 보험계약의 칭약에 대하여 승낙을 할 것인가 또 승낙하면 어떤 내용(특히 보험료의 액)으로 승낙할 것인가를 판단

할 수 있는데, 이러한 위험측정의 자료가 보통 보험계약자나 피보험자의 지배하에 있어 보험자가 이를 수집하기가 어려우므로, 상법은 위험측정의 자료로 되는 사항은 보험계약자 또는 피보험자가 고지하도록 한 것이라 한다(최기원 629면 채이식 454면). 이 학설은 고지의무의 근거를 일반계약의 법칙에 의하여 설명하는 것은 곤란하다고 보고, 상법이 보험제도의 특수성에 기하여 특별히 인정한 제도라 보는 것이다.

② **射倖契約說(善意契約說)** 사행계약설은 보험계약은 사행계약으로서 우연한 사실의 발생에 의하여 권리의무가 결정되기 때문에 보험사고 발생의 가능성에 영향을 미치는 사실을 보험계약자 또는 피보험자가 알고 있고 보험자가 알고 있지 않은 경우에 보험계약자 등이 그 사실을 숨기고 보험계약을 체결하는 것은 불공정하므로 보험계약자 등은 보험계약 체결 전에 보험자에게 이러한 사실을 고지하는 것이 신의칙에 부합한다고 한다(大森忠夫, 保險法, 120頁).

③ **折衷說** 절충설은 보험계약의 유상계약성의 면에서 보면 위험측정설이 타당하고 보험계약의 사행계약성 · 선의계약성의 면에서 보면 사행계약설(선의계약설)이 타당하다고 하면서, 이 양 학설은 서로 상반되거나 모순되는 것이 아니므로 고지의무제도는 이 양 학설에 근거를 두고 있다고 한다(손주찬 520면, 정희철 384면 양승규 118면, 김성태 209면).

### 2. 檢 討

위험측정설은 보험자의 위험측정에 보험계약자 등이 협력할 의무가 있다고 보는데, 왜 보험계약자 등이 보험자에게 협력하여야 하는가에 관하여 법률적 설명이 없고, 또한 절충설은 위험측정설을 전제로 하고 있어 부당하다. 따라서 사행계약설이 타당하다고 본다.

## Ⅲ. 法的 性質

### 1. 學 說

고지의무의 법적 성질에 관하여는 다툼이 있다. 이에 대하여 통설은 보험자는 고지의무에 대응하는 청구권을 가지지 않고 고지의무는 강제할 수 없으며 보험계약자 등이 고지의무에 위반하여도 손해배상의무가 생기지 않고 단지 고지의무 위반의 경우에 보험자가 보험계약을 해지하여 보험계약자 등이 법률상 불이익을 받을 뿐이므로, 고지의무는 진정한 법적 의무가 아니고 보험계약자가 계약해지에 의한 불이익을 면하기 위한 「자기의무」이며, 또 보험계약의 효과로서 부담하는 것이 아니라 보험자에게 보험금을 청구하기 위한 전제요건으로서 부담하는 「간접의무」(책무, obliegenheit)로서, 보험계약 체결 시 요구되는 의무라고 한다.

2. 檢 討

통설은 고지의무는 단지 법률효과 발생의 전제조건에 불과하고 법적 의무는 아니라 하나, 이는 고지의무의 법적 성질을 명확히 설명한 것이라 할 수 없다. 고지의무는 손해배상의 청구나 이행의 강제에 의하여 보장되는 의무는 아니라도, 이에 위반한 때에는 보험계약자 등이 기존의 권리의 상실 내지 법적 지위의 변화 등의 불이익에 의하여 강제되므로 약한 효력이 있는 법적 의무라 할 수 있는 것이다.

## Ⅳ. 告知義務者

고지의무를 부담하는 자는 보험계약자와 피보험자이다(상 651조 본문). 여기에서 보험계약자는 보험계약의 청약자이고, 피보험자는 손해보험계약의 피보험자와 인보험계약의 피보험자를 포함한다.

동일 보험계약에 복수의 보험계약자가 있는 경우에는 보험계약자가 모두 고지의무를 부담하나, 그 중 1인이 고지하면 고지의무를 이행한 것이 된다. 대리인에 의하여 보험계약을 체결하는 경우에는 대리인이 고지의무를 부담하고, 대리인이 안 사유는 그 본인이 안 것과 같으므로(상 646조) 대리인은 본인이 알고 있는 사실뿐만 아니라 대리인 자신이 알고 있는 사실도 고지하여야 한다. 따라서 고지의무 위반 유무는 그 대리인을 기준으로 판단하여야 한다.

## Ⅴ. 告知의 相對方

고지는 보험자 또는 그에 갈음하여 고지를 수령할 권한을 가진 자에게 하여야 한다. 보험자에 갈음하여 보험계약 체결의 대리권을 가지는 자는 고지수령권을 가진다. 따라서 일반적으로 체약보험대리점은 고지수령권을 가지나 보험중개사나 보험설계사는 고지수령권을 가지지 않는다.

## Ⅵ. 告知의 時期 및 方法

1. 告知의 時期

고지는 보험계약이 성립할 때까지 하면 된다. 따라서 고지의무 위반의 유무는 보험계약의 청약 시를 기준으로 판단할 것이 아니고 보험계약의 성립 시를 기준으로 판단하여야 한다. 그러므로 보험계약 청약 시의 고지내용의 정정이나 보충을 보험계약 성립 시까지 하면 고지의무의 이행으로 되고 보험계약 성립 후에 하면 고지의무의 위반이 치유되지 않는다.

그러나 보험계약의 성립 후에 고지내용을 정정·보충한 경우에 보험자가 해지권을 행사하지 않는 때에는 보험자가 해지권(상 651조 본문)을 포기한 것으로 보아야 할 것이다.

### 2. 告知의 方法

고지의 방법에 관하여 상법상 특별한 제한이 없으므로, 서면으로 하든 구두로 하든 또 명시적으로 하든 묵시적으로 하든 불문한다.

또한 고지는 고지의무자가 직접 하든, 대리인으로 하여금 대리하게 하든, 또는 이행보조자를 사용하여 하든 불문한다.

보험실무에서는 보험계약청약서에 질문표를 두어 그에 답하는 방식으로 고지를 하게 한다.

## Ⅶ. 告知事項

### 1. 重要한 事項

보험계약자나 피보험자가 보험계약 당시에 보험자에게 고지할 의무를 지는 상법 제651조에서 정한 「중요한 사항」이란, 보험자가 보험사고의 발생과 그로 인한 책임부담의 위험률을 측정하여 보험계약의 체결 여부 또는 보험료의 결정이나 특별한 면책조항의 부과와 같은 보험계약의 내용을 결정하기 위한 표준이 되는 사항으로서, 객관적으로 보험자가 그 사실을 안다면 그 계약을 체결하지 않든가 또는 적어도 동일한 조건으로는 계약을 체결하지 않으리라고 생각되는 사항을 말한다. 어떠한 사항이 이에 해당하는가는 보험의 종류에 따라 달라질 수 밖에 없는 사실인정의 문제로서 보험의 기술에 비추어 객관적으로 관찰하여 판단하여야 한다(대판 2003. 11. 23. 2001 다 49623)(대판 1996. 12. 23. 96 다 27971).

이러한 중요한 사항은 화재보험에 있어서 건물의 재질·구조·사용목적·주위환경, 자동차보험에 있어서 차량의 모델·등록지·용도, 생명보험에 있어서 피보험자의 연령·성별·건강상태·旣往症·생활환경·다른 보험계약의 존재(대판 2001. 11. 27. 99 다 33311)

등이다. 생명보험과는 달리 손해보험의 경우에는 다른 보험에 가입한 사실이 중요한 사항이 아니라는 것이 판례의 입장이다(대판 2003. 11. 23. 2001 다 496233).

고지할 사항은 고지의무자가 알고 있는 사실에 한하는가에 관하여 학설이 나뉘어 있으나, 고지의무는 고지의무자에게 探知義務까지 부과하는 것이 아니므로 고지의무자가 알고 있는 사항에 한한다고 본다.

**【대법원 1997. 9. 5. 판결, 95 다 25268】**

**1. 사실관계**

A가 승합차량을 B(주)렌터카 명의로 구입하여 지입을 하고 Y보험회사와 영업용자동차보험계약을 체결하여 운행하던 중 교통사고가 발생하여 승객이 사상하여 B렌터카와 X 등이 Y보험회사에 대하여 손해보상을 청구하였으나, Y보험회사는 A가 피보험차량인 렌터카를 불법유상운송용으로 이용하면서 이를 보험계약체결 시에 고지하지 않았다는 이유로 보험계약을 해지하고 보험금지급을 거절한 사건에 관하여, 1심과 2심에서는 B렌터카의 고지의무위반을 인정하여 X의 청구를 기각하였다.

**2. 판결요지**

이 건에 관하여, 대법원은「상법 제651조에서 정한 '중요한 사항'이란, 보험자가 보험사고의 발생과 그로 인한 책임부담의 蓋然率을 측정하여 보험계약의 체결 여부 또는 보험료나 특별한 면책조항의 부가와 같은 보험계약의 내용을 결정하기 위한 표준이 되는 사항으로서, 객관적으로 보험자가 그 사실을 안다면 그 계약을 체결하지 않든가 또는 적어도 동일한 조건으로는 계약을 체결하지 않으리라고 생각되는 사항을 말하고, 어떠한 사실이 이에 해당하는가는 보험의 종류에 따라 달라질 수 밖에 없는 사실인정의 문제로서 보험의 기술에 비추어 객관적으로 관찰하여 판단되어야 하고, 최종적으로는 보험의 기술에 정통한 전문가의 감정에 의하여 결정될 수 밖에 없다. 운행형태는 대여자동차 본래의 운행형태에 비하여 사고위험이 현저히 높다고 볼 수 없어 영업용자동차보험계약에 있어 고지의무의 대상이 되는 중요한 사항에 해당되지 않는다」고 판시하여, 운행형태는 중요한 사항이 아니라 하였다.

**【대법원 2003. 11. 13. 판결, 2001 다 49623】**

손해보험계약에 있어서 중복보험계약의 체결사실이 상법 제651조 소정의 고지의무의 대상이 되는 중요한 사항인지 여부에 대하여, 대법원은「상법 제672조 제2항에서 손해보험에 있어서 동일한 보험계약의 목적과 동일한 사고에 관하여 수개의 보험계약을 체결하는 경우에는 보험계약자는 각 보험자에 대하여 각 보험계약의 내용을 통지하도록 규정하고 있으므로, 이미 보험계약을 체결한 보험계약자가 동일한 보험목적 및 보험사고에 관하여 다른 보험계약을 체결하는 경우 기존의 보험계약에 관하여 고지할 의무가 있다고 할 것이나, 손해보험에 있어서 위와 같이 보험계약자에게 다수의 보험계약의 체결사실에 관하여 고지 및 통지하도록 규정하는 취지는, 손해보험에서 중복보험의 경우에 연대비례보상주의를 규정하고 있는 상법 제672조 제1항과 사기로 인한 중복보험을 무효로 규정하고 있는 상법 제672조 제3항, 제669조 제4항의 규정에 비추어 볼 때, 부당한 이득을 얻기 위한 사기에 의한 보험계약의 체결을 사전에 방지하고 보험자로 하여금 보험사고 발생 시 손해의 조사 또는 책임의 범위의 결정을 다른 보험자와 공동으로 할 수 있도록 하기 위한 것일 뿐, 보험사고발생의 위험을 측정하여 계약을 체결할 것인지 또는 어떤 조건으로 체결할 것인지 판단할 수 있는 자료를 제공하기 위한 것이라고 볼 수는 없으므로 중복보험을 체결한 사실은 상법 제651조의 고지의무의 대상이 되는 중요한 사항에 해당되지 아니한다」고 하여, 손해보험의 경우에는 생명보험계약의 경우하고는 달리 다른 보험계약에 가입한 사실이 고지의무의 대상이 되는 상법 제651조 소정의 중요한 사항이 아니라고 하였다.

### 2. 質問表

일반대중은 보통 보험에 관한 지식·경험이 많지 아니하여 어떤 것이 중요한 사항인지 알지 못하므로, 보험실무에서는 이러한 문제를 제거하기 위하여 보험자가 보험계약청약서의 질문란이나 이와 별도의 고지서에 고지의무의 대상으로 되는 사항을 질문형식으로 열거하고 보험계약자가 이에 답하는 방식으로 고지의무를 이행한다. 이러한 형식의 서면을 질문표라 한다.

질문표는 보험기술에 정통한 보험자가 작성하므로 질문표에 기재된 사항은 중요한 사항으로 추정된다(상 651 조의2). 판례도 「보험자가 '생명보험계약'을 체결함에 있어서 다른 보험계약의 존재여부를 청약서에 기재하여 질문하였다면, 이는 그러한 사정을 보험계약을 체결할 것인지의 여부에 관한 판단자료로 삼겠다는 의사를 명백히 한 것으로 볼 수 있고, 그러한 경우에는 다른 보험계약의 존재여부가 고지의무의 대상이 된다」(대판 2001. 1. 5. 2000 다 31847)라 판시하였다. 질문표에 기재되어 있지 아니한 사항이라도 위험률을 측정하는 데 중요한 사실은 중요한 사항에 포함된다(대판 1999. 11. 26. 99 다 37474).

**【대법원 2001. 11. 27. 판결, 99 다 33311】**

보험자가 생명보험계약을 체결함에 있어서 다른 보험계약의 존재 여부를 청약서에 기재하여 질문한 경우 다른 보험계약의 존재 여부가 고지의무의 대상이 되는 중요한 사항에 해당되는지 여부에 대하여, 대법원은 「보험자가 생명보험계약을 체결함에 있어 다른 보험계약의 존재 여부를 청약서에 기재하여 질문하였다면 이는 그러한 사정을 보험계약을 체결할 것인지의 여부에 관한 판단자료로 삼겠다는 의사를 명백히 한 것으로 볼 수 있고, 그러한 경우에는 다른 보험계약의 존재 여부가 고지의무의 대상이 된다고 할 것이다. 그러나 그러한 경우에도 보험자가 다른 보험계약의 존재 여부에 관한 고지의무위반을 이유로 보험계약을 해지하기 위하여는 보험계약자 또는 피보험자가 그러한 사항에 관한 고지의무의 존재와 다른 보험계약의 존재에 관하여 이를 알고도 고의로 또는 중대한 과실로 인하여 이를 알지 못하여 고지의무를 다하지 않은 사실이 입증되어야 할 것」이라고 하여, 생명보험계약의 경우에는 청약서에 기재하여 질문한 다른 생명보험계약의 체결사실은 중요한 사항에 해당하여 고지의 대상이 된다고 하였다(동지 : 대판 2004. 6. 11. 2003 다 18494).

**【대법원 1999. 11. 26. 판결, 99 다 37474】**

**1. 사실관계**

A가 암치료 후 5년이 지나 검사를 하였던 바 의사로부터 암의 재발 가능성이 있으니 確診을 위하여 재검사를 받아야 한다는 설명을 듣고 기다리고 있는 상태에서 Y농협의 생명공제에 가입하였다. 가입 시 공제계약청약서상의 질문란에 병력·자각증세·의사의 암재발 가능성 고지사실 등은 질문사항에 포함되어 있지 아니하여 고지하지 않았다.

A의 암으로 인한 사망 후, A의 상속인 X가 Y농협에 대하여 공제금의 지급을 청구하였다.

**2. 판결요지**

이 건에 관하여, 대법원은 「암치료 종료 후 정기적인 검진을 위하여 병원에 다니는 동안 피공제자의 상태는 비록 통상적인 의미에서 암 질병을 앓고 있는 것은 아니라 할지라도 공제약관에 기재된 암 질환에 준하는 것이거나 이러한 피공제자의 병력 내지 자각증세, 의사의 암 재발 가능성 고지사실 등은 공제계약 청약서상의 질문사항에 포함되어 있지 않다고 하더라도 피공제자의 생명위험 측정상 중요한 사실로서 고지할 중요 사항에 포함된다」고 판시하여, 청약서의 질문사항에 포함되어 있지 않더라도 피공제자의 생명위험 측정상 중요한 사실은 중요한 사항에 포함된다고 하였다.

## Ⅷ. 告知義務 違反의 要件

보험자가 고지의무의 위반을 이유로 보험계약을 해지하기 위하여서는, 객관적 요건과 주관적 요건을 갖추어야 한다(상 651조 본문).

### 1. 客觀的 要件

보험계약자 또는 피보험자가 중요한 사항을 고지하지 않거나(默秘) 중요한 사항에 관하여 부실의 고지(虛僞陳述)를 하여야 한다(상 651조 본문).

### 2. 主觀的 要件

고지의무자의 不告知 또는 不實告知가 고지의무자의 고의 또는 중대한 과실로 인하여야 한다(상 651조 본문). 고지의무자에게 고의 또는 중대한 과실이 없는 경우에까지 고지의무의 위반을 인정하면 고지의무자에게 너무 가혹하므로, 상법은 고지의무자의 고의 또는 중대한 과실을 요건으로 정하고 있는 것이다.

여기에서 고의는 중요한 사항이 존재하는 것과 그것이 고지사항이라는 것을 알면서 불고지 또는 부실고지를 하는 것을 말하고 사기 등의 방법으로 보험자를 착오에 빠뜨려 보험계약을 체결할 의사까지를 필요로 하는 것은 아니다. 따라서 피보험자가 과거의 병력을 밝히는 것이 수치스러워 그 사실을 불고지한 것도 고의에 의한 불고지가 된다. 중대한 과실은 중요한 사항이 존재하는 것과 그것이 고지사항이라는 것을 현저한 부주의로 알지 못하여, 예컨대 과거에 폐결핵의 병력이 있은 것과 이것이 고지사항이라는 것을 현저한 부주의로 알지 못하여, 불고지 또는 부실고지를 하는 것이다.

존재하는 사실이 고지의무의 대상이 되는 중요한 사항인지 아닌지를 판단하는 데도 중대한 과실이 인정되는지에 관하여 즉, 중요한 사항을 중요한 사항이 아니라 믿고 고지하지 않은 경우에도 중대한 과실이 인정되는가에 관하여 긍정설(손주찬 528면 최기원 633면)과 부정설(양승규 123면, 정찬형 548면, 김성태 224면)이 대립해 있다. 그러나 긍정설에 따라 중요한 사항인가 아닌가를 판단하는 데도 중대한 과실이 인정된다고 하면, 원래 보험자가 부담하게 되어 있는 중요한 사항에 대한 탐지의무를 보험계약자에게 전가하는 결과가 되어 보험지식이 없는 보험계약자·피보험자를 보호하고자 하는 본조의 취지에 반한다. 또한 고지의무제도는 보험계약자나 피보험자가 알고 있는 사실을 보험자에게 알려야 하는 의무(알고 있는 사실의 표시에 관한 의무)를 부과하여 당사자 모두가 공정한 정보이용을 바탕으로 계약을 체결할 수 있도록 함으로써, 보험계약의 사행계약성에서 오는 폐해를 방지하려는 데 목적을 둔 제도이므로 이러한 고지의무제도의 목적면에서 판단하더라도 이를 인정하지 않는 것이 타당하다(부정설).

### 3. 證明責任

고지의무위반의 요건의 존재는 고지의무의 위반을 이유로 보험계약을 해지하려는 보험자가 증명하여야 한다.

## Ⅸ. 告知義務 違反의 效果

### 1. 解止權의 發生

고지의무에 위반하여도 보험계약은 당연히 무효로 되지 않고, 보험자가 보험계약을 해지할 수 있다(상 651조 본문). 보험계약의 해지는 보험계약의 성립 후이면, 보험사고 발생의 전후를 불문하고(상 655조 본문) 또 보험자의 책임개시의 전후를 불문하고 할 수 있다. 보험자가 보험계약을 해지한 때에는 보험금을 지급할 책임이 없고, 이미 보험금을 지급한 때에는 그 반환을 청구할 수 있다(상 655조 본문). 보험실무에서는 보험사고의 발생 후에 고지의무 위반의 사실이 판명되어 보험계약을 해지하는 경우가 많다.

해지는 민법의 일반원칙(민 543조 1항)에 따라 보험계약의 상대방인 보험계약자 또는 피보험자에 대한 일방적 의사표시에 의하여 하고(형성권), 그 도달에 의하여 효력이 생긴다(민 111조 1항).

### 2. 解止權行使의 效果

① **保險料請求權** 보험계약을 해지한 때에는 보험계약관계가 장래에 향하여 소멸되어 소급효가 없으므로, 보험계약자의 보험료지급의무가 소멸되지 않는다. 따라서 보험자는 그 보험계약을 해지한 때가 속하는 보험료기간이 종료할 때까지의 보험료청구권을 상실하지 않는다.

② **保險金支給義務의 不存在** 보험사고가 발생한 후에라도 보험계약을 해지한 때에는 보험자는 보험금을 지급할 책임이 없고 이미 지급한 보험금의 반환을 청구할 수 있다(상 655조 본문).

보험료의 지급에 관하여서는 불소급효를 인정하면서 보험금의 지급에 관하여서는 소급효를 인정하고 있는데, 이는 고지의무위반자에 대하여서는 제재를 과하고 보험자에게는 손실을 주지 않기 위한 것이다. 그러나 보험금 지급책임 소멸의 소급효는 해지의 원칙에 반한다.

③ **生命保險에 있어서 保險料積立金의 返還義務** 생명보험에 있어서 보험자가 보험계약을 해지하여 보험금지급책임이 면제되어도, 보험수익자를 위하여 적립한 금액(보험료적립금)은 보험계약자에게 지급하여야 한다(상 736조 1항 본문).

### 3. 解止權의 排除

**① 保險者의 惡意·重過失** 고지의무를 위반하더라도 보험자가 보험계약 체결 당시에 고지의무 위반의 대상으로 된 사실을 알았거나 중대한 과실로 인하여 알지 못한 경우에는 해지권이 인정되지 않는다(상 651조 단서). 이것은 공평의 견지에서 보험자가 그 사실을 알고 있는 경우에까지 해지권을 인정할 필요가 없고 또 보험자에게 주의를 환기시키기 위하여 중대한 과실이 있는 경우에는 해지권을 인정하지 않은 것이다.

**② 除斥期間의 經過** 고지의무 위반으로 인한 해지권은 보험자가 해지의 원인인 사실을 안 날부터 1개월 내에 또는 보험계약을 체결한 날부터 3년 내에 행사하지 않으면 소멸된다(상 651조 본문). 1개월의 단기간을 정한 것은 보험계약자 등을 장기간 불안정한 지위에 두면서까지 보험자의 해지권을 보류하는 것은 부당하기 때문이고, 3년의 기간을 정한 것은 불고지 또는 부실고지의 대상으로 된 사실이 3년간 문제되지 않았을 때에는 보험사고의 발생에 영향을 미치는 정도가 적을 것이기 때문이다.

위의 1개월과 3년의 기간은 시효기간이 아니고 제척기간이다.

**③ 因果關係의 不存在** 고지의무에 위반한 사실이 보험사고의 발생에 영향을 미치지 않았음이 즉 고지의무위반사실과 보험사고 발생 간에 인과관계가 없음이 증명된 때에는, 보험자는 해지권을 행사하지 못하고 보험금지급의무를 부담한다(상 655조 단서). 이것은 고지의무의 위반이 있더라도 결과적으로 보험자는 사실상 불이익을 받은 것이 없기 때문이다.

고지의무위반사실과 보험사고 발생간의 안과관계의 부존재에 관한 증명책임은 보험계약자 등이 부담하며(대판 1969. 2. 18. 68 다 2082)(대판 1992. 10. 23. 92 다 28259), 그 인과관계의 존재를 조금이라도 엿보아 알 수 있는 여지가 있으며 본조 단서가 적용되지 않는다(대판 1992. 10. 23. 92 다 28259).

**【대법원 1992. 10. 23. 판결, 92 다 28259】**

**1. 사실관계**

A는 1990. 5. 29.에 Y자동차보험회사(이하 "Y보험회사")와 직장인상해보험을 체결하였고, 위 보험계약서에는 피보험자 A, 보험수익자 X, 계약기간 1995. 5. 29.까지, 보험금은 사망 시 4,000만 원을 기본으로 하고 교통사고로 사망 시에는 8,000만 원으로 약

정하였으며, A의 직업은 가사(주부)라고 기재되어 있었다.

A는 사망 당시 31세의 여성으로서 1989.경 남편과 이혼하고 1990. 5. 중순경부터 같은 해 6.경까지 서울에 있는 「고려원」이라는 유흥업소에서 접대부로 종사하였고, 보험수익자인 X와는 내연관계에 있었다. A는 1990. 10. 이후 일본 동경에 가서 생활하다가 같은 해 11. 21. 05:02경 동경 시내의 유흥업소가 밀접해 있는 지역의 노상에서 승용차에 치여 그 달 29.에 뇌좌상으로 사망하였다.

그리하여 X는 Y보험회사에 보험금 8,000만 원의 지급을 청구하였으나, Y보험회사는 A가 보험계약 체결 당시 접대부로 종사하였다는 확증을 잡고 고지의무위반을 이유로 위 보험계약의 해지를 통보하였다.

**2. 판결요지**

이 건에 관하여, 대법원은 「A가 Y보험회사와의 사이에 위 직장인상해보험계약을 체결함에 있어 자신의 직업이 유흥업소의 접대부인데도 가사(주부)라고 허위기재한 것은 중요한 사항의 고지의무를 위반한 것이다.

그러나 고지의무위반사실이 보험사고의 발생에 영향을 미치지 않았다는 점, 즉 보험사고의 발생이 보험계약자가 불고지하였거나 부실고지한 사실에 의한 것이 아니라는 것이 증명된 때에는 상법 제655조 단서에 의하여 보험자는 위 부실고지를 이유로 위 보험계약을 해지할 수 없다. 물론 인과관계의 존재를 조금이라도 규지(엿보아 앎)할 수 있는 여지가 있으면 본조 단서가 적용되지 않는다. 고지의무위반사실과 보험사고발생의 인과관계가 부존재한다는 것에 관한 입증책임은 보험계약자측에 있다(대판 1969. 2. 18. 68 다 2082).

Y보험사고가 A의 고지의무위반을 이유로 위 보험계약을 해지한 데 대하여 X가 Y보험회사에 대하여 보험금지급책임을 묻기 위하여서는 A의 사망이 A가 Y보험회사에 제대로 고지하지 않은 직업의 수행 즉 접대부의 종사활동과는 무관하게 이루어진 것이라는 점을 적극적으로 입증하여야 한다.

A는 국내에서 접대부로 종사한 경력이 있고 사망 당시에는 일본 동경 시내의 유흥업소가 밀접한 지역에서 심야에 차도를 보행하다가 교통사고를 당한 경위에 비추어 볼 때에 그가 유흥업에 관련된 업무에 종사하였을 가능성이 크고, 만일 A가 사망 직전에도 접대부로 종사하고 있었으면 그의 사망사고가 사고발생의 시각이나 장소 등으로 미루어 보아 접대부의 종사활동에 기인한 것이라고 볼 여지가 충분하여 이 경우 사고의 발생과 A의 직업에 관한 고지의무의 위반 간에 인과관계가 존재하지 않는다고 단정할 수 없다」고 판시하여, 고지의무위반과 보험사고발생의 인과관계의 부존재에 관한 증명책임이 보험계약자 측에 있다고 하고 X가 A의 사망사고가 접대부의 종사활동과 전혀 무관계하게 이루어진 것이라는 것을 증명하지 못하였으므로 Y보험회사는 X에 대하여 위 보험계약을 해지하고 보험금의 지급을 거절할 수 있다고 하였다.

## X. 告知義務의 違反과 詐欺·錯誤의 關係

### 1. 序 說

고지의무의 위반이 동시에 보험자의 착오나 보험계약자의 사기에 해당하는 경우, 보험자는 고지의무의 위반을 이유로 보험계약을 해지할 수 있고(상 651조 본문) 또 사기나 착오를 이유로 보험계약을 취소할 수 있는가(민 110조 109조). 즉 상법상의 고지의무 위반으로 인한 해지에 관한 규정과 민법상의 사기 또는 착오로 인한 취소에 관한 규정과의 관계가 문제된다. 특히 이것은 상법상 보험자가 제척기간의 경과나 보험자의 고의·중과실 또는 인과관계의 부존재로 인하여 보험계약을 해지할 수 없는 경우에 민법상의 사기 또는 착오를 이유로 보험계약을 해지할 수 있는가 하는 점에서 문제된다.

이 문제에 관하여는 상법단독적용설·민상법적용설 및 절충설이 대립해 있다.

2. 學 說

① **商法單獨適用說** 상법상의 고지의무에 관한 규정은 보험자의 보호뿐만 아니라 보험자의 해지권의 행사를 제한하여(상 651조 665조 단서) 보험계약자의 보호도 기하고 있는데, 고지의무 위반의 경우에 민법상의 사기·착오에 관한 규정의 적용을 인정하면 상법상의 보험계약자 보호의 취지가 크게 감쇄된다. 따라서 상법상의 고지의무에 관한 규정은 민법상의 사기·착오에 관한 예외규정으로서 고지의무 위반의 경우에는 상법상의 고지의무에 관한 규정만 적용된다고 한다(서돈각·정완용 379면).

② **民商法重複適用說** 상법상의 고지의무에 관한 규정과 민법상의 사기·착오에 관한 규정은 그 근거·요건·효과를 달리 하는 별개의 독립된 제도로서 일반법과 특별법의 관계에 있는 것이 아니며 또 사기나 착오의 경우에 취소를 인정하지 않으면 보험자가 부당하게 불이익을 입게 되어 부당하므로 상법상의 고지의무에 관한 규정은 민법상의 사기·착오에 관한 규정의 적용을 배척하는 것이 아니다. 따라서 고지의무 위반의 경우에는 상법상의 고지의무에 관한 규정과 민법상의 사기·착오에 관한 규정이 모두 적용된다고 한다(이범찬·최준선 488면, 채이식 462면).

③ **折衷說(錯誤·詐欺 區別適用說)** 절충설은 사기의 경우와 착오의 경우로 나누어, 전자의 경우에는 보험계약자 측에 반윤리적 요소가 있어 보험계약자를 보호할 필요가 없으므로 민·상법 규정의 중복적용을 인정하고, 후자의 경우에는 보험계약자 측에 악의가 없어 보험계약자의 이익을 무시하면서까지 보험자를 보호할 필요가 없으므로 민법의 규정의 적용을 인정하지 않는다고 한다(정희철 388~389면, 손주찬 534면, 최기원 639면, 양승규 130면)(대판 1991. 12. 27. 91 다 1165).

**【대법원 1991. 12. 27. 판결, 91 다 1165】**

**1. 사실관계**

A회사는 X로부터 토지를 매입하고 우선 계약금과 중도금을 지급하고 잔대금을 위하여서는 지급보증보험을 체결하여 그 보험증권을 교부하기로 하는 한편, Y보증보험회사와는 X에 대한 잔대금 채무의 이행을 위하여 이 건 토지에 상가건물을 신축하여 그 일부를 X에게 분양한다는 내용의 허위 매매계약서를 작성·제출하여 보증보험계약을 체결하였다. 그러나 A회사가 잔대금채무를 이행하지 아니하여 X가 Y보증보험회사에 대하여 보험금의 지급을 청구하였다.

이 건에서는 A회사가 Y보증보험회사에게 잔대금으로 현금을 지급하는 대신 상가건물을 분양한다고 허위내용을 고지한 것이 고지의무위반으로 되고 또 사기에 해당되는데, 이 양자 간의 관계가 어떻게 되는지 문제되었다.

**2. 판결요지**

이 건에 관하여, 대법원은 「보증보험의 목적은 잔대금지급의 이행보증으로서 그 잔대금의 액수나 지급방법은 보험계약상 핵심적인 사항이고, 건물분양으로 잔금지급에 갈음하는 방법은 보험사고의 위험이 현금지급의 경우보다 훨씬 적어 Y가 보험을 인수함에 있어서 상당한 영향을 주는 사항이라 보아야 한다. 보험계약의 중요부분인 잔대금의 지급방법을 위와 같이 고치고 이를 Y보증보험회사에게 알리지 않았다면, 보험계약을 체결함에 있어 중요한 사실에 관하여 보험자를 속인 것이라 아니할 수 없다. 이와 같이 보험계약자(A회사)의 고지의무위반이 사기에 해당하는 경우에는 보험자는 상법의 규정에 의하여 계약을 해지할 수 있음은 물론 민법의 일반원칙에 따라 그 보험계약을 취소할 수 있는 것」이라고 판시하여, 절충설을 취하였다.

3. 檢　討

고지의무자의 고지의무위반이 있으면 보험자는 (중요부분의)착오에 빠진 상태에서 보험계약을 체결하는 것이 대부분이므로, 고지의무위반에 민법상의 착오에 관한 규정의 적용을 인정하면 상법상의 고지의무제도가 무의미하게 될 염려가 있다. 이에 반하여 고지의무위반의 주관적 요건으로서의 고의에는 고지의무자의 해의(害意)나 사기까지를 요구하고 있지는 아니하므로, 고지의무위반에 민법상의 사기에 관한 규정의 적용을 인정하지 않으면 사기를 한 자가 부당하게 이익을 얻게 되므로, 고지의무자의 사기가 있는 경우에는 민법과 상법의 규정을 중복적용하는 것이 옳다. 따라서 절충설이 타당하다(절충설).

생명보험표준약관 제23조와 장기손해보험표준약관 제27조는, 보험계약자 또는 피보험자가 사기의 목적으로 중요한 사항을 고지하지 않거나 부실하게 고지하여 계약이 체결된 경우에는 민법 제110조에 의하여 사기를 이유로 보험계약을 취소할 수 있는 것으로 규정하고 있다. 위의 절충설을 반영한 규정이라고 볼 수 있다.

## 제 4 절 保險契約의 效果

### 제1. 序 說

보험계약이 성립한 때에는, 계약당사자인 보험자와 보험계약자 간에는 물론 계약당사자가 아닌 피보험자와 보험수익자도 일정한 권리의무를 가진다.

이러한 보험계약의 효과는 손해보험계약과 인보험계약에 따라 여러 가지 면에서 차이가 있으나, 여기에서는 손해보험계약과 인보험계약에 공통되는 효과에 관하여만 고찰하기로 한다.

### 제2. 保險者의 義務

#### Ⅰ. 保險證券交付義務

##### 1. 總 說

보험자는 보험계약이 성립된 때에는 지체 없이 보험증권을 작성하여 보험계약자에게 교부하여야 한다(상 640조 1항 본문). 타인을 위한 보험계약에서도 보험계약자에게 보험증권을 교부하여야 한다.

보험계약이 성립하여도 보험계약자가 보험료의 전부 또는 최초의 보험료를 지급하지 않은 때에는, 보험자는 보험증권을 작성·교부할 의무가 없다(상 640조 1항 단서). 기존의 보험계약을 연장하거나 변경한 경우에는, 보험자는 보험증권을 재작성·교부할 필요 없이 보험증권에 그 사실을 기재함으로써 그에 갈음할 수 있다(상 640조 2항).

##### 2. 保險證券

(1) 意 義

보험증권은 보험계약의 성립 후 보험자가 보험계약자에게 보험계약의 성립과 내용을 증명하기 위하여 발행하는 증권이다.

보험증권은 보험자만 기명날인(서명)하므로 계약서가 아니고, 그 작성이 보험계약의 성립요건도 아니다. 다만 보험계약에 관한 증거방법의 하나로서 보험계약의 내용이 일응 진정하다는 사실상의 추정을 받는다.

그러나 보험증권은 보험자가 일방적으로 작성하므로, 그 증거력은 「보험자를 위한」 것이 아니고 「보험자에 대한」 것이다. 따라서 보험증권의 내용이 보험계약과 다른 경우에, 보험계약자가 보험증권의 내용을 보험계약의 내용으로 주장하는 때에는 보험자가 그에 대하여 반증을 하여야 한다. 다만 보험계약 당사자는 보험증권의 교부가 있은 날부터 1월 이상의 일정한 기간을 정하여, 그 기간 내에 한하여 증권 내용의 正否에 관한 이의를 할 수 있음을 약정할 수 있다(상 641조).

#### ⑵ 發 行

보험증권은 요식증권이므로 기재사항을 기재하고 보험자가 기명날인(서명)하여야 한다(상 666조).

손해보험의 보험증권에는 ① 보험의 목적, ② 보험사고의 성질, ③ 보험금액, ④ 보험료·그 지급방법, ⑤ 보험기간을 정한 경우에는 그 始期와 終期, ⑥ 무효와 失權의 사유, ⑦ 보험계약자의 주소·성명(상호), ⑧ 보험계약의 연월일, ⑨ 보험증권의 작성지·작성연월일을 기재하여야 한다(상 666조).

손해보험 중에서도 화재보험·운송보험·해상보험의 보험증권에는 위의 손해보험 일반의 보험증권의 기재사항 외에 추가적 기재사항을 기재하여야 한다(상 685조, 690조, 695조).

또한 인보험의 보험증권에는 ① 보험계약의 종류, ② 피보험자의 주소·성명 및 생년월일, ③ 보험수익자를 정한 경우에는 그 주소·성명 및 생년월일 외에 손해보험증권의 기재사항 즉 ④ 보험금액, ⑤ 보험료·그 지급방법, ⑥ 보험기간을 정한 경우에는 그 시기·종기, ⑦ 무효·실권의 사유, ⑧ 보험계약자의 주소·성명(상호), ⑨ 보험계약의 연월일, ⑩ 보험증권의 작성지·작성연월일을 기재하여야 한다(상 728조, 666조).

보험증권은 기재사항을 기재하여야 하는 요식증권이나, 엄격한 요식증권이 아니므로 기재사항의 일부를 결하거나 그 외의 사항을 기재하여도 보험증권으로서의 효력에는 영향이 없다.

#### ⑶ 法的 性質

##### 가) 總 說

보험증권은 보험계약의 성립과 그 내용을 증명하는 증권이므로 證據證券이고,

보험증권의 작성에 의하여 보험계약상의 권리의무가 비로소 발생하는 증권이 아니므로 非設權證券이고, 보험자가 보험증권의 소지인에게 보험금을 지급하면 그 소지인이 실질적 권리자가 아니라도 악의 또는 중대한 과실이 없는 한 지급책임을 면하므로 免責證券이고, 보험증권에 권리자인 피보험자나 보험수익자의 성명을 기재하는 것이 보통이므로 記名證券이다.

**나) 保險證券의 指示式 또는 無記名式 發行**

손해보험 중의 運送保險이나 海上積荷保險에서와 같이 보험의 목적물이 운송증권에 의하여 양도되고 또 보험에 의하여 그 목적물의 경제적 가치가 보완되는 경우에는 보험의 목적물이 양도될 때에 보험에 의한 손해보상청구권도 함께 양도되는 것을 인정하는 것이 바람직하므로, 운송보험이나 해상적하보험 등의 보험증권은 지시식 또는 무기명식으로 발행하는 경우가 많다.

상법에는 지시식이나 무기명식의 보험증권의 발행을 금지하는 규정이 없으므로, 보험증권의 이러한 방식의 발행을 부정할 것은 아니다.

**다) 保險證券의 有價證券性**

① 學 說 보험증권이 유가증권이냐에 관하여 긍정설·부정설 및 절충설(일부긍정설)이 대립해 있다.

부정설은 보험금청구권은 보험증권 외의 사정, 예컨대 피보험이익의 유무나 보험계약자의 의무 해태 등의 영향을 받으므로 이를 표창하는 보험증권은 유가증권이 아니며(石田 滿, 商法 IV, 102~103頁), 따라서 보험증권에 지시문구가 있어 배서에 의하여 보험금청구권을 양도하여도 이로써 보험자 등 제3자에 대하여 대항할 수 없다고 한다(田中耕太郎, 保險法講義要領, 61~62頁).

또한 긍정설은 보험증권은 지시식 또는 무기명식의 발행이 금지되지 않으므로 지시식 또는 무기명식 보험증권을 발행할 수 있고, 지시식 또는 무기명식으로 발행된 보험증권을 유가증권으로 인정할 수 있다고 한다(채이식 478면).

그리고 절충설은 보험증권이 운송증권이나 창고증권 등의 유통증권과 함께 유통되고 지시식이나 무기명식인 때에만 유가증권으로 인정된다고 한다(정희철 51면, 손주찬 539~540면, 정찬형 561면, 양승규 136면, 최기원 644면, Möller S. 80).

② 檢 討 부정설은 보험증권이 보험증권 외의 사정의 영향을 받으므

로 유가증권이 아니라고 하나, 이는 유가증권 중에는 요인증권도 있는 것을 간과하고 있다. 또한 긍정설은 지시식이나 무기명식으로 발행된 보험증권은 유가증권으로 인정할 수 있다고 하나, 보험증권의 지시식 또는 무기명식 발행이 인정된다고 하여 이것이 당연히 보험증권의 유가증권성을 승인하는 것은 아니다.

생각건대 보험증권의 유가증권성이 인정되기 위해서는, ① 보험의 목적이 일반적으로 유통성이 있는 것이어야 하고, ② 보험의 목적이 이전되더라도 위험이 변경되거나 증가하는 것이 아니고, ③ 보험증권의 인도 이외에 별도의 다른 절차를 요하지 아니하고 보험관계 이전의 효력을 인정할 수 있어야 할 것이다(손주찬 539면).

그런데 인보험에 있어서는 보험계약자가 보험금청구권을 행사할 보험수익자를 변경하는 때에는 지체 없이 보험자에게 통지하여야 하고(상 734조, 739조) 또 피보험자의 동의를 얻어야 하는 경우(상 731조)도 있으므로 보험증권의 양도만으로 보험관계가 이전된다고 할 수 없다. 또 손해보험이라도 화재보험에 있어서는 그 보험의 목적물이 전전유통되지 않는데 그에 대한 손해보상청구권만 따로 유통되는 것을 인정하는 것은 부당하므로 화재보험의 보험증권에도 유가증권성을 인정할 수 없다.

다만 운송보험이나 해상적하보험의 보험증권이 지시식 또는 무기명식으로 발행된 경우에는 유가증권인 운송증권 등의 이전에 의하여 목적물에 관한 권리가 이전되는 것이 전제되어 있으며, 목적물은 운송인이 계속 점유하고 있으므로 보험관계가 이전된다고 하더라도 위험이 변경되거나 증가하는 것이 아니고, 보험관계의 이전을 위하여 보험증권의 양도 이외에 다른 절차가 필요 없다. 따라서 이러한 보험증권은 운송증권과 일체로 하여서만 유가증권성이 인정된다고 본다(절충설). 즉 이러한 보험증권이 운송증권과 결합하여 배서 또는 교부에 의하여 양도되는 경우에만 권리이전적 효력, 자격수여적 효력, 면책적 효력이 인정되고, 또 일체로 처분된 운송증권이 선의취득된 경우에 그와 함께 보험증권의 선의취득도 인정된다.

(4) 保險證券의 異議申請

보험증권은 보험계약의 성립과 내용을 증명하는 증거증권이므로 보험계약의 성립과 내용에 관하여 일응 진정하다는 사실상의 추정을 받는다. 따라서 보험증권의 기재내용과 보험계약의 내용이 다른 경우에는 당사자는 그 사실을 증명하여 주장할 수 있다.

**【대법원 1992. 10. 27. 판결, 92 다 32852】**

**1. 사실관계**

A회사는 B리스(주)로부터 淸淨室의 설비리스를 받고 그 채무를 담보하기 위하여 X보증보험(주)와 리스보증보험계약을 체결하였는데, 리스보증보험증권에는 보험의 목적으로 청정실의 설비만 기재되어 있었으나 리스계약에는 스크루콤프레셔 등도 포함되어 있었고 리스보증보험보통약관에는 「피보험자가 보험자의 승인 없이 리스물건의 종류를 변경한 때에는 보험자는 손해를 보상하지 않는다」고 규정되어 있었다. A회사의 대표이사가 부도로 도피하자 B리스(주)는 보험금을 청구하였다.

이에 X보증보험(주)는 B리스(주)에 규정손실금에 해당하는 보험금을 지급하고 甲회사의 채무이행을 연대보증한 Y에게 구상권을 행사하였으나, Y는 보험증권에 기재된 내용을 근거로, X보증보험(주)가 리스보증보험보통약관에 의한 보험금지급책임이 없는 데도 보험금을 지급하였으므로 X보증보험(주)는 구상권을 행사할 수 없다고 주장하였다.

**2. 판결요지**

이 건에 관하여, 대법원은 「보험계약은 당사자 사이의 의사합치에 의하여 성립되는 낙성계약이고, 보험계약을 체결할 때 작성 교부되는 보험증권은 하나의 증거증권에 불과하여 보험계약의 내용은 반드시 위의 증거증권만에 의하여 결정되는 것이 아니고, 보험계약체결에 있어서의 당사자의 의사와 계약체결의 전후경위 등을 종합하여 그 내용을 인정할 수 있는 것이므로, 원심이 보험계약체결의 전후경위를 종합하여 이 건 리스보증보험계약의 보험목적물이 보험증권에 기재된 청정실의 설비뿐만 아니라 스크루콤프레셔 등이 포함되어 있다고 판단한 것은 정당하다」고 판시하였다.

그러나 보험계약의 당사자는 보험증권의 교부가 있은 날부터 1월 이상의 일정한 기간을 정하여 그 기간의 범위 내에서 그 보험증권의 내용의 正否에 관하여 이의를 제기할 수 있다고 약정할 수 있다(상 641조). 이의제기를 민법의 일반원칙에 의하여 언제든지 할 수 있도록 하면 법률관계가 장기에 걸쳐 불안정하게 되므로, 이러한 異議約款을 인정한 것이다.

이의약관을 정하지 않은 경우에는 보험계약의 당사자는 언제든지 이의를 제기할 수 있다. 이의약관 소정의 이의제기기간이 경과한 때에는 보험증권의 기재내용이 확정적 효력을 가진다(양승규 137면, 이기수 428면 채이식 475면, 김성태 252면).

(5) 保險證券의 再交付

일반적으로 보험금청구를 할 때에는 보험금청구서류에 보험증권을 첨부하여 하므로 그 청구 시에는 보험증권이 필요하다. 보험증권을 멸실 또는 훼손한 경우에는 보험계약자는 보험자에 대하여 자기의 비용으로 보험증권의 재교부를 청구할 수 있다(상 642조). 다만 유가증권성이 인정되는 보험증권은 공시최고의 절차를 (민소 475조 이하) 거쳐 제권판결을 받아야(민소 487조) 재교부를 청구할 수 있다(양승규 138면, 정찬형 559면, 김성태 253면).

## Ⅱ. 保險金支給義務

### 1. 序 說

보험기간 내에 보험사고가 발생한 경우에는 보험자는 손해의 전보로서(손해보험 계약의 경우) 또는 약정금액의 급여로서(정액보험 계약의 경우) 보험금을 지급할 의무가 있다(상 638조).

손해보험계약과 정액보험계약은 보험금지급의무의 발생요건, 그 면책사유, 지급금액의 산정방법 등이 다르므로, 여기에서는 양 보험계약에 공통하는 내용에 관하여서만 고찰하기로 한다.

### 2. 保險金支給의 時期

보험자는 보험금지급의 기간에 관하여 약정이 있는 경우에는 그 약정기간에 보험금액을 지급하고, 그 약정기간이 없는 경우에는 보험사고 발생의 통지(상 657조 1항)를 받은 후 지체 없이 지급할 보험금액을 정하고 그 정하여진 날부터 10일 내에 피보험자 또는 보험수익자에게 보험금액을 지급하여야 한다(상 658조). 이것은 보험자가 신속하게 보험금액을 지급하도록 하기 위한 것이다.

### 3. 保險金支給의 場所

보험금지급의무는 영업에 관한 채무이므로, 그 이행은 채권자 즉 손해보험계약에서는 피보험자, 생명보험계약에서는 보험수익자의 현 영업소 또는 주소에서 하여야 한다(민 467조 2항 단서). 그러나 통상 보험약관에서 보험금지급장소를 정하고 있다.

### 4. 保險金請求權의 消滅時效

#### (1) 時效期間

보험금청구권은 2년간 행사하지 않으면 소멸시효가 완성된다(상 662조). 이 단기소멸시효는 보험관계의 신속한 완결을 위한 것이다. 이 단기시효기간을 단축하는 것은 보험계약자에게 불리하므로 허용되지 않고, 또 이 규정은 보험계약의 당사자에게 평등하게 적용되어야 하므로 그 연장도 허용되지 않는다.

#### (2) 起算點

보험금청구권의 소멸시효의 기산점에 관하여 상법에는 규정이 없다. 민법에서는 소멸시효는 권리를 행사할 수 있는 때부터 진행한다고 하였다(민 166조 1항). 학설로는 보험사고발생시설, 사고발생통지시설 그리고 손해보험에서는 손해발생 시이고 인보험에서는 보험사고발생 시에 소멸시효가 진행한다는 손해보험·인보험구별설 등이 대립하고 있다.

생각건대 보험금청구권은 보험사고가 발생하기 전에는 추상적인 권리에 지나지 아니할 뿐 보험사고의 발생으로 인하여 구체적인 권리로 확정되어 그 때부터 그 권리를 행사할 수 있게 되는 것이므로, 특별한 다른 사정이 없는 한 원칙적으로 보험금청구권의 소멸시효는 보험사고가 발생한 때로부터 진행한다고 해석하여야 할 것이다.

다만 보험사고가 발생한 것인지의 여부가 객관적으로 분명하지 아니하여 보험금청구권자가 과실 없이 보험사고의 발생을 알 수 없었던 경우에도 보험사고가 발생한 때로부터 보험금청구권의 소멸시효가 진행한다고 해석하는 것은, 보험금청구권자에게 너무 가혹하여 사회정의와 형평의 이념에 반할 뿐만 아니라 소멸시효제도의 존재이유에 부합된다고 볼 수도 없다. 이와 같이 객관적으로 보아 보험사고가 발생한 사실을 확인할 수 없는 사정이 있는 예외적인 경우에는 보험금청구권자가 보험사고의 발생을 알았거나 알 수 있었던 때로부터 보험금청구권의 소멸시효가 진행한다고 해석할 것이다(보험사고발생시설)(대판 2001. 4. 27. 2000 다 31168)(대판 2008. 11. 13. 2007 다 19624).

#### 5. 保險金支給의 免除(免責事由)

일정한 경우에는 보험기간 중에 보험사고가 발생하여도 보험자는 보험금 지급책임을 면한다. 보험의 종류에 따라 면책사유도 다르다. 법정면책사유에 관한 상세한 설명은 이 편의 제3장 제2절 화재보험에서 상론하기로 한다.

### Ⅲ. 保險料返還義務

#### 1. 返還事由

##### (1) 保險契約 無效의 경우

보험계약의 전부 또는 일부가 무효인 경우, 예컨대 보험계약의 내용이 선량한 풍속 기타 사회질서에 반하는 경우(민 103조), 보험사고가 보험계약 당시 이미 발생하였거나 발생할 수 없는 경우(상 644조 본문), 초과보험이 보험계약자의 사기에 의하여 체결된 경우(상 669조 4항), 중복보험이 보험계약자의 사기에 의하여 체결된 경우(상 672조 3항, 669조 4항),

15세 미만자·심신상실자 또는 심신박약자의 사망을 보험사고로 한 경우(상 732조)에는 보험계약이 무효이다.

보험계약의 전부 또는 일부가 무효이고 보험계약자와 피보험자(손해보험계약의 경우) 또는 보험계약자와 보험수익자(인보험계약의 경우)가 보험계약의 무효원인에 관하여 선의이고 중대한 과실이 없는 때에는, 보험자는 보험계약자에게 보험료의 전부 또는 일부를 반환하여야 한다(상 648조). 보험계약자 등의 악의로 보험계약이 무효로 된 때에는 보험을 악용한 자를 보호할 이유가 없으므로, 이 경우 보험계약자는 보험자에 대하여 보험료의 반환을 청구할 수 없다.

(2) 保險事故 發生 前 任意解止의 경우

보험계약이 성립한 후에도 보험사고가 발생하기 전에는 보험계약자는 보험계약의 전부 또는 일부를 해지할 수 있고(상 649조 1항), 이 경우 보험계약자는 未經過保險料의 반환을 청구할 수 있다(상 649조 3항). 미경과보험료는 보험자가 수령한 보험료 중 보험계약을 해지한 때까지의 보험료기간에 해당하는 보험료를 공제한 나머지 보험료이다.

보험사고가 발생하지 않았더라도 보험자는 해지 이전의 기간의 위험을 인수하였으므로, 보험료불가분의 원칙에 의하면 해지 시점에 해당하는 보험료기간의 보험료는 보험자에게 귀속할 것이나, 해지 시점 이후의 보험료기간에 해당하는 보험료는 미경과보험료로서 반환을 청구할 수 있다.

생명보험계약에 있어서 보험료는 사망과 생존의 확률에 따라 산정하므로 처음의 보험료는 최저로 하고 연령이 많아짐에 따라 차츰 증가되어야 할 것이나, 편의상 매년의 보험료를 일정액으로 하여 후년도분까지 수령하며(평균보험료), 이 중 나머지 보험료는 후년도의 보험금지급의무의 이행확보를 위하여 적립하여야 한다(보험 120조). 이 保險料積立金과 보험자가 이미 수령한 보험료 중에서 미경과보험기간에 해당하는 보험료인 미경과보험료는 보험계약자가 보험사고 발생 전 보험계약을 임의해지한 경우에는 보험계약자에게 반환하여야 한다(상 736조 1항, 649조).

2. 消滅時效

보험료반환청구권은 2년간 행사하지 않으면 소멸시효가 완성된다(상 662조).

## 제3. 保險契約者 · 被保險者 또는 保險受益者의 義務

### Ⅰ. 保險料支給義務

#### 1. 保險料支給義務者

보험계약이 성립하면 보험계약자는 보험료를 지급할 의무를 부담한다(상 638조). 타인을 위한 보험계약에서도 보험계약자가 보험료지급의무를 부담하고, 다만 보험계약자가 파산선고를 받거나 보험료의 지급을 지체한 때에는 그 타인(손해보험계약에 있어서 피보험자 인보험계약에 있어서 보험수익자)이 보험료를 지급할 의무를 부담한다(상 639조 3항). 이것은 피보험자 · 보험수익자에게 보험계약을 존속시킬 수 있는 기회를 부여하기 위한 것이다.

그러나 보험계약의 당사자가 아닌 피보험자 · 보험수익자에게 보험료지급의무를 절대적으로 부담시키는 것은 부당하므로, 이들이 보험계약상의 권리를 포기하는 때에는 보험료지급의무를 면한다(상 639조 3항 단서).

#### 2. 保險料額

##### (1) 保險料額의 約定

보험료액은 계약으로 정하고, 계약으로 정하지 않았더라도 보험자는 보험계약자에게 상당한 보험료를 청구할 수 있다(상 61조).

##### (2) 保險契約者의 保險料減額請求

약정된 보험료액은 당사자의 합의 없이 일방적 의사표시에 의하여 증감할 수 없다. 다만 특별한 위험을 예기하여 보험료액을 정한 경우에 보험기간 중 그 예기한 위험이 소멸한 때에나 초과보험의 경우에 보험계약자는 보험자에 대하여 보험료의 감액을 청구할 수 있다(상 647조 669조 1항).

보험계약자의 보험료감액청구권은 형성권이다. 보험료의 감액은 장래에 향하서만 효력이 있어 경과기간에 대한 보험료는 감액되지 않고, 또 보험료불가분의 원칙에 의하여 감액청구를 한 때가 속하는 보험료기간에 대한 보험료도 감액되지 않는다.

#### 3. 支給의 時期 · 方法 등

보험계약이 성립한 때에는 보험계약자는 지체 없이 보험료의 전부 또는 제1회 보험료(최초보험료)를 지급하여야 한다(상 650조 1항 전단). 여기서 보험료의 전부는 일시납의 경우이고, 제1회 보험료는 분할납입의 경우이다. 손해보험에 있어서는 전 보험기간에 대한 보험료를 일시에 납입하는 것이 보통이고, 또 생명보험에 있어서는 분할하여 납입하는 것이 보통이다.

보험료의 지급은 영업에 관한 채무의 변제이므로, 보험료는 채권자인 보험자의 현 영업소에서 지급하여야 한다(민 467조 2항 단서). 그러나 명시 또는 묵시의 약정에 의하여 기타의 장소를 지급장소로 할 수 있다.

### 4. 어음·手票에 의한 支給

#### (1) 序 說

금전채무의 변제는 채무의 내용에 좇은 현금제공으로 하는 것이 원칙이나(민 460조 본문), 현금이 아닌 어음이나 수표의 교부에 의하여 보험료를 지급할 수도 있다. 보험료의 지급으로 어음·수표를 교부한 경우에, 보험료는 어음·수표의 교부 시에 지급되었다고 볼 것인지 또는 어음·수표금의 지급 시에 지급되었다고 볼 것인지 문제된다. 이에 관하여는 해제조건부대물변제설, 유예설, 어음·수표구분설 등이 대립해 있다.

#### (2) 學 說

**① 解除條件附代物辨濟說** 이 학설은 어음·수표의 교부는 현금의 지급에 갈음하여 수수한 것으로 보아 어음·수표의 결제를 기다리지 않고 보험자가 어음·수표를 교부받은 때에 보험료가 지급된 것으로 보며, 다만 어음·수표는 不渡의 위험이 있으므로 그 지급은 부도를 해제조건으로 하는 것이라 한다(채이식 495면).

**② 猶豫說(停止條件說)** 이 학설은 어음·수표의 교부가 있는 때에 보험료의 지급이 있다고 볼 수 없고, 어음·수표의 지급이 있을 때까지 보험료의 지급이 유예되고 그 지급이 있을 때에 보험료의 지급이 있는 것으로 된다고 한다(최기원 655면, 서헌제 99면, 이범찬·최준선 504면, 정찬형 572면).

**③ 어음·수표區分說** 이 학설은 어음은 신용증권이므로 지급기일까지 보험료의 지급이 유예된 것으로 보고 또 수표는 지급증권이므로 부도를 해제조건으로 하여 보험자가 수표를 교부받은 때에 보험료가 지급된 것으로 본다고 한다(양승규 154면, 손주찬 550면).

(3) 檢 討

어음은 당사자의 의사에 따라 보험료의 「지급을 위하여」 교부하기도 하고 보험료의 「지급에 갈음하여」 교부하기도 하는데, 어느 것이든 보험료 지급의 방법으로서 유효하다.

어음이 보험료의 지급을 위하여 교부된 경우에는 보험자는 보험계약자에 대하여 어음금의 지급을 청구할 수 있고 어음이 부도된 때에는 보험료(원인채무)의 지급을 청구할 수 있으며, 어음금 또는 보험료가 현실로 지급되기까지는 보험료는 미지급으로 된다(유예설).

그러나 어음이 보험료의 「지급에 갈음하여」 교부된 때에는 보험료채무는 대물변제에 의하여 소멸되고 어음이 교부된 때에 보험료가 지급된 것으로 되나, 이 경우 어음의 교부를 무조건의 대물변제로 보면 어음이 부도된 때에는 보험자는 보험료의 지급을 청구할 수 없게 되고 소송 등의 수단으로 어음금을 추심하여야 하여 보험료의 징수에 많은 비용이 소요되므로, 이 경우의 어음의 교부는 해제조건부 대물변제로 보아 어음이 부도된 때에 보험료채무가 부활한다고 보는 것이 타당하다(해제조건부대물변제설).

수표 중에서 은행 발행의 자기앞수표와 같이 지급이 확실하여 현금과 동일시할 수 있는 수표를 교부받은 때에는 보험료(원인채무)의 「지급에 갈음하여」 교부받은 것으로 보아 유효한 보험료의 지급이 있은 것으로 인정된다(대물변제설). 이외의 수표를 보험료 지급의 수단으로 교부한 경우에는 부도가 없는 한 수표의 교부 시에 보험료의 지급이 있고 보험자의 책임이 개시된다는 당사자 간의 합의가 있은 것으로 보아, 이 경우의 수표의 교부도 해제조건부대물변제로 보는 것이 타당하다(해제조건부대물변제설).

### 5. 先日字手票에 의한 保險料의 支給

선일자수표는 수표상의 발행일자를 실제의 발행일로 기재하지 않고 장래에 도래할 날을 기재한 수표이다. 선일자수표는 보통의 수표와 같이 유효한 수표이고, 수표의 일람출급성으로 인하여(수 28조 2항) 소지인이 수표에 기재된 발행일자 전에 지급제시를 하여도 다른 수표와 마찬가지로 지급제시의 효력이 발생하므로 지급인은 수표금을 지급하여야 한다. 수표의 유통에 따른 거래의 안전을 고려한 당연한 이치를 규정한 것이다. 그러므로 선일자수표에 의한 지급도 보통의 수표에 의한 보험료의 지급과 마찬가지로 유효한 보험료의 지급이 된다.

그런데 선일자수표에 의한 보험료의 지급에는 다시 보험료의 지급시기가 문제된다. 즉, 보험관계에서 보험계약자는 선일자수표의 교부 시에 보험료의 지급이 있었다고 보험자에게 주장할 수 있는가 하는 점이다.

선일자수표를 발행하는 경우에는 발행인과 수취인 간에 수표예약에서 수취인이 수표에 기재된 발행일자 전에는 자기와 자기로부터 수표를 양수한 자가 지급제시를 하지 않기로 약정하는 것이 보통이다. 또 이러한 특약이 없더라도 선일자수표를 발행한 경우에는 발행인과 수취인 간에 이러한 특약이 있다고 보는 것이 당사자의 의사에 합치한다.

따라서 선일자수표에 의하여 보험료를 지급하는 경우에 선일자수표발행의 당사자인 보험자와 보험계약자 간의 법률관계에서는, 일반 수표에 의하여 보험료를 지급하는 경우(해제조건부대물변제설)와는 달리 선일자수표의 교부 시에 보험료의 지급이 있었다고 볼 것이 아니라(대판 1989. 11. 28. 88 다카 33367), 수표면상의 발행일자에 보험료의 지급이 있었다고 보는 것이 선일자수표 발행의 당사자인 보험계약자와 보험자의 의사 내지 선일자수표거래의 일반 관행에 맞는 것이라고 본다.

따라서 보험약관상 보험자가 제1회 보험료를 받은 후 보험청약에 대한 승낙이 있기 전에 보험사고가 발생한 때에는 제1회 보험료를 받은 때에 소급하여 그때부터 보험자의 보험금지급책임이 생긴다고 되어 있는 경우에, 보험모집인이 청약의 의사표시를 한 보험계약자로부터 제1회 보험료로서 선일자수표를 발행받고 보험료 가수증을 해주었더라도 그가 선일자수표를 받은 날을 보험자의 책임발생 시점이 되는 제1회 보험료의 수령일로 보아서는 안된다(대판 1989. 11. 28. 88 다카 33367).

**【대법원 1989. 11. 28. 판결, 88 다카 33367】**

**1. 사실관계**

A수산회사는 1986. 7. 26.에 Y보험회사의 보험설계사 B에게 조업 중인 선원 34명을 피보험자로 하고 선원들의 묵시적 승인을 받아 단체생명보험계약을 청약하고 제1회 보험료로 발행일자 1986. 8. 10.로 하는 선일자수표를 발행하여 교부하고 보험료가수증을 받았다.

A수산회사 소유의 어선에 승선하고 있던 X가 남해에서 조업하다가 1986. 7. 28. 04:00경 바다에 빠져 사망하였다. 그런데 Y보험회사의 생명보험약관에 「보험회사가 청약 시 제1회 보험료를 받고 승낙하기 전에 보험금지급사유가 발생한 경우에는 제1회 보험료를 지급한 날부터 소급하여 보험금지급책임을 진다」고 규정되어 있었다.

이에 X의 유족이 보험회사에 대하여 X의 보험금의 지급을 청구하였으나, Y보험회사는 위 선일자수표의 지급기일(1986. 8. 10.)이 도래하여 지급제시가 있기 전에는 보험료 지급의 효력이 생기지 않는다고 하여 위 보험금의 지급을 거절하였다.

**2. 판결요지**

이 건에 관하여, 대법원은 「선일자수표는 그 발행인과 수취인 간에 특별한 합의가 없는 한 일반적으로 수취인이 그 수표상의 발행일 전에는 자기나 양수인이 지급을 위한 제시를 하지 않을 것이라는 약속이 이루어져 발행된 것이라고 意思解釋함이 합리적이며, 따라서 선일자수표는 대부분의 경우 당해 발행일자 이후의 제시기간 내의 제시에 따라 결제되는 것이라고 보아야 한다.

물론 선일자수표도 본질적으로 一覽出給性을 상실한 것이 아니므로 발행일자 이전에 지급을 위한 제시가 있을 때에 그 날에 지급을 하여야 하는 것은 수표법 제28조 제2항에 의하여 분명하고 이것은 발행인에게 위험부담을 강요하는 측면이 없지 않으나, 그렇다고 선일자수표가 발행교부된 날에 액면금지급의 효과가 발생한다고 볼 수 없다.

이 건 보험약관에는 보험자가 제1회 보험료를 받은 후 보험청약에 대한 승낙이 있기 전에 보험사고가 발생한 때에는 제1회 보험료를 받은 때에 소급하여 그때부터 보험자의 보험금지급책임이 생긴다고 규정되어 있으나, 그렇더라도 보험설계사가 보험계약자로부터 제1회 보험료로 선일자수표를 받고 보험료가수증을 교부한 경우에 선일자수표를 받은 날을 보험자의 보험금지급책임의 발생시점이 되는 제1회 보험료의 수령일로 보아서는 안된다」고 판시하여, 선일자수표의 발행만으로는 보험료의 지급이 없는 것으로 보아 보험자의 보험금지급책임을 부정하였다.

### 6. 支給의 懈怠

#### (1) 支給懈怠의 效果

보험계약자가 보험계약 성립 후 2개월 내에 보험료를 지급하지 않은 때에는 다른 약정이 없는 한 보험계약이 자동해제된다(상 650조 1항 후단).

보험료분납의 경우에 보험계약자가 최초보험료의 지급을 해태한 경우에는 보험자의 책임이 개시되지 않으며(상 656조), 계약성립 후 2개월이 경과할 때까지 지급이 없으면 보험계약은 해제된 것으로 본다(상 650조 1항 후단). 계속보험료의 납입이 없으면 보험자는 상당 기간을 정하여 보험계약자(타인을 위한 손해보험에서는 피보험자와 보험수익자 포함)에게 납입을 최고하고, 그 기간 내에 지급되지 않으면 보험자는 계약을 해지할 수 있다(상 650조 2항, 3항). 따라서 상법은 최초보험료의 지급은 보험자의 책임개시요건으로, 계속보험료의 지급은 보험자의 책임유지요건으로 하고 있는 셈이다.

⑵ 失效約款

① 序 說 계속보험료의 지급을 해태한 경우에 보험자가 상당한 기간을 정하여 보험계약자에게 최고하고 그 기간 내에 지급하지 않는 때에는 보험계약을 해지할 수 있으나(상 650조 2항), 종래 보험실무에서는 편의상 보험료지급기일부터 일정한 유예기간을 정하여 그 기간이 경과하면 자동적으로 보험계약이 해지된다는 실효약관을 두고 있었다. 이 실효약관의 효력에 관하여 유효설과 무효설이 대립해 있다.

② 學 說 유효설은 보험자는 다수의 보험계약을 체결하고 있어 편의상 실효약관의 효력을 인정할 필요가 있고, 또 보험료의 지급을 해태한 보험계약자에게 보험금을 지급하는 것은 보험단체에 도움이 되지 않으므로, 실효약관의 효력을 인정하여야 한다고 한다(정희철 398면, 양승규 160면 이기수 437면, 정찬형 573면). 그러나 무효설은 상법 제650조 제2항의 최고·해지는 보험계약자를 보호하는 기능을 가지고 있고 실효약관은 보험계약자의 이러한 보험보호이익을 박탈하는 것이므로, 실효약관은 상법 제663조의 보험계약자 등의 불이익변경금지의 원칙에 반하여 무효라 한다(서헌제 101면 채이식 486면).

③ 檢 討 보험료지급해태의 경우에 보험자는 상당한 기간을 정하여 최고하고 그 기간 내에 지급하지 않는 때에 보험계약을 해지하여야 하는데(상 650조 2항, 663조), 보험료지급해태의 경우 위와 같은 절차 없이 바로 보험계약이 해지된다고 정한 면책약관은 위 상법의 규정에 위반하므로 무효라 보아야 할 것이다(무효설).

실효약관의 효력에 관하여 판례는 종래 이를 유효하다고도 하였으나(대판 1977. 9. 13. 77 다 329) (대판 1987. 6. 23. 86 다카 2995), 유효설은 상법 제650조의 입법취지에 위배된다는 이유로 그 입장을 변경하여 현재는 무효설을 취하고 있다(대판 1995. 11. 16. 94 다 56852) (대판 1996. 12. 20. 96 다 23818). 변경된 판례의 태도가 타당하다고 하겠다.

실효약관의 효력에 관한 판례의 태도가 유효설에서 무효설로 변경됨에 따라 보험실무에서도 약관을 변경하여, 예컨대 보험료 월납의 경우 「보험자가 보험료의 납입을 연체하는 경우 납기일 다음 날부터 납입기일이 속하는 날의 다음 달 말일까지 보험료의 납입을 최고(독촉)하고, 그 때까지 해당보험료를 납입하지 않을 경우 납입최고(독촉)기간이 끝나는 날의 다음 날 계약이 해지된다」는 내용의 규정(해지예고부 납입최고)을 두고 있는 것이 일반적 모습이다. 판례도 이러한 내용의 약관은 유효하다고 보고 있다(대판 2003. 4. 11. 2002 다 69419, 69426).

**【대법원 1995. 11. 16. 판결, 94 다 56852】**

**1. 사실관계**

Y보험회사의 보험약관에는 제2회 이후의 보험료의 납입을 지체할 경우에는 14일간의 유예기간을 두고 이 기간을 경과하면 보험계약이 실효된다고 규정되어 있었다. 보험계약자 겸 피보험자인 X는 Y보험회사와 개인용자동차종합보험계약을 체결하고 보험료 중 60 %는 계약체결 시에 납입하고 나머지 40 %는 6개월 후에 납입하기로 하였는데, 유예기간의 종료 후 3개월이 경과할 때가지 제2회분납보험료를 납입하지 않고 있다가 보험사고가 발생하여 그때 비로소 제2회분납보험료를 납입하고 Y보험회사에 대하여 보험금의 지급을 청구하였다.

**2. 판결요지**

이 건에 대하여, 대법원은「구 상법 제650조는 보험료가 적당한 시기에 지급되지 않은 때에는 보험자는 상당한 기간을 정하여 보험계약자에게 최고하고 그 기간 내에 지급하지 않은 때에는 계약을 해지할 수 있다고 규정하고, 같은 법 제663조는 위 규정을 보험당사자 간의 특약으로 보험계약자 또는 보험수익자의 불이익으로 변경하지 못한다고 규정하고 있으므로, 분납보험료가 소정의 시기에 납입되지 아니하였음을 이유로 그와 같은 절차를 거치지 않고 바로 보험계약이 해지되거나 실효된다고 규정하고 보험자의 보험금지급책임을 면하도록 규정한 보험약관은 위 상법의 규정에 위배되어 무효이다」라 판시하여 무효설을 취하였다.

⑶ 免責約款

① 意 義 보험계약자가 계속 보험료를 지급하지 않는 경우에 보험실무에서는 편의상 보험계약은 존속하고 보험료미지급기간에 생긴 손해에 대하여서는 보상책임을 지지 않는다는 면책약관을 두기도 한다.

면책약관과 실효약관은 다 같이 계속보험료를 지급하지 않는 경우에 관한 약관이나, 계속보험료를 납입하지 않는 경우에 면책약관에서는 보험계약이 존속하고 단지 보험료미지급기간에 생긴 손해에 대하여 보험자가 보상책임을 지지 않으나 실효약관에서는 보험계약이 종료된다.

② 效 力 보험자가 보험료미지급기간에 생긴 손해에 대하여서는 보상책임을 지지 않는다는 것은 보험계약자에게는 실질적으로 보험계약이 해지되거

나 실효되는 것과 다름없다. 따라서 이 경우 보험자의 최고 없이 보험자가 보상책임을 지지 않는다는 면책약관은 상법 제650조 제2항 소정의 최고·해지의 요건에 반하고 상법 제663조의 보험계약자 등의 불이익변경금지의 원칙에 반하므로 무효라 본다.

면책약관의 효력에 관하여 판례는 유효하다고도 하고(대판 1992. 11. 27. 92 다 16218) 무효라고도 하여(대판 1992. 7. 14. 92 다 23629) 일관되어 있지 않다.

**【대법원 1992. 11. 27. 판결, 92 다 16218】**

면책약관의 효력에 관하여, 대법원은 「상법 제650조 제2항은 보험료미납을 원인으로 하여 보험자의 일방적인 의사표시로서 보험계약을 해지하는 경우 그 해지의 요건에 관한 규정으로서(대판 1987. 6. 23. 86 다카 1995) 보험자의 의사표시를 기다릴 필요 없이 분납보험료의 연체기간에 한하여 보험자의 보험금지급의무를 면책시키는 내용의 보험료분납특별약관에는 그 적용의 여지가 없다」고 판시하여 유효하다고 하였다.

**【대법원 1992. 7. 14. 판결, 92 다 23629】**

**1. 사실관계**

선박소유자 X는 1989. 6. 20.에 수산업협동조합중앙회(이하 "수협중앙회")와의 사이에 위 선박의 고용선원이 직무상의 사고로 재해를 입은 경우에 X가 선원법상의 보상책임을 부담함으로써 입는 손해를 위 수협중앙회가 보상해 줄 것을 내용으로 하는 선원특수공제계약(이하 "공제계약")을 체결하였으며, 공제기간은 1989. 6. 20.~1990. 6. 20., 공제료는 금 366만 6,000 원이고 그 중 국고보조금을 제외한 금 316만 6,100 원을 4회에 분할하여 1989. 6. 20., 같은 해 9. 20., 같은 해 12. 20., 1990. 3. 20.에 납입하기로 약정하였다.

위 수협중앙회의 공제계약약관 제5조 제1항에는 「공제료를 분할납입하는 경우에 약정납입기일까지 해당 분납공제료를 납입하지 않을 때에는 수협중앙회는 그 미납기간 중 발생한 손해에 대하여서는 보상책임을 지지 않는다」고 규정되어 있었다.

위 선박이 1990. 4. 12. 오전에 동해에서 고기잡이 조업을 하던 중 기상악화로 조업을 중단하고 부산으로 귀항하다가 같은 날 14:00경 침몰되어 선원 전원이 사망하였다.

X는 납기가 1990. 3. 20.인 위 제4회 분납공제료를 납입하지 않고 있다가 위 선박침몰사고가 발생한 그 이튿날에 위 미납입공제료를 납입하고 위 수협중앙회에 공제금의 지급을 청구하였으며, 이에 대하여 위 수협중앙회는 위 공제사고가 공제료미납기간 중에 발생하였으므로 위 공제계약 약관에 따라 공제금의 지급책임이 없다고 주장하였다.

2. **판결요지**

이 건에 대하여, 대법원은 「분납보험료를 소정의 시기에 납입하지 않은 경우에 상법 제650조 제2항 소정의 최고·해지의 절차를 거치지 않고 막바로 보험계약이 해지되거나 실효된다고 규정한 보험약관은 상법 제650조 제2항, 제663조에 위배되어 무효이다.

또한 분납보험료 연체기간 중 보험사고가 발생한 경우에 보험계약은 존속하나 보험금지급책임을 면한다고 규정한 보험약관은 보험가입자에게는 보험계약의 해지와 동일한 효과가 있으므로 상법 제650조 제2항에 위배되어 상법 제663조에 의하여 보험가입자에게 불이익한 범위 내에서 무효이다」라 판시하여 무효라 하였다.

6. 消滅時效

보험자의 보험료청구권은 1년간 행사하지 않으면 소멸시효가 완성한다(상 662조), 소멸시효의 기산점은 최초보험료는 보험계약이 성립한 날의 다음날이고, 계속보험료는 약정한 지급시기의 다음날이다.

### Ⅱ. 危險의 變更·增加의 通知義務

1. 意 義

보험기간 중에 보험계약자 또는 피보험자가 사고발생의 위험이 현저하게 변경 또는 증가된 사실을 안 때에는 지체 없이 보험자에게 통지하여야 한다(상 652조 1항 1문).

보험자는 보험계약 체결 당시의 상태에서 위험을 측정하여 보험계약을 체결하고 보험계약 체결 후의 위험의 변경·증가는 보험계약의 지속의 여하에 중대한 영향을 미치므로, 위험의 현저한 변경·증가의 경우에 보험계약자 등에게 그 통지의무를 과하여 보험자가 그에 대한 대책을 세울 수 있도록 한 것이다.

피보험자는 보험계약의 당사자는 아니나, 보험의 목적을 관리하는 자로서 위험의 변경·증가를 가장 잘 알 수 있는 지위에 있으므로, 피보험자에게도 위험변경증가의 통지의무를 과한 것이다.

상법은 보험기간 중에 사고발생의 위험이 현저하게 변경 또는 증가된 원인이 객관적인 사유로 인한 경우(상 652조)와 주관적인 사유로 인한 경우(상 653조)를 구분하여 법적 효과를 별도로 부여하고 있다. 보험계약자 등의 주관적인 사유로 사고발생의 위험이 현저하게 변경 또는 증가된 경우는 뒤에서 살펴보는 위험유지의무에서 설명하기로 한다.

### 2. 法的 性質

보험계약자 등의 위험변경증가통지의무의 법적 성질에 관하여 통설은 고지의무와 같은 간접의무(자기의무)라 한다(양승규 162면, 정희철 588면 최기원 660면, 김성태 311면).

생각건대 보험계약상 보험계약자나 피보험자는 보험계약체결 시의 위험이 현저하게 변경·증가된 사실을 안 경우에는 지체 없이 통지하여 보험자가 그에 대한 대책을 세울 수 있도록 할 보험계약상의 의무를 진다고 할 것이므로, 위험변경증가통지의무는 보험계약의 성질에서 나온 진정한 의무이다(진정의무설).

### 3. 發生要件

#### (1) 危險의 현저한 變更·增加

위험이 현저하게 변경 또는 증가하여야 한다. 그러나 위험의 증가가 수반되지 않는 변경은 보험자에게 불리하지 아니하여 통지의무가 발생한다고 할 수 없으므로, 통지의무의 발생요건에는 현저한 위험의 증가만을 의미한다고 보아도 무방할 것이다. 위험의 증가는 예컨대 화재보험에 있어서 보험의 목적인 가옥의 근처에 주유소와 같은 失火의 위험이 큰 건물이 생긴 경우이다. 이러한 위험의 증가는 계속성이 있어야 하고, 일과성에 불과한 경우에는 통지의무가 없다.

현저한 것은 증가한 위험이 보험계약 체결 당시에 존재하였더라면 보험자가 그 보험을 인수하지 않았거나 약정보험료보다 많은 보험료로 보험을 인수하였을 정도로 위험이 증가한 경우이다(대판 1997. 9. 5. 95 다 25268)(대판 2000. 7. 4. 98 다 62909, 62916).

**【대법원 2000. 7. 4. 판결, 98 다 62909, 62916】**

**1. 사실관계**

보험계약자 X는 Y보험회사와 3층 규모의 올림픽문화센터 건물을 보험목적으로 하는 화재보험계약을 체결하였는데, 그 후 X는 3층 바닥부분을 증축하여 관람 및 집회근린생활시설로 공사를 하면서 이를 Y보험회사에 통지하지 않았고, 위 공사를 하는 도중 공사인부의 부주의로 화재가 발생하여 건물의 일부가 소실되었다.

이에 X는 Y보험회사에 대하여 보험금의 지급을 청구하였으나, Y보험회사는 X가 위험의 현저한 변경·증가를 통지하지 않았다고 하여 위 보험계약을 해지하였다.

**2. 판결요지**

이 건에 관하여, 대법원은 「화재보험에 있어서는 피보험 건물의 구조와 용도뿐만 아니라 그 변경을 가져오는 증·개축에 따라 보험의 인수 여부와 보험료율이 달리 정하여지는 것이므로 화재보험계약의 체결 후에 건물의 구조와 용도에 상당한 변경을 가져

오는 증·개축공사가 시행된 경우에는 그러한 사항이 계약 체결 당시에 존재하고 있었다면 보험자가 보험계약을 체결하지 않았거나 적어도 그 보험료로는 보험을 인수하지 않았을 것으로 인정되는 사실에 해당하여 상법 제652조 제1항 및 화재보험보통약관에서 규정한 통지의무의 대상이 된다고 할 것이고, 따라서 보험계약자나 피보험자가 이를 해태할 경우 보험자는 위 규정들에 의하여 보험계약을 해지할 수 있다」고 판시하여, 건물의 구조와 용도에 상당한 변경을 초래하는 증·개축은 위험의 현저한 변경·증가로서 보험자에게 통지하여야 하는 것이라고 하였다.

(2) 保險契約의 成立 後

법문상으로는 보험기간 중에 위험의 변경·증가가 있을 것을 요하고 있으나, 이는 「보험계약의 성립 후」의 의미로 보아야 한다. 예컨대 소급보험의 경우에 보험계약 성립 전에는 위험이 현저하게 증가하여도 고지의무의 문제로 되고 통지의무가 없으나, 보험계약 성립 후에는 보험자의 책임개시 전에도 위험이 현저하게 증가하면 통지의무가 있다.

(3) 變更·增加의 認識

보험계약자 등이 위험의 변경·증가의 사실을 알아야 한다. 公知의 사실이라도 보험계약자 등이 알지 못한 경우에는 의무위반으로 되지 않는다. 보험자가 위험의 변경·증가의 사실을 이미 알고 있는 경우에는 통지할 의무가 없다.

### 4. 通知의 時期·方式

보험계약자 등은 위험변경증가의 사실을 안 때에는 지체 없이 통지하여야 한다(상 652조 1항 1문). 통지의 방식에 관하여 상법상 특별한 제한이 없으므로 서면으로 하든 구두로 하든 불문하나, 보통보험약관에서는 서면통지를 하도록 규정하고 있다.

### 5. 效 果

(1) 通知의 效果

보험자가 보험계약자 또는 피보험자로부터 위험변경증가의 통지를 받은 때에는 1개월 내에 보험료의 증액을 청구하거나 보험계약을 해지할 수 있다(상 652조 2항).

(2) 通知義務 違反의 效果

보험계약자 또는 피보험자가 위험변경증가의 통지를 해태한 때에는 보험자는 그 사실을 안 날부터 1개월 내에 보험계약을 해지할 수 있다(상 652조 1항 2문).

## Ⅲ. 危險維持義務(危險變更・增加禁止義務)

### 1. 意　義

보험계약자나 피보험자 또는 보험수익자는 보험기간 중에 위험을 증가함이 없이 보험계약체결 시의 상태로 유지하여야 할 위험유지의무(Gefahrstandspflicht)가 있다. 예컨대 화재보험의 목적인 가옥을 주유소 등으로 변경하여서는 안되고, 생명보험의 피보험자가 다른 위험직종에 종사하여서는 안된다.

보험계약자 등의 고의 또는 중대한 과실로 인하여 사고발생의 위험이 현저하게 변경 또는 증가된 때에 보험자는 보험료증액청구권 또는 보험계약해지권을 가지는 데(상 653조), 이것은 보험계약자 등의 위험유지의무(위험변경・증가금지의무)를 전제로 하는 것이다(양승규 143면).

### 2. 法的 性質

보험계약자 등의 위험유지의무의 법적 성질에 관하여 학설은 고지의무와 같은 간접의무(자기의무)라고 한다(양승규 166면, 정동윤 533면, 정찬형 557면). 그러나 보험계약상 보험계약자 등은 보험기간 중에는 위험을 증가함이 없이 보험계약체결 시의 상태로 유지하여야 할 보험계약상의 의무를 진다고 할 것이므로 위험유지의무는 보험계약의 성질에서 당연히 나온 진정한 의무이다(진정의무설).

### 3. 義務違反의 效果

보험계약자 등이 위험유지의무에 위반한 때에는 언제든지 보험계약을 해지할 수 있고, 보험사고가 발생한 후에도 보험자는 그 위반이 보험사고의 발생에 영향을 미치지 않았음이 증명되지 않는 한 보험금을 지급할 책임이 없으며, 이미 지급한 보험금은 그 반환을 청구할 수 있다(정희철 59면).

## Ⅳ. 保險事故發生의 通知義務

### 1. 意　義

보험계약자 또는 피보험자나 보험수익자는 보험사고의 발생을 안 때에는 지체없이 보험자에게 그 통지를 발송하여야 한다(상 657조 1항). 이것은 보험자로 하여금 사고원인・손해범위 등을 조사하고 손해방지 등의 사후책을 강구할 수 있도록 하기 위한 것이다.

보험계약자 등이 보험사고의 발생을 알지 못한 때에는 과실의 유무를 불문하고 그 통지의무가 없고, 또 보험자가 보험사고의 발생을 알고 있는 때에도 그 취지에 비추어 보아 통지의무가 없다고 본다.

### 2. 法的 性質

보험계약자 등의 보험사고발생통지의무의 법적 성질에 관하여, 학설은 법률상의 진정한 의무라고도 하고(진정의무설)(손주찬 559면), 보험자의 책임을 묻기 위한 전제조건인 동시에 고지의무와는 달리 보험자에 대한 진정한 의무라고도 한다(전제조건·진정의무설)(정희철 400면, 양승규 168면, 최기원 659면).

생각건대 보험자가 이미 보험사고발생의 사실을 알고 있는 때에는 피보험자나 보험수익자는 그 사실을 통지할 필요 없이 보험금청구를 할 수 있으므로, 보험계약자 등의 보험사고발생통지의무가 반드시 보험자의 책임을 묻기 위한 전제조건이 되는 것은 아니다. 보험계약자 등의 보험사고발생통지의무는 보험계약의 성질에서 당연히 나온 진정한 의무이다(진정의무설).

### 3. 通知義務者와 그 相對方

보험사고발생통지의 의무자는 손해보험계약에 있어서는 보험계약자와 피보험자이고, 생명보험계약에 있어서는 보험계약자와 보험수익자이며, 이 중의 1인이 통지하면 된다. 사고발생의 통지는 의사표시가 아니고 사실의 통지이므로, 통지의무자가 무능력자라도 유효한 통지를 할 수 있다.

통지의 상대방은 보험자이다. 보험자의 보험대리점은 통지수령권을 가지나, 보험중개사와 보험설계사는 통지수령권을 가지지 않는다.

### 4. 通知의 時期·方式

통지의무자는 보험사고의 발생을 안 때에 지체 없이 그 통지를 발송하여야 한다(상 657조 1항). 지체 없이는 바로 또는 즉시라는 뜻이 아니고 상당한 주의를 하여 될 수 있는 한 빨리라는 뜻이다.

통지의 방식에 관하여 상법상 특별한 제한이 없으므로, 서면으로 하든 구두로 하든 불문한다. 보통보험약관에서는 서면통지를 하도록 규정하고 있다.

### 5. 通知事項

의무자가 통지할 사항은 보험자가 부담할 손해가 생긴 보험사고이다. 따라서 화재보험의 목적이 화재 외의 사고로 멸실될 때에는 통지의무가 없다.

#### 6. 通知義務 違反의 效果

의무자가 사고발생통지를 해태하여 손해가 증가된 때에는, 보험자는 그 증가된 손해에 대하여서는 보상할 책임이 없다(상 657조 2항). 의무자의 통지 해태의 경우에 보험자는 면책되는 것이 아니고 통지 해태로 인하여 증가된 손해의 배상을 청구할 수 있을 뿐이다. 이 경우 보험자는 그 지급할 보험금 중에서 그 청구금액을 공제하고 나머지를 지급할 수 있다.

# 제 5 절 保險契約의 無效 · 消滅 · 復活

## 제1. 保險契約의 無效

### Ⅰ. 保險事故의 發生 · 不發生의 確定

보험사고는 "우연성"이 있어야 하므로, 보험계약 당시 보험사고가 이미 발생하였거나 발생할 수 없는 것인 때에는 그 보험계약은 무효이다(상 644조 본문).

그러나 보험계약의 우연성은 반드시 객관적이어야 하는 것은 아니고, 보험계약 당시 보험자 · 보험계약자 및 피보험자가 그 사실을 주관적으로 알지 못한 때에는 보험계약이 유효하게 성립한다(상 644조 단서).

### Ⅱ. 詐欺로 인한 超過保險 · 重複保險

보험계약자의 「사기」로 인하여 초과보험계약이 체결된 경우에는 보험계약이 무효이다(상 669조 4항 본문). 또한 보험계약자의 「사기」로 인하여 중복보험계약이 체결된 경우에도 그 각 보험계약이 무효이다(상 673조 3항 669조 4항 본문).

### Ⅲ. 心神喪失者 등의 死亡保險

15세 미만자, 심신상실자 또는 심신박약자의 사망을 보험사고로 한 보험계약은 무효이다(상 732조).

## 제2. 保險契約의 消滅

### Ⅰ. 當然한 消滅事由

#### 1. 保險事故의 發生

보험사고가 발생한 때에는 보험자가 보험금액지급책임을 부담하여 계약의 목적이 달성되므로, 보험계약이 소멸된다. 손해보험계약에 있어서 分損이 생긴 때에도 보험계약이 소멸된다. 그러나 손해보험계약에 있어서 분손이 생겼더라도, 특약으로 보험기간 동안 잔여 보험금액의 한도에서 보험계약을 유지할 수 있다.

그리고 책임보험에서는 보험기간 중에 발생하는 보험사고의 수에 제한이 없으므로, 보험사고가 발생하여 보험금액을 지급하여도 보험기간이 종료할 때까지 보험계약이 유지된다(정동윤 552면).

### 2. 保險期間의 滿了

보험사고의 발생 없이 보험기간이 만료된 때에는, 보험자의 책임기간이 경과하였으므로 당연히 보험계약이 소멸된다.

### 3. 保險契約의 失效

보험자가 파산선고를 받은 경우에 보험계약자가 보험계약을 해지하지 않고 파산선고 후 3개월이 경과한 때에는, 보험계약은 그 효력을 잃는다(상 654조 2항).

### 4. 船舶保險契約의 終了

선박보험계약에 있어서 ① 선박을 양도한 때, ② 선박의 船級을 변경한 때, ③ 선박을 새로운 관리로 옮긴 때에는, 보험자의 동의가 없는 한 보험계약이 종료된다(상 703조의2).

## Ⅱ. 保險契約의 解除·解止

### 1. 保險契約의 解除

보험계약자가 보험계약의 체결 후 지체 없이 보험료의 전부 또는 제1회의 보험료(최초보험료)를 지급하지 않은 경우에, 다른 약정이 없는 한 보험계약 성립 후 2개월이 경과한 때에 그 보험계약이 해제된 것으로 본다(상 650조 1항).

### 2. 保險契約의 解止

#### (1) 保險者의 解止

**① 繼續保險料의 不支給의 경우** 보험계약자가 약정한 시기에 계속보험료를 지급하지 않는 때에는 보험자는 상당한 기간을 정하여 보험계약자에게 최고하고, 보험계약자가 그 기간 내에 지급하지 않는 때에는 그 보험계약을 해지할 수 있다(상 650조 2항).

그러나 타인을 위한 보험계약에 있어서 보험계약자가 보험료의 지급을 지체한 때에는 보험자는 그 타인에게도 상당한 기간을 정하여 보험료의 지급을 최고한 후가 아니면 그 보험계약을 해지하지 못한다(상 650조 3항).

**② 告知義務 違反의 경우** 보험계약 당시에 보험계약자 또는 피보험자가 고의 또는 중대한 과실로 인하여 중요한 사항을 고지하지 않거나 부실의 고지를 한 때에는, 보험자는 그 사실을 안 날부터 1개월 내에 또 보험계약을 체결한 날부터 3년 내에 보험계약을 해지할 수 있다(상 651조 본문).

**③ 危險의 變更·增加의 경우** 보험기간 중에 보험계약자 또는 피보험자가 사고발생의 위험이 현저하게 변경 또는 증가된 사실을 알고도 지체 없이 보험자에게 이를 통지하지 않은 때에는 보험자는 그 사실을 안 날부터 1개월 내에 보험계약을 해지할 수 있고(상 652조 1항), 또 이를 통지한 때에는 보험자는 그 통지를 받은 때부터 1개월 내에 보험계약을 해지할 수 있다(상 652조 2항).

또한 보험기간 중에 보험계약자·피보험자 또는 보험수익자의 고의 또는 중대한 과실로 인하여 사고발생의 위험이 현저하게 변경 또는 증가된 때에는, 보험자는 그 사실을 안 날부터 1개월 내에 보험계약을 해지할 수 있다(상 653조).

**④ 船舶未確定의 積荷豫定保險의 경우** 보험계약 당시에 하물을 적재할 선박을 지정하지 않은 경우에 보험계약자 또는 피보험자가 그 하물이 선적되었음을 안 때에는 지체 없이 보험자에게 그 선박의 명칭·국적, 하물의 종류·수량·가액의 통지를 발송하여야 하는데, 그 통지를 해태한 때에는 보험자는 그 사실을 안 날부터 1개월 내에 보험계약을 해지할 수 있다(상 704조).

(2) 保險契約者의 解止

**① 事故發生 前의 경우** 보험계약자는 「보험사고가 발생하기 전」에는 언제든지 보험계약의 전부 또는 일부를 해지할 수 있다(상 649조 1항 본문). 그러나 타인을 위한 보험계약에서는 보험계약자는 그 타인의 동의를 얻지 않거나 보험증권을 소지하지 않으면 그 보험계약을 해지하지 못한다(상 649조 1항 단서).

또한 보험사고의 발생으로 보험자가 보험금액을 지급한 때에도 보험금액이 감액되지 않는 보험계약(예: 자동차 보험계약)에서는, 보험계약자는 보험사고가 발생한 후에도 보험계약을 해지할 수 있다(상 649조 2항).

**② 保險者의 破産의 경우** 보험자가 파산선고를 받은 때에는, 보험계약자

는 보험계약을 해지할 수 있다(상 654조 1항).

## 제3. 保險契約의 復活

### Ⅰ. 意 義

보험계약의 부활은 보험계약자가 계속보험료를 지급하지 아니하여 보험계약이 해지되고(상 650조 2항) 해지환급금이 지급되지 않은 경우에, 보험계약자가 일정한 기간 내에 연체보험료에 약정이자를 붙여 보험자에게 지급하고 소정의 절차를 거쳐 종전의 해지된 보험계약이 해지되지 않은 것과 같은 상태로 회복시키는 것이다(상 650조 의2 1문).

보험계약 특히 생명보험에 있어서 종전의 생명보험계약이 해지된 후에 새로 그와 똑같은 생명보험계약을 체결하려고 하면, 피보험자의 연령이 증가하여 보험료가 높아지거나 종전의 생명보험계약과 똑같은 조건으로 생명보험계약을 체결할 수 없는 경우가 있을 수 있으므로, 이러한 보험계약자의 불이익을 방지하기 위하여 보험계약의 부활을 인정한 것이다.

### Ⅱ. 法的 性質

보험계약의 부활의 법적 성질에 관하여, 학설은 보험계약자가 일방적 의사표시에 의하여 종전의 보험계약의 효력을 부활시키는 행위라고도 하고(日 東京地裁 判決 1916. 9. 15.), 또는 당사자 간의 합의에 의하여 해지 전의 상태로 회복시키는 특수한 계약이라고도 한다(정희철 486면, 양승규 171면, 최기원 666면 손주찬 566면, 정찬형 589면, 김성태 337면).

보험계약의 부활은 보험계약자의 청약과 보험자의 승낙이 있어야 하고 보험계약자의 일방적 의사표시에 의하여 할 수 없으므로 후설이 타당하다.

### Ⅲ. 保險契約의 復活의 要件

#### 1. 繼續保險料 不支給으로 인한 保險契約의 解止

보험계약자가 계속보험료를 약정한 시기에 지급하지 아니하여 보험자가 보험계약자에게 상당한 기간을 정하여 최고하고 보험계약을 해지한 경우(상 650조 2항)에 보험계약의 부활을 청구할 수 있다(상 650조 의2 1문).

#### 2. 解止還給金의 未支給

보험계약해지 시에 약관 소정의 해지환급금을 반환하여야 하는 경우에 보험자가 아직 이를 반환하지 않았어야 보험계약의 부활을 청구할 수 있다(상 650조의2 1문). 보험자가 해지환급금 등을 지급한 때에는 보험계약관계가 완전히 종료되었기 때문이다.

### 3. 復活의 請約과 承諾

보험계약의 부활에 관하여 보험계약자의 청약과 보험자의 승낙이 있어야 한다. 실제로는 보험계약의 해지 후 보험계약자가 일정한 기간(생명보험표준약관에서는 계약실효일부터 2년) 내에 보험자에게 부활청구서를 제출하고 동시에 연체보험료에 약정이자를 붙여 지급하여 보험계약부활의 청약을 한다.

부활계약의 청약 시에 보험계약자 등은 종전 계약 시와 별도의 고지의무를 부담한다(상 651조). 보험계약자가 일단 보험계약을 실효시켰다가 피보험자의 건강상태가 악화되면 부활의 청구를 하여 부활제도를 악용하는 것을 막기 위한 것이다.

보험자가 보험계약자로부터 보험계약부활의 청약을 받은 때에는 30일 내에 낙부의 통지를 발송하여야 하고, 위 기간 내에 그 낙부의 통지를 해태한 때에는 승낙한 것으로 본다(상 650조의2 2문, 638조의2 1항·2항).

## Ⅳ. 保險契約의 復活의 效果

보험계약이 부활되면, 해지된 종전의 보험계약이 해지되기 전의 상태로 회복된다. 따라서 종전의 보험계약에 존재한 무효·취소·해지 등의 원인을 부활 후의 보험계약에서도 주장할 수 있다. 다만 보험계약의 부활에 의하여 그 원인이 제거된 경우, 예컨대 종전의 계약체결 시에 고지의무의 위반사실이 있었더라도 보험계약자가 보험계약부활의 계약체결 시에 고지의무를 이행한 때에는, 종전의 보험계약체결 시의 고지의무 위반은 이를 문제 삼을 수 없다고 본다.

보험계약이 부활된 경우 보험자의 책임은 보험계약자의 보험계약부활의 청약에 대하여 보험자가 승낙한 때에 개시된다. 따라서 보험계약의 해지 시부터 부활 시 사이에 발생한 보험사고에 대하여는 보험자는 보험금지급책임을 지지 않는다(대판 1987. 6. 23. 86 다카 2995).

그러나 보험자가 보험계약자로부터 보험계약부활의 청약과 함께 연체보험료와 그 법정이자를 받은 경우에는 보험자가 부활의 승낙을 하기 전에 발생한 보험사고에 대하여도 그 청약을 거절할 사유가 없는 한 보험금지급책임을 진다(상 650조의2 2문, 638조의2 3항 본문).

# 제3장 損害保險契約

## 제1절 通 則

### 제1관 損害保險契約의 概念

#### 제1. 意 義

손해보험계약(contract of property insurance)은 당사자의 일방(보험자)이 보험사고로 인하여 생길 피보험자의 재산상의 손해를 보상하고 상대방(보험계약자)은 이에 대하여 보수(보험료)를 지급할 것을 약정하는 계약이다(상 665조 638조).

손해보험계약에 있어서는 물건 기타의 재산적 이익에 관한 손해의 보상을 목적으로 하나, 생명보험계약에 있어서는 피보험자의 생사로 인하여 손해가 발생하였든 아니하였든 또 그 손해가 얼마인가를 불문하고 일정한 금액을 지급한다. 또한 손해보험계약은 보험사고의 발생으로 지급하는 보험금이 일정하지 않으므로 不定額保險이나, 생명보험계약은 실손해의 유무나 손해의 액에 관계 없이 일정한 금액을 지급하므로 定額保險이다. 그리고 손해보험계약에 있어서 보험사고는 그 발생이 불확정적 즉 우연성이 있어야 하나, 생명보험계약에 있어서 보험사고인 생사는 단지 그 시기만 불확정적이고 사고 자체는 우연성이 없다.

#### 제2. 損害保險契約의 種類

상법에서 규정하고 있는 손해보험의 종류로는 화재보험(상 683조 이하), 운송보험(상 688조 이하), 해상보험(상 693조 이하), 책임보험(상 719조 이하) 및 자동차보험(상 726조의2 이하)이 있다.

이 외에 손해보험의 실무에서는 근로자 재해보상보험, 도난보험, 동물보험, 보증보험, 항공보험 등 각종의 손해보험이 있다. 이러한 각종의 손해보험에는 보험계약법의 통칙(상 638조~664조)과 손해보험계약법의 통칙(상 665조~682조)이 적용된다.

## 제 2 관 損害保險契約의 要素

### 제1. 序 說

손해보험계약의 성립에는 보험계약의 당사자, 보험의 목적, 보험사고, 보험기간, 보험금액, 보험료 등에 관한 약정이 있어야 함은 보험계약 성립의 일반적인 경우와 같고, 이 외에 손해보험계약의 성립에는 被保險利益이 있어야 한다.

### 제2. 被保險利益

#### Ⅰ. 意 義

피보험이익(insurable interest)은 장차 보험사고가 발생하면 손해를 입을 염려가 있으나, 아직 보험사고가 발생하지 아니하여 손해를 입지 않음으로써 피보험자가 가지는 이익이다. 피보험이익이 없는 손해보험계약은 무효이며, 따라서 손해보험에서는 「이익 없으면 보험 없는 것이다」(ohne Interesse keine Versicherung).

상법은 피보험이익을 「보험계약의 목적」이라고 규정하고 있는데(상 668조 669조), 이는 「보험의 목적」과 구별하여야 한다. 보험계약의 목적 즉 피보험이익은 보험사고의 불발생으로 인하여 피보험자가 가지는 이익이나, 보험의 목적은 보험사고 발생의 객체인 경제상의 재화(인보험의 경우에는 자연인)이다. 예컨대 건물이 보험의 목적인 경우에, 그 건물에 대하여 소유권자가 피보험이익을 가지고 저당권이 설정된 경우에는 저당권자도 피보험이익을 가진다.

#### Ⅱ. 被保險利益의 地位

손해보험계약에 있어서 피보험이익이 어떤 지위에 있는가에 관하여 학설이 대립해 있다.

##### 1. 學 說

① **絶對說** 절대설은 피보험이익의 존재가 손해보험계약의 전제 내지 불가결한 요소로서 계약의 성립요건이며 존속요건이라 하고, 따라서 「이익 없으면 보험 없다」고 한다. 즉 절대설은 피보험이익을 손해보험계약의 절대적

요건이라 보는 것이다(통설).

② **相對說** 상대설은 피보험이익은 손해보험계약이 사회질서에 위반하지 않을 것을 담보하는 정책적 요건이라 하고, 보험과 같은 사행계약을 자유로이 인정하면 보험을 도박적 목적에 악용할 염려가 있으므로 이를 방지하기 위한 수단으로 피보험이익이라는 개념을 내세워 손해보험계약에는 원칙적으로 보험사고의 발생으로 인하여 피보험자에게 경제적 손해가 생기는 관계가 존재하여야 한다고 한다(김성태 384면).

### 2. 檢 討

상대설에 의하면 우리 상법이 피보험이익의 전부·일부의 흠결 시에도 보험계약의 효력을 인정하는 것(상 644조 단서), 초과보험에서 보험금액이 보험가액을 초과하더라도 그 초과액이 현저하지 아니한 경우 문제삼지 않는 것(상 669조), 旣評價保險(상 670조)과 新價保險(상 676조 1항 단서)의 유효성을 절대설보다는 합리적으로 설명하는 것이 가능하다. 그러나 일종의 조건부 손해보상계약인 손해보험계약이 다른 조건부금전급부계약과 다른 것은 본질적인 면에서 보면 보상할 이익이 존재한다는 점이다. 따라서 그 이익의 존재는 손해보험계약에 있어서 중요한 지위에 있으므로 이를 손해보험계약의 절대적 요건으로 보는 절대설이 타당하다.

## Ⅲ. 被保險利益의 性質

피보험이익은 특정의 피보험자와 불가분의 관계에 있으므로 주관적(개별적)이고 구체적이다.

따라서 이론상으로는 「보험의 목적」을 양도하면 피보험자의 피보험이익이 소멸되어 보험계약도 그 효력을 상실할 것이니, 상법 제679조 제1항은 「피보험자가 보험의 목적을 양도한 때에는 양수인은 보험계약상의 권리의무를 승계한 것으로 추정한다」고 규정하여 보험의 목적의 양도 후에도 보험관계의 동일성을 추정하고 있다. 이것은 보험의 목적이 양도되면 보험관계도 승계된다고 추정하는 것이 당사자의 의사에 합치하기 때문이다.

## Ⅳ. 被保險利益의 效用

### 1. 責任限度의 基準

보험자의 보상책임은 실손해액을 초과할 수 없고, 또 보험가액 즉 「피보험이익의 가액」을 최고한도로 한다.

### 2. 保險契約의 個別化

보험의 목적이 동일하더라도 피보험이익이 다른 경우 예컨대 하나의 건물에 대하여 소유자나 저당권자 또는 임차인이 각각 별개의 피보험이익을 가지는 경우에는, 각 피보험이익마다 별개의 보험계약이 성립될 수 있다.

### 3. 賭博保險 · 重複保險 · 超過保險 폐해의 防止

피보험이익이 없으면 손해보험계약이 성립되지 않으므로 피보험이익은 보험의 도박화를 방지한다. 그리고 보험금액이 피보험이익의 가액(보험가액)을 초과하는 초과보험의 경우와 동일한 피보험이익에 관하여 수인의 보험자와 각별로 보험계약을 체결한 때에 그 보험금액의 총계가 피보험이익의 가액을 초과하는 중복보험의 경우에 그 초과부분에 대하여 보상을 인정하지 않으므로, 피보험이익은 초과보험과 중복보험의 폐해를 방지한다.

### 4. 人爲的 事故發生의 防止

피보험자는 보험자로부터 피보험이익의 한도 내 그리고 그 자신이 보험사고로 입은 손해액 이상으로는 보상을 받을 수 없으므로 인위적인 보험사고의 발생을 방지할 수 있다.

## Ⅴ. 被保險利益의 要件

### 1. 經濟的 利益

피보험이익은 「금전으로 산정할 수 있는 이익」이어야 한다(상 668조). 금전으로 산정할 수 있는 것이면, 법률상의 권리관계(소유권 채권 등)이든 사실상의 이해관계(화재로 인한 영업 불능으로 입은 손해)이든, 적극적 이해관계이든 소극적 이해관계(타인의 물건의 보관자가 그 물건이 훼손되지 않음으로써 가지는 이익)이든, 현재의 이익이든 장래의 이익(희망 이익)이든, 현실로 입은 손해이든 상실한 이익이든 불문한다.

다만 보험사고로 인하여 상실된 피보험자의 이익이나 보수는 당사자 간에 다른 약정이 없으면 보험자가 보상할 손해에 산입되지 않는다.

### 2. 適法性

피보험이익은 적법하여야 한다. 따라서 피보험이익은 법령 또는 선량한 풍속 기타 사회질서에 위반하지 않아야 한다. 예컨대 탈세 · 절도 또는 도박에 의하여 얻을 이익이나 음란한 도서의 판매에 의하여 얻을 이익은 피보험이익으로 될 수 없다.

피보험이익의 적법성은 객관적으로 판단하여야 한다. 따라서 계약당사자의 선의 · 악의는 불문한다.

### 3. 確定性

피보험이익은 현존하는 이익이어야 하는 것은 아니나, 실현이 확실한 이익이어야 한다. 즉 피보험이익은 계약체결 당시 확정되어 있거나 늦어도 보험사고가 발생할 때까지는 확정할 수 있어야 한다.

따라서 창고에 입고할 물건에 대하여 보험계약을 체결할 수 있고(총괄보험)(상 687조), 장래의 희망이익(예 : 해상보험에서 적하의 도착으로 인하여 얻을 이익 또는 보수)에 대하여서도 보험계약을 체결할 수 있다(상 698조). 또한 수개의 피보험이익 중에서 어느 하나에 대하여 선택적으로 또는 피보험이익의 귀속주체가 미확정인 채로 보험계약을 체결할 수도 있다(정찬형 596면).

## 제3. 保險價額 · 保險金額

### Ⅰ. 意 義

보험가액(insurable value)은 피보험이익의 평가액으로서, 상법은 이를 「보험계약의 목적의 가액」이라 정하고 있다(상 669조 1항). 손해보험계약에는 원칙적으로 利得禁止의 原則이 적용되므로, 보험가액은 보험사고 발생의 경우에 보험자가 지급하여야 할 금액의 법정의 최고한도액이다. 보험가액은 손해보험에서만 문제된다.

또한 보험금액(sum insured)은 보험사고가 발생한 경우에 보험자가 지급하여야 할 금액의 최고한도로서 보험계약에서 약정된 금액이다. 이러한 의미의 보험금액은 손해보험과 정액보험에 있어서 공통적인 개념이다. 손해보험에서 보험자의 급여는 보험가액을 최대한으로 하고(법률상의 최고한도), 그 범위 내에서 다시 보험금액을 한도로 하여(계약상의 최고한도) 구체적인 손해액을 산출하여 결정된다.

### Ⅱ. 保險價額의 評價

### 1. 序 說

보험가액은 피보험이익의 평가액이고, 피보험이익은 피보험자가 보험의 목적에 관하여 가지는 경제상의 이익으로서 피보험자와 관련되어 있는 주관적 · 구체적인 것이다. 그리고 피보험이익의 가액은 평가의 시점과 장소에 따라 변동하는 가액이다. 이처럼 피보험이익의 평가는 쉬운 일이 아니어서 당사자 사이에 다툼을 불러 올 우려가 있다.

그러나 보험가액의 평가는 주관적 · 자의적이어서는 안되고, 객관적 · 합리적이어야 한다. 상법은 보험가액의 결정에 관하여 당사자 간에 보험가액을 합의에 의하여 정한 경우와 합의에 의하여 정하지 않은 경우로 나누어 규정하고 있다.

### 2. 保險價額을 정한 경우(旣評價保險)

보험계약의 당사자는 합의에 의하여 보험가액을 정할 수 있다(상 670조 본문). 이 경우의 보험가액을 「協定保險價額」이라 한다. 보험가액은 객관적인 기준에 따라 평가하여야 하나, 보험사고가 발생한 후에는 그 평가에 관하여 보험자와 피보험자간에 분쟁이 발생할 수 있으므로 이를 예방하고 신속하게 보상할 수 있도록 하기 위하여 보험실무에서는 사전에 당사자가 협정보험가액을 미리 정하여 두는 것이 일반적이다. 당사자는 추가보험계약으로(보험계약의 변경으로) 보험가액을 증액하거나 감액할 수 있다(대판 1988. 2. 9. 86 다카 2933).

협정보험가액은 사고발생시의 피보험이익의 가액으로 추정하고(상 670조 본문), 다만 협정보험가액이 사고발생시의 가액을 현저히 초과하는 경우에는 사고발생시의 가액을 보험가액으로 한다(상 670조 단서). 협정보험가액의 현저한 초과의 증명은 보험자가 하여야 한다.

이러한 협정보험가액을 보험가액으로 한 보험계약을 「旣評價保險」이라 한다. 협정보험가액은 당사자 간에 명시적인 합의에 의하여 정하여야 하고 또 이는 보험증권에 기재하여야 한다(상 685조 3호, 690조 5호, 695조 3호).

### 3. 保險價額을 정하지 않은 경우(未評價保險)

보험계약의 당사자가 합의에 의하여 보험가액을 정하지 않은 경우에는, 사고발생시의 가액을 보험가액으로 한다(상 671조). 협정보험가액을 정하지 않은 보험계약을 「未評價保險」이라 한다.

상법은 사고발생시 어느 장소를 기준으로 보험가액을 정할 것인가에 관하여 규정이 없으나, 이는 원칙적으로 손해가 발생한 장소의 가액에 의하여야 할 것이다(의용상법 638조 1항 참조)(정희철 415면, 손주찬 575면, 김성태 393면, 양승규 203면, 정찬형 605면)(대판 1991. 10. 25. 91 다 17429). 다만 해상보험과 운송보험에서는 특별규정이 있다(상 697조 689조).

### 4. 保險價額不變更主義

위에서 살펴 본 일반원칙에 따라 사고발생시를 기준으로 손해가 발생한 장소의 가액을 보험가액으로 하는 것이 용이하지 않을 경우가 있다. 그래서 상법에서는 특별규정을 두어 보험기간이 비교적 짧고 보험가액의 변동이 비교적 적으며, 또한 손해발생의 때와 곳을 결정하기가 어려운 보험에 있어서는 평가가 용이한 시점과 장소의 가액을 보험가액으로 하는 것을 인정한다(상 689조, 696조~698조). 이것을 「보험가액불변경주의」 또는 「법정보험가액」이라 한다.

육상운송보험 · 선박보험 · 적하보험에 있어서는 그 보험의 목적이 장소적으로 이동하는 것이어서 보험사고의 발생지 · 발생 시의 보험가액을 산정하기가 곤란하고 또 이러한 보험의 보험기간은 비교적 짧아 그 보험가액의 변동이 적으므로, 이들 각 보험에 있어서 일정 시점과 장소의 가액 즉 육상운송보험에 있어서는 운송물을 발송한 때와 곳의 가액과 도착지까지의 운임 기타의 비용이, 또 선박보험에 있어서는 보험자의 책임이 개시될 때의 선박가액이, 그리고 적하보험에 있어서는 선적한 때와 곳의 적하의 가액과 선적 및 보험에 관한 비용이 각각 보험가액으로 된다(상 689조, 696조, 697조).

## 제 3 관 超過保險 · 重複保險 · 一部保險

### 제1. 序 說

보험금액과 보험가액의 관계에 있어서 특히 문제되는 것은 양자가 일치하지 않는 경우이고, 양자가 일치하지 않는 것으로는 초과보험 · 중복보험 및 일부보험 등이 있다.

### 제2. 超過保險

#### Ⅰ. 意 義

초과보험(over insurance)은 약정의 보험금액이 보험가액을 초과하는 보험이다.

초과보험을 허용하면, 손해의 발생으로 인하여 피보험자가 받을 금액이 실손해를 초과하여 피보험자가 이득을 보게 되어 손해보험의 정신에 반하고 또 피보험자가 손해의 발생을 희망하고 고의로 보험사고를 유발하는 등으로 도박화 할 염려가 있으므로, 이를 규제하기 위한 규정을 두고 있다.

## Ⅱ. 超過保險의 要件

### 1. 保險金額의 顯著한 超過

보험금액이 보험가액을 현저하게 초과하여야 한다(상 669조 1항 본문). 여기에서 「현저하게」는 사회통념상 정상가액을 월등하게 초과한 경우이고, 또 「초과」는 보험계약의 체결 시에 생길 수도 있고 물가의 하락으로 피보험이익의 가액이 하락한 경우에는 보험기간 중에 생길 수도 있다.

### 2. 超過의 時期

보험가액은 미평가보험 중 보험가액불변경주의가 적용되는 경우에는 불변으로 된 보험가액이고, 기평가보험의 경우에는 협정보험가액이다.

이 외의 경우의 보험가액은 보험기간 중에 변동하는 것이 보통이므로 어느 시기를 기준으로 보험가액을 산정할 것인지 문제된다. 상법은 보험가액은 원칙적으로 「계약 당시」의 가액에 의하여 정하고(상 669조 2항), 다만 보험기간 중에 경제사정으로 보험가액이 현저하게 감소된 때에는 「그때」의 가액에 의하여 정한다(상 669조 3항)고 규정하고 있다.

## Ⅲ. 超過保險의 效果

### 1. 詐欺로 인하지 않은 超過保險(단순한 超過保險)

초과보험의 경우에 보험자나 보험계약자는 보험금액 또는 보험료의 감액을 청구할 수 있다(상 669조 1항 본문). 이 경우 보험료의 감액청구권은 보험료불가분의 원칙에 의하여 장래에 대하여서만 효력이 있다(상 669조 1항 단서).

### 2. 詐欺로 인한 超過保險

보험계약자의 「사기」로 인하여 초과보험계약이 체결된 경우에는 보험계약 자체가 무효로 된다(상 669조 4항 본문). 여기서의 「사기」에 관하여 학설은 독일 보험법 제51조 제1항의 취지에 따라 「악의」로 해석하여야 한다고도 하나(정찬형 607면), 굳이 그렇게 해석할 필요는 없고 우리 민법상의 사기의 개념에 따라 보험계약자가 보험자를 欺罔하여 보험자가 착오로 초과보험계약을 체결한 것으로 본다(최기원 680면 김성태 396면).

사기로 초과보험을 체결한 경우에는 보험계약이 무효이므로, 보험자는 보험사고가 발생하더라도 보험금지급의무를 부담하지 않는다. 그러나 이 경우 보험자는 초과보험이 보험계약자의 사기로 인하여 체결한 것임을 안 때까지의 보험료는 청구할 수 있다(상 669조 4항 단서).

## 제3. 重複保險

### Ⅰ. 意 義

중복보험에는 광의의 중복보험과 협의의 중복보험이 있다. 광의의 중복보험은 보험계약자가 수인의 보험자와 동일한 보험의 목적에 관하여 보험사고·피보험이익이 동일하고 보험기간이 동일하거나 중복되는 수개의 손해보험계약을 체결하는 경우이다. 이 경우 각 보험계약의 보험금액의 합계액이 보험가액을 초과하지 않는 때(병존보험)에는 수개의 유효한 일부보험이 존재하는 것이므로 특별히 문제될 것이 없다.

그러나 이 경우 각 보험계약의 보험금액의 합계액이 보험가액을 초과하는 때에 이를 유효로 인정하면 초과보험의 효력을 제한하는 법의 취지에 반하여 부당하므로, 상법은 광의의 중복보험 중에서 重複超過保險의 효력만을 규제하고 있다(상 672조 673조). 이 중복초과보험을 협의의 또는 고유의 중복보험이라 한다.

### Ⅱ. 重複保險의 要件

#### 1. 數人의 保險者와 數個의 保險契約 締結

보험계약자가 수인의 보험자와 수개의 보험계약을 체결하여야 한다. 보험계약이 1개만 있고 그 보험금액이 보험가액을 초과한 경우에는 초과보험이다. 보험계약이 수개이더라도 동일 보험자와 보험계약을 체결한 경우에는 각 보험금액의 합계액이 보험가액을 초과하더라도 이는 초과보험의 규정에 의하여 해결하여야 하고 중복보험의 문제가 아니다.

수인의 보험자와 체결하는 한, 동시에 체결하든(동시중복보험) 순차로 체결하든(이시중복보험) 무방하다. 보험계약자도 수인일 수 있다.

#### 2. 被保險利益·保險事故·保險期間의 同一

보험의 목적에 관하여 피보험이익·보험사고가 동일하고, 보험기간이 동일하거나 중복되어야 한다. 보험의 목적이 동일하더라도 피보험이익이 다른 때에는 중복보험으로 되지 않는다. 예컨대 荷主가 積荷를 보험에 붙인 것을 알지 못하고 해상운송인이 하주를 위하여 적하를 보험에 붙인 때에는, 피보험이익이 동일하여 중복보험으로 되지만 동일한 주택을 소유자가 보험에 붙인 것을 저당권자가 보험에 붙였다고 하더라도 각각 피보험이익이 다르기 때문에 중복보험이 되지 않는다.

또한 피보험이익이 동일하더라도 다른 위험을 보험사고로 하는 때에는 중복보험으로 되지 않는다. 예컨대 선박을 보통의 항해보험과 전쟁보험에 붙인 때에는 각 보험자가 담보하는 위험이 다르므로 중복보험으로 되지 않는다.

그리고 수개의 보험계약의 보험기간이 동일하거나 중복되는 경우에는 중복보험으로 된다. 보험기간이 중복되는 경우에는 그 중복부분에 중복보험이 성립한다. 예컨대 1억 원의 가옥을 2000. 4. 1. 오후 4시부터 2001. 4. 1. 오후 4시까지 1억 원의 화재보험과 2001. 1. 1. 오후 4시부터 2002. 1. 1. 오후 4시까지 1억 원의 화재보험에 붙인 경우에는, 2001. 1. 1. 오후 4시부터 같은 해 4. 1. 오후 4시까지 3개월간 1억 원의 중복보험이 된다.

**【대법원 1997. 9. 5. 판결, 95 다 47398】**

**1. 사실관계**

X회사는 A회사로부터 가죽원피 등 원자재를 공급받아 이를 임가공하여 납품하는 임가공계약을 체결하고, Y보험회사와 가죽원피 등의 원자재와 완제품을 보험의 목적으로 하는 동산종합보험계약을 체결하였는데, A회사도 B보험회사와 동일목적물에 관하여 동산종합보험계약을 체결하였다.

그 후 임가공 완제품을 도난당한 X회사의 보험금청구에 대하여, Y보험회사는 위 두 보험이 중복보험이라는 이유로, 그 보험금액과 보험가액의 비율에 따른 일부만을 보험금으로 보상하자, X회사는 위 두 보험이 중복보험이 아니라는 이유로 나머지 손해도 보험금으로 보상하여 줄 것을 Y보험회사에 청구하였다.

**2. 판결요지**

이 건에 관하여, 대법원은 「중복보험은 동일한 보험계약의 목적과 동일한 사고에 관하여 수개의 보험계약이 동시 또는 순차적으로 체결되고 그 보험금액의 총액이 보험가액을 초과하는 경우를 말하므로 보험계약의 목적, 즉 피보험이익이 다르면 중복보험으로 되지 않는다.

임가공업자가 소유자로부터 공급받은 원·부자재 및 이를 가공한 완제품에 대하여 동산종합보험을 체결한 경우에 그 보험계약은 임가공업자가 자신이 보관하고 있는 그 보험목적물의 멸실·훼손으로 인한 손해가 생긴 때의 손해배상책임을 담보하는 소극적 이익을 피보험이익으로 한 책임보험의 성격을 가진 것으로 봄이 상당하므로, 소유자가 동일한 목적물에 대한 소유자의 이익을 부보하기 위하여 체결한 동산종합보험계약과는 피보험이익이 서로 달라 중복보험에 해당한다고 할 수 없다」고 판시하여, 소유자와 임가공업자의 피보험이익이 다르다는 이유로 중복보험이 아니라고 하였다.

### 3. 總保險金額의 保險價額 超過

각 보험금액의 합계액이 보험가액을 초과하여야 한다. 그렇지 않은 경우에는 위의 다른 요건을 갖추었더라도 중복보험으로 되지 않고 수개의 일부보험이 병존하는 것에 불과하다.

## Ⅲ. 重複保險의 效果

### 1. 保險者의 責任

#### (1) 立法主義

중복보험의 효과에 관하여 우선주의·연대주의 및 비례주의의 세 가지 입법주의가 있다.

우선주의는 동시중복보험과 이시중복보험을 구분하여, 전자의 경우에는 각 보험자의 부담은 각 보험금액의 총보험금액에 대한 비율에 따라 정하고, 후자의 경우에는 먼저 체결한 보험계약과 중복되는 범위에서 후에 체결한 보험계약을 무효로 한다는 것이다(구 독일상법 787조 이하 프랑스상법 359조, 334조).

연대주의는 동시중복보험이든 이시중복보험이든 불문하고 각 보험자는 보험가액까지의 실손해에 대하여 연대책임을 지고, 손해보상을 한 보험자는 보험금액의 총보험금액에 대한 비율에 따라 다른 보험자에 대하여 구상권을 가진다는 것이다(독 보험계약법 59조).

비례주의는 동시중복보험과 이시중복보험을 불문하고 각 보험자는 각 보험금액의 총보험금액에 대한 비율에 따라 손해보상책임을 진다는 것이다(스위스 보험계약법 71조 53조, 이탈리아 민법 1910조).

우리 상법은 보험계약자가 선의의 경우에는 연대주의와 비례주의를 병용하고(상 672조 1항), 다만 보험계약자가 사기에 의하여 중복보험을 체결한 경우에는 보험계약을 무효로 하고 있다(상 672조 3항 669조 4항).

중복보험의 경우에 각 보험자는 각자의 보험금액의 비율에 따라 보상책임을 지나(상 672조 1항), 이는 강행규정이 아니므로 각 보험계약의 당사자는 각 보험자의 보상책임의 방식이나 각 보험자 간의 책임분담의 방식에 관하여 이와 다르게 정할 수 있다(대판 2002. 5. 17. 2000 다 30127).

**【대법원 2002. 5. 17. 판결, 2000 다 30127】**

**1. 사실관계**

A증권회사(이하 "A회사")는 1995. 6. 8.에 X화재해상보험회사(이하 "X보험회사")와 피보험자 A회사, 보험기간 1995. 6. 8.~1996. 6. 9., 보험금액 미화 300만 달러, 피보험자의 피용자가 고의로 단독으로 또는 타인과 공모하여 부정행위를 하여 피보험자에게 생긴 손해를 보상하기로 하는 금융기관종합보험계약(이하 "제1보험계약")을 체결하고, 또 A회사는 1995. 11. 25.에 Y보증보험회사(이하 "Y보험회사")와 피보험자 A회사, 보험기간 1995. 11. 25.~1996. 11. 24., 피보증인은 B를 비롯한 A회사의 증권관리팀 사원 196명, 보험금액은 금 83억 4,000만 원(B에 대한 최고보상한도액 5,000만 원), 피보증인이 피보험자를 위한 사무를 처리하던 중 절도 · 강도 · 사기 · 횡령 또는 매입행위를 하여 피보험자에게 손해배상의무를 부담하게 되는 경우에 Y보험회사가 그 손해배상의무를 담보하는 신원보증보험계약(이하 "제2보험계약")을 체결하였다.

A회사의 B과장이 1996. 2. 24.~같은 달 27.에 A회사의 C고객의 주식예탁금계좌에 입고되어 있던 주식 19,200 주를 매각하고 같은 달 29.에 그 매각대금 19억 8,005만 원을 출금 · 횡령하여 A회사가 C고객에 대하여 손해배상책임을 부담하게 되었다.

이에 A회사는 제1보험계약에 의하여 X보험회사에 대하여 보험금의 지급을 청구하여 X보험회사는 A회사에 손해액에서 각 공제금액을 제한 18억 2,541만 6,268 원을 지급하였다.

제1보험계약의 내용에 포함되어 있는 X보험회사의 보험약관 제14조에는「이 보험계약은 다른 보험계약이 담보하는 손해를 담보하지 않는다」는「초과전보조항」이 규정되어 있었다. X보험회사는 제1보험계약에 의하여 A회사에 보험금을 지급함에 있어 Y보험회사가 제2보험계약에서 담보하는 B에 대한 보험금 5,000만 원을 공제하고 지급하여야 하였는데도 이를 공제하지 않고 지급하였으므로 X보험회사가 A회사에 위 금 5,000만 원의 반환을 청구하였다.

**2. 판결요지**

이 건에 관하여, 대법원은「중복보험의 경우에 보험자는 상법 제672조 제1항의 규정에 따라 각자의 보험금액의 한도에서 연대책임을 지고 이 경우 각 보험자의 보상책임은 각자의 보험금액의 비율에 따르는 것이 원칙이다. 그러나 이러한 상법의 규정은 강행규정이라고 해석되지 않으므로 각 보험계약의 당사자는 보험계약이나 보험약관에 보험자의 피보험자에 대한 보상책임의 방식이나 보험자들 간의 책임분담의 방식에 관하여 상법의 규정과 다른 내용을 정할 수 있으며, 따라서 위 초과전보조항은 유효하다.

또한 위 초과전보조항은 보험자는 피보험자가 입은 손해에 대하여 보상한도액을 상한으로 보험금을 지급하되 다른 보험계약에 의하여 전보되는 금액을 공제하여 지급한다는 것으로서 다른 보험자와 사이의 부담부분의 조정에 관한 것이고 약관규제법 제7조 제2호 소정의 상당한 이유 없이 사업자(보험회사)의 손해배상의 범위를 제한하거나 사업자가 부담하여야 할 위험을 고객에게 이전시키는 조항에 해당하지 않으므로, 위 초과전보조항은 무효가 아니다」라 판시하여, X보험회사는 위 초과전보조항에 의하여 A회사에 위 전보금 5,000만 원은 지급할 의무가 없다고 하였다.

⑵ 比例主義·連帶主義

동시중복보험의 경우이든 이시중복보험의 경우이든 각 보험자는 각자의 보험금액의 비율에 따라 보상책임을 지고(비례주의)(상 672조 1항 2문), 또 「각자의 보험금액」의 한도에서 연대책임을 진다(연대주의)(상 672조 1항 1문).

예컨대 보험가액 5억 원의 가옥에 대하여 보험자 A와 5억 원, 보험자 B와 3억 원, 보험자 C와 2억 원의 중복보험을 체결하였는데 그 가옥이 全損하였으면, 비례주의에 의하면 A·B·C의 보험금액의 비율이 5:3:2이므로 그 비율에 따라 A는 2억 5,000만 원, B는 1억 5,000만 원, C는 1억 원의 보상책임을 지고, 또 다른 보험자가 그 보상책임을 이행하지 않은 때에는 연대주의에 의하여 A·B·C는 각자의 보험금액인 A는 5억 원, B는 3억 원, C는 2억 원의 한도에서 연대하여 보상책임을 진다.

그리고 동시중복보험의 경우이든 이시중복보험의 경우이든 보험자 1인에 대한 권리의 포기는 다른 보험자의 권리의무에 영향을 미치지 않는다(상 673조). 이것은 피보험자가 어느 보험자와 공모하여 그 보험자에 대한 권리를 포기하여 다른 보험자의 이익을 해하는 것을 방지하기 위한 것이다. 그러나 원래 이미 확정된 권리관계는 다른 자에 대한 권리의 포기에 의하여 영향을 받지 않는다는 것은 당연한 사리이므로, 본조는 주의적 규정이다.

⑶ 詐欺로 인한 重複保險

보험계약자의 「사기」로 인하여 보험계약이 체결된 경우에는 각 보험계약이 무효로 된다(상 672조 3항 669조 4항 본문). 따라서 이 경우 보험자는 보험사고가 발생하더라도 보험금 지급의무를 부담하지 않는다.

2. 保險契約者의 義務

⑴ 保險契約者의 保險料支給義務

보험자는 중복보험이 보험계약자의 사기로 인하여 체결된 것임을 안 때까지의 보험료의 지급을 청구할 수 있다(상 672조 3항 669조 4항 단서).

⑵ 保險契約者의 通知義務

중복보험의 보험계약자는 각 보험자에게 각 보험계약의 내용을 통지하여야 한다(상 672조 2항). 그리고 이때의 통지의무는 초과중복보험의 성립여부를 불문하고 발생한다. 이것은 중복보험의 보험자는 연대책임을 지므로 중복보험임을 알아야 하기 때문이다. 본 조항은 의무위반에 대한 제재규정이 없어 불완전규정이나, 약관에서는 보험자에게 해지권을 부여하고 있다(화재보험 표준약관 12조 3항 2호).

그러나 손해보험에 있어서 다른 보험계약을 체결하는 것은 상법 제652조와 제653조의 「사고발생의 위험이 현저하게 변경 또는 증가된 때」에 해당되지 않으므로, 보험자는 보험계약자의 상법 제672조 제2항의 통지의무의 위반을 이유로 보험계약을 해지할 수 없다(대판 2003. 11. 13. 2001 다 49630).

**【대법원 2003. 11. 13. 판결, 2001 다 49623】**

**1. 사실관계**

기계부품을 제조하는 X회사는 1997. 11. 20.에 Y해상화재보험회사(이하 "Y보험회사")와의 사이에 보험기간 1년 내에 공장의 기계가 화재로 인하여 훼손 또는 멸실되어 손해가 발생한 때에는 Y보험회사가 그 손해를 보상하기로 하는 화재보험계약을 체결하였는데, 이와는 별도로 1998. 6. 9.에 A어슈어런스 캄파니(이하 "A캄파니")와의 사이에 같은 내용의 화재보험계약(이하 "별도보험계약")을 체결하였고 최초보험계약의 보험기간이 만료되는 1998. 11. 20.에 Y보험회사와의 사이에 다시 같은 내용의 화재보험계약(이하 "보험계약")을 체결하였다.

X회사는 위 보험계약을 체결할 때에 Y보험회사에게 위 별도보험계약을 체결한 사실을 고지하지 않았다. 그리고 위 보험계약과 위 별도보험계약을 피보험이익과 보험사고가 동일하고 보험기간이 중복되며 각 보험금액의 합계액이 보험가액을 초과하였다.

Y보험회사의 화재보험보통약관(이하 "약관")에는 「① 보험계약자가 보험계약을 맺을 때에 보험계약청약서의 기재사항을 빠짐없이 알려야 하고(약관 7조), ② 보험계약자가 고의나 중대한 과실로 보험계약청약서의 기재사항을 사실 그대로 알리지 않았을 때에는 보험회사는 보험계약을 해지할 수 있고 보험계약의 해지가 손해발생 후에 이루어진 때에도 보험회사는 그 손해를 보상하지 않는다」(약관 11조)고 규정되어 있었다.

1998. 12. 19. 22:13경에 X회사의 공장 내에 원인불명의 화재가 발생하여 공장 내의 기계의 대부분이 소훼되어 X회사가 3,278만 원의 손해를 입었다.

이에 X회사는 Y보험회사에 대하여 보험금의 지급을 청구하였고, Y보험회사는 X회사에 대하여 중복보험계약 체결의 불고지를 이유로 위 보험계약을 해지한다고 통보하였다.

**2. 판결요지**

이 건에 관하여, 대법원은 「보험계약자 등이 보험자에게 고지의무를 지는 상법 제651조에서 정한 "중요한 사항"은 보험자가 보험사고의 발생과 그로 인한 책임부담의 개연율을 측정하여 보험계약의 체결 여부 또는 보험료나 면책조항의 부가와 같은 보험계약의 내용을 결정하기 위한 표준이 되는 사항으로서, 객관적으로 보험자가 그 사실을 안다면 그 계약을 체결하지 않거나 적어도 동일한 조건으로는 계약을 체결하지 않으리라고 생각되는 사항을 말한다.

상법 제672조 제2항에서 손해보험에 있어서 동일한 보험계약의 목적과 동일한 사고에 관하여 수개의 보험계약을 체결하는 경우에는 보험계약자는 각 보험자에 대하여 각 보험계약의 내용을 통지하도록 규정하고 있으므로, 이미 보험계약을 보험계약자가 동일한 보험목적·보험사고에 관하여 보험계약을 체결하는 경우에는 기존의 보험계약에 관하여 고지할 의무가 있다.

그러나 손해보험에 있어서 위와 같이 보험계약자에게 다수의 보험계약의 체결사실에 관하여 고지 및 통지하도록 한 취지는 사기에 의한 보험계약의 체결을 사전에 방지하고 보험자로 하여금 보험사고의 발생 시 손해의 조사 또는 책임의 범위의 결정을 다른 보험자와 공동으로 할 수 있도록 하기 위한 것이고 보험사고 발생의 위험을 측정하여 보험계약을 체결할 것인지 어떤 조건으로 체결할 것인지 판단할 수 있는 자료를 제공하기 위한 것이 아니므로 중복보험계약의 체결사실을 상법 제651조의 고지의무의 대상인 중요한 사항에 해당되지 않는다」고 판시하여, Y보험회사는 X회사에 대하여 상법 제651조의 고지의무의 위반을 이유로 위 보험계약을 해지할 수 없다고 하였다.

## 제4. 一部保險

### Ⅰ. 意 義

일부보험(under insurance)은 보험가액의 일부를 보험에 붙인 경우, 즉 보험금액이 보험가액에 미달하는 보험이다.

일부보험은 물가의 상승이 원인이 되기도 하지만 보험계약자가 보험료를 절약할 목적으로 또는 보험자가 피보험자의 부담부분을 남겨 두어 피보험자의 주의를 환기시킬 목적으로 하기도 한다.

이에 대하여 보험가액의 전부를 보험에 붙인 경우, 즉 보험금액이 보험가액과 일치하는 보험을 全部保險이라 한다.

보험계약의 당사자의 의사에 의하여 처음부터 일부보험으로 된 경우에는 문제될 것이 없으나, 보험계약의 체결 시에는 전부보험이었다가 후에 물가의 상승으로 일부보험으로 된 경우가 특히 문제된다.

## Ⅱ. 一部保險의 要件

일부보험이 되기 위하여서는 보험금액이 보험가액에 미달하여야 한다. 보험금액이 보험가액에 미달하는가 않는가는 보험사고 발생의 때와 곳에서 보험금액과 보험가액을 비교하여 정하여야 한다(상 676조 1항 참조). 다만 보험가액불변경주의(법정보험가액)가 적용되는 경우(상 689, 696조, 1항, 697조 1항, 698조 참조) 또는 협정보험가액을 정한 경우(상 670조 본문)에는 그 보험가액을 보험금액과 비교하여 정한다.

또한 외관상으로는 일부보험이나 실질상으로는 초과보험인 경우에는 객관적 보험가액을 기준으로 보험금액이 이를 초과하는 부분은 초과보험으로 나머지 부분은 전부보험으로 보아야 할 것이다. 예컨대 실가 7억 원의 건물에 대하여 보험가액을 12억 원으로 협정하고 이를 보험금액 10억 원의 화재보험에 붙인 경우에, 보험금액 중 7억 원은 전부보험으로 또 초과부분인 3억 원은 초과보험으로 보아야 한다.

## Ⅲ. 一部保險의 效果

### 1. 比例負擔의 原則

일부보험의 경우에 보험자는 보험금액의 보험가액에 대한 비율에 따라 보상할 책임을 진다(비례부담의 원칙, pro rata Regel)(상 674조 본문). 즉 보험자의 보상액은 보험사고로 인하여 생긴 손해액에 보험금액의 보험가액에 대한 비율(부보비율)을 곱하여 산정한 금액이고, 그 손해의 잔액은 피보험자가 부담한다. 예컨대 보험가액 10억 원의 건물에 보험금액 6억 원의 화재보험계약을 체결하였는데 이에 화재가 발생하여 5억 원의 손해가 생긴 경우에, 보험자가 보상하여야 할 보상금액은 3억 원(5억 원×$\frac{6억\ 원}{10억\ 원}$)이다. 이 비례부담의 원칙은 보험료부담과의 공평을 기하기 위한 것이다.

### 2. 例 外(第1次危險保險, 實損害補償契約)

비례부담의 원칙(상 674조 본문)은 강행규정이 아니므로, 당사자는 특약으로 分損의 경우에도 보험자가 보험금액에 달할 때까지 손해액의 전부를 보상할 것을 정할 수 있다. 이것을 「제1차위험보험」 또는 「실손해보상계약」이라 한다. 물론 이 경우 보험료는 통상의 일부보험의 경우보다 고액이다.

# 제 4 관 損害保險契約의 效力

## 제1. 序 說

손해보험계약의 보험자는 보험금지급의무(손해보상의무)(상 665조), 보험증권교부의무(상 640조, 666조), 보험료반환의무(상 648조) 등을 부담하고, 또한 보험계약자와 피보험자는 보험료지급의무(상 638조), 통지의무(상 652조), 손해방지의무(상 680조 본문) 등을 부담한다.

여기에서는 보험자의 의무와 보험계약자·피보험자의 의무 중에서 제2장 보험계약법총론에서 고찰한 바 외의 손해보험계약에 특유한 것에 관하여 고찰하기로 한다.

## 제2. 保險者의 義務

### Ⅰ. 損害保險證券交付義務

손해보험계약의 보험자는 손해보험계약이 성립한 때에는 지체 없이 손해보험증권을 작성하여 보험계약자에게 교부하여야 하고(상 640조), 손해보험증권에는 ① 보험의 목적, ② 보험사고의 성질, ③ 보험금액, ④ 보험료와 그 지급방법, ⑤ 보험기간을 정한 경우에는 그 始期와 終期, ⑥ 무효와 失權의 사유, ⑦ 보험계약자의 주소·성명 또는 상호, ⑧ 보험계약의 연월일, ⑨ 보험증권의 작성지와 작성연월일 등을 기재하여야 한다(상 666조).

화재보험증권(상 685조), 운송보험증권(상 690조), 해상보험증권(상 695조), 자동차보험증권(상 726조의3)에는 이러한 손해보험증권 일반의 기재사항 외에 특별기재사항을 기재하여야 한다.

### Ⅱ. 損害補償義務

#### 1. 補償義務의 負擔

보험기간 중에 보험사고가 발생한 때에는 보험자는 그로 인하여 생긴 손해를 보상할 책임이 있다(상 665조). 또한 보험의 목적에 관하여 보험자가 부담할 손해가 생긴 경우에는, 그 후 그 보험의 목적이 보험자가 부담하지 않는 보험사고의 발생으로 인하여 멸실되어도, 보험자는 이미 생긴 손해의 보상책임을 면하지 못한다(상 675조).

보험기간 중에 보험사고 없이 보험기간이 종료된 경우에는 보상책임이 없다.

2. 損害額의 算定

보험자가 보상할 손해액은 그 「손해가 발생한 때와 곳」의 가액에 의하여 산정한다(상 676조 1항 본문). 손해액산정의 비용은 보험자의 부담으로 한다(상 676조 2항).

그러나 당사자 간에 다른 약정으로 신품의 가액으로 보상할 것을 정한 경우 즉, 新價保險을 정한 경우에는 그 신품가액으로 손해액을 산정할 수 있다(상 676조 1항 단서).

3. 損害補償의 方法

보험자의 손해의 보상은 보통 금전으로 지급하나, 다른 약정이 있으면 현물로도 할 수 있다.

4. 損害補償의 範圍

(1) 損害額

보험자는 보험금액의 범위 내에서 피보험자가 보험사고로 인하여 입은 손해를 보상하여야 한다. 그 보상금액은 전부보험에 있어서는 全損에는 보험금액의 전액을 지급하고 分損에는 실손해액(보험가액과 잔존가액의 차액)을 지급하며, 일부보험에 있어서는 보험금액의 보험가액에 대한 비율로 지급한다(비례부담의 원칙)(상 674조). 또한 초과보험에 있어서는 전손인 경우에는 보험가액을 한도로 지급하고, 분손인 경우에는 실손해액을 지급한다. 그리고 중복보험에 있어서는 각 보험자는 각자의 보험금액의 비율에 따라 보상책임을 지고 각자의 보험금액의 한도에서 연대책임을 진다(상 672조 1항).

(2) 損害防止費用

보험자는 손해보상액과 손해방지비용이 보험금액을 초과하는 경우에도 손해방지비용을 부담한다(상 680조 단서).

(3) 支給받지 못한 保險料의 控除

보험자가 보험료의 지급을 받지 못한 잔액이 있는 경우에는, 지급기일이 도래하지 아니하여도 그 보상할 금액에서 이를 공제할 수 있다(상 677조).

## 제3. 保險契約者 · 被保險者의 損害防止輕減義務

### Ⅰ. 意 義

보험계약자와 피보험자는 손해의 방지와 경감을 위하여 노력하여야 한다(상 680조 1항 본문).

보험계약자·피보험자가 손해의 발생·확대를 방지할 수 있는 데도 보험에 붙였다는 이유로 이를 방관하게 되면 신의칙에 반하고 또한 손해의 발생·확대의 방치는 사회경제상 손실로 되므로, 이러한 손실을 방지할 공익상의 필요에 의하여 이들에게 손해방지·경감의무를 과한 것이다(통설).

## Ⅱ. 義務者

손해의 방지·경감의 의무자는 보험계약자와 피보험자이다(상 680조 1항 본문). 자기를 위한 손해보험계약에서는 보험계약자와 피보험자가 동일하므로 문제가 없다. 그러나 타인을 위한 손해보험계약, 예컨대 임차인이 소유권자를 위하여 가옥을 화재보험에 붙인 경우에는, 보험계약자인 임차인이 손해를 방지·경감할 수 있는 지위에 있으므로, 피보험자 외에 보험계약자도 손해방지경감의 의무자로 정한 것이다.

## Ⅲ. 義務의 開始時期

상법 제680조 제1항은 단순히 「손해의 방지와 경감을 위하여 노력하여야 한다」 라고만 규정하고 있어, 손해방지경감의무의 개시의 시기가 분명하지 않다.

이에 관하여 학설은 손해방지경감의무는 보험사고의 발생 후에 부담하는 의무이고 보험사고를 예방하여야 할 의무가 아니므로, 이 의무는 원칙적으로 보험사고가 발생한 때부터 개시한다고 한다(손주찬 571면 김성태 431면).

그러나 법문에서는 「손해의 방지와 경감」이라 규정하고(상 680조 1항 본문) 있을 뿐 보험사고가 이미 발생한 것을 전제로 하지 않고 더욱이 손해의 완전한 방지를 위하여서는 사고가 발생하지 않도록 하여야 할 것이므로 손해방지경감의무의 개시시기는 보험사고의 발생 전에 보험사고의 발생을 피할 수 있는 때 또는 보험사고의 발생이 임박한 때라 보는 것이 타당하다.

이와 같이 보면 보험계약자·피보험자에게 가혹한 것 같으나, 보험계약자·피보험자가 사고의 발생을 방관한 경우에 부작위에 의한 사고유발로써 보험자를 면책하게 하는 것보다 사고발생 전에 이들에게 사고발생방지의 의무를 과하고 보험자에게 그에 소요되는 비용을 손해방지비용으로 부담하게 하는 것이 합리적이다.

## Ⅳ. 義務의 內容

### 1. 損害의 防止·輕減의 努力

의무자는 손해의 방지와 경감을 위하여 노력하여야 한다(상 680조 1항 본문). 「손해의 방지」

는 손해의 발생 또는 확대를 저지하는 것이고, 「손해의 경감」은 손해의 전부 또는 일부를 제거하는 것이다. 예컨대 화재보험의 피보험자가 이웃집의 화재가 보험에 붙인 가옥에 옮겨 붙지 않도록 조치를 하고 귀중품을 옮기는 것은 손해를 방지하는 것이다.

보험사고의 발생 시 또는 보험사고가 발생한 것과 같게 볼 수 있는 경우에 피보험자의 법률상의 책임 여부가 판명되지 않은 상태에서 피보험자가 손해확대의 방지를 위하여 한 긴급한 행위는 손해방지행위로 본다(대판 2003. 6. 27. 2003 다 6958).

### 2. 努力의 程度

의무자가 손해의 방지·경감을 위하여 노력하여야 할 정도·방법은 구체적인 경우에 따라 다르나, 의무자가 신의칙에 따라 자신의 일을 처리하는 정도의 주의로 노력하면 된다.

의무자가 이 정도의 노력을 한 때에는 손해의 방지·경감의 노력이 성공하였는지 불문하고 그 의무를 이행한 것으로 된다.

## Ⅴ. 義務違反의 效果

의무자가 손해방지경감의무를 해태한 경우의 효과에 관하여 상법에 규정이 없어 의문스럽다. 학설은 의무자가 손해방지경감의무에 위반하여도 보험자의 손해보상의무는 아무 영향을 받지 않고, 보험자는 의무자의 의무위반으로 인하여 발생·확대된 손해에 관한 손해배상청구권을 취득하여 그 손해배상청구권과 보험금지급채무를 상계할 수 있다고 한다(정희철 425면, 손주찬 593면, 양승규 232면).

그러나 손해방지경감의무를 진정한 의무라고 보면, 의무자가 이에 위반한 경우 보험자는 손해방지경감의무의 이행강제와 손해배상청구를 할 수 있는데, 이것이 과연 타당한가는 의문이다. 오히려 그 의무위반의 효과를 보험자의 보상책임의 문제로 보아, 의무자의 의무위반으로 인하여 발생·확대된 손해에 관하여서는 보험자가 보상책임을 면한다고 보는 것이 타당하지 않을까 생각한다.

## Ⅵ. 損害의 防止輕減의 費用

### 1. 意 義

손해방지경감비용은 보험자가 담보하고 있는 보험사고가 발생한 경우에 보험사고로 인한 손해의 발생·확대를 방지하고 손해의 경감을 목적으로 행하는 행위에 필요하거나 유익하였던 비용이다.

손해방지경감비용은 원칙으로 보험사고의 발생을 전제로 한다. 따라서 보험사고가 아닌 사고 즉 보험자가 보상책임을 지지 않는 사고에 대하여서는 손해방지경감의무가 없고, 이로 인한 보험자의 손해방지경감비용 부담의 문제도 생기지 않는다.

### 2. 被保險者의 法律上의 責任이 판명되지 않은 상태에서 損害防止를 위하여 한 緊急한 行爲로 발생한 費用

손해방지경감비용은 보험사고의 발생을 전제로 하나, 사고발생 시 피보험자의 법률상의 책임 여부가 판명되지 않은 상태에서 피보험자가 손해의 방지를 위하여 긴급한 행위를 한 경우에는 그 사고가 보험사고가 아니더라도 이를 상법 제680조 제1항의 손해방지경감행위로 보아 이로 인하여 발생한 필요·유익한 비용은 손해방지경감비용으로서 보험자가 부담한다고 보는 것이 타당하다(대판 1993. 1. 12. 91 다 42777)(대판 2002. 6. 28. 2002 다 22106)(대판 2003. 6. 27. 2003 다 6958).

**【대법원 2003. 6. 27. 판결, 2003 다 6958】**

**1. 사실관계**

레미콘을 제조·판매하는 X회사는 2000. 11. 30.에 Y해상화재보험(이하 "Y보험회사")와의 사이에 보험계약자 및 피보험자 X회사, 보상한도액 1사고당 1억 원, 자기부담금 100만 원, 보험기간 2000. 11. 30.~2001. 11. 29.로 하고, X회사의 생산물인 레미콘에 관한 영업배상책임보험계약을 체결하였다.

Y보험회사의 영업배상책임보험의 보통약관에는 Y보험회사는 피보험자가 보험기간에 발생한 사고로 인하여 타인의 신체에 장해를 입히거나 타인의 재물을 망가뜨려 법률상 책임을 부담함으로써 입은 손해를 보상하고(보통약관 2조), 또 보험사고가 생긴 때에 보험계약자 또는 피보험자는 손해의 방지 또는 경감을 위하여 일체의 방법을 강구하여야 하며 피보험자가 손해의 방지 또는 경감을 위하여 지급한 필요·유익한 비용을 보상한다(보통약관 5조, 16조 1항)고 규정하고 있었다.

X회사가 2001. 1. 10.에 건물증축공사 현장 지하 1층의 내벽면에 528 $m^3$ 레미콘을 공급하였는데, 같은 달 26.에 위 공사의 시공사인 A회사의 현장소장 B가 X회사에게 X회사로부터 공급받은 레미콘 50 $m^3$ 정도가 양생되지 않아 규정 강도가 나오지 않으니 빠른 시일 내에 조치해 줄 것을 요구하여 X회사는 즉시 위 현장에 나가 조사하여 콘크리트 경화불량의 하자가 있는 것을 확인하고 2001. 2. 3.에 Y보험회사에 신속한 보험처리를 요구하는 서면을 보내는 한편 전문시험기관인 동양중앙연구소에 그 하자의 원인분

석을 의뢰하였던 바 위 연구소로부터 위 콘크리트 경화불량은 혼화제를 기준의 7.5배 과다첨가하였기 때문이고 위 콘크리트 경화불량 부분을 방치하면 연 건평 4,500평의 대형건물이 붕괴될 위험이 있으므로 빠른 시일 내에 위 콘크리트 하자 부분을 떼어내고 보수·보강하여야 한다는 회신을 보내왔다.

그리하여 X회사는 위 건물이 붕괴되어 타인의 신체에 장해를 입히거나 타인의 재물을 망가뜨려 A시공사에 손해가 생기는 것을 방지하기 위하여 2001. 2. 2.에 C회사에 빠른 시일 내에 위 현장의 경화불량의 콘크리트를 떼어내고 다른 콘크리트로 대체시공하는 보수공사를 의뢰하였으며, C회사는 일반시멘트보다 훨씬 비싼 초속경 시멘트를 사용하고 야간작업도 병행하여 2001. 2. 4.~같은 달 14.에 위 보수공사를 완료하여 X회사는 C회사에 보수공사대금 7,300만 원을 지급하였다.

그리고 X회사는 Y보험회사에 대하여 보험금의 지급을 청구하였다.

**2. 판결요지**

이 건에 관하여, 대법원은 「상법 제680조 제1항과 보통약관 제5조, 제16조 제1항이 규정한 손해방지비용은 보험사고가 발생한 경우에 보험사고로 인한 손해의 발생을 방지하거나 손해의 확대를 방지함은 물론 손해를 경감할 목적으로 행하는 행위에 필요하거나 유익하였던 비용을 말하는 것으로서, 이는 원칙적으로 보험사고의 발생을 전제로 하는 것이나 보험사고가 발생한 것과 같게 볼 수 있는 상태가 생겼을 때에도 그때부터 피보험자의 손해방지의무는 생긴다고 보아야 한다.

보험사고 발생 시 또는 보험사고가 발생한 것과 같게 볼 수 있는 경우에 피보험자의 법률상의 책임 여부가 판명되지 않은 상태에서 피보험자가 손해확대방지를 위하여 긴급한 행위를 하였다면 이로 인하여 발생한 필요·유익한 비용도 상법 제680조 제1항의 규정에 따라 보험자가 부담하여야 한다」고 판시하여, X회사의 법률상의 책임 여부가 판명되지 않은 상태에서 X회사가 손해확대의 방지를 위하여 한 긴급한 행위는 손해방지경감행위이고 이로 인하여 발생한 필요·유익한 비용은 손해방지경감비용으로서 Y보험회사가 부담한다고 하였다.

**【대법원 1993. 1. 12. 판결, 91 다 42777】**

**1. 사실관계**

X는 그 소유의 승용차에 관하여 Y해상화재보험회사(이하 "Y보험회사")와 자동차종합보험계약을 체결하였다. X가 강변도로(자동차전용도로)를 따라 위 승용차를 운전하던 중 자전거를 타고 무단횡단하던 A를 치며 A를 병원에 이송하여 그 치료를 의뢰하였다.

당시 A는 중상으로 의식을 잃은 상태에서 그 가족에게 연락할 수 없는 형편이었고 병원에서는 X에게 A의 치료비채무의 연대보증인이 없으면 치료해 줄 수 없다고 하여, X는 A의 치료가 늦어지면 A의 생명이 위험해질까 염려하여 그 치료비채무를 연대보증하여 치료하게 하고 그 다음날 Y보험회사에 이를 통보하였다. Y보험회사는 그 후 1개월 여일이 지나서야 X에게 위 사고발생에 대하여 X의 과실이 없으므로 보험금을 지급하지 않겠다는 취지의 통보를 하였다.

또한 X는 A측에서 집요하게 손해배상을 요구하여 A측에 합의금으로 1,800만 원을 지급하였고, A측이 병원에 치료비를 지급하지 않자 병원이 X를 상대로 치료비채무의 연대보증의 이행을 청구하는 소를 제기하여 그 판결에 따라 X는 병원에 2,290만 원을 지급하였다.

X는 위 자동차종합보험계약에 의하여 Y보험회사에 대하여 4,090만 원(1,800만 원+2,290만 원) 상당의 보험금의 지급을 청구하였으나, Y보험회사는 X가 위 교통사고에 대하여 책임이 없으므로 보험금을 지급할 의무가 없다고 주장하였다.

### 2. 판결요지

이 건에 관하여, 대법원은 「손해보험에 있어서 피보험자가 손해의 확대를 방지하기 위하여 지출한 필요·유익한 비용은 보험자가 부담하는데(상 680조 1항), 이는 원칙적으로 보험사고의 발생을 전제로 하므로 손해보험의 일종인 책임보험에 있어서도 보험자가 보상책임을 지지 않는 사고에 대하여서는 손해방지의무가 없고, 따라서 이로 인한 보험자의 비용부담 등의 문제도 발생할 수 없다. 그러나 사고발생시 피보험자의 법률상 책임 여부가 판명되지 않은 상태에서 피보험자가 손해확대방지를 위하여 긴급한 행위를 하였다면 이로 인하여 발생한 필요·유익한 비용도 위 법조에 따라 보험자가 부담하는 것으로 해석함이 상당하다.

손해배상책임이 없는 피보험자가 가해자로서 교통사고 직후 자신의 책임 유무를 판단하기 어려운 가운데 의식을 잃은 피해자를 신속하게 치료받게 함으로써 피해상태의 악화를 방지하고 치료비채무를 연대보증하였다면 이로 인하여 지출한 치료비 중 보험자의 면책통보 시까지 발생한 부분은 보험자가 보상하여야 한다」고 판시하여, 사고발생시 피보험자의 법률상 책임 여부가 판명되지 않은 상태에서 피보험자가 손해확대방지경감을 위한 긴급한 행위를 한 경우에 이는 손해방지경감행위이고 이로 인하여 발생한 필요·유익한 비용은 손해방지경감비용으로서 보험자가 부담한다고 하였다.

### 3. 保險者의 損害防止輕減費用 負擔

보험자는 손해의 방지·경감에 필요 또는 유익하였던 비용을 보험계약자나 피보험자에게 보상하여야 하고 그 비용과 보상액이 보험금액을 초과한 경우에도 이를 부담하여야 한다(상 680조 1항 단서). 또 일부보험의 경우에는 보험금액의 보험가액에 대한 비율에 따라 부담한다(상 674조 본문). 손해방지경감을 위한 노력은 결과적으로 보험자의 이익으로 되므로, 그 비용을 보험자가 부담하도록 한 것이다.

#### 4. 保險者費用不負擔約款의 效力

약관에서 보험자가 손해방지경감비용을 부담하지 않는다고 하거나 또는 제한하는 내용으로 규정하고 있는 경우에 이 약관의 효력에 관하여 무효설과 유효설이 대립해 있다.

무효설은 손해방지경감의무에 관한 상법 제680조는 공익보호를 위한 강행규정이므로 보험자가 손해방지경감비용을 부담하지 않는다고 한 약관은 무효라 한다(서돈각·정완용 417면, 손주찬 592면). 유효설은 보험계약자 등에게 보상을 통하여 손해방지의무의 이행을 장려할 절대적인 공익적 이유는 없으므로 약관은 무조건 유효하다고 한다(채이식 544면).

생각건대 보험자가 보험금액을 초과하여 무한으로 손해방지경감비용을 부담하는 것은 부당하므로, 보험금액의 한도에서 부담한다는 약관은 유효하다고 보는 것이 타당하다(제한적 유효설).

## 제 5 관 保險者代位

### 제1. 序 說

상법은 보험자가 피보험자에게 보험금을 지급한 때에는 일정한 요건하에 피보험자의 보험의 목적에 대하여 가지는 권리 또는 제3자에 대하여 가지는 권리가 보험자에게 이전한다고 정하고 있다. 이것을 보험자대위(subrogation)라 한다. 보험자대위에는 보험자가 보험의 목적에 대한 권리를 취득하는 잔존물대위와 제3자에 대한 권리를 취득하는 청구권대위가 있다.

보험자대위는 원칙적으로 손해보험에서만 인정되는 제도이나, 상해보험의 경우에는 당사자 간에 약정이 있으면 피보험자의 권리를 해하지 아니하는 범위내에서 청구권대위를 인정한다(상 729조 단서). 같은 이유로 의료보험법(46조)과 산재보험법(15조)에서도 보험자대위를 인정하고 있다.

보험자대위에 관한 규정은 강행규정이 아니므로 당사자는 이와 다른 내용의 특약을 정할 수 있다. 예컨대 운송보험에 있어서 운송인의 과실로 인하여 운송물이 멸실된 경우에 피보험자인 荷主가 운송인에 대하여 가지는 손해배상청구권을 보험자가 대위하는 것을 배제하는 특약을 정할 수 있다.

## 제2. 殘存物代位(保險의 目的에 관한 保險者代位)

### Ⅰ. 意 義

보험의 목적의 전부가 멸실한 경우에 보험자가 보험금액의 전부를 지급한 때에는, 보험자는 피보험자가 보험의 목적에 대하여 가지는 권리를 취득한다(상 681조 본문). 즉 피보험자의 보험의 목적에 대한 권리가 법률상 당연히 보험자에게 이전된다. 예컨대 선박보험이나 가옥의 화재보험에 있어서 전손이 발생하여 보험자가 보험금액의 전부를 피보험자에게 지급한 때에는 잔존하는 침몰선·난파물 또는 불에 타다 남은 석재·목재 등의 소유권을 보험자가 취득한다. 이것을 「잔존물대위」 또는 「보험의 목적에 관한 보험자대위」라 한다.

대부분의 입법례에서는 해상보험에서만 인정하고 있지만, 우리 나라와 일본에서는 육상보험과 해상보험을 구별하지 않고 인정한다.

### Ⅱ. 立法趣旨

잔존물대위를 정한 상법 제681조의 입법취지에 관하여 이득방지설과 기술설이 대립해 있다. 이득방지설은 피보험자가 보험자로부터 보험금액의 전부를 지급받으면서 잔존물을 가지게 되면 피보험자가 보험사고로 인하여 이득을 얻게 되므로 이를 방지하기 위한 것이라 한다(정희철 426~427면, 최기원 694면). 기술설은 보험자의 손해보상은 잔존물의 가액을 공제한 실손해로 하여야 하나 잔존물의 가액의 산정에 시간과 비용이 소요되므로 이러한 과정을 생략하여 신속한 손해보상을 하도록 하기 위한 것이라 한다(김성태 439면).

생각건대 이득방지설은 잔존물대위가 피보험자의 이득을 방지하기 위한 것이라고 하나, 잔존물의 가액과 수령보험금의 합계액이 그 손해액을 초과하지 않는 때에는 피보험자에게 이득이 없는 데도 이에 잔존물대위가 적용되는 것을 설명할 수 없다. 기술설이 타당하다.

### Ⅲ. 要 件

#### 1. 保險의 目的의 全部滅失

보험의 목적의 전부가 멸실하여야 한다(全損). 보험의 목적의 전부멸실은 보험의 목적이 종래 가지고 있던 「경제적 효용의 전부」를 상실하는 것으로서, 반드시 물리적 전부멸실을 의미하는 것은 아니고 보험의 목적이 회복불능의 상태나 회복

가치가 없게 된 경우, 예컨대 수선불능(상 754조 1항)이 된 경우가 그 전형적인 예에 해당한다. 따라서 잔존물이 남아 있더라도 分損으로 보지 않는다. 보험실무에서는 일정 비율 이상의 손실을 전손으로 처리하는 약관을 두어 해결하는 것이 보통이다.

잔존물대위는 보험의 목적의 전부멸실의 경우에만 인정된다. 일부멸실의 경우에는 멸실되지 않고 잔존하는 부분의 가치를 공제하여 손해액을 산정하므로 잔존물대위가 인정되지 않는다. 전손인 이상 일부보험에도 잔존물대위가 인정된다.

#### 2. 保險金額 全部의 支給

보험자가 보험금액의 전부를 지급하여야 하고, 보험금액의 일부를 지급한 때에는 잔존물대위가 인정되지 않는다.

### Ⅳ. 效 果

#### 1. 權利의 取得

잔존물대위의 요건을 갖춘 때에는 보험자는 보험의 목적에 대하여 피보험자가 가지는 권리를 취득한다. 권리취득의 시기는 보험사고가 발생한 때가 아니고 보험금의 전부를 지급한 때이다.

보험의 목적에 대하여 피보험자가 가지는 권리는 소유권이다. 보험의 목적에 대한 용익물권이나 임차권 등은 그 보험의 목적의 전부멸실과 동시에 소멸하여 잔존물에 대한 권리가 없으므로, 보험자가 취득하는 권리는 소유권뿐이다.

일부보험의 경우에는 보험자는 보험금액의 보험가액에 대한 비율에 따라 권리를 취득한다(상 681조 단서). 따라서 이 경우에는 잔존물에 대하여 피보험자와 보험자 간에 공유관계가 성립한다.

#### 2. 權利取得의 性質

보험자의 잔존물대위에 의한 권리취득은 법률의 규정에 의한 당연한 취득으로서, 당사자 간의 의사표시에 의한 양도행위를 요하지 않고 또 채권양도의 제3자에 대한 대항요건(민 450조)도 요하지 않는다.

#### 3. 權利에 부수하는 義務의 負擔

보험의 목적의 잔존물에 의무가 부수되어 있는 경우, 예컨대 선박보험의 선박이 침몰되어 피보험자가 그 제거의무를 부담하거나 선박의 난파물로 인하여 어망이 파손되어 손해배상책임을 지는 경우에, 그 의무도 권리와 함께 보험자에게 이전한다(손주찬 596면).

그러나 약관에서 보험자가 잔존물에 대한 권리를 포기할 수 있는 것으로 규정하고 있는 경우, 학설은 이를 유효하다고 한다(손주찬 597면, 최기원 695면, 채이식 547면).

## 제3. 請求權代位(第3者에 대한 保險者代位)

### Ⅰ. 意 義

보험사고로 인한 손해가 제3자의 행위로 인하여 생긴 경우에 보험자가 피보험자에게 보험금을 지급한 때에는, 보험자는 그 지급한 금액의 한도에서 보험계약자 또는 피보험자가 제3자에 대하여 가지는 권리를 취득한다(상 682조 본문). 이것을 「청구권대위」 또는 「제3자에 대한 보험자대위」라 한다.

### Ⅱ. 立法趣旨

보험사고로 인한 손해가 제3자의 행위로 인하여 생긴 경우 피보험자는 제3자에 대하여 손해배상청구권과 보험자에 대하여 손해보상청구권으로서의 보험금청구권을 가지는데, 이 두 권리는 법률상으로는 별개의 원인에 의하여 생긴 별개의 권리로서 병존할 수 없는 것은 아니다.

그러나 피보험자가 보험자로부터 보험금을 지급받은 후에도 제3자에 대한 청구권을 행사하게 하는 것은 피보험자에게 손해의 전보를 넘어서 오히려 이득을 주는 결과가 되어 손해보험제도의 원칙에 반하게 되고 또 배상을 하여야 하는 의무자인 제3자가 피보험자의 보험금 수령으로 인하여 그 책임을 면하게 하는 것도 불합리하다(대판 1993. 1. 12. 91 다 7828). 따라서 청구권대위는 보험자가 피보험자에게 보험금을 지급한 때에는 그 지급한 금액의 한도에서 보험계약자 또는 피보험자가 제3자에 대하여 가지는 권리를 취득하도록 하여 피보험자 · 제3자 및 보험자 간의 이해를 조정한 것이다.

### Ⅲ. 要 件

#### 1. 제3자의 行爲로 인한 損害의 發生

보험사고로 인한 손해가 제3자의 행위로 인하여 생겨야 한다(상 682조 본문).

(1) 제3자의 範圍

① 被保險者 보험계약의 해석상 보험사고를 일으킨 자가 제3자가 아닌 피보험자에 해당될 경우에는 보험자는 그 보험사고를 일으킨 자에 대하여 보험자

대위권을 행사할 수 없다(대판 1995. 6. 9. 94 다 4813).

그러므로 자동차종합보험의 보통약관에서 피보험자에는 기명피보험자 외에 기명피보험자의 승낙을 얻어 자동차를 사용 또는 관리 중인 자(승낙피보험자) 및 위 각 피보험자를 위하여 자동차를 운전 중인 자 등도 포함되어 있다면, 승낙피보험자의 행위로 인하여 보험사고가 발생한 경우 기명피보험자가 승낙피보험자에 대하여 손해배상채무부담에 관한 내부 약정에 기하여 청구권을 갖는다 하여도 자동차보험자가 보험자대위의 법리에 의하여 그 승낙피보험자에게 대위권을 취득할 수 없다(대판 1993. 1. 12. 91 다 7828).

② **被保險者의 同居家族** 피보험자와 생계를 같이 하는 동거가족의 과실로 인하여 보험사고가 발생한 경우에는 보험자는 보험자대위권을 행사할 수 없다. 이 경우에도 보험자대위를 인정하면 실제로 피보험자로부터 보험의 이익을 박탈하는 것과 동일한 결과가 되기 때문이다(대판 2000. 6. 23. 2000 다 7116)(대판 2002. 9. 6. 2002 다 32547)(대판 2009. 8. 20. 2009 다 27452).

**【대법원 2000. 6. 23. 판결, 2000 다 9116】**

운전자 연령 한정운전 특별약관부 자동차종합보험계약에서 연령 미달의 임의운전자가 보험계약자 또는 피보험자의 동거가족인 경우, 상법 제682조 소정의 보험자대위권 행사의 대상인 제3자에 포함되는지 여부가 문제된 사안에서, 대법원은 「피보험자의 동거친족에 대하여 피보험자가 배상청구권을 취득한 경우, 통상은 피보험자는 그 청구권을 포기하거나 용서의 의사로 권리를 행사하지 않은 상태로 방치할 것으로 예상되는바, 이러한 경우 피보험자에 의하여 행사되지 않는 권리를 보험자가 대위취득하여 행사하는 것을 허용한다면 사실상 피보험자는 보험금을 지급받지 못한 것과 동일한 결과가 초래되어 보험제도의 효용이 현저히 해하여진다 할 것이고, 운전자 연령 한정운전 특별약관은 보험약관에 있어서의 담보위험을 축소하고 보험료의 할인을 가능하게 하는 데 그 취지가 있는 것이므로 보험계약자의 의사는 보험료를 할인받는 대신 특약 위반시 보험혜택을 포기하는 것이라고 할 것이나, 그 경우에도 피보험자의 명시적이거나 묵시적인 의사에 기하지 아니한 채 연령 미달자가 피보험자동차를 운전한 경우에는 면책조항의 예외로서 보험자가 책임을 지는 점에 미루어 연령 미달의 임의운전자가 동거가족인 경우에도 보험자의 대위권 행사의 대상이 되는 것으로 해석한다면, 임의운전자가 가족이라는 우연한 사정에 의하여 특약에 위배되지 않은 보험계약자에게 사실상 보험혜택을 포기시키는 것이어서 균형이 맞지 않는 점 등에 비추어, 운전자 연령 한정운전 특별약관부 보험계약에서 연령 미달의 동거가족의 경우 특별한 사정이 없는 한 상법 제682조 소정의 제3자의 범위에 포함되지 않는다고 봄이 타당하다」고 판단하였다.

③ **他人을 위한 損害保險契約에 있어 保險契約者** 가령 운송인이 적하이해관계인을 피보험자로 하는 운송보험계약을 체결하였거나 건물의 임차인이 건물의 소유자인 임대인을 위하여 화재보험계약을 체결한 경우에 운송인이나 임차인의 경과실로 보험사고가 발생하고 그로 인하여 보험자가 피보험자에게 보험금을 지급하였을 경우 보험자는 보험계약자를 상법 제682조의 제3자로 보아 보험자대위권을 행사할 수 있는가? 이 점에 대하여는 학설이 대립한다.

부정설은 타인을 위한 손해보험계약의 경우 운송인이나 창고업자인 보험계약자는 보험계약상 보험료의 지급의무를 비롯한 각종의 의무를 지고 또한 그의 고의 또는 중대한 과실로 보험사고가 발생한 때에는 보험자는 보험금지급책임을 지지 않고, 또 이 경우에 보험계약자가 책임보험계약을 맺은 때에는 전혀 제3자의 문제가 제기될 수 없다는 것에 비추어 보면 타인을 위한 보험계약에서의 보험계약자에게는 보험자가 대위권을 행사할 수 없다고 한다(양승규 248면).

긍정설은 타인을 위한 보험계약에서 보험계약자는 보험료를 타인의 계산으로 지급하는 것이며 기타의 의무도 보험계약자가 보험자의 상대방인 형식적인 자격으로 지는 것에 불과하므로 보험의 원리나 보험자대위제도의 입법취지로 보아 타인을 위한 보험계약의 경우 단순한 보험계약자는 상법 제682조의 제3자에 포함된다고 하거나(최기원 697·698면), 타인을 위한 손해보험계약에서 보험계약자에게는 보험자가 대위권을 행사하지 못한다고 하면 보험사고를 일으킨 보험계약자는 완전히 책임을 면할 수 있게 되는데 이렇게 되면 타인을 위한 손해보험은 책임보험이 아님에도 결과적으로 책임보험에 부보한 것과 동일한 결론에 이르는 문제가 있기 때문에 타인을 위한 손해보험계약에서의 보험계약자에게도 보험자는 대위권을 행사할 수 있다고 한다(김성태 452면).

생각건대, 타인을 위한 손해보험계약은 타인의 이익을 위한 계약으로서 그 타인인 피보험자의 이익이 보험의 목적이고 여기에 당연히(특약 없이) 보험계약자의 보험이익이 포함되거나 예정되어 있는 것은 아니라 할 것이므로 피보험이익의 주체는 그 타인이 되는 것이고 보험계약자가 되는 것은 아니다. 그러므로 이러한 보험계약자는 비록 보험자와의 사이에서는 계약당사자이고 약정된 보험료를 지급할 의무자이지만 보험자대위규정의 취지와 그가 피보험이익의 주체가 아니라는 그 지위의 성격에 비추어 보면 보험자대위에 있어서 보험계약자와 보험계약자 아닌 제3자를 특별히 구별하여 취급하여야 할 법률상의 이유를 찾기 힘들다. 따라서 타인을 위한 손해보험계약자가 당연히 제3자의 범주에서 제외되는 것은 아니라고 볼 것이다(긍정설)(대판 1989. 4. 25. 87 다카 1669)(대판 2000. 11. 10. 2000 다 29769).

**【대법원 1989. 4. 25. 판결, 87 다카 1669】**

타인을 위한 손해보험계약자가 상법 제682조의 제3자에 포함되는지 여부에 대하여, 대법원은「타인을 위한 손해보험계약은 타인의 이익을 위한 계약으로서 그 타인(피보험자)의 이익이 보험의 목적이지 여기에 당연히(특약 없이) 보험계약자의 보험이익이 포함되거나 예정되어 있는 것은 아니므로 피보험이익의 주체가 아닌 보험계약자는 비록 보험자와의 사이에서는 계약당사자이고 약정된 보험료를 지급할 의무자이지만 그 지위의 성격과 보험자대위 규정의 취지에 비추어 보면 보험자대위에 있어서 보험계약자와 제3자를 구별하여 취급할 법률상의 이유는 없는 것이며 따라서 타인을 위한 손해보험계약자가 당연히 제3자의 범주에서 제외되는 것은 아니다」고 하였다.

(2) 제3자의 行爲

제3자의「행위」는 피보험이익에 대하여 손해가 생기게 하는 행위로서, 채무불이행과 같이 계약관계를 전제로 하는 행위(예 : 임차인의 과실로 인하여 피보험가옥을 소실케 한 행위)와 불법행위와 같이 계약관계를 전제로 하지 않는 행위(예 : 피보험가옥에 방화하는 행위)를 포함하고, 또 위법행위뿐만 아니라 共同海損의 선장의 처분행위(상 865조)와 같은 적법행위도 포함한다. 또한 보험사고로 인한 손해는 잔존물대위의 경우와는 달리 전부멸실뿐만 아니라 일부멸실도 포함한다.

### 2. 保險契約者 또는 被保險者의 第3者에 대한 權利의 存在

보험계약자 또는 피보험자가 제3자에 대하여 손해배상청구권 등의 권리를 가지고 있어야 한다(상 682조 본문). 피보험자 외에 보험계약자를 포함시킨 것은 예컨대 타인의 물건의 수치인인 A가 그 타인인 B를 위하여 임치물에 대하여 보험계약을 체결한 경우 제3자인 C가 그 물건을 멸실하게 한 때에 A가 C에 대하여 권리를 가지는 것을 예상한 것이다.

여기에서 보험계약자 또는 피보험자의 제3자에 대한 권리가 구체적으로 어떤 권리인지 명백하지 않으나, 법률의 규정에 의한 사법상의 권리변동은 엄격하게 해석하여야 하므로 본조의 보험계약자 또는 피보험자의 권리의 범위도 엄격하게 해석하여 보험사고의 발생 자체로 인하여 보험계약자 또는 피보험자가 제3자에 대하여 가지는 불법행위로 인한 손해배상청구권이나 채무불이행으로 인한 손해배상청구권에 한한다고 본다(대판 1988. 12. 13. 87 다카 3166).

제3자의 행위로 인한 보험사고가 발생하여도 보험계약자 또는 피보험자가 제3자에 대하여 이러한 청구권을 가지지 않는 경우에는 보험자는 청구권대위를 하지 못한다.

**【대법원 1988. 12. 13. 판결, 87 다카 3166】**

**1. 사실관계**

A는 Y보험회사와의 사이에 A소유의 선박 한성호가 선박충돌사고를 일으켜 A가 물적손해배상책임을 지는 경우에 보험금액 3억 원으로 하여 그 손해를 보상하기로 하는 책임보험계약을 체결하였다.

또한 B어업합명회사(이하 "B어업회사")는 X협동조합중앙회(이하 "X협동조합")와의 사이에 B어업회사 소유의 선박 동원호에 관하여 공제금액 9,290만 원으로 하여, 위 동원호의 해상에서의 충돌·침몰·좌초 등으로 인한 손해를 공제금액의 범위 내에서 보상하기로 하는 어선공제계약을 체결하였다.

위 한성호가 위 동원호를 충격·침몰시킨 선박충돌사고가 발생하여, 공제자인 X협동조합이 피공제자인 B어업회사로부터 어선공제증권을 질취해 보유하고 있던 질권자 부산은행에게 동원호가 입은 손해 중에서 공제금 9,290만 원을 지급하였다.

X협동조합이 위 공제금을 지급하기 전에 A는 위 선박충돌사고로 인하여 Y보험회사에 대하여 가지는 보험금청구권을 B어업회사에 양도하고, 또 위 보험금청구권을 B어업회사에 양도한다는 뜻을 Y보험회사에 통지하였다.

이에 X협동조합이 B어업회사의 보험금청구권을 대위취득하였다고 하여, Y보험회사에 대하여 보험금의 지급을 청구하였다.

**2. 판결요지**

이 건에 관하여, 대법원은「상법 제682조의 보험자대위에 의하여 보험자가 취득하는 권리는 당해 사고의 발생 자체로 인하여 피보험자가 제3자에 대하여 가지는 불법행위로 인한 손해배상청구권이나 채무불이행으로 인한 손해배상청구권에 한한다. 따라서 원심이 같은 견해에서 A가 Y보험회사에 대하여 가지는 보험금청구권을 B어업회사에 양도하였더라도 그로 인하여 취득한 B어업회사의 보험금청구권은 이 건 선박충돌사고의 발생 자체로 인하여 생긴 것이 아니고 Y보험회사와 위 A간의 보험계약 및 A와 B어업회사간의 채권양도계약에 의하여 생긴 것이므로 이는 보험자대위의 목적이 될 수 없다고 판단한 것은 정당하고 논지는 이유 없다」고 판시하여, 피보험자의 보험금청구권은 청구권대위의 대상으로 되지 아니하여 X협동조합은 Y보험회사에 대하여 보험금의 지급을 청구할 수 없다고 하였다.

### 3. 保險金의 支給

보험자가 보험금을 지급하여야 한다(상 682조 본문). 보험금을 지급하기 전에는 보험계약자나 피보험자는 제3자에 대한 권리를 행사하거나 처분할 수 있다. 보험금의 지급은 잔존물대위의 경우와는 달리 보험금의 전부지급뿐만 아니라 일부지급도 포함한다.

보험자가 보험금을 지급하기 전 즉 청구권대위의 효과가 발생하기 전에 피보험자 등이 제3자에 대한 권리를 행사하거나 처분한 경우에는 보험자는 그 부분에 대하여서는 대위할 수 없다(대판 1981. 7. 7. 80 다 1643).

**【대법원 1981. 7. 7. 판결, 80 다 1643】**

**1. 사실관계**

A회사는 그 소유의 공장건물에 관하여 X보험회사와의 사이에 화재보험계약을 체결하였다. Y회사는 A회사로부터 위 공장건물을 임차하여 사용하던 중에 화재가 발생하여 그 일부가 소실되어 X보험회사는 A회사에 3,400만 원의 보험금을 지급하였다.

X보험회사가 A회사에 위 보험금을 지급하기 전에 A회사와 Y회사는 화재복구비용을 6,600만 원으로 보고 그 중 Y회사가 3,200만 원을 부담하면 화재로 인한 Y회사의 손해배상채무를 면제하기로 하는 화해를 하여 Y회사는 A회사에게 3,200만 원을 지급하였다.

X보험회사는 A회사에 보험금을 지급하여 A회사의 Y회사에 대한 손해배상채권을 대위취득하였다고 하여 Y회사에 대하여 3,400만 원의 지급을 청구하였다.

**2. 판결요지**

이 건에 관하여, 대법원은 「상법 제682조에 의하여 손해가 제3자의 행위로 인하여 생긴 경우에 보험금을 지급한 보험자는 그 지급한 금액의 한도에서 그 제3자에 대한 보험계약자 또는 피보험자의 권리를 취득하나, 보험자가 보험금을 지급하여 위 대위의 효과가 발생하기 전에 피보험자 등이 제3자에 대한 권리를 행사하거나 처분한 경우에는 그 부분은 보험자가 대위할 수 없다」고 판시하여, 보험금을 지급하기 전에 피보험자 등이 제3자에 대한 권리를 행사하거나 처분한 경우에는 보험자 대위를 할 수 없다고 하였다.

## Ⅳ. 效 果

### 1. 權利의 取得

청구권대위의 요건을 갖춘 때에는 보험자는 그 지급한 금액의 한도에서 보험계약자 또는 피보험자의 제3자에 대한 권리를 취득한다(상 682조 본문). 권리취득의 시기는 보험금을 지급한 때이다.

일부보험의 경우의 권리취득에 관하여 잔존물대위(상 681조 단서)에서와 같은 규정이 없어 의문스러우나, 이 경우에도 보험자는 보험금액의 보험가액에 대한 비율에 따라 제3자에 대한 권리를 취득한다고 보아야 할 것이다.

### 2. 取得하는 權利의 範圍

보험자는 지급한 보험금의 한도에서 보험계약자 또는 피보험자의 제3자에 대한 권리를 취득한다(상 682조 본문). 예컨대 1억 원의 화재보험에 붙인 가옥이 제3자의 방화로 인하여 화재가 발생한 경우에 보험자가 7,000만 원의 손해보상을 한 때에는, 보험자는 7,000만 원의 한도에서 보험계약자 또는 피보험자에 대위하여 제3자에 대하여 손해배상을 청구할 수 있다.

### 3. 共同不法行爲者에 대한 求償權의 代位

수인이 공동불법행위를 하여 피보험자에게 손해를 가한 경우에 보험자가 피보험자에게 손해배상금을 보험금으로 지급하여 공동불법행위자가 공동면책되면 그 공동불법행위채무는 소멸되고 피보험자가 그 공동불법행위자에 대하여 그 부담부분에 대한 구상권을 취득한다.

이러한 피보험자의 공동불법행위자에 대한 구상권은 불법행위에 기한 손해배상채권이 아니며, 이는 청구권대위가 있는 때에는 동일성을 상실하지 않고 그대로 보험자에게 이전된다.

따라서 이러한 보험자(피보험자)의 공동불법행위자에 대한 구상권의 소멸시효기간은 일반채권과 같이 10년이고 그 기산점은 구상권이 발생한 시점 즉 구상권자가 피해자에게 현실로 손해배상금을 지급한 때이다(대판 1994. 1. 11. 93 다 32958)(대판 1996. 3. 26. 96 다 3791)(대판 1998. 12. 22. 98 다 40466)(대판 1999. 6. 11. 99 다 3143).

**【대법원 1998. 12. 22. 판결, 98 다 40466】**

**1. 사실관계**

A석유회사(이하 "A회사") 소유의 유류 탱크로리 화물차가 1992. 1. 10.에 B의 승용차와 C교통운수회사(이하 "C교통") 소유의 버스를 순차 충돌하는 교통사고가 발생하여, 위 버스의 승객 D 등 12명(이하 "피해자들")이 상해를 입었다.

X화재해상보험회사(이하 "X보험회사")는 C교통이 위 버스를 피보험자동차로 하여 체결한 자동차종합보험계약의 보험자이고, Y화재해상보험회사(이하 "Y보험회사")는 A회사가 위 화물차를 피보험자동차로 하여 체결한 자동차종합보험계약의 보험자이다.

그리고 X보험회사는 C교통의 보험자로서 1993. 1. 1.에 위 교통사고로 상해를 입은 위 피해자들에게 치료비와 합의금 명목으로 금 1,900만 원을 지급하였고, 1997. 3. 13.에 X보험회사가 Y보험회사를 상대로 이 건 소를 제기하였다.

위 교통사고는 C교통의 운전자에게는 과실이 없고, 위 승용차의 운전자인 B의 과실과 위 A회사의 화물차의 운전자의 과실이 경합되어 발생한 것으로 판명되었다.

이에 X보험회사가 Y보험회사에 대하여 금 1,900만 원의 지급을 청구하였다.

**2. 판결요지**

이 건에 관하여, 대법원은 「C교통은 그 운전자의 과실이 없다고 하더라도 위 버스의 운전자로서 위 피해자들에 대하여 자동차손해배상보장법상의 배상책임을 부담하고 A회사와 B도 위 화물차 및 승용차의 운행자 또는 공동불법행위자로서 위 피해자들에 대하여 손해배상책임을 부담하며, C교통·A회사 및 B의 위 각 책임은 부진정연대채무관계에 따라 위 피해자들에게 그 손해배상금을 보험금으로 지급하여 A회사와 B가 공동면책되었으면, C교통은 A회사에 대하여 그 부담부분에 대한 구상권을 행사할 수 있다.

또한 C교통은 상법 제724조 제2항에 의하여 Y보험회사에 대하여 직접 A회사의 부담부분에 대한 구상권을 행사할 수 있고, X보험회사는 상법 제682조의 보험자대위의 법리에 따라 취득한 C교통의 Y보험회사에 대한 직접구상권을 Y보험회사에 대하여 행사할 수 있다.

그리고 X보험회사가 보험자대위의 법리에 의하여 취득한 C교통의 Y보험회사에 대한 직접구상권을 Y보험회사에 대하여 행사하는 경우에 그 소멸시효기간은 10년이고 그 기산점은 구상권이 발생한 시점 즉 구상권자가 피해자에게 현실로 지급한 때이다」라 판시하여, X보험회사는 보험자대위의 법리에 의하여 취득한 C교통의 Y보험회사에 대한 직접구상권을 Y보험회사에 대하여 행사할 수 있다고 하였다.

### 4. 權利取得의 性質

청구권대위에 의한 권리의 취득은 법률의 규정에 의한 당연한 취득으로서 양도에 의한 것이 아니다. 따라서 보험자가 청구권대위에 의하여 권리를 취득하는 경우에는 채권양도에 관한 제3자대항요건(민 450조) 없이도 채무자 기타 제3자에 대하여 대항할 수 있다.

### 5. 權利移轉의 效果

#### (1) 權利의 行使·處分의 制限

보험금을 지급하여 청구권대위의 효과가 발생한 때에는, 피보험자 등은 제3자에 대하여 그 이전된 권리를 행사하거나 처분할 수 없다. 그러나 보험금을 지급받기까지는 피보험자 등은 제3자에 대하여 가지는 권리를 행사하거나 처분할 수 있다.

보험금의 지급 전에 피보험자 등이 제3자로부터 배상을 받은 때에는 보험자는 그만큼 지급할 보험금에서 감액할 수 있다. 또 피보험자 등이 제3자에 대한 손해배상청구권을 포기하거나 처분한 때에는 보험자는 보험금의 지급 시에 지급할 보험금에서 청구권대위로 취득할 권리의 가액을 공제할 수 있다. 그리고 보험자가 보험금을 지급하면 보험자대위권이 발생하게 되므로 피보험자가 제3자에 대한 권리를 행사하거나 처분하면 피보험자가 보험자의 권리를 침해한 것이 되어 불법행위에 기한 손해배상책임을 지게 된다.

(2) 保險金의 一部를 支給한 경우

보험자가 피보험자에게 보상할 보험금의 일부를 지급한 때에도, 보험자는 지급한 금액의 한도에서 피보험자 등의 제3자에 대한 권리를 취득한다(상 682조 본문).

그러나 보험자가 청구권대위에 의하여 제3자에 대한 권리를 취득하여도 제3자의 자력이 부족한 때에는 보험자는 피보험자 등의 제3자에 대한 권리를 해하지 않는 범위 내에서만 그 권리를 행사할 수 있다(상 682조 단서)(피보험자의 권리우선). 예컨대 보험가액 1억 원의 가옥을 보험금액 1억 원의 화재보험에 붙인 경우 제3자의 방화로 가옥이 전소되어 피보험자가 보험자로부터 보험금의 일부인 5,000만 원을 지급받고 제3자의 자력이 8,000만 원에 불과한 때에는, 피보험자는 제3자에 대하여 5,000만 원(손해배상청구권의 금액 1억 원－일부지급보험금 5,000만 원)의 권리를 행사할 수 있고 보험자는 제3자에 대하여 3,000만 원(제3자의 자력 8,000만 원－피보험자에게 지급하여야 할 금액 5,000만 원=3,000만 원이 피보험자를 해하지 않는 범위)의 권리를 행사할 수 있다.

이와 같이 보험금의 일부지급의 경우 보험자의 제3자에 대한 권리행사의 제한은 피보험자 등의 이익을 보호하기 위한 것이다. 해석론으로는 상법 제682조 단서의 규정 내용은 피보험자가 보험금의 전부를 지급받고도 피보험자에게 아직 손해가 남아 있는 경우에도 확대 적용하는 것이 옳다고 본다(통설).

(3) 一部保險의 경우

가) 序 說

일부보험의 경우에도 보험자는 그 지급한 보험금의 한도에서 피보험자 등의 제3자에 대한 권리를 취득하나(상 682조 본문), 제3자의 자력이 부족한 경우에 보험자가 어떤 범위에서 제3자에 대한 권리를 취득할 수 있는지 문제된다. 예컨대 보험가액 1억 원의 가옥을 보험금액 5,000만 원의 화재보험에 붙였는데(일부보험) 제3자의 방화로 가옥이 전소되어 피보험자가 제3자에 대하여 1억 원의 손해배상청구권을 가지고 제3자의 자력이 8,000만 원 밖에 되지 않는 경우에, 보험자가 5,000만 원의 보험금을 지급한 때에는 보험자가 제3자에 대하여 어떤 범위의 권리를 취득하는지 문제된다. 이에 관하여 보험자우선설, 청구액비례설, 피보험자우선설 등의 학설이 대립해 있다.

나) 學 說

**① 保險者優先說** 보험자우선설은 상법 제682조 본문은 일부보험과 전부보험을 구별하지 않고 지급한 금액의 한도에서 대위를 인정하고 있으므로, 보험자는 지급한 금액의 한도에서는 피보험자에 우선하여 대위한다고 한다(加藤由作, "保險代位について一一部保險の效果", 保險學雜誌 440號, 25頁 이하)

이 학설에 의하면 보험자는 5,000만 원에 대하여 대위할 수 있고, 피보험자는 보험자로부터 5,000만 원의 보험금과 제3자로부터 3,000만 원의 배상금을 받아 8,000만 원을 받게 된다. 그러나 피보험자가 미리 제3자로부터 8,000만 원의 배상금을 받은 때에는 보험금인 5,000만 원을 초과하므로, 보험자는 보험금을 지급할 의무가 없다고 한다.

**② 請求額比例說** 청구액비례설은 일부보험의 경우의 잔존물대위에 관한 상법 제681조 단서의 규정을 유추적용하여 보험자는 보험금액의 보험가액에 대한 비율에 따라 대위한다고 한다(채이식 552면, 西島梅治, 保險法, 200頁).

이 학설에 의하면 보험자는 제3자의 지급자력 8,000만 원에 대하여, 보험금액의 보험가액에 대한 비율에 따른 금액 즉 4,000만 원에 대하여 대위한다. 이에 의하면 피보험자가 보험자와 제3자 중 누구에게 먼저 권리를 행사하여도 받는 금액에는 차이가 없다. 즉 피보험자가 먼저 보험자로부터 5,000만 원의 보험금을 받은 때에는 제3자에 대하여 보험자가 대위하고 남은 4,000만 원을 청구할 수 있어 결국 9,000만 원을 받게 되고, 또 피보험자가 먼저 제3자로부터 8,000만 원의 배상을 받은 때에는 나머지 2,000만 원의 손해에 대하여 보험자로부터 보험에 붙인 비율에 따른 1,000만 원의 보험금을 받을 수 있어 역시 9,000만 원을 받게 된다고 한다.

**③ 被保險者優先說** 피보험자우선설은 상법 제682조 단서에 의하여 일부보험의 경우에도 보험자는 피보험자의 권리를 해하지 않는 범위 내에서 대위할 수 있다고 한다(양승규 254면, 정찬형 632면, 김성태 481면).

이 학설에 의하면 피보험자가 보험자로부터 5,000만 원의 보험금을 받아도 여전히 5,000만 원의 손해를 입고 있으므로, 피보험자는 잔존손해액에 대하여 보험자에 우선하여 손해배상청구권을 행사할 수 있다. 따라서 피보험자가 권리행사를 하고도 남은 금액인 3,000만 원이 피보험자의 권리를 해하지 않는 범위이므로, 보험자는 3,000만 원의 범위 내에서 제3자에 대하여 대위할 수 있다고 한다.

다) 檢 討

보험 및 보험자대위제도의 취지에 비추어 볼 때, 피보험자에게 이중이득이 되지 않는 한 피보험자에게 완전한 보상을 하는 것이 바람직하고 또 상법 제682조의 입법목적에도 부합하는 것이다. 이러한 점에서 보면 피보험자우선설이 타당하다(피보험자우선설).

### V. 再保險과 請求權代位

재보험의 경우에, 원보험자가 보험금을 지급한 때에는 원보험자가 그 보험계약자 또는 피보험자의 제3자에 대한 권리를 대위하고, 또한 재보험자가 원보험자에게 재보험금을 지급한 때에는 재보험자가 그 지급한 한도에서 그 원보험자의 권리를 대위한다.

그러나 이러한 경우에 재보험자가 제3자에 대한 권리를 직접 행사하지 않고, 원보험자가 자기의 명의로 재보험자의 수탁자적 지위에서 제3자에 대한 권리를 행사하여 그 회수한 금액을 재보험자에게 교부하여도 무방하다.

# 제 6 관 損害保險債權의 處分

## 제1. 保險事故 發生 후의 保險金請求權

보험사고로 인하여 구체화된 보험금청구권은 통상의 금전채권이므로, 이는 일반채권의 양도·입질의 방법과 효력에 따라 양도·입질 등의 처분을 할 수 있다(민 449조 1항 345조, 346조).

## 제2. 保險事故 發生 전의 保險金請求權

### I. 被保險利益의 移轉을 수반하지 않은 單獨處分

#### 1. 序 說

보험사고 발생 전의 未必的保險金請求權을 피보험이익의 이전 없이 양도 또는 입질할 수 있는가 하는 것이 문제된다. 이에 관하여는 긍정설과 부정설이 대립해 있다.

2. 學 說

① 否定說 부정설은 피보험이익이 없으면 보험이 없는 것이므로, 피보험이익의 이전을 수반하지 않은 권리만의 이전을 인정하는 것은 손해보험의 본질에 반하여 인정할 수 없다고 한다(靑山衆二, 保險契約論(上), 102頁).

② 肯定說 긍정설은 피보험이익은 객관적으로 존재하기만 하면 되고 반드시 피보험자의 권리와 함께 있어야 하는 것이 아니므로, 피보험이익의 이전을 수반하지 않은 권리만의 이전을 인정하여도 무방하다고 한다(大森忠夫, 保險法, 175頁).

3. 檢 討

권리를 양도하여도, 피보험자가 피보험자의 지위를 상실하는 것이 아니고 또 양수인이 피보험자의 지위를 취득하는 것이 아니므로, 권리만의 이전을 인정하여도 무방하다고 볼 것이다(긍정설). 이 경우 그 권리의 양도·입질의 방법과 대항요건은 일반채권의 양도·입질에 관한 원칙에 의하여야 한다(민 450조 349조).

### Ⅱ. 被保險利益의 移轉을 수반한 處分

1. 包括承繼

상속·합병 등에 의하여 보험의 목적을 포괄승계한 때에는, 보험계약상의 피보험자의 지위도 당연히 승계인에게 이전된다.

2. 保險의 目的의 讓渡

피보험자가 보험의 목적을 양도한 때에는, 양수인은 보험계약상의 권리와 의무를 승계한 것으로 추정한다(상 679조 1항). 보험의 목적의 양도에 관하여서는 항을 바꾸어 고찰하기로 한다.

## 제3. 保險의 目的의 讓渡

### Ⅰ. 意 義

보험의 목적의 양도는 피보험자가 보험의 대상인 목적물을 개별적으로 타인에게 양도하는 것이다.

보험의 목적을 양도한 경우에는 양도인인 피보험자가 피보험이익을 상실하여 보험계약이 소멸하게 되면, 양도인으로서는 이미 지급한 보험료가 소용없게 되고 또 양수인으로서는 새로운 보험계약을 체결할 때까지는 無保險狀態에 놓이게 되어 바람직하지 않다. 그리고 보험자의 입장에서도 양수인과 보험관계를 계속 유지하는 것이 원칙적으로 불리한 것은 아니기 때문에 보험목적의 양도가 있어도 보험관계를 소멸시키지 않고 양수인과의 관계에서 계속 유지시키는 것이 당사자의 의사에도 부합한다고 볼 수 있다.

그리하여 상법 제679조 제1항은 피보험이익이 상실되는 것을 방지하기 위하여 「피보험자가 보험의 목적을 양도한 때에는, 양수인은 보험계약상의 권리와 의무를 승계한 것으로 추정한다」고 규정하여, 보험의 목적의 양도 시 보험관계가 승계되는 것으로 추정하고 있다.

## Ⅱ. 要 件

### 1. 讓渡 당시 保險關係의 存在

보험의 목적의 양도 당시에 보험계약이 유효하게 존재하여야 한다. 따라서 보험계약이 해제·취소 등에 의하여 효력을 상실한 때에는, 보험관계 이전의 추정이 생기지 않는다. 보험계약이 유효하게 존재하는 한, 보험자에게 면책사유가 있더라도 본조가 적용되어 보험관계의 이전이 추정되고, 다만 보험자는 양수인에게 면책사유로 대항할 수 있다.

### 2. 保險의 目的이 物件일 것(物件의 付保)

보험의 목적이 물건이어야 한다. 상법에서 「보험의 목적」이라 할 때에는 물건을 의미하며(상 678조, 675조 681조, 710조), 물건은 동산·부동산 등의 유체물은 물론 무체의 권리도 포함한다. 그러므로 의사, 공증인, 변호사, 임차인, 사용자 등과 같이 일정한 지위에 있는 자가 그 지위에서 생기는 책임을 보험에 붙인 책임보험은 보험관계가 물건과 관계없으므로 상법 제679조가 적용되지 않는다(손주찬 604면, 최기원 706면, 양승규 253면). 그러나 같은 책임보험이라도 자동차·가옥 등의 물건에서 생기는 책임을 보험에 붙인 책임보험의 경우에는 이 규정에 따라 보험관계의 이전이 추정된다(통설).

### 3. 保險의 目的의 讓渡(物權的 移轉)

피보험자가 보험의 목적을 양도하여야 한다(상 679조 1항). 상법 제679조는 보험의 목적에 대한 소유권의 이전으로 인하여 피보험이익이 상실되는 것을 방지하기 위한 것이므로, 여기에서 보험의 목적의 양도는 물권행위로서의 이전행위를 의미한다. 따라서 보험의 목적을 양도한다는 뜻의 채권계약을 체결한 때에는 본조가 적용되지 않는다.

또한 보험의 목적의 양도는 계약에 의한 이전을 말하고, 상속·합병 등의 포괄적 이전은 포함되지 않는다. 그러나 강제집행에 의한 이전은 여기에 포함되어 경락인에게 피보험자 지위가 이전된다.

### Ⅲ. 效 果

#### 1. 保險契約上의 權利義務의 承繼

보험의 목적을 양도한 경우에 보험계약상의 권리와 의무도 양도한 것으로 볼 것인가는 원칙적으로 당사자 간의 합의에 의하여 결정하여야 할 것이나, 상법은 「보험계약상의 권리와 의무를 승계한 것으로 추정한다」고 규정하여, 당사자 간의 의사표시가 불명확한 경우의 해석규정을 두고 있다.

상법에 의하면 양수인이 피보험자의 보험계약상의 권리의무를 승계하므로, 양수인은 법률상 당연히 피보험자의 권리의무 즉 보험금청구권 외에 보험료지급의무, 위험변경증가통지의무, 손해방지·경감의무, 보험사고발생통지의무 등을 가진다.

그리고 양수인이 승계하는 것은 피보험자의 지위이고 보험계약자의 지위는 아니다. 그러므로 처음부터 타인을 위한 보험계약의 경우에는 보험목적의 양도 후에도 계약의 성질에는 변함이 없다.

그러나 자기를 위한 보험계약에 있어서 보험의 목적의 양도가 있으면, 피보험자의 지위만 양수인에게 이전되고 보험계약자의 지위는 그대로 양도인이 보유하게 되어, 양도인으로 하여금 보험계약자로서의 각종의 의무를 부담하게 하는 것은 비합리적이라는 문제가 발생한다. 그러므로 자기를 위한 보험계약의 경우에 보험목적의 양도로 승계되는 「보험계약상의 권리와 의무」에는 피보험자의 지위뿐만 아니라 보험계약자의 지위까지 포함된다고 보는 것이 옳을 것이다(통설).

#### 2. 反證에 의한 保險契約의 失效

보험의 목적의 양도로 보험계약상의 권리가 양수인에게 이전된 것으로 「추정」되므로(상 679조 1항), 보험계약상의 권리이전의 의사가 없었음을 증명한 때에는 그 추정의 효과가 부인되어 양수인은 보험계약상의 권리를 취득하지 못하고 양도인은 피보험이익을 상실하여 보험계약이 당연히 실효된다.

### 3. 保險者에 대한 通知

#### (1) 意 義

피보험자가 보험의 목적을 양도한 때에는, 양도인 또는 양수인은 지체 없이 보험자에게 그 사실을 통지하여야 한다(상 679조 2항). 다만 보험의 목적이 지시식 또는 무기명식 선하증권의 양도로 이전되는 것이 전제되어 있고, 그 보험증권이 이러한 선하증권과 한 조를 이루어 유통되는 해상적하보험과 같은 경우에는, 선하증권과 보험증권의 유효한 양도만 있으면 충분하고 별도로 보험의 목적의 양도사실을 보험자에게 통지할 필요는 없다.

#### (2) 通知의 性質

상법 제679조 제2항이 통지의무만을 부과하고 그 위반의 효과에 대하여 규정하지 않고 있기 때문에 통지의 법적 성질이 문제된다. 통지의 법적 성질에 관하여, 보험목적의 양도의 통지를 보험자 기타 제3자에게 대항하기 위한 요건이라 하는 대항요건설(정희철 401면)과 보험목적의 양도의 통지는 대항요건이 아니고 단지 보험자의 보호를 위한 것이라 하는 비대항요건설(손주찬 606면, 양승규 266면, 최기원 708면, 정찬형 638면, 김성태 501면)이 대립해 있다.

본 조항의 통지는 통지의무자가 양도인에 한정되지 않고 양도인 또는 양수인으로 되어 있고, 통지의 내용이 채권을 양도한다는 뜻이 아니고 보험의 목적을 양도한다는 뜻이며, 또 「대항하지 못한다」고 규정하고 있지 않고 위험변경증가통지의무(상 652조)와 같이 「통지하여야 한다」고 규정하고 있는 것으로 보아, 이는 채권양도의 대항요건(민 450조)과 다르고 위험변경증가통지의무와 같이 보험자의 보호를 위한 요건에 불과하다(비대항요건설).

#### (3) 保險目的讓渡 通知義務의 違反

보험목적양도통지의 성질에 관한 대항요건설에 의하면 통지를 보험목적양도의 대항요건이라 보아 양도인 또는 양수인이 보험목적양도의 사실을 보험자에게 통지하지 않은 경우에는 양수인은 보험자에 대하여 보험금청구권을 행사할 수 없고, 비대항요건설에 의하면 통지를 단지 보험자를 보호하기 위한 것이라 보아 양도인 또는 양수인이 보험목적양도의 사실을 보험자에게 통지하지 않아도 양수인은 보험목적양수의 사실을 증명하여 보험자에 대하여 보험금청구권을 행사할 수 있다(정찬형 638면).

보험약관에서 보험목적을 양도한 경우에는 보험자에게 통지하여야 하고 현저한 위험의 변경 또는 증가와 관련된 통지의무 불이행 시에는 보험자는 보험계약을 해지할 수 있다(화재보험보통약관 9조·11조)고 규정하고 있는데, 이에 관하여 대법원은 「화재보험의 목적이 양도된 경우 그 양도로 인하여 현저한 위험의 변경 또는 증가가 있고 보험계약자 또는 피보험자가 양도의 통지를 하지 않은 경우에는 보험자는 통지의무의 위반을 이유로 위 보험계약을 해지할 수 있으나, 보험목적의 양도로 인하여 현저한 위험의 변경 또는 증가가 없는 경우에는 양도의 통지를 하지 않았더라도 통지의무의 위반을 이유로 위 보험계약을 해지할 수 없다고 봄이 상당하다」(대판 1996. 7. 26. 95 다 52505)고 하였다. 이는 보험목적양도통지의 성질을 비대항요건으로 보고, 보험목적양도의 통지의무에 위반하여도 현저한 위험의 변경 또는 증가가 없으면 보험계약을 해지할 수 없다고 한 것이다.

**【대법원 1996. 7. 26. 판결, 95 다 52505】**

**1. 사실관계**

A는 1993. 8. 21.에 Y보험회사와의 사이에 자신이 경영하는 세원섬유의 공장 내의 기계시설과 제품에 관하여 보험금액 2억 9,000만 원, 보험기간 1993. 8. 22.~1994. 8. 22.로 하는 화재보험계약(이하 “제1보험계약”)을 체결하였다.

Y보험회사의 화재보험보통약관 제9조에 「보험의 목적을…양도를 한 경우에는 보험계약자 또는 피보험자는 보험회사에 알려야 한다」고 규정하고, 또 제11조에 「현저한 위험의 변경 또는 증가와 관련된 제9조에서 정한 알릴 의무를 이행하지 않은 때에는 보험회사는 보험계약을 해지할 수 있다」고 규정하고 있었다.

A는 1994. 1. 31.에 위 공장 내의 기계시설 등을 B에게 매도하였다. 그러나 A나 B는 Y보험회사에 위 보험목적양도의 사실을 알리지 않았다.

B는 위 회사의 상호를 대호섬유로 변경하여 영업하던 중 1994. 5. 23.에 X보험회사와의 사이에 위 공장 내의 기계시설과 제품에 관하여 보험금액 3억 5,000만 원, 보험기간 1994. 5. 23.~1997. 5. 23.로 하는 화재보험계약(이하 “제2보험계약”)을 체결하였다. 그리고 위 각 보험목적물의 보험가액은 합계 금 3억 1,000만 원 정도였다.

1994. 6. 30. 22:12경 위 공장 내의 전기합선으로 추정되는 화재가 발생하여 위 공장 내의 기계시설 등 2억 8,100만 원 상당액이 소훼되어 X보험회사는 B에게 보험금으로 2억 8,100만 원과 손해사정비용 300만 원을 지급하였다.

Y보험회사는 위 화재가 발생한 다음 날인 1994. 7. 1.에야 제1보험계약의 목적물이 양도된 사실을 알고 1994. 7. 23.에 A에게 보험목적양도 통지의무의 위반을 이유로 위 제1보험계약을 해지하였고, X보험회사는 Y보험회사에 대하여 중복보험자의 부담비율에 따른 금액의 지급을 청구하였다.

**2. 판결요지**

이 건에 관하여, 대법원은「보험목적의 양도를 보험계약자의 통지의무의 사유로 들고 있는 화재보험보통약관 제9조와 "현저한 위험의 변경 또는 증가와 관련된 제9조에 정한 알릴 의무를 이행하지 않았을 때"를 보험계약의 해지사유로 들고 있는 제11조의 규정을 종합하여 보면, 화재보험의 목적이 양도된 경우 그 양도로 인하여 현저한 위험의 변경 또는 증가가 있고 보험계약자 또는 피보험자가 보험목적양도의 통지를 하지 않는 경우에는 보험자는 보험목적양도의 통지의무의 위반을 이유로 당해 보험계약을 해지할 수 있으나, 보험목적의 양도로 인하여 현저한 위험의 변경 또는 증가가 없는 경우에는 보험목적의 양도의 통지를 하지 않더라도 보험목적양도의 통지의무의 위반을 이유로 당해 보험계약을 해지할 수 없다.

이 건 화재보험의 목적이 양도되었으나 그 소유자만 변경되었을 뿐 보험료율의 결정요소인 영위직종과 영위작업, 건물구조 및 작업공정이 양도 전후에 동일하여 보험목적의 양도로 인하여 위험이 현저히 변경 또는 증가가 되었다고 볼 수 없으므로 보험목적양도의 통지의무의 위반을 이유로 보험계약을 해지할 수 없다」고 판시하여, 보험목적양도 통지의 성질에 관하여 비대항요건설을 취하였다.

그리고 제1보험계약과 제2보험계약은 각 보험금액의 합계액(6억 4,000만 원)이 보험가액(3억 1,000만 원)을 초과하는 중복보험이므로 Y보험회사는 X보험회사가 지급한 금액(2억 8,400만 원) 중에서 자기의 부담비율(2억 9,000만 원/6억 4,000만 원) 만큼 지급할 책임이 있다고 하였다.

# 제 2 절 火災保險

## 제1. 意 義

화재보험계약(contract of fire insurance)은 화재로 인하여 생길 손해를 보상할 것을 목적으로 하는 손해보험계약이다. 화재로 인하여 생긴 손해는 그 원인의 여하를 불문하고 보상하나, 화재 외의 재해로 인한 손해는 보상하지 않는다.

**【운용상 특이한 화재보험】**

화재보험은 보통 보험기간을 1년으로 하고 보험료를 年額으로 정하여 先納하는 것이 보통이나, 보험료를 12회 분할하여 월납하게 하고 만기에 지급보험료의 3분의 1에 상당하는 금액을 만기환급금으로 보험계약자에게 환급하는 「월부화재보험」이 있다. 이는 보험사고 없이 보험기간이 만료된 경우 보험계약자가 그 지급보험료가 무위로 되었다고 생각할 우려가 있어 이를 배려한 보험이다.

## 제2. 火災保險契約의 要素

### Ⅰ. 保險事故

#### 1. 火災의 意義

화재보험에 있어서 보험사고는 「화재」(火災)이나, 그 의의에 관하여 상법에 규정이 없다. 화재는 보험자의 책임의 유무의 기준으로 되어 중요한 것이므로 화재의 정의에 관하여 많은 논란이 있었으나, 아직 완전한 것으로 승인된 것은 없다.

종래의 통설은 「화재란 통상의 용법에 의하지 않은 불로서, 독립한 연소력을 가진 연소작용」이라 한다(통설). 불을 통상의 용법에 따라 이용한다는 것은 불을 적절한 기구·설비·장소를 선택하여 이용한다는 것이다. 예컨대 난방구의 복사열에 의하여 보험의 목적물이 불에 탄 손해는 통상의 용법에 의한 손해로서 화재가 아니나, 난방구를 넘어뜨려 가구가 불에 탄 손해는 통상의 용법에 의하지 않은 손해로서 화재로 된다.

이와 같이 통설에 의하면 아주 미묘한 문제가 생기므로, 최근의 유력설은 화재를 「사회통념상 소위 불이라 인정되는 성질과 규모를 가진 화력의 연소작용」이라 한다(손주찬 609면, 정동윤 611면).

생각건대 화재의 의의를 규명하려는 것은 보험자의 책임의 유무를 명확히 하려는 것이므로, 오히려 그보다 면책조항을 정비하여 보험자의 책임을 명확히 하는 것이 타당하겠다.

#### 2. 危險普遍의 原則

화재로 인하여 보험의 목적물에 손해가 생긴 때에는, 그 화재가 어떤 원인에 의하여 발생하였는가를 불문하고 보험자는 보험금지급의무가 있다(상 683조). 이것을 「위험보편의 원칙」이라 한다.

그러나 상법이나 보험약관에서 보험자의 면책조항을 두고 있는 경우 즉 상법상 ① 보험계약자나 피보험자의 고의 또는 중대한 과실로 인하여 사고가 생긴 경우(상 659조), ② 전쟁 기타 변란으로 사고가 생긴 경우(상 660조), ③ 목적물의 성질·하자 또는 자연소모로 인하여 손해가 생긴 경우(상 678조)에는 보험자가 보험금지급의무를 지지 않는다. 또 보험약관상 ① 피보험자에게 보험금을 받도록 하기 위하여 그 피보험자와 세대를 같이 하는 친족·고용인이 고의로 손해를 일으킨 경우(화재보험표준약관 8조 2), ② 화재가 났을 때에 도난이나 분실로 손해가 생긴 경우(화재보험표준약관 8조 3), ③ 보험목적의 발효, 자연발열, 자연발화로 손해가 생긴 경우(화재보험표준약관 8조 4), ④ 화재로 인하지 않은 수도관, 수관 또는 수압기 등의 파열로 손해가 생긴 경우(화재보험표준약관 8조 5), ⑤ 발전기·여자기(勵磁機), 변류기, 변압기, 전압조정기, 축전기, 개폐기, 차단기, 피뢰기, 배전반 기타 전기기기나 장치의 전기적 사고로 인하여 손해가 생긴 경우(화재보험표준약관 8조 6), ⑥ 원인의 직접·간접을 불문하고 지진, 분화, 전쟁, 혁명, 내란, 사변, 폭동, 소요, 노동쟁의 기타 이들과 유사한 사태로 인하여 화재·연소 기타 손해가 생긴 경우(화재보험표준약관 8조 7) 등에는 보험자는 보험금지급의무를 지지 않는다.

따라서 위험보편의 원칙은 법률이나 보험약관에 보험자의 면책조항이 없는 경우에 적용되는 일반원칙인 것이다.

### 3. 火災事故의 發生時點

화재보험에서 화재는 일정한 시간적 범위와 일정한 공간적 범위에서 연소하는 것이다. 따라서 여기에서는 어느 시점을 보험사고의 발생 시로 볼 것인가가 문제되며, 특히 약관에서 「보험기간은 첫날의 오후 4시에 시작하여 마지막날의 오후 4시에 끝난다」(화재보험표준약관 4조 1항)고 규정하고 있으므로, 그 직전 또는 직후에 보험사고가 발생한 때에 문제된다.

생각건대 보험의 목적이 현실로 불이 붙어 타기 시작한 때에 보험사고가 발생한 것으로 보아야 할 것이다(罹災說). 이와 같이 보면 기상 등의 주위의 사정으로 보아 보험의 목적에 불이 번지는 것이 분명하다고 판단되더라도 현실로 불이 붙지 않은 때에는 화재 즉 보험사고가 발생하지 않은 것으로 된다.

## Ⅱ. 保險의 目的

### 1. 範 圍

화재보험의 목적 즉 화재보험사고 발생의 객체는 성질상 유체물에 한하며, 동산이든 부동산이든 불문한다. 상법은 화재보험증권의 기재사항에서 건물을 보험에 붙이는 경우와 건물 내의 동산을 보험에 붙이는 경우로 구분하여 규정하고 있으나(상 685조), 보험의 목적이 이에 한한다는 취지는 아니고 건물 외의 橋梁이나 立木 또는 건물 내에 있지 않은 동산도 보험의 목적으로 할 수 있다.

실무상 건물의 부속물인 대문, 담, 간판, 선전탑, 네온사인, 안테나, 가재 등을 보험의 목적으로 하는 경우(화재보험표준약관 6조 3항)에나 통화, 유가증권, 귀금속, 귀중품, 보석, 그림, 골동품, 조각물, 장부 등을 보험의 목적으로 하는 경우(화재보험표준약관 6조 2항)에는 이를 보험증권에 기재하여야 보험의 목적으로 된다.

### 2. 集合保險

집합보험은 1개의 보험계약에 있어서 보험의 목적이 경제적으로 독립된 다수의 물건의 집합체로 되어 있는 보험이다.

집합보험은 화재보험에 특유한 것은 아니나, 유체물을 보험의 목적으로 하는 화재보험에 특히 많이 이용되고 있어, 상법은 화재보험의 절에 집합보험의 규정(상 686조)을 두고 있다.

집합보험에서는 피보험자의 가족과 사용인의 물건도 보험의 목적에 포함되고(상 686조 1문), 이 경우 그 보험은 가족 또는 사용인을 위하여 체결한 것으로 본다(상 686조 2문).

### 3. 總括保險

총괄보험은 1개의 보험계약에 있어서 보험의 목적이 복수의 물건 또는 사람이고 보험기간 중에 수시로 그 교체가 인정되는 보험이다. 총괄보험은 보험의 목적이 복수의 물건 또는 사람인 점에서 집합보험과 유사하나, 보험기간 중에 수시로 보험의 목적이 교체될 수 있고 교체되어도 보험계약 자체는 아무 변동이 없는 점에서 집합보험과 다르다.

따라서 총괄보험에 있어서는 보험기간 중에 보험의 목적에 속하는 물건이 교체되어도 보험사고 발생 시에 현존하는 물건이 보험의 목적으로 된다(상 687조).

## Ⅲ. 被保險利益

### 1. 所有者의 利益

화재보험계약에 있어서 피보험이익의 대표적인 것은 피보험자가 보험의 목적에 대하여 가지는 소유자의 이익이다. 物件保險에 있어서는 특별한 사정이 없으면, 물건의 소유자의 이익을 보험에 붙인 것으로 보는 것이 당사자의 의사에 합치한다.

여기에서 소유자는 법적 의미의 소유권자뿐만 아니라 예컨대 소유권유보매매계약(대금분할지급매매의 경우 대금지급완결 시까지 목적물의 소유권을 매도인에게 유보하는 특약의 매매계약)의 매수인과 같이 사실상 보험의 목적의 멸실·훼손 등으로 인하여 소유권자와 같은 손해를 입는 관계에 있는 자(경제적 의미의 소유자)도 포함한다.

### 2. 擔保權者의 利益

담보권의 목적물이 화재로 인하여 소실된 때에는 피담보채권의 변제를 받을 가능성은 감소되나, 그렇다고 하여 피담보채권을 상실하는 것은 아니므로, 채권자(담보권자)는 채무자로부터 그 채권의 변제를 받을 수 있다.

그러므로 담보권자의 이익을 피보험이익으로 하는 화재보험에 있어서는 보험사고가 발생하였다고 하여 당연히 보험금을 지급하는 것은 아니다.

### 3. 他人의 物件의 保管者의 利益

타인의 물건의 보관자는 그 보관 중의 물건이 화재로 인하여 소실된 때에는 면책사유가 없는 한 소유자(위탁자)에 대하여 손해배상책임을 부담하게 된다. 이와 같이 보관자가 손해배상책임을 부담함으로써 입은 손해를 보상하는 보험으로서 상법은 「보관자의 책임보험」(상 725조)이라는 특별보험을 두고 있다.

### 4. 費用利益·營業中斷利益

보험의 목적이 화재로 인하여 소실된 때에 그 후 그 처리를 위하여 불가피하게 지출하는 비용의 손해 즉 비용이익이 생길 수 있고, 또 점포로 사용하고 있는 건물이 소실되어 휴업하게 되었거나 임대가옥이 소실되어 임대수입을 받지 못하게 되어 얻을 수 있는 이익을 상실하는 손해 즉 영업중단이익이 생길 수 있다. 이러한 비용이익이나 영업중단이익을 보험에 붙인 경우에도 화재가 손해의 원인이므로, 이는 광의의 화재보험이라 할 수 있다.

그러나 이론적으로 보면, 이는 費用保險·希望利益保險에 속하는 것이다.

## 제3. 火災保險契約의 效果

### Ⅰ. 損害補償責任

#### 1. 補償責任과 免責

화재보험에 있어서도 보험사고로 인하여 손해가 생긴 때에는 보험자는 피보험자에게 그 손해를 보상할 책임이 있다(상 683조). 화재보험에 있어서 법정·약정의 면책사유는 후술하기로 한다.

#### 2. 消防 및 損害減少措置로 인한 損害

화재보험에 있어서 보험자는 소방 또는 손해감소에 필요한 조치로 인하여 생긴 손해를 보상할 책임이 있다(상 684조).

이러한 소방이나 손해감소조치로 인한 손해는 화재 시에 소방을 하다가 생긴 손괴나 반출하다가 생긴 손상으로서 직접 화력의 연소로 인하여 생긴 손해는 아니나, 통상 화재로 인하여 생기는 손해이므로 화재손해에 포함시켜 보험자가 보상책임을 지도록 한 것이다.

그러나 이웃집에 화재가 생겼으나 보험의 목적인 건물에 아직 불이 붙지 않은 경우에는, 보험사고 발생의 개시시기에 관한 이재설(罹災說)(불이 타기 시작한 때에 보험사고가 발생한 것으로 봄)에 의하면 보험사고가 발생하였다고 할 수 없으므로 보험자가 보상책임을 지지 않으나, 본조는 보험사고가 발생하지 않고 위험이 절박한 상태에서 소방이나 기타 손해감소조치로 인하여 생긴 손해를 보험자로 하여금 보상하도록 한 점에 그 의의가 있는 것이다.

### Ⅱ. 免責事由

#### 1. 序 說

화재보험에는 상법 제4편(보험)의 통칙(제1장)과 손해보험(제2장) 소정의 법정면책사유(상 659조, 660조, 678조) 외에 화재보험약관에서 법정면책사유를 재확인하여 규정하거나 고쳐 규정하고 있다.

### 2. 法定免責事由

#### (1) 保險契約者 등의 保險事故의 誘發

##### ① 保險事故의 誘發(故意 또는 重過失로 인한 保險事故의 發生)

보험사고가 보험계약자 또는 피보험자(인보험의 경우에는 보험수익자 포함)의 고의 또는 중대한 과실로 인하여 생긴 때에는 보험자는 보험금의 지급책임이 없다(상 659조).

보험사고유발의 경우의 보험자면책의 이론적 근거에 관하여, 학설은 보험계약자 등의 보험사고 유발은 당사자에게 요구되는 신의성실의 원칙에 반하기 때문이라고도 하고(정희철 354면 손주찬 539면)(대판 2002. 2. 11. 99 다 49064), 또는 보험사고는 우연한 사고이어야 하는 데도 보험계약자 등이 고의·중과실로 유발한 사고는 우연성이 없고 이 경우 보험금을 지급하는 것은 보험의 기술적 기초를 해하기 때문이라고도 한다(양승규 102면).

생각건대 사고의 발생에 대하여 고의·중과실이 있는 자가 그 사고로 인하여 생긴 불이익을 부담하는 것은 당연하다 할 것이므로 보험자에게는 보험금의 지급책임이 발생하지 않는다.

여기에서 「고의」는 보험사고를 발생시킬 의사를 말하고, 반드시 보험금취득의 의사가 있어야 하는 것이 아니다. 또한 「중대한 과실」은 통상인에게 일반적으로 요구되는 주의의무를 현저하게 해태하는 것으로서, 예컨대 인화성물건이 있는 창고에 난로불을 피워 두었다가 화재가 난 것은 중대한 과실로 인한 것이다(광주고판 1991. 4. 2. 90 나 5244, 5251).

**【대법원 2002. 2. 11. 판결, 99 다 49064】**

**1. 사실관계**

A는 지신의 경제사정이 악화되자 그의 처인 B를 살해하고 이를 보험사고로 위장하여 보험금을 편취(騙取)하기로 마음먹고, 1997. 7. 9. B 몰래 Y보험회사와의 사이에 보험계약자 및 피보험자 B, 보험수익자 상속인으로 하는 생명보험계약을 체결하고 같은 날 제1회 보험료를 납부하였다.

A는 같은 해 8월 초순경 C와의 사이에 교통사고를 가장하여 B를 살해하기로 공모하고 C에게 착수금으로 1,000만 원을 지급하였다. A가 같은 해 9. 4. 02:00경 공사장에 데리고 나온 B를 C가 택시로 들이받아 사망하게 하였고, B의 상속인으로는 남편인 A 외에 친정어머니인 X가 있었다.

이에 X가 Y보험회사에 보험금의 지급을 청구하였다.

**2. 판결요지**

이 건에 관하여, 대법원은 「생명보험계약은 사람의 생명에 관한 우연한 사고에 대하여 금전을 지급하기로 약정하는 것으로서 금전을 취득할 목적으로 고의로 피보험자를 살해하는 등의 도덕적 위험의 우려가 있으므로, 그 계약체결에 관하여 신의성실의 원칙에 기한 선의(이른바 선의계약성)가 강하게 요청되는 바, 당초부터 오로지 보험사고를 가장하여 보험금을 취득할 목적으로 생명보험계약을 체결한 경우에는 사람의 생명을 수단으로 이득을 취하고자 하는 불법적인 행위를 유발할 위험성이 크고 이러한 목적으로 체결된 생명보험계약에 의하여 보험금을 지급하게 하는 것은 보험계약을 악용하여 부정한 이득을 얻고자 하는 사행심을 조장함으로써 사회적 상당성을 일탈하게 되므로, 이와 같은 생명보험계약은 사회질서에 위배되는 법률행위로서 무효이다.

따라서 피보험자를 살해하여 보험금을 편취할 목적으로 피보험자의 공동상속인 중의 1인이 상속인을 보험수익자로 하여 생명보험계약을 체결한 후 피보험자를 살해한 경우, 다른 공동상속인은 자신이 고의로 보험사고를 일으키지 않았다고 하더라도 보험자에게 보험금의 지급을 청구할 수 없다」고 판시하여, 보험사고를 가장하여 보험금을 편취할 목적으로 체결한 생명계약은 무효이므로 다른 공동상속인은 자신이 고의로 보험사고를 일으키지 않았다고 하더라도 보험자에게 보험금의 지급을 청구할 수 없다고 하였다.

② 代表者責任理論

보험계약자 등과 법률상·사실상 특수한 관계에 있는 제3자가 보험사고를 유발한 경우 이를 보험계약자 등의 행위와 동일시하여 보험자의 면책을 인정할 것인지 문제된다. 독일에서는 이를 「대표자책임이론」이라 하여 판례에서 널리 원용하고 있다. 입법례 중 스위스 보험계약법은 보험계약자 또는 보험금청구권자의 가족 등 일정한 관계에 있는 자의 고의·중과실로 인하여 보험사고가 발생한 경우에는 보험자는 보험급부를 경감할 수 있다고 규정하고 있고(스위스 보험 14조 2항), 반면에 프랑스 보험법은 보험자는 피보험자가 그 자의 행위에 대하여 책임을 질 자의 고의·중과실로 인한 사고가 생긴 때에도 보상책임을 진다고 규정하고 있다(프랑스 보험 L.121-2).

우리 나라에서는 대표자책임이론과 관련한 특별한 규정이 없으므로 보험자의 면책을 인정할 수 없다는 견해(손주찬 546면 정동윤 534면), 보험계약자나 피보험자 또는 보험수익자의 법정대리인의 고의·중과실로 생긴 특수한 경우를 제외하고는 보험자의 면책을 인정할 수 없다는 견해(양승규 145면), 보험자의 면책을 인정할 수 있다는 견해(최기원 646면) 등이 대립해 있다.

생각건대 상법 제659조의 문리해석 및 동법 제663조의 입법취지에 비추어 판단하면, 대표자책임이론의 적용을 부정하여 보험자의 책임을 인정하는 것이 타당하다고 본다. 판례도 면책조항의 확대해석을 금지하여, 이와 같은 입장을 취하는 것으로 해석된다(대판 1984. 1. 17. 83 다카 1940)(대판 1998. 4. 28. 97 다 11898).

그러나 보험약관에서 이에 관한 조항을 두고 있는 경우, 예컨대 화재보험보통약관에 의하면 「보험계약자, 피보험자(법인의 경우에는 이사 또는 법인의 업무를 집행하는 그 밖의 기관) 또는 이들의 법정대리인의 고의 또는 중대한 과실로 생긴 손해」에 대하여는 보험회사가 보상하지 않는다(화재보험표준 약관 8조 1)고 규정하고 있는데, 이러한 약관조항을 보험계약자나 피보험자와 밀접한 생활관계를 가진 친족이나 법정대리인에 의한 보험사고 발생을 보험계약자나 피보험자의 고의 또는 중대한 과실이 개재된 것으로 추정하는 것으로 해석할 수 있는 한 그 약관 자체를 무효라고 볼 것은 아니다(대판 1984. 1. 17. 83 다카 1940).

**【대법원 1998. 4. 28. 판결, 97 다 11898】**

동산종합보험의 중과실 면책조항에 보험계약자 등의 피용자의 고의 또는 중과실로 인한 손해가 포함되는지 여부가 문제된 사안에서, 대법원은 「동산종합보험보통약관 소정의 "보험계약자, 피보험자(법인인 경우에는 그 이사 또는 법인의 업무를 집행하는 그 밖의 기관) 또는 이들의 법정대리인의 고의 또는 중대한 과실로 생긴 손해"라는 면책조항이 적용되기 위하여는 '보험계약자, 피보험자(법인인 경우에는 그 이사 또는 법인의 업무를 집행하는 그 밖의 기관) 또는 이들의 법정대리인'의 고의 또는 중대한 과실로 생긴 손해에 한하여 면책되는 것이지, 위 '보험계약자나 피보험자 또는 이들의 법정대리인에게 단순히 고용된 자'의 고의 또는 중대한 과실로 생긴 손해는 여기에 해당되지 않는 것으로 보아야 한다」고 하였다.

③ 特約의 效力

보험계약의 당사자 간에 상법 제659조에 반하는 내용의 특약을 하는 경우에 그 효력이 문제된다. 보험계약자 측의 고의에 의한 사고유발에 대하여서도 보험보상을 하기로 하는 약정은 범죄를 조장할 수 있고 본조의 입법취지에도 반하므로 무효이다. 그러나 보험계약자 측의 중과실로 인한 사고발생의 경우에는 보험자가 책임을 지기로 하는 약정은 유효하다고 본다(통설).

⑵ 戰爭 기타의 變亂

보험사고가 전쟁 기타의 변란으로 인하여 생긴 때에는 당사자 간에 다른 약정이 없으면 보험자는 보험금을 지급할 책임이 없다(상 660조). 이것은 전쟁 기타의 변란은 평상시에는 예상할 수 없는 사태이고 보험사업은 통상의 위험을 집계하여 大數의 法則에 기한 계산을 하여 이를 기초로 보험료율을 산정하기 때문이다.

여기에서 전쟁은 국제법상의 전쟁을 말하는 것이 아니고 보험료 산정의 기초가 되는 통상의 위험을 넘어 국권의 발동에 의한 전투행위를 말하며, 또한 변란은 내란·폭등·소요 등과 같이 전쟁까지 이르지는 않고 인위적 소란으로 인하여 사회의 안녕질서가 교란된 이상상태를 말한다(대판 1994. 11. 22. 93 다 55975).

본조는 임의규정이므로 전쟁 기타 변란의 경우에도 보험자의 책임을 인정하는 특약을 하여도 무방하다.

보험약관에는 전쟁 기타의 변란 외에 지진·분화 기타 이와 유사한 사태로 생긴 화재까지 포함하고 있다(화재보험표준약관 8조 7).

(3) 保險의 目的의 性質·瑕疵 또는 自然消耗로 인한 損害

보험의 목적의 성질·하자 또는 자연소모로 인하여 손해가 생긴 경우에는 보험자가 보험금을 지급할 책임이 없다(상 678조).

보험의 목적의 고유의 성질로 인한 손해, 예컨대 酒精(에탄올)의 증발, 화약의 자연폭발 등은 화재보험계약을 체결한 때부터 이미 그 발생이 객관적으로 확정되어 있어 보험사고의 불확정성을 결하여 있으므로 이는 보험의 대상으로 되지 않는 것이 원칙이고, 또 보험의 목적이 자연소모로 인하여 손해가 생긴 경우에도 이와 마찬가지이다.

보험약관에는 「보험의 목적이 발효, 자연발열 또는 자연발화로 생긴 손해」는 면책된다(화재보험표준약관 8조 4)고 하여, 상세하게 규정하고 있다.

3. 約定免責事由

화재보험표준약관에서는 다음과 같은 화재원인을 보험자의 면책사유로 정하고 있다.

① **故意·重過失約款** 보험계약자, 피보험자(법인인 경우에는 그 이사 또는 업무집행기관) 또는 이들의 법정대리인의 고의 또는 중대한 과실로 인하여 생긴 손해와 피보험자에게 보험금을 받도록 하기 위하여 피보험자와 세대를 같이 하는 친족이나 고용인이 고의로 일으킨 손해에 대하여서는 보상할 책임이 없다(화재보험표준약관 8조 1·2).

② **盜難·紛失約款** 화재가 났을 때에 도난이나 분실로 인하여 생긴 손

해에 대하여서는 보험자가 보상할 책임이 없다(화재보험표준약관 8조 3).

③ **地震 · 噴火約款** 원인의 직접 · 간접을 불문하고 지진, 분화 또는 전쟁, 혁명, 내란, 사변, 폭동, 소요, 노동쟁의 기타 유사한 사태로 인한 화재, 연소 기타로 생긴 손해에 대하여서는 보험자가 보상할 책임이 없다(화재보험표준약관 8조 7).

**【대법원 1994. 11. 22. 판결, 93 다 55975】**

**1. 사실관계**

보험계약자 X는 그 소유의 상가건물과 내부시설을 보험목적으로 하는 화재보험계약을 Y보험회사와 체결하였고, Y보험회사의 보험약관에는「전쟁, 외국의 무력행사, 혁명, 내란, 사변, 폭동, 소요 기타 유사한 사태가 발생한 때에는 보험자가 보험금액을 지급할 책임이 없다」고 규정되어 있었다.

위 건물의 인근에 있는 한국외국어대학교에서 범민족대회가 개최되었는데, 여기에 참석하려던 대학생 5,000여명이 경찰과 충돌하여 경찰 버스 2대를 불지르고 경찰 지프차의 유리창을 쇠파이프로 깨뜨리며, 그 파손된 유리창 안으로 화염병을 던져 넣자, 위 지프차를 운전하던 A상경이 당황한 나머지 위 지프차를 시속 약 30 km의 속력으로 후진하다가 위 건물에 충돌하여 위 상가건물의 일부와 내부시설의 전부가 소실되었다.

이에 X가 Y보험회사에 대하여 보험금의 지급을 청구하였으나, Y보험회사는 이 건 보험목적의 소실은 소요로 인한 것이므로 지급책임이 없다고 주장하였다.

**2. 판결요지**

이 건에 관하여, 대법원은「화재 당시 대학생들이 경찰의 저지선을 뚫기 위하여 화염병을 투척하기에 이르렀고, 그 폭력 행사의 정도도 경찰에 대하여서만 화염병을 투척하였을 뿐이고 인근의 다른 상가나 행인에 대하여는 아무런 폭행이나 협박 또는 손괴 등을 하지 않았으며, 그 시위장소도 지하철역에서 대학교 정문에 이르는 도로에 한정되어 있었고 다른 지역으로 확산되지 않았으므로, 보험약관상 면책사유요건의 엄격해석의 원칙을 참작하여 그 대학생들의 폭력사태는 발생경위 · 장소 및 폭력행사의 정도등에 비추어 한 지방의 평화 내지 평온을 해할 정도의 소요 기타 유사한 사태에 해당하는 것으로 보기 어렵다」고 판시하여, 위 대학생들의 화염병 투척 등에 의한 시위는 보험자의 면책사유로 되는 소요에 해당되지 않는다고 하였다.

④ **核燃料物質約款** 핵연료물질 또는 핵연료물질에 의하여 오염된 물질의 방사성 · 폭발성 기타의 유해한 특성에 의한 사고로 인하여 생긴 손해에 대하여서도 보험자가 보상할 책임이 없다(화재보험표준약관 8조 8). 여기에서 핵연료물질은 이미 사용된 연료도 포함하며, 핵 연료물질에 의하여 오염된 물질은 원자핵분열의 생성물도 포함한다.

핵물질이 전쟁에 사용된 경우의 사고는 전쟁 기타의 변란으로 인하여 생긴 사고(상 660조)에 포함되어 면책된다.

⑤ **放射線 · 放射能約款** 방사선의 照射(쬐는 것) 또는 방사능의 오염으로 인하여 생긴 손해에 대하여서도 보험자는 보상할 책임이 없다(화재보험표준약관 8조 9).

⑥ **命令約款** 국가 또는 지방자치단체의 명령에 의하여 재산을 소각함으로써 생긴 손해 기타 이와 유사한 손해에 대하여서도 보험자는 보상할 책임이 없다(화재보험표준약관 8조 10).

### Ⅲ. 保險證券交付義務

화재보험계약이 성립한 때에도 다른 보험계약에서와 같이, 보험자는 지체 없이 화재보험증권을 작성하여 보험계약자에게 교부하여야 한다(상 640조 1항 본문).

다만 화재보험증권에는 손해보험증권의 공통의 기재사항(상 666조) 외에, ① 건물보험에 있어서는 그 소재지 · 구조 · 용도, ② 동산보험에 있어서는 그 동산의 존치장소의 상태 · 용도, ③ 보험가액을 정한 경우에는 그 가액 등을 기재하여야 한다(상 685조). 이러한 사항은 보험의 목적의 위험측정을 위하여 필요한 사항이기 때문이다.

부동산의 소재지는 그 부동산이 소재하는 장소로서 번지까지 또 부동산의 구조 · 용도는 예컨대 목조 2층 주택이라든지 아파트 10층 등으로 구체적으로 기재하여야 한다.

## 제 3 절 運送保險

### 제1. 意 義

운송보험계약(contract of transport insurance)에는 광의의 운송보험계약과 협의의 운송보험계약이 있다. 광의의 운송보험계약은 육상운송보험계약과 해상운송보험계약을 포함하고, 협의의 운송보험계약은 육상운송보험계약 즉 육상(지면 · 지중 포함) 또는 湖川(호수 · 하천), 港灣(평수구역 내)에서 운송물에 관한 사고로 인하여 발생한 손해를 보상할 것을 목적으로 하는 손해보험계약이다. 상법은 운송보험(제4편 제2장 제3절)에서 육상(협의의)운송보험계약(이하 「운송보험계약」이라 함)에 관하여서만 규정하고, 해상운송보험계약(이하 「해상보험계약」이라 함)에 관하여서는 해상보험(제4편 제2장 제4절)에서 따로 규정하고 있다.

원래 운송보험은 해상보험에서 비롯한 것으로서 해상보험을 응용한 것이므로 양자 간에 본질적 차이가 있는 것이 아니다. 따라서 운송보험에는 해상보험의 규정을 준용한다는 규정이 없어도 당연히 해상보험의 규정이 유추적용된다.

그러나 오늘날에는 육상 · 해상에 걸친 「通運送」이 널리 행하여지고 있고 피보험자로서는 통운송에서도 운송위험으로부터 보호받을 필요가 있으므로, 운송보험과 해상보험은 사실상으로나 법률상으로 밀접하게 관련되어 있다.

## 제2. 運送保險契約의 要素

### Ⅰ. 保險의 目的

운송보험은 운송물에 관한 보험으로서, 운송물에 관한 보험만 인정되고 운송용구에 관한 보험은 인정되지 않는다. 이 점에서 운송보험은 積荷保險 외에 선박보험도 인정되는 해상보험과 다르다.

### Ⅱ. 保險事故

운송보험은 운송인이 운송물을 수령한 때부터 이를 수하인에게 인도할 때까지 운송물에 관하여 생기는 사고를 보험사고로 한다. 따라서 운송보험사고는 운송물에 관하여 생기는 사고인 한, 운송으로 생기는 사고뿐만 아니라 화재 · 수재 · 도난 · 파손 등으로 생기는 사고도 포함된다. 이것은 운송물이 荷主의 지배에서 떠나 있어 운송물에 손해가 생겨도 하주는 그 손해의 원인을 증명할 수 없는 것이 보통이기 때문이다.

그러나 당사자는 운송보험계약에서 특정의 사고를 보험사고에서 제외할 수 있다.

### Ⅲ. 保險期間

운송보험의 보험기간은 당사자 간에 다른 약정이 없으면, 운송인 또는 운송주선인이 운송물을 수령한 때부터 이를 수하인에게 인도할 때까지이다(상 688조).

당사자 간의 다른 약정은 보험약관에 운송인 또는 운송주선인이 운송물을 수령한 때부터 시작하여 도착지의 보관장소에 도착한 후 일정한 시간이 경과할 때까지로 정하는 것이 보통이다.

운송인 또는 운송주선인에게 운송물을 인도한 후에 운송보험계약이 성립한 경우에 있어서 보험기간은 원칙적으로 보험계약이 성립한 때부터 시작하나, 특약으로 운송물을 인도한 때에 소급하여 보험자의 보상책임이 생기는 것으로 정할 수 있다(통설).

운송인이 수하인의 불명이나 수령거부 또는 수령불능으로 운송물을 수하인에게 인도할 수 없는 경우에는, 운송물을 공탁 또는 경매(상 142조, 143조)한 때에 보험기간이 종료된 것으로 보아야 할 것이다(독일 보험계약법 134조 참조).

## Ⅳ. 保險價額

### 1. 旣評價保險의 경우

보험가액은 당사자 간에 이에 관한 합의가 있는 경우(기평가보험의 경우) 그 합의가 상당한 때에는 그 협정가액에 의한다(상 670조).

### 2. 未評價保險의 경우

협정가액이 없는 경우(미평가보험의 경우)에 손해보험법의 통칙(제4편 제2장 제1절)에 의하면 「사고발생 시」의 가액이 보험가액으로 되나(상 671조), 사고발생 시의 운송물의 실제가액을 정확하게 산정하기가 곤란하므로 운송물을 「발송한 때와 곳의 가액과 도착지까지의 운임 기타의 비용을 전보험기간의 보험가액으로 한다」(보험가액불변경주의)(상 689조 1항).

여기에서 기타의 비용은 세금, 공과금, 포장비, 하역비 등 하주가 부담할 비용이다. 이러한 비용은 보험사고가 발생하면 하주의 손실로 되므로 보험가액에 산입한 것이다.

## Ⅴ. 被保險利益

운송보험에서는 통상 송하인이 운송물의 소유자로서 가지는 이익을 피보험이익으로 하나, 당사자 간의 특약에 의하여 장래 운송물의 도착으로 인하여 얻을 이익 즉 希望利益을 보험가액 중에 산입할 수 있다(상 689조 2항). 예컨대 발송지가액 650만 원, 운임 100만 원, 기타 비용 50만 원, 도착지 가액 1,000만 원인 경우에는 200만 원[1,000만 원－(650만 원＋100만 원＋50만 원)]이 희망이익으로 된다. 이러한 희망이익을 피보험이익으로 하는 보험을 「희망이익보험」이라 한다.

희망이익보험은 주로 해상보험에서 이용되며, 운송보험에서는 당사자 간에 약정이 있는 때에 한하여 희망이익을 보험가액에 산입한다(상 689조 2항).

## 제3. 運送保險契約의 效力

### Ⅰ. 損害補償責任

운송보험자는 다른 약정이 없으면 운송인이 운송물을 수령한 때부터 수하인에게 인도할 때까지 생긴 손해를 보상할 책임이 있다(상 688조).

손해액의 산정은 보험가액을 기준으로 하고, 운송보험의 보험가액은 전술한 바와 같이 보험가액불변경주의를 취하여 운송물을 발송한 때와 곳의 가액과 도착지까지의 운임 기타의 비용을 보험가액으로 하며(상 689조 1항) 당사자 간에 약정이 있는 때에는 희망이익을 보험가액에 산입한다(상 689조 2항).

### Ⅱ. 免責事由

#### 1. 法定免責事由

운송보험에서는 상법 제4편(보험)의 통칙(제1장)의 면책사유(상 659조 660조)와 손해보험 규정(제2장)상의 면책사유(상 678조) 외에, 운송보험의 특유한 면책사유로서 보험사고가 송하인 또는 수하인의 고의 또는 중대한 과실로 인하여 발생한 때에는 보험자는 이로 인하여 생긴 손해를 보상할 책임이 없다(상 692조). 송하인과 수하인은 보험계약자도 피보험자도 아니나 운송에 있어서 일정한 권리의무를 가지므로(상 139조~141조), 송하인·수하인의 고의·중과실로 인한 보험사고를 보험계약자·피보험자의 고의·중과실로 인한 보험사고(상 659조)와 같이 취급하여 보험자의 면책사유로 규정한 것이다(양승규 285면).

#### 2. 約定免責事由

운송보험보통약관에는 ① 보험계약자, 피보험자 또는 이들의 대리인이나 사용인의 고의 또는 중대한 과실, ② 보험목적인 화물의 흠, 자연적인 소모 또는 성질로 인한 발화·폭발·뜸(蒸)(젖어서 더러워짐)·곰팡이·부패·변색·녹, ③ 포장의 불완전, ④ 운송지연, ⑤ 핵연료물질 또는 핵연료물질에 의하여 오염된 물질, 방사성, 폭발성 기타의 유해한 특성 또는 이들의 특성에 의한 사고, ⑥ 방사선의 照射 또는 방사능의 오염, ⑦ 전쟁, ⑧ 이산화물 중독 또는 항아리, 병 등의 파손, ⑨ 동맹파업, 태업, 작업장 폐쇄, 쟁의행위, 폭동, 소요 또는 이와 비슷한 사건, ⑩ 억류, 압류 또는 이와 비슷한 행위, ⑪ 지진, 분화 또는 이와 비슷한 사고, ⑫ 보험의 목적이 野積되거나 덮개 없는 차 또는 완전히 덮여지지 않은 운송용구에 적재, ⑬ 냉동냉장고·냉동냉장기계장치의 파손이나 고장 등의 사유로 생긴 손해는 보험자가 보상책임을 지지 않는다고 규정하고 있다(운송보험보통약관 5조).

### Ⅲ. 保險證券交付義務

운송보험계약이 성립한 때에도 보험자는 다른 보험의 경우와 같이 지체 없이 운송보험증권을 작성하여 보험계약자에게 교부하여야 한다(상 640조 1항 본문).

운송보험증권에는 손해보험증권에 공통하는 기재사항(상 666조) 외에, ① 운송의 路順·방법, ② 운송인의 성명(또는 상호)·주소, ③ 운송물의 수령·인도의 장소, ④ 운송기간을 정한 경우에는 그 기간, ⑤ 보험가액을 정한 경우에는 그 가액 등을 기재하여야 한다(상 690조).

## 제4. 運送의 中止·變更

### Ⅰ. 運送의 中止·變更과 保險契約의 效力

해상운송에 있어서 항로의 변경은 위험발생의 가능성에 크게 영향을 미치나, 육상운송에 있어서는 노순을 변경하더라도 위험발생에 본질적 영향을 미치지 않고 또 실제에 있어서도 운송의 일시중지나 노순변경이 자주 일어나고 있으므로 이러한 사실의 발생으로 곧 운송보험계약이 그 효력을 상실한다고 하는 것은 피보험자의 통상의 의사에 반한다.

그러므로 운송보험에 있어서는 당사자 간에 다른 약정이 없으면, 운송의 필요에 의하여 일시 운송을 중지하거나 운송의 노순 또는 방법을 변경하여도 운송보험계약은 그 효력을 상실하지 않는다(상 691조).

### Ⅱ. 運送의 中止·變更과 商法 제653조

운송의 필요에 의하여 일시 운송을 중지하거나 변경함으로써 사고 발생의 위험이 현저하게 변경 또는 증가한 때에 상법 제653조에 의하여 보험자가 보험료증액청구나 보험계약해지를 할 수 있는지 문제된다. 이에 관하여는 긍정설(양승규 286면, 채이식 565면, 정찬형 649면)과 부정설(정동윤 619면)이 대립해 있다.

생각건대 운송의 중지·변경의 경우에 보험계약이 효력을 잃지 않는 것은 운송의 중지·변경이 위험발생에 본질적 영향을 미치지 않기 때문이므로, 운송의 중지·변경으로 사고발생의 위험이 현저하게 변경·증가될 정도인 때에는 보험자는 보험료증액청구나 보험계약해지를 할 수 있다고 보는 것이 타당하다(긍정설).

# 제 4 절 海上保險

## 제1. 意 義

해상보험계약(contract of marine insurance)은 해상사업에 관한 사고로 인하여 생길 손해를 보상할 것을 목적으로 하는 손해보험계약이다(상 693조).

해운은 해상보험과 밀접한 관계에 있으므로 입법례에 따라서는 해상보험을 해상법의 일부로 규정하기도 하나(독일 상법전), 우리 나라에서는 해상보험을 상법의 보험편(상법 제4편)에서 규정하고 있다.

해상보험은 항해사고로 인한 선박의 손해와 적하의 손해를 담보하는 것을 목적으로 하는 기업담보의 일종이므로, 해상보험계약에는 다른 손해보험계약에서보다 사적자치의 원칙이 적용될 여지가 크다(정희철 95면).

그리고 해상보험실무에서는 영국의 Lloyd's Form인 보험약관에 의하여 보험계약이 체결되고 이 보험약관에는 「이 보험계약에서 발생하는 모든 책임문제는 영국의 법과 관습에 의한다」고 하는 준거법조항을 규정하고 있으므로, 해상보험에는 영국의 해상보험법이 적용되고 있는 셈이다.

## 제2. 海上保險의 種類

### Ⅰ. 被保險利益에 의한 分類

#### 1. 船舶保險

선박보험(insurance on ship)은 선박의 소유자가 소유선박에 대하여 가지는 피보험이익을 대상으로 하는 보험이다(상 696조 참조).

#### 2. 積荷保險

적하보험(insurance on goods)은 적하의 소유자가 적하에 대하여 가지는 피보험이익을 대상으로 하는 보험이다(상 697조 참조).

### 3. 運賃保險

운임보험(insurance on freight)은 운송인이 화물 또는 여객을 운송하고 지급받을 운임에 대하여 가지는 피보험이익을 대상으로 하는 보험이다(상 706조 1호 참조).

### 4. 希望利益保險

희망이익보험(insurance on profits on goods)은 화물의 도착으로 얻을 희망이익의 주체가 그 희망이익에 대하여 가지는 피보험이익을 대상으로 하는 보험이다(상 698조 참조). 희망이익에는 화물의 매도인이 화물의 도착으로 증가될 이익과 중개인·운송주선인·위탁매매인 등이 화물의 도착으로 얻을 口錢·수수료 등의 보수에 대한 이익 등이 있다. 희망이익은 적하보험에 부수하여 함께 보험에 붙이는 것이 일반적이다.

### 5. 船主相互保險

선주상호보험(protection and indemnity insurance)은 선박소유자·선박임차인·용선자 기타 선박운항업자(이하 「선주 등」이라 함)의 선박운항으로 인하여 부담하는 배상책임과 비용을 피보험이익으로 하는 보험이다. 즉 선주상호보험은 선주 등이 부담하는 ① 운송화물의 손해에 대한 책임, ② 선원·여객 등의 死傷 또는 질병에 관한 책임, ③ 해양 등의 오염으로 인한 손해에 대한 책임 및 그 제거비용, ④ 선박충돌에 의한 손해에 대한 책임, ⑤ 浮漂(물 위에 띄워 표적으로 삼는 것), 棧橋(부두에서 선박에 걸쳐 놓고 화물을 싣고 부리거나 여객이 오르내리게 하는 다리), 해저전선, 어구 기타 시설물의 손해에 대한 책임, ⑥ 기타 선박의 운항으로 인하여 선주 등이 부담하는 책임과 비용 등을 담보하는 보험이다. 보통 이 보험을 「P&I보험」이라 한다.

P&I보험은 보통 이를 전문적으로 경영하는 P&I클럽이 비영리적인 상호보험조합의 사업형태로 인수하나, 예외적으로 영국의 로이드사나 미국의 일부 보험회사는 선박보험을 경영하면서 부수적으로 P&I보험도 경영한다. 우리 나라에서는 선주상호보험조합법(1999. 2. 5. 법 5804호)에 의하여 설립된 한국선주상호조합이 P&I보험을 시행하고 있다.

## Ⅱ. 保險期間에 의한 分類

### 1. 定時保險

정시보험(time insurance)은 보험자의 책임의 始期와 終期를 일정한 시점으로 정한 보험이다. 이를 기간보험이라고도 한다. 정시보험은 주로 선박보험에 많이 이용되고, 보통 그 기간은 1년 또는 6개월이다.

정시보험에서는 보험계약을 체결할 때에 항해 중에 보험기간이 경과하면 추가 보험료를 지급하고 보험기간을 연장할 수 있다고 정하는 것이 보통이다.

#### 2. 航海保險

항해보험(voyage policy)은 1항해를 보험기간으로 정한 보험이다. 이는 주로 적하보험에 이용된다.

#### 3. 混合保險

혼합보험(mixed insurance)은 보험기간을 정시보험과 항해보험을 혼합하여 일정기간과 1항해로, 예컨대 보험기간을 부산에서 샌프란시스코까지 6개월로 정한 보험이다. 이는 주로 선박보험에 이용된다.

## 제3. 海上保險契約의 要素

### Ⅰ. 保險의 目的

해상보험의 목적은 선박·적하 등의 海上財産이다. 해상보험계약에서는 운송보험계약에서와는 달리 적하뿐만 아니라 운송용구인 선박도 보험의 목적으로 된다(상 696조 1항).

여기에서 선박은 영리 목적의 선박(상 740조)뿐만 아니라 국공유의 선박과 건조 중의 선박도 포함하고(상 790조), 또 선박의 屬具(나침반·해도·돛·닻·구명구·신호기구 등과 같은 선박에 부속된 물건), 연료, 양식 기타 항해에 필요한 물건도 포함한다(상 696조 2항).

또한 적하는 해상운송의 목적물이다. 따라서 底荷(선박에 운송물을 적재하지 않았거나 부족한 경우에 선박의 안전을 위하여 싣는 토사·물)는 적하가 아니다.

### Ⅱ. 保險事故

해상보험사고는 해상사업에 관하여 생기는 모든 사고로서, 침몰, 좌초 등의 해상 고유의 위험뿐만 아니라 충돌, 投下(선박·적하의 공동위험을 면하기 위하여 적하를 바다 속에 투기하는 것), 화재, 폭발, 해적, 도난, 捕獲(전시에 적국 또는 중립국의 선박을 나포하는 것), 抑留(국가가 사람이나 물건을 붙잡아 두는 것), 선적방법의 불완전, 선원의 불법행위 등에 의한 사고도 포함하며, 그리고 해상사업에 부수하여 육상이나 내수항해에서 생긴 사고도 포함한다.

그러나 해상사고라도 약관으로 일정한 사고를 해상보험사고에서 제외하거나 해상고유의 위험만을 해상보험사고로 정하여도 무방하다.

## Ⅲ. 保險期間

### 1. 序 說

정시보험에서는 보험기간의 始期와 終期가 정하여져 있으므로 문제가 없으나, 항해보험과 혼합보험에서는 이것이 명확하지 않은 경우가 있어 상법은 다음과 같은 특별규정을 두고 있다.

### 2. 船舶保險의 경우

항해단위의 선박보험에 있어서 보험기간은 荷物 또는 底荷의 선적에 착수한 때에 개시하고(상 699조 1항), 하물 또는 저하의 선적에 착수한 후에 보험계약이 체결된 경우에는 그 보험계약이 성립한 때에 개시한다(상 699조 3항).

그리고 보험기간은 도착항에서 하물 또는 저하를 揚陸(선박의 적하를 육상으로 운반하는 것)한 때에 종료한다(상 700조 본문 전단). 다만 양륙이 불가항력에 의하지 않고 지연된 경우에는 그 양륙이 보통 종료될 때에 종료된 것으로 한다(상 700조 단서).

### 3. 積荷保險의 경우

적하보험에 있어서 보험기간은 하물의 船積에 착수한 때에 또 이미 하물의 선적에 착수한 후에 보험계약을 체결한 경우에는 보험계약이 성립한 때에 개시한다(상 699조 2항·3항).

그리고 보험기간은 양륙항 또는 도착지에서 하물을 인도한 때에 종료하고(상 700조 본문 후단), 다만 양륙이 불가항력에 의하지 않고 지연된 경우에는 그 양륙이 보통 종료될 때에 종료된 것으로 한다(상 700조 단서).

### 4. 希望利益保險의 경우

희망이익보험은 적하보험과 함께 취급되므로, 희망이익보험의 보험기간의 개시·종료는 적하보험의 보험기간의 개시·종료와 같다.

## Ⅳ. 保險價額

### 1. 旣評價保險

해상보험계약에 있어서 당사자가 보험가액을 정한 경우(기평가보험)에는 그 가액을 보험가액으로 한다(상 670조 본문).

### 2. 未評價保險

#### (1) 序 說

손해보험계약에 있어서 당사자가 보험가액을 정하지 않은 경우(미평가보험)에는 원칙적으로 사고발생 시의 가액을 보험가액으로 하나(상 671조), 해상보험의 목적인 선박이나 적하는 수시로 이동하여 사고발생 시의 가액을 산정하기가 곤란하므로, 상법은 해상보험의 종류에 따라 일정한 시기의 가액을 보험가액으로 정하고 있다(보험가액불변경주의)(상 696조~698조).

#### (2) 船舶保險의 경우

선박보험에 있어서는 보험자의 「책임이 개시될 때」의 선박가액을 보험가액으로 한다(상 696조 1항). 선박보험의 보험가액의 평가에 관하여서는 적하보험의 경우(상 697조)와는 달리 평가시기만을 정하고 평가장소에 관하여서는 규정이 없으나, 평가장소도 보험자의 책임이 개시될 때의 장소라 보아야 할 것이다(통설).

#### (3) 積荷保險의 경우

적하보험에 있어서는 선적한 때와 곳의 적하의 가액과 선적 및 보험에 관한 비용을 보험가액으로 한다(상 697조).

#### (4) 希望利益保險의 경우

적하의 도착으로 인하여 얻을 이익 또는 보수의 보험 즉 희망이익보험에 있어서는 보험계약에서 보험가액을 정한 경우에는 그에 의하고 그렇지 않은 경우에는 보험금액을 보험가액으로 한 것으로 추정한다(상 698조).

## 제4. 海上保險者의 義務

### Ⅰ. 保險證券交付義務

해상보험자는 다른 보험계약에서와 같이, 해상보험계약이 성립한 때에는 지체없이 해상보험증권을 작성하여 보험계약자에게 교부하여야 한다(상 640조 1항 본문).

해상보험증권에는 일반손해보험증권의 기재사항(상 666조) 외에, ① 선박보험에서는 선박의 명칭 · 국적 · 종류, 항해의 범위, ② 적하보험에서는 선박의 명칭 · 국적 · 종류, 선적항 · 양륙항, 출하지와 도착지를 정한 경우에는 그 지명, ③ 보험가액을 정한 경우에는 그 가액을 정하여야 한다(상 695조).

## Ⅱ. 損害補償義務

### 1. 補償의 範圍

#### (1) 序 說

해상보험자는 해상사업에 관한 사고로 인하여 손해가 생긴 경우에 이를 보상할 책임이 있고(상 693조), 이 외에 공동해손, 구조료, 특별비용 및 선박충돌로 인한 손해 등도 보상할 책임이 있다.

#### (2) 共同海損

① **分擔額補償責任** 선장이 공동해손처분을 한 경우 보험자는 피보험자가 지급할 공동해손(general average)의 분담액을 보상할 책임이 있다(상 694조 본문). 원래 선박보험·적하보험은 그 선박·적하의 손해를 보험에 붙이는 것이지 그 공동해손처분으로 인한 손해의 분담은 간접손해로서 선박보험·적하보험에 붙일 수 없으며, 굳이 이를 보험에 붙이려면 책임보험(상 719조 참조)에 의할 수 밖에 없다. 그러므로 상법은 특칙으로 해상보험자의 공동해손분담액의 보상책임(상 694조)을 규정하여 공동해손에 대한 해상보험을 인정하고 있다.

② **一部保險의 경우** 공동해손처분의 경우에도 일부보험에서는 보험자는 보험금액의 보험가액에 대한 비율에 따라 그 분담액을 보상할 책임이 있다(상 674조).

③ **共同海損分擔額이 保險價額을 超過하는 경우** 공동해손분담액은 선박의 도달의 때와 곳, 적하의 양륙(인도)의 때와 곳의 가액을 한도로 하므로(상 867조, 868조), 공동해손분담가액이 보험가액을 초과하는 경우에 보험자는 그 초과액에 대한 분담액은 보상하지 않는다(상 694조 단서).

#### (3) 救助料

① **救助料補償責任** 보험자는 피보험자가 보험사고로 인하여 발생하는 손해를 방지하기 위하여 지급할 구조료(salvage charges)를 보상할 책임이 있다(상 694조의2 본문). 피보험자가 지급할 구조료는 해상사업에 특유한 비용손해이므로, 보험자가 당연히 보상하여야 하는 것이다.

② **救助料分擔價額이 保險價額을 超過하는 경우** 보험의 목적물의 구조료분담가액이 보험가액을 초과하는 경우, 보험자는 그 초과액에 대한 분담액은 보상하지 않는다(상 694조의2 단서). 이것은 공동해손분담액의 제한(상 694조 단서)과 같은 취지이다.

(4) 特別費用

보험자는 보험의 목적의 안전이나 보존을 위하여 지급할 특별비용(particular charge)을 보험금액의 한도 내에서 보상할 책임이 있다(상 694조의3). 특별비용은 손해방지경감비용(상 680조)에 속하므로 보험자가 당연히 보상하여야 하는 것이다.

(5) 船舶衝突의 損害

선박의 충돌로 인하여 보험의 목적인 선박에 손해가 생긴 경우 그 손해는 당연히 보험자가 보상책임을 진다.

그러나 선박의 충돌로 인하여 다른 선박에 손해가 생긴 경우에 피보험자의 제3자에 대한 손해배상책임에 대하여 보험자가 보상한다는 규정이 없으므로, 보험자는 이에 대하여 보상책임을 질 것이 아니다.

원래 피보험자의 제3자에 대한 손해배상책임은 책임보험의 대상이지 해상보험의 대상이 아니므로, 이의 보험을 위하여서는 따로 해상보험계약을 체결하여야 한다. 실제로 해상보험약관에서는 「충돌약관」(collision clause)을 두어 피보험자의 제3자에 대한 손해배상책임을 담보하고 있다.

2. 補償額의 算定

(1) 序 說

피보험이익의 전부가 멸실된 全損의 경우에는 보험자가 보험가액의 전액을 보상하여야 하나, 피보험이익의 일부가 멸실·훼손된 分損의 경우에는 보험자가 얼마를 보상하여야 할지 문제된다. 상법은 선박분손의 경우, 적하훼손의 경우 및 적하매각의 경우로 나누어 보상액의 산정방법을 정하고 있다.

(2) 船舶分損의 경우

선박의 일부가 훼손된 경우, 그 훼손된 부분의 전부를 수선한 때에는 보험자는 수선비를 1회의 사고에 대한 보험금액의 한도에서 보상할 책임이 있고(상 707조의2 1항), 또 이 경우 그 일부를 수선한 때에는 보험자는 수선비와 수선하지 않음으로써 생긴 감가액을 보상할 책임이 있다(상 707조의2 2항).

그리고 선박이 일부가 훼손된 경우 그 훼손된 부분을 수선하지 않은 때에는, 보험자는 그로 인한 감가액을 보상할 책임이 있다(상 707조의2 3항).

(3) 積荷分損의 경우

보험의 목적인 적하가 훼손되어 양륙항에 도착한 때에는, 보험자는 그 훼손된 상태의 가액과 훼손되지 않은 상태의 가액의 비율에 따라 보험가액의 일부에 대한 손해를 보상할 책임이 있다(상 708조). 예컨대 양륙항에서 훼손되지 않은 상태의 가액이 1,000만 원이고 훼손된 상태의 가액이 600만 원인 경우에 감가액은 400만 원이고 감가율은 40 %이며, 이 경우 보험가액이 1,000만 원이면 전부보험인 때에는 보상액이 400만 원이고 보험금액이 600만 원인 일부보험인 때에는 보상액이 240만 원(1,000만 원× $\frac{40}{100}$ × $\frac{600\text{만 원}}{1,000\text{만 원}}$)이다.

본조는 적하훼손인 경우에 관하여서만 규정하고 있으나, 적하의 일부멸실의 경우에도 보험자의 손해보상액은 이 원칙(상 708조)에 의하여야 할 것이다(통설).

#### (4) 積荷賣却의 경우

항해 도중에 불가항력으로 보험의 목적인 적하를 매각한 때에는, 보험자는 그 매각대금에서 운임 기타 필요한 비용을 공제한 금액과 보험가액의 차액을 보상하여야 한다(상 709조 1항). 즉 이 경우 보험자는 적하의 매각대금에서 적하의 운임 기타 필요한 비용을 공제한 금액을 적하의 보험가액에서 공제하여 그 잔액을 지급하여야 한다.

「불가항력」으로 적하를 매각하는 경우에는 통상의 매각의 경우보다 그 매각가액이 저렴한 것이 보통이고 불가항력으로 적하를 매각하여 입는 손해는 적하의 훼손으로 인한 것은 아니지만 이와 다를 바 없으므로, 이 경우 적하매각의 손해를 보상하도록 한 것이다.

여기에서 불가항력으로 인한 적하의 매각은, 예컨대 선박수선료·해난구조료 기타 항해의 계속에 필요한 비용을 지급하기 위하여 적하를 매각하는 경우(상 750조 1항 3호) 등이다.

적하를 매각한 경우에 매수인이 매수대금을 지급하지 않은 때에는 보험자가 그 금액을 지급하여야 하고, 보험자가 그 금액을 지급한 때에는 피보험자의 매수인에 대한 권리를 취득한다(대위권의 인정)(상 709조 2항).

### 3. 免責事由

#### (1) 序 說

해상보험자는 해상사업에 관한 사고로 인하여 생긴 손해를 보상할 책임이 있으나(상 693조), 해상사업의 사고로 인하여 생긴 손해는 다른 위험으로 인하여 생긴 손해보다 크므로, 상법과 약관에서 보험자의 면책사유를 광범위하게 규정하고 있다.

상법상의 법정면책사유는 손해보험에 있어서 보험자의 일반적 면책사유와 해상보험에 있어서 해상보험자에게 특유한 면책사유가 있다.

(2) 法定免責事由

**가) 保險者의 一般的 免責事由**

손해보험에 있어서 보험사고가 ① 보험계약자 등의 사고유발(상 659조), ② 전쟁 기타의 변란(상 660조), ③ 보험의 목적의 성질·하자·자연소모(상 678조) 등으로 생긴 경우에는 보험자는 그 손해를 보상할 책임이 없다.

(3) 海上保險者에게 特有한 免責事由

**① 航海變更** 선박이 보험계약 소정의 「發航港」이 아닌 다른 항에서(발항항변경) 또는 「到着港」이 아닌 다른 항을 향하여(도착항변경) 출항한 때에는, 보험자가 보상할 책임을 지지 않는다(상 701조 1항·2항). 또한 보험자의 책임이 개시된 후에 보험계약 소정의 「도착항」이 변경된 때에는(책임개시 후 도착지변경), 보험자는 그 항해변경이 결정된 때부터 보상책임을 지지 않는다(상 701조 3항).

**② 離路** 선박이 정당한 사유 없이 보험계약 소정의 항로를 이탈한 경우에는(이로), 보험자는 그때부터 보상책임을 지지 않는다(상 701조의2 1문). 또한 선박이 손해발생 전에 원항로로 귀항한 때에도, 이는 보험계약 소정의 항로를 이탈한 것이므로 보험자는 보상책임을 지지 않는다(상 701조의2 2문).

**③ 發航·航海의 遲延** 피보험자가 정당한 사유 없이 발항 또는 항해를 지연한 경우에는, 보험자는 발항 또는 항해를 지체한 이후의 사고에 대하여서는 보상할 책임을 지지 않는다(상 702조). 여기에서 발항의 지연은 선박보험의 경우에는 발항항에서 출항을 지체한다는 것이고, 적하보험의 경우에는 선적항에서 출항을 지체한다는 것이다(양승규 328면)

**④ 船舶變更** 적하보험의 경우 보험계약자 또는 피보험자의 책임 있는 사유로 인하여 선박을 변경한 때에는, 보험자는 그 선박변경 후의 사고에 대하여 보상책임을 지지 않는다(상 703조). 선박의 종류·톤수·선령에 따라 사고발생의 가능성이 다르고 그 영향을 크게 받으므로, 선박변경을 면책사유로 정한 것이다. 선박변경은 선박보험에서도 문제될 수 있으나, 적하보험이나 운임보험에서 특히 문

제될 수 있다.

⑤ **堪航能力의 欠缺** 선박보험과 운임보험에 있어서 발항 당시 안전한 항해를 하기에 필요한 준비를 하지 않거나 필요한 서류를 비치하지 않음으로써 손해가 생긴 때에는, 보험자는 보상할 책임을 지지 않는다(상 706조 1항). 이것은 堪航能力注意義務의 해태로 생긴 손해는 보험사고의 유발로 손해가 생긴 경우(상 659조)와 같은 것이기 때문이다.

⑥ **傭船者 등의 故意·重過失** 적하보험의 경우에 용선자·송하인 또는 수하인의 고의 또는 중대한 과실로 인하여 손해가 생긴 때에는 보험자는 보상책임을 지지 않는다(상 706조 2호). 용선자·송하인 또는 수하인이 보험계약자나 피보험자인 경우에 이들이 보험사고를 유발한(보험사고가 보험계약자 또는 피보험자의 고의 또는 중대한 과실로 인하여 생긴) 때에는 보험자가 보상책임을 지지 않음은 물론이나(상 659조 1항), 본조는 이들이 보험계약자나 피보험자가 아닌 경우에도 그 손해가 이들의 고의 또는 중대한 과실로 인하여 생긴 때에는 보험자가 보상책임을 지지 않는다는 것이다.

⑦ **航海 중의 通常費用** 도선료·입항료·등대료·검역료 기타 선박 또는 적하에 관한 항해 중의 통상비용은 보험자가 보상할 책임이 없다(상 706조 3호). 이러한 비용은 항해에 당연히 지출이 예상되는 비용으로서, 우연한 사고로 인한 손해가 아니기 때문이다.

⑷ 約定免責事由

해상보험약관에 해상보험자의 면책사유를 정한 경우에는 해상보험자는 이에 의하여 면책된다. 해상보험에 있어서 이러한 면책약관에는 보험계약자 등의 불이익변경금지의 원칙이 적용되지 않는다(상 663조 단서)(대판 1995. 9. 25. 93 다 53078).

**【대법원 1995. 9. 25. 판결, 93 다 53078】**

**1. 사실관계**

X는 그 소유의 어선에 관하여 Y협동조합중앙회(이하 "Y협동조합")와의 사이에 공제금액 1억 7,000만 원의 어선보통공제계약(이하 "공제계약")을 체결하였다. Y협동조합의 어선보통공제약관(이하 "공제약관") 제2조 제2항 단서에서 「…다만 본회는 공제의 목적인 어선이 발항 당시 통상의 해상위험을 사실상 감내할 수 있을 정도로 적합한 상태에 있을 것을 조건으로 공제계약의 청약을 승낙하여 보상책임을 부담합니다」라 규정되어 있었다.

X는 위 어선이 소흑산도 근해에서 삼각파도(진행방향이 다른 둘 이상의 파도가 겹쳐 생기는 파도)에 휩쓸려 전복·침몰되어 그 선체를 인양할 수 없게 되었다. 그리고 X는 사고 당시 해기사 면허가 없는 무자격 기관장을 위 어선에 승선시켜 출항하게 하였다.

이에 X가 Y협동조합에 공제금의 지급을 청구하였으나, Y협동조합은 위 어선이 인적감항능력을 갖추지 않았으므로 공제금지급책임이 없다고 주장하였다.

**2. 판결요지**

이 건에 관하여, 대법원은 「위 공제약관에서 "공제목적인 어선이 발항 당시 통상의 해상위험을 사실상 감내할 수 있을 정도로 적합한 상태에 있을 것을 조건으로 공제계약의 청약을 승낙하여 보상책임을 부담합니다"라 규정하고 있는 경우, "공제목적인 어선이 발항 당시 통상의 해상위험을 사실상 감내할 수 있을 정도로 적합한 상태"란 공제의 목적인 선박이 발항 당시 통상의 해상위험을 사실상 감내할 수 있는 정도의 감항능력을 갖추고 있는 상태를 뜻하고, 이러한 감항능력은 선체나 기관 등 선박시설이 당해 항해에 있어서 통상의 해상위험을 감내할 수 있는 능력(물적감항능력)을 구비함과 동시에 그 선박에 승선하고 있는 선원의 기량과 수에 있어서도 그 항해에 있어서 통상의 해상위험을 감내할 수 있는 정도의 상태(인적감항능력)에 있어야 한다고 보는 것이 위 약관의 문언과 상법 제706조 제1항의 규정에 비추어 정당하다.

상법 제663조 단서에 의하면 해상보험에 있어서는 보험계약자 등의 불이익변경금지의 원칙이 적용되지 아니하여 해상보험약관으로 상법의 규정과 달리 규정하더라도 그와 같은 약관규정은 유효하다.

위 약관은 감항능력의 결여를 상법 제706조처럼 손해발생과의 인과관계를 요하는 보험자의 면책사유로 규정한 것이 아니고 선박이 발항 당시 감항능력을 갖출 것을 조건으로 하여 보험자가 해상위험을 인수한다는 취지임이 문언상 명백하므로, 보험사고가 그 조건의 결여 이후에 발생한 경우에는 보험자는 조건 결여의 사실, 즉 발항 당시의 불감항 사실만 입증하면 그 조건결여와 손해발생간의 인과관계를 입증할 필요 없이 보험금지급책임을 부담하지 않는다」고 판시하여, Y협동조합은 위 약관에 따라 선박의 발항 당시의 감항능력 결여의 사실만 증명하면 보험금지급책임이 없다고 하였다.

## 제5. 海上保險關係의 終了

선박보험에 있어서 보험자의 동의 없이, ① 선박의 양도, ② 선박의 선급변경, ③ 선박의 관리이전 등이 있는 경우에는 해상보험관계가 종료된다(상 703조의2).

船級은 선급협회가 선박의 구조·선체·기관·속구 등에 관하여 검사를 하여 부여하는 선박의 등급이다.

보험자의 동의를 얻어, ① 선박을 양도한 때에는 양수인이 보험계약상의 권리의무를 승계하고, ② 선박의 선급을 변경한 때에는 보험계약이 변경된 선급의 선박을 보험의 목적으로 한 것으로 되며, ③ 선박의 관리를 이전한 때에는 보험계약이 새 관리하의 선박을 보험의 목적으로 한 것으로 된다(손주찬 629면).

## 제6. 豫定保險

### Ⅰ. 意 義

예정보험(floating policy)은 보험계약 체결 당시 보험계약의 구체적 내용의 일부 즉 하물의 적재선박, 적하의 종류·수량 또는 보험가액 등이 미확정되어 있는 보험계약이다.

FOB(본선인도조건 ; Free on Board)매매나 C&F(운임포함인도조건 ; Cost and Freight)매매 기타 이와 유사한 무역조건에 의하여 수입을 하는 경우에, 외국의 매도인으로부터 선적통지가 있기까지 선적화물의 수량·금액, 적재할 선박, 출항일, 항로 등을 알 수 없는 때에는 이러한 보험계약의 내용의 세목을 미확정인 채로 두고 보험계약 즉 예정보험계약을 체결한다.

예정보험도 보험계약의 일종이므로(보험계약의 예약과는 다름), 위험의 개시와 동시에 자동적으로 보험자의 책임이 개시된다.

예정보험은 모든 보험에 존재할 수 있으나, 주로 해상보험과 항공보험 특히 적하보험과 희망이익보험에 많이 이용되고, 이 외에 집합보험과 재보험에도 이용되고 있다.

예정보험은 미확정의 내용에 따라 여러 가지 종류가 있으나, 상법은 발생사적으로 가장 오래된 「선박미확정」(in guovis)의 예정보험만 규정하고 있다(상 704조). 따라서 이 외의 예정보험은 보험의 일반통칙과 손해보험의 통칙에 의하고, 이 외에 당사자의 특약과 상관습 내지 상관습법이 있으면 그에 의한다.

### Ⅱ. 種 類

예정보험에는 항해 또는 선적할 때마다 개별적으로 체결하는 개별예정보험(provisional insurance)과 미리 정한 계약조건에 일정한 기간(보통 1년) 또는 무기한으로 모든 적하에 대하여 포괄적으로 체결하는 포괄예정보험(open policy)이 있다.

포괄예정보험은 선적할 때마다 보험계약을 체결하여야 하는 번잡과 무보험상태의 위험을 예방할 수 있는 장점이 있다.

### Ⅲ. 船舶未確定의 豫定保險

#### 1. 通知義務

선박미확정의 예정보험 즉 보험계약 체결 당시 하물을 적재할 선박을 지정하지 않은 경우에, 보험계약자 또는 피보험자가 그 하물이 선적되었음을 안 때에는 지체 없이 보험자에게 그 선박의 명칭·국적, 하물의 종류·수량·가액을 통지하여야 한다(상 704조 1항).

#### 2. 義務懈怠의 效果

보험계약자 또는 피보험자가 위의 통지의무를 해태한 때에는 보험자는 그 사실을 안 날부터 1개월 내에 그 보험계약을 해지할 수 있다(상 704조 2항)

## 제7. 保險委付

### Ⅰ. 序 說

#### 1. 意義 및 效用

보험위부(abandonment)는 해상보험에 있어서 보험의 목적이 전부 멸실한 것과 동일시할 수 있는 일정한 경우에 피보험자가 보험의 목적에 관한 모든 권리를 보험자에게 委付(이전)하고 보험자에 대하여 보험금액의 전부를 청구할 수 있는 권리를 취득하는 것이다(상 710조).

손해보험의 일반원칙에 의하면, 피보험자는 피보험이익의 전부 또는 일부의 멸실을 증명하지 않으면 손해의 보상을 받을 수 없는 것이다. 그러나 해상보험에서는 全損 발생의 사실을 증명하기가 곤란하거나 불가능한 경우가 있고 또 그 손해의 산정에 많은 비용과 시일이 요하므로, 이러한 경우에 피보험자에게 보험금청구권을 인정하지 않는 것은 피보험자에게 가혹하여 부당하다. 그러므로 보험의 목적의 전손이 확정적이지 않더라도 그럴 개연성이 큰 때에는 전손의 증명 없이도 법률상 이를 전손과 동일시하여 보험위부를 인정함으로써 피보험자가 보험금을 신속하게 수령할 수 있게 하여 그 손해의 보전이 가능하게 한 것이다.

보험위부는 피보험자가 일방적 의사표시에 의하여 행사하여 일정한 법적 효과가 생기는 권리이므로 형성권이다(통설).

### 2. 推定全損·現實全損과 保險委付

우리 나라를 비롯한 대륙법계의 입법례에서는 추정전손에 대한 정의 규정을 두지 않고 보험위부의 원인으로서 추정전손의 개념을 포괄하여 규정하고 있다. 그러나 영미법계의 입법례에서는 추정전손에 대한 정의규정을 두고 추정전손이 발생한 경우에 보험위부를 할 수 있도록 규정하고 있다(예컨대 영국해상보험법 제60조).

일반적으로 추정전손이란, 보험의 목적이 전손으로 될 가능성이 매우 큰 경우 또는 전손으로 될 가능성이 크지만 그 증명이 곤란한 경우, 즉 현실전손은 아직 발생하지 않았지만 현실전손이 발생하는 것을 피하기가 곤란하거나 또는 보험의 목적을 원상회복시키기 위하여 보험가액을 초과하는 비용을 요하는 경우에 현실전손에 준하여 처리하는 것을 말한다. 현실전손이 법률상 및 사실상의 전손(total loss in law and in fact)이라면, 추정전손은 법률상의 전손이지만 사실상의 전손은 아니고(total loss in law but not in fact) 위부의 통지에 의하여 사실상의 전손으로 전환되는 것이다. 그러므로 현실전손의 경우 피보험자는 위부의 통지 없이 보험자에게 보험금액 전부를 청구할 권리가 있는 데 반하여, 추정전손의 경우에는 위부통지를 해야만 피보험자에게 전손보험금을 청구할 권리가 생긴다.

또한 보험위부는 보험금액의 전부를 청구할 수 있는 권리가 아니라 보험금액의 전부를 청구하기 위한 형식적 요건으로서 보험자에게 보험의 목적을 이전시키고자 하는 의사표시이고, 보험금액 전부에 대한 청구권은 추정전손 성립의 간접적 효과로서 발생하는 것이다. 즉 법이 특정한 경우에는 전손으로 처리할 수 있음을 인정하고 그 요건으로서 보험위부를 요구하고 있을 뿐이다.

요컨대 우리 상법 등 대륙법계의 입법례에서는 추정전손이라는 개념을 정면으로 인정하지 아니하고 단지 보험위부의 사유로서 추정전손의 개념을 포괄적으로 규정하고 있으며, 위부의 성립요건으로 추정전손이 성립할 수 있는 경우를 대신하고 있고, 위부의 효과로서는 보험의 목적에 대한 권리의 이전뿐 아니라 보험금액의 전부에 대한 청구권도 발생시킨다고 규정하고 있다(김철호, 「해상보험에서의 위부제도에 관한 연구」, 29·30면).

## Ⅱ. 委付의 原因

### 1. 船舶·積荷의 占有喪失

피보험자가 보험사고로 인하여 자기의 선박 또는 적하의 점유를 상실하여 이를 회복할 수 없거나 회복하기 위한 비용이 회복하였을 때의 가액을 초과하리라고 예상될 경우에는, 피보험자는 보험위부를 할 수 있다(상 710조 1호).

선박의 점유상실은 선박이 포획되거나 압류되는 경우 등이다. 그러나 구 상법에서 위부의 원인 중 하나였던 선박이 침몰된 것은 현행 상법에서는 보험사고의 발생으로 되고, 또 선박의 존부가 2개월간 분명하지 아니하여 선박이 행방불명인 것은 전손으로 추정되므로(상 711조) 반증이 없는 한 역시 보험사고의 발생으로 된다.

### 2. 船舶의 修繕費用의 過多

선박이 보험사고로 인하여 심하게 훼손되어 이를 수선하기 위한 비용이 수선하였을 때의 가액을 초과하리라고 예상될 경우(선박의 경제적 수선불능)에는, 피보험자는 선박의 보험위부를 할 수 있다(상 710조 2호).

그러나 이 경우 선장이 지체 없이 다른 선박으로 적하의 운송을 계속한 경우에는 피보험자는 그 적하의 보험위부를 할 수 없다(상 712조). 그리고 선박의 절대적 수선불능은 선박의 보험위부의 원인이 아니고 보험사고의 발생으로 된다. 그리고 행방불명이 되었던 선박이 다시 나타난 때에는 보험자는 잔존물대위(상 681조)에 의하여 선박에 대한 권리를 취득한다(양승규 336면).

### 3. 積荷의 修繕·運送費用의 過多

적하가 보험사고로 인하여 심하게 훼손되어 이를 수선하기 위한 비용과 그 적하를 목적지까지 운송하기 위한 비용의 합계액이 도착하는 때의 적하의 가액을 초과하리라고 예상될 경우(적하의 경제적 수선불능)에는, 피보험자는 적하의 보험위부를 할 수 있다(상 710조 3호).

## Ⅲ. 委付의 要件(節次)

### 1. 委付의 通知

피보험자가 보험위부를 하고자 할 때에는 상당한 기간 내에 보험자에게 그 통지를 발송하여야 한다(상 713조). 이것은 피보험자가 보험위부를 남용하여 보험자가 불리하게 되는 것을 방지하기 위한 것이다. 통지의 방법은 구두로 하든 서면으로 하든 무방하다.

여기서의 「상당한 기간」은 피보험자가 보험위부의 원인이 된 사실을 알고 보험위부권의 행사를 판단하는 데 필요한 합리적 기간이다.

피보험자가 상당한 기간 내에 위부의 통지를 하지 않은 때에는 보험위부권을 상실한다(양승규 338면).

2. 다른 保險契約 등의 通知

피보험자가 보험위부를 하는 경우에는 보험자에게 보험의 목적에 관하여 체결된 다른 보험계약과 그 부담에 속하는 채무의 유무, 그 종류·내용을 통지하여야 한다(상 715조 1항). 이것은 중복보험이 체결되었는지 또 보험의 목적에 담보물권이 설정되어 있는지를 알리고 보험자로 하여금 그에 대처할 수 있도록 하기 위한 것이다. 그러나 여기서의 통지는 위부의 통지하고는 다른 것이므로 위부의 통지기간 내에 할 필요는 없다. 보험자는 위의 통지를 받을 때까지 보험금의 지급을 거절할 수 있다(상 715조 2항).

피보험자가 보험위부를 하는 경우 보험금지급기간에 관하여 당사자 간에 다른 약정이 있는 때에는, 그 보험금지급기간은 위의 통지를 받은 날부터 기산하여 10일 내에 피보험자에게 보험금을 지급하여야 한다(상 715조).

3. 委付의 無條件性·不可分性

보험위부는 무조건이어야 한다(위부의 단순성)(상 714조 1항). 따라서 보험위부를 하는 경우에는 기한이나 조건을 붙여서는 안된다.

또한 보험위부는 보험의 목적의 전부에 대하여 하여야 한다(위부의 불가분성)(상 714조 2항 본문). 보험위부는 보험의 목적이 전부 멸실한 것과 동일시할 수 있는 경우에 인정되는 것이므로, 보험의 목적의 전부에 대하여 하도록 한 것이다.

이러한 보험위부의 단순성과 불가분성은 신속하고 간명하게 법률관계를 종료시키고자 하는 위부제도의 취지에 비추어 당연한 것이다.

그러나 보험위부의 원인이 보험의 목적의 일부, 예컨대 선박이나 적하 중 일부에만 생긴 경우에는 그 일부에 대하여서만 보험위부를 할 수 있다(상 714조 2항 단서). 또한 일부보험의 경우에는 보험금액의 보험가액에 대한 비율에 따라 보험위부를 할 수 있고(상 714조 3항), 이 경우에는 공유관계가 성립한다.

## Ⅳ. 委付의 效果

### 1. 序 說

보험위부의 요건을 갖춘 때에는, 피보험자는 보험금청구권을 취득하고 또 보험자에게 보험의 목적에 관한 권리가 이전된다. 이 경우 권리이전이 피보험자의 의사표시의 효과인가 법정의 효과인가에 관하여 학설의 대립이 있으나, 논의의 실익이 별로 없다.

2. 權利의 移轉

(1) 保險의 目的에 관한 權利의 移轉

보험의 목적에 대하여 보험위부를 한 때에는, 보험자는 보험의 목적에 관한 피보험자의 모든 권리를 법률의 규정에 의하여 자동적으로 취득한다(상 718조 1항). 이러한 보험자의 권리취득은 피보험자의 보험위부의 의사표시가 보험자에게 도달한 때에 생긴다. 보험자가 피보험자에게 보험금의 지급이 없어도 이러한 효력이 발생한다는 점에서 보험자대위하고는 그 효력면에서 본질적인 차이가 있다.

피보험자가 보험위부를 한 때에는 보험자에게 보험의 목적에 관한 모든 서류를 교부하여야 한다(상 718조 2항). 일단 위부가 성립하면 보험의 목적에 관한 권리가 보험자에게 이전하므로 보험자의 권리행사를 용이하게 하기 위한 것이다. 보험의 목적에 관한 서류는 선박국적증서·등기증서 등이다.

(2) 被保險者의 第3者에 대한 權利移轉

가) 序　說

보험의 목적에 대하여 보험위부를 한 때에 보험자가 취득하는 권리에는 보험의 목적인 선박·적하의 소유권 기타의 물권이 포함되는 것은 물론이다. 그러나 위부의 원인이 제3자의 행위에 의하여 생긴 경우에 피보험자가 제3자에 대하여 가지는 권리 즉 선박충돌로 인한 손해배상청구권이나 공동해손분담청구권도 여기에 포함되는가 문제되며, 이에 관하여 긍정설과 부정설이 대립해 있다.

나) 學　說

① 肯定說　긍정설은 상법 제718조(보험위부의 효과)에서 보험자가 취득하는 권리의 범위에 관하여「보험의 목적에 관한 피보험자의 모든 권리」라고 규정하고 있고 또한 보험위부제도는 보험자를 피보험자와 동일한 지위에 두려는 것이므로, 보험자가 취득하는 권리에는 피보험자가 가지는 모든 권리 즉 제3자에 대한 구상권도 포함된다고 한다(정희철 105면, 양승규 343면, 최기원 727면, 정동윤 642면, 정찬형 670면).

② 否定說　부정설은 피보험자의 제3자에 대한 구상권은 상법 제718조의「권리」에 포함되지 않고, 다만 이러한 권리는 손해보험대위의 일반원칙(상 682조)

에 의하여 보험자가 그 지급한 보험금액의 한도에서 피보험자의 제3자에 대한 권리가 보험자에게 이전된다고 한다(서돈각·정완용 457면, 채이식 578면).

나) 檢 討

긍정설과 부정설은 피보험자의 제3자에 대한 권리가 보험자에게 이전하는 점에서는 같고, 다만 그 이전하는 시기가 긍정설에서는 보험자의 보험금 지급 전이기 때문에 취득하는 권리의 범위가 보험금액과는 무관하고 또 그 권리의 전부라고 보나(상 718조 1항) 부정설에서는 보험자가 지급한 보험금액의 한도 내라고 보는(상 682조) 점에서 다르다.

생각건대 보험위부는 보험의 목적에 관한 피보험자의 권리를 보험자에게 이전하고 피보험자가 손해의 증명 없이 보험금의 전액을 신속·간단하고 확정적으로 취득할 수 있도록 하기 위한 것이다. 이러한 취지에서 보면, 보험위부에 있어서 보험자가 취득하는 권리에는 피보험자의 보험의 목적에 관한 직접의 권리뿐만 아니라 그 代償物 내지 補充物이라 볼 수 있는 제3자에 대한 구상권도 모두 포함한다고 보는 것이 타당하다(긍정설).

3. 義務의 移轉

보험위부의 효과로서 피보험자의 권리가 이전하는 외에 보험위부의 목적인 선박·적하에 존재하는 피보험자의 의무도 이전하는지, 예컨대 침몰선박·침몰적하의 제거의무·철거의무(개항질서법 25조)도 이전하는가에 관하여 상법에 규정이 없어 문제되나, 이러한 의무도 이전된다고 보아야 할 것이다.

4. 保險金請求權

보험위부를 한 때에는 피보험자는 보험자에 대하여 보험금액의 전부를 청구할 수 있고(상 710조), 보험위부의 원인이 보험의 목적의 일부에만 있는 때(예컨대 선박과 적하가 모두 보험의 목적인 경우에 적하에만 위부의 원인이 발생)에는 그 부분에 대하여서만 보험금을 청구할 수 있다(상 714조 2항).

일부보험에 있어서 피보험자가 보험위부를 한 때에는 보험금액의 보험가액에 대한 비율에 따라 보험금을 청구할 수 있다(상 714조 3항).

## Ⅴ. 委付의 承認·不承認

원래 보험위부는 피보험자의 단독행위로서, 보험자의 승낙 없이 효력이 생긴다. 그러나 보험자는 보험위부의 성립에 대하여 이의를 할 수 있으므로 보험자가 위부를 승인한 때에는 피보험자는 더 이상 위부의 원인을 증명할 필요가 없으며, 또한 보험위부를 승인한 후에는 그 보험위부에 대하여 이의를 할 수 없다(상 716조).

보험자가 보험위부를 승인하지 않는 때에는, 피보험자는 보험위부의 원인을 증명하여야 보험금을 청구할 수 있다(상 717조). 그러나 보험자는 위부를 승인할 의무는 없으므로 현실에서 보험자가 위부를 승인하는 예는 거의 없다.

# 제 5 절 責任保險

## 제1. 意 義

책임보험계약(contract of liability insurance)은 피보험자가 보험기간 중의 사고로 인하여 제3자에 대하여 손해배상책임을 질 경우에, 보험자가 이로 인한 손해를 보상할 것을 목적으로 하는 손해보험계약이다(상 719조).

책임보험은 보험자가 피보험자에게 생길 손해를 보상할 것을 목적으로 하는 보험이 아니고, 피보험자가 제3자에게 생길 손해를 배상함으로써 입을 손해 즉 간접손해를 보상할 것을 목적으로 하는 보험이다.

또한 책임보험은 피보험자가 제3자에게 재산적 급여를 할 책임을 부담함으로써 입을 재산상의 「손해를 보상」할 것을 목적으로 하는 보험이므로 손해보험이나, 보험사고로 인하여 가치가 감손하는 것은 피보험자의 구체적 물건이 아니고 피보험자의 「全財産關係」이므로 물건보험이 아닌 재산보험이다.

상법은 책임보험에 관한 일반규정(상 719조-720조)을 두고, 이 외에 특별법과 특별약관에서 각종의 책임보험이 이용되고 있다.

## 제2. 責任保險의 效用

「과실 없으면 책임 없다」고 하는 과실책임주의는 과학기술이 경이적으로 발달한 현대사회에 있어서는 피해자의 보호에 극히 미흡하고 과실책임주의로서는 사회정의를 충분히 구현할 수 없으므로 이른바 무과실책임주의가 대두되었다.

그리하여 오늘날의 기업은 무과실책임으로 인한 손해배상책임을 보험자에게 돌리는 책임보험에 가입하지 않을 수 없게 되었고, 이에 책임보험은 현대보험에 있어서 총아(寵兒)로 되었다.

책임보험에 의하여 피보험자로서는 제3자에 대한 손해배상책임을 보험자에게 전가하여 기업의 유지·발전을 도모할 수 있고, 피해자인 제3자로서는 실효성 있게 손해배상을 받을 수 있는 길을 확보할 수 있게 된다.

## 제3. 責任保險의 種類

### Ⅰ. 對人賠償責任保險·對物賠償責任保險

대인배상책임보험은 보험자가 보상하는 피해자의 손해가 인적 손해(사망 또는 신체의 손상에 따른 손해)인 책임보험이고, 대물배상책임보험은 보험자가 보상하는 피해자의 손해가 물건 기타 물적 손해인 책임보험이다. 대인배상책임보험으로는 자동차보험 중 대인배상책임보험과 근로자재해보상책임보험 등이 있고 대물배상책임보험으로는 자동차보험 중 대물배상책임보험 등이 있다.

### Ⅱ. 營業責任保險·職業人責任保險

영업책임보험은 보험자가 보상하는 피해자의 손해가 피보험자의 각종 영업과 관련하여 생긴 손해인 책임보험이고, 직업인책임보험은 보험자가 보상하는 피해자의 손해가 피보험자의 일정한 직업과 관련하여 생긴 손해인 책임보험이다. 영업책임보험으로는 자동차책임보험, 생산물배상책임보험 등이 있고, 직업인책임보험으로는 의사배상책임보험, 임원배상책임보험 등이 있다.

### Ⅲ. 任意責任保險·强制責任保險

임의책임보험은 보험가입이 임의인 책임보험이고, 강제책임보험은 보험가입이 법률상 강제되는 책임보험이다. 강제책임보험으로는 산업재해보상보험, 자동차대인배상책임보험 등이 있다.

### Ⅳ. 特別法상의 責任保險

#### 1. 火災로 인한 災害補償과 保險加入에 관한 법률(1973. 2. 6, 법 2482호, 2004. 3. 11, 법 7186호 개정)

특수건물 즉 국유건물, 교육시설, 백화점, 시장, 의료시설, 흥행장, 숙박업소, 공장, 공동주택 기타 다수인이 출입·근무 또는 거주하는 건물의 소유자는 그 건물의 화재로 인하여 타인이 사망하거나 부상한 때에는 과실이 없는 경우에도 보험금액의 범위 내에서 그 손해를 배상할 책임이 있고(동법 4조 1항, 2조 3호), 위 건물의 소유자는 그 손해배상책임의 이행을 위하여 그 건물을 「신체손해배상특약부화재보험」에 가입하여야 한다(동법 5조 1항).

**2. 自動車損害賠償保障法**(1999. 2. 5. 법 5793호 전개 2004. 1. 20. 법 7100호 개정)

자동차보유자는 자동차의 운행으로 다른 사람이 사망하거나 부상하여 피해자에 대하여 손해배상책임을 지는 경우에 보험자가 이로 인한 손해를 보상하는 책임보험이나 책임공제에 가입하여야 한다(동법 5조 1항). 이러한 책임보험이나 책임공제에 가입하지 않은 자동차는 도로에서 운행하지 못한다(동법 8조).

**3. 産業災害補償保險法**(1994. 12. 22. 법 4826호 전개 2003. 12. 31. 법 7049호 개정)

근로자를 사용하는 모든 사업 또는 사업장은 당연히 산업재해보상보험의 보험가입자로 되고(동법 6조 본문), 근로복지공단이 보험료의 징수, 보험급여의 결정·지급, 보험급여심사청구의 심리·결정을 한다(동법 11조). 보험급여에는 요양급여, 휴업급여, 장해급여, 간병급여, 유족급여, 傷病補償年金, 장의비 등이 있다(동법 36조 1항).

**4. 原子力損害賠償法**(1969. 1. 24. 법 2094호 2004. 3. 11. 법 7188호 개정)

원자력사업자는 원자력손해배상책임보험계약과 원자력손해배상보상계약을 체결하거나 공탁 등의 손해배상조치를 하지 않으면 원자로의 운전을 할 수 없다(동법 5조). 피해자는 손해배상 또는 손해보상의 청구에 있어서 보험금 또는 보상금에 대하여 다른 채권자에 우선하여 변제받을 권리가 있다(동법 8조, 10조).

## 제4. 責任保險契約의 要素

### Ⅰ. 責任保險의 目的

**1. 序 說**

책임보험은 피보험자가 제3자에 대하여 손해배상책임을 짐으로써 입은 손해를 보상하는 보험으로서 특정의 물건에 대한 손해를 보상하는 보험이 아니므로, 책임보험에 있어서 보험의 목적이 무엇인지 문제된다. 책임보험의 보험의 목적에 관하여 피보험자전재산설과 피보험자배상책임설이 대립해 있다.

**2. 學 說**

① **被保險者全財産說** 피보힘자진재산설은 책임보험에 있어서 보험지가 보상하는 피보험자의 손해는 가옥의 소실이나 선박의 침몰과 같은 유형적 손해가

아니고 채무의 부담 또는 재산의 감소 등의 형태로 나타나므로, 책임보험의 목적은 피보험자의 전 재산이라 한다(손주찬 639면 최기원 730면).

② 被保險者賠償責任說 피보험자배상책임설은 책임보험은 피보험자의 손해배상책임의 부담으로 인한 손해를 보상하는 보험이므로, 책임보험의 목적은 피보험자가 제3자에 대하여 지는 손해배상책임(소극재산)이고 피보험자의 전 재산은 손해배상책임의 담보가 되는 것이라 한다(정희철 108면, 양승규 356면, 정찬형 676면).

### 3. 檢 討

보험의 목적이란 보험사고 발생의 대상을 말한다. 그런데 책임보험은 피보험자가 제3자에 대하여 손해배상책임을 지게 되므로 입은 피보험자의 재산상의 손해를 보상하기로 하는 보험인 점에서 보험의 목적은 피보험자가 제3자에 대하여 부담하는 손해배상책임(소극재산)이라고 보는 것이 옳다. 그리고 이 손해배상책임의 담보가 되는 것이 피보험자의 전재산이다. 상법은 책임보험의 목적은 피보험자가 제3자에 대하여 지는 손해배상책임이라는 것을 전제로 피보험자가 제3자의 배상청구를 방어하기 위하여 지출한 재판상 또는 재판 외의 필요비용은 피보험자가 제3자에게 「손해배상책임」을 지지 않는 경우에도 「보험의 목적」으로 된다고 규정한 것이라고 해석할 수 있고(상 720조 1항 1문), 또 영업책임보험에 있어서는 피보험자의 사업에 관한 「책임」뿐만 아니라 피보험자의 대리인 또는 그 사업감독자의 제3자에 대한 「책임」도 「보험의 목적」으로 된다고 규정하여(상 721조), 책임보험의 목적은 피보험자의 손해배상책임이라고 함과 동시에 그 범위를 확대하고 있다(피보험자배상책임설).

## Ⅱ. 被保險利益

### 1. 序 說

책임보험은 손해보험이지만 물건보험과 다르므로 책임보험에 있어서도 피보험이익을 인정할 수 있는지 문제되나, 책임보험에 있어서 손해는 피보험자가 책임 내지 채무를 부담하는 것이므로, 책임보험에 있어서 피보험이익은 피보험자의 책임 내지 채무가 발생하지 아니하여 피보험자의 재산상태가 변동하지 않음으로써 가지는 경제적 이익이다(통설).

### 2. 保險價額

책임보험에서는 피보험이익을 인정한다고 하더라도 물건보험에서와 같이 피보험이익을 사전에 금전으로 평가하는 것은 사실상 불가능하다. 따라서 책임보험에서는 피보험이익 개념을 인정하더라도 보험가액 개념은 인정할 수 없다는 것이 일반론이다. 따라서 책임보험에서는 원칙적으로 보험가액과 보험금액의 불일치에서 오는 초과·중복·일부보험 등의 문제도 없다. 다만 물건보관자의 책임보험에서와 같이 보험자의 책임이 일정한 목적물에 생긴 손해로 제한되어 피보험이익의 가액을 측정할 수 있는 경우에는 예외적으로 초과·중복·일부보험의 관념을 인정할 수 있다.

## Ⅲ. 責任保險事故

### 1. 序 說

일반의 손해보험에 있어서는 화재, 적하의 멸실·훼손, 선박의 침몰 등과 같은 약정의 사고가 보험사고로 되고, 보험자는 이로 인하여 생긴 손해를 보상할 책임을 진다. 그러나 책임보험에 있어서는 자동차의 충돌, 운전 중의 사고, 선박의 충돌, 근로자의 상해 등과 같은 약정의 사고 즉 「손해사고」가 있더라도 피보험자의 손해로 직결되는 것은 아니고, 이에 기하여 배상청구, 배상책임의 확정, 배상의무의 이행 등의 절차가 행하여진 후에 피보험자의 손해가 발생한다. 그리고 상법은 책임보험의 보험자가 보상책임을 지는 경우로서 피보험자가 「배상할 책임을 진 경우」(상 719조), 피보험자의 「채무가 확정된 때」(상 723조 1항) 라고 규정하고 있어, 어떤 사고를 보험사고로 보아야 할 것인지 문제된다. 책임보험의 보험사고에 관하여 손해사고설, 배상청구설, 책임부담설 등의 학설이 대립해 있다.

### 2. 學 說

① **損害事故說** 손해사고설은 책임보험의 보험사고는 피보험자가 피해자인 제3자에 대하여 손해배상책임을 지게 되는 원인인 사고라 한다(정희철 455면, 양승규 358면, 정동윤 649면, 김성태 592면, 서헌제 201면). 즉 제3자의 손해배상청구의 유무는 불문하고, 훼손·상해 또는 사망 등의 사실이 보험사고라 한다.

이 학설에 의하면 예컨대 자동차책임보험에 있어서 자동차의 충돌로 인한 타인의 자동차의 훼손 또는 타인의 상해나 사망이 보험사고로 된다.

② **賠償請求說** 배상청구설은 책임보험의 보험사고는 피보험자가 피해자인 제3자로부터 손해배상의 청구를 받은 사실이라 한다(최기원 732면). 이 학설에 의하면 피보험자의 과실로 인하여 제3자에게 손해가 생겨도 제3자가 구체적으로 손해배상청구를 하지 않으면 보험사고가 없는 것으로 된다. 독일의 판례, 프랑스 보험계약법 제50조, 이탈리아 학설 등에서 배상청구설을 취하고 있다.

③ **責任負擔說(法律上責任發生說)** 책임부담설은 책임보험의 보험사고는 당사자가 약정한 원인으로 피보험자가 제3자에 대하여 재산상의 급여를 할 법적 책임을 부담하는 것이라 한다(손주찬 642면, 채이식 584면, 이범찬·최준선 595면).

### 3. 檢 討

보험의 종류를 불문하고 보험사고란 보험자의 보험금 지급책임을 구체화시키는 우연한 사고를 말한다. 그러나 손해사고설은 피보험자가 손해배상책임을 지게 되는 원인인 사실이 책임보험에서의 보험사고라 하나, 피보험자에게 손해배상책임 부담의 원인인 사고가 있더라도 손해배상책임이 구체화되지 않으면 이를 보험사고라 할 수 없을 것이다. 또한 배상청구설은 손해배상청구를 받은 사실을 보험사고라 하나, 피해자의 손해배상청구가 없는 경우에는 피보험자의 손해배상책임이 존재하지 않으므로 객관적으로 결정되어야 할 보험사고의 성립·불성립이 피해자의 청구의사의 유무에 따라 결정되어진다는 문제를 안고 있어 이를 보험사고라 할 수 없는 것이다.

생각건대 책임부담설은 보험자는 피보험자의 책임이 없는 경우에도 제3자의 청구를 방어하기 위하여 지출한 필요비용을 부담하여야 한다는 점(상 720조 1항)을 설명하지 못한다는 결점이 있으나, 상법 제719조가 보험자가 보상책임을 질 경우에 관하여 「보험기간 중의 사고로 인하여 제3자에게 배상할 책임을 진 경우」라 규정하고 있는 점을 고려하여 판단하면 우리 상법은 책임부담설을 취하고 있다고 보는 것이 옳다(책임부담설). 상법 제722조에서 「배상의 청구를 받은 때」 또 제723조 제1항에서 「채무가 확정된 때」라 규정하고 있으나, 이는 단순히 배상청구를 받은 사실 또 채무확정의 사실의 보험자에 대한 통지시기를 정한 절차적 규정이기 때문에 어떤 사고를 보험사고로 볼 것인가의 문제하고는 무관한 규정이다. 그런데 우리 나라의 각종 책임보험약관에서는 대부분 보험사고를 손해사고와 같은 것으로 규정하고 있다.

## 제5. 責任保險契約의 效果

### Ⅰ. 序 說

책임보험계약의 효과는 보험자와 피보험자(또는 보험계약자) 간의 관계 즉 내부관계와 보험자와 제3자(피해자) 간의 관계 즉 외부관계로 나누어 고찰할 수 있다.

### Ⅱ. 內部關係

#### 1. 保險者의 補償義務

##### (1) 意 義

책임보험의 보험자는 피보험자가 보험기간 중 사고로 인하여 제3자에게 손해배상책임을 진 경우에 이를 보상할 책임이 있다(상 719조).

##### (2) 補償의 範圍

###### 가) 被保險者의 第3者에 대한 債務

책임보험계약도 손해보험계약이므로, 책임보험에 있어서 보험자는 보험금액의 한도 내에서 피보험자가 제3자에 대한 손해배상책임을 부담함으로써 입은 손해를 보상할 책임이 있다. 또한 영업책임보험에 있어서 보험자는 피보험자의 대리인 또는 그 사업감독자가 제3자에 대한 손해배상책임을 부담함으로써 입은 손해를 보상할 책임이 있다(상 721조).

그리고 피보험자의 제3자에 대한 변제 · 승인 · 화해 또는 재판으로 인하여 채무가 확정된(상 723조 1항) 경우에는 보험자는 이를 보상할 책임이 있고, 또한 피보험자가 보험자의 동의 없이 제3자에게 변제 · 승인 또는 화해를 한 경우에는 보험자가 책임을 지지 않는다는 합의가 있더라도 그 행위가 현저하게 부당한 것이 아닌 한 보험자는 보상책임을 면하지 못한다(상 723조 3항).

###### 나) 防禦費用

① 意 義 방어비용은 제3자가 보험사고로 인적 · 물적 손해를 입고 피보험자를 상대로 손해배상청구를 한 경우에 피보험자가 그 청구를 방어하기 위하여 지출한 재판상 또는 재판 외의 필요비용을 말한다. 이러한 방어비용은 보험자가 부담하고(상 720조 1항 1문) 피보험자는 보험자에 대하여 방어비용의 선급을 청구할 수 있다(상 720조 1항 2문).

여기에서 제3자는 피해자이고, 그 피해자가 청구하는 상대방은 피보험자이며, 피해자의 청구는 재판상의 청구뿐만 아니라 재판 외의 청구도 포함된다.

피보험자가 피해자의 청구를 방어하기 위하여 지출한 방어비용은 당연히 보험자가 부담하여야 하는 것은 아니나, 이를 피보험자로 하여금 부담하게 하는 것은 피보험자에게 너무 가혹하므로 상법은 정책적으로 보험자가 이를 부담하게 한 것이다.

**② 性 質** 피보험자의 방어비용은 상법 제680조 단서 소정의 손해방지비용이고(양승규 363면, 정동윤 652면 채이식 586면, 정찬형 681면), 보험자의 방어비용부담에 관한 상법 제720조는 주의적 규정이다.

**③ 被保險者의 法律上의 責任이 판명되지 않은 상태에서 防禦를 위하여 支出한 費用** 방어비용은 보험사고로 손해를 입어 손해배상청구를 한 경우에 그 청구를 방어하기 위하여 지출한 비용이므로, 방어비용은 보험사고의 발생을 전제로 한다. 따라서 보험사고가 아닌 사고 즉 보험자가 보상책임을 부담하지 않는 사고에 대하여 지출한 비용은 보험자가 부담하지 않는다.

그러나 사고발생 시 피보험자의 법률상의 책임여부가 판명되지 않은 상태에서 피해자라 주장하는 자의 청구를 방어하기 위하여 피보험자가 재판상 또는 재판 외의 필요비용을 지출한 경우에는 그 사고가 보험사고가 아니더라도 이를 상법 제720조 제1항의 방어비용으로 보아 보험자가 부담한다고 보는 것이 타당하다(대판 2002. 6. 28. 2002. 다 22106). 이 경우의 방어비용은 현실로 지출한 비용뿐만 아니라 지출이 명백히 예상되는 비용도 포함한다.

**【대법원 2002. 6. 28. 판결, 2002 다 22106】**

**1. 사실관계**

낚시터를 경영하는 X가 1998. 9. 16.에 Y화재해상보험회사(이하 "Y보험회사")와의 사이에 위 낚시터에 관하여 피보험자를 X로 하는 영업배상특약보험계약을 체결하였다.

X가 1999. 3. 8.~ 같은 달 9.에 낚시터 주변도로의 평지작업과 준설토(浚渫土) 정리작업을 A에게 일당 20만 원에 위탁하였고, A가 1999. 3. 9. 14:00경 위 작업을 하다가 굴삭기(堀削機)가 물속으로 전도(顚倒)되어 같은 날 18:40경 급성호흡부전으로 사망하였으며, X는 위 사고발생 직후에 위 망인을 응급수송하여 치료하게 하고 이러한 긴급조치의 비용으로 99만 원을 지급하였다.

위 망인의 유족들이 1999. 12. 27.에 서울지방법원에 X와 Y보험회사를 상대로 손해배상청구소송을 제기하자, X는 이를 방어하기 위하여 Y보험회사에게 Y보험회사와는 별도로 소송대리인을 선임하여 소송에 응하겠다고 통지하고 B변호사를 소송대리인으로 선임하여 그에게 착수금 550만 원과 성공보수금 1,650만 원 합계 2,200만 원을 지급하기로 하고 소송을 수행하게 하였다.

Y보험회사의 영업배상특약보험보통약관 제4조 제2항에는 「피보험자가 지급한 소송비용, 변호사비용, 중재, 화해 또는 조정에 관한 비용 중에서 피보험자가 미리 보험자의 동의를 받아 지급한 경우에만 보험금을 지급한다」고 규정되어 있었다.

위 법원이 2000. 9. 29.에 위 사고는 전적으로 위 망인의 과실로 인하여 발생한 것이라 하여 위 유족들의 청구를 모두 기각하는 판결을 선고하고, 위 판결이 확정되었다. 한편 X는 Y보험회사에 대하여 위 긴급조치비용 99만 원과 위 변호사비용 2,200만 원의 지급을 청구하였다.

**2. 판결요지**

이 건에 관하여, 대법원은 「상법 제680조 제1항 소정의 손해방지비용은 보험사고가 발생한 경우에 보험사고로 인한 손해의 발생을 방지하거나 손해의 확대를 방지함은 물론 손해를 경감할 목적으로 행하는 행위에 필요하거나 유익하였던 비용으로서 원칙적으로 보험사고의 발생을 전제로 한다. 따라서 책임보험에 있어서도 보험자가 보상책임을 지지 않는 사고에 대하여서는 손해방지의무가 없고, 이로 인한 보험자의 비용부담의 문제도 발생하지 않는다. 그러나 사고발생 시 피보험자의 법률상의 책임 여부가 판명되지 않은 상태에서 피보험자가 손해확대방지를 위한 긴급한 행위를 하였다면, 이로 인하여 발생한 필요·유익한 비용도 위 법조에 따라 보험자가 부담하는 것으로 해석하는 것이 상당하다.

그리고 상법 제720조 제1항 소정의 비용은 피해자가 보험사고로 인적·물적 손해를 입고 피보험자를 상대로 손해배상청구를 한 경우에 그 방어를 위하여 지출한 재판상 또는 재판 외의 필요비용을 말하는 것으로서 방어비용 역시 원칙적으로 보험사고의 발생을 전제로 한다. 따라서 보험사고의 범위에서 제외되어 있어 보험자에게 보상책임이 없는 사고에 대하여서는 피보험자가 보험자에 대하여 보상을 청구할 수 없는 것이다. 그러나 사고발생 시 피보험자 및 보험자의 법률상의 책임 여부가 판명되지 않은 상태에서 피해자라 주장하는 자의 청구를 방어하기 위하여 피보험자가 재판상 또는 재판 외의 필요비용을 지출하였다면 이로 인하여 발생한 방어비용은 보험자의 보상책임도 면할 목적의 방어활동으로 지출한 방어비용과 동일한 성격을 가지는 것으로서, 이러한 경우의 방어비용은 위 법조에 따라 당연히 보험자가 부담하여야 하는 것이다」라 판시하여, X가 지출한 위 긴급조치비용을 상법 제680조 제1항의 손해방지비용으로 또 X가 지출한 위 변호사비용은 상법 제720조 제1항의 방어비용으로 인정하였다.

다) 擔保의 提供·供託

피보험자가 담보의 제공 또는 공탁에 의하여 재판의 집행을 면할 수 있는 경우에는, 보험자에 대하여 보험금액의 한도 내에서 그 담보의 제공 또는 공탁을 청구할 수 있다(상 720조 2항).

라) 保險者의 指示에 의한 防禦費用 · 擔保提供 · 供託

피보험자의 방어비용의 지급이나 담보의 제공 또는 공탁이 보험자의 지시에 의한 것인 경우에는, 그 금액에 손해액을 가산한 금액이 보험금액을 초과하여도 보험자가 이를 부담하여야 한다(상 720조 3항).

⑶ 補償의 時期

보험자는 특별한 약정이 없으면 피보험자로부터 채무확정의 통지를 받은 날부터 10일 내에 보험금을 지급하여야 한다(상 723조 2항).

그러나 피보험자가 책임을 질 사고로 인하여 생긴 손해에 대하여 제3자가 그 배상을 받기 전에는, 보험자는 피보험자에게 보험금의 전부 또는 일부를 지급하지 못한다(상 724조 1항). 이것은 피보험자가 보험금을 받고 피해자에게 지급하지 않거나 늦게 지급하는 것을 방지함으로써 피해자를 보호하기 위한 것이다.

⑷ 數個의 責任保險의 補償

가) 數個의 責任保險契約의 意義

수개의 책임보험계약은 피보험자가 동일한 사고로 제3자에 대하여 손해배상책임을 짐으로써 입은 손해를 보상하는 수개의 책임보험계약이 동시 또는 순차로 체결된 경우에, 그 보험금액의 총액이 피보험자의 제3자에 대한 손해배상액을 초과하는 것이다(상 725조의2).

책임보험에는 보험가액의 관념이 없어 초과보험과 중복보험이 없으나, 수개의 책임보험계약이 체결된 경우에는 중복보험과 같이 각 보험자의 보상금액을 조정할 필요가 있으므로, 본조는 수개의 책임보험계약에 상법 제672조(중복보험)와 제673조(중복보험의 경우 보험자 1인에 대한 권리 포기)를 준용하고 있다.

나) 數個의 責任保險契約의 效果

① 比例 · 連帶責任　수개의 책임보험계약에 있어서 각 보험자는 각자의 보험금액의 비율에 따라 보상책임을 지고, 또 각자의 보험금액의 한도에서 연대책임을 진다(상 725조의2 672조 1항).

② 保險契約者의 通知義務　수개의 책임보험계약을 체결하는 경우 보험계

약자는 각 보험자에게 각 책임보험계약의 내용을 통지하여야 한다(상 725조의2 672조 2항).

③ **詐欺에 의한 數個의 責任保險契約** 수개의 책임보험계약이 보험계약자의 사기에 의하여 체결된 경우에는 각 책임보험계약이 무효로 된다(상 725조의2, 672조 3항, 669조 4항 본문). 그러나 이 경우 보험자는 수개의 책임보험계약이 보험계약자의 사기에 의하여 체결된 것임을 안 때까지의 보험료를 청구할 수 있다(상 725조의2, 672조 3항, 669조 4항 단서).

④ **保險者 1人에 대한 權利拋棄** 수개의 책임보험계약을 체결한 경우 보험자의 1인에 대한 권리의 포기는 다른 보험자의 권리의무에 영향을 미치지 않는다(상 725조의 2, 673조).

### 2. 被保險者의 義務

#### (1) 保險者에 대한 通知義務

① **事故發生의 通知義務** 일반손해보험에서와 같이, 피보험자가 제3자에 대하여 손해배상책임을 지게 될 사고가 발생한 것을 안 때에는 지체 없이 보험자에게 그 통지를 발송하여야 한다(상 657조 1항).

② **賠償請求의 通知義務** 피보험자가 제3자로부터 손해배상청구를 받은 때에는 지체 없이 보험자에게 그 통지를 발송하여야 한다(상 722조). 여기에서 손해배상청구는 정당한 청구이든 부당한 청구이든, 재판상의 청구이든 재판 외의 청구이든 불문하고, 또 통지는 구두에 의하든 서면에 의하든 불문한다(양승규 368면). 피보험자가 배상청구를 받고도 보험자에 대한 통지의무를 게을리 한 때에는 보험자는 손해배상액을 줄일 수 있는 기회를 상실할 수도 있으므로, 통지의무의 해태로 발생한 보험자의 손해는 보험금에서 공제하거나 구상할 수 있다(양승규 371면 정찬형 677면). 그리고 보험자가 제3자의 손해배상청구가 있은 사실을 알고 있는 경우에는, 피보험자는 그 통지를 할 필요가 없음은 물론이다.

③ **債務確定의 通知義務** 피보험자의 제3자에 대한 변제 · 승인 · 화해로 인하거나 재판으로 인하여 채무가 확정된 때에는 피보험자는 지체 없이 보험자에게 그 통지를 발송하여야 한다(상 723조 1항). 책임보험에서는 피보험자의 제3자에 대한 채무가 확정되어야 보험자의 보험금청구권자 즉 피보험자 또는 피해자인 제3자에 대한 보상책임의 범위도 확정되는 것이므로, 이 배상청구통시의무는 보험사로 하여금 보험금지급의 준비를 할 수 있도록 하기 위한 것이다. 따라서 보험자가 제3

자의 손해배상청구가 있은 사실을 알고 있는 경우에는, 피보험자는 그 통지를 할 필요가 없다.

그리고 피보험자의 보험자에 대한 채무확정의 통지는 보험자의 보험금 지급시기를 결정하는 기준이 될 뿐이므로(상 723조 2항), 그 통지를 게을리 하였다고 하더라도 보험자의 손해배상책임에는 아무런 변함이 없다.

(2) 保險者에 대한 協議義務

가) 意 義

피보험자가 제3자의 손해를 보상하면 이는 보험자의 부담으로 되고 또 손해배상청구권의 유무나 그 행사내용이 반드시 정당한 것이라 단정할 수 없으므로, 피보험자가 제3자에 대하여 변제·승인 또는 화해를 하여 채무를 확정하는 때에는 미리 보험자와 협의하여야 한다(통설).

나) 保險者의 同意 없는 債務確定의 效力

피보험자가 보험자의 동의 없이 현저하게 부당한 변제·승인 또는 화해를 한 때에는, 보험자는 그 부당한 부분에 대한 보상을 거절할 수 있다(채이식 652면).

그러나 피보험자가 보험자의 동의 없이 제3자에 대하여 변제·승인 또는 화해를 한 경우에는 보험자가 보상책임을 지지 않는다는 합의가 있는 때에도, 그 행위가 현저하게 부당한 것이 아닌 한 보험자는 그 보상책임을 면하지 못한다(상 723조 3항). 이것은 피보험자의 제3자에 대한 채무의 확정에 반드시 보험자와 협의를 하여야 한다고 하면 제3자에 대한 손해배상의 원활을 해할 염려가 있으므로, 보험자와의 협의가 없어도 그 채무의 확정이 현저하게 부당하지 않는 한 보험자가 그 책임을 면하지 못하는 것으로 한 것이다(동지 : 대판 2000. 4. 21. 99 다 72293).

**【대법원 2000. 4. 21. 판결, 99 다 72293】**

**1. 사실관계**

Y는 X보험회사와의 사이에 그 소유의 자동차에 관하여 피보험자 Y, 보험기간 1994. 10. 29.~1995. 10. 29.로 하는 업무용자동차보험계약을 체결하였다.

무면허자인 A가 Y 몰래 위 화물자동차를 운전하다가 B를 사망하게 하여 위 망인의 유족들이 C지방법원에 A, Y 및 X보험회사를 공동피고로 하여 손해배상청구소송을 제기하였다. 그 소송에서 Y는 X보험회사와 별도로 변호사를 소송대리인으로 선임하여 독자적으로 위 소송을 수행하였으며, 위 지방법원이 X보험회사와 Y에 대하여 위 망인의 유족들에게 손해배상금으로 금 1억 987만 6,997 원을 지급하라는 판결을 선고하였다.

위의 제1심 판결에 대하여 X보험회사는 C고등법원에 항소를 제기하여 C고등법원이 항소심에서 조정에 갈음하는 결정(이하 "조정결정")을 하여 X보험회사에 대하여 위 망인의 유족들에게 금 7,264만 원을 지급할 것을 명하였으나, Y는 항소를 제기하지 아니하여 Y에 대한 관계에서는 제1심판결(이하 "확정판결")이 그대로 확정되었다.

X보험회사의 업무용자동차종합보험약관에는 「피보험자가 손해배상청구를 받은 경우에는 보험자는 피보험자의 동의를 얻어 그 소송을 대행할 수 있다. 피보험자가 정당한 이유 없이 손해배상청구소송에서 보험자에게 협조하지 않을 경우 그로 말미암아 늘어난 손해에 대하여서는 보험자가 보상하지 않는다」고 규정되어 있었다.

X보험회사는 위 망인의 유족들에게 위 조정결정금액을 지급하였고, 위 망인의 유족들은 위 확정판결금액과 위 조정결정금액의 차액을 지급할 것을 청구하였으며, Y는 X보험회사에 대하여 위 차액 상당의 보험금을 지급할 것을 청구하였다.

**2. 판결요지**

이 건에 관하여, 대법원은 「업무용자동차종합보험약관 제13조 제1항은 피보험자가 손해배상청구를 받은 경우 피보험자의 동의를 얻어 보험자가 그 소송을 대행할 수 있다고만 규정하고 있으므로 피보험자가 손해배상청구소송을 보험자로 하여금 대행하도록 하지 않고 변호사를 소송대리인으로 선임하여 독자적으로 수행하였다고 하여 곧 위 약관조항에 위반하였거나 피보험자가 정당한 이유 없이 손해배상청구소송에서 보험자에게 협조하지 않을 경우 그로 말미암아 늘어난 손해에 대하여 보상하지 않도록 규정한 약관조항에 해당한다고 할 수 없다.

상법 제723조 제3항의 취지에 비추어 보면 피해자가 피보험자 및 보험자를 공동피고로 하여 제기한 손해배상청구소송의 제1심판결에 대하여 피보험자는 항소하지 않고 보험자만 항소하여 항소심에서 제1심판결금액보다 감액된 금액으로 조정이 성립되었다는 사실만으로 피보험자의 항소부제기를 상법 제723조 제3항의 현저하게 부당한 것으로 평가하여 보험자가 그 차액 상당의 보험금지급의무를 면할 수 없다」고 판시하여, 피보험자의 항소부제기는 상법 제723조 제3항 소정의 「현저하게 부당한 것」으로 평가할 수 없으므로 보험자는 보험금지급의무가 있다고 하였다.

## Ⅲ. 外部關係

### 1. 序　說

보험자와 피보험자 간의 관계는 보험관계이고 피보험자와 제3자 간의 관계는 손해배상책임관계로서 양자는 별개 · 독립의 관계이므로, 보험자는 제3자에 대하여 책임과 의무가 없는 것이다. 그러나 상법은 피해자인 제3자를 보호하기 위하여 제3자의 보험자에 대한 직접청구권을 인정하고(상 724조 2항 본문), 이 경우 보험자의 제3

자에 대한 항변권(상 724조 2항 단서), 보험자의 피보험자에 대한 통지의무(상 724조 3항), 피보험자의 협조의무(상 724조 4항) 등을 규정하고 있다.

### 2. 第3者의 直接請求權

#### (1) 意 義

제3자는 피보험자가 책임질 사고로 입은 손해에 대하여 보험금액의 한도 내에서 보험자에게 직접 보상을 청구할 수 있다(상 724조 2항 본문). 이러한 제3자의 직접청구권은 모든 책임보험계약에 인정되는 것이다.

그러나 이 외에 보관자의 책임보험에 있어서 물건의 소유자는 보험자에 대하여 손해의 보상을 청구할 수 있고(상 725조), 자동차손해배상책임보험에 있어서 의료기관은 보험사업자 등에게 자동차보험진료수가를 청구할 수 있고(자동차손해배상 보장법 11조 2항), 또 원자력손해배상책임보험에 있어서 피해자는 보험금에 대하여 다른 채권자에 우선하여 변제 받을 권리를 가져(원자력손해배 상법 8조 1항), 상법과 특별법에서 특별히 제3자의 직접청구권을 인정하고 있다.

#### (2) 直接請求權의 法的 性質

상법 제724조 제2항에서는 제3자(피해자)가 피보험자의 책임질 사고로 입은 손해에 대하여 보험금액의 한도에서 보험자에게 직접 보상을 청구할 수 있도록 하는 보험금직접청구권을 인정하고 있다. 이 직접청구권의 법적성질에 대하여는 손해배상청구권설, 보험금청구권설, 구분설로 견해가 대립하고 있다.

##### 1) 學 說

**① 損害賠償請求權說** 이 견해는 피해자의 직접청구권을 보험자가 법률의 규정에 의하거나 당사자의 의사에 기하여 보험자가 피보험자인 가해자의 손해배상채무를 병존적 또는 중첩적으로 인수함으로써 피해자가 보험자에 대하여 직접 청구할 수 있는 권리로 이해한다(김성태 623면). 이 견해는 제3의 피해자를 예정하고 있는 통상의 책임보험(특히 자동차보험)에 있어서의 직접청구권은, 피해자의 가해자에 대한 손해배상청구권과 동일한 성질의 것으로서, 피해자가 가해자인 피보험자에 대한 손해배상청구권을 「보험자에 대하여」 행사하는 권리라고 한다. 독일과 프랑스에서는 다수설의 입장이다.

**② 保險金請求權說** 이 견해는 책임보험계약에서 보험자는 보험계약자로

부터 소정의 보험료를 받고 피보험자가 제3자에게 배상책임을 질 사고로 입은 손해를 보상할 것을 약정한 것이지 그 제3자에 대한 채무를 인수한 것은 아니기 때문에 피해자의 직접청구권은 법률의 규정에 의하여 피해자에게 인정된 보험금청구권이라고 하거나(양승규 377면), 직접청구권은 피해자가 피보험자로서의 지위에서 보험금을 청구하는 것이 아니라 가해자에 대한 손해배상청구권에 기하여 가해자가 행사할 보험금청구권을 대위하여 행사하는 것이라고 한다(고평석, 「책임보험계약론」, 233면). 그러므로 직접청구권은 보험금청구권과 동일한 권리로서 그 성질도 동일하고, 보험자와 피보험자 간의 보험계약에서 합의한 것이 아니라 법률의 규정에 의하여 발생하는 법정권리로서 책임보험의 성질에 부합하는 것이라고 한다.

③ **區分說** 이 견해는 강제책임보험의 경우와 임의책임보험의 경우를 구분하여 피해자의 직접청구권을 이해한다. 즉, 직접청구권을 피해자에 대한 사회적 보호를 제1의 목적으로 삼고 있는 강제책임보험에서는 피해자 보호에 유리한 손해배상청구권으로, 피보험자의 자위수단성이 비교적 강한 임의책임보험에서는 보험금청구권으로 구분하여 이해하여야 할 것이라고 한다(장경환, 「상법학의 전망」, 366면).

2) 判 例

보험금직접청구권의 법적 성질에 대하여 우리 나라 판례는 일관된 입장을 보여주지 못하였다. 판례 중에는, 「피해자의 직접청구권은 보험자가 피보험자의 피해자에 대한 손해배상채무를 병존적으로 인수한 것으로서 피해자가 보험자에 대하여 가지는 손해배상청구권이고, 피보험자의 보험자에 대한 보험금청구권의 변형 내지는 이에 준하는 권리가 아니다」(대판 1994. 5. 27. 94 다 6819)라 하여 손해배상청구권으로 판단한 경우도 있고, 「피해자가 보험회사에 대하여 갖는 보험금의 직접청구권은 상법 제662조의 규정에 의한 보험금액의 청구권에 다름 아니다」(대판 1997. 11. 11. 97 다 36521)라 하여 보험금청구권으로 판단한 경우도 있다. 그러나 최근 판례에서는 모두 직접청구권을 손해배상청구권으로 판단하고 있다(대판 2000. 6. 9. 98 다 54397)(대판 2001. 12. 28. 2001 다 61753)(대판 2009. 7. 9. 2009 다 14340).

3) 檢 討

생각건대, 손해배상청구권설의 주장처럼 보험자가 피보험자의 손해배상채무를 병존적(중첩적)으로 인수하여 피보험자의 채무와 동일한 내용의 채무를 부담하는 것으로 해석하기 위하여는 보험자의 채무인수가 있었다고 볼 수 있는 법률행위가 있었거나 이를 의제할 수 있는 법률적 근거가 있어야 할 것이다. 그런데 책임보험계약의 체결 시에 보험자가 채무인수의사를 표시하였다고 해석할 수 있는 여지는 없고 또한 보험자에게 이러한 의사가 존재하였다고 의제할 만한 법률적 근거도 찾을 수 없다. 오히려 법규정상으로는 상법 제724조가 「제3자는 피보험자가 책임질 사고로 입은 손해에 대하여 보험금액의 한도 내에서 보험자에게 직접 補償을 청구할 수 있다」고 하여 피해자의 직접청구가 損害「賠償」請求가 아니고 損害「補償」請求임을 명확히 하고 있다. 현실적으로도, 책임보험은 사고에 따라서는 손해사고가 발생되어 손해배상청구가 제기되기까지 그리고 손해액이 확정될 때까지는 상당히 장기간이 소요되는데, 손해배상청구권설에 따라 손해배상청구권의 소멸시효까지 따르게 하면 보험관계의 신속한 처리를 전제로 한 보험법상의 단기소멸시효제도를 무의미하게 할 수도 있다.

따라서 피해자의 직접청구권은 손해배상금의 지급과 보험금의 지급을 일회적으로 해결하여 사고처리를 신속하고 원활하게 처리하여 피해자보호에 이바지하고자 하는 정책적인 목적에 의하여 피보험자의 보험금청구권을 피해자가 대신 행사할 수 있도록 법이 특별히 인정한 법정권리로서 보험금청구권과 동일한 성질의 권리라고 보는 것이 옳을 것이다(보험금청구권설).

### (3) 直接請求權의 消滅時效

상법에서는 제724조 제2항에서 피해자의 직접청구권을 인정하고 있지만, 이 권리의 소멸시효에 관하여는 특별히 규정하고 있는 바가 없다. 따라서 상법 제724조에 근거한 피해자의 직접청구권의 소멸시효기간은 해석론상의 문제로 남게 되는데, 이것도 피해자의 직접청구권의 법적 성질을 어떻게 이해하느냐에 따라 달라진다.

학설은, ① 직접청구권은 손해배상청구권과 동일하므로 민법 제766조 제1항에 따라 가해자 및 손해를 안 날로부터 3년, 불법행위일로부터 10년의 시효로 소멸한다는 견해(김성태 634면), ② 직접청구권은 보험금청구권에 다르지 아니하므로 보험금청구권과 마찬가지로 상법 제662조에 따라 2년의 시효로 소멸한다는 견해(양승규 380면), 그리고 ③ 직접청구권의 성질을 손해배상청구권으로 본다고 하더라도 보험자는 그와 직접 관계가 없는 피해자의 직접청구권의 인정으로 인하여 더 불리해질 수는 없으므로 이의 시효기간은 보험금청구권의 시효기간과 같이 2년의 시효로 소멸한다는 견해(정찬형 684면)로 대립하고 있다.

판례는 (종래의)자동차종합보험약관에 의한 피해자의 직접청구권의 소멸시효기간이 문제가 된 사건에서 「약관에 의하여 피해자에게 부여된 보험금액청구권은 상법 제662조 소정의 보험금액청구권과 다름 아니므로 이를 2년간 행사하지 아니하면 소멸시효가 완성된다」고 하였다(대판 1993. 4. 13. 93 다 3622)(대판 1997. 11. 11. 97 다 36521)(대판 2009. 7. 9. 2009 다 14340).

생각건대, 손해배상청구권설은 피해자의 직접청구권은 보험계약상 발생한 권리가 아니기 때문에 상법 제662조에 따른 2년의 소멸시효기간을 적용할 수 없다고 주장한다. 그러나 피해자의 직접청구권이 책임보험의 구조상 당연히 인정되는 것이 아니라 피해자의 보호를 위하여 정책적으로 인정된 것일지라도 그 실질이 보험계약상 발생한 권리인 피보험자의 보험금청구권을 피해자가 대신 행사하는 것이라고 보는 한, 보험금청구권의 단기소멸시효에 관한 상법 제662조의 적용을 배제할 이유는 없다.

**【대법원 1993. 4. 13. 판결, 93 다 3622】**

**1. 사실관계**

A렌트카회사(이하 "A회사")는 Y화재해상보험회사(이하 "Y보험회사")와의 사이에 그 소유의 승용차에 관하여 피보험자를 A회사로 하는 자동차종합보험계약을 체결하였고, B가 1988. 5. 31.에 A회사로부터 위 승용차를 대여받아 운전하였다.

B가 위 승용차를 여관 후문 쪽에 주차해놓고 자기 방에 들어가 위 승용차의 열쇠를 텔레비전 위에 놓고 잠을 잤는데, 그의 옆방에 있던 친구 C가 운전면허도 없으면서 B의 방에서 위 승용차의 열쇠를 가지고 나와 위 승용차를 운전하다가 이튿날(1988. 6. 1.) 02:30경 D를 치여 사망하게 하였다.

이에 D의 유족 X가 A회사를 상대로 손해배상청구소송을 제기하여, 1989. 6. 30.에 일부승소판결이 확정되었다. 그러나 A회사에 지급능력이 없어 X는 1992. 1. 11.에 위 승용차에 관하여 자동차종합보험계약을 체결한 Y보험회사를 상대로 위 판결금의 지급을 청구하는 소를 제기하였다.

Y보험회사의 자동차종합보험 보통약관에는 「피보험자가 피해자에게 지는 손해배상책임이 판결에 의하여 확정된 경우 피해자는 보험회사에 대하여 직접 보험금의 지급을 청구할 수 있다」고 규정하고, 또 「자동차의 운전자가 무면허운전을 하였을 때에 생긴 사고로 인한 손해에 대하여서는 보험자가 보상하지 않는다」고 규정하고 있었다.

**2. 판결요지**

이 건에 관하여, 대법원은 「자동차종합보험 보통약관에 피보험자가 피해자에게 지는 손해배상이 판결에 의하여 확정되는 등의 일정한 경우에는 피해자가 보험회사에 대하여 직접 보험금의 지급을 청구할 수 있다고 규정되어 있더라도, 위 약관에 의하여 피해자에게 부여된 보험회사에 대한 보험금청구권은 상법 제662조 소정의 보험금청구권에 다름 아니므로 이를 2년간 행사하지 않으면 소멸시효가 완성된다」고 판시하여, 피해자의 직접청구권을 보험금청구권이라 하여(보험금청구권설) 이는 2년의 소멸시효에 의하여 소멸된다고 하였다.

⑷ 直接請求權과 損害賠償請求權

제3자가 피보험자에 대한 손해배상청구권과 보험자에 대한 직접청구권을 가지는 경우에 제3자는 이 중 하나를 임의로 선택하여 행사할 수 있다. 제3자가 먼저 피보험자에 대한 손해배상청구권을 행사하여 만족을 받으면 보험자에 대한 직접청구권을 상실하고, 또 제3자가 먼저 보험자에 대한 직접청구권을 행사하여 보상을 받으면 피보험자에 대한 손해배상청구권을 상실한다(대판 1975. 7. 22. 75 다 153).

⑸ 直接請求權과 保險金請求權

동일한 보험사고를 원인으로 제3자의 보험자에 대한 직접청구권과 피보험자의 보험자에 대한 보험금청구권이 발생한 경우에는 직접청구권이 우선한다. 즉 보험자는 제3자가 피보험자로부터 손해배상을 받기 전에는 피보험자에게 보험금액의 전부 또는 일부를 지급하지 못하고(상 724조 1항), 따라서 보험자는 제3자가 피보험자로부터 손해배상을 받지 않은 한 피보험자의 보험금청구를 거절할 수 있다(대판 1995. 9. 26. 94 다 28093). 이것은 제3자의 직접청구권을 피보험자의 보험금청구권보다 우선적으로 보호하려는 것이다.

3. 保險者의 抗辯權

제3자가 보험자에 대하여 직접청구를 한 경우에, 보험자는 피보험자가 그 사고에 관하여 제3자에 대하여 가지는 항변으로써 그 제3자에게 대항할 수 있다(상 724조 2항 단서). 이것은 제3자에게 보험자에 대한 직접청구권을 인정함과 동시에 보험자에게 제3자에 대한 항변권을 인정함으로써 제3자와 보험자 간에 형평을 기한 것이다.

4. 保險者의 通知義務

보험자가 제3자로부터 직접청구를 받은 경우에는 지체 없이 피보험자에게 이를 통지하여야 한다(상 724조 3항). 이것은 제3자가 직접청구를 한 경우에, 보험자로서는 제3자의 청구가 정당한 것인가를 확인할 필요가 있고 또 피보험자로서는 제3자에 대하여 방어할 수 있는 기회를 가져야 하기 때문이다.

5. 被保險者의 協助義務

제3자가 직접청구를 한 경우 피보험자는 보험자의 요구가 있는 때에는 필요한 서류·증거의 제출, 증언 또는 증인출석에 협조하여야 한다(상 724조 4항). 여기에서 피보험자의 서류·증거의 제출, 증언, 증인출석 등의 협조의무는 예시적인 것이다(손주찬 644면).

## 제6. 保管者의 責任保險

### Ⅰ. 意 義

보관자의 책임보험은 임차인 기타 타인의 물건을 보관하는 자가 그 지급할 손해배상을 위하여 그 물건을 보험에 붙인 보험이다(상 725조).

보관자의 책임보험계약은 타인의 물건을 보관하는 자가 그 물건의 소유자에 대하여 손해배상책임을 부담함으로써 입을 손해를 보상할 것을 목적으로 하는 보험계약이므로 책임보험계약이다. 또한 보관자의 책임보험계약은 보관자가 자기를 위하여 자기의 명의로 체결하고 소유자의 대리인으로서 체결하는 것이 아니며, 소유자를 피보험자로 하는 타인을 위한 보험계약이 아니다. 보관자의 책임보험에 있어서는 보관자가 보험계약자이고 피보험자이다.

### Ⅱ. 要 件

첫째, 타인의 물건의 보관자가 보험계약자로서 보험계약을 체결하여야 한다. 따라서 자기소유의 물건을 보관하는 경우에는 보관자의 책임보험계약을 체결할 수 없다.

둘째, 보관자가 자기를 위하여 보험계약을 체결하여야 한다. 환언하면 보관자가 소유자에 대하여 손해배상책임을 부담함으로써 입을 손해를 보상하기 위하여 보험계약을 체결한다.

### Ⅲ. 效 果

#### 1. 所有者의 直接請求權

보관자의 책임보험계약에 있어서 물건의 소유자는 보험자에 대하여 직접 그 손해의 보상을 청구할 수 있다(상 725조). 보관자의 책임보험계약은 보관자의 자기를 위한 보험계약이므로 보험사고 발생 시에는 보관자가 피보험자로서 보험금청구권을 행사하여야 하는 것이나, 보관자가 보험자로부터 보험금을 지급받고도 피해자에게 배상을 하지 않거나 파산에 의하여 배상하지 못할 염려가 있으므로, 본조는 소유자를 보호하기 위하여 소유자의 보험자에 대한 직접청구권을 인정한 것이다.

상법 제725조는 개정 전의 상법에서는 큰 의미가 있었다. 그러나 1991년의 상법 개정으로 모든 책임보험에서 피해자에게 보험금의 직접청구권을 인정하고 있으므로 현재 동조는 특별한 의미는 없고 주의규정에 불과하다.

#### 2. 保管者의 權利와 所有者의 權利의 關係

보관자의 책임보험에 있어서는 이것이 보관자 자신을 위한 보험계약으로서 보관자가 보험자에 대하여 보험금청구권을 가지고 또 상법 제725조에 의하여 소유자가 보험자에 대하여 직접청구권을 가지므로, 양자의 관계가 문제된다. 이러한 문제는 책임보험 일반에서 발생하는데, 앞서 설명한 바와 같이 소유자의 직접청구권이 보관자의 보험금청구권에 우선한다(통설)(대판 1995. 9. 26. 94 다 28093).

## 제 6 절 再保險

### 제1. 意 義

재보험계약(contract of reinsurance)은 보험자가 보험계약에 의하여 보험금지급의 책임을 부담함으로써 입을 손해의 전부 또는 일부를 재보험자가 보상할 것을 목적으로 하는 제2의 보험계약이다(상 661조 1문). 이 재보험계약에 대하여 최초의 보험계약을 原保險契約 또는 元受保險契約이라 한다.

### 제2. 機 能

보험의 경영에 있어서 중요한 것은 위험의 분산이다. 이러한 위험의 분산을 위하여, 보험자가 피보험자에 대하여 부담하는 보험금지급의무의 전부 또는 일부를 다른 보험자에게 이전하는 재보험이 고안된 것이다.

또한 이 재보험에 의하여 보험자는 자기가 받은 보험료와 지급한 재보험료의 차액을 이득할 수 있고 또 이는 수인의 보험자가 공동으로 위험을 인수하는 공동보험보다 영업비용이 적게 들어 유익하다.

## 제3. 法的 性質

재보험계약의 법적 성질에 관하여서는 조합계약설과 보험계약설이 있으나, 재보험계약에는 원보험자와 재보험자의 합유재산이라 할 수 있는 것이 없으므로 이를 조합계약이라 보기는 어렵고 재보험계약은 위험의 분산이라는 보험의 기능을 가지므로 이를 보험계약이라 보는 것이 옳다(통설).

재보험계약을 보험계약으로 보더라도 이것이 원보험계약과 동일한 보험계약인지 원보험계약과는 별개 독립의 보험계약인지 문제되는데, 재보험계약은 원보험자가 원피보험자에 대하여 지급책임을 부담함으로써 생길 손해를 재보험자가 보상할 것을 목적으로 하는 보험계약이고 또 재보험계약에 책임보험계약의 규정을 준용하고 있으므로(상 726조), 재보험계약의 법적 성질은 원보험계약과는 별개의 책임보험계약이라 보는 것이 타당하다.

## 제4. 種　類

### Ⅰ. 全部再保險 · 一部再保險

전부재보험은 원보험자가 인수한 위험의 전부를 재보험에 붙이는 재보험이고, 일부재보험은 원보험자가 인수한 위험 중에서 그 일부만 재보험에 붙이는 재보험이다.

### Ⅱ. 任意的再保險 · 義務的再保險

임의적재보험은 원보험자의 재보험청약에 대하여 승낙할 것인가 승낙하지 않을 것인가가 전적으로 재보험자의 임의인 재보험이고, 의무적재보험은 원보험자와 재보험자가 미리 재보험의 위험 기타 조건을 정하여 두었다가 후에 그 조건이 합치하는 때에 자동적으로 재보험관계가 성립하는 재보험이다.

### Ⅲ. 比例特約再保險 · 超過額特約再保險

실제로 원보험자가 재보험계약을 체결함에 있어 그가 인수한 모든 책임을 재보험에 붙이는 경우는 많지 않고, 보통 그 인수한 책임 중에서 일부는 자기가 담보하고 나머지 부분을 재보험에 붙인다.

원보험자가 원보험계약의 보험금액의 일정 비율을 재보험에 붙이는 것을 비례특약(quota share treaty)재보험이라 하고, 원보험계약의 보험금액 중에서 일정액을 초과하는 금액을 재보험에 붙이는 것을 초과특약(surplus line treaty)재보험이라 한다.

## 제5. 效 果

### Ⅰ. 序 說

상법상 재보험계약에는 책임보험계약의 규정이 준용되나(상 726조), 재보험계약은 원보험자와 재보험자 간의 특약에 의하여 체결되고 있어, 실제 재보험계약에는 책임보험계약의 규정이 준용될 여지가 그리 크지 않다.

여기에서는 재보험자와 원보험자의 관계, 재보험자와 원보험계약자의 관계, 재보험자와 재피보험자의 관계로 나누어 고찰하기로 한다.

### Ⅱ. 再保險者와 原保險者의 關係

#### 1. 原保險者의 義務

##### (1) 一般的 義務

원보험자는 재보험자에 대하여 재보험계약자로서 통상의 보험계약에서 보험계약자가 부담하는 각종의 의무 즉 고지의무(상 651조), 통지의무(상 722조, 723조 1항, 652조), 손해방지의무(상 680조 720조 참조) 등을 부담한다.

##### (2) 特殊한 義務

① **最大善意의 保險事務執行義務** 원보험계약사무는 원보험계약의 체결에서부터 종료하기까지 원보험자의 재량에 속하는 것이나, 원보험계약의 업무집행에 관하여 원보험자와 재보험자는 동일한 운명에 있으므로, 원보험자는 「최대의 선의로」 즉 재보험자의 이익을 고려하여 재보험자의 이익에 합치하도록 최대의 선의로 원보험계약사무를 집행하여야 한다.

② 帳簿開示義務 특약의 유무를 불문하고, 재보험자는 원보험자의 장부 기타의 서류를 열람 또는 검사할 수 있다고 본다.

2. 再保險者의 義務

재보험자는 통상의 보험계약에서와 같이 보상의무를 부담한다(상 665조 719조). 재보험자의 재보험금지급의무의 발생시기에 관하여, 학설은 원보험자가 원보험금을 지급한 때라고도 하고 또는 원보험자의 원피보험자에 대한 원보험금지급의무가 확정된 때라고도 한다. 재보험계약의 법적 성질을 책임보험계약으로 보는 한, 후설이 타당하다(원보험금지급의무확정시설).

3. 再保險者의 保險代位

원보험자가 원피보험자에게 원보험금을 지급한 경우 원피보험자의 제3자에 대한 손해배상청구권은 원보험자에게 이전되고(상 682조 본문), 재보험자가 원보험자에게 재보험금을 지급한 때에는 그 지급한 금액의 한도에서 원보험자의 권리가 재보험자에게 이전된다(재보험자의 보험대위).

그러나 재보험자의 보험대위의 경우에도 원보험자와 재보험자 간에는 受託關係가 있어 원보험자가 자기의 명의로 권리를 행사하고 그 회수한 금액을 재보험자에게 교부하는 상관습이 있다고 본다.

## Ⅲ. 再保險者와 原保險契約者의 關係

원보험계약과 재보험계약은 별개의 보험계약이므로, 양 보험계약은 서로 다른 보험계약의 효력에 영향을 미치지 않는다(상 661조 2문). 따라서 원보험자는 원보험계약자의 保險料의 不支給을 이유로 재보험료의 지급을 거절할 수 없고, 또 원보험자는 再保險金의 不支給을 이유로 원피보험자에 대하여 원보험금의 지급을 거절할 수 없다.

## Ⅳ. 再保險者와 再被保險者의 關係

원보험계약과 재보험계약은 별개의 보험계약이므로, 법리상으로는 제3자 즉 원피보험자는 재보험자에 대하여 보험금청구권을 가지지 않는다. 그러나 책임보험계약에 있어서 피해자인 제3자는 보험자에 대하여 직접 보상을 청구할 수 있고(상 724조 2항 본문), 이러한 책임보험계약의 규정이 재보험계약에 준용되므로(상 726조) 원피보험자는 재보험자에 대하여 직접 보상을 청구할 수 있다. 또한 이 경우 재보험자는 원보험자에 대한 항변으로써 원피보험자에 대하여 대항할 수 있다(상 726조, 724조 2항 단서).

# 제 7 절 自動車保險

## 제1. 序 說

### Ⅰ. 意 義

자동차보험계약(contract of automobile insurance)은 피보험자가 자동차를 소유·사용 또는 관리하는 동안에 발생한 사고로 인하여 생긴 손해를 보험자가 보상할 것을 목적으로 하는 손해보험계약이다(상 726조의2).

오늘날 육상운송의 많은 부분을 자동차가 담당하고 있어, 자동차보험은 손해보험에 있어서 중요한 지위를 차지하고 있다. 그러나 상법은 자동차보험계약에 관하여 단지 3개의 규정만 두고 있어, 자동차보험계약의 문제는 주로 상법상 손해보험의 일반규정과 자동차보험약관에 의하여 규율한다.

### Ⅱ. 種 類

자동차보험에는 ① 자동차손해배상책임보험(이하 "손해배상책임"), ② 자기신체사고보험(이하 "자기신체사고"), ③ 자기차량손해보험(이하 "자기차량손해"), ④ 무보험자동차에 의한 상해보험(이하 "무보험자동차에 의한 손해")이 있고, 손해배상책임에는 대인배상책임보험(이하 "대인배상책임")과 대물배상책임보험(이하 "대물배상")이 있으며, 대인배상책임에는 대인배상Ⅰ과 대인배상Ⅱ가 있다.

그리하여 일반적으로 자동차보험의 종류라 하면, 대인배상Ⅰ, 대인배상Ⅱ, 대물배상, 자기신체사고, 자기차량손해, 무보험자동차에 의한 상해 등 6가지를 이른다.

이 중 대인배상Ⅰ, 대인배상Ⅱ, 대물배상은 자동차사고로 피보험자가 입은 손해를 보험자가 보상하는 책임보험이다. 그러나 자기신체사고, 자기차량손해, 무보험자동차에 의한 상해는 자동차사고로 피보험자가 입은 손해를 보험자가 보상하는 보험으로 책임보험은 아니다.

## 제2. 對人賠償Ⅰ保險契約

### Ⅰ. 意 義

대인배상Ⅰ은 자동차보유자가 자동차의 운행으로 다른 사람이 사망하거나 부상하여(대인사고) 피해자에 대하여 손해배상책임을 부담함으로써 손해를 입게 될(손해의 발생) 경우에 보험자가 그 손해를 보상할 것을 목적으로 하는 책임보험이며(자동차손해배상보장 2조 5호), 자동차손해배상보장법에 의하여 그 보험계약(또는 그 공제계약)의 체결이 강제된다(자동차손해배상보장 5조 1항).

여기에서 자동차보유자란 자동차의 소유자 또는 자동차를 사용할 권리가 있는 자로서, 자기를 위하여 자동차를 운행하는 자이다(자동차손해배상보장 2조 3호). 또한 운행이란 사람 또는 물건의 운송에 관계 없이 자동차를 그 용법에 따라 사용 또는 관리하는 것이다(자동차손해배상보장 2조 2호).

대인배상Ⅰ은 피보험자가 손해배상책임을 부담함으로써 입은 손해를 보험자가 보상할 것을 목적으로 하는 보험이므로 책임보험이고, 사고의 객체가 사람이므로 대인배상책임보험이며, 보험금액 즉 배상액이 한도가 법령(자동차손해배상보장 시행 3조)에 의하여 정하여져 있으므로 유한배상책임보험이다.

### Ⅱ. 社會保障性

대인배상Ⅰ은 자동차의 운행으로 사람이 사망하거나 부상한 경우에 피보험자의 피해자에 대한 손해배상을 보장함으로써 피해자를 보호하기 위한 보험으로서(자동차손해배상보장 1조), 사회보장적 성질을 가진다.

따라서 자동차를 보유·운행하는 자는 대인배상Ⅰ을 체결하여야 하고(자동차손해배상보장 5조 1항), 체결하지 않은 자동차는 운행이 금지되며 이에 위반한 때에는 1년 이하의 징역 또는 500만 원 이하의 벌금에 처한다(자동차손해배상보장 46조 2항).

그리고 보험사업자 등은 법정의 사유가 없는 한 대인배상Ⅰ의 체결을 거부하지 못하고(자동차손해배상보장 24조 1항), 이에 위반한 때에는 2,000만 원 이하의 과태료에 처한다(자동차손해배상보장 48조 2항).

## Ⅲ. 對人賠償Ⅰ保險의 要素

### 1. 保險契約者

대인배상Ⅰ에 있어서 보험계약자는 「자동차보유자」이다(자동차손해배상 보장 2조 5호). 자동차보유자는 자동차의 소유자 또는 자동차를 사용할 권리를 가지는 자로서 자기를 위하여 자동차를 운행하는 자이다(자동차손해배상 보장 2조 3호). 그러나 아무튼 자동차에 관하여 대인배상Ⅰ이 체결되면 되므로, 대인배상Ⅰ의 보험계약자를 반드시 자동차보유자로 한정한다고 볼 것은 아니다.

### 2. 被保險者

대인배상Ⅰ에 있어서 피보험자는, ① 보험증권에 기재된 피보험자(기명피보험자), ② 기명피보험자와 같이 살거나 살림을 같이 하는 친족으로서 피보험자동차를 사용 또는 관리 중인 자, ③ 기명피보험자의 승낙을 얻어 피보험자동차를 사용 또는 관리 중인 자(승낙피보험자), ④ 기명피보험자의 사용자 또는 계약에 의하여 기명피보험자의 사용자에 준하는 지위를 얻은 자, ⑤ 위의 각 피보험자를 위하여 자동차를 운전 중인 자(운전보호자 포함) 등이다(자동차보험표준약관 10조 2).

### 3. 保險事故

대인배상Ⅰ은 자동차의 운행으로 발생하는 사고로 인하여 피보험자가 제3자의 사망 또는 상해에 대하여 손해배상책임을 부담함으로써 입은 손해를 보상할 것을 목적으로 하는 보험계약이므로, 그 보험사고는 피보험자가 제3자에 대하여 손해배상책임을 지는 것이다(책임부담설).

## Ⅳ. 對人賠償Ⅰ保險의 效果

### 1. 內部關係

#### (1) 自動車保險證券交付義務

자동차보험자는 다른 보험계약의 경우에서와 같이, 자동차보험계약이 성립한 때에는 지체 없이 자동차보험증권을 작성하여 보험계약자에게 교부하여야 한다(상 640조 1항 본문).

자동차보험증권에는 일반손해보험증권의 기재사항(상 666조) 외에, ① 자동차소유자와 그 밖의 보유자의 성명·생년월일 또는 상호, ② 피보험자동차의 등록번호, 차대번호(車臺番號), 차형연식(車型年式), 기계장치, ③ 차량가액을 정한 경우에는 그 가액을 기재하여야 한다(상 726조의3).

⑵ 保險金支給請求權

피보험자가 제3자에게 손해배상의무를 이행한 경우에는, 그 지급한 금액의 한도 내에서 보험자에 대하여 보험금의 지급을 청구할 수 있다(자동차배상보장 10조 2항). 이것은 피보험자가 보험금을 수령하여 제3자에게 배상하지 않는 경우가 있을 수 있으므로, 피보험자는 배상의무를 이행한 후 그 이행한 한도에서 보험금의 지급을 청구하도록 한 것이다.

보험자가 지급할 보험금은 피보험자가 제3자에게 변제·승인·화해 또는 재판으로 확정된 채무(상 723조 1항), 중재 또는 서면에 의한 합의로 확정된 손해배상액(자동차배상보장 10조 2항) 및 피보험자가 지출한 방어비용, 담보제공·공탁 비용(상 720조) 등의 합산액이다.

대인배상 I 의 보험금은 피해자 1인당, 사망의 경우에는 1억 원의 범위 내에서 또 부상의 경우에는 법령상의 등급별 소정의 금액의 범위 내에서, 피해자에게 발생한 손해액이다(자동차손해배상보장 시행 3조 1호·2호).

⑶ 免責事由

① **保險契約者 등의 故意로 損害가 생긴 경우** 보험계약자 또는 피보험자의 「고의」로 인하여 손해가 생긴 경우에는 보험자는 그 손해에 대하여서는 보상할 책임이 없다(자동차보험표준 약관 14조 1(1)). 그리고 피보험자가 무면허운전 또는 음주운전을 하는 동안에 생긴 사고로 인한 손해는 보험자가 보험금을 지급하여도 그 금액은 피보험자가 부담하여야 한다(자동차보험표준 약관 14조 2).

② **被害者에게 직접 損害賠償額을 支給한 경우** 보험계약자 또는 피보험자의 고의로 인하여 손해가 생긴 경우 보험자가 피보험자의 직접청구(자동차손해배상보장 10조 1항 1문)에 따라 제3자에게 손해배상을 한 때에는, 보험자는 피보험자에게 그 금액의 지급을 청구할 수 있다(자동차보험표준 약관 14(1) 단서).

**【대법원 1991. 12. 24. 판결, 90 다카 23899】**

보험자의 면책사유를 규정한 상법 제659조 제1항의 법의 및 자동차종합보험보통약관 소정의 이른바 무면허운전면책조항이 위 조항의 적용대상이라고 볼 수 있는지 여부와 관련하여, 대법원은 「상법 제659조 제1항은 보험사고를 직접 유발한 자 즉 손해발생 원인에 전적인 책임이 있는 자를 보험의 보호대상에서 제외하려는 것이므로 보험약관에서 이러한 손해발생 원인에 대한 책임조건을 경감하는 내용으로 면책사유를 규정하는 것은 상법 제663조의 불이익변경금지에 저촉되겠지만, 손해발생원인과는 관계없이 손해발생시의 상황이나 인적 관계 등 일정한 조건을 면책사유로 규정하는 것은 위 상법 제659조 제1항의 적용대상이라고 볼 수 없는 것인바, 자동차종합보험보통약관 제10조 제1항 제6호 소정의 책임보험조항의 '자동차의 운전자가 무면허운전을 하였을 때에 생긴 사고로 인한 손해를 보상하지 아니한다'는 이른바 무면허운전면책조항은 사고발생의 원인이 무면허운전에 있음을 이유로 한 것이 아니라 사고발생 시에 무면허운전 중이었다는 법규위반상황을 중시하여 이를 보험자의 보상대상에서 제외하는 사유로 규정한 것이므로 위 상법 제659조 제1항의 적용대상이라고 보기 어렵다.

그리고 위 약관 소정의 무면허운전면책조항을 문언 그대로 무면허운전의 모든 경우를 아무런 제한 없이 보험의 보상대상에서 제외한 것으로 해석하게 되면 절취운전이나 무단운전의 경우와 같이 자동차보유자는 피해자에게 손해배상책임을 부담하면서도 자기의 지배관리가 미치지 못하는 무단운전자의 운전면허소지 여부에 따라 보험의 보호를 전혀 받지 못하는 불합리한 결과가 생기는바, 이러한 경우는 보험계약자의 정당한 이익과 합리적인 기대에 어긋나는 것으로서 고객에게 부당하게 불리하고 보험자가 부담하여야 할 담보책임을 상당한 이유 없이 배제하는 것이어서 현저하게 형평을 잃은 것이라고 하지 않을 수 없으며 이는 보험단체의 공동이익과 보험의 등가성 등을 고려하더라도 마찬가지라고 할 것이므로 결국 위 무면허운전면책조항이 보험계약자나 피보험자의 지배 또는 관리가능성이 없는 무면허운전의 경우에까지 적용된다고 보는 경우에는 그 조항은 신의성실의 원칙에 반하는 공정을 잃은 조항으로서 약관의 규제에 관한 법률 제6조 제1, 2항, 제7조 제2, 3호의 각 규정에 비추어 무효라고 볼 수밖에 없기 때문에 위 무면허운전면책조항은 위와 같은 무효의 경우를 제외하고 무면허운전이 보험계약자나 피보험자의 지배 또는 관리가능한 상황에서 이루어진 경우에 한하여 적용되는 조항으로 수정해석을 할 필요가 있으며 무면허운전이 보험계약자나 피보험자의 지배 또는 관리가능한 상황에서 이루어진 경우라고 함은 구체적으로는 무면허운전이 보험계약자나 피보험자 등의 명시적 또는 묵시적 승인하에 이루어진 경우를 말한다」고 하였다.

## 2. 外部關係

### (1) 第3者의 直接請求權

피보험자가 손해배상책임을 지는 사고가 생긴 경우에는 제3자는 보험자에 대하여 보험금을 자기에게 직접 지급할 것을 청구할 수 있고, 또 이 경우 제3자는 자동차보험진료수가에 해당하는 금액은 진료의료기관에 직접 지급할 것을 청구할 수 있다(제3자의 직접청구권)(자동차손해배상보장 10조 1항).

(2) 假拂金支給請求權

제3자는 보험자에 대하여 소정의 금액(자동차손해배상보장 시행 3조 1항)을 보험금의 지급을 위한 가불금(假拂金)으로 지급할 것을 청구할 수 있다(자동차손해배상보장 11조). 손해배상액이 확정되기까지에는 상당한 시일을 요하는 경우가 많고 또 제3자로서는 당장의 의료비·장례비 등의 비용이 소요되므로, 이에 상당하는 가불금을 청구할 수 있도록 한 것이다.

가불금의 지급은 보험금의 一部先給이므로, 후일에 지급할 보험금이 확정된 때에는 보험자는 보험금에서 그 지급한 가불금을 공제한 잔액을 지급하여야 한다.

## 제3. 對人賠償Ⅱ保險契約

### Ⅰ. 意 義

대인배상Ⅱ는 자동차의 사고로 인하여 사람이 사망하거나 부상하여(대인사고) 대인배상Ⅰ의 배상금액을 초과하는 손해(배상초과손해)가 생긴 경우에, 피보험자가 그 초과하는 금액에 대한 배상책임을 부담함으로써 입을 손해(손해발생)를 보험자가 보상할 것을 목적으로 하는 보험이다.

대인배상Ⅱ는 임의로 자동차보험약관에 의하여 체결하는 보험이므로 임의자동차보험이고, 피보험자가 제3자에 대한 손해배상책임(대인배상Ⅰ의 보험금의 초과부분)을 부담함으로써 입을 손해를 보상할 것을 목적으로 하는 보험이므로 책임보험이며, 사고의 객체가 사람이므로 대인배상책임보험이다.

대인배상Ⅱ는 보험자가 보험금액의 한도에서 보상책임을 지는 유한배상책임보험계약으로 체결할 수도 있고, 그렇지 않은 무한배상책임보험계약으로 체결할 수도 있다. 그러나 무한배상책임보험에 가입하면 자동차사고처리특례법에 의하여 형사책임이 일부 면제되므로, 대부분 무한배상책임보험에 가입한다.

### Ⅱ. 對人賠償Ⅱ保險의 要素

대인배상Ⅱ에 있어서 보험자, 보험계약자, 보험사고 등은 대인배상Ⅰ의 경우에서와 같다.

피보험자는 제3자에 대하여 손해배상책임을 부담함으로써 입을 손해의 보상을 보험자에게 청구할 수 있는 자이다. 자동차보험표준약관에서는 대인배상Ⅱ의 피보험자는 ① 기명피보험자, ② 기명피보험자와 같이 살거나 살림을 같이 하는 친족으로서 피보험자동차를 사용 또는 관리 중인 자, ③ 기명피보험자의 승낙을 얻어 피보험자동차를 사용 또는 관리 중인 자, ④ 기명피보험자의 사용자, ⑤ 위의 각 피보험자를 위하여 피보험자동차를 운전 중인 자라고 규정하고 있다(자동차보험표준약관 10조 2).

이 중 ③의 「기명피보험자의 승낙을 얻어 자동차를 사용 또는 관리 중인 자」 즉 승낙피보험자에 있어서 승낙은 명시적이든 묵시적이든, 사전이든 사후이든, 또 개별적이든 포괄적이든 무방하다. 여기에서 승낙은 피보험자로부터 직접 받은 승낙이어야 하고, 승낙 받은 자로부터 다시 받은 승낙은 이에 해당하지 않는다(대판 1989. 11. 28. 88 다카 26758).

그러나 자동차정비업자, 주차장업자, 급유업자, 세차업자, 자동차판매업자, 자동차탁송업자, 대리운전업자 등 자동차를 취급하는 것을 영업으로 하는 자는 기명피보험자의 승낙을 얻어도 피보험자로 되지 않는다(자동차보험표준약관 10조 2 ③).

**【대법원 1989. 11. 28. 판결, 88 다카 26758】**

**1. 사실관계**

A는 자동차등록원부에 그 소유로 등록되어 있는 자동차를 B에게 매도하고 위 자동차를 그 등록이전소요서류와 함께 인도하였고, B는 C에게 이를 같은 방법으로 매도하였으며, 또 C는 D에게 이를 역시 같은 방법으로 매도하였다.

D는 등록이전을 하지 않은 상태에서 Y자동차보험회사와의 사이에 위 자동차를 피보험자동차로 하고 A를 기명피보험자로 하는 자동차종합보험계약(이하 "보험계약")을 체결하고 자신이 경영하고 있던 자동차공업사의 종업원 E로 하여금 위 자동차를 운행하게 하였는데, E의 교통사고로 X가 부상을 입었다.

Y보험회사의 자동차종합보험약관 제3조에는 보험회사에 보상을 청구할 수 있는 피보험자의 범위에 「보험증권에 기재된 피보험자(기명피보험자)의 승낙을 얻어 자동차를 사용 또는 관리중인 자」도 포함된다고 규정되어 있었다.

이에 피해자 X는 위 약관 제3조에 의하여 D가 피보험자에 해당된다고 하여, Y보험회사는 D에게 보험금을 지급할 의무가 있다고 주장하였다.

**2. 판결요지**

이 건에 관하여, 대법원은 「위 약관 제3조에 의하면 보험증권에 기재된 피보험자(기명피보험자)의 승낙을 얻어 자동차를 사용 또는 관리 중인 자도 피보험자에 포함되는데, 이 경우 기명피보험자의 승낙은 반드시 명시적이거나 개별적일 필요는 없고 묵시적 또는 포괄적인 승낙도 가능하나 특단의 사정이 없는 한 피보험자로부터의 직접적인 승낙임을 요하므로 승낙받은 자로부터 다시 승낙을 받은 자는 피보험자에 해당한다고 볼 수 없다」고 판시하여, 기명피보험자의 승낙은 기명피보험자의 직접적인 승낙이어야 하고 승낙받은 자로부터 다시 받은 승낙은 이에 해당하지 않는다고 하였다.

**【대법원 1992. 4. 25. 판결, 91 다 12356】**

**1. 사실관계**

A경찰서장이 1983. 6. 24. Y자동차보험회사(이하 "Y보험회사")와의 사이에 A경찰서 소속 관용차인 자동차(2.5 t 트럭)에 관하여 A경찰서장을 기명피보험자로, 기명피보험자의 승낙을 얻어 자동차를 사용 또는 관리 중인 자를 승낙피보험자로, 보험기간을 1983. 6. 24.~1984. 6. 24., 피보험자가 위 자동차의 사고로 인하여 남을 죽게 하거나 다치게 하여 법률상 손해배상책임을 짐으로써 입은 손해를 Y보험회사가 보상하기로 하는 자동차손해배상책임보험 및 종합보험계약(이하 "보험계약")을 체결하였다.

A경찰서의 경비과장 X가 1983. 7. 26. 그 직무수행을 위하여 A경찰서장의 승낙을 얻어 위 자동차의 적재함에 A경찰서에 파견근무 중이던 방위병 B를 태우고 포장이 되지 않은 폭 2.3 m의 제방길로 위 자동차를 운전해 가다가 반대방향에서 오던 오토바이와 교행하기 위하여 노견(路肩, 갓길)으로 근접 운행하던 순간 위 제방길의 일부가 무너져 내리는 바람에 위 자동차가 제방 아래로 추락 전도되어 B가 하반신 전신마비의 중상해를 입었다.

이에 X가 Y보험회사에 대하여 보험금의 지급을 청구하였다.

**2. 판결요지**

이 건에 관하여, 대법원은 「경찰서장은 대외적으로 자동차의 운행으로 인한 손해배상책임을 부담할 권리의무의 주체가 될 수 없으므로, 위 보험계약상에 기명피보험자가 "A경찰서장"으로 표시되어 있더라도 이는 국가를 가르킨다고 봄이 상당하다.

A경찰서의 경비과장 X는 기명피보험자인 국가의 승낙을 얻어 자동차를 사용 또는 관리 중인 자에 해당하여 위 보험계약상의 피보험자의 범주에 속한다고 할 것이므로, 그가 위 자동차의 운행으로 인한 사고로 말미암아 자신이 법률상 손해배상책임을 지게 되는 경우에는 기명피보험자가 아니더라도 보험자에 대하여 보험금지급청구권을 가진다.

공무원이 그 직무를 집행하기 위하여 국가 소유의 관용차를 운행하는 경우 그 자동차에 대한 운행지배나 운행이익이 국가에 귀속되고 그 공무원 자신이 개인적으로 그 자동차에 대한 운행지배나 운행이익을 가지는 것이 아니므로, 그 공무원이 자기를 위하여 관용차를 운행하는 자로서 손해배상의 주체가 될 수 없다」고 판시하여, X는 기명피보험자가 아니더라도 승낙피보험자에 해당한다고 볼 수 있으나 자동차에 대한 운행지배나 운행이익이 국가에 귀속되어 국가가 손해배상책임의 주체로 되므로 X가 Y보험회사에 보험금의 지급을 청구할 수 없다고 하였다.

## Ⅲ. 被保險者와 第3者 간에 保險者의 交涉

자동차보험에 있어서 보험자는 피보험자의 법률상 손해배상책임을 확정하기 위하여 피보험자가 제3자와 행하는 절충·합의·중재 또는 소송절차에 협조하거나 이러한 절차를 대행할 수 있다(자동차보험표준약관 9조 2(1)).

또한 보험자는 피보험자에 대하여 보상책임을 지는 한도 내에서 위의 절차에 협조하거나 대행할 수 있다(자동차보험표준약관 9조 2(2)).

보험자가 피보험자를 위하여 위의 절차를 대행하는 경우에는 손해보상책임을 지는 한도 내에서 피보험자가 가집행 또는 가압류를 면하기 위한 공탁금을 그에게 대부할 수 있다(자동차보험표준약관 9조 3).

## Ⅳ. 對人賠償Ⅱ保險의 效力

### 1. 保險金의 支給

판결의 확정, 재판상의 화해, 중재 또는 서면에 의한 합의로 손해액이 확정된 때에는 피보험자는 보험자에 대하여 서면으로 보험금의 지급을 청구할 수 있고(자동차보험표준약관 15조 1), 이러한 청구가 있는 때에는 보험자는 지체 없이 지급할 보험금액을 정하고 그 정하여진 날부터 10일 내에 피보험자에게 보험금을 지급하여야 한다(자동차보험표준약관 15조 2(1)).

대인배상Ⅱ는 대인배상Ⅰ의 보상금액을 초과하는 금액을 담보하는 것이므로 보험자가 지급할 보험금은 피보험자가 제3자에게 변제·승인·화해 또는 재판으로 확정된 채무(상 723조 1항·3항)와 피보험자가 지출한 방어비용, 담보제공·공탁비용(상 720조) 등의 합산액에서 대인배상Ⅰ로 지급된 금액을 공제한 금액이다. 그러나 자동차보험표준약관에서는 피해자 1인당 지급되는 보험금은 자동차보험표준약관상의 보험금지급기준에 의하여 산출한 금액과 보험계약자·피보험자가 이 약관에 따라 지출한 비용을 합산한 금액에서 대인배상Ⅰ로 지급된 금액을 공제한 금액이라 정하고 있다(자동차보험표준약관 10조 1(2)).

또한 가해자(피보험자)에 대한 수사나 형사재판 과정에서 피해자가 가해자로부터 형사합의금 명목으로 금원을 지급받고 가해자에 대한 처벌을 원하지 않는다는 내용의 합의를 한 경우에 그 지급받은 금원은 가해자의 피해자에 대한 손해배상금의 일부로 지급되었다고 보아, 보험자는 가해자가 피해자에게 형사합의금으로 지급한 금액 상당을 피보험자(가해자)에게 보험금으로 지급하여야 한다(대판 1996. 9. 20. 95 다 53942).

**【대법원 1996. 9. 20. 판결, 95 다 53942】**

**1. 사실관계**

X는 Y화재해상보험회사(이하 "Y보험회사")와의 사이에 1994. 4. 25. 그의 승용차에 관하여 보험기간을 1994. 4. 25.~1995. 4. 25.로 하는 자동차종합보험계약(이하 "보험계약")을 체결하였으며, Y보험회사의 자동차종합보험약관(이하 "약관")에는 「회사는 피보험자가 피보험자동차의 운행으로 남을 죽게 하거나 다치게 하여 법률상 손해배상책임을 짐으로써 입은 손해를 보상한다」고 규정되어 있었다.

X는 1995. 1. 20. 19:40경 위 승용차를 운전하다가 도로를 횡단하던 A를 치어 사망하게 하여 교통사고처리특례법 위반으로 구속되었다. 그리하여 X는 1995. 2. 11. 위 망인 A의 유족과 합의하여 위 망인의 아들 B에게 형사합의금의 명목으로 1,000만 원을 지급하고 B측은 대신에 X에 대한 처벌을 원하지 않는다고 하였다.

이에 X는 1991. 2. 15. Y보험회사에게 위 형사합의금의 지급사실을 통지하고 그 금액 상당을 보험금으로 지급할 것을 청구하였다.

**2. 판결요지**

이 건에 관하여, 대법원은 「불법행위의 가해자에 대한 수사나 형사재판 과정에서 피해자가 가해자로부터 합의금 명목의 금원을 지급받고 가해자에 대한 처벌을 원하지 않는다는 내용의 합의를 한 경우에, 그 합의 당시 지급받은 금원을 특히 위자료 명목으로 지급받는 것임을 명시한 사정이 없는 한 그 금원은 손해배상금의 일부로 지급되었다고 봄이 상당하다.

재산상 손해금의 성격을 띤 형사합의금은 자동차종합보험약관에서 정한 "사고차의 운행으로 남을 죽게 하거나 다치게 하여 법률상 손해배상책임을 짐으로써 입은 손해"에 대한 배상으로 지급된 것이고, 그 지급목적이 형사상 처벌을 원하지 않는다는 의사표시를 얻어내기 위한 형사상 합의에 있었다고 하더라도 사정이 달라진다고 할 수 없으므로, 보험자는 형사합의금으로 지급한 금액 상당을 피보험자에게 보험계약에 따른 보험금으로 지급할 의무가 있다」고 판시하여, 피해자가 가해자로부터 형사합의금 명목으로 금원을 지급받고 가해자에 대한 처벌을 원하지 않는다는 내용의 합의를 한 경우에 그 금원은 피해자에 대한 손해배상금의 일부로 지급되었다고 보아, 보험자는 피보험자(가해자)가 피해자에게 형사합의금으로 지급한 금액 상당을 피보험자에게 보험금으로 지급하여야 한다고 하였다.

2. 免責事由

피보험자의 손해배상책임의 원인인 제3자의 손해가, ① 보험계약자·피보험자의 고의, ② 전쟁·혁명·내란·사변·폭동·소요 및 이와 유사한 사태, ③ 지진·분화·태풍·홍수·해일 등의 천재지변, ④ 핵연료물질의 직접적 또는 간접적인 영향, ⑤ 피보험자 본인이 무면허운전을 하였거나 기명피보험자의 명시적·묵시적 승인을 얻은 다른 자의 무면허운전, ⑥ 피보험자 본인이 음주운전을 하였거나 피보험자의 승인을 얻은 다른 자의 음주운전 등으로 인하여 생긴 경우에는 보험자가 보상책임을 지지 않는다(자동차보험표준 약관 14조 1(2), 2(1)).

대인사고로 인하여 ① 기명피보험자, 그 부모·배우자 및 자녀, ② 피보험자동차의 운전자, 그 부모·배우자 및 자녀, ③ 기명피보험자의 허락을 얻어 자동차를 운행하는 자, 그 부모·배우자 및 자녀, ④ 피보험자의 피용자로서 산업재해보상보험법에 의한 재해보상을 받을 수 있는 자 등은 사망하거나 부상하여도 보험자가 보상책임을 지지 않는다(자동차보험표준 약관 14조 1(2)⑨).

여기에서 피보험자의 부모는 친부모뿐만 아니라 양부모도 포함하고, 피보험자의 배우자는 법률상의 배우자뿐만 아니라 사실혼관계의 배우자도 포함하며, 피보험자의 자녀는 법률상의 혼인관계에서 출생한 자녀뿐만 아니라 사실혼관계에서 출생한 자녀와 양자·양녀도 포함한다.

#### 3. 第3者의 直接請求權

대인배상Ⅱ에 있어서도 대인배상Ⅰ의 경우(상 724조 2항, 자동차손해 배상보장 10조 1항 1문)에서와 같이, 피보험자가 제3자에 대하여 손해배상책임을 질 사고가 생긴 경우에 제3자는 보험금액의 한도 내에서 보험자에게 직접 손해의 보상을 청구할 수 있다(상 724조 2항, 자동차손해배상보장 15조 2(1)).

## 제4. 對物賠償保險契約

### Ⅰ. 意 義

대물배상은 자동차의 사고로 인하여 제3자의 재물이 멸실·파손 또는 오손되어(대물사고) 피보험자가 제3자에 대하여 손해배상책임을 부담함으로써 손해를 입게 될(손해의 발생) 경우에 보험자가 그 손해를 보상할 것을 목적으로 하는 책임보험이다.

### Ⅱ. 對物賠償保險의 要素

#### 1. 保險事故

대물배상에 있어서 보험사고는 자동차의 사고로 인하여 타인의 재물이 멸실·훼손 또는 오손되어 피보험자가 타인(제3자)에 대하여 손해배상책임을 부담하는 것이다(자동차보험표준 약관 2조 3(1)).

### 2. 被保險者

대물배상에 있어서 피보험자는 대인배상 I 과 대인배상 II 에 있어서 피보험자와 같다(자동차보험표준약관 10조 1(2)).

## Ⅲ. 被保險者와 第3者 간에 保險者의 交涉

보험자가 피보험자와 제3자 간의 절충·합의·중재 또는 소송절차에 협조·대행하고(자동차보험표준약관 9조 2(1)) 보험자가 대행 시 피보험자에게 가집행·가압류를 면하기 위한 공탁금을 대부하는 것(자동차보험표준약관 9조 3) 등은 대인배상 II 의 경우와 같다.

## Ⅳ. 對物賠償保險의 效果

### 1. 保險金의 支給

판결의 확정, 재판상의 화해, 중재 또는 서면에 의한 합의로 손해액이 확정된 때에는 피보험자는 보험자에 대하여 서면으로 보험금의 지급을 청구할 수 있고(자동차보험표준약관 15조 1(1)), 이러한 청구가 있는 때에는 보험자는 지체 없이 지급할 보험금액을 정하고 그 정하여진 날부터 10일 내에 피보험자에게 보험금을 지급하여야 하는 것(자동차보험표준약관 15조 1(2)①)도 대인배상 II(자동차보험표준약관 15조 1(1), 1(2)①)의 경우와 같다.

보험자가 대물사고로 매 사고에 지급할 보험금은 자동차보험 표준약관상의 보험금지급기준에 의하여 산출한 금액과 보험계약자·피보험자가 이 약관에 따라 지출한 비용을 합산한 금액에서 공제액을 공제한 금액이다(자동차보험표준약관 10조 1(2)).

### 2. 免責事由

피보험자의 손해배상책임의 원인인 제3자의 손해가, ① 보험계약자·피보험자의 고의, ② 전쟁·혁명·내란·사변·폭동·소요 및 이와 유사한 사태, ③ 지진·분화·태풍·홍수·해일 등의 천재지변, ④ 핵연료물질의 직접적 또는 간접적인 영향, ⑤ 피보험자 본인의 무면허운전 또는 기명피보험자의 명시적·묵시적 승인을 얻은 다른 자의 무면허운전, ⑥ 피보험자나 그 부모·배우자·자녀가 소유·사용·관리하는 재물에 생긴 경우, ⑦ 피보험자의 사용자가 소유·사용·관리하는 재물에 생긴 경우, ⑧ 피보험자동차에 싣고 있거나 운송 중인 물품에 생긴 경우 등에는 보험자가 보상책임을 지지 않는 것(자동차보험표준약관 14조 1(3))도 대인배상 II(자동차보험표준약관 14조 1(3))의 경우와 같다.

3. 第3者의 直接請求權

대물배상에 있어서 피보험자가 제3자에 대하여 손해배상책임을 질 사고가 생긴 경우에 제3자가 보험자에게 직접 그 손해의 보상을 청구할 수 있는 것(상 724조 2항, 자동차손해배상보장 10조 2항)도 대인배상Ⅰ·대인배상Ⅱ(상 724조 2항, 자동차보험표준약관 15조 2(1))의 경우와 같다.

## 제5. 自己車輛損害保險契約

### Ⅰ. 意 義

자기차량손해는 우연한 사고로 인하여 피보험자동차에 손해가 생긴 경우에 보험자가 피보험자에게 그 손해를 보상할 것을 목적으로 하는 손해보험계약이다.

자기차량손해는 임의로 자동차보험약관에 의하여 체결하는 보험이므로 임의자동차보험이다.

### Ⅱ. 自己車輛損害保險의 要素

1. 被保險者

자기차량손해의 피보험자는 피보험자동차의 소유자 또는 용익권자이다. 자동차보험 표준약관에서는 자기차량손해의 피보험자는 기명피보험자라 규정하고 있다(자동차보험표준약관 13조 2).

2. 保險의 目的

자기차량손해의 목적인 피보험자동차는 자동차의 본체뿐만 아니라 자동차에 통상 붙어 있거나 장치되어 있는 부속품과 부속기계장치를 포함한다(자동차보험표준약관 13조 1(1) 본문). 통상 붙어 있거나 장치되어 있는 부속품·부속기계는 라디오, 시계, 히터, 에어콘, 부동액, 윤활유 등이다.

또한 자동차에 통상 붙어 있지 않고 장치되어 있는 것이 아니라도, 보험증권에 기재되어 있는 것은 보험의 목적인 자동차에 포함된 것으로 본다(자동차보험표준약관 13조 1(1) 단서).

3. 保險事故

보험사고는 자동차가 충돌, 접촉, 추락, 전복, 침수, 화재, 폭발, 낙뢰, 도난, 날아온 물체나 떨어진 물체에 맞는 것 등이다(자동차보험표준약관 13조 1(1)①②).

### Ⅲ. 自己車輛保險契約의 效果

#### 1. 保險金의 支給

보험자는 피보험자에게 피보험자동차에 직접적으로 생긴 손해를 보상하며(자동차보험표준약관 13조 1(1)), 보험금은 피보험자동차에 생긴 손해액과 비용을 합산한 금액에서 보험증권에 기재된 자기부담금을 공제한 금액이다(자동차보험표준약관 13조 1(2)).

#### 2. 免責事由

피보험자동차의 손해가, ① 보험계약자, 피보험자, 이들의 법정대리인, 피보험자와 살림을 같이 하거나 같이 사는 친족의 고의, ② 소유권유보매매계약에 의하여 피보험자동차를 매수한 자 또는 대차계약에 의하여 자동차를 임차한 자의 고의, ③ 사기 또는 횡령, ④ 전쟁, 혁명, 내란, 사변, 폭동, 소요 및 이와 유사한 사태, ⑤ 지진, 분화 등 천재지변, ⑥ 핵연료물질의 직접적 또는 간접적 영향, ⑦ 국가·공공단체의 공권력에 의한 압류, 징발, 몰수, 파괴, ⑧ 피보험자동차에 생긴 흠, 마멸, 부식, 녹 기타의 자연소모, ⑨ 피보험자동차의 부분품, 부속품, 부속기계장치의 도난, ⑩ 凍破(얼어서 터짐), ⑪ 요금 또는 대가를 목적으로 반복적으로 자동차를 사용하거나 대여한 때에 생긴 사고, ⑫ 피보험자동차를 시험용·경기용 또는 경기연습용으로 사용, ⑬ 보험계약자, 피보험자, 이들의 법정대리인, 피보험자와 같이 살거나 살림을 같이 하는 친족, 피보험자동차의 임차인, 피보험자동차관계자의 피용자 등의 무면허운전 또는 음주운전, ⑭ 보험계약자, 피보험자, 이들의 법정대리인, 피보험자와 같이 살거나 살림을 같이 하는 친족, 피보험자동차의 임차인, 피보험자동차관계자의 피용자 등이 마약 또는 약물 등의 영향에 의하여 피보험자동차를 운전하는 등으로 인하여 생긴 경우에는, 보험자가 보상책임을 지지 않는다(자동차보험표준약관 14조 1(6)).

## 제6. 自己身體事故保險契約

### Ⅰ. 意 義

자기신체사고는 피보험자가 피보험자동차를 소유·사용·관리하는 동안에 그 피보험자동차의 사고로 인하여 상해를 입었을 때에 보험자가 보험금을 지급할 것을 목적으로 하는 보험이다.

자기신체사고는 임의로 자동차보험약관에 의하여 체결하는 보험이므로 임의자동차보험이다. 자기신체사고는 피보험자가 신체상의 상해를 입었을 때에 보험금을 지급할 것을 목적으로 하므로 성질상으로는 상해보험이나, 사고가 자동차의 사고로 인한 것이므로 이를 편의상 자동차보험의 절에서 고찰하는 것이다.

## Ⅱ. 自己身體事故保險의 要素

### 1. 被保險者

자기신체사고에 있어서 피보험자는 ① 기명피보험자, ② 기명피보험자와 같이 살거나 살림을 같이 하는 친족으로서 피보험자동차를 사용 또는 관리 중인 자, ③ 기명피보험자의 승낙을 얻어 피보험자동차를 사용 또는 관리 중인 자, ④ 기명피보험자의 사용자, ⑤ 위의 각 피보험자를 위하여 피보험자동차를 운전 중인 자, ⑥ 위의 각 피보험자의 부모·배우자 및 자녀, ⑦ 위의 각 피보험자의 피용자로서 산업재해보상보험법에 의하여 재해보상을 받을 수 있는 자 등이다(자동차보험표준약관 11조 2(1)).

### 2. 保險事故

자기신체사고에 보험사고는 피보험자가 상해를 입게 되는 원인인 피보험자동차의 사고이다(자동차보험표준약관 11조 1(1)).

## Ⅲ. 自己身體事故保險의 效果

### 1. 保險金의 支給

자기신체사고에 있어서 보험금은 매 사고에 지급하며, 이 보험금에는 사망보험금, 부상보험금, 후유장해보험금 등이 있다. 사망보험금은 피보험자가 상해의 직접의 결과로 사망한 때에, 부상보험금은 상해의 직접의 결과로 의사의 치료를 요하는 때에, 또한 후유장해보험금은 상해의 직접의 결과로 치료를 받은 후 신체에 장해가 남은 때에, 부상보험금과 후유장해보험금은 피보험자가 또 사망보험금은 피보험자의 상속인이 보험자에 대하여 보험금의 지급을 청구할 수 있다(자동차보험표준약관 11조 1(2)). 사망보험금액은 보험증권에 기재되어 있고, 부상보험금액은 자동차보험표준약관의 별표 2에 또 후유장해보험금액은 자동차보험표준약관의 별표 3에 정하여져 있다(자동차보험표준약관 11조 1(2)).

### 2. 免責事由

피보험자의 상해가, ① 피보험자의 고의, ② 피보험자가 범죄의 목적으로 피보험자동차를 사용하던 중 또는 자살·싸움, ③ 피보험자가 마약 또는 약물 등의 영향으로 정상적인 운전을 못할 상태에서 운전으로 인하여 생긴 경우 등에는 보험자가 보상책임을 지지 않는다. 또한 피보험자의 손해가 ④ 요금이나 대가를 목적으로 반복적으로 피보험자동차를 사용 또는 대여, ⑤ 피보험자동차 또 피보험자동차 외의 자동차를 시험용·경기용 또는 경기연습용으로 사용, ⑥ 전쟁, 혁명, 내란, 사변, 폭동, 소요 및 이와 유사한 사태, ⑦ 지진, 분화 등 천재지변, ⑧ 핵연료물질의 직접적 또는 간접적인 영향 등으로 인하여 생긴 경우에도 보험자가 보상책임을 지지 않는다(자동차보험표준 약관 14조 1(4)).

## 제7. 無保險自動車에 의한 傷害保險契約

### Ⅰ. 意 義

무보험자동차에 의한 상해는 피보험자가 무보험자동차의 사고로 인하여 사망하거나 상해를 입은 때에 보험자가 보험금을 지급할 것을 목적으로 하는 보험이다.

여기에서 「무보험자동차」는 피보험자를 사망 또는 부상하게 하였으나, ① 대인배상Ⅱ 또는 공제계약이 없는 자동차, ② 대인배상Ⅱ 또는 공제계약 소정의 면책사유에 해당하는 자동차, ③ 대인배상Ⅱ 또는 공제계약 소정의 보상한도가 이 약관상의 보상금액보다 낮은 자동차, ④ 피보험자를 사망 또는 부상하게 하였으나 명확히 밝혀지지 않은 자동차 등이다(자동차보험표준 약관 16조 ⑤).

무보험자동차에 의한 상해는 대인배상Ⅰ, 대인배상Ⅱ, 대물배상 및 자기신체사고를 모두 체결한 경우에 한하여 체결할 수 있다(자동차보험 표준약관 12). 무보험자동차에 의한 상해보험도 임의자동차보험이다.

### Ⅱ. 無保險自動車에 의한 傷害保險의 要素

무보험자동차에 의한 상해에 있어서 보험자, 보험계약자, 보험사고 등은 대인배상Ⅰ·대인배상Ⅱ의 경우와 같다.

피보험자는 ① 기명피보험자 및 기명피보험자의 배우자(피보험자동차에 탑승 여부 불문), ② 기명피보험자 또는 그 배우자의 부모 및 자녀(피보험자동차에 탑승 여부 불문), ③ 기명피보험자의 승낙을 얻어 피보험자동차를 사용 또는 관리 중인 자(피보험자동차에 탑승 중이었던 경우), ④ 위의 각 피보험자를 위하여 피보험자동차를 운전 중인 자 등이다(자동차보험표준 약관 12조 2(1)).

### Ⅲ. 無保險自動車에 의한 傷害保險의 效果

#### 1. 保險金의 支給

무보험자동차의 사고로 인하여 피보험자가 사망하거나 상해를 입은 때에는 보험자는 보험금을 지급하여야 한다(자동차보험표준 약관 12조 1(1)). 보험금액은 무보험자동차의 사고로 인한 피보험자의 손해액이 대인배상Ⅰ로 지급되는 금액, 대인배상Ⅱ(또는 공제계약)가 체결되어 있어 이에 의하여 보상될 수 있는 금액, 자기신체사고가 체결되어 있어 이에 의하여 보상될 수 있는 금액과 비용의 합산액에서 공제액을 공제한 금액이다(자동차보험표준 약관 12조 1(2)(3)).

#### 2. 免責事由

피보험자의 손해가, ① 기명피보험자나 보험증권에 기재된 운전자가 아닌 자의 운전, ② 보험계약자 또는 피보험자의 고의, ③ 피보험자가 범죄의 목적으로 피보험자동차를 사용하던 중 또는 자살·싸움, ④ 피보험자가 무면허운전 또는 음주운전, ⑤ 피보험자가 마약 또는 약물 등의 영향으로 정상적인 운전을 못할 상태에서 운전, ⑥ 영리를 목적으로 요금 또는 대가를 받고 피보험자동차를 사용, ⑦ 피보험자동차를 시험용·경기용 또는 경기연습용으로 사용, ⑧ 전쟁, 혁명, 내란, 사변, 폭등, 소요 및 이와 유사한 사태, ⑨ 지진, 분화, 태풍, 홍수, 해일 등 천재지변, ⑩ 핵연료물질의 직접적 또는 간접적인 영향, ⑪ 피보험자가 자동차등록증 등에 사업용으로 기재되어 있는 자동차의 운전 등으로 생긴 경우에는 보험자가 보상책임을 지지 않는다(자동차보험표준 약관 14조 1(5)).

## 제8. 自動車損害賠償保障事業

### Ⅰ. 意 義

자동차손해배상보장사업은 뺑소니 등으로 자동차보유자를 알 수 없는 자동차의 운행으로 인하여 사망하거나 부상을 입은 경우에 피해자는 손해배상을 청구할 수 없으므로, 피해자의 손해보장사업으로서 정부가 피해자에게 그 손해를 보상하는 것이다(자동차손해배상 보장 30조 1항).

자동차손해배상보장사업의 업무는 국토해양부장관이 관장한다(자동차손해배상 보장 30조 5항).

### Ⅱ. 保險金 등의 請求 · 支給

피해자는 보험자 등(보험회사, 공제사업자)에게 직접 보험금 또는 가불금의 지급을 청구할 수 있고(자동차손해배상보장 10조 1항, 11조 1항), 또한 의료기관은 보험회사 등에게 진료수가의 지급을 청구할 수 있다(자동차손해배상 보장 12조 2항).

### Ⅲ. 다른 補償 · 賠償制度와의 關係

자동차손해배상보장사업은 피해자가 아무 구제를 받지 못하는 경우에 정부가 피해자에게 그 손해를 보상하는 것이므로, 피해자가 국가배상법이나 산업재해보상보험법 등에 의하여 손해배상을 받거나 손해보상을 받는 경우에는 정부는 그 배상 또는 보상받는 금액의 범위 내에서 그 보상책임을 지지 않는다(자동차손해배상 보장 36조 1항).

### Ⅳ. 損害賠償保障事業基金

자동차손해배상보장사업은 자동차손해배상보장사업기금으로 운영하며, 그 기금은 대인배상 I 의 가입의무자(자동차손해배상 보장 5조 1항)와 자동차의 보유자(자동차손해배상 보장 5조 4항)가 납부하는 자동차손해배상보장사업 분담금으로 조성한다(자동차손해배상 보장 37조 1항).

## 제9. 自動車의 讓渡

### Ⅰ. 意 義

자동차보험계약의 피보험자가 보험기간 중에 자동차를 양도한 때에는, 양수인은 보험자의 승낙을 얻은 경우에 한하여 보험계약으로 인하여 생긴 권리와 의무를 승계한다(상 726조 의4 1항). 이것은 자동차보험의 보험료산출기준이 자동차중심에서 피보험자중심(피보험자의 연령 · 경력 건강상태 등 고려)으로 되고 있으므로, 이러한 자동차보험의 위험측정의 특성을 고려하여 자동차 양도의 경우 보험자의 승낙을 양수인의 보험계약상의 권리의무의 승계의 요건으로 규정한 것이다. 물건보험의 경우 보험의 목적을 양도한 때에 양수인이 보험계약상의 권리의무를 승계한 것으로 추정하는 것(상 679 조 1항)과 다르다.

자동차보험은 자동차를 소유 · 사용 또는 관리하는 동안에 생긴 사고로 인한 손해를 보상하는 보험이므로(상 726 조의2) 여기에서 자동차보험계약상의 권리의무가 승계되는 자동차의 양도는 자동차의 소유권의 양도뿐만 아니라 그 사용권 · 관리권이 변동된 경우도 포함된다고 본다.

자동차를 양도한 경우에는 그 소유자의 신청으로 자동차등록원부에 이를 등록하여야 한다(자동차 관리 5조). 그러나 이는 자동차소유권의 득실변경의 효력발생요건이지만(자동차 관리 6조), 자동차보험계약상의 효력승계의 요건은 아니다.

## Ⅱ. 要 件(通知 · 承諾)

자동차양수인이 자동차보험계약상의 권리의무를 승계받기 위하여서는, 먼저 보험자에게 자동차양수의 사실을 「통지」하여야 하고, 보험자가 자동차양수의 통지를 받은 때에는 「지체 없이」 낙부의 통지를 하여야 한다(상 726조의4 2항 전단). 통지를 받은 날부터 10일 내에 낙부의 통지가 없는 때에는 보험자가 「승낙」한 것으로 본다(상 726조의4 2항 후단).

자동차의 양수에 관하여 보험자의 승낙이 있어야 양수인이 보험계약상의 권리의무를 승계하고, 그 승낙이 없는 때에는 그 권리의무를 승계하지 못한다.

일반의 손해보험계약에서는 피보험자가 보험의 목적을 양도한 때에는 양수인이 보험계약상의 권리의무를 승계한 것으로 「추정」하나(상 679조 1항), 자동차보험계약에서는 피보험자가 자동차를 양도한 때에는 양수인이 보험자의 「승낙」을 얻어야 보험계약상의 권리의무를 승계한다(상 726조 의4 1항).

## Ⅲ. 效 果

피보험자가 자동차를 양도하고 보험자의 승낙을 얻은 때에는, 양수인은 양도인인 피보험자의 보험계약상의 권리의무를 승계하여(상 726조 의4 1항) 피보험자의 지위를 취득한다.

자동차를 양도한 경우 보험자의 승낙을 얻지 않으면 양수인이 피보험자의 보험계약상의 권리의무를 승계하지 못하므로, 양수인이 보험자의 승낙을 얻지 않고 양수자동차를 운행하다가 사고가 생긴 경우에는 피보험자의 보험계약상의 권리의무를 승계하지 못하여 보험자는 양수인에게 그 손해를 보상할 의무가 없다(자동차보험표준 약관 18조 1(4)).

# 제 8 절 新種保險

## 제1. 意　義

상법은 손해보험에 관하여 화재보험(상 683조~687조), 운송보험(상 688조~692조), 해상보험(상 693조~718조), 책임보험(상 719조~726조) 및 자동차보험(상 726조의2~726조의4) 등에 관하여 규정하고 있으나, 오늘날 실제로는 이 외에 여러 가지의 보험사업이 영위되고 있다.

이와 같이 상법에 규정되어 있는 보험 외에 비교적 최근에 창설·이용되고 있는 여러 가지의 보험을 총괄하여 「신종보험」이라 한다. 신종보험은 각종 보험의 총칭에 불과하므로 이를 내용적으로 통일된 개념으로 정의하기가 곤란하고, 또 신종보험에는 보험계약법의 일반원칙을 그대로 적용하는 것이 타당하지 않는 경우가 있으므로 이를 일반보험계약의 체계에서 고찰하기도 곤란하다.

신종보험 중에서 이용도가 높고 체계적으로 정비되면 이를 상법상의 보험으로 편입할 수도 있는데, 자동차보험이 그 전형적인 예이다. 여기에서는 신종보험의 종류와 보험계약의 구조가 특이한 보증보험계약에 관하여만 고찰하기로 한다.

## 제2. 新種保險의 種類

신종보험의 종류는 종래 이론적 기준에 의하여 분류하지 않고 보험의 연혁이나 행정감독상·보험경영상의 편의에 따라 분류하여 왔다.

신종보험으로는, ① 상해보험 중에서 해외여행상해보험, ② 항공기에 관련되는 각종의 사고로 인하여 생기는 손해를 보상하는 항공보험, ③ 건물 또는 건물부속물에 부착된 유리의 파손으로 인한 손해를 보상하는 유리보험, ④ 각종의 기계·설비·장치의 돌발적 사고로 인하여 생기는 손해를 보상하는 기계보험, ⑤ 원자력사업자가 원자력손해를 배상함으로써 생기는 손해를 보험자가 보상하는 원자력손해배상책임보험(원자력손해배상 7조 1항), ⑥ 보험자가 보상할 수 없는 원자력손해를 원자력사업자가 배상함으로써 생기는 손해를 정부가 보상하고 원자력사업자가 보상료를 납입하는 원자력손해배상보상계약(원자력손해배상 9조 1항), ⑦ 건설공사 현장의 공사의 목적물, 공사용 재료, 공사용 가건물에 생기는 손해를 보상하는 공사물건보험, ⑧ 공사의 수행 또는 공사시설의 흠결 등으로 인하여 제3자에 대하여 손해배상책임을 부담함으로써 생기는 손해를 보상하는 공사배상책임보험, ⑨ 미술품, 골동품, 보석, 악기, 카메라 등의 특정의 기계·기구 등의 사용 또는 운송 중에 생긴 사고로 입은 손해를 보상하는 특정동산보험, ⑩ 특정 전시품의 전시와 관련하여 생긴 사고로 입은 손해를 보상하는 전시품보험, ⑪ 정보기기와 그 부속설비에 생긴 사고로 입은 손해나 자기 테이프의 제작에 든 비용을 보상하는 컴퓨터보험, ⑫ 특정 물건의 도난으로 생긴 손해를 보상하는 도난보험, ⑬ 풍수해로 입은 손해(특히 건물이나 교량 등의 공작물 또는 각종 동산)를 보상하는 풍수해보험, ⑭ 고가의 동물(예: 경마)이나 대량 사육하는 동물의 질병·사망으로 입은 손해를 보상하는 동물보험 등이 있다.

## 제3. 保證保險

### Ⅰ. 意 義

보증보험계약(contract of fidelity insurance)은 계약상의 채무불이행이나 법령상의 의무불이행으로 인한 손해를 보상할 것을 목적으로 하는 보험이다.

보증보험은 채권자에게는 채무자가 채무를 이행하지 않는 경우 그 손해를 보상하므로 담보적 기능을 하고, 채무자에게는 채권담보의 보증금을 납입하여야 하는 부담이 없으므로 신용보완적 기능을 한다.

보증보험과 책임보험은 양자가 채무의 이행을 담보한다는 점에서는 유사하나, 전자는 보험계약자의 피보험자에 대한 책임을 담보하는 것이고 보험계약자와 피보험자가 상이하므로 타인을 위한 보험인 데 대하여, 후자는 피보험자의 제3자에 대한 책임을 담보하는 것이고 원칙적으로 보험계약자와 피보험자가 동일한 자기를 위한 보험인 점에서 다르다.

### Ⅱ. 保證保險契約의 法的 性質

#### 1. 序 說

보증보험계약은 보험자가 채무자(보험계약자)의 채무불이행으로 인한 채권자(피보험자)의 손해를 배상할 것을 보증하는 보험계약이므로, 보증보험계약은 보증계약의 성질과 보험계약의 성질을 가지고 또 책임보험계약의 성질과 타인을 위한 보험계약의 성질도 가진다.

### 2. 保險契約性(損害保險契約性)

보증보험에서는 보험계약자의 고의로 인한 사고도 보험사고로 인정되어 보증보험의 보험사고에 우연성을 인정할 수 없으므로, 보증보험을 보험으로 인정할 수 있는지 문제된다.

그러나 보험사고의 우연성은 보험계약의 성립 당시에 보험사고의 발생이 불확실하여야 한다는 것으로서, 보험사고가 보험계약자의 고의로 발생하였는가 아닌가 하는 것은 보험사고의 우연성과 관계없는 문제이다. 생각건대 채무자의 채무불이행도 우연한 사고이므로, 이로 인한 손해를 보상하는 보증보험도 손해보험의 일종으로 보는 것이 타당하다(통설).

### 3. 責任保險性

보증보험은 보험자가 보험계약자의 채무불이행책임을 부담하는 것이므로 책임보험(상 719조)의 성질을 가진다.

그러나 책임보험은 보험자가 피보험자의 제3자에 대한 손해배상책임의 이행으로 인한 손해를 보상할 것을 목적으로 하는 데 대하여 보증보험은 보험자가 보험계약자(채무자)의 피보험자(채권자)에 대한 채무불이행으로 인한 손해를 보상할 것을 목적으로 하므로, 양자는 다르다.

### 4. 保證性

보증보험은 채무자(보험계약자)가 채무를 이행하지 않는 경우에 보험자가 대신에 그 채무를 이행할 것을 책임지는 것이므로 보증계약의 성질을 가진다(대판 1990. 5. 8. 89 다카 25912)(대판 1992. 5. 12. 92 다 4345).

그러나 민법상의 보증에 있어서 보증인의 보증채무는 종된 채무이므로 부종성이 있고 보증인에게 최고의 항변권과 검색의 항변권이 있으나, 보증보험에 있어서 보험계약자의 채무는 독립된 채무이므로 부종성이 없고 보험계약자에게 최고의 항변권과 검색의 항변권이 인정되지 않는다.

**【대법원 1992. 5. 12. 판결, 92 다 4345】**

보증보험에 있어 보험자의 보험계약자 및 그 연대보증인에 대한 구상권약정이 보험의 본질에 반하거나 불공정한 법률행위로서 무효인지 여부에 대하여, 대법원은 「보증보험은 계약상의 채무불이행 또는 법령상의 의무불이행으로 인한 손해를 보상할 것을 목적으로 하는 보험으로서 손해보상성과 더불어 보증성을 갖는 것이므로 보증성에 터잡은 보험자의 보험계약자 및 그 연대보증인에 대한 구상권약정이 보험의 본질에 반하거나 불공정한 법률행위로서 무효라고 볼 수 없다」고 하였다.

### 5. 他人을 위한 保險契約性

보증보험은 보험자가 보험계약자(채무자)의 채무불이행으로 인한 피보험자(채권자)의 손해를 보상할 것을 목적으로 하는 보험계약이므로, 보증보험은 형식상으로는 보험계약자가 피보험자를 위하여 체결하는 보험계약으로서 타인을 위한 보험계약이다.

그러나 보증보험은 채무자가 인적·물적 담보를 제공하는 대신에 보증보험계약을 체결하는 것이므로, 보증보험은 실질적으로는 자기를 위한 보험계약의 성질도 가진다.

## Ⅲ. 種 類

보증보험은 계약상의 채무와 법령상의 의무를 담보하는 보험이다. 전자를 담보하는 보험으로는 이행보증보험, 할부판매보증보험, 사채보증보험, 소액대출보증보험, 리스보증보험, 사업자주택자금보증보험, 개인주택자금보증보험, 크레디트카드보험, 가계수표보험 등이 있다. 후자를 담보하는 보험으로는 납세보증보험, 인허가보증보험, 보석보증보험 등이 있다.

이행보증보험은 건설공사계약, 납품계약 등의 각종 계약상의 채무이행을 담보하는 보험으로서, 입찰보증금, 계약보증금, 하자보증금, 선급금, 물품외상판매대금 등의 지급을 보증한다. 이행보증보험에는 이행(입찰)보증보험, 이행(계약)보증보험, 이행(하자)보증보험, 이행(선급금)보증보험, 이행(상품판매대금)보증보험, 이행(지급)보증보험 등이 있다.

할부판매보증보험은 상품의 할부판매대금납부를 보증하는 보험이고, 사채보증보험은 社債權者에게 상환하여야 할 원리금을 보증하는 보험이고, 소액대출보증보험은 가계자금의 대출을 보증하는 보험이고, 리스보증보험은 리스이용자의 리스료지급을 보증하는 보험이고, 사업자주택자금보증보험은 주택건설업자가 금융기관으로부터 대출 받은 주택건설자금의 상환을 보증하는 보험이고, 개인주택자금보증보험은 금융기관으로부터 대출 받은 주택구입자금의 상환을 보증하는 보험이고, 크레디트카드보험은 크레디트 카드의 도난·분실로 부정사용된 손해를 보상하는 보험이고, 가계수표보험은 가계수표의 도난·분실로 부정사용된 손해를 보상하는 보험이다.

또한 납세보증보험은 국세기본법, 지방세법, 관세법 등 각종의 세법에 의한 납세의무자의 이행을 보증하는 보험이고, 인허가보증보험은 인가·허가·면허·승인·특허·등록 등의 출원자가 관청에 예치하여야 할 각종의 보증금(예치금)의 납입을 보증하는 보험이고, 보석보증보험은 형사피고인 또는 체포·구속적부심사에 의한 형사피의자가 보석을 위하여 납부하여야 할 보석금의 납부를 보증하는 보험이다.

## Ⅳ. 保證保險契約의 要素

보증보험의 목적은 보험계약자와 피보험자 간의 채권이고, 보험사고는 보험계약자의 주계약상의 채무의 불이행이다. 보험기간은 보험계약의 당사자가 정하며, 따라서 당사자가 주계약의 이행기를 연기하여도 보증보험의 보험기간이 당연히 변경되는 것은 아니다(대판 1997. 4. 11. 96 다 32263).

## Ⅴ. 保證保險契約의 效力

### 1. 保險金의 支給

보증보험의 보험사고는 채무자인 보험계약자가 채권자인 피보험자에게 주계약상의 채무를 이행하지 않은 것이다. 보험계약자(채무자)의 주계약상의 채무의 불이행으로 인하여 피보험자(채권자)에게 손해가 생긴 경우에, 보험자는 피보험자에게 보험금을 지급하여야 한다(상 665조)(대판 1999. 6. 22. 99다 3693).

### 2. 免責事由

보증보험의 피보험자의 손해가, ① 천재지변, 전쟁, 내란 기타 이와 비슷한 변란, ② 피보험자의 책임 있는 사유, ③ 피보험자가 정당한 이유 없이 보험자의 손해조사에 협조하지 않은 등으로 인하여 생긴 경우에는, 보험자가 보험금지급책임을 지지 않는다(입찰보증보험약관 4조).

위의 면책사유 중 ①은 상법 제660조의 「보험사고가 전쟁 기타 변란으로 인하여 생긴 때」에 해당하기 때문이고, ②는 피보험자의 귀책사유를 보험사고로 하면 이는 신의칙에 반하고 보험을 도박화할 염려가 있기 때문이며, ③은 보험자의 손해조사에 피보험자가 협조하지 아니하여 손해가 증가된 경우에 그 손해는 피보험자가 부담하여야 하기 때문이다.

### 3. 保險者의 代位

#### (1) 序 說

상법 제682조는 「손해가 제3자의 행위로 인하여 생긴 경우, 보험자는 그 지급한 보험금의 한도에서 보험계약자·피보험자의 제3자에 대한 권리를 취득한다」고 하여 보험자대위를 규정하고 있다.

보증보험에서는 보험사고가 보험계약자에 의하여 발생될 것이 예상되어 있으므로, 보험계약자가 제3자에 포함되어 보증보험에 본조가 적용되는지 문제된다. 이에 관하여 포함설과 불포함설이 대립해 있다.

#### (2) 學 說

**① 包含說** 포함설은 보증보험은 보험계약자(채무자)와 피보험자(채권자)가 다른 이른바 타인을 위한 보험계약이고 보험계약자는 채무불이행 즉 보험사고를 발생하게 하여 피보험자에게 손해를 가할 수 있으므로, 보증보험에 있어서 보험계약자는 본조의 제3자에 해당하여 보험자는 본조에 의하여 보험자대위를 할 수 있다고 한다(최기원 679면 정동윤 689면).

**② 不包含說** 불포함설은 보증보험의 보험계약자는 어디까지나 보험계약의 당사자이고 제3자가 아니며, 따라서 보증보험에서는 보험자가 보험자대위를 할 수 없고, 다만 보험자는 민법상의 수탁보증인의 구상권(민 441조)에 의하여 변제 기타의 出財로 주채무를 소멸하게 한 때에는 보험계약자에 대하여 구상권을 가진다고 한다(양승규 431면, 정찬형 732면, 서헌제 254면).

#### (3) 檢 討

입찰보증보험약관에서는 「보험자는 보험금을 지급한 때에는 보험계약자에 대하여 구상권을 가지고, 피보험자의 이익을 해하지 않는 범위 안에서 피보험자가 보험계약자에 대하여 가지는 권리를 대위하여 가진다」(입찰약관 11조 1항)고 규정하여 포함설을 취하고 있다.

## Ⅵ. 保證保險契約解止權의 制限

### 1. 保險者의 解止權의 制限

일반의 보험계약에서는 보험계약자 또는 피보험자가 그 의무를 위반한 때에는 보험자가 보험계약을 해지할 수 있으나(상 651조 653조), 보증보험은 보험계약자의 채무이행을 보험자가 담보하는 것이므로 그 의무위반이 보험계약자에게만 있는 때에는 보험자가 그 보증보험계약을 해지할 수 없다고 본다(양승규 434면).

### 2. 保險契約者의 解止權의 制限

일반의 보험계약에서는 보험사고가 발생하기 전에는 보험계약자는 언제든지 보험계약의 전부 또는 일부를 해지할 수 있으나(상 649조), 타인을 위한 보험계약에서는 보험계약자가 그 타인의 동의가 없거나 보험증권을 소지하고 있지 않으면 그 보험계약을 해지할 수 없으므로(상 649조 1항 단서) 보증보험계약에 있어서도 보험계약자는 피보험자의 동의가 없거나 보험증권을 소지하고 있지 않으면 그 보험계약을 해지할 수 없다.

# 제4장 人保險契約

## 제1절 通 則

### 제1. 槪 念

#### Ⅰ. 意 義

인보험계약(contract of personal insurance)은 당사자의 일방(보험계약자)이 약정한 보험료를 지급하고, 상대방(보험자)이 피보험자의 생명 또는 신체에 관하여 보험사고가 생길 경우에 보험수익자에게 약정한 보험금액 기타의 급여(예: 치료비 등)를 할 것을 약정하는 보험이다(상 727조).

인보험계약은 보험사고가 사람에 관하여 생기는 보험이라는 점에서 보험사고가 물건에 관하여 생기는 보험인 손해보험계약에 대응되는 것이다. 인보험계약에는 생명보험계약과 상해보험계약이 있다.

#### Ⅱ. 人保險契約의 特色

##### 1. 序 說

인보험계약에는 보험계약의 당사자인 보험자와 보험계약자 외에 피보험자와 보험수익자가 있고, 보험사고가 경제적 손해의 발생을 요하지 않으며, 피보험이익과 보험가액의 관념이 없다.

##### 2. 保險契約關係者

(1) 被保險者

인보험에 있어서 피보험자는 보험사고의 대상이 되는 사람(자연인)이다. 따라서 손해보험에 있어서 보험금액을 받을 자를 피보험자라 하는 것과 다르다.

보험계약자는 자기를 피보험자로 할 수도 있고, 또 제3자를 피보험자로 할 수도 있다. 전자의 보험계약을 「자기의 생명(상해)보험계약」이라 하고, 후자의 보험계약을 「타인의 생명(상해)보험계약」이라 한다.

인보험계약의 피보험자는 보험계약에서 특정하여야 한다.

(2) 保險受益者

보험수익자(beneficiary)는 인보험계약에 있어서 보험자로부터 보험금액의 지급을 받을 자이다. 보험수익자는 인보험계약의 당사자는 아니나, 보험금액의 지급을 받을 권리를 가지는 인보험관계자이므로 보험의 선의계약성에 따라 통지의무(상 657조)·설명의무(보험약관)를 부담한다.

인보험의 보험계약자는 자기를 보험수익자로 지정할 수도 있고(보험계약자와 보험수익자가 동일인), 타인을 보험수익자로 지정할 수도 있다(보험계약자와 보험수익자가 다른 사람). 전자의 보험계약을 「자기를 위한 생명(상해)보험계약」이라 하고, 후자의 보험계약을 「타인을 위한 생명(상해)보험계약」이라 한다.

### 3. 保險事故

인보험의 보험사고는 피보험자의 生死(생명보험의 경우)와 傷害(상해보험의 경우)이다. 생사는 일정한 시기까지의 생존 또는 일정한 기간 내의 사망이고, 상해는 외부적인 돌발사건으로 입은 신체의 손상이다.

이러한 보험사고는 우연하여야 즉 보험계약의 성립 시에 불확정하여야 한다. 상해는 발생 자체와 발생시기가 모두 불확실하나, 사망은 발생 자체는 확실하고 발생시기가 불확실하다.

인보험의 보험사고는 손해보험의 보험사고와는 달리 그 발생으로 인하여 보험수익자에게 경제적 손해가 생겨야 하는 것은 아니다.

### 4. 保險金額(定額保險)

인보험의 보험금액은 보험사고로 인하여 생긴 손해와는 관계없이, 보험사고가 발생할 때에 보험자가 보험수익자에게 지급하기로 약정한 금액이다. 따라서 인보험은 손해보험계약이 부정액보험인 것과는 달리 정액보험이다.

이와 같이 인보험의 보험금액은 정액이므로 인보험에는 손해보험에서와 같은 피보험이익이나 보험가액(피보험이익의 가액)의 관념이 없다. 따라서 인보험에는 피보험이익과 보험가액의 관계에 기한 초과보험·중복보험 및 일부보험 등의 문제가 생길 여지도 없다.

5. 保險期間

인보험의 보험기간은 일정한 기간 내에 피보험자가 사망(생존)하거나 상해를 입은 경우에 보험자가 보험금지급의무를 부담하게 되는 기간이다.

보험기간은 정기보험과 양로보험에서는 확정기간으로 정하여지나, 종신보험에서는 종기가 없다. 보험기간은 다른 약정이 없으면, 보험자가 최초의 보험료를 지급받은 때부터 개시한다(상 656조).

## 제2. 人保險證券

인보험계약이 성립한 때에는 보험자는 지체 없이 인보험증권을 작성하여 보험계약자에게 교부하여야 한다(상 640조 1항). 인보험증권에는 보험증권의 일반적기재사항(상 666조) 외에 ① 보험계약의 종류, ② 피보험자의 주소·성명 및 생년월일, ③ 보험수익자를 정한 때에는 그 주소·성명 및 생년월일을 기재하여야 한다(상 728조).

## 제3. 保險者代位의 禁止

### Ⅰ. 意 義

인보험에서의 보험자는 보험사고로 인하여 생긴 보험계약자 또는 보험수익자의 제3자에 대한 권리를 대위하여 행사하지 못한다(상 729조). 물론 인보험에서는 손해보험의 경우와는 달리 보험의 목적의 멸실(상 681조)이란 것이 존재할 수 없으므로 잔존물대위(보험의 목적에 대한 보험자대위)는 있을 수 없다. 그러나 청구권대위(제3자에 대한 보험자대위)는 보험사고의 발생이 제3자의 행위에 기인하는 한 어떠한 보험에도 인정될 수 있는 것이기 때문에 인보험의 경우에도 청구권대위가 이론적으로는 가능하다. 그러나 피보험자의 손해보상을 목적으로 하는 손해보험의 경우에는 피보험자가 실손해액의 보상 이외의 이득을 얻게 되는 것을 막기 위한 정책적 이유를 가미하여 청구권대위를 허용하지만, 인보험은 원칙적으로 실손해액이 아닌 정액의 보험금을 지급하는 보험이라는 점과 또한 보험수익자를 보호할 정책적 필요에서 이를 금지하고 있다.

## Ⅱ. 傷害保險의 경우의 例外

통설적인 견해는 상해보험이 不定額保險 즉 손해보상방식으로 체결되어 있을 경우에는 보험자대위를 인정하여야 하나(대판 2000. 2. 11. 99 다 50699), 정액지급방식으로 되어 있을 경우에는 이를 인정할 수 없다고 해석한다. 예컨대 해외여행상해보험처럼 사망보험금은 정액으로 지급하고 치료비용보험금은 실손해금액으로 지급하는 혼합방식의 계약에서는, 손해보상방식으로 보험금이 지급되는 부분에서는 보험자대위가 가능하다는 것이다.

우리 상법도 생명보험과는 달리 상해보험의 경우에는 당사자 간에 다른 약정이 있는 때에는 보험자는 피보험자의 권리를 해하지 아니하는 범위 안에서 보험자대위권을 행사할 수 있다(상 729조 단서)고 하였다.

**【대법원 2000. 2. 11. 판결, 99 다 50699】**

**1. 사실관계**

A는 그 소유의 승용차에 관하여 X화재해상보험회사(이하 "X보험회사")와의 사이에 개인용자동차종합보험계약(이하 "보험계약")을 체결하였는데, 위 보험계약의 특별약관에는 「피보험자가 무보험자동차에 의한 교통사고로 인하여 상해를 입었을 때에 그 손해에 대하여 배상할 의무자가 있는 경우 보험자는 피보험자에게 그 손해를 보상한다」고 하여 무보험자동차 상해담보특약을 규정하고 또 「보험자가 피보험자에게 무보험자동차에 의한 손해의 보상으로서 보험금을 지급한 때에는 지급한 보험금의 한도에서 피보험자가 배상의무자에 대하여 가지는 손해배상청구권을 취득하여 이를 대위행사할 수 있다」고 하여 보험자대위의 특약을 규정하고 있다.

Y의 승용차를 그 동생인 B가 운전하다가 도로의 중앙선을 침범하여 A의 승용차와 충돌하여 B는 그 자리에서 사망하고 A가 중상해를 입었다. 그리고 Y의 승용차는 C자동차보험회사(이하 "C보험회사")의 책임보험에만 가입해 있었다.

가해승용차의 차주인 Y는 위 A의 승용차가 X보험회사의 무보험자동차 상해담보특약에 가입해 있는 것을 고려하여 A에게 손해배상합의금으로 1,800만 원을 지급하고 A로부터 향후 민형사상 일체의 이의를 제기하지 않겠다는 취지의 합의서를 받았고, 또 C보험회사는 자동차보험 대인배상Ⅰ에 따라 A에게 책임보험금으로 1,700만 원을 지급하였다.

이에 X보험회사는 A가 입은 손해액 중에서 A가 C보험회사로부터 지급받은 책임보험금 1,700만 원과 A가 Y로부터 지급받은 손해배상합의금 1,800만 원을 공제한 나머지 손해액 3,900만 원을 A에게 지급하고, Y에 대하여 위 금액의 지급을 청구하였다.

**2. 판결요지**

이 건에 관하여, 대법원은 「피보험자가 무보험자동차에 의한 교통사고로 인하여 상해를 입었을 때에 그 손해에 대하여 배상할 의무자가 있는 경우 보험자가 약관에 정한 바에 따라 피보험자에게 그 손해를 보상하는 것을 내용으로 하는 무보험자동차에 의한 상해담보특약은 손해보험으로서의 성질과 상해보험으로서의 성질도 갖고 있는 손해보험형 상해보험으로서, 상법 제729조 단서에 의하여 당사자 간에 다른 약정이 있는 때에는 보험자는 피보험자의 권리를 해하지 않는 범위 내에서 피보험자의 배상의무자에 대한 손해배상청구권을 대위행사할 수 있다.

교통사고 가해자가 합의 당시 피해자가 무보험자동차 상해담보특약에 따른 보험금을 수령하리라는 사정을 알고 있던 경우, 장차 보험자에 대한 구상책임을 비롯한 일체의 손해배상책임까지 면제받는 취지라기보다 보험자가 피해자에게 지급하는 보험금의 범위 내에서 보험자가 취득하게 되는 대위권의 행사를 유보한 채 손해배상금의 일부를 수수하기로 합의한 것으로 보는 것이 상당하다」고 판시하여, A에게 보험금을 지급한 X보험회사는 상법 제729조 단서에 의하여 위 약관의 보험자대위의 특약에 따라 A의 Y에 대한 손해배상청구권을 취득하여 이를 대위행사할 수 있다고 하였다.

# 제 2 절 生命保險

## 제1. 意 義

생명보험계약(contract of life insurance)은 피보험자의 생명에 관한 보험사고가 생길 경우에 보험자가 약정한 보험금액을 지급하고, 이에 대하여 보험계약자가 보험료를 지급할 것을 약정하는 보험계약이다(상 730조 638조).

생명보험은 보험사고가 피보험자의 생사인 점에서 보험사고가 피보험자의 신체의 상해인 상해보험과 다르고, 보험사고가 발생한 때에 피보험자의 손해의 유무를 불문하고 약정한 일정 금액을 지급하는 정액보험인 점에서 구체적인 손해액을 지급하는 부정액보험인 손해보험과 다르다.

## 제2. 生命保險의 機能

### Ⅰ. 序 說

가장이 사망하면 가정의 생계가 곤란해지고 또 사람이 노년에 이르면 노동력을 상실하여 생계가 곤란해지므로, 그에 대한 대책이 필요하다. 물론 이러한 대책으로는 저축이라는 개인적인 방법도 있으나, 이는 누구나 할 수 있는 것이 아니고 또 그 목적을 충분히 달성하기가 쉽지 않다.

이에 同質의 危險을 지니고 있는 다수인이 共同出捐하여 특정인의 경제적 수요를 충족시키는 방법으로서 생명보험제도가 고안된 것이다. 생명보험 중에서 피보험자가 만기까지 생존하면 만기보험금액을 지급받고 또 만기 전에 사망하면 사망보험금액을 지급 받는 양로보험(생사혼합보험)이 널리 이용되고 있다. 전자는 저축적 기능이고, 후자는 보장적 기능이다.

### Ⅱ. 貯蓄的 機能

손해보험에서는 위험률의 산정이 정확하지 아니하여 예정의 위험률과 실제의 위험률이 맞지 않는 경우가 적지 않으나, 생명보험에서는 위험률의 산정이 과학적이고 정밀하여 투기적 위험이 거의 없다.

이러한 생명보험의 위험률을 기초로 산정한 보험료를 보험계약자가 지급하고 피보험자가 만기까지 생존하여 보험자가 만기보험금액을 지급하면, 이는 보험계약자가 저축예금을 한 것과 같은 결과가 되므로 생명보험은 저축적 기능을 가지는 것이다.

### Ⅲ. 社會的 機能

화재보험·운송보험·해상보험은 광의로는 재산보험으로서 주로 「재산을 가진 자」가 보험계약자 또는 피보험자로 되고, 특히 운송보험·해상보험은 상인이 상품을 매입하거나 매각하는 경우의 운송에 많이 이용되며, 또 이러한 보험의 보험계약자 또는 피보험자는 직업상 풍부한 지식·경험을 가지는 자들이다.

그러나 생명보험은 「재산을 가지지 않은 자」도 보험계약자 또는 피보험자로 될 수 있고, 오히려 재산을 가지지 않은 자에게 더 필요하고, 실제로 생명보험의 보험계약자·피보험자는 주로 일반 서민대중이다. 그러므로 생명보험은 다른 보험에 비하여 사회적 기능을 가지는 것이다.

### Ⅳ. 保障的 機能

생명보험 특히 양로보험에서는 피보험자가 만기 전에 사망하면 사망보험금액을 지급받고 또 만기까지 생존하면 만기보험금액을 지급받으므로, 양로보험은 보험수익자에게 경제적 안정을 기할 수 있게 하는 보장적 기능을 가진다.

## 제3. 生命保險의 種類

### Ⅰ. 保險事故에 기한 分類

#### 1. 死亡保險

사망보험은 피보험자의 사망을 보험사고로 하는 보험이다. 사망보험에는 피보험자의 종신 동안 보험계약의 효력이 존속하고 피보험자가 사망하는 때에 보험금액을 지급하는 終身保險과 피보험자가 일정한 기간 내에 사망하는 경우에 한하여 보험금액을 지급하는 定期保險이 있다.

#### 2. 生存保險

생존보험은 피보험자가 보험기간이 종료할 때까지 생존하는 것을 보험사고로 하는 보험이다. 생존보험에는 자녀의 교육자금의 준비를 목적으로 하는 교육자금보험과 결혼비용의 준비를 목적으로 하는 婚資保險 등이 있다.

#### 3. 混合保險

혼합보험은 사망보험과 생존보험을 결합하여 피보험자의 사망과 생존을 함께 보험사고로 하는 보험이다. 혼합보험의 대표적인 것으로는 일정한 기간까지 생존하여도 보험금액을 지급하고 또 일정한 기간이 경과하기 전에 사망하여도 보험금액을 지급하는 양로보험이 있다. 양로보험은 보험금액을 수령할 연령을 기준으로 50세양로보험 · 60세양로보험, 10년만기양로보험 · 20년만기양로보험 등이 있다. 또 일정한 기간까지 생존하면 사망보험금액의 반액을 지급한다든지 그 배액을 지급한다는 반액양로보험 · 배액양로보험 등도 있다.

### Ⅱ. 保險金額의 支給方法에 기한 分類

#### 1. 資金保險(一時金保險)

자금보험은 보험사고가 발생한 경우에 보험금액의 전부를 일시에 지급하는 보험이다. 당사자 간에 다른 약정이 없으면 자금보험으로 볼 수 있다.

#### 2. 年金保險

연금보험은 보험자가 피보험자의 종신 동안 매년 일정한 금액을 또는 일정한 기간에 매년 일정한 금액을 지급하는 보험이다(상 735조의2). 연금보험은 연금을 종신 동안 지급하느냐 일정한 기간에 한하여 지급하느냐에 따라 종신연금보험과 정기연금보험, 그리고 연금액이 일정 부동액인가 해를 거듭함에 따라 증가 또는 감소하는가에 따라 확정연금보험과 체증·체감연금보험 등으로 구분할 수 있다.

### Ⅲ. 被保險者의 數에 기한 分類

#### 1. 單獨保險

단독보험은 피보험자 1인의 생사를 보험사고로 하는 보험이다. 이를 單生保險 또는 개인보험이라고도 한다. 생명보험은 보통 단독보험으로 체결한다.

#### 2. 連生保險

연생보험은 수인의 피보험자 중에서 1인의 사망 또는 일정한 연령까지의 생존을 보험사고로 하는 보험이다. 예컨대 부부 중에서 1인이 사망한 경우에 다른 사람이 보험금액을 받는다든지 동업자 중에서 1인이 사망한 경우에 다른 사람이 보험금을 받는 것이다. 특히 2인 중에서 특정의 1인이 사망한 경우에 나머지 다른 사람이 생존하는 것을 조건으로 보험금액을 받는 것을 生殘保險이라 한다.

#### 3. 團體保險

##### (1) 意 義

단체보험은 단체가 그 규약에 의하여 구성원의 전부 또는 일부를 포괄적으로 피보험자로 하고(상 735조 의3 1항), 보험료는 보험계약자인 단체의 대표자(사업주 등)가 부담하며, 보험금은 보험계약자나 피보험자 또는 피보험자의 유족에게 지급되는 생명보험이다.

단체보험이라고 하여 당연히 타인을 위한 보험계약이 되어야 하는 것은 아니므로, 단체보험을 보험계약자 자신을 보험수익자로 하여 자기를 위한 보험계약으로 체결할 수도 있다(대판 1999. 5. 25. 98 다 59613)(대판 2006. 9. 22. 2003 다 60259).

단체보험에서는 단체에 가입하면 당연히 피보험자로 되고 단체에서 탈퇴하면 당연히 피보험자의 자격을 상실하며, 개개의 피보험자가 교체되어도 보험자와 보험계약자 간의 보험관계의 동일성이 유지·존속한다.

##### (2) 被保險者의 同意의 不要

타인의 사망보험 즉 타인의 사망을 보험사고로 하는 보험계약에서는 타인의 서면에 의한 동의를 얻어야 한다(상 731조 1항). 그러나 단체의 규약에 따라 보험계약을 체결하는 단체보험에서는 단체의 규약을 피보험자의 개별적 동의에 갈음할 수 있는 동의 방식으로 보아 원칙적으로 피보험자의 서면에 의한 동의를 요하지 않는다(상 735조의3 1항).

⑶ 保險證券의 交付

단체의 구성원은 수시로 교체되므로, 단체보험계약이 체결된 때에는 보험자는 보험계약자에게만 보험증권을 교부한다(상 735조의3 2항).

**【대법원 1999. 5. 25. 판결, 98 다 59613】**

단체보험에 있어서 보험수익자를 보험계약자 자신으로 지정하여 보험계약을 체결할 수 있는지 여부에 대하여, 대법원은 「단체보험의 경우 보험수익자의 지정에 관하여는 상법 등 관련 법령에 별다른 규정이 없으므로 보험계약자는 단체의 구성원인 피보험자를 보험수익자로 하여 타인을 위한 보험계약으로 체결할 수도 있고, 보험계약자 자신을 보험수익자로 하여 자기를 위한 보험계약으로 체결할 수도 있을 것이며, 단체보험이라고 하여 당연히 타인을 위한 보험계약이 되어야 하는 것은 아니므로 보험수익자를 보험계약자 자신으로 지정하는 것이 단체보험의 본질에 반하는 것이라고 할 수 없다」고 하였다.

### Ⅳ. 利益配當의 有無에 기한 分類

생명보험은 보험자가 보험계약자에게 이익배당을 하느냐에 따라 利益配當附保險과 無配當保險으로 구분할 수 있다. 이익배당부보험에 있어서 보험자의 이익배당은 보험계약자의 보험료와 상계할 수도 있다.

### Ⅴ. 保險料 決定의 기준에 의한 分類

생명보험은 보험료결정의 기준에 따라 평균보험료보험과 자연(위험)보험료보험으로 구분할 수 있다. 평균보험료보험은 연령에 따른 위험률의 증감에 불구하고 이를 평균한 것에 상당하는 금액을 보험료로 하는 보험이고, 자연보험료보험은 연령에 따른 위험률의 증감에 의하여 정한 금액을 보험료로 하는 보험이다.

노년에 이르면 노동력이 쇠퇴하고 소득이 감소되어 고액의 보험료를 지급하는 것이 곤란하므로, 실제에서는 보험자가 평균보험료를 징수하여 그 여분의 금액을 보험료적립금으로 적립한다.

### Ⅵ. 身體檢査의 有無에 기한 分類

생명보험계약을 체결할 때에 피보험자의 신체상태에 관한 보험계약자 또는 피보험자의 고지 외에, 보험의(진단의)가 피보험자의 신체검사를 하느냐에 따라 有診斷保險과 無診斷保險으로 구분할 수 있다.

## 제4. 他人의 生命保險契約(他人의 生命保險)

### Ⅰ. 意 義

보험계약자는 자기를 피보험자로 하여 생명보험계약을 체결할 수도 있고, 또 타인을 피보험자로 하여 생명보험계약을 체결할 수도 있다. 전자의 보험계약을 「자기의 생명보험계약」이라 하고, 후자의 보험계약을 「타인의 생명보험계약」이라 한다.

타인의 생명보험계약에는 타인의 생존을 보험사고로 하는 보험계약과 타인의 사망을 보험사고로 하는 보험계약이 있다. 후자의 보험계약을 무제한으로 인정하면 보험계약을 도박으로 악용하거나 고의로 보험사고를 일으킬 염려가 있으므로, 각국의 입법례에서는 타인의 사망을 보험사고로 하는 보험계약에 일정한 제한을 가하고 있다.

### Ⅱ. 他人의 死亡保險契約의 制限

#### 1. 立法主義

타인의 사망을 보험사고로 하는 보험계약에 대하여 제한을 두고 있는데, 그 입법주의로는 이익주의, 친족주의 및 동의주의가 있다.

이익주의는 생명보험에도 피보험이익의 개념을 인정하여 보험계약자가 피보험자인 타인의 생사에 관하여 이해관계(벨기에 상법 41조) 또는 재산상의 이익(영미법)이 있는 때에만 타인의 사망을 보험사고로 하는 보험계약을 체결할 수 있다고 한다. 친족주의는 보험수익자는 피보험자의 상속인 기타 일정한 범위 내의 친족에 한한다고 한다(일본 구상법 320조). 또한 동의주의는 피보험자로 될 타인의 동의가 있어야 타인의 사망을 보험사고로 하는 보험계약을 체결할 수 있다고 한다(독일 보험계약법 159조, 스위스 보험계약법 74조 프랑스 보험계약법 57조, 이탈리아 민법 1919조).

상법은 「타인의 사망을 보험사고로 하는 보험계약에는 보험계약 체결 시에 그 타인의 서면에 의한 동의를 얻어야 한다」(상 731조 1항)고 규정하여 동의주의를 취하였다.

### 2. 同意가 必要한 경우

#### (1) 序 說

타인의 생명보험계약에 있어서, ① 타인의 사망이 보험사고인 보험계약을 체결하는 경우, ② 타인의 사망보험계약상의 권리를 양도하는 경우, ③ 타인의 사망보험계약의 보험수익자를 지정·변경하는 경우에는, 피보험자의 동의를 얻어야 한다. 이러한 경우 피보험자의 동의는 서면으로 하여야 한다(상 731조 1항).

본조는 도박보험의 위험성, 피보험자 살해의 위험성, 타인의 사망을 사행계약의 조건으로 삼는 데서 오는 사회질서 침해의 위험성 등을 배제하기 위한 것이다(대판 1996. 11. 22. 96 다 37084).

#### (2) 他人의 死亡保險契約을 체결하는 경우

타인의 생명보험계약 중에서 타인의 사망을 보험사고로 하는 경우, 즉 타인의 사망보험계약과 생사혼합보험계약(양로보험계약)을 체결하는 경우에는 타인 즉 피보험자의 동의를 얻어야 한다(상 731조 1항).

일정한 기간까지 타인의 생존을 보험사고로 하는 순수한 타인의 생존보험계약에 있어서는 타인의 동의를 요하지 않는다.

#### (3) 他人의 死亡保險契約上의 權利의 讓渡의 경우

타인의 동의를 얻어 타인의 사망보험계약이 성립한 후에 그 보험계약으로 인하여 생긴 보험수익자의 권리 즉 보험금청구권을 보험수익자가 피보험자 외의 제3자에게 양도하는 경우에도 피보험자의 동의를 얻어야 한다(상 731조 2항).

#### (4) 保險受益者의 指定·變更의 경우

타인의 동의를 얻어 타인의 사망보험계약이 성립한 후에 보험계약자가 보험수익자를 지정 또는 변경하는 경우에도 피보험자를 보험수익자로 하지 않는 한 피보험자의 동의를 얻어야 한다(상 734조 2항).

### 3. 同意의 法的 性質

피보험자의 동의는 피보험자가 타인의 사망보험에 관하여 異議가 없다는 의사를 표명하는 의사의 통지라 본다. 따라서 그 법적 성질은 준법률행위에 해당되어, 법률행위에 관한 민법의 일반원칙을 유추적용할 수 있다. 그리고 이에 관한 규정은 그 입법취지에 비추어 보아 당사자 간의 특약으로도 배제할 수 없는 강행규정이라고 해야 할 것이므로 당사자 간의 계약에 의하여 동의를 배제하지 못한다(손주찬 691면, 최기원 768면, 양승규 451면).

그리고 피보험자의 동의는 타인의 사망을 보험사고로 하는 생명보험계약의 성립요건이 아니고 동의가 있을 때까지는 그 효력이 생기지 않는 효력발생요건이다. 왜냐하면 어떠한 계약이 당사자 쌍방의 의사표시 외에 제3자의 의사표시를 그 성립요건으로 해석하는 것은 계약의 일반관념에 어긋나기 때문이다(양승규 451면).

#### 4. 同意의 方式 · 時期 · 撤回 · 能力 · 免除

##### (1) 同意의 方式

피보험자의 동의는 서면으로 하여야 한다(상 731조 1항). 서면동의를 요하는 것은 후일 동의의 유무에 관한 분쟁을 방지하기 위한 것이다. 그리고 피보험자의 동의는 각 보험계약에 대하여 개별적으로 하여야 한다. 장래 체결할 모든 사망보험계약에 미리 동의를 하는 것과 같은 포괄적인 동의는 동의주의를 무의미하게 하므로 그 효력을 인정할 수 없다.

##### (2) 同意의 時期

피보험자의 동의는 보험계약 체결 시에 하여야 한다(상 731조 1항). 사후동의를 인정하면 사실상 동의의 강제가 이루어 질 수 있기 때문이다. 그러므로 사후에 이루어진 피보험자의 동의는 동의로서의 효력이 없다(양승규 453면, 서헌제 271면, 김성태 839면)(대판 2006. 9. 22. 2004 다 56677).

##### (3) 同意의 撤回

피보험자의 동의는 보험계약의 성립 전에는 임의로 철회할 수 있으나, 보험계약의 효력발생 후에는 임의로 철회할 수 없다. 피보험자가 보험계약의 효력발생 후에 그 동의를 철회하려면 보험계약자 · 보험수익자의 동의가 있어야 한다.

##### (4) 同意의 能力

상법은 정신능력이 완전하지 못한 자들을 보호하기 위하여 15세 미만자, 심신상실자 또는 심신박약자의 사망을 보험사고로 하는 보험계약은 무효라고 하였다(상 732조). 따라서 이들을 피보험자로 하는 보험계약은 피보험자의 동의 여부와 보험수익자가 누구인가를 불문하고 무효이다.

##### (5) 同意의 免除

앞서 단체보험에서 설명한 바와 같이 단체의 규약에 따라 타인의 사망을 보험사고로 하는 단체보험계약을 체결할 때에는 피보험자의 동의를 요하지 않는다(상 735조 의3 1항).

### 5. 違反의 效力

상법 제731조 제1항은 강행규정이므로, 타인의 사망을 보험사고로 하는 보험계약에 타인의 동의는 효력발생요건이 되어 타인의 동의가 없으면 그 보험계약은 무효이다(대판 1989. 11. 28. 88 다카 33367).

타인의 사망을 보험사고로 하는 보험계약을 체결한 경우에 그 보험계약을 체결한 보험자가 스스로 그 보험계약이 본조에 위반하여 무효라 주장하는 것이 신의성실의 원칙 내지 금반언의 원칙에 위반한 권리행사로서 무효가 아닌지 의문스럽다. 그러나 이를 무효로 하면 본조의 입법취지에 반하므로, 특단의 사정이 없는 한 타인의 사망을 보험사고로 하는 보험계약에 관하여 보험자가 타인의 서면동의가 없다는 이유로 이를 무효라 주장하는 것이 신의성실의 원칙 내지 금반언의 원칙에 위반하여 무효라 볼 것은 아니라고 생각한다(대판 1996. 11. 22. 96 다 37084).

**【대법원 1996. 11. 22. 판결, 96 다 37084】**

**1. 사실관계**

보험계약자 X는 보험수익자를 자신으로 하고 피보험자를 남편 A로 하는 장수연금보험계약 및 암치료보험계약을 Y보험회사와 체결하였는데, Y보험회사의 보험모집인 B는 X의 보험가입의사만 확인하고 회사에 돌아와 청약서를 대신 작성하면서 피보험자의 자필서명란에 A의 이름만 기재하고 A의 서면동의를 받지 않았다. 대신에 보험계약체결 후에 A의 명의로 작성된 인증서를 보험회사에 제출한 바 있다. 그 후 A가 위암으로 입원수술을 받고 퇴원하여 통원치료를 받게 되어, X는 보험사고의 발생을 이유로 Y보험회사에 대하여 보험금의 지급을 청구하였다. 이에 Y보험회사는 이 건 보험계약이 상법 제731조 제1항 위반으로 무효라고 항변하였다.

**2. 판결요지**

이 건에 관하여, 대법원은 「타인의 사망을 보험사고로 하는 보험계약에는 보험계약 체결 시에 그 타인의 서면에 의한 동의를 얻어야 한다는 상법 제731조 제1항의 규정은 강행법규로서 위 규정에 위반하여 체결된 보험계약은 무효이고, 위 규정의 입법취지에는 도박보험의 위험성과 피보험자 살해의 위험성 외에 피해자의 동의를 얻지 않고 타인의 사망을 이른바 사행계약상의 조건으로 삼는 데서 오는 공서양속의 침해의 위험성을 배제하기 위한 것도 있다. 그러므로 상법 제731조 제1항을 위반하여 계약을 체결한 자가 스스로 무효를 주장함이 신의성실의 원칙 또는 금반언의 원칙에 위배되는 권리행사라고 하여 이를 배척한다면, 위와 같은 입법취지를 몰각시키는 결과가 되므로 특단의 사정이 없는 한 그러한 주장이 신의성실의 원칙 또는 금반언의 원칙에 반한다고 볼 수 없다.

상법 제731조 제1항의 규정에 의하면 피보험자가 서면으로 동의의 의사표시를 하여야 하는 시점은 보험계약체결 시까지이므로, 이 건 보험계약체결 후에 작성되어 제출된 인증서는 피보험자의 동의로 인정할 수 없다」고 판시하여, 타인의 사망의 보험계약에서 피보험자의 서면동의에 관한 상법 제731조 제1항은 강행규정으로 보험자가 피보험자의 동의가 없는 것을 알고 보험계약을 체결한 경우에 그 동의가 없다는 이유로 보험금의 지급을 거절하는 것은 신의칙 또는 금반언의 원칙의 위반이 아니라 하였으며, 동의시점은 보험계약체결 시까지라 하였다.

## 제5. 他人을 위한 生命保險契約

### Ⅰ. 意 義

보험계약자가 자기를 보험수익자로 하여 생명보험계약을 체결할 수도 있고, 또 타인을 보험수익자로 하여 생명보험계약을 체결할 수도 있다. 전자의 보험계약을 「자기를 위한 생명보험계약」이라 하고, 후자의 보험계약을 「타인을 위한 생명보험계약」이라 한다. 타인을 위한 생명보험계약은 대부분 피보험자의 사망 후에 유족의 생활보장을 위하여 체결된다.

타인을 위한 생명보험계약에는, ① 보험계약자와 피보험자가 동일인이고 보험수익자가 다른 사람인 경우, ② 피보험자와 보험수익자가 동일인이고 보험계약자가 다른 사람인 경우, ③ 보험계약자 · 피보험자 · 보험수익자가 모두 다른 사람인 경우가 있을 수 있다. 여기에서 ②와 ③의 경우는 「타인의 생명보험계약」이기도 하다.

타인을 위한 보험계약에 관하여서는 이미 보험계약법 총론에서 고찰하였으므로, 여기에서는 타인을 위한 생명보험계약에 특유한 점만 고찰하기로 한다.

### Ⅱ. 保險受益者의 指定 · 變更

#### 1. 意 義

보험계약자는 보험계약을 체결할 때에 보험수익자를 지정할 수 있고 후일에 이를 변경할 수도 있다(상 733조 1항). 따라서 보험계약자가 자기를 보험수익자로 지정하였다가 후일에 이를 변경할 수도 있다. 이를 보험계약자의 보험수익자 지정 · 변경권이라 한다.

보험수익자를 지정하지 아니하여도 보험계약이 성립하고, 보험계약의 성립 후에 보험계약자가 자기 외의 자를 보험수익자로 지정한 경우에는 그 이후로는 타인을 위한 보험계약으로 된다.

타인을 위한 생명보험계약도 제3자를 위한 계약의 요소를 지니고 있다는 측면에서 보면 보험계약자라고 하더라도 일단 제3자를 보험수익자로 지정한 이상은 그의 동의 없이는 수익자를 변경할 수는 없다(민 541조)고 하여야 할 것이다. 그러나 생명보험계약은 보통 보험기간이 20년 내지 30년에 걸치는 장기여서 계약 당시의 사정이 나중에 변경되어 보험계약자가 보험수익자를 계약 체결 후에 지정하거나 일단 지정한 보험수익자를 변경하여야 할 필요가 생길 수 있다. 또한 보험자로서는 보험금을 누구에게 지급하여야 하는가는 그리 중요한 것이 아니므로, 상법은 보험계약자가 보험수익자를 지정할 수 있음은 물론 일단 보험수익자를 지정하였다가 후에 이를 변경할 수 있도록 한 것이다.

### 2. 法的 性質

보험계약자의 보험수익자 지정·변경은 보험계약과 별개·독립의 행위가 아니고 보험계약에 부수하여 하는 행위이고, 또 보험계약자가 보험자의 동의 없이 일방적 의사표시로 하는 단독행위이다. 즉 보험계약자의 보험수익자 지정·변경권은 형성권이다.

### 3. 保險受益者 指定의 方法

보험수익자의 지정은 보험계약의 신청서에 특정인의 성명을 구체적으로 표시하는 방법에 의하든, 피보험자의 배우자나 상속인 등으로 추상적으로 표시하는 방법에 의하든 상관이 없다. 그런데 후자의 경우에는 이혼이나 출생 또는 사망 등으로 인하여 보험수익자를 지정하였을 때와 보험사고가 발생하였을 때에 해당되는 사람이 달라질 수 있기 때문에 보험수익자의 확정에 주의를 요한다. 보험계약자가 보험수익자를 단순히 보험계약자 겸 피보험자의 「배우자」 또는 「상속인」이라는 방법으로 표시하였을 때는 보험사고 발생 시의 법정배우자 또는 법정상속인을 보험수익자라고 표시하였다고 보는 것이 보험계약자의 의사에 부합할 것이다.

### 4. 保險受益者의 地位

#### (1) 保險契約者가 死亡한 경우

타인을 위한 생명보험계약에 있어서 보험계약자가 사망한 경우에는 특히 보험수익자를 지정하지 않고 사망한 경우와 보험수익자를 지정한 후 변경권을 행사하지 않고 사망한 경우가 문제된다. 전자의 경우에는 피보험자를 보험수익자로 하고, 후자의 경우에는 보험수익자의 권리가 그대로 확정된다(상 733조 2항 본문).

그러나 다른 약정으로, 보험계약자가 사망한 때에는 그 승계인이 보험수익자를 지정 또는 변경할 권리를 가진다고 정한 경우에는 그 약정에 의한다(상 733조 2항 단서).

#### (2) 保險受益者가 死亡한 경우

보험수익자가 보험 존속 중에 사망한 경우에는 보험계약자는 다시 보험수익자를 지정할 수 있다(상 733조 3항 1문). 보험수익자가 사망한 경우에 보험계약자가 보험수익자를 다시 지정하지 않고 사망한 때에는, 보험수익자의 상속인이 보험수익자로 된다(상 733조 3항 2문). 보험계약자가 보험수익자를 다시 지정하지 않은 것은 보험수익자의 상속인을 보험수익자로 하려는 의도를 지녔다고 생각되기 때문이다.

#### (3) 保險受益者의 指定 전에 保險事故가 發生한 경우

보험계약자가 보험수익자를 지정하기 전에 보험사고가 발생한 경우에는 피보험자의 상속인이 보험수익자로 되고, 또 보험수익자의 사망 후 보험계약자가 보험수익자를 다시 지정하기 전에 보험사고가 발생한 경우에는 보험수익자의 상속인이 보험수익자로 된다(상 733조 4항).

**【대법원 2004. 7. 9. 판결, 2003 다 29463】**

**1. 사실관계**

A는 1999. 11. 20. X로부터 2억 5,000만 원을 차용하고 2000. 6. 30.까지 위 원금과 이자를 합하여 3억 원을 X에게 지급하기로 약정하였다.

A의 아들인 Y는 2000. 12. 6. B화재해상보험회사(이하 "B보험회사")와의 사이에 피보험자 A, 보험기간 2000. 12. 7.~2001. 12. 6.로 정한 플러스개인용자동차보험계약(이하 "보험계약")을 체결하였다. 그 담보 내용으로는 대인배상Ⅰ, 대인배상Ⅱ, 대물배상, 자동차상해, 무보험차상해, 자기차량손해 등이 있고, 그 중 자동차상해(이하 "자동차상해보험")는 보험금액이 사망의 경우 1인당 2억 원, 부상의 경우 2,000만 원으로 되어 있었다.

Y는 위 보험계약에서 A를 피보험자로 지정하였으나, 위 자동차상해보험의 사망보험금에 관한 보험수익자는 따로 지정하지 않았고 또 B보험회사의 보험약관에도 보험수익자의 결정에 관한 내용이 규정되어 있지 않았다.

A가 2001. 3. 10. 피보험자동차를 운전하다가 발생한 교통사고로 사망하였고 A의 처와 그 아들 Y가 B보험회사로부터 위 보험계약의 자동차보험의 사망보험금으로 5,700만 원을 지급받았다.

Y 등이 A의 X에 대한 채무의 승계를 면하기 위하여 같은 해 5. 7. 가정법원에 상속포기의 신고를 하여 위 가정법원으로부터 상속포기 수리의 심판을 받았다.

이에 X가 Y 등이 B보험회사로부터 위 사망보험금을 수령한 것은 민법 제1026조 제1호의 단순승인에 해당하므로 그 후에 행한 상속포기의 신고는 효력이 없다고 주장하였다.

**2. 판결요지**

이 건에 관하여, 대법원은 「자동차상해보험은 피보험자가 피보험자동차의 사고로 인하여 상해를 입었을 때에 보험자가 보험약관에 정한 사망보험금이나 부상보험금 또는 후유장해보험금을 지급할 책임을 지는 것으로서, 피보험자가 급격하고도 우연한 외부로부터 생긴 사고로 인하여 신체에 상해를 입은 경우에 그 결과에 따라 보험약관에 정한 보상금을 지급하는 보험이므로 성질상 상해보험이다.

생명보험의 보험계약자가 보험수익자를 지정하기 전에 보험사고가 발생하여 상법 제733조에 의하여 피보험자의 상속인이 보험수익자가 되는 경우에 피보험자의 상속인은 보험수익자의 지위에서 보험자에 대하여 보험금의 지급을 청구할 수 있고, 이 권리는 보험계약의 효력으로 당연히 생기는 것으로서 상속재산이 아니고 상속인의 고유재산이다.

생명보험의 보험수익자의 지정에 관한 상법 제733조가 상법 제739조에 의하여 상해보험에 준용되므로, 상해보험의 피보험자가 상해의 결과 사망한 경우에 보험수익자가 지정되지 않은 때에는 위 법률의 규정에 의하여 피보험자의 상속인이 보험수익자로 되고, 보험수익자인 상속인의 보험금청구권은 상속재산이 아니고 상속인의 고유재산으로 본다」고 판시하여, 상해보험의 보험수익자가 지정되기 전에 보험사고가 발생하여 피보험자가 사망한 경우에 상법 제733조와 제739조에 의하여 피보험자의 상속인이 보험수익자로 되며, 그 상속인의 보험금청구권은 상속재산이 아니고 상속인의 고유재산이므로 Y 등의 위 보험금수령행위는 단순승인이 아니고 그 상속포기신고는 적법하다고 하였다.

그리고 피보험자의 상속인이나 보험수익자의 상속인이 보험수익자 지위에 놓이게 되었을 때에, 생존하는 상속인이 다수인 경우에는 보험금은 각자에게 어떠한 비율로 귀속하게 되는가 하는 것도 문제된다. 이에 대하여는 보험수익자의 지위는, 상속인이 고유의 권리로서 균등한 비율로 원시취득한다는 견해(山下友信, 現代の生命傷害保險法, 129頁)와 상속인이 상속을 이유로 상속분만큼씩 승계취득한다는 견해(田辺康平, 現代保險法, 269頁)가 대립해 있다.

생각건대, 상법 제733조 제3항의 입법취지에 비추어 살펴보면 보험수익자의 지위는 一身專屬權이라는 것이 당연히 전제되어 있다고 볼 수 있다. 왜냐하면 동 규정(본문)에서 지정수익자가 사망하였을 경우에 보험계약자가 다시 보험수익자를 지정할 수 있게 한 것은 보험수익자의 지위는 상속의 대상이 아니라고 보고 있기 때문이다. 또한 지정수익자의 사망 이후 보험계약자가 보험수익자를 재지정하지 아니하고 사망한 경우에 누가 보험수익자로 되는가에 대하여 명문의 규정을 두고 있는 이유가 보험수익자 흠결의 위험을 회피하기 위함에 있다는 것에 비추어 보더라도 보험수익자의 지위는 상속되는 것이 아니라고 보는 것이 옳다. 또한 유족의 생활보장이라는 생명보험계약의 기능을 충분히 살리기 위해서도 보험수익자의 상속인이 상속을 포기하거나 한정승인을 하더라도 피상속인의 채권자는 보험금청구권을 강제집행의 대상으로 할 수 없어 보험수익자가 보험보호를 받을 수 있게 하는 원시취득설이 타당하다.

요컨대, 보험수익자 지위는 상속으로 승계취득하는 것이 아니라 법률의 규정에 의하여, 보험수익자의 고유재산으로 원시취득하고 다수의 보험수익자 사이에는 분할채권관계가 형성되어 보험금청구권상에 균등한 비율로 권리를 행사할 수 있다(원시취득설).

그런데 이상의 내용은 보험수익자의 사망 후 보험계약자가 보험수익자를 재지정하기 전에 보험사고가 발생한 경우의 문제이고, 보험계약자가 보험수익자를 보험계약자나 피보험자의 「상속인」으로 명시하여 지정한 상태에서 보험사고가 발생하였을 경우의 문제하고는 그 성질이 다르다. 물론 이 경우에도 상속인이 상속에 의하여 보험금청구권을 취득하는 것이 아니고, 상속인인 지위를 가지는 자가 고유재산으로 보험금청구권을 취득하는 것이기 때문에 이 권리는 상속재산에 포함되지 않는다. 지정된 「상속인」이 다수 존재하는 경우에 보험금을 수령할 권리의 비율은 의사해석의 문제인데, 특별한 사정이 존재하지 않는 한 각 상속인이 상속분의 비율에 의한다고 해석하는 것이 보험수익자를 「상속인」이라고 지정한 보험계약자의 의사에 부합하리라고 본다(양승규 453면 최기원 596면).

### 5. 指定·變更의 通知

보험계약자가 보험계약의 체결 후에 보험수익자를 지정 또는 변경할 때에는 보험자에게 그 통지를 하여야 하고, 이를 해태한 때에는 이로써 보험자에 대하여 대항하지 못한다(상 734조 1항). 이것은 보험자의 보험수익자에 대한 보험금의 이중지급을 방지하기 위한 것이다.

보험계약자가 지정·변경의 통지를 하지 아니하여도 보험수익자의 권리는 유효하게 성립하고, 다만 보험자에 대하여 그 권리를 주장할 수 없을 뿐이다.

### 6. 被保險者의 書面同意

타인의 사망보험계약에서 보험계약자가 보험사고의 발생 전에 보험수익자의 지정·변경권을 행사하는 경우에 피보험자를 보험수익자로 하지 않는 한 피보험자인 타인의 서면에 의한 동의를 얻어야 한다(상 734조 2항 731조 1항).

## Ⅲ. 保險受益者의 權利義務

### 1. 保險受益者의 權利

#### (1) 權利의 取得

타인을 위한 생명보험계약의 보험수익자는 수익의 의사표시 없이 당연히 그 보험계약상의 이익을 받는다(상 639조 2항 본문). 타인을 위한 생명보험계약에서 보험수익자가 그 보험계약상의 이익을 포기하면, 이는 보험계약자의 「자기를 위한 생명보험계약」으로 된다.

보험수익자는 보험계약상의 이익을 가지고, 보험사고의 발생을 조건으로 보험금청구권을 가진다.

#### (2) 權利의 內容

보험수익자가 취득하는 권리는 보험금청구권뿐이고, 계약해지권(상 649조 1항), 보험료감액청구권(상 647조), 보험료반환청구권(상 648조), 보험증권교부청구권(상 640조) 등은 보험계약자가 가진다.

### 2. 保險受益者의 義務

타인을 위한 생명보험계약에 있어서 보험수익자는 보험계약의 당사자가 아니므로 원칙적으로 보험료지급의무가 없으나, 예외적으로 보험계약자가 파산선고를 받거나 보험료의 지급을 지체한 때에는 그 보험계약상의 권리를 포기하지 않는 한 보험료지급의무가 있다(상 639조 3항 단서).

또한 타인을 위한 생명보험계약에 있어서 보험수익자는 피보험자의 사망을 안 때에는 지체 없이 그 통지를 발생할 의무가 있고(상 657조), 또 사고발생의 위험을 변경증가시키지 않을 위험유지의무가 있다(상 653조).

## 제6. 生命保險契約의 成立

생명보험계약도 다른 보험계약의 경우와 마찬가지로 당사자 쌍방의 합의에 의하여 성립하는 諾成契約이라는 점에는 이론이 없다. 따라서 보험계약의 성립에 관하여 앞서 설명한 내용들은 생명보험계약의 성립에도 그대로 적용된다. 여기서는 생명보험계약의 체결과 관련한 몇 가지 특별한 사항만을 살펴보기로 한다.

### 1. 被保險者의 身體檢査

보험금액을 기준으로 일정액 이상의 고액보험인 경우에는 보험자가 보험계약의 체결여부를 판단하는데 필요한 자료를 얻기 위하여, 피보험자로 될 자에게 보험자가 지정한 의료기관에서 신체검사를 받을 것을 요구하는 진단보험으로 하거나, 지정된 의료기관은 아니더라도 의료기관에서 발행한 건강진단서를 제출할 것을 요구하는 경우가 많다. 보험금액이 고액이 아닌 경우에는 피보험자에 대한 신체검사 없이 질문표상에 피보험자의 신체나 건강의 상태를 고지하게 하는 방법이 일반적으로 이용된다.

보험자의 책임은 보험계약이 성립하고 최초의 보험료를 받은 때로부터 개시되는 것이 원칙이나, 피보험자의 신체검사를 요하는 생명보험에 있어서는 피보험자가 신체검사를 받기 전에는 보험자의 책임이 개시되지 아니한다. 그러므로 보험자가 승낙 전의 사고에 대하여 책임을 지는 경우에도 피보험자가 신체검사를 받기 전에는 보험자의 책임은 발생하지 아니한다(상 638조의2 3항).

### 2. 다른 生命保險契約의 存在에 대한 告知義務

생명보험에는 보험가액의 관념이 없으므로 여러 개의 생명보험계약 그 중에도 사망보험계약이 중복되어 체결된 경우에도 중복보험의 법리가 적용되지 아니하여 이를 악용할 때에는 심각한 도덕적 위험이 일어날 수 있다. 이와 관련하여 동일한 피보험자를 대상으로 하는 여러 개의 사망보험계약을 체결하는 경우, 보험계약자나 피보험자는 새로운 보험계약의 보험자에게 그 전의 보험계약의 존재를 고지하여야 할 의무가 있다고 볼 것인가 하는 것이 문제된다. 이 문제는 고지의무의 인정근거에 비추어 판단하여야 할 것이나, 다수보험계약의 체결로 인하여 보험서비스의 이용을 증가시킴으로써 발생하는 위험은 이른바 도덕적 위험에 속한다고 할 것인데, 보험자가 이를 계약의 체결여부를 판단하는 자료로 이용하는 한 보험계약자 측에서 고지하여야 할 중요한 사항이라고 해석하여야 할 것이다(대판 2001. 11. 27. 99 다 33311).

현실적으로도, 동일한 피보험자를 대상으로 한 다수의 사망보험계약을 단기간 내에 집중적으로 체결한 다음 보험계약자 겸 보험수익자인 자가 고의로 보험사고를 초래한 후 부정한 목적의 보험금을 청구하는 일이 자주 발생하고 있다. 그러므로 보험계약의 체결여부를 판단하여야 하는 보험자는, 동일한 피보험자를 대상으로 한 다른 보험계약이 다수 존재하는 경우에는 이를 고려하여 새로운 보험계약의 청약을 승낙할 것인지의 여부를 판단할 이익을 가지고 있다고 할 것이다. 그렇다면 동일한 피보험자를 대상으로 하는 다른 보험계약의 존재는 보험계약자나 피보험자가 고지하여야 할 중요한 사항이라고 보는 것이 옳다.

입법론으로서는 보험계약자나 피보험자가 보험자로부터 다른 생명보험계약의 고지를 요구받고도 고의 또는 중대한 과실로 고지하지 아니하거나 거짓의 고지를 한 경우 보험자가 계약을 해지할 수 있는 규정을 둘 필요가 있다.

## 제7. 生命保險契約의 特殊한 效果

### Ⅰ. 保險者의 義務

#### 1. 保險金支給義務

##### (1) 保險事故 發生의 경우

생명보험의 보험자는 보험사고가 발생한 때에는 그로 인한 구체적 손해와는 관계없이 약정한 보험금액을 보험수익자 또는 그 권리의 양수인에게 지급하여야 한다(상 730조).

당사자가 보험금액을 年金으로 분할하여 지급할 것을 약정한 경우에는 보험금액을 연금으로 지급할 수도 있다(연금보험)(상 735조의2).

(2) 養老保險의 경우

생명보험계약에서 당사자가 양로보험계약을 체결한 경우에는(상 735조), 보험기간 중에 피보험자가 사망하면 사망보험금을 지급하고 보험기간 중에 피보험자가 사망하지 않고 보험기간이 종료하면 만기보험금을 지급한다. 양로보험은 생사혼합보험으로서 피보험자의 사망과 생존을 함께 보험사고로 하기 때문이다.

(3) 保險契約者 등의 重大한 過失로 保險事故가 발생한 경우

사망보험계약에 있어서는 보험사고가 보험계약자 또는 피보험자나 보험수익자의 중대한 과실로 인하여 생긴 경우에도 보험자는 보험금액을 지급할 책임이 있다(상 732조의2).

원래 보험계약에 있어서 보험사고가 보험계약자 또는 피보험자나 보험수익자의 「고의 또는 중대한 과실」로 인하여 생긴 경우에는 보험자는 보험금지급책임이 없으나(상 659조 1항), 사망보험계약에서는 특칙으로 보험사고가 보험계약자 등의 「중대한 과실」로 인하여 생긴 경우에도 보험자가 보험금액지급책임을 진다. 유족 등의 보험수익자를 보호하기 위하여, 사망보험의 경우에는 정책적으로 고의로 인한 보험사고만을 보험자의 면책사유로 인정한 것이다. 따라서 피보험자가 자살하였거나 보험계약자나 보험수익자가 피보험자를 살해하여 사망에 이르게 한 경우에는 보험자는 보험금 지급책임을 면한다.

**2. 保險料 등의 返還義務**

(1) 保險料의 返還義務

보험계약의 전부 또는 일부가 무효로 되거나(상 648조) 보험사고가 발생하기 전에 보험계약자가 보험계약을 임의해지 한 때(상 649조 1항)에는 보험계약자는 보험자에게 이미 지급한 보험료의 전부 또는 일부의 반환을 청구할 수 있다.

(2) 保險積立金의 返還義務

사망보험과 같은 생명보험에서는 보험사고 발생의 위험률은 고령이 되어 감에 따라 높아질 것이므로 보험료도 그에 비례하여 인상되어야 할 것이다. 그러나 보험실무에서는 보험자는 매년의 보험료를 평준화하여 平均保險料를 부과하고 있다. 이 평균보험료의 징수에 의하여 후년도를 위하여 선급된 보험료 부분과 양로보험과 같이 피보험자의 생사를 불문하고 보험자가 보험금을 지급하여야 하는 계

약에서 만기보험금의 지급을 위한 자금을 매회의 보험료에서 일부 분리하여 적립한 보험료 부분을 포괄하여「保險料積立金」이라고 한다. 이 보험료적립금은 아직 도래하지 않은 보험료기간에 대한 보험료 즉「未經過保險料」와 함께 상법 제736조의「보험수익자를 위하여 적립한 금액」이른바「保險積立金」이 되어 보험계약의 해지 등이 있을 때에는 보험자가 보험계약자에게 반환하여야 하는 금액이다. 보험실무에서는 이 보험적립금을 해약환급금 등의 이름으로 반환하고 있다. 그리고 보험업법에서는 생명보험계약의 보험자에게 보험료적립금과 미경과보험료를 책임준비금으로 적립하여야 할 의무를 부과하고 있다(보험 120조).

(3) 保險料積立金의 返還義務를 지는 경우

보험자는 ① 보험사고의 발생 전에 보험계약자가 보험계약을 임의해지한 경우(상 649조), ② 보험계약자의 계속보험료의 지급의 지체로 보험계약이 해지된 경우(상 650조 2항), ③ 보험계약자 또는 피보험자의 고지의무위반 시 보험자가 보험계약을 해지한 경우(상 651조), ④ 보험계약자 또는 피보험자가 사고발생의 위험의 변경 또는 증가를 알고도 그 통지를 해태하여 보험자가 보험계약을 해지한 경우(상 652조 1항), ⑤ 보험계약자·피보험자 또는 보험수익자의 고의 또는 중대한 과실로 사고발생의 위험이 변경 또는 증가된 때에 보험자가 보험계약을 해지한 경우(상 653조), ⑥ 보험자의 파산으로 보험계약자가 보험계약을 해지한 경우(상 654조), ⑦ 보험자의 면책사유가 있어 보험금액지급책임이 없는 경우(상 659조 660조)에는, 보험료적립금을 보험계약자에게 반환하여야 한다(상 736조).

(4) 保險料積立金의 返還義務가 없는 경우

보험사고가 보험계약자의 고의 또는 중대한 과실로 인하여 생긴 때에는, 다른 약정이 없는 한 보험자는 보험료적립금반환의무를 지지 않는다(상 736조 단서 659조 1항).

(5) 消滅時效

보험자의 보험료적립금반환의무는 2년의 소멸시효에 의하여 소멸한다(상 662조 1항).

### 3. 約款에 의한 義務

(1) 解止還給金支給義務

생명보험의 보험기간은 보통 장기이므로, 생명보험의 약관에서는 보험계약자는 보험계약을 언제든지 임의로 해지할 수 있고, 보험계약자가 보험계약을 임의해지한 경우 보험자는 보험수익자를 위하여 적립한 책임준비금(보험료적립금과 미경과보험료) 중에서 일정한 비용을 공제한 금액 즉 解止還給金을 보험계약자에게 반환하여야 하는 것으로 정하고 있다(생명보험표준약관 28조 1항).

(2) 利益配當義務

생명보험의 약관에서는 보험자가 그 영업상의 이익을 보험계약자에게 배당하도록 정하고 있다(생명보험표준약관 19조 1항).

(3) 貸出義務

생명보험의 약관에서는 보험계약자는 보험자에 대하여 보험증권을 담보로 해지환급금의 범위 내에서 대출해 줄 것을 청구할 수 있고, 대출을 청구한 경우 보험자는 보험계약자에게 대출을 하여야 한다(생명보험표준약관 32조 1항).

약관대출의 법적 성질에 대하여 학설과 판례는 특수한 소비대차설(양승규 474면 최기원 476면)과 보험금 또는 해약환급금의 일부선급설(김선정, 보험학회지 제59집, 167면)(대판 2007. 9. 28. 2005 다 15598)로 나뉘어져 있다.

해약환급금의 범위 내에서 약관대출을 실행하기 때문에 대출자인 보험자가 별다른 담보를 취득하지 않고, 보험자는 약관대출원리금이 해약환급금에 도달하거나 약관대출원리금을 상환일로부터 상당기간 연체하는 경우 보험계약을 해지할 수 있으며, 상환일 전후를 불문하고 보험약관에 정한 지급사유가 발생하였을 때 보험자가 지급할 금액에서 약관대출원리금을 공제하기로 약정하고 있는 점 등에 비추어 판단하면, 약관대출을 보험금 또는 해약환급금의 선급금으로 이해하는 것이 타당하다고 본다.

**【대법원 2007. 9. 28. 판결, 2005 다 15598】**

생명보험계약의 약관에 따른 대출금의 성격과 생명보험계약의 해지로 인한 해약환급금과 보험약관대출금 사이에서 상계의 법리가 적용되는지에 대하여, 대법원은 「생명보험계약의 약관에 보험계약자는 보험계약의 해약환급금의 범위 내에서 보험회사가 정한 방법에 따라 대출을 받을 수 있고, 이에 따라 대출이 된 경우에 보험계약자는 그 대출 원리금을 언제든지 상환할 수 있으며, 만약 상환하지 아니한 동안에 보험금이나 해약환급금의 지급사유가 발생한 때에는 위 대출 원리금을 공제하고 나머지 금액만을 지급한다는 취지로 규정되어 있다면, 그와 같은 약관에 따른 대출계약은 약관상의 의무의 이행으로 행하여지는 것으로서 보험계약과 별개의 독립된 계약이 아니라 보험계약과 일체를 이루는 하나의 계약이라고 보아야 하고, 보험약관대출금의 경제적 실질은 보험회사가 장차 지급하여야 할 보험금이나 해약환급금을 미리 지급하는 선급금과 같

> 은 성격이라고 보아야 한다. 따라서 위와 같은 약관에서 비록 '대출'이라는 용어를 사용하고 있더라도 이는 일반적인 대출과는 달리 소비대차로서의 법적 성격을 가지는 것은 아니며, 보험금이나 해약환급금에서 대출 원리금을 공제하고 지급한다는 것은 보험금이나 해약환급금의 선급금의 성격을 가지는 위 대출 원리금을 제외한 나머지 금액만을 지급한다는 의미이므로 민법상의 상계와는 성격이 다르다」고 하여, 약관대출금은 보험금 또는 해약환급금의 선급금과 같은 성격이고 이 약관대출에 민법상의 상계의 법리를 적용할 수 없다고 하였다.

## Ⅱ. 保險契約者 · 被保險者 · 保險受益者의 義務

### 1. 保險料支給義務

보험계약자는 보험자에 대하여 위험부담의 보수로서 보험료를 지급하여야 한다(상 650조 638조). 다만 타인을 위한 생명보험계약에 있어서 보험계약자가 파산선고를 받거나 보험료의 지급을 지체한 때에는 그 타인이 그 권리를 포기하지 않는 한 보험료를 지급할 의무가 있다(상 639조 3항 단서).

생명보험계약에서의 보험료도 손해보험계약에서와 마찬가지로 순보험료와 부가보험료로 구성된다. 그리고 양로보험과 같이 생사혼합보험의 순보험료는 다시 위험보험료와 저축보험료로 구성되어 있다.

### 2. 通知義務

생명보험계약의 보험계약자 또는 피보험자는 손해보험계약에서와 같이, 사고발생의 위험이 현저하게 변경 또는 증가된 사실을 안 때에는 지체 없이 이를 보험자에게 통지하여야 하고, 이를 해태한 때에는 보험자는 1개월 내에 그 보험계약을 해지할 수 있다(상 736조 652조 1항).

또한 생명보험계약의 보험계약자 또는 피보험자나 보험수익자는 손해보험계약에서와 같이, 보험사고의 발생을 안 때에는 보험자에게 지체 없이 그 통지를 발송하여야 한다(상 657조 1항).

# 제 3 절 傷害保險

## 제1. 意 義

상해보험계약(contract of personal accident insurance)은 피보험자의 신체의 상해에 관한 보험사고가 생길 경우에 보험자가 보험금액 기타의 급여를 하고 이에 대하여 보험계약자가 보험료를 지급할 것을 약정하는 보험계약이다(상 737조, 638조). 상해보험계약은 보통 정액보험이나, 상해로 인한 손해와 비용을 보상하는 부정액보험으로 할 수도 있다. 상해보험계약에도 생명보험계약에서와 같이 보험가액이라는 관념이 없으므로, 초과보험·중복보험·일부보험의 문제가 생기지 않는다.

## 제2. 種 類

상해보험계약도 분류기준에 따라 여러 가지로 나눌 수 있다. 즉, 보험금의 지급방법에 따라 정액지급방식의 상해보험과 손해보상방식의 상해보험, 피보험자의 수에 따라 단체상해보험과 개별상해보험, 담보위험의 종류에 따라 교통사고상해보험과 항공상해보험 등으로 나누어 볼 수 있다.

## 제3. 法的 性質

정액지급방식의 상해보험은 당연히 생명보험과 마찬가지로 정액보험이다. 그러나 손해보상방식의 상해보험은 생명보험과 같은 정액보험인가 아니면 손해보험인가 하는 것이 문제된다. 이 방식의 상해보험도 보험사고 발생 시에 지급하는 보험금액은 구체적으로 발생한 손해액이 아니고, 상해의 종류나 정도 등에 따라 약정되어 있는 금액으로 하고 있는 이상 그 본질은 생명보험과 마찬가지로 정액보험이라고 할 수 있다.

그러나 손해보상방식의 상해보험에서 사고발생 시에 지급되는 보험금이 실비의 지급을 목적으로 하고 있다는 점에서는 손해보험적인 요소도 지니고 있다. 그리고 이러한 보험은 위험률의 측정 등 보험기술적인 면에서도 손해보험에서의 기법을 많이 이용하고 있다. 그리고 손해보상방식의 상해보험의 경우에는 그 성질에 반하지 않는 한 중복보험에 관한 규정을 준용함으로써 손해보험의 이득금지원칙을 관철할 필요성이 있다.

이러한 면에서 보면 손해보상방식의 상해보험은 생명보험적인 요소와 손해보험적인 요소가 병존하는 양자의 중간형태의 보험이라고 말할 수 있다(양승규 480면; 西島梅治, 保險法, 406頁).

## 제4. 傷害保險契約의 關係者

### Ⅰ. 序 說

상해보험계약에 있어서도 보험계약의 당사자는 보험자와 보험계약자이고, 이외에 피보험자와 보험수익자가 있다. 상해보험계약의 보험계약자도 보험자와 상해보험계약을 체결하는 자이고, 피보험자는 그 신체에 생기는 障害에 보험이 붙여진 자이며, 보험수익자는 상해보험금액을 수령할 자이다.

타인의 상해보험계약에 있어서도 피보험자의 동의를 얻어야 한다(상 739조 731조).

### Ⅱ. 保險受益者의 指定 · 變更

상해보험계약 중 정액급여형에서는 생명보험계약에서와 같이, 보험수익자를 지정 · 변경하는 것은 보험계약자의 자유이다(상 739조 733조 1항). 이 경우 보험계약자가 보험수익자를 지정하지 않은 때에는 피보험자가 보험금액을 수령할 권한을 가진다고 보아야 할 것이다.

## 제5. 傷害保險契約의 要素

### Ⅰ. 保險事故

#### 1. 서 설

상해보험계약의 보험사고에 관하여 상법은 단순히 「신체의 상해」라 규정하고 있으나(상 737조), 약관에서는 구체적으로 「급격하고 우연한 외래의 사고로 인하여 신체에 입은 상해」라 규정하고 있다(상해보험표준약관 3조 1항).

#### 2. 事故의 急激性

상해보험계약의 보험사고는 급격한 것이어야 한다. 급격은 사고가 돌발적으로 발생하여 상해에 이르기까지 시간적 간격이 없는 상태이다.

3. 事故의 偶然性

상해보험계약의 보험사고는 우연한 것이어야 한다. 우연은 교통사고나 화재 등의 원인으로 인하여 상해를 입은 경우와 같이 피보험자가 장차 입을 상해의 원인인 사고를 예측할 수 없는 것이다. 따라서 신체적으로 심한 질환이 있는 경우, 예컨대 심장병이나 고혈압증이 있는 자가 과격한 운동을 하다가 사망한 때에는 사고를 예측할 수 있으므로 우연성이 없다.

4. 事故의 外來性

상해보험계약의 보험사고는 외래의 것이어야 한다. 외래의 사고는 상해의 원인이 외부적인 사고에 기인하는 것 즉 신체의 내부에 기인하는 것이 아니어야 한다는 것이고 상해 자체가 반드시 신체의 외부에 존재하고 있어야 한다는 것은 아니다. 그리고 상해의 외래성은 상해가 피보험자의 신체의 내부에 존재하는 원인으로 발생하였거나 자연발생적인 것은 제외한다는 의미이므로 질병에 의한 사망은 상해사망이라 할 수 없다.

5. 身體의 傷害

상해보험계약의 보험사고는 신체에 입은 상해이다. 그러나 상해는 외부적인 물리력에 의한 신체의 손상이 있는 경우만을 의미하는 것은 아니므로, 유독가스의 중독이나 질식에 의한 사망이나 익사 등 신체에 외상이 없는 경우도 포함된다.

**【대법원 1980. 11. 25. 판결, 80 다 1109】**

**1. 사실관계**

A는 1979. 4. 27. Y화재해상보험회사(이하 "Y보험회사")와의 사이에 피보험자 A 자신, 보험수익자 그의 처 X, 보험기간 향후 1년, 보험금 5,000만 원, 보험사고 피보험자의 사망으로 하는 보험계약을 체결하였다.

Y보험회사의 보험증권에 기재된 담보특약에서 "보험자는 피보험자가 우연의 사고로 인하여 직접 · 단독으로 신체에 상해를 입거나 그 상해의 결과 사상 · 불구 · 실명된 때에는 이 약관에 따라 보험금을 지급한다"고 규정하고, 약관에 "보험자는 피보험자가 상해를 입고 그 결과 사고일부터 180일 내에 사망한 경우에는 보험증권에 기재된 기본금액의 전액을, 상해를 입은 결과 사고일부터 180일 내에 수족 또는 시력 상실의 경우에는 기본금액의 전액 또는 반액을, 상해를 입은 결과 의사의 치료를 요하는 경우에는 보험증권에 기재된 금액을 한도로 그 실비를 지급한다"고 규정하고 있었다.

그리고 위 약관에 "보험자는 직접적이거나 간접적이거나 전체적이거나를 막론하고 세균성질환 기타의 질병, 외과적 수술 기타의 의료처치로 인하여 발생한 것에 대하여서는 보험금지급의 책임을 지지 않는다"고 하여 면책조항을 규정하고 있었다.

A는 1979. 5. 19. 피부비뇨기과의원에서 겨드랑이 밑의 악취방지를 위한 수술을 받던 중 급성심부전증으로 사망하였다. 이에 X가 Y보험회사에 대하여 보험금 5,000만 원의 지급을 청구하였다.

**2. 판결요지**

이 건에 관하여, 대법원은 「상해보험은 피보험자가 급격한 외부적인 우연의 사고로 인하여 신체에 손상을 입는 것을 보험사고로 하므로, 피보험자가 겨드랑 밑의 악취방지를 위한 수술을 받던 중 심부전증으로 사망한 경우에는 상해보험사고에 해당하지 않는다.

상해보험 약관에 "외과적 수술 기타의 의료처치의 경우에는 보험금지급책임을 지지 않는다"는 특약조항은 상해보험의 성질상 당연한 경우를 규정한 것이므로 보험당사자의 불이익으로 상법의 규정을 변경한 것이 아니어서 상법 제663조에 위배되는 것이 아니다」라 판시하여, 피보험자가 겨드랑이 밑의 악취방지를 위한 수술을 받던 중 급성심부전증으로 사망한 경우는 상해보험계약의 보험사고인 신체의 상해에 해당하지 않으므로 Y보험회사는 보험금 지급책임을 지지 않는다고 하였다.

### Ⅱ. 保險期間

상해보험계약의 보험기간은 보통 1년으로 하였으나, 근래 증가하고 있는 상해보험계약은 보험기간이 비교적 장기이다.

생명보험계약의 특약으로서 상해보험계약을 체결한 경우에, 그 상해보험계약의 보험기간은 주계약인 생명보험계약의 보험기간에 의한다.

## 제6. 保險證券交付義務

상해보험계약에 있어서도 보험자는 보험계약이 성립한 때에는 지체 없이 보험증권을 작성하여 보험계약자에게 교부하여야 한다(상 640조 1항 본문).

상해보험증권에는 일반손해보험증권의 기재사항(상 666조)과 인보험증권의 기재사항(상 728조)을 기재하여야 하고, 다만 피보험자와 보험계약자가 동일인이 아닐 때에는 인보험증권의 기재사항 중 「피보험자의 주소·성명 및 생년월일」(상 728조 2호)에 갈음하여 「피보험자의 직무 또는 직위」만을 기재할 수 있다(상 738조).

### 제7. 被保險利益과 被保險者의 同意

치료비나 수술비 등을 지급하는 손해보상방식의 상해보험의 경우에는, 치료비 등의 지급으로 발생한 손해를 입은 자는 피보험자이므로 원칙적으로 피보험이익을 가지는 피보험자에게 보험금을 지급하여야 한다. 그러나 정액지급방식의 상해보험의 경우에는 피보험이익의 존재는 그 보험의 유효요건은 아니다.

상해사망과 관련하여서는, 타인을 위한 상해보험에서는 보험계약자가 보험수익자를 지정할 수 있지만, 타인의 상해보험에서 피보험자 이외의 자를 수익자로 지정하는 경우에는 피보험자의 동의가 필요하다고 해석된다(상 제739조, 독일보험법 제179조 참조). 단체상해보험에서는 피보험자의 개별적인 동의의 필요 여부는 생명보험에서 설명한 그대로 상해보험에서도 문제된다.

### 제8. 生命保險契約規定의 準用

상해보험계약과 생명보험계약은 인보험계약으로서 공통점이 많으므로 상해보험계약에는 생명보험계약에 관한 규정이 준용된다(상 739조). 따라서 보험사고가 보험계약자 또는 피보험자나 보험수익자의 중대한 과실로 인하여 생긴 경우에는 보험자는 보험금지급책임이 있다. 다만 15세 미만자, 심신상실자 또는 심신박약자 등의 무능력자의 상해를 보험사고로 하는 것은 사망보험에서와 같은 위험이 없으므로 허용된다(상 739조).

## 제 4 절 疾病保險

### 제1. 意 義

질병보험계약(contract of sickness insurance)은 피보험자가 질병에 걸릴 경우에 보험자가 보험금액 기타의 급여를 하고 이에 대하여 보험계약자가 보험료를 지급할 것을 약정하는 보험계약이다.

질병보험은 보험의 객체가 사람의 「신체」인 점에서 상해보험과 같다. 그러나 보험사고가 상해보험에서는 신체의 상해 즉 신체의 완전성을 해하는 것이나 질병

보험에서는 신체의 질병 즉 신체의 건강을 해하는 것인 점에서 양자는 다르다. 또한 보험사고의 원인이 상해보험에서는 주로 외부로부터의 급격한 사고로서 외부적인 원인이나 질병보험에서는 피보험자의 내부적인 원인 또는 외부로부터의 사고와 결합된 내부적인 원인인 점에서도 양자는 차이가 있다.

### 제2. 疾病保險의 種類

질병보험에는 전염병보험, 정신병보험, 암보험, 수술보험 등이 있고, 또 이와 유사한 것으로서 피보험자의 질병·부상 또는 분만 등을 보험사고로 하는 건강보험, 질병 또는 상해로 인하여 피보험자의 신체의 전부 또는 일부가 활동력을 상실하는 것을 보험사고로 하는 廢疾保險 등이 있다.

### 제3. 保險者의 給與

질병보험계약도 보통 정액보험으로 하나, 부정액보험으로도 한다. 부정액보험은 질병의 정도에 따라 보험금액을 지급할 것으로 정할 수도 있고, 藥劑의 교부, 진료, 수술, 간호 등의 현물·용역을 급여할 것으로 정할 수도 있다.

### 제4. 規定의 未備

상법은 질병보험에 관하여 규정을 두고 있지 않다. 그러나 질병보험은 인보험에 속하고 또 보험의 객체가 피보험자의 신체로서 상해보험과 유사하므로, 질병보험에는 인보험의 통칙규정과 상해보험에 관한 규정이 유추적용된다.

# 제 6 편

# 海商法

# 제1장 序 論

## 제1절 海商法의 槪念

### 제1. 意 義

해상법(admirality law)의 의의는 다른 법분야에서와 같이, 실질적 의의의 해상법과 형식적 의의의 해상법으로 구분할 수 있다.

#### Ⅰ. 實質的 意義의 海商法

상법을 기업법으로 이해하는 통설의 입장에 의하면, 실질적 의의의 해상법은 해상기업관계에 특유한 사법규정의 전체이다. 여기에서 해상기업은 바다에서 선박에 의하여 영위되는 기업으로서, 해상운송업, 어업, 해난조업, 해상예선업(曳船 ; 선박을 끄는 것), 준설업(浚渫 ; 물속의 돌·흙을 굴착·제거하는 것) 등이 있다. 이러한 해상기업 중에서 중요한 것은 해상운송업이다. 따라서 해상법에서는 해상운송에 관한 법이 중심으로 되어 있다.

실질적 의의의 해상법은 해상기업관계에 관한 사법규정이나, 해상기업관계의 원만한 규율과 실현을 위하여 각종의 공법적 규정(선박법, 선박안전법, 선원법, 선박직원법, 선박소유자 등의 책임제한절차에 관한 법률, 해양사고의 조사 및 심판에 관한 법률, 해운법, 해상교통안전법 등)도 함께 포함하여 고찰하여야 한다.

외국에서는 해상법이라는 용어 외에 해상기업관계에 관한 공법·사법규정을 포괄하여 海法(maritime law)이라는 용어가 널리 쓰이고 있다. 해상기업관계의 법이 일반상법보다 먼저 발달하였고 나름대로 체계를 갖추고 있으며, 더욱이 영미 등 일부 국가에서는 공법규정과 사법규정을 엄격하게 구분하지 않고 실제의 편의 내지 효용에 따라 쓰고 있기 때문이다.

### Ⅱ. 形式的 意義의 海商法

형식적 의의의 해상법은 「해상」 또는 「해상법」 등의 명칭으로 규정되어 있는 성문법전을 말한다. 우리 나라에 있어서 형식적 의의의 해상법은 상법 제5편의 「해상」이다. 상법 제5편의 해상에는 제1장 해상기업, 제2장 운송과 용선, 제3장 해상위험으로 규정되어 있다.

## 제2. 海商法의 地位

### Ⅰ. 海商法과 商法의 關係

해상법은 실질적으로는 해상기업관계에 관한 법이고 또 형식적으로는 상법 제5편에 편입되어 있어 상법의 일부를 이루고 있으므로, 해상기업의 조직에는 상법총칙의 규정이 적용되고 해상기업활동인 해상운송의 인수에는 상행위법의 규정이 적용된다.

그러나 해상법은 특수성이 있어 상법의 다른 부문에 대하여 특별법의 지위에 있다. 해상법의 규정 중에는, ① 해상기업관계의 특수한 수요에 따라 상법에 없는 제도를 창설하여 규정하기도 하고(공동해손, 해난구조), ② 상법상의 일반제도를 특수화한 형태로 규정하기도 하며(선장, 해상운송), ③ 상법상의 제도를 변경·보충하여 규정하기도 한다(단기소멸시효).

따라서 해상기업관계에는 해상법이 우선 적용되고, 해상법에 관련규정이 없는 경우에 일반상법의 규정이 적용된다. 그러나 위의 ①의 해상기업관계는 해상법에 관계규정이 없다고 하여 바로 일반상법의 규정에 의할 것이 아니고, 해상기업의 일반관습이나 해상기업의 경향 내지 특수성을 고려하여 해결하여야 할 것이다.

### Ⅱ. 海商法과 民法의 關係

해상법은 사법적 생활관계 중에서 해상기업관계를 규율하는 법이므로 사법적 생활관계 중에서 일반적 생활관계를 규율하는 민법에 대하여 특별법의 지위에 있다. 특히 선박, 선박소유자, 선박공유, 선체용선, 선박우선특권, 선박저당권, 선박충돌 등에 관한 규정은 민법상의 일반제도를 해상기업의 특별한 수요에 따라 특수화하여 규정한 것이다.

따라서 해상기업관계에 관하여 해상법과 일반상법에 관계규정이 없는 경우에는 원칙적으로 민법의 규정이 적용된다.

# 제 2 절 海商法의 特殊性 · 自主性

## 제1. 海商法의 特殊性

19세기 초 프랑스의 빨드슈(Pardessus)는 해상법에 統一性, 不動性, 慣習起源性의 세 가지 특수성이 있다고 하고, 이 특수성으로 인하여 해상법은 상법 중에서도 自主性을 가진다고 하였다(Pardessus, Collection de Lois Maritime, Vol. I, p. 2).

물론 해상법은 당초 세계적 해사관습법 내지 보편적 해법(ius maritimum universale)으로 탄생하여 국제적 통일성이 있고, 사회가 혼란한 와중에서도 특히 정치적 사정이나 사상의 영향을 받지 않는 부동성이 있으며, 또 연혁적으로 이미 10세기경 지중해 연안의 국가들 간에서 세계적인 관습법으로 확립되었고 근대국가의 법전편찬 후에도 그 불비를 보충하는 많은 해사관습법이 생겨 강한 관습기원성이 있다.

그러나 이러한 통일성, 부동성, 관습기원성 등의 특수성은 그 정도는 다를 지라도 상법의 다른 분야에도 존재하는 것으로서, 해상법만의 특수성이라고는 할 수 없고, 굳이 말하자면 이는 해상법의 경향이라 할 수 있는 것이다.

또한 일부 학설은 해상기업이 바다에서 선박이라는 특수용구를 수단으로 하고, 바다를 무대로 하여 해상위험성이 크며, 또 바다에서 활동하여 국제성이 있다고 하고, 이러한 해상기업의 특수성으로 인하여 해상법은 많은 특수한 규정을 두고 있는데 이것이 해상법의 특수성이라 한다(정찬형 766면).

그러나 오늘날 조선 · 통신기술의 발달로 인하여 항해의 위험이 크게 감소되었고 또 다른 상거래도 국제성을 떠나 생각할 수 없으므로, 이러한 해상위험성 · 국제성은 해상기업만의 특수성이라 할 수 없다.

생각건대 해상기업은 「바다에서 선박에 의하여 전개되는 기업」이며, 따라서 해상법의 특수성은 간단히 말하자면 막연하나마 「바다의 색채」라 할 수 있을 것이다.

## 제2. 海商法의 自主性(獨自性)

해상법은 「바다의 색채」라는 특수성을 가지므로, 상법의 체계 중에서도 다른 분야에 대하여 독자성 내지 자주성을 가진다.

이러한 해상법의 특수성은 기업조직의 면, 기업거래의 면, 해상항행에 관련되는 면에 구현되어 있다. 해상기업조직의 면에서는 선박공유, 선박소유자유한책임 등이 있고, 해상기업거래의 면에서는 용선계약, 선하증권 등이 있고, 해상항행에 관련되는 면에서는 선박충돌, 공동해손, 해난구조 등이 있다.

## 제 3 절 海商法의 沿革

### 제1. 古 代

세계에서 가장 오래된 성문법인 바빌로니아의 「함무라비 법전」(Code of Hammurabi)에 10여 개의 해법규정이 있다. 그러나 당시의 선박의 크기나 구조로 볼 때에 이는 티그리스강과 유프라테스강의 항행 내지 이 두 강 하구의 해면수역의 항행에 관한 內水航行法이었던 것으로 보인다(谷川久, "海事私法の構造と特異性", 海事私法學の基礎理論, 25頁).

그 후 B.C. 8세기경의 「마누 법전」(Code of Manu)에도 약간의 해법규정이 있고, 또 B.C. 300년경의 「로드 해법」(Rhodian Sea Code)이 있었다. 로드 해법은 고대 그리스의 식민지였고 당시 지중해 연안의 상거래의 중심지였던 로드島의 해법이었다고 하나, 그 원본은 아직 발견되지 않고 그 후 이것이 로마에 계수되어 유스티니아누스 황제의 학설휘찬에 「투하(投荷)에 관한 로드 해법」(lex Rhodia de jactu)이라 하여 그 중의 1장으로 수록되어 있다.

### 제2. 中 世

중세에서는 지중해, 대서양, 북해의 항구에서 많은 해사관습법이 형성되었고, 이것이 현대 해상법의 기원으로 되었다. 그 중에서 특히 「올레롱 해법」(Rolles des judgments d'Oléron), 「콘솔라또 델 마레」(Consolato del mare) 및 「위스비 해법」을 중세의 3대 해법이라고 한다.

「올레롱 해법」은 12·13세기경 프랑스 서해안의 올레롱도의 해사재판소의 판결을 수록한 것으로서, 후에 벨기에, 네덜란드, 영국 등에 계수되었다. 「콘솔라또 델 마레」는 13세기 지중해 연안 지방에서 형성된 해사관습법을 스페인의 바르셀로나에서 집성 · 편찬한 해상법전으로서, 그 후 이탈리아, 프랑스 등의 해사재판소에서 적용되었다. 그리고 「위스비 해법」은 15세기 발틱해 고틀란드도의 위스비(Wisby) 항을 중심으로 형성된 상관습법을 집성하여 편찬한 것이다.

이 외에 14세기 남이탈리아의 아말피항에서 성립한 「아말피 해법」(Tabula de Amalfi)과 16세기 프랑스의 루앙에서 편찬된 「기동 드 라 멜」(Guidon de la Mer) 등이 있다.

### 제3. 近 代

근세의 중앙집권적 근대국가에서는 군주의 절대권력을 확보하기 위하여 법전편찬을 하였고, 최초로 편찬된 해상법이 1681년 루이 14세의 「해사칙령」(Ordonnance de la marine)이었다. 이것은 해사에 관한 공법규정과 사법규정을 망라한 것이나, 그 후 1807년의 프랑스 상법은 그 중에서 사법규정만을 분리하여 상법 제2편에 편입시켰다.

독일에서는 1861년에 보통독일상법(구 독일 상법) 제5편에 해상법을 편입 · 제정하였다.

## 제 4 절 海商法의 法源

### 제1. 成文法

#### Ⅰ. 商法 제5편 海商

성문법 중에서 가장 중요한 해상법의 법원(source of law)은 상법 제5편의 「해상」의 규정이다. 이것은 제1장 해상기업, 제2장 운송과 용선, 제3장 해상위험으로 규정되어 있다. 그 내용은 해상기업관계의 사법법규가 중심으로 되어 있으나, 이러한 사법법규의 원만한 실현을 위하여 행정법적 규정, 민사소송법적 규정도 함께 포함되어 있다.

#### Ⅱ. 海商特別法令

해상기업관계 특히 해상운송기업관계에 관한 특별법령은 그 수가 많으나 대부분 행정법 규정이다. 그 중 중요한 것으로는, 선박법(1982. 12. 31. 법 3461호 전개 2008. 3. 28. 개정), 선박등기법(1963. 4. 18. 법 법 1331호 1999. 4. 15. 개정), 선박안전법(2007. 1. 3. 법 8221호 전개, 2009. 2. 6. 개정), 선박소유자 등의 책임제한절차에 관한 법률

(1991. 12. 31. 법 4471호), 선원법(1984. 8. 7. 법 3751호, 2009. 2. 6. 개정), 선박직원법(1983. 12. 31. 법 3715호 전개, 2007. 1. 3. 개정), 도선법(1986. 12. 31. 법 3908호 전개, 2009. 2. 6. 개정), 항만법(1991. 3. 8. 법 4358호 전개, 2007. 8. 3. 개정), 항만운송사업법(1963. 9. 19. 법 1404호 2009. 5. 27. 개정), 개항질서법(1991. 3. 8. 법 4359호 전개, 2009. 5. 27. 개정), 해양사고의 조사 및 심판에 관한 법률(1971. 1. 22. 법 2306호 2007. 12. 21. 개정), 해운법(1983. 12. 31. 법3716호 전개, 2002. 12. 11. 개정), 해양오염방지법(1991. 3. 8. 법 4365호 전개, 1999. 2. 9. 개정), 상법시행령(1984. 8. 16. 대령 11485호 2008. 7. 29. 개정) 등이 있다.

### Ⅲ. 條 約

해상기업에 관한 중요한 조약으로는 「선박소유자책임제한조약」(1924. 1957), 「해사채권책임제한조약」(1976), 「책임제한액 표시단위의 특별인출권의정서」(1979), 「선하증권통일조약」(1924. Hague Rule), 「선하증권통일조약 개정의정서」(1968, Visby Rule), 선하증권개정통일조약(1968, Hague Visby Rules), 「유류오염손해민사책임조약」(1969), 「유류오염손해배상국제기금조약」(1971), 「요크 안트워프 규칙」(1890), 「선박충돌규정통일조약」(1910), 「선박충돌민사재판관할조약」(1952), 「해상구원구조통일조약」(1910), 「선박우선특권 및 저당권통일조약」(1926), 「해상여객운송조약」(1961), 「항해선압류조약」(1952), 「UN해상물건운송조약」(1978, Hamburg Rule), 「UN국제복합운송조약」(1980) 등이 있다.

해상기업에 관한 조약 중에서 우리 나라가 가입한 조약은 많지 않으나, 1991년의 개정상법과 2007년의 개정상법에서 이러한 조약을 상당히 수용 내지 참조하였다. 제1장 제4절의 선박소유자 등의 책임제한에 있어서 해사채권책임제한조약(1976)과 책임제한액 표시단위의 특별인출권의정서(1979), 제1장 제5절의 선박담보에 있어서 선박우선특권 및 저당권 통일조약(1926), 제2장 제1절 해상물건운송인의 책임제한에 있어서 선하증권통일조약(1924), 제2장 제1절 복합운송인의 책임에 있어서 UN국제복합운송조약(1980), 제3장 제2절 선박충돌에 있어서 선박충돌규정통일조약(1910), 제3장 제3절 해난구조에 있어서 해상구원구조통일조약(1910) 등이 그러하다. 그리고 제3장 제1절 공동해손에 있어서 요크 안트워프 규칙은 국제적인 보통거래약관으로 널리 이용되고 있다.

## 제2. 慣習法 · 慣習 · 普通去來約款

해상에 관한 관습법이 법원이라는 데 의문의 여지가 없다. 그러나 사실인 관습과 보통거래약관은 법원으로 인정되지 않고, 다만 당사자가 그에 의한다는 뜻의 의사표시가 있는 때에 한하여 법적 구속력이 있다. 그러나 해상법규의 경직성이 사실인 관습이나 보통거래약관에 의하여 보충 · 완화되므로 그 중요성이 크다.

해상에 관한 관습법 내지 관습으로는, 본선수령증(mates receipt), 하도지시서(delivery order), 보증도 등이 있다. 본선수령증은 선하증권을 교부하기 전에 선장이 운송물의 종류 · 수량 등을 기재하여 송하인에게 교부하는 증서(면책증권)로서, 선박소유자는 이것과 상환하여 선하증권을 교부한다. 하도지시서는 선하증권이 발행된 경우에 선하증권소지인 또는 선박소유자가 운송물의 인도를 지시하는 증권으로서, 선하증권소지인이 발행한 경우에는 선박소유자 또는 양륙항의 하물취급인에 대하여 운송물의 인도를 지시하고 또 선박소유자가 발행한 경우에는 선박소유자가 선장 등의 이행보조자에게 운송물의 인도를 지시한다. 보증도는 선하증권이 발행되었는데도 해상운송인이 선하증권과 상환하지 않고 운송물을 인도하는 것으로서, 해상운송인이 보증장을 받고 인도하는 것을 保證渡라 하고 보증장을 받지 않고 하는 것을 假渡 또는 空渡라 한다.

또한 국제적인 중요한 해상관습 내지 보통거래약관으로서, 「요크 안트워프 규칙」(York-Antewerp Rules, YAR)이 있다. 요크 안트워프 규칙은 당사자의 계약상의 원용에 의하여 효력이 생기는 계약규범으로서, 당사자가 공동해손에 관하여 이 규칙에 의한다는 뜻의 특약을 한 때에 구속력이 있고 통일조약은 아니다. 그러나 실제로 대부분의 해상운송계약에서 이러한 뜻의 특약을 정하고 있으므로, 실제에 있어서는 공동해손에 관한 국제적인 통일법으로 기능하고 있다.

그리고 국제적인 정기용선계약(time charter)에 관하여서는 Baltic Charter(Baltic 국제해운동맹 제정)와 Produce Form(뉴욕 물산거래소 제정) 등의 표준약관이 널리 이용되고 있다.

# 제2장 海商企業組織

## 제 1 절 總 說

해상기업은 해상기업의 용구인 선박 즉 물적조직과 해상기업의 주체 및 그 보조자 즉 인적조직으로 구성되어 있다. 그러나 오늘날 해운업은 대형선박으로 전세계를 상대로 영위되고 있으므로, 해상법은 「해상기업」에서 물적·인적 조직 외에 선박소유자의 책임제한과 선박담보를 함께 규정하고 있다.

그러나 선박담보는 장을 바꾸어 제5장에서 해상기업금융으로 고찰하기로 한다.

## 제 2 절 物的組織(船舶)

### 제1. 船舶의 槪念

#### Ⅰ. 序 說

해상운송을 비롯하여 해상기업은 모두 물적 설비인 선박을 불가분적으로 필요로 하므로, 해상기업관계를 규제하는 해상법은 필연적으로 선박을 기초로 한다. 우선 해상법의 적용범위는 선박에 의하여 정하여지고(상 740조 741조), 선박소유자, 선박공유자, 항해용선자, 정기용선자, 선체용선자 등의 개념도 선박에 의하여 정하여진다. 그리고 선박채권, 선박소유자의 책임제한, 선박충돌, 공동해손, 해난구조 등의 법률관계도 모두 선박과 관련된다.

그러나 해상법은 「이 법에서 선박이란 상행위나 그 밖의 영리를 목적으로 항해에 사용하는 선박을 말한다」(상 740조)고 규정하고 있는데, 이는 해상법상의 선박의 의의이고, 이에 앞서 사회통념상 선박의 의의를 파악할 필요가 있다.

### Ⅱ. 社會通念上의 船舶

사회통념상 선박은 「水面이나 水中을 항행하는 데 사용되는 기구」이다. 선박은 수면이나 수중을 항행(선박이 다니는 것)하는 것이므로, 고압공기를 아래로 분사하여 수면 위를 고속으로 항행하는 호버크래프트(hovercraft)는 선박이나 항행을 시작할 때와 마칠 때에만 수면을 항행하는 수상비행기는 선박이 아니다.

또한 선박은 항행하는 데 사용되는 기구이므로, 일정한 장소에 고정되어 있는 浮標(물 위에 띄워 표적으로 삼는 것), 등대선, 수상창고, 수상호텔, 浮船渠(선체를 물 위에 띄워 놓고 수리 등의 작업을 할 수 있게 한 독(dock))는 선박이 아니다.

건조 중의 선박은 법상으로 선박으로 인정되는 경우가 있으나(상 790조), 사회통념상으로는 進水하여 항행할 수 있는 정도에 이르기까지는 선박이라 할 수 없다. 또한 인양 불가능한 침몰선·난파선도 선박이 아니다.

### Ⅲ. 海商法上의 船舶

해상법상의 선박은 「상행위나 그 밖의 영리를 목적으로 항해에 사용하는 선박이다」(상 740조). 즉 상술한 사회통념상의 선박의 요건 외에 상행위나 그 밖의 영리의 목적과 항해에 사용하는 두 가지 요건을 갖추어야 한다.

첫째 해상법상의 선박은 상행위나 그 밖의 영리를 목적으로 이용하는 것 즉 營利船에 한한다. 여기에서 상행위는 주로 「운송의 인수」(상 46조 13호)이고, 상행위 외의 영리를 목적으로 하는 선박은 어선 등이다. 학술탐험선·쾌유선 등과 같은 영리 목적이 없는 비영리선은 해상법상의 선박이 아니나, 항행용으로 사용되는 선박법상의 선박에 해상법이 준용된다(선박 29조 본문).

둘째로 해상법상의 선박은 航海에 사용되어야 한다. 여기에서 항해는 海上을 항행하는 것을 말하고, 해상은 湖川·港灣 외의 해양이며 그 범위는 平水區域(호수·하천 및 항내의 수역)의 내외를 기준으로 하여 정하여진다(상법시행 3조). 따라서 평수구역만을 항행하거나 주로 평수구역을 항행하는 內水船은 해상법상의 선박이 아니다.

### Ⅳ. 海商法의 適用除外

#### 1. 短艇·櫓棹船

단정(보트)과 주로 노 또는 상앗대로 운전하는 선박(노도선)에는 해상법이 적용되지 않는다(상 741조 2항). 기관이나 돛을 사용하지 않는 소형선박에 해상법을 적용하면 불편하기 때문이다. 그러나 해상법이 적용되지 않는 단정이나 노도선과 해상법이 적용되는 선박이 충돌한 경우에 단정·노도선에도 해상법의 선박충돌에 관한 규정이 적용되는지 문제된다.

#### 2. 國有船·公有船

국유선과 공유선은 항해의 목적·성질 등을 고려하여 이에 해상법을 준용하는 것이 적합하지 않은 경우로 대통령령으로 정한 경우에는 해상법이 준용되지 않는다(상 741조 1항 단서).

## 제2. 船舶의 種類

선박은 여러 가지의 기준에 의하여 분류할 수 있으나, 여기에서는 해상법과 선박법의 적용상 의의가 있는 것 중의 몇 가지에 관하여 고찰하기로 한다.

### Ⅰ. 營利船·非營利船

이것은 선박을 상행위 그 밖에 영리의 목적으로 항해에 사용하는가에 의한 분류이다. 비영리선은 해상법상의 선박(상 740조)은 아니라도 항해용 선박이면 이에 해상법을 준용한다(상 741조 1항 본문).

### Ⅱ. 航海船·內水船

이것은 항행하는 수역에 의한 분류이다. 항해선은 해상(평수구역 외의 수역)을 항행하는 선박이고, 내수선은 평수구역 내 즉 內水를 항행하는 선박이다.

### Ⅲ. 登記船·非登記船

이것은 선박등기의 유무에 의한 분류이다. 등기선은 총톤수 20톤 이상의 機船과 帆船 및 총톤수 100톤 이상의 艀船(선박등기 2조)으로서 선적항을 관할하는 지방법원, 동 지원 또는 등기소에 등기한(선박등기 4조) 선박이다. 등기선에 대하여서는 소유권이전의 대항요건, 선체용선등기 등에서 부동산과 같은 취급을 하고 있다.

선박등기의 대상이 되는 선박에 대하여서는 선박등기를 한 후 선적항을 관할하는 지방해양수산청에 선박등록을 하여야 한다(선박 8조).

### Ⅳ. 內船舶 · 外船舶

이것은 국내항 간에서 항행하는가 또는 국내항과 외국항 간 또는 외국항 간에 항행하는가에 의한 분류이다. 내선박은 국내항 간에 항행하는 선박이고, 외선박은 국내항과 외국항 간 또는 외국항 간에 항행하는 선박이다.

### Ⅴ. 機船 · 帆船 · 艀船

이것은 선박의 항행추진기구에 의한 분류이다. 기선은 기관을 사용하여 추진하는 선박(기관과 돛을 모두 사용하는 경우에는 기관을 주로 사용하는 경우에 포함)이고, 범선은 돛을 사용하여 추진하는 선박(기관과 돛을 모두 사용하는 경우에는 돛을 주로 사용하는 경우에 포함)이며, 부선은 자력항행능력이 없어 다른 선박에 의하여 끌리거나 밀려서 항행되는 선박이다(선박 1조의2).

## 제3. 船舶의 性質

### Ⅰ. 不動産的 取扱

선박은 항행하며 이동하므로 동산이다(민 99조 2항). 선박에 대하여 중세 게르만법에서는 담보설정의 편의상 부동산으로 보았으나, 로마법에서는 동산으로 보았다.

그러나 선박은 일반동산에 비하여 고가이고 빈번하게 거래의 대상으로 되는 것이 아니므로, 선박등기(상 743조, 744조 2항, 선박 8조), 선박저당권(상 787조), 선박강제집행(민사집행 172조) 등의 제도를 두어 법률상 선박을 부동산과 같이 취급하고 있다.

### Ⅱ. 擬人的 取扱

선박은 사람과 같이 명칭 · 국적 · 선적항 등을 가져 그 개성이 있으므로, 사람과 유사하다. 그리하여 영미법상의 對物訴訟(action in rem)에서는 선박을 소송당사자로 취급하고 또 대물소송제도를 인정하지 않는 대륙법계 국가에서도 「선박에 대하여 청구한다」든지 「선박이 권리를 가진다」는 용어를 사용하고 있다. 그리고 종전의 선박법인설에서는 선박을 법인으로 보고 권리주체로 인정하였다.

### Ⅲ. 合成物

선박은 선체 · 합판 · 기관 · 선창(船艙)(다리처럼 만들어 배를 대어 짐을 풀고 싣게 한 곳) 등으로 구성되는 합성물로서 1개의 물건으로 된다. 따라서 선박의 각 구성부분이 다른 소유자에게 속하여도 각자의 소유권이 인정되지 않는다.

선박에도 구명대(물위에 쉽게 뜰 수 있도록 조끼처럼 입거나 허리 · 어깨에 착용하는 구명구), 단주(端舟)(작은 배), 나침반, 해도, 신호기구, 닻(배를 고정시키기 위하여 줄을 매어 물에 던지는 기구), 돛(돛대에 달아 바람을 받도록 천으로 만든 기구) 등과 같이 선박에 부속하면서 독립한 물건이 있는데, 이를 屬具(appurtenance)라 하고 그 총목록을 속구목록이라 한다.

속구목록에 기재된 속구는 선박의 종물로 추정된다(상 742조). 따라서 속구가 선박소유자의 소유물이 아니라는 반증이 없는 한, 속구는 선박의 종물로서 주물인 선박의 처분에 따른다(민 100조 2항). 그러므로 선박을 압류하는 경우에도 속구를 선박과 일체로서 압류할 수 있는 것이다.

## 제4. 船舶의 國籍

### Ⅰ. 意 義

선박의 국적 즉 船籍은 선박이 소속하고 있는 국적이다. 선박은 그 선적이 내국이냐 외국이냐에 따라 내국선과 외국선으로 구분된다.

선적은 국제법상 공해상의 선박에 대한 본국법의 적용, 해적선·중립선의 결정의 기준으로 되고, 행정법상 내국선과 외국선의 구분의 기준으로 되며, 또 국제사법상 준거법 결정의 기준으로 되고 있다.

### Ⅱ. 船舶國籍의 取得

#### 1. 立法主義

선적취득의 요건에 관하여, 종래 각국은 중상주의에 기한 항해조례(1651)의 영향을 받아 선박이 ① 자국에서 제조되고, ② 자국민이 소유하고, ③ 자국민이 승선하는 것을 요하는 극단적인 자국주의가 널리 인정되었으나, 오늘날에는 대체로 단지 자국민 소유일 것만을 요하는 소유자국적주의가 인정되고 있다.

#### 2. 船籍取得의 要件

우리 나라는 선적취득의 요건에 관하여 소유자국적주의를 취하면서 자국민 소유를 절대적 요건으로 하고 있지는 않다. 즉 대한민국의 선박은 ① 대한민국의 국유 또는 공유의 선박, ② 대한민국의 국민이 소유하는 선박, ③ 대한민국의 법률에 의하여 설립된 상사법인이 소유하는 선박, ④ 대한민국에 주된 사무소를 둔 ③외의 법인으로서 그 대표자(공동대표의 경우에는 공동대표자의 전원)가 대한민국의 국민인 경우 그 법인이 소유하는 선박 등이다(선박 2조).

선박이 위의 요건을 갖춘 때에는 당연히 대한민국의 선적을 취득하고, 대한민국 선적의 선박이 위의 요건을 갖추지 못한 때에는 그 선적을 상실한다.

### Ⅲ. 船舶國籍의 維持

#### 1. 序 說

대한민국의 선박은 국기게양권(선박 5조)과 불개항장 기항권(선박 6조 본문)을 가지며, 연안무역(국내항 간에서 여객·화물의 운송)(선박 6조 본문)을 할 수 있다. 대한민국의 선박이 선적을 상실하여 그 특권을 가지지 못하게 되면 선박소유자에게 불이익이 될 뿐만 아니라 우리 나라의 해운 산업에 악영향을 미치므로, 상법은 다음과 같은 선적유지의 특칙을 두고 있다.

#### 2. 船舶共有者의 持分買受請求

선박공유자가 지분을 이전하거나 그 국적을 상실하여 선박이 대한민국의 선적을 상실할 때에는, 다른 공유자는 상당한 대가로 그 지분을 매수하거나 법원에 그 경매를 청구할 수 있다(상 760조). 여기에서 지분의 양도라 하지 않고 이전이라 한 것은 지분이 양도 외의 상속·합병 등의 원인에 의하여 외국인에게 이전될 수 있기 때문이다.

## 제5. 船舶의 公示

### Ⅰ. 序 說

선박의 단속·관리·국적증명 등과 같은 행정상의 필요뿐만 아니라 사법상 선박의 소유권·저당권 등의 권리상태를 공시하기 위하여 선박에 관한 사항을 일정한 公簿에 기재할 필요가 있다. 우리 나라에는 사법상 선박의 권리상태를 공시하기 위한 「선박의 등기」와 선박의 국적을 증명하기 위한 「선박의 등록」의 두 가지 제도가 있다.

### Ⅱ. 船舶의 登記

#### 1. 意 義

선박의 등기는 선박등기부에 일정한 사항을 기재하는 것이다. 선박등기는 당사자의 신청 또는 관공서의 촉탁에 의하여(선박등기 5조 부동산등기 27조) 선적항을 관할하는 지방법원, 동 지원 또는 등기소에서 한다(선박등기 4조).

선박등기는 원래 사법상의 권리관계를 명확하게 하기 위한 제도이고, 공법적 목적으로 하는 선박등록의 전제로 되어 있다(선박 8조 1항).

### 2. 船籍港

선적항은 선박등기와 선박등록을 하고 선박국적증서를 교부받는 곳이다(선박 8조 참조). 선적항은 선박소유자의 주소지에 정하되(선박시행 2조 3항 본문) 선박이 항행할 수 있는 수면에 접한 시·읍·면이어야 하고(선박시행 2조 2항) 선박소유자의 주소지가 선박이 항행할 수 있는 수면에 접한 시·읍·면이 아닌 경우에는 당해 선박이 주로 정박하는 시·읍·면이나 선박소유자의 사업장이 있는 시·읍·면에 정할 수 있다(선박시행 2조 3항 단서).

그러므로 선적항은 선박의 등기·등록·선박국적증서 교부항의 뜻 외에 해상기업의 본거항의 뜻도 있다(대판 1991. 12. 24. 91 다 30880).

**【대법원 1991. 12. 24. 판결, 91 다 30880】**

**1. 사실관계**

X조선공사는 노르웨이국의 H회사로부터 선박건조의 의뢰를 받아 3만 1,000톤 급의 선박을 건조하였으나 조타기의 성능문제로 분쟁이 생겨 위 선박이 미등록인 채 그 인도가 지체되고 있었다.

X조선공사는 A선박회사와 위 선박이 인도될 때까지 P항에 계선(繫船, 선박을 매어 둠)된 상태에서 A선박회사가 위 선박을 안전관리할 것을 내용으로 하는 선박관리위탁계약을 체결하였고, 이에 기하여 A선박회사가 B를 위 선박의 관리선장으로 파견하였다.

위 선박은 태풍의 영향으로 좌초되었는데, Y회사의 대표이사 C가 선박구조에 관한 영문으로 된 로이드위원회의 표준서식을 휴대하고 방파제에서 위 사고선박까지 헤엄쳐 와 「자기가 X조선공사 사장으로부터 위임을 받아 왔다」고 거짓말을 하면서 위 서식(이하 "제1계약")에 서명할 것을 요구하여, B는 C의 말을 진실한 것으로 믿고 위 계약서에서 명하였다.

그리하여 Y회사의 구조선이 위 선박을 구조하고 있었는데, A선박회사가 위 제1계약이 C의 기망으로 체결된 사실을 알게 되어 그 구조를 중단시켰다. 그리고 X조선공사와 Y회사는 5일 내에 Y회사가 위 선박을 구조하여 완전히 부양(浮揚, 선체를 물 위에 띄움)된 상태에서 X조선공사에 예인할 때에 D손해사정회사가 산정한 구조료를 Y회사에 지급하기로 하는 구조계약(이하 "제2계약")을 체결하였다.

Y회사가 위 선박을 구조하여 X조선공사에 예인하고 D손해사정회사가 위 선박의 구조료를 2억5,000만 원으로 산정하여 X조선공사가 Y회사에 구조료 2억5,000만 원을 지급하려 하자, Y회사는 로이드표준서식의 제1계약에서 약정한 7억5,000만 원을 선박구조료로 지급할 것을 요구하며 그 수령을 거절하였다.

**2. 판결요지**

이 건에 관하여, 대법원은 「선적항을 선박의 등기 또는 등록을 한 등록항의 뜻 외에 해상기업의 본거항의 뜻도 갖는 것이므로 이 건 선박과 같이 선박소유자인 건조업자가 발주자에게 인도하기 위하여 관리 중인 미등록선박은 계선관리하고 있는 항구를 본거항으로 보아야 할 것이므로 상법 제773조의 적용에 있어서 P항을 이 건 선박의 선적항으로 보아 선장의 제1계약 체결권한을 부인한 원심판단은 정당하다」고 판시하여, 미등록선박의 본거항을 선적항이라 보고 선장은 선적항 내에서는 계약체결의 대리권이 없으므로 위 선장이 서명한 제1계약은 효력이 없다고 하였다.

### 3. 登記할 수 있는 船舶

등기할 수 있는 선박은 대한민국의 선박으로서 총톤수 20톤 이상의 선박이다(선박 26조 3호, 8조 1항).

### 4. 登記할 事項

선박의 등기사항은 선박의 ① 소유권의 보존 및 이전(상 743조), ② 선체용선권(상 849조), ③ 선박저당권(상 787조), ④ 선박관리인(상 764조 2항) 등이다.

### 5. 船舶登記의 效力

선박소유권이전등기를 하고 그 등기사항을 선박국적증서에 기재하여야 제3자에게 대항할 수 있다(상 743조 단서). 또한 선체용선등기를 한 때에 제3자에 대하여 선체용선이 효력이 생기고(상 849조), 선박저당권설정등기를 한 때에 저당권설정의 효력이 생긴다(상 787조 3항, 민 186조).

## Ⅲ. 船舶의 登錄

선박소유자는 선박등기를 한 후 선적항을 관할하는 지방해양청장에게 선박의 등록을 신청하여(선박 8조 1항), 선박원부에 선박의 등록을 하고 선박국적증명서를 교부받아야 한다(선박 8조 2항). 선적항은 선박이 항행할 수 있는 수면에 접한 시·읍·면으로서 선박소유자의 주소지에 정한다(선박시행 2조).

선박은 선박에 선박국적증서를 비치하지 않고는 대한민국의 국기를 게양하거나 항행할 수 없다(선박 10조 본문).

## Ⅳ. 非登記船·非登錄船

총톤수 20톤 미만의 기선(기관을 사용하여 추진하는 선박)과 범선(돛을 사용하여 추진하는 선박) 및 총톤수 100톤 미만의 부선(자행능력이 없어 다른 선박에 의하여 끌리거나 밀려서 항행하는 선박)에는 선박의 등기와 등록이 인정되지 않는다(선박등기 4조, 선박 26조·8조 1항). 비등기선은 보통 그 가액이 적어 거래안전을 위한 등기가 필요하지 않기 때문이고, 비등록선은 주로 국내항행에 종사하여 굳이 국적증명이 필요하지 않기 때문이다.

## 제6. 船舶所有權

### Ⅰ. 序　說

선박소유권의 득실원인은 대체로 일반동산의 경우와 같으나, 선박이라는 특수성으로 인하여 몇 가지의 특칙이 있다.

### Ⅱ. 船舶所有權의 取得

#### 1. 原始取得

(1) 序　說

선박소유권의 원시취득 중에서 특별히 고찰을 요하는 것으로는 선박의 선의취득과 취득시효가 있다. 造船은 선박의 원시취득이나, 승계취득의 면도 지니고 있으므로 선박의 승계취득의 항에서 고찰하기로 한다.

(2) 善意取得

등기선은 등기라는 공시제도에 의하여 부동산적 취급을 받으므로, 점유를 신뢰하여 거래한 자를 보호하는 민법 제249조의 동산선의취득에 관한 규정이 적용되지 않는다.

미등기선은 일반동산과 같이 선의취득이 인정되나, 소형선박(총톤수 20톤 미만의 기선, 총톤수 5톤 이상 20톤 미만의 범선, 총톤수 20톤 이상 100톤 미만의 부선)(선박 26조 의2 1항)은 소유자가 선적증서를 교부받아(선박 26조 의2 2항) 선박에 비치하여 항행하여야 하므로(선박시행 5조 1항) 실제로 선박의 선의취득의 「무과실」 요건을 갖추기가 곤란할 것이다.

(3) 取得時效

선박의 점유자는 등기선·비등기선을 불문하고 일반동산과 같이 취득시효에 의하여 그 소유권을 취득할 수 있다(민 246조). 그러나 선박은 소모가 빨라 실제로 취득시효에 의하여 그 소유권을 취득하는 경우는 거의 없을 것이다.

#### 2. 承繼取得

(1) 序　說

선박소유권의 승계취득 중에서 중요하고 빈번하게 행하여지는 것은 造船과 선박의 매매이다.

### ⑵ 造船契約

#### 가) 意 義

조선계약은 不代替的인 선박을 제조하여 인도할 것을 목적으로 하는 계약이다. 조선계약에는 주문자가 조선재료의 전부 또는 대부분을 공급하는 경우와 조선자가 조선재료의 전부 또는 대부분을 공급하는 경우가 있는데, 전자는 도급계약이고 후자는 도급계약과 매매계약의 혼합계약이다. 오늘날에는 후자가 일반적으로 행하여지고 있다.

#### 나) 造船者·注文者의 義務

**① 造船者의 義務** 조선자는 특약 또는 상관습상 정하여진 인도일에 인도할 수 있도록 조선을 개시하여 진척시켜야 하고, 주문자는 조선자의 기능 등의 신용을 신뢰하여 조선을 의뢰하는 것이므로 특약이 없는 한 계약의 전부 또는 일부를 타인에게 하도급할 수 없다.

또한 조선계약은 쌍무계약이므로, 조선자는 쌍무계약의 위험부담의 원칙에 따라 선박의 인도를 완료할 때까지 위험을 부담한다(민 537조).

그리고 조선자는 제조·인도한 선박이 조선계약에서 정한 요건에 합치하지 않는 경우에는 하자담보책임을 진다(민 667조).

**② 注文者의 義務** 주문자는 원칙적으로 선박의 인도와 동시에 대금을 지급할 의무를 부담하나(민 665조 536조 1항), 이 원칙을 관철하면 조선으로 거액의 자금을 조달하여야 하는 조선자에게 가혹하므로 실제로는 대금을 분할지급한다.

주문자가 선박의 인도를 받은 때에는 지체 없이 검사하고, 하자를 발견한 때에는 즉시 조선자에게 그 통지를 발송하여야 한다(상 69조 유추적용).

### ⑶ 船舶의 賣買

#### 가) 船舶賣買의 方式

선박매매는 중고선을 매매하는 것이 보통이나, 건조 중의 선박을 매매하기도 하고 드물게는 표준설계에 따라 건조한 선박을 매매하기도 한다.

여기에서 선박의 매매는 등기선의 매매를 말한다. 선박매매는 이론상으로는 불요식·낙성계약이나, 해운실무에서는 선박매매의 표준계약서(미국, MARAD Standard Form Newbuilding Contract ; 일본, SAJ Newbuilding Contract for an Actual Purchase ; 노르웨이, Norwegian Standard Form Newbuilding Contract)를 많이 사용한다.

선박매매는 원칙적으로 당사자의 의사표시에 의하여 하나, 상법은 예외로서 선장의 선박경매권(상 753조), 선박공유자의 지분매수청구권(상 761조 1항), 다른 선박공유자의 지분매수권·경매청구권(상 760조) 등을 인정하고 있다.

나) 航海 중의 船舶 讓渡時의 損益의 歸屬

항해 중의 선박이 매매 그 밖의 원인에 의하여 양도된 경우에, 특약이 없는 한 그 항해에서 생긴 손익(1항해에 있어서 손실과 수익의 차액)은 양수인에게 귀속한다(상 763조). 항해 중에 선박이 양도된 경우에 그 항해의 손익을 선박이 양도된 우연의 날을 기준으로 분배하는 것은 불합리하고 또 양수인이 항해의 손익까지 양수하는 것이 통상 당사자의 의사에 합치하기 때문이다.

항해 중의 선박의 양도의 경우에 그 항해의 손익을 양수인에게 귀속시키는 것은 양도당사자 간의 관계이고, 이것이 제3자에 대한 권리의무에는 영향을 미치지 않는다.

다) 船舶所有權移轉의 對抗要件

등기선의 소유권의 양도는 양도당사자 간의 합의만으로 효력이 생기고(의사주의), 이로써 제3자에게 대항하기 위하여서는 이를 등기하고 국적증서에 기재하여야 한다(상 743조). 당사자의 합의만으로 선박 소유권양도의 효력이 생기도록 한 것은 민법상 동산물권변동에 인도를 효력발생요건으로 정한 형식주의(민 188조 1항)에 대한 예외이다.

비등기선과 건조 중인 선박의 소유권 양도는 민법의 동산물권변동의 일반원칙에 따라 그 선박을 인도하여야 양도의 효력이 생긴다(민 188조 1항).

## 제 3 절　人的組織

### 제 1 관　海上企業의 主體

#### 제1. 序　說

해상운송을 비롯한 해상기업은 주로 선박소유자가 경영하므로, 해상법은 선박소유자를 해상기업의 주체로 규정하고 있다. 이 경우 선박소유자에는 선박소유자 외에 선체용선자, 정기용선자도 포함된다.

그러나 해상기업은 반드시 자기소유의 선박으로 하여야 하는 것은 아니고, 타인소유의 선박으로 할 수도 있다. 자기소유의 선박으로 해상기업을 하는 자를 自船艤裝者(Reeder)라 하고, 타인소유의 선박으로 해상기업을 하는 자를 他船艤裝者(Ausrüster)라 한다. 자선의장자로는 선박소유자와 선박공유자가 있고, 타선의장자로는 선체용선자와 정기용선자가 있다.

## 제2. 船舶所有者

선박소유자(Shipowner)는 자기소유의 선박을 상행위나 그 밖의 영리를 목적으로 항해에 사용하는 자이다. 선박소유자에는 선박공유자도 포함하나, 선박공유자에 관하여서는 선박공유관계에 따른 특칙이 있으므로 따로 항을 바꾸어 고찰하기로 한다.

## 제3. 船舶共有者

### Ⅰ. 意 義

선박공유자(partowners of a ship)는 선박을 공유하고 이것을 상행위나 그 밖의 영리를 목적으로 항해에 사용하는 자이다.

### Ⅱ. 沿 革

선박공유는 고대에도 있었으나 특히 중세부터 근세에 이르는 동안 많이 이용되었다. 중세에 있어서 자본조달과 해상위험분산의 제도로는 冒險貸借(bottomry)(선박 또는 적하를 담보로 하는 금전소비대차로서 무사히 항해를 종료한 때에는 원본과 고율의 이자를 지급하고 선박이 침몰하거나 기타 사고로 도착하지 않은 때에는 책임을 면함)와 선박공유가 있었으나, 19세기 후반부터 자본조달과 위험분산을 철저히 추구하는 주식회사제도가 발달·보급됨에 따라 선박공유가 급격히 감소되었다. 그러다가 최근에 이르러 선박가액이 너무 높아지자 선박공유가 재평가되고 있다.

### Ⅲ. 法的 性質

선박공유는 민법상의 공동소유나 조합이 아니고, 이는 대자본으로 형성되어 있고 또 자본다수결에 의한 의사결정(상 756조), 지분의 자유양도(상 759조), 결의반대자의 지분매수청구권(상 761조) 등의 자본단체적 성질의 규정이 있는 것으로 보아, 물적회사에 가까운 사단이라 볼 수 있다(통설). 즉 선박공유는 자본적·비인격적 사단이다.

## Ⅳ. 內部關係

### 1. 序　說

선박공유는 선박공유자 간의 계약에 의하여 창설되므로, 그 내부관계는 당사자의 자치에 맡기는 것이 적당하다. 따라서 선박공유의 내부관계에 관한 상법의 규정은 원칙적으로 임의규정으로서, 선박공유계약에 정함이 없는 경우에 한하여 적용된다.

### 2. 業務執行

공유선박의 이용에 관한 사항은 선박공유자의 지분의 가격에 따라 그 과반수로 정한다(상 756조 1항). 여기에서 선박공유자의 지분은 그 공유선박뿐만 아니라 그 공유선박으로 해상기업을 경영하는 總재산(예: 점포, 식량, 연료, 예금 등 포함)에 대한 지분이다. 따라서 선박공유재산은 여러 종류의 재산으로 형성되어 있고, 그에 대한 지분의 가격은 수시로 변동한다.

이 지분가액다수결은 민법상의 조합과 상법상의 인적회사의 업무집행결정의 頭數多數決(민 706조 2항, 상 195조, 269조)과 다른 것으로서, 이 점에서 선박공유는 단체적 특색이 현저하다.

지분가액다수결에 의하여 결정할 수 있는 것은 「선박의 이용」에 관한 사항이다. 선박의 이용은 공유선박을 상행위나 그 밖의 영리를 목적으로 항해에 사용하는 것으로서, 상법 제766조에 그 중요사항을 예시하고 있다.

그러나 선박의 양도(상 766조 1호)는 선박의 이용에 관한 사항이 아니고 「선박공유계약을 변경」하는 것으로서, 선박공유자의 전원일치에 의하여 결정하여야 한다(상 756조 2항).

### 3. 費用分擔 · 損益分配

선박공유자는 그 지분의 가격에 따라 선박의 이용에 관한 비용과 그 이용에 관하여 생긴 채무를 부담하고(상 757조), 또 매 항해의 종료 후에 있어서 선박공유자의 지분의 가격에 따라 손익을 분배한다(상 758조).

민법상의 조합에 있어서 손익분배가 출자가액(일단 출자하면 불변함)을 기준으로 하는데(민 711조) 대하여 선박공유에 있어서 손익분배는 수시로 변동하는 지분가격을 기준으로 한다.

항해 중인 선박이나 그 지분을 양도한 경우에 다른 약정이 없는 한 그 항해에서 생긴 손익은 양수인에게 귀속된다(상 763조).

### 4. 持分의 讓渡

#### (1) 持分讓渡의 自由

선박공유자는 그 지분의 전부 또는 일부를 다른 선박공유자의 승낙 없이 자유로이 양도할 수 있다(상 759조 본문). 선박공유는 지분양도가 자유인 점에서도 자본단체적 성질이 강하게 나타난다. 선박공유자의 지분양도의 자유는 다수결에 의하여 박탈할 수 없다.

선박공유자의 지분양도는 양도당사자 간에 계약이 성립한 때에 효력이 생기나, 다른 선박공유자에 대하여서는 그 양도의 통지를 한 때부터 또 일반의 제3자에 대하여서는 지분 이전의 등기와 선적증서의 교부를 받은 때부터 대항할 수 있다.

#### (2) 持分讓渡의 制限

**① 船舶管理人이 持分을 讓渡하는 경우** 선박관리인은 그 지분을 자유로이 양도할 수 없고(상 759조 단서), 그 지분을 양도하려면 다른 선박공유자 전원의 동의가 있어야 한다(정동윤 761면). 선박관리인이 그 지분을 자유양도하는 것은 그에 대한 신뢰에 배치되기 때문이다.

**② 共有船舶이 船籍을 喪失한 경우** 선박공유자의 지분의 이전 또는 국적의 상실로 인하여 공유선박이 대한민국의 국적을 상실할 때에는, 다른 선박공유자는 상당한 대가로 그 지분을 매수하거나 법원에 그 경매를 청구할 수 있으며(상 760조 1항), 이 범위에서는 선박공유자의 지분양도가 제한된다.

### 5. 持分買受請求權

#### (1) 新航海·大修繕의 決議가 있는 경우

선박공유자가 신항해를 개시하거나 선박을 대수선할 것을 결의한 때에 그 결의에 이의가 있는 선박공유자는 다른 선박공유자에 대하여 상당한 가액으로 자기의 지분을 매수할 것을 청구할 수 있다(상 761조 1항). 신항해의 개시나 선박의 대수선은 선박의 이용에 관한 사항으로서 지분가격의 다수결에 의하여 결정하게 되어 있어(상 756조 1항) 소수지분자가 불이익을 입을 염려가 있으므로, 이 경우 이의 있는 선박공유자의 지분매수청구권을 인정한 것이다.

신항해의 개시나 선박의 대수선의 결의에 이의가 있는 선박공유자는 그 결의에 참가하였는지 여부를 불문하고 지분의 매수청구를 할 수 있다. 결의에 참가하여 반대의 의사표시를 한 자는 그 결의가 있은 날부터 3일 이내에 또 결의에 참가하지 않은 자는 그 결의의 통지를 받은 날부터 3일 이내에, 다른 선박공유자 전원 또는 선박관리인에 대하여 그 통지를 발송하여야 한다(발신주의)(상 761조 2항).

선박공유자의 지분매수청구가 있는 때에는 다른 선박공유자는 상당한 가액으로 그 지분을 매수하여야 한다. 선박공유자의 지분매수청구권은 형성권이다. 지분의 매수가액의 산정은 결의일을 기준으로 하여야 한다.

(2) 船舶共有者인 船長이 解任된 경우

선장이 선박공유자인 경우에 그 의사에 반하여 해임된 때에는 다른 선박공유자에 대하여 상당한 가액으로 그 지분을 매수할 것을 청구할 수 있다(상 762조 1항). 선장이 지분매수를 청구하고자 하는 때에는 지체 없이 다른 선박공유자 또는 선박관리인에 대하여 그 통지를 발송하여야 한다(상 762조 2항).

## V. 外部關係

### 1. 序 說

선박공유는 선박공유자가 상행위를 목적으로 선박을 사용하는 것이므로 대외관계가 생긴다. 선박공유의 대외관계로는 선박공유자의 책임(상 757조)과 선박관리인의 대리권(상 765조)이 있다. 선박공유의 대외관계에 있어서는 거래상대방의 이익보호가 요청되므로, 이에 관한 해상법의 규정은 강행규정이다.

### 2. 船舶共有者의 責任

(1) 持分比例責任主義

선박공유자는 그 지분의 가격에 따라 선박의 이용에 관한 비용과 이용에 관하여 생긴 채무(분할채무)를 부담한다(지분비례책임주의)(상 757조). 이 지분비례책임주의는 민법상의 조합의 조합원 균등분담주의(민 712조)와 대비되는 것이다.

(2) 多數債務者의 商行爲로 인한 債務의 連帶性과의 關係

선박공유자가 선박의 이용에 관하여 생긴 채무에 관하여 지분비례책임(분할채무)을 지는 경우에(상 757조) 다수채무자의 상행위로 인한 연대책임(상 57조 1항)과의 관계에 대하여, 학설은 상법 제757조는 상법 제57조 제1항에 대한 특칙으로서 제57조 제1항의 적용이 배척되어 각 선박공유자는 지분비례책임을 진다고도 하고(손주찬 770면, 최기원 808면, 정동윤 762면) 또는 선박공유자는 대외적으로는 상법 제57조 제1항에 의하여 연대책임을 지고 대내적으로는 상법 제757조에 의하여 지분비례책임을 진다고도 한다(채이식 690면, 이기수 632~633면). 생각건대 상법 제757조는 해상기업의 위험성과 대규모자본성을 고려하여 그 책임을 경감시킨 것이므로, 상법 제57조 제1항에 대하여 특칙이라 보는 것이 타당하다.

### 3. 船舶管理人

#### (1) 意 義

선박관리인(ships-husband)은 선박공유자를 대리하여 공유선박의 이용에 관한 재판상 및 재판 외의 모든 행위를 할 권한을 가진 자이다.

#### (2) 選 任

선박관리인은 선박공유자가 선임한다(상 764조 1항 1문). 선박관리인의 선임은 선박의 이용에 관한 사항이므로 원칙적으로 선박공유자의 지분가격의 과반수에 의한다(상 756조 1항).

그러나 선박공유자가 아닌 자를 선박관리인으로 선임함에는 선박공유자 전원의 동의가 있어야 한다(상 764조 1항 2문). 선박관리인은 선박공유자를 대리하여 공유선박의 이용에 관하여 재판상·재판 외의 모든 행위를 할 권한을 가진 자이므로, 선박공유자가 아닌 자를 선박관리인으로 선임하는 경우에는 선박공유자 전원의 신뢰를 얻을 필요가 있기 때문이다. 본 조항은 임의규정이다.

선박관리인을 선임하면, 선박공유자와 선박관리인 간에 위임관계가 생긴다. 선박관리인의 선임과 종임은 등기사항이다(상 764조 2항).

#### (3) 權 限

##### 가) 原 則

선박관리인은 선박의 이용에 관한 재판상 또는 재판 외의 모든 행위를 할 권한이 있다(대리권의 포괄성)(상 765조 1항). 선박관리인의 대리권에 대한 제한은 선의의 제3자에게 대항하지 못한다(대리권의 획일성)(상 765조 2항).

##### 나) 例 外

선박관리인은 선박공유자의 서면에 의한 위임이 없는 한 다음의 행위를 하지 못한다(상 766조).

① **船舶의 讓渡·賃貸·擔保提供** 선박의 양도와 담보제공은 선박의 이용에 관한 사항이 아니므로 선박관리인의 권한에 속하지 않기 때문이고, 선박의 임대는 선박의 점유가 선체용선자에 이전되어 선박관리인의 선박이용이 불가능해 지기 때문이다.

② **新航海의 開始** 선박공유는 매 항해를 기준으로 한다. 선박공유자는 신항해의 개시에 관하여 중대한 이해관계를 가지기 때문이다.

③ **船舶의 保險加入** 선박을 보험에 붙이는 것은 선박의 이용에 관한 사항이 아니므로 선박관리인의 권한에 속하지 않기 때문이다.

④ **船舶의 大修繕** 선박을 대수선하는 것도 선박의 이용에 관한 사항이 아닐 뿐만 아니라 이에는 통상 거액의 자본이 소요되기 때문이다.

⑤ **借財** 여기에서 차재는 해상기업의 계속에 현저한 장해가 될 정도의 거액을 빌리는 것을 말하며, 이러한 차재는 선박공유자에게 중대한 이해관계가 있기 때문이다.

(4) 義 務

① **帳簿備置·記載義務** 선박관리인은 업무집행에 관한 장부를 비치하고 그 선박의 이용에 관한 모든 사항을 기재하여야 한다(상 767조).

② **經過狀況·計算報告義務** 선박관리인은 매 항해의 종료 후에 지체 없이 항해의 경과상황과 계산을 서면으로 선박공유자에게 보고하고 그 승인을 얻어야 한다(상 768조).

### Ⅵ. 解散·淸算

선박공유의 해산·청산에 관하여 해상법에 규정이 없다. 학설은 민법상의 조합의 규정(민 720조 이하)을 유추적용하여야 한다고도 하고(손주찬 772면, 정동윤 763면, 이기수 635면) 물적회사의 해산·청산의 규정을 유추적용하여야 한다고도 한다(최기원 885면, 정찬형 785면, 서헌제 307면).

전술한 바와 같이 선박공유의 성질을 권리능력 없는 사단으로 보면, 선박공유의 해산·청산에는 물적회사의 해산·청산의 규정을 유추적용하여야 할 것이다.

## 제4. 船體傭船者

선체용선계약(bareboat charter)은 용선자의 관리·지배하에 선박을 운항할 목적으로 선박소유자가 용선자에게 선박을 제공하고 용선자가 이에 대하여 용선료를 지급하기로 약정하는 계약이다(상 847조 1항). 이 선체용선을 나용선(裸傭船)이라고도 한다.

선체용선자는 선박소유자로부터 제공받은 선박을 운항하여 생긴 선박의 이용사항에 관하여 선박소유자와 동일한 권리의무를 가져(상 850조 1항) 운임지급청구권, 선하증권상 또는 해상화물운송장상의 운송물인도의무, 선장의 대리에 의하여 생긴 권리의무 등을 가지므로 해상기업의 주체로 한다.

선박소유자가 선장과 그 밖의 해원을 공급할 의무를 지는 경우에도 선체용선자의 관리·지배하에서 해원이 선박을 운항할 것을 목적으로 하면 이를 선체용선계약으로 본다(상 847조 2항). 이러한 선원부선체용선계약은 선체용선자가 선박을 관리·지배(점유)하여 이를 선체용선계약으로 의제한 것이다.

선체용선자가 선박소유자로부터 선박을 제공받는 것은 선박을 임대차하는 경우뿐만 아니라 이 외에 예컨대 사용대차나 사무관리 등에 의하여 선박소유자의 선박을 사용하는 경우도 포함한다.

## 제5. 定期傭船者

정기용선계약(time charter)은 선박소유자가 용선자에게 선원과 함께 항해장비를 갖춘 선박을 제공하여 일정한 기간 항해에 사용하게 하고 용선자가 그에 대하여 기간으로 정한 용선료를 지급하기로 하는 계약이다(상 842조). 정기용선자는 선박소유자로부터 일정한 기간 선원과 항해장비를 갖춘 선박(상행위나 그 밖의 영리를 목적으로 항해에 사용하는 선박, 상 740조)을 제공받아 항해에 사용하므로 해상기업의 주체로 된다.

정기용선계약에 의하여 선박소유자는 자기가 선임한 선원을 통하여 자기의 선박을 지배·관리할 수 있는 이점이 있고, 또 정기용선자는 선박의 관리·보수(연료비, 도선료, 예선료, 수선비, 선체 보험료, 선원의 급료, 식료비 등)를 부담하지 않고 또 거액으로 기업조직을 확대하지 않고 그때 그때의 선박수급의 사정에 따라 융통성 있게 선박을 이용할 수 있는 이점이 있다.

정기용선계약에 있어서는 선박소유자가 자기가 선임한 선원을 통하여 선박을 간접점유하게 되지만, 선체용선계약에 있어서는 선체용선자가 선박을 점유한다. 또한 정기용선계약에 있어서는 정기용선자가 일정한 기간 선박소유자로부터 선원과 항해장비를 갖춘 선박을 제공받아 항해에 사용하여 해상기업의 주체로 되지만, 항해용선계약에 있어서는 선박소유자가 항해용선자에게 특정 항해를 목적으로 선원과 항해장비를 갖춘 선박의 전부 또는 일부를 제공하여 물건을 운송하고 항해용선자로부터 운임을 지급받으므로 선박소유자가 해상기업의 주체로 된다. 그러나 항해용선자가 재운송을 인수하여 제공받은 선박으로 재운송을 하는 경우에는 그 항해용선자가 해상기업의 주체로 된다.

## 제 2 관 海上企業의 補助者

### 제1. 序 說

해상기업의 경영에는 많은 보조자가 필요하다. 해상기업의 보조자에는 해상보조자와 육상보조자가 있다. 해상보조자에는 선박에 승선하여 그 운항에 종사하는 선장·해원 등의 선원, 해상기업자와 계속적 고용관계에 있지 않으면서 선박의 운항을 보조하는 도선사, 예선업자, 적하감독인, 검수인 등이 있고, 또 육상보조자에는 지배인 그 밖의 상업사용인, 선박대리상, 선박중개인, 운송주선인, 창고업자 등이 있다.

이 중 육상보조자는 해상기업경영에 필요불가결한 존재이나 상법과 민법의 일반규정이 적용되므로 여기서의 고찰대상에서는 제외하고 또 해상법은 해상보조자 중에서 선장에 관하여서만 규정하고 있으므로, 여기에서는 선장을 중심으로 고찰하기로 한다.

### 제2. 船 長

#### I. 意 義

선장(master)은 해상기업자의 피용자로서 특정 선박의 항해를 지휘하고 그 대리인으로서 항해에 관한 행위를 할 수 있는 법정권한을 가진 자이다.

#### II. 船長의 選任·終任

##### 1. 選 任

해상기업자는 해기사시험에 합격하여 해기사면허를 가진 자(선박직원 5조 1항) 중에서 선장을 선임하여야 한다(상 745조). 여기에서 해상기업자는 선박소유자뿐만 아니라 선체용선자와 선박공유의 선박관리인도 포함한다. 해상기업자의 선장의 선임은 고용계약과 위임계약의 혼합계약이다.

선장은 귀중한 인명과 재산을 맡아 위험한 해양을 항행하는 선박을 지휘하는 중요한 지위에 있으므로, 선장에게 일정한 자격 즉 해기사의 면허를 요구하고 있는 것이다. 해상기업자가 무자격자를 선장으로 선임한 때에는 처벌을 받는다(선박직원 27조 2호). 그러나 무자격선장이 행한 거래라도 사법상의 효력은 부정되지 않는다.

선장은 원칙적으로 해상기업자가 선임하나, 예외로 해상기업자가 선임하지 않은 자가 代船長·代行船長으로서 선장의 지위를 가지는 경우가 있다. 대선장은 선장이 불가항력으로 인하여 그 직무를 집행할 수 없는 경우에, 선장이 그 책임으로 선장의 직무를 집행할 자를 선임한 자이다(상 748조). 대선장은 대리인인 선장에 의하여 선임된 복대리인이므로(손주찬 782면, 최기원 837면, 이기수 637면), 따라서 대선장은 해상기업자와 제3자에 대하여 선장과 동일한 권리의무가 있다(민 123조). 대행선장은 선장이 사망·질병 또는 부상 등의 부득이한 사유로 인하여 그 직무를 수행할 수 없는 경우에 그 직무를 대행하는 자로서 자동화선박에서는 1등운항사이고 그 밖의 선박에서는 1등항해사이다(선박직원 11조 2항 1호 단서). 대행선장은 선장이 대선장을 선임하지 않은 경우에 인정된다.

### 2. 終 任

#### (1) 一般的 終任事由

선장은 대리권을 가지는 자이므로 그 대리권이 소멸사유로 소멸되면 종임된다. 즉, 선장의 사망·금치산 또는 파산(민 127조), 해상기업자의 해임 또는 선장의 사임(민 128조) 등에 의하여 종임된다.

#### (2) 船長의 解任

해상법은 선장의 해임에 관하여 특별규정을 두고 있다.

##### 가) 海上企業者의 船長解任權

선장은 해상기업자의 두터운 신뢰를 받는 자로서 선장이 그 신뢰를 상실한 때에는 해상기업자가 그 선장을 배척할 수 있어야 할 것이므로, 해상기업자는 언제든지 선장을 해임할 수 있다(상 745조).

나) 船長의 損害賠償請求權

해상기업자가 정당한 사유 없이 선장을 해임한 때에는, 선장은 이로 인하여 생긴 손해의 배상을 청구할 수 있다(상 746조).

다) 同時船長의 持分買受請求權

선박소유자 또는 선박공유자가 선장인 것을 동시선장이라 한다. 선박공유자인 선장이 그 의사에 반하여 해임된 때에는 다른 공유자에 대하여 상당한 가액으로 그 지분을 매수할 것을 청구할 수 있다(상 762조 1항).

선장이 그 청구를 하고자 하는 때에는 지체 없이 다른 선박공유자 또는 선박관리인에 대하여 그 통지를 발송하여야 한다(상 762조 2항).

(3) 船長의 終任時의 繼續職務執行義務

항해 중에 선장이 해임 또는 임기만료된 경우에는 다른 선장이 그 업무를 처리할 수 있을 때까지 또는 그 선박이 선적항에 도착할 때까지 그 직무를 집행할 의무가 있다(상 747조).

## Ⅲ. 船長의 地位

### 1. 序 說

선박은 해상기업자의 거주지를 멀리 떠나 있거나 국가권력이 미치지 않는 곳에 있는 경우가 많기 때문에 필연코 선장에게 선박을 중심으로 한 법률관계에 관여하게 할 필요성이 있다.

선장의 직무권한은 공익보호의 입장에서 선원법 등의 행정법규에서 규정하고 있는 공법상의 직무권한과 사익보호의 입장에서 상법에서 규정하고 있는 사법상의 직무권한이 있다.

### 2. 公法上의 權限

(1) 船舶權力

선장은 특정 선박의 지휘자로서 그 해원을 지휘·감독하고 선내에 있는 자에 대하여 자기의 직무를 수행하는 데 필요한 명령을 할 수 있는 권한을 가진다(선원 6조). 이러한 선장의 권한을 선박권력이라 한다. 선박권력에는 징계권, 위해방지조치권 등이 있다.

선장은 해원이 ① 상급자의 명령에 따르지 않는 때, ② 선장의 허가 없이 선박을 떠난 때, ③ 선장의 허가 없이 흉기나 마약류를 선박에 들여온 때, ④ 선박 내에서 싸움·폭행·음주소란행위를 한 때에는 징계를 할 수 있다(선원 24조 1항). 해원의 징계에는 훈계·상륙금지 및 하선 등이 있다(선장의 징계권)(선원 24조 2항). 또한 선장은 흉기나 유독물 등 위험성이 있는 물건에 대하여서는 보관·폐기 등 필요한 조치를 취할 수 있다(선장의 위해방지조치)(선원 25조 2항).

⑵ 堪航能力檢查義務

선장은 출항 전에 선박이 항해에 견딜 수 있는가 또 화물이 실려 있는 상태 및 항해에 적합한 장비·인원·식료품·연료 등이 갖추어져 있는가를 검사하여야 한다(감항능력검사의무)(선원 7조).

해상기업자의 해상운송계약상의 책임(상 794조, 796조, 826조 2항) 및 해상보험자의 면책사유(상 706조 1호)와 관련된다.

⑶ 航海成就義務

선장은 항해의 준비가 끝난 때에는 지체 없이 출항하여야 하고, 부득이한 사유가 있는 경우 외에는 도착항까지 예정항로를 따라 항행하여야 한다(항해성취의무)(선원 8조). 발항의 지연은 해상보험자의 면책사유(상 702조)와 관련된다.

⑷ 在船義務

선장은 적하의 선적 또는 여객의 승선 시부터 적하의 양륙 또는 여객의 하선 시까지 선박을 떠나지 않고 필요한 지휘를 하여야 한다(재선의무)(선원 10조 1항).

⑸ 書類備置義務

선장은 선박 내에 ① 선박국적증서 또는 선적증서, ② 승무원명부, ③ 항해일지, ④ 화물에 관한 서류, ⑤ 그 밖의 해양수산부령이 정하는 서류를 비치하여야 한다(서류비치의무)(선원 20조 1항). 해양수산부령이 정하는 서류는 ① 선박검사증서, ② 항해하는 해역의 해도, ③ 기관일지, ④ 속구목록 등이다(선원시행규칙 13조 2항). 이러한 서류는 항해 중의 선박을 단속하는 데 필요하고, 또한 선박충돌의 경우 과실의 유무나 경중을 판단함에 있어 항해일지가 중요한 증거로 될 수 있는 것과 같이 항해 중의 사법적 법률관계를 해결하는 데 도움이 될 수 있기 때문이다.

### 3. 私法上의 權限

#### (1) 對內關係

##### 가) 序 說

선장의 대내관계 즉 해상기업자와 선장의 관계에는 해상법이 적용됨은 물론이다. 그리고 해상기업자의 선장선임은 고용계약과 위임계약의 혼합계약이므로 해상기업자와 선장 간의 관계에는 민법의 고용에 관한 규정(민 655조 이하)과 선원법의 선원근로계약에 관한 규정(선원 28조 이하)도 적용된다.

##### 나) 航海의 重要事項報告義務

선장은 「항해에 관한 중요한 사항」을 해상기업자에게 지체 없이 보고하여야 한다(상 755조 1항). 여기에서 항해에 관한 중요한 사항은 예컨대, 선박의 충돌·침몰·멸실·화재·좌초·기관손상 그 밖에 해양사고의 발생, 인명이나 선박의 구조, 항해위험, 예정항로의 변경, 선박의 억류·포획 등이다(박용섭 188면).

또한 해상기업자의 청구가 있는 때에는 선장은 언제든지 항해에 관한 사항을 보고하여야 한다(상 755조 3항). 해상기업자는 위의 항해에 관한 중요한 사항 외에 「일반적 항해사항」 예컨대, 목적항의 도착일시, 도선사의 고용시간, 예선의 사용시간, 하역작업현황과 하역시간, 정박시간, 연료유의 공급량, 사원의 교대 등의 보고도 요구할 수 있다.

##### 다) 航海의 計算報告義務

선장은 매 항해를 종료한 때에는 그 항해에 관한 계산서를 지체 없이 해상기업자에게 제출하여 그 승인을 얻어야 한다(상 755조 2항). 여기에서 항해에 관한 계산은 선원의 급료, 각종의 船務手當, 정기용선의 용선료, 식료품비, 대리점에서 교부한 前渡金(이행 전에 교부하는 대금)의 수령 등이다.

또한 선장은 해상기업자의 청구가 있는 때에는 언제든지 항해에 관한 계산을 보고하여야 한다(상 755조 3항).

#### (2) 對外關係

##### 가) 序 說

선장의 대외관계는 주로 선장의 대리권의 문제이다. 해상기업의 특성상 선장의 대리권에는 해상기업자를 위한 대리권과 적하이해관계인을 위한 대리권이 있고,

또 전자에는 선적항 내에서의 대리권과 선적항 외에서의 대리권이 있다.

나) 海上企業者를 위한 代理權

① **意義** 선장은 해상기업자를 위하여 법률에서 정한 범위의 대리권을 가진다(상 749조). 따라서 선장은 법정대리인이다.

② **立法主義** 선장의 대리권에 관한 입법주의로는 해상기업자소재지주의, 선적항주의 및 선장행위주의 등이 있다.

해상기업자소재지주의는 해상기업자 또는 그 대리인의 소재지를 기준으로 선장의 권한을 정하여야 한다고 하고(프 상 232조), 선적항주의는 선박의 영업본거지의 항을 기준으로 선장의 권한을 정하여야 한다고 하며(독 상 526조, 527조), 또 선장행위주의는 선장의 행위의 종류에 따라 선장의 권한을 정하여야 한다고 한다(Grant v. Norway 1851, LJCP 92. 98.).

③ **船籍港 內에서의 代理權** 선장은 선적항 내에서는 특히 위임을 받은 경우 외에는 해원의 고용과 해고의 권한만 가진다(상 749조 2항). 선적항 내에서는 선장이 해상기업자로부터 직접 지휘를 받을 수 있으므로 선장의 대리권의 범위를 좁히고, 다만 해원의 적부는 선장이 가장 잘 알 수 있으므로 해원의 고용과 해고의 권한은 선적항 내에서도 선장이 갖도록 한 것이다.

또한 선장은 선하증권의 발행(상 852조 3항), 적하의 인도, 운임 그 밖의 체당금의 수령, 운송물의 留置(상 807조), 운송물의 공탁(상 803조 1항) 등은 선적항의 내외를 불문하고 할 수 있다.

④ **船籍港 外에서의 代理權**

i) **原 則** 선장은 선적항 외에서는 항해에 필요한 재판상 또는 재판외의 모든 행위를 할 수 있고(상 749조 1항), 이러한 선장의 대리권은 제한하여도 이로써 선의의 제3자에게 대항하지 못한다(상 751조). 선장의 대리권은 항해에 필요한 모든 행위에 미치므로 포괄적이고, 법률에 의하여 그 범위가 정하여져 있으므로(상 749조 1항) 정형적이며, 그 대리권을 제한하여도 이로써 선의의 제3자에게 대항할 수 없으므로(상 751조) 획일적(불가제한적)이다.

선적항 외에서는 선장이 해상기업자로부터 신속한 지휘를 받기가 곤란하므로, 해상법은 선장에게 포괄적·정형적·획일적 대리권을 부여한 것이다.

여기에서 항해는 선적항을 떠나 귀항하기까지의 모든 항해이고, 선적항은 선박소유자가 선박의 등기·등록의 신청을 하고 선박국적증서를 교부받은 地이다(선박 8조 참조). 또한 항해에 필요한 재판상의 행위는 해상기업자를 위한 소송대리인으로서 소송수행을 하거나 소송대리인을 선임하여 소송수행을 하게 하는 것이고, 항해에 필요한 재판 외의 행위는 예컨대 선박의 정비, 의장(艤裝)(선구 기계)과 설비의 정비, 감항능력을 유지하기 위한 수선, 해원의 고용과 해고, 해양사고구조계약의 체결, 여객 또는 운송물을 위한 운송계약의 체결 등을 하는 것이다.

ii) **例 外** a) 신용행위 및 적하처분행위에 관한 권한의 제한 : 선장은 선박수선료, 해난구조료, 그 밖에 항해의 계속에 필요한 비용을 지급하여야 할 경우 외에는 선박 또는 속구의 담보제공이나 借財 등의 신용행위를 할 수 없고(상 750조 1항 1호·2호), 또 적하의 전부 또는 일부를 처분하는 적하처분행위를 할 수 없다(상 750조 1항 3호). 신용행위는 해상기업자에게 장기간 부담으로 남게 되고 또 적하처분행위는 선박소유자가 그 책임을 지기 때문에, 선적항 외에서의 선장의 대리권에 제한을 한 것이다.

여기에서「항해의 계속에 필요한」은 상법 제749조 제1항의 항해에 필요한 것보다 엄격한 의미로서, 선박·속구의 담보제공이나 차재 또는 적하처분을 하지 않고는 위 비용을 조달할 수 없는 사정이 있는 경우를 말한다.

선장이 적하처분행위를 한 경우에 적하이해관계인은 그 적하가 도달할 시기에 있어서 양륙항의 가격에 의하여 손해배상을 청구할 수 있다(상 750조 2항 전문). 이것은 손해배상액을 획일적으로 법정한 것이다. 다만, 그 가격 중에서 지급을 요하지 않는 비용 예컨대, 입항세, 관세, 양륙비 등은 공제하여야 한다(상 750조 2항 단서).

b) 선박의 긴급매각권 : 선적항 외에서 선박이 수선 불가능하게 된 때에는 선장은 해무관청의 허가를 받아 이를 경매할 수 있다(상 753조). 원래 선박의 매각은 선장이 할 수 없는 것이나, 이용불가능한 선박을 이용가능한 자본으로 환원하는 것은 선박소유자에게 이익이 되므로, 선적항 외에서의 선장의 일반적 대리권을 확대하여 선장에게 선박의 긴급매각권을 인정한 것이다.

선장이 선박긴급매각을 하기 위하여서는, ① 선박의 수선불능, ② 해무관청의 허가, ③ 경매의 요건을 갖추어야 한다. 여기에서 수선불능은 구체적인 경우에 개별적으로 판단하여야 할 것이나, 해상법은 주의적으로 ① 선박이 현재지에서 수선을 받을 수 없고(현재지 불능) 또 수선할 수 있는 곳에 도달하기 불가능한 경우(지리적 불능), ② 수선비가 선박가액의 4분의 3을 초과한 경우(경제적 불능)에는 수선이 불가능한 것으로 본다(상 754조 1항).

경제적 불능의 경우에 있어서 선박의 가액은 선박이 항해 중에 훼손되었으면 그 발항 시의 가액이고, 그 밖의 훼손이면 그 훼손 전의 가액이다(상 754조 2항).

**다) 積荷利害關係人을 위한 代理權**

**① 積荷處分權**

**i) 意 義** 선장이 항해 중에 적하를 처분하는 경우에는 이해관계인의 이익을 위하여 가장 적당한 방법으로 하여야 한다(상 752조 1항). 원래 선장은 적하를 목적항까지 운송하여야 할 의무가 있으나, 운송 도중에 예컨대 적하가 부패할 염려가 있는 경우와 같이 적하를 처분하는 것이 적하이해관계인에게 이익이 되는 때에는 선장에게 임기응변의 조치를 취할 수 있도록 하는 것이 적당하기 때문이다.

여기에서 「항해 중」은 선박의 발항에서 도착까지의 의미가 아니고, 적하의 선적에서 인도 또는 공탁까지의 의미이다. 「이해관계인」은 송하인·수하인 및 선하증권소지인이다. 또한 「가장 적당한 방법」은 적하가 안전·신속·경제적으로 도착하는 것을 기준으로 판단하여야 하고, 적하이해관계인에게 적극적으로 이익이 되는 것을 말하는 것이 아니다. 그리고 「적하의 처분」은 적하의 투하, 분리, 보관, 다른 선박으로의 積換, 매각 등이다.

**ii) 積荷處分의 效果** 선장의 적하처분은 적하이해관계인의 대리인으로서 한 것이므로, 그 효과는 당연히 적하이해관계인에게 귀속된다.

적하이해관계인이 선장의 적하처분으로 인하여 채무를 부담하게 된 때에는, 적하의 가액을 한도로 책임을 진다(적하이해관계인의 유한책임)(상 752조 2항 본문). 선장의 적하처분은 적하이해관계인의 이익을 위한 것이므로 적하이해관계인에게 적하의 가액 이상의 채무를 부담시키는 것은 그 취지에 반하기 때문이다.

그러나 선장의 적하처분이 적하이해관계인의 고의 또는 과실로 인한 경우에는 그 적하이해관계인이 그 처분으로 인하여 생긴 모든 책임을 지고(상 752조 2항 단서), 또 선장의 적하처분이 적하이해관계인의 지시에 의한 경우에도 그러하다.

② 危險物處分權

i) 意 義　운송물이 인화성·폭발성이나 그 밖의 위험성이 있어 선박이나 다른 운송물에 위해를 미칠 위험이 있는 때에는, 해상운송인이 그 성질을 알고 선적하였더라도 선장은 언제든지 이를 양륙·파괴 또는 無害措置할 수 있다(상 801조 1항).

여기에서 위험성은 선박이나 다른 운송물에 물리적으로 위해를 미칠 가능성을 말하고 법률적으로 위해를 미칠 가능성(예: 전시 금제품)을 말하는 것이 아니다. 또한 폭발성은 선박이나 다른 운송물에 직접 또는 간접으로 폭발·화재를 일으키거나 부식·변질시킬 가능성을 말하는 것이다.

ii) 海上運送人의 免責　선장의 위험물처분으로 인하여 그 운송물에 손해가 생긴 경우에 해상운송인은 그 손해배상책임을 면한다(상 801조 2항).

그러나 해상운송인은 공동해손처분으로 인하여 부담하는 공동해손분담책임은 면하지 못한다(상 801조 2항). 공동해손분담책임은 선장의 위험물처분과 다른 원인에 의하여 생긴 책임이기 때문이다.

## 제3. 海 員

### Ⅰ. 意 義

해원은 선장 외의 선원으로서, 선박 내에서 노무를 제공하고 그 대가로 임금 그 밖의 보수를 받는 자이다. 여기에서 노무의 종류 여하는 불문한다. 해상기업자와 해원 간의 관계는 고용관계이며 양자 간에는 선원근로계약이 체결된다.

### Ⅱ. 種 類

해원에는 직원과 부원이 있다. 직원은 항해사, 기관장, 기관사, 통신장, 통신사, 운항장, 운항사, 어로장, 사무장, 의사 등이고(선원 3조 4호, 동시행령 3조), 부원은 직원 외의 해원이다(선원 3조 5호).

## 제4. 導船士

### Ⅰ. 意 義

도선사(piolet)는 도선사의 면허를 가지고 導船 즉, 일정한 구역(도선구)에서 선박에 탑승하여 그 선박을 안전한 수로로 안내하는 자이다(도선 2조 1호·2호). 항구의 내외수역에서는 사고의 위험성이 높으므로, 여기에서는 수상교통의 사정을 잘 아는 자가 도선을 해 주는 것이 필요하다.

도선구에는 반드시 도선사의 도선을 받아야 하는 강제도선구와 도선사의 도선을 받는 것이 임의인 임의도선구가 있다. 강제도선구에서 도선을 받아야 하는 선박은, ① 대한민국의 선박이 아닌 총톤수 500톤 이상의 선박, ② 대한민국의 선박으로서 국제항해에 취항하는 총톤수 500톤 이상의 선박, ③ 위의 ② 외의 선박으로서 1,000톤 이상의 대한민국의 선박 등이다(도선 20조 1항).

도선사는 선박에서 계속적으로 노무를 제공하는 자가 아니므로 선원이 아니다.

### Ⅱ. 導船士의 雇傭

선장이 도선사의 도선을 요청한 때에는 도선사는 정당한 사유가 없는 한 이를 거절하지 못한다(도선 18조 2항).

### Ⅲ. 導船士의 地位

도선사는 어떤 법적 지위에 있는가, 특히 도선사가 도선하는 선박이 제3자에게 손해를 가한 경우에 누가 그 책임을 질 것인가가 문제된다.

임의도선사는 선장이 요청하여 도선을 하는 자로서 해상기업자의 피용자라 할 수 있으므로 도선사의 행위에 대하여서는 선박소유자가 책임을 진다. 그러나 강제도선사는 선장이 그 지시에 따라야 하여 선장의 보조자라 할 수 없으므로 도선사의 행위에 대하여 선박소유자가 그 책임을 지는 것은 아니다.

### Ⅳ. 導船士의 過失로 인한 船舶衝突의 경우의 損害賠償責任

선박충돌이 일방 선박의 도선사의 과실로 인하여 생긴 경우에는 그 일방의 선박소유자가 손해배상책임을 진다(상 880조 878조). 선박충돌이 쌍방 선박의 도선사의 과실로 인하여 생긴 경우에 쌍방과실의 경중을 판정할 수 있으면 각 선박소유자가 그 과실의 경중에 따라 손해배상책임을 분담하며 그 과실의 경중을 판정할 수 없으면 각 선박 소유자가 손해배상책임을 균분한다(상 880조 879조).

## 제5. 曳船業者

### Ⅰ. 曳船契約의 意義

현행 상법에서는 예선료 채권을 선박우선특권으로 하는 규정(상 777조 1항 1호)만 있고, 그

의의나 법률관계에 관한 규정이 없다.

예선계약(towage contract)은 일방 당사자가 선박으로 타인의 선박을 일정한 지점까지 또는 일정한 기간 예선(배를 끎)하고 다른 당사자가 이에 대하여 보수(예선료)를 지급할 것을 약정하는 계약이다.

예선업은 해상기업활동에 있어서 해상운송업 다음으로 중요한 지위에 있으나, 예선업자는 도선사와 같이 해상기업자의 선박의 항행을 보조하는 자이다.

## Ⅱ. 曳船契約의 法的 性質

예선계약은 예선이 피예선에 대하여 예항지휘권을 가지는 경우에는 운송계약이다. 그리고 피예선이 예선에 대하여 예항지휘권을 가지는 경우에 예선이 피예선을 일정한 지점까지 예항해 주고 그에 대하여 보수를 지급받는 것이면 도급계약이고, 예선이 피예선의 예항지휘에 따라 피예선을 예항하는 노무만 제공하고 그에 대하여 보수를 지급받는 것이면 고용계약이다.

## Ⅲ. 曳船列의 法律關係

### 1. 內部關係

예선열(예선과 피예선으로 구성된 하나의 선박집단)의 내부관계 즉 예선과 피예선의 법률관계는 예선계약에 의하여 정하여진다. 특약이 없는 경우에는 예선계약의 법적 성질에 따라 해상법의 운송계약에 관한 규정, 민법의 도급계약에 관한 규정 또는 고용계약에 관한 규정에 의한다.

### 2. 外部關係

예선열의 외부관계 특히 예선열 측의 과실로 인하여 예선열과 제3선박이 충돌한 경우에 누가 책임을 질 것인지 문제된다.

이에 관하여 영국해법에서는 예선열을 법률상 단일의 선박으로 보는 이른바 「예선열 일체의 원칙」이 확립되어 피예선이 그 책임을 진다고 한다(The Cleadon (1860) 14 Moo P.C. 97.). 그러나 우리 나라의 법체계에서는 예선계약의 유형에 따라, 그것이 운송계약인 경우에는 예선이 또 고용계약인 경우에는 피예선이 책임을 지고, 도급계약인 경우에는 원칙적으로 예선이 책임을 지나 피예선이 예항지휘의 지시를 함에 과실이 있는 때에는 피예선이 책임을 진다고 보는 것이 타당하다.

# 제 3 관 海上企業者의 責任制限(有限責任)

## 제1. 序 說

현대 사법에 있어서는 채무자가 무한책임을 지는 것이 원칙이나, 선박소유자에게는 책임제한(유한책임)이 인정되고 있다. 선박소유자의 책임제한의 근거로 학설은 ① 고래로 선박소유자의 책임제한이 인정되어 왔다는 연혁적 이유, ② 일단 해난사고가 발생하면 손해가 거액이라는 것, ③ 선장의 대리권이 광범위하다는 것, ④ 선박소유자는 선장과 해원에 대하여 지휘·감독이 곤란하다는 것, ⑤ 선장 그 밖의 고급해원은 국가가 공인한 기술을 가지고 있다는 것, ⑥ 선박소유자는 선원이 타인에게 가한 손해에 대하여 무과실책임을 진다는 것, ⑦ 해운의 국제적 성질상 어느 한 국가에서만 선박소유자의 책임제한을 폐지하기가 곤란하다는 것, ⑧ 선박소유자의 책임제한제도를 폐지하더라도 선박마다 주식회사나 유한회사를 설립하여 선박소유자의 책임을 제한할 수 있다는 것 등을 들고 있다.

선박소유자책임제한의 근거는 한 마디로 말하면, 「해운업유지(보호)의 사상」에 기인한다고 할 것이다.

## 제2. 船舶所有者責任制限(有限責任)制度의 立法主義 및 世界統一條約

### I. 종래의 立法主義

#### 1. 內 容

종래 선박소유자의 책임제한(유한책임)에 관하여 위부주의, 집행주의, 선가책임주의 및 금액책임주의 등의 입법주의가 있었다.

委付主義는 원칙적으로 선박소유자는 인적무한책임을 지나 항해종료시의 海産(선박·운임 등)을 委付(이전)하면 책임을 면한다고 하고(1967년 개정전의 프 상법 216조), 執行主義는 선박소유자는 채무의 전액을 부담하나 채권자는 해산에 대하여서만 강제집행을 할 수 있고 다른 재산에 대하여서는 강제집행을 할 수 없다고 하며(1972년 개정 전 독 상법 486조), 船價責任主義는 선박소유자는 항해종료시의 해산의 가액을 한도로 인적유한책임을 지고 선택적으로 해산의 위부권을 행사하여 그 책임을 면할 수 있다고 한다(1935년 개정 전 미국 선박소유자책임제한법 3조). 또한 金額責任主義는 선박소유자의 책임은 사고마다 물적손해와 인적손해에 대하여 선박의 적량톤수에 따라 일정한 계산방식에 의하여 산출한 일정한 금액으로 제한한다고 한다(1984년 영 상선법 503조, 1957년 선박소유자책임제한협약 3조).

### 2. 檢 討

위부주의에 의하면 선박소유자가 위부권의 행사를 신중히 하여 채권자의 구제가 지연될 염려가 있고, 집행주의에 의하면 선박소유자가 어차피 집행될 선박이니 이를 방치하거나 그 관리를 소홀히 하여 선박이 황폐화될 염려가 있고, 선가책임주의에 의하면 선가의 산정에 관하여 다툼이 생길 수 있다.

그리고 위부주의 · 집행주의 · 선가책임주의는 어느 것이나 해산가액이 제로(0)로 될 때에는 채권자는 전혀 구제를 받을 수 없으므로 부당하다.

그리하여 선박의 적량톤수에 따라 일정한 금액까지는 채권자를 구제할 수 있는 금액책임주의가 합리적이다. 그러나 금액책임주의는 사고마다 책임한도가 정하여 지므로(사고주의), 사고가 누적되면 책임한도액이 거액화되어 선박소유자의 책임제한을 인정하는 의의가 무색하게 될 염려가 있다.

## Ⅱ. 世界統一條約

### 1. 沿 革

선박은 전 세계에 걸쳐 항행하므로 각국의 선박소유자책임제한제도가 다르면 선박소유자의 책임에 관하여 다툼이 생길 여지가 많다. 이에 20세기 들어 선박소유자책임제한에 관한 세계적 통일운동이 본격화되었다.

1924년에 「선박소유자책임제한조약」이 성립하였는데, 이는 선가책임주의와 금액책임주의를 병용한 것으로 복잡하여 대부분의 국가에서 이를 채택하지 않았다. 우리 구 상법은 이 1924년조약을 채택한 것이었다.

그리하여 1957년에 다시 「선박소유자책임제한조약」이 성립하였는데, 이는 책임한도액이 너무 적어 그 개정이 불가피하여 다시 1976년에 「해사채권책임제한조약」(Convention on Limitation of Liability for Maritime Claims)이 성립하였다. 우리 나라의 1991년의 개정상법은 이 1976년조약을 채택하였으나, 2007년의 개정상법은 1996년 선주책임제한조약(LLMC)에 따라 책임한도액을 증액하였다.

또한 1969년에 「유류오염손해민사책임조약」과 1991년에 「유류오염손해국제기금조약」이 성립하였고, 이에 따라 우리 나라는 「유류오염손해배상보장법」(1992. 12. 8. 법 4532호 2003. 12. 1. 법 7002호 개정)이 제정되었다.

#### 2. 1976年 條約

1976년의 조약은 ① 금액책임주의를 채택하면서, ② 책임한도액을 인상하여 현실화하고, ③ IMF의 특별인출권(SDR)을 계산단위로 채택하고, ④ 피해자를 보호하기 위하여 최저적량톤수를 500톤으로 인상하였다.

1976년조약의 성립 후 세계경제의 악화와 인플레이션의 확대로 화폐가치가 하락하고 물가가 상승하여 채권자의 보호가 필요하였다. 그리하여 1996년에 다시 ① 책임한도액을 2~4배 인상하고, ② 2,000톤 이하의 소형선박에 대한 책임을 강화하는 개정의정서를 채택하였다.

## 제3. 責任制限權者

상법은 책임제한을 주장할 수 있는 자를 다음과 같이 광범위하게 인정하고 있다.

### Ⅰ. 船舶所有者

선박소유자는 책임을 제한할 수 있다(상 769조). 여기에서 선박소유자는 협의의 선박소유자뿐만 아니라 선박공유자도 포함한다(대판 1972. 6. 13. 70 다 213).

선박소유자가 인적회사인 경우에는 그 무한책임사원도 책임을 제한할 수 있다(상 774조 1항 2호).

### Ⅱ. 傭船者 · 船舶管理人 · 船舶運航者

용선자, 선박관리인 및 선박운항자도 책임을 제한할 수 있다(상 774조 1항 1호).

여기에서 용선자는 항해용선, 정기용선, 선체용선의 용선자 모두를 말한다. 선체용선자나 정기용선자는 해상기업의 주체이므로 당연히, 또 항해용선자는 해상기업의 주체는 아니나 자기의 명의로 재용선(운송)을 인수하는 경우에는 제3자에 대하여 손해배상책임을 질 수 있으므로, 책임을 제한할 수 있도록 한 것이다.

선박관리인은 해상기업의 주체가 아니나, 선원의 공급 · 감독, 선박운항, 선박용품공급 등을 하여 제3자에 대하여 손해배상책임을 지는 경우가 있으므로 책임을 제한할 수 있도록 한 것이다.

선박운항자는 위의 자 외에 선박을 운항하는 자로서 타인선박의 운항을 수탁한 자, 어선운항자 등이며, 이들이 제3자에 대하여 손해배상책임을 지는 경우에는 책임을 제한할 수 있다.

용선자・선박관리인・선박운항자가 인적회사인 경우에는 그 무한책임사원도 책임을 제한할 수 있다(상 774조 1항 2호).

### Ⅲ. 船長・海員・導船士 기타 船舶使用人

자기의 행위로 인하여 선박소유자・용선자・선박관리인 및 선박운항자에게 책임을 생기게 한 선장・해원・도선사 그 밖의 선박소유자 등의 사용인 또는 대리인(이하 선장 등이라 함)도 책임을 제한할 수 있다(상 774조 1항 3호). 선장 등이 제3자에게 손해를 가한 경우에는 선박소유자 등과 함께 책임을 지는데, 선박소유자 등만 책임을 제한할 수 있고 선장 등은 책임을 제한할 수 없으면 불합리하기 때문이다.

### Ⅳ. 海難救助者

해난구조자가 구조활동에 직접 관련하여 제3자에 대하여 손해배상책임을 지는 경우에 그 해난구조자는 책임을 제한할 수 있다(상 775조 1항).

여기에서 구조자는 구조활동에 직접 관련된 용역을 제공한 자를 말하고, 구조활동은 해난구조 시의 구조활동은 물론 침몰・난파・좌초・유기, 그 밖의 해양사고를 당한 선박 및 그 선박 안에 있거나 있었던 적하와 그 밖의 물건의 인양・제거・파괴 또는 무해조치 및 이와 관련된 손해를 방지 또는 경감하기 위한 모든 조치를 말한다(상 775조 4항).

선박을 사용하여 구조한 자는 선박소유자에 해당하여 책임을 제한할 수 있으므로(상 769조, 774조 1항 1호), 본 조항에 의하여 책임을 제한할 수 있는 자는 선박을 사용하지 않고 구조한 자이다.

## 제4. 責任制限債權

### Ⅰ. 序 說

책임제한채권에는 ① 선박소유자 등이 책임을 제한할 수 있는 채권(상 769조), ② 해난구조자가 책임을 제한할 수 있는 채권(상 775조 1항), ③ 책임보험자가 책임을 제한할 수 있는 채권 등이 있다. ①의 책임제한채권을 일반책임제한채권이라 한다.

## Ⅱ. 一般責任制限債權

### 1. 序 說

상법 제769조는 선박소유자는 「청구원인의 여하에 불구하고 …… 그 책임을 제한할 수 있다」고 규정하고 있는데, 이것은 1976년의 조약(2조 1항)을 채택한 것이다. 청구원인의 여하를 불구하므로, 채무불이행으로 인한 채권이든 불법행위로 인한 채권이든 책임을 제한할 수 있다(대판 1995. 6. 5. 95 마 325).

**【대법원 1995. 6. 5. 결정, 95 마 325】**

**1. 사실관계**

Y원양어업회사는 A선박을 용선하고 X보험회사와 선체보험계약을 체결하였다. A선박이 원양을 운항하다가 Z수산회사 소속의 B선박을 들이받아 B선박이 침몰되고 어획물이 유실되었다.

이에 Z회사는 Y회사를 상대로 손해배상청구소송을 제기하였고, 또 X보험회사는 Z회사에 보험금을 지급하고 Z회사의 손해배상채권을 대위취득하여 Y회사에게 청구하였으며, 이에 대하여 Y회사는 선박소유자 등의 책임제한절차 개시신청을 하였다.

**2. 판결요지**

이 건에 관하여, 대법원은 「선박충돌 사고로 인한 손해배상채권은 상법 769조 제1호가 규정하는 '선박의 운항에 직접 관련하여 발생한 그 선박 이외의 물건의 멸실 또는 훼손으로 인하여 생긴 손해에 관한 채권'에 해당하고, 그러한 채권은 불법행위를 원인으로 하는 것이라도 '청구원인의 여하에 불구하고' 책임을 제한할 수 있는 것으로 규정하고 있는 상법 제769조 본문의 해석상 책임제한의 대상이 된다. 따라서 선박의 용선자인 신청인(Y)은 상법 제774조 제1항 제1호, 769조에 의하여 재항고인(X · Z)의 신청인(Y)에 대한 손해배상채권에 대하여 상법 제770조의 규정에 의한 금액을 한도로 그 책임을 제한할 수 있다」고 판시하였다.

1991년의 상법개정 전의 판례에서는 운송계약상의 채무불이행채무에만 책임제한 규정이 적용된다고 판시하였으나, 개정상법 하의 이 건 판결에서는 불법행위채무에도 책임제한규정이 적용되는 것으로 판시하였다.

### 2. 一般責任制限債權의 內容

일반책임제한채권에는 다음과 같은 것이 있다.

#### (1) 人的損害 및 船舶 외의 物的損害에 관한 債權

선박에서 또는 선박의 운항과 직접 관련하여 발생한 사람의 사망, 신체의 상해(인적손해) 또는 그 선박 외의 물건의 멸실 또는 훼손으로 인하여 생긴 손해(물적손해)에 관한 채권은 선박소유자 등이 책임을 제한할 수 있다(상 769조 1호).

물적손해는 그 선박 외의 물건의 멸실 또는 훼손에 한하므로, 그 선박 자체의 멸실 또는 훼손으로 인하여 생긴 손해의 채권은 책임을 제한할 수 없다.

(2) 運送物・旅客 등의 運送遲延損害에 관한 債權

운송물・여객 또는 수하물의 운송지연으로 인하여 생긴 손해에 관한 채권도 선박소유자 등이 책임을 제한할 수 있다(상 769조 2호). 운송지연으로 인한 손해는 운송계약의 채무불이행으로 인한 손해이다.

(3) 非契約上의 權利侵害에 관한 債權

위의 (1)・(2) 외에 선박의 운항에 직접 관련하여 발생한 계약상의 권리 외의 타인의 권리의 침해로 인하여 생긴 손해에 관한 채권도 선박소유자 등이 책임을 제한할 수 있다(상 769조 3호).

여기에서 계약상의 권리 외의 타인의 권리의 침해는, 예컨대 여객선 내에서 영업을 하는 식당・상점・이용원 등의 영업권을 침해하는 것이다.

(4) 損害防止措置로 인한 損害에 관한 債權

위의 (1)・(2)・(3)의 책임제한채권의 원인이 된 손해를 방지 또는 경감하기 위한 조치에 관한 채권 또는 그 조치의 결과로 인하여 생긴 손해에 관한 채권도 선박소유자 등이 책임을 제한할 수 있다(상 769조 4호). 이것은 선박소유자 등과 선장 등이 손해를 방지 또는 경감하기 위하여 취한 조치로 인하여 생긴 채권도 책임제한채권으로 규정한 것이다.

손해의 방지・경감을 위한 조치는 예컨대, 선박에서 기름이 유출되어 어장이 손해를 입는 것을 방지하기 위하여 그 기름을 제거하는 것 등이다.

### Ⅲ. 海難救助者의 責任制限債權

해난구조자의 구조활동에 직접 관련하여 제3자에게 생긴 채권은 해난구조자가 책임을 제한할 수 있다(상 775조 1항). 여기에서 해난구조자의 구조활동에 직접 관련하여 제3자에게 생긴 채권은 해난구조자가 그 구조활동에 관련하여 과실 등으로 제3자에게 손해를 가하여 손해배상책임을 부담하는 경우에, 제3자가 해난구조자에 대하여 가지는 손해배상청구권이다.

해난구조자의 구조활동에 직접 관련하여 제3자에게 생긴 채권은, ① 구조활동에 직접 관련하여 발생한 사람의 사상 또는 선박 외의 물건의 멸실·훼손으로 인하여 생긴 손해에 관한 채권(상 746조 1호), ② 구조활동에 직접 관련하여 발생한 계약상의 권리 외의 타인의 권리의 침해로 인하여 생긴 손해에 관한 채권, ③ 위 ①·② 의 채권의 원인이 된 손해를 방지 또는 경감하기 위한 조치에 관한 채권 또는 그 조치의 결과로 인하여 생긴 손해에 관한 채권 등이다(상 769조)(구조활동의 성질상 상법 769조 2호의 "운송의 지연"으로 인하여 생긴 손해에 관한 채권은 여기에 해당되지 않는다).

#### Ⅳ. 責任保險者의 責任制限債權

선박소유자 등을 피보험자로 하고 책임제한채권을 담보하기 위하여 책임보험계약을 체결한 경우에 책임보험자가 피보험자와 같이 책임을 제한할 수 있는지 문제되나, 통설은 제3자가 보험자에 대하여 직접청구권을 행사하는 경우 보험자는 피보험자가 그 사고에 관하여 가지는 항변으로써 제3자에게 대항할 수 있으므로(상 724조 2항 단서) 책임보험자는 피보험자와 동일하게 책임을 제한할 수 있다고 본다.

### 제5. 責任制限의 排除(非責任制限債權)

다음의 채권에 대하여서는 책임을 제한할 수 없다.

#### Ⅰ. 船舶所有者의 故意 또는 無謀한 行爲로 인하여 생긴 損害의 債權

##### 1. 意 義

채권이 책임제한채권에 해당하더라도 그 채권이 선박소유자 자신의 고의 또는 손해발생의 염려가 있음을 인식하면서 무모하게 한 작위 또는 부작위로 인하여 생긴 손해에 관한 것인 때에는 책임을 제한할 수 없다(상 769조 단서). 이것은 1976년조약(동 조약 4조)을 채택한 것이다. 이 책임제한의 배제는 책임제한채권자에게 귀책사유가 있는 경우에는 책임제한을 인정할 필요가 없기 때문이다.

##### 2. 責任制限排除의 事由

###### ⑴ 船舶所有者의 故意로 인하여 생긴 損害

선박소유자 자신의 고의로 인하여 생긴 손해에 관한 채권은 책임을 제한할 수 없다(상 769조 단서). 여기에서 고의는 1976년조약 제4조의 「with intent to cause such lose」 즉, 손해야기의 의도로서의 적극적 고의를 의미한다(박용섭 239면).

### (2) 船舶所有者가 無謀하게 한 作爲 또는 不作爲로 인하여 생긴 損害

#### 가) 意 義

선박소유자가 손해발생의 염려가 있음을 인식하면서 무모하게 한 작위 또는 부작위로 인하여 생긴 손해에 관한 채권에 대하여서는 책임을 제한할 수 없다(상 769조 단서).

여기에서 「손해발생의 염려가 있음을 인식하면서 무모하게」는 1976년조약 제4조의 「recklessly and with knowledge that such loss would probably result」를 번역한 것이다. 그러나 고의·(중)과실로 양분하는 대륙법계에서는 이에 해당하는 개념이 없어, 그 의미에 관하여 여러 학설이 대립해 있다.

#### 나) 學 說

학설은 「중과실보다는 고의에 더 가까운 개념」(손주찬 739면, 정동윤 766면, 정찬형 770면, 서헌제 324면), 「소극적(미필적) 고의」(송상현·김현 142면, 이균성 438면), 「고의에 준하는 중과실」(최기원 824면), 「손해발생의 위험의 현실적 예견」(박용섭 239면), 또는 「손해의 발생을 인용하고 한 행위뿐만 아니라 중대한 과실로 손해가 발생하지 않을 것으로 믿거나 중대한 과실로 손해발생의 가능성에 대한 인식이 미치지 못하고 한 행위」(이기수 657면)라 한다.

#### 다) 檢 討

연혁적으로 1929년 바르샤바 항공조약에서 책임제한배제의 사유로 「고의로 위법행위」(wilful misconduct)를 정하고 그 해석은 제소법원의 법에 의하도록 하여 국가마다 그 해석원칙이 달랐다. 이에 그 혼란을 방지하기 위하여 1955년 헤이그 항공의정서에서 「무모하게 그리고 인식하면서」로 고쳤고, 이를 1976년조약에서 채택하였던 것이다.

영국 판례에서는 「무모하게」는 자신의 행위로 인하여 손해가 발생할 염려가 있는 것에 관하여 개의치 않거나 주의하지 않는 것이라 하여(Reg.v. Caldwell (1882) A.C. 341 (House of Lords)), 고도의 태만한 상태를 의미한다. 그러므로 「무모하게」는 중과실보다 고의에 가까운 것이라 보는 것이 타당하다.

### 3. 責任制限排除의 效果

선박소유자가 책임제한의 주체인 경우에는 선박소유자 본인의 고의 또는 선박소유자가 손해발생의 염려가 있음을 인식하면서 무모하게 한 작위 또는 부작위

(이하 "고의 또는 무모한 행위")로 인하여 생긴 손해에 관한 채권에 대하여서는 책임을 제한할 수 없다(상 769조 단서). 또한 선박소유자 외에 용선자, 선박관리인, 선박운항자, 일정한 경우의 선장 · 해원 · 도선사 그 밖의 선박사용인 등(상 774조 1항)이 책임제한의 주체인 경우에 이들의 고의 또는 무모한 행위로 인하여 생긴 손해에 관한 채권에 대하여서도 그 책임을 제한할 수 없다.

그러나 선장 등과 같은 선박소유자의 피용자에게 고의 또는 무모한 행위가 있었더라도 선박소유자 등의 책임을 제한할 수 있다(대판 1995. 6. 5. 95 마 325).

**【대법원 1995. 6. 5. 판결, 95 다 325】**

**1. 사실관계**

Y냉장회사(이하 "Y회사")가 용선한 제702파인호가 1994. 5. 10.(현지 일시 1994. 5. 9. 09:45경) 남태평양의 사모아 근해를 운항하다가 $X_1$기업회사(이하 "$X_1$회사") 소속의 제35한성호를 들이받아 위 제35한성호가 침몰되고 어획물, 어구, 미끼, 유류, 윤활유 등이 유실되어 $X_1$회사가 10억 원 상당의 손해를 입었으며, 이에 $X_1$회사가 Y회사를 상대로 손해배상청구의 소를 제기하였다.

한편 $X_1$회사는 위 사고의 발생 전에 $X_2$화재해상보험회사(이하 "$X_2$보험회사")와의 사이에 위 제35한성호를 보험목적으로 하는 선체보험계약을 체결하여, 위 사고의 발생 후에 $X_2$보험회사는 $X_1$회사에 위 사고로 인하여 멸실된 제35한성호의 선체보험금 10억 원을 지급하였다.

그리하여 $X_2$보험회사는 $X_1$회사의 Y회사에 대한 손해배상청구권을 대위취득하였다고 하여 Y회사에 대하여 위 금원의 지급을 청구하였고, 이에 Y회사는 법원에 책임제한절차의 개시를 신청하였다.

**2. 판결요지**

이 건에 관하여, 대법원은 「선박충돌 사고로 인한 손해배상채권은 상법 제746조(개정 상 제769조) 제1호가 규정하는 "선박의 운항에 직접 관련하여 발생한 그 선박 이외에 물건의 멸실 또는 훼손으로 인하여 생긴 손해에 관한 채권"에 해당하고, 이러한 채권은 불법행위를 원인으로 하는 것이라 하여도 "청구원인의 여하에 불구하고" 책임을 제한할 수 있는 것으로 규정하고 있는 같은 법 제746조(개정 상 제769조) 본문의 해석상 책임제한의 대상이 된다.

상법 제746조(개정 상 제769조) 단서에 의하여 책임제한에 배제되기 위하여서는, 책임제한의 주체가 선박소유자인 경우에는 선박소유자 본인의 고의 또는 손해발생의 염려가 있음을 인식하면서 무모하게 한 작위 또는 부작위(이하 "고의 또는 무모한 행위")가 있어야 하고 선장 등과 같은 선박소유자의 피용자에게 고의 또는 무모한 행위가 있었다는 이유로는 선박소유자가 상법 제746조(개정 상 제769조) 본문에 의하여 책임을 제한할 수 없다고 할 수 없으며, 상법 제750조(개정 상 제774조) 제1항 제1호에 의하여 용선자가 책임제한의 주체인 경우에도 용선자 자신에게 고의 또는 무모한 행위가 없는 한 피용자에게 고의 또는 무모한 행위가 있다는 이유로 책임을 제한할 수 없다고 할 수 없는 것이다」라 판시하여, 선박충돌로 인한 손해배상채권은 상법 제746조(개정 상 제769조) 제1호에 의하여 책임제한의 대상이 되며 용선자에게 고의 또는 무모한 행위가 없는 한 선장 등의 피용자에게 고의 또는 무모한 행위가 있더라도 그 책임을 제한할 수 있다고 하였다.

## Ⅱ. 船長 그 밖의 使用人의 船舶業務 관련 者 또는 船舶所有者에 대한 債權

선장·해원 그 밖의 사용인으로서 그 직무가 선박의 업무에 관련된 자 또는 그 상속인, 피부양자 그 밖의 이해관계인의 선박소유자에 대한 채권에 대하여서는 책임을 제한하지 못한다(상 773조 1호). 이것은 경제적 지위가 낮은 선장 기타 사용인을 보호하기 위한 사회정책적 배려이다.

여기에서 선장·해원 그 밖의 사용인의 선박소유자에 대한 채권은 계약에 의한 것이든 불법행위에 의한 것이든 불문한다(정찬형 770면).

## Ⅲ. 海洋事故救助料·共同海損分擔金債權

해난구조 또는 공동해손분담에 관한 채권에 대하여서는 책임을 제한하지 못한다(상 773조 2호). 해난구조에 관한 채권은 해난구조료채권을 말하고, 공동해손분담에 관한 채권은 공동해손분담금채권을 말한다.

해난구조료는 다른 약정이 없는 한 구조된 목적물의 가액을 한도로 하고(상 884조 1항) 또 공동해손분담책임은 공동의 위험을 면한 선박의 도달 시 또는 적하 인도 시의 가액을 한도로 하여(상 868조) 책임이 제한되고 있으므로, 이러한 채권은 책임제한채권에서 제외한 것이다.

## Ⅳ. 油類汚染損害에 관한 債權

1969년의 「유류오염손해민사책임 국제조약」(International Convention on Civil Liability for Oil Pollution Damage, CLC)이 적용되는 유류오염손해채권에 대하여서는 그 책임을 제한하지 못한다(상 773조 3호).

유류오염손해민사책임조약을 기초로 제정된 「유류오염손해배상보장법」(1992. 12. 8. 법 4532호, 2007. 1. 26. 개정)에서 선박소유자가 책임한도액까지 유류오염손해배상책임을 제한할 수 있다고 규정하고 있으므로(동 법 6조 1항, 7조 1항), 유류오염손해배상채권을 책임제한채권에서 제외한 것이다.

유류오염손해채권에 대한 선박소유자의 책임제한의 배제(비책임제한채권)는 유류를 화물로 운송하고 유조선에 의한 유류오염손해의 책임에만 적용된다. 따라서 유조선이 아닌 일반화물선이 그 연료유를 유출하여 오염한 경우 그 유류오염손해채권은 비제한채권이 아니다(대판 2000. 8. 22. 99 다 9646 · 9660 · 9677).

### Ⅴ. 難破物 등의 除去에 관한 債權

침몰, 난파, 좌초, 유기, 그 밖의 해양사고를 당한 선박 및 그 선박 안에 있거나 있었던 적하와 그 밖의 물건의 인양, 제거, 파괴 또는 무해조치에 관한 채권에 대하여서는 책임을 제한하지 못한다(상 773조 4호).

이것은 1976년조약에서 난파물 등의 제거채권을 책임제한채권으로 규정하고 있으면서 이를 각국의 유보사항으로 규정하고 있고, 또 개항질서법(1991. 3. 8. 법 4359호 전개 2009. 5. 27. 법 9734호 개정)에서 지방해양항만청장은 장해물 등의 제거를 명령할 수 있고(개항질서 26조), 이에 위반한 때에는 지방해양항만청장이 행정대집행절차를 취할 수 있으며(개항질서시행령 15조), 그 비용을 국세체납처분의 예에 따라 선박소유자 등에게 청구할 수 있어(행정대집행 3조, 6조) 난파물 등의 제거채권을 책임제한채권에 포함시킬 필요가 없으므로 그 채권을 책임제한채권에서 제외한 것이다.

난파물 등의 제거채권은 난파물 등의 제거작업을 맡은 자가 난파선의 소유자에 대하여 가지는 채권을 말한다(대판 2000. 8. 22. 99 다 9646 · 9660 · 9677).

**【대법원 2000. 8. 22. 판결, 99 다 9646 · 9660 · 9677】**

**1. 사실관계**

X소유의 컨테이너 운반선 알렉산드리아호와 Y소유의 신후아7호가 쌍방 선원의 과실이 경합되어(X측 대 Y측 과실비율 3:7) 충돌하여 위 알렉산드리아호가 침몰되었다. 이로 인하여 위 알렉산드리아호 내에 있던 기름이 유출되어 부산 태종대 앞 바다가 오염되고 또 위 알렉산드리아호에 적재되어 있던 컨테이너들이 해상을 부유(浮遊, 떠돌아 다님)하고 있어 다른 선박의 항해에 지장을 주었다.

그리하여 부산해양경찰서장이 X에게 위 유류를 제거하고 컨테이너 · 화물 등을 수거하라는 방제명령을 하였고, X가 가입한 A상호보험회사(이하 "A보험회사")가 X를 대리하여 해양오염방제회사인 B회사에 유류오염방제비용으로 미화 88만 달러를 또 컨테이너 등 인양회사인 C회사에 컨테이너 등 인양비용으로 58만 달러를 각각 지급하여 유류를 제거하고 컨테이너 등을 수거하였다.

이에 X가 Y에 대하여 미화 146만 달러의 손해배상을 청구하자 Y가 X에 대하여 그 책임의 제한을 주장하였고, 그러자 X가 다시 유류방제비용 상당의 손해배상청구권과 컨테이너 등 인양비용 상당의 손해배상채권은 비책임제한채권으로서 책임제한을 할 수 없다고 주장하였다.

**2. 판결요지**

이 건에 관하여, 대법원은 「유류오염방제비용 상당의 손해배상채권은 알렉산드리아호가 기름을 화물로 운송하는 선박에 해당하지 않으므로 상법 제748조(개정 상 제773조) 제3호에 해당하지 않고 또 유류오염방제에 관하여서는 개항질서법이 아니고 해양오염방지법에서 규율하는 기름 등의 확산방지 및 제거 등의 명령을 받게 되는 점에 비추어 상법 제748조(개정 상 제773조) 제4호 소정의 「기타의 물건의 제거…에 관한 채권」으로 보기도 어려우므로, 이는 상법 제746조(개정 상 제769조) 제3호 또는 제4호에 규정된 책임제한채권에 해당한다.

또한 상법 제748조(개정 상 제773조) 제4호의 의미는 선박소유자에게 해상에서의 안전, 위생, 환경보전 등의 공익적 목적으로 관계 법령에 의하여 그 제거 등의 의무가 부과된 경우에 그러한 법령상의 의무를 부담하는 선박소유자에 한하여 난파물제거채권에 대하여 책임제한을 주장할 수 없는 것으로 봄이 상당하고, 위와 같은 법령상의 의무를 부담하는 선박소유자가 자신에게 부과된 의무나 책임을 이행함으로써 입은 손해에 관하여 그 손해발생에 원인을 제공한 가해선박소유자에 대하여 그 손해배상을 구하는 채권은 이 조항에 규정된 난파물제거채권에 해당한다고 할 수 없으며, 오히려 이와 같은 구상채권은 구체적인 사정에 따라 선박소유자의 유한책임을 규정하고 있는 상법 제746조(개정 상 제769조) 제1호 또는 제3호나 제4호에 해당한다고 보는 것이 타당하다」고 판시하여, 유조선이 아닌 일반화물선이 연료유를 유출하여 생긴 유류오염손해채권은 비책임제한채권이 아니고 또 난파선의 소유자가 난파물의 제거작업을 맡은 자에게 난파물의 제거비용을 지급하고 그 가해선박소유자에 대하여 손해배상을 청구하는 채권은 비책임제한채권이 아니며 이러한 채권들은 상법 제746조(개정 상 제769조)의 책임제한채권으로 보아야 한다고 하였다.

## Ⅵ. 原子力損害에 관한 債權

원자력손해에 관한 채권에 대하여서는 책임을 제한하지 못한다(상 773조 5호). 1962년의 「원자력선 운항자의 책임에 관한 조약」(Convention on Liability of Operators of Nuclear Ships)에서 원자력손해에 관한 책임한도를 정하고 있고 또 원자력손해배상법에서 원자력사업자는 1 원자력사고마다 3억 계산단위의 한도 안에서 원자력 손해에 대한 배상책임을 진다고 규정하고 있으므로(원자력손해배상 3조의2 1항) 원자력손해에 관한 채권을 책임제한채권에서 제외한 것이다.

## 제6. 責任限度額

### Ⅰ. 責任總額의 制限

동일한 사고에서 발생한 모든 채권에 대한 선박소유자 및 그 밖의 책임제한권자(용선자, 선박관리인, 선박운항자, 법인인 선박소유자의 무한책임사원, 선박소유자 등의 사용인 등)의 책임제한의 총액은 선박마다 상법 제770조 소정의 책임한도액을 초과하지 못한다(상 774조 2항). 책임제한의 총액은 선박마다 사고마다 정한다.

### Ⅱ. 각 損害의 責任限度額

#### 1. 旅客의 死傷으로 인한 損害의 責任限度額

여객의 사망 또는 신체의 상해로 인한 손해의 채권에 대한 선박소유자 등의 책임의 한도액은 그 선박의 선박검사증서에 기재된 여객의 정원에 17만 5,000 계산단위를 곱한 금액으로 한다(상 770조 1항 1호).

여기에서 여객은 여객운송계약에 의하여 운송되는 자 또는 운송인의 동의를 얻어 물건운송계약에 의하여 운송되는 차량 또는 살아 있는 동물을 호송하는 자이다(1976년 조약 7조 2항 (a)(b)). 또한 선박검사증서는 선박이 정기검사에 합격한 때에 국토해양부장관이 그 행정구역·최대탑재인원 등을 기재하여 교부한다(선박안전 8조 2항). 그리고 1 계산단위는 국제통화기금(International Monetary Fund, IMF)의 1 특별인출권(Special Drawing Rights, SDR)에 상당하는 금액으로서(상 770조 1항 1호), 1 SDR은 순금 0.888671 그램에 상당하는 금액이다(1976년 조약 부표 B3).

#### 2. 非旅客의 死傷으로 인한 損害의 責任限度額

여객 외의 사람의 사망 또는 신체의 상해로 인한 손해에 대한 선박소유자 등의 책임의 한도액은 그 선박의 톤수에 따라 다음과 같이 계산된 금액으로 한다(상 770조 1항 1호·2호). 여기에서 여객 외의 사람은 예컨대 하역작업인이나 전송하는 사람 등이다. 또한 선박의 톤수는 국제항해에 종사하는 외항선(발항항이나 도착항이 외국인 경우)에 있어서는 선박법에서 규정하는 국제 총톤수이고, 그 밖의 선박 즉 내항선에 있어서는 선박법에서 규정하는 총톤수이다(상 772조).

| 선 박 톤 수 | 책 임 한 도 액 |
| --- | --- |
| ① 300톤 미만의 선박 | 167,000 SDR |
| ② 300~500톤의 선박 | 333,000 SDR |
| ③ 501~3,000톤의 선박 | 333,000+(선박톤수-500)×500 SDR |
| ④ 3,001~30,000톤의 선박 | ③의 금액+(선박톤수-3,000)×333 SDR |
| ⑤ 30,001~70,000톤의 선박 | ④의 금액+(선박톤수-30,000)×250 SDR |
| ⑥ 70,000톤 초과의 선박 | ⑤의 금액+(선박톤수-70,000)×167 SDR |

### 3. 그 밖의 損害의 責任限度額

여객 및 비여객의 사상으로 인한 손해 외의 손해 즉, 물적손해에 대한 선박소유자 등의 책임의 한도액은 그 선박의 톤수에 따라 다음과 같이 계산된 금액으로 한다(상 770조 1항 3호).

| 선 박 톤 수 | 책 임 한 도 액 |
| --- | --- |
| ① 300톤 미만의 선박 | 83,000 SDR |
| ② 300~500톤의 선박 | 160,000 SDR |
| ③ 501~30,000톤의 선박 | 167,000+(선박톤수-500)×167 SDR |
| ④ 30,001~70,000톤의 선박 | ③의 금액+(선박톤수-30,000)×125 SDR |
| ⑤ 70,000톤 초과의 선박 | ④의 금액+(선박톤수-70,000)×83 SDR |

### 4. 海難救助와 관련된 損害의 責任限度額

#### (1) 救助船에 의한 救助의 경우

구조선에 의하여 해난구조를 한 경우에 구조자 또는 그 피용자의 그 구조활동과 관련하여 생긴 손해에 대한 선박소유자 등의 책임한도액은 일반책임제한채권의 경우와 같다(상 775조 1항, 770조 1항). 즉 해난구조자의 구조활동과 관련하여 손해가 생긴 경우에 그 책임한도액은, ① 여객의 사상으로 인한 손해, ② 비여객의 사상으로 인한 손해, ③ 그 밖의 손해에 따라 각각 부담하는 것(상 770조 1항)과 동일한 금액이다.

#### (2) 救助船에 의하지 않은 救助의 경우

구조선에 의하지 않고 구조활동을 한 경우(예 : 헬리콥터로 구조한 경우)나 피구조선박으로 구조활동을 한 경우에 그 구조활동과 관련하여 생긴 손해에 대한 선박소유자 등의 책임한도액은 1,500 톤의 선박에 의한 구조자의 책임한도액과 같은 금액이다(상 775조 2항).

| 손해의 종류 | 책 임 한 도 액 |
|---|---|
| ① 여객의 사상으로 인한 손해 | 여객의 수×17만5,000 SDR |
| ② 비여객의 사상으로 인한 손해 | 333,000+(1,500−500)×500 SDR=833,000 SDR |
| ③ 그 밖의 손해 | 167,000+(1,500−500)×167 SDR=334,000 SDR |

### Ⅲ. 責任限度額에 대한 債權의 競合

수개의 책임제한채권이 있는 경우에 각 책임제한채권은 각 책임한도에 대하여 각 채권액의 비율로 경합한다(상 770조 3항).

비여객의 사상으로 인한 손해의 채권의 책임한도액이 그 채권의 변제에 부족한 때에는 그 밖의 손해의 채권의 책임한도액(상 770조 1항 3호)을 그 잔액채권의 변제에 충당한다(상 770조 4항 1문). 동일한 사고에서 그 밖의 손해의 채권과 비여객의 사상으로 인한 손해의 채권이 발생한 때에는, 그 밖의 손해의 채권과 비여객의 사상으로 인한 손해의 채권의 잔액채권은 그 밖의 손해의 채권의 책임한도에 대하여 각 채권액의 비율로 경합한다(상 770조 4항 2문).

그리고 선박소유자 등의 책임제한채무자가 책임제한채권자에 대하여 동일 사고로 인하여 생긴 손해에 관한 채권을 가지는 경우에는(예 : 쌍방 선박의 선원의 과실로 인한 선박충돌의 경우) 그 채권액을 공제한 잔액에 대하여 책임이 제한된다(상 771조).

## 제7. 責任制限節次

### 1. 序 說

선박소유자 등의 책임제한채무자는 책임제한의 절차에 따라 그 책임제한을 주장하여야 한다. 책임제한의 절차에 관한 제도는 실체법이 아니고 절차법이므로 「선박소유자 등의 책임제한절차에 관한 법률」(1991. 12. 31. 법 4471호 2007. 8. 3. 개정)에서 따로 규정하고 있다.

### 2. 節次의 申請

책임을 제한하고자 하는 자가 책임제한채권의 채권자로부터 서면으로 책임한도액을 초과하는 금액을 청구받은 경우에는 그 청구를 받은 날부터 1년 이내에 법원에 책임제한절차개시의 신청을 하여야 한다(상 776조 1항).

법원은 위 신청이 상당하다고 인정하는 때에는 신청인에 대하여 14일을 넘지 않는 일정한 기일(공탁지 정기일)에 법정책임한도액(상 770조 1항 각 호 및 4항)에 상당하는 금액과 이자(연 6 푼)를 법원에 공탁할 것을 명하여야 한다(절차 11 조 1항). 이 공탁금은 책임제한기금으로 된다.

신청인이 공탁명령을 이행하지 않는 때에는 법원은 그 신청을 각하하여야 한다(절차 17 조 4호).

### 3. 節次開始의 決定

신청인이 책임제한기금을 형성한 때에는 법원은 책임제한절차개시의 결정을 하여야 하고, 책임제한절차는 법원이 그 개시결정을 한 때부터 효력이 생긴다(절차 19조).

법원은 개시결정과 동시에 관리인을 선임하고 책임제한채권의 신고기간 · 조사기일을 정하여야 하며(절차 20조), 또 관리인의 성명 · 주소, 책임한도액, 공탁금액 또는 공탁보증인의 상호, 책임제한채권의 신고기간 · 조사기일, 결정연월일 등을 공고하고(절차 21 조 1항) 이를 기재한 서면을 책임제한채권자 등에게 송달하여야 한다(절차 21 조 2항).

선박소유자 등의 책임제한채무자의 1인이 책임제한절차개시의 결정을 받은 때에는 책임제한을 주장할 수 있는 다른 자도 이를 원용할 수 있다(상 774 조 3항).

절차개시의 결정이 있는 때에는 책임제한채권자는 공탁금과 그 이자의 합계액에서만 배당 받을 수 있고 그 기금 외의 신청인 또는 수익채무자(선박소 유자 등)의 재산에 대하여 권리를 행사하지 못한다(절차 27조).

### 4. 責任制限債權의 調査 · 確定

책임제한채권의 조사기일에 신고된 채권에 대하여 그것이 책임제한채권인가 아닌가, 책임제한채권인 경우 그 내용 및 그 분류를 조사하여야 한다(절차 53조).

신청인 · 책임제한채무자(수익채무자) 및 이들의 대리인은 조사기일에 출석하여 신고된 채권에 대하여 이의를 진술할 수 있다(절차 54 조 1항). 이의가 없는 때에는 그 신고된 채권이 책임제한채권인 것 및 그 내용과 분류가 확정되고(절차 56조), 이의가 있는 때에는 법원이 그 채권에 대하여 査定의 재판을 하여야 한다(절차 57 조 1항).

### 5. 配 當

배당은 기금으로 한다(절차 65조). 관리인은 조사기일의 종료 후에 배당표를 작성하여 법원의 인가를 받아야 한다(절차 66조).

법원이 배당표를 인가한 때에는 그 뜻을 공고하고 법원에 이를 비치하여야 하며(절차 67조), 불복이 있는 자는 법원에 이의를 신청할 수 있다(절차 68조 1항).

책임제한절차에 참가한 자는 관리인에 대하여 자기의 신고채권에 관하여 소송이 계속되고 있거나 강제집행 또는 담보권이 실행되고 있음을 증명하여 配當留保의 신청을 할 수 있다(절차 70조).

## 제8. 特別法上의 責任制限

### Ⅰ. 油類汚染損害賠償責任

#### 1. 序 說

1960년대 후반부터 거대 유조선의 해상유류오염사고가 빈발하여 그로 인한 민사책임이 문제되었다. 해상유류오염손해가 거액인 데 대하여 책임한도액은 선박소유자책임제한제도에 의한 것으로 너무 적었기 때문에 새로운 민사책임제도가 필요하였다.

그리하여 1969년의 「유류오염손해의 민사책임에 관한 국제조약」(International Convention on Civil Liability for Oil Pollution Damage, CLC)(이하 1969년 민사책임조약이라 함)(1992년 개정)과 1971년의 「유류오염손해의 보상을 위한 국제기금의 설립에 관한 국제조약」(International Convention on the Establishment of an International Fund for Compensation for Oil Pollution Damage, IFC)(1992년 개정)이 성립하였다.

우리 나라는 위의 두 조약을 비준하고, 「유류오염손해배상보장법」(1992. 12. 8. 법 4532호 2007. 1. 26. 개정)을 제정하였다.

#### 2. 油類汚染損害賠償責任의 適用法規

선박에 의한 해상유류오염손해의 손해배상책임은 그 오염손해가 유조선(유류를 화물로 적재하여 운송하는 선박)에 의하는 경우에는 1969년의 민사책임조약과 유류오염손해배상보장법에 의하고, 유조선 외의 선박에 의하는 경우에는 상법에 의한다.

#### 3. 油類汚染損害賠償保障法의 內容

##### (1) 無過失責任

유류오염손해가 발생한 때에는 선박소유자는 법정의 면책사유에 해당하는 경우 외에는 무과실책임을 진다(유류오염손해배상보장 4조 1항).

##### (2) 連帶責任

유류오염사고가 2척 이상의 선박이 관련되어 생긴 경우에 그 유류오염손해가 어느 선박에서 유출 또는 배출된 것인지 분명하지 않은 때에는 각 선박소유자는 연대하여 그 손해를 배상할 책임이 있다(유류오염손해배상보장 4조 2항).

⑶ 責任制限

선박소유자는 유류오염손해배상책임을 지는 경우에 선박의 톤수에 따라 책임을 제한할 수 있다(유류오염손해배상보장 6조 1항, 7조 1항).

⑷ 保障契約締結强制

200톤 이상의 散積油類를 화물로 운송하는 선박의 소유자는 「유류오염손해배상보장계약」을 체결하여야 한다(유류오염손해배상보장 14조 1항).

⑸ 國際基金에 대한 補償請求

유류오염의 피해자는 유류오염손해금액 중에서 선박소유자 등으로부터 배상받지 못한 금액에 관하여 국제기금협약의 정하는 바에 따라 국제기금에 대하여 보상을 청구할 수 있다(유류오염손해배상보장 23조).

⑹ 國際基金分擔金의 納付

연간 15만 톤을 초과하는 원유·연료유류를 수령하는 자는 국제기금에 국제기금협약에 의하여 부담하는 분담금을 납부하여야 한다(유류오염손해배상보장 31조 1항·3항).

## Ⅱ. 原子力損害賠償責任

원자력선(원자로를 설치한 선박)에 의한 원자력손해의 배상책임은 「원자력손해배상법」(1969. 1. 24. 법 2094호, 2008. 2. 29. 개정)에 의한다. 원자력손해배상법은 원자력사업자의 무과실책임, 책임의 집중, 책임한도액(1 원자력 사고마다 3억 계산단위) 등을 규정하고 있다(원자력손해배상 3조, 3조의2).

# 제3장 海上企業活動

## 제 1 절 海上運送契約

### 제 1 관 總 說

#### 제1. 海上運送契約의 意義

해상운송계약(contract of carriage by sea)은 당사자의 일방이 湖川·港灣(평수구역) 외의 해상에서 물건 또는 여객을 운송할 것을 인수하고 이에 대하여 상대방이 운임을 지급할 것을 약정하는 계약이다.

해상운송은 운송인 점에서 육상운송과 공통하므로, 해상운송에는 육상운송에 관한 규정이 많이 준용된다(상 815조, 826조). 그러나 해상운송은 운송의 수단이 선박이고 운송의 장소가 해양인 점에서 육송운송과 여러 가지 다른 특성이 있으므로, 상법은 제5편(해상) 제4장(운송)에서 해상운송에 관한 특별규정을 두고 있다.

#### 제2. 海上運送契約의 法的 性質

1. 都給契約性

해상운송계약은 물건 또는 여객의 장소적 이동이라는 일의 완성을 목적으로 하는 계약이므로 도급계약이다(통설). 그러나 해상법은 해상운송계약에 관하여 자족적으로 상세하게 규정하고 있고 특히 해상관습과 각종의 약관이 발달하여 있어 해상운송계약에는 민법의 도급계약에 관한 규정이 적용될 여지가 거의 없다.

2. 諾成·不要式契約性

해상운송계약은 낙성계약으로서 당사자의 합의만으로 성립한다. 따라서 물건운송계약에 있어서 운송장이나 선하증권의 작성·교부 또는 여객운송계약에 있어서 승차권의 발행은 그 성립요건이 아니다.

또한 해상운송계약은 불요식계약으로서 해상운송계약의 체결에 아무 방식을 요하지 않는다. 따라서 해상운송계약은 구두 또는 묵시적 합의에 의하여 성립할 수 있다.

3. 附合契約性

해상운송계약은 대체로 보통거래약관에 의하여 대량적·집단적·정형적으로 체결되므로 부합계약으로 되어 있다. 이 부합계약성은 해상운송계약 중 여객운송계약이 가장 강하고, 개품운송계약이 그 다음으로 강하고, 용선계약은 아주 약하다.

4. 商行爲性

해상운송의 인수를 영업으로 하는 때에는 상행위로 되고(상 46조 13호), 이를 자기의 명의로 하는 자는 상인이다(상 4조).

## 제3. 海上運送契約의 當事者

해상운송계약의 당사자는 해상운송인과 해상운송의 위탁자이다. 해상운송인은 선박소유자(선주), 선체용선자(나용선자), 정기용선자이다. 해상운송의 위탁자는 송하인(개품운송계약의 경우), 용선자(용선계약의 경우), 여객이다.

물건운송계약에 있어서는 도착지에서 운송물을 인도받을 자로서 수하인이 있다. 수하인은 운송의 진행에 따라 운송인에 대하여 권리의무를 가지나, 물건운송계약의 당사자는 아니다.

## 제4. 海上運送의 發達

고대부터 근세에 이르기까지 기업거래에 필요한 운송의 중심은 해상운송이었다. 따라서 해상운송법도 일찍이 발달하여 육상운송법에 대하여 선구자적 역할을 하였다.

해상운송은 당초 매매상인이 스스로 선박소유자로서 자기의 화물을 운송하는 自船運送의 시대(로마)에서 시작하여, 선박소유자와 선원 및 화주가 해상무역의 기업자로 되는 組合的 自船運送의 시대(중세)로 이전하였고, 그 다음에 화주단체가 선박을 임차하여 운송하는 선체용선의 시대를 거쳐, 선박소유자가 해상운송인이 되어 운송하는 용선계약의 시대로 진전하였다.

또한 19세기 후반 증기선시대에 들어 대형선박이 출현함에 따라 운송계약의 중심이 용선계약에서 개품운송계약으로 되었고, 더욱이 기후의 장애를 극복하여 정기적 항해가 가능하게 됨에 따라 정기선에 의한 개품운송계약이 많아졌다.

그리고 20세기 후반 造船技術의 발달로 초대형 유조선(super oil tank) 또는 대형 벌크 카고 전용운송선(bulk cargo carrier)(곡물 등과 같이 포장되지 않은 화물을 운송하는 선박)이 등장하여 대규모 물건운송이 가능하게 되었고, 또 컨테이너선(container선)이 등장하여 육상·해상을 통한 복합운송이 가능하게 되었다.

여객운송은 처음에는 물건운송에 부수하여 행하여지다가, 점차 이것이 副業으로 되었고, 오늘날에는 여객운송을 專業으로 하는 여객선이 생겼다.

### 제5. 海上運送法

위와 같이 해상운송의 형태가 크게 변천되었는 데도, 상법 제5편(해상) 제4장(운송)에서는 오늘날 이용도가 적은 全部傭船契約을 중심으로 규정하고 個品運送契約에 관하여서는 약간의 특별규정을 두고 있을 뿐이었다. 그리하여 2007년의 개정상법에서는 개품운송계약에 관하여 먼저 상세하게 규정하고 이를 해상운송계약과 항해용선계약에 필요한 경우 준용하고 있으며, 해상물건운송인의 손해배상책임의 한도에 관하여 헤이그 비스비 규칙(Hague Visby Rules)을 도입하여 해상물건운송인의 책임한도액을 증액하고 중량책임제도를 채택하였다.

# 제 2 절　海上物件運送契約

## 제 1 관　海上物件運送契約의 概念·種類

### 제1. 概　念

#### Ⅰ. 意　義

해상물건운송계약(contract of affreightment)은 해상운송인이 상대방(송하인 또는 용선자)에 대하여 해상에서 선박에 의하여 물건을 운송할 것을 인수하고 상대방이 이에 대하여 운임을 지급할 것을 약정하는 계약이다. 여기에서 물건은 운송의 목적물로서 모든 유체동산을 포함한다. 底荷(운송물이 부족할 때에 선박의 안정을 유지하기 위하여 적재하는 모래·물 등)는 운송물이 아니다.

해상물건운송계약에서는 운송인이 운송물을 수령하여 보관할 것을 요하므로, 曳船契約은 피예선이 예선의 보관·감독하에 있는 경우에는 해상운송계약이고 피예선이 예선의 지휘권을 가지는 경우에는 고용계약 또는 도급계약이다(통설).

### Ⅱ. 定期船運送·不定期船運送

해상물건운송에는 정기선운송(liner service)과 부정기선운송(tramper service) 내지 용선(chartering)이 있다.

정기선운송은 일정한 항로·기항지에 선박을 취항하고 일정한 항해 스케줄과 운임표에 따라 운송하는 것으로서, 화물은 주로 雜貨이다. 정기선운송계약은 보통거래약관에 의하여 체결한다. 정기선운송은 19세기 중엽 汽船時代부터 발달하였다.

부정기선운송은 항로와 운항기일을 한정하지 않고 화물운송의 수요에 따라 그때그때 적당한 선박을 제공하여 운송하는 것으로서, 화물은 주로 광석·석탄·석유·목재·곡류·사탕·비료·차량 등 대량화물이고 운임은 당사자가 그때그때의 시세에 따라 합의하여 정한다. 부정기선운송계약은 통상 용선계약에 의하여 체결되고, 여기에는 계약자유의 원칙이 지배하는 것이 특색이다.

오늘날 세계경제무역의 비약적 발달로 화물운송량이 대규모화함에 따라 탱커(원유, 석유제품), 액화 가스선(LPG LNG), 벌커 카고(곡물 등 산적화물), 자동차운반선 등 각종의 전용선·특수선이 출현하였고, 이러한 선박의 소유자가 동일 화주와 수회의 항해에 걸쳐 또는 '장기간에 걸쳐 운송계약을 체결하여 화물을 운송하기도 하고, 또는 석유산업·철강업·자동차산업 등의 기업이 직접 이러한 선박을 소유하거나 선박회사의 선박을 정기용선이나 선체용선을 하여 화물을 운송하기도 한다.

## 제2. 海上物件運送契約의 種類

### Ⅰ. 個品運送契約

#### 1. 意 義

개품운송계약(carriage in a general)은 해상운송인인 선박소유자 등이 개개의 물건의 운송을 인수하고 상대방인 송하인이 이에 대하여 보수인 운임을 지급할 것을 약정하는 계약이다(상 791조).

개품운송계약에 있어서는 어떤 화물인가(예 : 종류, 부피 무게, 성질 등)가 중시되고, 선박의 개성은 중시되지 않으므로 代船約款(예정되어 있는 선박에 갈음하여 다른 선박으로 운송할 수 있다는 내용의 약관)과 換積約款(선적화물을 다른 선박에 환적하여 운송할 수 있다는 내용의 약관)이 이용되고 있다.

개품운송계약은 불특정 다수의 송하인으로부터 여러 종류의 잡다한 화물의 운송을 인수하는 것이므로, 개품운송계약에 있어서 운송의 인수와 관련된 문제는 개별적 교섭에 의하지 않고 증권의 이면에 기재된 운송약관에 의하여 획일적으로 처리된다.

### 2. 傭船契約과 個品運送契約의 經濟的 差異

통상 용선계약은 비교적 소형선박에 의하고 부정기항해에 이용되나, 개품운송계약은 비교적 거대선박에 의하고 정기항해에 이용되는 근대적인 운송형태라는 면에서 차이가 있다.

## Ⅱ. 再運送契約

### 1. 意 義

용선계약(항해용선계약, 정기용선계약)에 있어서는 운송물이 누구의 것인가가 중요하지 않으므로, 용선자(항해용선자 또는 정기용선자)는 선박소유자 등과의 용선계약에 다른 정함이 없는 한 그 용선한 선박에 자기의 화물을 선적하지 않고 다시 제3자와 운송계약(개품운송계약을 체결하는 경우도 있으나 우리 나라에서는 통상 용선계약을 체결함)을 체결할 수 있다. 용선자가 선박소유자 등과 체결한 제1의 운송계약 즉, 주운송계약(orginal charter)(용선계약)에 대하여 제2의 운송계약(개품운송계약)을 재운송계약 또는 재용선(sub charter)이라 한다.

재운송계약은 주운송계약과 독립한 운송계약이다. 용선자는 선박소유자 등에게 지급할 용선료(정기용선의 경우)와 자기가 재운송계약에 의하여 취득할 운임(항해용선의 경우)과의 차액을 이득하는 것이다.

### 2. 效 力

#### (1) 主運送契約 當事者間의 關係

주운송계약에 있어서 선박소유자 등의 해상운송인과 용신자의 관계는 용선계약의 정한 바에 의하고, 용선계약에 다른 정함이 없는 한 용선자는 재운송계약을 체결할 수 있고 재운송계약을 체결함에 해상운송인의 승낙을 얻어야 하는 것이 아니다.

(2) 再運送契約 當事者間의 關係

재운송계약에 있어서 용선자와 그 상대방인 재용선자(송하인)의 관계도 재운송계약의 정한 바에 의하고, 용선자는 그 상대방에 대하여 운송계약상의 권리의무를 가진다.

재운송계약은 주운송계약과는 별개 독립의 운송계약이므로, 용선자의 재운송계약 상대방에 대한 운송계약상의 책임은 원칙적으로 용선자가 부담하고 주운송계약의 운송인인 선박소유자 등이 재운송계약의 송하인이나 수하인에 대하여 직접 계약책임을 지지 않는다.

(3) 船舶所有者 등과 再運送契約의 相對方 간의 關係

용선자가 재운송계약을 체결한 경우에 그 계약의 이행이 선장의 직무범위에 속하는 것인 때에는, 선박소유자 등도 재운송계약의 상대방에 대하여 감항능력주의의무(상 794조)와 운송물주의의무(상 795조)에 의한 책임을 진다(상 809조). 이 경우 용선자는 계약운송인에 해당하고 선박소유자는 실제운송인에 해당하므로, 이들은 선장의 직무에 속하는 범위에서는 선박소유자 등과 동일한 책임을 지는 것이다(통설).

용선자가 재운송계약을 체결한 경우에 선박소유자 등은 재운송계약의 송하인 등과는 직접적인 관계에 있지 않으므로, 선박소유자 등은 재운송계약의 송하인 등에 대하여 운임을 청구할 수 없고 또 재운송계약의 송하인 등이 용선자에게 운임을 지급하여도 선박소유자 등은 주운송계약의 용선료의 지급을 받을 때까지 그 운송물을 유치할 수 있다(상 807조 2항).

## Ⅲ. 通運送契約

### 1. 意　義

통운송계약(contract of through carriage)은 하나의 운송계약에 수인의 운송인이 관여하는 운송계약이다.

통운송은 19세기 중엽 이후 국제거래의 발달과 정기선항해의 신장으로 널리 행하여졌고, 근시 등장한 컨테이너 국제복합운송은 가장 전형적이고 현대적인 통운송의 형태이다.

2. 種 類

(1) 運送區域에 의한 分類

통운송계약은 통운송이 행하여지는 구역(해상 · 육상 · 공중)에 따라 해상통운송계약과 해륙(공)통운송계약이 있다.

(2) 貨主와의 관계에 의한 分類

① **下受運送契約** 하수운송계약은 제1의 운송인이 전 운송구간의 운송을 인수하고 그 일부 또는 전부의 운송을 다른 운송인에게 위탁하는 것이다. 최근의 컨테이너 복합운송은 거의 이 하수운송의 형태를 취하고 있다.

② **同一運送契約** 동일운송계약은 수인의 운송인이 처음부터 공동으로 전 운송구간의 운송을 인수하고, 다만 내부적으로 각 운송인의 운송구간을 나누어 정하는 것이다.

③ **連帶運送契約** 연대운송계약은 수인의 운송인이 서로 연락관계를 가지고 전체의 운송에 대하여 1통의 통운송장(선하증권 또는 해상화물운송장)에 의하여 순차로 각 구간의 운송을 공동으로 인수하는 것이다. 이것을 공동운송계약이라고도 한다. 이 경우에는 송하인이 제1의 운송인과 전 운송구간에 관하여 운송계약을 체결하고, 그 운송인은 전 운송구간 중의 일부의 운송구간만 운송하고 운송물을 제2의 운송인에게 인도하며, 그리하여 제2 이하의 운송인이 각각 그 다음의 운송인에게 인계할 때에 운송관계에 가입하게 된다. 상법 제138조의 순차운송은 이 연대운송이다.

3. 效 力

(1) 下受運送契約

하수운송계약에 있어서 운송계약(元受契約)의 당사자는 송하인과 元受運送人(제1의 운송인)이고 下受運送人(다른 운송인)은 원수운송인의 단순한 이행보조자로서 송하인에 대하여서는 직접의 법률관계에 있지 않다. 따라서 운송 중에 하수운송인에 의하여 화물의 멸실 · 훼손 또는 연착으로 손해가 생긴 경우에는 원수운송인이 손해배상책임을 진다(상 135조).

(2) 同一運送契約

동일운송계약에 있어서 각 운송인은 운송물의 멸실 · 훼손 또는 연착으로 인하여 생긴 손해를 연대하여 배상할 책임을 진다(상 57조).

### (3) 連帶運送契約

연대운송계약에 있어서 각 운송인은 운송물의 멸실·훼손 또는 연착으로 인하여 생긴 손해를 연대하여 배상할 책임이 있다(상 138조 1항). 그러나 실제로는 대개 통운송의 선하증권에 각 운송인은 자기의 운송구간에 한하여서만 책임을 진다거나 운송인의 책임은 분할·비연대(severally, not jointly)라는 뜻을 정하고 있으므로, 운송인의 연대책임이 생길 여지가 거의 없다.

## Ⅳ. 複合運送契約

### 1. 意 義

복합운송계약(contract of combined transport)은 통운송계약 중에서 육상·해상·공중 등에 걸쳐 종류가 다른 2개 이상의 운송수단(예: 자동차·철도 선박·항공기 등)에 의하여 운송할 것을 인수하는 운송계약이다(상 816조 1항). 복합운송계약은 국제거래에서 많이 이용되고 있다.

우리 나라는 남북이 분단되어 대륙으로의 길이 막혀 있고 3면이 바다이므로, 국제운송이라 하면 일반적으로 해상운송을 의미하였다.

그러나 최근에 이르러 항공기의 제트(jet)화·대형화로 항공운송이 증가되고 있고, 특히 오늘날 하이 텍(high teck)과 같은 가볍고 고가인 운송물은 주로 항공운송에 의하고 있으며, 게다가 화물운송의 컨테이너화로 인하여 육·해·공에 걸쳐 전 운송구간을 자동차·철도·선박·항공기 등 여러 가지의 운송수단에 의하여 운송하는 국제복합운송이 날로 증가하고 있다.

### 2. 國際條約

국제복합운송에 관하여서는 1980년의 UN국제물건복합운송조약(United Nations Convention on International Multimodal Transport of Goods, 1980)과 1992년의 국제복합운송업자연맹 선하증권약관(Standard Conditions governing FIATA Multimodal Transport Bill of Lading, 1992)의 선하증권 등이 있고, 우리 상법상의 복합운송인의 책임(상 816조)은 이러한 국제조약을 참조한 것이다.

복합운송에 있어서는 운송물이 멸실·훼손 또는 연착된 경우에 그 손해배상책임을 복합운송인이 질 것인지 또는 하수운송인이 질 것인지 문제되고, 특히 컨테이너 운송에 있어서는 보통 그 손해가 최종의 도착지에 가서야 숨은 하자

(concealed damage)가 발견되므로 그 책임의 귀속이 문제된다.

1980년의 국제물건복합운송조약에서는 「복합운송인의 책임은 물건을 복합운송인의 보관 아래 인수한 때부터 인도할 때까지의 기간에 미친다」(동 조약 14조)고 규정하여 단일책임을 원칙으로 하고 있다.

3. 複合運送人의 責任

복합운송의 경우 손해가 발생한 때에 복합운송인은 그 손해가 발생한 운송구간에 적용될 법에 따라 책임을 진다(상 816조 1항). 따라서 복합운송인은 손해가 해상에서 발생한 때에는 해상운송법에 따라 책임을 지고 또 손해가 육상에서 발생한 때에는 육상운송법에 따라 책임을 진다.

복합운송 중 발생한 손해가 어느 운송구간에서 발생하였는지 분명하지 않거나 손해의 발생이 성질상 특정한 지역으로 한정되지 않는 경우에는 복합운송인은 운송거리가 가장 긴 구간에 적용되는 법에 따라 책임을 지며, 이 경우 그 운송거리가 같거나 가장 긴 구간을 정할 수 없으면 복합운송인은 운임이 가장 비싼 구간에 적용되는 법에 따라 책임을 진다(상 816조 2항).

# 제 3 관 個品運送契約

## 제 1 항 個品運送契約의 成立

### 제1. 契約의 當事者

개품운송계약의 당사자는 물건운송을 인수하는 운송인과 물건운송을 위탁하는 상대방이다. 운송인은 선박소유자, 선체용선자, 정기용선자, 항해용선자(재용선의 경우) 등이고, 물건운송을 위탁하는 상대방은 송하인이다.

이 외에 개품운송계약의 당사자는 아니나 이에 관계되는 자로서, 자기의 명의로 물건운송을 주선하는 運送周旋人(상 114조), 운송인과 송하인 간의 운송계약에 의하여 자기의 명의로 물건을 선적하는 선적인, 양륙항에서 운송물의 인도를 받을 자로 지정되었거나 현실로 인도받는 수하인 등이 있다.

### 제2. 契約의 締結

개품운송계약의 체결에는 원칙적으로 계약자유의 원칙이 지배하여 그 내용과 방식은 당사자가 자유로이 정한다. 그러나 실무에서 개품운송계약은 부합계약으로서 약관에 의하여 체결되고 있고, 운송인은 운송물의 수령·선적 후에 송하인의 청구에 따라 선하증권을 교부한다(상 852조 1항).

## 제 2 항 個品運送契約의 效力

### 제1. 運送人의 義務

#### Ⅰ. 序 說

개품운송계약이 성립한 때에는 운송인은 계약에 따라 운송물을 수령·선적하고 지체 없이 항해를 개시·종료하고 목적지에서 운송물을 양륙하여 이를 수하인에게 인도할 의무가 있다. 이것은 운송인의 일반적 의무이다.

여기에서는 개품운송의 진전의 순서에 따라 운송인의 선박, 선적, 항해, 양륙, 인도에 관한 의무에 대하여 고찰하기로 한다.

#### Ⅱ. 船舶에 관한 義務

##### 1. 船舶回航義務

운송인은 운송계약에 따라 선박을 船積地(화물을 선적하는 곳)에 回航(예정된 항구를 들려는 것)하여 碇泊(선박이 항구에 머무는 것)시켜야 한다. 운송인이 이러한 회항의무에 위반한 때에는 면책의 특약이 없는 한 채무불이행책임을 진다.

운송인은 정기선의 경우에는 운항일정에 따라 선박을 예정항에 회항하여야 한다.

개품운송계약에 있어서는 선박의 개성이 중시되지 않으므로, 선하증권의 약관에 기재선박 외에 代船 그 밖의 대체운송수단으로 운송할 수 있다는 뜻을 약정한 代船約款과 운송인이 운송물을 다른 선박에 換積할 수 있다는 뜻을 약정한 換積約款이 많이 이용된다.

##### 2. 堪航能力注意義務

(1) 意 義

운송인은 운송에 제공되는 선박이 안전하게 항해하는 것을 감당할 수 있는 능력 즉 감항능력을 확보하여야 한다(감항능력주의의무)(상 794조). 감항능력주의의무는 운송인의 가장 기본적 의무이다.

감항능력주의의무는 상대적 의무(과실책임)인데, 이는 1924년의 헤이그 규칙(Hague Rules)과 1968의 비스비 규칙(Visby Rules)을 따른 것이다.

(2) 注意義務의 內容

감항능력주의의무에는 협의의 감항능력, 운항능력, 감하능력 등이 있다(상 794조).

가) 협의의 堪航能力

운송인은 선박이 안전하게 항해할 수 있게 하여야 한다(협의의 감항능력, 항해능력)(상 794조 1호). 즉 선박은 선체가 견고하여야 하고 기관(증기를 발생시키는 장치)·汽機(증기에너지를 기계적 에너지로 변화시키는 기계장치)·操舵機(키) 등을 갖추어 예정항해를 감당할 수 있어야 하며 荷役設備(화물의 선적·양륙을 위한 설비)와 消火裝置 등을 갖추어야 한다.

**【대법원 1998. 2. 10. 판결, 96 다 45054】**

**1. 사실관계**

Y선박회사는 A회사와 그 소유의 제3남광호에 의하여 시멘트 3만 포를 묵호항에서 제주항까지 운송하는 해상운송계약을 체결하고, 또 A회사는 X보험회사와 해상적하보험계약을 체결하였으며, 위 선박은 연안화물선으로서 선박안전법 소정의 정기검사를 필하여 선박검사증서를 받았다.

위 선박이 위 시멘트를 적재하여 제주항으로 항해하던 중 레이더가 고장이 나서, Y의 지시를 받아 부산항에 이륙하여 수리하고 다시 제주항으로 항해하였다. 위 선박이 제주항에서 약 12km 떨어진 지점에 이르렀을 때에 폭풍을 만나 시멘트를 적재한 화물창의 덮개가 돌풍으로 생긴 삼각파도로 파손되어, 시멘트에 해수가 침투하여 못 쓰게 되었다.

이에 X보험회사는 A회사에게 보험금을 지급하고, Y선박회사에게 감항능력주의의무 위반으로 A회사가 입은 손해에 대하여 구상권을 행사하였다.

**2. 판결요지**

이 건에 관하여, 대법원은 「선박은 약정된 항해에서 통상 예견되는 황천(荒天) 기타 기상이변에 대비한 준비가 되어 있어야 할 것인 바, 해당 항로를 항해하는 선박이 통상 예견할 수 있는 정도의 돌풍이나 삼각파도에 의하여 선체 자체의 손상이나 인명피해 없이 화물창구 덮개의 일부만이 파손되었다면 발항 당시 선박이 불감항의 상태에 있었고, 선주 또는 그 선박사용인이 발항 전 상당한 주의로서 선체의 각 부분을 면밀히 점검 조사하여 감항능력의 유무를 확인하였더라면 화물창구 덮개의 노후 등 하자를 발견하여 안전성을 확보할 수 있었는데도 이를 다하지 않음으로써 선박의 화물창구 덮개 일부가 파손되고 거기에 해수가 유입되어 운송물이 침수되는 사고가 발생하였다고 봄이 상당하다」고 판시하여, 선창의 덮개의 파손으로 손해가 생긴 것은 감항능력주의의무 위반이라 하였다.

#### 나) 運航能力

운송인은 필요한 선원의 승선, 선박의 艤裝(선구를 갖추어 출범 준비를 하는 것), 필요품의 보급을 하여야 한다(운항능력)(상 794조 2호). 즉 운송인은 선박에 소정의 자격·기능을 가진 선장·선원을 승선시켜야 하고, 필요한 서류(예 : 선박국적증서 등)와 屬具(선박에 딸린 기구) 등의 의장을 갖추어야 하며, 또 연료·식량·물·의료품 등의 필요품을 반입하여야 한다.

#### 다) 堪荷能力

운송인은 船艙(물가에 다리처럼 만들어 육지에서 배에 짐을 싣고 풀 수 있도록 만든 것)·냉장실 그 밖의 운송물을 적재할 선박의 부분을 운송물의 수령·운송·보존을 위하여 적합한 상태에 두어야 한다(감하능력)(상 794조 3호).

### (3) 注意時期

운송인은 발항 당시에 감항능력에 관하여 주의를 하여야 한다(상 794조 본문). 여기에서 「발항 당시」는 선적을 개시한 때부터 발항할 때까지의 시기이고(정희철 556면, 손주찬 811면, 최기원 857면, 이기수 686면, 정찬형 797면, 서헌제 359면), 발항은 선적항을 발항한다는 의미가 아니고 각 기항지를 발항할 때마다의 의미이다.

### (4) 注意程度

해상법은 단순히 「주의」라고만 규정하고(상 794조 본문) 감항능력주의의무의 정도에 관하여 규정하고 있지 않으나, 이것은 「상당한 주의」(due diligence)를 의미하는 것이다(정동윤 848면, 정찬형 841면, 이기수 687면, 이범찬·최준선 762면).

감항능력의 주의는 당해 구체적 상황에서 요구되는 주의로서, 항로, 계절, 항해기간, 운송물의 종류에 따라 다르다.

### (5) 證明責任

피해자에게 운송인의 과실을 증명하게 하면 청구자의 권리가 유명무실하게 될 염려가 있으므로, 해상법은 운송인으로 하여금 자기 또는 선원이나 그 밖의 선박사용인에게 과실이 없었다는 것을 증명하도록 하여(상 794조) 해상운송인에게 무과실의 증명책임을 과함으로써 증명책임을 전환하였다. 이것은 결국 운송물이 멸실·

훼손 또는 연착된 경우에는 운송인이나 이행보조자에게 과실이 있는 것으로 추정하는 것이다.

⑹ 注意義務 違反의 效果

가) 義務·責任의 減免의 禁止

당사자가 감항능력주의의무를 경감 또는 면제하는 특약은 무효이고(상 799조 1항 1문), 또 운송물에 관한 보험의 이익을 운송인에게 양도하는 약정이나 이와 유사한 약정도 무효이다(상 799조 1항 2문).

그러나 산 동물을 운송하는 경우와 선하증권이나 그 밖에 운송계약을 증명하는 문서의 표면에 「갑판적」(on deck)(갑판 위에 적부하는 것)으로 운송한다는 취지를 기재하여 갑판적으로 운송하는 경우에는, 그 의무·책임을 경감하거나 면제하는 특약은 유효하다(상 799조 2항).

나) 損害賠償責任

운송인은 자기 또는 선원이나 그 밖의 선박사용인이 감항능력주의의무를 해태하지 않았음을 증명하지 않으면, 운송물의 멸실·훼손 또는 연착으로 인한 손해를 배상할 책임이 있다(상 794조).

## Ⅲ. 船積에 관한 義務

### 1. 運送物의 受領·船積義務

운송인은 운송계약에 따라 용선자 또는 송하인이 인도하는 운송물을 수령할 의무가 있다(상 795조 1항). 운송물의 수령장소는 특약이 없는 한 船側(뱃전)이고, 수령시기는 계약에서 정한 시기 또는 선적항의 관습상의 시기이다. 그러나 밀수품·금수품 등의 위법한 운송물에 대하여서는 수령을 거절할 수 있다.

운송인은 수령한 운송물을 船積 즉 선박 안으로 반입(운반하여 들이는 것)하여야 한다. 선적(양륙의 경우에도 동일)에는 운송인(통상적으로는 해상운송인이 지정한 선박대리점)이 보세창고에서 운송물을 수령하고 檢數·通關 등의 절차를 거쳐 일괄하여 선박에 반입하는 경우(總積)와 송하인(통상적으로는 송하인이 지정한 선적대리점)이 자기의 책임으로 운송물을 거룻배(돛이 없는 작은 배)나 화물차로 선측까지 운반하여 선내에 반입하는 경우(直積, 自家積)가 있다. 총적은 정기선에 의한 개품운송에 많이 이용되고, 직적은 용선운송 또는 단일의 큰 화물이나 특수화물의 개품운송에 많이 이용된다.

선박의 下役作業(화물을 싣고 푸는 일)은 윈치(winch)(밧줄이나 쇠사슬로 물건을 올리거나 내리는 기계)나 데릭크(derrick)(철물구조의 기둥과 그 밑에 비스듬히 달린 팔로 된 기중기) 등의 하역장비로 하고, 선측까지의 하역작업의 위험과 비용은 송하인이 부담하고 선내에서의 하역작업의 위험과 비용은 해상운송인이 부담한다.

운송물의 하역작업은 보통 전문하역업자가 하고, 하역업자는 선적대리점, 통관·양륙대리점 등을 겸업하는 경우가 많다.

송하인은 선적기간 이내에 운송에 필요한 서류를 선장에게 교부하여야 한다(상 793조).

### 2. 運送物積付義務

운송인은 수령·선적한 운송물을 積付 즉 船倉(선박의 갑판 아래 있는 화물을 싣는 칸) 내에 계획적으로 배치하여야 한다. 운송물의 적부는 운송물의 종류, 양륙의 순서, 선박의 안전 등의 여러 가지 사정을 고려하여 하여야 하고, 신속하고 확실하게 하여야 한다.

운송인은 운송물을 선창 안에 적부하여야 하고, 갑판적을 하여서는 안 된다. 이에 위반하여 갑판적을 한 때에는 운송인은 이로 인한 손해를 배상하여야 한다. 갑판적의 금지는 갑판적을 하면 운송 중에 운송물에 빗물 또는 바닷물이 스며들거나 비·바람으로 파손·유실되어 손해가 생길 염려가 있고 또 공동해손으로 불이익을 받을 염려가 있기 때문이다.

그러나 거래상 또는 선적항의 관습상 갑판적을 할 수 있는 것(예: 목재), 법령상 갑판적을 하도록 지정되어 있는 것(예: 위험물), 사전에 운송인과 송하인이 갑판적을 하기로 합의한 것은 갑판적을 할 수 있다. 그리고 컨테이너선 선하증권약관에는 운송인은 컨테이너 화물에 대하여 갑판적을 할 수 있는 권리를 가진다고 규정하고 있다(optional stowage clause).

### 3. 船荷證券交付義務

운송인은 운송물의 수령 후 또는 선적 후 송하인의 청구가 있는 때에는 1통 또는 수통의 선하증권을 교부하여야 한다(상 852조 1항·2항). 선하증권의 교부청구권자는 송하인이다.

운송인은 선하증권의 교부를 선장 그 밖의 대리인에게 위임할 수 있다(상 852조 3항).

운송인은 증거를 보전하기 위하여 송하인에게 선하증권의 등본의 교부를 청구할 수 있다(상 856조).

## Ⅳ. 航海에 관한 義務

### 1. 發航義務

#### ⑴ 義 務

항해의 준비가 끝난 때에는 선장은 지체 없이 발항하여야 한다(선원 8조 1문). 발항시기에 관하여 「지체 없이」라고 규정하고 있으나, 이는 미리 공표된 발항시간이다.

#### ⑵ 船長의 發航權

송하인은 당사자 간의 합의 또는 선적항의 관습에 의한 때와 장소에서 운송인에게 운송물을 인도하여야 하고(상 792조 1항), 그렇지 않은 경우에는 운송계약을 해제한 것으로 본다(상 792조 2항 1문).

송하인이 운송물을 인도하지 않음으로써 운송계약이 해제된 때에는, 선장은 즉시 발항할 수 있고 송하인에 대하여 운임 전액의 지급을 청구할 수 있다(선장의 발항권)(상 792조 2항 2문).

### 2. 直航義務

선장은 예정항로(약정 또는 관습적 항로)를 변경하지 않고 즉 航路離脫(deviation)을 하지 않고 상당한 속력으로 도착항까지 직항하여야 한다(직항의무). 해상법에 이로에 관하여 직접적인 규정은 없고, 단지 선원법에서 선장의 직무로서 직항의무(선원 8조 후단)를 규정하고 있다. 항로이탈을 허용하면 운송물이 연착되고 해상위험이 증대될 염려가 있기 때문이다.

다만 해상에서 인명이나 재산의 구조행위로 인한 항로이탈과 그 밖의 정당한 이유로 인한 항로이탈은 허용된다(상 796조 8호 참조). 정당한 이유로 인한 항로이탈인가 아닌가는 일반적으로 관습, 지리적 조건, 운송물의 성질, 운송의 조건 등의 구체적 사정을 고려하여 케이스 바이 케이스로 결정하여야 할 문제이다.

해운실무에서는 선하증권약관에 항로이탈의 자유를 인정하는 항로이탈조항(deviation clause) 또는 항해의 범위(기항지, 경로, 항해의 양태 등)에 관한 조항을 두고 있다.

### 3. 運送物의 保管 · 處分義務

운송인은 운송물을 수령한 때부터 인도할 때까지 이를 선량한 관리자의 주의로 보관 · 운송하여야 한다(운송물보관의무)(상 795조 1항). 운송물의 보관방법에 관하여 특약이 있는 경우에는 그 특약에 의하여야 한다.

송하인 또는 선하증권소지인이 운송의 중지·운송물의 반환 그 밖의 운송물의 처분을 청구한 때에는, 운송인은 그 청구에 따라 운송물을 처분하여야 한다(운송물처분의무)(상 815조 139조 1항).

법령 또는 계약에 위반하여 선적한 운송물은 선장이 언제든지 이를 양륙할 수 있고, 그 운송물이 선박 또는 다른 운송물에 위해를 미칠 염려가 있는 때에는 이를 포기할 수 있다(위법운송물처분권)(상 800조 1항).

#### 4. 危險物의 處分權

인화성이나 폭발성 그 밖의 위험성이 있는 운송물은 운송인이 그 성질을 알고 선적한 경우에도 그 운송물이 선박이나 다른 운송물에 위해를 미칠 위험이 있는 때에는 선장은 언제든지 이를 양륙·파괴 또는 무해조치할 수 있다(상 801조 1항). 운송인은 위험물의 처분에 의하여 그 운송물에 발생한 손해에 대하여서는 공동해손분담책임을 제외하고 그 배상책임을 지지 않는다(상 801조 2항).

#### 5. 換積하지 않을 義務

운송인은 운송물을 선적한 경우에는 원칙적으로 그 선박으로 양륙항까지 운송하여야 하고, 다른 선박으로 換積(바꿔 싣는 것)할 수 없다. 운송물을 환적하면 운송물이 멸실·훼손 또는 연착될 염려가 있기 때문이다. 그러나 해운실무에서는 운송계약에 환적약관(transhipment clause)을 두어, 운송인이 임의로 운송물의 전부 또는 일부를 예정선박 외의 선박 그 밖의 다른 운송수단에 환적하여 운송할 수 있게 하고 있다.

### V. 揚陸에 관한 義務

#### 1. 揚陸港 入港義務

운송인은 선적한 선박을 운송계약에서 정한 양륙항에 입항하고, 특약 또는 관습에 의하여 정하여진 양륙장소에 정박하여야 한다.

#### 2. 揚陸準備完了通知義務

운송물을 양륙 즉, 운송물을 선박에서 下陸함에 필요한 준비가 완료된 때에 선장은 지체 없이 수하인에게 운송물도착의 통지를 하여야 한다(상 802조 참조). 다만 선하증권이 발행된 경우에는 이를 배서양도할 수 있으므로, 선하증권에 특별히 피통지인의 지정이 없는 한 공고 그 밖의 공시방법으로 통지에 갈음할 수 있다. 해운실무에서는 정기선의 경우에는 통상 선하증권상의 약관이나 양륙항의 관습에 의하여, 운송인이 양륙통지를 하지 않고 운송물을 양륙한다.

양륙은 해상운송인의 운송계약상의 책임을 구획하는 분계점이 되고(tackle to tackle), 양륙기간의 기산점으로 된다.

### 3. 揚陸義務

운송인은 양륙의무를 부담한다(상 802조 참조). 운송물도착통지를 받은 수하인은 운송물의 수령의무를 부담한다(상 802조).

## Ⅵ. 運送物의 引渡에 관한 義務

### 1. 序 說

운송인의 가장 중요하고 최종적인 의무는 운송물인도의무이다. 운송인의 운송물인도의무는 선하증권이 발행된 경우와 발행되지 않은 경우에 따라 다르다.

### 2. 船荷證券이 發行된 경우

#### (1) 運送物引渡請求의 相對方

선하증권이 발행된 경우에 운송인은 선하증권과 상환하지 않으면 운송물의 인도를 청구할 수 없으므로(선하증권의 상환증권성)(상 861조 129조), 이 경우 운송물인도의 상대방은 선하증권소지인이다.

선하증권은 운송물인도청구권을 표창하나 운송물의 인도가 불가능한 경우에는 그에 갈음하는 손해배상청구권을 표창하므로, 선하증권소지인이 운송물의 인도를 받지 못하는 경우에는 운송인에 대하여 손해배상을 청구할 수 있다.

#### (2) 數通의 船荷證券이 發行된 경우

##### 가) 序 說

운송인은 1통 또는 수통의 선하증권을 발행할 수 있다(상 852조 1항). 수통의 선하증권을 발행하는 것은 선하증권의 도난·분실 등에 대비하기 위한 것이다.

수통의 선하증권이 발행된 경우에 운송물인도의무는 선하증권소지인이 양륙항에서 청구하는 경우와 양륙항 외에서 청구하는 경우에 따라 다르다.

##### 나) 揚陸港에서 請求하는 경우

① 1通의 所持人이 請求하는 경우 양륙항에서 수통의 선하증권 중 1통의

소지인이 운송물의 인도를 청구하는 경우에는 선장은 인도를 거부하지 못하고(상 857조 1항), 운송물을 인도한 때에는 그가 정당한 권리자가 아니라도 운송인은 책임을 면한다.

이 경우 1통의 소지인이 운송물의 인도를 받은 때에는 다른 선하증권은 효력을 잃는다(상 857조 2항).

② **數人의 所持人이 請求하는 경우** 운송물의 전부 또는 일부가 인도되지 않은 경우에 수인의 선하증권소지인이 운송물의 인도를 청구한 때에는, 누가 정당한 권리자인지 판단하기 어려우므로, 선장은 지체 없이 운송물을 공탁하고 각 청구자에게 그 통지를 하여야 한다(상 859조 1항).

운송물이 공탁된 경우에 수인의 선하증권소지인 간에 있어서는 이들에게 공통되는 전자로부터 먼저 교부받은 선하증권소지인이 가장 먼저 운송물의 점유권을 취득하였으므로 그 선하증권소지인이 우선한다(상 860조 1항). 이 경우 선하증권의 발송 또는 인도가 동시에 행하여졌거나 불분명한 때에는 동등한 지분으로 공유한 것으로 된다(정희철 567면).

**다) 揚陸港 外에서 請求하는 경우**

양륙항 외에서 운송물의 인도청구가 있는 때에는 선장은 선하증권의 각 통의 반환을 받지 않으면 운송물을 인도하지 못한다(상 858조). 양륙항 외에서는 사기 등이 있을 수 있기 때문이다.

### (3) 保證渡·假渡(空渡)

**가) 意 義**

선하증권은 상환증권이므로 이와 상환하지 않으면 운송물의 인도를 청구할 수 없으나(상 861조 129조), 해운실무에서는 선하증권이 연착되는 경우에 수하인(또는 운송물의 매수인)이 轉賣하기 위하여서나 운송물의 보관비용을 절감하기 위하여 급히 운송물을 수령할 필요가 있는 때에는 운송인이 수하인의 편익을 위하여 선하증권과 상환하지 않고 운송물을 인도하는 경우가 있다.

이 경우에 운송인은 「증권과 상환하지 않고 운송물을 인도함으로써 생기는 모든 손해에 대하여 책임을 진다」는 내용의 보증장(letter of guarantee, L/G)을 받고 운송물을 인도하기도 하고, 보증장을 받지 않고 운송물을 인도하기도 한다. 전자를 보증도라 하고, 후자를 가도 또는 공도라 한다. 보증장은 수하인이 거래은행을 연대보증인으로 하여 발행하는 「은행보증장」과 수하인이 발행하는 「수하인보증장」이 있다.

나) 適法性

① 序 說 선하증권은 이와 상환하지 않으면 운송물의 인도를 청구할 수 없는 상환증권인데도(상 861조, 129조), 운송인이 선하증권과 상환하지 않고 보증장만 받고 또는 보증장도 받지 않고 운송물을 인도해 주는 보증도 또는 가도가 적법한지 문제된다.

② 學 說 보증도에 관하여 학설은 그 적법성을 인정한다. 그러나 그 인정근거에 관하여는 보증도가 상관습이기 때문이라는 견해(정희철 568면, 최기원 817면 이기수 696면, 정찬형 847면)와 상법 제861조에 의하여 선하증권에 준용되는 제129조(화물상환증의 상환증권성)가 화물상환증과 상환하지 않은 운송물인도청구에 대한 운송인의 인도거절권을 규정한 것이기 때문이라는 견해(정동윤 856면 ; 酒卷俊雄/石山卓磨 保險法·海商法, 274頁)가 대립하고 있다.

③ 檢 討 운송인이 선하증권과 상환하지 않고 운송물을 다른 사람에게 인도함으로써 선하증권소지인에게 운송물을 인도하지 못하게 된 경우 그 운송인의 행위는 선하증권소지인의 운송물에 대한 권리의 위법한 침해가 되므로 이 경우의 보증도는 위법한 것이다(대판 1989. 3. 14. 87 다카 1791).

다) 效 力

① 運送人의 證券所持人에 대한 責任 운송인이 보증도를 한 후에 선하증권소지인으로부터 운송물의 인도를 청구받은 경우에는 운송인은 선하증권소지인에 대하여 운송물인도의무가 있으므로 운송물수령자에게서 운송물을 반환받아 인도하여야 한다. 그러나 운송인이 그 운송물을 반환받아 인도할 수 없으면, 이는 운송물의 멸실이 되므로 채무불이행책임을 진다(상 795조 1항).

그리고 운송인이 운송물을 반환받아 인도할 수 없는 경우에 보증도는 선하증권소지인에 대한 관계에서는 위법성을 면할 수 없고 또 보증도는 운송인이 운송물인도에 관한 주의의무를 해태한 것으로서 운송상의 과실이 되므로, 운송인은 선하증권소지인에 대하여 불법행위책임을 진다(민 750조, 756조)(대판 1989. 3. 14. 87 다카 1791)(대판 1999. 4. 23. 98 다 13211). 따라서 이 경우에는 운송인의 선하증권소지인에 대한 채무불이행책임과 불법행위책임의 경합이 생긴다.

**【대법원 1989. 3. 14. 판결, 87 다카 1791】**

**1. 사실관계**

A상사는 홍콩의 자회사인 홍콩A상사를 통하여 저밀도 폴리에티렌(이하 "운송물")을 중동에서 수입하여 국내에 판매하여 왔다. 홍콩A상사와 C선박회사는 C선박회사가 위 운송물을 홍콩에서 부산항까지 운송하기로 하는 해상운송계약을 체결하고, C선박회사가 위 운송물을 선적한 다음 1983. 9. 17. 선하증권을 발행하였으며, 위 운송물에 관한 신용장의 발행은행인 X은행이 1984. 2. 11. 위 홍콩A상사로부터 위 선하증권을 양수하여 소지하고 있었다.

위 운송물이 1983. 10. 8. 부산항에 도착하자 A상사가 이를 수령하여 1983. 11. 9. B회사에 매각하고, B회사에 실수요자확인서를 발급하여 주었다. 위 운송물의 매수인인 B회사는 보증도의 상관습에 따라 C선박회사의 국내대리점인 Y해운회사에게 A상사 발행의 실수요자확인서와 D은행 명의의 화물선취보증서를 제시하고 이와 상환으로 위 운송물이 인도를 청구하여 Y해운회사가 1983. 11. 9. B회사에 위 운송물을 인도하였다.

위 선하증권의 소지인인 X은행이 Y해운회사에 위 선하증권을 제시하여 위 운송물의 인도를 청구하였으나 위 운송물의 인도를 받지 못하여, 1985. 4. 11. Y해운회사를 상대로 불법행위로 인한 손해배상청구의 소를 제기하였다.

**2. 판결요지**

이 건에 관하여, 대법원은 「이른바 보증도의 상관습은 운송인 또는 운송취급인의 선하증권소지인에 대한 손해배상책임을 면제하는 것을 목적으로 하는 것이 아니고, 오히려 운송인 또는 운송취급인이 정당한 선하증권소지인이 입은 손해를 배상하는 것을 전제로 한다. 따라서 운송인 또는 운송취급인이 보증도를 하였더라도 선하증권과 상환하지 않고 선하증권의 소지인이 아닌 자에게 운송물을 인도하여 선하증권 소지인이 운송물에 대한 권리를 침해한 행위가 그로써 위법성이 없는 정당한 행위로 되거나 운송인 또는 운송취급인의 주의의무가 경감 또는 면제되는 것이 아니다.

그러므로 운송인 또는 운송취급인이 보증도의 상관습에 따라 선하증권의 소지인이 아닌 자에게 운송물을 인도해 줌으로써 선하증권소지인의 운송물에 대한 권리가 침해되어 손해를 입은 때에는 운송인 또는 운송취급인은 선하증권소지인에 대하여 고의 또는 중대한 과실로 인한 불법행위책임을 면하지 못한다」고 판시하여, 보증도의 유효성은 인정하면서 보증도를 한 운송인은 선하증권소지인에 대한 책임을 면하지 못한다고 하였다.

② **運送人의 運送物受領者에 대한 權利** 운송물수령자는 보증도를 받아도 선하증권의 정당한 소지인이 아닌 한 그 운송물의 소유권을 취득하지 못한다. 그러나 운송물수령자가 그 운송물을 전매한 경우에 전득자가 선의·무과실로 이를 양수한 때에는 그 전득자는 그 운송물을 선의취득한다(민 249조).

운송물수령자가 보증도를 받은 후에 운송인에게 선하증권을 교부하지도 않고 운송물을 반환하지도 않는 경우에는, 운송인은 운송물수령자에 대하여 보증계약의 이행과 불법행위로 인한 손해배상을 청구할 수 있다.

③ **運送人의 保證銀行에 대한 權利** 운송물수령자가 선하증권도 운송물도 반환하지 아니하여 운송인이 선하증권소지인에게 손해배상을 한 때에는, 운송인은 보증은행에 대하여 보증계약의 이행(운송물수령자와 연대변제책임)을 청구할 수 있다.

(4) 荷渡指示書

가) **意 義**

하도지시서(delivery order)는 선하증권이 발행되어 있는 운송물에 관하여 그 인도를 지시하는 증서로서, 하도의뢰서, 출고지시서, 출고의뢰서, 출하지시서 또는 출하의뢰서라고도 한다. 하도지시서는 법정의 증권이 아니며, 그 내용이나 형식이 일정하지 않다.

나) **種 類**

① **證券所持人 發行의 荷渡指示書** 선하증권소지인 발행의 하도지시서는 선하증권소지인이 지시인으로서 운송인에 대하여 운송물의 전부 또는 일부를 하도지시서 소지인에게 인도할 것을 위탁하는 증서이다.

하도지시서 소지인은 하도지시서 기재의 운송물을 수령할 권한은 가지나 운송물인도청구권은 가지지 않는다. 선하증권소지인 발행의 하도지시서는 운송물인도청구권을 표창하는 것이 아니므로 유가증권이 아니며(운송물수령권한만으로 유가증권의 개념요소인 재산적 가치있는 사권으로 보기는 곤란함), 이것은 운송인이 하도지시서소지인에게 하도지시서 기재의 운송물을 인도하면 선하증권소지인에 대한 관계에서 면책되는 면책증권에 불과하다.

선하증권소지인 발행의 하도지시서는 유가증권으로 볼 수 없으므로, 이에 유가증권의 채권적 효력이나 물권적 효력에 관한 규정이 적용될 여지가 없다.

② **證券所持人 發行·運送人 記名捺印(署名)의 荷渡指示書** 선하증권소지인 발행·운송인 기명날인(서명)의 하도지시서는 운송인이 하도지시서 기재의 운송물을 수령하여 보관하고 있다는 것을 확인하고 하도지시서소지인에게 운송물을 인도할 의무(운송물인도 청구권)를 표창하는 증서이므로 일종의 유가증권이다.

선하증권 발행·운송인 기명날인(서명)의 하도지시서를 유가증권으로 보더라도, 이에 물권적 효력을 인정하는 규정이 없을 뿐만 아니라 현재로는 이것을 인정할 만한 상관습도 없으므로 하도지시서에 물권적 효력을 인정할 수 없다.

③ **運送人發行의 荷渡指示書** 운송인 발행의 하도지시서는 운송인이 그 이행보조자에 대하여 하도지시서 기재의 운송물을 하도지시서소지인에게 인도할 것을 지시하는 증서이다.

운송인 발행의 하도지시서는 운송물의 인도의무자인 운송인이 그 의무이행의 방법으로서 이행보조자에 대하여 운송물의 인도를 지시한 증서로서 운송물인도청구권이 표창되어 있으므로, 이것도 일종의 유가증권이다.

운송인 발행의 하도지시서도 물권적 효력을 인정할 수 없다.

### 3. 船荷證券이 發行되지 않은 경우

#### (1) 受荷人의 受領義務

선하증권이 발행되지 않은 경우에는 운송물이 도착지에 도착한 때에 수하인이 송하인과 동일한 권리를 취득하므로(상 815조 140조 1항), 운송인이 운송물을 인도해 주어야 할 자는 수하인이다.

수하인이 운송물의 도착통지를 받은 때에는 당사자 간의 합의 또는 양륙항의 관습에 의한 때와 곳에서 지체 없이 운송물을 수령하여야 한다(상 802조).

#### (2) 受荷人의 通知義務

##### 가) 意 義

수하인이 운송물의 일부 멸실 또는 훼손을 발견한 때에는 수령 후 지체없이 운송인에게 서면으로 그 개요에 관한 통지를 발송하여야 한다. 다만 그 멸실 또는 훼손이 즉시 발견할 수 없는 것인 경우에는 수령한 날부터 3일 이내에 그 통지를 발송하여야 한다(수하인의 통지의무)(상 804조 1항).

이것은 운송인 또는 그 사용인이 악의인 경우에는 적용되지 않는다(상 804조 3항). 여기에서 악의는 운송물의 일부 멸실 또는 훼손을 아는 것이다.

##### 나) 檢査의 便宜提供義務

운송물에 멸실 또는 훼손이 생겼거나 그러한 의심이 있는 경우에는 운송인과 수하인은 서로 운송물의 검사를 위하여 필요한 편의를 제공하여야 한다(상 804조 4항).

##### 다) 通知 없는 경우의 推定

수하인이 운송물의 일부 멸실 또는 훼손의 개요에 관한 통지가 없는 경우에는 운송물이 일부 멸실 또는 훼손 없이 수하인에게 인도된 것으로 추정한다(상 804조 2항). 다만 이것은 운송인 또는 그 사용인이 악의인 경우에는 적용되지 않는다(상 804조 3항).

라) 受荷人不利益特約의 無效

본조에 반하여 수하인에게 불리한 당사자 간의 특약은 효력이 없다(상 804조 5항). 이것은 수하인에게 법정의 의무 외에 부담을 과하는 특약은 효력이 없다는 것이다.

⑶ 受荷人의 地位

가) 受荷人의 權利取得

수하인은 물건운송계약상의 당사자는 아니나, 해상운송의 단계에 따라 일정한 권리의무를 가진다.

**① 運送物이 到着하기 前**(第1段階) 운송물이 도착지에 도착하기 전에는 수하인은 운송물에 대하여 아무 권리의무를 가지지 않고, 송하인만 운송인에 대하여 운송의 중지 · 운송물의 반환 그 밖의 운송물처분권을 가진다(상 815조 139조).

**② 運送物이 到着한 後**(第2段階) 운송물이 도착지에 도착한 후에는 수하인은 송하인과 동일한 권리를 취득한다(상 815조 140조 1항). 따라서 이 단계에 있어서 수하인은 운송물인도청구권뿐만 아니라 운송물처분권(상 815조 139조)과 손해배상청구권(상 795조)도 가진다.

그러나 이 단계에서는 아직 송하인의 권리가 소멸되지 아니하여 송하인의 권리와 수하인의 권리가 병존하고 또 송하인이 운송물처분권을 행사하여 수하인의 운송물인도청구권의 행사를 저지할 수 있으므로, 송하인의 권리가 우선한다.

**③ 運送物의 引渡請求를 한 때**(第3段階) 운송물이 도착지에 도착한 후 송하인의 처분지시가 없는 동안에 수하인이 운송물의 인도를 청구한 때에는 수하인의 권리가 송하인의 권리에 우선한다(상 815조 140조 2항).

**④ 運送物을 受領한 때**(第4段階) 수하인이 운송물을 수령한 때에는 해상운송인에게 운임 · 부수비용 · 체당금 · 체선료 · 공동해손분담금 · 해난구조료 등을 지급하여야 한다(상 807조 1항).

송하인의 운임 등의 지급의무는 물건운송계약상의 지급의무이나, 수하인의 운임 등의 지급의무(상 807조 1항)는 법정의 지급의무이다. 그리고 수하인이 운송물을 수령하고 운임 등의 지급의무를 부담하여도 이로써 송하인이 운임 등의 지급의무를 면하는 것이 아니고, 양자의 의무는 부진정연대채무관계에 있다.

나) 船荷證券이 發行된 경우의 受荷人의 地位

선하증권이 발행된 경우에는 물건운송계약상의 권리의무와 운송물처분권 등의 송하인의 지위가 모두 선하증권소지인에게 귀속되고 또 운송물을 수령할 수 있는 수하인의 지위도 선하증권소지인에게 귀속되므로, 결국 송하인의 지위와 수하인의 지위가 모두 선하증권소지인의 지위에 흡수된다.

그러므로 수하인이 선하증권에 기재되어 있고 이를 소지하고 있어도 선하증권소지인으로서 권리를 가지는 것이다. 따라서 선하증권이 발행된 경우에는 수하인이 의미가 없는 것이다.

## 제2. 運送人의 損害賠償責任

### Ⅰ. 意 義

개품운송에 있어서 운송인은 자기 또는 선원이나 그 밖의 선박사용인의 감항능력주의의무를 해태하지 않았음을 증명하지 않거나 운송물에 관한 주의의무를 해태하지 않았음을 증명하지 않으면, 운송물의 멸실·훼손 또는 연착으로 인한 손해를 배상할 책임이 있다(해상물건운송인의 손해배상책임)(상 794조 795조 1항).

개품운송의 운송인의 책임은 육상물건운송인의 책임(상 135조)과 같이 과실책임이고 그 증명책임을 운송인 측이 부담한다는 면에서는 같으나, 개품운송의 운송인의 책임은 감항능력주의의무(상 794조)와 상사과실(상업과실)(상 795조 1항)이 있는 경우에만 발생하고 항해과실이나 선박화재의 경우(상 795조 2항)에는 원칙적으로 발생하지 않으며 또 손해배상액이 일정한 금액으로 제한되어 있는 것(상 797조 798조)이 육상물건운송인의 책임과 다르다.

해상법상 운송인의 책임은 1991년의 개정상법에서 기본적으로 1924년의 헤이그 규칙을 수용하고 그 동안 논란이 있었던 일부 불합리한 부분에 관하여 1968년의 헤이그 비스비 규칙과 1978년의 「함부르크 규칙」을 수용하였으며, 2007년의 개정상법에서는 헤이그 비스비 규칙을 수용하여 운송인의 책임한도액을 상향조정하고 중량책임제한제도를 채택하였다.

### Ⅱ. 責任의 主體

#### 1. 海上物件運送人

개품운송과 관련하여 생긴 손해의 배상책임의 주체는 운송인이다. 운송인은 선박소유자·선체용선자(선박임차인, 나용선자)·정기용선자는 물론, 항해용선자도 재운송을 하는 경우에는 자기의 명의로 운송계약을 체결하므로 운송인으로 된다(상 809조).

**【대법원 2004. 10. 27. 판결, 2004 다 7040】**

선박임차인과 항해용선계약을 체결한 항해용선자가 재용선계약에 의하여 재용선자에게 선복을 항해용선하여 준 경우, 선장과 선원에 대한 임면·지휘권을 가지고 선박을 점유·관리하는 자(=선박임차인)이 재용선자인 제3자에게 상법 제809조에 의한 책임을 부담하는지 여부 등이 문제된 사안에서, 대법원은 「선박의 소유자가 선박임대차계약에 의하여 선박을 임대하여 주고, 선박임차인은 다른 자와 항해용선계약을 체결하여, 그 항해용선자가 재용선계약에 의하여 선복을 제3자인 재용선자에게 항해용선하여 준 경우에 선장과 선원에 대한 임면·지휘권을 가지고 선박을 점유·관리하는 자는 선박의 소유자가 아니라 선박임차인이라 할 것인바, "선박임차인이 상행위 기타 영리를 목적으로 선박을 항해에 사용하는 경우에는 그 이용에 관한 사항에는 제3자에 대하여 선박소유자와 동일한 권리의무가 있다."고 규정한 상법 제766조 제1항(개정 상 제851조 제1항)의 취지에 따라, 선박임차인은 재용선자인 제3자에 대하여 상법 제806조(개정 상 제809조)에 의한 책임, 즉 자신의 지휘·감독 아래에 있는 선장의 직무에 속한 범위 내에서 발생한 손해에 관하여 상법 제787조 및 제788조(개정 상 제794조 및 제795조)의 규정에 의한 책임을 진다 할 것이고, 이는 재용선자가 전부 혹은 일부 선복을 제3자에게 재재용선하여 줌으로써 순차로 재재재용선계약에 이른 경우에도 마찬가지라 할 것이다」고 하여, 선박임차인도 상법 제809조의 책임주체가 된다고 하였다.

### 2. 使用人·代理人

운송인의 사용인 또는 대리인이 다른 원인(민 750조)에 의하여 손해배상책임을 지는 경우에, 이들은 운송인이 주장할 수 있는 항변과 책임제한을 원용할 수 있으므로(상 798조 4항) 운송의 손해배상책임의 주체에 포함된다(대판 1992. 9. 8. 92 다 23292).

### 3. 責任保險者

피해자가 책임보험자에게 보험금을 직접 청구하는 경우에 책임보험자는 피보험자(운송인)의 항변을 원용할 수 있으므로(상 724조 2항), 이 경우에는 책임보험자도 손해배상책임의 주체로서 운송인의 면책사유나 책임제한을 주장할 수 있다(정동윤 872면, 정찬형 857면, 서헌제 374면).

## Ⅲ. 責任原因

### 1. 商事過失(運送物에 관한 注意義務 違反)

해상물건운송인은 자기 또는 선원이나 그 밖의 선박사용인이 운송물의 수령·

선적·적부·운송·보관·양륙과 인도에 관하여 주의를 해태하지 않았음을 증명하지 않으면, 운송물의 멸실·훼손 또는 연착으로 인한 손해를 배상할 책임이 있다(상 795조 1항). 운송물의 손해가 해상물건운송인의 운송물에 관한 주의의무의 위반 즉 商事過失(carrier's risk)로 인한 경우에는 후술의 항해과실로 인한 경우(상 795조 2항)와는 달리 손해배상책임을 진다.

여기에서 멸실은 물리적 멸실뿐만 아니라 도난·몰수·행방불명·과오인도 등에 의한 인도불능의 모든 경우를 포함하고, 또 훼손은 물질적인 손상으로서 운송물의 가격이 감소된 상태이다.

상사과실의 경우에는 운송인이 무과실의 증명책임을 진다. 따라서 운송물의 멸실·훼손 또는 연착으로 인하여 손해가 생긴 때에는 운송인에게 과실이 있는 것으로 추정된다. 이것은 육상물건운송인의 손해배상책임의 경우(상 135조)에서와 같이 청구권자의 권리가 유명무실해지는 것을 방지하기 위한 것이다.

### 2. 堪航能力注意義務 違反

운송인은 자기 또는 선원이나 그 밖의 선박사용인이 감항능력주의의무를 해태하지 않았음을 증명하지 않으면, 운송물의 멸실·훼손 또는 연착으로 인한 손해를 배상할 책임이 있다(상 794조).

감항능력주의의무 위반의 경우에도 운송인이 무과실의 증명책임을 진다. 따라서 이 경우에도 운송물의 멸실·훼손 또는 연착으로 인하여 손해가 생긴 때에는 운송인에게 과실이 있는 것으로 추정된다.

## Ⅳ. 損害賠償額

### 1. 定額賠償主義

상법은 해상운송의 법률관계를 획일적으로 처리하고 손해배상액에 관한 분쟁을 방지하기 위하여 정액배상주의를 취하고 있다. 즉 운송인의 손해배상액은 그 운송물이 전부 멸실 또는 연착된 경우에는 「인도할 날」의 도착지의 가격에 의하고, 또 그 운송물이 일부 멸실 또는 훼손된 경우에는 「인도한 날」의 도착지의 가격에 의한다(상 815조, 137조 1항·2항).

또한 운송물의 멸실 또는 훼손으로 인하여 지급을 요하지 않는 운임 그 밖의 비용은 운송인의 손해배상액에서 공제하여야 한다(상 815조 137조 4항).

### 2. 損害賠償額의 制限

#### (1) 責任限度額

운송인의 손해배상액은 정액배상주의에 의하나(상 815조, 137조 1항·2항), 이것은 당해 운송물의 매 포장당 또는 선적단위당 666.67 계산단위의 금액과 중량 1 kg당 2 계산단위의 금액 중 큰 금액을 한도로 제한할 수 있다(상 797조 1항 본문). 이것은 헤이그-비스비 규칙에서 규정하고 있는 운송인이 손해배상의 책임한도를 도입한 것이다.

여기에서 계산단위는 국제통화기금의 특별인출권(SDR)에 상당하는 금액이고(상 770조 1항 1호), 이의 국내통화의 환산시점은 사실심의 변론종결일이다(대판 2001. 4. 27. 99 다 71528).

#### (2) 包裝·船積單位

운송인의 책임한도액을 정하는 단위는 포장(package) 또는 선적단위(shipping unit)이다. 운송에 컨테이너 그 밖에 이와 유사한 운송용기가 사용된 경우에 운송물의 포장 또는 선적단위의 수를 선하증권이나 운송계약서에 기재한 때에는 그 각 포장 또는 선적단위를 하나의 포장 또는 선적단위로 보고, 이러한 기재가 없는 때에는 이러한 운송용기 안의 운송물의 전부를 하나의 포장 또는 선적단위로 본다(상 797조 2항 1호).

그리고 운송인이 아닌 자가 공급한 운송용기가 멸실 또는 훼손된 경우에는 그 운송용기를 별개의 포장 또는 선적단위로 본다(상 797조 2항 2호).

### 3. 損害賠償額制限의 排除

#### (1) 運送人에게 故意 등이 있는 경우

운송물의 멸실·훼손 또는 연착으로 인한 손해가 해상운송인 자신의 고의 또는 그러한 손해가 생길 염려가 있음을 인식하면서 무모하게 한 작위 또는 부작위로 인하여 생긴 것인 때에는, 해상운송인은 그 운송물의 모든 손해를 배상하여야 한다(상 797조 1항 단서).

이러한 손해배상액의 제한·배제는 손해가 해상운송인 자신의 고의 등으로 인하여 생긴 경우에 한하고, 선원 기타 선박사용인의 고의 등으로 인하여 생긴 경우에는 그렇지 않고 손해배상액이 제한된다.

**【대법원 2006. 10. 26. 판결, 2004 다 27082】**

해상운송인이 법인인 경우, 해상운송인의 책임제한의 배제에 관한 상법 제797조 제1항 단서의 '운송인 자신'의 범위와 관련하여, 대법원은 「해상운송인의 책임제한의 배제에 관한 상법 제789조의2 제1항(개정 상 제797조 제1항)의 문언 및 입법 연혁에 비추어, 단서에서 말하는 '운송인 자신'은 운송인 본인을 말하고 운송인의 피용자나 대리인 등의 이행보조자를 포함하지 않지만, 법인 운송인의 경우에 그 대표기관의 고의 또는 무모한 행위만을 법인의 고의 또는 무모한 행위로 한정한다면 법인의 규모가 클수록 운송에 관한 실질적 권한이 하부의 기관으로 이양된다는 점을 감안할 때 위 단서조항의 배제사유가 사실상 사문화되고 당해 법인이 책임제한의 이익을 부당하게 향유할 염려가 있다. 따라서 법인의 대표기관뿐만 아니라 적어도 법인의 내부적 업무분장에 따라 당해 법인의 관리 업무의 전부 또는 특정 부분에 관하여 대표기관에 갈음하여 사실상 회사의 의사결정 등 모든 권한을 행사하는 사람은 그가 이사회의 구성원 또는 임원이 아니더라도 그의 행위를 운송인인 회사 자신의 행위로 봄이 상당하다」고 하였다.

⑵ 運送物의 內容을 告知·記載한 경우

송하인이 해상운송인에게 운송물을 인도할 때에 그 종류의 가액을 고지하고 선하증권 기타 운송계약을 증명하는 문서에 이를 기재한 경우에는 그 문서에 기재된 가액에 따라 손해를 배상하여야 한다(상 797조 3항 본문).

## Ⅴ. 高價物에 대한 責任

화폐·유가증권 그 밖의 고가물에 대하여서는 송하인이 운송을 위탁할 때에 그 종류와 가액을 명시한 경우에 한하여 운송인이 손해배상책임을 진다(상 815조 136조). 이것은 운송인을 보호하기 위하여 그 종류와 가액의 명시를 조건으로 해상운송인의 손해배상책임을 인정한 것이다.

고가물의 명시가 없는 경우에는 운송인은 고가물로서의 손해배상책임은 물론 보통물로서의 손해배상책임도 지지 않는다(통설). 다만 고가물의 명시가 없더라도 운송인이나 이행보조자가 우연히 고가물임을 안 경우와 이들의 고의 또는 중대한 과실로 멸실 또는 훼손된 경우에는, 운송인이 고가물로서의 손해배상책임을 진다고 본다.

## Ⅵ. 債務不履行責任과 不法行爲責任

### 1. 序 說

운송인 또는 이행보조자의 귀책사유로 운송물이 멸실 또는 훼손된 경우에 운송인은 운송계약상의 채무불이행으로 인한 손해배상책임(계약책임)을 지나(상 795조 794조) 이 경우 그 멸실 또는 훼손이 불법행위(민 750조 756조)로 되는 때에 양 청구권의 관계가 문제된다. 이에 관하여 육상운송에 있어서는 청구권경합설·법조경합설 및 수정청구권경합설 등의 학설이 대립해 있다.

### 2. 免責條項·免責特約의 不法行爲責任에의 適用與否

#### (1) 序 說

계약책임과 불법행위책임의 관계에 관한 통설·판례인 청구권경합설 내지 수정청구권경합설의 입장에서는 해상운송인은 계약책임 외에 불법행위책임도 부담하는데, 해상법에서는 이 경우 불법행위책임에 계약책임에서 인정되고 있는 해상법상의 면책조항과 운송계약상의 면책특약이 적용되는지 특히 문제된다.

#### (2) 判 例

당초 대법원은 청구권경합설의 입장을 철저히 관철하여, 상법상의 면책조항이나 운송계약상의 면책특약은 계약책임에만 적용되고 당사자 간에 명시적 또는 묵시적 합의가 없는 한 불법행위책임에는 적용되지 않는다고 판시하였다(대판 1962. 6. 21. 62 다 102)(대판 1980. 11. 11. 80 다 1812).

그러다가 1983. 3. 22. 전원합의부판결에서, 면책약관이 불법행위책임에도 적용된다고 판시하였다.

**【대법원 1983. 3. 22. 판결, 82 다카 1533】**

**1. 사실관계**

Y해운사는 송하인 A, 수하인 B, 운송물을 공장건설기자재로 하는 해상운송계약을 A와 체결하고 또 A에게 선하증권을 발행하였다. 그리고 B는 X보험회사와 해상보험계약을 체결하였다.

선하증권의 면책약관에는 「운송인은 멸실 또는 훼손된 운송물의 1포당 또는 1단위당 영국화 100파운드 상당가액 이상의 배상책임을 지지 않는다」고 규정되어 있었다.

Y해운사는 용선한 선박에 위 화물을 적재하여 출항하였는데, 선원이 화물의 고정장치를 잘못하여 태풍으로 화물이 동요되고 서로 부딪쳐 그 일부가 파손되었다.

이에 X보험회사는 B에게 보험금을 지급하고, B를 대위하여 Y해운사에게 불법행위로 인한 손해배상과 운송채무불이행으로 인한 손해배상을 선택적으로 청구하였으며, Y해운사는 위 선하증권의 면책약관 소정의 금액 이상의 배상의무가 없다고 주장하였다.

**2. 판결요지**

이 건에 관하여, 대법원은 「해상운송인(Y해운사)이 발행한 선하증권에 기재된 면책약관은 일반 운송계약상의 면책특약과는 달리 운송계약상의 채무불이행책임뿐만 아니라 그 운송물의 소유권 침해로 인한 불법행위책임에 대하여도 이를 적용하기로 하는 당사자 간의 숨은 합의가 포함되어 있다고 보는 것이 타당하므로, 별도로 당사자 사이에 위 면책약관을 불법행위책임에도 적용키로 한 합의를 인정할 증거가 없더라도 그 면책약관의 효력은 당연히 운송인의 불법행위책임에까지 미친다」고 판시하여, 선하증권의 면책약관은 불법행위책임에도 적용된다고 하였다.

⑶ 商法의 規定

상법은 계약책임에 관한 면책조항과 면책특약이 불법행위책임에 적용되는가에 관한 논란을 불식하기 위하여, 「운송인의 채무불이행으로 인한 손해배상책임에 관한 규정은 운송인의 불법행위로 인한 손해배상책임에도 적용된다」(상 798조 1항)고 규정하고 있다.

### 3. 使用人 또는 代理人의 抗辯·責任制限의 援用

운송인의 사용인 또는 대리인에 대하여 운송물에 관한 손해배상청구를 한 경우에 그 손해가 그 사용인 또는 대리인의 직무집행에 관하여 생긴 것인 때에는 그 사용인 또는 대리인은 운송인이 주장할 수 있는 항변과 책임제한을 원용할 수 있다(상 798조2항 본문). 이 경우 운송인과 그 사용인 또는 대리인의 운송물에 대한 책임제한 금액의 총액은 운송물배상책임한도를 초과하지 못한다(상 798조 3항 797조 1항).

그러나 위의 경우에 그 손해가 그 사용인 또는 대리인의 고의 또는 운송물의 멸실·훼손 또는 연착이 생길 염려가 있음을 인식하면서 무모하게 한 작위 또는 부작위로 인하여 생긴 것인 때에는 그러하지 않다(상 798조 2항 단서).

이러한 사용인 또는 대리인의 항변·책임제한의 원용과 운송인·사용인 및 대리인의 책임제한금액의 총액에 관한 규정은 실제운송인과 그 사용인·대리인에 대하여 손해배상청구를 한 경우에도 적용된다(상 798조 4항). 여기에서 실제운송인은 운송인으로부터 해상물건운송의 위탁을 받은 자이다.

## Ⅶ. 責任免除

### 1. 航海過失

해상운송인은 선장·해원·도선사 그 밖의 선박사용인의 항해 또는 선박의 관리에 관한 행위 즉 항해과실(errors of navigation and management of ship)로 인하여 생긴 운송물에 관한 손해에 대하여서는 책임을 지지 않는다(상 795조 2항 본문).

항해와 선박관리는 고도의 기술적 업무로서 운송인은 선장 그 밖의 선원의 전문적 기술을 신뢰할 수 밖에 없고, 해상운송은 위험성이 커 경미한 항해상의 과실로 인하여 거액의 손해가 생길 수 있는데 그 책임을 운송인에 과하는 것은 운송인에게 가혹하고, 항해상의 과실로 인하여 생긴 손해에 대하여 운송인의 면책을 인정하여도 선장·해원 등에 대하여 벌칙·면허정지 그 밖의 처분을 과할 수 있어 이로 인해 손해발생의 조장의 염려가 없고, 또 운송인의 법정면책을 인정하여도 화주는 보통 적하보험으로 손해를 전보받을 수 있으므로, 이를 면책사유로 정한 것이다(최기원 867면, 정동윤 874면, 채이식 700면, 이기수 706면, 서헌제 377면, 정찬형 860면, 이범찬·최준선 779면).

여기에서 「항해과실」은 선박의 입항·항해·조종·정박·출항 등의 기술의 미숙과 부주의를 말하고, 「선박관리과실」은 선체·기관·설비 등의 보수 및 정비의 부주의를 말한다.

### 2. 船舶의 火災

#### (1) 意　義

운송인은 선장·해원·도선사 그 밖의 선박사용인의 고의 또는 과실로 인한 선박에서의 화재로 인하여 생긴 운송물에 관한 손해에 대하여서도 책임을 지지 않는다(상 795조 2항 본문).

선박화재는 전형적인 해상위험으로서 경미한 과실로 인하여 거액의 손해가 생길 수 있는데 그 책임을 운송인에게 과하는 것은 운송인에게 가혹하고, 적하의 손해는 보통 적하보험으로 전보받을 수 있으므로, 이를 면책사유로 정한 것이다.

#### (2) 火災免責의 阻却

선장·해원·도선사 그 밖의 선박사용인의 고의 또는 과실로 인한 선박화재의 경우에는 운송인이 면책되나, 운송인 자신의 고의 또는 과실로 인한 선박화재의 경우에는 면책되지 않는다(상 795조 2항 단서). 선박회사에 있어서는 선박의 관리·운항의 권한을 가지는 임원이나 고급사용인의 고의·과실을 포함한다.

운송인의 고의·과실에 대한 증명책임이 누구에게 있는지 의문스러우니, 운송인이 누구보다 증거에 가까이 있고 또 육상에 있는 화주나 선하증권소지인이 운송인의 선박에서의 고의·과실을 증명하는 것은 사실상 불가능하므로, 운송인이 자기의 무과실을 증명하여야 한다고 본다(정희철 574면, 정찬형 814면, 서헌제 378면).

### 3. 運送物의 不實告知, 高價物의 不告知

송하인이 해상운송인에게 운송물의 종류 또는 가액을 고의로 현저하게 부실고지를 한 때에는 그 해상운송인은 자기 또는 그 사용인이 악의인 경우를 제외하고 그 운송물의 손해에 대하여 책임을 지지 않는다(상 797조 3항 단서).

또한 운송물이 고가물인 경우 송하인이 운송을 위탁할 때에 그 종류와 가액을 명시하지 않으면, 해상운송인은 고가물로서의 손해배상책임은 물론 보통물로서의 손해배상책임도 지지 않는다(통설).

### 4. 그 밖의 免責事由

#### (1) 證明責任의 輕減

운송인은 상법 제796조 각 호 소정의 사실이 있다는 것과 운송물에 관한 손해가 그 사실로 인하여 보통 생길 수 있는 것임을 증명한 때에는, 이를 배상할 책임을 면한다(증명책임의 경감)(상 796조 본문). 그러나 화주 측에서 운송인·선원 그 밖의 선박사용인이 선박의 감항능력주의의무(상 794조)와 운송물의 취급·보관에 관한 주의의무(상 795조 1항)를 다하였더라면 손해를 피할 수 있었을 것인 데도 그 주의의무를 다하지 않았음을 증명한 때에는, 운송인이 책임을 진다(증명책임의 전환)(상 796조 단서).

요컨대 운송인은 면책사유의 존재 및 그와 손해발생 간의 경험칙상의 관련성을 증명하면 면책되고 또 증명책임이 화주 측에 전환되어 있어, 운송인에게 유리하다. 이 점에서 본조의 면책사유는 전술한 항해과실·선박화재 등의 면책사유와 다르다.

#### (2) 商法 제796조 소정의 免責事由

**① 海上 그 밖에 航行할 수 있는 水面에서의 危險 또는 事故**(상 796조 1호) 이것은 바다에 특유한 자연력에 의한 위험으로서(The Giulia(1914) 218 F 744(SONY)) 해일·좌초 또는 다른 선박의 과실로 인한 충돌 등이며, 보통 이를 「해상 고유의 위험」(perils of the sea)이라 한다.

**② 不可抗力**(상 796조 2호) 이것은 자연의 직접적인 힘에 의하여 생기고 인간의 힘으로 예방할 수 없는 자연적 재해로서, 해상 고유의 위험이 아닌 폭풍우, 벼락,

결빙 등이다.

③ **戰爭·暴動·內亂**(상 796조 3호) 전쟁(act of war)은 국가 간의 무력 충돌로서, 전쟁으로 인하여 생긴 운송물에 관한 손해는 입항금지, 하역불능, 운송물의 관리불능으로 인하여 생긴 손해이다. 또한 폭동(riots)은 다중이 집합하여 다수인의 위력을 배경으로 폭행·협박하여 일정한 지역의 안전과 평온을 해하는 것이고, 내란(civil war)은 반도단체가 무력으로 정부군과 투쟁하는 것이다.

④ **海賊行爲나 그 밖에 이에 준하는 行爲**(상 796조 3호) 해적행위는 정부로부터 집행권을 위임받지 않은 무장집단이 해상 또는 하천에서 내습하여 인명과 재화를 약탈하는 행위이고, 이에 준하는 행위는 강도행위이다.

⑤ **裁判上의 押留, 檢疫上의 制限, 그 밖에 公權에 의한 制限**(상 796조 5호) 재판상의 압류는 운송인의 귀책사유로 인한 것이 아니어야 한다. 검역상의 제한은 전염병 등을 예방하기 위한 조치이고, 그 밖에 공권에 의한 제한은 공용징수, 나포, 몰수, 항구의 출입·선적·양륙의 금지 등이다.

⑥ **送荷人 또는 運送物所有者나 그 使用人의 行爲**(상 796조 6호) 이것은 송하인 등의 귀책사유로 인한 행위로서, 구체적으로는 운송물포장의 불충분이나 기호표시의 불완전(상 796조 9호) 등이다. 송하인 등에게 귀책사유가 있는 것이므로 운송인이 책임을 지지 않는 것이다.

⑦ **同盟罷業이나 그 밖의 爭議行爲 또는 船舶閉鎖**(상 796조 7호) 이것은 노동관계의 당사자가 그의 주장을 관철하기 위하여 하는 행위와 이에 대항하는 행위이다. 파업이 운송인의 면책사유가 되기 위하여서는 운송인 측에 귀책사유가 없어야 한다.

⑧ **海上에서의 人命이나 財産의 救助行爲 또는 이로 인한 航路離脫이나 그 밖의 정당한 사유로 인한 航路離脫**(상 796조 8호) 항로이탈(deviation)은 예정항로를 벗어나는 것이다. 항로이탈은 선박의 연착과 해상위험의 원인으로 되므로 항로이탈로 인하여 생긴 손해는 운송인이 배상책임을 지나, 인명과 재산의 구조(any deviation in saving or attempting to save life or property) 또는 정당한 사유로 인한 항로이탈(any reasonable deviation)로 생긴 손해에 대하여서는 책임을 지지 않는다.

정당한 사유로 인한 항로이탈은 예컨대 폭풍·결빙 등의 해상위험이나 나포 등의 급박한 위험을 피하기 위한 것이다.

⑨ **運送物의 包裝의 不充分 또는 記號의 表示의 不完全**(상 796조 9호) 운송물포장의 불충분이나 기호표시의 불완전은 송하인의 책임이므로, 이로 인하여 생긴 손해는 운송인이 책임을 질 것이 아니다.

포장의 불충분은 운송물의 포장재료의 불충분이나 포장방법의 미숙으로 인하여 통상의 수령·선적·적부·운송·보관·양륙·인도에 견딜 수 없는 포장상태이다. 기호표시의 불완전은 다른 운송물과 구별하기 위하여 포장·용기 또는 운송물에 표시하는 문자나 도안 등의 기호가 불완전하여 운송물의 취급에 혼란이나 착오가 야기되는 것이다.

⑩ **運送物의 특수한 性質 또는 숨은 瑕疵**(상 796조 10호) 운송물의 특수한 성질로 인한 손해는 그 운송물의 특유한 성질로 인한 손해로서, 과일의 부패, 액체의 누수·증발, 곡물의 병충해 등이다. 또한 운송물의 숨은 하자(latent defect)는 통상의 방법으로는 발견할 수 없는 하자이다.

이러한 것도 운송인에게 귀책사유가 있는 것이 아니므로 운송인이 책임을 지지 않는 것이다.

⑪ **船舶의 숨은 瑕疵**(상 796조 11호) 선박의 숨은 하자(latent defect not discoverable by due diligence)는 선체·기관 및 설비 등에 관하여 상당한 주의를 하여도 발견할 수 없는 잠재적 하자이다. 선박의 숨은 하자는 운송인의 귀책사유가 없는 감항능력불비를 말하는 것으로서 운송인이 책임을 질 것이 아니므로, 굳이 이를 따로 면책사유로 규정할 필요가 있는지 의문이다(최기원 870면 서헌제 384면).

### 5. 免責約款

#### (1) 序 說

해상운송계약에 운송인의 책임을 경감 또는 면제하는 특약(면책약관)을 두는 경우가 있다. 일반적으로 면책약관은 계약자유의 원칙상 특히 사회질서(민 103조)나 신의칙(민 2조)에 반하지 않는 한 유효하다고 보나, 해상법은 면책약관을 원칙적으로 금지하는 규정을 두고 있다(상 799조 1항).

#### (2) 原則的 禁止

① **責任減免特約의 禁止** 운송인의 감항능력주의의무(상 794조), 운송물에 관한

주의의무(상 795조), 그 밖의 면책사유(상 796조), 책임한도액(상 797조), 비계약적 청구에 대한 적용(상 798조)에 위반하여 운송인의 의무와 책임을 경감 또는 면제하는 특약은 무효이다(상 799조 1항 1문). 이것은 화주를 보호하기 위한 것이다.

② **保險金請求權讓渡의 禁止** 운송물에 관한 보험의 이익(보험금청구권)을 운송인에게 양도하는 약정 또는 이와 유사한 약정은 무효이다(상 799조 1항 2문). 송하인이 보험금청구권을 운송인에게 양도하고 보험자가 운송인에 대하여 대위권(상 682조)을 행사하지 않기로 약정하면, 이는 운송인이 실질적으로 손해배상책임을 지지 않는 것과 같게 되기 때문이다(손주찬 837면, 정동윤 887면, 정찬형 872면).

(3) 例外的 許容

① **살아 있는 동물의 運送** 살아 있는 동물(live animals)의 운송의 경우에는 위의 책임감면특약금지의 원칙이 적용되지 아니하여(상 799조 2항), 그 책임감면특약은 유효하다. 살아 있는 동물의 운송에는 많은 위험이 따라 결과적으로 운임이 비싸기 때문이다.

② **甲板積貨物** 선하증권 그 밖에 운송계약을 증명하는 문서의 표면에 갑판적(갑판에 적재)으로 운송한다는 취지를 기재하는 갑판적으로 하는 운송의 경우에도 위의 책임감면특약금지의 원칙이 적용되지 아니하여(상 799조 2항), 그 책임감면특약은 유효하다. 갑판적 화물운송의 경우에도 많은 위험이 따르기 때문이다.

## Ⅷ. 順次海上物件運送人의 責任

### 1. 意 義

순차해상물건운송은 수인이 운송인이 해상에서 동일 운송물을 지리적 간격을 달리하여 순차로 운송하는 것이다.

### 2. 連帶責任(對外關係)

순차해상물건운송의 경우에 각 운송인은 운송물의 멸실·훼손 또는 연착으로 인한 손해를 연대하여 배상할 책임이 있다(연대책임)(상 815조 138조 1항). 이것은 수하인이 어느 운송인의 고의·과실로 인하여 손해가 생겼는지 또 어느 운송구간에서 손해가 생겼는지 증명하기가 곤란하므로 그 증명책임을 면하게 하고 또 송하인(수하인·선하증권 소지인)이 어느 운송인에 대하여서도 손해배상청구를 할 수 있도록 함으로써 송하인 등을 보호하기 위한 것이다.

### 3. 求償權 · 損害分擔(對內關係)

순차해상물건운송의 경우에 송하인(수하인·선하증권소지인)은 어떤 운송인에 대하여서도 손해배상을 청구할 수 있으나(상 815조 138조 1항), 손해배상을 한 운송인은 그 손해의 원인이 된 행위를 한 운송인에 대하여 구상할 수 있다(구상권)(상 815조 138조 2항).

이 경우 손해의 원인이 된 행위를 한 운송인을 알 수 없는 때에는 각 운송인은 그 수령한 운임액에 비례하여 손해를 분담한다(손해분담)(상 815조, 138조 3항 본문). 그러나 운송인이 손해가 자기의 운송구간에서 발생하지 않았음을 증명한 때에는 손해를 분담하지 않는다(상 815조, 138조 3항 단서).

## Ⅸ. 責任의 消滅

### 1. 短期除斥期間의 特則

운송인의 송하인 또는 수하인에 대한 채권 및 채무는 그 청구원인의 여하에 불구하고 운송인이 수하인에게 운송물을 「인도한 날」 또는 「인도할 날」부터 1년 이내에 재판상 청구가 없으면 소멸된다(상 814조 1항 본문). 그러나 이 기간은 당사자의 합의에 의하여 연장할 수 있다(상 814조 1항 단서). 여기에서 1년은 제척기간이다.

해상운송에 있어서는 증거가 인멸되기 쉽고, 계속 · 반복하여 운송을 하는 운송인으로서는 증거를 오래 보관하기가 용이하지 않고, 운송인의 책임이 너무 무거워 그 책임관계를 빨리 소멸시켜, 운송인을 보호할 필요가 있으므로 해상법은 특별히 1년의 단기제척기간을 정한 것이다.

운송인의 채권채무의 상대방은 송하인 · 수하인이고(상 814조 1항 본문), 수하인에는 선하증권 발행의 경우 선하증권소지인도 포함된다(대판 1997. 4. 11. 96 다 42246).

### 2. 短期除斥期間의 適用範圍

단기제척기간이 적용되는 채권채무는 청구의 원인의 여하에 불구하므로(상 814조 1항 본문), 이에는 채무불이행으로 인한 채권채무는 물론 불법행위로 인한 채권채무도 포함된다.

### 3. 短期除斥期間의 起算点

운송인의 채권채무의 단기제척기간은 운송물의 전부 멸실의 경우에는 「인도할 날」부터 기산하고, 운송물의 일부 멸실 · 훼손 · 연착의 경우에는 「인도한 날」부터 기산한다. 운송물을 인도할 날은 통상 운송계약이 그 내용에 좇아 이행되었으면,

인도되었을 날이다(대판 1997. 11. 28. 97 다 28490).

## 제3. 運送人의 權利

### Ⅰ. 序 說

개품운송인의 권리는 기본적 권리와 부수적 권리로 나눌 수 있고, 전자에는 운임청구권, 체선료청구권, 부수비용청구권, 유치권, 경매권, 공탁·인도권 등이 있다.

### Ⅱ. 基本的 權利

#### 1. 運賃請求權

##### (1) 運賃請求의 時期

해상물건운송계약은 도급계약이므로 운송인은 해상물건운송을 완성한 때에 즉, 운송물이 도착지에 도착하여 운송물을 인도할 때에 운임을 청구할 수 있다(후급)(상 807조 1항). 그러나 해운실무에서는 운임을 선급으로 하는 것이 보통이다.

운임지급의무는 해상물건운송계약의 상대방인 송하인이 부담하는 것이나, 운송물수령 후에는 수하인(선하증권 발행의 경우에는 선하증권 소지인 포함)도 부담한다(부진정연대채무).

##### (2) 運送物의 不到着과 運賃

해상물건운송계약은 도급계약이므로 운송인은 운송을 완성하지 않은 때에는 운임청구를 할 수 없는 것이다.

그러나 운송을 완성하지 않았더라도 운송물의 전부 또는 일부가 그 성질이나 하자 또는 송하인의 과실로 인하여 멸실한 경우 및 선장이 항해계속비용을 지급하기 위하여서나 선박과 적하의 공동위험을 면하기 위하여 운송물을 처분한 경우에는, 운송인은 운임의 전액을 청구할 수 있다(상 815조, 134조 2항, 813조).

또한 항해 중에 선박이 침몰·멸실·수선불능 또는 포획된 때에는 운송을 완성하지 않았더라도 운송인은 운송의 비율에 따라 운임을 청구할 수 있다(비율운임, pro rata freight)(상 810조 2항). 비율운임은 형평의 견지에서 운송인의 손해와 송하인의 이득을 조정하기 위한 것이다. 비율운임을 정할 때에는 항해의 거리뿐만 아니라 항해의 난이·시간·비용 등을 고려하여야 하고(통설), 또 현존하는 운송물의 가액을 한도로 하여야 한다(인적유한책임)(상 810조 2항). 그러나 선장의 적하처분은 부득이한 처분이므로 이 경우에는 위와는 달리 운임의 전액을 청구할 수 있다(상 813조).

#### (3) 運賃額

운임액은 운송계약 또는 관습에 의하여 정하여지나, 해상법은 해상운송의 기술적 성질을 고려하여 특별히 다음과 같은 보충규정을 두고 있다. 즉 운송물의 중량 또는 용적으로 운임을 정한 경우에는 「운송물을 인도하는 때」의 중량 또는 용적에 의하여 그 액을 정하고(상 805조), 또 기간으로 운임을 정한 경우에는 운송물의 「선적을 개시한 날부터 그 양륙을 종료한 날까지」의 기간에 의하여 그 액을 정한다(상 806조 1항).

기간으로 운임을 정한 경우 그 기간에는 선박이 불가항력으로 인하여 선박이 선적항이나 항해 도중에 정박한 기간 또는 항해 도중에 선박을 수선한 기간은 산입하지 않는다(상 806조 2항).

선장이 법령 또는 계약에 위반하여 선적한 운송물(위법선적물)을 운송하는 때에는 그 선적한 때와 곳에 있어서 동종 운송물의 최고운임을 청구할 수 있다(상 800조 2항).

### 2. 附隨費用請求權

운송인은 운송계약 또는 선하증권의 취지에 따라 부수비용, 체당금, 체선료, 공동해손 또는 해난구조로 인한 부담액을 청구할 수 있다(상 807조 1항). 부수비용은 운임 외에 운송에 부수하는 비용으로서, 창고비용, 검역비용, 통관비용, 보험료 등이고, 체당금은 운송인이 송하인 등을 위하여 지급한 비용이다.

### 3. 留置權

운송인은 운임, 부수비용, 체당금, 정박료, 공동해손 또는 해난구조로 인한 부담액을 지급받을 때까지 운송물을 인도하지 않고 유치할 수 있다(상 807조 2항).

운송인의 유치권은 피담보채권과 유치물 사이에 견련관계를 요하고, 유치물이 운송물이어야 하고, 운송인(선장)이 유치물을 점유하고 있어야 하고, 유치물이 채무자의 소유물임을 요하지 않는 점에서 상인 간의 유치권(상 58조)과 다르고 민사유치권(민 320조)과 같다.

### 4. 競賣權, 供託·引渡權

#### (1) 競賣權

##### 가) 意 義

운송인이 다음의 요건을 갖춘 때에는 운송물의 인도 전후를 불문하고 그 운송물을 경매하여 그로부터 우선변제를 받을 수 있다(상 808조).

나) 要 件

① **海上運送人의 債權의 存在** 운송인의 수하인에 대한 운임채권, 부수비용채권, 체당금채권, 체선료채권, 공동해손채권, 해난구조료채권 등의 채권이 존재하여야 한다(상 808조 1항).

② **法院의 許可** 운송인은 경매권의 행사에 관하여 법원의 허가를 얻어야 한다(상 808조 1항).

③ **30일을 經過하지 않고 第3者가 占有取得하지 않았을 것** 운송인(선장)이 수하인에게 운송물을 인도한 날부터 30일을 경과하지 않아야 하고 또 제3자가 그 운송물의 점유를 취득하지 않아야 한다(상 808조 2항 단서).

⑵ 供託·引渡權

가) 意 義

선장은 다음의 경우에는 운송물을 공탁소에 공탁하거나 세관이나 그 밖의 법령으로 정한 관청의 허가를 받은 곳에 인도할 수 있고(상 803조 1항·2항), 위와 같이 운송물을 공탁하거나 세관이나 그 밖에 법령으로 정한 관청의 허가를 받은 곳에 인도한 때에는 선하증권소지인이나 그 밖의 수하인에게 운송물을 인도한 것으로 본다(상 803조 3항).

나) 供託 또는 引渡할 수 있는 경우

선장은 ① 수하인이 운송물의 수령을 게을리 한 경우(상 803조 1항 1문), ② 수하인이 운송물의 수령을 거부한 경우(상 803조 2항), ③ 수하인을 확실히 알 수 없는 경우(상 803조 2항)에는 운송물을 위와 같이 공탁하거나 세관이나 그 밖에 법령으로 정한 관청의 허가를 받은 곳에 인도할 수 있다.

수하인을 확실히 알 수 없는 경우는 수하인의 소재가 불명한 경우나 수하인이라는 자가 수인이 나타나서 각자가 수하인이라 주장하는 경우이다.

다) 通知義務

선장이 운송물을 공탁하거나 세관이나 그 밖에 법령으로 정한 관청의 허가를 받은 곳에 인도한 때에는, 선장은 수하인이 운송물의 수령을 게을리 한 경우에는 수하인에게 또 수하인을 확실히 알 수 없거나 수하인이 운송물의 수령을 거부한 경우에는 수하인 및 알고 있는 수하인에게 운송물을 공탁 또는 세관이나 법령으로 정한 관청의 허가를 받은 곳에 인도하였다는 것을 통지하여야 한다(상 803조 1항·2항).

### Ⅲ. 附隨的 權利

운송인은 송하인에 대한 운송물제공청구권(상 792조 1항 참조), 송하인이 약정 또는 선적항의 관습상의 때와 곳에서 운송물을 제공하지 않은 때의 발항권(상 792조 2항), 운송에 필요한 서류교부청구권(상 793조), 위법선적물·위험물에 대한 처분권(상 800조 801조), 송하인이 운송계약을 해제 또는 해지한 경우의 선적·양륙비용청구권(상 835조), 선하증권등본교부청구권(상 856조) 등을 가진다.

### Ⅳ. 短期除斥期間

운송인의 송하인 또는 수하인에 대한 채권은 그 청구원인의 여하에 불구하고 운송인이 수하인에게 운송물을 「인도한 날」 또는 「인도할 날」부터 1년 이내에 재판상 청구가 없으면 소멸한다. 이 기간은 당사자의 합의에 의하여 연장할 수 있다(상 814조 1항).

## 제 3 항 個品運送契約의 終了

### 제1. 序 說

해상물건운송계약은 운송의 완료에 의하여 종료되는 것이 정상적이나, 이 외에 운송의 진행 중에 그 밖의 원인에 의하여 비정상적으로 종료되기도 한다. 후자에 있어서는 계약의 일반종료원인인 해제(민 544조) 등 외에, 해상법은 해상물건운송의 특이성(대양성 위험성)을 고려하여 육상물건운송계약에서와는 달리 해상물건운송계약의 해제·해지에 관하여 상세한 특별규정을 두고 있다.

### 제2. 送荷人의 任意解除·解止

#### Ⅰ. 發航 전의 任意解除·解止

##### 1. 解除·解止

송하인은 다른 용선자·송하인 전원과 「공동으로」 하는 경우에 한하여, 단일항해의 경우에는 계약을 해제할 수 있고 또 왕복항해의 경우에는 계약을 해지할 수 있다(상 833조 1항). 이 경우 송하인은 단일항해의 경우에는 운임의 반액을 또 왕복항해의 경우에는 운임의 3분의 2를 지급하여야 하고 그 밖의 비용부담도 같다(상 833조 1항).

송하인이 발항 전에 계약을 해제 또는 해지하여도 운임의 전액을 지급하여야 한다(상 833조 2항). 발항 전이라도 송하인이 운송물의 전부 또는 일부를 선적한 경우에는 다른 송하인의 동의를 얻지 않으면 계약을 해제 또는 해지하지 못한다(상 833조 3항). 이것은 계약을 해제·해지하여 선적한 운송물을 양륙 또는 환적함으로써 생기는 지연과 손해를 줄 염려가 있기 때문이다.

2. 空積運賃

송하인이 계약을 해제 또는 해지하는 경우에 지급하는 운임의 전액, 운임의 3분의 2, 운임의 반액 등을 공적운임(dead freight)이라 한다. 공적운임은 손해배상금이나 위약금이 아니고 법정해약금이다(정희철 584면 서헌제 403면).

### Ⅱ. 發航 후의 任意解止

발항 후에는 송하인은 운임의 전액, 체당금, 체선료, 공동해손 또는 해난구조의 부담액을 지급하고 그 양륙하기 위하여 생긴 손해를 배상하거나 이에 대한 상당한 담보를 제공하지 않으면 계약을 해지하지 못한다(상 837조). 발항 후에 송하인이 계약을 해지하면 운송인의 손해가 크므로 그 부담을 크게 한 것이다.

## 제3. 法定事由로 인한 解除

### Ⅰ. 發航 전의 任意解除

발항 전에 항해 또는 운송이 법령을 위반하게 되거나 그 밖에 불가항력으로 인하여 계약의 목적을 달성할 수 없게 된 때에는, 각 당사자는 계약을 해제할 수 있다(상 811조 1항). 항해 또는 운송이 법령을 위반하는 것은, 예컨대 해상봉쇄·운송물금수조치 등이다.

발항 전에 이러한 법정사유로 인하여 임의해제를 한 때에는 송하인은 공적운임을 지급할 필요가 없다.

불가항력의 사유(운송물이 불가항력으로 인하여 멸실된 때, 항해 또는 운송이 법령위반 또는 불가항력으로 인하여 계약의 목적을 달성할 수 없는 때)가 운송물의 일부에 생긴 경우에는 송하인은 운송인의 책임이 가중되지 않는 범위 내에서 다른 운송물을 선적할 수 있고(상 812조 1항), 이 경우에는 계약의 해지는 문제되지 않는다. 또한 이 경우 송하인은 지체 없이 운송물을 양륙 또는 선적하여야 하고 그 양륙 또는 선적을 게을리 한 때에는 운임의 전액을 지급하여야 한다(상 812조 2항).

### Ⅱ. 發航 후의 任意解除

발항 후 항해 도중에 항해 또는 운송이 법령에 위반하게 되거나 그 밖에 불가항력으로 인하여 계약의 목적을 달성할 수 없게 된 때에는 각 당사자는 계약을 해지할 수 있고, 이 경우에는 송하인은 운송의 비율에 따른 운임 즉 비례운임을 지급하여야 한다(상 811조 2항).

## 제4. 法定原因에 의한 當然終了

### Ⅰ. 當然終了事由

당사자의 책임 없는 사유로, ① 선박의 침몰 또는 멸실, ② 선박의 수선불능, ③ 선박의 포획, ④ 불가항력으로 인한 운송물의 멸실 등이 생긴 때에는, 그것이 발항 전에 생겼든 발항 후에 생겼든 불문하고 당연히 종료한다(상 810조 1항).

### Ⅱ. 當然終了의 效果

위의 당연종료의 사유가 항해 도중에 생긴 경우에는, 송하인은 운송의 비율에 따라 현존하는 운송물의 가액의 한도에서 운임을 지급하여야 한다(상 810조 2항).

# 제 4 관 海上旅客運送

# 제 1 항 概 念

## 제1. 意 義

해상여객운송계약(contract of the carriage of passengers by sea)은 운송인이 상대방에 대하여 해상에서 선박에 의하여 출발지에서 도착지까지 여객을 운송할 것을 인수하고 이에 대하여 상대방이 운임을 지급할 것을 약속하는 계약이다(상 817조).

해상여객운송계약에서는 해상물건운송의 경우와는 달리 수령·보관·인도 등의 복잡한 법률관계가 생기지 않는다. 다만 해상여객운송에 있어서는 이에 부수하여 수하물도 운송하나, 이는 여객의 해상운송에 부수하여 행하여지는 것이므로 따로 해상물건운송계약을 체결하지 않는다.

### 제2. 法的 性質

해상여객운송계약은 여객 또는 용선자가 청약을 하고 해상운송인이 승낙을 하여 성립하는 계약이므로 낙성계약이고, 해상여객운송계약은 원칙적으로 유상계약이나 무상이라도 계약의 성립에 영향을 미치지 않고, 해상여객운송계약은 계약의 체결에 아무 방식을 요하지 않으므로 불요식계약이고, 또한 해상여객운송계약은 해상여객운송인이 여객의 장소적 이동이라는 일의 완성을 인수하는 계약이므로 도급계약이다(통설).

## 제 2 항 海上旅客運送契約의 成立

### 제1. 契約의 當事者

해상여객운송계약에 있어서 당사자는 해상운송인과 상대방이고, 상대방은 원칙적으로 여객(개별운송계약) 또는 용선자(용선계약)이다. 그러나 개별운송계약에 있어서는 부모가 그 아동의 운반을 위탁하는 경우와 같이 여객 자신이 당사자로 되지 않고 타인이 그에 갈음하여 당사자로 될 수 있다.

### 제2. 契約의 締結

해상여객운송계약은 낙성계약이므로 당사자의 의사표시의 합치만으로 성립하고, 불요식계약이므로 아무 방식을 요하지 않는다.

해상여객운송계약은 낙성계약이나, 승선 전에 선표(船票)를 발행한 경우에는 선표의 매입 시에, 승선 후에 선표를 발행한 경우에는 여객의 승선 시에, 또 선표를 발행하지 않은 경우에는 여객의 승선 시에 성립한다.

기명식의 선표는 타인에게 양도하지 못한다(상 818조).

## 제 3 항 海上旅客運送契約의 效力

### 제1. 海上旅客運送人의 義務

#### Ⅰ. 序 說

해상여객운송인의 의무에는 성질상 육상여객운송인의 의무에 관한 규정과 해상물건운송인의 의무에 관한 규정이 준용된다(상 826조). 다만 해상여객운송인은 다른 운송인과는 달리 해상에서 여객을 운송하는 특성이 있으므로 상법은 해상여객운송인의 의무에 관하여 약간의 특별규정을 두고 있다.

### Ⅱ. 具體的 義務

#### (1) 乘船하게 할 義務

해상운송인은 소정의 시기·장소에 선박을 정박시켜 여객이 안전하게 승선할 수 있도록 하여야 한다. 여객이 소정의 승선시기까지 승선하지 않는 때에는 선장은 즉시 발항할 수 있고(상 821조 1항 1문), 항해 도중의 정박항에서 소정의 승선시기까지 승선하지 않는 때에도 같다(상 821조 1항 2문).

#### (2) 堪航能力注意義務

**① 旅客運送의 경우** 해상운송인은 발항 당시, ① 선박이 안전하게 항해할 수 있게 하고, ② 필요한 선원의 승선, 선박의장과 필요품을 보급하여야 하고, ③ 선창, 냉장실 그 밖에 운송물을 적재할 부분을 운송물의 수령·운송과 보존을 위하여 적합한 상태에 두어야 하고(상 826조 1항, 794조), ④ 여객의 성명·신체의 안전 및 보건위생에 필요한 설비를 갖추어야 한다(통설).

이러한 해상운송인의 의무를 경감 또는 면제하는 특약은 효력이 없다(상 826조 1항, 799조 1항).

**② 託送手荷物運送의 경우** 해상운송인은 여객으로부터 수하물을 인도받아 그의 보관하에 운송하는 즉 탁송수하물을 운송하는 경우에도 감항능력주의의무를 부담한다(상 826조 2항, 794조). 이 해상운송인의 의무를 감면하는 특약도 효력이 없다(상 826조 2항 799조 1항).

#### (3) 食事提供義務

해상운송인은 다른 약정이 없으면 항해 중에는 여객에게 식사를 제공하여야 하고, 그 식사는 해상운송인의 부담으로 한다(상 819조 1항). 이는 장기간의 원거리운송의 경우에 관한 것이고, 근거리의 연안 운송의 경우에는 인정되지 않는다.

#### (4) 船舶修繕 중의 居處·食事提供義務

항해의 도중에 선박을 수선하는 경우에는 해상운송인은 그 수선 중에 여객에게 상당한 거처와 식사를 제공하여야 하고, 다만 여객의 권리를 해하지 않는 범위에서 상륙항까지 운송의 편의를 제공한 때에는 그러하지 않다(상 819조 2항).

(5) 手荷物의 無賃運送義務

여객이 계약에 의하여 선내에서 휴대할 수 있는 수하물 즉, 휴대수하물에 대하여서는 해상운송인은 다른 약정이 없는 한 운임을 청구하지 못한다(상 820조).

## 제2. 海上旅客運送人의 責任

### Ⅰ. 旅客의 損害에 대한 責任

(1) 旅客이 받은 損害의 賠償責任

해상운송인은 자기 또는 사용인이 운송에 관한 주의를 해태하지 않았음을 증명하지 않으면, 여객이 운송으로 인하여 입은 손해를 배상할 책임을 면하지 못한다(상 826조 1항, 148조 1항).

이것은 ① 해상운송인의 채무불이행으로 인한 손해배상책임이고, ② 과실책임주의를 원칙으로 하면서 사용인의 과실에 대하여 해상운송인의 무과실책임을 인정한 것이며, ③ 해상운송인에게 무과실의 증명책임을 전환한 것(해상운송인의 과실추정)이다.

법원이 손해배상액을 정하는 경우에는 피해자와 그 가족의 정상을 참작하여야 한다(상 826조 1항, 148조 2항). 이것은 해상운송인이 알 수 없었던 특별손해까지 배상하게 하여 손해배상의 범위를 확대한 것이므로, 채무불이행의 손해배상의 범위에 관한 일반원칙(민 393조 1항)에 대한 특칙이다.

피해자와 그 가족의 정상을 참작하여야 한다는 것은 예컨대, 피해자의 연령·직업·수입·재산·건강상태, 가족의 유무·수·생활상태 등을 고려하여야 한다는 것이다.

그러나 연착에 의한 손해의 경우에 그 손해배상의 범위는 일반원칙(민 393조)에 의한다.

(2) 再運送契約의 경우의 損害賠償責任

항해용선자 또는 정기용선자가 자기의 명의로 제3자와 해상여객운송계약을 체결한 경우에는, 그 계약의 이행이 선장의 직무에 속한 범위 안에서 선박소유자도 그 제3자에 대하여 감항능력주의의무 위반(상 794조)과 운송물에 관한 주의의무위반(상 795조)에 따른 책임을 진다(상 826조 1항, 809조).

**【대법원 1987. 10. 28. 판결, 87 다카 1191】**

**1. 사실관계**

Y회사 소유의 훼리5호는 부산항을 출항하여 그 다음 날 제주항에 도착하는 정기여객선이다. A는 훼리5호의 승선권을 매수하여 승선하였다가 출항한 지 8일이 지난 후에 익사체로 발견되었고, Y회사는 A의 승선권의 매수와 승선 사실은 확인하였으나 하선 사실은 확인하지 못하였다.

이에 A의 유족 X가 Y회사에 대하여 A의 사망으로 인한 손해의 배상을 청구하였다.

**2. 판결요지**

이 건에 관하여, 대법원은 「상법 826조에 의하여 준용되는 상법 제148조는 여객이 해상운송 도중 그 운송으로 인하여 손해를 입었고 또 그 손해가 운송인이나 그 사용인의 운송에 관한 주의의무의 범위에 속하는 사항으로 인하였을 경우에 한하여 운송인은 자기 또는 사용인이 운송에 관한 주의를 게을리 하지 않았음을 증명하지 않는 한 이를 배상할 책임을 면할 수 없는 것이지, 여객이 피해를 입기만 하면 그 원인을 묻지 않고 그 책임을 지우는 취지가 아니다. 따라서 여객(A)이 입은 손해라도 그것이 운송으로 인한 것이 아니거나 운송인 또는 그 사용인의 운송에 관한 주의의무의 범위에 속하지 않는 한 운송인은 그로 인한 손해를 배상할 책임이 없다」고 판시하였다.

## Ⅱ. 手荷物의 損害에 대한 責任

### 1. 序 說

수하물은 여객이 여행에 휴대하는 물건이다. 수하물에는 해상운송인이 여객으로부터 인도받아 운송하는 탁송수하물과 운송 중에 여객이 휴대하는 휴대수하물이 있다. 해상법은 해상운송인의 수하물의 손해에 대한 책임에 관하여 탁송수하물의 경우와 휴대수하물의 경우로 나누어, 양 경우에 해상물건운송인의 책임에 관한 규정과 육상여객운송인의 책임에 관한 규정을 준용하고 있다(상 826조 2항, 3항).

### 2. 託送手荷物에 대한 責任

#### (1) 海上物件運送人의 責任에 관한 規定의 準用

탁송수하물의 운송에는, 운송인의 감항능력주의의무(상 794조), 운송물에 관한 주의의무(상 795조), 면책사유(상 796조), 책임의 한도(상 797조), 비계약적청구에 대한 적용(상 798조), 운송인의 책임경감의 금지(상 799조), 위법선적물의 처분(상 800조), 위험물의 처분(상 801조), 수하인의 의무, 선장의 유치권(상 807조), 운송물의 일부 멸실·훼손에 관한 통지(상 804조), 재운송계약과 선박소유자의 책임(상 809조), 법정사유로 인한 해제(상 811조), 운송인의 채권채무의 소멸(상 814조) 등의 해상물건운송인의 책임에 관한 규정이 준용되어(상 826조 2항), 해상여객운송인은 탁송수하물의 손해에 대하여 해상물건운송인과 동일한 책임을 진다.

(2) 陸上旅客運送人의 責任에 관한 規定의 準用

탁송수하물의 운송에는, 육상여객운송에 있어서 운송물의 멸실과 운임(상 134조), 고가물에 대한 특칙(상 136조), 수하물의 공탁·경매권(상 149조 2항, 67조) 등의 육상여객운송인의 책임에 관한 규정이 준용되어(상 826조 2항), 해상여객운송인은 탁송수하물의 손해에 대하여 육상여객운송인과 동일한 책임을 진다.

3. 携帶手荷物에 대한 責任

(1) 海上物件運送人의 責任에 관한 規定의 準用

휴대수하물의 운송에, 해상물건운송에 있어서 운송인의 책임한도(상 797조 1항·4항), 비계약적청구에 대한 적용(상 798조), 운송인의 책임경감의 금지(상 799조 1항), 항해용선자 등의 재운송계약과 선박소유자의 책임(상 809조), 운송인의 채권채무의 소멸(상 814조) 등의 해상물건운송인의 책임에 관한 규정이 준용되어(상 826조 3항), 해상여객운송인은 휴대수하물의 손해에 대하여 해상물건운송인과 동일한 책임을 진다.

(2) 陸上旅客運送人의 責任에 관한 規定의 準用

휴대수하물의 운송에, 육상여객운송에 있어서 운송인의 휴대수하물에 대한 책임에 관한 규정(상 150조)이 준용되어(상 826조 3항), 해상여객운송인은 휴대수하물의 손해에 대하여 육상여객운송인과 동일한 책임을 진다.

## 제3. 海上旅客運送人의 權利

### 1. 運賃請求權

해상여객운송인은 여객의 운송에 대한 보수로서 여객에 대하여 운임을 청구할 수 있다.

해상여객운송계약은 도급계약이므로 운임의 지급시기는 운송이 완료한 때이나(민 665조 1항), 여객운송의 경우에는 물건운송의 경우에서와는 달리 유치할 운송물이 없어 운임의 不支給에 대한 대책이 없으므로 실제로는 약관 또는 상관습에 의하여 선급으로 한다. 또한 운임액은 당사자 간의 합의에 의하여 정하는 것이 원칙이나,

실제로는 미리 정하여진 운임표에 의한다.

2. 發航權

여객이 승선 시까지 승선하지 않은 때에는 선장은 즉시 발항할 수 있고, 항해의 도중 정박항에서 승선하지 않은 때에도 같다(상 821조 1항). 이 경우 여객은 운임의 전액을 지급하여야 한다(상 821조 2항).

3. 違法·危險手荷物處分權

선장은 여객이 법령이나 계약에 위반하여 운송물을 선적한 때에는 언제든지 이를 양륙할 수 있고 운송물이 선박이나 여객 또는 다른 운송물에 위해를 미칠 염려가 있는 때에는 이를 포기할 수 있다(상 800조 1항 826조 2항). 또한 선장은 인화성·폭발성 그 밖의 위험성이 있는 운송물이 선박이나 여객 또는 다른 운송물에 위해를 미칠 염려가 있는 때에는 그 성질을 알고 선적하였더라도 이를 양륙·파괴 또는 무해조치할 수 있다(상 801조 1항 826조 2항).

4. 留置權

해상여객운송인이 탁송수하물을 운송한 때에는 그 탁송수하물의 운임의 지급을 받을 때까지 그 탁송수하물을 유치할 수 있다(민 320조 1항).

5. 債權의 消滅

해상여객운송인의 탁송·휴대수하물에 대한 채권은 해상여객운송인이 여객에게 그 수하물을 인도한 날 또는 인도할 날부터 1년 이내에 재판상 청구가 없으면 소멸한다(상 826조 2항·3항, 814조).

## 제 4 항 海上旅客運送契約의 終了

### 제1. 序 說

해상여객운송계약은 운송의 완료와 계약의 일반종료원인에 의하여 종료하는 외에, 해상법은 약간의 해상여객운송계약의 특별종료원인을 규정하고 있다.

### 제2. 旅客의 任意解除·解止

1. 任意解除

여객은 발항 전에는 운임의 반액을 지급하고 또 발항 후에는 운임의 전액을 지급하고, 해상여객운송계약을 해제할 수 있다(상 822조).

2. 任意解止

항해 도중에 선박을 수선하는 경우에는 여객은 항해의 비율에 따른 운임을 지급하고 해상여객운송계약을 해지할 수 있다(상 819조 3항).

3. 不可抗力으로 인한 解除

여객이 발항 전에 사망·질병 그 밖의 불가항력으로 인하여 항해할 수 없게 된 때에는 여객은 해상운송계약을 해제할 수 있고, 이 경우 해상운송인은 운임의 10분의 3을 청구할 수 있으며, 발항 후에 위의 사유가 발생한 때에는 해상운송인은 운임의 10분의 3 또는 운송의 비율에 따른 운임을 선택적으로 청구할 수 있다(상 823조).

여객이 사망한 경우에 그에게 휴대수하물이 있은 때에는, 선장은 이를 그 상속인에게 가장 이익이 되는 방법으로 처분하여야 한다(상 824조).

4. 法定原因에 의한 當然終了

해상여객운송계약은 ① 선박의 침몰 또는 멸실, ② 선박의 수선불능, ③ 선박의 포획 등의 경우에는 종료된다(상 825조 1문, 810조 1항 1호~3호). 이러한 종료사유가 항해 도중에 생긴 때에는, 여객은 운송의 비율에 따른 운임을 지급하여야 한다(상 825조 2문).

# 제 2 절　傭船契約

## 제 1 관　傭船契約의 意義·種類

### 제1. 意　義

용선계약(charter party)은 선박소유자가 선박의 전부 또는 일부를 물건이나 여객의 운송에 제공하고 상대방인 용선자가 이에 대하여 보수로서 용선료를 지급하기로 약정하는 계약이다.

### 제2. 種　類

용선계약이 선박을 특정 항해에 제공하는 것을 목적으로 하는가 특정 기간에 제공하는 것을 목적으로 하는가에 따라 항해용선계약과 기간용선계약(정기용선계약 포함)으로, 운송에 제공되는 선박의 선복(船腹)(선박의 화물을 적재하는 장소)의 전부인가 일부인가에 따라 전부용선계약과 일부용선계약으로, 용선한 선박의 선복을 물건의 운송에 제공하는가 여객의 운송에 제공하는가에 따라 물건용선계약과 여객용선계약으로, 선박소유자가 용선자와 용선계약을 체결하고 그 용선자가 다시 제3자와 용선계약을 체결하는 경우 전자의 용선계약을 주용선계약 또 후자의 용선계약을 재용선계약으로 구분할 수 있고, 용선자가 선박을 운항할 목적으로 선박소유자로부터 선박을 임차하는 계약인 선체용선(裸傭船)계약이 있다.

해상법은 용선계약 중 항해용선계약(제2장 제3절), 정기용선계약(제2장 제4절) 및 선체용선계약(제2장 제5절)에 관하여 규정하고 있다.

## 제 2 관 航海傭船契約

### 제 1 항 意 義

항해용선계약은 특정한 항해를 할 목적으로 선박소유자가 용선자에게 선원이 승무하고 항해장비를 갖춘 선박의 전부 또는 일부를 물건의 운송에 제공하기로 하고 용선자가 이에 대하여 운임을 지급하기로 약정하는 계약이다(상 827조 1항).

여객의 운송을 목적으로 하는 항해용선계약에도 성질에 반하지 않는 한 항해용선에 관한 규정(상법 제5편 제2장 제3절)이 준용되고(상 827조 2항), 또는 선박소유자가 용선자에게 선박을 일정한 기간 제공할 의무를 부담하거나 항해를 단위로 운임을 계산하여 지급하기로 한 경우에도 그 성질에 반하지 않는 한 항해용선에 관한 규정이 준용된다(상 827조 3항).

### 제 2 항 航海傭船契約의 成立

#### 제1. 契約의 當事者

항해용선계약의 당사자는 선박을 물건운송에 제공하는 선박소유자와 그 상대방인 용선자이다. 선박을 물건운송에 제공하는 자는 선박소유자 외에 정기용선자,

선체용선자, 항해용선자(재운송인)도 포함한다.

이 외에 항해용선계약의 당사자는 아니나 이에 관계되는 자로서, 자기의 명의로 물건운송을 주선하는 運送周旋人(상 114조), 선박소유자와 용선자 간의 운송계약에 의하여 자기의 명의로 물건을 선적하는 선적인, 양륙항에서 운송물의 인도를 받을 자로 지정되었거나 현실로 인도받는 수하인 등이 있다.

### 제2. 契約의 締結

항해용선계약의 체결에는 원칙적으로 계약자유의 원칙이 지배하여 그 내용과 방식은 당사자가 자유로이 정한다. 그러나 해상실무에서는 부합계약으로 체결된다.

당사자는 상대방의 청구에 의하여 용선계약서를 교부하여야 한다(상 828조). 그러나 실제로는 상대방의 청구를 기다리지 않고 용선계약서를 교부한다. 용선계약서는 증거증권이다.

## 제 3 항 航海傭船契約의 效力

### 제1. 船舶所有者의 義務

#### Ⅰ. 序 說

항해용선계약이 성립한 때에는 선박소유자는 항해용선계약에 따라 운송물을 수령·선적하고, 지체 없이 항해를 개시·종료하고, 목적지에서 운송물을 양륙하여, 이를 수하인에게 인도하여야 한다.

여기에서도 개품운송계약에 있어서 운송인의 의무에서와 같이 운송의 진전의 순서에 따라 선박소유자의 선박, 선적, 항해, 양륙, 인도에 관한 의무에 관하여 고찰하기로 한다.

#### Ⅱ. 船舶에 관한 義務

##### 1. 船舶回航義務

선박소유자는 항해용선계약에 따라 선박을 船積地에 回航(예정된 항구를 들러서 항행하는 것)하여 碇泊시켜야 한다. 선박소유자가 이러한 회항의무에 위반한 때에는 면책의 특약이 없는 한 채무불이행책임을 진다.

### 2. 碇泊義務

#### (1) 意 義

선박소유자는 항해용선계약에서 약정한 선적기간에 선박을 정박하여 선적을 기다려야 한다(정박의무).

#### (2) 船積期間・碇泊(待泊)期間

선적기간(time of loading)은 선적에 필요한 기간으로서, 보통 선박소유자와 용선자 간의 항해용선계약 또는 관습에 의하여 정하여진다. 이에 대하여 양륙에 필요한 기간을 양륙기간이라 하고, 선적기간과 양륙기간을 합하여 정박(대박)기간(laytime, laydays)이라 한다.

선적기간의 약정이 있는 경우에, 그 기간은 선적준비완료의 통지가 오전에 있은 때에는 그날의 오후 1시부터 기산하고, 또 오후에 있은 때에는 다음날 오전 6시부터 기산한다. 이 기간에는 불가항력으로 인하여 선적할 수 없는 날과 그 항의 관습상 선적작업을 하지 않는 날은 산입하지 않는다(상 829조 2항).

용선자는 선적기간 내에 운송물을 선적하고, 선장에게 운송에 필요한 서류를 교부하여야 한다(상 841조 793조).

#### (3) 滯船料

##### 가) 意 義

용선자가 선적기간의 경과 후에 운송물을 선적한 때에는 선박소유자는 상당한 보수 즉 체선료(demurrage)의 지급을 청구할 수 있다(상 829조 3항).

보통 항해용선계약에 미리 하루 체선하는 데에 해당하는 체선료를 정하고 있으므로, 선박소유자는 체선료를 지급받은 때에는 선박을 체선시켜야 한다. 그러나 무제한한 체선은 후속의 항해선박에 지장이 되므로, 체선료의 지급에 의한 허용정박기간(days an demurrage)은 보통 10일로 정하고 있다(GENCON Form 7조). 선박이 이 허용정박기간을 초과하여 정박한 때에는, 선박소유자는 용선자에 대하여 체선손해금(demurrage for detention)의 지급을 청구할 수 있다.

##### 나) 法的 性質

용선자의 선적의무는 진정한 의무가 아니므로, 체선료는 손해배상금이 아니다. 초과선적기간에 선박소유자가 부담하는 선원의 급료・식비, 정박비용 등은 용선료에 포함되어 있지 아니하여 법이 특별히 형평의 견지에서 체선료를 청구할 수 있도록 한 것이므로, 체선료는 법정의 특별보수라 할 수 있는 것이다.

다) 早出料

선적기간의 경과 전에 선적이 종료한 경우에는 통상 선박소유자가 용선자에게 절약된 일수에 따라 조출료(despatch money)를 지급한다. 조출료에 관하여서는 체선료와는 달리 상법상 규정이 없고, 따라서 조출료의 지급채무는 선박소유자와 용선자 간의 특약이 있는 경우에 한하여 생긴다.

조출료는 용선자가 선적기간을 절약하였기 때문에 선박소유자가 용선자로부터 받은 용선료 중에서 일부를 반환하는 금액이다.

### 3. 堪航能力注意義務

선박소유자는 감항능력주의의무를 부담하며(상 841조 1항, 794조), 이는 개품운송계약에 있어서 운송인의 감항능력주의의무와 같다.

## Ⅲ. 船積에 관한 義務

### 1. 船積準備義務

항해용선계약에 있어서는 선박소유자가 용선자에게 선복을 제공하고 용선자가 선복에 운송물을 선적하므로, 선박소유자는 운송물을 선적함에 필요한 준비를 하여야 한다(상 829조 1항 참조).

### 2. 船積準備完了通知義務

선박소유자는 운송물을 선적함에 필요한 준비가 완료된 때에는 지체 없이 용선자에게 그 통지를 발송하여야 한다(선적준비완료통지의무)(Notice of Readiness, N.R.)(상 829조 1항). 이 선적준비완료통지의무는 선적기간의 始期를 정하는 데 기초로 된다. 이것은 양륙의 경우에도 같다(양륙준비완료통지의무)(상 838조 1항).

선박소유자는 용선자에게 위 통지를 하여야 하나, 제3자를 船積人으로 지정한 경우에는 그 지정선적인에게 통지하여야 한다. 그러나 선장이 그 제3자를 확실히 알 수 없거나 지정선적인이 운송물을 선적하지 않은 때에는, 선장은 지체 없이 용선자에게 그 통지를 발송하여야 한다. 이 경우 용선자는 선적기간 이내에 한하여 선적할 수 있고(상 830조), 용선자가 그 선적기간 이내에 운송물을 선적하지 않은 때에는 항해용선계약을 해제 또는 해지한 것으로 본다(상 836조).

### 3. 船荷證券의 發行

선박소유자는 운송물의 수령 또는 선적 후에 용선자의 청구가 있는 때에는 선하증권을 발행하여야 하며(상 852조 1항·2항), 이는 개품운송계약에 있어서 운송인의 선하증권발행의무와 같다.

## Ⅳ. 航海에 관한 의무

### 1. 發航義務

#### (1) 發航義務, 發航權

항해의 준비가 끝난 때에는 선장은 지체 없이 발항하여야 한다(선원 8조 1문). 발항시기에 관하여 「지체 없이」라고 규정하고 있으나, 이는 항해용선계약에서 정한 때이다.

선박소유자는 선적기간에는 선박을 정박시킬 의무가 있으나, 이 기간이 경과하면 언제든지 선박을 발항시킬 수 있다(발항권)(상 831조 2항). 선박소유자로서는 선박의 가동률을 향상시키는 것이 중요하므로, 발항권은 그의 정당한 이익을 보호하기 위한 자위권이라 할 수 있는 것이다. 선박소유자는 선장을 통하여 발항권을 행사한다(선원 8조 참조).

#### (2) 傭船者의 發航請求權

선적기간이 경과하기 전에도, 전부용선의 경우에는 용선자가 또 일부용선의 경우에는 모든 용선자가, 운송물을 전부 선적하지 않고 선박소유자에 대하여 발항을 청구할 수 있다(상 831조 1항). 상인인 용선자는 목적지의 市場商況 그 밖의 사정상 운송물을 일부 선적하지 않고 조기에 발항하여야 할 경우가 있으므로, 예외적으로 용선자의 발항청구권을 인정한 것이다.

이 경우 용선자는 운임의 전액과 운송물을 전부 선적하지 않음으로써 생긴 비용을 지급하여야 하고 또 선박소유자의 청구가 있는 때에는 상당한 담보를 제공하여야 한다(상 831조 3항).

### 2. 直航義務

선장은 예정항로(약정 또는 관습의 항로)를 변경하지 않고 즉 항로이탈을 하지 않고 상당한 속력으로 도착항까지 직항하여야 한다(직항의무)(선원 8조 후단). 다만 해상에서 인명이나 재산의 구조행위로 인한 항로이탈 그 밖에 정당한 사유로 인한 항로이탈은 허용되는 것(상 841조 1항 796조 8호 참조)은 개품운송계약에 있어서 운송인의 직항의무와 같다.

#### 3. 運送物의 保管 · 處分義務

선박소유자는 운송물을 수령한 때부터 인도할 때까지 선량한 관리자의 주의로 보관 · 운송하여야 하고(운송물보관의무)(상 841조 1항, 795조 1항), 법령 또는 계약에 위반하여 선적된 운송물은 선장이 언제든지 이를 양륙할 수 있고 그 운송물이 선박 또는 다른 운송물에 위해를 미칠 염려가 있으면 이를 포기할 수 있으며(위법운송물처분권)(상 841조 1항 800조 1항), 인화성 · 폭발성 등의 위험성이 있는 운송물은 그 선박 또는 다른 운송물에 위해를 미칠 염려가 있으면 선장은 이를 양륙 · 파괴 또는 무해조치할 수 있는 것(상 841조 1항 801조 1항)도 개품운송계약에 있어서 운송물의 보관 · 처분의무와 같다.

### Ⅴ. 揚陸에 관한 義務

운송물은 수하인이 양륙하여야 한다(상 838조 1항 참조). 선장은 운송물의 양륙준비가 완료된 때에는 지체 없이 수하인에게 그 통지를 발송하여야 하고(상 838조 1항), 양륙기간의 약정이 있는 경우에 그 기간은 선장의 양륙준비완료통지가 오전에 있은 때에는 그날의 오후 1시부터 기산하고 오후에 있은 때에는 다음날의 오전 6시부터 기산한다(상 838조 2항 829조 2항).

수하인이 양륙기간 경과 후에 운송물을 양륙한 때에는 선박소유자는 상당한 보수를 청구할 수 있다(상 838조 3항).

### Ⅵ. 運送物의 引渡에 관한 義務

선박소유자의 가장 중요하고 최종적인 의무는 운송물인도의무이다. 선박소유자의 운송물인도의무는 선하증권이 발행된 경우와 발행되지 않은 경우에 따라 다르며, 이는 개품운송계약에 있어서 운송인의 운송물인도의무와 같다.

## 제2. 船舶所有者의 損害賠償責任

### Ⅰ. 責任의 內容

선박소유자의 손해배상책임은 감항능력주의의무 위반과 상사과실이 있는 경우에 발생하는 과실책임이고, 증명책임을 선박소유자가 부담하고, 항해과실이나 선박화재의 경우에는 원칙적으로 발생하지 않고(상 841조 1항 794조, 795조), 손해배상액이 운송물의 매 포장당 또는 매 선적단위당 666.67 계산단위의 금액과 중량 1 kg당 2 계산단위의 금액 중 큰 금액을 한도로 제한할 수 있고(상 841조 1항, 797조), 그리고 고가물의 운송을 위탁한 때에는 그 종류와 가액을 명시한 경우에 한하여 책임을 진다는 것(상 841조 1항, 176조)은 개품운송계약에 있어서 운송인의 손해배상책임과 같다.

### Ⅱ. 商法 제839조(責任輕減禁止規定)의 强行法性

상법상 선박소유자의 감항능력주의의무 위반에 따른 손해배상책임(상 841조 1항, 794조)을 경감 또는 면제하는 특약은 무효이고, 또 운송물에 관한 보험의 이익을 선박소유자에게 양도하는 약정이나 이와 유사한 약정도 무효이다(상 839조 1항).

그러나 개품운송계약에 있어서 운송인의 책임경감금지(상 799조 1항)와는 달리, 선박소유자의 운송물에 관한 주의의무(상 841조 1항, 795조), 운송인의 면책사유(상 841조 1항, 796조), 책임한도액(상 841조 1항, 797조), 비계약적 청구에 대한 적용(상 841조 1항, 798조) 등에 위반하여 정한 손해배상책임을 경감 또는 면제하는 특약은 유효하다.

### Ⅲ. 責任의 消滅(短期除斥期間)

선박소유자의 용선자 또는 수하인에 대한 채권·채무는 그 청구원인의 여하를 불문하고 선박소유자가 운송물을 인도한 날 또는 인도할 날부터 2년 이내에 재판상 청구가 없으면 소멸한다(상 840조 1항 1문). 그러나 이 기간은 당사자의 합의에 의하여 연장할 수 있다(상 840조 1항 2문, 814조 1항 단서). 여기에서 2년의 기간은 제척기간이다.

개품운송계약에 있어서 운송인의 채권·채무 소멸의 제척기간은 1년이나(상 814조 1항 본문), 항해용선계약에 있어서 선박소유자의 채권·채무 소멸의 제척기간은 2년이다.

## 제3. 船舶所有者의 權利

### Ⅰ. 基本的 權利

선박소유자는 개품운송계약에 있어서 운송인과 같이, 운송을 완성한 때에 운임을 청구할 수 있다(상 841조 1항, 807조 1항). 운송을 완성하지 않았더라도 운송물의 전부 또는 일부가 그 성질이나 하자 또는 용선자의 과실로 인하여 멸실한 때 및 선장이 항해계속비용을 지급하기 위하여서나 선박과 적하의 공동위험을 면하기 위하여 운송물을 처분한 때에는 운임의 전액을 청구할 수 있다(상 841조 1항, 134조 2항, 813조). 항해 중에 선박이 침몰·멸실·수선불능 또는 포획된 때에는 운송을 완성하지 않았더라도 운송의 비율에 따라 운임을 청구할 수 있다(비율운임)(상 841조 1항, 810조 2항).

운임을 운송물의 중량 또는 용적으로 정한 경우에는 「운송물을 인도하는 때」의 중량 또는 용적에 의하여 그 액을 정하고(상 841조 1항, 805조), 운임을 기간으로 정한 경우에는 「운송물의 선적을 개시한 날부터 그 양륙을 종료한 날까지」의 기간에 의하여 그 액을 정하는 것(상 841조 1항 806조 1항)은 개품운송계약에서 설명한 바와 같다.

또한 선박소유자는 용선자가 운송물을 수령한 때에는 운임, 부수비용, 체당금, 체선료, 공동해손 또는 해난구조로 인한 부담액의 지급을 청구할 수 있고(상 841조 1항 807조 1항), 위 운임 등의 금액을 지급받을 때까지 운송물을 유치할 수 있으며(상 841조 1항 807조 2항), 위 운임 등의 지급을 받기 위하여 법원의 허가를 받아 운송물을 경매하여 우선변제를 받을 수 있는 것(상 841조 1항 808조 1항)도 개품운송계약에서 설명한 바와 같다.

그리고 선장은 용선자가 운송물의 수령을 게을리 하거나 운송물의 수령을 거부한 경우 또는 용선자를 확실히 알 수 없는 경우에는 운송물을 공탁하거나 관청의 허가를 받은 곳에 인도할 수 있는 것(상 841조 1항 803조 1항·2항)도 개품운송계약에서 설명한 바와 같다.

항해용선계약에 있어서 전부용선자는 단일항해의 경우에는 발항 전에 운임의 반액을 지급하고 항해용선계약을 해제할 수 있고(상 832조 1항), 왕복항해의 경우에는 그 회항 전에 운임의 3분의 2를 지급하고 항해용선계약을 해지할 수 있다(상 832조 2항).

Ⅱ. **附隨的 權利**

선박소유자는 선적기간 경과 후에는 용선자가 운송물의 전부를 선적하지 않아도 즉시 발항할 수 있고(상 831조 2항), 용선자에 대하여 용선계약서의 교부를 청구할 수 있다(상 828조).

선장은 용선자에 대하여 필요한 서류의 교부를 청구할 수 있고(상 831조 1항, 793조), 법령이나 계약에 위반한 선적물이나 인화성·폭발성 등의 위험성이 있는 선적물을 처분할 수 있으며, 이는 개품운송계약에서 설명한 바와 같다.

## 제 4 항 航海傭船契約의 終了

### 제1. 序 說

항해용선계약은 운송의 완료와 계약의 일반종료원인인 해제 등에 의하여 종료되며, 또한 해상법은 항해용선계약의 특이성을 고려하여 항해용선계약의 해제와 해지에 관하여 특별규정을 두고 있다. 여기에서는 항해용선계약의 해제·해지의 특별규정에 관하여 고찰하기로 한다.

## 제2. 傭船者의 任意解除·解止

### Ⅰ. 發航 전의 任意解除·解止

#### 1. 全部傭船의 경우

(1) 單一航海

단일항해의 경우 발항 전에는 전부용선자는 운임의 반액을 지급하고 운송계약을 해제할 수 있다(상 832조 1항). 전부용선자가 운송계약을 해제하여도 그 부수비용과 체당금을 지급하여야 하고(상 834조 1항), 또 발항 전에 운송물의 전부 또는 일부를 선적한 때에는 그 선적비용과 양륙비용을 부담한다(상 835조 1항).

(2) 往復航海

왕복항해의 용선계약에 있어서 전부용선자가 그 회항 전에 항해용선계약을 해지한 때에는 운임의 3분의 2를 지급하여야 한다(상 832조 2항). 이 경우에도 용선자는 부수비용과 체당금을 지급하여야 하고(상 834조 1항) 공동해손 또는 해난구조로 인한 부담액을 지급하여야 하며(상 834조 2항), 또 운송물의 전부 또는 일부를 선적한 때에는 그 선적비용과 양륙비용을 지급하여야 한다(상 835조).

#### 2. 一部傭船의 경우

(1) 共同解除·解止

일부용선자나 송하인은 다른 용선자 및 송하인 전원과 「공동으로」 항해용선계약을 해제(단일항해의 경우)·해지(왕복항해의 경우)할 수 있다(상 833조 1항). 이 경우 일부용선자나 송하인은 전부용선의 해제·해지에서와 같이 단일항해의 경우에는 발항 전에 운임의 반액을 지급하고 항해용선계약을 해제할 수 있고 또 왕복항해의 경우에는 회항 전에 운임의 3분의 2를 지급하고 항해용선계약을 해지할 수 있으며 그 밖의 비용부담도 같다(상 833조 1항).

(2) 單獨解除·解止

일부용선자나 송하인이 발항 전에 항해용선계약을 해제 또는 해지하여도 운임의 전액을 지급하여야 한다(상 833조 2항). 발항 전이라도 일부용선자나 송하인이 운송물의 전부 또는 일부를 선적한 경우에는 다른 용선자와 송하인의 동의를 받지 않으면 항해용선계약을 해제 또는 해지하지 못한다(상 833조 3항).

3. 空積運賃

전부용선자, 일부용선자 또는 송하인 등이 항해용선계약을 해제 또는 해지하는 경우에 지급하는 운임의 전액, 운임의 3분의 2, 운임의 반액 등을 공적운임(dead freight)이라 한다. 공적운임은 손해배상금이나 위약금이 아니고 법정해약금이다(정희철 584면, 정찬형 830면, 서헌제 403면).

### Ⅱ. 發航 후의 任意解止

발항 후에는 용선자나 송하인은 운임의 전액, 체당금, 체선료, 공동해손 또는 해난구조의 부담액을 지급하고 그 양륙하기 위하여 생긴 손해를 배상하거나 이에 대한 상당한 담보를 제공하지 않으면 항해용선계약을 해지하지 못한다(상 837조). 발항 후에 용선자·송하인 등이 항해용선계약을 해지하면 선박소유자의 손해가 크므로 그 부담을 크게 한 것이다.

## 제3. 法定事由로 인한 解除

### Ⅰ. 發航 전의 任意解除

발항 전에 항해 또는 운송이 법령에 위반하거나 그 밖에 불가항력으로 인하여 계약의 목적을 달할 수 없게 된 때에 각 당사자는 계약을 해제할 수 있다(상 841조 1항, 811조 1항). 불가항력의 사유(운송물이 불가항력으로 인하여 멸실된 때, 항해 또는 운송이 법령 위반 또는 불가항력으로 인하여 계약의 목적을 달할 수 없는 때)가 운송물의 일부에 생긴 경우에 용선자는 선박소유자의 책임이 가중되지 않는 범위 내에서 다른 운송물을 선적할 수 있다(상 841조 1항, 812조 1항). 이 경우 용선자는 지체 없이 운송물을 양륙 또는 선적하여야 하며 그 양륙 또는 선적을 게을리 한 때에는 운임의 전액을 지급하여야 한다(상 841조 1항, 812조 2항). 이러한 점은 개품운송계약에 있어서 발항 전의 법정사유로 인한 임의해제와 같다.

### Ⅱ. 船積期間 내 不船積의 경우 解除·解止의 擬制

용선자가 선적기간 내에 운송물을 선적하지 않은 때에는 계약을 해제 또는 해지한 것으로 본다(상 836조).

### Ⅲ. 發航 후의 任意解除

발항 후 항해 도중에 항해 또는 운송이 법령에 위반하거나 그 밖에 불가항력으로 인하여 계약의 목적을 달할 수 없게 된 때에는 각 당사자는 계약을 해지할 수 있다. 이 경우 용선자는 운송의 비율에 따른 운임 즉 비례운임을 지급하여야 한다(상 841조 1항 811조 2항). 이러한 점은 개품운송계약에 있어서 발항 후의 법정사유로 인한 임의해제와 같다.

## 제4. 法定事由로 인한 當然終了

### Ⅰ. 當然終了事由

당사자의 책임 없는 사유로, ① 선박의 침몰 또는 멸실, ② 선박의 수선불능, ③ 선박의 포획, ④ 불가항력으로 인한 운송물의 멸실 등이 생긴 때에는, 그것이 발항 전에 생겼든 발항 후에 생겼든 불문하고 당연히 종료한다(상 841조 1항 810조 1항). 이러한 점도 개품운송계약에 있어서 법정원인에 의한 당연종료사유와 같다.

### Ⅱ. 當然終了의 效果

위의 당연종료의 사유가 항해 도중에 생긴 경우에는, 용선자 또는 송하인은 운송의 비율에 따라 현존하는 운송물의 가액의 한도에서 운임을 지급하여야 한다(상 841조 1항 810조 2항). 이것도 개품운송계약에 있어서 법정원인에 의한 당연종료의 효과와 같다.

# 제 3 관 定期傭船契約

## 제1. 意 義

정기용선계약(time charter)은 선박소유자가 용선자에게 선원이 승무하고 항해장비를 갖춘 선박을 일정한 기간 항해에 사용하게 하고 용선자가 이에 대하여 기간으로 정한 용선료를 지급하기로 약정하는 계약이다(상 842조).

정기용선계약은 산업혁명 이후의 1850년대에 영국에서 발생하여, 주로 발틱해 연안의 목재·철광석의 운송에 이용되었고, 그 후 점차 널리 보급되어 오늘날에는 타선이용의 해상운송형태에서 주류를 이루고 있다.

정기용선계약에 의하면 선박소유자는 자기가 선임한 선장·선원을 통하여 자기선박을 지배·관리할 수 있는 이점이 있고, 또 정기용선자는 선박의 관리·보수의 지급에 따른 비용(연료비, 도선료, 예선료, 수선비, 선체보험료, 선장·선원의 급료·식료비 등)을 부담하지 않고 또 거액으로 기업조직을 확대하지 않고 그때 그때의 선박수급의 사정에 따라 융통성 있게 선박을 이용할 수 있는 이점이 있다.

해운실무에서 정기용선계약은 국제적인 표준서식에 의하여 체결한다. 이러한 표준서식으로는 발틱회의에서 제정된 Baltime Charter와 뉴욕 상품거래소가 제정한 New York Produce Exchange Form(NYPE)가 유명하다. 특히 NYPE가 가장 널리 이용되고 있다.

Baltime Charter는 1905년 발틱 백해회의(Baltic and White Sea Conference)에서 약정하고 1912년과 1950년에 개정된 정기용선의 보통약관으로서, 이에는 ① 일정한 기간 선박을 임대하는 총괄약관(let and hire clause), ② 선박을 정기용선자의 자유사용에 맡기는 처분약관(disposal clause), ③ 선박소유자가 고용한 선장·해원을 정기용선자의 지휘명령에 복종하게 하는 사용약관(employment clause), ④ 정기용선자가 불만이 있는 선원의 교체를 요구할 수 있는 불만약관(misconduct clause), ⑤ 항해비용은 정기용선자가 부담하는 순용선약관(net charter clause) 등이 있다.

## 제2. 法的 性質

### 1. 學 說

정기용선계약의 법적 성질에 관하여, 운송계약설과 선박임대차유사설(혼합계약설)이 대립해 있다.

운송계약설은 선박의 점유 즉 선장·선원의 선임감독권이 선박소유자에게 있으므로 정기용선계약은 운송계약인 용선계약의 일종이라 하나(정희철 513면, 이기수 620면, 채이식 643면, 정찬형 789면, 이범찬·최준선 813면), 선박임대차유사설(혼합계약설)은 정기용선계약은 타선의장인 점에서 선박임대차계약과 유사하고 이에 선장·선원의 노무공급계약이 결합되어 있으므로 혼합계약이라 한다(손주찬 777면, 김인현 113면, 정동윤 735면)(대판 1992. 2. 25. 91 다 14215).

### 2. 檢 討

정기용선계약은 분명히 해상기업의 한 형태인데도, 운송계약설은 이를 무시하고 정기용선계약을 통상의 용선계약이라 보는 것은 부당하다(혼합계약설).

운송계약설에 의하면 정기용선계약을 용선계약이라 보므로 정기용선관계에 통상의 용선자의 제3자에 대한 책임에 관한 상법 제809조(재운송계약에 있어서 선박소유자의 책임)가 적용되어 정기용선자는 선장의 직무의 범위(항해에 필요한 재판상 또는 재판 외의 모든 행위를 할 수 있는 권한) 내에서 선박소유자와 함께 제3자에 대하여 책임을 지게 된다. 이 경우 정기용선자와 선박소유자의 제3자에 대한 책임은 부진정연대책임이다.

또한 선박임대차유사설(혼합계약설)에 의하면 정기용선계약을 선체용선계약과 노무공급계약의 혼합계약이라 보므로 정기용선관계에 상법 제850조(선체용선자의 제3자에 대한 권리의무)가 유추적용되어 정기용선자는 선박의 이용사항에 관하여 제3자에 대하여 선박소유자와 동일한 책임을 지게 된다.

**【대법원 1992. 2. 25. 판결, 91 다 14215】**

**1. 사실관계**

Y회사는 정기해운업자로서 일시적인 선박부족을 보충하기 위하여 선박소유자인 A회사로부터 선박을 용선하는 정기용선계약을 체결하였다.

외국의 수출상 B는 한국의 수입상 C와 합판수출계약을 체결하고 또 그 합판을 인천항까지 운송하기 위하여 Y회사와 위 정기용선 선박의 항해용선계약을 체결하였으며, C는 그 합판에 대하여 X보험회사와 해상보험계약을 체결하였다.

그리고 Y회사의 그 외국 소재 대리점이 「선장을 대리하여」(for the master)라는 문언을 부기하여 서명한 선하증권을 B에게 교부하였고, B는 이를 C에게 배서 양도하였다.

Y회사가 운송 도중 선박의 엔진고장으로 위 합판을 다른 선박에 환적하여 인천항에 도착해 보니 환적 시의 취급부주의로 일부 화물이 파손되어 손해를 입었다.

이에 X보험회사는 C에게 보험금을 지급하고, C의 손해배상청구권을 대위하였다.

**2. 판결요지**

이 건에 관하여, 대법원은 「정기용선자의 지위는 비록 위 선박에 대한 점유권을 취득하지는 않았지만 Y회사는 선장·선원들에 대한 지휘명령권 및 변경요청권을 가지고 Y회사의 선박대리점이 선장을 대리하여 선하증권을 발행하는 등 해상기업으로서 자신의 이름으로 위 선박을 영리에 이용하는 점에 비추어 해상기업주체인 선박임차인에 유사하므로, 대외적인 책임관계에 관하여는 외관을 신뢰한 제3자의 보호를 위하여 선박임차인에 관한 상법 제766조(개정 상 제 850조)를 유추적용하여야 하고, 따라서 정기용선자(Y회사)가 상행위 기타 영리를 목적으로 선박을 항해에 사용하는 경우 선박의 이용에 관한 사항에는 제3자(X보험회사)에 대하여 선박소유자와 동일한 권리의무가 있으므로, Y회사는 선장이 발행한 선하증권상의 운송인으로서 운송물의 훼손으로 인한 운송계약상의 책임을 면할 수 없다」고 판시하여, 정기용선계약의 법적 성질에 관한 혼합계약설의 입장에서 상법 제766조(개정 상 제850조)를 유추적용하여 Y회사는 정기용선자의 책임을 진다고 하였다.

## 제3. 定期傭船者의 地位

### Ⅰ. 內部關係

#### 1. 序 說

정기용선자와 선박소유자 간의 관계에 관하여서는 Baltime Charter와 NYPE에서 정하고 있고, 상법은 이를 기초로 약간의 규정을 두고 있다.

#### 2. 定期傭船者의 權利

(1) 船長指揮權

정기용선자는 약정한 범위 내의 선박의 사용을 위하여 선장을 지휘할 권리가 있다(상 843조 1항). 선장·해원 그 밖의 선박사용인이 정기용선자의 정당한 지시에 위반하여 정기용선자에게 손해가 생긴 경우에는 선박소유자가 이를 배상할 책임이 있다(상 843조 2항). 정기용선자가 용선한 선박을 자기의 해상기업에 사용하기 위하여서는 선장 등의 해원에 대한 지휘권을 가져야 하기 때문이며, 이것은 정기용선자가 선장지휘권을 가지는 해운실무를 반영한 것이다.

(2) 船員交替要求權

정기용선자는 선장 기타 해원의 행위에 대하여 불만이 있는 경우에는 그 교체를 요구할 수 있고, 선박소유자는 즉시 그 사실을 조사하여 정당하다고 인정하는 때에는 지체 없이 교체하여야 한다(NYPE clause 9).

#### 3. 定期傭船者의 義務

(1) 傭船料支給義務

가) 意 義

정기용선자는 선박소유자에게 약정한 용선료를 지급하여야 한다(상 842조 참조). 용선료 지급해태의 효과는 Produce약관과 Baltime약관의 실무관행을 개정상법에서 수용하였다.

나) 支給懈怠의 效果

① **船舶所有者의 契約解除·解止** 정기용선자가 약정기일에 용선료를 지급하지 않은 때에는 선박소유자는 정기용선계약을 해제 또는 해지할 수 있다(상 845조 1항). 선박소유자가 정기용선계약을 해제 또는 해지하였더라도 손해를 입은 때에는 정기용선자에 대하여 손해배상을 청구할 수 있다(상 845조 4항).

② **船舶所有者의 介入義務** 선박의 항해 중에 선박소유자가 용선료의 부지급을 이유로 정기용선계약을 해제 또는 해지한 때에는, 선박소유자는 적하이해관계인에 대하여 정기용선자와 동일한 운송의무를 부담한다(상 845조 2항). 이것은 선박소유자의 介入義務를 정한 것으로서, 정기용선계약의 해제·해지 시에 선박소유자가 임의로 항로를 변경하지 못하게 하여 적하이해관계인을 보호하기 위한 것이다.

이 경우 적하이해관계인이 손해를 입은 때에는 정기용선자에 대하여 손해배상을 청구할 수 있다(상 845조 4항).

③ **船舶所有者의 質權** 선박소유자가 정기용선계약을 해제 또는 해지하고 적하이해관계인에게 서면으로 정기용선계약의 해제 또는 해지 및 운송계속의 뜻을 통지한 때에는, 선박소유자의 정기용선자에 대한 용선료·체당금 그 밖에 이와 유사한 정기용선계약상의 채권을 담보하기 위하여 정기용선자가 적하이해관계인에 대하여 가지는 용선료 또는 운임의 채권을 목적으로 질권을 설정한 것으로 본다(상 845조 3항). 이 경우 선박소유자의 질권은 법정질권이다.

이 경우에도 선박소유자가 손해를 입은 때에는 정기용선에 대하여 손해배상을 청구할 수 있다(상 845조 4항).

④ **船舶所有者의 留置權·競賣權** 정기용선자가 선박소유자에게 용선료·체당금 그 밖에 이와 유사한 정기용선계약에 의한 채무를 이행하지 않은 때에는, 선박소유자는 그 지급을 받을 때까지 운송물을 인도하지 않을 수 있고(선박소유자의 운송물유치권)(상 844조 1항 본문, 807조 2항), 또 법원의 허가를 받아 운송물을 경매하여 우선변제를 받을 수 있다(선박소유자의 운송물경매권)(상 844조 1항 본문, 808조). 선장이 수하인에게 운송물을 인도한 후에도, 운송물을 인도한 날부터 30일을 경과하지 않았거나 제3자

가 운송물의 점유를 취득하지 않은 경우에는, 선박소유자는 그 운송물을 경매하여 우선변제를 받을 수 있다(상 844조 1항 본문, 808조).

이러한 선박소유자의 유치권과 경매권은 정기용선자가 약정한 용선료 또는 운임의 범위 안에서만 행사할 수 있다(상 844조 2항).

정기용선자가 발행한 선하증권을 선의취득한 자가 있는 경우에는 선박소유자의 운송물에 대한 권리보다 선의취득자의 증권상의 권리의 보호가 우선하므로, 선박소유자가 그 운송물에 대하여 유치권·경매권을 행사할 수 없다(상 844조 1항 단서).

#### (3) 船舶返還義務

용선기간이 만료한 때에는 정기용선자는 선박소유자에게 적어도 10일 전에 통지하고 선박을 인수 당시의 상태로 반환하여야 한다(Baltime 약관 7조).

### 4. 定期傭船契約上의 債權의 消滅

정기용선계약에 관하여 생긴 당사자 간의 채권은 선박이 선박소유자에게 반환된 날부터 2년 이내에 재판상의 청구가 없으면 소멸한다(상 846조 1항 1문).

이 기간은 제척기간이다. 이 기간은 선박소유자와 용선자의 합의에 의하여「연장」할 수 있다(상 846조 1항 2문 814조 1항 단서). 또한 이 기간은 선박소유자와 용선자의 합의에 의하여「단축」할 수 있는데, 이는 정기용선계약에 명시적으로 기재되어야 효력이 있다(상 846조 2항 840조 2항).

## Ⅱ. 外部關係

### 1. 定期傭船者와 第3者의 關係(契約上責任)

정기용선자와 제3자의 관계 즉 운송계약상의 책임관계는 정기용선계약의 법적 성질을 어떻게 이해하느냐에 따라 다르다. 정기용선계약에 있어서 제3자에 대한 책임은 정기용선계약의 법적 성질에 관한 운송계약설에 의하면 항해기업의 주체인 선박소유자가 지고, 선박임대차유사설(혼합계약설)에 의하면 상법 제850조의 유추적용에 의하여 정기용선자가 진다고 본다(대판 1992. 2. 25. 91 다 14215).

### 2. 船舶所有者와 第3者의 關係(不法行爲責任)

정기용선계약에 있어서 선박소유자는 제3자에 대하여 선박임대차유사설(혼합계약설)에 따르는 한 아무 관계가 없고, 다만 정기용선자가 용선료를 지급하지 아니하여 선박소유자가 정기용선계약을 해제 또는 해지한 경우에 적하이해관계인에 대하여 정기용선자와 동일한 운송의무가 있다(상 845조 2항). 또한 선박소유자가 적하이해관계인에게 위의 해제 또는 해지를 서면으로 통지한 때에는 정기용선자가 적하이해관계인에 대하여 가지는 용선료 또는 운임의 채권 위에 질권을 설정한 것으로 본다(상 845조 3항).

그러나 선박충돌의 경우처럼 해기적인 사항과 관련한 불법행위가 발생하였을 경우에는, 선박충돌을 야기한 자는 선원이고 그 선원은 정기용선 하에서는 선박소유자의 지휘와 감독하에 있으므로 불법행위책임(사용자책임)을 부담하는 자는 정기용선자가 아니고 선박소유자가 된다(대판 2003. 8. 22. 2001 다 65977).

**【대법원 2003. 8. 22. 판결, 2001 다 65977】**

**1. 사실관계**

정기용선자 A는 선박소유자인 B로부터 예인선을 부선과 함께 각 1년간 정기용선하기로 하면서 용선기간 중 B가 선장을 포함한 선원 3명을 고용한 뒤 예인선에 승선시켜 선원의 급여 및 선박수리비 등을 부담하고, 예인선의 선원과실 및 선체결함으로 인한 사고발생 시에는 B가 전적으로 책임지기로 약정하였다. 이 사건 예인선이 부선을 예인하던 중 야간정박하고 있던 C의 어선과 충돌하였고 어선의 선원들이 사망하였다. 선원의 유족들은 선박소유자 B에게 손해배상청구소송을 제기하였다.

**2. 판결요지**

이 건에 관하여, 대법원은 「선박을 빌려 쓰는 용선계약에는 기본적으로 선박임대차계약, 정기용선계약 및 항해용선계약이 있는데, 이 중 정기용선계약은 선박소유자 또는 임차인(이하 통칭하여 '선주'라 한다)이 용선자에게 선원이 승무하고 항해장비를 갖춘 선박을 일정한 기간 동안 항해에 사용하게 할 것을 약정하고 용선자가 이에 대하여 기간으로 정한 용선료를 지급할 것을 약정하는 계약으로서 용선자가 선주에 의해 선임된 선장 및 선원의 행위를 통하여 선주가 제공하는 서비스를 받는 것을 요소로 하는 것이다. 그러므로 선박 자체의 이용이 계약의 목적이 되어 선주로부터 인도받은 선박에 자기의 선장 및 선원을 탑승시켜 마치 그 선박을 자기 소유의 선박과 마찬가지로 이용할 수 있는 지배관리권을 가진 채 운항하는 선박임대차계약과는 본질적으로 차이가 있다. 정기용선계약에 있어서 선박의 점유, 선장 및 선원에 대한 임면권, 그리고 선박에 대한 전반적인 지배관리권은 모두 선주에게 있고, 특히 화물의 선적, 보관 및 양하 등에 관련된 상사적인 사항과 달리 선박의 항행 및 관리에 관련된 해기적인 사항에 관한 한 선장 및 선원들에 대한 객관적인 지휘·감독권은 달리 특별한 사정이 없는 한 오로지 선주에게 있다고 할 것이다.

원심의 위 인정 사실과 그 밖에 기록상 나타난 여러 사정을 보태어 보면, 예인선에 대한 위 용선계약은 선박임대차계약과 구별되는 정기용선계약으로서의 기본 요건을 모두 갖추었다고 봄이 상당하고, 이처럼 정기용선된 선박의 선장이 항행상의 과실로 충돌사고를 일으켜 제3자에게 손해를 가한 경우 용선자가 아니라 선주가 선장의 사용자로서 상법 제845조 또는 제846조(개정 상 878조, 879조)에 의한 배상책임을 부담하는 것이고, 따라서 상법 제766조 제1항(개정 상 850조 1항)이 유추적용될 여지는 없다. 다만 정기 용선자에게 민법상의 일반 불법행위책임 내지는 사용자책임을 부담시킬 만한 귀책사유가 인정되는 때에는 정기용선자도 그에 따른 배상책임을 별도로 부담할 수 있다 할 것이다」고 하여, 정기용선에서 선박소유자의 불법행위에 따른 손해배상책임을 인정하였다.

## 제 4 관 船體傭船契約

### 제1. 意 義

선체용선계약(demise charter)은 용선자의 관리·지배하에 선박을 운항할 목적으로 선박소유자가 용선자에게 선박을 제공하고 용선자가 선박소유자에게 이에 따른 용선료를 지급하기로 약정하는 계약이다(상 847조 1항). 즉 선체용선계약은 선박소유자가 용선자에게 선박만을 제공하고 용선자가 그 관리·지배하에 그 선박을 운항하는 것이다.

그러나 선박소유자가 선박 외에 선원(선장·해원)도 함께 공급할 의무를 지는 경우(선원부선체용선계약)에 용선자의 관리·지배하에서 해원이 그 선박을 운항하는 것을 목적으로 하면, 이를 선체용선계약으로 본다(상 847조 2항).

해양실무에서는 선체용선을 나용선(裸傭船)이라고도 한다.

### 제2. 각 傭船契約의 比較

항해용선계약은 선박소유자가 용선자에게 선원이 승무하고 항해장비를 갖춘 선박의 전부 또는 일부를 물건의 운송에 제공하고 용선자가 선박소유자에게 운임을 지급하는 것이므로(상 827조 1항) 선박소유자는 선박을 점유하고 항해와 운송을 하여 해상기업의 주체로 된다. 정기용선계약은 선박소유자가 용선자에게 선원이 승무하고 항해장비를 갖춘 선박을 일정한 기간 제공하여 항해에 사용하게 하는 것이므로(상 842조) 선박소유자는 자기가 선임한 선원을 통하여 선박을 간접점유를 할 뿐이고 용선자가 선박을 항해에 사용하여 해상기업의 주체로 된다. 선체용선계약은 용선자의 관리·지배하에 선박을 운항할 목적으로 선박소유자가 용선자에게 선박을 제공하는 것이므로(상 847조 1항) 용선자가 선박을 점유하고 선원을 선임·감독하며 항해와 운송을 하여 해상기업의 주체로 된다.

## 제3. 法的 性質

선체용선계약의 법적 성질은 민법상의 임대차계약 즉, 선박임대차계약이다. 따라서 선체용선계약은 그 성질에 반하지 않는 한 민법상의 임대차계약에 관한 규정이 준용된다(상 848조 1항).

## 제4. 船體傭船者의 地位

### Ⅰ. 內部關係

#### 1. 船體傭船者와 船舶所有者의 關係

선체용선자와 선박소유자의 관계는 당사자 간의 특약(선체용선계약)과 민법의 임대차의 규정(민 618, 654조, 610조 1항, 623조 참조)에 의한다(상 848조 1항). 그 주요한 것으로는 선박소유자는 선체용선자에게 선박을 사용·수익할 수 있게 하여야 하고, 선체용선자는 선박소유자에게 賃料를 지급하여야 하고 선박을 약정한 사용방법에 따라 사용하여야 하며 용선기간이 종료한 때에는 특약이 없는 한 선박을 원상으로 회복하여 인도하여야 한다(민 654조 615조).

#### 2. 船舶賃貸借登記請求權

선체용선자는 선박소유자에 대하여 선박임대차등기(선체용선등기)에 협력할 것을 청구할 수 있다(상 849조 1항). 선체용선자의 선박소유자에 대한 등기협력청구권은 당연히 인정되는 것으로서, 반대의 약정이 없는 경우에 인정되는 부동산임차인의 등기협력청구권과는 다르다.

#### 3. 船體傭船契約上의 債權의 消滅

선체용선계약에 관하여 발생한 당사자 사이의 채권은 선박이 선박소유자에게 반환된 날부터 2년 이내에 재판상의 청구가 없으면 소멸한다(상 851조 1항 1문).

이 기간은 제척기간이다. 이 기간은 선박소유자와 용선자의 합의에 의하여 연장할 수 있다(상 851조 1항 2문, 814조 1항 단서). 그리고 이 기간은 선박소유자와 용선자의 합의에 의하여 단축할 수도 있는데, 이는 선체용선계약에 명시적으로 기재되어야 효력이 있다(상 851조 2항, 840조 2항).

## Ⅱ. 外部關係

### 1. 船體傭船者와 第3者의 關係

#### (1) 船舶所有者와 동일한 權利義務

선체용선자는 선박의 이용에 관한 사항에 있어서는 제3자에 대하여 선박소유자와 동일한 권리의무가 있다(상 850조 1항). 선체용선자는 타인의 선박에 의하지만 해상기업의 주체로서 선박의장자의 외관을 가지므로 이를 신뢰한 것으로 예상되는 제3자를 보호하기 위한 것이다.

선체용선자가 선박소유자와 동일한 권리의무를 가지는 것은 선박의 이용에 관한 사항으로서, 예컨대 운임지급청구권, 선하증권상의 운송물인도의무, 선장의 대리에 의하여 생긴 권리의무, 체선료지급의무, 공동해손분담의무, 구조료청구권, 선박충돌로 인한 손해배상청구권 등이다.

선체용선자가 선박소유자와 동일한 권리의무가 있다는 것은 선박소유자와 연대하여 의무를 부담한다는 것이 아니고, 선체용선자만 직접 제3자와의 관계에 있고 선박소유자와 제3자 간에는 아무 관계가 없다(대판 1975. 3. 31. 74 다 847).

**【대법원 1975. 3. 31. 판결, 74 다 847】**

**1. 사실관계**

$Y_2$는 선박소유자 $Y_1$으로부터 총톤수 99.68톤의 선박을 임차하였으나 선박임대차등기(선체용선등기)를 하지 않고 해상운송을 하여 왔다. $Y_2$가 X와 운송계약을 체결하고 운송물을 운송하던 중 기상악화로 근처의 섬으로 피항하다가 $Y_1$의 피용자인 선장 A의 판단 잘못으로 위 선박이 암초에 부딪쳐 좌초되어 위 운송물이 침수 또는 유실되었다.

이에 X는 $Y_1$에 대하여서는 위 선박의 소유자이며 선장 A의 사용자로서의 책임을, 또 $Y_2$에 대하여서는 위 선박의 관리·감독자로서의 책임을 추궁하는 소를 제기하였다.

**2. 판결요지**

이 건에 관하여, 대법원은「임대차 등기를 하지 않은 경우에는 선박에 대한 물권을 취득한 제3자에 대하여 임대차를 주장하지 못할 뿐 선박소유자가 어떠한 경우에 선박사용인이 제3자에게 가한 손해를 배상할 책임이 있느냐의 문제는 임대차의 등기 유무와는 관계없는 것이다. 상법 제746조(개정 상 제769조)의 정한 바에 따라 선박사용인이 제3자에 가한 손해를 배상할 책임을 지는 선박소유자는 그 선박을 소유할 뿐만 아니라 상행위 기타 영리를 목적으로 항해에 사용한 자를 말하며, 단지 선박을 소유하는 데 그치고 그 소유 선박을 임대 등 사유에 의하여 항해에 사용하지 않는 자는 그 임대차 등기의 유무에도 불구하고 위 제3자에 대한 손해를 배상할 책임을 지지 않으며, 선박임차인이 상행위 기타 영리를 목적으로 그 선박을 항해에 사용한 때에는 그가 위 제3자에 대한 손해를 배상할 책임이 있다함이 상법 제766조(개정 상 제 850조)가 정한 바이다」라고 판시하여, 임대차 등기의 유무를 불문하고 선박임차인이 해상운송을 한 때에는 제3자에 대하여 손해배상책임을 진다고 하였다.

(2) 內水船의 船體傭船者의 地位

선박 중 해수를 항행하는 항해선에는 해상법이 적용되고 호천·항만의 평수구역을 운항하는 내수선에는 육상운송에 관한 상법이 적용되나(상 740조 125조), 내수선과 항해선의 선박충돌과 해난구조에는 해상법이 적용된다(상 876조 882조).

그러나 내수선은 호천·항만의 평수구역만을 운항하여 영세경제활동을 하는 선박으로서 이를 해상기업의 주체로 인정하기 곤란하므로, 내수선에는 항해선의 선체용선자를 전제로 하는 상법 제850조를 적용할 수 없다고 본다(대판 1991. 1. 15. 90 다 5641).

**【대법원 1991. 1. 15. 판결, 90 다 5641】**

**1. 사실관계**

A는 충무항 내에서만 운항할 수 있는 내수선인 예선(曳船, 다른 배를 끌고 가는 배)을 소유하고 있었고, X는 무동력 부선(浮船, 돛 없는 작은 배)을 임차하여 가지고 있었다. 또 A와 X 사이에는 A 소유의 위 예선을 X에게 선원부(船員附)로 임대차하는 계약이 체결되어 있었다. B는 어선을 소유하고 있었으나 그 실질적 관리·운영은 그의 아들 Y가 하고 C가 위 어선의 선장이었다.

X는 1987. 9. 11. 18:00경 위 부선에 사석(沙石)과 크레인 1대를 싣고 A에게 이를 그의 예선으로 통영군 덕포리 선착장에서 충무시 미수동 호안공사장(護岸工事場, 해안이 무너지지 않도록 하는 공사장)까지 예항할 것을 의뢰하였다.

A는 위 예선의 선수(船首)의 좌현(左舷, 왼쪽 뱃전)과 위 부선의 우현(右舷)을 연결하고 위 예선의 선수로 위 부선을 미는 형태로 하여 시속 4 노트의 속도로 위 예선열을 위 호안공사장 쪽으로 운항해 가고 있었고, 또 그때 C가 위 어선의 선장으로서 조선(操船, 배를 부림)하여 반대 쪽에서 운항해 오고 있었는데, 같은 날 20:10경 A와 C가 모두 상대방 쪽에서 운항해 오는 선박을 늦게 발견하여 위 부선의 선수 좌현과 위 어선의 선수가 충돌하였다.

A는 충돌 후 위 부선의 부력탱크(浮力 tank)가 침수되는 것을 알았으나 침수를 방지할 방법이 없다고 판단하여 계속 운항해 갔는데, 그로부터 약 20분 후인 같은날 20:30경 위 부선의 선수부분이 기울어져 위 물건이 모두 바다 속에 빠졌다.

이에 X가 A와 Y에 대하여 손해배상을 청구하였고, 이에 대하여 Y는 X에 대하여 위 선박충돌로 인하여 Y의 어선이 파손되어 수리비 상당의 손해와 수리기간 중 조업의 중단으로 수익상실의 손해를 입었으므로 그 손해합계액에서 Y의 배상액을 상계공제하여야 한다고 주장하였다.

**2. 판결요지**

이 건에 관하여, 대법원은 「선박소유자 명의가 B로 되어 있으나 B의 아들인 Y가 위 선박을 실질적으로 관리·운영해 온 경영주로서 C의 사용자인 사실이 명백하므로, 위 선박충돌에 관하여 Y의 손해배상책임을 인정한 원심의 판단은 정당하다.

X는 A로부터 위 예선을 선원부임대차로 임차하였으므로 상법 제766조(개정 상 제850조)에 의하여 선박임차인으로서 선박소유자와 동일한 손해배상의무가 있는 데도 원심이 Y가 그 손해합계액을 그의 배상액에서 상계공제하여야 한다는 주장을 배척한 것은 법령위반·이유불비의 위법을 저지른 것이라 주장하나, 선박임차인에 관한 상법 제766조(개정 상 제850조)는 항해에 사용하는 선박 즉 해수를 항행하는 항해선에 한하여 적용되고 호천이나 항만을 항행하는 내수선에는 적용되지 않는 바 A 소유의 위 예선은 충무항만을 항행할 수 있는 내수선인 사실이 명백하므로 논지는 이유 없다」고 판시하여, 내수선인 예선에는 상법 제766조(개정 상 제850조)가 적용되지 아니하여 내수선인 위 예선의 임차인 X는 위 예선의 소유자 A와 동일한 손해배상의무를 부담하지 않으므로 Y는 X에 대하여 그 손해액을 그의 배상액에서 상계할 것을 주장할 수 없다고 하였다.

(3) 船體傭船의 第3者에 대한 效力發生

선체용선은 그 등기를 한 때부터 제3자에 대하여 효력이 있다(상 849조 2항 본문).

## 2. 船舶所有者와 第3者의 關係

### (1) 船舶利用에 관하여 생긴 優先特權의 效力

선체용선자의 선박의 이용에 관하여 생긴 우선특권은 선박소유자에 대하여서도 효력이 있다(상 850조 2항 본문). 물론 선체용선에 있어서는 선체용선자가 기업주체의 지위에 있고 선박소유자는 선박의 이용에 관하여서는 제3자와 직접적인 관계가 없다. 그러나 선박의 이용에 관하여 여러 가지 채권이 생기고 그 중에는 선박우선특권도 있을 수 있는데, 그 선박이 선체용선의 선박이라는 이유로 선박우선특권의 성립을 부정하면 채권자를 보호할 수 없고 또 선박소유자도 선박이 항해에 사용되는 동안에 선박우선특권이 생길 가능성을 당연히 예상하고 있으므로, 선박의 이용에 관하여 생긴 선박우선특권은 선박소유자에 대하여서도 효력이 있도록 한 것이다.

선박소유자의 선박상에 선박우선특권의 효력이 미친다고 하여 선박소유자가 선체용선자의 채무를 부담하는 것은 아니다.

(2) 惡意의 優先特權者

선박의 이용에 관하여 생긴 우선특권은 선박소유자에 대하여 효력이 있으나, 우선특권자가 선체용선계약자가 선체용선계약을 위반하여 선박을 이용한 사실을 안 때에는 그러하지 않다(상 850조 2항 단서). 선박소유자에게 선박우선특권의 효력을 인정한 것은 선박우선특권자를 보호하기 위한 것이나, 선체용선자가 선체용선계약에 반하여 선박을 이용한 사실을 알고 있는 경우에까지 선박우선특권자를 보호해 줄 필요는 없기 때문이다.

여기에서 「계약에 반함」이란 선체용선계약의 종료·실효에 의하여 선체용선자가 선박의 사용·수익권을 상실한 경우는 물론 선박을 계약에서 정한 사용방법에 반하여 이용하는 경우 등이다. 또한 「안 때」는 선박우선특권자가 선박의 이용이 계약에 반한 것을 안 경우는 물론 그 사실을 중대한 과실로 인하여 알지 못한 경우도 포함한다. 그리고 「그러하지 않다」는 것은 선박우선특권이 선박소유자에 대하여 발생하지 않는다는 것이 아니고, 선박소유자에게 항변권이 있다는 것이다.

## 제 3 절 運送證書

### 제 1 관 序 說

해상법은 해상운송증서로서 선하증권과 해상화물운송장에 관하여 규정하고, 또 선하증권에는 전자선하증권에 관하여서도 규정하고 있다. 해상화물운송장은 단기해상운송에서 선하증권 대신에 많이 이용되고 있는 실정을 고려하여 채택한 것이나, 이는 양도성과 상환성이 없어 유가증권으로 볼 수 없다. 또한 전자선하증권은 새로운 영업형태에 부응할 수 있도록 하기 위하여 채택한 것으로서, 이는 정부(법무부장관)가 지정한 등록기관에 등록한 전자선하증권만 그 대상으로 된다.

# 제 2 관 船荷證券

## 제1. 意 義

선하증권(Bill of Lading, B/L)은 해상운송인이 운송물을 수령 또는 선적하였다는 것을 증명하고 도착지에서 증권소지인에게 그 운송물을 인도할 의무를 표창하는 유가증권이다(함부르크 규칙 1조 7항).

육상운송의 화물상환증제도는 연혁적으로 해상운송의 선하증권제도를 도입한 것이고, 현재 운송실무에서도 화물상환증보다 선하증권의 이용도가 훨씬 크다. 그러나 입법의 편의상 제2편(상행위)에서 화물상환증에 관하여 규정하고, 제5편(해상)에서 선하증권에 화물상환증에 관한 규정을 준용하고 있다(상 861조).

## 제2. 船荷證券의 法的 性質

선하증권은 운송물인도청구권을 표창하는 유가증권이고, 법률상 당연한 지시증권성(상 861조 130조), 요식증권성(상 853조), 요인증권성(상 852조), 문언증권성(상 854조), 상환증권성(상 861조 129조), 인도증권성(상 861조 133조), 처분증권성(상 861조 132조), 비설권증권성, 불완전유가증권성 등의 성질을 가진다.

선하증권은 법률상 당연한 지시증권으로서 기명식으로 발행된 경우에도 배서금지(지시금지)의 문구의 기재가 없는 한 배서에 의하여 양도할 수 있고, 무기명식 또는 소지인출급식으로 발행된 경우에는 증권의 인도만으로 양도된다.

또한 선하증권은 법정기재사항을 기재하여야 하므로(상 853조) 요식증권이나, 법정기재사항 중에서 요소적 기재사항 외의 사항의 기재를 하지 아니하거나 법정기재사항 외의 사항을 기재하여도 무효로 되지 않으므로 엄격하지 않은 요식증권이다.

그리고 선하증권은 해상운송인이 운송물의 수령을 원인으로 하여 발행하므로 요인증권이고, 증권소지인의 해상운송인에 대한 권리의 내용은 선하증권에 기재된 문언에 따라 결정되므로 문언증권이고, 선하증권과 상환하지 않으면 운송물의 인도를 청구할 수 없으므로 상환증권이고, 선하증권을 교부하면 운송물 위에 행사하는 권리의 취득에 관하여 운송물을 인도한 것과 동일한 효력이 있으므로 인도증권이고, 선하증권이 발행된 경우에 운송물에 관한 처분은 선하증권으로 하여야 하므로 처분증권이다.

선하증권은 상환증권이나(상 861조 129조), 해운실무에서는 선하증권과 상환하지 않고 운송물을 인도하는 보증도 · 가도가 행하여지고 있음은 앞에서 설명한 바 있다.

## 제3. 船荷證券의 種類

선하증권은 구분의 기준에 따라 다음과 같은 종류가 있다.

### 1. 船積船荷證券 · 受領船荷證券

이것은 선하증권에 「선적」의 기재가 있는가 또는 「수령」의 기재가 있는가에 의한 구분이다. 선적선하증권(shipped B/L, on board B/L)은 운송물의 선적이 있었다는 뜻의 기재가 있는 선하증권이고, 수령선하증권(received B/L, received for shipment B/L)은 운송물을 선적하기 위하여 수령하였다는 뜻의 기재가 있는 선하증권이다. 운송인은 수령선하증권에 「선적」의 뜻을 표시하여 선적선하증권으로 할 수 있다(상 852조 2항 후단).

수령선하증권은 경우에 따라 화물이 적부되지 않을 위험이 있으므로, 실제의 신용장거래에서는 선적선하증권을 요구하는 것이 일반관행으로 되어 있다. 그리하여 해상운송인은 운송물 수령 후 선적 전에는 수령선하증권을 발행하였다가 후에 선적 후 이에 선적의 뜻을 기재하고 기명날인(서명)하여 이를 선적선하증권에 갈음하여 이용하기도 하며, 또는 운송물 수령 후 선적 전에 선적선하증권을 발행하여 이용하기도 한다. 후자의 선적선하증권도 유효하다(통설). 다만 이 경우 해상운송인은 제3자의 손해에 대하여 손해배상책임을 진다.

### 2. 通船荷證券 · 中間船荷證券 · 複合船荷證券

이것은 통운송에 있어서 발행인이 元受運送人(제1의 운송인)인가 또는 下受運送人(제2 이하의 운송인)인가에 의한 구분이다. 통선하증권(through B/L)은 원수운송인이 전 운송구간에 관하여 발행하는 선하증권이고, 중간선하증권(local B/L)은 하수운송인이 그의 중간운송구간에 관하여 원수운송인에게 발행하는 선하증권이다.

복합선하증권(combined transport B/L)은 통선하증권의 일종으로서 해상 · 육상 · 항공 중 2종 이상의 다른 운송수단을 결합하여 하는 복합운송에 있어서 복합운송인이 전 운송구간에 관하여 발행하는 선하증권이다.

### 3. 記名式船荷證券 · 指示式船荷證券

이것은 수하인의 표시방법에 의한 구분이다. 기명식선하증권(straight B/L)은 수하인 난에 특정인의 성명 또는 상호가 기재되어 있는 선하증권이고, 지시식선하증권(order B/L)은 특정의 수하인이 없고 「to order」 또는 「to order shipper」 등으로 指示人(order)이 기재되어 있는 선하증권이다. 실제의 무역거래에서는 유통을 목적으로 하는 지시식선하증권이 원칙이고, 기명식선하증권은 운송물의 대금이 지급되어 그 소유권이 특정의 수하인에게 이전된 경우에 발행한다.

### 4. 留保船荷證券 · 無留保船荷證券

이것은 선하증권에 사고의 기재(remarks)가 있는가에 의한 구분이다. 선하증권의 표면약관에 보통 해상운송인이 「외관상 양호한 상태에서」(in apparent good order and condition) 화물을 수령(또는 선적)하였다는 뜻이 기재되어 있는데, 이러한 문언을 부정하거나 수정한 「사고의 표시」가 있는 선하증권을 「유보선하증권」(foul B/L)이라 하고, 아무 표시가 없는 선하증권은 「무유보선하증권」(clean B/L)이라 한다.

유보선하증권은 선적화물에 이상이 있다는 것이므로, 매수인이나 매입은행이 이를 수령하려고 하지 아니하여 유통되지 않는다. 그리하여 해운실무에서는 해상운송인이 송하인으로부터 외관상태가 양호하지 않은 운송물을 수령한 경우에는 송하인이 해상운송인에게 은행을 연대보증인으로 하는 보증장(letter of indemnity)을 교부하고 해상운송인으로부터 이와 상환으로 무유보선하증권을 발급받는 것이 일반적 관행으로 되어 있다.

### 5. 直接船荷證券 · 換積船荷證券

이것은 환적(운송물을 다른 선박으로 옮겨 싣는 것)의 유무에 따른 분류이다. 직접선하증권(direct B/L)은 선적선박이 선적항에서 양륙항까지 도중에 환적하지 않고 바로 운송하는 선하증권이고, 환적선하증권(transhipment B/L)은 선적선박이 운송물을 중간항에서 다른 선박에 환적하여 그 다른 선박이 최종항까지 운송하게 하는 뜻의 기재(with transhipment at~)가 있는 선하증권이다.

### 6. 기타의 船荷證券

#### (1) 赤船荷證券

적선하증권(red B/L)은 증권상의 기재가 빨간색의 문자로 인쇄되어 있는 선하증권으로서, 여기에는 해상운송인이 법령 또는 조약에 의하여 면책되는 손해에 대하여서도 책임을 진다는 특약이 있는 것과 해상운송인이 보험자의 대리인으로서 보험계약을 체결한다는 것이 있다.

(2) 컨테이너 船荷證券

컨테이너 선하증권(container B/L)은 컨테이너 화물에 대하여 발행하는 선하증권이다. 이는 해상운송에서 발행되나, 복합운송에서는 복합운송증권으로 발행된다.

(3) 略式船荷證券

선하증권에는 보통 이면약관이 인쇄되어 있는데, 약식선하증권(short form B/L)은 증권에 운송계약조건의 전부 또는 일부를 기재하지 않고 사무실 등에서 이를 열람할 수 있다고 기재되어 있는 선하증권이다.

(4) 傭船契約船荷證券

용선계약선하증권(charter party B/L)은 용선계약에 기하여 발행하는 선하증권으로서 보통 약식선하증권으로 발행하며, 이는 단지 운송물의 수령을 증명하는 증거증권에 불과하다. 그러나 이것이 당사자 외의 제3자에게 양도된 때에는 유가증권으로 된다.

## 제4. 船荷證券의 發行

### Ⅰ. 發行者·請求人

개품운송계약에 있어서 해상운송인은 송하인의 청구가 있는 때에는 선하증권을 교부하여야 하고(상 852조 1항), 또 항해용선계약에 있어서 선박소유자는 용선자의 청구가 있는 때에는 선하증권을 교부하여야 한다(상 855조 1항). 해상운송인(선박소유자)은 선하증권의 발행을 선장 그 밖의 대리인에게 위임할 수 있다(상 852조 3항, 855조 1항).

### Ⅱ. 發行時期

선하증권은 운송물의 수령 후에(수령선하증권)(상 852조 1항, 855조 1항) 또는 운송물의 선적 후에(선적선하증권)(상 852조 2항) 용선자 또는 송하인의 청구에 의하여 발행한다.

### Ⅲ. 發行形式

#### 1. 序 說

선하증권은 요식증권이므로 법정기재사항을 기재하고 기명날인(서명)하여 발행하고(상 853조 1항 855조 1항), 또 선하증권은 1통 또는 수통으로 발행할 수 있다(상 852조 1항 855조 1항). 수령선하증권을 발행한 후에 운송물을 선적한 경우에는 선하증권에 선적의 뜻을 표시하여야 하며(상 852조 2항 855조 1항), 이를 선장 그 밖의 대리인에게 위임할 수 있다(상 522조 3항 855조 1항).

또한 선하증권의 교부를 받은 용선자 또는 송하인은 발행자의 청구가 있는 때에는 선하증권의 등본에 기명날인(서명)하여 교부하여야 한다(상 856조).

## 2. 記載事項

### (1) 法定記載事項

**① 船舶의 名稱 · 國籍 · 톤數**(상 853조 1항 1호)　이것은 수령선하증권과 선적 전 발행의 선적선하증권에서는 임의적기재사항이고, 국적은 보통 기재하지 않는다.

**② 運送物의 種類 · 重量 또는 容積, 包裝의 種別 · 個數, 記號**(상 853조 1항 2호)　이것은 운송물의 동일성을 확인하는 데 필요한 기재사항이다. 이 중에 운송물의 종류는 절대적기재사항이다. 그 외에는 거래상 운송물을 특정할 수 있을 정도로 기재하면 되고, 중량, 용적, 포장의 개수는 이 중 하나만 기재하면 된다.

송하인이 해상운송인에 대하여 본 호의 기재사항을 서면으로 통지한 경우에는 본 호의 기재사항이 정확함을 담보한 것으로 본다(상 853조 3항). 그러나 본 호의 기재사항 중 운송물의 중량, 용적, 포장의 개수 또는 기호가 해상운송인이 실제로 수령한 운송물을 정확하게 표시하고 있지 않다고 의심할 만한 상당한 이유가 있거나 이를 확인할 적당한 방법이 없는 때에는, 그 기재를 생략할 수 있다(상 853조 2항).

**③ 運送物의 外觀狀態**(상 853조 1항 3호)　선하증권상 운송물의 외관상태에 관한 표시는 그 거래자에게는 중요한 사항이므로, 이것은 절대적기재사항이다.

**④ 傭船者 또는 送荷人의 姓名 또는 商號**(상 853조 1항 4호)　이것은 선하증권의 본질적 기재사항이 아니다. 여기에서 송하인은 반드시 운송계약의 당사자인 송하인이어야 하는 것은 아니고, 널리 물건운송주선의 위탁자를 기재하여도 무방하다.

**⑤ 受荷人 또는 通知受領人의 姓名 또는 商號**(상 853조 1항 5호)　선하증권은 기명식, 지시식, 선택무기명식, 무기명식 또는 백지식으로 발행할 수 있으므로, 수하인은 절대적기재사항이 아니다.

해상운송인이 선하증권에 기재된 통지수령인에게 운송물에 관한 통지를 한 때에는 송하인 및 선하증권소지인 그 밖의 수하인 또는 용선자에게 통지한 것으로 본다(상 853조 4항 855조 1항).

⑥ **船積港**(상 853조 1항 6호) 수령선하증권에는 선적항을 기재하지 않을 수 있으므로, 수령선하증권에 있어서 선적항은 절대적기재사항이 아니다.

⑦ **揚陸港**(상 853조 1항 7호) 선하증권은 운송물의 인도를 요소로 하므로, 운송물을 인도할 양륙항은 선하증권에 불가결한 절대적기재사항이다.

⑧ **運　賃**(상 853조 1항 8호) 운임은 선하증권소지인이 운송물을 수령할 때에 해상운송인에 대하여 부담하는 의무이므로 중요한 사항이나, 운임의 기재가 없더라도 운임은 운임시장에 의하여 판단할 수 있으므로 절대적기재사항이 아니다.

⑨ **發行地·發行年月日**(상 853조 1항 9호) 해상운송인은 통상적으로 운송물을 수령한 날이나 선적한 날에 선하증권을 발행한다.

⑩ **船荷證券의 發行通數**(상 853조 1항 10호) 수통의 선하증권을 발행하는 때에는 각 통의 선하증권면에 그 수를 기재하여야 한다.

⑪ **運送人의 姓名 또는 商號**(상 853조 1항 11호)

⑫ **運送人의 주된 營業所 所在地**(상 853조 1항 12호)

(2) 任意的記載事項

선하증권에는 법정기재사항 외에 강행법규, 선량한 풍속 그 밖에 사회질서에 반하지 않는 한 어떠한 사항도 기재할 수 있다(임의적기재사항). 통상 이러한 임의적기재사항으로서 선장의 성명, 면책약관, 재판관할약관 등을 기재한다.

## 제5. 船荷證券의 讓渡

### 1. 讓渡方法

선하증권은 기명식, 지시식, 무기명식, 소지인출급식 또는 기명소지인출급식(선택무기명식)으로 발행할 수 있다.

선하증권이 무기명식, 소지인출급식 또는 기명소지인출급식으로 발행된 경우에는 증권의 교부에 의하여 양도할 수 있고(상 65조, 민 523조, 525조), 지시식으로 발행된 경우에는 증권의 배서에 의하여 양도할 수 있으며(상 65조 민 508조), 또 기명식으로 발행된 경우에는 배서금지문구의 기재가 없는 한 증권의 배서에 의하여 양도할 수 있다(상 820조 130조).

2. 背書에 의한 讓渡

선하증권을 배서(기명식배서, 백지식배서 또는 소지인출급식배서)에 의하여 양도하는 경우에는 증권에 표창된 권리가 이전되는 권리이전적 효력이 생기고(상 65 민 508조), 배서의 연속이 있는 증권의 소지인은 적법한 권리자로 추정되어 증권상의 권리자로서의 형식적 자격이 인정되는 자격수여적 효력이 생기나(상 65조 민 513조), 선하증권의 배서에는 해상운송인의 의무이행을 담보하는 담보적 효력이 인정되지 않는다. 그리고 선하증권의 배서에는 인적항변의 절단(제한)의 효력이 생겨(상 65조 민 515조) 선의의 양수인이 보호된다.

## 제6. 船荷證券의 效力

### Ⅰ. 序 說

선하증권은 운송물인도청구권을 표창하는 유가증권이므로 채권적 효력이 있고, 또 상법은 운송물의 처분에 있어서 선하증권에 물권적 효력을 인정하고 있다(상 861조 133조).

### Ⅱ. 債權的 效力

1. 意 義

선하증권은 운송물인도청구권을 표창하는 유가증권이므로, 선하증권소지인은 해상운송인(선박소유자)에 대하여 운송물의 인도를 청구할 수 있고 채무불이행의 경우에는 손해배상을 청구할 수 있다. 이를 선하증권의 채권적 효력이라 한다.

이러한 선하증권의 채권적 효력은 개품운송계약의 경우와 항해용선계약의 경우에 각각 다르고, 각 경우에는 당사자 사이의 효력과 제3자에 대한 효력이 있다.

2. 個品運送契約의 경우

(1) 當事者 사이의 效力

개품운송계약에 있어서 선하증권이 발행된 경우에 해상운송인과 송하인 사이에서는 선하증권에 기재된 대로 개품운송계약이 체결되고 운송물을 수령 또는 선적한 것으로 추정한다(추정적 효력)(상 854조 1항). 따라서 송하인은 반증이 없는 한 해상운송인에 대하여 선하증권에 기재된 대로 운송물의 인도를 청구할 수 있다.

해상운송인과 송하인 사이에서는 선하증권에 기재된 대로 운송물을 수령 또는 선적한 것으로 추정하므로, 해상운송인이 실제로 수령 또는 선적한 운송물이 선하증권에 기재된 것과 다르거나(運送物相違) 운송물을 수령하지 않고(空券) 선하증권을 발행한 경우에도 반증이 없는 한 송하인은 해상운송인에 대하여 선하증권에 기재된 대로 운송물의 인도를 청구할 수 있다.

(2) 第3者에 대한 效力

개품운송계약에 있어서 선하증권이 발행된 경우에 선하증권을 선의로 취득한 소지인에 대하여 해상운송인은 선하증권에 기재된 대로 운송물을 수령 또는 선적한 것으로 보고 선하증권에 기재된 바에 따라 해상운송인으로서 책임을 진다(의제적 효력)(상 854조 2항).

해상운송인과 선하증권의 선의의 취득자의 사이에서는 해상운송인이 선하증권에 기재된 대로 운송물을 수령 또는 선적한 것으로 의제되므로, 선하증권의 선의의 취득자는 반증이 있더라도 해상운송인에 대하여 선하증권에 기재된 운송물의 인도를 청구할 수 있다.

그러므로 개품운송계약에 있어서 선하증권이 발행된 경우에 선하증권의 문언증권성은 해상운송인과 선하증권의 선의의 취득자 사이에서만 인정되는 것이다.

3. 航海傭船契約의 경우

(1) 當事者 사이의 效力

항해용선계약에 있어서 선하증권이 발행된 경우에 선박소유자는 선하증권에 기재된 대로 운송물을 수령 또는 선적한 것으로 추정한다(추정적 효력)(상 855조 2항).

이 경우에도 선하증권의 기재에 추정적 효력이 있으므로, 운송물 상위와 공권의 경우에 반증이 없는 한 용선자는 선박소유자에 대하여 선하증권에 기재된 대로 운송물의 인도를 청구할 수 있다.

(2) 第3者에 대한 효력

항해용선계약에 있어서 선하증권이 발행된 경우에 선하증권의 선의의 취득자에 대하여 선박소유자는 선하증권에 기재된 대로 운송물을 수령 또는 선적한 것으로 보고 선하증권에 기재된 바에 따라 해상운송인으로서 책임을 진다.

항해용선계약에 있어서 선박소유자가 용선자의 청구에 의하여 제3자에게 선하증권을 발행한 경우에도 선박소유자는 선하증권에 기재된 대로 운송물을 수령 또는 선적한 것으로 보고 선하증권이 기재된 바에 따라 해상운송인으로서 책임을 진다(상 855조 3항 2문).

항해용선계약에 있어서 선하증권이 발행된 경우에 선하증권의 문언증권성도 선박소유자와 선하증권의 선의의 취득자 사이에서만 인정된다.

선박소유자가 선하증권의 선의의 취득자에 대하여 선하증권에 기재된 대로 해상운송인으로서 지는 책임(상 855조 3항)에 대하여 감경 또는 면제하는 특약을 하지 못한다(상 855조 5항).

### 4. 不知約款

해상운송인이 컨테이너 안에 든 내용물을 모르고 수령한 경우나 화물의 양을 육상의 검량계를 통하여 측정한 것을 그대로 선하증권에 기재하는 경우처럼 내용물을 확인할 수 없는 경우에는 「얼마라고 말하여짐(said to contain : STC)」, 「내용불명(contents unknown)」과 같은 내용을 기재하는 경우가 있다. 이를 부지약관(unknown clause)이라고 하는데, 그 효력이 문제된다. 해상법은 선하증권의 기재사항 중 운송물의 중량·용적·개수 또는 기호가 해상운송인(선박소유자)이 실제로 수령한 운송물을 정확하게 표시하고 있지 않다고 의심할 만한 상당한 이유가 있는 때 또는 이를 확인할 적당한 방법이 없는 때에는 그 기재를 생략할 수 있다(상 853조 2항 855조 1항)고 규정하고 있다.

따라서 선하증권상의 운송물의 중량·용적·개수·기호가 수령운송물을 정확하게 표시하고 있지 않다고 의심할 만한 상당한 이유가 있거나 이를 확인할 적당한 방법이 없는 경우에는, 해상운송인은 그 기재를 생략할 수 있고 이를 생략한 때에는 책임을 지지 않는다. 그러나 이를 기재한 때에는 기재한 내용에 따른 책임을 지고 부지약관을 기재하였더라도 그 부지약관은 효력이 없다(정동윤 906면).

## Ⅲ. 物權的 效力

### 1. 意　義

선하증권에 의하여 운송물을 받을 수 있는 자에게 선하증권을 교부한 때에는 운송물 위에 행사하는 권리의 취득에 관하여 선하증권에 기재된 운송물을 인도한 것과 동일한 효력이 있다(상 861조 133조). 선하증권의 교부가 곧 선하증권에 기재된 운송물의 인도와 동일한 효력이 있는 것을 선하증권의 물권적 효력이라 한다.

운송물의 인도와 동일한 효력이 있다는 것은, 선하증권의 교부가 운송물의 점유를 이전하는 것과 동일한 효력이 있다는 것이다.

**【대법원 1982. 2. 23. 판결, 80 다 2943】**

**1. 사실관계**

독일의 수출상 X가 스테일 B/L 조건으로 한국 수입상 A와 피혁안료(皮革顔料) 수출계약을 체결하고, 또 한편으로 해상운송인 B와 해상운송계약을 체결하여 위 화물을 선적하고 B로부터 선하증권을 교부받아 이를 X의 한국대리점 C에게 송부하였다. 그리고 A는 신용장을 개설하지 않았다.

위 화물이 장기간 보세구역에 방치되어 있자, 부산세관이 장치기간의 경과를 이유로 위 화물을 공매처분하여 각종 세금과 비용을 공제하고 그 잔대금으로 이 건 화물과 무관한 A의 다른 관세의 변제에 충당하였다.

이에 X는 국가를 상대로 위 공매잔대금의 반환을 청구하였다.

**2. 판결요지**

이 건에 관하여, 대법원은 「스테일 B/L 조건아래 무역매매를 함에 있어 그 운송물이 양륙항에 도착할 때까지도 신용장을 개설한 바 없고 매도인이 지시식 선하증권을 발행받은 경우에는 운송물에 대한 처분은 선하증권으로 하지 않으면 그 효력이 없으므로 매도인이 그 선하증권을 매수인에게 인도하지 않고 소지하고 있었으면 그 운송물의 소유권은 매도인에게 유보되어 있다고 해석하는 것이 타당하다」고 판시하여, 위 화물의 소유권이 X에게 유보되어 있다고 보았다.

### 2. 物權的 效力의 法理構成

#### ⑴ 序 說

선하증권의 교부가 운송물의 인도와 동일한 효력이 있는 이유의 법리구성에 관하여, 절대설과 상대설이 있고 또 상대설에는 엄정상대설과 대표설이 나뉘어 있다.

#### ⑵ 學 說

**가) 絶對說**

절대설은 상법 제861조(제133조)를 민법 제190조의 특별규정으로 이해하는 견해이다. 즉, 선하증권의 교부는 민법상의 점유이전원인(민 190조)과는 별도로 상법이 특별히 인정하는 점유이전원인으로서, 해상운송인이 운송물을 직접점유하고 있는지를 불문하고(절대적으로) 선하증권을 교부하면 선하증권소지인이 운송물의 점유를 취득한다고 한다(차낙훈(상) 227면, 박원선(상) 193면, 이병태(상) 328면).

**나) 相對說**

상대설은 해상운송인이 운송물을 직접점유하고 선하증권소지인이 간접점유를 하고 있어, 선하증권소지인이 선하증권을 교부하면 운송물의 간접점유가 이전된다고 한다. 이 상대설은 상법 제861조(제133조)와 민법 제190조의 관계에서 엄정상대설과 대표설이 대립해 있다.

엄정상대설은 선하증권의 교부를 상법상의 특별한 점유이전원인으로 보지 않고 목적물반환청구권의 양도에 의한 간접점유의 이전(민 190조)의 한 방법이라 보아 상법 제861조(제133조)는 민법 제190조의 예시규정에 불과하다고 한다. 따라서 운송물의 간접점유의 이전을 위하여서는 목적물반환청구권 양도의 절차 즉, 양도인의 채무자에게의 통지 또는 채무자의 승낙의 절차를 거쳐야 한다고 한다(K. H. Capelle, Handelsrecht, 14 Augl., S. 126 ; 西原寬一, 商行爲法 328頁).

대표설은 선하증권은 해상운송인이 점유하고 있는 운송물을 대표한다고 보아 선하증권을 교부하면 운송물의 간접점유가 이전되는 효력이 생긴다고 한다. 따라서 운송물의 간접점유의 이전에는 선하증권의 교부 외에 채무자에게의 통지 또는 채무자의 승낙 등의 절차를 요하지 않으며 상법 제861조(제133조)는 민법 제190조의 특별규정이라고 한다. 대표설이 통설이다.

**【대법원 1998. 9. 4. 판결, 96 다 6240】**

**1. 사실관계**

한국의 A무역회사는 싱가포르의 B와 여성용 재킷을 일본 요코하마에 수출하는 내용의 계약을 체결하였고, 또 B는 싱가포르 소재의 C은행을 통하여 수익자를 A로 하는 신용장을 개설하였다.

A는 Y해상운송업자에게 위 화물의 운송을 의뢰하고, Y해상운송인은 위 화물을 선적한 후에 A에게 송하인을 A, 수하인을 C은행의 지시인, 통지처를 B, 양륙항을 요코하마로 하는 선하증권을 발행하였다.

A와 수출거래약정 등을 체결한 X은행은 A로부터 화환어음 · 선하증권 등의 선적서류를 매입하고 어음금을 지급한 다음 신용장 · 선하증권 등의 선적서류를 C은행에게 송부하면서 그 지급을 요구하였으나, C은행은 선적서류와 신용장조건이 일치하지 않는다고 하여 지급거절의 통지와 함께 화환어음과 선적서류를 X은행에 반환하였다.

또 한편으로 Y해상운송인은 요코하마항에 화물을 양륙하고 난 후, A의 요구에 따라 실제수입자인 D에게 화물선취보증서만 받고 인도(보증도)하였고, 그 후 A와 D는 모두 도산하였다.

이에 X은행은 Y해상운송인에게 보증도로 인한 손해배상을 청구하였다.

**2. 판결요지**

이 건에 관하여, 대법원은 「선하증권은 해상운송인이 운송물을 수령한 것을 증명하고 양륙항에서 정당한 소지인에게 운송물을 인도할 채무를 부담하는 유가증권으로서, 운송인과 그 증권소지인 간에는 증권기재에 따라 운송계약상의 채권관계가 성립하는 채권적 효력이 발생하고(상 861조 131조), 운송물을 처분하는 당사자 사이에는 운송물에 관한 처분은 증권으로 하여야 하며 운송물을 받을 수 있는 자에게 증권을 교부한 때에는 운송물 위에 행사하는 권리의 취득에 관하여 운송물을 인도한 것과 동일한 물권적 효력이 발생하므로(상 861조, 132조, 133조) 운송물의 권리를 양수한 수하인 또는 그 후의 자는 선하증권을 교부 받음으로써 그 채권적 효력으로 운송계약상의 권리를 취득함과 동시에 그 물권적 효력으로 양도 목적물의 점유를 인도받은 것이 되어 그 운송물의 소유권을 취득한다(대판 1983. 3. 22. 82 다카 1533 대판 1997. 7. 25. 97 다 19656)」고 판시하여 선하증권의 소지인은 운송계약상의 권리와 운송물의 소유권을 취득한다고 하였다.

## 제7. 電子船荷證券

### Ⅰ. 意 義

전자선하증권(electronic B/L)은 종이에 의하지 않고 전자문서의 형태로 발행하는 선하증권이다(정동윤 909면). 전자선하증권은 종이에 의하지 않고 전자문서의 형태로 발행되어도 종이 선하증권(상 852조 855조)과 동일한 법적 효력을 가지므로(상 862조 1항 2문) 유가증권이다.

### Ⅱ. 電子船荷證券의 發行

해상운송인(선박소유자)은 종이선하증권을 발행하는 대신에 전자선하증권을 발행할 수 있다(상 862조 1항 1문). 해상운송인(선박소유자)이 전자선하증권을 발행함에는 송하인(용선자)의 동의를 얻어야 하고 법무부장관이 지정하는 등록기관에 등록하여야 한다(상 862조 1항 1문).

그리고 전자선하증권에는 종이선하증권의 기재사항 즉 ① 선박의 명칭·국적·톤수, ② 송하인이 서면으로 통지한 운송물의 종류, 중량 또는 용적, 포장의 종별, 개수와 기호, ③ 운송물의 외관상태, ④ 송하인(용선자)의 성명·상호, ⑤ 수하인 또는 통지수령인의 성명·상호, ⑥ 선적항, ⑦ 양륙항, ⑧ 운임, ⑨ 발행지·발행연월일, ⑩ 수통의 전자선하증권을 발행한 때에는 그 수, ⑪ 해상운송인의 성명 또는 상호, ⑫ 해상운송인의 주된 영업소 소재지 등의 정보가 포함되어야 하고

(상 862조 2항 853조 1항), 이에 해상운송인(선박소유자)이 전자서명을 하여 이를 송신하여야 한다(상 862조 2항).

전자선하증권의 등록기관의 지정요건, 발행 및 배서의 전자방식, 운송물의 구체적인 수령절차, 그 밖의 필요한 사항은 대통령령으로 정한다(상 862조 5항).

### Ⅲ. 電子船荷證券의 讓渡

전자선하증권상의 권리는 전자선하증권의 배서에 의하여 양도할 수 있다(상 862조 3항). 전자선하증권의 배서는 전자선하증권상의 권리자가 전자선하증권의 배서의 뜻을 기재한 전자문서를 작성한 다음 전자선하증권을 첨부하여 지정된 등록기관을 통하여 상대방에게 송신하는 방식으로 한다(상 862조 3항).

이러한 방식에 따라 배서의 뜻을 기재한 전자문서를 상대방이 수신하면, 이는 종이선하증권에 배서한 것과 동일한 효력이 있고 전자선하증권과 배서의 뜻을 기재한 전자문서를 수신한 권리자는 종이선하증권의 배서를 받은 것과 동일한 권리를 취득한다(상 862조 4항).

### Ⅳ. 電子船荷證券의 效力

전자선하증권은 해상운송인(선박소유자)이 전자서명을 하여 송신하고 송하인(용선자)이 수신하여야 효력이 생기고(상 862조 2항), 그 효력은 종이선하증권(상 852조 853조)의 효력(상 854조 855조)과 같다(상 862조 1항 2문). 따라서 개품운송계약에 있어서 전자선하증권이 발행된 경우에 해상운송인과 송하인 사이에서는 전자선하증권에 기재된 대로 운송물을 수령 또는 선적한 것으로 추정하고(상 854조 1항), 해상운송인은 전자선하증권의 선의의 취득자에 대하여 전자선하증권에 기재된 대로 운송물을 수령 또는 선적한 것으로 보고 전자선하증권에 기재된 바에 따라 해상운송인으로서 책임을 진다(상 854조 2항). 또한 항해용선계약에 있어서 전자선하증권이 발행된 경우에 선박소유자는 전자선하증권에 기재된 대로 운송물을 수령 또는 선적한 것으로 추정하고(상 855조 2항), 선박소유자는 전자선하증권의 선의의 취득자에 대하여 전자선하증권에 기재된 대로 운송물을 수령 또는 선적한 것으로 보고 전자선하증권에 기재된 바에 따라 해상운송인으로서 책임을 진다(상 855조 3항 854조 2항).

# 제 3 관 海上貨物運送狀

## 제1. 意 義

해상화물운송장(sea waybill)은 해상운송인(선박소유자)이 증서에 기재된 수하인 또는 그 대리인에게 운송물을 인도함으로써 그 책임을 면하는 증서이다(상 864조 참조). 해상화물운송장은 운송물인도청구권을 표창하는 유가증권이 아니고 면책증권이다.

해상화물운송장은 단기 해상운송에서 선하증권 대신에 많이 이용되고 있어 이를 도입하였으며, 국제적으로 해상화물운송장에 관하여 CMI의 해상화물운송장통일규칙(1990)이 성립되어 있다.

## 제2. 海上貨物運送狀의 發行

### 1. 發行者 · 請求人

해상운송인은 송하인(용선자)의 청구가 있는 때에는 해상화물운송장을 발행할 수 있다(상 863조 1항 1문). 해상화물운송장은 당사자 사이의 합의에 의하여 전자식으로 발행할 수 있다(상 863조 1항 2문).

### 2. 記載事項

해상화물운송장에는 「해상화물운송장」임을 표시하는 외에 종이선하증권의 기재사항(상 852조 1항 각 호)을 기재하고 해상운송인이 기명날인(서명)하여야 한다(상 863조 2항).

위의 해상화물운송장의 기재사항 중 운송물의 중량 · 용적 · 개수 또는 기호(상 853조 1항 2호)가 해상운송인이 실제로 수령한 운송물을 정확하게 표시하고 있지 않다고 의심할 만한 상당한 이유가 있는 때 또는 이를 확인할 적당한 방법이 없는 때에는 해상운송인은 그 기재를 생략하여(상 863조 3항 853조 2항) 그 책임을 면할 수 있다.

또한 해상운송인이 위의 해상화물운송장의 기재사항 중의 통지수령인(상 853조 1항 5호)에게 운송물에 관한 통지를 한 때에는 송하인(용선자) 및 해상화물운송장의 소지인 그 밖의 수하인에게 통지한 것으로 본다(상 863조 3항 853조 4항).

## 제3. 海上貨物運送狀의 效力

### 1. 推定的 效力

해상화물운송장이 발행된 경우 해상운송인은 그 해상화물운송장에 기재된 대로 운송물을 수령 또는 선적한 것으로 추정한다(상 864조 1항). 따라서 해상화물운송장의 소지인은 반증이 없는 한 해상운송인에 대하여 해상화물운송장에 기재된 대로 운송물의 인도를 청구할 수 있다.

### 2. 免責的 效力

해상운송인이 운송물을 인도한 경우에 수령인이 해상화물운송장에 기재된 수하인 또는 그 대리인이라 믿을 수 있을 정도의 정당한 사유가 있는 때에는 그 수령인이 권리자가 아니라도 해상운송인은 그 책임을 면한다(상 864조 2항). 이것은 해상운송의 신속과 효율을 기하기 위한 것이다.

# 제4장 海上企業危險

## 제 1 절 序 說

해상기업은 해상에서 선박에 의하여 활동하므로, 해상기업에는 필연적으로 해상위험이 수반된다. 해상법은 해상기업의 해상위험에 대한 대책으로서, 공동해손, 선박충돌, 해난구조에 관하여 특별규정을 두고 있다. 해상보험도 해상기업의 해상위험에 대한 대책이나, 상법은 이를 제4편(보험)에 규정하고 있다.

## 제 2 절 共同海損

### 제1. 意 義

#### Ⅰ. 海 損

해손(average)은 선박의 항해와 관련하여 선박 또는 적하에 생긴 손해와 비용이다. 해손에는 예컨대 선체의 자연소모, 연료비, 수출입세, 도선사비, 등대세 등과 같이 통상 생기는 통상해손과 평소 예상하기 어려운 비상의 원인으로 인하여 생기는 비상해손이 있다. 이 중 통상해손(소해손, petty average)은 운임 중에 산입되므로 손해로서 문제될 여지가 없고, 비상해손만 문제된다.

비상해손에는 그 해손을 당한 자가 스스로 부담하거나 해손의 책임이 있는 특정인이 부담하는 단독해손(particular average)과 선박 및 적하의 공동위험을 면하기 위한 처분으로 인하여 생긴 손해와 비용을 다수인이 분담하는 공동해손(general average)이 있다. 해상법은 해손 중에서 공동해손(제5편 제5장)과 단독해손 중에서 선박충돌(제5편 제6장)에 관하여 규정하고 있다.

### Ⅱ. 共同海損

공동해손은 선장이 선박과 적하의 공동위험을 면하기 위하여 선박 또는 적하에 대한 처분을 함으로써 생긴 손해 또는 비용이다(상 865조).

단독해손은 예컨대 선박충돌과 같이 그 손해의 관여자가 단독으로 부담하나, 공동해손은 각 이해관계인 사이에 분담의 문제가 생긴다. 공동해손은 해운실무에서는 세계적 통일규칙인 「요크 안트워프 규칙」(York Anterwerp Rules, YAR)에 의하여 처리되고 있으므로, 여기에서는 「요크 안트워프 규칙」과 해상법의 규정을 중심으로 고찰하기로 한다.

## 제2. 共同海損의 根據 · 法的 性質

### Ⅰ. 根 據

공동해손제도의 인정근거에 관하여 형평설과 공동위험단체설이 있으나, 우리나라에서는 공동위험단체설이 통설로 되어 있다.

공동위험단체설은 선박과 적하는 해상에서 고립된 공동위험단체(Gefahrgemeinschaft)를 구성하고 있고, 해상에서 해상위험을 당한 경우에 공동위험단체의 관리자인 선장에게 그 공동위험단체의 전체를 구하기 위하여 선박과 적하의 손해(희생)하에 적당한 조치 즉, 공동해손행위를 할 수 있게 하고 이로 인하여 생기는 손해는 그 공동위험단체를 구성하는 각 이해관계인이 분담하는 것이라 한다.

### Ⅱ. 法的 性質

공동해손의 법적 성질에 관하여 종래의 학설은 사무관리설, 부당이득설 및 대리설 등으로 민법상의 기존법률개념으로 설명하려고 하였다. 그러나 오늘날 우리 나라의 통설은 공동해손은 해상기업의 특수한 요청에 의하여 창설된 제도로서 해상법상의 특수한 법률요건이라 한다(손주찬 878면, 최기원 905면, 정동윤 930면, 채이식 747면, 정찬형 923면, 서헌제 421면, 이범찬 · 최준선 839면).

### Ⅲ. 요크 안트워프 規則

요크 안트워프 규칙(York-Antwerp Rules, YAR)은 공동해손에 관한 각국의 법제가 달라서 생기는 불편을 제거하기 위하여 채택한 국제적인 통일규칙이다. 요크 안트워프 규칙은 1864년의 요크(York)회의, 1877년의 안트워프(Antwerp)회의를 거쳐 1890년의 리버풀(Liverpool)회의에서 제정되었다. 그 후 1924년, 1950년, 1974년의 개정을 거쳐 최후로 1994년의 시드니회의에서 요크안트워프 규칙이 전면개정되어 1995년 1월 1일부터 시행되고 있다.

요크 안트워프규칙에는 선하증권, 용선계약서, 보험증권에 기재된 공동해손은 이 규칙에 따라 처리된다는 것을 규정하고 이에 관한 해석규정이 첨가되어 있다.

그 성질은 국가가 관여한 성문법이나 관습법이 아니고 국제적으로 관행되는 사실인 관습이다. 우리 상법은 1974년의 「YAR」을 기초로 한 것이다.

## 제3. 共同海損의 要件

### Ⅰ. 序 說

상법 제865조에서 「선박과 적하의 공동위험을 면하기 위한 선장의 선박 또는 적하에 대한 처분으로 인하여 생긴 손해 또는 비용」을 공동해손이라 규정하고, 또 제866조에서 「공동해손은 …… 그 위험을 면한 선박 또는 적하 …… 각 이해관계인이 이를 분담한다」고 규정하고 있다.

따라서 공동해손이 성립하기 위하여서는, ① 공동위험요건, ② 처분요건, ③ 손해·비용요건, ④ 잔존요건 등의 요건을 갖추어야 한다.

### Ⅱ. 共同危險要件

#### 1. 共同危險

선박과 적하에 공동위험이 있어야 한다. 위험이 선박에만 있거나 적하에만 있는 때에는 공동해손이 성립하지 않고 단독해손으로 된다.

#### 2. 現實의 危險

위험은 현실로 있어야 하나, 급박하여야 하는 것은 아니다. 위험이 급박하여야 한다면 공동위험을 면하기 위한 목적이 달성될 수 없는 경우가 있을 수 있기 때문이다.

위험이 객관적으로 존재하여야 하는가에 관하여 객관설(이범찬·최준선 841면, 정희철 610면, 정찬형 925면)과 주관설(손주천 879면, 최기원 823면, 송상현·김현 496면, 정동윤 931면, 서헌제 423면)이 대립해 있다. 그러나 위험이 객관적으로 존재할 것을 요구하면, 선장이 공동해손처분을 주저할 염려가 있고 또 「YAR」 A조의 해석에서도 이를 요구하고 있지 않다. 그러므로 위험이 객관적으로 존재하지 않더라도 선장이 위험이 존재한다고 판단한 것이 합리적이면 공동해손이 성립한다고 보아야 할 것이다(주관설).

### 3. 危險의 發生原因

상법과 「YAR」에서는 위험의 발생원인을 불문한다. 따라서 위험이 제3자 또는 이해관계인의 과실로 인하여 생긴 경우에도 공동해손이 성립한다.

## Ⅲ. 處分要件

### 1. 故意의 處分

선박 또는 적하에 대하여 고의의 처분(공동해손행위)이 있어야 한다. 그 처분은 돛의 절단이나 적하의 투하 등과 같은 사실행위인 경우도 있고, 예선계약의 체결과 같은 법률행위인 경우도 있다.

고의에 의한 처분이어야 하므로, 우연에 의하였거나 불가항력에 의한 것은 공동해손으로 되지 않는다.

### 2. 處分의 主體

상법 제865조에서는 공동해손에 관하여 「선장의 선박 또는 적하에 대한 처분……」이라 규정하고 있으므로, 상법상 처분의 주체는 선장에 한하는 것으로 보인다.

그러나 「YAR」 A조에는 이러한 제한이 없다. 따라서 선장 외에 대리인·항만당국도 처분의 주체로 될 수 있다.

## Ⅳ. 損害·費用要件

### 1. 損害·費用의 發生

손해 또는 비용이 생겨야 한다. 손해는 돛의 절단과 같이 선박에만 있는 경우도 있고, 적하의 투하와 같이 적하에만 생기는 경우도 있고, 양자에 생기는 경우도 있다.

비용은 도선사비, 예선료, 등대세, 입항세 등이다.

### 2. 處分과 損害·費用의 因果關係

선장의 처분과 손해 또는 비용 사이에 상당인과관계가 있어야 한다.

### 3. 損害·費用의 範圍

#### (1) 立法主義

손해·비용 중에 어떤 범위까지 공동해손으로 되는가에 관하여, 공동안전주의, 공동이익주의, 희생주의 등의 입법주의가 있다.

공동안전주의(common safety system)는 선박·적하의 공동의 안전을 위하여 생긴 손해 또는 비용만 공동해손으로 하여야 한다고 하고(영국), 공동이익주의(common benefit system)는 선박·적하의 공동의 안전을 위하여 생긴 손해 또는 비용뿐만 아니라 항해의 계속을 위하여 생긴 손해 또는 비용도 공동해손으로 하여야 한다고 한다. 또한 희생주의(Opfersystem)는 선박·적하의 공동안전이나 공동이익과 관계없이 처분과 상당인과관계에 있는 손해 또는 비용은 모두 공동해손으로 하여야 한다고 한다(독일).

#### (2) 商法上의 規定

상법 제865조는 「……선장의 선박 또는 적하에 대한 처분으로 인하여 생긴 손해 또는 비용은 공동으로 한다」고 규정하여 희생주의를 채택하고 있다.

희생주의에 의하면 선박이 피난항에 입항한 경우, 그 입항비용, 정박비, 도선사비, 등대세, 출항비는 공동해손으로 되나, 수선비는 처분과 관계없으므로 공동해손으로 되지 않는다.

## Ⅴ. 殘存要件

선장의 처분에 의하여 선박 또는 적하의 전부 또는 일부가 공동위험을 면하고 잔존하여야 한다(상 866조).

선장의 처분과 선박 또는 적하의 보존 간의 관계에 관하여 입법론상 인과주의와 잔존주의가 있다. 인과주의는 선장의 처분과 선박·적하의 보존 간에 인과관계가 있어야 한다고 하고(프랑스 일본), 잔존주의는 선장의 처분과 선박·적하의 보존 간의 인과관계나 처분의 주효 여부는 불문하고 선장이 처분 후 선박 또는 적하가 존재하면 된다고 한다(영국 독일).

생각건대 선장의 처분과 선박·적하의 보존 간에 인과관계가 존재하지 아니하여 공동해손으로 되지 않아 해상운송인이 그 책임을 져야 한다면, 선장은 공동해손처분을 주저하여 그 입법취지가 무색하게 될 염려가 있다. 그리하여 「YAR」 C

조에서는 잔존주의를 채택하고 있고, 우리 상법 제866조에서도 「공동해손은 그 위험을 면한 선박 또는 적하」라고 규정하여 잔존주의를 채택하고 있다.

## 제4. 共同海損의 效果

### Ⅰ. 序 說

공동해손을 한 경우에 이로 인하여 손해를 입거나 비용을 지출한 자는 처분 후 보존된 재산의 이해관계인에 대하여 분담청구권을 취득한다(상 866조 YAR B조). 이 경우 공동해손인 손해와 비용은 분담청구재단(능동적 채권자재단)을 형성하고 이를 분담하는 재산은 분담재단(수동적 채무자재단)을 형성한다.

그러므로 공동해손처분이 있는 때에는 정산을 하여, 각 재단의 범위와 가액을 확정하고 그 분담의 비율과 각 분담액을 산출하여야 한다.

### Ⅱ. 共同海損分擔請求權

#### 1. 共同海損分擔請求權者

공동해손분담청구권자는 선장의 처분으로 인하여 손해를 입거나 비용을 부담하는 해상운송인(선박소유자) 또는 적하이해관계인이다(상 865조 참조). 해상운송인에는 정기용선자, 선체용선자, 재운송인 등이 포함되고, 적하이해관계인에는 항해용선자, 송하인, 수하인 등이 포함된다. 공동해손분담청구권에는 선박우선특권이 인정된다(상 777조 1항 3호).

#### 2. 共同海損分擔請求權의 範圍

##### (1) 原 則

공동해손분담을 청구할 수 있는 것은 선장의 처분으로 인하여 생긴 선박·적하의 손해와 비용이다(상 865조).

##### (2) 例 外

① 속구목록에 기재하지 않은 속구, ② 선하증권 그 밖의 적하의 가격을 정할 수 있는 서류 없이 선적한 화물, ③ 종류와 가액을 명시하지 않은 화폐나 유가증권 그 밖의 고가물, ④ 갑판적하물(갑판적하물이 관습상 허용되는 경우와 그 항해가 연안항해인 경우에는 제외) 등의 손실은 배상받지 못한다. 그러나 이러한 것들이 보존된 경우에는 분담재단에 산입된다(상 872조).

오늘날 컨테이너는 관습상 갑판에 선적하여 운송하고 있고 또 원목도 관습상 갑판선적이 허용되고 있으므로, 이러한 관습상 갑판선적이 허용되고 있는 화물의 손실에 대하여서는 공동해손분담을 청구하여 배상받을 수 있다.

### 3. 損害額의 算定

#### (1) 船舶의 損害額

공동해손액을 산정하는 경우 선박의 손해액은 도달의 때와 곳의 가액으로 한다(상 869조 본문). 예컨대 선박의 손해액은 선박이 수선불능한 경우에는 도달시의 도달지의 선박가액으로 하고, 수선가능한 경우에는 도달시의 도달지의 수선비로 한다.

#### (2) 積荷의 損害額

공동해손액을 산정하는 경우에 적하의 손해액은 양륙의 때와 곳의 가액으로 하고(상 869조 본문), 다만 손실로 인하여 지급을 면하게 된 비용은 모두 공제한다(상 869조 단서).

또한 선하증권이나 그 밖에 적하의 가격을 정할 수 있는 서류에 적하의 실가보다 저액을 기재하였거나 적하의 가격에 영향을 미칠 사항에 관하여 허위기재를 하였다가 그 하물이 손실된 경우에는 그 기재액을 손해액으로 한다(상 873조, YAR 19조). 그리고 선박에 비치한 무기, 선원의 급료, 선원과 여객의 식량·의류가 손실된 경우에는 그 가액을 손해액으로 한다(상 871조).

### 4. 共同海損分擔請求權의 消滅時效

공동해손으로 인하여 생긴 채권과 공동위험의 책임이 있는 자에 대한 구상채권(상 870조)은 그 계산이 종료한 날부터 1년 이내에 재판상 청구가 없으면 소멸한다. 그러나 당사자의 합의에 의하여 이를 연장할 수 있다(상 875조, 814조 1항 단서).

## Ⅲ. 共同海損分擔債務

### 1. 共同海損分擔債務者

공동해손분담채무자는 공동위험을 면한 선박 또는 적하(분담재단)의 이해관계인이다.

### 2. 共同海損分擔債務額(分擔比率)

이해관계인이 분담하는 채무액은 위험을 면한 선박·적하의 가액, 운임의 반액과 공동해손액과의 비율에 따라 산정한 금액이다(상 866조). 여기에서 선박의 가액은 「도달의 때와 곳의 가액」이고 적하의 가액은 「양륙의 때와 곳의 가액」이며, 다만 그 가액 중에서 멸실로 인하여 지급을 면하게 된 운임 그 밖의 비용은 공제한다(상 867조).

그리고 운임에 관하여서는 원래 그 중에서 항해비용을 공제한 가액으로 하여야 하는 것이나, 계산상의 번잡을 피하기 위하여 획일적으로 운임의 반액으로 정한 것이다.

### 3. 共同海損分擔債務의 除外

선박에 비치한 무기, 선원의 급료, 선원·여객의 식량과 의류가 보존된 경우에는 그 가액은 공동해손분담채무에 산입하지 않는다(상 871조 전단)(상실된 경우에는 산입한다. 871조 후단). 선박의 무기·급료·식량·의류 등은 선박의 안전과 선원의 생활에 필요불가결하기 때문이다.

### 4. 有限責任

공동해손의 분담채무자는 선박이 도달하거나 적하를 인도한 때에 현존하는 가액의 한도에서 책임을 진다(상 868조). 이것은 분담채무자의 유한책임을 정한 것이다.

## Ⅳ. 共同海損의 精算

### 1. 精算義務者

공동해손의 정산의무자에 관하여 상법상 규정이 없어 의문스러우나, 선장이 선박소유자에 대하여 항해에 관한 보고 및 계산서제출의무가 있는 것(상 755조 2항)으로 보아, 공동해손의 정산서 제출의무도 선장이 부담한다고 보는 것이 타당하다(통설).

그러나 공동해손의 정산은 전문적·기술적 사무이므로, 실제로는 선장이 전문가인 공동해손정산인(average adjuster)에게 위탁하여 작성한다.

### 2. 精算地

공동해손의 정산지는 특약이 없는 한 항해종료의 지 즉, 선박과 적하가 종국적으로 분리하는 곳인 적하의 최후의 양륙항이다(상 867조 869조 참조).

### 3. 精算時期

정산시기는 양륙항에서 수하인에게 운송물을 인도할 때까지이다(상 807조 1항 참조). 그러나 정산에 상당한 시일이 요하므로, 해운실무에서는 선장은 일정한 공탁금 또는 보증장을 받고 운송물을 인도한다.

### Ⅴ. 수회의 共同海損

동일 항해 중에 수회의 공동해손이 생긴 경우에, 제1의 공동해손과 제2의 공동해손은 공동위험을 달리하고 또 공동위험단체의 범위를 달리하므로, 각 공동해손을 별개의 것으로 보아 그 분담액을 정하여야 한다.

이 경우 정산의 순서는, 먼저 제2의 공동해손을 정산하여 각 분담액을 확정하고, 그 분담액을 각 분담재산의 가액에서 공제한 잔액에 관하여 제1의 공동해손을 정산하여 그 분담액을 정하여야 한다(통설). 공동해손은 선박의 도달 시 또는 적하의 인도시의 현존재산으로 분담하기 때문이다(상 868조).

### Ⅵ. 損害의 回復

선박소유자, 용선자, 송하인, 그 밖의 이해관계인이 공동해손액을 분담한 후 선박·속구 또는 적하의 전부나 일부가 소유자에게 복귀된 때에는, 그 소유자는 공동해손의 償金으로 받은 금액에서 구조료와 일부 손실로 인한 손해액을 공제하고 그 잔액을 반환하여야 한다(상 874조). 이것은 소유자의 부당이득을 방지하기 위한 것이다. 반환한 잔액은 공동해손의 분담율(상 866조)에 따라 이해관계인 전원에게 분배하여야 한다.

또한 선박과 적하의 공동위험이 선박 또는 적하의 하자나 그 밖의 과실 있는 행위로 인하여 생긴 경우에는 공동해손분담자는 그 책임 있는 자에 대하여 구상권을 행사할 수 있다(상 870조). 이러한 공동해손분담자의 구상권도 그 계산이 종료한 날부터 1년 이내에 재판상의 청구가 없으면 소멸하고, 이 기간도 당사자의 합의에 의하여 연장할 수 있다(상 875조, 814조 1항 단서).

# 제 3 절　船舶衝突

## 제1. 總　說

### Ⅰ. 意　義

선박충돌(collision)은 수면에서 항해선 상호간 또는 항해선과 내수항행선 간의 충돌로 인하여 선박이나 선박 내의 물건 또는 사람에게 손해가 생긴 것이다(상 876조 1항).

### Ⅱ. 船舶衝突에 관한 規制

선박충돌은 불법행위의 한 경우이나, 이는 해상에서 선박 간의 충돌이라는 특성이 있으므로 각국의 해상법은 선박충돌에 관한 법률관계의 처리를 민법에만 맡기지 않고 특별규정을 두고 있으며 우리 해상법에서도 6개조의 규정(상 876조~881조)을 두고 있다.

그러나 각국의 선박충돌에 관한 법제가 달라 법규의 적용에 혼란이 야기되었으므로, 그 국제사법적 해결을 위하여 1910년의 「선박충돌에 관한 규정의 통일을 위한 국제협약」(International Convention for the Unification of certain Rules of Law with respect to Collision between Vessels, 1910), 1952년의 「충돌 그 밖의 항해사고의 형사재판관할에 관한 규정의 통일을 위한 국제협약」(International Convention for the Unification of certain Rules relating to Penal Jurisdiction in matters of Collision or other Incidents of Navigation, 1952), 또한 1952년의 「충돌의 민사재판관할에 관한 규정의 통일을 위한 국제협약」(International Convention on certain Rules concerning Civil Jurisdiction in matters of Collision, 1952) 등이 성립하였다.

## 제2. 船舶衝突의 要件

### Ⅰ. 序 說

선박충돌이 성립하기 위하여서는, ① 수면에서, ② 선박 간의 충돌이 있고, ③ 선박·물건·사람에게 손해가 생겨야 한다.

### Ⅱ. 水面에서 衝突

선박충돌의 장소는 수면이다. 해상이든 평수구역이든 불문하며, 또 항행 중이든 정박 중이든 불문한다.

### Ⅲ. 船舶間의 衝突

항해선 상호간 또는 항해선과 내수항행선 간에 충돌이 있어야 한다. 여기에서 선박충돌은 2척 이상의 선박이 그 운용상 작위 또는 부작위로 선박 상호간에 다른 선박에게 또는 다른 선박 내에 있는 사람 또는 물건에게 손해를 생기게 하는 것을 말하며, 직접적인 접촉의 여부를 묻지 않는다(상 876조 2항).

구 해상법에서는 선박의 간접충돌도 선박충돌인가에 관하여 논의가 있었으나,

개정 해상법은 「직접적인 접촉의 여부를 묻지 않는다」(상 876조 2항)고 규정하여 이를 입법적으로 해결하였다.

항해선은 해상(호천·항만 외의 수면)의 항행에 사용하는 선박으로서, 사유선은 영리선이든(상 740조) 비영리선이든(선박 29조) 불문하며, 단정·노도선(상 741조 2항)과 공용에 제공된 국유선·공유선은 제외된다. 따라서 내수항행선 상호간의 충돌, 노도선과 항해선의 충돌, 공용에 제공된 국·공유선과 항해선 간의 충돌은 선박충돌이 아니다.

또한 항해선이 다른 항해선 또는 내수항행선과 충돌하지 않고, 부두, 방파제, 잔교(棧橋)(부두에서 선박에 걸쳐 놓은 다리) 등에 충돌하거나 좌초한 경우에는 선박충돌이 아니다. 예선과 피예선의 충돌은 피예선이 예선의 보관하에 있지 않으면 선박충돌로 된다.

### Ⅳ. 衝突로 인한 損害의 發生

충돌로 인하여 선박이나 선박 내의 물건 또는 사람에게 손해가 생겨야 한다. 충돌과 손해 간에 상당인과관계가 있어야 한다(대판 1972. 6. 13. 70 다 213).

## 제3. 船舶衝突의 效果

### Ⅰ. 序 說

선박충돌이 있는 때에는 이는 일종의 불법행위이므로 손해배상책임이 발생한다. 선박충돌로 인한 손해배상관계에는 충돌선박소유자 상호간의 손해배상관계와 충돌선박소유자의 제3자에 대한 손해배상관계가 있다. 이러한 각 손해배상관계는 선박의 충돌이 일방 선박의 선원의 과실로 인하여 생긴 경우와 쌍방 선박의 선원의 과실로 인하여 생긴 경우에 따라 다르다. 다만 선박의 충돌이 불가항력 또는 원인불명으로 인하여 생긴 경우에는 손해배상책임이 문제되지 않는다.

### Ⅱ. 不可抗力 또는 原因不明의 경우

선박의 충돌이 불가항력으로 인하여 발생하였거나 충돌의 원인이 명백하지 않은 때에는, 피해자는 충돌로 인한 손해의 배상을 청구하지 못한다(상 877조). 이 경우에는 누구에게도 손해배상책임을 괴할 수 없으므로, 「물건의 손해는 그 소유자가 부담한다」(res perit domino)는 일반원칙에 따라 각 선박소유자가 그 손해를 부담하는 것이다.

## Ⅲ. 船舶所有者 상호간의 損害賠償關係

### 1. 一方過失衝突의 경우

선박의 충돌이 일방 선박의 선원의 과실로 인하여 생긴 경우에는 그 일방 선박의 소유자는 피해자에 대하여 충돌로 인한 손해를 배상할 책임이 있다(상 878조). 선박의 충돌이 일방 선박의 도선사의 과실로 인하여 생긴 경우에도 그 일방 선박의 소유자가 손해배상책임을 진다(상 880조).

일방 선박의 선원의 과실로 인한 선박충돌의 경우에 피해자는 그 일방 선박의 소유자에 대하여 위의 손해배상청구를 할 수 있는 외에, 피해자가 적하의 소유자나 여객인 때에는 채무불이행으로 인한 손해배상을 청구할 수 있다(상 795조, 826조 2항 · 149조 2항, 826조 3항 · 150조). 따라서 이 경우에는 청구권경합이 생긴다.

### 2. 雙方過失衝突의 경우

#### ⑴ 責任의 分擔

선박의 충돌이 쌍방 선박의 선원의 과실로 인하여 생긴 경우에, 각 선박소유자는 쌍방의 과실의 경중을 판정할 수 있는 때에는 그 과실의 경중에 따라 손해배상책임을 분담하고, 그 과실의 경중을 판정할 수 없는 때에는 손해배상책임을 균분하여 부담한다(상 879조 1항). 선박충돌이 쌍방 선박의 도선사의 과실로 인하여 생긴 경우에도 같다(상 880조).

#### ⑵ 賠償의 性質

가) 序 說

선박의 충돌이 쌍방 선박의 선원의 과실로 인하여 생긴 경우 양 손해배상책임의 성질 내지 손해배상의 해결방법에 관하여 단일책임설과 교차책임설이 대립해 있다.

나) 學 說

① **單一責任說** 단일책임설(single liability theory)은 선박충돌이라는 불법행위를 하나로 보고 이로 인하여 생기는 손해도 하나라고 보아, 각 선박소유자의 손해부담액을 차감계산하여 일방 선박의 소유자는 상대방 선박의 소유자에 대하여 손해배상청구권을 가진다고 한다(서헌제 433조).

② **交叉責任說** 교차책임설(cross liability theory)은 선박충돌이라는 사실은 하나이나 이론상으로는 과실 있는 쌍방에 각각의 불법행위가 성립한다고 보아, 각 선박소유자가 각각 상대방에 대하여 손해배상청구권을 가진다고 한다(정희철 618면.

(손주찬 892면, 정동윤 943면, 이범찬·최준선 852면, 이기수 759면, 채이식 759면, 정찬형 937면 ; 戶田修三, 海商法, 248頁).

다) 檢 討

상법 제771조는 「선박소유자가 책임제한을 받는 채권자에 대하여 동일한 사고로 인하여 생긴 손해에 관한 채권을 가지는 경우에는 그 채권액을 공제한 잔액에 한하여 책임의 제한을 받는 채권으로 한다」고 규정하여, 선박소유자의 책임제한 채권에 관하여 단일책임설을 취하고 있다.

## Ⅳ. 船舶所有者의 第3者에 대한 損害賠償關係

### 1. 一方過失衝突의 경우

선박의 충돌이 일방 선박의 선원의 과실로 인하여 생긴 경우에 그로 인하여 과실 없는 다른 선박상의 적하·여객에게 손해가 생긴 때에는, 그 일방 선박의 소유자는 피해자에 대하여 불법행위로 인한 손해배상책임을 진다(민 750조).

이 경우 과실 있는 일방 선박상의 적하·여객에 손해가 생긴 때에는, 그 과실 있는 일방 선박의 소유자가 운송계약상의 채무불이행으로 인한 손해배상책임을 진다(상 878조).

### 2. 雙方過失衝突의 경우

(1) 序 說

쌍방 선박의 선원의 과실로 인하여 선박이 충돌하여 어느 선박상의 「적하 또는 여객」에게 손해가 생긴 경우에, 민법의 일반원칙에 의하면 쌍방 선박의 소유자가 공동불법행위자로서 연대하여 손해배상책임을 질 것이나(민 760조), 해상법은 통일협약(제4조 제3항)에 따라 인적손해와 물적손해로 나누어 특별규정을 두고 있다.

(2) 人的損害

선박의 충돌이 쌍방 선박의 선원의 과실로 인하여 생긴 경우에 그로 인하여 「제3자가 사망하거나 상해」를 입은 때에는, 쌍방 선박의 소유자가 그 제3자에 대하여 연대하여 손해를 배상할 책임을 진다(상 879조 2항).

그러나 이 경우 내부적으로는 각 선박소유자는 쌍방의 과실의 경중을 판정할 수 있는 때에는 그 과실의 경중에 따라 손해배상책임을 분담하고, 그 과실의 경중을 판정할 수 없는 때에는 손해배상책임을 균분하여 부담한다(상 879조 1항).

(3) 物的損害

가) 商法 제879조 제1항의 適用

① **序 說** 선박의 충돌이 쌍방 선박의 선원의 과실로 인하여 생긴 경우 그로 인하여 제3자의 적하에 손해가 생긴 때에, 각 선박소유자의 손해배상책임에 관하여 해상법상 규정이 없어 문제된다. 이에 상법 제879조 제1항(쌍방과실충돌의 경우 선박소유자 상호간의 손해배상관계)을 적용할 수 있는가에 관하여 긍정설과 부정설이 대립해 있다.

② **學 說** 부정설은 본 조항은 선박소유자 상호간의 내부관계를 규정한 것이므로 선박소유자와 제3자 간의 관계에는 적용되지 않고, 이 경우 각 선박소유자는 제3자에 대하여 민법 제760조(공동불법행위자의 책임)에 의하여 연대하여 손해배상책임을 진다고 한다(田中誠二, 海商法詳論, 521頁; 小町谷操三, 海商法要義, 下卷の二, 135頁).

그러나 긍정설은 본 조항은 선박소유자 상호간의 손해배상관계와 선박소유자·제3자 간의 손해배상관계도 포괄하여 규정한 것으로서 선박소유자와 제3자 간의 손해배상관계에도 적용되고, 따라서 이 경우 각 선박소유자는 제3자에 대하여 쌍방 선박의 선원의 과실의 경중을 판정할 수 있는 때에는 그 과실의 경중에 따라 손해배상책임을 분담하고, 그 과실의 경중을 판정할 수 없는 때에는 손해배상책임을 균분하여 부담한다고 한다(정희철 619면, 손주찬 894면, 정동윤 944면 이기수 761면, 채이식 760면, 정찬형 938면).

③ **檢 討** 각 선박소유자가 自船의 과실로 인한 제3자의 손해에 대하여 배상책임을 지는 것은 공평하고 분할채무의 원칙(민 408조)에도 적합하며 또 각 선박소유자가 과실의 경중에 따라 제3자에 대하여 손해배상책임을 지는 것이 각국의 해상법과 통일협약(제4조 제3항 본문)에도 일치하므로, 긍정설이 타당하다. 이것이 통설·판례(대판 1972. 6. 13. 70 다 213)의 입장이다.

**【대법원 1972. 6. 13. 판결, 70 다 213】**

**1. 사실관계**

$Y_1$소유의 장안호가 X소유의 유안비료 1,844톤 20킬로그램을 싣고 항행하던 중 거제군 장목면 가달리 앞 바다에서 $Y_2$기선회사 소유의 태안호와 충돌하여 침몰되어 위 유안비료가 모두 멸실되었으며, 이로 인하여 X가 1,000만 원의 손해를 입었다.

위 선박충돌은 위 장안호의 선원에게 10분의 4의 과실과 위 태안호의 선원에게 10분의 6의 과실로 인하여 발생하였다. 그리고 선박등기부상 위 장안호의 순톤수는 30톤이고, 위 태안호의 순톤수는 40톤으로 등재되어 있었다.

이에 X가 $Y_1$에 대하여 400만 원 또 $Y_2$기선회사에 대하여 600만 원의 손해배상을 청구하였다.

**2. 판결요지**

이 건에 관하여, 대법원은 「상법 제846조(개정 상 제879조)는 통일조약 제4조에 따라 제3자의 사상으로 발생한 손해에 대하여서는 쌍방 선주의 연대책임을 인정하고 재산상의 손해에 대하여서는 각 선주의 과실의 정도에 의한 분할책임을 규정하고 있으므로 상법 제843조(개정 상 제876조)에 의하여 선박충돌로 인하여 생긴 손해의 배상에 관하여서는 위 상법 규정만 적용되고 민법상의 공동불법행위에 관한 적용은 배제된다 할 것이니, 이 건 손해의 배상에 관하여 $Y_1$과 $Y_2$기선회사에게 그 과실의 정도에 따라 분할지급을 명한 것은 정당하다」고 판시하여, 선박충돌로 인하여 생긴 손해의 배상에 관하여는 상법 제846조(개정 상 제879조)만 적용되고 민법상의 공동불법행위에 관한 규정은 그 적용이 배제된다고 하였다.

나) 非運送船主의 免責約款의 援用

쌍방 선박의 선원의 과실로 인하여 선박이 충돌하여 일방 선박의 적하에 손해가 생긴 경우에, 그 일방 선박의 소유자(운송선주)와 하주 간에 면책약관이 있는 때에 그 일방 선박의 소유자는 당연히 면책되나 그 타방 선박의 소유자(비운송선주)도 그 면책약관을 원용할 수 있는지 문제되며, 이에 관하여 긍정설과 부정설이 대립해 있다.

그러나 부정설에 따라 비운송선주의 면책약관의 원용을 부정하면, 비운송선주는 하주에게 손해배상을 하고 운송선주에 대하여 그 과실의 경중에 따라 구상을 할 것인데, 이렇게 되면 운송선주가 하주와의 사이에 체결한 면책약관이 아무 의미가 없게 되므로 부당하다(정희철 619면, 손주찬 894면, 정동윤 945면, 정찬형 939면, 서헌제 435면).

생각건대, 쌍방 선박의 선원의 과실로 인하여 선박이 충돌하여 일방 선박의 적하에 손해가 생긴 경우에는, 민법 제419조(연대채무자에 대한 채무면제의 절대적 효력)를 유추적용하여 운송선주와 하주 간의 면책약관은 비운송선주에 대하여도 효력이 있다고 보는 것이 타당하다(긍정설).

### Ⅴ. 船舶衝突債權의 消滅

선박충돌로 인하여 생긴 손해배상채권은 충돌이 있은 날부터 2년 이내에 재판상의 청구가 없으면 소멸하며, 이 경우에도 당사자의 합의에 의하여 이를 연장할 수 있다(상 881조, 814조 1항). 이 2년의 기간은 제척기간이다.

# 제 4 절 海難救助

## 제1. 總 說

### Ⅰ. 意 義

해난구조(salvage)는 항해선 또는 그 적하 그 밖의 물건이 수면에서 위난(危難)을 만난 경우에 의무 없이 이를 구조하는 것이다(상 882조).

### Ⅱ. 法的 性質

해난구조의 법적 성질에 관하여 종래에는 사무관리설, 준계약설, 부당이득설 및 법적행위설 등 기존의 법률개념으로 설명하였다. 그러나 오늘날 통설은 공동해손에서와 같이 해난구조는 해상법상의 특수한 법률요건이라 한다(정희철 621면 손주찬 896면 최기원 914면, 정동윤 948면, 채이식 767면, 정찬형 941면, 이범찬 · 최준선 855면).

### Ⅲ. 國際的 統一

해난구조는 국적이 다른 선박 간에 행하여지는 경우가 많고 또 피구조선에는 국적이 다른 이해관계인이 있는 경우가 많으므로, 해난구조에는 많은 국제사법적 법률관계가 생긴다. 그러나 해난구조에 관한 각국의 규제가 국가에 따라 달라 국제적 통일이 절실하였다.

그리하여 1910년에 「해양에 있어서 구원 및 구조에 관한 규정의 통일을 위한 국제협약」(International Convention for the Unification of certain Rules of Law relation Assistance and Salvage at Sea, 1910)(이하 해난구조통일협약)이 성립하고, 1989년에 전면개정하여 「구조에 관한 국제협약」(International Convention on Salvage, 1989)(이하 국제구조협약)이 성립하였다.

## 제2. 海難救助의 要件

해난구조가 성립하기 위하여서는, ① 수면에서 위난에 조우하고, ② 항해선 또는 그 적하 그 밖의 물건을 구조하고, ③ 구조자가 구조의무 없이 구조활동을 하고, ④ 구조의 결과가 있어야 한다(상 882조).

## Ⅰ. 水面에서 危難遭遇

수면에서 위난에 조우하여야 한다(海難). 위난은 항해에 관한 위험이다. 위험은 선원이 자력으로 극복할 수 없는 상태에 있는 것이다. 위험은 반드시 항해에 고유한 위험이어야 하는 것은 아니고, 선박의 화재도 위험으로 될 수 있다.

위험발생의 장소는 어떤 수면이든 무방하다. 따라서 해상 외에 호천이나 항만에서 조우하여도 무방하다.

그리고 위험은 구조 시에 합리적으로 인정할 수 있는 것이어야 한다. 따라서 위험은 급박한 것이어야 하는 것은 아니나, 현실로 예견할 수 있어야 한다.

## Ⅱ. 航海船·積荷 그 밖의 物件의 救助

구조의 목적물은 항해선 또는 그 적하 그 밖의 물건이다(상조 882 1문). 그러나 항해선과 내수항행선 간의 구조도 해난구조로 본다(상조 882 2문). 따라서 항해선이 내수항행선을 구조하는 경우나 내수항행선이 항해선을 구조하는 경우에는 해난구조이다. 그러나 내수항행선 간의 구조, 노도선 상호간의 구조, 공용에 제공된 국·공유선의 구조는 해난구조가 아니다.

동일한 소유자에 속한 선박 상호간의 구조도 해난구조로 된다(상조 891). 선박소유자뿐만 아니라 각 선박의 선원·하주들도 구조료청구의 권리의무의 주체가 될 수 있기 때문이다.

그리고 적하는 운송물뿐만 아니라 선박상의 모든 동산을 포함한다. 그 밖의 물건은 선박의 속구, 여객의 수하물 등이다.

인명의 구조는 해난구조가 아니다. 그러나 인명의 구조자는 구조료의 분배를 받을 수 있다(상조 888 2항).

## Ⅲ. 義務 없이 救助

구조자가 「사법상의 구조의무 없이」 구조하여야 한다. 따라서 조난선(조난 즉 재난을 당한 선박)의 선원이 조난선 또는 그 적하를 구조하는 경우, 도선사가 그 인도하는 선박을 구조하는 경우, 예선이 피예선을 구조하는 경우에는, 이들이 선박·적하를 안전하게 지킬 사법상의 의무가 있으므로 해난구조가 되지 않는다.

구조자가 선원법이나 수난구호법 등과 같은 공법상의 구호의무를 부담하더라도(선원법상의 선장, 수난구호법상의 해양경찰서장) 사법상의 구조의무가 없으면 그 구조는 해난구조이다.

그러나 당사자가 미리 구조계약을 하고 그 구조계약에 따라 구조를 하였더라도 그 성질에 반하지 않는 한 구조계약에서 정하지 않은 사항은 상법의 해난구조에 관한 규정에 의한다(상 887조 1항).

### Ⅳ. 救助의 結果

구조를 하여 결과가 있어야 한다. 종래 구조를 하여 결과가 있어야 하는가에 관하여 입법론상 노력주의와 결과주의가 논의되었으나, 구조를 가장할 염려가 있으므로 이를 방지하기 위하여 국제구조협약(2조)은 「결과 없으면, 보수 없다」(no cure, no pay)는 원칙에 따라 결과주의를 채택하였고, 우리 해상법도 이를 수용하였다.

구조와 결과 간에는 인과관계가 있어야 하나, 구조를 장려하기 위하여 구조자에게 유리하게 해석하여 구조가 결과의 직접의 원인이어야 하는 것은 아니라고 본다. 또한 결과는 구조물이 구조되어 안전한 지위에 있어야 하나, 이는 상대적으로 안전하면 된다고 본다(손주찬 903면, 배병태 368면; 重田晴生外, 海商法, 259頁).

## 제3. 海難救助의 效果

### Ⅰ. 序 說

구조자가 해난구조를 한 때에는 주된 효과로서 구조료청구권(보수청구권)이 생기고, 이에 부수된 효과로서 이를 담보하는 우선특권과 유치권이 생긴다.

### Ⅱ. 救助料請求權(報酬請求權)

#### 1. 意 義

구조료는 구조자에게 지급하는 해난구조의 보수이다.

해난구조는 원래 도덕적 의무로서 보수청구권을 인정하는 것은 그 이상에 반하고 또 구조자의 진의에 반하므로 이를 인정할 수 없는 것이나, 법률적으로 보면 선박이 고립무원의 해상에서 위난에 조우한 경우 구조자가 위험을 무릅쓰고 그 선박·적하를 구조한 때에 그 구조자에게 상당한 보수를 지급하는 것이 형평의 이념에 적합하여 인정한 것이다.

### 2. 救助料請求權者

#### (1) 救助用役從事者·船舶所有者

구조료청구권자는 해난구조자(상 882조)와 선박소유자(상 889조 1항)이다. 해난구조자는 해난구조활동에 직접 관련된 용역을 제공한 자를 말하며, 해난구조활동은 해난구조 시의 구조활동은 물론 침몰·난파·좌초·유기 그 밖의 해난사고를 당한 선박 및 그 선박 안에 있거나 있었던 적하와 그 밖의 물건의 인양·제거·파괴 또는 무해조치 및 이와 관련된 손해를 방지 또는 경감하기 위한 모든 조치이다(상 775조 4항). 선박소유자는 해난구조에 종사하지 아니하여도 선박을 출연하였으므로 구조료청구권을 가진다(상 889조 1항). 선체용선의 경우에는 선체용선자가 구조료청구권을 가진다(상 850조 1항).

#### (2) 救助料請求權이 없는 者

해난구조에 종사하여도, ① 피구조선박에 종사하는 자, ② 고의 또는 과실로 인하여 해난사고를 야기한 자, ③ 정당한 거부에도 불구하고 구조를 강행한 자, ④ 피구조물을 은닉하거나 정당한 이유 없이 처분한 자는 구조료청구권이 없고(상 892조), 또한 ⑤ 본선 또는 그 적하를 구조한 예선(예선계약의 이행으로 볼 수 없는 특수한 노력을 제공한 경우에는 예외)도 구조료청구권이 없다(상 890조).

위의 구조료청구권이 없는 자 중에서 ②와 ③은 해난구조가 성립하지 않았기 때문이고, ①과 ④는 해난구조가 성립하였으나 구조료청구권을 인정하지 않는 것이 형평의 이념에 합치하기 때문이며, ⑤는 계약의 이행이기 때문이다.

그러나 입법론으로는 구조료청구권을 일률적으로 박탈하기 보다는, 과실로 인하여 해난사고를 야기한 경우나 피구조물을 은닉 또는 부당처리한 경우에는 국제구조협약(8조 3항)에서와 같이 구조료청구권의 유무나 그 정도를 법관의 판단에 맡기는 것이 타당하다(손주찬 905면; 石井照久, 海商法, 346頁).

#### (3) 人命救助者의 救助料請求權

상법 제888조 제2항은 「인명의 구조에 종사한 자도 제1항의 규정(공동구조자 간의 구조료분배)에 따라 구조의 보수액의 분배를 받을 수 있다」고만 규정하고 있어 그 취지가 명백하지 않다.

원래 인명구조는 도덕적 의무이므로 인명구조를 한 경우에는 구조료청구권이 인정되지 않으나, 동일한 해난사고에서 선박·적하의 구조를 하면서 인명구조를 한 경우에는 인명구조자에게 구조료청구권을 인정하여도 결코 그 도덕적 존엄을 해하는 것이 아니므로 본 조항은 각 공동구조자의 구조료청구권과 같이 인명구조자에게 독립의 구조료청구권을 인정한 것이다.

### 3. 救助料債務者

#### ⑴ 被救助船·被救助積荷의 所有者

구조료채무자는 피구조선의 선박소유자와 피구조적하의 권리자이다(상 886조). 인명구조로 구조료를 받는 경우에 구조료채무자는 선박·적하의 피구조자이고 그 인명의 피구조자가 아니다(협약 9조 1항 참조).

#### ⑵ 救助料支給에 관한 船長의 權限

선장은 구조료채무자에 갈음하여 구조료지급에 관한 재판상 또는 재판 외의 모든 행위를 할 수 있는 권한이 있다(상 894조 1항). 해상법은 선장에게 선적항 외에서 광범위한 법정대리권을 인정하고 있으나(상 749조), 본 조항에서는 구조관계자의 편의를 도모하고 해난사고의 법률관계를 원활하게 처리하기 위하여 선적항 내외를 불문하고 선장에게 구조료지급에 관하여 광범위한 법정대리권을 인정한 것이다.

또한 선장은 구조료에 관한 소에 있어서 원고 또는 피고가 될 수 있고, 그 확정판결의 효력은 소송당사자가 아닌 구조료채무자에게도 미친다(상 894조 2항). 이것은 기판력의 효력의 범위를 확장한 것이며, 특히 구조료채무자가 다수·불분명한 경우에 편리하다.

### 4. 救助料額

#### ⑴ 救助料額의 決定

##### 가) 特約이 있는 경우

구조료는 그에 관한 특약이 있는 경우에는 그 특약에 의한다. 구조료에 관한 특약은 특정의 금액으로 정할 수도 있고, 제3자의 결정에 위임할 수도 있다.

해난사고 당시에 구조료에 관한 특약을 한 경우에 그 금액이 현저하게 부당한 때에는, 법원은 상법 제883조(특약이 없는 경우의 구조료 결정) 소정의 제반사정을 참작하여 그 액을 증감할 수 있다(상 887조 2항). 해난사고가 생긴 때에 피구조자가 당황하여 부당하게 고액으로 구조료를 약속하거나 구조자가 동정심에서 부당하게 저액으로 구조료를 약속한 경우에 이를 시정할 수 있도록 하기 위한 것이다.

나) 特約이 없는 경우

구조료에 관한 특약이 없는 경우에는 법원은 당사자의 청구에 의하여 구조된 선박·재산의 가액, 위난의 정도, 구조자의 노력과 비용, 구조자나 장비가 조우했던 위험의 정도, 구조의 효과, 환경손해의 방지를 위한 노력, 그 밖의 제반사정을 참작하여 그 액을 정한다(상 883조).

이것은 1989년의 국제구조협약을 수용하여 구조료액 결정의 기준을 구체화 한 것이다.

(2) 救助料額의 限度

구조료액은 다른 약정이 없으면 피구조물의 가액을 초과하지 못한다(상 884조 1항). 즉, 피구조자는 구조료에 관하여 피구조물의 가액을 한도로 하는 유한책임을 지는 것이다.

피구조물에 관하여 선순위의 우선특권이 있는 경우에, 그 구조료액은 그 우선특권자의 채권액을 공제한 잔액을 초과하지 못한다(상 884조 2항). 이러한 제한이 없으면 구조료채무자는 피구조물 외의 다른 재산에서 구조료를 지급하여야 하여 구조료 한도 제한의 취지에 반하기 때문이다.

## Ⅲ. 環境損害防止作業 從事者의 特別補償請求權

### 1. 特別補償請求權

선박 또는 그 적하로 인하여 환경손해가 발생할 염려가 있는 경우에 그 환경손해의 경감 또는 방지의 작업에 종사한 구조자는 「구조에 소요된 비용」을 특별보상으로 청구할 수 있다(상 885조 1항). 이것은 1989년의 국제구조협약 제14조를 도입한 것이다.

환경손해방지구조자의 특별보상청구권은 구조의 성공 여부를 불문하고 또 구조료액의 한도(상 884조)를 불문하고 인정된다(상 885조 1항). 그리고 여기에서 구조에 소요된 비용이란 구조작업에 실제로 지출한 합리적인 비용 및 그 구조작업에 사용된 장비와 인원에 대한 정당한 보수를 말한다(상 885조 2항).

### 2. 補償의 增額請求權

발생할 환경손해가 구조자의 구조로 인하여 실제로 경감 또는 방지된 때에는, 구조자는 보상의 증액을 청구할 수 있다(상 885조 3항 1문 전단). 이 경우 법원은 구조된 선박·

재산의 가액, 위난의 정도, 구조자의 노력과 비용, 구조자나 그 장비가 조우했던 위험의 정도, 구조의 효과, 환경손해의 방지를 위한 노력, 그 밖의 제반사정을 참작하여 증액 여부와 그 금액을 정한다(상 885조 3항 1문 후단). 이 경우 증액된 보상액은 위의 구조에 소요된 금액인 특별보상액의 배액을 초과할 수 없다(상 885조 3항 2문).

### 3. 特別補償·增額補償의 減額 또는 否認

구조자의 고의 또는 과실로 인하여 환경손해의 경감 또는 방지에 지장을 가져온 경우, 법원은 위의 구조에 소요된 비용인 특별보상 및 위의 증액된 보상을 감액 또는 부인할 수 있다(상 885조 4항).

### 4. 救助料請求權과 特別補償請求權의 競合

구조자의 하나의 구조작업으로 인하여 구조료청구권(상 882조)과 특별보상청구권(상 885조)이 생긴 경우에, 구조자는 그 중 큰 금액을 구조료로 청구할 수 있다(상 885조 5항).

## Ⅳ. 救助料의 分配

### 1. 共同救助의 경우

공동구조는 수인의 독립한 구조자가 공동하여 구조하는 것이다. 따라서 1인의 구조자가 다수의 사용인을 이용하여 구조한 때에는 공동구조가 아니다.

공동구조를 한 경우에 구조자와 피구조자 간에 구조료액에 관하여 특약이 있는 경우에는 구조자는 그에 따라 구조료를 청구할 수 있고, 그러한 특약이 없는 경우에는 법원은 당사자의 청구에 의하여 구조된 선박·재산의 가액, 위난의 정도, 구조자의 노력과 비용, 구조자나 그 장비가 조우했던 위험의 정도, 구조의 효과, 환경손해방지를 위한 노력 그 밖의 제반사정을 참작하여 정하여야 한다(상 888조 1항, 883조).

### 2. 人命救助의 경우

전술한 바와 같이 인명구조를 한 경우에는 원칙적으로 구조료청구권이 인정되지 않는다고 하여야 하겠으나, 동일한 해난사고에서 선박·적하의 구조를 하면서 인명구조를 한 경우에는 그 인명구조자는 선박·적하의 피구조자에 대하여 구조료를 청구할 수 있고 그 분배는 상술한 공동구조의 구조료분배에 의한다(상 888조 2항, 883조).

### 3. 1船舶 내에서의 救助料分配

#### (1) 救助料分配의 比率

선박이 해난구조를 하여 구조료를 받은 때에는, 먼저 선박소유자에게 선박의 손해액과 구조에 들어간 비용을 지급하고 그 잔액을 절반하여 선장과 해원에게 지급하여야 한다(상 889조 1항).

구조료분배비용을 법정한 것은 해원의 이익을 보호하기 위한 것이므로, 선박소유자와 해원 간의 특약이나 선장과 해원 간의 특약에 의하여 해원에게 불이익하게 변경할 수 없고, 이러한 특약은 무효이다.

(2) 救助料分配案의 告示

선장은 항해의 종료 전에 각 해원의 구조의 노력·효과와 사정을 참작하여 구조료분배안을 작성하여 해원에게 고시하여야 한다(상 889조 2항).

## Ⅴ. 救助料請求權의 擔保

### 1. 優先特權

선박이 해난구조된 경우에 그 구조자의 구조료채권은 선박, 속구, 채권이 생긴 항해의 운임, 선박과 운임에 부수한 채권에 대하여 우선특권이 있다(상 777조 1항). 선박채권자의 우선특권은 그 선박소유권의 이전으로 인하여 영향을 받지 않는다(상 785조).

또한 적하가 해난구조된 경우에 그 구조자의 구조료채권은 구조된 적하에 대하여 우선특권이 있다. 다만 구조료채무자가 그 적하를 제3취득자에게 인도한 후에는 구조자는 그 적하에 대하여 우선특권을 행사하지 못한다(상 893조 1항). 적하에 대한 이 외의 우선특권에 관하여서는 그 성질에 반하지 않는 한 선박채권자의 우선특권에 관한 규정(상 777조)이 준용된다(상 893조 2항).

### 2. 留置權

구조자는 구조료를 지급받을 때까지 구조물의 인도를 거절하고 구조물을 유치할 수 있다(민 320조 1항).

## Ⅵ. 救助料請求權의 消滅

구조료청구권은 해난구조가 완료한 날부터 2년 이내에 재판상의 청구가 없으면 소멸한다(상 895조 1문). 이 기간은 제척기간이다. 구조료청구권의 단기제척기간을 둔 것은 해난구조에서도 공동해손·선박충돌 등에서와 같이 증거의 보전이 곤란하기 때문이다.

이 기간은 당사자의 합의에 의하여 연장할 수 있다(상 895조, 814조 1항 단서).

# 제5장 海上企業金融

## 제 1 절 序 說

선박의 건조와 운항에는 방대한 자금이 필요하다. 그리하여 10세기 이후 해상무역에서는 기업가가 해상무역의 이익을 분배하는 대가로 자본가가 자금을 제공하는 코멘다(commenda)계약이 널리 행하여졌다. 또 중세 이후 해상무역에서는 채무자의 선박이 무사히 도착하면 채권자가 원금과 고율의 이자를 회수하기로 약정하고 자금을 제공하는 모험대차(bottomry)가 행하여지기도 하였다.

그러나 오늘날 해상기업금융은 대부분 민법과 상법(은행법 포함)의 금융에 관한 규정(이자부소비대차, 담보물권, 사채, 어음할인 등)에 의하고 있고, 이러한 것은 해상법만의 특유한 것이 아니다. 그러므로 여기에서는 해상기업금융에 관하여 해상법에서 규정하고 있는 선박우선특권과 선박저당권에 관하여 고찰하고, 아울러 이와 관련되는 선박에 대한 강제집행에 관하여서도 고찰하기로 한다.

선박우선특권과 선박저당권에 관한 각국의 입법이 달라 많은 국제사법적 법률관계가 생겨 그 국제적 통일이 필요하였다. 그리하여 1926년에 「해사우선특권 및 저당권에 관한 규정의 통일을 위한 국제협약」(International Convention for the Unification of certain Rules relationg to the Maritime Liens and Mortgages)이 성립하였으나, 그 비준국이 소수에 불과하여 이에 대체할 새로운 조약으로 1993년에 「해사우선특권 및 저당권에 관한 국제협약」(International Convention on Maritime Liens and Mortgages)이 성립하였다.

# 제 2 절 船舶優先特權

## 제1. 意 義

선박우선특권(maritime lien)은 선박에 관한 법정채권(상 777조 1항 1호~4호)의 채권자가 선박과 그 부속물(속구, 운임, 선박과 운임에 부수한 채권)로부터 다른 채권자에 우선하여 자기채권의 변제를 받을 수 있는 특수한 담보물권이다.

선박우선특권을 인정하는 것은 선박소유자는 그 책임이 제한되어 있어(유한책임) 채권자가 충분히 보호받을 수 없으므로, 정책적으로 채권자를 특별히 보호하기 위한 것이다.

## 제2. 被擔保債權

### Ⅰ. 序 說

우선특권은 공시가 되지 않는데도 저당권 등에 우선하므로, 저당권자 등의 다른 채권자의 이익을 보호할 필요가 있다. 그러므로 해상법은 우선특권에 의하여 담보되는 채권 즉 우선특권의 피담보채권을 다음과 같이 제한적으로 열거하고 있다.

### Ⅱ. 債權者의 共同利益을 위한 債權

채권자의 공동이익을 위한 소송비용, 항해에 관하여 선박에 과한 제세금, 도선료·예선료, 최후입항 후의 선박·그 속구의 보존비와 검사비 등은 우선특권의 피담보채권이다(상 777조 1항 1호). 이러한 채권은 채권자의 공동이익을 위한 채권이거나 공익상의 채권이다.

**【대법원 1998. 2. 10. 판결, 97 다 10468】**

**1. 사실관계**

A소유의 드래곤호(이하 "선박")가 1993. 9. 23. 광양항에 입항하였다가 같은 달 27. 19:20경 출항하면서 광양항 제3항로 내에서 그 일방의 과실로 B 소유의 제5금동호와 충돌하여 B에게 3억 9,000만 원의 수리비 손해가 생겼다. 그리하여 B는 위 선박의 소유회사인 Jinzhou Maritime Transport Company에 대하여 선적국인 파나마 상법 제

1507조 소정의 선박우선특권 있는 채권인 3억 9,000만 원의 선박수리비채권을 가지고 있다고 주장하면서 같은 해 11. 1. 광주지방법원 순천지원에 광양항에 정박 중인 위 선박에 관하여 선박임의경매신청을 하였다.

경매법원이 같은 해 11. 2. 위 선박을 압류하고 경매개시결정을 하면서 위 선박을 Y(대한민국) 산하 여수지방해운항만청 관할의 광양항에 정박할 것과 집행관에 대하여 위 선박의 선박국적증서 기타 항해에 필요한 문서를 수취해 법원에 제출할 것을 명하고, 같은 달 4. 채권자의 신청에 의하여 집행관을 선박감수보존인으로 하여 선박감수보존명령을 발하여, 같은날 16:00경 집행관에 의하여 선박감수보존처분이 집행되었다.

그 후 경매법원은 위 선박을 경매에 붙여 1995. 11. 6. C물산회사가 위 선박의 낙찰허가를 받아 같은 해 12. 18. 낙찰대금 4억 1,000만 원을 완납하고 위 선박을 인수하였다.

위 선박감수보존인인 X가 선박보존비용 4억 7,000만 원을 또 Y산하 여수지방해운항만청이 정박료 2억 3,000만 원을 각각 경매법원에 청구하였다. 경매법원은 배당표를 작성하면서 선박감수보존비용과 정박료를 모두 집행비용으로 보아 위 낙찰대금이 4억 1,000만 원에 불과하여 X 청구의 선박감수보존비용과 Y청구의 정박료 합계 5억 5,000만원을 충당하기에 부족하였으므로 이를 안분하여 X에게 2억 7,000만 원을 또 Y에게 1억 4,000만 원을 각각 지급하였다.

이에 대하여 X는 Y의 정박료채권은 집행비용이 아니고 상법 제861조 제1항 제1호 소정의 선박우선특권 있는 채권에 해당하므로 Y는 그 지급받은 금액을 X에게 반환하여야 한다고 주장하였다.

**2. 판결요지**

이 건에 관하여, 대법원은 「선박경매에 있어서 선박을 압류항에 정박시켜 두지 않으면 경매절차를 속행할 수 없으므로, 선박에 대한 압류의 효력이 발생한 때부터 경락대금 지급 시까지의 기간에 선박의 정박을 위하여 발생한 정박료는 선박경매를 수행하기 위한 것으로서 당해 집행사건의 집행비용에 해당한다고 보아야 하지 상법 제861조(개정 상 제777조) 제1항 제1호 소정의 선박우선특권에 해당한다고 볼 수 없다」고 판시하여, 정박료채권은 상법 제861조(개정 상 제777조) 제1항 제1호 소정의 선박우선특권있는 채권이 아니고 선박의 집행비용이므로, 정박료채권자 Y도 경매법원에 청구하여 위 낙찰대금에서 위 정박료를 집행비용으로 지급받는 것을 인정하였다.

### 1. 訴訟費用 · 競賣費用

채권자의 공동이익을 위한 소송비용의 채권을 우선특권의 피담보채권으로 한 것은 이러한 채권이 없으면 다른 채권도 변제받을 수 없기 때문이다. 이러한 채권은 「담보의 원인을 이룬다」(causumpignoris facere)고 할 수 있는 것이다.

### 2. 船舶의 諸稅金

항해에 관하여 선박에 관한 제세금은 등대세, 입항세, 출항세 등이다. 이러한 세금을 우선특권의 피담보채권으로 한 것은 국고의 세입을 증대하기 위한 것이다.

### 3. 導船料 · 曳船料

도선료 · 예선료 등의 채권을 우선특권의 피담보채권으로 한 것은 이러한 채권도 담보의 원인을 이루는 채권이기 때문이다.

### 4. 船舶 · 屬具의 保存費 · 檢査費

최후 입항 후의 선박과 그 속구의 보존비와 검사비 등의 채권을 우선특권의 피담보채권으로 한 것도 이러한 채권이 담보의 원인을 이루는 채권이기 때문이다. 여기에서 「최후의 입항」에 있어서 최후의 항구는 항해를 종료하고 돌아온 항구뿐만 아니라 선박이 도중에 항해를 중지하고 경매 또는 양도처분된 경우에 항해를 폐지한 시기에 선박이 존재하는 항구도 포함하며(대결 1998. 2. 9. 97 바 2525), 선박과 속구의 보존비는 이를 넓게 보아 선박에 편리하고 유용하며 필요한 수선 · 보급 그 밖의 용역에 관한 채권도 포함된다고 본다(송상현 · 김현 408면).

**【대법원 1998. 2. 9. 결정, 97 마 2525】**

**1. 사실관계**

제1도라지호는 연근해를 운항하는 유류운송선이다. 위 선박이 1997. 2. 27. 울산항에 정박하여 포항항으로 출항할 준비를 하고 있던 중에 위 선박의 기관실에서 화재가 발생하여 그 갑판 및 기관엔진 등이 소실되었고, X 등이 이를 수리 · 복구하였다.

위 선박은 수리 후 같은 해 3. 8. 부산항으로 출항하였다가 같은 해 4. 2. 울산항에 입항하였으며, 같은 달 3. 부산항으로 출항하는 등 항해를 계속하였다.

위 수리비채권을 받지 못한 X 등은 위 채권이 상법 제861조 제1항 제1호 소정의 「최후 입항 후의 선박과 그 속구의 보존비채권」에 해당하는 선박우선특권있는 채권이라 하여 위 선박에 대한 경매를 신청하였다.

**2. 판결요지**

이 건에 관하여, 대법원은 「상법 제861조(개정 상 제777조) 제1항 제1호가 최후 입항 후의 선박보존비 등에 대하여 선박우선특권을 부여하는 것은 이러한 비용의 지출이 없으면 다른 채권자들도 선박경매대금으로부터 변제를 받을 수 없을 것이라는 점에서 이러한 비용은 경매에 관한 비용에 준하는 성질을 가지기 때문이며, 따라서 "최후 입항 후"의 의미는 선박이 목적하는 항해가 종료되어 돌아온 항뿐만 아니라 선박이 항해 도중 경매 또는 양도처분으로 항해가 중지되어 경매되는 경우의 선박보존비용도 이에 포함된다.

연근해를 운행하는 유류운송선이 출항 준비 중에 발생한 화재로 인한 수리를 마친 후 항해를 계속한 경우, 그 수리비는 선박의 상태 및 가치를 유지 · 보존하기 위한 비용일 지라도 최후 입항 후에 발생한 것이 아니므로 그 수리비채권을 상법 제861조

(개정 상 제777조) 제1항 제1호 소정의 선박보존비 등에 해당한다고 볼 수 없다」고 판시하여, 선박이 수리 후 항해를 폐지하지 않고 계속하였으므로 위 선박수리비채권은 최후 입항 후의 선박보존비채권에 해당하지 않는다고 하였다.

### Ⅲ. 船員 등의 雇傭契約上의 債權

선원과 그 밖의 선박사용인의 고용계약으로 인한 채권은 우선특권의 피담보채권이다(상 777조 1항 2호). 선원 등의 고용계약상의 채권은 고용계약 존속 중의 모든 항해로 인한 운임의 전부에 대하여 우선특권이 있다(상 781조). 선원 등의 급료 외에 송환비용과 치료·간호비용도 포함한다. 이러한 채권을 우선특권의 피담보채권으로 한 것은 선원 등의 경제적 약자를 보호하기 위한 것이다.

### Ⅳ. 船舶에 대한 海難救助料債權·共同海損分擔에 대한 債權

해난구조로 인한 선박에 대한 구조료채권과 공동해손의 분담에 대한 채권은 우선특권의 피담보채권이다(상 777조 1항 3호). 이러한 채권은 선박소유자와 채권자에게 공동의 이익이 되므로 우선특권의 피담보채권으로 정한 것이다.

### Ⅴ. 船舶衝突 등으로 인한 損害賠償債權

선박충돌로 인한 손해배상채권, 그 밖의 항해사고로 인한 손해배상채권, 항해시설·항만시설 및 항로의 손해배상채권, 선원이나 여객의 생명·신체의 손해배상채권은 우선특권의 피담보채권이다(상 777조 1항 4호). 이러한 손해배상채권을 우선특권의 피담보채권으로 한 것은 이러한 손해배상채권이 선박소유자(채무자)의 책임제한(상 769조)의 대상으로 되어 선박소유자가 보호되고 있으므로 형평의 원칙상 다시 채권자를 보호하기 위한 것이다.

## 제3. 船舶優先特權의 目的物

### Ⅰ. 序 說

우선특권의 목적물 즉 우선특권의 피담보채권의 채권자가 우선변제를 받을 수 있는 목적물은 선박, 그 속구, 그 피담보채권이 생긴 항해의 운임, 그 선박과 운임에 부수한 채권 등이다(상 777조 1항 본문).

### Ⅱ. 船舶 · 屬具

우선특권의 피담보채권의 채권자는 선박과 그 속구로부터 우선변제를 받을 수 있다. 여기에서 선박은 건조 중의 선박(상 790조 참조)과 난파선의 난파물도 포함한다.

### Ⅲ. 運 賃

우선특권의 피담보채권의 채권자는 그 피담보채권이 생긴 항해의 운임으로부터 우선변제를 받을 수 있다. 피담보채권이 생긴 항해의 운임은 아직 지급받지 않은 운임과 이미 지급받은 운임 중 선박소유자나 그 대리인이 소지하고 있는 금액이다(상 779조).

### Ⅳ. 船舶 · 運賃의 附隨債權

우선특권의 피담보채권의 채권자는 선박과 운임에 부수한 채권으로부터 우선변제를 받을 수 있다. 선박 · 운임에 부수한 채권은, ① 선박 또는 운임의 손실로 인하여 선박소유자가 제3자에 대하여 가지는 손해배상채권, ② 공동해손으로 인한 선박 또는 운임의 손실에 대하여 선박소유자가 가지는 보상채권, ③ 해난구조로 인하여 선박소유자가 가지는 구조료채권이다(상 778조).

위의 ①은 선박충돌로 인한 손해배상청구권(상 878조 이하) 등이고, ②는 공동해손분담청구권(상 865조 이하) 등이며, ③은 구조료청구권(상 889조 1항) 등이다.

선박 · 운임에 부수하는 채권이라도 선박소유자에게 지급할 보험금과 그 밖의 장려금이나 보조금은 우선특권의 목적물로 되지 않는다(상 780조).

## 제4. 船舶優先特權의 順位

### Ⅰ. 船舶優先特權 상호간의 順位

#### 1. 同一航海의 債權이 競合하는 경우

동일 항해에서 생긴 채권의 우선특권이 경합하는 경우에, 그 순위는 상법 제777조 제1항의 순위에 의한다(상 782조 1항).

그러나 구조료채권 · 공동해손분담채권 등(상 777조 1항 3호)의 우선특권이 경합하는 경우에는 후에 생긴 채권의 우선특권이 전에 생긴 채권의 우선특권에 우선한다(상 782조 2항 1문). 예컨대 도선료채권이 생긴 후에 공동해손분담채권이 생긴 경우에는 공동해손분담채권의 우선특권이 우선한다. 후에 생긴 채권의 우선특권을 보호하는 것은 그 채권이 전에 생긴 채권의 담보의 원인이 되기 때문이다.

동일 사고로 인하여 생긴 채권이 경합하는 경우에는 이들 채권이 동시에 생긴 것으로 본다(상 782조 2항 2문).

### 2. 수회의 航海의 債權이 競合하는 경우

수회의 항해에 관하여 생긴 채권의 우선특권이 경합하는 경우에 후의 항해에 관하여 생긴 채권의 우선특권이 전의 항해에 관하여 생긴 채권의 우선특권에 우선한다(상 783조 1항). 후의 항해에 관하여 생긴 채권이 전의 항해에 관하여 생긴 채권의 담보의 원인이 되기 때문이다.

그러나 선원 그 밖의 선박사용인의 고용계약으로 인한 채권(상 781조)의 우선특권은 그 최후의 항해에 관하여 생긴 다른 채권의 우선특권과 동일한 순위로 한다(상 783조 2항).

### 3. 同一順位의 債權이 競合하는 경우

동일 순위의 우선특권이 경합하는 경우에는 각 채권액의 비율에 따라 변제 받는다(상 784조).

## Ⅱ. 船舶優先特權과 다른 擔保物權間의 順位

### 1. 船舶優先特權과 質權·抵當權의 關係

선박우선특권은 선박질권이나 선박저당권에 우선한다(상 788조). 선박우선특권은 해상법이 일정한 채권을 정책적으로 보호하기 위하여 인정한 것인 데 대하여 질권이나 저당권은 당사자의 의사표시에 의하여 설정한 것이므로, 선박우선특권을 선박질권과 선박저당권에 우선하도록 한 것이다.

### 2. 船舶優先特權과 留置權의 關係

선박을 목적으로 하는 선박유치권과 선박우선특권이 경합하는 경우에 법률상으로는 유치권자에게 우선변제권이 없어 선박우선특권이 우선하나, 유치권자가 자기 채권의 변제를 받을 때까지 목적물을 유치할 수 있어 우선특권자가 우선변제를 받기 위하여서는 그 채무를 변제하여 선박유치권을 소멸시켜야하므로 사실상으로는 선박유치권이 우선한다.

## 제5. 船舶優先特權의 效力

### Ⅰ. 競賣權 · 優先辨濟權

선박우선특권자는 채무자가 그 채무를 변제하지 않는 때에는 그 목적물(상 777조 1항 본문)을 경매하여(경매권)(민사집행 274조, 269조), 다른 채권자에 우선하여 자기 채권의 변제를 받을 수 있다(우선변제권)(상 777조 2항 1문).

### Ⅱ. 追及權

선박우선특권자는 그 목적물인 선박의 소유권이 채무자로부터 제3자에게 이전된 후에도 추급하여 그 권리를 행사할 수 있다(추급권)(상 785조). 통일협약에서도 선박우선특권의 추급권을 규정하고 있다(통일 협약 8조).

## 제6. 船舶優先特權의 消滅

### Ⅰ. 序 說

선박우선특권은 민법상의 저당권 소멸원인에 의하여 소멸하고(상 777조 2항 후단), 또 해상법상의 특별소멸원인인 단기제척기간에 의하여 소멸한다(상 786조 1항).

### Ⅱ. 抵當權의 消滅原因에 의한 消滅

선박우선특권에는 성질에 반하지 않는 한 민법의 저당권에 관한 규정이 준용되므로(상 777조 2항 2문), 선박우선특권은 민법의 저당권의 소멸원인에 의하여 소멸한다. 따라서 피담보채권이 소멸하면 선박우선특권도 소멸한다.

### Ⅲ. 短期除斥期間에 의한 消滅

선박우선특권은 그 채권이 발생한 날부터 1년 이내에 실행하지 않으면 소멸한다(상 786조 1항). 선박우선특권의 법률관계를 조속히 해결하기 위한 것이고 또 시일이 갈수록 선박의 담보력이 감소하기 때문이다.

선박우선특권의 단기제척기간에는 상법 제814조 제1항 단서가 준용되지 않으므로, 정기용선계약상의 채권(상 846조 1항), 운송인의 채권채무(상 814조 1항), 공동해손채권(상 875조), 선박충돌채권(상 881조), 해난구조료채권(상 895조)의 경우와는 달리 당사자 간의 합의에 의하여 연장할 수 없다.

### 제7. 建造 중의 船舶에 대한 優先特權

건조 중의 선박(ship under construction)은 항행능력이 없으므로 일반적으로 선박이라 할 수 없다(상 740조). 그러나 선박의 건조에는 많은 자금이 필요하므로, 그 금융의 편의를 제공하기 위하여 해상법은 건조 중의 선박에 선박우선특권에 관한 규정을 준용하고 있다(상 790조).

## 제 3 절 船舶抵當權

### 제1. 意 義

선박저당권(mortgage of ship)은 등기선박을 목적으로 하는 특수한 저당권이다(상 787조 1항).

선박은 동산이나, 부동산유사성이 있고 선박등기부에 의하여 저당권의 설정·소멸 등을 공시할 수 있으므로, 해상법은 등기선박에 대하여 선박저당권을 인정한 것이다.

등기선박에 있어서는 채무자가 그 점유를 이전하지 않고 설정할 수 있는 편리한 저당권제도가 있으므로 이 외에 선박질권을 인정할 필요가 없고 또 선박질권을 인정하면 법률제도가 복잡해지므로, 등기선박에는 저당권만 인정되고 질권은 인정되지 않는다(상 789조).

선박저당권은 선박 즉 동산을 목적으로 하므로 민법상의 저당권과는 다르나, ① 당사자의 의사에 의하여 설정되고, ② 선박의 점유를 이전하지 않고 설정할 수 있고, ③ 목적물인 선박·속구에 대하여 우선변제를 받을 수 있고, ④ 채권담보를 위하여 설정하는 물권이므로, 저당권의 일종이다. 따라서 해상법은 선박저당권에 민법의 저당권에 관한 규정을 준용하고 있다(상 787조 3항).

### 제2. 船舶抵當權의 目的物

#### Ⅰ. 船 舶

선박저당권의 목적물은 등기선박이다(상 787조 1항). 따라서 등기하지 않은 미등기선박이나 등기할 수 없는(20톤 미만 선박, 상 744조 2항, 선박등기 2조) 비등기선은 선박저당권의 목적물로 될 수 없다. 비등기선에 대하여서는 민법의 동산질(민 329조 이하)의 규정에 의하여 질권을 설정할 수 있다.

건조 중의 선박은 선박저당권의 목적물로 될 수 있다(상 790조 787조 1항).

### Ⅱ. 屬 具

선박저당권은 그 속구에 미친다(상 787조 2항). 종물은 주물의 처분에 따르는 것이나(민 100조 2항), 속구가 반드시 종물은 아니므로 특별히 이 규정을 둔 것이다.

상법 제787조 제2항의 법문으로 보거나 외관보호의 입장에서 보아서는, 속구가 선박소유자 외의 제3자에 속하여도 선박저당권은 그 속구에 미친다. 여기에서 속구는 속구목록에 기재된 것이든 기재되지 않은 것이든 불문한다.

### Ⅲ. 船舶共有持分

선박공유자는 그 공유지분을 양도할 수 있으므로(상 759조), 선박공유자는 그 공유지분(선박관리인의 공유지분 제외)을 목적으로 선박저당권을 설정할 수 있다고 본다(통설).

## 제3. 船舶抵當權의 順位

### Ⅰ. 船舶抵當權 상호간의 順位

선박저당권이 상호 경합하는 경우에 그 순위는 등기의 전후에 의한다(상 787조 3항 민 370조, 333조).

### Ⅱ. 船舶抵當權과 다른 擔保物權間의 順位

선박저당권과 선박우선특권이 경합하는 경우에는 선박우선특권이 우선한다(상 788조).

선박저당권과 선박유치권이 경합하는 경우에는, 선박우선특권과 선박유치권이 경합하는 경우에서와 같이 법률상으로는 선박저당권이 우선하나 사실상으로는 선박유치권이 우선한다.

또한 선박저당권과 선박임차권이 경합하는 경우에는 양 권리가 동등하므로, 그 순위는 등기의 전후에 의한다.

## 제4. 船舶抵當權의 效力

선박저당권자는 부동산저당권의 효력에서와 같이, 선박과 속구를 경매하여(경매권)(민 363조) 다른 채권자에 우선하여 자기 채권의 변제를 받을 수 있다(우선변제권)(민 356조).

# 제 4 절 船舶에 대한 强制執行

## 제1. 序 說

선박우선특권과 선박저당권은 선박의 강제집행에 의하여 실행되고, 강제집행의 절차는 그 목적물인 선박·속구를 압류 또는 가압류하고 이를 경매하여 그 경락대금을 분배함으로써 완료된다.

## 제2. 船舶의 强制執行節次

### Ⅰ. 適用法規

선박은 부동산유사성이 있으므로, 등기할 수 있는 선박에 대한 강제집행은 부동산의 강제경매에 관한 규정에 의하여 한다(민사집행 172조).

### Ⅱ. 管轄法院

선박에 대한 강제집행은 선박의 압류 당시 선박의 정박항을 관할하는 지방법원에서 한다(민사집행 173조).

### Ⅲ. 强制競賣開始決定

채권자가 선박의 강제경매를 신청한 때에는, 법원은 경매절차의 개시결정을 하고 동시에 선박의 압류를 명하여야 한다(민사집행 83조 1항, 172조).

법원이 경매절차의 개시결정을 한 때에는 집행절차를 행하는 동안 선박을 압류항에 계속 정박하게 하여야 하고(민사집행 176조 1항), 다만 법원은 영업상의 필요 기타 상당한 이유가 있다고 인정하는 때에는 채무자의 신청에 의하여 선박의 항행을 허가할 수 있다(민사집행 176조 2항).

## 제3. 船舶의 押留·假押留의 禁止

### 1. 原 則

항해의 준비를 완료한 선박과 그 속구에 대하여서는 압류 또는 가압류를 하지 못한다(상 744조 1항 본문). 선박에는 선박소유자 외에 화주·승객 등의 많은 이해관계인이 있어 이들을 보호할 필요가 있고, 또 선박의 발항준비는 공공연하게 행하여져 채권자는 그 준비완료 전에 압류할 수 있는 시간적 여유가 충분히 있는데도 그 준비가 완료될 때까지 그 권리행사를 게을리 하였으므로 이를 보호할 필요가 없기 때문이다(정희철 605면, 최기원 927면, 정동윤 812면, 정찬형 962면, 서헌제 457면, 이범찬·최준선 749면).

항해의 준비를 완료하였다는 것은 발항항에서 선박의장, 선원의 승선, 적하의 선적, 여객의 승선 등 법률상으로나 사실상으로 항해준비를 마친 상태이다.

### 2. 例 外

#### (1) 航海準備를 위하여 생긴 債務

항해준비를 완료한 선박·속구라도, 채무가 「항해를 준비하기 위하여 생긴 것」인 경우에는 그 선박·속구에 대하여 압류 또는 가압류를 할 수 있다(상 744조 1항 단서). 항해준비를 위하여 생긴 채무는 연료·식량대, 수선비, 출항비 등과 같이 그 항해에 소요되는 비용이다.

이러한 채무는 대개 항해준비를 완료한 때가 변제기이므로 그 전에는 압류·가압류를 하지 않고 또 이러한 채무에 대한 압류·가압류를 금지하면 선박소유자가 발항준비를 위한 금융의 편의를 제공받을 수 없기 때문이다(손주찬 919면, 정동윤 812면, 정찬형 962면, 서헌제 458면, 이범찬·최준선 750면).

#### (2) 小型船舶

총톤수 20톤 미만의 소형선박에 대하여서는 압류 또는 가압류를 할 수 있다(상 744조 2항). 소형선박에는 위의 선박의 압류·가압류 금지의 이유가 약하기 때문이다.

# 判例索引

# 事項索引

## ㄱ



## ㄴ



## ㄷ



## ㅁ

## ㅂ



## ㅅ

## ㅇ

## ㅈ



## ㅊ



## ㅌ

## 저자약력

### •강 위 두

부산대학교 법과대학 졸업
법학박사(동아대 대학원)
사법시험 · 행정고시 · 공인회계사시험위원
현, 부산대학교 법과대학 및
법학전문대학원 명예교수

[주요저서]
상법개론(형설출판사)
상법총칙 · 상행위법(형설출판사)
회사법(형설출판사)
어음 · 수표법(형설출판사)
상사법연습(형설출판사)
상법강의(상)(공저, 형설출판사)
상법강의(하)(공저, 형설출판사)
상법판례연습(공저, 법문사)

### •임 재 호

부산대학교 법과대학 졸업
법학박사(경북대 대학원)
사법시험 · 입법고시 · 공인회계사시험위원
현, 부산대학교 법과대학 및
법학전문대학원 교수

[저서 및 주요논문]
상법판례100선(공저, 삼영사)
상법강의(상)(공저, 형설출판사)
상법강의(하)(공저, 형설출판사)
상법요론(공저, 형설출판사)
상법판례연습(공저, 법문사)
유가증권상실자의 권리구제에 관한 법리
어음 · 수표법상 외관이론의 수용
프랜차이즈가맹점의 행위로 인한 사업본사의 책임 등

全訂版
商法講義(下)

2004년 2월 25일 초 판 발 행
2010년 2월 25일 전정판발행

[값 35,000원]

저 자 강 위 두 · 임 재 호
발행인 장 지 익

발행처 형 설 출 판 사

서울특별시 종로구 통의동 7-33
☎(대) ⑦③⑧ 6052 FAX ⑦③⑥ 7134
대구광역시 북구 노원3가 303-1
☎(대) ④②⑤ 2811 FAX ④②⑤ 7315
《등록 : 1962년 5월 1일 ㉣ 제9호》

ISBN 978-89-472-4415-2 (94360)